Administración

Una perspectiva global

REVISIÓN TÉCNICA

Jorge Ríos Salay
Jefe de la División de Investigación
Facultad de Contaduría y Administración
Universidad Nacional Autónoma de México

Gustavo Palafox de Anda
Director Académico Escuela de Administración
Universidad Panamericana, México

Ana Teresa Vega Trujillo
Docente Titular Área Administrativa
Universidad EAFIT Medellín, Colombia

Mónica de Zelaya
Jefa del Departamento de Administración
Facultad de Economía
Universidad Francisco Marroquín, Guatemala

Ana Rosa de Ochoa
Jefa de la Carrera de Administración de Empresas
Facultad de Economía
Universidad Rafael Landivar, Guatemala

Georg Spee Gaona
Director Escuela de Postgrado
Facultad de Ciencias Administrativas
Universidad Diego Portales, Chile

Harold Koontz[†]

Profesor de Administración
University of California, Los Ángeles

Heinz Weihrich

Profesor de Administración Internacional
University of San Francisco

Traducción
Enrique Mercado González
Traductor Profesional

Administración
Una perspectiva global

Onceava edición

McGRAW-HILL

MÉXICO • BUENOS AIRES • CARACAS • GUATEMALA • LISBOA • MADRID
NUEVA YORK • SAN JUAN • SANTAFÉ DE BOGOTÁ • SANTIAGO • SÃO PAULO
AUCKLAND • LONDRES • MILÁN • MONTREAL • NUEVA DELHI
SAN FRANCISCO • SINGAPUR • ST. LOUIS • SIDNEY • TORONTO

A Ursula y Mary

Gerente de producto: René Serrano Nájera
Supervisor de edición: Noé Islas López
Supervisor de producción: Zeferino García García

ADMINISTRACIÓN
Una perspectiva global

Prohibida la reproducción total o parcial de esta obra,
por cualquier medio, sin autorización escrita del editor.

DERECHOS RESERVADOS © 1998, respecto a la sexta edición en español por
McGRAW-HILL INTERAMERICANA EDITORES, S. A. de C. V.
*Una División de The **McGraw-Hill** Companies, Inc.*
Cedro Núm. 512, Col. Atlampa
Delegación Cuauhtémoc
06450 México, D. F.
Miembro de la Cámara Nacional de la Industria Editorial Mexicana, Reg. Núm. 736

ISBN 970-10-2036-7 sexta edición

(ISBN 970-10-0353-5 quinta edición)
(ISBN 968-422-562-8 cuarta edición)
(ISBN 968-422-652-5 tercera edición)
(ISBN 968-604-618-6 segunda edición)

Traducido de la onceava edición en inglés de
Management: A Global Perspective
Copyright © MCMXCVIII, by Heinz Weihrich y Mary Koontz

1234567890   9076543218

Impreso en México   Printed in Mexico

Se tiraron 27,000 ejemplares

Esta obra se terminó de
imprimir en Junio de 1998 en
Compañía Editorial Ultra, S.A. de C.V.
Centeno Núm 162-2
Col. Granjas Esmeralda
Delegación Iztapalapa
C.P. 09810 México, D.F.

El finado **HAROLD KOONTZ** fue un activo ejecutivo de empresas y del gobierno, profesor universitario, presidente y director de consejos de compañías, consultor administrativo, conferencista internacional a grupos de alta administración y autor de muchos libros y artículos. A partir de 1950 fue catedrático de administración y, desde 1962, se desempeñó como tal, pero por Mead Johnson, en la universidad de California en Los Angeles; de 1979 a 1982 fungió como canciller mundial de la International Academy of Management. Fue autor o coautor de 19 libros y de 90 artículos para publicaciones especializadas y su obra *Principios de administración* (ahora en su undécima edición como *Administración: Una persepctiva global*) se ha traducido a 16 idiomas. Su obra *Board of Directors and Effective Management* recibió el Academy of Management Book Award en 1968.

Después de recibir su doctorado en Yale, el profesor Koontz trabajó como asistente del consejo de fideicomisarios del New Haven Railroad, director de la división de tráfico de la War Production Board, asistente del vicepresidente de la Association of American Railroads, asistente del presidente de Trans World Airlines y director de ventas de Convair. Se desempeñó como consultor de administración para las empresas: Hughes Tool Company, Hughes Aircraft Company, Purex Corporation, KLM Royal Dutch Airlines, Metropolitan Life Insurance Company, Occidental Petroleum Corporation y General Telephone Company, además de otras. Entre los honores que recibió se incluyen su elección como miembro de la American Academy of Management y de la International Academy of Management. Recibió el Mead Johnson Award en 1962 y el Society for Advancement of Management Taylor Key Award en 1974; además aparece en *Who's Who in America, Who's Who in Finance and Industry* y en *Who's Who in the World*. Harold Koontz falleció en 1984.

HEINZ WEIHRICH es profesor de administración global y ciencias de la conducta en la Universidad de San Francisco. Obtuvo su grado de doctorado en la Universidad de California en Los Angeles (UCLA), ha sido investigador visitante de la Universidad de California en Berkeley y participó en un seminario en la Harvard Business School. Sus campos de trabajo son la administración, la administración internacional y las ciencias de la conducta. Ha impartido cursos en la Arizona State University, la Universidad de California en Los Angeles, Europa, los países árabes y Asia. Es miembro del profesorado de la Asia Europe International Business School (CEIBS), la principal escuela de administración de China.

Ha publicado más de 60 libros, contando las diversas ediciones y traducciones de éstos, y en la actualidad es autor único de *Elementos de administración* (*Essentials of Management*), 5a. ed., escrito originalmente en colaboración con Harold Koontz (libro que también ha sido traducido a varios idiomas). Otro de los títulos de su autoría es *Management Excellence: Productivity Through MBO*, en el que se describe un sistema administrativo basado en metas y orientado al éxito. Este libro ha sido traducido al chino, alemán, griego, italiano, japonés y español. Más de 100 de sus artículos han circulado en varias lenguas en publicaciones como *Human Resource Planning, Journal of Systems Management, Management International Review, Long Range Planning, European Business Review* y *The Academy of Management Executive*.

Acerca de los autores

Además de cultivar intereses académicos, se desempeña activamente en la consultoría administrativa, así como en el desarrollo ejecutivo y organizacional, en Estados Unidos, Europa, África y Asia. Como resultado de sus experiencias de consultoría y empresariales ha trabajado con compañías como ABB, China Resources Co., Eastman Kodak, Guangdong Enterprises, Hughes Aircraft, Mercedes-Benz y Volkswagen. Es miembro activo de Toastmasters International y ha dictado conferencias en Asia, los países árabes, Australia, Europa, México y Estados Unidos. Se le ha elegido como socio de la International Academy of Management, el honor más alto que puede conferir la comunidad administrativa internacional. Aparece citado en el *International Businessmen's Who's Who, Men of Achievement, Dictionary of International Biography, International Leaders in Achievement, Who's Who in California, Who's Who in the West, Who's Who in America* y *Who's Who in the World*.

La undécima edición de esta obra persigue el propósito de preparar a hombres y mujeres para una interesante, atractiva y satisfactoria trayectoria profesional en la administración en un entorno global en los umbrales de un nuevo siglo. Este libro en sus anteriores ediciones lleva usándose más de 40 años en todo el mundo. Cada una de ellas fue actualizada en su momento con la más reciente información sobre administración, lo que explica el persistente éxito de esta obra. Tal como lo indica el título del texto, *Administración. Una perspectiva global*, en él se adopta una visión global de la administración. Pero dado que el entorno global cambia rápidamente, también esta edición ha sido puesta al día para responder a esos cambios que ocurren en el mundo entero. Nuestras investigaciones, viajes y cursos académicos en numerosos países nos han permitido aprender mucho de los desafíos que enfrentan estudiantes, profesores y administradores.

Las ediciones anteriores de este libro se publicaron en 16 idiomas. La perspectiva global despertará el interés de quienes están al tanto del desmoronamiento de antiguas barreras y de la formación de nuevas alianzas entre compañías e individuos. Aparte de ocuparnos de las cuestiones administrativas vigentes en el continente americano, concedemos gran atención a los temas afines prevalecientes en la nueva Europa y en los países que forman parte de la Cuenca del Pacífico. La intención de este libro es que los lectores sean más eficientes y eficaces como personas y administradores mediante la adquisición de una perspectiva global y la aplicación en su trabajo de principios, conceptos y teorías.

¿Quiénes se beneficiarán de este libro?

A todas las personas que trabajan en organizaciones les beneficia el conocimiento de la administración contemporánea. Entre ellas podemos citar a estudiantes universitarios, aspirantes a administradores, individuos ya con habilidades administrativas pero interesados en ser aún más eficaces y otros profesionistas deseosos de conocer mejor la organización en la que trabajan. Este libro está dirigido a personas de todo tipo de organizaciones, no sólo de compañías comerciales; también es de importancia para quienes se desempeñan en organizaciones sin fines de lucro, tales como organismos gubernamentales, entidades dedicadas a la atención de la salud, instituciones educativas y otras empresas no lucrativas.

Las funciones administrativas de supervisores de primera línea, administradores intermedios y altos ejecutivos son esencialmente las mismas. Ciertamente existen variantes de gran importancia en las condiciones, alcance de autoridad y tipos de problemas de diversos puestos. Sin embargo, todos los administradores ejercen las mismas funciones básicas para obtener resultados mediante el establecimiento de las condiciones más adecuadas para el eficaz y eficiente desempeño de los individuos que trabajan en grupos.

Organización de este libro

Al igual que en las ediciones previas, en esta nueva versión hemos clasificado los conocimientos administrativos de acuerdo con las funciones de planeación, organización, integración de personal, dirección y control. Un modelo de sistemas, el cual aparece en la cara posterior de la cubierta de este libro y se reproduce una y otra vez a lo largo del texto, cumple el propósito de integrar esas funciones en un sistema y de vincular a las empresas con sus condiciones. La concepción de sistemas abiertos que proponemos en estas páginas es ahora más importante que antes, en razón de la creciente complejidad de las condiciones externas producto de la internacionalización.

La parte 1 se ocupa de las bases teóricas y prácticas de la administración global, y en ella se presenta también el modelo de sistemas que sirve como marco de referencia de este libro. Para familiarizar al lector con la novedosa perspectiva de este texto, esa parte incluye capítulos sobre la administración y sus relaciones con el ambiente externo, la responsabilidad social y la ética. Además y con la intención de resaltar la orientación internacional, contiene también un capítulo sobre administración global, comparada y de calidad. En las partes 2 a 6 se exponen las funciones administrativas de planeación, organización, integración de personal, dirección y control. Al final del último capítulo de cada parte se agrupan los principos básicos de la función respectiva.

La perspectiva global de la administración se subraya aún más en la sección de conclusiones de cada parte, dedicada exclusivamente a asuntos internacionales de gran importancia. Específicamente, las conclusiones de las partes 2 a 6 versan sobre las prácticas administrativas de Japón y la República Popular China, las cuales se comparan con las prácticas habituales en Estados Unidos, México y Colombia. Adicionalmente, la sección de conclusiones al final de cada una de las seis partes incluye una sección de "Enfoque internacional" sobre temas relevantes, como el surgimiento de China en calidad de nueva potencia económica, la ventaja competitiva de Alemania y la importancia de la calidad del servicio en Europa, Estados Unidos y Japón. La industria automotriz es la que mejor ilustra la internacionalización de las empresas. Para ejemplificar la competitividad global de las compañías automotrices, las conclusiones de las partes 1 a 6 contienen asimismo un caso sobre la industria automotriz global.

Modificaciones realizadas para esta edición

Aunque hemos conservado los materiales que han merecido la más entusiasta acogida al pasar de los años, hemos añadido a esta edición mucha información nueva. Por ejemplo, hemos reforzado características de suyo pronunciadas del libro, como su amplitud, profundidad y uso de ejemplos y casos, reconocidas por estudiosos y especialistas, pero al mismo tiempo hemos agregado muchas ideas, técnicas y características modernas, especialmente aquellas que brindan una perspectiva global de la administración.

En la revisión de este libro respondimos a dos grandes influencias. La primera de ellas es la valiosa retroalimentación de maestros, investigadores y estudiantes de Estados Unidos y otros países que han utilizado anteriores ediciones de este libro en diversos niveles de la educación académica y práctica en administración en gran variedad de universidades y empresas. La otra fuerte influencia a la que respondimos es el gran volumen de investigaciones, nuevas ideas y técnicas avanzadas, especialmente las que se aplican a la administración a partir de las ciencias de la conducta, sociales y físicas. Hemos hecho énfasis en la práctica administrativa con base en sólidas teorías.

Aunque nos resulta imposible mencionar aquí todos los cambios efectuados a esta edición, cabe destacar algunas de las modificaciones. Pusimos al día todos los capítulos. Redujimos el número de éstos de 23, su cantidad en la edición anterior, a 21 en este libro. Por ejemplo, los capítulos "Administración: Ciencia, teoría y práctica" y "Evolución del pensamiento administrativo y de los patrones de análisis administrativo" de la edición anterior se fundieron en uno solo, el capítulo 1, en esta edición. De igual manera, los capítulos "Naturaleza y propósito de la planeación" y "Objetivos" de la edición previa se unieron en esta edición (capítulo 4).

Condensamos parte del material, pero al mismo tiempo ampliamos otros temas.

NUEVOS TEMAS.   He aquí algunos de los nuevos temas de esta edición:

- Añadimos los enfoques de la administración de calidad total y la reingeniería a nuestras exposiciones sobre los patrones de análisis administrativo (capítulo 1).
- Agregamos el punto de vista ecológico al tema de las condiciones políticas y legales (capítulo 2).
- Integramos al capítulo 3 la ventaja competitiva de las naciones de Porter, así como comentarios sobre la ventaja competitiva global a través de la administración de la calidad. Complementamos el modelo europeo de administración de calidad total con ISO 9000, la norma europea de calidad. En ese mismo capítulo incluimos también otros varios enfoques y premios de calidad.
- Las "Conclusiones de la parte 1" fueron dedicadas a los drásticos cambios recientemente ocurridos en China.
- En las "Conclusiones de la parte 2", sobre planeación global, se exponen las ventajas y desventajas competitivas de Alemania.
- Las ventajas y limitaciones de la reingeniería se explican en varios capítulos (capítulos 1 y 7).
- Incluimos en el capítulo 8 el tema de la organización virtual; en el capítulo 9 el del facultamiento, y en el capítulo 13 el de la organización de aprendizaje.
- La función administrativa de dirección se enriqueció con el tratamiento de temas como el liderazgo transaccional y transformacional (capítulo 15), la consolidación de equipos y los equipos autodirigidos (capítulo 16).
- La parte dedicada al control también incluye ahora información sobre la evaluación comparativa, Internet, la delegación de funciones a proveedores externos y la administración de calidad total (capítulos 18, 19 y 20, respectivamente).

CARACTERÍSTICAS ADICIONALES.   Éstas son otras de las características de este libro:

- Se ofrecen numerosos ejemplos de compañías como McDonald's, Sony, IBM, Asea Brown Boveri (ABB), Boeing, 3M (notas Post-It), Mercedes-Benz, Procter & Gamble, AT&T, Unilever, Ford, General Motors, Toyota, Volvo, Lincoln Electric, Honda, Hewlett-Packard, American Airlines, Renault, Volkswagen, BankAmerica y otras organizaciones, muchas de ellas latinoamericanas.
- Cada capítulo concluye con un caso, muchos de los cuales son de corte internacional. Algunos se basan en la experiencia de consultoría de los autores. En beneficio

de la confidencialidad, hemos modificado los nombres de unas cuantas compañías. Sin embargo, en muchos otros casos aparecen sin más los nombres reales de organizaciones como Honda, McDonald's, la Universidad de California e IBM.

- Numerosas situaciones extraídas de la realidad y distribuidas a lo largo del libro permiten ilustrar conceptos y teorías de la administración.
- En los recuadros titulados "Perspectiva" o "Perspectiva internacional", insertados en los diversos capítulos, se ofrece información adicional.
- Cada capítulo contiene un apartado de "Ejercicios/Actividades" cuya intención es alentar la participación de los alumnos.
- Se hacen frecuentes referencias a organizaciones no lucrativas.
- En las "Conclusiones" de cada parte se exponen las prácticas administrativas propias de Japón, Estados Unidos, la República Popular China, México y Colombia. Además, la sección de "Enfoque internacional" de cada una de las "Conclusiones" se concentra en temas globales de vital importancia. Asimismo, cada una de las "Conclusiones" contiene un caso de la industria automotriz global.

Apoyo al aprendizaje

El modelo de sistemas integrador que se presenta en la cara posterior de la cubierta de este libro constituye una descripción general del contenido de este volumen. Tal modelo se explica detalladamente en el capítulo 1. Las partes 2 a 6 se inician con este modelo, y en una descripción general de las partes se destacan los capítulos contenidos por la parte respectiva.

Cada capítulo comienza con un epígrafe alusivo y los objetivos de aprendizaje correspondientes. Concluye con un resumen, un listado de "Ideas y conceptos básicos" y preguntas. El propósito de la sección "Ejercicios/Actividades" es incitar la participación de los lectores. Cada capítulo comprende asimismo un estudio de caso.

Los últimos capítulos de las partes 2 a 6, dedicadas a las cinco funciones administrativas, son seguidos por resúmenes de los principios básicos relativos a la planeación, la organización, la integración del personal, la dirección y el control. Colocadas al final de cada una de las seis partes, las "Conclusiones" se ocupan de asuntos administrativos globales contemporáneos. Además, los aspectos internacionales más importantes de la administración se señalan a lo largo del texto con figuras como globos terráqueos o banderas.

Reconocimientos

La ausencia física del doctor Harold Koontz sigue siendo motivo de profunda aflicción. En la sesión realizada en su memoria en la Academy of Management, el profesor Ronald Greenwood aseguró que Howdy Koontz se adelantó muchos años a su época. Su guía e inspiración popularizaron en efecto la clasificación de los conocimientos administrativos de acuerdo con las funciones administrativas, marco de referencia que en la actualidad se utiliza en el mundo entero. Se le recordará siempre por sus contribuciones a la administración y sus numerosos libros, en especial por la primera edición de *Fundamentos de administración*, obra que escribió en colaboración con Cyril O'Donnell y que desde entonces ha sido permanentemente puesta al día.

El profesor Koontz y yo estamos en deuda con tantas personas que la mención de todas ellas en esta sección la volvería enciclopédica. El agradecimiento a muchos estudiosos, autores y administradores se realiza en referencias incluidas en el texto. Muchos administradores con quienes hemos trabajado en empresas, organismos gubernamentales, instituciones educativas y otras entidades nos han aportado comentarios y ejemplos. Miles de administradores de todo tipo de empresas de varios países nos han honrado durante muchos años al permitirnos poner a prueba nuestras ideas en cursos y conferencias de capacitación de ejecutivos. Especialmente útiles para nosotros han sido las muchas experiencias de ejecutivos del mundo entero que han compartido generosamente con nosotros sus avatares internacionales. Por ejemplo, los administradores de programas ejecutivos en Suiza, Kuwait y Shanghai, así como los de China Resources y Guangdong Enterprises en Hong Kong, nos brindaron la oportunidad de obtener conocimientos sobre su cultura y sus prácticas administrativas. Agradecemos a los ejecutivos de éstas y muchas otras compañías con quienes hemos tenido el privilegio de trabajar en calidad de asesores, consultores o maestros la oportunidad que nos ofrecieron de ejercer la práctica clínica de la administración.

Muchos colegas, investigadores, administradores y estudiantes han aportado sugerencias e ideas para este libro. Mi buen amigo el profesor Keith Davis, de la Arizona State University, fue particularmente generoso con su tiempo. Uno de mis profesores en UCLA, el maestro George S. Steiner, estimuló poderosamente mi interés en el desarrollo de la matriz TOWS para la planeación estratégica. Los profesores Peter F. Drucker, George S. Odiorne y Gene Seyna, a quienes dediqué mi libro *Management Excellence: Productivity Through MBO*, aguzaron mis ideas sobre los sistemas administrativos basados en metas y la productividad administrativa.

En ediciones anteriores expresamos nuestra especial gratitud a quienes contribuyeron a su realización en forma muy importante. Aunque no los mencionamos aquí, cabe señalar que sus contribuciones también han sido relevantes para esta edición.

Deseamos agradecer a la gente de McGraw-Hill en México que desarrolló con gran creatividad esta edición: René Serrano, Noé Islas, Zeferino García y Lourdes Gómez. Javier Neyra B. contribuyó enormemente a convertir anteriores ediciones de este libro en un éxito de ventas en el mundo de habla hispana.

Finalmente, deseo dar las gracias a mi esposa, Ursula, por su paciencia y comprensión mientras escribí esta obra, la cual está dedicada a ella y a Mary Koontz.

Heinz Weihrich

La undécima edición de la obra clásica de Koontz y O'Donnel ha sufrido una gran transformación, pues gracias a la actualización de Heinz Weihrich, el texto se ha visto rediseñado, ofreciendo las últimas estrategias y herramientas de la práctica administrativa en el mundo. La presente edición enfatiza la importancia de la administración en el entorno latinoamericano. Este arduo trabajo es fruto de la convocatoria a un grupo de profesores, cuyas aportaciones en forma de casos de estudios, hicieron que la obra reflejara realmente el entorno global en el cual nos encontramos. Damos las gracias por su enorme contribución a Francisco López Herrera y Enrique Benjamín Franklin, de México (Universidad Nacional Autónoma de México); Mónica Río Nevado de Zelaya, de Guatemala (Universidad Francisco Marroquín); Víctor Nochetti; de Chile (Universidad de Talca); Gustavo Adolfo Pereda Lecuma, de Venezuela (Universidad Católica Andrés Bello); Sonia Ymaris del C. Sánchez, de República Dominicana (PUCA MAYMA) y Ricardo García Madariaga, de Colombia (Escuela de Administración de Negocios). Asimismo agradecemos al equipo de revisores técnicos que con sus dotes de carácter didáctico hicieron asequible el texto, pudiendo transmitir al español la esencia de la obra original.

En especial nuestro reconocimiento al profesor Luis Murillo de la Universidad de San Francisco (California, E.U.) por su ayuda en la presente edición.

En McGraw-Hill nos sentimos muy orgullosos por ofrecer un producto acorde con las necesidades educativas de nuestros países y muy satisfechos por crear obras con un enfoque global, que motiven al estudiante en su aprendizaje y al catedrático y al profesional en la actualización de sus conocimientos.

Dos fueron los objetivos de este proyecto en español: ofrecer un producto académico de calidad y capacitar para enfrentar con éxito los retos del nuevo milenio.

Agradecimientos

Para lograr esta edición, particularmente orientada al mundo de habla hispana, se contó con las valiosas aportaciones que en forma de comentarios, opiniones y sugerencias nos brindaron los siguientes colegas, todos ellos profesores universitarios con amplia experiencia docente y grandes conocedores de la obra de Koontz y Weihrich.

ARGENTINA: Germán Casas J., Universidad de Rosario, y Leonardo A. Cialdella, Universidad del Museo Social Argentino.

COLOMBIA: Aída Lucía Vélez Vengochea, Universidad del Norte; Álvaro Camacho Caicedo, Universidad Libre; Álvaro de Jesús Herrera Castañeda, Univalle, ICESI-IFL; Ana Vega Trujillo, EAFIT; Antonio José Avendaño C., Universidad de La Salle; Fanny Sánchez Palacio, ICESI; Gloria Inés López Bohórquez, Universidad Cooperativa de Colombia; Helena Borrios de Caputo, Universidad del Norte; Jesús Alberto Ramírez, Universidad Antonio Norino;

Prólogo a la edición en español

Jesús Báez Aparicio, Escuela de Administración de Negocios; José Bernardo Roa Fernández, Universidad de La Salle y Universidad América; Liyis Gómez Núñez, Universidad del Norte; Luis Eduardo Vallamil Carreño, UNISANGIL-Universidad Cooperativa de Colombia; Magdalena Puentes Herrera, Universidad de La Salle, y Raúl Carrascal Kutt, Universidad Autónoma del Caribe.

MÉXICO: Adriana José Valenzuela, FCA, Universidad Nacional Autónoma de México; Alfredo González Fosado, ESCA, Instituto Politécnico Nacional; Antonio Mares, Universidad Autónoma de Tamaulipas; Clara Torres Márquez, UPIICSA, Instituto Politécnico Nacional; David A. Salas Barrenechea, Universidad Autónoma de Guadalajara; Georgina E. Liy Gomiciaga, Universidad Iberoamericana; Guillermo Gómez R., Universidad Autónoma de Tamaulipas; Helia Castellano de Coeto, CETyS, Mexicali; Iliana del Carmen Martínez Sánchez, Universidad de La Salle, Cuernavaca; Jorge Ríos Szalay, FCA, Universidad Nacional Autónoma de México; José Antonio Mirafuentes M., Universidad Anáhuac del Sur; Laura B. Quezadas, Universidad Anáhuac del Sur; Manuel Basurto de León, ESCA, Instituto Politécnico Nacional; Marco Antonio García García, Universidad de La Salle, Pachuca; María Villicaña Morales, Universidad Autónoma de Guadalajara, Ma. del Rosario Trejo García, UPIICSA, Instituto Politécnico Nacional; María Elena Monroy Luna, Universidad Autónoma de Guadalajara; Petra Hernández Pérez, UPIICSA, Instituto Politécnico Nacional; Ramón Castillo O., Universidad de La Salle, Cuernavaca; Raúl de Zaldo Galina, Universidad Anáhuac del Sur; Rebeca Novoa y Arzaba, FCA, Universidad Nacional Autónoma de México; Verónica M. Romero Pérez, Universidad Panamericana, y Virginia Isabel Camacho Álvarez, Universidad de La Salle, Pachuca.

VENEZUELA: Gustavo Pereda Lecuna, Universidad Católica Andrés Bello; Italo Osorio Sánchez, Universidad Católica Andrés Bello, y Luis Guillermo Escalante, Universidad Metropolitana.

Contenido breve

Contenido

xvii

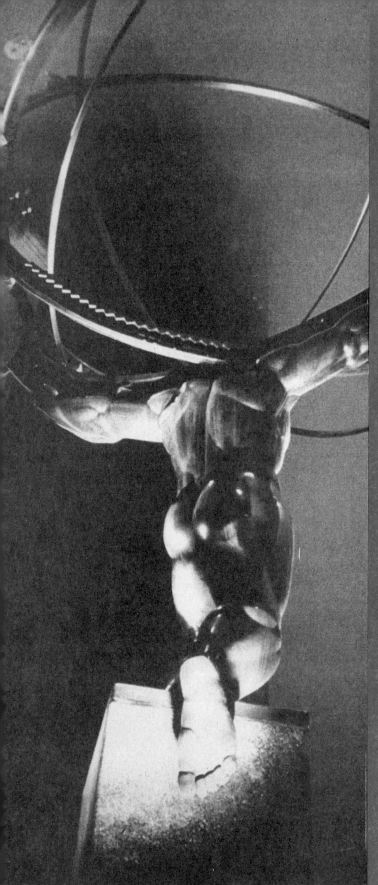

EL FUNDAMENTO DE LA TEORÍA Y LA PRÁCTICA DE LA ADMINISTRACIÓN GLOBAL

Parte 1

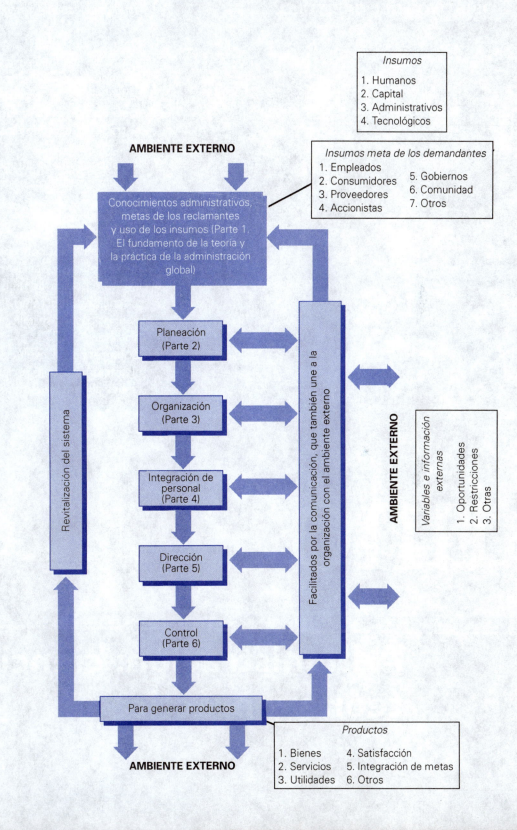

Insumos

1. Humanos
2. Capital
3. Administrativos
4. Tecnológicos

Insumos meta de los demandantes

1. Empleados
2. Consumidores
3. Proveedores
4. Accionistas
5. Gobiernos
6. Comunidad
7. Otros

AMBIENTE EXTERNO

Conocimientos administrativos, metas de los reclamantes y uso de los insumos (Parte 1. El fundamento de la teoría y la práctica de la administración global)

Planeación
(Parte 2)

Organización
(Parte 3)

Integración de
personal
(Parte 4)

Dirección
(Parte 5)

Control
(Parte 6)

Revitalización del sistema

Facilitados por la comunicación, que también une a la organización con el ambiente externo

AMBIENTE EXTERNO

*Variables e información
externas*

1. Oportunidades
2. Restricciones
3. Otras

Para generar productos

Productos

1. Bienes
2. Servicios
3. Utilidades
4. Satisfacción
5. Integración de metas
6. Otros

AMBIENTE EXTERNO

Al terminar este capítulo, usted podrá:

1. Definir y describir la naturaleza y propósito de la administración.
2. Entender que la administración, como se le concibe en este libro, se aplica a todo tipo de organizaciones y a administradores de todos los niveles organizacionales.
3. Reconocer que la intención de todos los administradores es crear un "superávit".
4. Identificar compañías excelentes y admirables, y sus características.
5. Comprender los conceptos de productividad, eficacia y eficiencia.
6. Explicar que la administración en la práctica es un arte en el que teorías y ciencias básicas se aplican a la luz de las situaciones.
7. Comprender la evolución de la administración y algunas recientes contribuciones al pensamiento administrativo.

Capítulo uno

Administración: ciencia, teoría y práctica

8. Explicar la naturaleza de la "selva de la teoría administrativa".
9. Describir los diversos enfoques de la administración, sus contribuciones y limitaciones.
10. Demostrar que el enfoque de procesos de la administración, u operativo, de la teoría y ciencia administrativas posee un núcleo básico propio y se apoya al mismo tiempo en otros enfoques.
11. Constatar que la administración requiere de un enfoque de sistemas y que en la práctica siempre se deben tomar en cuenta situaciones y contingencias.
12. Definir las funciones administrativas de planeación, organización, integración de personal, dirección y control.
13. Comprender la organización de este libro.

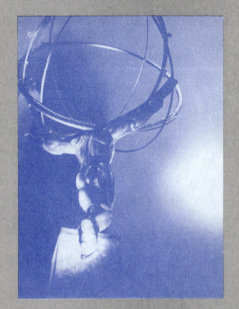

tulo

El liderazgo complementa a la administración, no la sustituye.[1]

La administración es una de las actividades humanas más importantes. Desde que los seres humanos comenzaron a formar grupos para cumplir propósitos que no podían alcanzar de manera individual, la administración ha sido esencial para garantizar la coordinación de los esfuerzos individuales. A medida que la sociedad empezó a depender crecientemente del esfuerzo grupal y que muchos grupos organizados tendieron a crecer, la tarea de los administradores se volvió más importante. El propósito de este libro es promover la excelencia entre todas las personas que forman parte de organizaciones, especialmente entre administradores, aspirantes a administradores y otros profesionistas.*

Definición de administración: su naturaleza y propósito

La **administración** es *el proceso de diseñar y mantener un entorno en el que, trabajando en grupos, los individuos cumplan eficientemente objetivos específicos*. Esta definición básica debe ampliarse:

1. Cuando se desempeñan como administradores, los individuos deben ejercer las funciones administrativas de planeación,** organización, integración de personal, dirección y control.
2. La administración se aplica a todo tipo de organizaciones.
3. Se aplica a administradores de todos los niveles organizacionales.
4. La intención de todos los administradores es la misma: generar un superávit.
5. La administración persigue la productividad, lo que implica eficacia y eficiencia.

Jürgen E. Schrempp, de Daimler-Benz, es administrador,[2] como lo son también Hiroshi Okuda, presidente de Toyota;[3] Robert J. Eaton, presidente ejecutivo de Chrysler,[4] y Kun-Hee Lee, presidente de Samsung, en Corea. Uno de los administradores actuales más poderosos es Bill Clinton, presidente de Estados Unidos. Pete Wilson, gobernador del estado de California, también es administrador, lo mismo que el papa Juan Pablo II, cabeza de la iglesia católica romana, una de las mayores organizaciones globales.

La revista estadunidense *Business Week* identificó a los 25 mejores administradores de 1996.[5] Éstos son algunos de ellos: Phil Condit, de Boeing; Michael Dell, de Dell Computers; Bob Eaton y Bob Lutz, de Chrysler; Bill Gates, de Microsoft; Lou Gerstner, de IBM; Any Grove, de Intel; Phil Knight, de Nike, y Jack Welch, de General Electric (GE). Algunos de los mejores administradores de este grupo de 25 lo son de empresas no estadunidenses, como Paolo Cantarella, de Fiat, compañía italiana; Nobuyuki Idei, de Sony, japonesa; Hiroshi Okuda, de Toyota, también japonesa, y Helmut Werner, de Mercedes-Benz, alemana. Sin embargo, el hecho de ser buen administrador no necesariamente significa que se tenga asegurado el empleo. Como resultado, por ejemplo, de una evidente lucha de poder con su jefe (Jürgen E. Schrempp, de Daimler-Benz, compañía matriz de Mercedes-Benz), Helmut Werner renunció a su puesto en enero de 1997, tras ser derrotado en la pugna por la reorganización de la compañía.[6]

---

* En ocasiones se emplea el término "no administradores" en referencia a individuos carentes de subordinados. Así, pueden ser no administradores los profesionistas de elevada posición en las organizaciones.

** En España y en algunos países latinoamericanos se usa el término *planificación*.

No obstante, también los supervisores de nivel intermedio y de primera línea realizan importantes contribuciones a las metas de las organizaciones en forma eficaz y eficiente. Todos ellos llevan a cabo actividades administrativas.

Todos administran **organizaciones**, a las que definiremos como un grupo de personas que trabajan en común para generar un superávit. En las organizaciones comerciales, este superávit son las utilidades. En las organizaciones no lucrativas, tales como las filantrópicas, el superávit puede estar representado por la satisfacción de necesidades. Las universidades también generan un superávit por medio de la creación y difusión de conocimientos, así como de la prestación de servicios a la comunidad o sociedad.

Funciones de la administración

Muchos estudiosos y administradores se han percatado de que la clara y útil organización de los conocimientos facilita el análisis de la administración. Así pues, al estudiar la administración es de gran utilidad dividirla en cinco funciones administrativas: planeación, organización, integración de personal, dirección y control, en torno de las cuales pueden organizarse los conocimientos que se hallan en la base de esas funciones. Es por ello que los conceptos, principios, teorías y técnicas de la administración se agrupan en esas cinco funciones.

Este marco de referencia se ha usado y probado durante muchos años. Aunque existen diferentes maneras de organizar los conocimientos administrativos, la mayoría de los autores de libros de textos de la actualidad han adoptado este marco, o uno similar tras, incluso, haber experimentado en ocasiones con otros sistemas de estructuración de los conocimientos.

Aunque en este libro se hace énfasis en las tareas de los administradores referentes al diseño de un ambiente interno que permita el alto desempeño de las organizaciones, no se debe ignorar que los administradores se ven obligados a operar también en el ambiente externo de las empresas. Es evidente que los administradores no pueden desempeñar correctamente sus tareas si no comprenden y se muestran sensibles a los muchos elementos del ambiente externo (factores económicos, tecnológicos, sociales, políticos y éticos) que afectan a sus áreas de operación. Además, en la actualidad muchas organizaciones operan en diferentes países. A esto se debe que en este libro se adopte una perspectiva global de la administración.

La administración como elemento esencial de todas las organizaciones

Los administradores asumen la responsabilidad de emprender acciones que permitan a los individuos realizar sus mejores contribuciones al cumplimiento de objetivos grupales. En consecuencia, la administración se aplica lo mismo a organizaciones grandes y pequeñas, empresas lucrativas y no lucrativas, industrias manufactureras y de servicios. Con el término "empresa" se alude a compañías, organismos gubernamentales,[7] hospitales, universidades y otras organizaciones, de manera que prácticamente todo lo que se dice en este libro se refiere a las organizaciones comerciales tanto como a las no comerciales. La eficacia administrativa es de interés para los presidentes de compañías, administradores de hospitales, supervisores de primera línea de organismos gubernamentales, dirigentes de boy scouts, obispos de iglesias, administradores de equipos de beisbol y rectores de universidades.

Funciones administrativas de los diferentes niveles organizacionales

En este libro no hacemos ninguna distinción básica entre administradores, ejecutivos, gerentes y supervisores. Ciertamente una situación dada puede diferir considerablemente entre uno y otro niveles de una organización o entre diversos tipos de empresas. De igual manera, también el alcance de la autoridad puede variar, mientras que es probable que los tipos de problemas por resolver sean considerablemente distintos. Más aún, una persona en un puesto administrativo puede dirigir a empleados de los departamentos de ventas, ingeniería o finanzas. Sin embargo, es un hecho que todos los administradores obtienen resultados mediante el establecimiento de un entorno favorable al esfuerzo grupal eficaz.

Todos los administradores ejercen funciones administrativas. No obstante, el tiempo que dedican a cada función puede diferir. En la figura 1-1 se muestra una aproximación del tiempo relativo que se destina a cada función. Así, los administradores de alto nivel dedican más tiempo a la planeación y la organización que los administradores de nivel inferior. La dirección, a su vez, consume gran parte del tiempo de los supervisores de primera línea. La diferencia en cuanto al tiempo destinado al control varía sólo ligeramente entre los administradores de los diversos niveles.

Figura 1-1

Tiempo dedicado al desempeño de funciones administrativas.

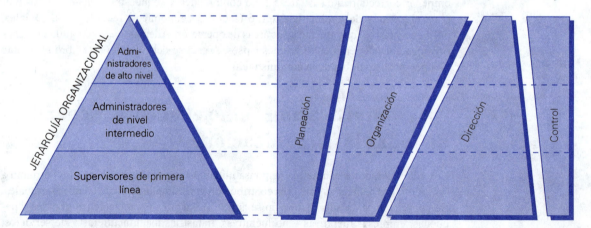

Figura parcialmente basada en y adaptada de Thomas A. Mahoney, Thomas H. Jerdee y Stephen J. Carroll, "The Job(s) of Management", en *Industrial Relations* (febrero de 1965), pp. 97-110.

Habilidades administrativas y jerarquía organizacional

Robert L. Katz identificó tres tipos de habilidades para los administradores.[8] A ellos se les puede agregar un cuarto: la capacidad para diseñar soluciones.

1. La **habilidad técnica** es la posesión de conocimientos y destrezas en actividades que suponen la aplicación de métodos, procesos y procedimientos. Implica por lo tanto el diestro uso de instrumentos y técnicas específicas. Por ejemplo, los mecánicos trabajan con herramientas y sus supervisores deben poseer la capacidad de enseñarlos a usarlas. De igual modo, los contadores aplican técnicas específicas en sus labores.

2. La **habilidad humana** es la capacidad para trabajar con individuos, esfuerzo cooperativo, trabajo en equipo, la creación de condiciones donde las personas se sientan protegidas y libres de expresar sus opiniones.

3. La **habilidad de conceptualización** es la capacidad para percibir el panorama general, distinguir los elementos más significativos de una situación y comprender las relaciones entre ellos.

4. La **habilidad de diseño** es la capacidad para resolver problemas en beneficio de la empresa. Para ser eficaces, y particularmente en los niveles organizacionales superiores, los administradores deben ser capaces de hacer mucho más que advertir un problema. Deben poseer además la habilidad de un buen ingeniero de diseño para deducir la solución práctica de un problema. Si se limitaran a detectar problemas y a fungir como "observadores de problemas", fracasarían. Por lo tanto, también deben poseer la valiosa habilidad de ser capaces de diseñar soluciones funcionales a los problemas en respuesta a las realidades que enfrentan.

FIGURA 1-2

Habilidades y niveles administrativos.

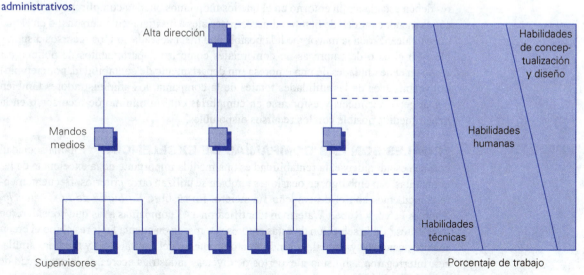

Las habilidades varían de importancia de acuerdo con los niveles administrativos.

La importancia relativa de estas habilidades puede diferir de acuerdo con el nivel de la jerarquía organizacional de que se trate. Tal como se muestra en la figura 1-2, las habilidades técnicas son las de mayor importancia para el nivel de supervisión. Las habilidades humanas también son útiles en las frecuentes interacciones con los subordinados. Por otra parte, las habilidades de conceptualización no suelen ser decisivas para los supervisores de nivel inferior. La necesidad de habilidades técnicas decrece en el nivel administrativo intermedio, en el que sin embargo las habilidades humanas siguen siendo esenciales al tiempo que las habilidades de conceptualización cobran mayor importancia. En el nivel administrativo superior son especialmente valiosas las habilidades de conceptualización, de diseño y humanas, mientras que la necesidad de habilidades técnicas es relativamente menor. Especialmente en las grandes organizaciones, se supone que los directores generales pueden utilizar las habilidades técnicas de sus subordinados. En las pequeñas empresas, en cambio, es probable que la experiencia técnica sea de gran importancia en este nivel.

Metas de todos los administradores y organizaciones

Los ejecutivos de organizaciones no comerciales afirman en ocasiones que el propósito de los administradores comerciales es muy simple: generar utilidades. Pero en realidad las utilidades no pasan de ser una medida del superávit de los dólares (o cualquier otra moneda) obtenidos por concepto de ventas sobre los gastados. Una de las metas más importantes de muchas empresas comerciales es el incremento a largo plazo del valor de sus acciones ordinarias. En estricto sentido, el objetivo lógico y públicamente aceptable de la totalidad de los administradores de todo tipo de organizaciones, lo mismo comerciales que no comerciales, debería ser el de obtener un *superávit*. Así, los administradores deben establecer un entorno en el que los individuos puedan cumplir metas grupales con la menor cantidad de tiempo, dinero, materiales e insatisfacción personal o en el que puedan alcanzar en la mayor medida posible una meta deseada con los recursos disponibles. En el caso de empresas no comerciales como los departamentos de policía, así como en el de unidades de una empresa (un departamento de contabilidad, por ejemplo) no responsables de las utilidades totales de la compañía, los administradores también deben perseguir metas y esforzarse en cumplirlas con un mínimo de recursos o en la mayor medida posible con los recursos disponibles.

¿CUÁLES SON LAS COMPAÑÍAS DE EXCELENCIA?   En una sociedad como la estadunidense, la rentabilidad es una medida importante de la excelencia de las compañías. Sin embargo, en ocasiones también se utilizan otros criterios, frecuentemente coincidentes con el desempeño financiero. En su libro *En busca de la excelencia*, Thomas Peters y Robert Waterman identificaron a 43 compañías a las que consideraron excelentes.[9] En la selección de estas empresas tomaron en cuenta factores como el crecimiento de activos y capital, el rendimiento promedio del capital total y medidas similares. Interrogaron asimismo a expertos de diversas industrias acerca de la capacidad de innovación de las compañías.

Los autores citados identificaron ocho características de las compañías de excelencia. Específicamente, estas empresas

- se orientaban a la acción
- se informaban acerca de las necesidades de sus clientes
- promovían la autonomía administrativa y el espíritu empresarial
- obtenían una alta productividad mediante la estrecha atención a las necesidades de su personal
- se regían por una filosofía basada a menudo en los valores de sus líderes
- se concentraban en el área de actividad que conocían mejor
- poseían una estructura organizacional sencilla y escaso personal administrativo
- eran tanto centralizadas como descentralizadas, dependiendo de sus circunstancias

Dos años después de la aparición de *En busca de la excelencia*, la revista *Business Week* se ocupó de nueva cuenta de las compañías que Peters y Waterman habían considerado excelentes.[10] La encuesta realizada por esta revista reveló que al menos 14 de esas 43 compañías ya no cumplían del todo con las ocho características de la excelencia. Las ganancias de nueve compañías habían decrecido sustancialmente. Se criticó entonces a Peters y Waterman (por sus métodos de recolección e interpretación de datos, por ejem-

PERSPECTIVA INTERNACIONAL

LAS COMPAÑÍAS MÁS ADMIRABLES DE ESTADOS UNIDOS[12]

La revista estadunidense *Fortune* pidió a más de 13 000 ejecutivos, directores externos y analistas de valores financieros clasificar a compañías industriales y de servicios (las 10 más importantes de su industria o menos en ciertos casos) de acuerdo con ocho criterios: 1. Innovación; 2. Capacidad para atraer, desarrollar y conservar a personas talentosas; 3. Calidad administrativa; 4. Calidad de productos o servicios; 5. Valor como inversión a largo plazo; 6. Solidez financiera; 7. Responsabilidad para con la comunidad y el ambiente, y 8. Uso de los activos corporativos.

La encuesta incluyó a 431 compañías de 49 grupos industriales. Las 10 compañías más admirables de 1996 fueron: 1. Coca-Cola (bebidas), 2. Mirage Resorts (hoteles, lugares de recreo, casinos), 3. Merck (productos farmacéuticos), 4. United Parcel Service (mensajería, paquetería y carga), 5. Microsoft (servicios de cómputo y datos), 6. Johnson & Johnson (productos farmacéuticos), 7. Intel (electrónica), 8. Pfizer (productos farmacéuticos), 9. Procter & Gamble (jabones y cosméticos) y 10. Berkshire Hathaway (servicios financieros diversos).

Las siguientes compañías ocuparon el primer lugar en su respectiva industria: Boeing, industria aeroespacial; Southwest Airlines, líneas aéreas; Chrysler, vehículos y partes automotrices; United Parcel Service, mensajería, paquetería y carga; Coca-Cola, bebidas; Wal-Mart Stores, almacenes, y Procter & Gamble, jabones y cosméticos.

plo, los que implicaban un uso excesivo de anécdotas y citas textuales de líderes en su campo en lugar de fuentes de investigación más científicas),[11] al tiempo que la revisión de desempeño de aquellas empresas indicó que el éxito puede ser transitorio y que demanda la persistencia en un trabajo intenso por conseguir la adaptación a los cambios que ocurren en el entorno.

Productividad, eficacia y eficiencia

Otra manera de concebir el objetivo de todos los administradores es la de afirmar que deben ser productivos. Después de la Segunda Guerra Mundial, Estados Unidos se convirtió en el líder mundial en productividad. Sin embargo, el crecimiento de la productividad estadunidense comenzó a frenarse a fines de la década de los sesenta. Hoy día, gobiernos, industrias privadas y universidades del mundo entero reconocen la urgente necesidad de mejorar la productividad. Es común que se vuelva la mirada a Japón en busca de soluciones a problemas de productividad (tema del que nos ocuparemos en el capítulo 3), pero a menudo se tiende a pasar por alto la importancia del eficaz desempeño de las actividades administrativas y no administrativas básicas.

DEFINICIÓN DE PRODUCTIVIDAD   Las compañías de éxito generan un superávit a través de sus operaciones productivas. Aunque aún no se obtiene consenso sobre el significado preciso del término **productividad**, definámoslo como *la relación productos-insumos en un periodo específico con la debida consideración de la calidad*. Esto puede expresarse de la siguiente manera:

$$\text{Productividad} = \frac{\text{productos}}{\text{insumos}} \text{ (en un periodo específico y considerando la calidad)}$$

Esta fórmula indica que la productividad puede elevarse 1) incrementando los productos con los mismos insumos, 2) reduciendo los insumos pero manteniendo los mismos productos o 3) incrementando los productos y reduciendo los insumos para obtener un cambio favorable en la relación entre ellos. Las compañías hacen uso de varios tipos de insumos, como fuerza de trabajo, materiales y capital. La productividad de factor total combina varios insumos para obtener un insumo compuesto. Antes, los programas de elevación de la productividad se dirigían fundamentalmente a los trabajadores.[13] Sin embargo, tal como observó Peter F. Drucker, uno de los autores más prolíficos en el campo de la administración: "la mayor oportunidad para el incremento de la productividad reside sin duda en el trabajo intelectual, especialmente en el caso de la administración".[14]

DEFINICIONES DE EFICACIA Y EFICIENCIA   La productividad implica eficacia y eficiencia en el desempeño individual y organizacional. La **eficacia** es el cumplimiento de objetivos. La **eficiencia** es el logro de las metas con la menor cantidad de recursos. Es imposible que los administradores sepan si son productivos a menos que primero conozcan sus metas y las de la organización, tema que expondremos en el capítulo 4.

Administración: ¿ciencia o arte?

Como todas las demás prácticas profesionales (medicina, composición musical, ingeniería, contabilidad e incluso beisbol), la administración es un arte. Es saber cómo hacer algo. Hacer cosas en vista de las realidades de una situación. Aun así, los administradores trabajarán mejor si hacen uso de los conocimientos organizados acerca de la administración. Estos conocimientos constituyen una ciencia. Por lo tanto, en la práctica la administración es un **arte**; los conocimientos organizados en los que se basa la práctica son una **ciencia**. En este contexto, ciencia y arte no son mutuamente excluyentes, sino complementarios.

Cuando la ciencia mejora, también mejora el arte, como ha ocurrido en las ciencias físicas y biológicas. Es indudable que la ciencia en la que se basa la administración es aún sumamente imperfecta e inexacta. Esto se debe a que las muchas variables que manejan los administradores son extremadamente complejas. No obstante, los conocimientos administrativos pueden mejorar la práctica de la administración. Sin las ventajas de la ciencia, los médicos serían poco más que brujos. Los ejecutivos que pretenden administrar sin recurrir a la ciencia administrativa deben atenerse únicamente a la suerte, la intuición o lo que hicieron en el pasado.

A menos que los practicantes de la administración como de cualquier otro campo, aprendan a fuerza de prueba y error (y se ha dicho que los errores de los administradores son las pruebas de sus subordinados), no encontrarán una orientación significativa en otra parte que no sea el conocimiento acumulado subyacente en su práctica.

Elementos de la ciencia

La **ciencia** es conocimiento organizado. La característica esencial de toda ciencia es la aplicación del método científico al desarrollo del conocimiento. Así, una ciencia comprende conceptos claros, teorías y otros conocimientos acumulados desarrollados a partir de hipótesis (supuestos de que algo es cierto), experimentación y análisis.

Enfoque científico

El enfoque científico, esquemáticamente representado en la figura 1-3, requiere primeramente de **conceptos** claros, imágenes mentales de algo formadas mediante la generalización a partir de particularidades. Estas palabras y términos deben ser exactos, pertinentes para las cosas sometidas a análisis e informativas para científico y practicante por igual. Sobre esta base, el **método científico** supone la determinación de hechos objetivos por medio de la observación. Tras clasificar y analizar estos hechos, los científicos buscan relaciones causales. Una vez probada la precisión de estas generalizaciones o hipótesis y confirmada su apariencia de verdad (es decir, su capacidad para reflejar o explicar la realidad), se les denomina "principios". El valor de éstos radica en que permiten prever lo que ocurrirá en circunstancias similares. Los principios no siempre son incuestionables o invariablemente ciertos, pero se les considera suficientemente válidos para efectos de predicción.

El enfoque científico.

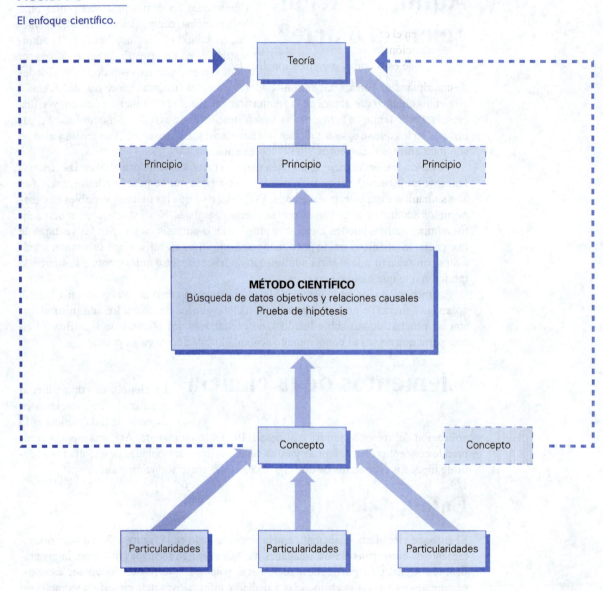

Una **teoría** es una agrupación sistemática de conceptos y principios interdependientes que sirve como marco de referencia o enlace de una importante área de conocimientos. Los datos dispersos, como las anotaciones realizadas en un pizarrón durante la discusión de un problema por un grupo de ingenieros, no son información a menos que el observador posea conocimientos sobre la teoría que explica las relaciones. La teoría es, como lo dijo Homans, "apenas una clasificación, una serie de casillas, un mueble vacío en el que pueden acumularse hechos objetivos. Un hecho impreciso equivale a nada".[15]

Función de la teoría administrativa[16]

Así pues, en el campo de la administración es función de la teoría brindar un medio para la clasificación de conocimientos administrativos significativos y pertinentes. En el área de diseño de estructuras organizacionales eficaces, por ejemplo, priva un buen número de principios relacionados entre sí y con valor predictivo para los administradores. Algunos principios ofrecen pautas para la delegación de autoridad, entre ellos el principio de delegación por resultados esperados, el principio de igualdad de autoridad y responsabilidad y el principio de unidad de mando.

En administración, los **principios** son verdades fundamentales (o lo que se considera verdades en un momento dado) que explican las relaciones entre dos o más conjuntos de variables, generalmente una variable independiente y una variable dependiente. Pueden ser *descriptivos* o *predictivos*, pero no prescriptivos. Esto es, describen la relación de una variable con otra (lo que ocurrirá cuando estas variables interactúen). No prescriben lo que deben hacer los individuos. Por ejemplo y en relación con la física, si la gravedad es la única fuerza que actúa sobre un cuerpo al caer, éste caerá a una velocidad creciente; este principio no establece que alguien deba saltar desde el techo de un enorme edificio. O bien, tomemos como ejemplo la **ley de Parkinson**: *el trabajo tiende a incrementarse para ocupar el tiempo disponible.* Incluso si el relativamente frívolo principio de Parkinson es correcto (y probablemente lo sea), esto no significa que un administrador deba prolongar el tiempo de que disponen los individuos para realizar un trabajo. Para ofrecer otro ejemplo, en administración el **principio de unidad de mando** establece que cuanto mayor sea la frecuencia con la que un individuo deba informar de sus acciones a un solo superior, tanto más probable será que ese individuo experimente una sensación de lealtad y obligación, y tanto menos probable que se imponga la confusión en las instrucciones. Este principio se limita a predecir. De ninguna manera implica que los individuos nunca deban informar a más de una persona. Implica más bien que, en caso de que deban hacerlo, es necesario que sus administradores estén conscientes de los posibles riesgos que ello entraña y tomen en cuenta estos riesgos al equilibrar las ventajas y desventajas del mando múltiple.

Así como los ingenieros que aplican principios físicos al diseño de un instrumento, los administradores que aplican la teoría a la administración deben combinar usualmente principios con realidades. Los ingenieros suelen enfrentar la necesidad de combinar consideraciones de peso, tamaño, conductividad y otros factores al diseñar un instrumento. De la misma manera, un administrador puede descubrir que las ventajas de otorgar autoridad a un contralor para que prescriba procedimientos de contabilidad en una organización son superiores a los posibles costos de la autoridad múltiple. Pero si conoce la teoría, este administrador sabrá que es probable que surjan costos como instrucciones contradictorias y confusión, y dará los pasos necesarios (como la clara especificación de la autoridad especial del contralor a todos los involucrados) para reducir al mínimo esas desventajas.

Técnicas administrativas

Las **técnicas** son en esencia maneras de hacer las cosas, métodos para la obtención de un resultado dado. Son importantes en todos los campos prácticos. Ciertamente, también lo son en la administración, aunque hasta ahora se hayan inventado aún pocas técnicas administrativas realmente importantes. Entre ellas pueden citarse la presupuestación, la contabilidad de costos, técnicas de planeación y control en red como la técnica de evaluación y revisión de programas (Program Evaluation and Review Technique, PERT) o el método de la ruta crítica (Critical Path Method, CPM), el control de la tasa de rendimiento de la inversión y diversos procedimientos de desarrollo organizacional, todas las cuales explicaremos en posteriores capítulos. Las técnicas se desprenden normalmente de la teoría y son un medio para la más eficaz realización de las actividades de los administradores.

Evolución del pensamiento administrativo y de los patrones de análisis administrativo

Numerosas y muy diferentes contribuciones de autores y especialistas han dado como resultado diferentes enfoques de la administración, los cuales han originado el surgimiento de la "selva de las teorías administrativas". Más adelante se explicarán los diferentes patrones de análisis administrativo y lo que se puede hacer para abrirse paso en esa selva. En la tabla 1-1 se resumen las principales contribuciones de autores y especialistas en administración. Aquí destacaremos la administración científica de Frederick Taylor; las aportaciones de Henri Fayol, padre de la teoría administrativa operacional moderna, y los estudios de Hawthorne de Elton Mayo y F. J. Roethlisberger.

Frederick Taylor y la administración científica[17]

Frederick Winslow Taylor abandonó los estudios universitarios y se inició como aprendiz de confección de moldes y mecánico en 1875. Tres años después, en 1878, entró a trabajar

	Autores, título y año de las obras más importantes	Principales contribuciones a la administración
Tabla 1-1 Surgimiento del pensamiento administrativo.		

Administración científica

Autores, título y año de las obras más importantes	Principales contribuciones a la administración
Frederick W. Taylor *Shop Management* (1903) *Principles of Scientific Management* (1911) *Testimony before the Special House Committee* (1912)	Reconocido como "padre de la administración científica". Su principal interés fue la elevación de la productividad mediante una mayor eficiencia en la producción y salarios más altos a los trabajadores, a través de la aplicación del método científico. Sus principios insisten en el uso de la ciencia, la generación de armonía y cooperación grupales, la obtención de la máxima producción y el desarrollo de los trabajadores.
Henry L. Gantt (1901)	Instó a la selección científica de los trabajadores y a la "armónica cooperación" entre trabajadores y administradores. Creó la gráfica de Gantt (capítulo 21). Destacó la necesidad de capacitación.
Frank y Lillian Gilbreth (1900)	A Frank Gilbreth se le conoce sobre todo por sus estudios de tiempo y movimiento. Lillian Gilbreth, psicóloga industrial, se centró en los aspectos humanos del trabajo y en el conocimiento de la personalidad y necesidades de los trabajadores.

Teoría moderna de la administración operacional

Henri Fayol *Administration Industrielle et Générale* (1916)	Conocido como "padre de la teoría administrativa moderna". Dividió las actividades industriales en seis grupos: técnicas, comerciales, financieras, de seguridad, contables y administrativas. Advirtió la necesidad de enseñanza de la administración. Formuló el proceso administrativo y 14 principios de la administración, como los referidos a la autoridad y responsabilidad, la unidad de mando, la cadena escalar (jerarquía) y el espíritu de cuerpo.

Ciencias de la conducta

Hugo Münsterberg (1912)	Aplicación de la psicología a la industria y la administración.
Walter Dill Scott (1911)	Aplicación de la psicología a la publicidad, la comercialización y el personal.
Max Weber (traducciones al inglés, 1946, 1947)	Teoría de la burocracia.
Vilfredo Pareto (libros 1896-1917)	Conocido como "padre del enfoque de sistemas sociales" de la organización y la administración.
Elton Mayo y F. J. Roethlisberger (1933)	Realizaron los famosos estudios en la planta de Hawthorne de la Western Electric Company. Influencia de las actitudes y relaciones sociales de los grupos de trabajo en el desempeño.

Tabla 1-1

(Continúa.)

Autores, título y año de las obras más importantes	Principales contribuciones a la administración
Teoría de sistemas	
Chester Barnard *The Functions of the Executive* (1938)	La tarea de los administradores es mantener un sistema de esfuerzo cooperativo en una organización formal. Propuso un muy completo enfoque de sistemas sociales de la administración.
Surgimiento del pensamiento administrativo moderno y contribuciones recientes a la administración	
	En este libro se mencionará a muchos autores. Algunas de las contribuciones más importantes han sido realizadas por Chris Argyris, Robert R. Blake, C. West Churchman, Ernest Dale, Keith Davis, Mary Parker Follett, Frederick Herzberg, G. C. Homans, Harold Koontz, Rensis Likert, Douglas McGregor, Abraham H. Maslow, Lyman W. Porter, Herbert Simon, George A. Steiner, Lyndall Urwick, Norbert Wiener y Joan Woodward.
Peter F. Drucker (1974)	Prolífico autor sobre abundantes temas administrativos generales.
W. Edwards Deming (después de la Segunda Guerra Mundial)	Introdujo el control de calidad en Japón.
Laurence Peter (1969)	Observó que, al paso del tiempo, la gente asciende hasta un nivel en el que es incompetente.
William Ouchi (1981)	Explicó prácticas administrativas japonesas selectas adaptadas a las condiciones de Estados Unidos.
Thomas Peters y Robert Waterman (1982)	Identificaron las características de compañías a las que consideraron excelentes.

Fuente: Parte de la información de esta tabla se basa en Claude S. George, Jr., *The History of Management Thought* (Englewood Cliffs, N.J., Prentice-Hall, 1972).

como mecánico a la Midvale Steel Company, con sede en Filadelfia, empresa en la que llegaría a ocupar el puesto de jefe del departamento de ingeniería tras obtener un grado universitario en esta disciplina estudiando en las noches. Inventó herramientas de alta velocidad para el corte de acero y dedicó la mayor parte de su vida a la consultoría en ingeniería. Se le reconoce generalmente como "padre de la administración científica". Quizá ninguna otra persona haya ejercido mayor impacto que él en el desarrollo inicial de la administración. Sus experiencias como aprendiz, obrero, capataz, maestro mecánico y después como director de ingeniería de una compañía acerera le ofrecieron la gran oportunidad de conocer de primera mano los problemas y actitudes de los trabajadores y de descubrir las grandes posibilidades para la elevación de la calidad de la administración.

Su famoso libro, titulado *The Principles of Scientific Management*, se publicó en 1911. Éstos son los principios fundamentales que Taylor determinó como la base del enfoque científico de la administración:

1. Sustitución de reglas prácticas por preceptos científicos (conocimientos organizados).
2. Obtención de armonía en la acción grupal, en lugar de discordia.
3. Consecución de la cooperación de los seres humanos, en lugar del individualismo caótico.
4. Obtención mediante el trabajo de la producción máxima, no de una producción restringida.
5. Desarrollo de la plena capacidad de todos los trabajadores, en favor de su máxima prosperidad personal y de la compañía.

Como seguramente podrá usted darse cuenta, estos preceptos básicos de Taylor no están muy lejos de los conceptos fundamentales de los administradores modernos.

Fayol, padre de la teoría moderna de la administración operacional[18]

Tal vez el verdadero padre de la teoría administrativa moderna sea el industrial francés Henri Fayol, quien advirtió la inmensa necesidad de principios y enseñanzas administrativas. En consecuencia, identificó 14 principios, aunque hizo notar que se trataba de normas flexibles, no absolutas, utilizables de cualquier modo más allá de la ocurrencia de cambios en las condiciones imperantes. Detengámonos en algunos de estos principios.

HENRI FAYOL
1841-1925
Ronald T. Greenwood.

1. *Autoridad y responsabilidad*. Fayol señaló que autoridad y responsabilidad deben estar relacionadas entre sí, y que la segunda debe desprenderse de la primera. Concebía la autoridad como una combinación de factores oficiales, los cuales se derivan del puesto que ocupe el administrador y de factores personales, "compuestos por la inteligencia, la experiencia, la integridad moral, la hoja de servicios, etcétera".

2. *Unidad de mando*. Esto significa que los empleados deben recibir órdenes de un solo superior.

3. *Cadena escalar (jerarquía)*. Fayol concebía a ésta como una "cadena de superiores" desde el rango más alto al más bajo, la cual, siempre y cuando no fuera ignorada innecesariamente, debía eliminarse en caso de que su escrupuloso seguimiento fuera perjudicial.

4. *Espíritu de cuerpo*. Éste es el principio de que "la unión hace la fuerza", así como una prolongación del principio de unidad de mando, con particular insistencia en la necesidad del trabajo en equipo y en la importancia en éste de la comunicación.

Fayol interpretó los elementos de la administración como funciones: previsión, organización, dirección, coordinación y control.[19]

Elton Mayo y F. Roethlisberger y los estudios de Hawthorne

Elton Mayo, F. J. Roethlisberger y colaboradores realizaron entre 1927 y 1932 los ahora famosos experimentos en la planta de Hawthorne de la Western Electric Company.[20] Antes, de 1924 a 1927, el Consejo Nacional de Investigación (National Research Council) de Estados Unidos había efectuado un estudio en colaboración con la Western Electric para determinar el efecto de la iluminación y otras condiciones en los trabajadores y su productividad. Tras descubrir que, independientemente de que la iluminación aumentara o decreciera, la productividad de un grupo de prueba se elevaba, los investigadores estuvieron a

punto de declarar fracasado el experimento, pero Elton Mayo, de Harvard, advirtió en él hechos inusuales y, junto con Roethlisberger y otros estudiosos, continuó la investigación.

Los hallazgos de Mayo y sus colaboradores, basados en parte en ideas anteriormente concebidas por Pareto, tendrían un efecto dramático en el pensamiento administrativo. La modificación de la iluminación del grupo de prueba, la realización de cambios en los periodos de descanso, la reducción de las jornadas de trabajo y la aplicación de variantes en los sistemas de pago de incentivos no parecieron explicar los cambios en la productividad. Así pues, Mayo y sus colaboradores llegaron a la conclusión de que eran otros los factores explicativos. Descubrieron que, en general, la elevación de la productividad se debía a factores sociales como la moral de los empleados, la existencia de satisfactorias interrelaciones entre los miembros de un grupo de trabajo ("sentido de pertenencia") y la eficacia de la administración, un tipo de administración capaz de comprender el comportamiento humano, especialmente el comportamiento grupal, y de favorecerlo mediante habilidades interpersonales como la motivación, la asesoría, la dirección y la comunicación. Este fenómeno, producto sobre todo del hecho de que se pusiera atención en los individuos, se conoce como "efecto de Hawthorne".

Contribuciones recientes al pensamiento administrativo

Entre las diversas contribuciones al pensamiento administrativo se encuentran las realizadas por administradores públicos, administradores de empresas y científicos de la conducta, cuyas obras más importantes serán comentadas a lo largo de este libro. Aquí mencionaremos sólo a unos cuantos.

Peter F. Drucker ha escrito sobre muchos temas generales de la administración. Keith Davis contribuyó particularmente a nuestra comprensión de la organización informal, de la que trataremos en el parte 3 de este libro. Los estadunidenses W. Edwards Deming, ya desaparecido, y Joseph M. Juran realizaron importantes aportaciones a la elevación de la calidad de los productos japoneses. El ya también desaparecido Laurence Peter hizo ver que, con el tiempo, los individuos ascienden hasta un nivel en el que se muestran incompetentes y en el que resulta imposible pensar en un nuevo ascenso. Lamentablemente, esto puede producir organizaciones con personal incompetente.[21] William Ouchi, autor del libro de gran venta *Theory Z*, demostró la posibilidad de aplicar determinadas prácticas administrativas en Estados Unidos.[22] Finalmente, Thomas Peters y Robert Waterman expusieron las características de las compañías de excelencia.[23] La mayoría de estos trabajos se explicarán detalladamente en otras partes de este libro.

Patrones de análisis administrativo: ¿una selva de teorías administrativas?[24]

Aunque hasta principios de la década de los cincuenta las contribuciones de autores y teóricos académicos al estudio de la administración fueron notablemente escasas, pues la mayoría de los textos anteriores a esa fecha fueron obra de especialistas empíricos, en las últimas tres o cuatro décadas se ha dado un verdadero diluvio de textos procedentes de recintos académicos.[25] La enorme variedad de enfoques del análisis administrativo, la gran cantidad de investigaciones y el considerable número de opiniones divergentes han resultado en una terrible confusión acerca de qué es la administración, qué la teoría y ciencia de la administración y cómo deben analizarse los hechos administrativos. Frente a tales circunstancias, hace años Koontz se refirió a esta situación como "la selva de las teorías administrativas".[26] Desde entonces, la vegetación de esta selva ha cambiado un tanto (se han desarrollado nuevos enfoques y enfoques antiguos han adoptado nuevos significados y terminología), a pesar de lo cual el desarrollo de la ciencia y teoría de la administración conserva aún una apariencia selvática.

Los diversos enfoques del análisis administrativo se sintetizan en la figura 1-4, en la que se les agrupa en las siguientes categorías: 1) enfoque empírico, o de casos; 2) enfoque de los papeles administrativos; 3) enfoque de contingencias, o situacional; 4) enfoque matemático, o de la "ciencia administrativa"; 5) enfoque de la teoría de las decisiones; 6) enfoque de la reingeniería; 7) enfoque de sistemas; 8) enfoque de sistemas sociotécnicos; 9) enfoque de sistemas sociales cooperativos; 10) enfoque del comportamiento grupal; 11) enfoque del comportamiento interpersonal; 12) marco 7-S de McKinsey; 13) enfoque de la administración de calidad total, y 14) enfoque del proceso administrativo u operacional.

En la figura 1-4 también se recogen las características, contribuciones y limitaciones de cada enfoque. Aquí nos ocuparemos de sólo algunos enfoques de la administración: 1) enfoque de los papeles administrativos, 2) marco 7-S de McKinsey, 3) enfoque de la administración de calidad total, 4) enfoque de la reingeniería y 5) enfoque del proceso administrativo u operacional, en el cual se integran las diversas perspectivas de la administración.

Enfoque de los papeles administrativos

Uno de los enfoques más recientes de la teoría de la administración es el enfoque de los papeles administrativos, difundido por el profesor Henry Mintzberg, de McGill University.[27] En esencia, este enfoque consiste en observar lo que realmente hacen los administradores para, a partir de ahí, obtener conclusiones acerca de cuáles son sus actividades (o papeles). Aunque muchos investigadores han estudiado las labores reales de los administradores (desde directores ejecutivos hasta supervisores de línea), Mintzberg es quien ha puesto mayor empeño en la difusión de este enfoque.

Tras el estudio sistemático de las actividades de cinco directores generales de varias organizaciones, Mintzberg llegó a la conclusión de que los ejecutivos no desempeñan las funciones administrativas clásicas: planeación, organización, coordinación y control. Desarrollan, en cambio, muchas otras actividades.

Tanto de sus investigaciones como de las realizadas por otros estudiosos que también han examinado lo que realmente hacen los administradores, Mintzberg extrajo la conclusión de que los administradores desempeñan los 10 papeles que se relacionan en la siguiente "Perspectiva internacional".

Figura 1-4

Enfoques de la
administración.

CARACTERÍSTICAS/ CONTRIBUCIONES	LIMITACIONES	ILUSTRACIÓN
ENFOQUE EMPÍRICO O DE CASOS		
Estudia experiencias mediante casos. Identifica éxitos y fracasos.	Cada situación es distinta. No se hace ningún intento por identificar principios. Valor limitado para el desarrollo de teoría administrativa.	
ENFOQUE DE LOS PAPELES ADMINISTRATIVOS		
El estudio original consistió en observaciones de cinco directores generales. Con base en este estudio se identificaron 10 papeles administrativos, los cuales se agruparon en 1) interpersonales, 2) de información y 3) de decisión.	La muestra original fue muy reducida. Algunas actividades no son administrativas. Las actividades dan evidencia de planeación, organización, integración de personal, dirección y control. En cambio, se dejaron fuera algunas actividades administrativas importantes (como la evaluación de administradores).	
ENFOQUE DE CONTINGENCIAS O SITUACIONAL		
La práctica administrativa depende de las circunstancias (es decir, de una contingencia o situación). La teoría de las contingencias reconoce la influencia de determinadas soluciones en los patrones de comportamiento organizacional.	Los administradores saben desde hace mucho tiempo que *no* existe la "mejor" manera de actuar. Dificultad para la determinación de todos los factores de contingencias pertinentes y la exhibición de sus relaciones. Puede ser muy complejo.	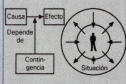
ENFOQUE MATEMÁTICO O DE LA "CIENCIA DE LA ADMINISTRACIÓN"		
La administración se concibe como procesos, conceptos, símbolos y modelos matemáticos. Se le entiende como un proceso puramente lógico, expresado en símbolos y relaciones matemáticos.	Preocupación por los modelos matemáticos. Muchos aspectos de la administración no son susceptibles de conformar modelos. Las matemáticas son un instrumento útil, pero difícilmente una escuela o enfoque de administración.	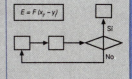
ENFOQUE DE LA TEORÍA DE LAS DECISIONES		
Interés en la toma de decisiones, las personas o grupos que toman decisiones y el proceso de toma de decisiones. Algunos teóricos se sirven de la toma de decisiones como punto de partida para el estudio de todas las actividades empresariales. Las delimitaciones del estudio ya no están claramente definidas.	La administración no se reduce a la toma de decisiones. El interés de este enfoque es al mismo tiempo demasiado estrecho y demasiado amplio.	

FIGURA 1-4

(Continúa.)

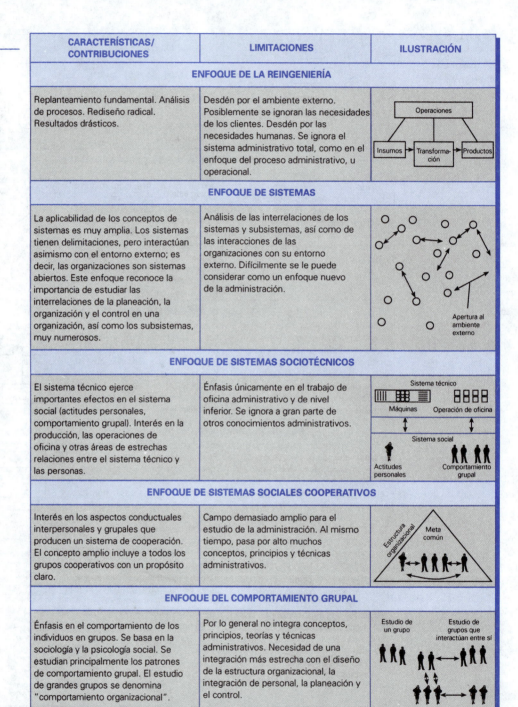

CARACTERÍSTICAS/CONTRIBUCIONES	LIMITACIONES	ILUSTRACIÓN
ENFOQUE DE LA REINGENIERÍA		
Replanteamiento fundamental. Análisis de procesos. Rediseño radical. Resultados drásticos.	Desdén por el ambiente externo. Posiblemente se ignoran las necesidades de los clientes. Desdén por las necesidades humanas. Se ignora el sistema administrativo total, como en el enfoque del proceso administrativo, u operacional.	
ENFOQUE DE SISTEMAS		
La aplicabilidad de los conceptos de sistemas es muy amplia. Los sistemas tienen delimitaciones, pero interactúan asimismo con el entorno externo; es decir, las organizaciones son sistemas abiertos. Este enfoque reconoce la importancia de estudiar las interrelaciones de la planeación, la organización y el control en una organización, así como los subsistemas, muy numerosos.	Análisis de las interrelaciones de los sistemas y subsistemas, así como de las interacciones de las organizaciones con su entorno externo. Difícilmente se le puede considerar como un enfoque nuevo de la administración.	
ENFOQUE DE SISTEMAS SOCIOTÉCNICOS		
El sistema técnico ejerce importantes efectos en el sistema social (actitudes personales, comportamiento grupal). Interés en la producción, las operaciones de oficina y otras áreas de estrechas relaciones entre el sistema técnico y las personas.	Énfasis únicamente en el trabajo de oficina administrativo y de nivel inferior. Se ignora a gran parte de otros conocimientos administrativos.	
ENFOQUE DE SISTEMAS SOCIALES COOPERATIVOS		
Interés en los aspectos conductuales interpersonales y grupales que producen un sistema de cooperación. El concepto amplio incluye a todos los grupos cooperativos con un propósito claro.	Campo demasiado amplio para el estudio de la administración. Al mismo tiempo, pasa por alto muchos conceptos, principios y técnicas administrativos.	
ENFOQUE DEL COMPORTAMIENTO GRUPAL		
Énfasis en el comportamiento de los individuos en grupos. Se basa en la sociología y la psicología social. Se estudian principalmente los patrones de comportamiento grupal. El estudio de grandes grupos se denomina "comportamiento organizacional".	Por lo general no integra conceptos, principios, teorías y técnicas administrativos. Necesidad de una integración más estrecha con el diseño de la estructura organizacional, la integración de personal, la planeación y el control.	

FIGURA 1-4

(*Continúa.*)

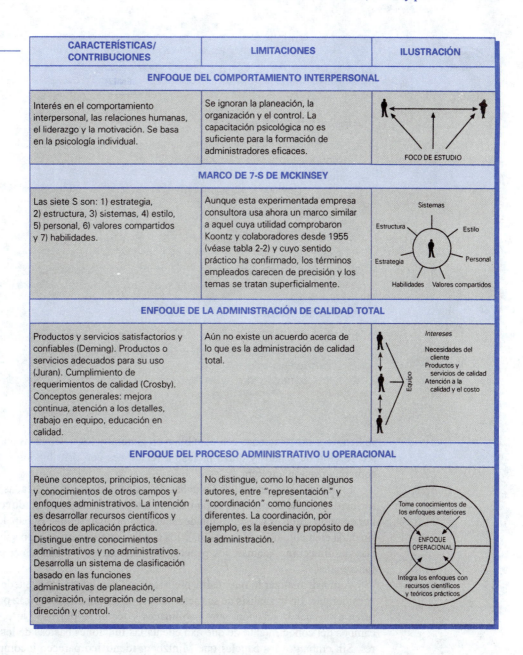

CARACTERÍSTICAS/ CONTRIBUCIONES	LIMITACIONES	ILUSTRACIÓN
ENFOQUE DEL COMPORTAMIENTO INTERPERSONAL		
Interés en el comportamiento interpersonal, las relaciones humanas, el liderazgo y la motivación. Se basa en la psicología individual.	Se ignoran la planeación, la organización y el control. La capacitación psicológica no es suficiente para la formación de administradores eficaces.	FOCO DE ESTUDIO
MARCO DE 7-S DE MCKINSEY		
Las siete S son: 1) estrategia, 2) estructura, 3) sistemas, 4) estilo, 5) personal, 6) valores compartidos y 7) habilidades.	Aunque esta experimentada empresa consultora usa ahora un marco similar a aquel cuya utilidad comprobaron Koontz y colaboradores desde 1955 (véase tabla 2-2) y cuyo sentido práctico ha confirmado, los términos empleados carecen de precisión y los temas se tratan superficialmente.	Sistemas Estructura Estilo Estrategia Personal Habilidades Valores compartidos
ENFOQUE DE LA ADMINISTRACIÓN DE CALIDAD TOTAL		
Productos y servicios satisfactorios y confiables (Deming). Productos o servicios adecuados para su uso (Juran). Cumplimiento de requerimientos de calidad (Crosby). Conceptos generales: mejora continua, atención a los detalles, trabajo en equipo, educación en calidad.	Aún no existe un acuerdo acerca de lo que es la administración de calidad total.	Intereses Necesidades del cliente Productos y servicios de calidad Atención a la calidad y el costo Equipo
ENFOQUE DEL PROCESO ADMINISTRATIVO U OPERACIONAL		
Reúne conceptos, principios, técnicas y conocimientos de otros campos y enfoques administrativos. La intención es desarrollar recursos científicos y teóricos de aplicación práctica. Distingue entre conocimientos administrativos y no administrativos. Desarrolla un sistema de clasificación basado en las funciones administrativas de planeación, organización, integración de personal, dirección y control.	No distingue, como lo hacen algunos autores, entre "representación" y "coordinación" como funciones diferentes. La coordinación, por ejemplo, es la esencia y propósito de la administración.	Toma conocimientos de los enfoques anteriores ENFOQUE OPERACIONAL Integra los enfoques con recursos científicos y teóricos prácticos

El enfoque de Mintzberg ha sido objeto de críticas. En primer lugar, la muestra de cinco ejecutivos que usó en su investigación es demasiado reducida como para permitir conclusiones tan tajantes. En segundo, al analizar las actividades reales de los administradores (de directores generales a supervisores), cualquier investigador se daría cuenta de que todos los administradores realizan ciertas labores no estrictamente administrativas; es de suponer que incluso los presidentes de grandes compañías dediquen parte de

PERSPECTIVA

	LOS 10 PAPELES ADMINISTRATIVOS IDENTIFICADOS POR MINTZBERG

Papeles interpersonales

1. Papel de representación (cumplimiento de deberes ceremoniales y sociales en representación de la organización)
2. Papel de líder
3. Papel de enlace (particularmente con personas e instituciones ajenas a la organización)

Papeles de información

1. Papel de receptor (recepción de información sobre la operación de una empresa)
2. Papel de difusor (transmisión de información a subordinados)
3. Papel de vocero (transmisión de información a personas ajenas a la organización)

Papeles de decisión

1. Papel empresarial
2. Papel de encargado del manejo de perturbaciones
3. Papel de asignador de recursos
4. Papel de negociador (en el trato con varias personas y grupos de personas)

su tiempo a sus relaciones con el público en general y los accionistas en particular, a la recolección de fondos y quizá incluso a relaciones con distribuidores, actividades de comercialización, etcétera.

En tercer lugar, en realidad muchas de las actividades identificadas por Mintzberg son evidencias de planeación, organización, integración de personal, dirección y control. Por ejemplo, ¿qué es la asignación de recursos sino planeación? El papel empresarial es sin duda elemento de la planeación. Y los papeles interpersonales son sobre todo instancias de dirección. Además, los papeles de información pueden caber en varias áreas funcionales.

Aun así, analizar lo que realmente hacen los administradores puede tener un valor considerable. En el análisis de sus actividades, un administrador eficaz podría interesarse en averiguar la relación entre habilidades y técnicas, por una parte, y los diversos campos del conocimiento de que dan cuenta las funciones básicas de los administradores. Sin embargo, los papeles que Mintzberg identificó parecen incompletos. ¿Dónde han quedado las actividades administrativas, incuestionablemente importantes, de estructuración de una organización, selección y evaluación de administradores y determinación de las principales estrategias? Omisiones como éstas inducen la pregunta de si los ejecutivos de la muestra de Mintzberg eran realmente eficaces. Esto plantea serias dudas acerca de si el enfoque de los papeles administrativos, al menos tal como se le ha presentado aquí, es el indicado para servir de base a una teoría práctica y operacional de la administración.

Enfoque de las 7-S de McKinsey

El segundo de los enfoques más recientes (el marco de las 7-S para el análisis administrativo) fue desarrollado por la prestigiosa empresa de consultoría McKinsey & Company. Este enfoque se ha vuelto muy popular, debido en parte a que sirvió de apoyo para las investigaciones que derivaron en dos libros de gran venta, *The Art of Japanese Management*[28] y *En busca de la excelencia*.[29] Las siete S son: estrategia (*strategy*), estructura (*structure*), sistemas (*systems*), estilo (*style*), personal (*staff*), valores compartidos (*shared values*) y habilidades (*skills*), tal como se muestra en la tabla 1-2.[30] Sin embargo, el autor de uno de los libros mencionados admitió que la intención deliberada de que los aspectos básicos del modelo empezaran con "s" (para facilitar su memorización) implicó la necesidad de ensanchar en exceso el significado de algunos de los términos. Por ejemplo, en la bibliografía administrativa tradicional el término "habilidades" suele aplicarse a las habilidades personales (técnicas, humanas y de conceptualización,

TABLA 1-2

Comparación entre el marco de las 7-S y el enfoque del proceso administrativo u operativo.

Marco de las 7-S de McKinsey para el análisis administrativo	Referencias a este libro
Estrategia: Acción y asignación sistemáticas de recursos para el logro de los propósitos de la compañía	Estrategias, políticas y premisas de la planeación (cap. 5)
Estructura: Estructura organizacional y relaciones de autoridad/responsabilidad	Parte 3: Organización, especialmente Estructura organizacional: departamentalización (cap. 8) y Autoridad línea de *staff* y descentralización (cap. 9)
Sistemas: Procedimientos y procesos como sistemas de información, procesos de manufactura, presupuestación y procesos de control	Parte 6: Control, especialmente Sistema y proceso de control (cap. 18), Técnicas de control y tecnología de la información (cap. 19) y Productividad, administración de operaciones y administración de calidad total (cap. 20)
Estilo: Modo de comportamiento de los administradores y de dedicación colectiva de su tiempo al cumplimiento de las metas organizacionales	Parte 5: Dirección (caps. 14-17)
Personal (staff): Personas que forman parte de la empresa y su socialización en la cultura organizacional	Parte 4: Integración de personal (caps. 11-13)
Valores compartidos (metas supremas): Valores que comparten los miembros de una organización	Varias secciones de este libro, especialmente Organización eficaz y cultura organizacional (cap. 10) y Liderazgo (cap. 15)
Habilidades: Capacidades distintivas de una empresa	Estrategias, políticas y premisas de planeación (cap. 5)

Fuente: R. T. Pascale y A. G. Athos, *The Art of Japanese Management* (Nueva York, Warner Books, 1981); R. H. Waterman, Jr., "The Seven Elements of Strategic Fit", en A. A. Thomson, Jr., A J. Strickland III y W. E. Fulmer (eds.), *Reading in Strategic Management* (Plano, Texas, Business Publications, 1984), pp. 333-339.

por ejemplo), mientras que en el marco de las 7-S "habilidades" significa capacidades de la organización en su conjunto. Las capacidades organizacionales y su ausencia suelen designarse en la bibliografía administrativa como fuerzas y debilidades de las empresas.

La característica más sobresaliente del modelo de las 7-S es que ha sido ampliamente probado por consultores de McKinsey en sus estudios de muchas compañías. Al mismo tiempo, este marco de referencia ha sido utilizado por prestigiosas escuelas de administración, como las de Harvard y Stanford. Así, teoría y práctica parecen apoyarse entre sí en el estudio de la administración. Quizá lo más asombroso del marco de las 7-S sea que confirma y se asemeja al marco de referencia de las funciones administrativas (planeación, organización, integración de personal, dirección y control) que se usa en esta y anteriores ediciones de este libro. En la tabla 1-2 se indica la relación entre las siete *S* y la organización de este volumen.

Con el término "valores compartidos", conocido también como "metas supremas", los teóricos de las 7-S realzan la importancia del establecimiento de metas en la determinación del destino de las empresas, en lo que se insistirá en el capítulo 4 de este libro. Señalan asimismo el hecho de que los miembros de una organización deben compartir los mismos valores. En el capítulo 10 concederemos especial atención a los valores personales y organizacionales, en referencia a la eficacia organizacional.

La identificación de aspectos clave del sistema administrativo y la exhibición de las interrelaciones de las variables son contribuciones positivas a la teoría administrativa. Un marco sencillo y fácil de recordar como el propuesto por McKinsey es ciertamente un esfuerzo útil para especialistas prácticos y académicos. Aunque la terminología que se emplea en este modelo es en ocasiones confusa (lo que contribuye a la dispersión semántica), es preciso reconocer las positivas aportaciones de este marco de referencia.

Enfoque de la administración de calidad total[31]

La administración de la calidad (también llamada "administración de calidad total") se ha convertido en un elemento decisivo del competitivo mercado global. Deming y Juran fueron los precursores del movimiento de la administración de la calidad. Otras importantes contribuciones a esta corriente fueron realizadas por Philip B. Crosby.[32] Cada uno de estos tres gurús de la calidad definen a ésta en forma ligeramente distinta. Para Deming calidad significa ofrecer a los clientes productos o servicios confiables y satisfactorios a bajo costo. Para Juran lo importante es que el producto o servicio sea adecuado para su uso. Para Crosby la calidad es el cumplimiento de los requerimientos de calidad de cada compañía. Para resolver el problema de la calidad, Deming querría que sociedad y compañías se comprometieran con la calidad. En forma semejante, Juran alude a la importancia del sistema organizacional orientado al cliente y a la calidad. Crosby enfatiza la necesidad de una cultura organizacional comprometida con la calidad y recalca la relevancia de cero defectos.

Algunos de los conceptos propuestos por éstos y otros autores son la necesidad de determinar el costo de la mala calidad, la mejora continua, la atención a los detalles, el trabajo en equipo para eliminar barreras departamentales, la educación en la calidad y el liderazgo en mejoras de calidad por todos los no administradores y administradores de todos los niveles de la organización, aunque especialmente por los de alto nivel.

Enfoque de la reingeniería[33]

La reingeniería es uno de los enfoques administrativos más recientes, también llamado rediseño de procesos. Su propósito es lograr más con menos recursos. Michael Hammer y James Champy lo consideran "un manifiesto para la revolución empresarial". La reingeniería ha sido definida como "el replanteamiento fundamental y rediseño radical de los procesos de las empresas para conseguir mejoras sustanciales en medidas de desempeño contemporáneas tan decisivas como costos, calidad, servicio y rapidez".[34] Las palabras clave son "fundamental", "radical", "sustanciales" y "procesos". El concepto más importante es el proceso, el cual puede requerir en ocasiones de un rediseño considerable, aunque no siempre es así, como lo han señalado estos autores tras sus experiencias con la reingeniería.[35] El proceso de una empresa también puede concebirse como una serie de actividades por medio de las cuales los insumos se convierten en productos, a semejanza del modelo simple de insumos-productos presentado en la figura 1-5. Aunque las tareas particulares son importantes, lo es más el interés en el objetivo general de producir eficaz y eficientemente los bienes y servicios que los clientes necesitan. Esto impone la exigencia de organizar las actividades con base en un análisis sistemático del proceso o procesos empresariales para la obtención de los resultados generales. En lugar de concentrarse en las mejoras organizacionales, Hammer y Champy recomiendan un rediseño radical, equivalente a "volver a empezar". No obstante, en fechas más recientes estos autores han adoptado una postura más moderada, como lo explicaremos en el capítulo 7.

FIGURA 1-5

Modelo insumo-producto

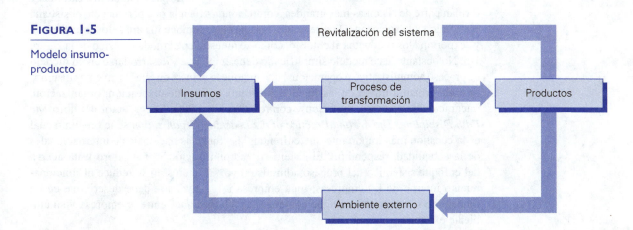

Enfoque operacional o del proceso administrativo

El enfoque operacional o de la teoría y ciencia de la administración recoge los conocimientos administrativos pertinentes para relacionarlos con las labores administrativas, lo que los administradores hacen. Como otras ciencias operacionales, ésta pretende integrar los conceptos, principios y técnicas que se encuentran en la base de las tareas de la administración.

El enfoque del proceso administrativo parte del reconocimiento de que existe un núcleo central de conocimientos de administración pertinente únicamente para el campo de la administración. Materias como las relaciones de línea y *staff*, la departamentalización, la evaluación de los administradores y diversas técnicas de control administrativo suponen conceptos y teorías que sólo están presentes en situaciones relacionadas con los administradores. Además, este enfoque se apoya en y adopta conocimientos de otros campos, tales como la teoría de sistemas, los conceptos de calidad y reingeniería, la teoría sobre las decisiones, las teorías de motivación y liderazgo, el comportamiento individual y grupal, los sistemas sociales, la cooperación y las comunicaciones, así como la aplicación de análisis y conceptos matemáticos.

La naturaleza del enfoque del proceso administrativo u operacional, se advierte en la figura 1-6. Tal como lo demuestra este diagrama, la escuela del proceso administrativo, u operacional, reconoce la existencia de un núcleo central científico y teórico peculiar de la administración, aunque también recoge importantes contribuciones de otras escuelas y enfoques. Como lo indica este círculo, los teóricos del proceso administrativo no se interesan en la totalidad de los conocimientos importantes de estos diversos campos, sino sólo en lo que consideran más útil y relevante para la administración.

Enfoque sistémico del proceso administrativo

Las empresas organizadas no existen en el vacío, desde luego. Por el contrario, dependen de sus condiciones externas y forman parte de sistemas más grandes, como la industria a la que pertenecen, el sistema económico y la sociedad. De este modo, las empresas reciben insumos, los transforman y "exportan" los productos al entorno, como se muestra en el modelo básico de la figura 1-5. No obstante, este modelo simplificado debe ampliarse y desarrollarse en un modelo de proceso administrativo u operacional que indique la manera en que los diversos insumos se transforman a través de las funciones administrativas de planeación, organización, integración de personal, dirección y control. Cuando a Peter Senge, autor del libro *The Fifth Discipline: The Art and Practice of the Learning Organization* se le preguntó cuál es la cuestión más importante que enfrentan las empresas nacionales e internacionales de la actualidad, respondió: "El sistema de administración."[36] Este libro trata acerca del enfoque sistémico del proceso administrativo. El interés no se reduce al funcionamiento interno de las empresas; toda empresa u organización debe describirse en un modelo de sistemas abiertos que contenga las interacciones entre la empresa y su ambiente externo.

FIGURA 1-6

Enfoque del proceso
administrativo u
operacional.

Como sistema, la teoría y la ciencia administrativas se sirven de otras áreas de conocimientos organizados. En la figura se muestra que la teoría y la ciencia de la administración operacional, las cuales aparecen encerradas en el círculo, cuentan con un núcleo científico y teórico básico y recurren a otros campos de conocimientos pertinentes para la comprensión de la administración. Así, la administración básica es en parte una ciencia y teoría eclécticas.

Insumos y demandantes*

Los insumos del ambiente externo (véase figura 1-7) pueden incluir a personas, capital y habilidades administrativas, así como conocimientos y habilidades técnicos. Adicionalmente, varios grupos de personas demandan ciertas cosas de las empresas.[37] Por ejemplo, los empleados desean un salario más alto, más prestaciones y seguridad en el empleo. Por su parte, los consumidores demandan productos seguros y confiables a precios razonables. Los proveedores desean seguridades de que se comprarán sus productos. Los accionistas no sólo desean altos rendimientos de su inversión, sino también la seguridad de su dinero. Los gobiernos federal, estatales y locales dependen de los impuestos que pagan las empresas, pero también esperan que éstas cumplan las leyes. De igual forma, la comunidad demanda que las empresas sean "buenas ciudadanas" y que por lo tanto

* A los demandantes también se les llama *grupos de interés* o *reclamantes*.

FIGURA 1-7

Enfoque de sistemas
de la administración.

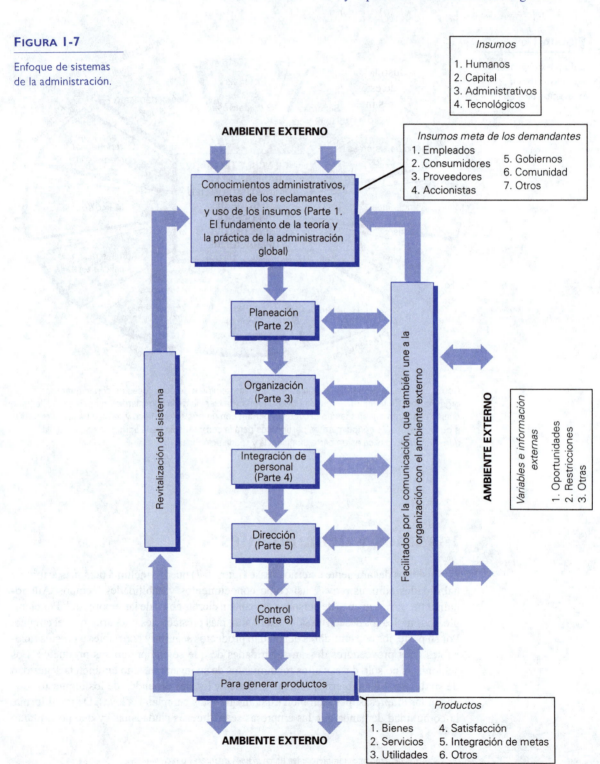

ofrezcan la máxima cantidad de puestos de trabajo con un mínimo de contaminación. Otros demandantes de las empresas pueden ser las instituciones financieras y los sindicatos, e incluso los competidores hacen un legítimo reclamo de juego limpio. Es obvio que muchas de estas demandas son incongruentes entre sí, de modo que es labor de los administradores integrar los objetivos legítimos de los demandantes. Esto puede implicar concesiones, disyuntivas y negaciones del ego de los administradores.

Proceso administrativo de transformación

Es tarea de los administradores transformar, eficaz y eficientemente, los insumos en productos. Por supuesto que el proceso de transformación puede verse desde diversas perspectivas. Así, la atención puede dirigirse a funciones empresariales como finanzas, producción, personal y comercialización. Los autores de libros de administración conciben el proceso de transformación en términos de sus particulares enfoques de la administración. Específicamente, los autores que pertenecen a la escuela del comportamiento humano se concentran en las relaciones interpersonales, los teóricos de los sistemas sociales analizan la transformación poniendo el acento en las interacciones sociales y los adeptos a la teoría sobre las decisiones conciben la transformación como una serie de decisiones. No obstante, el enfoque más vasto y útil para la exposición de las labores de los administradores es el basado en las funciones administrativas de planeación, organización, integración de personal, dirección y control como marco de referencia para la organización de los conocimientos administrativos; en consecuencia, éste es el enfoque que sirve de marco conceptual a este libro (véase figura 1-7).

Sistema de comunicación

La comunicación es esencial para todas las fases del proceso administrativo, por dos razones. Primeramente, integra las funciones administrativas. Por ejemplo, los objetivos establecidos en la planeación se comunican a otros con el propósito de idear la estructura organizacional más indicada. La comunicación es esencial en la selección, evaluación y capacitación de los administradores que habrán de desempeñar los papeles previstos en esa estructura. De igual modo, el liderazgo eficaz y la creación de un entorno conducente a la motivación dependen de la comunicación. Además, es por medio de la comunicación que se determina si los hechos y el desempeño responden a lo planeado. Así pues, la administración es posible por la comunicación.

El segundo propósito del sistema de comunicación es enlazar a la empresa con su ambiente externo, en el que se encuentran muchos de los reclamantes. Por ejemplo, no hay que olvidar jamás que los clientes, la razón de existir de prácticamente todas las empresas, se hallan fuera de la compañía. Es por medio del sistema de comunicación que se identifican las necesidades de los clientes, conocimientos que permiten a una empresa brindar productos y servicios y obtener ganancias de ello.[38] De la misma manera, es mediante un eficaz sistema de comunicación que las organizaciones se ponen al tanto de la competencia y otras posibles amenazas y factores restrictivos.

Variables externas

Los administradores eficaces analizan regularmente las condiciones externas. Aunque es cierto que las posibilidades de que disponen los administradores para obrar cambios en las condiciones externas son escasas o nulas, no tienen otra opción que responder a ellas. Las fuerzas presentes en el ambiente externo serán expuestas en varios capítulos, especialmente en los capítulos 2, 3 y 5.

Productos

Es tarea de los administradores garantizar y utilizar los insumos de la empresa y transformarlos por efecto de las funciones administrativas (con la debida consideración de las variables externas) en productos.

Aunque los tipos de productos varían de acuerdo con la empresa de que se trate, por lo general son de algunas de estas clases: bienes, servicios, utilidades, satisfacción e integración de las metas de los diversos reclamantes de la empresa. La mayoría de estos productos no requieren de mayor explicación, de manera que aquí nos limitaremos a detallar los dos últimos.

Las organizaciones deben ofrecer muchas "satisfacciones" si desean retener y suscitar contribuciones de sus miembros. Deben hacer posible la satisfacción no sólo de necesidades materiales básicas (como, por ejemplo, las necesidades de los empleados de obtener dinero para alimentarse y disponer de un techo o de contar con seguridad en el empleo), sino también de necesidades de asociación, aceptación, estimación y quizá incluso de autorrealización para que los empleados puedan alcanzar su máximo potencial en su centro de trabajo.

Otro producto es la integración de metas. Como ya se señaló, los diferentes reclamantes de las empresas persiguen objetivos sumamente divergentes entre sí, y a menudo frontalmente opuestos. Es tarea de los administradores resolver estos conflictos e integrar tales objetivos.

Revitalización del sistema

Finalmente, es importante hacer notar que, de acuerdo con el modelo de sistemas del proceso administrativo, algunos productos se convierten nuevamente en insumos. Así, la satisfacción y los nuevos conocimientos o habilidades de los empleados se convierten en importantes insumos humanos. De igual manera, las utilidades, el superávit de los ingresos sobre los costos, se reinvierten en bienes en efectivo y de capital, tales como maquinaria, equipo, edificios e inventario. Más adelante comprobará usted que el modelo que aparece en la figura 1-7 servirá como marco de referencia de este libro para la organización de los conocimientos administrativos. Sin embargo, antes debemos examinar más detenidamente las funciones de los administradores.

Funciones de los administradores[39]

Las funciones de los administradores constituyen una estructura muy útil para organizar los conocimientos administrativos (véase la sección central de la figura 1-7). Hasta ahora no han surgido nuevas ideas, resultados de investigaciones o técnicas imposibles de integrar a las clasificaciones de planeación, organización, integración de personal, dirección y control.

Planeación

La **planeación** implica seleccionar misiones y objetivos, así como las acciones necesarias para cumplirlos, y requiere por lo tanto de la toma de decisiones; esto es, de la elección de cursos futuros de acción a partir de diversas alternativas. Como se explicará en el capítulo 4, existen varios tipos de planes, los cuales van desde los propósitos y objetivos generales hasta las acciones más detalladas por emprender, como el pedido de un tornillo especial de acero inoxidable para una herramienta o la contratación y capacitación de trabajadores para una línea de ensamble. Ningún plan real puede existir si no se toma una decisión, el compromiso de recursos humanos o materiales o del prestigio. Antes de tomada una decisión, lo único que existe es un estudio de planeación, un análisis o una propuesta; en ese momento no puede hablarse aún de un plan real. Los diversos aspectos de la planeación se expondrán en la parte 2 de este libro.

Organización[40]

Las personas que trabajan en grupos para conseguir el cumplimiento de una meta deben disponer de papeles que desempeñar, a la manera de actores de una obra de teatro, ya sea que les correspondan en particular, sean accidentales o casuales o hayan sido definidos y estructurados por otra persona, interesada en cerciorarse de que los individuos contribuyan en formas específicas al esfuerzo grupal. El concepto de "papel" implica que lo que los individuos hacen persigue un propósito u objetivo definido, ellos deben conocer la relación de su objetivo laboral con el esfuerzo grupal y deben poseer la autoridad, instrumentos e información necesarios para cumplir su tarea.

Esto puede percibirse en un esfuerzo grupal tan sencillo como la instalación de un campamento en una excursión de pesca. Todos los miembros del grupo podrían hacer lo que prefirieran, pero sin duda sus actividades serán más eficaces y será menos probable que dejen de realizarse ciertas indispensables tareas si a una o dos personas se les asigna la labor de recoger leña, a otras la de conseguir agua, a otras más las de encender una fogata, a otras la de cocinar, etcétera.

Así pues, **organización** es la parte de la administración que supone el establecimiento de una estructura intencionada de los papeles que los individuos deberán desempeñar en una empresa.[41] La estructura es intencionada en el sentido de que debe garantizar la asignación de todas las tareas necesarias para el cumplimiento de las metas, asignación que debe hacerse a las personas mejor capacitadas para realizar esas tareas.

El propósito de una estructura organizacional es contribuir a la creación de un entorno favorable para el desempeño humano. Se trata, entonces, de un instrumento administrativo, no de un fin en sí mismo. Aunque en la estructura deben definirse las tareas por realizar, los papeles establecidos de esta manera también deben diseñarse tomando en cuenta las capacidades y motivaciones del personal disponible.

El diseño de una estructura organizacional eficaz no es una tarea administrativa sencilla. Lograr que las estructuras sean acordes con las situaciones prevalecientes, lo que supone al mismo tiempo la definición del tipo de labores por ejecutar y el hallazgo de las personas indicadas para realizarlas, genera numerosos problemas. Estos problemas, así como la teoría, principios y técnicas esenciales para su resolución, son tema de la parte 3 de este libro.

Integración de personal

La **integración de personal** implica llenar y mantener ocupados los puestos contenidos por la estructura organizacional. Esto se lleva a cabo mediante la identificación de los requerimientos de fuerza de trabajo, la realización de un inventario del personal disponible y el reclutamiento, selección, ubicación, ascenso, evaluación, planeación profesional, compensación y capacitación (o alguna otra forma de desarrollo) tanto de los candidatos a ocupar puestos como de los ocupantes de éstos en un momento dado, a fin de lograr la eficaz y eficiente realización de las tareas. Este tema será tratado en la parte 4 de este libro.

Dirección

La **dirección** es el hecho de influir en los individuos para que contribuyan en favor del cumplimiento de las metas organizacionales y grupales; por lo tanto, tiene que ver fundamentalmente con el aspecto interpersonal de la administración. Todos los administradores coincidirían en que sus problemas más importantes son los que resultan de los individuos (sus deseos y actitudes, su comportamiento individual y en grupos) y en que los administradores eficaces deben ser al mismo tiempo líderes eficaces. Puesto que el liderazgo implica seguidores y las personas tienden a seguir a quienes les ofrecen medios para la satisfacción de sus necesidades, anhelos y deseos, es comprensible que la dirección suponga motivación, estilos y enfoques de liderazgo y comunicación. Los elementos esenciales de estos temas se tratarán en la parte 5 de este libro.

Control

El **control** consiste en medir y corregir el desempeño individual y organizacional para garantizar que los hechos se apeguen a los planes. Implica la medición del desempeño con base en metas y planes, la detección de desviaciones respecto de las normas y la contribución a la corrección de éstas. En pocas palabras, el control facilita el cumplimiento de los planes. Aunque la planeación debe preceder al control, los planes no se cumplen solos. Los planes orientan a los administradores en el uso de recursos para la consecución de metas específicas, tras de lo cual las actividades son objeto de revisión para determinar si responden a lo planeado.

Las actividades de control suelen relacionarse con la medición de los logros. Algunos medios de control, como el presupuesto de egresos, los expedientes de inspección y los expedientes de horas-hombre perdidas, son muy conocidos. Cada uno de ellos sirve para efectos de medición, y muestra si los planes funcionan. En caso de que persistan desviaciones, es necesario proceder a su corrección. Pero, ¿qué corregir? Las actividades, a través de las personas. No puede hacerse nada para reducir desperdicios, por ejemplo, garantizar compras acordes con las respectivas especificaciones o controlar los ingresos por concepto de ventas si se ignora qué persona o personas son las responsables de tales funciones. Impelir el cumplimiento de los planes en los hechos significa identificar a las personas responsables de los resultados que difieren de las acciones planeadas para dar después los pasos necesarios para la elevación de su desempeño. Así, los resultados se controlan controlando lo que hacen los individuos. Este tema se cubrirá en la parte 6.

Coordinación, esencia de la administración

Algunas autoridades consideran que la coordinación es en sí misma una función específica de los administradores. Sin embargo, es mejor concebirla como la esencia de la administración, para el logro de la armonía de los esfuerzos individuales en favor del cumplimiento de las metas grupales. Cada una de las funciones administrativas es un ejercicio en pro de la coordinación.

Incluso en el caso de una iglesia o fraternidad, los individuos suelen interpretar intereses similares de diferente manera, de modo que sus esfuerzos en beneficio del cumplimiento de metas mutuas no se combinan automáticamente con los esfuerzos de los demás. Así, es tarea básica de los administradores conciliar las diferencias de enfoques, ritmos, esfuerzos o intereses y armonizar las metas individuales a fin de que contribuyan a las organizacionales.

El modelo de sistemas de la administración y la organización de este libro

El modelo del enfoque de sistemas de la administración es asimismo el fundamento para la organización de los conocimientos administrativos. Adviértase que los números que aparecen en la figura 1-7 coinciden con las partes de este libro. La parte 1 comprende las bases de la administración y las interacciones entre las organizaciones y su entorno. Esta parte tiene que ver con todas las funciones administrativas.

Tal como lo indica el modelo que se muestra en la figura que comentamos, la parte 1 se ocupa de conocimientos administrativos básicos como teoría, ciencia y práctica. En ella se presentan también la evolución de la administración y los diversos enfoques de la administración. Dado que las organizaciones son sistemas abiertos, interactúan con su ambiente externo, tanto nacional como internacional.

La figura 1-7 también indica que la parte 2 se refiere a los diversos aspectos de la **planeación** (capítulos 4 a 6). La parte 3 trata de la **organización** (capítulos 7 a 10), mientras que la parte 4 versa sobre la **integración de personal** (capítulos 11 a 13), la parte 5 sobre la **dirección** (capítulos 14 a 17) y la parte 6 sobre el **control** (capítulos 18 a 21). En el último capítulo también se exponen los futuros retos de los administradores.

En este libro se adopta una **perspectiva global** de la administración.[42] Cada vez un mayor número de organizaciones operan en un mercado global. En correspondencia con ello, aspectos de administración comparada e internacional se exponen no sólo en el capítulo 3, sino también a lo largo de todo el libro. Más importante es aún el hecho de que al final de cada una de las seis partes de este volumen se expliquen significativos aspectos administrativos globales. Específicamente, las conclusiones de cada parte contienen una sección denominada "Enfoque internacional". Por ejemplo, la mencionada sección de las conclusiones de la parte 1 trata de la ventaja comparativa de Alemania. Adicionalmente, en las conclusiones de las partes 2 a 6 se exponen las prácticas administrativas de planeación, organización, integración de personal, dirección y control en Japón, Estados Unidos, la República Popular China, México y Colombia. Las conclusiones de cada parte contienen asimismo un caso referido a la industria automotriz global. Cada caso puede analizarse por separado. Sin embargo, conviene leer en conjunto todos los "Casos de la industria automotriz global" para la mejor comprensión de esta industria.

El modelo que se presenta en la figura 1-7 se reproduce también al inicio de las partes 2 a 6, destacando en cada caso la parte respectiva. Esta peculiaridad del modelo de integración permite explicar las relaciones entre la totalidad de los temas de este libro.

Resumen

La administración es el proceso de diseño y mantenimiento de un entorno con el propósito de cumplir eficientemente objetivos establecidos. Los administradores desempeñan las funciones de planeación, organización, integración de personal, dirección y control. La administración es una actividad esencial en todos los niveles organizacionales; sin embargo, las habilidades administrativas requeridas varían en cada nivel organizacional. La meta de todos los administradores es crear un superávit y ser productivos; esto es, conseguir una relación favorable de productos-insumos en un periodo específico y con la debida consideración a la calidad. La productividad implica eficacia (cumplimiento de objetivos) y eficiencia (uso de la menor cantidad de recursos).

Como práctica, la administración es un arte; los conocimientos organizados acerca de la administración son una ciencia. El desarrollo de la teoría administrativa supone la elaboración de conceptos, principios y técnicas.

Muchos autores y especialistas han contribuido al desarrollo del pensamiento administrativo. En la tabla 1-1 aparecen aquellos que han realizado las contribuciones más importantes, así como referencias a su obra.

Existen muchas teorías sobre la administración, cada una de las cuales aporta algo a nuestro conocimiento acerca de qué hacen los administradores. Las características, contribuciones y limitaciones de los diversos enfoques de la administración se resumen en la figura 1-4. En este capítulo expusimos detalladamente el enfoque de papeles administrativos, el marco de las 7-S, la administración de calidad total y el enfoque de la reingeniería. El enfoque del proceso administrativo u operacional, se basa en varios enfoques y los integra en un sistema administrativo total.

La organización es un sistema abierto que opera en e interactúa con el ambiente. El enfoque de sistemas de la administración abarca los insumos del ambiente externo y los reclamantes, el proceso de transformación, el sistema de comunicación, factores externos, productos y la revitalización del sistema. El proceso de transformación consiste en las funciones administrativas, las cuales constituyen también el marco de referencia para la organización de los conocimientos incluidos en este libro. A lo largo de este volumen, aunque especialmente en el capítulo 3 y en las conclusiones de cada parte, se comentan abundantes aspectos internacionales de la administración.

Ideas y conceptos básicos

Administración

Funciones administrativas

Habilidades administrativas en la jerarquía organizacional

Metas de todos los administradores

Características de las compañías de excelencia

Productividad, eficacia y eficiencia

Conceptos

Método científico

Principios

Teoría

Ley de Parkinson

Técnicas

Principales contribuciones al pensamiento administrativo (resumen en tabla 1-1)

Contribuciones a la administración científica

Teoría administrativa operacional de Fayol

Mayo y Roethlisberger

Contribuciones recientes

Selva de las teorías administrativas

Enfoque empírico o de casos

Enfoque de los papeles administrativos

Enfoque de contingencias o situacional

Enfoque matemático o de la "ciencia administrativa"

Enfoque de la teoría sobre las decisiones

Reingeniería de las empresas

Enfoque de sistemas

Enfoque de sistemas sociotécnicos

Enfoque de sistemas sociales cooperativos

Enfoque del comportamiento grupal

Enfoque del comportamiento interpersonal

Marco de las 7-S de McKinsey

Administración de la calidad

Enfoque del proceso administrativo u operacional

Enfoque de sistemas del proceso administrativo

Cinco funciones administrativas

Organización de este libro

Para analizar

1.   ¿Cómo definiría usted "administración"? ¿Su definición difiere de la que se propone en este libro? Explique su respuesta.

2.   ¿Cuáles son las funciones administrativas?

3.   ¿Qué diferencias existen en las habilidades administrativas requeridas por los diversos niveles de la jerarquía organizacional?

4.   ¿En qué sentido puede decirse que las metas básicas de la totalidad de los administradores de todos los niveles y tipos de empresas son las mismas?

5.   ¿Cuáles son algunas de las características de las compañías de excelencia (de acuerdo con Peters y Waterman)? ¿Las compañías que usted conoce poseen esas características?

6.   ¿En qué se diferencian la productividad, la eficacia y la eficiencia?

7.   ¿La administración es una ciencia o un arte? ¿La misma explicación podría aplicarse a la ingeniería o a la contabilidad?

8.   ¿Cuáles son los elementos de ciencia de la administración?

9.   ¿A qué se debe que Frederick Taylor haya sido llamado "padre de la administración científica" y Henri Fayol "padre de la teoría administrativa moderna"?

10.   ¿Qué se entiende por el término "selva de teorías administrativas"?

11.   Identifique los diversos enfoques de análisis administrativo. Exponga sus características, contribuciones y limitaciones.

12.   ¿Por qué se requiere de un enfoque de sistemas para el análisis y la práctica de la administración? ¿Los administradores operan en un sistema abierto o cerrado? Explique su respuesta.

Ejercicios/actividades

1.   Entrevístese con dos administradores de empresas de su localidad y pregúnteles cómo obtuvieron sus conocimientos de administración. Pregúnteles qué tipo de libros de administración leyeron (ya sea libros de texto o de divulgación). He aquí algunos ejemplos: Bolles, Richard Nelson, *The 1995 What Color is Your Parachute?*; Hamel, Gary y C. K. Prahalad, *Competing for the Future*; Hammer, Michael y James Champy, *Reengineering the Corporation*; Handy, Charles, *The Age of Paradox*; Kotter, John P., *The New Rules — How to Succeed in Today's Post-Corporate World*; Senge, Peter M., *The Fifth Discipline*; o bien: Graham, Pauline, *Mary Parker Follet, Precursores de la administración*; Moyers, Bill, *Fin de siglo*, y Kotter, John P., *El líder del cambio*. Investigue hasta qué punto estos libros les han sido útiles en el ejercicio de la administración. Si lo desea, compre un libro de administración de gran venta (casi todos pueden adquirirse en edición rústica) y haga mención de él en clase (por ejemplo: Cevich, Juan, *Administración, calidad y competitividad*).

2.   Entrevístese con dos administradores públicos e interróguelos sobre las diferencias entre su trabajo y el de los administradores de empresas. ¿Cómo pueden informarse del desempeño de su departamento, dependencia u organización, dado que es probable que las utilidades no sean el criterio para la medición de la eficacia y eficiencia? ¿Consideran que la administración es un arte o una ciencia?

 # CASO INTERNACIONAL I

McDONALD'S: SERVICIO DE COMIDA RÁPIDA EN TODO EL MUNDO[43]

Ray Kroc abrió su primer restaurante McDonald's en 1955. En él ofrecía una variedad limitada de alimentos de alta calidad y precio moderado, los cuales eran ágilmente servidos en un local impecable. El sistema CSLyV (QSC&V "quality, service, cleanliness and value": calidad, servicio, limpieza y valor) de McDonald's fue todo un éxito. La cadena se extendió por todas las entidades de Estados Unidos. En 1983 contaba ya con más de 6 000 restaurantes en ese país, y en 1995 con más de 18 000 en 89 países de seis continentes. Sólo en este último año se construyeron 2 400 restaurantes más.

McDonald's inauguró en 1967 su primer restaurante fuera de Estados Unidos, en Canadá. Desde entonces, su crecimiento internacional se ha acelerado. En 1995, los seis países que le proporcionaban alrededor de 80% de sus ingresos de operación internacional eran Canadá, Japón, Alemania, Australia, Francia e Inglaterra. Ese mismo año, sus más de 7 000 restaurantes en 89 países generaron ventas por 14 000 millones de dólares. Sin embargo, la comida rápida está lejos de haberse instaurado en todas las culturas. Las oportunidades de ampliar este mercado son enormes si se considera que 99% de la población mundial no es aún cliente de McDonald's. Por ejemplo, en China, cuya población asciende a 1 200 millones de personas, había en 1995 sólo 62 restaurantes McDonald's. La visión de esta compañía es convertirse en la principal prestadora de servicios alimenticios del mundo entero.

McDonald's mantiene en Europa un pequeño porcentaje de ventas por restaurante, a pesar de lo cual posee una gran participación en el mercado de comida rápida. La inauguración de un restaurante en Moscú en 1990 implicó 14 años de planeación. Pero valió la pena. El día de la inauguración, numerosas personas formaron colas durante más de dos horas para poder comprar una hamburguesa. Se ha dicho que el restaurante de McDonald's en Moscú atrae a más visitantes (un promedio de 27 000 diarios) que el mausoleo de Lenin en esa ciudad (alrededor de 9 000), considerado tradicionalmente como *el* lugar para visitar. La inauguración del restaurante en Pekín, en 1992, atrajo a unas 40 000 personas; se trata del restaurante McDonald's más grande (con una extensión de 2 600 metros cuadrados), y frente a él pasan diariamente unos 800 000 peatones. Los alimentos se preparan de acuerdo con las leyes locales. Por ejemplo, en los menús de los países árabes se cumplen las leyes islámicas de preparación de alimentos. En 1995, McDonald's abrió su primer restaurante *kosher* en Jerusalén, en el cual no se sirven productos lácteos. El gusto por la comida rápida de estilo estadunidense crece más rápido en el exterior que en su lugar de origen. Las ventas internacionales de McDonald's aumentan anualmente en grandes porcentajes. Todos los días, más de 33 millones de personas del mundo entero comen una hamburguesa de McDonald's, 18 millones de ellas en Estados Unidos.

Los precios varían considerablemente en todo el mundo, pues van de 5.20 dólares en Suiza a 1.05 en China por la Big Mac, la cual tiene un costo en Estados Unidos de 2.32 dólares. La revista *The Economist* creó incluso un índice Big Mac para estimar si una moneda está sobre o subvaluada. Así, el precio de 1.05 dólares de la Big Mac china puede interpretarse como una paridad implícita de poder de compra de 3.88 dólares. La inferencia es que la moneda china está subvaluada, mientras que el franco suizo está sobrevaluado. Éstos son otros precios de la Big Mac estadunidense de 2.32 dólares: Inglaterra, 2.80; Dinamarca, 4.92; Francia, 3.85; Alemania, 3.48; Hong Kong, 1.23; Japón, 4.65, y Rusia, 1.62.

El menú tradicional de McDonald's ha sido asombrosamente exitoso. Personas de muy diversos hábitos alimenticios se han aficionado apasionadamente a las hamburguesas y papas fritas. Antes de que McDonald's diera a conocer en Japón las papas a la francesa, en este país las papas se utilizaban únicamente para producir almidón. Los alemanes pensaban que las hamburguesas eran personas originarias de Hamburgo. McDonald's ofrece también en la actualidad pollo, salchichas y ensaladas. La pizza es un producto muy diferente. En Noruega sirve sándwiches de salmón asado a la parrilla, en Filipinas pasta en una salsa con trozos de salchicha y en Uruguay hamburguesas acompañadas con un huevo tibio. Todo nuevo establecimiento es un riesgo, de modo que puede representar lo mismo una adición rentable que un costoso experimento.

A pesar del carácter global de sus operaciones, McDonald's se mantiene en estrecho contacto con sus clientes, deseosos de alimentos suculentos, de un servicio ágil y amable, locales limpios y calidad. En beneficio de la calidad, se han instalado Centros de Aseguramiento de la Calidad en Estados Unidos, Europa y Asia. Además, la capacitación desempeña un importante papel en la atención a los clientes. Además de la asesoría diaria, en las Universidades de la Hamburguesa de Estados Unidos, Alemania, Inglaterra, Japón y Australia se imparten cursos de adquisición de habilidades en 22 idiomas con el propósito de garantizar una satisfacción total del cliente. Es interesante hacer notar que los restaurantes de McDonald's en Europa fueron de los primeros en aceptar a familias con niños. Los niños no sólo son bienvenidos, sino que además en muchos restaurantes disponen de papel y lápices de colores para entretenerse, así como de un patio de juegos y de la compañía del payaso Ronald McDonald, el cual habla 20 idiomas.

Dado el envejecimiento promedio de la población, McDonald's tiene particular interés en el mercado adulto. Junto con una amplia publicidad (se dice que la compañía invertirá un total de 200 millones en su promoción), McDonald's lanzó recientemente su platillo Arch Deluxe, hamburguesa complementada con una empanada de papa, lechuga, cebolla, salsa catsup, jitomate en rebanadas, queso cheddar, mostaza con semillas y mayonesa. Aunque la compañía considera que esta hamburguesa para adultos mayores de 50 años ha sido todo un éxito, los resultados obtenidos en una encuesta realizada cinco semanas después de su lanzamiento no son tan contundentes.

Los arcos dorados de McDonald's garantizan el mismo menú básico y las mismas características de CSLyV en todos los restaurantes. Sus productos, procedimientos de manejo y preparación y cocinas están estandarizados y son estrictamente controlados. La compañía revocó las primeras franquicias francesas por no cumplir con las normas de servicio rápido y limpieza, a pesar de que se trataba de restaurantes sumamente rentables. Quizá esto haya detenido la expansión de la compañía en Francia.

La conducción de los restaurantes corre a cargo de administradores y empleados locales. Propietarios y administradores asisten a la Universidad de la Hamburguesa en los alrededores de Chicago u otras partes del mundo para aprender lo referente a la correcta operación de los restaurantes de McDonald's y la aplicación del principio CSLyV. La inmensa biblioteca y modernos salones de clases electrónicos (los cuales cuentan con sistemas de traducción simultánea) de la universidad en Chicago son la envidia de muchas universidades. En ocasión de la apertura de su restaurante en Moscú, McDonald's hizo publicar en los diarios anuncios de una página para solicitar empleados, a los que respondieron 30 000 personas; se entrevistó sólo a 4 000 y se contrató únicamente a 300. El salario de éstas es superior en 50% al promedio imperante en Rusia.

McDonald's garantiza la consistencia de sus productos mediante el control de cada una de las etapas de la distribución. Centros regionales de distribución compran productos y los distribuyen después entre los restaurantes de su zona. Esos centros realizan sus compras con proveedores locales en caso de que éstos cumplan especificaciones detalladas. La compañía ha tenido que hacer algunas concesiones en vista de los productos disponibles. Por ejemplo, es difícil introducir la papa de Idaho en Europa.

Esta compañía aplica esencialmente la misma estrategia competitiva en todos los países: ser la primera en el mercado y establecer su marca lo más pronto posible por medio de una intensa publicidad. La inauguración de un nuevo restaurante se realiza formalmente con una detonación. La apertura de un restaurante en Tokio atrajo a tantas personas que la policía se vio obligada a impedir el paso de vehículos. Esta estrategia ha contribuido a que McDonald's desarrolle una gran participación de mercado en el sector de la comida rápida, aunque nuevos competidores estadunidenses y locales se han incorporado rápidamente a este mercado.

Las campañas publicitarias se basan en motivos locales y son reflejo de diferentes entornos. En Japón, donde las hamburguesas son consideradas como bocadillos, McDonald's compite con confiterías y nuevos restaurantes de "sushi rápido". Muchas de las causas filantrópicas que la compañía apoya en el extranjero le han sido sugeridas por restaurantes locales.

La estructura de la empresa adopta diversas formas. 66% de los restaurantes son franquicias. Las licencias de desarrollo son semejantes a las franquicias, salvo que no implican inversiones de McDonald's. Se recurre a sociedades en participación (*join ventures*) cuando el conocimiento del entorno local es de importancia decisiva. La McDonald's Corporation opera alrededor de 21% de los restaurantes. McDonald's ha cedido prácticamente todo el control a sus operaciones en el Extremo Oriente, donde muchos de los restaurantes son sociedades en participación con empresarios locales, los cuales son dueños de una proporción de 50% o más de cada establecimiento.

Los restaurantes en Europa y América del Sur son por lo general de operación a cargo de la compañía o franquicias (aunque en Francia hay muchos afiliados, éstas son sociedades en participación). Al igual que las franquicias en Estados Unidos, los restaurantes en el extranjero pueden experimentar con sus menús. Las hamburguesas japonesas, por ejemplo, son más pequeñas, ya que se les considera un bocadillo. La Quarter Pounder carecía de sentido para los habitantes de países en los que impera el sistema métrico decimal, de manera que se le bautizó ahí como Double Burger. En algunos de los restaurantes en Alemania se ofrece cerveza, y vino en los franceses. En algunos de los restaurantes de McDonald's en el Extremo Oriente se sirven fideos orientales. En Canadá, el menú incluye queso, verduras, salchichas y pizzas, nuevos productos que no obstruyen las operaciones normales.

A pesar de su éxito, McDonald's enfrenta a fuertes competidores, como Burger King, Wendy's, Kentucky Fried Chicken y ahora también Pizza Hut, por las pizzas. Además, ahora ya se vende comida rápida en envases recalentables en supermercados, tiendas de productos gastronómicos y misceláneas, e incluso en gasolinerías. Aun así, McDonald's ha alcanzado un excelente desempeño, y en la actualidad un gran porcentaje de sus utilidades procede de sus operaciones internacionales. Por ejemplo, domina el mercado japonés, con 1 860 establecimientos (la mitad de los existentes en el mercado de ese país) en 1996, mismo año en el que Burger King contaba ahí con apenas 43 restaurantes. No obstante, el conglomerado de alimentos inglés Grand Metropolitan PLC, propietario de Burger King, cuenta en Asia con una estrategia muy agresiva. A pesar de que McDonald's se encuentra actualmente en una posición competitiva muy favorable, ¿perdurará su éxito?

1. ¿Qué oportunidades y amenazas enfrentó McDonald's? ¿Cómo las manejó? ¿Qué alternativas habría podido elegir?

2. Antes de que McDonald's se introdujera en el mercado europeo, pocas personas creían que la comida rápida pudiera tener éxito en Europa. ¿A qué atribuye usted el éxito de McDonald's en esa región? ¿Qué estrategias siguió esta compañía? ¿En qué se diferencian éstas de sus estrategias en Asia?

3. ¿Cuál es la filosofía básica de McDonald's? ¿Cómo impone su cumplimiento y la adapta a diferentes entornos?

4. ¿Debería McDonald's ampliar su menú? Si cree usted que no, ¿por qué no? Si cree que sí, ¿qué tipos de productos debería agregar a él?

5. ¿A qué se debió el éxito de McDonald's en Moscú?

Referencias

1. John P. Kotter, "What Leaders Really Do", en *Harvard Business Review*, mayo-junio de 1990, p. 103.
2. John Templeman, "Daimler has a New Curve to Negotiate", en *Business Week*, 4 de noviembre de 1996, p. 64.
3. Edith Updike, "Toyota: The Lion Awakens", en *Business Week*, 11 de noviembre de 1996, pp. 52-53; "Changing Gear at Toyota", en *The Economist*, 5 de octubre de 1996, p. 68.
4. Kathleen Kerwin, "Detroit is Getting Sideswiped by the Yen", en *Business Week*, 11 de noviembre de 1996, p. 54.
5. "The Top Managers of 1996", en *Business Week*, 13 de enero de 1997, pp. 56-70.
6. David Woodruff, "Dustup at Daimler", en *Business Week*, 3 de febrero de 1997, pp. 52-53.
7. Henry Mintzberg ha señalado que existen cinco modelos para la administración del gobierno: el gobierno como máquina, red, control del desempeño, control normativo y gobierno virtual. Véase Henry Mintzberg, "Managing Government, Governing Management", en *Harvard Business Review*, mayo-junio de 1996, pp. 75-83.
8. Robert L. Katz, "Skills of an Effective Administrator", en *Harvard Business Review*, enero-febrero de 1955, pp. 33-42, y Robert L. Katz, "Retrospective Commentary", en *Harvard Business Review*, septiembre-octubre de 1974, pp. 101-102.
9. Thomas J. Peters y Robert H. Waterman, Jr., *In Search of Excellence* (Nueva York, Harper & Row Publishers, 1982).
10. "Who's Excellent Now?", en *Business Week*, 5 de noviembre de 1984, pp. 76-88; véase también Michael A. Hitt y R. Duane Ireland, "Peters and Waterman Revisited: The Unending Quest for Excellence", en *Academy of Management Executive*, mayo de 1987, pp. 91-98.
11. Daniel T. Carroll, "A Disappointing Search for Excellence", en *Harvard Business Review*, noviembre-diciembre de 1983, pp. 78-88. Véase también Terence R. Mitchell, "In Search of Excellence versus the 100 Best Companies to Work for in America: A Question of Perspectives and Values", en *The Academy of Management Review*, abril de 1985, pp. 350-355.
12. Edward A. Robinson, "America's Most Admired Companies", en *Fortune*, 3 de marzo de 1997, pp. 68-75, y "Where Companies Rank in Their Own Industries", en *Fortune*, 3 de marzo de 1997, pp. F-1 a F-6.
13. Heinz Weihrich, *Management Excellence — Productivity Through MBO* (Nueva York, McGraw-Hill Book Company, 1985).
14. Peter F. Drucker, *Management: Tasks, Responsibilities, Practices* (Nueva York, Harper & Row, 1973), p. 69. Véase también Tim R. V. Davis, "Information Technology and White-Collar Productivity", en *Academy of Management Executive*, febrero de 1991, pp. 55-67.
15. G. C. Homans, *The Human Group* (Nueva York, Harcourt, Brace & World, Inc., 1958), p. 5.
16. Véase también Michael T. Matteson y John M. Ivancevich (eds.), *Management Classics*, 3a. ed. (Plano, Texas, Business Publications, 1986).
17. Véase también Michael T. Matteson y John M. Ivancevich (eds.), *Management Classics*, 3a. ed. (Plano, Texas, Business Publications, Inc., 1986); Charles D. Wrege y Ronald G. Greenwood, Frederick W. Taylor, *The Father of Scientific Management: Myth & Reality* (Homewood, Illinois, Business One Irwin, 1991).
18. Henri Fayol, *General and Industrial Management* (Nueva York, Pitman Publishing Corporation, 1949).
19. Gulick y Urwick, *Papers*, 1937, cap. 5.
20. Para una descripción completa de estos experimentos, véase Elton Mayo, *The Human Problems of an Industrial Civilization* (Nueva York, The Macmillan Company, 1933), caps. 3-5, y F. J. Roethlisberger y W. J. Dickson, *Management and the Worker* (Cambridge, Massachusetts, Harvard University Press, 1939).
21. Laurence J. Peter y Raymond Hall, *The Peter Principle* (Nueva York, Bantam Books, Inc., 1969).
22. William G. Ouchi, *Theory Z: How American Business Can Meet the Japanese Challenge* (Reading, Massachusetts, Addison-Wesley Publishing Company, 1981).
23. Thomas J. Peters y Robert H. Waterman, Jr., *In Search of Exccellence* (Nueva York, Harper & Row Publishers, 1982), y Thomas J. Peters y Nancy Austin, *A Passion for Excellence* (Nueva York, Random House, 1985).
24. Véase también Harold Koontz, Cyril O'Donnell y Heinz Weihrich (eds.), *Management — A Book of*

Readings, 5a. ed. (Nueva York, McGraw-Hill Book Company, 1980).

25. Véase también Ronald G. Greenwood, "Charting the Management Theory Jungle", en Richard M. Hodgetts (ed.), *Readings and Study Guide for Management* (Orlando, Florida, Academic Press, Inc., 1985), pp. 36-38.

26. Véase Harold Koontz, "The Management Theory Jungle", en *Journal of the Academy of Management*, diciembre de 1961, pp. 174-188. Véase también Harold Koontz, "Making Sense of Management Theory", en *Harvard Business Review*, julio-agosto de 1962, pp. 24 ss., y "The Management Theory Jungle Revisited", en *Academy of Management Review*, abril de 1980, pp. 175-187. Gran parte del material que se presenta en esta sección del libro procede de estos artículos.

27. Especialmente su artículo "The Manager's Job: Folklore and Fact", en *Harvard Business Review*, julio-agosto de 1975, pp. 49-61, y su libro *The Nature of Managerial Work* (Nueva York, Harper & Row Publishers, Inc., 1973).

28. Richard Tanner Pascale y Anthony G. Athos, *The Art of Japanese Management* (Nueva York, Warner Books, Inc., 1981).

29. Peters y Waterman, *In Search of Excellence*, 1982.

30. Véase también Robert A. D'Aveni, "Coping With Hypercompetition: Utilizing the New 7S's Framework", en *The Academy of Management Executive*, agosto de 1995, pp. 45-57.

31. Éstas son algunas de las contribuciones al enfoque de la administración de calidad: W. Edwards Deming, "Improvement of Quality and Productivity Through Action by Management", en *National Productivity Review 1* (invierno de 1981-1982), pp. 12-22; W. Edwards Deming, *Quality, Productivity, and Competitive Position* (Cambridge, Massachusetts, Massachusetts Institute of Technology, Center for Advanced Engineering Study, 1982); Joseph M. Juran, "The Quality Trilogy", en *Quality Press*, agosto de 1986, pp. 19-24; Joseph M. Juran, "Made in USA: A Renaissance in Quality", en *Harvard Business Review*, julio-agosto de 1993, pp. 42-47, 50; Philip B. Crosby, Quality is Free (Nueva York, McGraw-Hill Book Company, 1979); Philip B. Crosby, *Quality Without Tears* (Nueva York, McGraw-Hill Book Company, 1984); Philip B. Crosby, *Let's Talk Quality* (Nueva York, McGraw-Hill Publishing Company, 1989).

32. Véase, por ejemplo, su libro *Quality is Free* (Nueva York, McGraw-Hill Book Company, 1979).

33. Michael Hammer, "Reengineering Work: Don't Automated, Obliterate", en *Harvard Business Review*, julio-agosto de 1990, pp. 104-112; Michael Hammer y James Champy, "The Promise of Reengineering", en *Fortune*, 3 de mayo de 1993, pp. 94-97; Michael Hammer y James Champy, *Reengineering the Corporation* (Nueva York, Harper Collins Publishers, 1993); Michael Hammer, *The Reengineering Revolution: A Handbook* (Nueva York, Harper Business, 1995); Michael Hammer, *Beyond Reengineering* (Nueva York, Harper Business, 1996); Thomas A. Stewart, "It's a Flat World After All", en *Fortune*, 19 de agosto de 1996, pp. 197-198; Heinz Weihrich y Salvatore Belardo, "Beyond Reengineering — Toward a Systems Approach to Management by Processes (MBP)", en Ralph Berndt (ed.), *Business Reengineering* (Berlín, Springer-Verlag, 1997), pp. 19-32.

34. Hammer y Champy, *op. cit.*, p. 32.

35. *Ibid.*, p. 219.

36. Entrevista con Peter Senge en *Quality Digest*, noviembre de 1996, p. 39.

37. Véase también Grant T. Savage, Timothy W. Nix, Carlton J. Whitehead y John D. Blair, "Strategies for Assessing and Managing Organizational Stakeholders", en *Academy of Management Executive*, mayo de 1991, pp. 61-75.

38. También es necesario aprender de los clientes que desertan como tales, lo que sin embargo es incómodo en ocasiones para los administradores. Véase Frederick F. Reichfeld, "Learning from Customer Defections", en *Harvard Business Review*, marzo-abril de 1996, pp. 56-69.

39. Véase también Rosabeth Moss Kanter, "The New Managerial Work", en *Harvard Business Review*, noviembre-diciembre de 1989, pp. 85-92.

40. Véase también James L. Gibson, John M. Ivancevich y James H. Donnelly, Jr. (eds.), *Organizational Close Up — A Book of Readings*, 6a. ed. (Plano, Texas, Business Publications, 1988).

41. Para una exposición clásica de la organización, véase Chester I. Barnard, *The Functions of the Executive* (Cambridge, Massachusetts, Harvard University Press, 1938).

42. Véase también *Global Competition — The New Reality, The Report of the President's Commission on Industrial Competitiveness*, vol. 1 (enero de 1985).

43. Este caso se basa en diversas fuentes, entre ellas entrevistas y visitas a la Universidad de la Hamburguesa, así como las siguientes: Richard Gibson, "McDonald's Sees Nothing to Beef About", en *The Wall Street Journal*, 1o. de abril de 1988; Frederick H. Katayama, "Japan's Big Mac", en *Fortune*, 15 de septiembre de 1986, pp. 114-120; Stephen Kindel, "Where's the Growth?", en *Forbes*, 23 de abril de 1984, p. 80; Kenneth Labich, "America's International Winners", en *Fortune*, 14 de abril de 1986, pp. 34-46; Paul Hofheinz, "McDonald's Beats Lenin 3 to 1", en *Fortune*, 17 de diciembre de 1990, p. 11; Ronald Henkoff, "Big Mac Attacks with Pizza", en *Fortune*, 26 de febrero de 1990, pp. 87-89; Jeffrey M. Hertzfeld, "Join Ventures: Saving the Soviets from Perestroika", en *Harvard Business Review*, enero-febrero de 1991, pp. 80-91; 13 de septiembre de 1997]; McDonald's Corporation 1995 Annual Report, Oak Brook, Illinois, 1o. de marzo de 1996; "Strategies for Global Dominance", en *The Annual*, McDonald's Corporation, 1996, pp. 7-12; Welcome to McDonald's, McD5-2490, 1996; "Big Mac Currencies", en *The Economist*, 15 de abril de 1995, p. 74; Edith Hill Updike, Gail De-George y Heidi Dawley, "Burger King Wants To Build a Kingdom in Asia", en *Business Week*, 25 de noviembre de 1996, p. 52; Greg Burns, "McDonald's: Now, It's Just Another Burger Joint", en *Business Week*, 17 de marzo de 1997, p. 38.

Al terminar este capítulo, usted podrá:

1. Describir la naturaleza de la sociedad plural.

2. Exponer las condiciones económicas, tecnológicas, sociales, políticas y legales en las que operan los administradores.

3. Explicar la responsabilidad social de los administradores y los argumentos a favor y en contra de la participación social de las empresas.

Capí

dos

Administración y sociedad: ambiente externo, responsabilidad social y ética

4. Comprender la naturaleza e importancia de la ética en la administración y los medios para la institucionalización y elevación del nivel de las normas éticas.
5. Reconocer las diferentes normas éticas de diversas sociedades.
6. Entender que la confianza es la base para la interacción humana.

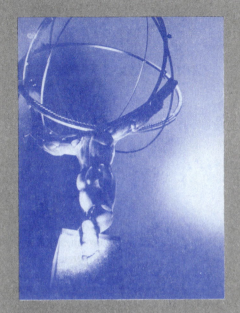

tulo

Ninguna institución humana puede sobrevivir mucho tiempo sin un consenso sobre lo que está bien y lo que está mal.[1]

GERALD F. CAVANAGH

El administrador eficaz debe tratar con el exterior. Cada vez que los administradores planean, toman en cuenta las necesidades y deseos de los miembros de la sociedad fuera de la organización, así como las necesidades de recursos materiales y humanos, tecnología y otros requerimientos del exterior. En cierto grado proceden de la misma manera en casi todas las demás clases de actividades administrativas.

Independientemente de que operen en una empresa, organismo gubernamental, iglesia, institución de beneficencia o universidad, todos los administradores deben tomar en cuenta, aunque en diversos grados, los elementos y fuerzas de su exterior. Aunque quizá sea poco o nada lo que pueden hacer por modificar estas fuerzas, no tienen otra alternativa que responder a ellas. Deben identificar, evaluar y reaccionar a las fuerzas fuera de la empresa que puedan afectar a las operaciones de ésta. El impacto del exterior en la organización se ilustra en la figura 2-1. Las influencias restrictivas de los factores externos en la empresa son todavía más decisivas en la administración internacional (como lo explicaremos en el capítulo 4).

Este capítulo trata del impacto del exterior en la organización y de las relaciones entre las empresas y la sociedad en la que operan. Primero nos ocuparemos de los diversos factores de la situación nacional. Después extenderemos nuestra exposición a los temas de la responsabilidad social y la conducta ética. Comencemos por considerar qué significa administrar en un ambiente plural.

FIGURA 2-1

La organización y sus condiciones externas.

Operación en una sociedad plural

Los administradores normalmente operan en una **sociedad plural**, donde muchos grupos organizados representan diversos intereses. Cada grupo tiene cierto impacto en los demás, pero ninguno de ellos ostenta una excesiva cantidad de poder. Muchos grupos ejercen algún poder sobre las empresas. Como se explicó en el capítulo 1, existen muchos interesados o demandantes en las organizaciones, y tienen metas divergentes. Es tarea del administrador integrar sus propósitos.

Trabajar en una sociedad plural tiene varias implicaciones para las empresas.[2] En primer lugar, el poder de las empresas se mantiene en equilibrio gracias a la existencia de varios grupos, como las asociaciones ecológicas. En segundo, los intereses de las empresas pueden ser expresados por grupos conjuntos, como la Cámara de Comercio. En tercero, las empresas participan en proyectos con otros grupos responsables con el propósito de que la sociedad mejore; un ejemplo de ello es la colaboración en favor del remozamiento del centro de las ciudades. En cuarto, en una sociedad plural puede haber conflicto o acuerdo entre grupos. Finalmente, en una sociedad de este tipo cada grupo está muy atento a lo que hacen los otros.

Ambiente externo: condiciones económicas

A veces se cree que las condiciones económicas sólo interesan a las empresas cuya misión socialmente aprobada es la producción y distribución de bienes y servicios que la gente necesita y puede pagar. Pero lo cierto es que también son de la mayor importancia para otros tipos de empresas organizadas. Un organismo gubernamental toma recursos, por lo general procedentes de los contribuyentes, y presta servicios deseados por el público. Una iglesia se sirve de las contribuciones de sus miembros para atender sus necesidades religiosas y sociales. Una universidad recibe las aportaciones de recursos de los contribuyentes, estudiantes y colaboradores de diversos tipos y las transforma en servicios educativos y de investigación.

Capital

Casi todas las organizaciones de cualquier tipo necesitan capital: maquinaria, edificios, inventarios de bienes, equipo de oficina, herramientas de toda clase y dinero en efectivo. Parte de este capital puede ser producido por la organización misma, como cuando una empresa fabrica su propia maquinaria o un grupo religioso prepara la cena de una iglesia. Ciertos recursos de efectivo también pueden ser generados dentro de una organización para la compra fuera de ella de bienes de capital, como cuando las utilidades de una empresa se utilizan para adquirir equipo o cuando una universidad cobra tarifas de estacionamiento para financiar la construcción de un estacionamiento en toda forma. Sin

DEUTSCHE TELEKOM, ¿PRIVATIZACIÓN PRECIPITADA?[3]

Deutsche Telekom, la compañía telefónica alemana de propiedad estatal, se privatiza. El propósito es reunir 10 000 millones de dólares, una de las ofertas públicas iniciales más grandes, sólo superada por Nippon Telegraph & Telephone Corporation (NTT) de Japón. La privatización de empresas propiedad del gobierno no ocurre de la noche a la mañana. En 1989, el monopolio telefónico alemán fue separado del servicio postal. A principios de 1995 se creó Deutsche Telekom, sociedad accionaria en participación aún bajo control estatal. El propósito fue remplazar a la antigua burocracia. Ese mismo año Ron Summer, hasta entonces ejecutivo de Sony, fue nombrado director general de la compañía. En 1996 se iniciaron los proyectos de comercialización con la intención de fijar el precio definitivo de las acciones a fines del mismo año. Si la privatización es exitosa, otras compañías alemanas de propiedad estatal, como la línea aérea Lufthansa y los ferrocarriles, podrían seguir el mismo curso. El canciller Helmut Kohl pretende crear con esta estrategia una nueva cultura accionaria. Esto significa que el público debe convencerse de que las acciones son una buena inversión a largo plazo.

embargo, en cuanto a sus requerimientos de capital las empresas organizadas suelen depender de varios proveedores, cuya función es producir los muchos materiales y otros bienes de capital que una organización requiere para su operación.

Fuerza de trabajo

Otro de los insumos más importantes de las condiciones económicas es la disponibilidad, calidad y precio de la fuerza de trabajo. En algunas sociedades abunda la fuerza de trabajo no calificada y escasea la altamente capacitada. De pronto se cuenta con pocos

COSTOS Y MANO DE OBRA EN LA FRONTERA

La oportunidad de alcanzar mejores costos, ha llevado a que un gran número de empresas estadunidenses vean en la enorme frontera con México (3 107 kilómetros) un gran potencial para rentabilizar sus operaciones. Con el impulso del gobierno mexicano mediante el programa de fomento a la creación de maquiladoras, toda la faja fronteriza se ha convertido en el asiento de muchas empresas estadunidenses que aprovechan los bajos costos de la mano de obra mexicana. Esta reducción en los costos laborales les permite ser más competitivas tanto en su mercado interno como en el mercado internacional. Además, debido al acuerdo comercial entre México, Canadá y Estados Unidos, muchos fabricantes europeos y asiáticos se sienten atraídos a invertir en instalaciones fabriles en esa región del territorio mexicano para aprovechar la cercanía con el mercado norteamericano y las facilidades que pueden obtenerse por dicho tratado. Actualmente, la presencia de empresas maquiladoras empieza a extenderse a otras regiones del país.

ingenieros, mientras que los hay en gran cantidad en otras épocas, tal como ha ocurrido en las altas y bajas de las operaciones militares y espaciales de Estados Unidos.

El precio de la fuerza de trabajo también es un importante factor económico para una empresa, aunque la automatización reduce los altos costos laborales. Los relativamente elevados salarios de Estados Unidos y muchos países europeos suelen generar problemas de costos para los productores de esas naciones. Muchos artículos pueden producirse a un costo menor en países como China, México o Malasia. No es de sorprender entonces que muchos productos que requieren de grandes insumos de trabajo se fabriquen con frecuencia fuera de Estados Unidos y Europa occidental.

Niveles de precios

Todo lo referido con los insumos de una empresa se ve evidentemente afectado por los cambios en el nivel de precios. Si los precios aumentan muy rápidamente, como sucedió en muchas partes del mundo en la década de los setenta y a principios de la de los ochenta, la turbulencia creada en las condiciones económicas en lo que toca a insumos y a productos puede ser severa. La inflación no sólo perturba a las empresas, sino que también ejerce influencias sumamente inquietantes en todo tipo de organizaciones, a causa de sus efectos en los costos de la fuerza de trabajo, materiales y otros artículos.

Políticas fiscal y tributaria

Otro importante insumo para las empresas es la naturaleza de las políticas fiscal y tributaria del gobierno. Aunque en estricto sentido se trata de aspectos de las condiciones políticas, su impacto económico en todas las empresas es tremendo. El control gubernamental de la disponibilidad de crédito por medio de la política fiscal ejerce un considerable impacto no sólo en las empresas, sino también en la mayoría de las operaciones no empresariales. De igual manera, la política tributaria del gobierno afecta a todos los segmentos de la sociedad. También el procedimiento seguido para la recaudación de impuestos es importante, no sólo para las empresas, sino también para la población en general. Por ejemplo, si los impuestos sobre las utilidades de las compañías son muy elevados, el incentivo para la creación o permanencia de empresas tiende a disminuir y los inversionistas buscarán otra parte donde invertir su capital. Si se fijan impuestos a las ventas, los precios aumentarán y la gente tenderá a comprar menos. Si se cobran altos impuestos a los bienes raíces, es probable que a la gente le resulte muy costoso poseer una casa y busque viviendas más baratas y menos cómodas.

Clientes

Uno de los factores más importantes para el éxito de una empresa son sus clientes. Ninguna empresa podría existir sin ellos. Pero para conseguir clientes una compañía debe saber qué necesita la gente y qué comprará. También las empresas no comerciales tienen "clientes". Las universidades tienen estudiantes y ex alumnos a los cuales satisfacer. Del

La tecnología, factor clave del nuevo entorno global[4]

El profesor Lester Thurow, del Massachusetts Institute of Technology (Instituto Tecnológico de Massachusetts, MIT por sus siglas en inglés), nos ha recordado que la abundancia de recursos naturales ya no es garantía de éxito, pues la tecnología puede suplir esa ventaja. Thurow apunta que la tecnología, la educación y las habilidades son los activos más importantes en la era de la tecnología de la información. Entre las industrias de más interesante tecnología se hallan las que ocupan la intersección de las telecomunicaciones, computación, televisión y medios de comunicación masiva. Thurow recomienda una política industrial con metas nacionales establecidas por el gobierno. El capitalismo de *laissez-faire* ya no es suficiente para enfrentar las nuevas realidades globales.

mismo modo, también los departamentos de policía, bomberos y salud del gobierno deben servir al público.

Es indudable que las expectativas y demandas de los diversos sectores atendidos por las empresas organizadas se ven influidas por factores tanto no económicos como económicos de las condiciones imperantes. Los principales son las actitudes, deseos y expectativas de los individuos, buena parte de los cuales son producto de los patrones culturales prevalecientes en las condiciones sociales. Sin embargo, los factores económicos desempeñan en este caso un papel de gran importancia. La gente desea obtener lo más posible por su dinero, sin importar que vaya a parar a las empresas, el gobierno u obras de beneficencia.

Otro factor presente en el mercado es la aparición de productos sustitutos. Por ejemplo, los editores de revistas vieron debilitarse su mercado cuando los publicistas optaron por la televisión. Asimismo, a la gente le gustan diferentes productos. A algunas personas les gustan las lanchas de motor, otras prefieren veleros y otras más no gustan en absoluto de ningún tipo de botes. Las necesidades de los clientes industriales cambian a medida que cambian también sus productos, se desarrollan nuevos procesos y se lanzan al mercado equipo y materiales diferentes. A largo plazo, todas las empresas (al menos en las economías libres) tienen que satisfacer distintas y cambiantes necesidades de los clientes. No hacerlo así representaría su fracaso.

Ambiente externo: condiciones tecnológicas

Uno de los factores de las condiciones imperantes que tiene mayor influencia es la tecnología. La ciencia produce conocimientos, mientras que la tecnología hace uso de ellos. El término **tecnología** se refiere a la suma total de conocimientos de los que disponemos sobre la manera de hacer cosas. Incluye inventos, técnicas y la gran acumulación de conocimientos organizados sobre todo, desde la aerodinámica hasta la zoología. Sin embargo, su mayor influencia se dirige al modo de hacer cosas, a la manera en que diseñamos, producimos, distribuimos y vendemos bienes y servicios.

Impacto de la tecnología: beneficios y problemas[5]

El impacto de la tecnología es visible en los nuevos productos, maquinaria, herramientas, materiales y servicios. Entre los *beneficios* de la tecnología pueden citarse mayor productividad, más altos niveles de vida, mayor disposición de tiempo libre y una mayor variedad de productos. Piénsese, por ejemplo, en la enorme variedad de automóviles a nuestra disposición: subcompactos, compactos, intermedios, grandes, minivagonetas, deportivos y especiales. Piénsese también en los abundantes estilos de carrocerías, los diversos colores y las muchas opciones de motores (de diferente tamaño), transmisiones (manual, automática) y frenos (mecánicos, de potencia). Además, se pueden elegir vidrios polarizados, ventanas y dirección electrónicas, control automático de velocidad, aire acondicionado, espejos especiales, techos de vinil, techos descapotables y diversos acabados interiores y exteriores.

Sin embargo, los beneficios de la tecnología deben contrapesarse con los *problemas* asociados con los adelantos tecnológicos, como los embotellamientos de tránsito, la contaminación de aire y agua, la insuficiencia de energía eléctrica y la pérdida de privacidad a causa de la aplicación de la tecnología de computación. Se precisa por ello de un enfoque equilibrado para sacar provecho de la tecnología y al mismo tiempo reducir al mínimo algunos de sus efectos laterales indeseables.

Categorías de cambio tecnológico

Sabemos que, en general, el impacto de la tecnología ha sido hasta ahora muy amplio y penetrante, al grado de que llamamos "revoluciones" a varios de sus avances, como la Revolución Industrial del siglo XVIII o la revolución de las computadoras de la segunda mitad del siglo XX. No obstante, no siempre apreciamos con precisión los adelantos que integran esas revoluciones. Para comprender mejor el amplio alcance del cambio tecnológico, considérense las siguientes categorías y ejemplos:

1. Creciente capacidad para el dominio de tiempo y distancias en el transporte de carga y de pasajeros: ferrocarriles, automóviles y camiones, aviones, vehículos espaciales (en cierta medida)
2. Creciente capacidad para generar, almacenar, transportar y distribuir energía: electricidad, energía nuclear, láser
3. Creciente capacidad para diseñar nuevos materiales y modificar las propiedades de otros a fin de que satisfagan mejor nuestras necesidades: aleaciones de acero, fibras sintéticas, plásticos y nuevas medicinas

4. Mecanización o automatización de procesos físicos: gran cantidad de dispositivos en sustitución de la fuerza de trabajo, desde la hiladora de Hargreaves de 1770 hasta los sistemas de transporte subterráneo (en gran medida automáticos) de San Francisco y Washington

5. Mecanización o automatización de ciertos procesos mentales: las computadoras, que amplían enormemente nuestra capacidad para almacenar, manipular, seleccionar y suministrar datos

6. Extensión de la capacidad humana para detectar cosas: radares, microscopios electrónicos, instrumentos para la visibilidad nocturna

7. Creciente conocimiento del comportamiento individual y grupal y de la manera de enfrentarlo: bases psicológicas de la motivación, patrones de comportamiento grupal, mejores técnicas administrativas

8. Creciente conocimiento de enfermedades y su tratamiento: vacunas para el combate de la poliomielitis, trasplantes de riñón, tratamiento de infecciones con antibióticos

Ambiente externo: condiciones sociales

En toda clasificación de los elementos de las condiciones imperantes con influencia en los administradores es extremadamente difícil separar las condiciones sociales, políticas y éticas. Pero conceptualmente sí es posible hacerlo. Las condiciones *sociales* se componen de las actitudes, deseos, expectativas, grados de inteligencia y educación, creencias y costumbres de las personas que integran un grupo o sociedad dados. Las condiciones *políticas y legales* son principalmente el conjunto de leyes, reglamentos y organismos gubernamentales y sus acciones que afectan a todo tipo de empresas, a menudo en grados diversos. El concepto de *responsabilidad social* implica para las organizaciones la

PERSPECTIVA

LA TERCERA OLA: LA ERA DEL CONOCIMIENTO[6]

La economía de la primera ola se basó en la tierra y el trabajo agrícola. La segunda ola se centró en las máquinas y las grandes industrias. La economía de la tercer ola es la era del conocimiento, lo que comprende datos, imágenes, símbolos, cultura, ideología, valores e información. En las fronteras de las nuevas tecnologías, la sociedad debe repensar su forma de estructuración y la manera de alcanzar en estas condiciones un equilibrio entre libertad y restricciones (cómo administrar o controlar, por ejemplo, la inmensa cantidad de información disponible en Internet). El *ciberespacio* es un entorno bioelectrónico en el que se conjugan cables telefónicos y coaxiales, líneas de fibra óptica y ondas electromagnéticas. Tiende a la "desmasificación" de nuestras instituciones, tanto gubernamentales como de organizaciones burocráticas. Implicará un replanteamiento de la centralización contra la descentralización, de la jerarquía organizacional contra el facultamiento (*empowerment*) y de las estructuras organizacionales verticales contra las horizontales, para sólo mencionar unos cuantos casos.

consideración del impacto de sus acciones en la sociedad. Las condiciones *éticas* (que bien podrían incluirse como elemento de las condiciones sociales) incluyen series de normas de conducta personal de aceptación y práctica general. Estas normas pueden o no estar codificadas en leyes, pero de cualquier forma poseen prácticamente fuerza de ley para el grupo en el que se aplican.

Complejidad de las fuerzas del entorno

El entrelazamiento de estos elementos de las condiciones imperantes vuelve excepcionalmente difícil su estudio y comprensión. Pronosticarlos para que los administradores puedan anticipar y prepararse a cambios es aún más difícil. Los deseos, expectativas y presiones sociales dan lugar al surgimiento de leyes y normas éticas. Las fuerzas sociales, incluida la ética, aparecen normalmente antes de la emisión de leyes, dado que el proceso legislativo es notablemente reactivo en el sentido de que opera cuando se desata una crisis, pero rara vez antes. Además, las leyes y reglamentos ya existentes, tan numerosos y complejos que incluso los abogados más calificados no pueden conocerlos en su totalidad (aunque quizá sepan dónde encontrarlos), demandan a menudo nuestra atención en forma sorprendente e inusual.

Actitudes, convicciones y valores sociales

Se ha criticado a administradores de varias empresas por no ser sensibles a las actitudes, convicciones y valores sociales de individuos, grupos o sociedades específicos. Pero actitudes y valores difieren según se trate de trabajadores o empleados, ricos o pobres, estudiantes o ex alumnos universitarios, contadores o ingenieros, californianos o neoyorquinos. Esta variedad dificulta a los administradores el diseño de condiciones conducentes al desempeño y la satisfacción. E incluso es más difícil responder a estas fuerzas cuando se hallan fuera de las empresas. Sin embargo, los administradores no tienen otra opción que la de tomarlas en cuenta en su toma de decisiones.

Tras varios siglos de desarrollo social en Estados Unidos se han desarrollado varias convicciones sociales de significación para los administradores. Entre las más importantes se encuentran las siguientes:

1. La certeza de que existen oportunidades para las personas dispuestas a y capaces de trabajar
2. La fe en las empresas y el respeto por sus propietarios y líderes
3. La creencia en la competencia y la competitividad en todos los aspectos de la vida, particularmente en los negocios
4. El respeto por el individuo, sin importar su raza, religión o credo
5. El respeto por la autoridad que surge de la posesión de propiedades, conocimientos especializados y puestos políticos por elección o designación
6. La creencia en y el respeto por la educación
7. La fe en los procesos lógicos, la ciencia y la tecnología
8. La certeza de la importancia del cambio y la experimentación para encontrar nuevas maneras de hacer las cosas

¿QUÉ FUE DE LOS *YUPPIES*?

La década de los ochenta se caracterizó por la codicia. Por ejemplo, el corredor de bolsa Ivan Boesky se dejó llevar por la codicia y su ilegal comportamiento lo condujo a la cárcel. Sin embargo, el ánimo estadunidense pareció cambiar a principios de los años noventa. Se puede discutir si el presidente de Estados Unidos marca el paso o simplemente es un reflejo de él, pero lo cierto es que el ex presidente George Bush reflejó valores marcadamente distintos de los de gobiernos anteriores en esta declaración: "En adelante, toda definición de una vida de éxito debe incluir el servicio a los demás."[7] El gobierno de William Clinton hizo grandes esfuerzos por reformar el sistema de salud de Estados Unidos y modificar el sistema de bienestar social cediendo más responsabilidades a los estados. El consumo excesivo de que dieron muestra los jóvenes profesionistas urbanos, conocidos como *yuppies* y muy populares a principios de los años ochenta, está perdiendo atractivo. El interés por el "yo" está siendo eclipsado por el interés en el "nosotros". El historiador Arthur Schlesinger, Jr., veía con optimismo la década de los noventa, con hombres y mujeres jóvenes dotados en mayor medida del idealismo de los años sesenta.

Aunque es posible que las sociedades posean valores inamovibles, en diferentes épocas suben a la palestra distintas preocupaciones. Los valores sociales suelen reflejarse en las inquietudes empresariales. Cada vez un mayor número de compañías ofrecen servicios como guarderías infantiles, lo mismo que oportunidades de puestos compartidos y horarios de trabajo flexibles.

Es cierto que éstas y otras importantes convicciones han tendido a desgajarse a causa del crecimiento demográfico de Estados Unidos y de la obligación de la intervención gubernamental en la vida de los ciudadanos debido al surgimiento de numerosos problemas sociales. También es cierto que, como suele ocurrir en todas las culturas, cuando se eleva el nivel de vida de la población las expectativas de ésta en cuanto a una vida mejor tienden a incrementarse aún más rápidamente. Aun así, las añejas convicciones estadunidenses siguen siendo muy sólidas, apoyadas como están en la ética laboral estadunidense desarrollada por los primeros colonos e inmigrantes, una larga tradición de derechos y libertades individuales y una destacada Constitución.

Ambiente externo: condiciones políticas y legales

Como ya se señaló, las condiciones políticas y legales en las que operan los administradores están estrechamente entrelazadas con las condiciones sociales. Las leyes suelen ser producto de presiones y problemas sociales. Lo inquietante es que, una vez emitidas, tienden a permanecer incluso si su necesidad socialmente percibida ya ha desaparecido.

Condiciones políticas

Las condiciones políticas (las actitudes y acciones de los legisladores y líderes, políticos y gubernamentales) cambian junto con el flujo y reflujo de las demandas y convicciones sociales. El efecto del fervor patriótico de la Segunda Guerra Mundial sobre prácticamente todos los sectores de la sociedad estadunidense e incluso de la sociedad mundial, puede contrastarse con el efecto en el gobierno y otras organizaciones de la desilusión causada por la impopular guerra de Vietnam. Muchos de los legisladores que habían apoyado firmemente la intervención en Vietnam dieron un giro completo cuando la gente comenzó a mostrar rechazo por ese conflicto. En muchas comunidades se impusieron opiniones muy determinantes sobre el control de la contaminación de aire y agua cuando empezaron a cerrarse plantas incapaces de cumplir las nuevas normas.

La actividad del gobierno influye en prácticamente todas las empresas y todos los aspectos de la vida. Respecto de las empresas, desempeña dos funciones principales: la promoción y restricción de la actividad empresarial. Por ejemplo, el gobierno estadunidense promueve la actividad empresarial estimulando la expansión y el desarrollo económicos, ofreciendo asistencia mediante la Small Business Administration (Departamento de la Pequeña Empresa), subsidiando a ciertas industrias, concediendo ventajas tributarias en ciertas situaciones, apoyando la investigación y el desarrollo e incluso protegiendo a ciertas empresas por medio de aranceles especiales. Finalmente, el gobierno es también el mayor cliente, pues adquiere gran cantidad de bienes y servicios.

Condiciones legales

La otra función del gobierno es restringir y regular la actividad empresarial. Todos los administradores están rodeados por una telaraña de leyes, reglamentos y mandatos judiciales, y no sólo a nivel nacional, sino también estatal y local. Algunos de estos instrumentos están diseñados para proteger a los trabajadores, consumidores y comunidades. Otros lo están para dar obligatoriedad a los contratos y proteger los derechos de

PERSPECTIVA INTERNACIONAL

LEY DE TELECOMUNICACIONES EN BRASIL

Como ejemplo de la influencia que pueden tener las condiciones políticas para el desarrollo de los negocios internacionales tenemos el caso de la ley brasileña sobre telecomunicaciones aprobada en 1997, mediante la cual el Congreso de ese país establece los lineamientos que permitirán la privatización del sector (oportunidad de negocios para varias empresas). Sin embargo, al tiempo de dar su aprobación al ordenamiento jurídico, los congresistas rechazaron una enmienda que se oponía a que el gobierno estableciera límites a la participación de grupos extranjeros (amenaza para empresas foráneas que pudieran encontrarse interesadas en invertir en el negocio de las telecomunicaciones brasileñas).

PODER Y RESPONSABILIDAD[8]

Se piensa que los líderes de las empresas acumulan gran cantidad de poder. Pero su poder ha decrecido al paso del tiempo. Instituciones como el gobierno, los sindicatos y las universidades han obtenido por su parte mayor poder. No obstante, el poder implica responsabilidad y rendición de cuentas. Cuando varias compañías, en cierta forma controladas por Toshiba, destinaron productos estadunidenses estratégicos a países del antiguo bloque oriental en abierta violación a la prohibición de hacerlo, altos ejecutivos de Toshiba se vieron obligados a renunciar, en reconocimiento de que, además de privilegios, el liderazgo también entraña responsabilidades.

propiedad. Muchos de ellos están diseñados para regular el comportamiento de los administradores y de sus subordinados tanto en las empresas privadas como en otras organizaciones. Es relativamente poco lo que un administrador puede hacer en una organización que no tenga que ver con y a menudo sea específicamente controlada por una ley o reglamento.

Muchas de las leyes y reglamentos vigentes son necesarios, pero muchos otros se han vuelto obsoletos. Aun así, constituyen condiciones muy complejas para todos los administradores. De éstos se espera que estén al tanto de las restricciones y requerimientos legales aplicables a sus acciones. Así, es comprensible que administradores de todo tipo de organizaciones, especialmente en el sector privado y el gobierno, dispongan de un experto en asuntos legales al momento de tomar decisiones.

Condiciones ecológicas[9]

Los administradores también deben tomar en cuenta los factores ecológicos al tomar decisiones. Por ecología entendemos la relación de los seres humanos y los demás seres

ACCIONES ECOLÓGICAS DE EMPRESAS MEXICANAS

Banamex ha dado un paso interesante en cuanto a la preservación ecológica. Actualmente envía a sus clientes los estados de cuenta dentro de sobres hechos con papel reciclado. Si se toma en cuenta que este banco es el mayor de la República Mexicana y, por tanto, maneja el mayor número de cuentas en el país, puede apreciarse la gran cantidad de árboles que están salvándose anualmente debido a esta simple acción.

El interés por la conservación del ambiente forma parte también de las premisas con que CEMEX (empresa mexicana con operaciones en 23 países y relaciones comerciales con alrededor de 60) aplica tecnología de vanguardia que le permite reducir o eliminar los efectos negativos al ambiente, tradicionalmente derivados de la utilización del cemento en proyectos de construcción.

vivos con su ambiente, como tierra, agua y aire. La contaminación de la tierra, el agua y el aire preocupa enormemente a todas las personas.[10] El suelo puede contaminarse por efecto de desechos industriales como envases. La contaminación del agua puede ser provocada, por ejemplo, por sistemas de desechos tóxicos y drenaje.

La contaminación del aire puede ser producto de fuentes tan diversas como la lluvia ácida, los humos de escape de los automóviles, los cancerígenos resultantes de procesos de manufactura y otras causas. En Estados Unidos se han decretado ya varias leyes federales para el control de la eliminación de desechos sólidos y de la contaminación del agua y el aire. Los administradores deben estar agudamente conscientes de la gran variedad de leyes y reglamentos al respecto e incorporar las preocupaciones ecológicas en su toma de decisiones.

Con el propósito de proteger el ambiente, los países europeos estudian la posibilidad de imponer el registro ISO 14001, para garantizar que en las políticas de las compañías se consideren intereses públicos como la prevención de la contaminación y el cumplimiento de las leyes y reglamentos correspondientes.[12] Esta atención a la ecología podría convertirse en la siguiente ola administrativa. Es probable que la Unión Europea adopte la norma

PERSPECTIVA INTERNACIONAL

LA PLANTA DE BHOPAL, EN LA INDIA, Y UNION CARBIDE[11]

En diciembre de 1984, vapores letales de la planta de pesticidas de Union Carbide en la India causaron la muerte de más de 2 000 personas y graves daños a entre 30 000 y 40 000 más. Considerado el mayor desastre industrial de la historia, el incidente fue atribuido preliminarmente a fallas en los dispositivos y procedimientos de seguridad. Sin embargo, en una investigación posterior se sostuvo que el desastre se debió a sabotaje, operado por un empleado descontento.

En 1975, Carbide obtuvo autorización del Ministerio de Industria de Nueva Delhi para la construcción de una planta productora de metilisocianato. Después de 1982 la planta fue puesta en manos de personal indio, a causa de las presiones del gobierno en favor de la autosuficiencia de la industria del país. Las inspecciones de seguridad quedaron a cargo de UCIL, subsidiaria india de Union Carbide y propietaria mayoritaria de la compañía. Tras el accidente, Warren Anderson, presidente de Carbide, aceptó la "responsabilidad moral" de la tragedia. La determinación de la verdadera causa del accidente ha dado lugar al surgimiento de varias teorías.

Expertos y cuerpos de socorristas estadunidenses fueron enviados a la India, seguidos más tarde por abogados dispuestos a representar a las víctimas. Luego de muchas discusiones, se prohibió por ley la intervención de abogados estadunidenses en actividades jurídicas y de defensa de las víctimas. En 1989 culminó el juicio contra Union Carbide, la cual se vio obligada a pagar 470 millones de dólares.

Sin embargo, aún no se sabe con certeza quién fue el responsable de la desgracia: ¿La alta dirección de Union Carbide? ¿Los administradores de la planta india de UCIL? ¿Los operadores responsables de la unidad de metilisocianato? ¿El gobierno indio que concedió la autorización? Todas éstas son preguntas ciertamente muy comprometedoras para las empresas trasnacionales.

ISO 14001 en su Plan de Administración y Auditoría Ecológicas. Por otra parte, aún se ignora si también la Environmental Protection Agency (Oficina de Protección del Ambiente, EPA) de Estados Unidos incorporará esa misma norma en sus reglamentos.

Responsabilidad social de los administradores

A principios del siglo XX la misión de las compañías privadas era exclusivamente económica. Debido en parte a las interdependencias de los numerosos grupos que componen la sociedad, en la actualidad se ha incrementado enormemente la participación social de las empresas. Tal como se indicó en el modelo del enfoque de sistemas de la administración en el capítulo 1, hay muchos interesados o demandantes en las organizaciones. Se impone por lo tanto la pregunta de cuál es realmente la responsabilidad social de las empresas. Más aún y aunque originalmente se asociaba sólo con las compañías, la cuestión de la responsabilidad social también se plantea ahora con mayor frecuencia a gobiernos, universidades, organizaciones no lucrativas, obras de beneficencia e incluso iglesias. Así, hemos de referirnos a la responsabilidad y sensibilidad sociales de todas las organizaciones, si bien centraremos nuestra exposición en las empresas. Inquieta por la urgencia de resolver los problemas sociales, y vía de expresión de esa misma urgencia, la sociedad exige de los administradores (en particular de los de más alto nivel) que expliquen qué hacen para cumplir con sus responsabilidades sociales y el motivo de que no hagan aún más.

Responsabilidad y sensibilidad sociales

El concepto de la responsabilidad social no es nuevo. Aunque la idea ya había sido considerada en la primera mitad del siglo XX, el interés actual en la responsabilidad social ganó mayor ímpetu con el libro *Social Responsibilities of the Businessman* de Howard R. Bowen, quien señaló que las empresas deben tomar en cuenta las implicaciones sociales de sus decisiones.[13] Como cabía esperar, aún no se cuenta con un consenso generalizado acerca de la definición de este concepto. En una encuesta realizada a 439 ejecutivos, 68% de los administradores que efectivamente la respondieron estuvieron de acuerdo con esta definición: "La **responsabilidad social de las empresas** es la seria consideración del impacto en la sociedad de las acciones de las compañías."[14]

Un concepto que sí es reciente, aunque muy similar a la **responsabilidad social**, es la sensibilidad social, la que explicada en términos sencillos significa "la capacidad de una empresa de establecer una relación de sus operaciones y políticas con las condiciones sociales de su entorno en forma mutuamente benéfica para ella misma y la sociedad".[15] Ambas definiciones se refieren a las empresas, pero estos conceptos deben ampliarse para incluir también 1) a empresas distintas a las privadas y 2) las relaciones existentes al interior de una empresa. La principal diferencia entre responsabilidad social y sensibilidad social es que esta última implica acciones y el "cómo" de las respuestas de las empresas. En nuestras explicaciones, sin embargo, haremos un uso indistinto de ambos términos.[16]

Argumentos a favor y en contra de la participación de las empresas en acciones sociales

Si bien existen argumentos a favor de la participación de las empresas en actividades sociales, también los hay en contra, como se muestra en la tabla 2-1.

En la actualidad muchas empresas participan en acciones sociales. Un buen ejemplo es la compañía fabricante de helados Ben & Jerry, la cual colabora en programas para la conservación de los bosques tropicales y compra también nueces a tribus habitantes de estas regiones para que puedan sobrevivir sin la necesidad de talar árboles. De igual forma, esta misma empresa instaló una heladería en Harlem en la que da empleo a personas sin hogar. Una decisión en el sentido de si una compañía debe ampliar su participación social requiere de un detenido análisis de los argumentos a favor y en contra de tales acciones. Ciertamente han cambiado las expectativas de la sociedad, de manera que parece imperar la tendencia hacia una mayor sensibilidad social. De hecho, la mayoría de las personas que respondieron a un estudio realizado por la *Harvard Business Review* entre sus lectores, consideraron que la responsabilidad social es propósito legítimo y alcanzable para las empresas.[17] El profesor Keith Davis propuso la "Ley de hierro de la responsabilidad" de la siguiente manera: "A largo plazo, quienes no usen su poder en forma responsable en opinión de la sociedad, lo perderán."[18]

PERSPECTIVA INTERNACIONAL

AMBIENTE *VERSUS* UTILIDADES

Uno de los grupos empresariales más importantes de México, el Grupo Carso, encabezado por uno de los pocos mexicanos que ha formado parte de la lista de *Forbes* de los hombres más ricos del mundo, ha enfrentado un conflicto con la comunidad vecina a las inmediaciones del Parque Ecológico Cuicuilco (D.F.). El motivo del enfrentamiento es la contraposición de intereses entre el Grupo Carso y los habitantes de la zona. Mientras el primero busca obtener beneficios de sus propiedades, los segundos abogan por la preservación del ambiente y la zona arqueológica (que consideran podría dañarse debido a los intereses del grupo empresarial), viéndose incluso apoyados por organizaciones de carácter civil y académico. Para las fechas en que se editaba esta obra el Grupo Carso se encontraba construyendo un centro comercial y edificios para oficinas en los terrenos de su propiedad, contiguos al parque, por lo que no es posible relatar el final del caso, pero, sin soslayar los derechos que confieren la propiedad legal de dichos terrenos, a manera de reflexión sobre la responsabilidad y sensibilidad sociales en situación de conflicto con los intereses de la comunidad, cabría preguntarse: ¿qué intereses deben prevalecer?

TABLA 2-1

Argumentos a favor y en contra de la participación social de las empresas

Argumentos a favor de la participación social de las empresas

1. Las necesidades públicas han cambiado y con ellas las expectativas. Se supone que las empresas deben su constitución a la sociedad, de manera que están obligadas a responder a las necesidades de ésta.

2. La creación de mejores condiciones sociales beneficia tanto a la sociedad como a las empresas. La sociedad se beneficia gracias a mejores vecindarios y oportunidades de empleo; las empresas se benefician de una comunidad mejor, ya que la comunidad es la fuente de su fuerza de trabajo y la consumidora de sus bienes y servicios.

3. La participación social desalienta la regulación e intervención adicionales del gobierno. El resultado es mayor libertad y más flexibilidad en la toma de decisiones para las empresas.

4. Las empresas poseen mucho poder, el cual cabe suponer que debería acompañarse de igual cantidad de responsabilidad.

5. La sociedad moderna es un sistema interdependiente, de manera que las actividades internas de las empresas tienen impacto en el ambiente externo.

6. La participación social puede beneficiar a los accionistas.

7. Los problemas pueden convertirse en utilidades. Objetos alguna vez considerados como desperdicio (las latas vacías de refrescos, por ejemplo) pueden reutilizarse rentablemente.

8. La participación social crea una imagen pública favorable. Así, una empresa puede atraer clientes, empleados e inversionistas.

9. Las empresas deben intentar resolver problemas que otras instituciones han sido incapaces de solucionar. Después de todo, las empresas son por tradición fuente de nuevas ideas.

10. Las empresas poseen recursos. Específicamente, deben usar el talento de sus administradores y especialistas, así como sus recursos de capital, para resolver algunos de los problemas de la sociedad.

11. Es mejor prevenir problemas sociales por medio de la participación de las empresas que lamentarlos. Puede resultar más fácil ayudar a los desempleados que enfrentar la agitación social.

Argumentos en contra de la participación social de las empresas

1. El deber básico de las empresas es optimizar sus utilidades concentrándose únicamente en sus actividades económicas. La participación social puede reducir la eficiencia económica.

2. En última instancia, la sociedad se ve obligada a pagar la participación social de las empresas a través de precios más altos. La participación social daría lugar a costos excesivos para las empresas, las cuales no pueden comprometer sus recursos en la acción social.

3. La participación social puede provocar una situación desventajosa en la balanza de pagos. El costo de los programas sociales, se razona, tendría que sumarse al precio de los productos. Así, las compañías estadunidenses que realizan ventas en los mercados internacionales se verían en desventaja al competir con compañías de otros países que no deben cargar esos costos sociales.

4. Las empresas poseen ya suficiente poder, el cual aumentaría sin embargo (lo mismo que la influencia que ejercen) con adicional participación social.

5. Los empresarios carecen de las habilidades sociales necesarias para resolver los problemas de la sociedad. Su capacitación y experiencia se reduce a las materias económicas, de modo que es probable que sus habilidades no sean pertinentes para los problemas sociales.

6. No existen medios para que las empresas rindan cuentas a la sociedad. A menos que éstos puedan establecerse, las empresas no deberían intervenir.

7. Se carece de entero apoyo para la participación en acciones sociales. En consecuencia, los desacuerdos entre grupos con diferentes puntos de vista causarán fricciones.

Fuente: Con base en William C. Frederick. Keith Davis y James E. Post, *Business and Society*, 6a. ed. (Nueva York, McGraw-Hill Book Company, 1988), cap. 2.

¿Reacción o proacción?

Sin embargo, vivir en el marco de ciertas condiciones y mostrarse sensible a ellas no significa que los administradores deban limitarse a reaccionar a las presiones. Puesto que de ninguna empresa puede esperarse que reaccione muy rápidamente a sucesos imprevistos, todas las compañías deben disponer de medios para anticipar hechos por medio de pronósticos. Una compañía alerta, por ejemplo, no espera a que su producto se vuelva obsoleto y sus ventas se reduzcan para lanzar un producto nuevo o mejor. Un organismo gubernamental no debe esperar a que sus reglamentos sean obsoletos y caigan en descrédito para buscar otra manera de cumplir sus objetivos. Ninguna empresa debe aguardar al surgimiento de problemas para prepararse a enfrentarlos. La proacción es parte esencial del proceso de planeación.

Función del gobierno

En muchos casos sólo es posible efectuar cambios sociales mediante la emisión de leyes. No obstante, muchos administradores de empresas privadas y todo tipo de organizaciones han comprobado las ventajas de hacer algo en favor de la resolución de problemas sociales. Por ejemplo, muchas empresas se han beneficiado económicamente de la filtración de contaminantes eliminados por medio de chimeneas y la posterior venta o utilización de los desechos así recobrados. Algunas compañías han obtenido utilidades construyendo edificios de departamentos de bajo costo en zonas marginadas. En otras palabras, contribuir a la solución de problemas sociales no siempre implica gastos netos. Aun así, es probable que la sociedad necesite de la fuerza inexorable de la ley para conseguir mejoras efectivas.

Influencia de los valores y criterios de desempeño en el comportamiento

Pero incluso si los administradores gozan en lo individual de plena libertad para actuar de acuerdo con lo que hoy se concibe como responsabilidades sociales, es probable que no procedan de ese modo a causa de la aplicación de ciertas normas a la evaluación de su desempeño. Como cualquier otra persona, los administradores desean que su desempeño merezca una evaluación positiva; es decir, buscan aprobación. En consecuencia, si su éxito se mide en términos de utilidades, cumplimiento de un presupuesto, recaudación de impuestos como porcentaje del ingreso, volumen de sangre aportada a un banco de sangre o número de feligreses en una iglesia, los administradores tenderán a esforzarse por alcanzar esas metas. Si el éxito se mide en términos de control de la contaminación, número de presidiarios exitosamente vueltos a la sociedad, el apoyo en dinero a los empleados que desean obtener un título universitario, la proporción de minusválidos en el número total de empleados, los logros alcanzados en la elevación de la productividad de los subordinados o combinaciones de éstas y similares metas, los administradores se esforzarán por conseguirlas.

En otras palabras, los administradores responderán a los valores aprobados por la sociedad y darán prioridad a los tenidos en mayor estima. Si deseamos cerciorarnos de que las organizaciones respondan a las fuerzas sociales, debemos definir claramente los valores sociales y retribuir a los administradores por los éxitos que obtengan en responder a ellos, sin ignorar, por supuesto, que cada organización posee una misión propia.

Auditoría social

El tema de la responsabilidad social hace surgir la pregunta de cómo evaluar el desempeño social. Esto dio origen al concepto de "auditoría social", propuesto inicialmente en la década de los cincuenta por Howard R. Bowen.[19] Sin embargo, hasta hace poco las empresas se han interesado seriamente en esta idea. La **auditoría social** ha sido definida como "un compromiso con la sistemática evaluación de e información sobre significativos aspectos concretos de las actividades de una compañía que tienen impacto social".[20]

Se puede distinguir entre dos tipos de auditoría. Una de ellas es la *exigida* por el gobierno, la cual implica, por ejemplo, el control de la contaminación, requisitos de desempeño de productos y normas de igualdad de empleo. El otro tipo de auditoría social se refiere a una amplia variedad de programas sociales *voluntarios*.[21]

Es un tanto difícil determinar las cuestiones que deberían considerarse en la auditoría social. Entre los asuntos más frecuentes están la contaminación y la contratación, capacitación y ascenso de miembros de minorías, pero hay muchos más. Por ejemplo, General Electric elaboró una matriz que facilita el análisis de las expectativas de los clientes, inversionistas, empleados, comunidades y otros reclamantes en las siguientes áreas: desempeño de productos y técnico, desempeño económico, desempeño de empleo, ambiente y recursos naturales, bienestar y desarrollo de la comunidad y relaciones gobierno-empresa, así como comercio y desarrollo internacional.

Otra dificultad es determinar la cantidad de dinero que gasta una empresa en áreas selectas. Sin embargo, por sí solos los costos son una medida inadecuada. No son necesariamente un indicador de los resultados de la participación social. Otros problemas son la recolección de datos y su presentación en tal forma que refleje con exactitud la participación social de una empresa. No cabe duda de que la auditoría social lleva aparejadas muchas dificultades, pero existen evidencias de que muchas compañías y otras organizaciones de Estados Unidos se esfuerzan honestamente por enfrentar este desafío.

La ética en la administración[22]

Independientemente de que trabajen en una empresa, el gobierno, una universidad o cualquier otra institución, a todas las personas les atañe la ética. En el *Webster's Ninth New Collegiate Dictionary*, **ética** se define como "la disciplina relativa a lo bueno y lo malo y al deber y obligación moral". Así pues, la **ética personal** se refiere a "las reglas conforme a las cuales un individuo conduce su vida personal", en tanto que, por ejemplo, la **ética contable** alude a "el código que guía la conducta profesional de los contadores".[23] La **ética empresarial** tiene que ver con la verdad y la justicia y posee muchos aspectos, como las expectativas de la sociedad, la competencia leal, la publicidad, las relaciones públicas, las responsabilidades sociales, la autonomía de los consumidores y el comportamiento de las empresas tanto en su país de origen como en el extranjero.[24]

Teorías éticas y modelo para decisiones de conducta política

Los administradores compiten en las organizaciones por información, influencia y recursos. Es fácil entender la posibilidad de conflictos en la selección de los fines y de los medios para alcanzarlos, lo que vuelve imperativa la pregunta acerca de qué criterios deben guiar la conducta ética.

Existen tres tipos básicos de teorías morales en el campo de la ética normativa. En primer lugar, la **teoría utilitaria** sostiene que planes y acciones deben evaluarse en función de sus consecuencias. La idea en la que se apoya este argumento es que los planes o las acciones deben producir el mayor bien para el mayor número de personas. En segundo lugar, la **teoría basada en los derechos** aduce que todas las personas poseen derechos básicos. Como ejemplo de ellos están los derechos a la libertad de conciencia, la libertad de expresión y la sujeción a procesos legales establecidos. La Carta de Derechos de la Constitución de Estados Unidos incluye muchos otros. En tercero, la **teoría de la justicia** demanda que quienes son responsables de tomar decisiones se guíen por la justicia y la equidad, así como por la imparcialidad.[25]

Gerald Cavanagh, Dennis Moberg y Manuel Velasquez han señalado las fuerzas y debilidades de cada una de estas teorías, las cuales reunieron en un árbol de decisión (véase figura 2-2) que puede guiar a los administradores en la toma de decisiones éticas.[26]

El siguiente ejemplo es una clara ilustración sobre estas teorías:

Sam y Bob son dos investigadores científicos altamente motivados que trabajan en el laboratorio de desarrollo de nuevos productos de General Rubber. Sam es con mucho el científico más competente en cuestiones técnicas del laboratorio, responsable de varias patentes que le rindieron casi 6 millones de dólares a la compañía en la última década. Es tranquilo, serio y socialmente reservado. Por el contrario, Bob es muy extrovertido. Aunque carece de un expediente técnico tan destacado como el de Sam, su trabajo ha sido muy consistente, si bien poco imaginativo. Se rumora que en los próximos años será ascendido a uno de los puestos administrativos del laboratorio.

De acuerdo con las políticas del laboratorio, cada año se dispone de un fondo de 300 000 dólares para el científico que proponga, bajo la forma de una licitación competitiva, la mejor idea de desarrollo de un nuevo producto. En consecuencia, tanto Sam como Bob preparan sus propuestas. Éstas han sido tan cuidadosamente elaboradas que en ellas se detallan incluso los beneficios que ofrecerán a la compañía y la sociedad en caso de ser aceptadas, y entre los demás científicos prevalece el consenso, a partir de revisiones cuya autoría se ha conservado en el anonimato, de que ambas propuestas son igualmente meritorias. Ambas requerirían de los 300 000 dólares en su totalidad para producir resultados significativos. Además, la línea de investigación propuesta en cada una de ellas implicaría un significativo dominio de los aspectos técnicos considerados y una necesidad mínima de supervisar el trabajo de otros.

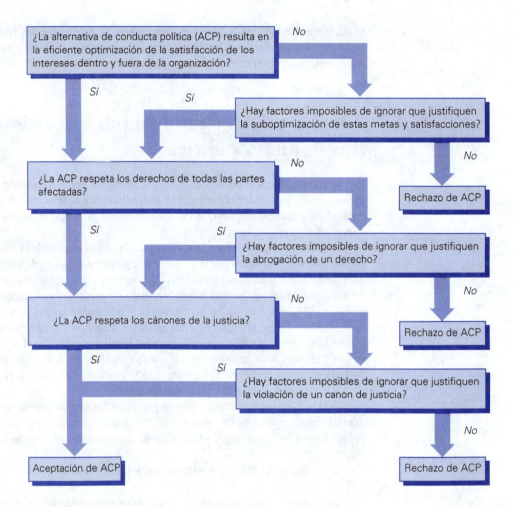

FIGURA 2-2

Árbol de decisión para la incorporación de la ética a decisiones de conducta política.

Después de entregar su propuesta, Sam no realiza ninguna acción adicional más allá de preguntar periódicamente por los resultados del proceso de licitación. Por el contrario, Bob inicia lo que podría llamarse una campaña abierta en apoyo a su propuesta. Tras admitir francamente sus intenciones ante Sam y otros, aprovecha todas las oportunidades a la mano para destacar las ventajas relativas de su propuesta a individuos que podrían ejercer cierta influencia sobre la decisión. Su campaña resulta tan efectiva que los autorizados a tomar la decisión en favor de la propuesta de Bob experimentan por ese motivo una considerable presión informal. Finalmente, los fondos son asignados a la propuesta de Bob, no a la de Sam.

Un análisis ético de las acciones de Bob en este caso podría comenzar por el uso del árbol de decisión que aparece en la figura 2-2. La primera pregunta de la secuencia implica un análisis utilitario. Es evidente que los intereses de Bob resultaron mejor servidos que los de Sam. Sin embargo, la naturaleza de las dos propuestas parece demandar que uno de los dos se lleve un chasco. Además, todo indica que, en términos de intereses más amplios (es decir, de la compañía y la sociedad), el resultado no es menos que óptimo, dado que ambas propuestas fueron juzgadas equivalentes en las revisiones anónimas. En consecuencia, es apropiado contestar afirmativamente la primera pregunta.

La segunda pregunta se refiere al hecho de si el comportamiento de Bob contempló el respeto a ciertos derechos. También en este caso se imponen persuasivas evidencias de que no fueron violados los derechos de nadie. Sam no contó con (no creó) la misma oportunidad de hacer notar las ventajas de su propuesta a aquellas personas hacia las cuales Bob dirigió su campaña de cabildeo, pero, por su parte, ésta no implicó ningún engaño, de manera que la inactividad de Sam puede considerarse como un consentimiento tácito.

Es en relación con la tercera pregunta que las acciones de Bob resultan más sospechosas. La justicia habría sido mejor servida en este caso si hubiera habido una clara diferencia situacional entre las dos propuestas. En las revisiones anónimas se les consideró equivalentes, de modo que presumiblemente debían buscarse otras bases para la diferenciación entre ellas. Los esfuerzos de Bob sirvieron para crear diferencias irrelevantes entre ambas. Pero, en todo caso, el superior expediente técnico de Sam habría sido un factor más relevante que la iniciativa y habilidades sociales de Bob para determinar a quién se favorecería para el desempeño de una labor técnica. Así pues, las acciones de Bob a este respecto fueron injustas. Es interesante hacer notar que si las propuestas hubieran implicado la supervisión de otros o la capacidad de persuadir a los demás, el procedimiento seguido por Bob se habría justificado.[27]

Los administradores enfrentan muchas situaciones que requieren de juicios éticos, para los que a menudo no hay respuestas fáciles. El modelo de la figura 2-2 ofrece un marco de referencia conceptual de utilidad para los administradores en el análisis y evaluación de sus decisiones, como lo ilustra el caso que acabamos de exponer.[28]

Institucionalización de la ética

Los administradores, y en especial los de más alto nivel, tienen la responsabilidad de crear condiciones organizacionales que fomenten la toma ética de decisiones mediante la institucionalización de la ética. Esto significa aplicar e integrar conceptos éticos a las acciones diarias. Theodore Purcell y James Weber señalan que esto puede conseguirse de tres maneras: 1) mediante el establecimiento de una adecuada política empresarial o código de ética, 2) mediante la creación de un comité de ética formalmente constituido y 3) por medio de la impartición de cursos de ética en los programas de desarrollo administrativo.[29] El medio más común para la institucionalización de la ética es establecer un código de ética; la creación de comités de ética es mucho menos común. El tratamiento de temas éticos en programas de desarrollo administrativo es también muy poco frecuente, aunque compañías como Allied Chemical, International Business Machines (IBM) y General Electric han instituido programas que lo incluyen.

La publicación de un código de ética no es suficiente. Algunas compañías exigen a sus empleados firmar tal código e incluir criterios de ética en su evaluación de desempeño. Además, en ciertas empresas se establece una relación de compensaciones y retribuciones con la conducta ética. Asimismo, los administradores deben aprovechar todas las oportunidades que se les presenten para alentar y difundir el comportamiento ético. Por otro lado, debe estimularse a los empleados a informar de prácticas inmorales (lo que se conoce comúnmente como "dar el pitazo").[30] Pero lo más importante es que los administradores den buen ejemplo a través de conductas y prácticas éticas.

**PERSPECTIVA
INTERNACIONAL**

CÓDIGO DE ÉTICA PARA EL SERVICIO EN EL GOBIERNO DE ESTADOS UNIDOS

El gobierno federal estadunidense ha establecido el siguiente código.[31] Todas las personas que cumplen servicios en el gobierno deben:

1. Ser fieles a los más elevados principios morales y al país por encima de personas, partidos o departamentos gubernamentales.
2. Defender la Constitución, leyes y reglamentos de Estados Unidos y de todos los gobiernos vigentes en el interior del país y no ser partidarias jamás de su incumplimiento.
3. Ofrecer un día de trabajo íntegro a cambio de un pago diario íntegro; empeñar sus mejores esfuerzos e ideas en el desempeño de su deber.
4. Buscar el ejercicio más eficiente de su empleo, así como medios económicos para el cumplimiento de sus tareas.
5. No incurrir nunca en discriminaciones injustas mediante la concesión de favores o privilegios especiales a nadie, ya sea para efectos de remuneración o no, y no aceptar jamás, para sí mismas o miembros de su familia, favores o beneficios en circunstancias que podrían ser consideradas por personas razonables como influyentes en el desempeño de deberes gubernamentales.
6. No hacer promesas privadas de ningún tipo que comprometan los deberes de su puesto, pues ningún empleado gubernamental goza de derechos privados que pongan en juego su deber público.
7. No incurrir en ningún tipo de negocios con el gobierno, ya sea directa o indirectamente, lo cual no es compatible con el escrupuloso desempeño de los deberes gubernamentales.
8. No usar jamás información obtenida confidencialmente en el desempeño de deberes gubernamentales como medio para procurarse beneficios privados.
9. Denunciar la corrupción dondequiera que se le descubra.
10. Enarbolar estos principios, en la inteligencia de que el servicio público entraña una obligación pública.

Código de ética y su instrumentación por un comité formal

Un **código** es una declaración de políticas, principios o reglas que guían el comportamiento. Ciertamente, los códigos de ética no se aplican únicamente a las empresas privadas; deben guiar la conducta de las personas en todas las organizaciones y en la vida de todos los días.

La simple formulación de un código de ética no garantiza mucho, de manera que el nombramiento de un comité de ética, compuesto por directores tanto internos como externos, se considera esencial para la institucionalización de una conducta ética.[32] Las funciones de ese comité pueden incluir 1) la celebración de reuniones regulares para discutir asuntos éticos, 2) el tratamiento de situaciones ambiguas, 3) la comunicación del código a todos los miembros de la organización, 4) la verificación de posibles violaciones al código, 5) la vigilancia del cumplimiento del código, 6) la premiación del cumplimiento y el castigo a infracciones, 7) la revisión y actualización del código y 8) la emisión de informes de sus actividades al consejo de administración.

Factores que contribuyen a promover normas éticas

Los dos factores que, de acuerdo con las personas entrevistadas para cierto estudio, facilitan en mayor grado la promoción de normas éticas son: 1) dar a conocer públicamente la existencia de éstas y difundirlas ampliamente y 2) la creciente presión que ejerce al respecto una opinión pública cada vez mejor informada. A estos factores les siguen las reglamentaciones gubernamentales y la educación cuyo propósito es incrementar el profesionalismo de los administradores de empresas privadas.[33]

Para que los códigos de ética puedan ser eficaces, es necesario que se tomen medidas que garanticen su cumplimiento. Los administradores que incurran en prácticas inmorales deben ser hechos responsables de sus acciones. Esto significa que se les deben retirar privilegios y beneficios y aplicar sanciones. Aunque no es fácil hacer cumplir códigos de ética, la sola existencia de éstos puede alentar la adopción de una conducta ética gracias a una definición más clara de las expectativas. Por otra parte, no se debe esperar que los códigos de ética resuelvan por sí solos todos los problemas. De hecho, pueden crear una falsa sensación de seguridad. El eficaz cumplimiento del código implica un comportamiento ético consistente y el apoyo de la alta dirección.

Otro factor que puede contribuir a la promoción de normas éticas es la enseñanza de la ética y los valores tanto en las empresas como en escuelas y universidades. La Harvard Business School (Escuela de Administración de Harvard) ha merecido severas críticas de su propio rector, Derek Bok, por no enseñar valores humanos.[34] Con la ayuda de ejecutivos de empresas, esa institución contrató al decano John McArthur y a miembros del profesorado especializados en la enseñanza de la ética para darle a la escuela una nueva dirección. En el nuevo plan de estudios se restó importancia a los aspectos financieros y se hizo énfasis en las habilidades y conducta ética de los individuos. Dado que Harvard cuenta con gran cantidad de egresados de elevadas calificaciones, quienes suelen ocupar puestos administrativos de alto nivel, se esperaba que esta acción diera como resultado una conciencia más aguda de la dimensión ética de la administración.

La necesidad de una conducta más ética ha sido puesta en evidencia por casos muy sonados. Saul Gellerman examinó tres en gran detalle: el de Manville Corporation, que aparentemente ocultó el riesgo real del asbesto; el de Continental Illinois Bank, algunos de cuyos administradores malinterpretaron el interés general de la empresa, y el de E. F. Hutton and Company, la cual se declaró culpable de haber incurrido en fraude postal y telegráfico.[35]

A la luz de su análisis, Gellerman hizo sugerencias como las siguientes:

1. Ofrecer lineamientos claros de conducta ética.
2. Impartir formalmente (en cursos y escuelas) lineamientos éticos y explicar su importancia.[36]
3. Abstenerse de actuar en situaciones ambiguas que puedan implicar cuestionamientos éticos.
4. Instaurar controles (como el establecimiento, por ejemplo, de una agencia auditora que deba rendir informes a directores externos) para la detección de actos ilegales o inmorales.
5. Realizar con frecuencia auditorías no previstas.
6. Castigar ejemplarmente a los infractores, y hacerlo público para disuadir a los demás.
7. Insistir regularmente en que la lealtad a la compañía no es excusa para incurrir en conductas o acciones impropias.

Diferenciación de normas éticas de diversas sociedades

Todas las personas que trabajan en las empresas, el gobierno, las universidades y cualesquiera otras organizaciones saben que, sobre todo en cada nación y sociedad, existen diferentes normas éticas, así como legales.[37] Esto ha sido así desde hace mucho tiempo. Por ejemplo, en muchas naciones se permite que las empresas privadas hagan contribuciones a partidos políticos, campañas y candidatos. (En Estados Unidos no.) En algunos países, pagar a funcionarios gubernamentales y otras personas con influencia política para garantizar el favorable manejo de una transacción de negocios no es visto como un soborno inmoral, sino como una compensación adecuada por los servicios prestados. En muchos casos, pagar para asegurar la asignación de un contrato se considera incluso una forma aceptable y normal de hacer negocios. Piénsese, por ejemplo, en el caso de la Quaker Oats Company, la cual enfrentó una situación en la que funcionarios extranjeros amenazaron con cancelar sus operaciones en su país si no cumplía la exigencia de "pagos". ¿Qué debería hacer, por otra parte, una compañía que ve en riesgo la seguridad del gerente de una de sus plantas en caso de resistirse a hacer pagos?[38]

La pregunta que enfrentan los administradores estadunidenses responsables es: ¿qué normas éticas seguir? No cabe duda en cuanto a qué hacer en Estados Unidos, de modo que ejecutivos estadunidenses han tenido que rechazar sugerencias en el sentido de "meter dinero en un sobre". Pero en países donde tales prácticas son comunes y esperadas, los ejecutivos estadunidenses se topan con un difícil problema. Por efecto de las leyes aprobadas por el Congreso de Estados Unidos y de la adopción de reglamentaciones por parte de la Securities and Exchange Commission (Comisión de Valores y Bolsas), no sólo las empresas estadunidenses deben informar acerca de cualquier cosa que pueda llamarse "pago", sino que además todo aquello que pueda considerarse como soborno es ya ilegal en la actualidad. De esta manera, Estados Unidos ha intentado exportar a otros países sus normas para hacer negocios, con la intención de elevar las normas éticas en el extranjero.

La confianza como base para una nueva administración

Los administradores son objeto de un constante bombardeo de nuevos conceptos administrativos, lo mismo que de antiguos conceptos a menudo disfrazados bajo una terminología nueva, diseñados todos ellos para enfrentar los cambios en la administración demandados por la competencia global, las expectativas de los clientes y la necesidad de responder rápidamente a cambios en las condiciones imperantes. Aunque a lo largo de este libro nos ocuparemos de varios enfoques para el manejo del cambio en la Nueva Era, un importante concepto que pasa desapercibido a menudo es el de la confianza. El profesor Salvatore Belardo señala que la confianza es el centro de la comunicación, la colaboración y la disposición a cambiar.[39] Tradicionalmente el concepto de confianza se ha identificado con la integridad, la lealtad, la atención y el cumplimiento de promesas en las relaciones entre individuos. Sin embargo, Belardo sostiene que la confianza debe ir aún más allá de las relaciones individuales y extenderse a las organizaciones a través de la creación de una **cultura de confianza** que trascienda el liderazgo individual. Los líderes van y vienen; las organizaciones permanecen. Por ejemplo, David Packard, de Hewlett-Packard, dejó a ésta el legado del "Estilo HP",* una filosofía en la que se hace énfasis en un código de ética que permea a toda la organización y que prevalece tras la muerte de aquél.

En este libro presentaremos muchos conceptos, principios, teorías y prácticas de administración para la conducción del cambio en la Nueva Era. Sin embargo, una empresa es en esencia una organización humana que sólo funcionará correctamente si se basa en la confianza, la conducta ética y el reconocimiento de la dignidad humana.

Resumen

Los administradores operan en un ambiente complejo. Este ambiente les afecta, aunque en cierta medida también ejercen influencia sobre el mismo. En Estados Unidos, los administradores operan en una sociedad plural en la que muchos grupos organizados representan a muy diversos intereses.

En su toma de decisiones, los administradores deben considerar las condiciones económicas del ambiente: capital, fuerza de trabajo, niveles de precios, políticas fiscal y tributaria del gobierno y las necesidades de los clientes. La tecnología ofrece muchos beneficios, pero también algunos problemas. Para comprender el alcance de la tecnología se deben considerar sus numerosas categorías. Existe también un conjunto de factores sociales. Así, un administrador debe conocer las convicciones sociales prevalecientes en un país. Nos concentramos en las convicciones estadunidenses que se han ido desarrollando al paso de muchos años. La actividad del gobierno afecta a todas las empresas. Las condiciones políticas cambian junto con las demandas y convicciones sociales. De este modo, todas las organizaciones se ven afectadas por leyes, reglamentos y mandatos judiciales.

---

* Para una exposición más detallada del "estilo Hewlett-Packard", véase el caso que aparece al final del capítulo 14.

La responsabilidad social de las empresas implica para las organizaciones la seria consideración del impacto de sus acciones en la sociedad. De igual forma, la sensibilidad social es el establecimiento de una relación entre las operaciones y políticas de una compañía y las condiciones sociales que enfrenta de tal manera que tanto la compañía como la sociedad resulten beneficiadas. La determinación de las relaciones apropiadas entre las diversas organizaciones y la sociedad no es una tarea fácil, además de lo cual se puede argumentar a favor o en contra de la participación social de las empresas. Sin embargo, muchas compañías privadas y otras organizaciones han hecho esfuerzos muy serios para establecer condiciones que beneficien por igual a los individuos, las empresas y la sociedad.

La ética trata acerca de lo bueno y lo malo y de los deberes y obligaciones morales. Existen tres teorías morales en la ética normativa: la teoría utilitaria, la teoría basada en los derechos y la teoría de la justicia. Algunos autores han sugerido que las empresas deben institucionalizar la ética y elaborar un código de ética. Existen también otros factores que contribuyen a la promoción de normas éticas. Los administradores deben tomar difíciles decisiones frente al hecho de que en cada sociedad privan normas éticas diferentes. La confianza es el fundamento de las relaciones humanas y de los enfoques modernos de la administración.

Ideas y conceptos básicos

Sociedad plural

Factores económicos externos

Beneficios y problemas resultantes de la tecnología

Categorías de cambio tecnológico

Impacto de las actitudes, convicciones y valores sociales en la toma de decisiones

Condiciones políticas del ambiente

Condiciones legales del ambiente

Condiciones ecológicas del ambiente

Responsabilidad social de las empresas

Sensibilidad social

Argumentos a favor de la participación social de las empresas

Argumentos en contra de la participación social de las empresas

Misión de la empresa

Función del gobierno

Valores, criterios de desempeño y comportamiento

Auditoría social

Ética

Teoría ética utilitaria

Teoría ética basada en los derechos

Teoría ética de la justicia

Institucionalización de la ética

Código de ética para el servicio en el gobierno

Factores para la promoción de normas éticas

La confianza como factor decisivo para el cambio

Para analizar

1. ¿Por qué el ambiente externo de las empresas es tan importante para todos los administradores? ¿Un administrador puede impedir que el ambiente externo influya en él?
2. Identifique los elementos del ambiente externo que parezcan los más importantes para las siguientes personas: el presidente de una compañía, un gerente de ventas, un gerente de producción, un contralor y un gerente de personal.
3. ¿Qué efectos tienen en una empresa las condiciones sociales, políticas y legales del ambiente externo? ¿Cómo responden los administradores a esas influencias?
4. ¿Cuáles son las principales responsabilidades sociales de los administradores de empresas privadas? ¿De los administradores de organismos gubernamentales? ¿Han cambiado estas responsabilidades al paso del tiempo? ¿En qué forma?
5. Explique brevemente las principales teorías morales del campo de la ética normativa. ¿Qué relación tienen con el árbol de decisión para la incorporación de la ética a decisiones de conducta política?
6. Si usted fuera el director general de una gran empresa, ¿cómo "institucionalizaría" la ética en la organización?
7. Enumere y explique los beneficios y limitaciones de algunos códigos de ética.
8. ¿Qué códigos éticos propondría usted para su universidad, grupo y familia? ¿Cómo se les debería hacer cumplir?

Ejercicios/actividades

1. El grupo seleccionará y leerá un artículo de reciente publicación en *The Wall Street Journal*, *Business Week*, *Fortune* o *Expansión* relacionado con algún asunto ético. Se dividirá después en equipos para analizar la situación desde la perspectiva del árbol de decisión incluido en este capítulo. Cada equipo expondrá su análisis a través de un representante.
2. Entrevístese con un administrador de una empresa privada y con un administrador del gobierno de su localidad y pregúnteles cómo perciben sus responsabilidades sociales. ¿Estas responsabilidades se relacionan fundamentalmente con el ambiente externo de la organización o también incluyen aspectos internos?

 # CASO INTERNACIONAL 2

PASTORAL DE LOS OBISPOS[40]

Los obispos católicos de Estados Unidos emitieron en 1984 un documento sobre la doctrina social de su Iglesia y la economía estadunidense. El primer borrador de ese documento dio lugar a debates y críticas por considerársele sumamente negativo acerca de la economía de libre mercado de Estados Unidos. Se emitió entonces una segunda versión, de tono más suave, cuyo mensaje, sin embargo, era el mismo. Algunos de los puntos más destacados de su contenido son los siguientes:

- Las decisiones económicas deben tomarse con la debida consideración de si beneficiarán a todas las personas.
- Gobierno, empresas e individuos deben contribuir a la reducción de las inequidades provocadas por el sistema de libre mercado.
- Se deben asignar más recursos al socorro de pobres y desempleados que a usos militares.

El propósito de ese documento era influir en las decisiones del gobierno y los individuos a fin de contribuir a la creación de una sociedad más humana. Se decía en esa carta pastoral, no se han compartido adecuadamente los recursos económicos con los pobres, de modo que el gobierno tiene un importante papel por cumplir para modificar esta situación.

He aquí algunas de las recomendaciones que incluía el documento:

- Impulsar políticas fiscales y monetarias que den como resultado el pleno empleo.
- Apoyar programas para la generación de empleos.
- Eliminar las barreras al empleo que enfrentan las mujeres y los miembros de las minorías mediante la acción afirmativa y la capacitación laboral.
- Reformar el sistema de beneficencia pública para asegurar los niveles mínimos de beneficios a los pobres.
- Apoyar a los organismos internacionales para reducir la pobreza en los países del Tercer Mundo.

1. ¿Qué implica todo esto para los administradores?
2. ¿Qué relación existe entre esta carta pastoral y las diversas funciones administrativas?

Referencias

1. Gerald F. Cavanagh, *American Business Values*, 2a. ed. (Englewood Cliffs, N.J., Prentice-Hall, 1984), p. 126.
2. George A. Steiner, *Business and Society* (Nueva York, Random House, 1975), cap. 5; véase también George E. Steiner y John F. Steiner, *Business, Government, and Society*, 6a. ed. (Nueva York, McGraw-Hill, 1991).
3. Karen Lowry Miller y Brian Bremner, "Europe's Sell-Off to End All Sell-Offs", en *Business Week*, 21 de octubre de 1996, p. 54; "Launching Deutsche Telekom", en *The Economist*, 26 de octubre de 1996, pp. 73-74.
4. Lester Thurow en la Millenium Conference celebrada en San Francisco, 13 de septiembre de 1995. Véase también Barbara Ettorre, "The Experts Rally: Tough Leaders Needed", en *Management Review*, septiembre de 1994, pp. 33-37; Foreign Affairs, Council of Foreign Relations, Inc., julio-agosto de 1994, p. 189; Don Tapscott y Art Caston, *Paradigm Shift — The New Promise of Information Technology* (Nueva York, McGraw-Hill, Inc., 1993); Don Tapscott, *The Digital Economy — Promise and Peril in the Age of Networked Intelligence* (Nueva York, McGraw-Hill, 1996).
5. Los profesores Bower y Christensen, de la Harvard Business School, señalan que las empresas líderes pierden primacía en sus respectivas industrias cuando ocurren cambios en las tecnologías o los mercados. Recomiendan establecer dos organizaciones autónomas. Una de ellas debería encargarse de la satisfacción de los clientes tradicionales. La otra debe explotar las nuevas tecnologías con potencial. Véase Joseph L. Bower y Clayton M. Christensen, "Disruptive Technologies: Catching the Wave", en *Harvard Business Review*, enero-febrero de 1995, pp. 43-53.
6. "A Magna Carta for the Knowledge Age", Center for the Study of Democratic Institutions — New Perspective Quarterly, 1994.
7. Ronald Henkoff, "Is Greed Dead?", en *Fortune*, 14 de agosto de 1989, pp. 40-49. Véase también James B. Stewart, *Den of Thieves* (Nueva York, Simon & Schuster, 1991).
8. Peter F. Drucker, "The Mystery of the Business Leader", en *The Wall Street Journal*, 29 de septiembre de 1987.
9. J. Naar, *Design for a Liveable Planet* (Nueva York, Harper & Row, 1990); Stephen Schmidheiny,

Changing Course: A Global Business Perspective on Development and the Environment (Cambridge, Mass., MIT Press, 1992); véase también Michael E. Porter y Claas van der Linde, "Green and Competitive: Ending the Stalemate", en *Harvard Business Review*, septiembre-octubre de 1995, pp. 120-134.

10. Véase, por ejemplo, Rogene A. Buchholz, Alfred A. Marcus y James E. Post, *Managing Environmental Issues: A Casebook* (Englewood Cliffs, N.J., Prentice-Hall, 1992).

11. John F. Steiner, "Union Carbide and the Bhopal Plant Gas Leak", en *Industry, Society, and Change* (Nueva York, McGraw-Hill, Inc., 1991), pp. 295-319. Véase también "Crisis in Bhopal", de Paul Shrivastava, en Peter J. Frost, Vance F. Mitchell y Walter R. Nord, *Organizational Reality*, 4a. ed., corregida (Reading, Massachusetts; Addison-Wesley, 1997), pp. 337-340; James E. Post. William C. Frederick, Anne T. Lawrence y James Weber, *Business and Society* (Nueva York, McGraw-Hill, Inc., 1996), pp. 576-586.

12. Paul Scicchitano, "Managing the Environment with ISO 14001", en *Quality Digest*, noviembre de 1995, pp. 43-46; Gregory J. Hale y Caroline G. Hemenway, "Boon or Bane? ISO 14001 Likely to Join Regulatory Framework", en *Quality Digest*, febrero de 1996, pp. 29-34.

13. Howard R. Bowen, *Social Responsibilities of the Businessman* (Nueva York, Harper & Brothers, 1953).

14. John L. Paluszek, *Business and Society: 1976-2000* (Nueva York, AMACOM, 1976), citado en George A. Steiner, John B. Miner y Edmund R. Gray, *Management Policy and Strategy*, 3a. ed. (Nueva York, The Macmillan Company, 1986), pp. 38-39. Véase también Archie B. Carroll, "A Three-Dimensional Conceptual Model of Corporate Performance", en *Academy of Management Review*, octubre de 1979, pp. 497-505; Richard E. Wokutch, "Corporate Social Responsibility Japanese Style", en *Academy of Management Executive*, mayo de 1990, pp. 56-74.

15. Keith Davis y William C. Frederick, *Business and Society*, 5a. ed. (Nueva York, McGraw-Hill Book Company, 1984), pp. 564; véase también William Frederick, Keith Davis y James E. Post, *Business and Society*, 6a. ed. (Nueva York, McGraw-Hill Book Company, 1988).

16. Edwin Epstein advierte no sólo las diferencias sino también un alto grado de superposición entre la ética empresarial, la responsabilidad social de las empresas y la sensibilidad social de las empresas, elementos que combina en el nuevo concepto de "proceso de las políticas sociales de las empresas". Para una explicación más detallada, véase Edwin M. Epstein, Beyond Business Ethics, *Corporate Social Responsibility, and Corporate Social Responsiveness: An Introduction to the Corporate Social Policy Process*, Business and Public Policy Working Paper núm. BPP-17 (University of California, Berkeley, Business School, julio de 1986).

17. Steven N. Brenner y Earl A. Molander, "Is the Ethics of Business Changing?", en *Harvard Business Review*, enero-febrero de 1977, pp. 57-71.

18. Keith Davis y William C. Frederick, *Business and Society*, 5a. ed. (Nueva York, McGraw-Hill Book Company, 1984), p. 34.

19. Bowen, *Social Responsibilites of the Businessman* (1953), pp. 155-156.

20. Raymond A. Bauer y Dan H. Fenn, Jr., "What Is a Corporate Social Audit?", en *Harvard Business Review*, enero-febrero de 1973, p. 38.

21. Steiner *et al.*, *Management Policy and Strategy* (1986), p. 47.

22. Robert Elliott Allinson, "A Call for Ethically-Centered Management", en *The Academy of Management Executive*, febrero de 1995, pp. 73-76.

23. Manuel G. Velasquez, *Business Ethics* (Englewood Cliffs, N.J., Prentice-Hall, 1982), p. 7.

24. Clarence D. Walton (ed.), *The Ethics of Corporate Conduct* (Englewood Cliffs, N.J., Prentice-Hall, 1977), cap. 6; véase también La Rue Tone Hosmer, *The Ethics of Management* (Homewood, Ill., Richard D. Irwin, 1987); para una revisión de casos, véase John F. Steiner, *Industry, Society, and Change — A Case Book* (Nueva York, McGraw-Hill, Inc., 1991).

25. Para investigaciones sobre ética, véase William A. Kahn, "Toward an Agenda for Business Ethics Research", en *Academy of Management Review*, abril de 1990, pp. 311-328.

26. El contenido de esta sección se basa en Gerald F. Cavanagh, Dennis J. Moberg y Manuel Velasquez, "The Ethics of Organizational Politics", en *Academy of Management Review*, julio de 1981, pp. 363-374, texto que ha sido utilizado con autorización. Véase también Manuel Velasquez, Dennis J. Moberg y Gerald F. Cavanagh, "Organizational Statesmanship and Dirty Politics: Ethical Guidelines for the Organizational Politician", en *Organizational Dynamics*, otoño de 1983, pp. 65-80, y Gerald F. Cavanagh y Arthur F. McGovern, *Ethical Dilemmas in the Modern*

Corporation (Englewood Cliffs, N.J.; Prentice-Hall, 1988).

27. Cavanagh, Moberg y Velasquez, "The Ethics of Organizational Politics" (1981), p. 369.

28. Para información adicional, véase Terence R. Mitchell y William G. Scott, "America's Problems and Needed Reforms: Confronting the Ethic of Personal Advantage", en *The Executive*, agosto de 1990, pp. 23-35.

29. Buena parte de esta exposición se basa en James Weber, "Institutionalizing Ethics into the Corporation", en *MSU Business Topics*, primavera de 1981, pp. 47-52, y en Theodore V. Purcell, S.J., y James Weber, *Institutionalizing Corporate Ethics: A Case History* (Nueva York, The Presidents Association, The Chief Executive Officers' Division of American Management Association, 1979), Special Study núm. 71.

30. Janet P. Near y Marcia P. Miceli, "Effective Whistle-Blowing", en *Academy of Management Review*, julio de 1995, pp. 679-708; Marcia P. Miceli y Janet P. Near, "Whistleblowing: Reaping the Benefits", en *Academy of Management Executive*, agosto de 1994, pp. 65-72.

31. Fuente: Public Law 96-303, 3 de julio de 1980.

32. Weber, "Institutionalizing Ethics into the Corporation" (1981).

33. Brenner y Molander, "Is the Ethics of Business Changing?" (1977), p. 63.

34. Gerald F. Cavanagh, *American Business Values*, 2a. ed. (Englewood Cliffs, N.J.; Prentice-Hall, 1984), cap. 5; Bruce Nussbaum y Alex Beam, "Remaking the Harvard B-School", en *Business Week*, 24 de marzo de 1986, pp. 54-58.

35. Saul W. Gellerman, "Why 'Good' Managers Make Bad Ethical Choices", en *Harvard Business Review*, julio-agosto de 1986, pp. 85-90.

36. Para información sobre capacitación ética, véase Susan J. Harrington, "What Corporate America Is Teaching about Ethics", en *Academy of Management Executive*, febrero de 1991, pp. 21-30.

37. Véase Rogene A. Buchholz, *Business Environment and Public Policy*, 3a. ed. (Englewood Cliffs, N.J.; Prentice-Hall, 1989), cap. 19.

38. Walton, *The Ethics of Corporate Conduct* (1977), cap. 7.

39. Salvatore Belardo y Anthony W. Belardo, *Re-Engineering Re-Engineering: How an Ethical Organization Can Encourage the Generative Use of Reengineering*, manuscrito inédito.

40. Este caso se basa en varias fuentes, entre ellas Laurie McGinley, "Roman Catholic Bishops Soften Tone of Letter Calling for Action on Poverty", en *The Wall Street Journal*, 7 de octubre de 1985; "Catholic Social Teaching and the U.S. Economy: First Draft — Bishops' Pastoral", en *Origins*, 15 de noviembre de 1984, pp. 337-383. Véase también *Second Draft — Pastoral Letter on Catholic Social Teaching and the U.S. Economy*, 7 de octubre de 1985. Tras largas discusiones, el documento *Economic Justice for All: Catholic Social Teaching and the U.S. Economy*, de 115 páginas de extensión, fue aprobado en noviembre de 1986; *Economic Justice for All — Pastoral Letter on Catholic Social Teaching and the U.S. Economy* (Washington, United States Catholic Conference, Inc., 1986); Oliver F. Williams, "Catholic Social Teaching and the U.S. Economy", en George A. Steiner y John F. Steiner, *Business, Government, and Society*, 5a. ed. (Nueva York, Random House, 1988), pp. 382-391. Véase también Michael J. Naughton y Thomas A. Bausch, "The Integrity of a Catholic Management Education", en *California Management Review*, vol. 38, núm. 4 (verano de 1986), pp. 118-140.

Al terminar este capítulo, usted podrá:

1. Explicar la naturaleza y propósito de las empresas internacionales y trasnacionales.

2. Advertir las diferencias de la administración en diversos países.

3. Describir las prácticas administrativas de Japón y la teoría Z.

4. Describir el modelo modificado de administración comparada de Koontz, en el que se hace una distinción entre los

Capítulo tres

Administración global, comparada y de calidad

factores condicionantes y las funciones de las empresas, por una parte, y los fundamentos de la administración por la otra.

5. Comprender los factores que influyen en la ventaja competitiva de las naciones, de acuerdo con Porter.

6. Reconocer las principales contribuciones a la administración de calidad y describir el Premio de Calidad Baldrige, ISO 9000 y el Premio Europeo a la Calidad.

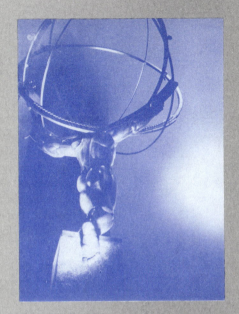

Establecer una alianza entre trabajadores y administradores es esencial, de otro modo los japoneses nos volarán la tapa de los sesos.[1]

MARIO CUOMO

En el capítulo 2 nos ocupamos de los factores externos de la situación nacional. Es probable que los factores que restringen a la administración sean todavía más severos para las empresas internacionales. Los ejecutivos que operan en un país extranjero deben aprender mucho sobre los sistemas educativo, económico, legal y político de éste, y especialmente sobre sus condiciones socioculturales.

La primera sección de este capítulo trata de la administración internacional y el papel de las empresas trasnacionales. Después examinaremos el impacto de las condiciones imperantes sobre la administración en países selectos, con especial atención a las prácticas administrativas japonesas. Más tarde abordaremos la administración comparada. Presentaremos un modelo para el estudio de la administración comparada. Finalmente, explicaremos los principales enfoques de la administración de calidad.

Administración internacional y empresas trasnacionales

El estudio de la **administración internacional** se centra en las operaciones de las empresas internacionales en países anfitriones. Se ocupa de las cuestiones administrativas relacionadas con el flujo de personas, bienes y dinero, con el propósito de definir una mejor administración en situaciones que implican el cruce de fronteras nacionales.

Naturaleza y propósito de las empresas internacionales

Aunque desde hace muchos años se han realizado operaciones empresariales a escala internacional, las empresas internacionales han ganado notoriedad e importancia en años recientes a causa del desarrollo de grandes empresas trasnacionales. Las **compañías internacionales** realizan transacciones fuera de las fronteras nacionales. Esas transacciones incluyen la transferencia de bienes, servicios, tecnología, conocimientos administrativos y capital a otros países.

La interacción de una empresa con el país anfitrión puede adoptar muchas formas, como lo ilustra la figura 3-1. Una de ellas es la *exportación* de bienes y servicios. Otra es un *acuerdo de licencia* para la producción de bienes en otro país. La compañía matriz también puede realizar contratos de administración para la operación de compañías en el extranjero. Otra forma de interacción es la *sociedad en participación* (o *joint venture*) con una empresa del país anfitrión.[2] Una de las modalidades de la sociedad en participación es la alianza estratégica, creada por lo general con fines de expansión geográfica (tal como ocurre en el caso de las líneas aéreas, por ejemplo) o de ampliación del mercado de ciertos productos o servicios.[3] Finalmente, las empresas trasnacionales pueden instituir *subsidiarias* o sucursales de su propiedad con instalaciones de producción en el país anfitrión. Así, una empresa internacional tiene muchas opciones al desarrollar una estrategia global.

Figura 3-1

Modalidades de
empresas
internacionales.

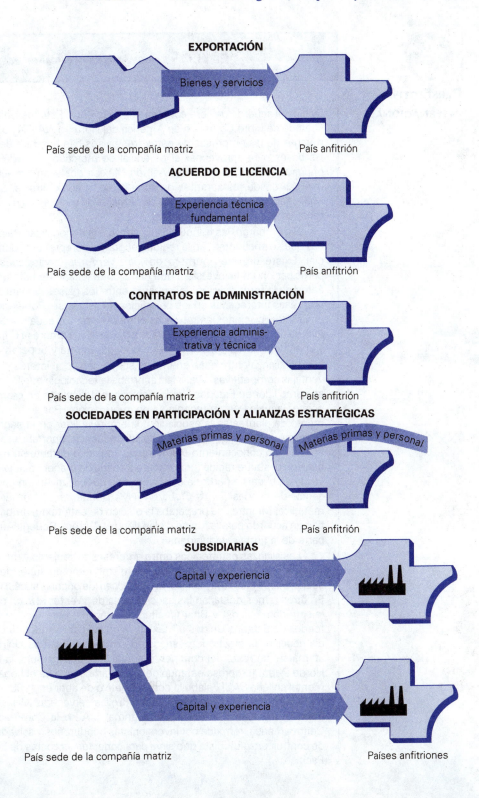

EXPORTACIÓN

Bienes y servicios

País sede de la compañía matriz   País anfitrión

ACUERDO DE LICENCIA

Experiencia técnica
fundamental

País sede de la compañía matriz   País anfitrión

CONTRATOS DE ADMINISTRACIÓN

Experiencia adminis-
trativa y técnica

País sede de la compañía matriz   País anfitrión

SOCIEDADES EN PARTICIPACIÓN Y ALIANZAS ESTRATÉGICAS

Materias primas y personal   Materias primas y personal

País sede de la compañía matriz   País anfitrión

SUBSIDIARIAS

Capital y experiencia

Capital y experiencia

País sede de la compañía matriz   Países anfitriones

**PERSPECTIVA
INTERNACIONAL**

EL TLC Y LAS EMPRESAS INTERNACIONALES

Debido al acuerdo de libre comercio firmado entre Estados Unidos, Canadá y México (Tratado de Libre Comercio de América del Norte, o *NAFTA* por sus siglas en inglés), muchas de las empresas de estos tres países han buscado de manera activa sentar las bases para aprovechar el potencial de mercado derivado de las oportunidades brindadas por dicho acuerdo. Así, en México destacan los acuerdos de franquicias que van desde restaurantes de comida rápida como *Arby´s, Subway* o los famosos McDonald´s, hasta la prestación de servicios de mensajería (*United Parcel Services*) o renta de videocintas (*Blockbuster*).

Sin embargo, las franquicias no son la única modalidad de negocios entre empresas que se encuentran en la región geográfica comprendida dentro del tratado comercial. Existe un buen número de *joint ventures* (sociedades formadas mediante participación en la inversión) que han sido resultado de este proceso. Incluso desde antes de la formalización del acuerdo entre los países signantes del tratado había ya empresas interesadas en los beneficios de asociarse. Por ejemplo, de esta forma se crearon asociaciones estratégicas entre la cadena creada por Sam Walton, Wal-Mart (tienda de descuento líder en Estados Unidos), y la empresa Cifra, de origen mexicano y operadora de las tiendas Aurrerá, Bodega Aurrerá y Superama.

La alianza entre esas empresas surgió debido al interés común de conjugar sus ventajas competitivas. Wal-Mart aportaba la tecnología que le ha permitido mantenerse como líder en Estados Unidos (actualmente invierte en promedio 500 millones de dólares anuales en su tecnología de información). Por su parte, Cifra era, en el momento de plantearse la asociación, la empresa líder en el segmento de los grandes supermercados mexicanos y, como consecuencia, aportaba la solidez de su nombre y el profundo conocimiento del mercado adquirido durante su existencia. Con una expansión bastante rápida (únicamente frenada de manera parcial debido a la gran crisis vivida en el país a partir de diciembre de 1994), la inversión conjunta permitió la presencia de tiendas *Sam's Club* y *Wal-Mart Supercenters* en diversas ciudades de la república. Mientras se preparaba la edición de este texto, ambas empresas concretaban un acuerdo para la fusión de las tiendas Aurrerá, Bodega Aurrerá y Superama, por parte de la firma estadunidense.

Las alianzas estratégicas entre empresas extranjeras y mexicanas son ya bastante comunes. Por ejemplo, dentro del mismo ramo de supermercados, aunque ya disuelta, puede citarse la asociación de *Auchan* (de origen francés) y Comercial Mexicana. En otros ramos destacan las asociaciones de *Western Union* con las tiendas Elektra (electrodomésticos) y Bital (institución bancaria) para facilitar las transferencias de fondos de Estados Unidos a México; la de las tiendas Elektra con *Circuit City* para la distribución de electrodomésticos adquiridos en Estados Unidos. Lo mismo puede afirmarse del resto del continente americano; por ejemplo, la inversión conjunta de Home Depot (empresa estadunidense de artículos para el hogar) y la tienda departamental chilena SACI Falabella con el objetivo de abrir en 1998 una tienda en la ciudad de Santiago; también la coinversión entre las cerveceras Miller Brewing Co. (EU) y la famosa brasileña Cía. Cervejaria Brahma, S.A., o la Corporación Interoceánica de Centroamérica, formada por inversionistas hondureños y salvadoreños con el objetivo de contruir una autopista que sirva para conectar las costas de los océanos Atlántico y Pacífico.

El contacto entre la compañía matriz y el país anfitrión se ve afectado por varios factores, algunos de los cuales son unificadores, mientras que otros pueden causar conflicto.

EFECTOS UNIFICADORES   Ocurren influencias unificadoras cuando la compañía matriz ofrece y comparte conocimientos prácticos tanto técnicos como administrativos, colaborando de este modo con la compañía en el país anfitrión en el desarrollo de recursos humanos y materiales. Además, la compañía matriz y la empresa en el país anfitrión pueden considerar conveniente integrarse en una estructura organizacional global. Pero cualquiera que sea la interacción, las políticas que se implanten deben garantizar equidad y resultar en beneficios tanto para la compañía matriz como para la empresa en el país anfitrión. Sólo de esta manera puede esperarse que entre ellas se dé una relación perdurable.

POTENCIAL DE CONFLICTO   Muchos factores pueden causar conflictos entre la compañía matriz y el país anfitrión. Los intereses nacionales pueden opacar los beneficios obtenidos de la cooperación. De igual manera, las diferencias socioculturales pueden producir fallas de comunicación y subsecuentes malos entendidos. Asimismo, una gran empresa trasnacional puede ejercer efectos económicos tan poderosos en un país pequeño que éste se sienta sobrepasado. Algunas compañías internacionales han sido acusadas de obtener excesivas utilidades, despojar a empresas locales de sus mejores cuadros y operar en forma contraria a las costumbres sociales. Las empresas internacio-

PERSPECTIVA INTERNACIONAL

¿LA GLOBALIZACIÓN AFECTA A LOS PEQUEÑOS COMERCIANTES?

Desde hace más de veinte años cierta panificadora produce pan industrial (para sandwiches, *hot-dogs*, hamburguesa y otros) y pan artesanal. Debido al desarrollo de ese mercado en el pasado y al conocimiento que la empresa posee, su actividad ha crecido y ocupa una posición importante entre los productores locales de Guatemala. A causa de la globalización y todo lo que conlleva, después de muchos años de estabilidad en el mercado se despertó el interés de los inversionistas extranjeros por competir en ese sector. De una lejana posibilidad para las empresas nacionales, la competencia con el capital extranjero se convirtió en una escalofriante realidad… enfrentarse a lo desconocido; la pregunta prevalece: ¿amenaza u oportunidad? Después de seis meses de competencia con una empresa trasnacional con mayores recursos tecnológicos y económicos, las cifras muestran que bajó la participación de mercado de la empresa local, de 65% a 29%. En esta empresa se percibe mucha presión, estrés y continuo cuestionamiento sobre la nueva e interesante realidad. Indudablemente que la apertura para la inversión tiene algún efecto en todas las empresas, sin importar el tamaño.

nales deben desarrollar habilidades sociales y diplomáticas en sus administradores para prevenir tales conflictos y resolver los que inevitablemente ocurran.

Empresas trasnacionales

Las **empresas trasnacionales** cuentan con oficinas generales en un solo país pero con operaciones en muchos otros. Seis de las diez compañías globales más grandes del mundo, clasificadas de acuerdo con el monto de sus ventas en 1990, eran estadunidenses, una es inglesa, otra angloholandesa, una japonesa y otra más italiana.[4] Esta clasificación se había modificado ya para 1995. De las diez compañías globales más grandes, seis son japonesas, tres estadunidenses y una angloholandesa. De acuerdo con sus ingresos, esas diez empresas siguen este orden: 1) Mitsubishi, 2) Mitsui, 3) Itochu, 4) General Motors, 5) Sumitomo, 6) Marubeni, 7) Ford Motor Company, 8) Toyota Motors, 9) Exxon y 10) Royal Dutch/Shell Group (de Inglaterra/Holanda).[5]

DE LA ORIENTACIÓN ETNOCÉNTRICA A LA GEOCÉNTRICA   En sus primeras etapas, las empresas internacionales adoptaron una perspectiva **etnocéntrica**; esto es, la orientación de sus operaciones en el extranjero se basaba en la de la compañía matriz.[6] La actitud **policéntrica**, por su parte, se basa en la noción de que es mejor conceder a las subsidiarias en el extranjero, dotadas de personal nacional local, un alto grado de libertad administrativa. Se supone que los nacionales conocen mejor las condiciones locales. La orientación **regiocéntrica** favorece la integración del personal de las operaciones en el extranjero sobre una base regional. Así, una visión europea puede componerse de influencias inglesas, francesas, alemanas e italianas. Las empresas trasnacionales modernas poseen una orientación **geocéntrica**. Esto significa que la organización en su totalidad es concebida como un sistema interdependiente que opera en muchos países. Las relaciones entre las oficinas generales y las subsidiarias son de colaboración, de modo que la comunicación fluye en ambas direcciones. Además, los puestos clave son ocupados por administradores de las más diversas nacionalidades. En pocas palabras, la orientación de las empresas trasnacionales es auténticamente internacional y rebasa los límites de un estrecho punto de vista nacionalista.[7]

VENTAJAS DE LAS EMPRESAS TRASNACIONALES   Las empresas trasnacionales poseen varias ventajas sobre las empresas de orientación nacional. Obviamente, pueden aprovechar oportunidades de negocios en muchos países. También pueden recaudar en todo el mundo fondos para sus operaciones. Además, se benefician de su capacidad para establecer plantas de producción en países en los que pueden producir bienes más eficaz y eficientemente. Las compañías con operaciones mundiales suelen disponer de mejor acceso a recursos naturales y materiales que quizá no estén al alcance de empresas nacionales. Finalmente, las grandes trasnacionales pueden reclutar a administradores y personal de otro tipo en un fondo mundial de fuerza de trabajo.

DESAFÍOS PARA LAS EMPRESAS TRASNACIONALES   Las ventajas de la operación trasnacional deben contrapesarse con los desafíos y riesgos asociados con la operación en condiciones extrañas. Uno de los problemas al respecto es el creciente nacionalismo de muchos países. Hace unos años, los países en desarrollo carecían

ORIENTACIÓN ADMINISTRATIVA EN VINMAR AMERICA

Carlos Páez Vogel, de nacionalidad mexicana, es un joven ingeniero químico que desde enero de 1996 ocupa el cargo de director general de las operaciones en Latinoamérica de Vinmar America, empresa de origen canadiense dedicada a la producción de sustancias químicas y plásticos, que se encuentra ubicada en Houston, Texas. Este profesionista fue reclutado en México por el Grupo Vancouver (empresa relacionada con Vinmar), cuando se encontraba a punto de concluir sus estudios profesionales, debido a su excelente desempeño como estudiante. Después de haber trabajado para otra empresa química (Egon Meyer) fue invitado por su antiguo jefe para formar parte del equipo ejecutivo de Vinmar America.

La decisión tomada por la empresa en cuanto a que un ejecutivo latinoamericano se ocupe de las operaciones en la región se puede explicar a partir de la diferencia de rasgos culturales entre el país sede de la empresa y los de las filiales. A pesar de que el director general para Latinoamérica debe tratar con personas de diferentes nacionalidades, que muestran particularidades culturales muy propias, también existen grandes semejanzas culturales entre los países latinoamericanos. Por tanto, la cultura e identidad nacionales del ingeniero Páez resultan más afines a las de sus supervisados en Centro y Sudamérica que las de otros ejecutivos estadunidenses y canadienses que, desde una perspectiva estrictamente técnica, pudieran ser también lo suficientemente capaces para cumplir las responsabilidades de ese puesto.

de habilidades administrativas, de comercialización y técnicas. En consecuencia, abrían los brazos a las compañías trasnacionales. Sin embargo, esta situación ha cambiado, dado que los pueblos de los países en desarrollo han adquirido ya esas habilidades. Adicionalmente, las naciones no sólo han cobrado conciencia del valor de sus recursos

ABB ASEA BROWN BOVERI, ¿COMPAÑÍA GEOCÉNTRICA?[8]

Un ejemplo de compañía trasnacional con organización geocéntrica es ABB Asea Brown Boveri, producto de la fusión de la empresa suiza Brown and Bovery Company y de la compañía sueca Asea. Las principales actividades de esta compañía corresponden a los ramos de la energía eléctrica, el transporte en gran escala y los controles ambientales, así como de la automatización de procesos. Carece en realidad de "país de origen". Con oficinas generales en Zurich, Suiza, en ellas trabajan sólo 100 de sus 240 000 empleados. El director general, Percy Barnevik, y sólo una cuarta parte de los miembros del consejo de administración son de nacionalidad sueca. En cierto sentido, su sistema de finanzas es estadunidense, ya que los datos se registran en dólares estadunidenses. Esta compañía verdaderamente global tiene por lema "Pensar globalmente y actuar localmente". En otras palabras, combina un enfoque global con la atención específica a necesidades y demandas locales. Quizá esta empresa se convierta en un modelo a seguir en futuras disposiciones organizacionales globales.

naturales, sino que además se han vuelto más aptas para las negociaciones internacionales. Finalmente, las empresas trasnacionales deben mantener buenas relaciones con el país anfitrión, tarea que puede resultar muy difícil debido al frecuente cambio de gobiernos, que las empresas deben enfrentar y al cual deben adaptarse.

De las empresas trasnacionales a las globales

Las grandes compañías no pueden conformarse con operar en varios países. Del mismo modo, el establecimiento de plantas manufactureras en diversos países (como es el caso de Exxon y General Motors) tampoco es suficiente para que sean competitivas en el mercado mundial. Por lo tanto, se ha impuesto ya la tendencia hacia **compañías globales**, *las cuales conciben el mundo entero como un solo mercado*. Esto significa, sin embargo, que también deben adaptarse a necesidades nacionales, e incluso locales. American Express, por ejemplo, posee una estrategia publicitaria general: "La membresía tiene sus privilegios", pero ajusta su mensaje a cada país e incluso a ciudades específicas. En Japón, el mensaje básico se traduce como: "Tranquilidad mental sólo para miembros."[9]

Los mercados nacionales se han vuelto demasiado reducidos. El desarrollo de un medicamento puede costar varios cientos de millones de dólares y prolongarse más de 10 años. Recuperar ese costo implica vender el medicamento en el mercado mundial. Además, las compañías globales deben mantenerse al día en cuanto a los adelantos tecnológicos en el mundo entero. Ford Motor Company decidió en la segunda mitad de la década de

PERSPECTIVA INTERNACIONAL

EMPRESAS LATINOAMERICANAS GLOBALES

La búsqueda de intereses fuera de las fronteras nacionales también ocurre en las empresas de América del Sur, tal es el caso de la venezolana Cisneros Television Group, que en el segundo semestre de 1997 adquirió Imagen Satelital, la mayor empresa argentina de televisión por cable. Enersis, empresa chilena que participa en la industria de la electricidad, se ha convertido en un *holding* que controla empresas como Endesa, Río Maipo y Chilectra en Chile; Edesa en Argentina, Edelnor en Perú y CERJ en Brasil.

Televisa, Telmex y Grupo Elektra, son de los nombres más famosos de empresas mexicanas que empiezan a actuar en un mercado global. La primera de ellas cuenta ya con operaciones en Sudamérica, Estados Unidos y Europa. Sin embargo, es destacable que otras empresas mexicanas como el Grupo ICA, dirigido por Bernardo Quintana, que se dedica a la construcción, tiene ya algunos años participando también en construcciones en diferentes regiones del planeta. Un caso más lo constituye Pulsar Internacional, corporativo encabezado por Alfonso Romo Garza y que cuenta con oficinas de venta en 110 países, extendiendo incluso sus planes de inversión a países como Singapur.

los ochenta convertirse en una compañía global. Sus anteriores intentos por fabricar el "automóvil mundial" (llamado Escort) fueron fallidos. No obstante, el uso de la moderna tecnología de comunicación, como las teleconferencias, y la reorganización le permiten contar ahora con un vínculo mucho más estrecho con sus operaciones en Europa. Aunque se ha propuesto convertirse en una compañía global, no tiene plantas en Japón. Para compensar esta carencia, adquirió una participación de 25% en la propiedad de Mazda, la cual se incrementó más tarde a 33.4%. Poco después de haber conquistado esta participación de control, Henry Wallace fue nombrado presidente de esta compañía, convirtiéndose así en el primer extranjero en dirigir una importante compañía japonesa.[10] Por lo demás, Ford comparte otro proyecto con la compañía japonesa Nissan, la cual diseñó la minivagoneta fabricada por aquélla y que, comercializada bajo las denominaciones "Villager" y "Quest", fue puesta a la venta mediante la red de distribuidores de Nissan.

Aunque muchas empresas tienen la intención de convertirse en compañías globales, sólo unas cuantas lo han conseguido hasta ahora. Hacerlo requiere el desarrollo de productos con la mente puesta en el mundo entero, y especialmente en los mercados de América del Norte, Asia y Europa occidental. De igual manera, en las decisiones estratégicas se debe tomar en cuenta a todo el mundo, si bien las tácticas deben adaptarse a las condiciones nacionales y locales. En lo que atañe a la integración del personal, se deben ofrecer oportunidades a los extranjeros para que asciendan a la esfera de la alta dirección. Finalmente, quizá sea necesario formar alianzas estratégicas con compañías de países a los que las compañías globales tienen vedado el ingreso.

Administración internacional en países específicos*

Es interesante conocer algunas de las diferencias entre las prácticas administrativas de países específicos.[11] Nuestra exposición, sin embargo, será ilustrativa, no exhaustiva, y se basará en generalizaciones. Existen grandes diferencias, por ejemplo, entre los propios administradores estadunidenses, y lo mismo puede decirse de los administradores de otros países.[12] Además, ninguna sociedad es estática, de manera que todas están sujetas a cambios con el paso del tiempo. El tradicional estilo autoritario de los administradores alemanes, por ejemplo, cede lentamente su lugar a un enfoque más participativo.

Francia: *Le Plan* y los *Cadre*

En Francia, la planeación gubernamental a escala nacional (factor condicionante legal-político) permite coordinar los planes de las distintas industrias y compañías (función

---

* Para una exposición más detallada de las prácticas administrativas en Japón, la República Popular China, México y Colombia, véanse las conclusiones de las diversas partes de este libro "Planeación global", "Organización global", "Integración global de personal", "Dirección global" y "Control global".

administrativa de planeación). El propósito del gobierno es utilizar más eficazmente los recursos del país y evitar la expansión en áreas no económicas. Aunque la planeación gubernamental (que se extiende también a áreas regionales) es realizada por relativamente pocas, aunque competentes, personas, otros departamentos gubernamentales, así como organizaciones de empleadores, sindicatos y consumidores, cooperan en ella.

El plan, el cual se revisa por lo general cada 5 años, persigue la obtención de crecimiento económico, estabilidad de precios, el equilibrio de la balanza de pagos y una favorable situación de empleo. Así pues, además de restringirlos, *Le Plan* también ayuda a los administradores, ya que les brinda gran cantidad de información de enorme utilidad para sus empresas.

A veces el plan funge como una estrategia global en beneficio de industrias específicas. Por ejemplo, el gobierno francés pretende la integración total de la industria electrónica para resolver sus deficiencias en procesamiento de información, aparatos electrónicos de consumo, microelectrónica y automatización. Para instrumentar esta estrategia, el gobierno planea apoyar varios proyectos nacionales, como la producción de sistemas de síntesis del habla, mini y microcomputadoras y grandes macrocomputadoras. Existe, por supuesto, una estrecha relación entre la planeación gubernamental y las empresas, especialmente las que son propiedad del gobierno y reciben el apoyo directo de éste.

PERSPECTIVA INTERNACIONAL

LO QUE GENERAL ELECTRIC APRENDIÓ EN FRANCIA

Incluso las operaciones estratégicas más brillantes pueden verse frustradas por la cultura organizacional.[14] General Electric (GE) aprendió esta lección cuando adquirió la Cie. Generale de Radiologie (CGR), compañía francesa fabricante de equipo médico, para incursionar en este campo en Europa. El choque de las culturas organizacionales de ambas empresas se hizo evidente muy pronto. La cultura de GE se halla bajo la influencia de su director general, John F. Welch, Jr., para quien lo más importante es el trabajo arduo, la autonomía y la orientación a las utilidades. Esta filosofía es incongruente con la cultura de CGR, hasta hacía poco tiempo propiedad del gobierno y presa aún de la inercia. Además, molestó el hecho de que la mayoría de los puestos administrativos de mayor nivel fueran ocupados por estadunidenses.

Un incidente aparentemente menor provocó graves problemas. En una sesión de capacitación se pidió a administradores franceses y de otras nacionalidades europeas vestir coloridas camisetas de GE con el lema "Seremos los Número Uno". Los participantes franceses juzgaron humillante ese requisito. Les disgustó además que el lema de la compañía apareciera en inglés. En otra situación, administradores de GE con la actitud de "nuestros métodos son mejores" intentaron implantar un nuevo sistema de organización de información financiera. También en este caso enfrentaron resistencias. La reducción de la fuerza de trabajo con la intención de transformar por completo una empresa antes muy poco competitiva generó problemas adicionales. La lección que se desprende de este caso es que adquirir compañías cuya cultura organizacional es muy diferente a la de la empresa adquiriente implica una planeación muy cuidadosa y una instrumentación aun más prudente.

En una conversación sostenida por Jean-Louis Barsoux y Peter Lawrence se reconoció no sólo la estrecha relación entre gobierno e industria, sino también el impacto de las *grandes écoles* universitarias de élite en la formación de la mentalidad empresarial francesa, considerada esencial en la administración tanto por el gobierno como por las organizaciones privadas.[13] Estas escuelas proporcionan los *Cadre* (cuadros), la élite administrativa. Además, las conexiones que ofrecen son vitales para el éxito administrativo. Lo que se valora de los administradores que egresan de ellas son su capacidad analítica, independencia y destreza para la síntesis de datos. La comunicación escrita se considera muy importante, en demérito sin embargo de la comunicación oral. Estos administradores poseen capacidad intelectual más que de acción. La racionalidad, la solución de problemas y el análisis numérico son importantes para obtener altos puestos administrativos en el gobierno y la iniciativa privada. No es inusual que los administradores trabajen alternadamente en estos dos ámbitos.

No obstante, el modelo administrativo francés padece también ciertas deficiencias. Puede limitar a los administradores en el manejo de datos no cuantificables o "no racionales" y en la respuesta rápida a cambios en las condiciones, así como obstruir la selección de los mejores administradores dada la mayor importancia concedida a los lazos escolares que al desempeño. Aunque es probable que las características administrativas francesas también resulten limitantes en términos de la adopción de una perspectiva global, lo cierto es que los administradores galos en general apoyan por completo a la Unión Europea, a la que conciben como una oportunidad para restructurar a la Nueva Europa.

Alemania: autoridad y codeterminación[15]

Antes, y en menor medida en la actualidad, las condiciones culturales alemanas favorecían la dependencia respecto de la autoridad en la dirección de la fuerza de trabajo, lo que, sin embargo, a menudo adoptó la forma de un autoritarismo benevolente (función administrativa de dirección). Incluso hoy día, y aunque en ocasiones los administradores dan muestras de interesarse en sus subordinados, también esperan obediencia.

Es casi una paradoja que, por un lado, el estilo administrativo alemán se caracterice por el uso considerable de la autoridad mientras que, por el otro, la fuerza de trabajo esté representada por ley y participe activamente en la administración de grandes empresas. En 1951 se emitió una ley que imponía la **codeterminación**, la pertenencia de trabajadores al consejo de supervisión y el comité ejecutivo de ciertas grandes empresas. Además, un director procedente de las filas de los trabajadores debe ser elegido miembro del comité ejecutivo.[16] Este puesto es difícil. Se supone que estos directores deben representar los intereses de los trabajadores y, al mismo tiempo, tomar decisiones administrativas en beneficio de la empresa.[17]

La administración en Corea

La administración japonesa atrae mucha atención, debido en parte al éxito económico de las empresas japonesas. Pero también la República de Corea (Corea del Sur, a la que aquí nos referiremos sencillamente como Corea) ha exhibido notables tasas de crecimiento económico (9.9% en 1995), a pesar de lo cual sus prácticas administrativas son menos conocidas. Sería incorrecto suponer que la administración coreana es una simple prolongación de la administración japonesa. No es así, si bien entre ambos países existen semejanzas culturales y estructurales, como el predominio de poderosos conglomerados empresariales. El modelo coreano se ha caracterizado por el *chaebol*, la estrecha asociación entre el gobierno y los conglomerados industriales. Sin embargo, el presidente Kim Young Sam dijo: "Necesitamos encontrar un mejor equilibrio entre grandes y pequeñas empresas. No podemos permitir que el *chaebol* crezca a expensas de las pequeñas empresas."[19]

En Japón los administradores enfatizan la armonía y cohesión grupales, expresadas en el concepto de *wa*; el concepto coreano de *inhwa* también significa armonía, pero con menor acento en los valores grupales. Las organizaciones son sumamente jerárquicas y los puestos clave son ocupados por miembros de una misma familia. Más allá de las

**PERSPECTIVA
INTERNACIONAL**

¿EXISTE UN MODELO EUROPEO DE ADMINISTRACIÓN?[18]

Los administradores de los países europeos poseen prácticas administrativas diferentes. No obstante, tienen varias cosas en común. En entrevistas con altos directivos de empresas europeas se constató que, a pesar de las diferencias entre ellos, también tienen algunas características comunes.

1. Los administradores europeos se conciben más orientados a las personas que los administradores estadunidenses.
2. En las empresas europeas se realizan muchas negociaciones, como las que tienen lugar entre la dirección y los trabajadores/sindicatos y entre las oficinas generales y las subsidiarias. La práctica de la codeterminación en las grandes empresas alemanas es ilustrativa de estas amplias negociaciones. Los administradores europeos perciben el estilo estadunidense como más inclinado a las relaciones verticales descendentes.
3. Los europeos desarrollan grandes habilidades en la administración de la diversidad internacional. La administración transfronteriza se lleva a cabo más a través de personas que de estructuras y procedimientos. La capacidad de la mayoría de los administradores europeos de hablar varios idiomas facilita esta "atención a la gente".
4. Los administradores europeos operan entre los extremos de la orientación a las utilidades a corto plazo (tendencia que atribuyen a los administradores de Estados Unidos) y de la orientación al crecimiento a largo plazo a la manera de los administradores japoneses.

Por otra parte, los administradores europeos han adoptado muchas técnicas administrativas de los estadunidenses, y bien podrían beneficiarse de conocer mejor el espíritu empresarial de Estados Unidos. Es probable que el ámbito global, en el que privan el libre flujo de la información y la operación de empresas trasnacionales en muchos países, se dé una convergencia entre los distintos enfoques administrativos.

relaciones de consanguinidad, entre los factores que influyen en las decisiones de contratación están la institución educativa de procedencia y el hecho de provenir de la misma región geográfica que el director general. El estilo de liderazgo puede describirse como descendente o autocrático/paternalista. Este enfoque permite a las empresas ajustarse rápidamente a las demandas impuestas por las circunstancias mediante la emisión de órdenes. No impera el empleo de por vida. Los índices de rotación de la fuerza de trabajo son altos en comparación con los muy reducidos de Japón. La rotación es atribuible principalmente a la decisión de los individuos de abandonar su empleo más que a despidos. En general, la administración coreana es diferente a las prácticas administrativas tanto japonesas como estadunidenses.[20]

La administración en México

En México se puede encontrar que conviven diversos esquemas de administración: desde la administración no profesional con que se manejan la mayoría de las microempresas (muchas de ellas de carácter familiar), hasta la administración típica de las empresas más grandes del país, en las que predomina la presencia de administradores profesionales (entre ellos un creciente número de posgraduados) y, en gran medida, los enfoques administrativos estadunidenses marcan las principales líneas de acción administrativa, incluyendo las técnicas vanguardistas aplicables a la administración en los países de mayor desarrollo socioeconómico.

No existen muchos estudios sobre la realidad de la administración empresarial en el país, sin embargo, es un hecho ostensible que tiene un estilo propio y en los pocos trabajos que se han realizado al respecto se destaca, como una de las características principales de la administración mexicana, el excesivo centralismo que existe en cuanto a la toma de decisiones. Lo anterior muy probablemente pudiera ser consecuencia de la forma en que se ve la figura de autoridad, misma que se centra en el poder derivado de la posición en la estructura organizacional y genera un fuerte sentido de obediencia por parte de los subordinados, aunque en ocasiones sea sólo un reflejo del temor a perder el empleo. Destaca también el hecho de que los ascensos obedecen más al grado de influencia que se tenga sobre el superior inmediato que a la preparación, conocimientos y habilidades del individuo. Debido a lo anterior, se refuerza la dependencia en el superior y una lealtad a su persona que supera en grado a la lealtad para la empresa u organización, dando lugar a que la autoridad se ejerza de forma paternalista y, como consecuencia, un tanto de manera autoritaria, obstaculizando notoriamente la participación de los empleados de los niveles inferiores en la toma de decisiones. Este verticalismo será mayor cuanto más lo sea el grado de centralización de la toma de decisiones en la empresa, razón por la cual las empresas de menor tamaño (manejadas casi siempre directamente por sus propietarios) lo exhiben de manera sobresaliente.

En una buena parte de las empresas, particularmente entre las de menor tamaño, se observa también poco interés por la función administrativa de planeación, habiendo incluso quienes argumentan que en el entorno de los negocios mexicanos no es posible diseñar planes de largo alcance (como los de carácter estratégico), fundamentalmente debido a que las condiciones económicas y políticas del país no facilitan la consideración de premisas válidas para el largo plazo. En lo referente a las funciones de organización e integración del personal pueden observarse también importantes deficiencias, siendo éstas más claramente observables tanto menos profesionalizados se encuentren quienes ocupan los puestos administrativos.

Únicamente en las grandes empresas puede verse que los procesos relacionados con la administración de personal tienden a incluir los principios de la administración moderna. Es interesante mencionar el esquema de incentivos económicos y compensaciones cuyos beneficios, por lo general, emanan de la gracia del jefe, situación que refuerza enormemente la dependencia subordinado-superior, toda vez que aquél debe congratularse con el jefe si desea gozar de incentivos económicos o de cualquier otro tipo.

Debido al excesivo centralismo en la forma de dirigir las empresas, es obvio que los controles se centren más en verificar que se haga lo ordenado por los superiores, más que verificar que las actividades cumplan un nivel de desempeño en función de las necesidades y deseos de los clientes o de las demandas impuestas por el cambiante ambiente externo.

Se espera que buena parte de lo anterior cambie en el futuro pues, como efecto de la urgencia por volverse más competitivas, las empresas mexicanas tendrán que volverse más abiertas, permitiendo una mayor participación de los niveles inferiores en la toma de decisiones, prestar una mayor atención a la planeación (particularmente a las de carácter estratégico y contingente), administrar a los recursos humanos con miras a motivar altos niveles de desempeño y centrar más el control desde el punto de vista de la razón de ser de las empresas: la satisfacción del cliente.

Factores específicos con influencia en la administración en otros países[21]

La administración en *Australia* se ve influida por la inclinación moralista de ese país y por la gran importancia que concede a los valores políticos y sociales, la obtención de logros y la asunción de riesgos.

Los administradores *italianos* operan en condiciones de escasa tolerancia al riesgo. Los italianos son muy competitivos, pero gustan al mismo tiempo de la toma grupal de decisiones.

La administración en *Austria* (y *Alemania*) se caracteriza por la autorrealización y el liderazgo. La independencia y la competitividad son sumamente valoradas. La tolerancia a la toma de riesgos es más bien baja.

En *Inglaterra* la seguridad es muy importante, lo mismo que la industriosidad, la adaptabilidad y la lógica. De igual modo, se valora mucho el individualismo.

Administración en Japón y teoría Z[22]

Japón, una de las principales naciones industriales del mundo, ha adoptado prácticas administrativas completamente diferentes de las de los países occidentales económicamente avanzados. Nos referiremos aquí a dos de las prácticas japonesas más comunes: el empleo de por vida y la toma de decisiones por consenso. Después compararemos y contrastaremos las prácticas administrativas japonesas y estadunidenses, incluida la teoría Z. En las conclusiones de las partes 2 a 6 de este libro expondremos otras prácticas administrativas japonesas y las compararemos con las correspondientes a Estados Unidos, la República Popular China, México y Colombia.

Empleo de por vida

Entre las características más importantes de la práctica administrativa japonesa están el empleo de por vida de los empleados de planta (lo que se relaciona con la función de integración de personal), el gran interés por los empleados en lo individual y el énfasis en la antigüedad. Usualmente los empleados pasan la totalidad de su vida laboral en la misma empresa, lo que les ofrece seguridad y sensación de pertenencia. Esta práctica ha dado lugar en las empresas al concepto culturalmente inducido de *wa* (armonía), lo que resulta en la lealtad de los empleados y una estrecha identificación con los propósitos de las compañías.

PERSPECTIVA
INTERNACIONAL

¿SON FELICES LOS TRABAJADORES JAPONESES?[25]

Los trabajadores japoneses han soportado jornadas laborales muy prolongadas y a menudo deficientes condiciones de trabajo a cambio de empleo de por vida. Aunque esta práctica sigue prevaleciendo en muchas compañías, algunas de ellas no les ofrecen a los trabajadores suficiente garantía neta de empleo. Quizá esta inseguridad haya contribuido a hacer de los trabajadores japoneses los menos satisfechos entre siete países.

En un estudio reciente realizado por la International Survey Research se halló que los japoneses eran los trabajadores menos satisfechos y los suizos los más satisfechos. Específicamente, en respuesta a la pregunta "Considerándolo todo, ¿qué tan satisfecho se siente con su compañía en calidad ésta de empleador?" se obtuvieron los siguientes resultados: en Suiza, 82% de los trabajadores se dijeron satisfechos; en Canadá, 73%; en México, 72%; en Alemania, 66%; en Estados Unidos, 65%; en el Reino Unido, 63%, y en Japón únicamente 44%.

Además, sólo 33% de los trabajadores japoneses dijeron creer que su compañía está bien administrada. 60% de los encuestados no se sentía adecuadamente evaluado, y sólo 37% de los trabajadores nipones consideran justa su remuneración.

Admirada a menudo por su disciplina, aparentemente la fuerza laboral de Japón cree que sus contribuciones al éxito económico del país no han sido suficientemente reconocidas y retribuidas, como lo demuestra la escasa satisfacción de los trabajadores.

Sin embargo, esto incrementa también los costos para las empresas, dado que los empleados son conservados en nómina aun si su trabajo es insuficiente. En consecuencia, las empresas ya han comenzado a cuestionar la práctica del empleo de por vida. Todo indica que se preparan ya cambios en este renglón,[23] los que sin embargo serán lentos. No obstante, lo que suele pasarse por alto es que esta práctica de empleo permanente priva sobre todo en las grandes empresas y exclusivamente para los trabajadores de planta. Se estima de hecho que el sistema de seguridad en el empleo se aplica sólo a alrededor de la tercera parte de la fuerza de trabajo.[24]

En estrecha relación con el empleo de por vida está el sistema de antigüedad, que ha rendido privilegios a los empleados de edad avanzada con muchos años de servicio en la empresa. No obstante, hay indicios de que el sistema de antigüedad podría ser suplido por un enfoque más abierto para ofrecer a los jóvenes oportunidades de ascenso. Por ejemplo, en Sony Corporation, de aparición relativamente reciente, es común que los líderes de equipos (a quienes, por disposición oficial, se evita llamar "supervisores") sean mujeres de 18 o 19 años de edad. Prácticamente no existe diferencia de edad entre estas lideresas y los operadores a los que dirigen.

Toma de decisiones en Japón

También la práctica administrativa de toma de decisiones en Japón es muy diferente a la estadunidense. Se basa en el concepto de que cambios e ideas nuevas deben proceder fundamentalmente de abajo. Así, los empleados de niveles inferiores elaboran propuestas para el personal de alto nivel. En lugar de limitarse a aceptar o rechazar las propuestas, los supervisores las cuestionan con mucho tacto, hacen sugerencias y alientan a sus subordinados. De ser necesario, las propuestas son devueltas a sus autores para que proporcionen más información. Sin embargo, la alta dirección sigue ejerciendo su autoridad cuando se trata de decisiones muy importantes.

Así pues, la administración japonesa se sirve de la toma de decisiones por consenso para resolver los problemas de todos los días; los empleados de nivel inferior producen una idea y la someten a la consideración del nivel superior inmediato, hasta llegar al escritorio del director general. Si la propuesta es aprobada, se le devuelve a su autor para efectos de su instrumentación.

Teoría Z[26]

La **teoría Z** consiste en la adaptación a las condiciones estadunidenses de prácticas administrativas japonesas selectas. Este enfoque es practicado por compañías como IBM, Hewlett-Packard y la muy diversificada compañía Dayton-Hudson, especializada en el comercio detallista.[27] Una de las características de las organizaciones tipo Z, tal como lo ha explicado el profesor William Ouchi, es el énfasis en las habilidades interpersonales necesarias para la interacción grupal. Pero a pesar del énfasis en la toma grupal de decisiones, la responsabilidad sigue recayendo en el individuo (lo que difiere enormemente de la práctica japonesa, la cual insiste en la responsabilidad colectiva). También se hace

**PERSPECTIVA
INTERNACIONAL**

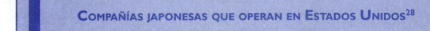

COMPAÑÍAS JAPONESAS QUE OPERAN EN ESTADOS UNIDOS[28]

En un intento por demostrar la eficacia de los métodos administrativos japoneses, muy a menudo se citan casos de éxito de compañías japonesas con operaciones en Estados Unidos. Se dice que los trabajadores de la planta de fabricación de televisores de Sony en San Diego son tan productivos como los trabajadores japoneses. Pero otros casos no son tan convincentes. YKK, Inc., compañía fabricante de cierres, ha experimentado confrontaciones laborales semejantes a las de las compañías estadunidenses. En la planta de producción de televisores y hornos de microondas de Sanyo en Forrest City, Arkansas, una violenta huelga generó rencores y recelo.[29] De cualquier manera, es probable que persista la tendencia de empresas japonesas con inversiones en plantas manufactureras en Estados Unidos.

énfasis en relaciones informales y democráticas basadas en la confianza. Aun así, la estructura jerárquica permanece intacta, como lo ilustra el caso de IBM, donde el comportamiento corporativo está sujeto no sólo a metas, sino también a autoridad, reglas y disciplina.

Administración comparada

La **administración comparada** es *el estudio y análisis de la administración en diferentes ámbitos y de las razones de que las empresas obtengan diferentes resultados en diversos países.*[30] La administración es un importante elemento del crecimiento económico y la elevación de la productividad.

Al comparar la administración en varios países, los profesores Richard N. Farmer y Barry M. Richman, dos de los precursores de la administración comparada, subrayaron que las condiciones externas de las empresas influyen en las prácticas administrativas.[31] Estos autores fueron los primeros en identificar los elementos decisivos del proceso administrativo y en evaluar su operación en empresas de diferentes culturas. También describieron los factores condicionantes con, a su parecer, significativo impacto en el proceso administrativo y la administración de excelencia. Estos factores, concebidos como restricciones, son: 1) variables educativas, 2) variables socioculturales/éticas, 3) variables legales y políticas y 4) variables económicas.*

Los conocimientos administrativos no comprenden de ninguna manera la totalidad de los conocimientos que se utilizan en una empresa. Los conocimientos especializados,

---

*Se podrían añadir los factores tecnológicos, pero es relativamente fácil transferir tecnología. Por lo tanto, la tecnología es a menudo muy similar en los países desarrollados. Sin embargo, al comparar países desarrollados y subdesarrollados se debe considerar el impacto de la tecnología en las funciones administrativas y empresariales.

o ciencias, en áreas básicas como ingeniería, producción, comercialización y finanzas también son esenciales para las operaciones de las empresas. Muchas compañías han tenido éxito a pesar de su deficiente administración, gracias a una comercialización brillante, una ingeniería sólida, plantas de producción bien diseñadas y operadas o astutas finanzas. Pero la excelencia en la administración hará en última instancia la diferencia entre el éxito perdurable y la declinación. Aun así, no deja de ser cierto que las empresas pueden triunfar en un momento dado debido por completo a factores no administrativos.

El *modelo modificado de administración comparada de Koontz*[32] es una ampliación del modelo de Farmer y Richman. En él las actividades empresariales se dividen en dos grandes categorías: administrativas y no administrativas. Cualquiera de ellas o ambas pueden ser factores causales, al menos en cierto grado, de excelencia empresarial. Asimismo, las actividades no administrativas se verán afectadas por la correspondiente ciencia en la que se basen, así como las actividades administrativas se verán afectadas por la ciencia de la administración, que les sirve de fundamento. Ambos tipos de actividades se verán afectadas a su vez por la disponibilidad de recursos humanos y materiales y por las restricciones e influencias del ambiente externo, ya sean éstas educativas, políticas y legales, económicas, tecnológicas o socioculturales/éticas.

Para dar mayor claridad que la obtenida hasta ahora a los factores que afectan a la excelencia empresarial y al papel de la ciencia fundamental de la administración es preciso recurrir a un modelo como el que se muestra en la figura 3-2. En consecuencia, la ciencia de la administración, la ciencia de las funciones empresariales, los recursos humanos y materiales y los factores presentes en las condiciones externas afectan por igual a las prácticas administrativas de planeación, organización, integración de personal, dirección y control. Además, la ciencia de las funciones empresariales, los recursos humanos y materiales y las condiciones externas influyen por su parte en las prácticas no administrativas de ingeniería, producción, comercialización y finanzas. Tanto las prácticas administrativas como las no administrativas afectan a la excelencia empresarial, la que, como se observa en la figura 3-2, puede atribuirse a la excelencia en los factores administrativos y/o no administrativos.

Este modelo es mucho más complejo que los que usaron anteriores investigadores en el campo de la administración comparada. También se le considera mucho más preciso y realista. Si el propósito de los investigadores es estudiar la administración comparada, deben partir de un instrumento como éste.

En lugar de concebir los factores condicionantes simplemente como "restricciones" (término de connotación negativa), es preferible considerarlos llanamente como "factores" condicionantes, los cuales pueden ser ya sea restricciones u oportunidades. Por ejemplo, en la categoría económica de dotación de factores, un país puede ser pobre en capital pero rico en recursos naturales. Del mismo modo, algunas leyes pueden ser restrictivas para la actividad empresarial, pero otras pueden ser favorables. Por lo tanto, las restricciones condicionantes podrían convertirse en oportunidades en ciertas situaciones.

Cada vez más los administradores necesitan adoptar una perspectiva global en la conducción de sus empresas. Esto implica conocer las prácticas administrativas de diversos países. El modelo de administración comparada que proponemos aquí permite identificar los factores que contribuyen a la excelencia administrativa y organizacional.

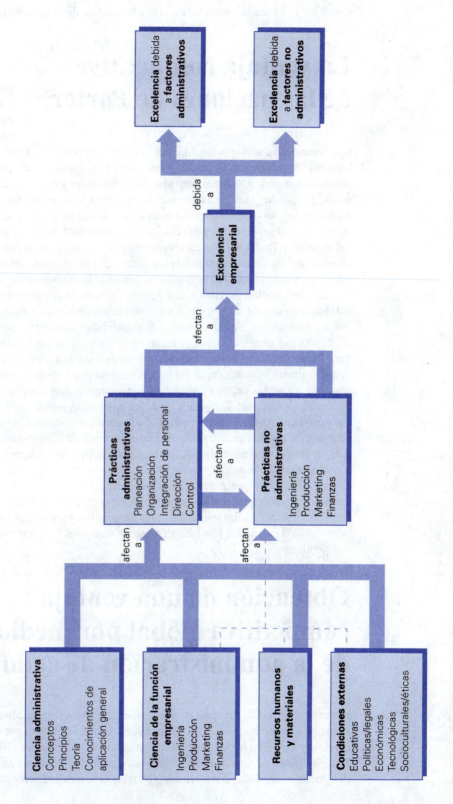

FIGURA 3-2

Modelo modificado de Koontz para el análisis de la administración comparada.

Ciencia administrativa
Conceptos
Principios
Teoría
Conocimientos de aplicación general

Ciencia de la función empresarial
Ingeniería
Producción
Marketing
Finanzas

Recursos humanos y materiales

Condiciones externas
Educativas
Políticas/legales
Económicas
Tecnológicas
Socioculturales/éticas

afectan a

afectan a

Prácticas administrativas
Planeación
Organización
Integración de personal
Dirección
Control

afectan a

Prácticas no administrativas
Ingeniería
Producción
Marketing
Finanzas

afectan a

Excelencia empresarial

debida a

Excelencia debida a **factores administrativos**

Excelencia debida a **factores no administrativos**

Adaptado de Harold Koontz, " A Model for Analyzing the Universality and Transferability of Management", en *Academy of Management Journal*, diciembre de 1969, pp. 415-429.

La ventaja competitiva de las naciones de Porter[33]

Michael Porter, profesor de la Harvard Business School, ha cuestionado la teoría económica de la ventaja comparativa y propuesto en cambio cuatro grupos de factores que contribuyen al bienestar de una nación. El primer grupo atañe a condiciones factoriales como los recursos de una nación, sus costos laborales, las habilidades y el nivel educativo de su población. El segundo grupo de factores se compone de las condiciones de demanda de una nación, como las dimensiones del mercado, el modo en el que pueden publicitarse los productos y el grado de sofisticación de los consumidores. El tercer grupo de factores del modelo de Porter se refiere a los proveedores. Una compañía prospera cuando dispone en su misma área de compañías de apoyo. El cuarto grupo de factores consta de la estrategia y estructura de la empresa, así como de la rivalidad entre los competidores.

La combinación de estos cuatro grupos de factores produce la ventaja competitiva. Cuando sólo dos de estos grupos son favorables, usualmente es imposible sostener la ventaja competitiva. Por otra parte, la disponibilidad de recursos no siempre es necesaria. Japón, por ejemplo, carece de recursos naturales, y sin embargo es una nación próspera. De hecho, los aprietos económicos pueden alentar la actividad y el éxito económicos, como lo ilustra la situación de Japón y Alemania tras la Segunda Guerra Mundial. No obstante, estos dos países cuentan con consumidores que demandan sofisticados productos de alta calidad. De igual forma, las compañías japonesas y alemanas sostienen buenas relaciones con sus proveedores. Se benefician asimismo de buenos sistemas educativos y de una fuerza de trabajo calificada. A pesar de la cooperación entre las compañías japonesas en ciertos niveles, también son sumamente competitivas.

Porter ha hecho varias propuestas para el aumento de la competitividad de Estados Unidos. Entre ellas están medidas como permitir que los bancos posean acciones de empresas (como en Alemania), prohibir alianzas y fusiones entre competidores líderes, permitir créditos fiscales selectivos a la inversión para estimular la innovación, dificultar la promoción de juicios insuficientemente sustentados[34] y promover la rivalidad entre competidores.

Obtención de una ventaja competitiva global por medio de la administración de calidad

La calidad se ha convertido en los últimos años en un arma estratégica en el mercado global. Las compañías estadunidenses, alguna vez reconocidas como líderes mundiales en productividad, se hallan cercadas en la actualidad por empresas de todo el orbe. Una de las razones de ello es que muchas compañías, entre ellas las instaladas en Europa, fueron víctima de la complacencia y no se dieron cuenta de los cambios ocurridos en las necesidades del mercado global en demanda creciente de productos de calidad. Esta complacencia y falta de previsión permitió a los competidores, especialmente de Japón, usar un arma muy poderosa para incrementar su participación de mercado en Estados Unidos y Europa. Esa arma es productos de calidad superior.

Para poder revolucionar el proceso de producción, los administradores deben revolucionar antes su manera de concebir la calidad. La necesidad de una nueva filosofía de la calidad es imperiosa. La antigua filosofía de la suficiencia (mantener el estado de cosas en tanto un producto genere una ganancia) ya no es aceptable. Ahora el propósito de las compañías debe ser nada menos que la excelencia. Pero para alcanzar la excelencia es necesario que los administradores estén dispuestos a colocar en primer término las necesidades de sus clientes. Jamás deben olvidar que los clientes son indispensables. Son la razón de existir de las compañías.

Los gurúes de la administración de calidad tradicional[35]

Parecería que el interés en la calidad es un fenómeno reciente, pero lo cierto es que ya en la década de los cincuenta varias personas que eran autoridades en la materia intentaron introducir sus teorías en las compañías estadunidenses. Sin embargo, los administradores de Estados Unidos no les prestaron atención. No obstante, las cosas han cambiado. Tan es así que a los primeros pioneros de la administración de calidad se han unido ya muchos defensores de la calidad. Describiremos brevemente las contribuciones de los tres adalides de la calidad: Deming, Juran y Crosby. Cada uno de ellos adoptó una perspectiva distinta de la administración de calidad, a pesar de lo cual todos contribuyeron a fijar su dirección.

Existen interesantes paralelismos entre las trayectorias profesionales de los dos profesores estadunidenses: los doctores Deming y Juran. Ambos impartieron clases en los años cincuenta en el departamento de administración de la Universidad de Nueva York. Durante el auge económico posterior a la Segunda Guerra Mundial, Deming y Juran hicieron fallidos intentos por persuadir a administradores estadunidenses de la importancia de la calidad. Dada la indiferencia de los estadunidenses a sus enseñanzas, ambos académicos decidieron dirigir su mensaje a una audiencia más receptiva: los japoneses.

Su traslado a Japón no pudo haber ocurrido en época más favorable. Antes de la década de los cincuenta las exportaciones japonesas resentían la mala fama de los productos nacionales, considerados de manufactura defectuosa y calidad inferior. Los automóviles de fabricación japonesa, por ejemplo, eran de diseño y fabricación deficientes, insuficiente confiabilidad y estilo muy poco atractivo. Con esa combinación de características indeseables del producto, no es de sorprender que a los consumidores estadunidenses no les interesaran los vehículos hechos en Japón.

Pero en las últimas tres décadas los fabricantes japoneses de automóviles han conquistado sistemáticamente una creciente participación de mercado en Estados Unidos gracias a la venta de autos de calidad. Este paso de bienes de calidad inferior a productos de calidad superior fue posible en gran medida por las enseñanzas de Deming y Juran. Ambos contribuyeron a revolucionar la calidad de las industrias japonesas, motivo por el cual se convirtieron prácticamente en héroes de la calidad. Debido en parte a su obra, en la actualidad los consumidores de todo el mundo identifican los productos japoneses con la alta calidad. Como tributo a las contribuciones realizadas por el ya desaparecido doctor Deming, el premio a la calidad más codiciado de Japón lleva su nombre. Hoy, muchos años después de que Deming y Juran enseñaron a los administradores japoneses a producir bienes de calidad, finalmente están mereciendo la atención de los administradores estadunidenses.

El último de los miembros de este trío de gurúes de la calidad es Phil Crosby. A diferencia de Deming y Juran, no cruzó el Pacífico para instruir a los japoneses ni dio origen a su metodología en recintos universitarios. No era académico. Formuló ideas prácticas para el mejoramiento de la calidad mientras trabajaba para diversas compañías estadunidenses. La transmisión de sus conceptos acerca de la calidad le permitió poner en acción sus ideas en Martin Marietta e ITT, donde trabajó antes de convertirse en consultor empresarial.

Aunque estos tres expertos (Deming, Juran y Crosby) conciben la calidad como un imperativo de sobrevivencia, cada uno de ellos la define de diferente manera. Para Deming la calidad significaba ofrecer a bajo costo productos y servicios que satisficieran a los clientes. Implicaba asimismo un compromiso con la innovación y mejora continuas, lo que los japoneses llaman *kaizen*. Para Juran, uno de los elementos clave de la definición

PERSPECTIVA INTERNACIONAL

LA PLANTA BRIDGEND DE SONY EN EL REINO UNIDO[36]

Entre 1973 y 1990, las operaciones de Sony en la fabricación de televisores pasaron de la nada a la conformación de algunas de las plantas de producción de televisores más eficientes del mundo. Este éxito fue resultado de varias medidas. En Bridgend se creó una sólida base de proveedores mediante una cultura con énfasis en *cero defectos* y *entrega justo a tiempo* (*JAT*). Esto significa que las partes procedentes de los proveedores deben arribar a la línea de ensamble justo a tiempo para ser usadas. Asimismo, para ganarse el favor de la comunidad local, Sony organizó paseos para personas de escasos recursos y excursiones familiares y financió al equipo de rugby local. No obstante, enfrentó problemas en 1986 a causa de un inaceptable índice de rechazos. Todos los esfuerzos se concentraron en el índice de defectos en la línea principal del acabado final. La dirección asumió el liderazgo en el compromiso real con la mejora de la calidad. Los planes de acción giraron en torno a la comunicación, la educación, la capacitación y la administración por objetivos. Sony restructuró también la compañía con una responsabilidad para el nivel operativo claramente definida. Se instaló además nuevo equipo y se modificó el diseño del producto. Las claves del éxito fueron la comunicación interactiva sobre la producción, los resultados de calidad y la eficiencia de producción. Mediante la "administración con el ejemplo", los administradores desarrollaron un "enfoque de meter las manos" que implicaba que los gerentes generales visitaran la línea de producción al menos dos veces al día. Otros de los factores que contribuyeron al éxito fueron las mejoras de diseño y la creciente calidad de la producción de los proveedores. En 1988, la planta Bridgend de Sony obtuvo el premio inglés a la calidad.

de la calidad es la "adecuación de uso" de un producto. Finalmente, Crosby explica la calidad desde una perspectiva ingenieril como el cumplimiento de normas y requerimientos precisos. Su lema es: "Hacerlo bien a la primera vez [y] conseguir cero defectos." Los tres expertos consideran a la estadística como un instrumento muy valioso para la medición de la calidad, aunque quizá es a Deming a quien más se conoce por su insistencia en el análisis estadístico.

Otros enfoques y premios de calidad[37]

Como ya se comentó, el Premio Deming es en Japón un reconocimiento a las compañías que alcanzan altos niveles de calidad. Un premio similar, aunque con énfasis diferente, es el Premio Nacional de Calidad Malcolm Baldrige, establecido por el Congreso de Estados Unidos en 1987. Otro enfoque es el conocido como ISO 9000, impulsado por los europeos, y finalmente existe también un Premio Europeo a la Calidad otorgado por la European Foundation for Quality Management (Fundación Europea para la Administración de la Calidad, EFQM por sus siglas en inglés).[38]

EL PREMIO NACIONAL DE CALIDAD MALCOLM BALDRIGE 1996[39]

El Premio de Calidad Malcolm Baldrige es el mayor reconocimiento de escala nacional que puede recibir una compañía estadunidense por su excelencia empresarial. Contribuye al conocimiento de los requerimientos de desempeño para la excelencia y la competitividad. Las tres categorías de participación son: 1) compañías manufactureras, 2) compañías prestadoras de servicios y 3) pequeñas empresas. Los aspirantes a recibirlo deben documentar las mejoras realizadas a sus procesos y los resultados obtenidos, a fin de que esta información pueda ser de utilidad para otras organizaciones. Todas las compañías se benefician de la retroalimentación de los examinadores.

Los participantes en el programa de este premio deben demostrar sus resultados y mejoras en diversas áreas. Específicamente, los criterios se agrupan en siete categorías con 24 elementos.[40] La evaluación, sin embargo, se ajusta a los requerimientos de los factores clave de éxito de la compañía específica, dependiendo del tipo de empresa de que se trate, sus dimensiones, su estrategia y su etapa de desarrollo.

Las compañías ganadoras de este premio en 1994 fueron:[41]

- AT&T Consumer Communication Services, debido sobre todo al proyecto de comercialización "True", que comprendió a unos 40 millones de clientes en su primer año.
- GTE Directories Corporation, por haber reducido erratas en 9% de 1991 a 1993, disminuido en más de 70% sus errores de facturación y cobranza, y elevado en 24% la entrega oportuna de directorios durante el mismo periodo.
- Wainwright Industries, Inc., por haber fijado su atención en la reingeniería y simplificación de procesos, lo que resultó en una reducción de sus índices de tiempo muerto y defectos.

Las ganadoras del Premio Baldrige en 1995 fueron:

- Armstrong World Industries, Inc.
- Building Products Operations
- Corning Incorporated Telecommunications Products Division

Las siete categorías de criterios para la obtención del Premio Baldrige aparecen en la figura 3-3 y son las siguientes:[42]

1. La categoría de *liderazgo* supone de parte de los altos ejecutivos la orientación, fortalecimiento y mantenimiento del liderazgo necesario para un elevado desempeño. Este criterio también demanda liderazgo en la creación de una organización y sistema administrativo eficaces, así como en la asunción comprobada de responsabilidad pública y ciudadanía empresarial. (Cabe hacer notar que estos aspectos se relacionan con el contenido de este libro, y especialmente con el capítulo dedicado al liderazgo.)

2. En cuanto a *información y análisis*, se examinan la eficacia y uso por la compañía de información administrativa (financiera y no financiera). Esto implica no sólo el análisis de los datos de la compañía, sino también el análisis de la competencia y el *benchmarking*, para comparar su desempeño con el de las mejores empresas. (Esto se relaciona especialmente con el capítulo sobre tecnología de la información de este libro.)

3. La *planeación estratégica* incluye también la planeación empresarial con énfasis en la conversión de planes en requerimientos del cliente y operativos. La planeación debe estar regida por el cliente y la mejora operativa. (Estos temas se exponen en el capítulo sobre estrategias de este libro.)

4. La categoría de *desarrollo y administración de recursos humanos* incluye criterios sobre todos los aspectos esenciales de los recursos humanos. (Véase la parte 4 de este libro, dedicada a la integración del personal.)

5. La *administración de procesos* se refiere a todos los más importantes procesos de trabajo, como diseño, introducción, producción y entrega o prestación de productos o servicios. Incluye asimismo criterios sobre servicios de apoyo y desempeño de los proveedores. (Estos temas se asocian con muchos capítulos de este libro, especialmente los dedicados en la parte 3 a la departamentalización y la reingeniería organizacional.)

6. Las organizaciones se orientan a la obtención de *resultados*. Esta categoría trata de resultados: resultados de calidad en productos y servicios y resultados operativos y financieros de la compañía. Incluye también resultados del desempeño de los recursos humanos y proveedores. (Estos temas se exponen en los diversos capítulos de la parte 6, dedicada al control.)

7. La última categoría se refiere a la *atención y satisfacción del cliente*. Específicamente, los criterios de esta categoría exigen excelencia en el conocimiento de los clientes y el mercado, en las relaciones con los clientes y en la determinación de los resultados de satisfacción del cliente en comparación con los competidores. (Varios capítulos de este libro se relacionan con estos aspectos, como los dedicados a estrategias, comunicación y tecnología de la información.)

FIGURA 3-3

Marco de criterios del Premio Baldrige.

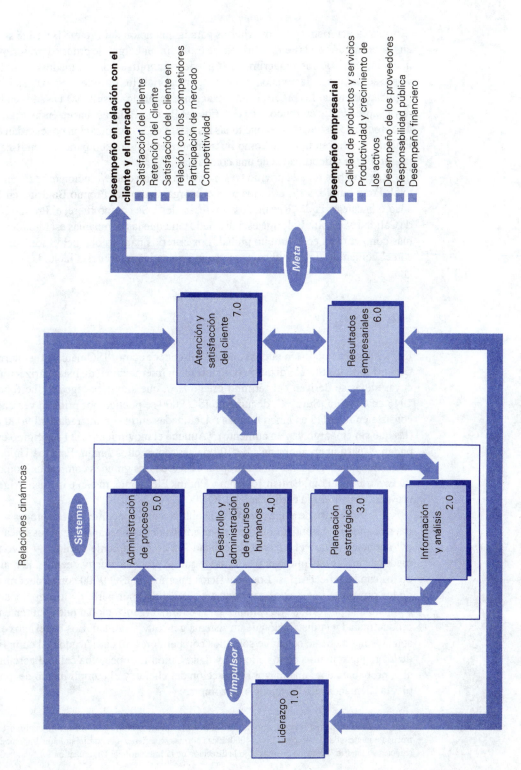

Relaciones dinámicas

Desempeño en relación con el cliente y el mercado
- Satisfacción del cliente
- Retención del cliente
- Satisfacción del cliente en relación con los competidores
- Participación de mercado
- Competitividad

Desempeño empresarial
- Calidad de productos y servicios
- Productividad y crecimiento de los activos
- Desempeño de los proveedores
- Responsabilidad pública
- Desempeño financiero

Meta

Sistema

Atención y satisfacción del cliente
7.0

Resultados empresariales
6.0

Administración de procesos
5.0

Desarrollo y administración de recursos humanos
4.0

Planeación estratégica
3.0

Información y análisis
2.0

"Impulsor"

Liderazgo
1.0

Fuente: "Malcolm Baldrige National Quality Award 1996 Award Criteria", Gaithersburg, MD;United States Department of Commerce, Technology Administration, National Institute of Standards and Technology, sin fecha.

Las características de los criterios para la obtención del Premio Baldrige se centran en los resultados de las empresas. No se trata, sin embargo, de criterios prescriptivos, lo que significa que los requerimientos pueden cumplirse por los medios más diversos. Como se deduce de la revisión de las siete categorías, los criterios son exhaustivos, pues implican por igual los procesos interrelacionados que los resultados basados en la mejora y el aprendizaje continuo. Los criterios del Premio Baldrige hacen énfasis también en un enfoque de sistemas en el que todas las partes de la organización concuerdan entre sí. Finalmente, sirven también como instrumento de diagnóstico para la identificación de las fortalezas y debilidades de una compañía.

Los criterios de este premio no son estáticos, sino que evolucionan hacia un sistema total. Por ejemplo, a los criterios para el otorgamiento del Premio Baldrige en 1996 se añadió la categoría de "Resultados empresariales". Sea como fuere, el Premio Nacional de Calidad Malcolm Baldrige está diseñado para que las compañías estadunidenses sean más competitivas en el ámbito global. Los criterios para su obtención son congruentes con el contenido de este libro, como se indicó en las referencias incluidas en esta sección.

ISO 9000[43]

ISO 9000 se ha vuelto tan famosa que ya se le conoce como "ISOmanía". La International Organization for Standardization (Organización Internacional de Estandarización, ISO), cuyas siglas se derivan del término griego *isos*, que significa "igual", fue fundada en 1946 en Ginebra, Suiza. El documento ISO 9000 se publicó por primera vez en 1987 y consiste en realidad en cinco normas relacionadas entre sí numeradas del 9000 al 9004 (las que sin embargo van en aumento).* Aunque el movimiento ISO se originó en Europa, en él participan ahora más de 100 países, entre ellos Japón, Estados Unidos y las naciones que integran la Unión Europea. Casi todas las grandes compañías, como General Electric, Du Pont, British Telecom y Philips Electronic, instan e incluso exigen a sus proveedores poseer la certificación ISO 9000.

ISO 9000 impone a una compañía la obligación de documentar sus procesos y sistema de calidad y garantizar que todos sus empleados conozcan y sigan los lineamientos del documento, que el sistema de calidad sea continuamente vigilado y revisado por medio de auditorías internas y externas y que se proceda efectivamente a la realización de los cambios necesarios. Los beneficios internos de ISO 9000 son la documentación de los procesos, una mayor conciencia en la calidad por parte de los empleados de la compañía, la posibilidad de cambios en la cultura organizacional que resulten en mayor productividad y la instalación de un sistema general de calidad. Los beneficios externos son la ventaja que se consigue sobre los competidores no certificados, el cumplimiento de los requerimientos de los clientes y de la Unión Europea, una calidad percibida más alta, probablemente una mayor satisfacción del cliente y el cumplimiento de, por ejemplo, las demandas de los agentes de compras.

---

*Aunque no tienen relación con la calidad de productos y servicios, en los medios noticiosos se hace frecuente mención de las normas ISO 14000. Estas normas se refieren a la administración ambiental y son de carácter voluntario. Han sido creadas bajo la dirección de la International Organization for Standardization.

El Premio Malcolm Baldrige e ISO 9000 difieren en su enfoque, propósito y contenido. ISO 9000 persigue la adherencia a las prácticas según lo especificado por la compañía. Su propósito es confirmar a los compradores que ciertas prácticas y documentación se hallan en conformidad con el sistema de calidad identificado por la empresa. El acento está puesto en la documentación. ISO 9000 no evalúa la eficiencia de las operaciones, las tendencias de mejoras ni el nivel de calidad del producto. No garantiza productos o servicios de calidad, no hace énfasis en la mejora continua ni se ocupa del facultamiento (*empowerment*) o el trabajo en equipo. Induce en cambio la elaboración de la documentación con la cual mostrar a los clientes los procedimientos que sigue la compañía para capacitar a sus empleados, probar sus productos y resolver problemas. A los agentes de compras les satisface verificar la existencia de documentación en la que se afirma que la compañía registrada cuenta con un sistema de calidad documentado y lo sigue. La documentación es uno de los aspectos centrales de ISO 9000. En consecuencia, el registro en ISO no puede compararse con los resultados obtenidos para la obtención del Premio Baldrige.

El modelo europeo de administración de calidad total establecido por la EFQM

Otro programa de calidad es el Premio Europeo a la Calidad otorgado a compañías de excelencia por la Fundación Europea para la Administración de la Calidad (EFQM, por sus siglas en inglés).[44] El modelo europeo de administración de la calidad total de 1996, el cual aparece en la figura 3-4, se basa en la siguiente premisa:

> La satisfacción del cliente, la satisfacción de los empleados y el impacto en la sociedad se consiguen por medio del liderazgo, el cual debe regir las políticas y estrategias, la administración de personal y los recursos y procesos para desembocar finalmente en la excelencia en los resultados empresariales.[45]

Los porcentajes que aparecen en la figura indican el peso asignado en el premio.

El modelo europeo de administración de calidad total tuvo como punto de partida el Premio Baldrige de Estados Unidos, pero contiene algunas novedades, como se desprende de la comparación entre los dos modelos, que a pesar de todo son muy semejantes. Por ejemplo, la variable de "Impacto en la sociedad" del modelo europeo está considerada en el concepto de "Liderazgo" del Premio Baldrige como "Responsabilidad pública y ciudadanía empresarial". De igual manera, la "Satisfacción de los empleados" del modelo europeo forma parte del "Desarrollo y administración de recursos humanos" del modelo Baldrige. Lo interesante del modelo europeo es que las cinco primeras variables ("Liderazgo", "Administración de personal", "Políticas y estrategias", "Recursos" y "Procesos") son llamadas "Habilitadores". Esto significa que se refieren a la manera en la que una organización obtiene resultados. Los otros cuatro criterios ("Satisfacción de los empleados", "Satisfacción del cliente", "Impacto en la sociedad" y "Resultados empresariales") se llaman "Resultados", y se refieren a lo que logra una organización.

En conclusión, el modelo representado por el Premio Nacional de Calidad Malcolm Baldrige de Estados Unidos y el modelo europeo de administración de calidad total son similares entre sí, pero muy distintos de ISO 9000.

FIGURA 3-4

Modelo EFQM para compañías de excelencia.

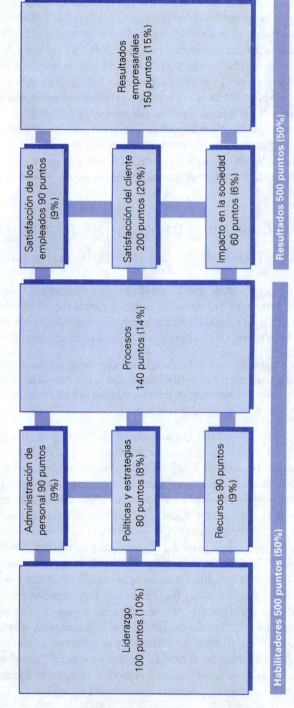

Habilitadores 500 puntos (50%)

Liderazgo
100 puntos (10%)

Administración de
personal 90 puntos
(9%)

Políticas y estrategias
80 puntos (8%)

Recursos 90 puntos
(9%)

Procesos
140 puntos (14%)

Satisfacción de los
empleados 90 puntos
(9%)

Satisfacción del cliente
200 puntos (20%)

Impacto en la sociedad
60 puntos (6%)

Resultados 500 puntos (50%)

Resultados
empresariales
150 puntos (15%)

Usado con permiso. "The EFQM Model for Business Excellence", en *Self-Assessment 1997 Guidelines for Companies* (Bruselas, The European Foundation for Quality Management, 1997), p. 9.

Resumen

Las empresas internacionales extienden sus operaciones más allá de fronteras nacionales. Las condiciones educativas, socioculturales/éticas, políticas-legales y económicas tienen un impacto muy particular en las empresas internacionales. Las empresas trasnacionales han desarrollado diferentes orientaciones para operar en países extranjeros, las cuales van de la etnocéntrica (cuando las operaciones en el extranjero se basan en el punto de vista de la compañía matriz) a la geocéntrica (cuando la organización es concebida como un sistema interdependiente que opera en muchos países, lo que quiere decir que es verdaderamente internacional).

Las prácticas administrativas difieren de un país a otro. En Francia, por ejemplo, la planeación gubernamental influye poderosamente en la planeación y dirección de las empresas privadas. En Alemania, las prácticas administrativas están determinadas por el uso de la autoridad y el concepto de codeterminación. En Corea se han desarrollado prácticas administrativas diferentes a las de Japón y Estados Unidos. Las organizaciones estadunidenses deben interesarse no sólo en preparar a sus administradores para trabajar en el extranjero, sino también en preparar a administradores extranjeros para que trabajen en Estados Unidos. En México se encuentran diversas formas de administración, algunas no profesionales, y se nota una gran influencia estadunidense.

Las prácticas administrativas japonesas difieren enormemente de las estadunidenses. La teoría Z, que incluye prácticas administrativas japonesas selectas, ha sido adoptada por algunas compañías estadunidenses.

La administración comparada es el estudio y análisis de la administración en diferentes condiciones y de las razones de que las empresas obtengan diferentes resultados en distintos países. La administración es un elemento decisivo para el crecimiento económico. La aplicación de los fundamentos de la administración difiere considerablemente de país a país; lo que cambian son las prácticas seguidas para la aplicación de los conocimientos. El modelo modificado de Koontz resuelve algunas de las limitaciones de los modelos de la administración comparada tradicional. Porter identificó a su vez cuatro grupos de factores que contribuyen a la ventaja competitiva de una nación.

Deming, Juran y Crosby fueron los padres de la administración de calidad. El Premio Nacional de Calidad Malcolm Baldrige es un reconocimiento a las organizaciones estadunidenses de excelente desempeño. El interés europeo en la calidad está ejemplificado por lo que se conoce como ISO 9000 y el Premio Europeo a la Calidad.

Ideas y conceptos básicos

Empresa internacional	Sociedad en participación
Exportación	Subsidiarias
Licencia	Empresa trasnacional
Contrato de administración	Orientación etnocéntrica

Orientación policéntrica
Orientación regiocéntrica
Orientación geocéntrica
Prácticas administrativas en Francia
Prácticas administrativas en Alemania
Prácticas administrativas en Corea
Prácticas administrativas en México
Prácticas administrativas en Japón y
   teoría Z
Administración comparada
Impacto de los factores condicionantes en
   las empresas

Teoría y práctica de la administración
Modelo modificado de administración
   comparada de Koontz
Ventaja competitiva de las naciones de
   Porter
Contribuciones de Deming, Juran y
   Crosby a la administración de
   calidad
Criterios del Premio Nacional de Calidad
   Malcolm Baldrige
ISO 9000
Modelo del Premio Europeo a la Calidad

Para analizar

1. ¿Qué ventajas tienen las empresas trasnacionales? ¿Qué retos deben enfrentar? Dé ejemplos.
2. ¿Cuáles son algunas de las características principales de las prácticas administrativas francesas, alemanas, coreanas, mexicanas y japonesas?
3. ¿Qué es la teoría Z?
4. ¿Cree usted que los conceptos y prácticas administrativos que se aplican en Estados Unidos puedan transferirse a Inglaterra, Francia, Alemania o a algún otro país que usted conozca?
5. Seleccione un país con el que esté familiarizado y explique los impactos de los factores condicionantes educativos en la administración de las empresas de esa nación.
6. Explique cómo puede ser administrada una compañía de orientación geocéntrica. Compare estas prácticas con las de una compañía de orientación etnocéntrica.
7. ¿Considera que la manera en la que se toman decisiones administrativas en Japón podría funcionar en Estados Unidos? ¿Por qué sí o por qué no?
8. ¿Cuál de los modelos de los diversos enfoques de la administración de calidad le parece más útil? ¿Por qué? Explique su respuesta.

Ejercicios/actividades

1. Póngase en contacto con una empresa trasnacional y entrevístese con uno o más de sus administradores. ¿Qué diferencias hay entre las prácticas administrativas seguidas en sus operaciones en Estados Unidos y en otros países?
2. Entrevístese con administradores de una compañía reconocida por la excelencia de sus productos o servicios. Pregúnteles cómo alcanzó ésta tan alto nivel de calidad.

CASO INTERNACIONAL 3

DIRECTORA GENERAL QUE ADMINISTRA SEGÚN EL LIBRO[46]

La demanda de administradores con experiencia en el ámbito internacional es cada vez mayor. Considérese el caso de Marisa Bellisario, una de las ejecutivas más codiciadas de Europa. Fue la primera mujer en dirigir una gran compañía industrial en Italia, la ITALTEL Società Italiana, bajo control estatal. Esta compañía es la mayor empresa italiana fabricante de equipo de telecomunicaciones. Sin embargo, Bellisario también posee experiencia internacional. Tras graduarse en economía y administración de empresas en la Universidad de Turín, trabajó en la división electrónica de Olivetti. Cuando ésta vendió a General Electric (GE) su unidad de procesamiento de datos, Bellisario trabajó una temporada para GE en Miami en la elaboración de su estrategia mundial de comercialización de computadoras. Abandonó GE para hacerse cargo de la planeación corporativa de Olivetti. Como directora general de ITALTEL, transformó a esta compañía, gracias a lo cual ésta fue capaz de producir modestas ganancias (después de haber incurrido en grandes pérdidas). Su estilo administrativo ha sido caracterizado como "acorde con los libros de texto", y compañías como GTE Corporation, IBM, AT&T y otras empresas europeas y japonesas están interesadas en reclutarla.

1. ¿Qué hace de la señora Bellisario una directora general tan codiciada? ¿Cuál ha sido su trayectoria profesional?
2. ¿Qué problemas especiales debió enfrentar quizá como mujer en la dirección de una gran compañía italiana?
3. Si ella ha tenido éxito administrando según el libro, ¿por qué algunos administradores se empeñan en afirmar que la administración no puede enseñarse?

Referencias

1. John Hoerr, "What Mario Wants: Supply Side for Workers", en *Business Week*, 11 de abril de 1988, p. 79.
2. Véase, por ejemplo, Ashis Nanda y Peter J. Williamson, "Use Joint Ventures to Ease the Pain of Restructuring", en *Harvard Business Review*, noviembre-diciembre de 1995, pp. 119-128.
3. Véase, por ejemplo, Joel Bleeke y David Ernst, "Is Your Strategic Alliance Really a Sale?", en *Harvard Business Review*, enero-febrero de 1995, p. 97; Manuel S. Serapio, Jr., y Wayne F. Cascio, "End-Games in International Alliances", en *The Academy of Management Executive*, febrero de 1996, pp. 62-73.
4. Sara Hammes y Richard S. Teitelbaum, "The Global 500 — How They Performed in 1990", en *Fortune*, 29 de julio de 1991, pp. 238-245.
5. "Fortune's Global 500", en *Fortune*, 5 de agosto de 1996, p. F-1.
6. David A. Heenan y Howard V. Perlmutter, *Multinational Organization Development* (Reading, Mass.; Addison-Wesley Publishing Company, 1979), cap. 2.
7. Robert B. Reich, "Who Is Them?", en *Harvard Business Review*, marzo-abril de 1991, pp. 77-88.
8. Con base en un discurso en la 10th Annual International Conference "Strategic Bridging", celebrada en Estocolmo, 24-27 de septiembre de 1990, y en William Taylor, "The Logic of Global Business: An Interview with ABB's Percy Barnevik", en *Harvard Business Review*, marzo-abril de 1991, pp. 91-105; Christopher A. Bartlett y Sumantra Ghoshal, "Changing the Role of Top Management:

Beyond Strategy to Purpose", en *Harvard Business Review*, noviembre-diciembre de 1994, pp. 79-102.

9. Jeremy Main, "How to Go Global — and Why", en *Fortune*, 28 de agosto de 1989, pp. 70-76; Richard C. Longworth, "The Road to 1992 — What a Long, Difficult Trip It's Been", en *Europe*, enero-febrero de 1992, pp. 6-7.

10. Karl Schoenberger, "Has Japan Changed?", en *Fortune*, 19 de agosto de 1996, pp. 72-82. Para una descripción muy completa de la administración en Rusia, véase Sheila M. Puffer y colaboradores, *Business Management in Russia* (Brookfield, VT; Edward Elgar Publishing Co., 1996).

11. Véase también Richard M. Hodgetts y Fred Luthans, *International Management* (Nueva York, McGraw-Hill, 1991).

12. Geert Hofstede, "Cultural Constraints in Management Theories", en *Academy of Management Executive*, febrero de 1993, pp. 81-94.

13. Jean-Louis Barsoux y Peter Lawrence, "The Making of a French Manager", en *Harvard Business Review*, julio-agosto de 1991, pp. 58-67.

14. Mark M. Nelson y E. S. Browning, "GE's Culture Turns Sour at French Unit", en *The Wall Street Journal*, 31 de julio de 1990.

15. Véase también Guenter Rommel, Juergen Kluge, Rolf-Dieter Kempis, Raimund Diederichs y Felix Brueck, *Simplicity Wins: How Germany's Mid-sized Industrial Companies Succeed* (Boston, Harvard Business School Press, 1995).

16. Véase el reciente video de Hedrick Smith, "Challenge to America"; Simcha Ronen, *Comparative and Multinational Management* (Nueva York, John Wiley & Sons, 1986), cap. 9; David Heenan, *The Re-United States of America* (Reading, Mass.; Addison-Wesley Publishing Company, 1983), cap. 1.

17. William J. Holstein y Laxmi Nakarmi, "Korea", en *Business Week*, 31 de julio de 1995, pp. 56-63.

18. Roland Calori y Bruno Dufour, "Management European Style", en *The Academy of Management Executive*, agosto de 1995, pp. 61-71.

19. Entrevista con el presidente Kim Young Sam, "Now It Is Our Turn to Contribute to the World", en *Business Week*, 31 de julio de 1995, p. 64. Véase también "Hollowing Out South Korea's Corporations", en *The Economist*, 14 de septiembre de 1996, pp. 63-64.

20. Para mayor información sobre la administración en Corea, véase Jon P. Alston, "Wa, Guanxi, and Inhawa: Managerial Principles in Japan, China, and Korea", en *Business Horizons*, marzo-abril de 1988, pp. 26-31; S. M. Lee y S. Yo, "The K-Type Management: A Driving Force for Korean Prosperity", en *Management International Review*, abril de 1987, pp. 68-77; T. W. Kang, Is Korea the Next Japan? (Nueva York, The Free Press, 1989).

21. Véase Ronen, *Comparative and Multinational Management* (1986). Véanse también los amplios estudios de Geert Hofstede, como "The Cultural Relativity of Organizational Practices and Theories", en *Journal of International Business Studies*, vol. 14, núm. 2 (1983), pp. 75-90, y "Motivation, Leadership and Organization: Do American Theories Apply Abroad?", en *Organizational Dynamics*, núm. 9 (1983), pp. 42-63; Klaus Macharzina y Wolfgang H. Staehle (eds.), *European Approaches to International Management* (Hawthorne, N.J.; Walter de Gruyter, 1986); Gary Clyde Hufbauer (ed.), *Europe 1992 — An American Perspective* (Washington, D.C.; The Brookings Institution, 1990).

22. Para una crítica, véase Jeremiah J. Sullivan, "A Critique of Theory Z", en *Academy of Management Review*, enero de 1983, pp. 132-142. Véase también J. Bernard Keys, Luther Trey Denton y Thomas R. Miller, "The Japanese Management Theory Jungle — Revisited", en *Journal of Management*, vol. 20, núm. 2 (1994), pp. 373-402.

23. Masayoshi Kanabayashi, "In Japan, Employees Are Switching Firms for Better Work, Pay", en *The Wall Street Journal*, 11 de octubre de 1988.

24. Tai K. Oh, "Japanese Management — A Critical Review", en *Academy of Management Review*, enero de 1976, pp. 14-25.

25. Linda Grant, "Unhappy in Japan", en *Fortune*, 13 de enero de 1997, p. 142.

26. Véase también John E. Rehfeld, "What Working for a Japanese Company Taught Me", en *Harvard Business Review*, noviembre-diciembre de 1990, pp. 167-176.

27. Esta explicación se basa en William G. Ouchi, *Theory Z* (Reading, Mass.; Addison-Wesley Publishing Company, 1981).

28. Para una explicación de la influencia japonesa en la política y las empresas estadunidenses y algunas fricciones recientes entre Japón y Estados Unidos, véase Pat Choate, "Political Advantage: Japan's Campaign for America", en *Harvard Business Review*, septiembre-octubre de 1990, pp. 87-103; véase también el debate de este artículo entre varios autores en "Is Japan 'Buying' U.S. Politics?", en *Harvard*

Business Review, noviembre-diciembre de 1990, pp. 184-200; Akio Morita y Shintaro Ishihara, *Japan that Can Say "No"*, publicado en Japón por Kobunsha, 1989. Hasta la fecha no se dispone de la versión inglesa de este título. Para comentarios sobre su contenido, véase David MacEachron, "America: Don't Take 'No' for an Answer", en *Harvard Business Review*, marzo-abril de 1990, pp. 178-188; este libro también se comentó en *Business Week*, 23 de octubre de 1989, pp. 78-80, y en Akio Morita, "Racism Underlies Trade Friction", en *Fortune*, 28 de enero de 1991, pp. 101-102.

29. John A. Byrne, "At Sanyo's Arkansas Plant the Magic Isn't Working", en *Business Week*, 14 de julio de 1986, pp. 51-52.

30. Richard N. Farmer, en Joseph W. McGuire (ed.), *Contemporary Management — Issues and Viewpoints* (Englewood Cliffs, N.J.; Prentice-Hall, 1974), p. 302.

31. Richard N. Farmer y Barry M. Richman, *Comparative Management and Economic Progress* (Homewood, Ill.; Richard D. Irwin, 1965); Barry M. Richman, "Empirical Testing of a Comparative and International Management Research Model", en *Proceedings of the 27th Annual Meeting of the Academy of Management*, 27-29 de diciembre de 1967, pp. 34-65. Otro de los pioneros y grandes aportadores a la administración comparada es el profesor Negandhi. Véase Anant R. Negandhi y B. D. Estafen, "A Research Model to Determine the Applicability of American Management Know-How in Differing Cultures and/or Environments", en *Academy of Management Journal*, diciembre de 1967, pp. 309-318.

32. Véase también Harold Koontz, "A Model for Analyzing the Universality and Transferability of Management", en Harold Koontz, Cyril O'Donnell y Heinz Weihrich (eds.), *Management — A Book of Readings*, 5a. ed. (Nueva York, McGraw-Hill Book Company, 1980), pp. 88-97.

33. Michael E. Porter, "Why Nations Triumph", en *Fortune*, 12 de marzo de 1990, pp. 94-108; Michael E. Porter, *The Competitive Advantage of Nations* (Nueva York, The Free Press, 1990), especialmente el cap. 3. Para una exposición de las demandas actuales de consumidores más ricos y sofisticados, véase Koh Sera, "Corporate Globalization: A New Trend", en *The Academy of Management Executive*, febrero de 1992, pp. 89-96.

34. Ahora varias compañías de la lista *Fortune 500*, como General Mills, sólo firman contratos con empresas

dispuestas a resolver conflictos mediante un minijuicio, mediación o resolución alternativa de disputas. Esto puede ahorrarle a una compañía los impresionantes costos legales de la resolución de disputas con clientes, proveedores o empleados. Se ha dicho que estos procedimientos le ahorraron a la FDIC 3 millones de dólares en 1990. Para una explicación al respecto, véase, por ejemplo, James F. Henry, "Built-in Protection against Litigation Blues", en *The Wall Street Journal*, 22 de julio de 1991.

35. Véase Edwards W. Deming, *Out of the Crisis*, 2a. ed. (Cambridge, Mass.; MIT Center for Advanced Engineering Study, 1986); J. M. Juran, *Juran on Leadership for Quality: An Executive Handbook* (Nueva York, The Free Press, 1989); Philip B. Crosby, *Quality Is Free: The Art of Making Quality Certain* (Nueva York, McGraw-Hill, 1979); Philip B. Crosby, "Criticism and Support for the Baldrige Award", en *Quality Progress*, mayo de 1991, pp. 42-43.

36. "Together We Achieve — The Case of the Bridgend Plant" (Japón, Sony Corporation, 1991). La autorización para usar este caso fue concedida en febrero de 1993.

37. Véanse también diversos artículos en el nuevo *Journal of Quality Management*, a partir del vol. 1, núm. 1, 1996.

38. Acerca de fuentes europeas de enfoques de la calidad, véase *Qualität — Garant fuer die Zukunft* (Frankfurt, Deutsche Gesellschaft fuer Qualität e.V.), sin fecha; *DQS Deutsche Gesellschaft zur Zertifizierung von Qualitätmanagementsystemen* (Frankfurt, DQS, 1993); Klaus J. Zink, "Benchmarking — Who Are the Leaders?", en *Total Quality Management and Human Resource Development*, sin fecha; Klaus J. Zink y Rolf Schildknecht, "German Companies React to TQM", en *Total Quality Management*, octubre de 1990, pp. 259-262.

39. Véase "The 1996 Regional Malcolm Baldrige Award Conference", San Francisco, California, 13 de junio de 1996; "Malcolm Baldrige National Quality Award 1996 Award Criteria", Gaithersburg, MD; United States Department of Commerce, Technology Administration, National Institute of Standards and Technology, sin fecha.

40. "Malcolm Baldrige National Quality Award 1996 Award Criteria", Gaithersburg, MD; United States Department of Commerce, Technology Administration, National Institute of Standards and Technology, sin fecha.

41. "Succeeding With the Baldrige Award", National Institute of Standards and Technology, Technology Administration, U.S. Department of Commerce, sin fecha.

42. "Malcolm Baldrige National Quality Award 1996 Award Criteria", *op. cit.*

43. Les Landes, "Leading the Duck at Mission Control", St. Peters, Missouri; Wainwright Industries, 38-219, sin fecha; Ronald Henkoff, "The Hot New Seal of Quality", en *Fortune*, 28 de junio de 1993, pp. 116-120; Navin S. Dedhia, "The Basics of ISO 9000"; Caroline G. Hemenway, "10 Things You Should Know About ISO 14000", en *Quality Digest*, octubre de 1995, pp. 49-51; Caroline G. Hemenway y Gregory J. Hale, "Implementing ISO 14000: Taking the First Steps", en *Quality Digest*, enero de 1996, pp. 25-30; Gregory J. Hale y Caroline G. Hemenway, "ISO 14001 Certification: Are You Ready?", en *Quality Digest*, julio de 1996, pp. 35-41; R. Michael Kirchner, "What's Beyond ISO 9000?", en *Quality Digest*, noviembre de 1996, pp. 41-45.

44. "Total Quality Management — the European Model for Self-Appraisal, 1993" (Eindhoven, Holanda; European Foundation for Quality Management, 1993); "European Foundation for Quality Management, Self-Assessment 1996 Guidelines for Companies" (Bruselas, European Foundation for Quality Management, 1995); "The EFQM Model for Business Excellence", *Self- Assessment 1997 Guidelines for Companies* (Brussels: The European Foundation for Quality Management, 1997), p. 9.

45. "European Foundation for Quality Management, Self-Assessment 1996 Guidelines for Companies", p. 7.

46. "ITALTEL's New Chief Gets What She Wants", en *Business Week*, 30 de abril de 1984, p. 51; Robert Ball, "Italy's Most Talked-About Executive", en *Fortune*, 2 de abril de 1984, pp. 99-102; Marisa Bellisario, "The Turnaround at ITALTEL", en *Long Range Planning*, vol. 18, núm. 6 (1985), pp. 21-24.

Bases de la administración global

La administración trasciende fronteras nacionales. En el capítulo 1 hicimos énfasis en la conceptualización de las organizaciones como sistemas abiertos que interactúan con el ambiente externo. Pero el ambiente externo no se limita a las fronteras nacionales. Los administradores modernos tienen que operar en el entorno global. Incluso las empresas que operan en un país determinado se verán afectadas por fuerzas competitivas internacionales. Las compañías estadunidenses tendrán que competir más vigorosamente no sólo con compañías de la Cuenca del Pacífico, sino también con las de la Unión Europea. Alemania es el país económicamente más poderoso de la Unión Europea (UE). En consecuencia, realizaremos un análisis de la ventaja competitiva de esa nación.

China, ¿nuevo gigante económico?[1]

En los últimos 20 años China se ha ido transformando de un sistema marxista a una fuerza empresarial. Tras haber abierto sus puertas, ha procedido a una transformación asombrosa. Su hipercrecimiento de 9 a 10% anual se ha conseguido sin una inflación excesiva. Su economía será muy pronto una de las más grandes del mundo. Con ese índice de crecimiento y una población equivalente a alrededor de la quinta parte de la población mundial (de unos 1 223 millones de personas a fines de 1996), China atrae más inversiones extranjeras que las demás naciones en desarrollo.

El revolucionario desarrollo económico de este país, iniciado por el ya desaparecido Deng Xiaoping (quien, por cierto, no era economista) y proseguido por el presidente Jiang Zemin, se ha visto acompañado por crecientes expectativas. Apenas en 1992 se declaró oficialmente la meta de forjar una economía de mercado (aunque de carácter socialista).

En el determinante discurso que pronunció el 12 de septiembre de 1997 ante el decimoquinto Congreso del Partido Comunista Chino, Jiang Zemin anunció cambios radicales. Propuso convertir la mayoría de las 305 000 compañías de propiedad estatal en empresas por acciones expuestas a la competencia internacional. Aunque sólo se refirió vagamente a la cuestión de la propiedad, lo cierto es que algunas compañías caerán en bancarrota. Las compañías chinas propiedad del Estado generan aún alrededor de 40% de la producción industrial, pero emplean la mayor parte del capital disponible, lo que restringe a las empresas que no son propiedad del Estado, más productivas y flexibles. Aun así, las 1 000 empresas más grandes seguirán bajo control del gobierno, pero tendrán que competir en el mercado. En consecuencia, Jiang Zemin tendrá que vérselas con los dinosaurios industriales de los que depende la sobrevivencia de 100 millones de trabajadores.

El plan es formar grandes compañías que operen en industrias como las de electrónica de alta tecnología, telecomunicaciones y petroquímica. China es ya un gran exportador de aparatos eléctricos, ropa y productos de poco valor agregado. Para instrumentar este ambicioso plan, China se proponía reducir los aranceles de unos 4 800 bienes en un promedio de 26% para octubre de 1997 y en 15% para el año 2000 en su afán por adecuarse a las disposiciones de la Organización Mundial de Comercio. Shanghai y Hong Kong pueden convertirse en centros financieros a la altura de Londres, Tokio y Nueva York.

Sin embargo, estos ambiciosos planes entrañan riesgos de desempleo masivo, lo que a su vez podría resultar en inestabilidad política. Por lo tanto, deberán tomarse medidas para contribuir a que los trabajadores satisfagan sus gastos de vivienda y médicos, así como de pensiones, prestaciones de las que han disfrutado hasta ahora. Así pues, si por efecto del proceso de transformación muchas compañías quiebran, deberá prestarse atención a las adversamente afectadas por los cambios. Además de una red de seguridad, los trabajadores precisan también de capacitación para resolver las demandas creadas por la economía de mercado.

China enfrenta difíciles preguntas acerca de cómo proceder. Mientras que algunos políticos mantienen la filosofía comunista, otros proponen ideas occidentales. El país posee abundantes cualidades, pero enfrenta al mismo tiempo muchos desafíos. Entre las *cualidades* están la relativa apertura a la reforma, los avances tecnológicos, la reciente unificación con Hong Kong, el progreso educativo gracias a la asociación con universidades occidentales y la obtención de tecnología moderna por medio de la creación de sociedades en participación. Por ejemplo, la compañía alemana fabricante de automóviles Volkswagen AG firmó en 1984 un contrato de sociedad en participación con un consorcio de socios chinos. La nueva empresa Volkswagen de Shanghai produjo el modelo VW Santana, dueño en la actualidad de la proporción de mercado más grande de China. Para conseguir la calidad necesaria, VW no sólo intentó interesar a proveedores europeos en instalarse en China, sino que además desarrolló y capacitó a proveedores locales. La división Audi de VW también estableció una sociedad en participación con First Auto Works (FAW) de Changchun para la producción de un modelo más lujoso que el Santana.

Las principales compañías industriales chinas se ubican en los sectores de productos petroquímicos, automóviles, energía eléctrica, hierro y acero, y tabaco. Entre las compañías trasnacionales pueden citarse VW de Shanghai y Jeep de Pekín en la industria automotriz; BASF, la compañía extranjera con mayores inversiones en China, en la industria química; Matsushita, que también ha invertido abundantemente, en aparatos electrónicos de consumo; Unilever, SC Johnson, Henkel, Gillette y Nike en bienes de consumo, y Cadbury, Kentucky Fried Chicken y Pizza Hut, por sólo mencionar a unas cuantas compañías, en el ramo de alimentos, restaurantes y bebidas. También en los sectores petrolero, de gas, farmacéutico, de telecomunicaciones y de una amplia variedad de servicios se encuentran muchas otras compañías trasnacionales.

En lo que se refiere a la educación en administración, la China Europe International Business School (CEIBS), proyecto conjunto del gobierno chino y la Unión Europea, ofrece una enorme variedad de programas de administración, entre ellos el de maestría en administración de empresas. En esta escuela, financiada por el gobierno municipal de Shanghai y la Unión Europea, se instruye a ejecutivos en las teorías y habilidades prácticas administrativas necesarias para integrar a la economía china en la economía global.

No obstante, China enfrenta también formidables *desafíos*, como la oposición política interna y la posibilidad de agitación social. La situación se agrava aún más por la migración a zonas urbanas ya superpobladas y afectadas por la contaminación y otros padecimientos urbanos. Adicionalmente, las incoherentes reglamentaciones gubernamentales podrían desalentar a empresas extranjeras de invertir en China.

Aun así, este país dispone asimismo de grandes *oportunidades* allende sus fronteras. China es una de las principales fuerzas de la región de la Cuenca del Pacífico. Tiene acceso también a la tecnología occidental, lo que le permite ponerse rápidamente a la altura de los países desarrollados. La urgencia de las empresas extranjeras deseosas de establecerse en su mercado abre a los chinos la posibilidad de negociar en términos favorables.

Pero China deberá hacer frente también a grandes *amenazas* del exterior. Es probable que la reducción de barreras comerciales favorezca al país en general, pero dañará a las empresas que se vean obligadas a competir con productos de calidad procedentes del extranjero. Aunque la crisis económica de 1997 y 1998 de países de la Cuenca del Pacífico como Corea del Sur mermó a la región, su recuperación implicará una competencia significativa.

En definitiva, pues, China cuenta con la fuerza necesaria no sólo para superar sus deficiencias, sino también para aprovechar sus oportunidades y enfrentar amenazas. Sus retos son sostener el crecimiento de la economía sin inflación y hacer frente a las fuerzas sociales que puedan provocar perturbaciones durante el periodo de transformación a causa de la emergencia de nuevas expectativas. Debe asimismo brindar un entorno político y legal libre de corrupción a fin de atraer a inversionistas extranjeros y convertirse en una de las principales fuerzas de la comunidad global.

CASO DE LA INDUSTRIA AUTOMOTRIZ GLOBAL

El mercado automotriz en la nueva Europa[2]

El mercado automotriz europeo se halla en una encrucijada, y la razón de ello es la Unión Europea. El mercado automotriz de algunos países europeos, como Italia y Francia en particular, está protegido contra los automóviles japoneses. La pregunta es qué efectos tendrá la Comunidad Europea (CE) 1992, la cual implica la eliminación de barreras comerciales, en las armadoras automotrices europeas.

A fines de la década de los ochenta, las ventas de los fabricantes europeos de autos eran excelentes. La Fiat italiana, la Peugeot-Citroën francesa y la Volskwagen alemana disfrutaban de una magnífica posición en Europa, el mercado más grande del mundo. Pero las ventas de automóviles decayeron en los años noventa. En lo que atañe a los autos de lujo, Mercedes y BMW mantuvieron una sólida posición de mercado. No obstante, ambas empresas se han visto en dificultades a causa de modelos japoneses como el Infiniti de Nissan y el Lexus de Toyota. Los fabricantes alemanes de automóviles difícilmente pueden demandar la imposición de restricciones a las importaciones japonesas, a menos que estén dispuestas a correr el riesgo de que los japoneses, quienes gustan enormemente del BMW y el Mercedes, respondan de la misma manera e impongan restricciones similares. En 1996, Mercedes y BMW recobraron aparentemente su filo competitivo sobre autos japoneses como el Lexus de Toyota.[3]

Sin embargo, otras armadoras automotrices propusieron a la comisión de la UE la indefinida transición de las disposiciones de la CE 1992. Italia fue el país que estableció las barreras más rigurosas a las importaciones japonesas, las que limitó a 1% de su mercado. De igual manera, Francia restringió las importaciones de automóviles japoneses a 3% del mercado total. Por ejemplo, a fines de los años ochenta las armadoras italianas Alfa Romeo, Fiat y Lancia dominaban 60% del mercado nacional, mientras que Peugeot y Renault poseían más de 60% del mercado francés. Los demás países de la UE son menos restrictivos respecto de las importaciones japonesas del mercado automotriz. La eliminación en su totalidad de las barreras comerciales elevaría la participación japonesa en el mercado automotriz, el cual se halla protegido hasta ahora por diversas barreras comerciales explícitas y encubiertas.

Aún no queda claro qué compañías se beneficiarían más del libre mercado. En tanto que hay quienes piensan que las compañías más beneficiadas serían Fiat, Peugeot-Citroën y Volkswagen, también los hay que sugieren que los principales beneficiarios serían Ford, General Motors y Volkswagen. Es muy probable que la posición de Ford sea excepcional. Esta compañía inició hace unos años la integración de sus 22 plantas en los diversos países de la UE para la conformación de una auténtica empresa europea. Esta red integrada podría resultar a su vez en una mayor productividad y cuenta con el potencial suficiente para volver competitivos a los automóviles Ford en el mercado automotriz. No obstante, en 1996 la posición en Europa de Ford, PSA Peugeot-Citroën, Renault (aún propiedad del Estado francés en 45%) y Fiat era débil en comparación con la de Volkswagen (con una participación de mercado de 17.3%) y General Motors (cuya participación de mercado fue entonces de 12.6%), las compañías líderes del mercado.

La comercialización de automóviles en Europa de las armadoras japonesas se ha realizado tradicionalmente por medio de la exportación. Preocupadas por las barreras impuestas por la UE, las empresas japonesas buscan la manera de eludir las restricciones a las importaciones y barreras indirectas adicionales como los requisitos de contenido local. Toyota, por ejemplo, planeaba instalar una planta manufacturera en Inglaterra. Le inquieta sin embargo el requisito de contenido de partes europeas de alrededor de 80%. Honda construye ya una fábrica en Swindon, Inglaterra, lo que evidentemente podría elevar su participación en el mercado europeo. Nissan Motor Corporation se muestra aún más ambiciosa en cuanto a la construcción de una fábrica en el norte de Inglaterra, donde ha efectuado ya el ensamble de autos desde 1986.

Mazda es la cuarta compañía automotriz más importante de Japón. Sin embargo, se encuentra ya en proceso de formular una estrategia global consistente en el establecimiento de alianzas en el mundo entero. La cooperación que sostiene ya con Ford Motor Company es particularmente intensa, si se toma en cuenta que esta última compañía es dueña de una parte considerable de aquélla. De hecho, muchos autos que se comercializan con la marca Ford en realidad son producidos por Mazda. Ésta posee también lazos comerciales con la compañía japonesa Suzuki y con la francesa Citroën, al tiempo que produce para otros socios europeos.

Los fabricantes japoneses de automóviles tendrán más dificultades para introducirse en el mercado europeo que las que debieron enfrentar en Estados Unidos. Lee Iacocca, ex director general de Chrysler, declaró en una entrevista: "Europa aprendió de Estados Unidos. No permitirá que los japoneses hagan lo que hicieron allá: apoderarse en una década de casi 35% de la industria. Habrá competencia, aunque será una competencia honesta."

Japón no agotó su cuota de 1995, y por lo tanto aceptó que su cuota de 1996 se redujera a 1.066 millones de vehículos, contra los 1.071 millones de 1995. Este recorte fue convenido en Tokio durante las consultas regulares de principios de 1996. Mientras que un funcionario del Ministerio de Industria y Comercio de Japón indicó que la cuota menor no entorpecería las exportaciones japonesas, Jacques Calvet, director del grupo francés Peugeot-Citroën, aprovechó nuevamente la oportunidad de demandar una extensión indefinida del sistema quinquenal de cuotas, cuya conclusión fue originalmente programada para 1999. Propuso asimismo incluir en las cuotas de vehículos japoneses los autos fabricados por compañías japonesas en la Unión Europea.

Análisis

Responda las preguntas que aparecen a continuación, o participe en una dramatización de este caso. Supongamos que se encuentra usted en una reunión en Bruselas con representantes de las diversas compañías automotrices de países europeos. Se ha invitado también a representantes japoneses. El grupo se dividirá en seis equipos, cada uno de los cuales representará un interés específico. La coordinación de las actividades de cada equipo girará en torno de la adopción de las políticas de la UE.

1. ¿Cuáles podrían ser los argumentos a favor de las políticas de la UE?
2. Si usted fuera un representante italiano o francés, ¿en qué forma propondría a la comisión de la UE la aplicación de reglas especiales para restringir las importaciones japonesas en Italia y Francia?
3. En calidad de representante francés, ¿con qué reglas o políticas especiales protegería el mercado de su nación?
4. ¿Qué posición adoptaría ante la comisión de la UE si fuera representante de Inglaterra, país en el que ya han invertido intensamente muchas compañías japonesas y en el que también existe una poderosa industria automotriz nacional?
5. Como representante de la República Federal de Alemania, ¿cuál sería su posición ante la comisión de la UE?
6. ¿Cómo expondría su caso en calidad de representante de la industria automotriz japonesa?

Sugerencias para la dramatización

Imagínese la realización de una reunión en Bruselas de la comisión de la UE en la que cada país expondrá sus inquietudes. Podrían asignarse los siguientes papeles: el comisionado de la UE dirige la reunión y expone la metas de la UE. Representantes tanto nacionales como de la industria automotriz de Alemania, Inglaterra, Francia e Italia explican su postura. También debe invitarse a participar en la discusión a un representante de Japón.

Referencias

1. "After Deng", en *The Economist*, 22 de febrero de 1997, p. 15; "How Hong Kong Can Change China", en *The Economist*, 28 de junio de 1997, pp. 15-16; "China's New Revolutionary?", en *The Economist*, 13 de septiembre de 1997, p. 17; "The Long March to Capitalism", en *The Economist*, 13 de septiembre de 1997, pp. 12-26; "Can China Reform Its Economy?", en *Business Week*, 29 de septiembre de 1997, pp. 116-124; "Greeting the Dragon", en *The Economist*, 25 de octubre de 1997, pp. 15-16; "Shanghai Volkswagen", en *Harvard Business School*, caso 9-696-092, 23 de abril de 1996; "China's Leading Industrial Companies", E.I.U. Research Report, 1996; "Multinational Companies in China", E.I.U. Research Report, 1997.

2. Richard E. Melcher, "Ford Is Ready to Roll in the New Europe", en *Business Week*, 12 de diciembre de 1988, p. 60; Joann S. Lublin, "Toyota's Plan to Build Cars in Europe Adds to Pressures in Competitive Market", en *The Wall Street Journal*, 30 de enero de 1989; Thane Peterson y Amy Borrus, "Japanese Carmakers Flash Their Cash at the EC", en *Business Week*, 13 de febrero de 1989, pp. 43-46; Keir B. Bonine, "Europe's Carmakers Gear Up for 1992", en *Europe*, octubre de 1989, pp. 30-32; Carla Rapoport, "Mazda's Bold New Global Strategy", en *Fortune*, 17 de diciembre de 1990, pp. 109-113; la cita de Lee Iacocca procede de David J. Morrow, "Iacocca Talks on What Ails Detroit", en *Fortune*, 12 de febrero de 1990, p. 72; Alex Taylor III, "BMW and Mercedes Make Their Move", en *Fortune*, 12 de agosto de 1991, pp. 56-63; "Europe's Great Car War", en *The Economist*, 8 de marzo de 1997, pp. 69-70.

3. Alex Taylor III, "Speed! Power! Status!", en *Fortune*, 10 de junio de 1996, pp. 46-58; Sue Zesiger, "German Supercars and Me: A Test Drive, a Love Story", en *Fortune*, 10 de junio de 1996, pp. 60-61.

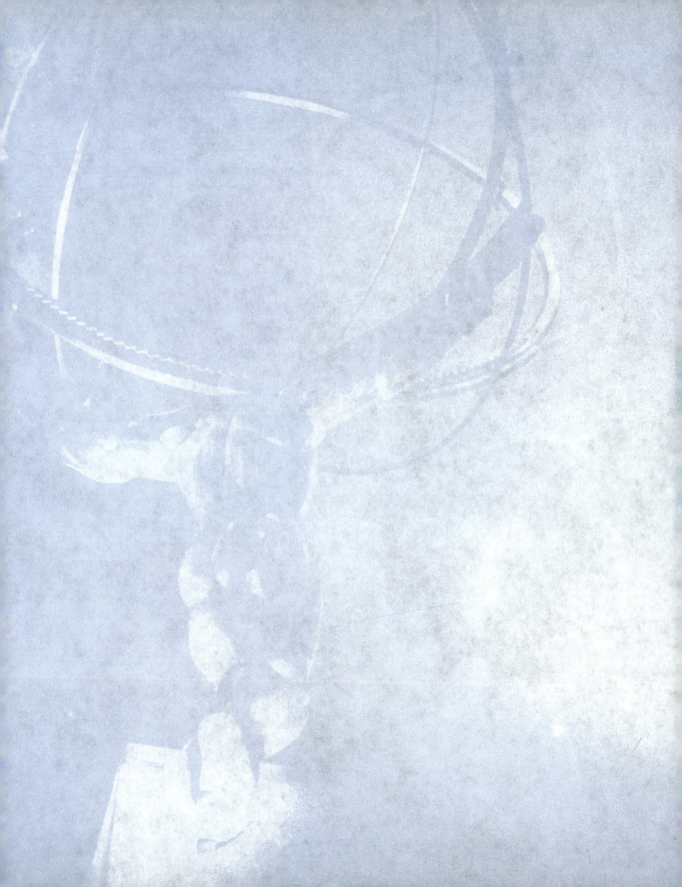

PLANEACIÓN

Capítulo 4
Naturaleza de la planeación y de los objetivos

Capítulo 5
Estrategias, políticas y premisas de la planeación

Capítulo 6
Toma de decisiones

Resumen de principios básicos de planeación

Conclusiones: Planeación global

Parte 2

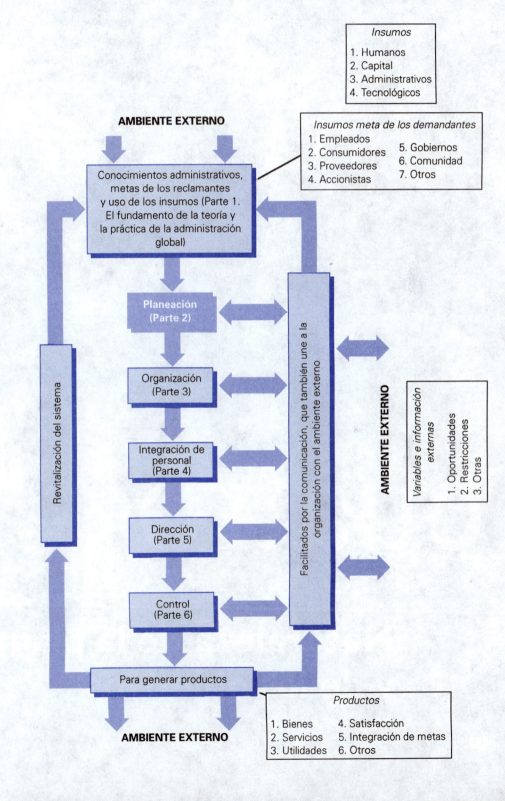

AMBIENTE EXTERNO

Conocimientos administrativos, metas de los reclamantes y uso de los insumos (Parte 1. El fundamento de la teoría y la práctica de la administración global)

Insumos

1. Humanos
2. Capital
3. Administrativos
4. Tecnológicos

Insumos meta de los demandantes

1. Empleados
2. Consumidores
3. Proveedores
4. Accionistas
5. Gobiernos
6. Comunidad
7. Otros

Planeación (Parte 2)

Organización (Parte 3)

Integración de personal (Parte 4)

Dirección (Parte 5)

Control (Parte 6)

Revitalización del sistema

Facilitados por la comunicación, que también une a la organización con el ambiente externo

AMBIENTE EXTERNO

Variables e información externas

1. Oportunidades
2. Restricciones
3. Otras

Para generar productos

Productos

1. Bienes
2. Servicios
3. Utilidades
4. Satisfacción
5. Integración de metas
6. Otros

AMBIENTE EXTERNO

Al terminar este capítulo, usted podrá:

1. Comprender qué es la planeación administrativa y por qué es importante.
2. Identificar y analizar los diversos tipos de planes y exponer la relación entre ellos.
3. Describir y explicar los pasos lógicos de la planeación y advertir que constituyen en esencia un método racional para el establecimiento de objetivos y la selección de los medios para alcanzarlos.
4. Explicar la naturaleza de los objetivos.

Capítulo cuatro

Naturaleza de la planeación y de los objetivos

5. Describir los conceptos en desarrollo de la administración por objetivos (APO) y explicar el enfoque de sistemas de la APO.
6. Analizar el proceso de administración y evaluación por objetivos.
7. Exponer el establecimiento de objetivos verificables para diferentes situaciones.
8. Describir los beneficios de la APO.
9. Identificar los defectos de la APO y los medios de evitarlos.

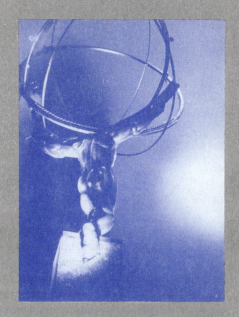

tulo

La planeación es un proceso que comienza por los objetivos, define estrategias, políticas y planes detallados para alcanzarlos, establece una organización para la instrumentación de las decisiones e incluye una revisión del desempeño y mecanismos de retroalimentación para el inicio de un nuevo ciclo de planeación.[1]

GEORGE A. STEINER

Usted conoce ya la teoría básica de la administración y las cinco funciones administrativas esenciales: planeación, organización, integración de personal, dirección y control. Los siguientes capítulos, acerca de la planeación, componen la segunda parte de este libro.

Al diseñar un entorno para el eficaz desempeño de individuos que trabajan en grupos, la tarea más importante de un administrador es comprobar que todos conozcan los propósitos y objetivos del grupo y los métodos para alcanzarlos. Para ser eficaz, el esfuerzo grupal debe basarse en el conocimiento por parte de las personas de lo que se espera de ellas. Ésta es la función de la planeación, la función administrativa más básica de todas. La planeación implica la selección de misiones y objetivos y de las acciones para cumplirlos, y requiere de la toma de decisiones, es decir, de optar entre diferentes cursos futuros de acción. De este modo, los planes constituyen un método racional para el cumplimiento de objetivos preseleccionados. La planeación supone asimismo, y en forma destacada, innovación administrativa, como se explicará en el capítulo 6. Tiende un puente entre el punto donde se está y aquel otro donde se desea ir. Cabe señalar que *planeación* y *control* son inseparables, los hermanos siameses de la administración (véase la figura 4-1). Todo intento de control sin planes carece de sentido, porque la gente no tendrá manera de saber si efectivamente se dirige a donde quiere ir (resultado de la tarea de control) sin antes saber a dónde quiere ir (parte de la tarea de planeación). Así, los planes proporcionan las normas de control.

FIGURA 4-1

Estrecha relación entre planeación y control.

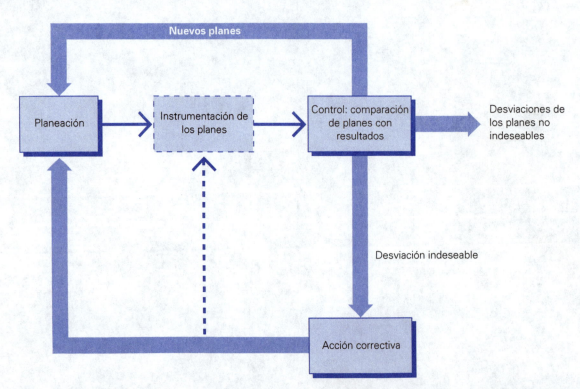

Tipos de planes

Los planes se clasifican en 1) propósitos o misiones, 2) objetivos o metas, 3) estrategias, 4) políticas, 5) procedimientos, 6) reglas, 7) programas y 8) presupuestos.

Propósitos o misiones[2]

En la **misión** o **propósito** (términos que suelen usarse indistintamente), se identifica la función o tarea básica de una empresa o institución o de una parte de ésta. Todo estable-

PERSPECTIVA INTERNACIONAL

MISIÓN DE CRÉDITO AFIANZADOR

Debido a la importancia que cada vez más le conceden las empresas a enunciar y difundir su misión, consideramos interesante describir la desarrollada por la empresa Crédito Afianzador:

V { Ser la empresa líder en la prestación del servicio de afianzamiento para garantizar con solidez el cumplimiento de las obligaciones entre particulares o de éstos con el gobierno, mereciendo siempre la confianza plena de colaboradores, accionistas, intermediarios y clientes.

M { Satisfacer las necesidades de nuestros clientes a través de una administración profesional con productos de calidad y servicio oportuno; brindando asesoría, oportunidades de desarrollo, respeto y justa retribución a nuestros intermediarios; cuidando e incrementando el capital invertido de los accionistas; fomentando un clima laboral de apertura, confianza y desarrollo de nuestros colaboradores, participando en el desarrollo de nuestro país.

Es interesante observar que en lo enunciado antes, Crédito Afianzador define su misión o tarea básica partiendo del logro de un desempeño excelente capaz de satisfacer la necesidades de los clientes y de recompensar a la confianza que los accionistas han depositado en los administradores. Expresamente señala que pretende lograr lo anterior considerando a la administración y la calidad de sus productos y servicio como un elemento necesario para lograrlo. Es de destacarse que también le concede gran importancia a la cadena de intermediación que les sirve para llegar a los clientes, considerando también la importancia de condiciones de trabajo (que define como clima laboral de apertura, confianza y su desarrollo) más propicias para un buen desempeño y el desarrollo de los trabajadores, a quienes considera como colaboradores.

En resumen, en este ejemplo de enunciado de misión se observa que se describe el propósito básico que desde la perspectiva de la empresa da sentido a su propia existencia, enfatizando al mismo tiempo cómo ha de lograrlo y el papel que corresponde a cada uno de quienes han de participar en ella en búsqueda del cumplimiento del propósito básico enunciado. Por último, cabría agregar que un enunciado de misión como éste señala claramente las áreas de prioridad para la empresa, dotando a los administradores con un marco general para definir los objetivos concretos deseables y que habrán de alcanzarse en cada una de tales áreas, mismos que a su vez pueden servir de base para desarrollar los planes de acción.

cimiento organizado, sea del tipo que sea, tiene (o al menos debe tener, si se desea que su existencia sea significativa) un propósito o misión. En todo sistema social, las empresas tienen una función o tarea básica que la sociedad les asigna. Por ejemplo, el propósito de una empresa comercial es generalmente la producción y distribución de bienes y servicios. El propósito de un departamento estatal de caminos es el diseño, construcción y operación de un sistema estatal de carreteras. El propósito de los tribunales es la interpretación de las leyes y su aplicación. El propósito de una universidad es la enseñanza, la investigación y la prestación de servicios a la comunidad.

A diferencia de nosotros, algunos autores distinguen entre propósitos y misiones. Una empresa, por ejemplo, puede tener el propósito social de producir y distribuir bienes y servicios, y alcanzarlo cumpliendo la misión de producir ciertas líneas de bienes. Las misiones de una compañía petrolera como Exxon son la búsqueda de petróleo y la producción, refinación y comercialización de petróleo y de los numerosos productos derivados de éste, desde diesel hasta productos químicos. La misión de Du Pont Company ha sido expresada como "mejores cosas mediante la química", en tanto que Kimberly-Clark (famosa por su marca Kleenex) entiende su misión empresarial como la producción y venta de papel y de bienes elaborados con papel. En la década de los sesenta la NASA se fijó la misión de la presencia humana en la Luna antes que los soviéticos. Hallmark, que ha ampliado sus actividades empresariales más allá del terreno de las tarjetas de felicitación, define su misión como "el negocio de la expresión social".[3] No obstante, el propó-

PERSPECTIVA INTERNACIONAL

VALORES CORPORATIVOS EN CRÉDITO AFIANZADOR

Algunas empresas desarrollan sus enunciados de misión sustentándolas en sus valores corporativos, siendo de la mayor importancia la forma en que éstos son definidos pues constituyen la forma en que la empresa se percibe a sí misma y a quienes la integran y rodean, dando con ello forma a su filosofía y visión sobre su función en el ámbito empresarial. Como ejemplo de valores corporativos en que se apoya la formulación de una misión empresarial, se presentan a continuación los que brindan el soporte a la misión de Crédito Afianzador:

Compromiso. Estar permanentemente dispuestos a dar lo mejor de cada uno de nosotros, participando activamente con la organización para el cumplimiento de sus objetivos.

Servicio. Responder de manera oportuna a las necesidades de nuestros clientes internos y externos, propiciando una relación continua duradera.

Calidad. Hacer las cosas bien y a tiempo para satisfacer las necesidades de nuestros clientes internos y externos.

Honestidad. En el trato ético y profesional hacia nuestros clientes, agentes, empleados, accionistas y la comunidad en general a quienes es enfocado nuestro servicio.

Desarrollo. Fomentar el interés por la preparación y la actualización personal y promover el desarrollo de nuestros colaboradores intermediarios.

Respeto. Valorar a las personas que colaboran con nosotros en sus capacidades y brindarles un trato justo a todos aquellos con quien tenemos relación.

DESARROLLO DE DECLARACIONES DE MISIÓN[4]

La filosofía y visión de una organización se expresan en una declaración de misión. Ésta consiste en una amplia formulación de los siguientes elementos de una organización:

- valores esenciales
- ámbito geográfico
- dirección
- relaciones con quienes participan en ella
- visión del futuro (a menudo, con base en la misión histórica)

Aunque variables, los pasos para el desarrollo de una declaración de misión son los siguientes:

- Evaluación del perfil pasado y presente de la empresa
- Obtención de aportaciones de los participantes en la empresa acerca de la dirección futura
- Equilibrio entre las opuestas necesidades de los grupos interesados (accionistas, acreedores, administradores, empleados y comunidad, por ejemplo)
- Elaboración de la declaración de misión para la descripción de la dirección general de la organización, sus valores y filosofía, su ámbito geográfico y su contribución a la sociedad
- Discusión de la declaración de misión con grupos interesados, administradores y empleados y realización de los ajustes necesarios
- Comunicación de la declaración de misión a todos los que deban conocerla y exposición de sus implicaciones para la dirección estratégica de la organización, sus objetivos organizacionales específicos e incluso las metas y objetivos específicos de cada unidad organizacional

sito o misión de otras empresas y áreas de actividad es generalmente más vago. Por ejemplo, muchos consorcios conciben su misión como **sinergia**,* la cual se consigue mediante la combinación de varias compañías.

Objetivos o metas

Los **objetivos** o **metas** (términos que se usan indistintamente en este libro), son los fines que se persiguen por medio de una actividad de una u otra índole. Representan no sólo el punto terminal de la planeación, sino también el fin que se persigue mediante la organización, la integración de personal, la dirección y el control. En secciones posteriores de este capítulo abundaremos en la naturaleza de los objetivos y en la administración por objetivos.

* El concepto de sinergia puede formularse sencillamente como una situación en la que 2 más 2 es igual a 5, o en la que el todo es mayor a la suma de las partes.

Estrategias

En el ejército se ha empleado tradicionalmente el término "estrategias" para designar los grandes planes resultantes de la deducción de las probables acciones u omisiones del enemigo. Pero a pesar de que el término "estrategia" sigue teniendo implicaciones competitivas, los administradores lo usan cada vez más para referirse a extensas áreas de la operación de una empresa. En este libro definimos **estrategia** *como la determinación de los objetivos básicos a largo plazo de una empresa y la adopción de los cursos de acción y la asignación de recursos necesarios para su cumplimiento.*

Políticas

Las **políticas** también forman parte de los planes en el sentido de que consisten en enunciados o criterios generales que orientan o encauzan el pensamiento en la toma de decisiones. No todas las políticas son "enunciados"; a menudo se desprenden sencillamente de las acciones de los administradores. El presidente de una compañía, por ejemplo, puede seguir rigurosamente (más por conveniencia que como una política propiamente dicha) la práctica de ascender a empleados de dentro de la empresa; esta práctica puede interpretarse como política y ser seguida celosamente por los subordinados. En realidad, uno de los problemas de los administradores es cerciorarse de que sus subordinados no interpreten como políticas lo que en verdad son decisiones administrativas menores no previstas para fungir como patrones de conducta.

PERSPECTIVA INTERNACIONAL

POLÍTICAS DE LIDERAZGO DE MERCADO[5]

Michael Treacy y Fred Wiersema señalan que los líderes del mercado deben sobresalir en al menos una de las tres siguientes disciplinas: 1) liderazgo operativo, 2) liderazgo de productos o 3) cercanía con el cliente. Una compañía debería destacar en una de estas áreas, pero difícilmente conseguirá hacerlo en las tres. Por excelencia operativa se entiende el suministro de un buen producto o servicio a bajo costo. En Estados Unidos, los almacenes Price/Costco, por ejemplo, ofrecen una limitada selección de productos pero mantienen precios bajos gracias a su efectividad y eficiencia operativa. De igual modo, Southwest Airlines es una línea aérea modesta con boletos de bajo precio. El *liderazgo de productos* puede ilustrarse con el desarrollo de un flujo de nuevos productos en forma más rápida que la conseguida por la competencia. Intel, por ejemplo, desarrolla microchips más sistemática y velozmente que sus grandes competidores, tales como Motorola, Texas Instruments, NEC, Toshiba y Hitachi. La *cercanía con el cliente* supone un estrecho seguimiento de los clientes para estar al tanto de sus metas y requerimientos. Así, una compañía se concentra en su totalidad en la atención de sus clientes, como lo muestra la estrecha relación entre Airborne Express y Xerox.

En las políticas se define un área dentro de la cual habrá de tomarse una decisión y se garantiza que ésta sea consistente con y contribuya a un objetivo. Las políticas ayudan a decidir asuntos antes de que se conviertan en problemas, vuelven innecesario el análisis de la misma situación cada vez que se presenta y unifican otros planes, permitiendo así a los administradores delegar autoridad sin perder el control de las acciones de sus subordinados.

Existen muchos tipos de políticas. Como ejemplo de ellas pueden mencionarse las políticas de contratación exclusiva de ingenieros con grado universitario, la promoción de sugerencias de los empleados para elevar la cooperación, el ascenso desde dentro, el estricto apego a un elevado estándar de ética empresarial, la fijación de precios competitivos y la insistencia en precios fijos, no basados en los costos.

Procedimientos

Los **procedimientos** son planes por medio de los cuales se establece un método para el manejo de actividades futuras. Consisten en secuencias cronológicas de las acciones requeridas. Son guías de acción, no de pensamiento, en las que se detalla la manera exacta en que deben realizarse ciertas actividades.

Es común que los procedimientos crucen las fronteras departamentales. Por ejemplo, el procedimiento de tramitación de pedidos de una compañía manufacturera involucrará casi indudablemente al departamento de ventas (a causa del pedido original), el departamento de finanzas (para la confirmación de la recepción de fondos y la aprobación de crédito al cliente), el departamento de contabilidad (para el registro de la transacción), el departamento de producción (dado que el pedido implica la producción de bienes o la autorización para extraerlos del almacén) y el departamento de tráfico (para la determinación de los medios y ruta de transporte para su entrega).

Bastarán un par de ejemplos para ilustrar la relación entre procedimientos y políticas. La política de una compañía puede conceder vacaciones a los empleados; en los procedimientos establecidos para la instrumentación de esta política se determinará un programa de vacaciones para evitar interrupciones en el flujo de trabajo, se fijarán métodos y tasas para el pago de vacaciones, se especificarán los registros para asegurar que todos los empleados gocen de vacaciones y se explicitarán los medios para solicitar vacaciones.

Reglas

En las **reglas** se exponen acciones u omisiones específicas, no sujetas a la discrecionalidad de cada persona.[6] Son por lo general el tipo de planes más simple. "No fumar" es una regla que no permite ninguna desviación respecto del curso de acción estipulado. La esencia de una regla es reflejar una decisión administrativa en cuanto a la obligada realización u omisión de una acción. Es preciso distinguir entre reglas y políticas. El propósito de las políticas es orientar la toma de decisiones mediante el señalamiento de las áreas en las que los administradores pueden actuar a discreción. Las reglas, en cambio, no permiten discrecionalidad alguna en su aplicación.

**PERSPECTIVA
INTERNACIONAL**

En ocasiones se fijan reglas y procedimientos como resultado de una imagen pública desfavorable. General Dynamics, uno de los contratistas de defensa más importantes de Estados Unidos, recibió acusaciones de comportamiento impropio.[7] Para no verse excluida de las licitaciones de contratos de defensa, tuvo que acceder al cumplimiento de una serie de reglas y procedimientos impuesta por el Departamento de Defensa.

Estos nuevos requisitos fueron diseñados para impedir el cambio de costos de un contrato a otro. Por ejemplo, los trabajadores tienen que preparar y firmar sus propias tarjetas de registro de inicio y fin de sus labores. El supervisor tiene que revisar cada tarjeta; si alguna de ellas ha sido llenada incorrectamente, el trabajador en cuestión debe hacer la corrección, la cual debe marcarse con las iniciales del trabajador y su jefe. El registro original no debe eliminarse, a fin de que pueda revisársele posteriormente. Asimismo, General Dynamics fue obligada a establecer rigurosas reglas para el cobro de gastos generales. No está permitido que los empleados reciban regalos, así se trate de una pluma o un calendario.

De esta manera, un cliente importante puede imponer reglas y procedimientos, los que en este caso no sólo son ejemplos de planeación, sino también de control, evidenciándose así la estrecha relación entre estas dos funciones.

Programas

Los **programas** son un conjunto de metas, políticas, procedimientos, reglas, asignaciones de tareas, pasos a seguir, recursos por emplear y otros elementos necesarios para llevar a cabo un curso de acción dado; habitualmente se apoyan en presupuestos. Pueden ser tan importantes como el programa de una línea aérea para la adquisición de una flota de aviones por un valor de 400 millones de dólares o un programa quinquenal en favor de mejores condiciones y mayor calidad de sus miles de supervisores, o tan menudos como un programa formulado por un solo supervisor para elevar la moral de los trabajadores del departamento de manufactura de partes de una compañía fabricante de maquinaria agrícola.

Un programa prioritario puede requerir de muchos programas de apoyo. En el caso de la línea aérea anteriormente mencionada, el programa para la inversión en nuevos aviones (el cual supone muchos millones de dólares para la compra de aeronaves y los repuestos necesarios) implica muchos programas de apoyo para el correcto uso de la inversión. Debe desarrollarse en detalle un programa para el mantenimiento y bases de operación de partes y componentes de repuesto. Se deben disponer instalaciones especiales de mantenimiento y capacitar a personal calificado para esta tarea. También se debe impartir capacitación a pilotos y mecánicos de vuelo, y en caso de que los nuevos aviones signifiquen una adición neta de horas de vuelo se debe reclutar personal de vuelo. Los itinerarios deben ser sometidos a revisión y se debe capacitar al personal de tierra en la atención de los nuevos aviones y sus itinerarios como resultado de la ampliación del servicio del sistema de la aerolínea a nuevas ciudades. En los programas publicitarios debe preverse la adecuada promoción del nuevo servicio. Deben hacerse planes para el financiamiento de los aviones y su cobertura de seguros.

Todos estos programas demandan coordinación y oportunidad, ya que una falla en cualquier parte de esta red de programas de apoyo representaría demoras en el programa principal y costos innecesarios, así como pérdida de utilidades.

Presupuestos

Un **presupuesto** es una formulación de resultados esperados expresada en términos numéricos. Podría llamársele un programa "en cifras". De hecho, al presupuesto financiero operacional se le denomina a menudo "plan de utilidades". Un presupuesto puede expresarse en términos financieros; en términos de horas-hombre, unidades de productos u horas-máquina, o en cualesquiera otros términos numéricamente medibles. Puede referirse a las operaciones, como en el caso del presupuesto de egresos; puede reflejar desembolsos de capital, como el presupuesto de inversiones de capital, o puede indicar el flujo de efectivo, como el presupuesto de efectivo.

Dado que los presupuestos también son instrumentos de control, reservaremos su explicación detallada para el capítulo 19, que trata de técnicas de control. Sin embargo, la elaboración de un presupuesto corresponde evidentemente a la planeación. El presupuesto es el instrumento de planeación fundamental de muchas compañías. Un presupuesto obliga a una empresa a realizar por adelantado (ya sea con una semana o 5 años de anticipación) una recopilación numérica de sus expectativas de flujo de efectivo, ingresos y egresos, desembolsos de capital o utilización de horas-hombre/máquina. El presupuesto es necesario para el control, pero será inútil como norma sensible de control si no es un reflejo fiel de los planes.

Pasos de la planeación

Los pasos prácticos que se enlistan a continuación, y que se describen gráficamente en la figura 4-2, son de aplicación general. En la práctica, sin embargo, es preciso estudiar la factibilidad de los posibles cursos de acción en cada etapa.

1.   Atención a las oportunidades

Aunque anterior a la planeación como tal y por lo tanto fuera del proceso de planeación en sentido estricto, la atención a las oportunidades* tanto en las condiciones externas

---

* En lugar de "oportunidades" podría emplearse el término "problemas". Sin embargo, una situación de desorden o confusión y la necesidad de una solución para el cumplimiento de una meta dada pueden concebirse más constructivamente si se les considera una oportunidad. Un exitoso y astuto director de empresa prohíbe que sus colegas hablen de problemas; sólo les está permitido hablar de oportunidades.

FIGURA 4-2

Pasos de la planeación.

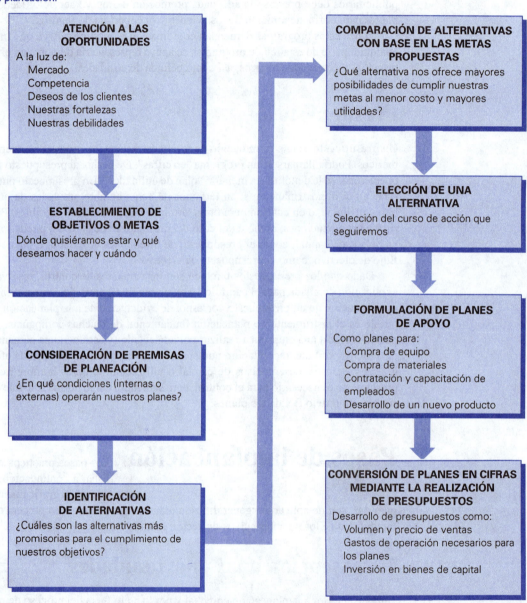

como dentro de la organización es el verdadero punto de partida de la planeación. Todos los administradores deben hacer un análisis preliminar de posibles oportunidades futuras y advertirlas clara y totalmente, identificar su posición a la luz de sus fortalezas y debilidades, determinar qué problemas desean resolver y por qué y especificar qué esperan ganar. El establecimiento de objetivos realistas depende de esta atención. La planeación requiere de un diagnóstico realista de las situaciones de oportunidad.

CONVERSIÓN DE PROBLEMAS EN OPORTUNIDADES EN IBM[8]

IBM ejemplifica un caso clásico de conversión de problemas en oportunidades. IBM es actualmente una de las empresas de computación estadunidenses más conocidas. Pero no siempre fue así. Los retos que le opusieron sus competidores en la década de los cincuenta amenazaron en efecto su sobrevivencia. La situación de IBM en ese entonces ilustra la posibilidad de convertir los problemas en oportunidades.

Cuando, en 1953, esta compañía vendió su primera computadora, su posición competitiva era más bien débil. Incluso aquella primera computadora se llamaba la "Univac de IBM", por su estrecha semejanza con Univac, creada por Remington Rand, compañía con entonces 4 años de ventaja en el campo. La Oficina de Censos de Estados Unidos, importante cliente, prefirió el equipo de Univac al de IBM. Con todo, a lo que más se temía era a las poderosas compañías General Electric (seis veces más grande que IBM) y RCA (dos veces mayor). Pero, como suele ocurrir, crisis y problemas se convirtieron en oportunidades. En una larga reunión, Thomas J. Watson, Jr., y sus principales colaboradores decidieron hacer de IBM una empresa triunfadora en el mercado comercial. A esta decisión le siguió el intenso trabajo de la fuerza de ventas (que para entonces sabía muy poco de computadoras), los expertos técnicos y el personal ejecutivo.

Si bien era probable que Univac poseyera la vanguardia competitiva en *hardware*, Watson creía que una sólida fuerza de ventas y experiencia en sistemas eran decisivas para el éxito. La satisfacción y el servicio al cliente se convirtieron en pilares esenciales del posterior éxito de IBM. Si la competencia hubiera tomado la previsión de reclutar personal clave de IBM, esta compañía se habría visto en problemas. Cuando IBM lanzó finalmente el Sistema 360, éste se convirtió en la norma de los principales clientes. Todo lo demás acerca del éxito de IBM ya es historia, lo que demuestra que una compañía con debilidades (*hardware*, tamaño) frente a las amenazas de fuertes competidores (Remington Rand, GE, RCA) puede fincarse en sus fortalezas (visión, servicio, ventas) para alcanzar el éxito.

IBM gozó de éxito en la década de los ochenta, pero también se volvió arrogante, insensible y distante de sus clientes, lo que derivó en dificultades a principios de los años noventa. Sin embargo, esto comenzó a cambiar cuando Louis V. Gerstner, Jr., asumió la presidencia y dirección general de la empresa, en 1993. Gerstner se percató de que el secreto del éxito para la compañía no estribaba necesariamente en una tecnología extraordinaria, la ágil comercialización o una drástica reducción de precios. Fijó su atención en cambio en escuchar a los clientes, conocer sus necesidades y encontrar la manera de satisfacerlas. ¿Elemental? Sí, pero quizá ésta sea la clave para el éxito de la empresa. En 1996 IBM había andado ya un largo camino, pero seguía enfrentando retos como el acortamiento de los ciclos de los productos, especialmente en computadores personales y *software* para Internet. Resentía asimismo la necesidad de mejoras en *software* y mantenimiento de macrocomputadoras, almacenamiento en disco duro de macrocomputadoras y servidores de PC. Pero todo indica que, bajo el liderazgo de Gerstner, IBM ha vuelto a sortear los obstáculos que se le presentaban y recuperado el respeto de sus clientes.

2.   Establecimiento de objetivos

El segundo paso de la planeación es establecer objetivos para toda la empresa, y posteriormente para cada una de las unidades de trabajo subordinadas. Esto debe hacerse tanto para el largo como para el corto plazos. En los objetivos se especifican los resultados esperados y se indican los puntos terminales de lo que debe hacerse, en qué se hará mayor énfasis y qué se cumplirá por medio del entrelazamiento de estrategias, políticas, procedimientos, reglas, presupuestos y programas.

Los objetivos de una empresa orientan los planes principales, los que, al reflejar esos objetivos, definen el objetivo de cada uno de los departamentos más importantes. Los objetivos de los departamentos principales controlan a su vez los objetivos de los departamentos subordinados, y así sucesivamente. En otras palabras, los objetivos forman una jerarquía. Los objetivos de los departamentos menores serán más precisos si los administradores de subdivisiones comprenden los objetivos generales de la empresa y las metas que se derivan de ellos. Asimismo, a los administradores se les debe dar la oportunidad de contribuir con ideas propias al establecimiento tanto de sus metas como de las de la empresa.

3.   Desarrollo de premisas

El tercer paso lógico de la planeación es establecer, poner en circulación y obtener la aceptación de utilizar premisas decisivas de la planeación como pronósticos, políticas básicas aplicables y los planes ya existentes de la compañía. Se trata en todos estos casos de supuestos acerca de las condiciones en las que el plan será puesto en práctica. Es importante que todos los administradores involucrados en la planeación estén de acuerdo con las premisas. Más aún, el más importante **principio de premisas de planeación** es éste: *cuanto mejor comprendan y mayor sea el acuerdo entre los individuos encargados de la planeación respecto de la utilización de premisas de planeación congruentes, tanto más coordinada será la planeación de una empresa.*

Los pronósticos son importantes en el desarrollo de premisas: ¿qué tipo de mercados habrá? ¿Cuál será el volumen de ventas? ¿Cuáles serán los precios? ¿Cuáles los productos? ¿Cuáles los adelantos técnicos? ¿Los costos? ¿Los índices salariales? ¿Las tasas y políticas fiscales? ¿Las nuevas plantas? ¿Las políticas sobre dividendos? ¿Las condiciones políticas y sociales? ¿Cómo se financiará la expansión? ¿Cuáles serán las tendencias a largo plazo?

4.   Determinación de cursos alternativos

El cuarto paso de la planeación es buscar y examinar cursos de acción alternativos, especialmente los que no son perceptibles a primera vista. Casi no hay plan para el que no existan alternativas razonables, y es frecuente que la alternativa menos obvia sea la mejor.

El problema más común no es encontrar alternativas, sino reducir su número a fin de analizar las más promisorias. Aun contando con técnicas matemáticas y computadoras, hay un límite al número de alternativas susceptibles de un análisis exhaustivo. Usualmente, el planificador debe proceder a un examen preliminar para descubrir las posibilidades más fructíferas.

5.   Evaluación de cursos alternativos

Tras la búsqueda de cursos alternativos y el examen de sus ventajas y desventajas, el siguiente paso es evaluar las alternativas ponderándolas a la luz de premisas y metas. Puede ocurrir que cierto curso de acción parezca el más rentable, pero que requiera al mismo tiempo un gran desembolso de capital y ofrezca un prolongado periodo de recuperación; otro puede parecer menos redituable pero implicar menor riesgo, y otro más puede convenir mejor a los objetivos a largo plazo de la compañía.

En casi toda situación se dispone de tantos cursos alternativos y son tantas las variables y limitaciones por considerar que la evaluación puede resultar extremadamente difícil. Por motivo de estas complejidades, en los capítulos 19 y 20 se exponen las metodologías, aplicaciones y análisis más recientes al respecto.

6.   Selección de un curso de acción

Éste es el punto en el que se adopta el plan, el verdadero punto de toma de la decisión. Ocasionalmente, el análisis y evaluación de cursos alternativos revelará que dos o más son aconsejables, de modo que el administrador puede optar por seguir varios cursos de acción en lugar de uno solo, el mejor.

7.   Formulación de planes derivados

Es raro que, una vez tomada la decisión, la planeación pueda darse por concluida, pues lo indicado es dar un séptimo paso. Casi invariablemente se requiere de planes derivados en apoyo al plan básico.

8.   Traslado de planes a cifras por medio de la presupuestación

Después de tomadas las decisiones y establecidos los planes, el último paso para dotarlos de significado, tal como se señaló en la explicación sobre los diversos tipos de planes, es trasladarlos a cifras convirtiéndolos en presupuestos. Los presupuestos generales de una empresa representan la suma total de sus ingresos y egresos, con sus utilidades o superávit resultantes, y de los presupuestos de las partidas de balance general más importantes, como efectivo e inversiones de capital. Cada departamento o programa de una

APLICACIÓN DE LOS PASOS DE LA PLANEACIÓN A LA PREPARACIÓN PARA LA UNIVERSIDAD

Los pasos que acaban de exponerse pueden aplicarse a casi todas las situaciones de planeación. Probablemente los estudiantes del bachillerato los sigan hasta cierto punto en la planeación de sus estudios universitarios. En primer término, están atentos a las oportunidades de asistir a la universidad y a las derivadas de una educación universitaria. Después fijan objetivos en diversas áreas, como la de estudio y la obtención de un título en 3 años. Asimismo, desarrollan premisas de planeación. De este modo, pueden partir del supuesto de que dispongan de una beca o de que deben trabajar mientras estudian. Algunos estudiantes pueden suponer que desean permanecer en la misma ciudad o estado, mientras que otros pueden desear estudiar en otra parte. Cada una de estas situaciones suele presentar varias alternativas, las cuales deben evaluarse detenidamente. Así, los estudiantes pueden evaluar las ventajas y desventajas de presentar su solicitud de admisión en diferentes escuelas. Luego de recibir varias cartas de aceptación, deben seleccionar la universidad más adecuada. Éste es un punto de decisión importante. Una vez hecha la elección, deben formular planes derivados, lo cual puede suponer la selección del lugar donde vivirán, el traslado a una nueva localidad o la búsqueda de un empleo cerca de la universidad. Después, los estudiantes deben convertir sus planes en cifras; es decir, en presupuestos, los cuales pueden referirse a colegiaturas, costos de traslado y vivienda, gastos en ropa y diversiones, etcétera.

Estos pasos no siguen siempre la misma secuencia. Al evaluar los cursos alternativos, por ejemplo, quizá sea necesario retroceder y formular nuevos supuestos para las diversas alternativas. O bien, se pueden desarrollar diferentes cursos de acción sobre la base de diferentes supuestos. Un curso de acción puede basarse en el supuesto de obtención de una beca y otro en la premisa de que se tendrá que trabajar a lo largo de los estudios universitarios. Es evidente entonces que la planeación no es un proceso lineal, sino repetitivo.

empresa comercial o de cualquier otro tipo puede tener su propio presupuesto, por lo común de egresos e inversiones de capital, los cuales deben estar en relación con el presupuesto general.

Si se les elabora correctamente, los presupuestos constituyen un medio para la combinación de los diversos planes y fijan importantes estándares contra los cuales medir los progresos en los planes. Los presupuestos serán explicados en relación con el control administrativo en el capítulo 19.

Coordinación de planes a corto y largo plazos

Es frecuente que se elaboren planes a corto plazo sin referencia alguna a planes a largo plazo. Esto es definitivamente un grave error. Nunca se insistirá lo suficiente en la importancia de integrar ambos tipos de planes, de manera que jamás debería elaborarse un plan a corto plazo que no contribuya al cumplimiento del correspondiente plan a largo plazo. Las decisiones acerca de situaciones inmediatas en las que no se consideran los efectos sobre objetivos más distantes suelen implicar gran desperdicio.

Los administradores responsables deben repasar y revisar continuamente sus decisiones inmediatas para determinar si contribuyen a programas a largo plazo, en tanto que los administradores subordinados deben ser regularmente informados sobre los planes a largo plazo a fin de que puedan tomar decisiones congruentes con las metas a largo plazo de la compañía. Proceder de esta manera es mucho más sencillo que corregir inconsistencias, debido especialmente a que compromisos a corto plazo tienden a conducir a nuevos compromisos en la misma dirección.

Objetivos

Los **objetivos** fueron definidos anteriormente como los importantes fines a los que se dirigen las actividades organizacionales e individuales. Dado que autores y especialistas no hacen una distinción clara entre los términos "metas" y "objetivos", se les usa indistintamente en este libro. En el contexto de nuestras explicaciones saltará a la vista si son de largo o corto plazos, generales o específicos. Así pues, el acento debe ponerse en que se trate de objetivos **verificables** o cuantificables; esto es, al final del periodo debe ser posible determinar si el objetivo se cumplió o no. La meta de todo administrador es generar un excedente (lo que en la organización empresarial significa utilidades). Los objetivos claros y verificables facilitan la medición del excedente, así como de la eficacia y eficiencia de las acciones administrativas.

Naturaleza de los objetivos

En los objetivos se enuncian resultados finales, y los objetivos generales deben apoyarse en subobjetivos. Así, los objetivos componen tanto una jerarquía como una red. Además, organizaciones y administradores tienen múltiples metas, las que en ocasiones son in-

PERSPECTIVA

LAS ÁREAS DE RESULTADOS CLAVE SEGÚN DRUCKER

Aunque no prevalece un acuerdo total acerca de cuáles debieran ser las áreas de resultados clave de una empresa (las que, por tanto, pueden diferir de una empresa a otra), Peter F. Drucker indica como tales a las siguientes: posición de mercado, innovación, productividad, recursos físicos y financieros, rentabilidad, desempeño y desarrollo de los administradores, desempeño y actitud de los trabajadores y responsabilidad pública.[9] No obstante, en fechas más recientes han cobrado importancia estratégica otras dos áreas de resultados clave: servicio y calidad. Se abordarán estos temas en secciones posteriores de este libro.

compatibles y pueden generar conflictos en la organización, el grupo e incluso en indivi-duos. Un administrador puede verse en la necesidad de optar entre el desempeño a corto y largo plazos, y puede ser que los intereses personales deban subordinarse a los objeti-vos organizacionales.

JERARQUÍA DE OBJETIVOS   Como se muestra en la figura 4-3, los objetivos forman una jerarquía, que va desde el propósito general hasta los objetivos individuales específicos. El punto más alto de la jerarquía es el propósito, el cual tiene dos dimensio-nes. Primero, existe el propósito de la sociedad, como el de requerir de la organización que contribuya al bienestar colectivo proporcionando bienes y servicios a un costo razo-nable. Segundo, existe la misión o propósito de la empresa, la cual podría ser suministrar transporte cómodo y de bajo costo a las personas promedio. La misión expresa podría ser producir, comercializar y dar servicio a automóviles. Como lo advertirá usted en su momento, la distinción entre propósito y misión es muy sutil, motivo por el cual nume-rosos autores y especialistas no hacen diferencias entre ambos términos. De cualquier forma, estas intenciones se traducen a su vez en objetivos y estrategias generales (de las que nos ocuparemos en el siguiente capítulo), como diseñar, producir y comercializar automóviles confiables, de bajo costo y de uso eficiente de combustible.

El siguiente nivel de la jerarquía contiene objetivos más específicos, como los de las **áreas de resultados clave**. Éstas son las áreas cuyo desempeño es esencial para el éxito de la empresa.

He aquí algunos ejemplos de objetivos de áreas de resultados clave: obtener un rendimiento sobre la inversión de 10% al término del año calendario de 1998 (rentabili-dad); incrementar el número de unidades del producto X en 7% sin un incremento en los costos ni una reducción del nivel actual de calidad para el 30 de junio de 1998 (produc-tividad).

Los objetivos deben traducirse adicionalmente en objetivos por división, departa-mento y unidad hasta el nivel inferior de la organización.

PROCESO DE ESTABLECIMIENTO DE OBJETIVOS Y JERARQUÍA ORGANIZACIONAL[10]   Tal como se muestra en la figura 4-3, los administradores de los diferentes niveles de la jerarquía organizacional se ocupan de diferentes tipos de objetivos. El consejo de administración y los administradores de más alto rango partici-pan más directamente en la determinación del propósito, misión y objetivos generales de la empresa, así como de los objetivos generales más específicos de las áreas de resulta-dos clave. Los administradores de nivel intermedio, como el vicepresidente o el gerente de comercialización o producción, participan en el establecimiento de los objetivos de áreas de resultados clave, divisiones y departamentos. El interés básico de los adminis-tradores de nivel inferior es el establecimiento de los objetivos de departamentos y uni-dades, así como de sus subordinados. Aunque los objetivos individuales, consistentes en metas de desempeño y desarrollo, aparecen al final de la jerarquía, también los adminis-tradores de niveles más altos deben fijarse objetivos de desempeño y desarrollo.

Existen diferentes opiniones acerca de si una organización debe emplear los méto-dos descendente o ascendente en el establecimiento de objetivos, señalados por las fle-chas de la figura 4-3. De acuerdo con el método descendente, los administradores de los niveles superiores determinan los objetivos de sus subordinados, mientras que de acuer-

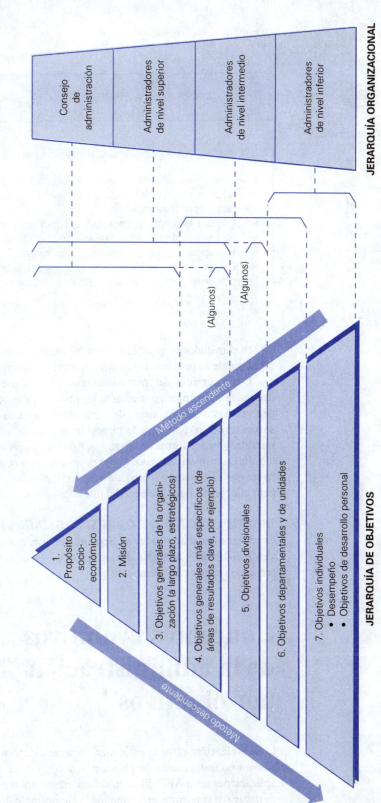

FIGURA 4-3

Relación entre la jerarquía de objetivos y la organizacional.

JERARQUÍA DE OBJETIVOS

1. Propósito socio-económico
2. Misión
3. Objetivos generales de la organización (a largo plazo, estratégicos)
4. Objetivos generales más específicos (de áreas de resultados clave, por ejemplo)
5. Objetivos divisionales
6. Objetivos departamentales y de unidades
7. Objetivos individuales
   • Desempeño
   • Objetivos de desarrollo personal

Método descendente

Método ascendente

JERARQUÍA ORGANIZACIONAL

Consejo de administración

Administradores de nivel superior

Administradores de nivel intermedio

Administradores de nivel inferior

(Algunos)

(Algunos)

Adaptado de H. Weihrich y J. Mendleson, *Management: An MBO Approach* (Dubuque, Iowa; Wm. C. Brown Co., 1978), p. xi. Reproducido con autorización.

OBJETIVOS GENERALES DE UNA UNIVERSIDAD

Los objetivos generales de una universidad podrían ser los siguientes:

• Atraer a estudiantes altamente calificados
• Ofrecer conocimientos básicos de las artes y las ciencias, así como de ciertos campos profesionales
• Otorgar el grado de doctorado a candidatos calificados
• Atraer a profesores de elevado prestigio
• Descubrir y organizar nuevos conocimientos por medio de la investigación
• Operar como institución educativa privada con base principalmente en las colegiaturas y en donativos de ex alumnos y amigos

do con el método ascendente son los subordinados quienes inician el establecimiento de objetivos de su puesto y los presentan a sus superiores.

Los defensores del método descendente sostienen que la organización en su totalidad precisa de dirección mediante los objetivos empresariales dispuestos por el director general (junto con el consejo de administración). Los defensores del método ascendente sostienen por su parte que la dirección general debe recibir información de los niveles inferiores bajo la forma de objetivos. Además, es probable que los subordinados se sientan altamente motivados por metas propuestas por ellos, y que por lo tanto su compromiso sea mayor. Nuestra experiencia personal indica la subutilización del método ascendente, pero también la insuficiencia del uso exclusivo de cualquiera de ambos métodos.

MULTIPLICIDAD DE OBJETIVOS   Afirmar que la misión de una universidad es educar e investigar no basta. Sería mucho más exacto (aunque de cualquier manera no verificable) hacer una lista de sus objetivos generales semejante a la que aparece en el recuadro superior de "Perspectiva".

Conceptos evolutivos de la administración por objetivos[11]

La administración por objetivos (APO) se practica actualmente en el mundo entero. Sin embargo, a pesar de sus amplias aplicaciones, no siempre resulta claro qué se entiende por APO. Hay quienes siguen concibiéndola como un instrumento de evaluación; otros la entienden como una técnica motivacional, y otros más la consideran un instrumento de planeación y control. En otras palabras, las definiciones y aplicaciones de la APO difieren enormemente entre sí, motivo por el cual es importante destacar sus conceptos en evolución.[12] No obstante, lo primero es definirla. Tal como la concebimos nosotros, la **administración por objetivos** es *un sistema administrativo integral en el que se combinan en forma sistemática muchas actividades administrativas básicas y el cual persigue deliberadamente el cumplimiento eficaz y eficiente de los objetivos organizacionales e individuales*. Esta visión de la APO como sistema de administración no es objeto de la aceptación generalizada. Hay quienes la siguen definiendo en forma muy estrecha y limitada.

Inicios de la APO

Ninguna persona en particular puede designarse como originadora de un método que enfatiza los objetivos. El sentido común le ha indicado a la gente desde hace siglos que grupos e individuos esperan obtener algunos resultados finales. Sin embargo, ciertos individuos han hecho énfasis desde hace mucho tiempo en la administración por objetivos, con lo que han acelerado el desarrollo de ésta como proceso sistemático.

Uno de ellos es Peter F. Drucker.[13] En 1954 Drucker fungió como catalizador al insistir en la necesidad de establecer objetivos en todas las áreas cuyo desempeño afecta a la salud de una empresa. Sentó así las bases de una filosofía con énfasis en el autocontrol y la autodirección. Hacia la misma época, si no es que antes, la General Electric Company aplicaba elementos de la APO en sus esfuerzos de reorganización en pro de la descentralización de la toma de decisiones administrativas. Esta compañía instrumentó tal filosofía de evaluación identificando áreas de resultados clave y emprendiendo importantes investigaciones sobre la medición del desempeño.

Énfasis en la evaluación de desempeño

En un artículo ya clásico publicado en la *Harvard Business Review* en 1957, Douglas McGregor (quien habría de hacer destacadas aportaciones a las ciencias de la conducta) criticó los programas de evaluación tradicionales centrados en criterios de rasgos de personalidad para la evaluación de los subordinados.[14] De acuerdo con el método tradicional, los administradores deben juzgar la valía personal de los subordinados. McGregor propuso en cambio un nuevo método de evaluación, basado en el concepto de administración por objetivos de Drucker. Específicamente, los subordinados asumen la responsabilidad de establecer sus propios objetivos a corto plazo, los cuales revisan después con sus superiores. Éstos tienen por supuesto poder de veto sobre esos objetivos, el cual, sin embargo, difícilmente tendrá que usarse en las condiciones adecuadas.

Posteriormente, el desempeño se evalúa en comparación con los objetivos, actividad que recae fundamentalmente en los propios subordinados. En el contexto de este nuevo método, el cual alienta la autoevaluación y el desarrollo personal, se hace énfasis justamente donde corresponde: en el desempeño, no en la personalidad. Actuando en calidad de asesor, el administrador incita la participación activa de los subordinados en el proceso de evaluación, lo que genera mayor compromiso y hace surgir un ambiente de motivación.

ADMINISTRACIÓN POR OBJETIVOS EN 3M

La mundialmente famosa empresa 3M aplica el sistema de administración por objetivos en cualquier parte donde se encuentren sus plantas, éste es el caso de 3M en Latinoamérica. Los superiores formulan junto con sus subordinados, asesorándolos, los objetivos particulares que han de perseguirse durante el siguiente año para contribuir al logro de los objetivos generales. El subordinado debe presentar los objetivos que corresponden a sus actividades, considerando en ellos la contribución a los objetivos generales de su área y responsabilizándose por lograr los que se ha fijado para sí mismo. Una vez que superiores y subordinados se han puesto de acuerdo sobre los objetivos a alcanzarse, se sucederán revisiones periódicas para evaluar el grado de avance, siendo éste en última instancia la base principal para evaluar el desempeño del subordinado.

Énfasis en objetivos a corto plazo y motivación

Investigadores, consultores y especialistas han reconocido desde hace mucho tiempo la importancia del establecimiento de metas individuales. En los estudios precursores de la Universidad de Maryland se comprobó que el desempeño se incrementaba más cuando la gente disponía de objetivos específicos que cuando sencillamente se le pedía hacer su mejor esfuerzo.[15] Más aún, altos niveles de intencionalidad se asociaban con altos niveles de desempeño.[16] Aunque el establecimiento de metas no es el único factor de la motivación de los empleados, es sin duda un factor importante (otros son los incentivos, la participación y la autonomía).[17] Ciertamente, el establecimiento de metas como técnica motivacional no se restringe a las empresas privadas, pues también es útil en las organizaciones públicas. La vaguedad general que impera en los objetivos de numerosos organismos públicos representa todo un desafío para los administradores, pero existen evidencias de que este desafío puede vencerse.[18]

Inclusión de la planeación a largo plazo en el proceso de la APO

La atención de los programas de APO que subrayan la evaluación de desempeño y la motivación tiende a centrarse en objetivos a corto plazo. Desafortunadamente, esta orientación puede resultar en un comportamiento administrativo indeseable. Por ejemplo, un gerente de producción interesado en reducir los costos de mantenimiento puede incurrir en el descuido de los gastos necesarios para la conservación de la maquinaria en buen estado. Quizá las fallas de la maquinaria no resulten evidentes en un primer momento, pero pueden resultar después en costosas reparaciones. Con el propósito de exhibir un elevado rendimiento de la inversión en un año dado, se corre el riesgo de restar importancia al cultivo de buenas relaciones con los clientes. Asimismo, un administrador puede evitar invertir en nuevos productos cuya contribución a las utilidades tardaría varios años en comprobarse. Frente a estas deficiencias, en la actualidad muchas organizaciones incluyen en sus programas de APO la planeación a largo plazo y estratégica.

El enfoque de sistemas de la APO

La administración por objetivos ha sufrido muchos cambios; se le ha empleado en evaluaciones de desempeño, como instrumento para la motivación de los individuos y, más recientemente, en la planeación estratégica. Sin embargo, al proceso de la APO pueden integrarse otros subsistemas administrativos, entre los que están el diseño de estructuras organizacionales, la administración de portafolios de negocios, el desarrollo de la administración, el desarrollo profesional, los programas de compensaciones y la presupuestación. Estas diversas actividades administrativas deben integrarse a un sistema. Para decirlo brevemente, a fin de que resulte efectiva la APO debe considerarse un modo de administración, no una adición a las labores administrativas.[19]

El proceso de la administración por objetivos

La importancia práctica de los objetivos en la administración se advertirá mejor por medio de un conciso compendio del exitoso funcionamiento de la administración por objetivos en la práctica.[20] En la figura 4-4 se describe gráficamente este proceso. En condiciones ideales, el proceso se inicia en la cima de una organización y cuenta con el apoyo activo del director general, quien orienta los esfuerzos de la organización. Aun así, no es esencial que el establecimiento de objetivos parta de la cima. En realidad puede comenzar al nivel divisional, del gerente de comercialización o aun en un nivel inferior. En cierta compañía, por ejemplo, el sistema fue puesto en marcha en una división, en la que se le hizo llegar hasta el nivel de supervisión más bajo mediante una red entrelazada de metas. Bajo el liderazgo y la tutela personal del gerente de la división, este proyecto tuvo éxito en las áreas de rentabilidad, reducción de costos y mejoras en las operaciones. Muy pronto, otros gerentes divisionales y el director general de la compañía se interesaron en él y procedieron a instrumentar programas similares. En otro caso, el coordinador de una sección de contabilidad desarrolló un sistema para su grupo de trabajo; su éxito no sólo le valió reconocimiento (y un ascenso), sino que también sirvió como punto de partida para la aplicación de un programa de esta índole en toda la compañía.

Como en todos los demás tipos de planeación, una de las necesidades decisivas de la APO es el desarrollo y difusión de premisas de planeación congruentes. No puede esperarse que un administrador fije metas o establezca presupuestos sin contar con puntos de referencia.

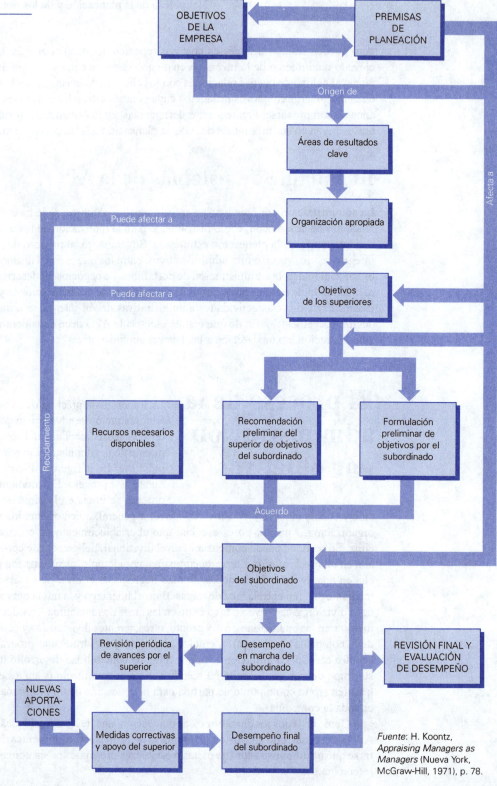

Fuente: H. Koontz, *Appraising Managers as Managers* (Nueva York, McGraw-Hill, 1971), p. 78.

Establecimiento de objetivos preliminares en la cima

Dadas las premisas de planeación adecuadas, el primer paso del establecimiento de objetivos es que el director general determine lo que considera como propósito o misión de la empresa y las metas más importantes de ésta para cierto periodo futuro. El periodo de vigencia de las metas puede ser de cualquier clase: un trimestre, un año, 5 años o cualquier otro acorde con las circunstancias.

Las metas fijadas por la dirección general son de carácter preliminar, y deben basarse en un análisis y juicio de lo que la organización puede y debe realizar en cierto periodo. Esto supone considerar las fortalezas y debilidades de la compañía frente a las oportunidades y amenazas perceptibles. Estas metas deben entenderse como puramente tentativas y sujetarse a las modificaciones que puedan resultar de la elaboración del conjunto entero de objetivos verificables por parte de los subordinados. No suele ser recomendable imponer objetivos a éstos, porque la imposición difícilmente puede dar lugar al compromiso. La mayoría de los administradores comprueban asimismo que el proceso de determinación de metas con los subordinados permite advertir problemas y oportunidades que de otro modo les pasarían desapercibidos.

Al fijar objetivos, el administrador también establece medidas de cumplimiento de las metas. Si se desarrollan objetivos verificables, estas medidas (ya sea bajo la forma de montos monetarios de ventas, utilidades, porcentajes, niveles de costos o ejecución de programas) normalmente se incorporarán a los objetivos.

Precisión de las funciones organizacionales

La relación entre resultados esperados y la responsabilidad de alcanzarlos es frecuentemente ignorada. En condiciones ideales, la responsabilidad de cada meta y submeta debe recaer en una persona específica. No obstante, el análisis de una estructura organizacional suele revelar vaguedad en las responsabilidades y por tanto la necesidad de precisiones o reorganización. A veces es imposible estructurar una organización como para que un objetivo dado sea responsabilidad personal de un individuo. En el establecimiento de metas para el lanzamiento de un nuevo producto, por ejemplo, los gerentes de investigación, comercialización y producción deben coordinar cuidadosamente sus actividades. Sus diversas funciones pueden centralizarse en un gerente de producto. Si esto no es deseable, al menos deben identificarse claramente las partes específicas de la contribución al programa de cada uno de los administradores en coordinación.

Establecimiento de objetivos de los subordinados

Tras confirmar que los administradores subordinados han sido informados de los objetivos generales, estrategias y premisas de planeación pertinentes, los superiores pueden

ESTABLECIMIENTO DE OBJETIVOS EN CHRYSLER

Al inicio de cada trimestre, Lee Iacocca, ex director general de Chrysler Corporation, se reunía con todos sus subordinados directos. Juntos discutían planes y objetivos hasta obtener el acuerdo de todos. Estos acuerdos se consignaban en calidad de objetivos verificables para el trimestre siguiente. Los subordinados disponían de amplia libertad en la prosecución de sus propósitos. Claro que los medios para la obtención de resultados debían ser éticos y acordes con las políticas de la compañía. En el curso del trimestre los subordinados podían recurrir a Iacocca en busca de ayuda, consejo y asesoría. En la siguiente reunión trimestral se medía el desempeño en comparación con los objetivos establecidos y cada persona daba cuenta de su rendimiento. Gracias a este método, Lee Iacocca anticipaba claramente a sus subordinados aquello en lo que podían contribuir mientras que, a su vez, éstos conocían lo que se esperaba de ellos.

proceder al establecimiento de los objetivos de los subordinados con la participación de éstos. Los administradores de nivel superior preguntan entonces a los subordinados qué metas creen ser capaces de cumplir, en cuánto tiempo y con cuáles recursos. A continuación, los subordinados exponen ideas preliminares sobre las metas que consideran factibles para la compañía o el departamento, vinculándolos con los objetivos generales.

El papel de los superiores es extremadamente importante en este punto. Entre las preguntas que deben plantear están las siguientes: "¿En qué puede contribuir usted? ¿Qué mejoras podemos realizar en sus operaciones a fin de que favorezcan a las mías? ¿Qué obstáculos se le presentan, qué obstrucciones le impiden alcanzar un mayor nivel de desempeño? ¿Qué cambios podemos hacer? ¿En qué forma puedo ayudarle?" Es sorprendente la cantidad de cosas que pueden identificarse como probables obstáculos al desempeño y las muchas ideas constructivas que pueden extraerse de la experiencia y conocimientos de los subordinados.

Los superiores deben ser asimismo pacientes asesores, y ayudar a sus subordinados a desarrollar objetivos congruentes y cooperativos y no imposibles de alcanzar. Es parte de la naturaleza humana creer que en un año puede lograrse cualquier cosa, mas no así cuando el término para lograrlo es la siguiente semana. Y justamente una de las cosas que pueden debilitar un programa de administración por objetivos es permitir que los administradores establezcan objetivos poco realistas.

Al mismo tiempo, hacer que los subordinados se fijen objetivos no significa que cada quien pueda hacer lo que le plazca. Los superiores deben escuchar a sus subordinados y trabajar con ellos, pero en definitiva les corresponde asumir la responsabilidad de aprobar o no los objetivos de éstos. El juicio y la aprobación final de un superior deben basarse en lo razonablemente alcanzable con "jalones" y "estirones", lo verdaderamente útil para los objetivos de más alto nivel, lo congruente con los objetivos de otros administradores con otras funciones y lo consistente con los objetivos e intereses a largo plazo del departamento y la compañía.

Una de las mayores ventajas de la cuidadosa preparación de una red de objetivos verificables, y requisito indispensable para su efectiva aplicación, tiene que ver con la simultánea necesidad de capital, materiales y recursos humanos. Todos los administradores de todos los niveles requieren de estos recursos para cumplir sus objetivos. Mediante el relacionamiento de estos recursos con las metas mismas, los superiores pueden percibir mejor la manera más efectiva y económica de asignarlos. Esto permite evitar la pesadilla de todo administrador de alto nivel: que sus subordinados tengan que "regatear" recursos a causa de la necesidad de "otro" técnico o mecánico o de "otra" pieza de equipo, solicitudes que les resulta fácil "vender" a sus jefes y a las que difícilmente éstos pueden rehusarse.

Reciclamiento de objetivos

El establecimiento de objetivos difícilmente puede reducirse a su inicial determinación en la cumbre para su posterior distribución entre subordinados. Pero tampoco el proceso puede comenzar llanamente desde abajo. Lo que se requiere es más bien cierto grado de reciclamiento, representado por las flechas de las figuras 4-3 y 4-4. Los administradores de alto nivel pueden tener una idea aproximada de cuáles deberían ser los objetivos de sus subordinados, pero es casi indudable que estas metas preconcebidas cambiarán al considerar las contribuciones de los subordinados. De este modo, el establecimiento de objetivos es no sólo un proceso conjunto, sino también interactivo. Un gerente de ventas, por ejemplo, puede establecer una meta realista de ventas de productos muy superior a la juzgada posible por la dirección general. En este caso seguramente se verán afectadas las metas de los departamentos de producción y finanzas.

Cómo establecer objetivos

Sin objetivos claros, la administración sería obra del azar. Individuos y grupos no pueden esperar desempeñarse eficaz y eficientemente sin un propósito claro. En la tabla 4-1 se ilustran algunos objetivos y la manera en que puede reformulárseles en función de su medición.

Objetivos cuantitativos y cualitativos[21]

Para ser medibles, los objetivos deben ser verificables. Esto significa que se debe estar en condiciones de responder a la siguiente pregunta: "¿Cómo puedo saber al final del periodo si el objetivo se cumplió?" Por ejemplo, el objetivo de obtener utilidades razonables sólo puede indicar, en el mejor de los casos, si la compañía incurrió en pérdidas o ganancias (véase tabla 4-1). Sin embargo, en él no se especifica el monto de utilidades por obtener. De la misma manera, lo que es razonable para el subordinado puede no ser

TABLA 4-1

Ejemplos de objetivos no verificables y verificables.

Objetivos no verificables	Objetivos verificables
1. Obtener utilidades razonables	**1.** Obtener un rendimiento sobre la inversión del 12% al término del año fiscal en curso
2. Mejorar la comunicación	**2.** Publicar un boletín mensual de dos páginas a partir del 1o. de julio de 1998 que implique no más de 40 horas de trabajo de tiempo de preparación (tras el primer número)
3. Elevar la productividad del departamento de producción	**3.** Incrementar la producción en 5% para el 31 de diciembre de 1998, sin costos adicionales y manteniendo el nivel actual de calidad
4. Desarrollar mejores administradores	**4.** Diseñar e impartir un curso interno de fundamentos de administración de 40 horas de duración por concluir el 1o. de octubre de 1998 que implique no más de 200 horas de trabajo para el personal de desarrollo administrativo y con la aprobación del examen (especificado) por al menos 90% de los administradores
5. Instalar un sistema de cómputo	**5.** Instalar un sistema de control computarizado en el departamento de producción para el 31 de diciembre de 1998 que requiera no más de 500 horas de trabajo de análisis de sistemas y que opere con no más de 10% de tiempo de falla durante los 3 primeros meses ni más de 2% en adelante

del todo aceptable para el superior. En caso de un desacuerdo de este tipo, es el subordinado, por supuesto, quien perdería la partida. Por el contrario, un rendimiento de inversión de 12% al término del año fiscal en curso es algo susceptible de ser medido; con este objetivo se responde a las preguntas "¿Cuánto o qué?" y "¿Cuándo?"

A veces es más difícil formular resultados en términos verificables, sobre todo en el caso del personal ejecutivo o del gobierno. Por ejemplo, instalar un sistema de cómputo es una tarea importante, pero "instalar un sistema de cómputo" no es un objetivo verificable. Supongamos en cambio que el objetivo es "instalar un sistema de control computarizado (con ciertas especificaciones) en el departamento de producción para el 31 de diciembre de 1998 con un gasto no superior a 500 horas de trabajo". El cumplimiento de esta meta sí puede medirse. Además, en este caso también puede especificarse la calidad, en términos de fallas de las computadoras.

Pautas para el establecimiento de objetivos

Establecer objetivos es sin duda una tarea difícil. En ella se requiere tanto de asesoría inteligente del superior como de la extensa práctica del subordinado. Las pautas que aparecen en la tabla 4-2 son de utilidad para los administradores en el establecimiento de objetivos.

La lista de objetivos no debe ser muy larga, aunque debe contener las características básicas del puesto. Como se ha enfatizado insistentemente en este capítulo, los objetivos deben ser verificables, y en ellos se debe explicitar qué hacer y cuándo. De ser posible, también deben indicarse la calidad deseada y los costos proyectados del cumplimiento de los objetivos. Además, éstos deben representar un reto, indicar prioridades y promover el crecimiento y desarrollo personal y profesional. Éstos y otros criterios para la formulación de objetivos aceptables se recogen en la tabla 4-2. Someter a prueba objetivos comparándolos con los criterios incluidos en esta lista de comprobación es un buen ejercicio para administradores y candidatos a serlo.

Beneficios y desventajas de la administración por objetivos y recomendaciones adicionales

Aunque la administración orientada a objetivos es hoy por hoy uno de los métodos administrativos de más amplio uso, su efectividad ha sido ocasionalmente cuestionada. La causa de sus deficiencias suele atribuirse a una instrumentación defectuosa, aunque otro motivo es la posibilidad de aplicar la APO como una técnica mecanicista centrada en aspectos específicos del proceso administrativo no debidamente integrados a un sistema.

Beneficios de la administración por objetivos

Como ya se indicó, abundantes evidencias (resultado en muchos casos de estudios de laboratorio) demuestran los aspectos motivacionales de la existencia de metas claras. No obstante, cabe mencionar también otros beneficios.

1. Mejoras en la administración gracias a la planeación orientada a resultados.
2. Precisión de las funciones y estructuras organizacionales y de la delegación de autoridad en consonancia con los resultados esperados de las personas que ejercen las funciones respectivas.
3. Estímulo del compromiso personal tanto con los objetivos propios como con los objetivos organizacionales.

TABLA 4-2

Lista de comprobación de objetivos para los administradores.

Si los objetivos cumplen el criterio, marque "+" en el cuadro a la derecha de cada enunciado. En caso contrario, marque "–" en el cuadro.

1. ¿Los objetivos cubren las características básicas de mi puesto? ☐
2. ¿Es demasiado larga la lista de objetivos? De ser así, ¿puedo combinar algunos de ellos? ☐
3. ¿Los objetivos son verificables; es decir, sabré al final del periodo si se cumplieron o no? ☐
4. ¿Indican los objetivos:

   a) Cantidad (cuánto)? ☐
   b) Calidad (qué tan bien hecho, o características específicas)? ☐
   c) Tiempo (cuándo)? ☐
   d) Costo (a qué costo)? ☐

5. ¿Los objetivos son difíciles pero razonables? ☐
6. ¿Se les han asignado prioridades a los objetivos (clasificación, ponderación, etcétera)? ☐
7. ¿La serie de objetivos incluye también:

   a) Objetivos de mejora? ☐
   b) Objetivos de desarrollo personal? ☐

8. ¿Se coordinan los objetivos con los de otros administradores y unidades organizacionales? ¿Son congruentes con los objetivos de mi superior, departamento y compañía? ☐
9. ¿He comunicado los objetivos a todos los que deben ser informados de ellos? ☐
10. ¿Los objetivos a corto plazo son congruentes con los objetivos a largo plazo? ☐
11. ¿Los supuestos en los que se basan los objetivos han sido claramente identificados? ☐
12. ¿Los objetivos están claramente expresados y han sido puestos por escrito? ☐
13. ¿Los objetivos prevén retroalimentación oportuna a fin de que me sea posible aplicar las acciones correctivas necesarias? ☐
14. ¿Los recursos y autoridad con que cuento son suficientes para el cumplimiento de los objetivos? ☐
15. ¿Les he dado oportunidad a los individuos de quienes depende el cumplimiento de los objetivos de sugerir sus propios objetivos? ☐
16. ¿Mis subordinados ejercen control sobre los aspectos puestos bajo su responsabilidad? ☐

4. Desarrollo de controles eficaces, lo que permite medir resultados y emprender acciones correctivas, como se explicará en el capítulo 18, acerca del sistema y proceso del control administrativo.

MOTIVACIÓN PARA INNOVAR EN 3M

Dentro de su sistema de administración por objetivos, la ya mencionada 3M de Latinoamérica también intenta fomentar de manera activa el florecimiento de la creatividad que es el elemento fundamental para la innovación. En la práctica se anima a que los empleados inicien cada año con proyectos personales para elevar su desempeño individual en aras de una mayor eficiencia y eficacia de la organización en su conjunto. Es decir, se fomenta la aplicación de su creatividad pidiéndoles que diseñen y desarrollen todo tipo de mejoras a sus propias actividades. Para ello, los subordinados presentan a sus superiores sus puntos de vista sobre los procesos y procedimientos propios de sus labores, acompañados de planes concretos para mejorarlos mediante la solución a problemas de operación que han detectado.

No hay excepción, tanto quienes se desempeñan en puestos administrativos como quienes lo hacen en puestos de operación deben ofrecer ideas para mejorar el desempeño. Por ejemplo, mejorar un sistema de registros computarizados puede constituir un proyecto de uno de los empleados administrativos, la empresa le concederá la oportunidad de trabajar en su mejoramiento durante el tiempo libre que le permitan sus actividades normales. Periódicamente habrá que presentar los avances logrados al superior inmediato y su contribución al mejoramiento del funcionamiento de su área o departamento serán también parte de las bases fundamentales para evaluar a quien propone las modificaciones al sistema.

Deficiencias de la administración por objetivos y algunas recomendaciones

A pesar de sus numerosas ventajas, los sistemas de administración por objetivos presentan también algunas debilidades. En su mayoría, éstas se deben a negligencias en la aplicación de los conceptos de la APO.

1. Las ineficiencias en cuanto a la enseñanza de la filosofía de la APO son una de las debilidades de ciertos programas. Los administradores deben explicar a sus subordinados qué es la administración por objetivos, cómo funciona, por qué se aplica, qué papel tendrá en la evaluación de desempeño y, sobre todo, los beneficios que ofrece a quienes participan en ella. Esta filosofía descansa en los conceptos de autocontrol y autodirección.

2. La omisión de pautas a quienes deben establecer objetivos es otro problema común. Los administradores deben conocer los objetivos de la empresa y el lugar que sus actividades ocupan en ellas. Deben contar asimismo con premisas de planeación y conocer las principales políticas de la compañía.

3. Una dificultad más es la de establecer metas verificables dentro de ciertos límites. Participantes en programas de APO han reportado en ocasiones que el excesivo énfasis en resultados económicos presiona a los individuos hasta el punto de inducirlos a incurrir en conductas cuestionables. Para reducir la probabilidad de que se elijan

medios inmorales en favor de la obtención de resultados, la dirección general debe aprobar objetivos razonables, enunciar claramente las expectativas de comportamiento y conceder alta prioridad a la conducta ética, que debe premiarse tanto como deben castigarse las actividades inmorales.

4. Se corre el riesgo de subrayar los objetivos a corto plazo a expensas de la solidez de la organización a largo plazo.

5. El riesgo de la inflexibilidad puede provocar que los administradores vacilen en modificar los objetivos aun si un cambio en las condiciones obligaría a tales ajustes.

6. Otros riesgos son el abuso de metas cuantitativas y la pretensión de emplear números en áreas en las que no son aplicables o en las que podrían representar la subestimación de objetivos importantes difíciles de enunciar en términos de resultados finales. Por ejemplo, una imagen pública favorable podría ser la principal cualidad de una empresa, lo que sin embargo resulta difícil formular en términos cuantitativos. Asimismo, se corre el riesgo de olvidar que la administración implica algo más que únicamente el establecimiento de metas.

A pesar de las dificultades y riesgos de la administración por objetivos en ciertas situaciones, este sistema acentúa en la práctica el establecimiento de metas, parte esencial de la planeación y administración como bien se sabe desde hace mucho tiempo.

Resumen

La planeación implica seleccionar misiones y objetivos y las acciones para cumplirlos. Requiere de la toma de decisiones, esto es de la elección entre cursos futuros de acción alternativos. Planeación y control están estrechamente interrelacionados, aunque se les expone por separado en este libro. Existen muchos tipos de planes, como propósitos, misiones, objetivos, metas, estrategias, políticas, procedimientos, reglas, programas y presupuestos. Una vez al tanto de las oportunidades, un administrador planea racionalmente a través del establecimiento de objetivos, la realización de supuestos (premisas) sobre las condiciones presentes y futuras, la detección y evaluación de cursos de acción alternativos y la selección de un curso a seguir. Después, debe trazar planes de apoyo y elaborar un presupuesto. Estas actividades deben efectuarse tomando en cuenta la totalidad de las circunstancias. Los planes a corto plazo deben coordinarse, por supuesto, con los planes a largo plazo.

Los objetivos son los puntos terminales que se persiguen por medio de las actividades. De ser posible, deben ser verificables al final del periodo, para determinar si se les cumplió o no. Forman una jerarquía, la cual se extiende desde los propósitos y misiones corporativos hasta las metas individuales. Los administradores pueden determinar más adecuadamente el número de objetivos que deben fijarse en forma realista al analizar la naturaleza de su puesto y cuánto pueden hacer y cuánto delegar. En todos los casos deben conocer la importancia relativa de cada una de sus metas.

La administración por objetivos (APO) ha sido ampliamente usada para la evaluación del desempeño y la motivación de los empleados, aunque en realidad se trata de un sistema de administración. El proceso de la APO consiste en el establecimiento de objetivos en el nivel más alto de la organización, la precisión de las funciones específicas de los responsables del cumplimiento de ellos y el establecimiento y modificación de los objetivos de los subordinados. Se pueden fijar metas tanto para administradores de línea como para el personal ejecutivo. Las metas pueden ser cualitativas o cuantitativas.

Entre otros beneficios, la APO resulta en una mejor administración, suele obligar a los administradores a precisar la estructura de sus organizaciones, alienta el compromiso personal con los objetivos propios y permite el desarrollo de controles efectivos.

Algunas de sus desventajas son la ocasional incapacidad de los administradores de explicar a sus subordinados la filosofía de la APO (la cual enfatiza el autocontrol y la autodirección) y de ofrecerles pautas para el establecimiento de objetivos. Además, por sí mismas las metas son difíciles de establecer, tienden a reducirse al corto plazo y pueden resultar inflexibles a pesar de la ocurrencia de cambios en las circunstancias. Finalmente, en el afán de determinar objetivos que se puedan verificar, los individuos corren el riesgo de exagerar la importancia de las metas cuantificables.

Ideas y conceptos básicos

Planeación	Conceptos evolutivos de la administración por objetivos (APO)
Propósito o misión	
Objetivos o metas	Enfoque de sistemas de la administración por objetivos
Estrategia	
Política	Proceso de la APO
Procedimiento	Objetivos cuantitativos
Regla	Objetivos cualitativos
Programa	Verificabilidad
Presupuesto	Beneficios de la APO
Pasos de la planeación	Desventajas de la APO
Jerarquía de objetivos	Recomendaciones para la mejora de la APO
Áreas de resultados clave	

Para analizar

1. "Planear es ver hacia delante y controlar es ver hacia atrás." Comente esta afirmación.
2. Elabore una declaración de política e idee un procedimiento breve que pudiera ser útil para instrumentarla. ¿Está seguro de que es una política y no una regla?
3. "La teoría de la planeación ilustra el método de sistema abierto de la administración." Comente esta afirmación.
4. Elija una organización que conozca e identifique su propósito o misión, aun si la empresa no lo ha enunciado formalmente.
5. ¿Hasta qué punto cree usted que los administradores que ha conocido en empresas o en cualquier otra parte conocen claramente sus objetivos? Si, como es pro-

bable que ocurra, no es éste el caso, ¿qué les sugeriría respecto del establecimiento de objetivos?

6. Algunas personas se oponen a la definición de metas a largo plazo con el argumento de que es imposible saber lo que sucederá en un periodo prolongado. ¿Le parece inteligente esta postura? ¿Por qué?

7. ¿A qué se debe que muchas empresas que han considerado y adoptado programas de APO hayan obtenido niveles reales de desempeño tan deficientes?

8. ¿Cree usted que la administración por objetivos pueda aplicarse en organismos gubernamentales? ¿En universidades? ¿En sociedades de alumnos universitarios?

9. ¿Cuáles son sus cinco objetivos personales más importantes? ¿Son objetivos a largo o corto plazo? ¿Son verificables?

10. ¿Qué espera de usted su superior en la empresa en la que trabaja respecto de su desempeño? ¿Estas expectativas han sido formuladas por escrito? Si usted redactara su objetivo laboral y su jefe redactara por su parte lo que espera de usted, ¿serían congruentes ambos textos?

Ejercicios/actividades

1. Elija un problema de planeación que enfrente actualmente y compárelo con los pasos de la planeación descritos en este capítulo.

2. En este capítulo se expusieron los objetivos generales de una universidad. Desarrolle los objetivos generales de la universidad en la que estudia, los objetivos de su facultad y los objetivos de los diversos departamentos que la componen. Especifique la relación que hace que estos objetivos integren una red.

 # CASO INTERNACIONAL 4

DESARROLLO DE METAS VERIFICABLES

El gerente de una división asistió recientemente a una conferencia sobre administración por objetivos. Su entusiasmo inmediato no cesó de aumentar cuanto más reflexionaba en ella. Finalmente, decidió exponer este concepto en la siguiente reunión con su personal para comprobar si efectivamente le sería útil.

Detalló el desarrollo teórico de esta técnica, explicó las ventajas que su aplicación representaría para la división y les pidió a sus subordinados que pensaran en la posibilidad de adoptarla.

La labor no resultó tan sencilla como la imaginaron todos los involucrados. En la siguiente reunión surgieron varias preguntas.

—¿El presidente de la compañía te fijó metas para la división por cumplir durante el próximo año? —interrogó el gerente de finanzas.

—No —repuso el gerente de la división. Esperaba que lo hiciera, pero parece no interesarle en absoluto.

—¿Qué caso tiene entonces que nuestra división lo haga? —preguntó a su vez el gerente de producción, como insinuando la inutilidad de toda acción al respecto.

—Mi intención se reduce a hacer una lista de lo que espero de la división —respondió el gerente. No es nada del otro mundo: espero ventas por 30 millones de dólares, utilidades sobre ventas antes de impuestos de 8%, un rendimiento de inversión de 15%, la puesta en marcha de un programa para el 30 de junio (con características específicas que determinaré después) para el desarrollo de nuestros futuros administradores, la conclusión para fin de año de las labores de desarrollo de nuestro modelo XYZ y la estabilización de la rotación del personal en 5%.

A todos les sorprendió que su jefe hubiera ideado esos objetivos verificables y que los expresara con tanta claridad y seguridad. También les asombró su sinceridad en cuanto a su deseo de cumplirlos.

—Quiero que durante el próximo mes cada uno de ustedes convierta estos objetivos en metas verificables para sus propias funciones. Naturalmente que finanzas, comercialización, producción, ingeniería y administración tendrán metas distintas. Pero de todas maneras formúlenlas; espero que contribuyan al cumplimiento de los objetivos de la división.

1. ¿El gerente de una división puede desarrollar metas, u objetivos, verificables cuando no le son asignadas por el presidente de la compañía? ¿Cómo? ¿Qué tipo de información o apoyo considera usted que es importante que el gerente de la división reciba de la dirección general?

2. ¿Procedió el gerente de la división de la mejor manera para el establecimiento de metas? ¿Qué habría hecho usted?

Referencias

1. George A. Steiner, *Top Management Planning* (Londres, The Macmillan Company, 1969), p. 7.

2. El término "visión" suele mencionarse en relación con la misión. En conocidos libros de administración, la visión se asocia con conceptos como establecimiento de metas, administración de equipos y orientación al futuro. En un estudio reciente se comprobó que entre los ejecutivos no hay consenso acerca del significado de la visión, pero se identificaron siete factores en la estructura y contenido de las declaraciones de visión. Ellos son: "Formulación, instrumentación, realismo innovador, generalidad, grado de detalle, propensión al riesgo y orientación a las utilidades." Véase Maria L. Nathan, "What is Organizational Vision? Ask Chief Executives", en *The Academy of Management Executive*, febrero de 1996, p. 82.

3. William L. Glueck y Lawrence R. Jauch, *Business Policy and Strategic Management* (Nueva York, McGraw-Hill Book Company, 1984), cap. 2.

4. Paul Shrivastava, *Strategic Management — Concepts & Practices* (Cincinnati, South-Western Publishing Co., 1994), pp. 73 ss.

5. Michael Treacy y Fred Wiersema, *The Discipline of Market Leaders — Chose Your Customers, Narrow Your Focus, Dominate the Market* (Nueva York, Addison-Wesley Publishing Company, 1995); Lou Wallis, "Staying Ahead of the Pack", en *Across the Board*, abril de 1995, pp. 59-60; véase también la crítica de Kevin Kelly, "How Not to Write a Business 'How to'", en *Business Week*, 6 de marzo de 1995, p. 18.

6. Véase también F. Neil Brady, "Rules for Making Exceptions to Rules", en *Academy of Management Review*, julio de 1987, pp. 436-444.

7. Ford S. Worthy, "Mr. Clean Charts a New Course at General Dynamics", en *Fortune*, 28 de abril de 1986, pp. 70-76.

8. "The Greatest Capitalist in History", en *Fortune*, 31 de agosto de 1987, pp. 24-35; Philip H. Dorn, "The Song Remains the Same", en *Datamation*, febrero de 1984, pp. 105-110; Ira Sager, "How IBM Became a Growth Company Again", en *Business Week*, 9 de diciembre de 1996, pp. 154-162.

9. Peter F. Drucker, *The Practice of Management* (Nueva York, Harper & Brothers, 1954), p. 63.

10. Esta argumentación se basa en parte en Heinz Weihrich, *Management Excellence — Productivity Through MBO* (Nueva York, McGraw-Hill Book Company, 1985), capítulo 4.

11. Véase también George Odiorne, Heinz Weihrich y Jack Mendleson (eds.), *Executive Skills — A Management by Objectives Approach* (Dubuque, Iowa; Wm. C. Brown Company, 1980).

12. Para una exposición detallada de la historia de la APO, véase George S. Odiorne, "MBO: A Backward Glance", en *Business Horizons*, octubre de 1978, pp. 14-24. Una excelente explicación de los orígenes de la APO se encuentra en Ronald G. Greenwood, "Management by Objectives: As Developed by Peter Drucker, Assisted by Harold Smiddy", en *Academy of Management Review*, abril de 1981, pp. 225-230.

13. Para su planteamiento original de la administración por objetivos, véase Drucker, *The Practice of Management* (1954), pp. 121-136. En una conversación con Harold Koontz, Drucker atribuyó el concepto al ya desaparecido Harold E. Smiddy, entonces en General Electric.

14. Douglas McGregor, "An Uneasy Look at Performance Appraisal", en *Harvard Business Review*, mayo-junio de 1957, pp. 89-94. En textos aún más recientes se sigue insistiendo en el establecimiento de metas y la evaluación en referencia a la APO, como lo demuestra Mark L. McConkie, "A Clarification of the Goal Setting and Appraisal Process in MBO", en *Academy of Management Review*, enero de 1979, pp. 29-40.

15. Edwin A. Locke y Judith F. Bryan, "Performance Goals as Determinants of Level of Performance and Boredom", en *Journal of Applied Psychology*, abril de 1967, pp. 120-130.

16. Edwin A. Locke, "The Relationship of Intentions to Level of Performance", en *Journal of Applied Psychology*, febrero de 1966, pp. 60-66.

17. Edwin A. Locke, "The Ubiquity of the Technique of Goal Setting in Theories of and Approaches to Employee Motivation", en *Academy of Management Review*, julio de 1978, pp. 594-601.

18. Heinz Weihrich, "The Application of Management by Objectives in Government", en *Faculty Working Paper* MG 76-3 (Tempe, Arizona; Arizona State University, 1976).

19. Heinz Weihrich, "A Study of the Integration of Management by Objectives with Key Managerial Activities and the Relationship to Selected Effectiveness Measures", tesis de doctorado, University of California, Los Ángeles, 1973.

20. Parte del material de esta sección procede de Harold Koontz, *Appraising Managers as Managers* (Nueva York, McGraw-Hill Book Company, 1971), caps. 3-4.

21. Para el establecimiento computarizado de metas en Cypress Semiconductor, véase T. J. Rogers, "No Excuses Management", en *Harvard Business Review*, julio-agosto de 1990, pp. 84-98.

Al terminar este capítulo, usted podrá:

1. Explicar la naturaleza y propósito de estrategias y políticas.
2. Describir el proceso de la planeación estratégica.
3. Interpretar la matriz TOWS y la Matriz del Portafolio de Negocios.
4. Describir algunos de los tipos principales de estrategias/políticas y la jerarquía de estrategias.

Capí
cinco

Estrategias, políticas y premisas de planeación

5. Identificar las estrategias genéricas de Porter.
6. Hacer recomendaciones para la eficaz instrumentación de estrategias.
7. Exponer la naturaleza y tipos de premisas y pronósticos.
8. Hacer eficaz el establecimiento de premisas.

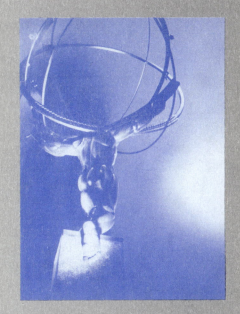

tulo

Los planificadores no deben crear estrategias, sino proporcionar datos, contribuir a que los administradores piensen estratégicamente y programen una visión.[1]

HENRY MINTZBERG

Casi todas las empresas de negocios practican en la actualidad la planeación estratégica, aunque el grado de sofisticación y formalidad con que lo hacen varía considerablemente. En términos conceptuales, la planeación estratégica es engañosamente simple: analizar la situación presente y la que se espera a futuro, determinar la dirección de la empresa y desarrollar medios para el cumplimiento de la misión. Pero en realidad se trata de un proceso sumamente complejo que demanda un método sistemático para la identificación y análisis de los factores externos a la organización y su adecuación a las capacidades de la empresa.

La planeación se realiza en un ambiente de incertidumbre. Nadie puede saber con plena certeza cuáles serán los ambientes externo e interno de incluso la próxima semana y mucho menos de los años por venir. En consecuencia, debemos elaborar supuestos o pronósticos sobre las condiciones previsibles. Algunos de estos pronósticos servirán como supuestos para otros planes. El pronóstico acerca del producto nacional bruto, por ejemplo, sirve como supuesto para la planeación de las ventas, la que a su vez constituye la base para la planeación de la producción, y así sucesivamente.

En este capítulo se explicarán 1) la naturaleza y propósito de estrategias y políticas; 2) el proceso de la planeación estratégica, en el que se identifican los aspectos decisivos en la formulación de una estrategia; 3) la matriz TOWS, un instrumento para la integración sistemática de factores externos e internos; 4) la Matriz de Portafolio de Negocios, un instrumento para la asignación de recursos; 5) algunos importantes tipos de estrategias y políticas y la jerarquía de estrategias; 6) las estrategias genéricas, y 7) los medios para la instrumentación eficaz de estrategias. Dado que los planes se trazan en condiciones de incertidumbre, también se le explicará lo relativo a 8) la elaboración de premisas y pronósticos.

Naturaleza y propósito de estrategias y políticas

Estrategias y políticas guardan una estrecha relación entre sí. Ambas orientan, dan estructura a los planes, son la base de los planes operativos y afectan a todas las áreas de la administración.

Estrategia y política

El término "estrategia" (derivado del vocablo griego *strategos*, que significa "general") tiene muchos usos. Los expertos difieren en al menos un aspecto primordial de las estrategias. Algunos autores consideran como parte de ellas tanto los puntos terminales (propósito, misión, metas, objetivos) como los medios para alcanzarlos (políticas y planes). Otros subrayan en el proceso estratégico la importancia de los medios para obtener los fines, por encima de los fines en sí mismos. Como se señaló en el capítulo 4, **estrategia** es *la determinación del propósito (o misión) y de los objetivos básicos a largo plazo de una empresa, así como la adopción de los cursos de acción y de la asignación de recursos necesarios para cumplirlas*. Por lo tanto, los objetivos (de los que nos ocupamos en el capítulo anterior) son parte de la formulación de la estrategia.

Puesto que ya hemos explicado lo referente a los fines, ahora fijaremos nuestra atención en el análisis de situaciones. Así pues, partiremos del supuesto de que ya se ha establecido el propósito de la empresa, el cual, sin embargo, está sujeto a cambios tras una evaluación de la situación.

Las **políticas** son enunciados o interpretaciones generales que orientan el pensamiento de los administradores en la toma de decisiones. Su propósito es asegurar que las decisiones no rebasen ciertos límites. Por lo general no demandan acciones, ya que su intención se reduce a guiar a los administradores en su compromiso con la decisión que finalmente tomen.

La esencia de las políticas es la discrecionalidad. Por su parte, las estrategias se refieren a la dirección en que se encauzarán recursos humanos y materiales a fin de acrecentar la posibilidad de cumplir los objetivos elegidos.

Orientación: creación de la estructura de los planes

Estrategias y políticas contribuyen a las labores de planeación de los administradores en tanto que orientan las decisiones operativas. Por lo tanto, el **principio de la estructura de estrategias y políticas** es que *cuanto más claras sean la comprensión de estrategias y políticas y su instrumentación en la práctica, tanto más consistente y efectiva será la estructura de los planes de una empresa*. Si, por ejemplo, una compañía tiene como política principal exclusivamente el desarrollo de nuevos productos que se ajusten a su

**PERSPECTIVA
INTERNACIONAL**

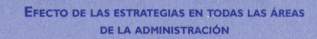

**EFECTO DE LAS ESTRATEGIAS EN TODAS LAS ÁREAS
DE LA ADMINISTRACIÓN**

Dado que estrategias y políticas afectan a la planeación, también ejercen enorme influencia en las demás áreas de la administración. Las principales estrategias y políticas, por ejemplo, influirán naturalmente en la estructura de la organización y, por este medio, en otras funciones de los administradores. En su extraordinario análisis de la historia de algunas de las más importantes compañías estadunidenses, Alfred Chandler, Jr., describe en detalle la relevancia de las estrategias en la estructura de las organizaciones.[2] En el caso de Du Pont Company, la organización en torno a líneas de productos, con control centralizado, respondió a la estrategia de diversificación de productos. La situación de General Motors fue esencialmente la misma. En cuanto a Du Pont, la estrategia de la diversificación fue impuesta por la necesidad de emplear recursos excedentes por la caída del mercado de explosivos tras la Primera Guerra Mundial. En General Motors, por su parte, se siguió la estrategia de integración y expansión del inmenso pero desigual grupo de compañías adquirido por W. C. Durant en las dos décadas anteriores a 1920 para la formación de la compañía. Aunque las estrategias de estas dos empresas se basaron en diferentes premisas y situaciones, condujeron en esencia a iguales estructuras organizacionales.

organización de comercialización, evitará la pérdida de energía y recursos en nuevos productos que no satisfagan esta prueba.

Necesidad de la planeación operativa: tácticas

Para ser efectivas, estrategias y políticas deben ponerse en práctica por medio de planes, tan minuciosos en sus detalles como lo exija la consideración de hasta los componentes más elementales de las operaciones. Así, las tácticas son los planes de acción para la ejecución de las estrategias. Éstas deben apoyarse en tácticas efectivas.

Proceso de la planeación estratégica

Si bien los pasos específicos para la formulación de una estrategia pueden variar, el proceso puede fundamentarse, al menos conceptualmente, en los elementos básicos reunidos en la figura 5-1.

Insumos de la organización

Los diversos *insumos* organizacionales, incluidos los insumos meta de los demandantes, fueron expuestos en el capítulo 1 y no requieren de mayor explicación.

Análisis de la industria

Como se detallará posteriormente en este mismo capítulo, el profesor Michael Porter ha señalado que la formulación de una estrategia supone la evaluación del atractivo de una industria mediante el análisis de las condiciones externas. La atención debe centrarse en el tipo de competencia al interior de una industria, la posibilidad de que nuevas empresas se incorporen al mercado, la disponibilidad de productos o servicios sustitutos y la posición de concertación entre oferentes y compradores/clientes.

Perfil empresarial

El *perfil empresarial* es usualmente el punto de partida para determinar dónde se encuentra una compañía y hacia dónde debe dirigirse. Así, los administradores de alto nivel determinan el propósito básico de la empresa y precisan su orientación geográfica, para establecer, por ejemplo, si debe operar en regiones selectas, en todo el territorio nacional

FIGURA 5-1

Modelo del proceso de planeación estratégica

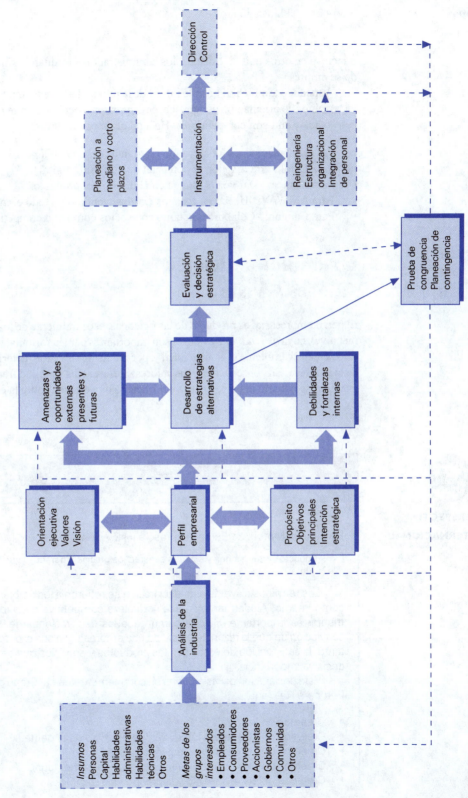

Adaptado y modificado de Heinz Weihrich, "The TOWS Matrix: A Tool for Situational Analysis", en *Long Range Planning*, vol. 15, núm. 2 (1982), pp. 54-66.

o incluso en otros países. Además, los administradores evalúan la situación competitiva de su empresa.

A menudo también es posible inferir de la publicidad qué le importa a una compañía en términos de orientación geográfica, énfasis en productos y estrategias de cooperación con socios y aun con competidores. He aquí algunos ejemplos:[3]

- Para Komatsu: "La globalización en grande, pero poco a poco."
- Para Ricoh: "Integración al potencial de un futuro digital."
- Para Konica: "Dar voz al cliente en el diseño del producto."
- Para AMWAY: "Hecho en Estados Unidos, vendido en todo el mundo."
- Para Cannon: "Colaboración tanto con socios como con competidores."

Orientación de ejecutivos, valores y visión[5]

El perfil empresarial es producto de las personas, especialmente de los *ejecutivos* de primer nivel, cuya *orientación* y valores son importantes para la formulación de la estrategia. Ellos crean el ambiente organizacional y, por medio de su visión, determinan la dirección de la empresa. En consecuencia, sus valores, preferencias y actitud frente al riesgo deben examinarse detenidamente, a causa del impacto que ejercen sobre la estrategia.

PERSPECTIVA INTERNACIONAL

VISIÓN Y CREDO DE GENERAL MOTORS EUROPE[4]

La General Motors de Europa expresó así su visión:

> Productos interesantes y clientes satisfechos gracias a personas que trabajan unidas para triunfar.

Los términos clave de esta declaración se refieren a los ambientes tanto externo como interno. Aluden también a la naturaleza competitiva de la industria, en la que triunfar es importante. Hoy es común que las declaraciones de visión expresen la convicción de que la razón de existir de una empresa son sus clientes, y de que, por lo tanto, la satisfacción de éstos con los productos y servicios que se les ofrecen es de decisiva importancia.

Esta declaración de visión tiene su complemento en el "Credo de General Motors Europe". Helo aquí:

- Creemos en los demás.
- Creemos que General Motors Europe es socio de la gente.
- Creemos que el cambio es una oportunidad.
- Creemos que los clientes deben ponerse en primer lugar.
- Creemos en el crecimiento y la prosperidad.

INTENCIÓN ESTRATÉGICA[7]

Los profesores Gary Hamel y C. K. Prahalad estudiaron a las compañías que han conseguido liderazgo global. Descubrieron que esas empresas hacen del éxito una obsesión, no sólo en los niveles superiores sino en toda la organización. Esta obsesión se llama "intención estratégica", y se ilustra con el propósito de Komatsu de "cercar a Caterpillar", su principal rival, la idea de Cannon de "batir a Xerox" o la intención de Honda de convertirse en un precursor automotriz, o "segundo Ford". Los autores citados sostienen que la intención estratégica supone esfuerzo y compromiso personal. La declaración de intención no se modifica con el tiempo y se centra en la esencia del triunfo.

Propósito, objetivos principales e intención estratégica[6]

El *propósito* y los *objetivos* principales son los puntos finales hacia los que se dirigen las actividades de una empresa. La *intención estratégica* es la determinación de triunfar en un entorno competitivo. Puesto que en el capítulo anterior tratamos estos temas, no es necesario abundar en ellos.

Ambiente externo presente y futuro

El *ambiente externo* presente y futuro debe evaluarse en términos de amenazas y oportunidades. Esta evaluación gira en torno de la situación competitiva, así como de los factores económicos, sociales, políticos, legales, demográficos y geográficos. Además, el entorno debe examinarse en función de avances tecnológicos, productos y servicios en el mercado y otros factores indispensables para determinar la situación competitiva de la empresa.

Ambiente interno

De igual manera, es necesario auditar y evaluar el *ambiente interno* de la empresa respecto de sus recursos y de sus fortalezas y debilidades en investigación y desarrollo, producción, operaciones, adquisiciones, comercialización y productos y servicios. Otros factores internos importantes para la formulación de una estrategia y de obligada evaluación son los recursos humanos y financieros, así como la imagen de la compañía, la estructura y clima de la organización, el sistema de planeación y control y las relaciones con los clientes.

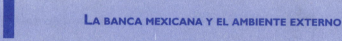

LA BANCA MEXICANA Y EL AMBIENTE EXTERNO

Al privatizarse el sector bancario mexicano se inició una etapa de fuerte competencia pues cada banco buscaba mejorar su participación en el mercado. Como consecuencia aumentó el volumen de los créditos otorgados. Empresas y particulares se endeudaron fuertemente. Cuando las presiones económicas alcanzaron su clímax, la situación de bancos y deudores se convirtió en una pesadilla que hasta mediados de 1998 ha mantenido a unos y otros sin dormir tranquilamente. Los bancos tuvieron que ser auxiliados por el gobierno para no quebrar y muchas de las empresas deudoras han vivido desde ese entonces días infaustos (llegando incluso a numerosas quiebras).

Cuando en 1991 se inició el proceso de privatización bancaria (en manos del Estado desde 1982), gracias a las medidas del ajuste económico que había puesto en práctica el gobierno, los niveles de hiperinflación de la segunda mitad de la década anterior parecían haber quedado atrás. No obstante, la contención de los incrementos en el salario real, política instrumental básica en la lucha contra la inflación, causaba estragos en el poder adquisitivo de grandes estratos de la población. Esto a su vez llevó paulatinamente a una caída en el consumo de muchos productos nacionales y a recortes de personal en muchas empresas, haciendo caer los índices del empleo (incluso los mismos bancos efectuaron despidos masivos conforme eran privatizados). Al mismo tiempo, la política cambiaria mantenía un tipo de cambio artificialmente barato respecto al dólar, por lo que era relativamente más barato comprar artículos importados que nacionales. Esta presión sobre la planta productiva del país llevó también a fuertes recortes de personal debido a la caída en las ventas. ¿Podría considerarse que la caída del empleo y del consumo llevarían a una recesión económica? Algunos economistas levantaron su voz señalando la existencia del peligro, sin embargo parece ser que muchos empresarios, entre ellos los nuevos banqueros, no le dieron gran importancia a tales avisos.

Desarrollo de estrategias alternativas

Las *alternativas* estratégicas se desarrollan con base en un análisis de los ambientes externo e interno. Una organización puede seguir muchos tipos diferentes de estrategias.[8] Puede *especializarse* o *concentrarse*, como lo hizo Hyundai Company de Corea al producir automóviles de bajo costo (en contraste con General Motors, por ejemplo, que cuenta con una completa línea de productos, desde autos baratos hasta de lujo).

En otro sentido, una empresa puede optar por *diversificarse*, ampliando sus operaciones a nuevos y redituables mercados. K-Mart formó un grupo de tiendas detallistas especializadas, que incluye establecimientos como Walden Book Company, Inc.; Builders Square, Inc.; Designer Depot y Pay Less Drug Stores Northwest, Inc.

Otra estrategia consiste en la *internacionalización*, la extensión de operaciones a otros países. Las empresas multinacionales, de las que se trató en el capítulo 3, ofrecen numerosos ejemplos de ello. Otros casos de posibles estrategias son las *sociedades en participación* y las *alianzas estratégicas*, las cuales pueden resultar adecuadas para algunas empresas.[9] Son especialmente convenientes para grandes proyectos que implican la conjunción de recursos de las empresas involucradas, como lo ilustra la sociedad en participación de General Motors y Toyota para la producción de automóviles compactos en California.

En ciertas circunstancias, una compañía puede verse obligada a adoptar una estrategia de *liquidación* mediante la cancelación de una línea de productos incosteable o incluso la disolución de la empresa, tal como ocurrió en Estados Unidos con muchas instituciones de ahorro y préstamo en la década de los noventa en particular. Pero en algunos casos quizá no sea necesaria la liquidación; puede ser apropiada una estrategia de atrincheramiento. En estas condiciones, una compañía puede reducir temporalmente sus operaciones.

Éstos son sólo unos cuantos ejemplos de posibles estrategias. En la práctica las compañías siguen varias estrategias combinadas, sobre todo cuando se trata de grandes empresas.

Evaluación y elección de estrategias[10]

Las diversas estrategias deben *evaluarse* cuidadosamente antes de hacer una *elección*. Las decisiones estratégicas deben considerarse de acuerdo con los *riesgos* implicados. En ocasiones es necesario dejar pasar redituables oportunidades de alto riesgo que podrían resultar en la quiebra de la empresa. Otro elemento crucial en la elección de estra-

PERSPECTIVA INTERNACIONAL

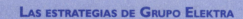

LAS ESTRATEGIAS DE GRUPO ELEKTRA

Las variantes estratégicas pueden dar excelentes resultados aun en tiempos de crisis. Durante 1995 el Grupo Elektra inició la prestación del servicio de transferencias de dinero desde Estados Unidos a México mediante su gran red de sucursales. El margen por el diferencial del tipo de cambio (llamado técnicamente *spread*) entre los precios de compra y venta, así como la comisión por el servicio, le permitieron adquirir dólares más baratos para comprar en el extranjero muchos de los productos electrodomésticos importados.

Una alianza estratégica le permitió al Grupo Elektra pasar con éxito una de las peores crisis de la economía mexicana y contar con ¡*Dinero en minutos*! Además, sin ser empresa de servicios financieros, también vende seguros en abonos. También se ha diversificado a la industria televisiva, a la de prestación de servicios de radiolocalización y ha expandido sus operaciones a Centroamérica mediante las tiendas Elektra, vendiendo electrodomésticos y enseres para el hogar mediante el sistema de pagos en abonos como lo ha hecho tradicionalmente en México.

Después de lograr ingresos por 346 millones de pesos durante el primer semestre de 1997, ¿quién duda del éxito del Grupo Elektra?

**Perspectiva
Internacional**

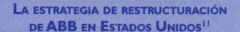

La estrategia de restructuración
de ABB en Estados Unidos[11]

Asea Brown Boveri (ABB), compañía sueco-suiza, posee una estrategia verdaderamente global. Bajo la conducción de Percy Barnevik como director general, esta empresa ingresó más que firmemente al mercado estadunidense en 1989 mediante la adquisición de la compañía US Combustion Engineering, fabricante de calderas, y de la unidad de transmisiones eléctricas de la Westinghouse Electric Corporation. Sin embargo, estas compras, cuyo valor ascendió a 2 300 millones de dólares, requirieron de una profunda restructuración.

Aunque las calderas de las compañías estadunidenses eran ya muy antiguas y debían remplazarse, las evidentes oportunidades para esta compañía fabricante no se materializaron de inmediato. Las legislaturas estatales se negaron a aprobar grandes inversiones de capital. De 1989 a 1994, ABB vendió parte de sus operaciones por un valor de 700 millones de dólares y redujo su fuerza de trabajo de 40 000 a 25 000 empleados. Esta estrategia de reconversión incluyó adicionalmene el remplazo del director, de origen alemán, de las operaciones estadunidenses por un administrador nacional conocedor de la industria, donde las relaciones personales son de primera importancia.

Una de las claves del éxito fue la atención prioritaria al mercado de exportación de calderas y turbinas. La demanda de robots y de maquinaria de acabado de pintura elevó al mismo tiempo la demanda de equipo de transmisión eléctrica, uno de los puntos fuertes de ABB. Además, la compañía también ha obtenido cierto éxito en el sector ferrocarrilero, pues ha ganado contratos de vagones de transporte de pasajeros y participado en concursos de adjudicación de los trenes Amtrak, de alta velocidad. De igual modo, la nueva turbina de gas de cuya fabricación se ocupa en Estados Unidos la Jersey Central Power & Light mejoró la posición de ABB en el mercado estadunidense. El propósito de Percy Barnevik de integrar las tecnologías europea y estadunidense para formar una compañía global de ingeniería eléctrica está cada vez más cerca de volverse realidad.

Habiendo transformado la empresa durante el tiempo que la encabezó, Barnevik decidió en 1996 renunciar a su puesto como director general, que le requería de 70 a 80 horas de trabajo a la semana. Su sucesor, Göran Lindahl, enfrenta ahora el reto de resolver el lento crecimiento que se registra en Europa, donde ABB posee casi 60% de sus empresas, y de desarrollar nuevas compañías en mercados emergentes.

tegias es la oportunidad. Incluso el mejor producto podría representar un fracaso si se le introduce al mercado en un momento inapropiado. Asimismo, también debe tomarse en cuenta la reacción de los competidores. Cuando IBM redujo el precio de su computadora personal en reacción al éxito de ventas de las computadoras Macintosh de Apple, las compañías fabricantes de computadoras compatibles con IBM no tuvieron otra opción que reducir también sus precios. Esto ilustra la interrelación de las estrategias de varias empresas de una industria.

Planeación de mediano y corto plazos, instrumentación mediante la reingeniería de la estructura organizacional, liderazgo y control

Aunque no forman parte del proceso de planeación estratégica (motivo por el cual se les representa con líneas punteadas en la figura 5-1), la *planeación de mediano y corto plazos* y la *instrumentación* de los planes también deben tomarse en cuenta en todas las fases del proceso. La instrumentación de la estrategia suele implicar la *reingeniería de la organización*, la *integración de personal* a la estructura organizacional y la *dirección*. Asimismo, deben instituirse *controles* para la vigilancia del desempeño en referencia a los planes. La importancia de la *retroalimentación* queda señalada en el modelo por los entrelazamientos. Los aspectos de la instrumentación de estrategias se expondrán más adelante, en las partes referidas a la organización, integración de personal, dirección y control.

Prueba de congruencia y planeación de contingencias

El último aspecto clave del proceso de la planeación estratégica es la **prueba de** *congruencia* y la elaboración de *planes de contingencia*. La prueba de congruencia es esencial en todas las fases del proceso de planeación estratégica. Aun si la opción de distribuir bebidas alcohólicas parece rentable, por ejemplo, cabría la posibilidad de que los ejecutivos de una compañía se opusieran a esa estrategia en caso de que el sistema de valores

ARBY'S EN LATINOAMÉRICA

Cuando Arby's llegó a Latinoamérica no había tomado en cuenta que el público mexicano no está acostumbrado a ordenar un sandwich o papas a la francesa mediante una pantalla de computadora sensible al tacto. Los establecimientos de esa cadena de franquicias incluían tales monitores, además de la posibilidad de ordenar personalmente a un empleado de mostrador. Esta última opción era la más utilizada por los parroquianos. Es decir, debido a una estrategia de penetración a un mercado extranjero con el mismo formato de sus operaciones domésticas en las que se aplicaban principios de reingeniería de procesos con base en un arma tecnológica, en Latinoamérica se contaba con un enorme potencial de desperdicio del equipo de cómputo instalado puesto que a la mayoría de los clientes les parecía muy sofisticado el sistema de las órdenes de alimentos mientras que los franquiciatarios debían absorber ese costo inútil en su inversión.

de la dirección condene el consumo de tales productos. A su vez, la necesidad de elaborar planes de contingencia se desprende de la imposibilidad de prever el futuro con un alto grado de certidumbre. Por ejemplo, podría crearse una estrategia bajo el supuesto de que el producto nacional bruto se incremente a 3% anual en los próximos 3 años. Pero al mismo tiempo se trazaría un plan de contingencia frente a la posibilidad de una recesión mayor.

La Matriz TOWS: moderna herramienta para el análisis de situaciones

Los diseñadores de estrategias se sirven en la actualidad de un buen número de matrices para la detección de las relaciones entre las variables más importantes. El Boston Consulting Group, por ejemplo, desarrolló la matriz de portafolio empresarial, de la que nos ocuparemos más adelante. La Matriz TOWS© es de aparición más reciente y sirve para analizar la situación competitiva de una compañía, e incluso de una nación.[12]

El alcance de la Matriz TOWS es más amplio y sus énfasis diferentes a los de la Matriz del Portafolio de Negocios, que será explicada en la siguiente sección. Por lo tanto, una no sustituye a la otra. La Matriz TOWS es un marco conceptual para un análisis sistemático que facilita el apareamiento entre las amenazas y oportunidades externas con las debilidades y fortalezas internas de la organización.

La identificación de las fortalezas y debilidades de las compañías, así como de las oportunidades y amenazas presentes en las condiciones externas, se considera como una actividad común de las empresas. Lo que suele ignorarse es que la combinación de estos factores puede requerir de distintas decisiones estratégicas. La Matriz TOWS surgió justamente en respuesta a la necesidad de sistematizar esas decisiones; *T* significa "amenazas" (*threats*), *O* "oportunidades", *W* "debilidades" (*weaknesses*) y *S* "fortalezas" (*strengths*). A esta matriz también se le conoce en español como Matriz FODA, acrónimo formado con las iniciales de: fortalezas, oportunidades, debilidades y amenazas. El punto de partida del modelo son las amenazas dado que en muchos casos las compañías proceden a la planeación estratégica como resultado de la percepción de crisis, problemas o amenazas.

Cuatro estrategias alternativas

En la figura 5-2 se presentan las cuatro estrategias alternativas de la Matriz TOWS.* Estas estrategias se basan en el análisis de las condiciones externas (amenazas y oportunidades) y de las condiciones internas (debilidades y fortalezas).

---

* Aunque en esta exposición se hace énfasis en las estrategias, pueden realizarse análisis similares para el desarrollo de tácticas o planes de acción, más detallados.

Figura 5-2

Matriz TOWS para
la formulación
de estrategias.

Factores internos / Factores externos	Fortalezas internas (S): por ejemplo, cualidades administrativas, operativas, financieras, de comercialización, investigación y desarrollo, ingeniería	Debilidades internas (W): por ejemplo, debilidades en las áreas incluidas en el cuadro de "fortalezas"
Oportunidades externas (O) (considérense también los riesgos): por ejemplo, condiciones económicas presentes y futuras, cambios políticos y sociales, nuevos productos, servicios y tecnología	Estrategia SO: **maxi-maxi** Potencialmente la estrategia más exitosa, que se sirve de las fortalezas de la organización para aprovechar las oportunidades	Estrategia WO: **mini-maxi** Por ejemplo, estrategia de desarrollo para superar debilidades a fin de aprovechar oportunidades
Amenazas externas (T): por ejemplo, escasez de energéticos, competencia y áreas similares a las del cuadro superior de "oportunidades"	Estrategia ST: **maxi-mini** Por ejemplo, uso de fortalezas para enfrentar o evitar amenazas	Estrategia WT: **mini-mini** Por ejemplo, atrincheramiento, liquidación o sociedad en participación

1. La estrategia WT (en el extremo inferior derecho de la figura 5-2) persigue la reducción al mínimo tanto de debilidades como de amenazas y puede llamársele estrategia "mini-mini". Puede implicar para la compañía la formación de una sociedad en participación, el atrincheramiento o incluso la liquidación, por ejemplo.
2. La estrategia WO pretende la reducción al mínimo de las debilidades y la optimización de las oportunidades. De este modo, una empresa con ciertas debilidades en algunas áreas puede desarrollar tales áreas, o bien adquirir las aptitudes necesarias (como tecnología o personas con las habilidades indispensables) en el exterior, a fin de aprovechar las oportunidades que las condiciones externas le ofrecen.
3. La estrategia ST se basa en las fortalezas de la organización para enfrentar amenazas en su entorno. El propósito es optimizar las primeras y reducir al mínimo las segundas. Así, una compañía puede servirse de sus virtudes tecnológicas, financieras, administrativas o de comercialización para vencer las amenazas de la introducción de un nuevo producto por parte de un competidor.
4. La situación más deseable es aquella en la que una compañía puede hacer uso de sus fortalezas para aprovechar oportunidades (estrategia SO). Ciertamente, las empresas deberían proponerse pasar de las demás ubicaciones de la matriz a ésta. Si resienten debilidades, se empeñarán en vencerlas para convertirlas en fortalezas. Si enfrentan amenazas, las sortearán para concentrarse en las oportunidades.

LAS ESTRATEGIAS DE BANCOMER

Bancomer (segundo banco mexicano en importancia relativa) ha enfrentado exitosamente la reñida competencia por el mercado de fondos para el retiro de los trabajadores de las empresas privadas. Antes de que entrara en operación el sistema privado de administración de dichos fondos, vigente a partir del 1 de julio de 1997, Bancomer era el líder en la captación de fondos de ahorro para el retiro bajo el esquema de transición iniciado en 1992. Su amplia red de sucursales y el gran número de clientes corporativos se convirtieron en fortalezas dignas de explotarse. Un punto débil a considerarse puede ser la mala imagen que han adquirido los bancos mexicanos, sobre todo después de la enorme cantidad de líos legales en que se han visto envueltos contra la enorme cantidad de deudores, quienes debido a la situación económica no han podido ponerse al corriente en el pago de los créditos e intereses que les fueron concedidos. Además, la penetración de empresas extranjeras especializadas al mercado de las AFORES (Administradoras para los Fondos de Retiro) es una de las amenazas que debe enfrentar.

No obstante, por lo menos hasta el momento, los puntos fuertes de la AFORE Bancomer han sido capaces de proporcionarle el liderazgo en la captación de las cuentas de los trabajadores. El 25 de julio de 1997, con casi medio millón más de trabajadores afiliados que su más cercano competidor, se encontraba a 270 000 cuentas de alcanzar 17% de participación del mercado, tope máximo a que puede aspirar una empresa del ramo según la reglamentación de la materia.

Dimensión temporal y Matriz TOWS

Hasta aquí, los factores expuestos de la Matriz TOWS atañen al análisis de un punto temporal en particular. Pero las condiciones externas e internas son dinámicas: algunos factores cambian con el paso del tiempo, mientras que otros sufren modificaciones mínimas. A causa de este dinamismo, los diseñadores de estrategias deben elaborar varias matrices TOWS correspondientes a distintos puntos temporales, como se muestra en la figura 5-3. Así, podría comenzarse por un análisis TOWS del pasado, proseguir con un análisis del presente y, quizá lo más importante, centrar finalmente la atención en distintos periodos (T1, T2, etc.) del futuro.

La matriz del portafolio: instrumento para la asignación de recursos

La Matriz de Portafolio de Negocios fue desarrollada por el Boston Consulting Group (BCG).[13] En la figura 5-4, versión simplificada de esta matriz, se indican los vínculos entre

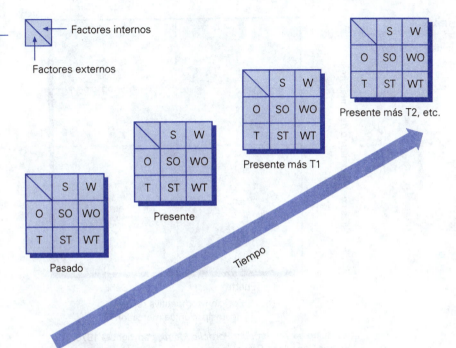

FIGURA 5-3

Dinámica del análisis TOWS.

Factores internos

Factores externos

Pasado

Presente

Presente más T1

Presente más T2, etc.

Tiempo

la tasa de crecimiento de la industria y la posición competitiva relativa de la empresa, identificada por medio de la participación de mercado. Los negocios ubicados en el cuadrante de "signos de interrogación", con una débil participación de mercado y alta tasa de crecimiento, suelen requerir de inversiones de capital para convertirse en "estrellas", negocios en la posición de alto crecimiento y sólida competitividad. Estos tipos de negocios cuentan con oportunidades de crecimiento y ganancias. Los negocios que son "vacas de efectivo" (*cash cows*), con una sólida posición competitiva y baja tasa de crecimiento, generalmente se hallan firmemente establecidos en el mercado y están en condiciones de producir bienes a bajo costo. Por lo tanto, sus productos les ofrecen los recursos económicos necesarios para sostener sus operaciones. Los negocios "perros" (*dogs*), son aquellos con baja tasa de crecimiento y escasa participación de mercado. Habitualmente no son rentables y debería eliminárseles.

La matriz del portafolio se desarrolló para grandes corporaciones con varias divisiones a menudo organizadas en torno de unidades empresariales estratégicas (tema que se expondrá en el capítulo 8). Aunque se le usó ampliamente en la década de los setenta, el análisis de portafolio ha sido objeto de críticas a causa de su así considerado excesivo simplismo. Del mismo modo, se ha dicho que el criterio de la tasa de crecimiento es insuficiente para la evaluación del atractivo de una industria. La participación de mercado, a su vez, puede resultar inadecuada como punto de referencia para la estimación de la posición competitiva.[14]

FIGURA 5-4

Matriz de Portafolio
de Negocios.

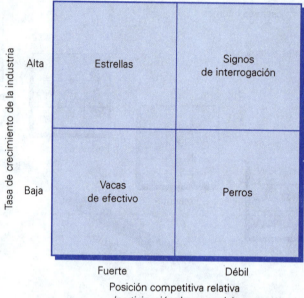

Adaptado de *The Product Portfolio Matrix*, copyright © 1970, The
Boston Consulting Group, Inc.

Principales tipos de estrategias y políticas

Para una empresa de negocios (y quizá también, aunque con ciertas modificaciones, para otros tipos de organizaciones), las principales estrategias y políticas para la orientación general de las operaciones corresponden probablemente a las áreas de crecimiento, finanzas, organización, personal, relaciones públicas, productos o servicios y comercialización. Nos detendremos en estas dos últimas.

Productos o servicios

La razón de existir de una empresa es proporcionar productos o servicios. En realidad, las utilidades son sencillamente una medida (aunque importante) del grado de servicio que una compañía presta a sus clientes. Pero por encima de cualquier otro factor, los nuevos productos o servicios determinan qué es o será una empresa.

Éstas son las preguntas básicas en esta área:

¿Qué es nuestra empresa?
¿Quiénes son nuestros clientes?
¿Qué desean nuestros clientes?

¿Cuánto nos compran los clientes y a qué precio?

¿Nos interesa ser líderes de productos?

¿Cuál es nuestra ventaja competitiva?

¿Nos interesa desarrollar nuevos productos propios?

¿Qué ventajas poseemos en la atención de las necesidades de los clientes?

¿Cómo debemos responder a la competencia, tanto real como potencial?

¿Qué más podemos hacer en favor de la atención de las necesidades de los clientes?

¿Qué utilidades podemos esperar?

¿Cuál debe ser la forma básica de nuestra estrategia?

Mercadotecnia

Las estrategias de mercadotecnia son diseñadas para orientar a los administradores en el suministro de productos o servicios a los clientes y en la persuasión de los clientes para que compren. Estas estrategias están estrechamente relacionadas con las estrategias de productos, y por lo tanto deben entrelazarse con ellas y apoyarse unas a otras. De hecho, Peter Drucker asegura que las dos funciones empresariales básicas son la innovación (creación de nuevos bienes o servicios, por ejemplo) y la mercadotecnia. Difícilmente una empresa podría sobrevivir sin contar al menos con una de estas funciones, aunque lo preferible es que lleve a cabo las dos.

Éstas son las preguntas básicas para el establecimiento de una estrategia de mercadotecnia:

¿Dónde se encuentran nuestros clientes y por qué compran lo que les ofrecemos?

¿Cuál es el patrón de compras de nuestros clientes?

¿Qué es lo que más nos conviene vender?

¿Tenemos algo que ofrecer que no ofrezcan nuestros competidores?

¿Nos interesa tomar medidas legales para desalentar la competencia?

¿Necesitamos y podemos ofrecer servicios de soporte?

¿Cuáles son las mejores estrategia y política de precios para nuestras operaciones?

¿Cómo podemos atender mejor a nuestros clientes?

Jerarquía de estrategias empresariales[15]

La estrategia general de las compañías grandes y diversificadas puede constituir una jerarquía. En la cúspide de la pirámide está la *estrategia corporativa*. En este nivel, los ejecutivos trazan la estrategia general de una compañía diversificada. Se toman decisiones respecto de las industrias en las que la compañía desea competir. Asimismo, por lo general se selecciona un portafolio de negocios con el propósito de obtener sinergias entre las diversas unidades de negocios.

En el segundo nivel de la jerarquía se desarrollan *estrategias de negocios*, usualmente a cargo del administrador general de una unidad de negocios. El director general de la compañía revisa y aprueba o rechaza estas estrategias. El propósito de la estrategia de negocios es la obtención de una ventaja competitiva en un área de la línea de productos en particular.

En el tercer nivel jerárquico se desarrollan *estrategias* (o políticas) *funcionales*. En este caso se generan estrategias por departamentos u otras unidades organizacionales, como finanzas, producción, comercialización, servicio, personal, etc. El objetivo es apoyar las estrategias de negocios y corporativa.

Análisis de la industria y estrategias competitivas genéricas según Porter[16]

El profesor Michael Porter, de la Universidad de Harvard, ha señalado que la formulación de estrategias requiere de un análisis de la industria (esto es, de su atractivo) y de la posición de una compañía dentro de ella. Este análisis sirve de base a las estrategias genéricas.

Análisis de la industria

Porter identificó cinco fuerzas en el análisis de la industria: 1) competencia entre compañías, 2) posibilidad de acceso al mercado de nuevas compañías, 3) posibilidad de uso de productos o servicios sustitutos, 4) poder de negociación de los proveedores y 5) poder de negociación de los compradores o clientes. Sobre la base del análisis de la industria, una compañía puede adoptar estrategias genéricas. Son genéricas porque pueden adaptarse a muy diferentes tipos de organizaciones. Sin embargo, una empresa puede aplicar más de una estrategia.

Estrategia general de liderazgo de costos

Este enfoque estratégico persigue la reducción de costos, en gran medida con base en la experiencia. Así, se hace énfasis en la estrecha vigilancia de los costos en áreas como investigación y desarrollo, ventas y servicio. El objetivo es que una compañía posea una estructura de costos bajos en comparación con la de sus competidores. Para esta estrategia suele requerirse de una gran participación relativa de mercado y de instalaciones de costo eficiente, como es el caso en Estados Unidos de la conocida Lincoln Electric Company, fabricante de equipos y abastos para soldadura de arco. Otro ejemplo es el jabón Ivory, de bajo costo y con ventas en un extenso mercado.

Estrategia de diferenciación

Una compañía que sigue una estrategia de diferenciación se propone ofrecer algo único en la industria en lo referente a productos o servicios. Los autos deportivos Porsche son indudablemente especiales, como lo es también Caterpillar Company, famosa por su rápido servicio y disponibilidad de partes de repuesto. En el vasto mercado de consumo, el jabón Dial se diferencia de otras marcas de jabones por el empleo de desodorantes en su elaboración.

Estrategia de enfoque (de bajo costo o diferenciación)

Una compañía que adopta una estrategia de enfoque limita su atención a grupos especiales de clientes, una línea de productos en particular, una región geográfica específica u otros aspectos convertidos en el punto focal de los esfuerzos de la empresa. En lugar de cubrir la totalidad del mercado con sus productos o servicios, una empresa puede poner el acento en un segmento específico del mercado. Esto puede lograrse mediante una estrategia de costos bajos, de diferenciación o ambas. Porter ilustra la estrategia de *enfoque con costos bajos* con el ejemplo de La Quinta Inns, la cual opera en cierta región de Estados Unidos y atrae a agentes viajeros, como vendedores. La estrategia de *enfoque y diferenciación* puede ejemplificarse con Cray Research, Inc., compañía especializada en potentes y sofisticadas computadoras. La diferenciación le permite a esta empresa cobrar elevados precios por sus productos.

En general, es conveniente que una empresa opte por una estrategia genérica y evite los puntos intermedios. Si una compañía se ubica en una posición intermedia, tendrá que decidir entre un mercado amplio o estrecho para una estrategia de costos reducidos o entre un mercado amplio o estrecho para un producto o servicio diferenciado (es decir, único).

**PERSPECTIVA
INTERNACIONAL**

DIFERENCIACIÓN EN GRUPO ELEKTRA

Parte del éxito del Grupo Elektra ha sido su clara concentración en el mercado masivo con ingresos bajos, lo que implica ofrecer precios también bajos. Desde los productos que tradicionalmente ha vendido en sus tiendas Elektra, hasta seguros de vida y radiolocalizadores, pueden adquirirse mediante planes de pago en abonos semanales. Incluso, al adquirir las tiendas de ropa Hecali, ampliamente conocidas por su orientación al mercado de menores ingresos, ha puesto en práctica la venta mediante el pago semanal de prendas de vestir que de por sí son de bajo precio en relación con el nivel de precios existente.

Instrumentación eficaz de estrategias

Para ser eficaz, la planeación estratégica debe trascender la sola asignación de recursos y perseguir objetivos organizacionales. Este propósito debe complementarse con el pensamiento estratégico, el cual comprende el diseño de una estructura organizacional apropiada, un sistema eficaz de información administrativa, un sistema de presupuestación que facilite el cumplimiento de objetivos estratégicos y un sistema de premios en apoyo a la estrategia.

Deficiencias de la planeación estratégica y recomendaciones adicionales

Detengámonos primeramente en algunos motivos de falla de la planeación estratégica, para considerar después lo que puede hacerse en favor de la planeación.

En un estudio, las deficiencias de la planeación estratégica se atribuyeron a los siguientes factores:[17]

1. Inadecuada preparación de los administradores en planeación estratégica.
2. Insuficiencia de la información destinada a la elaboración de planes de acción.
3. Excesiva vaguedad de las metas de la organización, al grado de resultar inútiles.
4. Imprecisa identificación de las unidades de negocios (modalidad específica de organización de la que se hablará en el capítulo 8).
5. Ineficaz realización de las revisiones de los planes estratégicos de las unidades de negocios.
6. Insuficiente vinculación entre planeación estratégica y control.

La planeación estratégica está a cargo de los administradores de línea, y en particular de quienes ocupan los niveles más altos de la organización. Estos administradores deben apoyarse en el equipo de planificadores, sobre todo en el caso de grandes empresas. Sin embargo, a fin de que sus labores en este renglón sean verdaderamente eficaces, es esencial que los administradores de línea obtengan asesoría en planeación estratégica.

El plan estratégico general debe complementarse con planes de acción específicos. Esto supone en general la contribución de administradores de línea de los diferentes departamentos funcionales (como investigación y desarrollo, ingeniería, producción, comercialización, finanzas y personal) para planear con la mira puesta en las personas que habrán de llevar a cabo el plan. Sin embargo, no es fácil integrar diversos grupos funcionales. Por lo tanto, en muchas compañías se han creado equipos de trabajo, con amplia representación de administradores intermedios, para atravesar las barreras funcionales.

Para dotar de significado a metas y objetivos es preciso trascender obviedades, como la de "alcanzar la excelencia". El grado de especificidad depende del nivel en la jerarquía de objetivos, como se explicó en el capítulo 4.

Cuando las organizaciones crecen demasiado, se les suele dividir en unidades estratégicas de negocios (UEN). De ellas se espera que operen como empresas relativamente independientes. Aun así, es importante que las delimitaciones entre diferentes UEN sean correctamente trazadas. De lo contrario, la planeación estratégica puede complicarse.

Piénsese, por ejemplo, en el caso de una gran organización con muchas UEN, dotada cada una de ellas de su propio plan estratégico, en competencia entre sí por recursos escasos y con proyecciones sumamente optimistas respecto de su plan estratégico particular. En una compañía así es inevitable que surjan conflictos a escala corporativa. El director general tendrá que hacer alarde de habilidad para integrar los diversos planes estratégicos en un conjunto significativo que responda a los intereses de la organización en su totalidad. En el capítulo 8, acerca de la departamentalización, abundaremos en las UEN.

Los planes son la base del control. Sin ellos, éste es imposible. Muy a menudo, planes estratégicos y presupuestos se oponen entre sí. Es común que los presupuestos se basen en los del año anterior, no en el plan estratégico. Asimismo, por lo general se les elabora sin un plan de acción específico para la instrumentación de la estrategia. Los planes estratégicos también suelen verse obstaculizados por sistemas de compensaciones que premian los resultados a corto plazo a expensas de la solidez a largo plazo de la organización.

De esta argumentación se desprende claramente que la planeación estratégica debe integrarse al proceso administrativo total: la estructura organizacional, el sistema de evaluación, premios y motivaciones y los controles empleados para la medición del desempeño con base en los objetivos. Esto confirma que la administración eficaz requiere de un enfoque de sistemas en el que se ponga de manifiesto la interdependencia de las actividades administrativas.

Instrumentación exitosa de estrategias

Una cosa es desarrollar estrategias claras y significativas y otra muy distinta, y de gran importancia práctica, instrumentarlas eficazmente.[18] Para que la planeación estratégica sea exitosa, es necesario seguir ciertos pasos en su instrumentación. A continuación se hacen ocho recomendaciones a los administradores interesados en la puesta en práctica de sus estrategias.

1. COMUNICAR LAS ESTRATEGIAS A TODOS LOS ADMINISTRADORES CLAVE RESPONSABLES DE TOMAR DECISIONES[19]

Formular estrategias significativas posee escaso valor si éstas no son dadas a conocer a todos los administradores en condiciones de tomar decisiones sobre programas y sobre los planes diseñados para aplicarlos. Si la comunicación no es clara para el receptor, es tanto como si no hubiera ocurrido.

2. DESARROLLAR Y COMUNICAR PREMISAS DE PLANEACIÓN

Más adelante se insistirá en la importancia de las premisas de planeación. Los administradores deben desarrollar las premisas cruciales para planes y decisiones, explicarlas a todos los integrantes de la cadena de toma de decisiones y girar instrucciones sobre el desarrollo de programas y la toma de decisiones de acuerdo con aquéllas. Si las premisas no contienen supuestos básicos sobre las condiciones en las que operarán los planes, las decisiones se basarán probablemente en supuestos y predilecciones personales. Esto derivará casi indudablemente en una serie de planes sin coordinación entre sí.

3. COMPROBAR QUE LOS PLANES DE ACCIÓN CONTRIBUYAN A LOS OBJETIVOS Y ESTRATEGIAS PRINCIPALES Y SEAN REFLEJO DE ELLOS

Los planes de acción son programas y decisiones tácticos u operativos presentes en las diversas partes de una organización. Si no se derivan de los objetivos y estrategias deseados, darán como resultado esperanzas vagas e inútiles intenciones. Si no se pone cuidado en este aspecto, es improbable que la planeación estratégica tenga impacto en lo básico, esto es un efecto importante en las utilidades de la compañía.

Existen varios medios para comprobar que los planes de acción contribuyan a las metas principales. Si todos los administradores conocen las estrategias, pueden verificar que las recomendaciones de los asesores ejecutivos y de los subordinados de línea contribuyan realmente y sean congruentes con ellas. Incluso sería buena idea que las decisiones importantes fueran revisadas por un pequeño comité creado para este efecto, integrado, por ejemplo, por el jefe del administrador involucrado, el superior de este jefe y un especialista ejecutivo. También los presupuestos deben revisarse en función de objetivos y estrategias.

4. REVISAR REGULARMENTE LAS ESTRATEGIAS[20]

Incluso las estrategias más cuidadosamente desarrolladas pueden volverse obsoletas en caso de un cambio de condiciones. Por lo tanto, se les debe revisar de cuando en cuando, al menos una vez al año si son estrategias primordiales, y quizá más a menudo. Por sí solo, el desempeño financiero es insuficiente, y aun engañoso, como indicador del éxito de una compañía. La revisión de estrategias puede implicar el examen de las condiciones externas en busca de nuevas oportunidades y amenazas y la reevaluación de las fortalezas y debilidades internas. En lo que se refiere a las condiciones externas, por ejemplo, nuevos competidores pueden incorporarse al mercado o pueden introducirse productos o servicios sustitutos. Además, pueden ingresar al mercado nuevos proveedores, o desaparecer los tradicionales. De igual forma, los compradores tradicionales de bienes y servicios podrían dejar de existir, y aparecer otros nuevos. En pocas palabras, la situación competitiva puede cambiar a causa del surgimiento de nuevos factores, lo que impone la necesidad de una revisión regular de las estrategias.

5. DESARROLLAR ESTRATEGIAS Y PROGRAMAS DE CONTINGENCIA

Si es factible que ocurran cambios importantes en los factores competitivos o en otros elementos del entorno, se deben formular estrategias para tales contingencias. Es evidente que nadie puede permitirse esperar a que las condiciones futuras tengan cierto grado de certidumbre para hacer planes. Incluso frente a una incertidumbre considerable y ante la posibilidad de que ocurran hechos que vuelvan obsoleto un conjunto dado de objetivos, estrategias o programas, un administrador no tiene otra opción que la de proceder sobre la serie de premisas más verosímil que sea capaz de producir en un momento dado. Pero aun en estas condiciones es necesario prepararse ante la posibilidad de ocurrencia de ciertas contingencias. Los planes de contingencia requieren un buen grado de preparación.

**6.   ADECUAR LA ESTRUCTURA ORGANIZACIONAL A LAS NECE-
SIDADES DE PLANEACIÓN**   La estructura organizacional, y en particular su
sistema de delegación, debe diseñarse en tal forma que permita a los administradores el
cumplimiento de metas y la toma de las decisiones necesarias para la puesta en práctica
de los planes. De ser posible, el cumplimiento de cada meta y la instrumentación de las
estrategias para alcanzarla deben ser responsabilidad de una persona. En otras palabras,
es preciso identificar las áreas de resultados finales y las tareas clave y asignarlas a
puestos específicos a todo lo largo de la estructura organizacional incluyendo el nivel
más bajo posible. Pero dado que no siempre es factible realizar asignaciones de esta
manera, quizá no haya más alternativa que recurrir a alguna modalidad de la organización matricial, tipo de estructura organizacional que se expondrá en el capítulo 8. Pero
incluso en este caso deben definirse claramente las responsabilidades de cada una de las
posiciones de la matriz.[21]

Así, debe definirse el papel del equipo de analistas en una estructura organizacional, a fin de aclarar que la función de quienes ocupan esos puestos es apoyar las iniciativas de cambio. A partir de esta base, los estudios y recomendaciones que presenten se
incorporarán al sistema de decisiones en los diversos puntos en los que éstas deben tomarse realmente. De no proceder de este modo, el resultado final será una labor sin valor
para la planeación.

**7.   INSISTIR PERMANENTEMENTE EN LA PLANEACIÓN Y LA INS-
TRUMENTACIÓN DE ESTRATEGIAS**   Aun si una organización dispone de un
sistema funcional de objetivos y estrategias y de su instrumentación, éste fallará a la
primera oportunidad si los administradores responsables no persisten en las necesarias
reiteraciones acerca de la naturaleza e importancia de estos elementos. Este proceso
puede parecer tedioso e inútilmente repetitivo, pero constituye el medio ideal para garantizar el aprendizaje de este sistema por parte de los miembros de la organización. La
enseñanza a este respecto no significa necesariamente la impartición de seminarios; por
el contrario, ocurre en gran medida en la interacción diaria entre superiores y subordinados.

**8.   CREAR UN CLIMA EMPRESARIAL QUE INDUZCA A LA PLA-
NEACIÓN**   La gente tiende a permitir que sus problemas y crisis del momento inter-
fieran en la planeación del mañana. La única manera de asegurar el ejercicio de la
planeación es desarrollar cuidadosamente las estrategias y emprender todos los esfuerzos necesarios para instrumentarlas.

Desarrollo de premisas y pronósticos

Uno de los pasos esenciales y
más a menudo ignorados de la
planeación efectiva y coordinada es la elaboración de
premisas, consistente en el es-
tablecimiento de supuestos básicos congruentes para los planes en consideración y en el
acuerdo de administradores y planificadores de utilizarlos. Las **premisas de planeación**

son *las condiciones previstas en que operarán los planes. Incluyen supuestos o pronósticos sobre las condiciones futuras conocidas que afectarán la operación de los planes.*
Como ejemplo de ellas pueden citarse las políticas prevalecientes y los planes en vigor
de una compañía que controlan la naturaleza básica de los planes de apoyo.

Debe distinguirse entre pronósticos que son premisas de planeación y pronósticos
que se traducen en expectativas futuras, usualmente en términos financieros, de planes
ya desarrollados. Por ejemplo, un pronóstico para determinar las condiciones económicas, el volumen de ventas o la situación política a futuro aporta premisas para el desarrollo de planes. En cambio, un pronóstico sobre los costos o ganancias de una nueva inversión
de capital traduce un programa de planeación en expectativas futuras. En el primer caso,
el pronóstico es un prerrequisito de la planeación; en el segundo, un resultado de ésta.

Al mismo tiempo, los planes mismos y los pronósticos sobre sus futuros efectos
suelen fungir como premisas para otros planes. La decisión de una compañía de suministro de energía eléctrica de construir una planta generadora de energía nuclear, por ejemplo, genera condiciones de las que se desprenden premisas para planes de líneas de
transmisión y otros planes necesariamente dependientes de la planta en construcción.

Pronósticos de ambiente

Si el futuro pudiera pro-
nosticarse con exactitud, la
planeación sería relativamente simple. A los administradores les bastaría considerar tanto sus recursos humanos y materiales como las oportunidades y amenazas a la vista,
deducir el método óptimo para el cumplimiento de su objetivo y proceder a alcanzarlo
con relativamente alto grado de certidumbre. Pero en la práctica la realización de pronósticos es mucho más compleja.

Valores y áreas de pronóstico

Más allá de su uso estricto, los pronósticos tienen valor. En primer lugar, la realización
de pronósticos y su revisión por parte de los administradores imponen la necesidad de
previsión, análisis del futuro y preparación ante éste. En segundo, la elaboración
de pronósticos puede revelar áreas que necesitan de control. En tercero, la generación de
pronósticos contribuye a la uniformación y coordinación de planes, sobre todo cuando
en ella participan miembros de toda la organización. En virtud de su enfoque al futuro,
los pronósticos son útiles para conformar la unidad de propósito en la planeación.

Las áreas de condiciones más frecuentemente elegidas para la realización de pronósticos son: 1) económica, 2) social, 3) política/legal y 4) condiciones tecnológicas, las
cuales fueron expuestas en los capítulos 2 y 3.

Pronósticos con la técnica Delphi

La técnica Delphi representa un intento por obtener pronósticos tecnológicos más precisos y significativos. Desarrollada por Olaf Helmer y su grupo de colaboradores en RAND

Corporation, esta técnica posee un alto grado de respetabilidad y aceptación científica. El siguiente sería un proceso usual de la técnica Delphi:

1. Se selecciona un grupo de expertos en un área en particular, por lo general tanto de dentro como fuera de la organización.
2. Se solicita a los expertos la realización (en forma anónima, para evitar mutuas influencias) de un pronóstico sobre lo que creen que ocurrirá, y cuándo, en diversas áreas de nuevos descubrimientos y adelantos.
3. Se recopilan las respuestas, y los resultados combinados son presentados a los miembros del grupo.
4. Con base en esta información (pero aún en condiciones de anonimato), se elaboran nuevas estimaciones del futuro.
5. Este proceso puede repetirse varias veces.
6. Una vez que comienza a perfilarse la convergencia de opiniones, los resultados pueden usarse como un pronóstico aceptable.

Cabe advertir que el propósito de las sucesivas opiniones y retroalimentaciones no es obligar a los expertos a un compromiso, sino contribuir a la formulación de opiniones mejor informadas mediante la incorporación de elementos adicionales por considerar. Con ello se busca, tal como se ha comprobado en la práctica, la creación de un consenso informado entre los expertos.

Resumen

Existen varias definiciones de estrategia. Una de ellas, muy completa, es que la estrategia consiste en la determinación del propósito y los objetivos básicos a largo plazo de una empresa y en la adopción de los cursos de acción y la asignación de recursos necesarios para el cumplimiento de esas metas. Las políticas son enunciados o interpretaciones generales que orientan las ideas de los administradores en la toma de decisiones. Tanto estrategias como políticas sirven de guía a los planes. Constituyen la estructura de éstos y sientan las bases para el desarrollo de tácticas y otras actividades administrativas.

El modelo de planeación estratégica muestra el funcionamiento de este proceso. En él se identifican los elementos básicos del proceso y se indica la relación entre ellos. La Matriz TOWS es un moderno instrumento para el análisis de las amenazas y oportunidades de las condiciones externas y de la relación de éstas con las fortalezas y debilidades (internas) de la organización. La matriz de portafolio es un instrumento para la asignación de recursos, por medio del cual se establece un vínculo entre la tasa de crecimiento de la industria y su posición competitiva relativa (medida a través de su participación de mercado).

Importantes estrategias y políticas deben desarrollarse en áreas tales como crecimiento, finanzas, organización, personal, relaciones públicas, productos o servicios y comercialización. Las estrategias componen una jerarquía, la cual va del nivel empresarial al de negocios y de éste al nivel funcional. El profesor Porter identificó tres estrategias competitivas genéricas, relativas al liderazgo en costos generales, la diferenciación y el enfoque.

Para la efectiva instrumentación de las estrategias, los administradores deben comunicar tanto éstas como las premisas de planeación a todos aquellos necesitados de conocerlas y comprobar que los planes contribuyan a y reflejen las estrategias y metas a las que responden. Asimismo, deben revisar las estrategias regularmente, desarrollar estrategias de contingencia y cerciorarse de que la estructura organizacional de la empresa se ajusta al programa de planeación. Finalmente, deben hacer del aprendizaje acerca de la planeación e instrumentación de estrategias un proceso permanente.

Las premisas de planeación son las condiciones que se prevén a futuro. Incluyen supuestos o pronósticos sobre las condiciones futuras previsibles. Uno de los métodos de pronóstico es la técnica Delphi, desarrollada por RAND Corporation.

Ideas y conceptos básicos

Estrategias

Políticas

Tácticas

Principio de estructura de estrategias y políticas

Elementos básicos del proceso de planeación estratégica

Matriz TOWS de Weihrich

Matriz de portafolio del Boston Consulting Group

Principales tipos de estrategias

Jerarquía de estrategias

Las tres estrategias genéricas de Porter

Requisitos de la exitosa instrumentación de estrategias

Premisas de planeación

Técnica Delphi

Para analizar

1. ¿Qué distinción haría usted entre estrategias y políticas?
2. ¿Estrategias y políticas son igualmente importantes para las organizaciones no lucrativas (como un sindicato, el Departamento de Estado, un hospital o el cuerpo de bomberos de una localidad) y para las empresas de negocios? ¿Por qué? ¿En qué sentido?
3. ¿A qué se debe la importancia de las estrategias de contingencia?
4. Elija una organización que conozca e identifique sus fortalezas y debilidades. ¿Qué oportunidades y amenazas en particular le ofrecen a esta empresa las condiciones externas?
5. ¿Qué procedimiento seguiría usted para realizar una evaluación organizacional de su universidad? ¿A qué tipo de "sector" pertenece su escuela?
6. ¿Qué puede hacerse para la eficaz instrumentación de las estrategias?
7. Identifique las principales premisas que, a su juicio, necesitaría Ford Motor Company para pronosticar sus ventas de automóviles en los 2 próximos años.

Ejercicios/actividades

1. Lea dos artículos de revistas como *Fortune*, *Business Week* o *Expansión* referidos a estrategias. Haga una lista de las fortalezas y debilidades de las compañías en cuestión, así como de las amenazas y oportunidades que se les presentan.

2. Seleccione un importante problema de decisión que enfrente usted en la actualidad y describa las premisas de planeación más relevantes en torno a él. ¿Cuántas de ellas son cuestiones de conocimientos y cuántas de pronóstico? ¿Cuántas son cualitativas y cuántas cuantitativas? ¿Cuántas de ellas están bajo su control?

 # CASO INTERNACIONAL 5

LA CALIDAD COMO EL FACTOR CLAVE DE ÉXITO EN LA GUERRA AUTOMOTRIZ GLOBAL[22]

El Massachusetts Institute of Technology (MIT) realizó un amplio estudio sobre la industria automotriz global en el que se compararon las operaciones de General Motors, Toyota y la sociedad en participación entre GM y Toyota, la planta de la New United Motor Manufacturing (NUMMI), con sede en Fremont, California.[23] Los resultados de este estudio plantean inquietantes dudas sobre la calidad y productividad de las operaciones estadunidenses, a saber:

• ¿Por qué en la planta en Framingham de GM se requiere de 31 horas para ensamblar un automóvil cuando en la planta de Toyota se requiere de sólo 16 horas, alrededor de la mitad de tiempo?

• ¿Por qué cada auto de la planta de GM tiene un promedio de 135 defectos cuando los de Toyota sólo tienen 45, aproximadamente un tercio de la primera cifra?

• ¿Por qué en GM se requiere de casi el doble de espacio de ensamble que en las instalaciones de Toyota?

• ¿Por qué en GM se requiere de un inventario de partes para dos semanas cuando Toyota sólo necesita un suministro de partes para dos horas en su línea de ensamble? Como es de suponer, el costo de mantenimiento de un gran inventario de partes repercute en los costos de producción.

Obviamente, GM no salió del todo bien librada en su comparación con Toyota, a pesar de lo cual el estudio del MIT también contiene signos alentadores. Si bien los fabricantes estadunidenses de automóviles se han rezagado respecto de sus rivales extranjeros, ya han dado pasos activos para elevar la calidad de sus productos y responder a los deseos de sus clientes. Estas compañías no han sido derrotadas, sino más bien revitalizadas por la competencia.

GM unió fuerzas con Toyota para crear la planta de NUMMI a fin de elevar la calidad y eficiencia de sus operaciones manufactureras. La antigua planta de GM en Fremont, California, era una de las fábricas de peor desempeño de la compañía antes de la puesta en marcha de NUMMI. Como resultado de esta sociedad en participación, el tiempo de ensamble se ha reducido considerablemente y la calidad, medida en número total de defectos por auto, ha igualado ya el desempeño de Toyota en Japón. Aunque el espacio de ensamble sigue siendo relativamente alto para los estándares japoneses, los inventarios de NUMMI se han reducido de dos semanas a únicamente dos días. En pocas palabras, la solución de muchos de los problemas de producción de GM podría consistir en la necesidad de eliminar el desperdicio, atender los procesos de valor agregado y aplicar controles de calidad más estrictos.

En cierto sentido, la industria automotriz europea es aún menos competitiva que las compañías estadunidenses.[24] Medida con base en los defectos de ensamble por cada 100 automóviles, la calidad de la producción europea es inferior a la estadunidense. En Europa se detectaron 97 defectos por cada 100 automóviles, contra 82.3 de las empresas estadunidenses que operan en Estados Unidos. Por su parte, las compañías japonesas con operaciones en América del Norte presentaron sólo 65 defectos, y las empresas japonesas en Japón únicamente 60.

En cuanto a la productividad, las plantas automotrices europeas también resienten graves deficiencias, pues en ellas se requiere de 36.3 horas para ensamblar un auto, contra 25.1 horas en las compañías estaduni-denses en América del Norte, 21.2 horas en las plantas automotrices japonesas en América del Norte y sólo 16.8 horas en las compañías japonesas que operan en Japón. Evidentemente, las empresas estadunidenses, y en mayor medida las europeas, deben conseguir importantes mejoras en productividad y calidad para ser competitivas en el mercado global.

1. ¿Qué ganó Toyota con la sociedad en participación NUMMI? ¿Qué beneficios obtuvo General Motors?

2. En calidad de consultor, ¿qué estrategias le recomendaría usted a los fabricantes europeos de automóviles para mejorar su posición competitiva en la industria automotriz global?

Referencias

1. Henry Mintzberg, *The Fall and Rise of Strategic Planning* (Nueva York, Free Press, 1994).

2. Alfred D. Chandler, Jr., *Strategy and Structure* (Cambridge, Mass.; The M.I.T. Press, 1962). En este excelente estudio histórico el autor analiza la historia de Du Pont, General Motors, Standard Oil Company (Nueva Jersey) y Sears Roebuck y muestra en cada caso los efectos de la estructura organizacional. Véase también Alfred D. Chandler, Jr., "The Enduring Logic of Industrial Success", en *Harvard Business Review*, marzo-abril de 1990, pp. 130-140.

3. Sección publicitaria especial de *Fortune*, 7 de agosto de 1995.

4. Folletos de General Motors, sin fecha.

5. Para una explicación sobre la visión, véase Ian Wilson, "Realizing the Power of Strategic Vision", en Arthur A. Thompson, Jr., A. J. Strickland III y Tracy Robertson Kramer (eds.), *Readings in Strategic Management*, 5a. ed. (Chicago, Irwin, 1995), pp. 35-55; Paul J. H. Schoemaker, "How to Link Strategic Vision to Core Capabilities", en Arthur A. Thompson, Jr., *ibid.*, pp. 146-170.

6. Gary Hamel y C. K. Prahalad, "Strategic Intent", en Arthur A. Thompson, Jr., A. J. Strickland III y Tracy Robertson Kramer (eds.), *Readings in Strategic Management*, 5a. ed. (Chicago, Irwin, 1995), pp. 56-76; Gary Hamel y C. K. Prahalad, *Competing for the Future* (Boston, Harvard Business School Press, 1994, 1996), pp. 141-149.

7. El artículo de Hamel y Prahalad fue originalmente publicado en la *Harvard Business Review* (mayo-junio de 1989) y reproducido con algunas omisiones en Henry Mintzberg y James Brian Quinn, *The Strategy Process. Concepts and Cases* (Upper Saddle River, N.J.; Prentice Hall, 1996), pp. 41-45. Cabe señalar que, posteriormente, Komatsu ha cometido algunos errores estratégicos, debido quizá a un excesivo énfasis en derrotar a Caterpillar; Michael A. Hitt, Beverly B. Tyler, Camilla Hardee y Daewoo Park, "Understanding Strategic Intent in the Global Market Place", en *The Academy of Management Executive*, mayo de 1995, pp. 12-19.

8. Para una exposición detallada sobre varios tipos de estrategias, véase Fred R. David, *Concepts of Strategic Management* (Upper Saddle River, N.J.; Prentice Hall, 1997), cap. 2.

9. Para una explicación de las alianzas estratégicas, véase Manuel G. Serapio, Jr., y Wayne F. Cascio, "End-Games in International Alliances", en *Academy of Management Executive*, febrero de 1996, pp. 62-73; Peter Lorange y Johan Roos, "Why Some Strategic Alliances Succeed and Other Fail", en Arthur A.

Thompson, Jr., A. J. Strickland III y Tracy Robertson Kramer (eds.), *Readings in Strategic Management*, 5a. ed. (Chicago, Irwin, 1995), pp. 419-426.

10. Véase también Gary Hamel, "Strategy as Revolution", en *Harvard Business Review*, julio-agosto de 1996, pp. 69-82.

11. Tim Smart y Gail Edmondson, "Slow Boil for ABB in the U.S.", en *Business Week*, 12 de septiembre de 1994, pp. 72-73; Stanley Reed y Ariane Sains, "Percy Barnevik Passes the Baton", en *Business Week*, 28 de octubre de 1996, pp. 66.

12. Esta exposición y las figuras complementarias fueron adaptadas de Heinz Weihrich, "The TOWS Matrix — A Tool for Situational Analysis", en *Long Range Planning*, vol. 15, núm. 2 (1982), pp. 54-66; Heinz Weihrich y Kai-Uwe Seidenfuss, "Gaining a Competitive Advantage for the Nation With the TOWS Matrix — An Alternative to Porter's Model", en *Management Research Conference*, IFSAM, París, julio de 1996, pp. 352-353.

13. Bruce D. Henderson, "The Experience Curve Revisited" (Boston Consulting Group, sin fecha); Barry Hedly, "Strategy and the 'Business Portfolio'", en *Long Range Planning*, febrero de 1977, pp. 9-15; Bruce D. Henderson, "The Application and Misapplication of the Experience Curve", en *Journal of Business Strategy*, invierno de 1984.

14. Charles W. Hofer y Dan E. Schendel, *Strategy Formulation: Analytical Concepts* (St. Paul, West Publishing Company, 1978); Richard G. Hamermesh y Roderick E. White, "Manage beyond Portfolio Analysis", en *Harvard Business Review*, enero-febrero de 1984, pp. 103-109.

15. Véase, por ejemplo, Arthur A. Thompson, Jr., y A. J. Strickland III, *Strategic Management*, 9a. ed. (Chicago, Irwin, 1996), pp. 36-46.

16. Michael E. Porter, "How Competitive Forces Shape Strategy", en *Harvard Business Review*, marzo-abril de 1979, pp. 137-145. Véase también, del mismo autor, *Competitive Strategy* (Nueva York, The Free Press, 1980); *Competitive Advantage* (Nueva York, The Free Press, 1985); *The Competitive Advantage of Nations* (Nueva York, The Free Press, 1990); "The Competitive Advantage of the Inner City", en *Harvard Business Review*, mayo-junio de 1995, pp. 55-71.

17. Daniel H. Gray, "Uses and Misuses of Strategic Planning", en *Harvard Business Review*, enero-febrero de 1986, pp. 89-97.

18. Esto se basa en gran medida en Harold Koontz, "Making Strategic Planning Work", en *Business Horizons*, abril de 1976, pp. 37-47; véase también Donald C. Hambrick y Albert A. Cannella, Jr., "Strategy Implementation as Substance and Selling", en *Academy of Management Executive*, noviembre de 1989, pp. 278-285.

19. Véase también Robert S. Kaplan y David P. Norton, "Using the Balanced Scorecard as a Strategic Management System", en *Harvard Business Review*, enero-febrero de 1996, pp. 75-85.

20. Véase también Gordon Donaldson, "A New Tool for Boards: The Strategic Audit", en *Harvard Business Review*, julio-agosto de 1995, pp. 99-107.

21. Para una explicación de la formulación de estrategias para unidades de negocios, véase John O. Whitney, "Strategic Renewal for Business Units", en *Harvard Business Review*, julio-agosto de 1996, pp. 84-98.

22. Basado en Heinz Weihrich, "Quality: The Imperative, the Jungle, and the Two-Factor Theory", en *Industrial Management*, julio-agosto de 1994, pp. 17-20.

23. Véase James P. Womack, Daniel T. Jones y Daniel Roos, *The Machine That Changed the World* (Nueva York, Harper Perennial, 1990).

24. IMVP World Assembly Plant Survey, 1989, y J.D. Power Initial Quality Survey, 1989, en Womack y otros, *The Machine That Changed the World* (Nueva York, Harper-Collins Publishers, 1990).

Al terminar este capítulo, usted podrá:

1. Analizar la toma de decisiones como un proceso racional, con especial atención en la evaluación de alternativas de acuerdo con las metas propuestas.
2. Desarrollar cursos de acción alternativos con la debida consideración del factor limitante.
3. Seleccionar alternativas con base en la experiencia y la experimentación, así como en investigación y análisis.
4. Diferenciar entre decisiones programadas y no programadas.

Capí

seis

Toma de decisiones

5. Entender las diferencias entre decisiones tomadas en condiciones de certidumbre, incertidumbre y riesgo.
6. Seleccionar entre alternativas mediante el análisis de riesgo y los árboles de decisión.
7. Evaluar la importancia de la toma de decisiones.
8. Comprender la importancia de la creatividad e innovación en la administración.
9. Sintetizar los principios básicos o guías de la planeación.

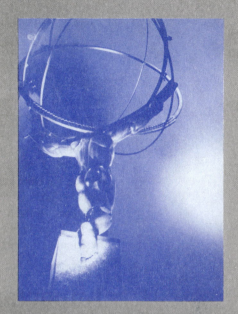

tulo

La toma de decisiones es, por un lado, una de las manifestaciones más fascinantes de la actividad biológica y, por otro, campo de trascendentes implicaciones para la raza humana.[1]

WEST CHURCHMAN

La **toma de decisiones** es *la selección de un curso de acción entre varias alternativas*, y constituye por lo tanto la esencia de la planeación. No puede decirse que exista un plan si no se ha tomado una decisión, un compromiso de recursos, dirección o prestigio. Mientras tal cosa no ocurra, estaremos únicamente frente a estudios y análisis de planeación. Es común que los administradores conciban la toma de decisiones como su actividad primordial, ya que permanentemente deben determinar qué hacer, quién lo hará, cuándo y dónde lo hará y a veces incluso cómo se le hará. No obstante, la toma de decisiones es apenas uno entre los varios pasos de la planeación, aun si se le realiza rápidamente y sin mayor reflexión o si su influencia sobre las acciones dura sólo unos cuantos minutos. Por lo demás, también está presente en la vida cotidiana de toda persona. Es raro que un curso de acción pueda ser juzgado en forma aislada, porque prácticamente en todas las decisiones se debe tomar en cuenta a otros planes.

Importancia y limitaciones de la toma de decisiones racionales

En la exposición acerca de los pasos de la planeación realizada en el capítulo 4 se señaló que la toma de decisiones es una de las partes más importantes de la planeación. Para efectos reales, y dado el conocimiento de una oportunidad y una meta, el proceso de decisión es verdaderamente la esencia de la planeación. En este contexto, entonces, el proceso dirigido a la toma de una decisión puede concebirse como 1) establecimiento de premisas, 2) identificación de alternativas, 3) evaluación de alternativas en términos de la meta propuesta y 4) elección de una alternativa, esto es, toma de una decisión.

Aunque en este capítulo se hará énfasis en la lógica y técnicas para la elección de un curso de acción, en nuestras explicaciones quedará de manifiesto que, en realidad, la toma de decisiones es uno de los pasos de la planeación.

Racionalidad en la toma de decisiones

Suele afirmarse que la efectiva toma de decisiones debe ser racional. Pero, ¿qué es la racionalidad? ¿Cuándo una persona piensa o decide racionalmente?

Los individuos que actúan o deciden racionalmente persiguen el cumplimiento de una meta imposible de alcanzar sin acciones. Deben poseer un conocimiento preciso de los diferentes cursos de acción para el cumplimiento de una meta en el marco de las circunstancias y limitaciones existentes. Asimismo, deben contar con información y con la capacidad de analizar y evaluar alternativas desde la perspectiva de la meta propuesta. Finalmente, deben tener el decidido interés de identificar la mejor solución mediante la selección de la alternativa más eficaz para el cumplimiento de la meta.

Alcanzar la racionalidad absoluta no es frecuente, sobre todo en la administración.[2] En primer lugar, dada la imposibilidad de tomar decisiones con efectos sobre el pasado, las decisiones deben operar sobre el futuro, el que casi invariablemente contiene un alto grado de incertidumbre. En segundo, determinar todas las alternativas para el cumplimiento de una meta es difícil, en particular cuando la toma de decisiones implica oportunidades de llevar a cabo algo que nunca se ha hecho. Además, en la mayoría de los casos es imposible analizar todas las alternativas, aun contando con las técnicas analíticas y las computadoras más recientes.

Racionalidad limitada o "acotada"

Un administrador debe conformarse con la racionalidad limitada o "acotada". En otras palabras, las limitaciones de información, tiempo y certidumbre restringen la racionalidad, aun si el administrador se propone deliberadamente ser absolutamente racional. Puesto que en la práctica es imposible que los administradores sean absolutamente racionales, en ocasiones permiten que su aversión al riesgo (su deseo de seguridad y protección) interfiera en su interés por obtener la mejor solución dadas las circunstancias. Herbert Simon llama **satisfaciente** al proceso de selección de un curso de acción satisfactorio o aceptable frente a determinadas circunstancias. Si bien muchas decisiones administrativas se toman con el deseo de que se les pueda aplicar en las condiciones más seguras posible, en su mayoría los administradores persiguen la toma de las mejores decisiones a su alcance dentro de los límites de la racionalidad y a la luz del grado y naturaleza de los riesgos implicados.

Consideremos en detalle los pasos del proceso de toma de decisiones.

Búsqueda de alternativas

Suponiendo que ya sabemos cuáles son nuestras metas y que ya se ha alcanzado un acuerdo sobre premisas de planeación claras, el primer paso de la toma de decisiones es el desarrollo de alternativas. Todo curso de acción presenta casi siempre varias alternativas; tan es así que cuando parece que sólo existe una manera de hacer algo, es probable que ésta sea incorrecta. Cuando únicamente se nos ocurre un solo curso de acción, es obvio que no hemos pensado lo suficiente.

La capacidad para desarrollar alternativas es a menudo tan importante como la habilidad de elegir correctamente entre ellas. Al mismo tiempo, sin embargo, la inventiva, la investigación y el sentido común pueden producir tal cantidad de opciones que resulte imposible evaluarlas adecuadamente. Los administradores necesitan ayuda en esta situación, la cual (junto con la que necesitan para elegir la mejor alternativa) se halla en el concepto del factor limitante o estratégico.

Un **factor limitante** es *algo que se interpone en el camino del cumplimiento de un objetivo deseado.* La percepción de los factores limitantes en una situación dada permite restringir la búsqueda de alternativas a únicamente aquellas que trasciendan los factores limitantes. El **principio del factor limitante** es el siguiente: *Para seleccionar el mejor curso de acción alternativo se deben identificar y trascender los factores que más firmemente se oponen al cumplimiento de una meta.*

RELEVO EN EL MANDO DE GRUPO TELEVICENTRO

Cuando el Grupo Televicentro, controladora de diversas empresas entre las que se encuentra Televisa, la famosa cadena mexicana de televisión, enfrentó la necesidad imperiosa de transmitir el mando debido al avanzado estado de la enfermedad terminal de su más alto directivo y socio principal, Emilio Azcárraga Milmo. Se debía tomar en cuenta de manera prioritaria el impacto que la noticia de su inminente deceso podría tener entre los diversos públicos que se relacionan con esa empresa, como los accionistas, inversionistas y el gran público en general.

Aunque en preparación al desenlace esperado se optó por nombrar como sucesor a su hijo, se ocultó deliberadamente al gran público el estado real de salud de Azcárraga Milmo. Si bien el objetivo era establecer una transición del poder que no fuese abrupta, en gran medida puede pensarse que en la reserva sobre la premura con que se presentaría el fallecimiento de Azcárraga Milmo se encontraba implícita la consideración especial que se dio al hecho de que no se debilitase la imagen de Televisa, particularmente en los mercados financieros, debido a expectativas quizá no favorables sobre el futuro desempeño del grupo empresarial, muy probablemente debido a la juventud del nuevo principal directivo.

En la práctica, se logró eliminar el componente de sorpresa para los inversionistas y otros grupos interesados en la marcha de la empresa. Incluso, como consecuencia de lo anterior, las personas más informadas sobre la situación a que se enfrentaba la empresa incorporaron a sus expectativas el inevitable hecho, interpretando correctamente la decisión antes mencionada, pues atinadamente se previó que el periodo de integración del ejecutivo sustituto era lo suficientemente adecuado y que el control de la empresa seguiría finalmente en manos de la familia Azcárraga, su cofundadora y a la fecha poseedora de la mayoría accionaria.

Evaluación de alternativas

Una vez determinadas las alternativas que correspondan, el siguiente paso de la planeación es evaluarlas y seleccionar aquellas cuyas contribuciones resultan ideales para el cumplimiento de la meta. En este último punto se condensa todo el sentido de la toma de decisiones, aunque también en otros pasos de la planeación (como en la selección de metas y la determinación de las premisas básicas, e incluso en la selección de alternativas) es preciso tomar decisiones.

Factores cuantitativos y cualitativos

Es probable que, al comparar planes alternativos para el cumplimiento de un objetivo, se piense exclusivamente en **factores cuantitativos**. Estos factores son los que pueden medirse en términos numéricos, como el tiempo o los diversos costos fijos y de operación. La importancia de este tipo de análisis es incuestionable, pero el éxito de un proyecto puede correr peligro si se ignoran los factores intangibles, o cualitativos. Los **factores cualitativos** o **intangibles** son aquellos difíciles de medir numéricamente, como la cali-

**PERSPECTIVA
DE CALIDAD**

LA DECISIÓN DE ACELERAR EL PROCESO DE TOMA DE DECISIONES EN GRANITE ROCK CO.[3]

Granite Rock Company es una compañía con sede en Watsonville, California, procesadora de rocas, arena, agregados de grava y otros productos. Obtuvo en 1992 el muy codiciado Premio Malcolm Baldrige al desempeño sobresaliente en mejoras de calidad. Fundada en 1900, el mayor interés de esta empresa se concentró durante mucho tiempo en las utilidades. Lo mismo que los empleados, los clientes lo sabían, como sabían también que tenían que vérselas con una compañía inflexible, centralizada y burocratizada.

Presidente y director general de la empresa, con estudios en la Universidad de California en Los Ángeles (UCLA), Bruce Woolpert se dio cuenta de que tomar decisiones consumía un tiempo excesivo. En la empresa privaba incluso la sensación de que el exceso de burocracia ponía en riesgo la sobrevivencia de la compañía. Esto cambió inicialmente con la decisión, tomada en 1986, de modificar por completo el organigrama de la compañía. En los organigramas tradicionales, la cima la ocupa el presidente, mientras que el personal encargado del contacto con los clientes aparece hasta el final. Con el cambio que se operó en Granite Rock, los clientes fueron colocados en primer término. La compañía logró su transformación definitiva con tres cambios adicionales. En primer término, todos los empleados intervinieron en la discusión acerca del curso de las operaciones, lo que dio lugar a la decisión de considerar prioritariamente las solicitudes especiales de los clientes, salvo que fueran ilegales o inmorales. En segundo, por medio de encuestas se les pidió a los clientes calificar a la compañía con puntajes de A a F y comentarios por escrito. En tercero, la empresa cedió a los clientes la autoridad de decidir si efectivamente merecía lo que cobraba. Específicamente, se incluyó en las facturas la siguiente leyenda: "Si los servicios generales o de construcción de Granite Rock no son de su entera satisfacción, no está obligado a pagarlos." Gracias a todo esto, la compañía pudo percatarse plenamente de sus ineficiencias y, por lo tanto, emprender mejoras. Muchas empresas se ven obligadas a interrumpir sus actividades sin siquiera saber el motivo ya que la mayor parte de sus clientes no se quejan. En el caso de Granite Rock, la trascendente decisión de 1986 de ceder la autoridad a los clientes sentó las bases para la obtención del prestigiado Premio Nacional de Calidad Malcolm Baldrige en 1992.

dad de las relaciones laborales, el riesgo del cambio tecnológico o el estado de las condiciones políticas internacionales. Abundan ejemplos de excelentes planes cuantitativos frustrados por una guerra imprevista, de un plan de comercialización detalladamente trazado pero inoperable a causa de una prolongada huelga en la industria del transporte o de la imposibilidad de aplicación de un muy racional plan de crédito por efecto de una recesión económica. Estos casos destacan la importancia de prestar atención a los factores tanto cuantitativos como cualitativos al momento de comparar alternativas.

Para poder evaluar y comparar los factores intangibles de un problema de planeación con el propósito de tomar decisiones, los administradores deben comenzar por la identificación de esos factores, para determinar después la posibilidad de adjudicarles una medida cuantitativa razonable. En caso contrario, deben analizarlos tanto como sea posible, para clasificarlos quizá en orden de importancia, comparar su probable influencia sobre los resultados con la de los factores cuantitativos y arribar finalmente a una decisión. Bien podría ocurrir que en esta decisión se concediera un peso predominante a un factor intangible.

Análisis marginal

La evaluación de alternativas puede implicar el empleo de técnicas de **análisis marginal** para la comparación de los ingresos adicionales producidos de costos adicionales. Cuando el objetivo es optimizar las utilidades, esta meta se logra (como lo enseña la economía elemental) igualando los ingresos adicionales con los costos adicionales. En otras palabras, si los ingresos adicionales de una cantidad mayor son superiores a sus costos adicionales, se obtendrán mayores utilidades si se produce más. Si, por el contrario, los ingresos adicionales de la cantidad mayor son inferiores a sus costos adicionales, se obtendrán mayores utilidades si se produce menos.

El análisis marginal también puede ser útil para la comparación de factores distintos a costos e ingresos. Para determinar, por ejemplo, el mayor rendimiento de una máquina, podrían efectuarse variaciones en los insumos en comparación con los productos hasta que los insumos adicionales equivalgan a los productos adicionales. Este punto se consideraría entonces el de máxima eficiencia de la máquina. De igual manera, el número de

PERSPECTIVA INTERNACIONAL

OPTIMIZACIÓN DE RECURSOS EN ELEKTRA Y BITAL

Anteriormente se han mencionado los casos del Grupo Elektra y del banco mexicano Bital en relación con las alianzas estratégicas, particularmente de su participación en el mercado de envíos de dinero de Estados Unidos a México mediante asociaciones con empresas estadunidenses de giros monetarios. En ambos casos parece indiscutible que una de las principales fortalezas sobre las que se apoyan esos acuerdos de cooperación es la cantidad de sucursales que tanto Elektra como Bital tienen diseminadas a lo largo del territorio mexicano, lo que de entrada garantiza una gran infraestructura para brindar los servicios de transferencias de fondos en prácticamente casi todo México, logrando además enormes ahorros pues se hace innecesario construir o alquilar locales para administrar las operaciones y atender al público. De hecho, se optimiza el uso de las instalaciones con que ya se cuenta para las actividades tradicionales de esas empresas, haciendo posible un mayor rendimiento sobre la inversión gracias a la mayor productividad de los recursos utilizados.

Incluso, como también se ha señalado, las tiendas de electrodomésticos Elektra han empezado a llegar a Centroamérica (a fines de 1997 cuatro tiendas en El Salvador y cinco en Guatemala) y debido a la gran agresividad que ese grupo empresarial ha demostrado, expandiéndose incluso a diversos sectores y con planes ambiciosos de crecimiento para los próximos años (por ejemplo, el incremento de 30 a 300 tiendas de ropa Hecali en las cuales también presta el servicio de transferencias de dinero proveniente de Estados Unidos). Por su parte, Bital ha crecido a más de 1 000 sucursales en territorio mexicano.

subordinados directos de un administrador podría incrementarse razonablemente hasta el punto en que los ahorros adicionales en costos, mejor comunicación y moral y otros factores sean iguales a las pérdidas adicionales en efectividad de control, liderazgo y factores similares.

Análisis de costo-beneficio

Una versión, o variante, más precisa del análisis marginal es el análisis de costo-beneficio. El **análisis de costo-beneficio** persigue la mejor proporción de beneficios y costos; esto significa, por ejemplo, determinar el medio menos costoso para el cumplimiento de un objetivo o para la obtención del mayor valor dados ciertos gastos.

En su modalidad más simple, el análisis de costo-beneficio es una técnica para la elección del mejor plan cuando los objetivos son menos específicos que ventas, costos o utilidades. Un objetivo defensivo, por ejemplo, puede ser frenar o repeler un ataque enemigo; un objetivo social, reducir la contaminación del aire o reeducar a los desempleados, y un objetivo empresarial participar en objetivos sociales mediante un curso de capacitación a personas susceptibles de perder el empleo.

En ocasiones los objetivos no cuantificables pueden someterse a medidas de eficacia muy específicas. Una compañía, por ejemplo, puede medir la efectividad de un programa para la elevación de la moral de los empleados mediante factores verificables como la rotación de personal, el ausentismo y el volumen de conflictos obrero-patronales, medidas que pueden complementarse con elementos subjetivos como el juicio de expertos calificados.

Las características básicas del análisis de costo-beneficio son su atención particular a los resultados de un programa, su contribución a la ponderación de los beneficios

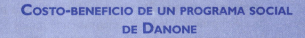

COSTO-BENEFICIO DE UN PROGRAMA SOCIAL
DE DANONE

A fines de septiembre de 1997, Thomas Kunz, director general de Danone, empresa famosa en Latinoamérica por sus productos lácteos, anunció la decisión de realizar inversiones por nueve millones de dólares durante 1998. Estas inversiones, afirmó el directivo, se canalizarían principalmente al desarrollo de tecnología. Al mismo tiempo presentó una campaña de apoyo económico a instituciones de caridad para la infancia, mediante una aportación de cuando menos nueve millones de pesos mexicanos (equivalentes aproximadamente a 10% de su inversión en tecnología, según el tipo de cambio vigente a la fecha del anuncio). La fuente de los fondos destinados al apoyo de orfelinatos, educación de niños invidentes y tratamientos médicos para menores enfermos de cáncer, serán las ventas de la empresa (seis centavos por cada producto vendido). De esta forma, la empresa demuestra su sensibilidad a una problemática social (lo cual le representa un costo) y responde preocupándose directamente por allegar recursos a menores menesterosos. Por otra parte, involucra directamente al consumidor de sus productos, estando en posibilidad de mejorar sustancialmente sus ventas (lo cual le representa un beneficio).

PERSPECTIVA INTERNACIONAL

Al igual que las empresas, el Congreso de Estados Unidos debe tomar decisiones sobre asignación de recursos. ¿Cuáles son las prioridades del gobierno? ¿Elevar la seguridad de los aeropuertos? ¿Regular lo referente a los residuos de pesticidas? ¿Proteger a la población contra la radiación de plantas de energía nuclear? ¿Controlar los riesgos a la salud procedentes del tabaquismo? Hay quienes han propuesto la aplicación del análisis de costo-beneficio a la clasificación de los riesgos en salud, la seguridad y el ambiente. Pero en las decisiones a este respecto también intervienen la política y los valores. Es frecuente que la toma de las decisiones recaiga en funcionarios públicos y excluya la participación de los directamente afectados por una reglamentación. Sin embargo, esto no necesariamente debe ser así.

En Florida tuvo que tomarse una decisión sobre dónde ubicar una indispensable planta generadora de energía con base en el uso de carbón. Los criterios para la ubicación ideal se determinaron por medio de la participación pública. Gracias a las conversaciones entre la compañía y un comité integrado por dirigentes de la comunidad fue posible detectar un sitio distante de zonas pobladas, el cual no había sido tomado en cuenta por la empresa.

En el área de la bahía de San Francisco un equipo de trabajo constituido por ciudadanos elaboró un plan a largo plazo para la eliminación de desechos sólidos, el combate a la contaminación de aire y agua y la garantización del adecuado suministro de agua. Para lograr ese propósito, recabó datos entre expertos y ciudadanos, con lo que desarrolló un plan que resultaría en la actualidad (más de 18 años después) en una de las zonas ambientales mejor administradas de Estados Unidos.

potenciales de cada alternativa contra sus costos potenciales y el hecho de que supone una comparación de las alternativas en términos de ventajas generales.

Aunque una decisión con base en el análisis de costo-beneficio implica los mismos pasos de toda decisión de planeación, conviene distinguir las principales características que le son propias:

1. Los objetivos se orientan normalmente a la producción o resultado final y habitualmente son imprecisos.

2. Las alternativas suelen representar sistemas, programas y/o estrategias generales para el cumplimiento de objetivos.

3. Las medidas de eficacia deben ser adecuadas para los objetivos y fijarse en los términos más precisos posible, aunque es probable que algunas no se presten a la cuantificación.

4. En los estimados de costos pueden incluirse tanto costos monetarios como no monetarios.

5. Entre las normas de decisión, claramente definidas aunque usualmente no tan específicas como los costos o las utilidades, pueden mencionarse, por ejemplo, el cumplimiento de cierto objetivo al menor costo, su cumplimiento con los recursos

disponibles o el logro de una disyuntiva costo-beneficio favorable para este último, particularmente en relación con las demandas de otros programas.

Selección de una alternativa: Tres enfoques

En la selección entre alternativas, los administradores pueden emplear tres enfoques básicos: 1) experiencia, 2) experimentación y 3) investigación y análisis. (Véase figura 6-1.)

Experiencia

El apoyo en la experiencia acumulada cumple en la toma de decisiones un papel probablemente más importante del que se le concede. Los administradores con experiencia suelen creer, a menudo sin siquiera darse cuenta de ello, que tanto los éxitos que han alcanzado como los errores que han cometido constituyen guías casi infalibles para el futuro. Quizá esta actitud sea tanto más pronunciada cuanto mayor sea la experiencia de un administrador y más elevado el nivel que ha alcanzado en una organización.

Hasta cierto punto, nada enseña mejor que la experiencia. El solo hecho de que los administradores hayan alcanzado el puesto que ocupan parecería justificar las decisiones que han tomado hasta el momento. Además, el proceso de resolución de problemas, toma de decisiones y comprobación del éxito o fracaso de un programa produce cierto

FIGURA 6-1

Bases para la selección entre cursos de acción alternativos.

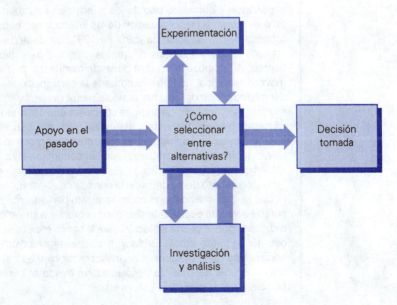

grado de buen juicio (colindante en ocasiones con la mera intuición). No obstante, muchas personas no se benefician de sus errores, de modo que hay administradores aparentemente incapacitados para acceder al madurado juicio que requieren las empresas modernas.

Así, apoyarse en la experiencia como guía para acciones futuras puede ser riesgoso. Para comenzar, la mayoría de la gente desconoce las razones primordiales de sus errores o fracasos. Adicionalmente, las lecciones obtenidas de la experiencia pueden ser completamente inaplicables a nuevos problemas. Las decisiones correctas deben evaluarse sobre la base de acontecimientos futuros, mientras que la experiencia se restringe al pasado.

Si, en cambio, una persona analiza cuidadosamente su experiencia, en lugar de dejarse guiar ciegamente por ella, y deriva de ella las razones fundamentales de sus éxitos o fracasos, la experiencia puede ser útil como base del análisis de decisión. Un programa exitoso, una compañía correctamente administrada, una rentable promoción de productos o cualquier otra decisión de resultados positivos puede brindar datos de utilidad para ese proceso de destilación. Así como los científicos no vacilan en utilizar las investigaciones realizadas por otros, pues sería absurdo que duplicaran esfuerzos, los administradores pueden aprender mucho de los demás.

PERSPECTIVA INTERNACIONAL

DECISIÓN BASADA EN LA EXPERIENCIA BANCARIA

Un ejemplo excelente de la aplicación de la experiencia para la toma de decisiones pudiera constituirlo el caso de Manuel Espinoza Iglesias, un banquero afamado por su experiencia y dueño de uno de los principales bancos mexicanos hasta el momento en que ocurrió la nacionalización de las instituciones bancarias en 1982. Al iniciarse el proceso de privatización bancaria en 1991, concurrieron a la subasta organizada por las autoridades mexicanas diferentes grupos y personas interesadas en adquirir los bancos. A Espinoza Iglesias, a pesar de manifestar públicamente que era uno de sus mayores anhelos, no le fue autorizada la participación en el proceso de adjudicación del mismo banco del cual había sido director general y accionista mayoritario (algo que muchas personas criticaron pues concluían que era importante que la banca privatizada pasara preferentemente a manos de personas con experiencia).

No obstante, Espinoza Iglesias concurrió al proceso de privatización de un banco de menor tamaño, sin embargo, aún sin conocerse el fallo de las autoridades responsables de ella, repentinamente Espinoza decidió retirarse de la subasta, teniendo como resultado directo de su decisión la pérdida de una muy considerable cantidad de dinero que se había depositado como requisito para inscribirse al concurso. Quizá la inesperada e insólita decisión se debió a que gracias a su vasta experiencia, el ex banquero mexicano previó que la situación para la banca mexicana se tornaría (como realmente ocurrió) bastante difícil. Es decir, probablemente prefirió minimizar su pérdida y no adquirir una fuente potencial de mayores problemas cuya solución hubiera resultado muy onerosa, además de poco atractiva desde el punto de vista de la rentabilidad posible a lograr mediante esa inversión.

Experimentación

Una modalidad obvia para decidir entre alternativas consiste en probar una de ellas para ver qué sucede. La experimentación es muy común en la investigación científica. Se dice que se le debería emplear más a menudo en la administración y que la única manera en que un administrador puede estar seguro de que un plan es correcto, en vista especialmente de los factores intangibles, es probar las diversas alternativas para identificar la mejor de ellas.

La técnica experimental es quizá la más costosa de todas, sobre todo cuando un programa demanda fuertes inversiones de capital y personal y la empresa no puede permitirse la estricta aplicación de varias alternativas. Además, puede ocurrir que tras la realización de un experimento prevalezcan dudas sobre lo que efectivamente quedó demostrado con él, dado que cabe la posibilidad de que el futuro no repita el presente. En consecuencia, esta técnica sólo debe emplearse después de haber considerado otras alternativas.

No obstante ello, muchas decisiones son imposibles de tomar sin antes confirmar mediante la experimentación el mejor curso de acción. Puede ser que ni siquiera la reflexión sobre la experiencia ni la investigación más atenta garanticen a los administradores decisiones correctas. Para ilustrar este hecho no puede haber mejor ejemplo que el de la planeación de un nuevo avión, lo cual se muestra en el recuadro de "Perspectiva" siguiente.

La experimentación puede tener otros usos. Una empresa puede probar un nuevo producto en cierto mercado antes de proceder a su venta a escala nacional. Las técnicas organizacionales suelen probarse en una sucursal o planta antes de aplicarse a una compañía en su totalidad. Un candidato a ocupar cierto puesto administrativo puede ser sometido a prueba en el desempeño de éste durante el periodo vacacional de su titular.

Investigación y análisis

Una de las técnicas más efectivas para la selección de alternativas en el caso de decisiones importantes es la de investigación y análisis. Este método supone la resolución de un

PERSPECTIVA

EXPERIMENTACIÓN EN LA CONSTRUCCIÓN DE UN AVIÓN

Una compañía fabricante de aviones puede echar mano de su propia experiencia, así como de la de otras compañías fabricantes y usuarios de nuevos aviones. Ingenieros y economistas pueden efectuar amplios estudios de tensión, vibración, consumo de combustible, velocidad, distribución del espacio y otros factores. Pero ninguno de estos estudios revelará nada sobre las características de vuelo y los factores económicos de un avión aceptable; por lo tanto, el proceso de selección del curso correcto a seguir en este caso implica casi siempre cierta experimentación. Lo normal es fabricar y probar un avión de producción preliminar, o prototipo, para, con base en las pruebas, producir los modelos definitivos a partir de un diseño un tanto modificado.

problema mediante su previo conocimiento en profundidad. Implica por lo tanto la búsqueda de relaciones entre las variables, restricciones y premisas cruciales de la meta que se pretende alcanzar. Éste es el método de "lápiz y papel" (o, mejor, de "computadora e impresión de resultados") para la toma de decisiones.

La resolución de un problema de planeación implica dividirlo en las partes que lo componen para estudiar sus diversos factores cuantitativos y cualitativos. Estudio y análisis quizá sean menos costosos que la experimentación. El tiempo y papel empleados en el análisis suelen costar mucho menos que la prueba de las diversas alternativas. Si en la fabricación de aviones, por ejemplo, no se realizaran minuciosas investigaciones antes de fabricar y probar el prototipo y sus partes, los costos resultantes serían enormes.

Uno de los pasos más importantes del método de investigación y análisis es la elaboración de un modelo para la simulación del problema. Así, los arquitectos acostumbran producir modelos de construcciones en forma de planos detallados o maquetas a escala. Los ingenieros prueban modelos de alas de aviones y proyectiles en túneles aerodinámicos. Pero quizá la simulación más útil sea la representación de las variables de un problema por medio de términos y relaciones matemáticos. La conceptualización de un problema es un gran paso hacia su solución. Las ciencias físicas han dependido desde antiguo de modelos matemáticos con este propósito, de modo que es alentador que este método se aplique ya a la toma de decisiones administrativas.

PERSPECTIVA INTERNACIONAL

LA DECISIÓN DE BOEING DE DIGITALIZARSE PARA DESARROLLAR EL MODELO 777*

Quizá el modelo 777 de Boeing sea el avión comercial más avanzado del mundo. Sin embargo, el aspecto más innovador fue el método empleado para su fabricación: el diseño tridimensional cien por ciento digitalizado mediante el uso de la tecnología CAD/CAM (*computer aided design/computer aided manufacture*, diseño y fabricación asistidos por computadora). Proceder a su digitalización fue para Boeing una decisión crítica. Gracias a esta nueva tecnología de diseño, los ingenieros pueden ver el modelo en pantalla y preensamblar los más de 3 millones de partes estándar y las 132 500 partes especiales de la aeronave. La aplicación de este nuevo método, que constituyó un auténtico cambio de paradigma, requirió de una renovación total de las relaciones con proveedores y clientes. La compañía, por ejemplo, solicitó a ocho líneas aéreas que le proporcionaran ideas para su modelo 777. Internamente, planificadores, ingenieros y mecánicos trabajaron en equipo para estar debidamente informados del proceso de desarrollo. Antes, ingenieros y mecánicos tenían que trabajar con modelos de tamaño real para comprobar si las partes encajaban o no entre sí. Los problemas a este respecto resultaban en costosas repeticiones de trabajo. Más recientemente, Boeing comenzó a usar un sistema avanzado, el CAD inteligente (llamado ICAD), que permite cambios mayores en el diseño. Las tecnologías emergentes prestan ya en la actualidad importante apoyo a la toma de decisiones, e indudablemente lo harán en forma creciente en el futuro.

* "Taking Off — Boeing", en *Fortune*, 9 de noviembre de 1993, pp. 53-54; George Taninecz, "Blue Sky Meets Blue Sky", en *Industry Week*, 18 de diciembre de 1995, pp. 48-52.

Decisiones programadas y no programadas[5]

Cabe distinguir entre decisiones programadas y no programadas. Como se muestra en la figura 6-2, una **decisión programada** es la que se aplica a problemas estructurados o rutinarios. Los operadores de tornos deben cumplir especificaciones y reglas en las que se les indica si la parte confeccionada por ellos es aceptable o debe desecharse o trabajarse de nuevo. Otro ejemplo de decisión programada es la realización de nuevos pedidos de los artículos estándar de un inventario. Este tipo de decisión se aplica a labores de rutina o repetitivas; depende fundamentalmente de criterios prestablecidos o regla de decisión. Se trata, en efecto, de una decisión tomada con base en antecedentes.

Las **decisiones no programadas** se aplican a situaciones no estructuradas, novedosas y vagamente definidas de naturaleza no recurrente. Como ejemplos de ellas pueden citarse la introducción de la computadora Macintosh por parte de Apple Computer, Inc., o el desarrollo del automóvil de tracción total por Audi. Las decisiones estratégicas en general son de hecho decisiones no programadas, puesto que requieren de juicios subjetivos.

En su mayoría, las decisiones no son ni completamente programadas ni completamente no programadas, sino una combinación de ambos tipos. Como se indica en la figura 6-2, casi todas las decisiones no programadas son responsabilidad de los administradores de nivel superior, ya que éstos se ocupan por lo general de problemas no estructurados.[6] Los problemas en los niveles inferiores de las organizaciones son habitualmente rutinarios y estructurados, por lo que requieren de administradores y empleados un menor margen de discrecionalidad en las decisiones.

FIGURA 6-2

Naturaleza de los problemas y de la toma de decisiones en la organización.

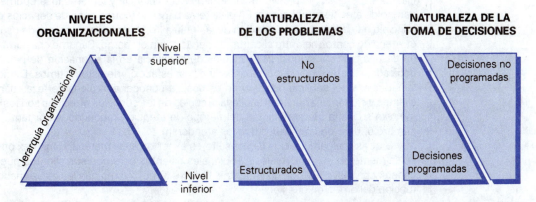

Toma de decisiones en condiciones de certidumbre, incertidumbre y riesgo

Prácticamente todas las decisiones se toman en condiciones de al menos cierto grado de incertidumbre. Este grado varía, sin embargo, de la certidumbre relativa a la gran incertidumbre. La toma de decisiones implica siempre ciertos riesgos.

En una situación en la que está presente la certidumbre, se tiene razonable seguridad de lo que ocurrirá una vez tomada una decisión. Se dispone de información considerada confiable y se está en conocimiento de las relaciones de causa y efecto.

En una situación de incertidumbre, por el contrario, se cuenta con apenas una frágil base de información, se ignora si ésta es o no confiable y priva un alto grado de inseguridad respecto de la probabilidad de que la situación cambie o no. Además, resulta imposible evaluar las interacciones entre las diversas variables. Una empresa que decide ampliar sus operaciones a un país extranjero, por ejemplo, quizá sepa muy poco acerca de la cultura, leyes y condiciones económicas y políticas de ese país. La situación política puede ser tan volátil que incluso a los expertos les resulte imposible prever un cambio de gobierno.

En una situación de riesgo es probable que exista información basada en hechos, la cual sin embargo puede ser incompleta. Para una mejor toma de decisiones pueden estimarse las probabilidades objetivas de cierto resultado con base en, por ejemplo, modelos matemáticos. Por otra parte, también puede hacerse uso de la probabilidad subjetiva, basada en el juicio y la experiencia. Afortunadamente, los administradores disponen de varios instrumentos para la toma de decisiones más efectivas.

PERSPECTIVA INTERNACIONAL

LA "UNIFILA" DE BANAMEX

Una de las aplicaciones más conocidas de la matemática administrativa es el diseño de estaciones de servicio al público con base en los principios de la teoría de las filas de espera, cuyo objetivo es incrementar la eficiencia y lograr la tasa óptima del tiempo de atención por usuario. En el sistema bancario y otros tipos de servicios este principio ha dado lugar a la creación de la "unifila" o fila única en la que cada usuario es atendido conforme entra al centro de servicio. Sin embargo, Banamex ha combinado de una manera singular las variables de eficiencia en la asignación de personal dedicado a la atención de los usuarios con la satisfacción de estos últimos. Debido a la naturaleza del servicio bancario no es posible conocer con plena certeza cuántos clientes visitarán una sucursal bancaria ni cuáles de los servicios ofrecidos son los que motivan su visita (determinantes del tiempo de atención requerido y, por tanto, del número óptimo de empleados que los atenderán).

Gracias a la participación de consultores expertos en la materia, Banamex ofrece actualmente en sus sucursales tradicionales asientos para que sus clientes puedan esperar con mayor comodidad mientras llega su turno, mismo que les es asignado en función del orden en que llegan.

Métodos modernos para la toma de decisiones en condiciones de incertidumbre

Un buen número de técnicas modernas contribuyen a la calidad de la toma de decisiones en las condiciones normales de incertidumbre. Entre las más importantes están el análisis de riesgo y los árboles de decisión.

Análisis de riesgo[7]

Frente a decisiones que implican incertidumbre, lo inteligente es conocer el grado y naturaleza del riesgo que se corre al optar por cierto curso de acción. Una de las deficiencias de los métodos tradicionales de investigación de operaciones para la resolución de problemas es que muchos de los datos usados en un modelo son meras estimaciones, mientras que otros se basan en probabilidades. Lo común es instruir al personal especializado para que produzca las "mejores estimaciones". Sin embargo, se han desarrollado ya nuevas técnicas para una visión más precisa del riesgo.

Prácticamente todas las decisiones se basan en la interacción de diversas variables importantes, muchas de las cuales poseen un elemento de incertidumbre, pero también, quizá, un alto grado de probabilidad. De este modo, lo acertado o no de lanzar un nuevo producto podría depender de ciertas variables básicas: el costo de introducción del producto, su costo de producción, la inversión de capital requerida, el precio que se le puede fijar al producto, las dimensiones del mercado potencial y la proporción del mercado total que éste representará.

PERSPECTIVA

INVERSIÓN EN UN NUEVO PRODUCTO

En el caso de un programa de inversión en un nuevo producto, la escala de probabilidades del rendimiento de inversión podría basarse en diferentes estimaciones, tal como se muestra a continuación:

Tasa de rendimiento, %	0	10	15	20	25	30	35	40
Probabilidad de lograr por lo menos esta tasa	.90	.80	.70	.65	.60	.50	.40	.30

En otras palabras, hay 90% (.90) de probabilidad de que la tasa de rendimiento (o tasa de las ganancias monetarias que la compañía obtendrá de su inversión) sea de al menos cero, 80% (.80) de probabilidad de que sea de al menos 10%, y así sucesivamente.

Con datos como éstos, un administrador puede evaluar la probabilidad de obtener una mejor estimación y determinar su probabilidad de éxito en caso de que sea suficiente una tasa de rendimiento menor.

Árboles de decisión

Uno de los mejores métodos para el análisis de una decisión es el llamado árbol de decisión. En los **árboles de decisión** se describen gráficamente en forma de "árbol" los puntos de decisión, hechos aleatorios y probabilidades de los diversos cursos de acción que podrían seguirse. Uno de los problemas más comunes de las empresas es la introducción de un nuevo producto. Los administradores deben decidir en este caso si instalar costoso equipo permanente para garantizar la producción al menor costo posible o si efectuar un montaje temporal más económico que suponga mayores costos de manufactura pero menores inversiones de capital y resulte en menores pérdidas en caso de que las ventas del producto no respondan a las estimaciones. En su modalidad más simple, un árbol con las decisiones que un administrador debe enfrentar en esta situación se asemejaría al que aparece en la figura 6-3.

El método del árbol de decisión permite determinar al menos las principales alternativas y el hecho de que decisiones subsecuentes pueden depender de acontecimientos futuros. Dado que el árbol contiene las probabilidades de varios acontecimientos, por este medio los administradores también pueden deducir la probabilidad real de que una decisión conduzca a los resultados deseados. Podría resultar que la "mejor estimación" sea sumamente riesgosa. Lo cierto es que los árboles de decisión y técnicas similares remplazan juicios generales por la consideración de los elementos más importantes de una decisión, vuelven explícitas premisas a menudo ocultas y ponen de manifiesto el proceso racional para la toma de decisiones en condiciones de incertidumbre.

FIGURA 6-3

Árbol de decisión sin probabilidades.

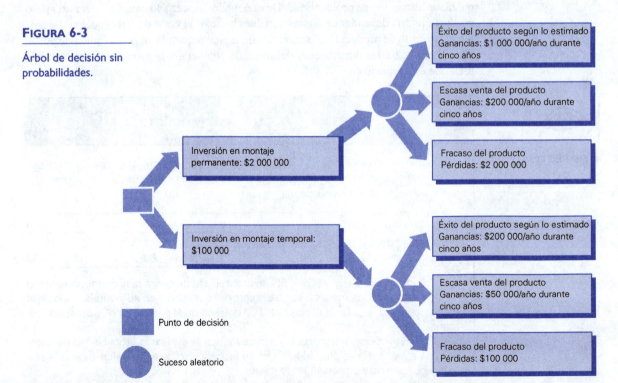

Inversión en montaje permanente: $2 000 000

Inversión en montaje temporal: $100 000

Éxito del producto según lo estimado
Ganancias: $1 000 000/año durante cinco años

Escasa venta del producto
Ganancias: $200 000/año durante cinco años

Fracaso del producto
Pérdidas: $2 000 000

Éxito del producto según lo estimado
Ganancias: $200 000/año durante cinco años

Escasa venta del producto
Ganancias: $50 000/año durante cinco años

Fracaso del producto
Pérdidas: $100 000

■ Punto de decisión

● Suceso aleatorio

Evaluación de la importancia de una decisión

Dado que los administradores no sólo deben tomar decisiones correctas sino que además deben tomarlas siempre que sea necesario y tan económicamente como sea posible, y en vista de que deben hacerlo con frecuencia, les resulta útil disponer de principios sobre la importancia relativa de las decisiones. Las decisiones de menor importancia no requieren de análisis e investigación exhaustivos, e incluso se les puede delegar sin problema y sin riesgo para la responsabilidad básica de un administrador. La importancia de una decisión también depende del grado de responsabilidad, de manera que lo que prácticamente puede carecer de importancia para el presidente de una compañía puede ser al mismo tiempo de gran importancia para el coordinador de una sección.

Si una decisión entraña para una empresa sustanciales egresos o un importante programa de personal, como podría serlo un programa de evaluación y capacitación de sus administradores, o si su realización implica un periodo prolongado, como sería el caso

**PERSPECTIVA
INTERNACIONAL**

CAMBIO DE ORIENTACIÓN ESTRATÉGICA EN SEARS ROEBUCK: UNA DECISIÓN IMPORTANTE

La mayoría accionaria de Sears Roebuck de México (85%) fue adquirida en el segundo semestre de 1997 por uno de los más grandes grupos empresariales mexicanos, el Grupo Carso, que actualmente tiene intereses en diversos sectores de negocios y que se ha planteado obtener la propiedad total de la cadena de tiendas departamentales. Una vez que el Grupo Carso tomara el control de la empresa se planteó la posibilidad de cambiar la dirección estratégica de mercado, enfocándola hacia los segmentos socioeconómicos de menores ingresos.

Un aspecto interesante a considerar para el desarrollo de una estrategia como la aquí planteada es que una decisión de esa magnitud implicaría necesariamente un cambio irreversible en su orientación estratégica, toda vez que tradicionalmente la empresa ha servido los deseos y necesidades de clientes con ingresos medios y altos. Además de tener que competir con empresas que han acumulado una mayor experiencia en la atención a esos segmentos de mercado, resulta obvio que si se lleva a cabo finalmente la decisión de incursionar en el mercado de las capas sociales populares y si las cosas no resultasen bien, difícilmente podría revertirse el giro estratégico para intentar posicionarse nuevamente entre las tiendas departamentales dirigidas a los sectores de ingresos altos.

"Quedarse con las mulas a la mitad del río" sería sumamente costoso. Por supuesto que afectaría negativamente la rentabilidad del Grupo Carso y podría conducirlo incluso a problemas financieros, toda vez que la adquisición de la mayoría accionaria se realizó mediante una compra apalancada, por lo que es de extrema necesidad la obtención de flujos de efectivo en cuantía suficiente para pagar los pasivos creados. No obstante, quizá la elección estratégica pudiera no ser descabellada debido a que los sectores de menores ingresos están integrados por la mayoría de la población mexicana actual, esto es, se estaría dirigiendo al segmento más grande del mercado.

de la construcción de una planta química, se le debe someter a la consideración de los niveles administrativos más altos.

Algunos planes son fáciles de modificar, otros prevén la posibilidad de un futuro cambio de dirección y otros más implican acciones difíciles de revertir. Es evidente entonces que las decisiones relacionadas con cursos de acción inflexibles deben evaluarse más detenidamente que aquellas otras fáciles de modificar.

Cuando metas y premisas contienen un alto grado de certidumbre, disminuye el grado de dificultad de la decisión que se basa en ellas y se requiere de menos juicios y análisis que cuando metas y premisas son sumamente inciertas, como lo ilustra la decisión de Disney de ubicar Euro Disney cerca de la ciudad de París.

PERSPECTIVA INTERNACIONAL

¿LA DISNEYLANDIA DE PARÍS SE BASÓ EN SUPUESTOS INCORRECTOS?[8]

Los supuestos son cruciales para la eficacia de las estrategias; su importancia puede ilustrarse con la decisión de construir Euro Disney, al que terminaría por conocérsele como la "Disneylandia de París". La planeación de este proyecto se llevó a cabo en condiciones de incertidumbre y se basó en supuestos incorrectos. La compañía perdió en él más de 1 000 millones de dólares en la etapa inicial de operación, de 1992 a 1994. Disney poseía originalmente el 49% de esta empresa, participación que más tarde se redujo a 39%. ¿Qué falló? La anterior incursión a Japón había sido todo un éxito. Pero ése fue justamente el problema: haber convertido en premisas para la Disneylandia francesa las experiencias previas en empresas similares.

En Estados Unidos y Japón, el precio de entrada se elevó gradualmente a medida que los visitantes de los respectivos centros recreativos corrieron la voz entre sus conocidos de la disfrutable experiencia obtenida en ellos. Por el contrario, el inicial precio de entrada a Euro Disney, superior a los 40 dólares, era ya de suyo prohibitivo, sumamente alto en comparación con otros parques de diversiones. En consecuencia, fue necesario reducirlo drásticamente para después incrementarlo gradualmente. En 1996, por ejemplo, un adulto pagaba un precio de entrada de alrededor de 38 dólares. Es probable, sin embargo, que el alto precio inicial haya provocado pérdida de clientes en los primeros años de operación.

Otro supuesto evidente fue que los visitantes permanecerían en los hoteles de Disney un promedio de cuatro días. No obstante, la estancia promedio fue en 1993 de sólo dos días. El parque fue inaugurado con aproximadamente la tercera parte de los juegos del Disney World de Estados Unidos. Por lo tanto, bastaba un día para recorrerlos todos, lo que supuso estancias hoteleras más breves.

Tampoco se tomó en cuenta la costumbre europea de hacer la comida principal a mediodía. Los establecimientos de comida se sobresaturaban a esas horas y se subutilizaban en las restantes. Para no verse obligados a esperar, los visitantes preferían abandonar el parque para comer en otro lado. En Estados Unidos y Japón, los visitantes comen a diversas horas del día, motivo por el cual no suele haber largas colas en los restaurantes.

La mezcla de compras de mercancías también resultó ser diferente en Francia a la de Estados Unidos; los europeos compraban menos artículos de alto margen de ganancia.

Estos cuantos ejemplos parecen indicar que Disney no probó suficientemente las premisas en las que basó el lanzamiento de Euro Disney. Emplear los mismos supuestos de éxitos anteriores puede resultar sumamente costoso. Quizá un cuidadoso análisis de los hábitos culturales y la observación de otros parques recreativos habrían impedido la realización de planes sobre supuestos incorrectos.

Al tiempo que Euro Disney (ahora la Disneylandia de París) enfrentaba dificultades, algunos de sus competidores prosperaron. Tal fue el caso, por ejemplo, de Euro Park, parque de diversiones menor que Euro Disney con sede en Alemania, cerca de las fronteras francesa y suiza. Mientras que todo indica que Euro Disney no consideró las diferencias culturales, los directivos de Euro Park se familiarizaron por completo con las costumbres europeas. Así, aplicaron encuestas para que los visitantes calificaran limpieza, precio, horarios, juegos, espectáculos especiales y otros aspectos de este centro. Las encuestas revelaron que, por ejemplo, los visitantes franceses deseaban que se les permitiera introducir al parque canastas con alimentos como pan, queso y vino. En consecuencia, se autorizó a todos los asistentes que llevaran su propia comida (lo cual no está permitido en Euro Disney). De igual manera, el precio de entrada era sustancialmente inferior al de la Disneylandia de París. Cuando, además, se consideró en Euro Park la posibilidad de construir un hotel, la dirección de la empresa se dio cuenta de que esto constituía un proyecto sumamente riesgoso en virtud de tratarse de un área de actividad comercial muy distinta, para la que se requiere de aptitudes diferentes a las de administrar un parque de diversiones.

Si metas, insumos, restricciones y variables pueden medirse con precisión, como en el caso de los insumos claramente definidos de un taller fabril de producción, la importancia de la decisión (siempre y cuando otros factores se mantengan sin cambios) tiende a ser menor que en el caso de que los insumos sean difíciles de cuantificar, como en la fijación de precio a un nuevo producto de consumo o en la decisión sobre su estilo.

Una decisión de fuerte impacto sobre la gente es de gran importancia. En un hospital, un error médico puede ser fatal para un paciente. Quienes toman decisiones que afectan a otras personas no pueden permitirse pasar por alto las necesidades de los individuos sobre los que habrán de recaer los efectos de una decisión.

Creatividad e innovación

Uno de los factores más importantes en la administración de personas es la creatividad. Pero, para comenzar, debe distinguirse entre creatividad e innovación. Por **creatividad** suele entenderse la capacidad de desarrollar nuevas ideas. Por el contrario, **innovación** significa el uso de esas ideas. En una organización esto puede representar un nuevo producto, un nuevo servicio o un nuevo procedimiento para la realización de ciertas actividades. Aunque en esta sección nos concentraremos en el proceso creativo, se da por supuesto que las organizaciones no sólo generan nuevas ideas, sino que además las convierten en aplicaciones prácticas.

El proceso creativo

El proceso creativo no suele ser simple ni lineal. Por lo general se compone, en cambio, de cuatro fases sobrepuestas e interactuantes entre sí: 1) exploración inconsciente, 2) intuición, 3) discernimiento y 4) formulación lógica.[9]

La primera fase, *exploración inconsciente*, es difícil de explicar en razón de que ocurre fuera de los límites de la conciencia. Usualmente implica la abstracción de un problema, cuya determinación mental es probable que sea muy vaga. Sin embargo, los administradores que trabajan bajo intensas presiones de tiempo suelen tomar decisiones prematuras antes que ocuparse detenidamente de problemas ambiguos y escasamente definidos.

La segunda fase, *intuición*, sirve de enlace entre el inconsciente y la conciencia. Esta etapa puede implicar una combinación de factores aparentemente contradictorios a primera vista. En los años veinte, por ejemplo, Donaldson Brown y Alfred Sloan, de General Motors, concibieron la idea de una estructura divisional descentralizada con control centralizado, conceptos que parecerían oponerse entre sí. No obstante, esta idea cobra sentido si se toman en cuenta los principios subyacentes de 1) responsabilizar de las operaciones al gerente general de cada división y 2) mantener en las oficinas generales de la compañía el control centralizado de ciertas funciones. Fue necesaria la intuición de dos grandes líderes empresariales para constatar la posibilidad de interacción entre estos dos principios en el proceso administrativo.

La intuición precisa de tiempo para funcionar. Supone para los individuos la detección de nuevas combinaciones y la integración de conceptos e ideas diversos. Para ello es necesario profundizar en el análisis de un problema. El pensamiento intuitivo puede inducirse mediante técnicas como la lluvia de ideas y la sinéctica, que se expondrán más adelante.

El *discernimiento*, tercera fase del proceso creativo, es resultado sobre todo del trabajo intenso. Para desarrollar un producto útil, un nuevo servicio o un nuevo proceso, por ejemplo, son necesarias muchas ideas. Lo interesante del asunto es que el discernimiento puede resultar de la concentración de ideas en cuestiones distintas al problema de que se trate. Además, la aparición de nuevos discernimientos puede ser momentánea, de manera que los administradores efectivos acostumbran tener siempre a la mano lápiz y papel para tomar nota de sus ideas creativas.

La última fase del proceso creativo es la *formulación* o *verificación lógica*. El discernimiento debe someterse a la prueba de la lógica o de la experimentación. Esto se logra mediante la persistente reflexión en una idea o pidiendo críticas a los demás. La idea de la descentralización de Brown y Sloan, por ejemplo, tuvo que probarse en la realidad organizacional.

Técnicas para favorecer la creatividad

La creatividad puede adquirirse.[10] Es frecuente que las ideas creativas sean fruto de grandes esfuerzos, motivo por el cual existen varias técnicas para cultivarlas, especialmente en el proceso de toma de decisiones. Algunas de ellas se centran en las interacciones grupales, mientras que otras atañen a acciones individuales. En representación de las técnicas existentes nos referiremos a dos de las más comunes: la lluvia de ideas y la sinéctica.

LLUVIA DE IDEAS   Una de las técnicas más conocidas para facilitar la creatividad fue elaborada por Alex F. Osborn, a quien se ha llamado "padre de la lluvia de ideas".[11] El propósito de este método es favorecer la resolución de problemas mediante el hallazgo de nuevas e insólitas soluciones. Lo que se busca en una sesión de lluvia de ideas es justamente una multiplicación de ideas. Las reglas son las siguientes:

1. No criticar ninguna idea.
2. Mientras más extremosas sean las ideas, mejor.
3. Alentar la cantidad de ideas producidas.
4. Estimular el progresivo mejoramiento de las ideas.

La lluvia de ideas, la cual pone el acento en el pensamiento grupal, mereció amplia aceptación tras su aparición. Sin embargo, el entusiasmo inicial disminuyó cuando ciertas investigaciones demostraron que los individuos pueden desarrollar mejores ideas trabajando solos que en grupo. No obstante, nuevas investigaciones demostraron por su parte que el método grupal es eficaz en ciertas situaciones. Éste puede ser el caso cuando la información debe distribuirse entre varias personas o cuando, aun siendo deficiente, es preferible una decisión grupal a una excelente decisión personal, a la que, por ejemplo, podrían oponerse los individuos encargados de instrumentarla. Asimismo, la aceptación de nuevas ideas suele ser mayor cuando una decisión es tomada por el grupo a cargo de su instrumentación.[12]

SINÉCTICA   Originalmente conocido como "técnica de Gordon" (dado que su creador fue William J. Gordon), este sistema se modificó después y se le llamó sinéctica.[13] De acuerdo con él, se seleccionan cuidadosamente los miembros del equipo sinéctico según su aptitud para la resolución de un problema, el cual puede involucrar a toda la organización.

El líder del grupo desempeña un importante papel en la aplicación de este método. De hecho, sólo él conoce la naturaleza específica del problema. Su función consiste en estrechar y dirigir cuidadosamente la discusión sin revelar el problema de que se trata. El principal motivo de ello es impedir que el grupo llegue a una solución prematura. Este sistema supone una compleja serie de interacciones para el surgimiento de una solución, frecuentemente la invención de un nuevo producto.

Limitaciones de la discusión grupal tradicional

Aunque las técnicas de la lluvia de ideas y la sinéctica pueden resultar en ideas creativas, sería incorrecto pretender que la creatividad sólo es producto de la labor grupal. Muy por el contrario, la discusión grupal rutinaria bien puede inhibir la creatividad.[14] Los miembros de un grupo, por ejemplo, pueden limitarse a la consideración de una idea y dejar de lado otras alternativas. Los expertos en un tema pueden rehuir la exposición de sus ideas

FOMENTO DE LA INNOVACIÓN EN 3M[15]

Cada compañía sigue estrategias distintas para fomentar la innovación. En Johnson & Johnson se promueven unidades operativas autónomas en favor de la innovación. La cultura organizacional permite la ocurrencia de fracasos. 30% de las ventas de Rubbermaid procede de productos con menos de 5 años de antigüedad. En Hewlett-Packard se alienta a los investigadores a destinar 10% de su tiempo a sus proyectos preferidos, mientras que en Merck se asigna tiempo y recursos a los investigadores para que trabajen en productos de alto riesgo con alto potencial de retribuciones. Dow Corning y General Electric promueven proyectos conjuntos con sus clientes para el desarrollo de nuevos productos. Pero Minnesota Mining & Manufacturing (3M) es indudablemente uno de los grandes maestros de la innovación.

La sola mención de 3M hace pensar en la innovación. Las condiciones organizacionales de esta empresa fomentan el pensamiento creativo y la tolerancia de nuevas ideas. Aunque en 1995 su desempeño financiero no fue tan bueno como en el pasado, cumplió su meta de obtener al menos 30% de sus ventas de productos con menos de 4 años de antigüedad. La innovación continua se promueve por medio de la "regla del 15%", de acuerdo con la cual los investigadores deben dedicar 15% de su tiempo a asuntos no relacionados con su proyecto principal.

Esta compañía está sumamente descentralizada. Sus 8 300 investigadores trabajan en muchos laboratorios. Esto da lugar a redundancias. En teoría, los principales laboratorios y centros de desarrollo se ocupan de la investigación, mientras que los demás se encargan del desarrollo. Pero en la práctica no siempre es así. La compañía opera con apenas unas cuantas reglas y carece de una estrategia en el sentido tradicional del término. Persigue, en cambio, un doble propósito: 1) ser sumamente innovadora y 2) satisfacer a los clientes en todos los aspectos. Todo aquello que entorpece la innovación, como la planeación excesiva o la intolerancia de errores, es eliminado. Por otra parte, compartir información es una exigencia. A pesar de que las medidas financieras cumplen ciertas funciones de control, el verdadero control se ejerce mediante la revisión entre iguales del trabajo de cada quien.

El proceso innovador usual opera de la siguiente manera: cuando a un miembro de la organización se le ocurre la idea de un nuevo producto, forma un equipo integrado por individuos de diversas áreas funcionales, como los departamentos técnico, de manufactura, comercialización, ventas y, en ocasiones, finanzas. La compañía también estimula a sus clientes a expresar sus ideas. El equipo trabaja en el diseño, producción y comercialización del producto. Se exploran además varios usos de éste. Los miembros del equipo son premiados en caso de que el producto tenga éxito.

Las reglas o principios son más bien simples: desarrollar la tolerancia de fracasos; premiar a quienes tienen buenas ideas de productos y son capaces de formar equipos eficaces para promoverlos; establecer estrechas relaciones con los clientes; compartir tecnología con los demás miembros de la empresa; mantener vivos los proyectos asignándoles tiempo y recursos financieros; conservar divisiones de tamaño reducido.

El futuro dirá si la innovación seguirá siendo un factor clave de éxito para 3M.

en grupo por temor al ridículo. Asimismo, los administradores de niveles inferiores pueden inhibirse y no expresar sus opiniones en un grupo del que también formen parte administradores de alto nivel. Las presiones para la adaptación pueden desalentar la expresión de opiniones divergentes. La necesidad de mantener buenas relaciones con los demás puede ser más importante que la de explorar creativas pero impopulares alternativas a la solución de un problema. Finalmente, los grupos pueden eliminar el esfuerzo de búsqueda de datos pertinentes para una decisión ante la necesidad de que ésta sea tomada a toda costa.

El administrador creativo[16]

Con demasiada frecuencia se da por supuesto que, en general, la gente no es creativa ni posee especial capacidad para desarrollar nuevas ideas. Lamentablemente, este supuesto puede ser muy desventajoso para una organización, ya que, en las condiciones adecuadas, prácticamente todas las personas son capaces de creatividad, si bien en un grado considerablemente variable entre una y otra.

En términos generales, las personas creativas son inquisitivas y producen muchas ideas novedosas e inusuales; es común que no se sientan satisfechas con el estado de cosas imperante. Aunque inteligentes, no dependen únicamente del proceso racional, sino que también hacen intervenir en la resolución de problemas los aspectos emocionales de su personalidad. Parecería que su entusiasmo por resolver problemas es tal que están dispuestas a empeñar en ello toda su tenacidad. Los individuos creativos se conocen profundamente a sí mismos y son capaces de juicios independientes. Se oponen a la adaptación y se conciben como diferentes.

No cabe duda que las personas creativas pueden hacer grandes contribuciones a una empresa. Pero al mismo tiempo pueden causar dificultades a las organizaciones. Como lo sabe cualquier administrador, el cambio no siempre es objeto de la aceptación general. Adicionalmente, con frecuencia tiene indeseables e inesperados efectos secundarios. Asimismo, la obstinada persecución de ideas inusuales puede frustrar a los demás e inhibir el fluido funcionamiento de una organización. Finalmente, los individuos creativos pueden dar motivo a conflictos por el hecho de ignorar políticas, reglas y procedimientos establecidos. John Kao, profesor de la Facultad de Administración de la Universidad de Harvard, sostiene que las personas creativas deben gozar de suficiente libertad para generar ideas, pero no tanta como para que pierdan su tiempo o no dispongan de tiempo para colaborar con los demás en el cumplimiento de metas comunes. Sugiere a los administradores que se conciban a sí mismos como ejecutantes de jazz, quienes, sin dejar de seguir una partitura, tienen sin embargo la libertad de producir variaciones.[17]

En consecuencia, es probable que en muchos casos se subutilice la creatividad de la mayoría de los individuos, a pesar del gran beneficio que pueden representar para una empresa las innovaciones inusuales. No obstante, técnicas individuales y grupales pueden emplearse eficazmente para cultivar la creatividad, sobre todo en el área de la planeación. Pero la creatividad no suple el juicio administrativo. Los administradores deben determinar y ponderar los riesgos que implica la búsqueda de ideas originales y su conversión en prácticas innovadoras.

Resumen

La toma de decisiones es la selección de un curso de acción entre varias alternativas; constituye por lo tanto la esencia misma de la planeación. Los administradores deben tomar decisiones sobre la base de la racionalidad limitada, o acotada. Esto es, deben tomarlas a la luz de todo lo que puedan saber de una situación, aunque esto no equivalga a todo lo que sería ideal que supieran. El término "satisfaciente" suele emplearse para describir la elección de un curso de acción satisfactorio en determinadas circunstancias.

Dado que casi siempre se dispone de alternativas (muchas, por lo general) para un curso de acción, los administradores deben restringir su atención a aquellas que consideran los factores limitantes. Éstos son los factores que obstruyen el cumplimiento de un objetivo. Después, las alternativas se evalúan en términos de factores cuantitativos y cualitativos. Otras técnicas para la evaluación de alternativas son el análisis marginal y el análisis de costo-beneficio. La experiencia, la experimentación y la investigación y análisis toman parte en la selección de una alternativa.

Hay decisiones programadas y no programadas. Las primeras son aptas para problemas estructurados o rutinarios. Son especialmente los administradores de nivel inferior y los empleados en general quienes toman este tipo de decisiones. Por el contrario, las decisiones no programadas se aplican a problemas no estructurados ni rutinarios y por lo general son responsabilidad de los administradores de alto nivel.

Entre los métodos modernos para la toma de decisiones destacan el análisis de riesgo (que consiste en la asignación de probabilidades matemáticas a los resultados de decisiones) y los árboles de decisión (por medio de los cuales se describen gráficamente los puntos de decisión, acontecimientos aleatorios y probabilidades de varios cursos de acción).

Los factores que determinan la importancia de una decisión son las dimensiones del proyecto, la flexibilidad o inflexibilidad de los planes, la certidumbre o incertidumbre de metas y premisas, el grado en que es posible medir las variables y el impacto sobre las personas.

La creatividad, que es la capacidad de desarrollar nuevas ideas, es importante para la administración eficaz. La innovación es el uso de esas ideas. El proceso creativo se compone de cuatro fases sobrepuestas: 1) exploración inconsciente, 2) intuición, 3) discernimiento y 4) formulación lógica. Dos de las técnicas más comunes para favorecer la creatividad son la lluvia de ideas y la sinéctica.

Ideas y conceptos básicos

Toma de decisiones
Racionalidad limitada o acotada
Satisfaciente
Principio del factor limitante
Factores cuantitativos
Factores cualitativos
Análisis marginal
Análisis de costo-beneficio
Tres enfoques para la selección de
   alternativas
Decisiones programadas

Decisiones no programadas
Análisis de riesgo
Árboles de decisión
Factores para la evaluación de una
   decisión
Creatividad
Innovación
Proceso creativo
Lluvia de ideas
Sinéctica

Para analizar

1. ¿Por qué suele decirse que la experiencia es no sólo una base costosa sino también riesgosa para la toma de decisiones? ¿Cómo puede un administrador hacer mejor uso de la experiencia?
2. ¿Cómo y en qué aplicaría usted el principio del factor limitante a un problema de decisión con el que esté familiarizado en este momento?
3. Identifique cinco problemas de decisión y recomiende decisiones programadas y no programadas. Si los ejemplos corresponden a una situación organizacional, ¿tienen que ver con los niveles superior o inferior?
4. Elabore un árbol de decisión para un problema de decisión suyo.
5. "La toma de decisiones es la función básica del administrador." Comente esta afirmación.
6. ¿Qué efectos tiene la aversión al riesgo en su vida personal? Dada una situación, establezca su curva de preferencia.
7. Intente recordar un problema que haya sido creativamente resuelto. ¿La solución fue producto de la discusión grupal o de un esfuerzo individual? Reconstruya las fases del proceso creativo.

Ejercicios/actividades

1. Su jefe le ofrece un ascenso a un puesto en una localidad que no es del agrado de su familia. Elabore los necesarios supuestos de esta situación y explique después qué decidiría y cómo.
2. Entrevístese con un gerente de una compañía de su localidad y obtenga información sobre el proceso de toma de decisiones de esa organización. Converse con él acerca del concepto de racionalidad limitada y compruebe si se aplica a su situación.

CASO INTERNACIONAL 6

GLOBALIZACIÓN: DUDOSA VÍA AL ÉXITO PARA FEDERAL EXPRESS[18]

Movido tanto por su deseo de ser el número uno como por el saturado mercado estadunidense, Frederick Smith, director general y fundador de Federal Express, aprovechó la oportunidad de expandir a Europa su servicio de distribución. Su propósito fue convertirse en una dominante fuerza internacional. Pero la competencia en el exterior con bien atrincherados rivales europeos y la obligación de cumplir las muchas reglamentaciones extranjeras provocaron numerosos e inesperados problemas, lo que resultó en pérdidas considerables para Federal Express. En la polifacética situación política y cultural europea, abundante en regulaciones locales, esta compañía se vio forzada a adquirir compañías locales. Sin embargo, las grandes inversiones en compañías europeas locales no fueron acompañadas por incrementos correspondientes en las ventas. Aun así, Smith defendió su expansión europea con el argumento de que "para poder ofrecer el producto antes es necesario crear una red". En 1996, Federal Express amplió sus servicios en el aeropuerto de París.

El innovador servicio de transmisión electrónica de esta empresa, Zap Mail, no tuvo el éxito esperado a causa del creciente uso de aparatos de transferencia facsimilar (fax) entre compañías e individuos. La gran velocidad de las transmisiones por fax vuelve menos necesarios los servicios de distribución exprés. Para cuando tuvo que descontinuarlo, en 1986, Federal Express ya había invertido unos 350 millones de dólares en el desarrollo y promoción de Zap Mail. En cuanto a la distribución de paquetería, United Parcel Service (UPS), empresa pionera en la distribución nocturna, también ha demostrado ser un temible competidor en los mercados tanto estadunidense como europeo. Hoy es común ver en Europa las camionetas color café de UPS. La Cuenca del Pacífico, por su parte, presenta asimismo factores restrictivos. En Japón, por ejemplo, se

imponen limitaciones al traslado aéreo de paquetes pesados. En consecuencia, Federal Express tiene que operar vuelos con el uso de apenas una fracción de la capacidad de los aviones. La resistencia de las autoridades japonesas a aprobar ciertos planes de vuelo de Federal Express podría resultar en restricciones de los servicios de carga de Japón a Estados Unidos. A medida que el mundo se convierte en un mercado global, esta compañía debe enfrentar también la férrea competencia de empresas como Nippon Cargo Airlines de Japón, DHL Worldwide Express de Estados Unidos y TNT de Australia.

En un intento por convertirse en una compañía verdaderamente global, Federal Express adquirió Tiger International Airlines. Esta adquisición significa la extensión de sus rutas a Japón, Londres y Bruselas, así como a Seúl, Hong Kong, Bangkok, Singapur, Manila y Australia. Estos "tigres voladores" también llegan a ciudades sudamericanas como Río de Janeiro, Sao Paulo y Buenos Aires. Gracias a sus nuevas rutas a París, Frankfurt y Dubai, Federal Express cubre en la actualidad, en virtud de su adquisición de Tiger International, el mundo entero.

Pero la compra de Tiger, por más de 800 millones de dólares, fue riesgosa. La integración de las dos culturas organizacionales podría convertirse en una tarea descomunal. La cultura empresarial de Federal Express es muy distinta de la de Tiger, compañía que cuenta con un sindicato laboral. Además, el cliente más importante de ésta, UPS, es justamente uno de los competidores de Federal Express. Smith pondera las oportunidades, pero al mismo tiempo está consciente de los riesgos y restricciones que éstas contienen.

1. ¿Cuáles son los asuntos más urgentes para Smith y cómo debería resolverlos?

2. ¿Qué amenazas y oportunidades percibe usted para Federal Express?

Referencias

1. C. West Churchman, "The Myth of Management", en Michael T. Matteson y John M. Ivancevich (eds.), *Management Classics*, 3a. ed. (Plano, Texas; Business Publications, 1986), p. 371.

2. Véase James G. March y Herbert A. Simon, *Organizations* (Nueva York, John Wiley & Sons, 1958, 1966).

3. Bruce Woolpert, "The Practice of TQM", en *Constructor*, julio de 1994 (sin número de páginas); John Case, "The Change Masters", en *Inc.*, marzo de 1992 (sin número de páginas).

4. "Facing Ours Fears", en *Consumer Reports*, diciembre de 1996, pp. 50-53.

5. Para las decisiones estratégicas, véase Nandini Rajagopalan, Abdul M. A. Rasheed y Deepak K. Datta, "Strategic Decision Processes: Critical Review of Future Directions", en *Journal of Management*, verano de 1992, pp. 349-384.

6. Weston H. Agor, "How Top Executives Use Their Intuition to Make Important Decisions", en *Business Horizons*, enero-febrero de 1986, pp. 49-53.

7. Véase también Kenneth A. Froot, David S. Scharfstein y Jeremy C. Stein, "A Framework for Risk Management", en *Harvard Business Review*, noviembre-diciembre de 1994, pp. 91-102.

8. La información de este recuadro de "Perspectiva" se basa en observaciones personales en la Disneylandia de París y Euro Park; "The Kingdom Inside a Republic", en *The Economist*, 13 de abril de 1996, pp. 66-67; Rita Gunther McGrath e Ian C. MacMillan, "Discovery-Driven Planning", en *Harvard Business Review*, julio-agosto de 1995, pp. 44-54. Gunther McGrath y MacMillan indican que planear para una línea de negocios convencional difiere de planear para condiciones de gran incertidumbre como el ingreso a nuevos mercados, el uso de nuevas tecnologías, la comercialización de nuevos productos y la formación de nuevas alianzas. Recomiendan un nuevo método, que parte de las utilidades y un "estado de pérdidas y ganancias inverso" para la identificación de todas las actividades requeridas para el nuevo proyecto, el cuidadoso rastreo de todos los supuestos para comprobar su validez y finalmente la realización de modificaciones en el "estado de pérdidas y ganancias inverso".

9. La explicación del proceso creativo se basa en gran medida en Michael B. McCaskey, *The Executive Challenge — Managing Change and Ambiguity* (Marshfield, Mass.; Pitman Publishing, 1982), cap. 8.

10. Emily T. Smith, "Are You Creative? Research Shows Creativity Can Be Taught — and Companies Are Listening", en *Business Week*, 30 de septiembre de 1985, pp. 80-84.

11. Alex F. Osborn, *Applied Imagination*, 3a. ed., corregida (Nueva York, Charles Scribner's Sons, 1963).

12. Irvin Summers y David E. White, "Creativity Techniques: Toward Improvement of the Decision Process", en *Academy of Management Review*, abril de 1976, pp. 99-107.

13. William J. Gordon, "Operational Approach to Creativity", en *Harvard Business Review*, noviembre-diciembre de 1956, pp. 41-51; William J. Gordon, *Synectics* (Nueva York, Harper & Brothers, 1961).

14. George S. Steiner, John B. Miner y Edmund R. Gray, *Management Policy and Strategy*, 3a. ed. (Nueva York, The Macmillan Company, 1986), pp. 174-177; Andre L. Delbecq, Andrew H. Van de Ven y David H. Gustafson, *Group Techniques for Program Planning* (Glenview, Ill.; Scott, Foresman and Company, 1975).

15. Russel Mitchell, "Masters of Innovation", en *Business Week*, 10 de abril de 1989, pp. 58-63; Thomas A. Stewart, "3M Fights Back", en *Fortune*, 5 de febrero de 1996, pp. 94-99; "3M and Then There Were Two", en *The Economist*, 18 de noviembre de 1995, pp. 74-75.

16. Véase también Joseph V. Anderson, "Weirder Than Fiction: The Reality and Myths of Creativity", en *The Academy of Management Executive*, noviembre de 1992, pp. 40-47.

17. "Mr. Creativity", en *The Economist*, 17 de agosto de 1996, p. 55.

18. Este caso se basa en varias fuentes, entre ellas Dean Foust, Jonathan Kapstein, Pia Farrell, Peter Finch y Chris Power, "Mr. Smith Goes Global", en *Business Week*, 13 de febrero de 1989, pp. 66-72; Peter Waldman y James R. Schiffman, "Federal Express Profit Falls 54%; Takeover Cited", en *The Wall Street Journal*, 22 de septiembre de 1989; Philip Hastings, Martin Savery, Gary Gimson y Simon Tan, "Express

Services: A Struggle for World Domination",
en *Asian Business*, mayo de 1989, pp. 66-71; Peter
Waldman, "Federal Express Faces Problems
Overseas", en *The Wall Street Journal*, 20 de julio de
1990; Douglas A. Blackmon, "Federal Express to
Expand Activity at Paris Airport", en *The Wall Street
Journal*, 25 de abril de 1996; Carole A. Shifrin,
"FedEx's Asian Plan Opens Old Wounds",
en *Aviation Week & Space Technology*, 22 de julio
de 1996.

RESUMEN DE PRINCIPIOS BÁSICOS DE PLANEACIÓN

Quizá el mejor resumen de la Parte 2, sobre la planeación, sea una lista de los principios básicos o lineamientos que se aplican a la planeación. Los principios esenciales de la planeación se enlistan enseguida, aunque se podría añadir algunos más.

Propósito y naturaleza de la planeación

El propósito y naturaleza de la planeación se resumen en los siguientes principios.

P1.* PRINCIPIO DE CONTRIBUCIÓN AL OBJETIVO. El propósito de cualquier plan y de todos los planes de apoyo es promover el cumplimiento de los objetivos empresariales.

P2. PRINCIPIO DE OBJETIVOS. Para que los objetivos tengan significado para las personas, deben ser claros, alcanzables y verificables.

P3. PRINCIPIO DE PRIMACÍA DE LA PLANEACIÓN. La planeación precede lógicamente a todas las demás funciones administrativas.

P4. PRINCIPIO DE EFICIENCIA DE LOS PLANES. La eficiencia de un plan se mide según sus contribuciones al propósito y objetivos en comparación con los costos requeridos para formularlo y operarlo y con las consecuencias no buscadas.

Estructura de los planes

Dos principios básicos referidos a la estructura de los planes aluden al entrelazamiento de éstos, la elaboración de planes de apoyo para los planes principales y la comprobación de que los planes de un departamento armonizan con los de otro.

P5. PRINCIPIO DE PREMISAS DE PLANEACIÓN. Cuanto mejor comprendan los individuos encargados de la planeación las premisas de planeación y cuanto mayor acuerdo alcancen sobre el empleo de premisas de planeación congruentes, tanto más coordinada será la planeación de una empresa.

P6. PRINCIPIO DE LA ESTRUCTURA DE ESTRATEGIAS Y POLÍTICAS. Cuanto mejor se comprendan e instrumenten en la práctica estrategias y políticas, tanto más consistente y eficaz será la estructura de los planes empresariales.

* "P" significa "principio de planeación".

Proceso de la planeación

Cuatro principios del proceso de la planeación contribuyen al desarrollo de una ciencia práctica de la planeación.

P7. PRINCIPIO DEL FACTOR LIMITANTE. Entre más precisa sea en la selección de alternativas la identificación y resolución por parte de los individuos de los factores limitantes o decisivos para el cumplimiento de la meta deseada, podrán seleccionar más fácil y atinadamente la alternativa más favorable.

P8. PRINCIPIO DE COMPROMISO. La planeación lógica debe cubrir el periodo futuro necesario para prever lo mejor posible, mediante una serie de acciones, el cumplimiento de los compromisos implicados por una decisión tomada en el presente.

P9. PRINCIPIO DE FLEXIBILIDAD. Dotar de flexibilidad a los planes reduce el riesgo de incurrir en pérdidas a causa de hechos inesperados, a pesar de lo cual el costo de la flexibilidad debe ponderarse en relación con sus ventajas.

P10. PRINCIPIO DEL CAMBIO DE RUTA. Entre mayor sea el compromiso de los individuos con un trayecto futuro por efecto de las decisiones de planeación, será más importante la revisión periódica de hechos y expectativas y la reelaboración de planes tanto como sea necesario para mantener el curso hacia la meta deseada.

El principio de compromiso y los principios de flexibilidad y cambio de ruta tienen que ver con un método de contingencias para la planeación. Aunque parece sensato pronosticar y trazar planes para periodos futuros prolongados a fin de garantizar razonablemente el cumplimiento de compromisos, con frecuencia es imposible hacerlo, o el futuro es tan incierto que sería demasiado riesgoso cumplir esos compromisos.

El principio de flexibilidad se refiere a la inclusión en los planes de posibilidades de cambio. El principio del cambio de ruta implica por su parte la revisión de los planes de vez en cuando y su reelaboración en caso de que así lo demanden los cambios ocurridos en hechos y expectativas. Si en los planes no se prevé cierto grado de flexibilidad, el cambio de ruta puede resultar difícil o costoso.

Planeación global

Las conclusiones de esta parte se refieren a la dimensión global de la planeación. Primeramente se exponen las prácticas administrativas propias de Japón, Estados Unidos, la República Popular China, México y Colombia.[1] Después se identifican las ventajas y desventajas competitivas de Alemania. El caso de la industria automotriz global trata de la compañía alemana Mercedes-Benz, la cual forma parte de Daimler-Benz.

Prácticas de planeación en Japón, Estados Unidos, la República Popular China, México y Colombia[2]

El nivel de productividad resulta de gran interés para todas las naciones. En años recientes, muchas empresas estadunidenses han fijado la vista en Japón en busca de respuestas a la crisis de productividad de Estados Unidos. Por su parte, muchos estudiantes japoneses acuden a universidades de Estados Unidos para realizar estudios de administración y obtener su maestría en administración de empresas. El éxito fenomenal alcanzado por Japón en el incremento de la productividad suele atribuirse al enfoque administrativo imperante en ese país.[3] Sin embargo, no se deben ignorar las fuerzas externas, como cultura y filosofías, que determinan esas prácticas. Cabe señalar también que las prácticas administrativas están siendo objeto de rápidos cambios. Las empresas japonesas, por ejemplo, han adoptado ya estilos occidentales de administración a causa de la experiencia obtenida por sus administradores en las alianzas estratégicas con compañías occidentales. Abunda la bibliografía sobre la administración estadunidense y japonesa. Uno de los libros que la componen apareció incluso en las listas de libros más vendidos,[4] pero existen muchos otros libros[5] y aún más artículos al respecto. En cambio, la bibliografía acerca de la administración en China es muy escasa. Dado que Japón y Estados Unidos poseen métodos administrativos contrastantes, quizá los administradores chinos hayan adoptado aspectos de ambos enfoques para volver más eficaces y eficientes sus empresas. El propósito de esta exposición es comparar y contrastar los modelos administrativos japonés y estadunidense y evaluarlos en relación con las prácticas en uso en las *grandes empresas de propiedad estatal de la República Popular China*, a la que nos referiremos simplemente como *China*. Posterior a esto, se mencionan la planeación y la toma de decisiones en México y en Colombia, comparándolas con las anteriores.

Esta sección se centra en la planeación, tal como se muestra sintéticamente en la tabla 1.[6] Las partes 3, 4, 5 y 6 de este libro se dedican a la organización, integración de personal, dirección y control. Para comenzar, cabe hacer una advertencia. Es obvio que no todas las empresas estadunidenses son administradas como se explica en este texto. Lo mismo puede decirse de las prácticas administrativas japonesas, chinas, mexicanas y colombianas. Las prácticas administrativas cambian en el transcurso del tiempo, de modo

TABLA 1

Comparación de la planeación en Japón, Estados Unidos, China, México y Colombia.

Administración japonesa	Administración estadounidense	Administración china	Administración mexicana	Administración colombiana
1. Orientación a largo plazo	1. Orientación fundamentalmente a corto plazo	1. Orientación a largo y corto plazos (planes quinquenal y anual)	1. Fundamentalmente orientación a corto plazo	1. Orientación a corto plazo, tendiente a ampliar el plazo
2. Toma colectiva de decisiones (*ringi*) con consenso	2. Toma individual de decisiones	2. Toma de decisiones por comités; en la cima, por lo general individual	2. Toma individual de decisiones, aunque basada en el consenso del nivel directivo	2. Toma de decisiones por oficinas de planeación establecidas con ese propósito
3. Participación de muchas personas en la preparación y toma de una decisión	3. Participación de pocas personas en la toma de la decisión y posterior convencimiento de su conveniencia a personas con valores divergentes	3. Participación en sentido descendente, hasta los niveles inferiores	3. Participación de un grupo de la alta dirección en la preparación y toma de decisiones	3. Participación del grupo de personas responsables de la función de planeación
4. Flujo de decisiones cruciales de la cima a la base y nuevamente a la cima; flujo de decisiones no cruciales comúnmente de la base a la cima (énfasis en el consenso en todos los casos)	4. Las decisiones se inician en la cima y fluyen en sentido descendente	4. Flujo descendente; inicio en la cima	4. El proceso de toma de decisiones se lleva a cabo en la cima de la organización, soportado por los mandos medios y operativos	4. La decisión se toma en el nivel superior con el apoyo del resto de los niveles jerárquicos
5. Lenta toma de decisiones; rápida instrumentación de la decisión	5. Rápida toma de decisiones; lenta instrumentación a causa de la necesidad de negociar, lo que suele resultar en decisiones menos que óptimas	5. Lenta toma de decisiones; lenta instrumentación (aunque ya ocurren cambios)	5. Toma ágil de decisiones, lo que con frecuencia provoca su revisión y ajustes posteriores	5. La toma de decisiones está cambiando, lo que provoca que aún no adquiera la cohesión necesaria para imprimirle mayor celeridad

que en la actualidad los métodos japoneses se asemejan más al estilo administrativo occidental. Esto es así no sólo en lo que respecta a la planeación, sino también a las funciones administrativas de organización, integración de personal, dirección y control, que se expondrán en secciones posteriores de este libro.

Planeación en Japón[7]

En Japón, la planeación se beneficia enormemente de la cooperación entre gobierno y empresas. Tras la Segunda Guerra Mundial, Japón desarrolló políticas para el crecimiento y fortalecimiento económicos, así como para la competitividad internacional. Estas políticas armonizaron las políticas monetaria y fiscal con la estructura industrial. Esta relativa predecibilidad económica significa menores riesgos en la planeación de las condiciones. La planeación consiste en la elección del propósito y objetivos de la organización en su conjunto o de una parte de ésta y en la selección de los medios para alcanzar esos fines; implica por lo tanto la toma de decisiones. En general, la orientación de los administradores japoneses respecto de la planeación es de más largo plazo que la de los administradores estadunidenses. Son varias las razones de ello. En Japón, por ejemplo, los bancos son la fuente básica de capital, y su interés estriba en la solidez a largo plazo de las empresas. Además, el Ministerio de Comercio Internacional e Industria elabora un plan quinquenal para la promoción y orientación de la planeación industrial. Adicionalmente, los conglomerados empresariales conocidos como *keiretsu* suelen vincularse con grandes bancos, interesados en el desempeño a largo plazo de las compañías. Estos *keiretsus* ofrecen oportunidades para grandes economías de escala, redes que inhiben la competencia, integración vertical e influencia sobre las decisiones gubernamentales.

Planeación en Estados Unidos

En contraste, los administradores estadunidenses suelen hallarse bajo la presión de los accionistas para exhibir razones financieras favorables cada vez que es preciso rendir informes al respecto. Lamentablemente, esto tiende a desalentar inversiones cuyo rendimiento deba esperarse a un futuro más distante. De igual modo, es común que los estadunidenses ocupen un puesto administrativo durante periodos relativamente cortos, de manera que es raro que una decisión miope pueda rastrearse hasta el administrador que la tomó, porque por lo general éste ya ha sido ascendido o incluso ha cambiado de compañía. Usualmente, los administradores japoneses poseen una orientación de más largo plazo en sus actividades de planeación estratégica que sus contrapartes en Estados Unidos.

Planeación en China

La situación en China es muy diferente. La mayoría de las empresas son propiedad del Estado, y sólo recientemente han surgido algunas empresas privadas. Sin embargo, en esta comparación nos ocuparemos únicamente de las primeras. En estas empresas se elaboran planes tanto a largo como a corto plazos. El plan quinquenal se elabora en la cima (el Comité de Planeación del Estado), mientras que planes más detallados se realizan en niveles inferiores. La orientación es el cumplimiento de los objetivos y la consecución del plan asignado más que el logro del éxito en el mercado. Aunque es probable que la formulación de estrategias no sea una práctica común en términos formales, el pensamiento estratégico de esencia militar forma parte de la cultura china. El libro *Bing-Fa* es uno de los manuales chinos más completos sobre estrategia militar. Así, es probable que los administradores chinos apliquen ciertos principios en su trato con compañías occidentales. Por ejemplo, se considera que la mejor estrategia es la de ganar sin necesidad de una guerra. La mejor estrategia inmediatamente inferior a ésta es ganar por medio de alianzas. Por lo demás, la integración de metas organizacionales y personales es difícil, porque en el cumplimiento de los objetivos organizacionales prácticamente no se toman en cuenta los beneficios personales.

Planeación en México

En México, la planeación está direccionada más al corto que al largo plazo. Sin embargo, debido a la mayor participación en el contexto internacional a través de la forma de tratados y acuerdos como el TLC y los esquemas de globalización, la dinámica de crecimiento está modificando radicalmente la conformación de las organizaciones así como su mecánica de operación, lo que está ejerciendo una fuerte influencia en la apertura de los plazos para instrumentarla.

El proceso de planeación corresponde a la alta dirección pero se lleva a cabo con la participación de los niveles medios y operativos en quienes recae la responsabilidad del manejo de la información. A pesar del peso que esta función representa para solidificar los procesos de toma de decisiones, la planeación aún no se constituye como una herramienta lo suficientemente poderosa para orientar los destinos de las organizaciones, situación que se debe, por una parte, a las cambiantes presiones del entorno y, por otra, a la dependencia de las medidas económicas dictadas por el sector gubernamental.

No obstante lo anterior, la creciente apertura a la descentralización y/o desincorporación de las áreas generadoras de productos y servicios, la compactación de estructuras orgánicas, la incorporación de nueva tecnología, una mayor profesionalización de las plantas productivas y la reestructuración de procesos esenciales de las organizaciones, está propiciando una flexibilización funcional que las hace más permeables al cambio, lo que aumenta sustancialmente expectativas de mejoramiento de la calidad y efectividad de la planeación.

Planeación en Colombia

En casi todas las grandes empresas y en algunas de tamaño mediano, existen oficinas de planeación formalmente establecidas. Especialmente en los organismos públicos es generalizada la planeación formal desde hace cerca de treinta años. No obstante, la planeación generalmente se convierte en un formalismo o en un ritual que tiene muy pocos efectos sobre el aprendizaje institucional y aporta poco al mejoramiento de la capacidad competitiva de las empresas. Tales deficiencias se deben, entre otras razones, a que la planeación puede, en algunos casos, estar limitada a la elaboración de presupuestos, con un carácter meramente operativo y, por consiguiente, desconectada de una orientación estratégica.

En otros casos, el principal esfuerzo de la organización recae sobre la definición de la misión, la visión, las estrategias corporativas y las políticas de la empresa, pero se carece de capacidad para operacionalizar esos elementos, orientando sistemáticamente los procesos, los recursos y el tiempo de los ejecutivos hacia su puesta en operación; también se carece de mecanismos para someterlos a un seguimiento riguroso.

La planeación sigue siendo centralizada y autoritaria, a pesar de que muchos ejecutivos perciben la necesidad de una mayor flexibilidad que propicie la iniciativa, la creatividad y el compromiso de los trabajadores.

Un problema tangible consiste en que los diferentes componentes del sistema de planeación se encuentran fragmentados y dispersos por la estructura organizacional, de manera que en una oficina se formulan los objetivos, en otra los presupuestos, en otra se diseñan los sistemas de operación, los jefes de diferentes niveles asignan las responsabilidades individuales, y en otro lugar se definen los criterios de éxito y los mecanismos de seguimiento y evaluación. Lo anterior impide que los dirigentes posean una visión de conjunto sobre lo que se pretende hacer, los instrumentos para realizarlo y de los recursos humanos, físicos y financieros que es necesario comprometer para materializarlos en resultados. También, refleja la incapacidad para convertir la planeación en un modelo de referencia que sistematice la experiencia y sirva de fundamento para el aprendizaje institucional.

Toma de decisiones en Japón

Uno de los aspectos más interesantes de la administración japonesa es la manera en que se toman decisiones. En una organización común, varios niveles participan en la toma de una decisión. En términos reales, la parte más importante del proceso es la comprensión y análisis del problema y el desarrollo de varias soluciones alternativas. Las decisiones cruciales pueden fluir de la alta dirección a los niveles inferiores y volver desde éstos a aquélla. Las decisiones no cruciales pueden originarse en la base y someterse a la consideración de los administradores de más alto nivel. La autoridad última en la toma de una decisión descansa de cualquier forma en la alta dirección. Pero antes de que una propuesta llegue al escritorio de los ejecutivos, el problema y sus posibles soluciones han sido discutidos en varios niveles de la jerarquía organizacional. La alta dirección mantiene la opción de aceptar o rechazar una decisión. Pero es más probable que una decisión sea devuelta a los subordinados para su mayor estudio y no que se le rechace tajantemente.

Una propuesta se confirma mediante el proceso de *ringi*. El *ringi-sho* es un documento que contiene una propuesta elaborado por un miembro del personal de asesoría y apoyo. Este documento circula entre varios administradores antes de ser remitido a la alta dirección para su aprobación formal. Firmado habitualmente por los involucrados o afectados por una decisión, este documento incita la cooperación y participación de muchas personas. Esto garantiza a su vez el examen del problema o decisión desde diferentes perspectivas. Es evidente que este proceso de toma de decisiones consume mucho tiempo. Pero una vez obtenido el consenso, la instrumentación del plan es más bien ágil, gracias a la comprensión del plan, la claridad del problema, la evaluación de las diferentes alternativas y la participación de quienes instrumentarán la decisión. Se objeta a las compañías japonesas la lentitud y ambigüedad en la toma de decisiones. El hecho de que autoridad y responsabilidades de decisión se compartan también puede resultar en un problema, dado que nadie se siente individualmente responsable de la decisión. Pero asumir una responsabilidad colectiva es congruente con los valores japoneses.

Toma de decisiones en Estados Unidos

En las organizaciones estadunidenses, quienes fundamentalmente toman decisiones son los individuos y, por lo general, sólo intervienen unas cuantas personas. En consecuencia, después de tomada una decisión es preciso convencer de su conveniencia a los demás, quienes a menudo poseen diferentes valores y diferentes percepciones acerca de cuál es realmente el problema y del modo en que se le debería resolver. Así, la toma de una decisión es más bien rápida, pero su instrumentación es muy lenta y requiere de negociaciones entre los administradores con puntos de vista diferentes. El resultado es que la decisión finalmente instrumentada bien puede ser menos que óptima, a causa de las negociaciones necesarias para conciliar opiniones divergentes. Ciertamente, esta responsabilidad de decisión puede rastrearse hasta topar con los individuos involucrados, siempre y cuando sea posible ubicarlos en el mismo puesto, pero al mismo tiempo puede resultar en la práctica de hallar "chivos expiatorios" a los cuales atribuir decisiones incorrectas. Con todo, en las compañías estadunidenses la autoridad y responsabilidad de decisión recaen en individuos determinados, mientras que en Japón varias personas comparten tanto la autoridad como la responsabilidad de las decisiones.

Toma de decisiones en China

En China, las decisiones importantes las toman los individuos que ocupan la dirigencia, pero en las decisiones operativas participan muchas personas.[8] Los administradores de nivel inferior poseen escasa autoridad para tomar decisiones. La toma de decisiones que se realiza en el organismo de planeación central está bajo control directo del Estado. Desafortunadamente, esto resulta en falta de flexibilidad en la instrumentación de las decisiones. Aunque se comprende la necesidad de cambiar, los administradores de los niveles superiores de la jerarquía se resisten a las reformas porque éstas los obligarían a renunciar a algunos de los privilegios de los que gozan como funcionarios.

Toma de decisiones en México

La estructura del proceso decisional en México parte de elementos tales como la naturaleza y alcance de las alternativas consideradas como prioritarias, ámbito de aplicación, recursos asignados, técnicas de análisis administrativo factibles de utilizar, así como del flujo y seguimiento de resultados esperados.

Las decisiones que representan un impacto económico significativo, modifican a fondo el funcionamiento del ambiente de trabajo o demandan de una gran velocidad de respuesta, fluyen normalmente del titular hacia el resto de la organización y son adoptadas con el respaldo de la alta dirección.

Cuando la toma de decisiones demanda menor empleo de recursos, afecta en forma más racional las estructuras organizacionales o permite un análisis de alternativas más concienzudo, el titular otorga mayores facultades a la alta dirección para integrarse y/o asumir la responsabilidad del proceso.

Si las decisiones revisten un carácter francamente operativo, los niveles superiores sólo intervienen a manera de órganos de supervisión, delegando en los niveles medios la facultad de tomarlas.

En función de su contenido las decisiones son compartidas por todos los niveles jerárquicos. En su ejecución cada vez se pone más énfasis en la congruencia que debe existir entre los objetivos propuestos y los logros alcanzados tomando en cuenta no sólo las acciones que se implementan sino el significado que expresan.

Toma de decisiones en Colombia

El proceso de toma de decisiones es uno de los rasgos más significativos para caracterizar una organización, porque en él se resumen su cultura y sus paradigmas administrativos. En las organizaciones colombianas, por lo general, no se hace una búsqueda sistemática de alternativas, sino que se procede a buscar las más obvias y familiares. Como las empresas dedican casi todo su tiempo y sus recursos a la realización de los procesos de transformación directamente relacionados con la elaboración de sus productos y no están orientadas hacia la innovación ni el perfeccionamiento, los problemas que percibe y por consiguiente, las decisiones que toma, son rutinarias y se basan en la experiencia y en la memoria personal de los ejecutivos.

Ese conocimiento directo de la realidad se considera suficiente para sustentar unas decisiones sobre hechos que se repiten periódicamente y hace ver como superflua la necesidad de crear sistemas de información más desarrollados. De esa forma, el flujo de información gira en torno de las funciones de las dependencias y no está referido a los procesos más amplios y complejos, es limitada, esporádica y cubre periodos cortos. En otros casos, es necesario buscar los datos y procesarlos cada vez que una oficina central o un superior solicita un informe. Los modelos de simulación y los métodos cuantitativos para reducir la incertidumbre y el riesgo en la toma de decisiones se utilizan en raras oportunidades.

Una deficiencia notoria en la práctica de la toma de decisiones es la ausencia de mecanismos de seguimiento y evaluación. Esta carencia priva a la organización de la oportunidad de apreciar el impacto de sus decisiones y aprender de su experiencia.

La toma de decisiones es centralizada. Si el jefe considera que el problema es particularmente complejo, puede solicitar a sus subordinados que aporten sus opiniones y sugerencias, las cuales pueden ser ignoradas o incorporadas a la decisión, pero sin que exista el propósito de construir colectivamente una solución. En las organizaciones colombianas, donde predomina un clima hostil y conflictivo, signado por una actitud fuertemente competitiva entre los ejecutivos y trabajadores en general, permitir que los subordinados participen en la toma de decisiones significa ceder parte del poder gerencial. Como el trabajador no se considera involucrado en la decisión, y a menudo, no la comparte, se observan diversas manifestaciones de resistencia pasiva, expresadas en apatía, falta de iniciativa y lentitud, que obstaculizan y hacen más costosa la puesta en operación de las decisiones.

Las prácticas administrativas de la organización en Japón, Estados Unidos, China, México y Colombia se explicarán en la parte 3.

ENFOQUE
INTERNACIONAL

Análisis TOWS de las ventajas y desventajas competitivas de Alemania

A todas las naciones les interesa competir efectivamente en el mercado global. La competitividad no sólo depende de la efectividad de cada compañía en particular, sino también de las industrias y sistema socioeconómico de un país. Los rápidos cambios ocurridos en las condiciones de los mercados libres imponen a las naciones el pleno uso de sus ventajas comparativas para conservar su prosperidad o procurársela en el futuro. Los líderes políticos, económicos y empresariales deben evaluar las oportunidades y amenazas de las condiciones externas para crear estrategias que exploten las fortalezas de su nación e industria y apunten sus debilidades.

La matriz TOWS para el análisis de Alemania

En el capítulo 5 se presentó la matriz TOWS para el análisis de la posición competitiva de una compañía. Aquí haremos uso de los conceptos de TOWS para determinar la ventaja competitiva de Alemania. En la matriz TOWS se recogen aspectos selectos de las industrias alemanas con significativo impacto (tanto positivo como negativo) en la economía de ese país y en su posición en la Comunidad Europea y el mundo. Las fuerzas nacionales intrínsecas en las áreas social, económica, política y tecnológica son tomadas en cuenta en la determinación del origen de las fortalezas y debilidades industriales de Alemania. Con base en ello pueden analizarse entonces las oportunidades y amenazas externas para esas industrias. Tras un análisis de las fuerzas más diversas, pueden delinearse las estrategias de las industrias alemanas y desarrollarse estrategias industriales alternativas. Dada la enorme diferencia entre la ex Alemania occidental y la ex Alemania oriental, el análisis se centrará en la llamada "Alemania occidental" antes de la unificación, a la que en esta exposición nos referiremos simplemente como Alemania. En la matriz TOWS que aparece en la figura C2-1 se resume la situación competitiva del sector occidental de la República Federal de Alemania.

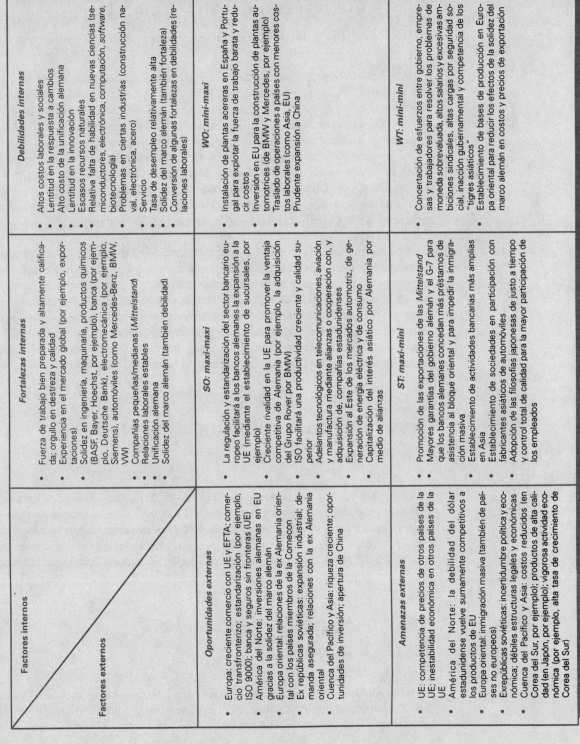

FIGURA I

Matriz TOWS de Alemania.

Factores internos / Factores externos	Fortalezas internas	Debilidades internas
	• Fuerza de trabajo bien preparada y altamente calificada; orgullo en destreza y calidad • Experiencia en el mercado global (por ejemplo, exportaciones) • Solidez en ingeniería, maquinaria, productos químicos (BASF, Bayer, Hoechst, por ejemplo), banca (por ejemplo, Deutsche Bank), electromecánica (por ejemplo, Siemens), automóviles (como Mercedes-Benz, BMW, VW) • Compañías pequeñas/medianas (*Mittelstand*) • Relaciones laborales estables • Unificación alemana • Solidez del marco alemán (también debilidad)	• Altos costos laborales y sociales • Lentitud en la respuesta a cambios • Alto costo de la unificación alemana • Lentitud en la innovación • Escasos recursos naturales • Relativa falta de habilidad en nuevas ciencias (semiconductores, electrónica, computación, *software*, biotecnología) • Problemas en ciertas industrias (construcción naval, electrónica, acero) • Servicio • Tasa de desempleo relativamente alta • Solidez del marco alemán (también fortaleza) • Conversión de algunas fortalezas en debilidades (relaciones laborales)
Oportunidades externas • Europa: creciente comercio con UE y EFTA; comercio transfronterizo; estandarización (por ejemplo, ISO 9000); banca y seguros sin fronteras (UE) • América del Norte: inversiones alemanas en EU gracias a la solidez del marco alemán • Europa oriental: relaciones de la ex Alemania oriental con los países miembros de la Comecon • Ex repúblicas soviéticas: expansión industrial; demanda asegurada; relaciones con la ex Alemania oriental • Cuenca del Pacífico y Asia: riqueza creciente; oportunidades de inversión; apertura de China	**SO: maxi-maxi** • La regulación y estandarización del sector bancario europeo facilitará a los bancos alemanes la expansión a la UE (mediante el establecimiento de sucursales, por ejemplo) • Creciente rivalidad en la UE para promover la ventaja competitiva de Alemania (por ejemplo, la adquisición del Grupo Rover por BMW) • ISO facilitará una productividad creciente y calidad superior • Adelantos tecnológicos en telecomunicaciones, aviación y manufactura mediante alianzas o cooperación con, y adquisición de, compañías estadunidenses • Expansión al Este de los mercados automotriz, de generación de energía eléctrica y de consumo • Capitalización del interés asiático por Alemania por medio de alianzas	**WO: mini-maxi** • Instalación de plantas acereras en España y Portugal para explotar la fuerza de trabajo barata y reducir costos • Inversión en EU para la construcción de plantas automotrices (de BMW y Mercedes, por ejemplo) • Traslado de operaciones a países con menores costos laborales (como Asia, EU) • Prudente expansión a China
Amenazas externas • UE: competencia de precios de otros países de la UE; inestabilidad económica en otros países de la UE • América del Norte: la debilidad del dólar estadunidense vuelve sumamente competitivos a los productos de EU • Europa oriental: inmigración masiva (también de países no europeos) • Ex repúblicas soviéticas: incertidumbre política y económica; débiles estructuras legales y económicas • Cuenca del Pacífico y Asia: costos reducidos (en Corea del Sur, por ejemplo); productos de alta calidad (en Japón, por ejemplo); vigorosa actividad económica (por ejemplo, alta tasa de crecimiento de Corea del Sur)	**ST: maxi-mini** • Promoción de las exportaciones de las *Mittelstand* • Mayores garantías del gobierno alemán y el G-7 para que los bancos alemanes concedan más préstamos de asistencia al bloque oriental y para impedir la inmigración masiva • Establecimiento de actividades bancarias más amplias en Asia • Establecimiento de sociedades en participación con fabricantes asiáticos de automóviles • Adopción de las filosofías japonesas de justo a tiempo y control total de calidad para la mayor participación de los empleados	**WT: mini-mini** • Concertación de esfuerzos entre gobierno, empresas y trabajadores para resolver los problemas de moneda sobrevaluada, altos salarios y excesivas ambiciones sindicales, altas cargas por seguridad social, inacción gubernamental y competencia de los "tigres asiáticos" • Establecimiento de bases de producción en Europa oriental para reducir los efectos de la solidez del marco alemán en costos y precios de exportación

Ambiente interno de Alemania: Fortalezas y debilidades

A Alemania se le considera por lo general una potencia económica. Pero desde una perspectiva global, las compañías trasnacionales de Japón y Estados Unidos dominan los mercados globales. Entre las 500 mayores empresas globales clasificadas por la revista *Fortune*, 151 son estadunidenses, 149 japonesas y sólo 44 alemanas, las cuales ocupan el tercer puesto de acuerdo con un estudio comparativo entre países.[9] A escala global, entonces, las grandes compañías alemanas constituyen una porción mucho menor que sus contrapartes japonesas y estadunidenses. La compañía más grande de Alemania es Daimler-Benz, con el vigésimo sitio. En comparación, las cuatro empresas más grandes del mundo son japonesas, con Mitsubishi a la cabeza. La mayor compañía estadunidense es General Motors, clasificada en quinto lugar entre las 500 compañías globales industriales y de servicios de *Fortune*.

Como se muestra en la figura C2-1, las *fortalezas* de Alemania van desde una fuerza de trabajo bien preparada y altamente calificada hasta la solidez de su moneda. Ciertos factores pueden representar al mismo tiempo una fortaleza y una debilidad. La sólida moneda alemana permite a las empresas germanas adquirir compañías extranjeras. Pero, desde otra perspectiva, la solidez del marco alemán es también, en combinación con los elevados costos laborales y sociales, una debilidad, porque por este motivo muchos productos fabricados en Alemania son sumamente costosos y su precio escasamente competitivo en los mercados globales. En la matriz se mencionan otras debilidades.

Oportunidades y amenazas externas

Las *oportunidades* externas de Alemania se extienden de la Unión Europea a los países de la Europa oriental, América y la Cuenca del Pacífico y Asia. Aunque se trata de oportunidades abundantes, algunas industrias de esas mismas regiones representan también *amenazas*, como se muestra en la figura C2-1. Los productos electrónicos de consumo de alta calidad de Japón, por ejemplo, han remplazado a muchos productos alemanes.

Cuatro grupos de estrategias para Alemania

Considerando las fortalezas y debilidades nacionales internas y las oportunidades y amenazas representadas por otros países, en el caso de Alemania deben tomarse en cuenta cuatro grupos de estrategias alternativas.

ESTRATEGIAS DE FORTALEZAS-OPORTUNIDADES (MAXI-MAXI)

Las estrategias potencialmente más exitosas para Alemania consistirían en la explotación de sus fortalezas para el aprovechamiento de las oportunidades, no sólo en la Unión Europea (UE), sino también en los países de América del Norte, Europa oriental, Asia y la Cuenca del Pacífico.

Las oportunidades abiertas por la Unión Europea permiten el libre flujo de capitales, bajo regulaciones comunes de las transacciones financieras. La regulación y estandarización del sector bancario europeo facilitarán a los bancos alemanes su expansión a la UE. Por ejemplo, la estrategia de expansión en la UE del Deutsche Bank se apoya en el establecimiento de sucursales en diversos puntos del territorio europeo y en la cooperación con bancos extranjeros.

ESTRATEGIAS DE FORTALEZAS-AMENAZAS (MAXI-MINI)

Las estrategias maxi-mini persiguen la optimación de las fortalezas de un país y la reducción al mínimo de sus amenazas externas. La economía de exportación de Alemania, por ejemplo, depende de la conquista y conservación de su participación de mercado en muchos mercados extranjeros. Las exportaciones alemanas representan 24% del producto interno bruto del país,[10] y en su mayoría son producto de las compañías *Mittelstand*. Las exportaciones de las *Mittelstand* son promovidas por el gobierno, el cual colabora en la obtención de seguros a las exportaciones de países como Tailandia. En la figura C2-1 se sintetizan y advierten otras varias estrategias.

ESTRATEGIAS DE DEBILIDADES-OPORTUNIDADES (MINI-MAXI)

La estrategia mini-maxi pretende superar las debilidades de una industria para que pueda obtener provecho de las oportunidades que se le presentan, como lo ilustran los dos siguientes ejemplos. La industria acerera alemana podría considerar la instalación de plantas en España y Portugal para explotar los bajos costos laborales de estas dos naciones. Debido a los altos costos laborales y sociales imperantes en Alemania, así como a la solidez del marco alemán, Mercedes-Benz (división de Daimler-Benz) invierte actualmente en una planta en Alabama para producir a partir de 1997 un vehículo de usos múltiples, el cual será comercializado no sólo en Estados Unidos, sino también en el extranjero.[11]

ESTRATEGIAS DE DEBILIDADES-AMENAZAS (MINI-MINI)

La estrategia mini-mini es un intento por reducir al mínimo tanto las debilidades internas como las amenazas externas. Aunque algunos alemanes admiten que su país enfrenta ciertos problemas, la mayoría de la población no se da cuenta de ello. Varios grupos se culpan entre sí de algunos problemas presentes, como la sobrevaluación de la moneda, el alto nivel de los salarios, las excesivas ambiciones de los sindicatos, los elevados impuestos sociales, la inacción del gobierno y la competencia representada por los "tigres asiáticos".[12] La solución a estos problemas requerirá de un esfuerzo concertado entre gobierno, empresas y trabajadores alemanes. Una de las estrategias al respecto se refiere a la solidez del marco alemán, que dificulta las exportaciones. Por lo tanto, las industrias alemanas deben considerar el establecimiento de bases de producción en Europa oriental para reducir costos y barreras.

Selección de un grupo de estrategias

Es indudable que la bien preparada y altamente calificada fuerza de trabajo alemana ha contribuido a la obtención y conservación de la competitividad del país. Además, las fortalezas industriales de Alemania en productos químicos, automóviles, maquinaria y bancos son factores importantes de su éxito. No obstante, las fortalezas relativas de Alemania en muchas de estas industrias ya han comenzado a declinar. Más aún, debilidades internas como los altos costos laborales y sociales, la relativa lentitud en innovación y los problemas de ciertas industrias como la electrónica, acerera y de construcción naval indican la necesidad de transformación. Adicionalmente, Alemania carece de habilidades en las nuevas ciencias de los semiconductores, computadoras, *software* y biotecnología.

La matriz TOWS generó varias alternativas para la obtención de una ventaja competitiva por parte de Alemania. Sin embargo, las alternativas desarrolladas por medio de la matriz TOWS son descriptivas, no prescriptivas. Sirven a los responsables de políticas en el análisis sistemático de factores internos y externos y en su combinación para producir un efecto de sinergia. Aunque hemos ilustrado la aplicación práctica de la matriz TOWS para el caso específico de Alemania, también otros países pueden beneficiarse de la generación de estrategias para la conservación u obtención de ventajas competitivas en el mercado global.

CASO DE LA INDUSTRIA AUTOMOTRIZ GLOBAL

¿Cómo puede prepararse Mercedes-Benz para el siglo XXI?[13]

La oferta tradicional de automóviles compactos japoneses se complementa en la actualidad con modelos japoneses de lujo como Lexus e Infiniti para competir con los autos europeos fabricados por BMW y Mercedes-Benz. Las compañías japonesas Toyota y Nissan atacan los mercados de los automóviles de lujo no sólo de Estados Unidos, sino también de Europa. Ante el temor de que el plan desarrollado en 1992 por la Comunidad Europea (CE 1992) haga de Europa una "fortaleza", los japoneses desarrollaron una estrategia para su establecimiento en el mercado europeo mediante la instalación de plantas manufactureras en Inglaterra con el apoyo del gobierno encabezado por Margaret Thatcher (amigable hacia los japoneses). Surge entonces la interesante cuestión de cómo responderán los fabricantes europeos de automóviles a la amenaza japonesa. Helmut Werner, director general de Mercedes-Benz, enfrenta varias decisiones estratégicas, como la de si permanecer exclusivamente en el mercado de autos de lujo o ampliar la variedad de modelos para incluir también en ella vehículos más compactos.

Perfil de Mercedes-Benz en 1996-1997

Daimler-Benz debe su fama a sus automóviles Mercedes, los cuales ostentan una imagen de excelencia automotriz. Sin embargo, Mercedes-Benz enfrenta la feroz competencia de los fabricantes japoneses de automóviles. Además, esta compañía automotriz de corte tradicional ha sufrido drásticos cambios bajo la conducción de Helmut Werner, su actual director general, los que han supuesto el abandono radical de la producción exclusiva de autos de lujo de la más alta calidad para proceder a la introducción planeada de un auto compacto destinado a Europa (el Clase A) y de un auto de uso urbano para dos pasajeros con un nuevo nombre de marca, SMART. En consecuencia, Mercedes-Benz tiene que vérselas con preguntas fundamentales como las siguientes:

¿Cuál es nuestro negocio?
¿Quiénes son nuestros clientes?
¿Qué desean nuestros clientes?
¿Cuál *debería* ser nuestro negocio?

El Grupo Mercedes-Benz, la división más grande de Daimler-Benz, no sólo fabrica automóviles, sino también vehículos de uso comercial como autobuses y camiones. Pero mientras que estos dos últimos tipos de productos no han contribuido mayormente al Grupo Mercedes (salvo en el caso de la división de camiones Freightliner en Estados Unidos y su subsidiaria en Brasil), la división de automóviles ha hecho importantes aportaciones a la rentabilidad de Daimler-Benz, gracias sobre todo a los modelos de la Clase S y de la nueva Clase E. Por lo tanto, aunque no dejaremos de considerar a los vehículos de uso comercial, centraremos nuestra atención en el segmento automovilístico de Mercedes-Benz.

Propósito o misión de Mercedes-Benz

Cuando, en el pasado, Mercedes se concentraba en la producción de autos "con un diseño sin parangón en todo el mundo", era relativamente fácil identificar el propósito de esta compañía. Ahora, en cambio, esta tarea se ha dificultado, a causa de la ampliación de la variedad de modelos. Los autos de lujo seguirán siendo un importante sector de esta empresa, pero la ampliación del portafolio de modelos europeos (la introducción del Clase A y del nuevo auto SMART) puede complicar la conservación para Mercedes de la imagen de exclusividad. No sólo está en peligro la imagen de la compañía; adicionalmente, es común que los autos compactos signifiquen rendimientos sobre la inversión más reducidos. Así pues, aventurarse en el mercado de autos compactos es riesgoso. Sin embargo, representa al mismo tiempo un medio para atraer a nuevos clientes. No obstante todo ello, la alta dirección de Mercedes-Benz desea que la compañía se encuentre en el año 2006 entre las tres mejores empresas fabricantes de automóviles del mundo entero en lo que hace a rentabilidad, innovación y calidad. La visión de Werner es convertir a Mercedes-Benz en exclusivo fabricante en toda la línea de vehículos de alta calidad para todos los segmentos del mercado.

El portafolio de modelos

La nueva variedad de modelos planeada hasta el momento va del Clase S de lujo al Clase A y el auto SMART para dos pasajeros (también conocido como Swatch), sociedad en participación con una compañía suiza fabricante de relojes. Éstos serían entonces los modelos principales:

- Clase S: No sólo clientes adinerados compran este automóvil de lujo de la más alta calidad; también se le emplea como vehículo oficial para dignatarios y líderes políticos en todo el mundo.
- El nuevo Clase E se distingue por sus faros delanteros en forma ovalada. Este auto de lujo de medianas dimensiones posee una base de clientes sólidamente asentada. Desde su aparición mereció una cálida acogida por parte de los consumidores de autos.
- El Clase C, introducido como modelo 190 o "Mercedes bebé", fue lanzado en 1982. Los críticos adujeron entonces que este auto compacto dañaría la imagen de gran lujo de Mercedes. Sin embargo, en 1996 representó alrededor de 43% de la producción de autos de esta compañía, aparte de lo cual se le acepta ya como un Mercedes "auténtico" en casi todo el mundo.

Werner espera que la introducción de los nuevos automóviles, aún más compactos, que se describen a continuación constituya un éxito similar al alcanzado con el modelo Clase C, aunque los críticos se muestran escépticos.

- El Clase A, de cinco puertas con portezuela trasera, es uno de los nuevos modelos compactos, cuyo lanzamiento estaba previsto para fines de 1997. Su precio meta es de 20 000 dólares, y su tamaño es muy similar al del Ford Fiesta.
- El auto SMART es un automóvil de uso urbano que será comercializado en 1998 a través de una red de distribución independiente. Se trata de un innovador vehículo para dos pasajeros desarrollado por medio de una sociedad en participación con la compañía suiza fabricante de relojes Swatch y que será producido en Francia por Micro Compact Car (MCC). Su precio meta es de 10 000 dólares. Mercedes posee 51% de esa sociedad. Estos autos se comercializarán fuera de la red de distribuidores de Mercedes.

Aparte de estos dos vehículos compactos (el Clase A y el SMART), Mercedes comercializará también otros modelos.

- El Clase V es de estilo vagoneta para el transporte de pasajeros con propósitos múltiples; se asemeja a las minivagonetas estadunidenses. Se planea distribuirlo principalmente en Europa y exportarlo a países selectos.
- La empresa ha puesto grandes esperanzas en el vehículo deportivo Clase M producido en Tuscaloosa, Alabama, Estados Unidos. Los ingenieros que desarrollaron este vehículo de usos múltiples partieron de cero, a diferencia de casi todos los demás vehículos competidores, que se han derivado de plataformas automovilísticas o de camiones ya existentes. En este vehículo de usos múltiples se combinan un

equilibrio entre espacio interior y de carga, economía de combustible y eficiencia aerodinámica. Fue diseñado por ingenieros alemanes y estadunidenses en el sur de California. El plan es fabricar 65 000 unidades al año, alrededor de la mitad de las cuales se destinarían al mercado estadunidense (con un precio previsto de aproximadamente 35 000 dólares) mientras que la otra mitad se dirigiría al mercado externo de Estados Unidos, especialmente Europa y Japón. Este vehículo poseerá muchas de las características de los autos de pasajeros de Mercedes, como el control de tracción, frenos antiderrapantes y otras características de seguridad. Podrá usársele en caminos y a campo traviesa y contará con motor de seis u ocho cilindros (V6 o V8). En Europa se dispondrá de un motor de cuatro cilindros y se considera la posibilidad de ofrecer también un motor diesel.

Otro nuevo vehículo será el largamente esperado convertible deportivo compacto SLK, con un precio meta de alrededor de 36 000 dólares, bajo para los estándares de Mercedes. A pesar de que aún no se le ha introducido al mercado, la producción prevista hasta 1998 ya ha sido vendida.

Necesidad de formular una estrategia

Al reflexionar en la situación competitiva de Mercedes-Benz, es probable que Werner pondere las fortalezas y debilidades de la compañía, así como sus oportunidades y amenazas externas.

FORTALEZAS INTERNAS   La ventaja de Mercedes-Benz es su muy positiva imagen en el mercado de automóviles de lujo. Además, la compañía también se ha dado a conocer por sus innovaciones tecnológicas. Sus programas piloto en Francia (el auto SMART) y Estados Unidos (el vehículo de usos múltiples) también representan innovadores métodos en el diseño de autos. Al mismo tiempo, la acumulación de pedidos del deportivo SLK, de precio muy competitivo, es realmente notable. Otra de las fortalezas de Mercedes es su cercana ubicación respecto de sus proveedores (como es el caso de Bosch, por ejemplo, con sede en Stuttgart). La proximidad geográfica simplifica la estrechez de la cooperación y reduce los lapsos de transporte de partes. Mercedes también se beneficiará de las virtudes en alta tecnología de las compañías que ha adquirido, porque en los nuevos modelos de autos se hará uso de la electrónica para muchas funciones, como las de frenos antiderrapantes y controles de combustible y encendido. Una cualidad adicional de Mercedes es la representada por su línea de camiones comerciales Freightliner, producida en Estados Unidos.

DEBILIDADES INTERNAS   Una de las mayores debilidades de Mercedes es su alta estructura de costos. Los índices salariales industriales por hora que privan en Alemania son superiores a los de Japón y mucho más elevados que los de Estados Unidos. Los alemanes trabajan unas 38 horas a la semana, los japoneses 42 y los estadunidenses 40. Asimismo, los trabajadores alemanes disponen de más días de asueto que los de cualquier otro país industrializado, excepto Italia. En Alemania hay unos 30 días de asueto, contra 11 de Japón y 12 de Estados Unidos. Aunque estas cifras se refieren a los países y no a la industria automotriz en particular, dan idea del motivo de que los costos de producción de automóviles de Mercedes sean tan elevados. Ciertamente, Mercedes-Benz ha reducido sus costos en alrededor de 30% en los últimos años, esfuerzo que sin embargo quizá no sea suficiente en vista de los realizados por la competencia.

Otra debilidad potencial de esta compañía es lo prolongado del desarrollo de nuevos modelos y la demora en el desarrollo de una estrategia internacional. Aunque Mercedes se halla ya en proceso de globalizar sus operaciones, tal vez ya sea demasiado tarde para pretender alcanzar a sus competidores. Por lo demás, la empresa es relativamente pequeña; sus dimensiones equivalen a alrededor de la mitad de las de BMW/Rover y son menores que las de Honda, Mitsubishi y Suzuki, para no hablar de Toyota, Nissan, General Motors o Ford. Entre los fabricantes independientes de autos, sólo Volvo produce menos vehículos que Mercedes.

La División de Vehículos de Uso Comercial de Mercedes-Benz tiene sus propias debilidades. Como en el caso del sector automovilístico, el costo de producción de vehículos de uso comercial es relativamente alto. Del mismo modo, estos vehículos son demasiado complejos, con escaso valor agregado por empleado, al menos en lo que se refiere a las operaciones europeas. Mercedes ha resentido pérdidas en cuanto a su participación de mercado en Europa en este renglón. (Por otra parte, recientemente lanzó un nuevo camión de carga pesada, ACTROS, cuyos menores costos han significado una favorable posición de precio.)

OPORTUNIDADES EXTERNAS   Las robustas economías de los países de la Cuenca del Pacífico han dado lugar a un incremento en la demanda de automóviles de lujo. Por otro lado, países europeos como España se han beneficiado enormemente del plan CE 1992, lo que ha ofrecido a Mercedes grandes oportunidades para la venta de sus productos y para la instalación de plantas de producción en ese país. La demanda de autos en Europa oriental ha aumentado a su vez en forma sustancial, aunque es probable que la demanda inicial se concentre en autos de bajo precio en razón de la escasez de una moneda dura. Pero quizá la demanda de autos de lujo se incremente en el futuro a tono con la recuperación económica.

El empleo de componentes electrónicos en los automóviles para aplicaciones como inyección de combustible (*fuel injection*), frenos y muchas otras es cada vez mayor. En el futuro, los avances en electrónica y tecnologías de información serán todavía más importantes para el sector automotriz.

AMENAZAS EXTERNAS   Mercedes tiene frente a sí varias amenazas. En Europa, y prácticamente en el mundo entero, la empresa alemana BMW es el principal competidor de Daimler. BMW representa una amenaza para Mercedes no sólo en el mercado europeo, sino también en Japón, donde prevalece un creciente apetito por los automóviles europeos de lujo. Aunque antes la principal ventaja de BMW se hallaba en los autos compactos, los de las series 5 y 7 (producidos en cantidades relativamente menores) compiten directamente con los autos de lujo de clases intermedia y superior de Mercedes. El auto compacto de la Serie 3 de BMW compite directamente con el Clase C de Mercedes. Gracias a la adquisición de la compañía inglesa Rover, en 1994, la producción combinada de BMW-Rover superó a la de Mercedes. Ésta tomó por su parte la decisión estratégica de no expandirse por medio de adquisiciones, sino de crecer internamente. Los fabricantes estadunidenses poseen a su vez su propia estrategia. Para tener acceso al mercado de automóviles de lujo dominado por Mercedes y BMW, Ford adquirió la Jaguar Company, de Inglaterra. De igual modo, General Motors formó una alianza estratégica con Saab-Scania, de Suecia.

Otras amenazas para Mercedes son los autos de lujo japoneses Lexus e Infiniti, de Toyota y Nissan respectivamente. En más de un sentido, estos autos japoneses son comparables a los producidos por BMW y Mercedes. Toyota, por ejemplo, se ha distinguido no sólo por su calidad, sino también por su muy eficaz y eficiente sistema de producción, el cual le permite ejercer un riguroso control sobre sus costos. Las compañías de producción en serie tradicionales como Toyota, y otras, consiguen una excelente administración de costos gracias a la posibilidad de emplear partes intercambiables entre sus diversos modelos y a su producción global en países con costos reducidos. No obstante, la solidez de la moneda japonesa ha debilitado la posición competitiva de Lexus e Infiniti, de manera que por el momento los fabricantes japoneses de automóviles no han realizado incursiones significativas en el mercado europeo.

En cuanto a los vehículos comerciales, los competidores de Mercedes (Iveco, Scania, Volvo) disfrutan la ventaja de situarse en países de monedas blandas, lo que puede otorgarles beneficios de costos.

Factores clave de éxito

Los factores clave de éxito para los fabricantes de automóviles son la consolidación de la marca del producto, la innovación, la administración de costos, la rapidez de adaptación a cambios de condiciones y de desarrollo de nuevos modelos, la globalización, la calidad y la posesión de una clara estrategia de mercado. El buen desempeño en estas áreas constituye un reto para Mercedes, e implica el desarrollo, evaluación y determinación final del curso a seguir en el futuro.

Desarrollo y evaluación de alternativas estratégicas

La identificación de las fortalezas y debilidades de una compañía y la adecuación a sus oportunidades y amenazas externas son la base para desarrollar y evaluar las opciones estratégicas a su alcance. Por una parte, es necesario que Mercedes-Benz amplíe su variedad de modelos con los autos Clase A, Clase V, de usos múltiples y SMART. Sin embargo, corre el riesgo de deteriorar su imagen de fabricante de automóviles de gran lujo. Adicionalmente, enfrenta el problema de su posicionamiento en el mercado: ¿desea mantenerse como productora de autos de lujo o convertirse en fabricante de gran volumen? Los márgenes de ganancia de los autos compactos son por lo general más reducidos, de manera que debe producírseles en volumen suficiente para ser rentables. No obstante, los fabricantes de grandes volúmenes no pueden imponer usualmente precios elevados. Una alternativa sería la de crecer mediante la adquisición o cooperación con otras armadoras automotrices a fin de conseguir economías de escala. Pero Mercedes decidió no seguir el mismo curso que BMW y por lo tanto no adquirió alguna compañía con una línea de productos de menor precio. Otra alternativa sería la de concentrarse en los modelos de la más alta calidad, los cuales ofrecen márgenes de ganancia superiores a los de los vehículos compactos. Sin embargo, este segmento del mercado es muy limitado. Todo indica que Mercedes ha optado por otra alternativa, consistente en su consolidación como exclusivo fabricante en toda la línea de alta calidad con posibilidad de cobrar precios relativamente elevados, aunque ello le signifique renunciar a los segmentos del mercado totalmente controlados por productos de bajo precio. Así, Werner fija su atención en todos los nichos y segmentos del mercado en los que Mercedes puede seguir ostentando exclusividad. La Clase A, por ejemplo, ha sido diseñada para convertirse en el vehículo más seguro del segmento de autos compactos.

El ajuste estratégico

Uno de los aspectos más importantes de la planeación estratégica es la prueba de *congruencia* de los diversos elementos de un plan. Algunos observadores han cuestionado la eficacia de la decisión de Mercedes de aventurarse fuera del sector tradicional de autos de lujo mediante el desarrollo de autos compactos. La ordenada pero burocrática cultura organizacional alemana que rigió en el pasado parece poco congruente con el nuevo método administrativo orientado a grupos que quizá resulte indispensable para responder ágilmente a los cambios en las condiciones imperantes.

Las difíciles preguntas de Werner

Al reflexionar en las diversas alternativas que es posible deducir del análisis interno y externo, así como de los riesgos, es probable que Werner deba ponderar las siguientes preguntas cruciales:

¿La organización de comercialización es suficientemente sólida para hacer del modelo Clase A todo un éxito? ¿La nueva organización SMART estará lista a tiempo? ¿Mercedes-Benz se halla convenientemente equipada para proceder a la producción en gran volumen a fin de estar en condiciones para competir con Toyota, Opel y VW/Audi, compañías con experiencia en la producción de grandes volúmenes? ¿Puede Mercedes competir eficazmente con estas compañías, las cuales pretenden ingresar por su parte a los nichos del mercado automotriz? ¿La meta de producción es suficiente para una ofensiva global? ¿Cómo puede diferenciarse la compañía respecto de la competencia para tener éxito en un mercado saturado?

Resumen del caso de Mercedes-Benz y epílogo

En las cercanías del siglo XXI, Mercedes-Benz debe tomar algunas decisiones estratégicas. Su misión es convertirse de compañía automotriz fabricante de autos de lujo a fabricante de autos de toda clase con operaciones en el extremo superior de cada segmento. Antes su atención se reducía a los automóviles de lujo, pero en la actualidad enfrenta la férrea competencia de las armadoras japonesas y otras. La matriz TOWS, instrumento analítico para la identificación de las fortalezas y debilidades de una compañía y de sus relaciones con las oportunidades y amenazas externas, puede servir para el desarrollo de cuatro estrategias distintas para Mercedes-Benz. Estas decisiones deben tomarse a la luz de los riesgos implicados; asimismo, deben ser congruentes con la visión de los ejecutivos de más alto nivel. Mercedes-Benz debe prepararse ya para el competitivo mercado automotriz global.

Las preocupaciones de Werner no se reducen al futuro de Mercedes; también su propio futuro está en juego, como lo demuestra el hecho de que las diferencias sostenidas con Juergen Schrempp, director general de la organización Daimler-Benz y por lo tanto jefe de Werner, hayan dado como resultado la integración de Mercedes-Benz a su empresa matriz, Daimler-Benz.

Preguntas

1. Con base en la matriz TOWS, identifique las fortalezas y debilidades de Mercedes. Elabore una matriz e inserte en los cuadros correspondientes las fortalezas y debilidades de Mercedes.

2. Identifique las oportunidades y amenazas externas de Mercedes y relaciónelas en la matriz TOWS.

3. Desarrolle las estrategias alternativas (SO, ST, WO y WT), insértelas en los cuadros que corresponda y tome decisiones estratégicas.

4. ¿Qué opina usted de los nuevos modelos de Mercedes, como los autos Clase A y SMART?

5. ¿Cuál será la posición competitiva de Daimler frente a BMW, Infiniti, Lexus y otros automóviles de lujo en el año 2000?

6. ¿Cree que el vehículo de usos múltiples producido en Alabama, EU, tendrá éxito?

Referencias

1. Véase también James A. Wall, Jr., "Managers in the People's Republic of China", en *Academy of Management Executive*, mayo de 1990, pp. 19-32.

2. Las fuentes de información aparecen en la nota 6 de esta sección de "Referencias" de las conclusiones de la parte 2. Véase además Lu Zu-Wen, "The Evolution of Business Management in the Mainland of China Paves the Way for Opening to the Outside World", en *Proceedings of the Academy of International Business Southeast Asia Regional Conference*, Taipei, 26-28 de junio de 1986, vol. 2, pp. 16-18; Quian Jiaju, "The Primary Stage of Socialism", en *China Reconstructs*, marzo de 1988, pp. 15-18.

3. Antes se hacía referencia a menudo a los bajos índices salariales para explicar el éxito de las empresas japonesas. Sin embargo, con el ascenso del yen japonés y la cada vez menor importancia del componente de costos laborales de los productos, la aptitud administrativa se ha vuelto aún más decisiva. Peter F. Drucker, "Low Wages No Longer Give Competitive Edge", en *The Wall Street Journal*, 16 de marzo de 1988.

4. W. G. Ouchi, *Theory Z* (Reading, Mass.; Addison-Wesley Publishing Company, 1981).

5. Véase, por ejemplo, R. T. Pascale y A. G. Athos, *The Art of Japanese Management* (Nueva York, Simon & Schuster, 1981); Ezra F. Vogel, *Japan as Number One* (Nueva York, Harper & Row Publishers, 1979).

6. La información de las tablas de las conclusiones de las partes 2 a 6 se basa en diversas fuentes; las prácticas administrativas japonesas han sido ampliamente expuestas en la bibliografía especializada y los encuentros profesionales. Para un excelente recuento de la bibliografía al respecto y propuestas sobre el futuro de la administración japonesa, véase J. Bernard Keys, Luther Trey Denton y Thomas R. Miller, "The Japanese Management Theory Jungle — Revisited", en *Journal of Management*, vol. 20, núm. 2 (1994), pp. 373-402. Véase también Janet Goff, "Japanese Management in Historical Perspective", en *Japan Quarterly*, julio de 1990, pp. 369 ss.; Fred Luthans, Harriette S. McCaul y Nancy G. Dodd, "Organizational Commitment: A Comparison of American, Japanese, and Korean Employees", en *Academy of Management Journal*, marzo de 1985, pp. 213-219; Richard E. Wokutch, "Corporate Social Responsibility Japanese Style", en *Academy of Management Executive*, mayo de 1990, pp. 56-74; Ikujiro Nonaka y Johny K. Johansson, "Japanese Management: What about the 'Hard' Skills?", en *Academy of Management Review*, abril de 1985, pp. 181-191; Ronald Sheldon y Brian Kleiner, "What Japanese Management Techniques Can (Or Should) Be Applied by American Managers", en *Industrial Management*, mayo-junio de 1990, pp. 17-19; William G. Ouchi y Alfred M. Jaeger, "Type Z Organizations: Stability in the Midst of Mobility", en *Academy of Management Review*, abril de 1978, pp. 305-314; Peter F. Drucker, "Behind Japan's Success", en *Harvard Business Review*, enero-febrero de 1981; Hirotake Takeuchi, "Productivity: Learning from the Japanese", en California Management Review, verano de 1981, pp. 5-20; Amy Borrus, "Can Japan's Giants Cut the Apron Strings", en *Business Week*, 14 de mayo de 1990, pp. 105-106; John Lie, "Is Korean Management Just Like Japanese Management?", en *Management International Review*, vol. 30, núm. 2, segundo trimestre de 1990, pp. 113-118; Christine Nielsen Specter y Janet Stern Solomon, "The Human Resource Factor in Chinese Management Reform", en *International Studies of Management and Organization*, primavera-verano de 1990, pp. 15 y ss. También se recopiló información en visitas a Japón y en investigaciones realizadas con administradores japoneses en funciones en Estados Unidos. Los autores agradecen las contribuciones y ayuda de numerosos investigadores y administradores chinos, especialmente de la señorita Jie Yu y el señor Zhijian Yang. El profesor Richard Babcock, de la Universidad de San Francisco, nos prestó valiosa ayuda en la redacción de las secciones sobre las prácticas administrativas chinas.

Las partes correspondientes a México son una aportación de Enrique Benjamín Franklin, autor del libro *Organización de empresas. Análisis, diseño y estructura,* de McGraw-Hill.

La información acerca de Colombia es una aportación de Ricardo García Madariaga, director del Departamento de Ciencias Administrativas, de la Escuela de Administración de Negocios, en Colombia.

7. Para un excelente recuento de la bibliografía de planeación y propuestas sobre el futuro de la administración japonesa, véase J. Bernard Keys, Luther Trey Denton y Thomas R. Miller, "The Japanese Management Theory Jungle — Revisited", en *Journal of Management*, vol. 20, núm. 2 (1994), pp. 373-402.

8. Véase también John S. Henley y Mee Kau Nyaw, "Introducing Market Forces into Managerial Decision Making in Chinese Industrial Enterprises", en *Journal of Management Studies*, vol. 23, 1986, pp. 635-656.

9. Rahul Jacob, "Introduction to Fortune's Global 500 — The World's Largest Corporations", en *Fortune*, 7 de agosto de 1995, pp. 130-136.

10. Karen Lowry Miller y John Templeman, "Germans Finally Hop the Orient Express", en *Business Week*, 6 de marzo de 1995, p. 50E-6.

11. David Woodruff y Karen Lowry Miller, "Mercedes' Maverick in Alabama", en *Business Week*, 11 de septiembre de 1995, pp. 64-65.

12. "A Survey of Business in China", en *The Economist*, 9-15 de marzo de 1996, pp. 1-26.

13. La estructura de este caso se basa en parte en Heinz Weihrich, "The TOWS Matrix — A Tool for Situational Analysis", en *Long Range Planning*, abril de 1982, pp. 52-64, en tanto que la información sobre el caso se extrajo de diversas fuentes, entre ellas las siguientes: John Templeman, Bill Vlasic y Christopher Power, "A Mercedes for Every Driveway?", en *Business Week*, 26 de agosto de 1996; Frank A. Linden, "Ein Stern Für Alle?", en *Manager Magazine*, febrero de 1996, pp. 41-51; "Car Trip Into the Unknown", en *Financial Times*, 9 de agosto de 1997; "The Evolution of the AVV", en *MB Insider*, primavera de 1996; David Woodruff, "The Bulldozer at Daimler-Benz", en *Business Week*, 10 de febrero de 1997, p. 52. Daimler inició en 1993 el ensamble de autos Mercedes en México; véase Alex Taylor III, "Another Lap for Mercedes Chief", en *Fortune*, 20 de abril de 1992, p. 185; Stephan Grühsem, "Hubbert: A-Klasse is für uns ein Lernfeld", en *Handelsblatt*, 7 de marzo de 1997.

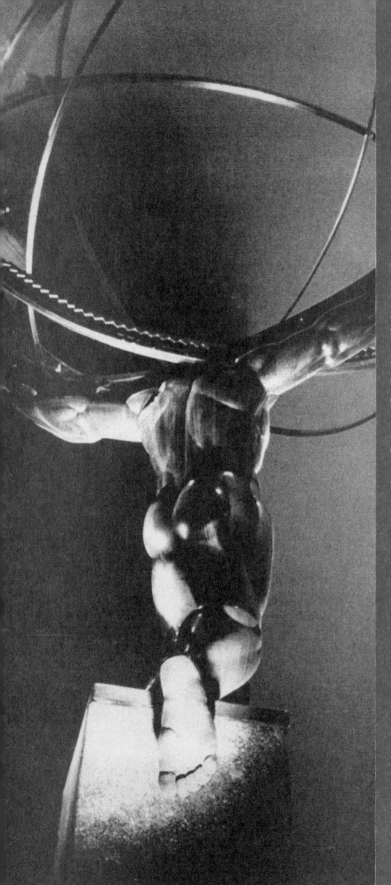

ORGANIZACIÓN

Parte 3

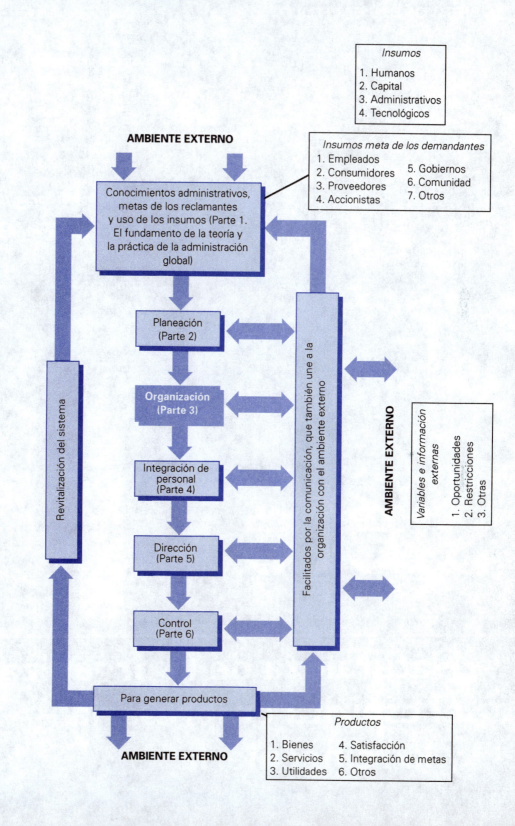

AMBIENTE EXTERNO

Conocimientos administrativos, metas de los reclamantes y uso de los insumos (Parte 1. El fundamento de la teoría y la práctica de la administración global)

Planeación
(Parte 2)

Organización
(Parte 3)

Integración de personal
(Parte 4)

Dirección
(Parte 5)

Control
(Parte 6)

Para generar productos

Revitalización del sistema

Facilitados por la comunicación, que también une a la organización con el ambiente externo

AMBIENTE EXTERNO

AMBIENTE EXTERNO

Insumos

1. Humanos
2. Capital
3. Administrativos
4. Tecnológicos

Insumos meta de los demandantes

1. Empleados
2. Consumidores
3. Proveedores
4. Accionistas
5. Gobiernos
6. Comunidad
7. Otros

Variables e información externas

1. Oportunidades
2. Restricciones
3. Otras

Productos

1. Bienes
2. Servicios
3. Utilidades
4. Satisfacción
5. Integración de metas
6. Otros

Al terminar este capítulo, usted podrá:

1. Entender que el propósito de la estructura de una organización es establecer un sistema formal de funciones a desempeñar por los individuos a fin de que éstos puedan colaborar de mejor manera al cumplimiento de los objetivos empresariales.

2. Comprender el significado de "organizar" y "organización".

3. Distinguir entre organización formal e informal.

4. Explicar que las estructuras y niveles de una organización están determinados por las limitaciones del tramo de administración.

Capí

siete

Naturaleza de la organización, el espíritu empresarial y la reingeniería

5. Advertir que el número exacto de personas que un administrador puede supervisar eficazmente depende de diversas variables y situaciones subyacentes.
6. Describir la naturaleza del espíritu emprendedor y el ánimo de emprendedor interno.
7. Comprender los aspectos y limitaciones básicos de la reingeniería.
8. Exponer la lógica de la organización y sus relaciones con las demás funciones administrativas.
9. Dilucidar que la aplicación de la teoría estructural de la organización supone necesariamente la consideración de las situaciones imperantes.

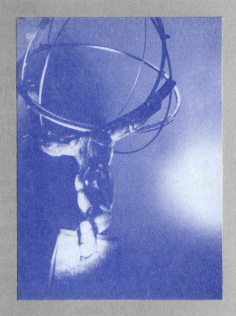

tulo

Dentro de 20 años, las grandes empresas tendrán menos de la mitad de los niveles administrativos de hoy y no más de la tercera parte de administradores.[1]

PETER F. DRUCKER

A menudo se afirma que las personas capaces pueden hacer funcionar cualquier patrón organizacional. Hay quienes aseguran incluso que es deseable que en una organización prive cierta vaguedad, porque de esta manera se impone el trabajo en equipo, en virtud de la conciencia generalizada de la necesidad de cooperar al logro de todas las actividades. Pero es indudable que tanto las personas capaces como las dispuestas a cooperar trabajarán en conjunto más efectivamente si saben qué parte les corresponde desempeñar en una operación en equipo y conocen la relación entre sí de sus funciones. Esto se aplica por igual a las empresas privadas u organismos gubernamentales que a un equipo de futbol o una orquesta sinfónica. Diseñar y sostener estos sistemas de funciones es el propósito básico de la función administrativa de la organización.

Para que una **función organizacional** pueda existir y poseer significado para los individuos, debe constar de: 1) objetivos verificables, que como se explicó en la parte 2 son parte importante de la planeación; 2) una idea clara de los principales deberes o actividades implicados, y 3) un área discrecional o de autoridad precisa para que la persona que ejerza una función determinada sepa qué puede hacer para cumplir las metas.[2] Además, para el eficaz desempeño de una función se debe tomar en cuenta el suministro de la información necesaria y de otros instrumentos indispensables para su ejercicio.

En este sentido, la **organización** consiste en 1) la identificación y clasificación de las actividades requeridas, 2) la agrupación de las actividades necesarias para el cumplimiento de los objetivos, 3) la asignación de cada grupo de actividades a un administrador dotado de la autoridad (delegación) necesaria para supervisarlo y 4) la estipulación de coordinación horizontal (en un mismo o similar nivel organizacional) y vertical (entre las oficinas generales, una división y un departamento, por ejemplo) en la estructura organizacional.

Una estructura organizacional debe diseñarse para determinar quién realizará cuáles tareas y quién será responsable de qué resultados; para eliminar los obstáculos al desempeño que resultan de la confusión e incertidumbre respecto de la asignación de actividades, y para tender redes de toma de decisiones y comunicación que respondan y sirvan de apoyo a los objetivos empresariales.

"Organización" es un término de usos muy variados. Para algunas personas, incluye todas las acciones de todos los participantes. Otras lo identifican con el sistema total de relaciones sociales y culturales. Otras más lo usan para referirse a una empresa, como la United States Steel Corporation o el Departamento de Defensa. Sin embargo, para la mayoría de los administradores en ejercicio el término **organización** implica una *estructura de funciones o puestos intencional y formalizada*. En este libro el término generalmente se emplea en referencia a una estructura formalizada de funciones, aunque en ocasiones se le usa también para denotar una empresa.

¿Qué significa "estructura intencional de funciones"? En primer lugar y como se desprende de la definición acerca de la naturaleza y contenido de las funciones organizacionales, las personas que trabajan en común deben cumplir ciertas funciones. En segundo, las funciones que se pide cumplir a las personas deben diseñarse intencionalmente para garantizar la realización de las actividades requeridas y la adecuada correspondencia entre éstas a fin de que los individuos puedan trabajar fluida, eficaz y eficientemente en grupos. Sin duda, los administradores saben que al establecer esta estructura intencional cumplen la función de organizar.

Organización formal e informal

Numerosos autores de libros y artículos de administración distinguen entre organización formal e informal. Ambos tipos están presentes en las organizaciones, como se observa en la figura 7-1. Analicemos esto con mayor detalle.

Organización formal[3]

En este libro, por **organización formal** se entiende, en general, la estructura intencional de funciones en una empresa formalmente organizada. Pero describir a una organización como "formal" no significa que contenga nada inherentemente inflexible o indebidamente limitante. Para proceder correctamente a la organización, un administrador debe generar una estructura que ofrezca las mejores condiciones para la contribución eficaz del desempeño individual, tanto presente como futuro, a las metas grupales.

La organización formal debe ser flexible. Debe dar lugar a la discrecionalidad, la ventajosa utilización del talento creativo y el reconocimiento de los gustos y capacidades individuales en las organizaciones más formales. No obstante, en una situación grupal los esfuerzos individuales deben canalizarse hacia metas grupales y organizacionales.

FIGURA 7-1

Organización formal e informal.

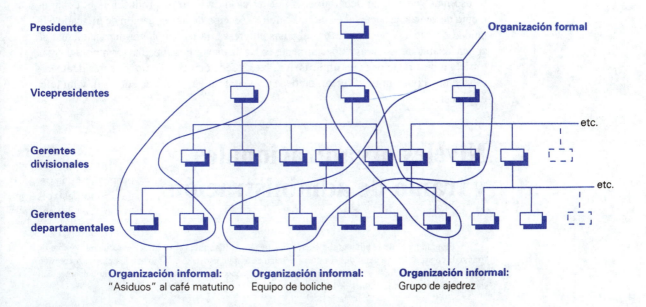

Organización informal

Chester Barnard, autor del libro clásico de administración *The Functions of the Executive*, describió la organización informal como el conjunto de actividades personales sin un propósito común consciente, aunque favorable a resultados comunes.[4] Así, las relaciones informales establecidas en el grupo de personas que juegan ajedrez a la hora de la comida pueden contribuir al cumplimiento de metas organizacionales. Frente a un problema organizacional, es más fácil que se pida ayuda a alguien a quien se conoce personalmente (aun si esta persona pertenece a otro departamento) que a alguien de quien lo único que sabe es que ocupa determinado sitio en un organigrama. Más recientemente, Keith Davis, de Arizona State University, quien ha escrito abundantemente sobre el tema y a cuya definición nos atendremos en este libro, describió la **organización informal** como "una red de relaciones personales y sociales no establecida ni requerida por la organización formal pero que surge espontáneamente de la asociación entre sí de las personas".[5] De este modo, son organizaciones informales (relaciones que no aparecen en un organigrama) el grupo que trabaja en los talleres, el personal del sexto piso, el equipo que se reúne a jugar boliche todos los viernes por la noche y los "asiduos" al café matutino.

División organizacional: el departamento

Uno de los aspectos de la organización es el establecimiento de departamentos. Con el término **departamento** se designa a *un área, división o sucursal en particular de una organización sobre la cual un administrador posee autoridad respecto del desempeño de actividades específicas*. De acuerdo con su uso más general, un departamento puede ser la división de producción, el departamento de ventas, la sucursal en cierta región, la sección de investigación de mercado o la unidad de cuentas por cobrar. En algunas empresas, la terminología departamental se aplica laxamente; en otras, especialmente en las de mayor tamaño, una terminología más estricta indica relaciones jerárquicas. Así, bien puede ocurrir que un vicepresidente encabece una división; un director, un departamento; un gerente, una sucursal, y un jefe, una sección.

Niveles organizacionales y tramo de administración*

En tanto que el propósito de la organización es volver eficaz la co-

---

* En gran parte de la bibliografía de administración, el tramo de administración recibe el nombre de "tramo de control". Pero a pesar de ser éste un término de amplio uso, en este libro emplearemos la expresión "tramo de administración", ya que el tramo de referencia concierne a la administración y no únicamente al control, una entre otras funciones de la administración.

operación humana, la razón de que existan niveles organizacionales estriba en las limitaciones del tramo de administración. En otras palabras, si hay niveles organizacionales es porque existe un límite para el número de personas que un administrador puede supervisar efectivamente, límite que, sin embargo, varía de acuerdo con cada situación.[6] En la figura 7-2 se muestran las relaciones entre el tramo de administración y los niveles organizacionales. Un tramo de administración amplio se asocia con un número reducido de niveles organizacionales; un tramo estrecho, con muchos niveles.

FIGURA 7-2

Estructuras organizacionales con tramos de administración estrecho y amplio.

Organización con tramos estrechos

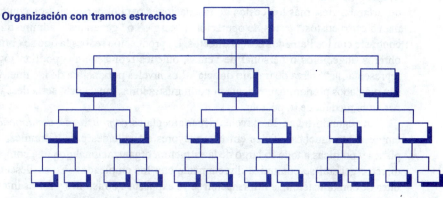

VENTAJAS
- Estrecha supervisión
- Estricto control
- Rápida comunicación entre subordinados y superiores

DESVENTAJAS
- Los superiores tienden a involucrarse en exceso en el trabajo de los subordinados
- Muchos niveles administrativos
- Altos costos a causa de los numerosos niveles
- Excesiva distancia entre el nivel más bajo y el más alto

Organización con tramos amplios

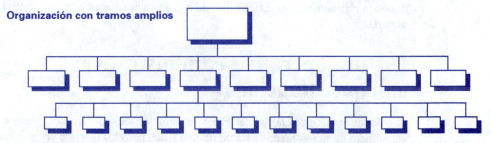

VENTAJAS
- Los superiores se ven obligados a delegar
- Se deben establecer políticas claras
- Los subordinados deben ser cuidadosamente seleccionados

DESVENTAJAS
- Tendencia de los superiores sobrecargados de trabajo a convertirse en cuellos de botella en las decisiones
- Riesgo de pérdida de control para el superior
- Se requiere de administradores de calidad excepcional

Problemas con los niveles organizacionales

Impera la tendencia a concebir la organización y departamentalización como fines en sí mismos y a medir la eficacia de las estructuras organizacionales en términos de claridad y suficiencia de departamentos y niveles departamentales. Pero la división de las actividades en departamentos y en una organización jerárquica y la creación de múltiples niveles no son del todo deseables por sí solas.

En primer lugar, los niveles son *costosos*. A medida que se incrementan, se precisa de cada vez más esfuerzos y recursos para su administración, ya que implican administradores adicionales, personal que asista a éstos y la necesidad de coordinar actividades departamentales, más los costos de instalaciones para el personal. Los contadores llaman a estos costos "gastos de operación", "cargas" o "generales y administrativos", en contraste con los llamados costos directos. La producción real es la que se obtiene de los obreros, ingenieros o personal de ventas, quienes representan o podrían lógicamente representar la "fuerza de trabajo directa". Los niveles por encima de la "línea de fuego" son ocupados predominantemente por administradores, cuyo costo sería deseable eliminar en la medida de lo posible.

En segundo lugar, los niveles departamentales *complican la comunicación*. Una empresa con muchos niveles enfrenta mayores dificultades para comunicar objetivos, planes y políticas a todo lo largo de la estructura organizacional que una compañía cuyo director general se comunica directamente con los empleados. En su descenso por la línea de comunicación, la información se ve expuesta a omisiones y falsas interpretaciones. Los niveles también complican la comunicación de la "línea de fuego" a los superiores al mando, tan importante como la comunicación en sentido descendente. Con sobrada razón se dice que los niveles organizacionales son "filtros" de información.

Finalmente, el exceso de departamentos y niveles *complica la planeación y el control*. Un plan probablemente completo y definido en el nivel superior pierde coordinación y claridad cuando se le subdivide en los niveles inferiores. El control se vuelve más difícil conforme se añaden niveles y administradores; al mismo tiempo, las complejidades de la planeación y las dificultades de comunicación hacen que este control sea más importante.

Postura operativo-administrativa: enfoque situacional

El enfoque académico clásico del tramo de administración consiste en la especificación del número de subordinados para un tramo eficaz. Pero los teóricos operativo-administrativos han adoptado la postura de que son tantas las variables presentes en una situación administrativa que resulta imposible especificar el número particular de subordinados que un administrador puede supervisar eficazmente. Así, el **principio del tramo de administración** postula que *hay un límite al número de subordinados que un administrador puede supervisar eficazmente, aunque el número exacto dependerá del impacto de los factores subyacentes.*

PLANEACIÓN Y CONTROL EN EMPRESAS POLAR, DE VENEZUELA[7]

Si bien los problemas de planeación y control que trae aparejados el crecimiento de las empresas exigen esfuezos considerables, las recompensas que éste ofrece motivan a que las empresas opten por él. Sin embargo, en ocasiones el crecimiento se da como consecuencia natural de la búsqueda de la mera sobrevivencia. Éste es el caso de Empresas Polar, grupo empresarial venezolano fundado por el señor Eugenio Mendoza. Originalmente dedicada a la producción y comercialización de Cerveza del Oso, los diferentes retos que le planteó el éxito de su producto llevaron a la empresa a una serie de transformaciones que dejaron muy atrás a la estructura organizacional originalmente diseñada. Así, a fines de la década en que nació, la empresa decidió que debía contar con su propia infraestructura de distribución y ventas, creando para ello una nueva empresa: Distribuidora Polar.

Durante los años sesenta, Empresas Polar se encontró ante un problema en el suministro de materias primas al mismo tiempo que la demanda se incrementaba fuertemente. La solución consistió en la adquisición de dos empresas dedicadas a la siembra, cosecha y procesamiento de cebada y malta, sin las cuales le era imposible continuar fabricando su cerveza. La contracción de la demanda de cerveza al desplazarse los gustos de los consumidores hacia otro tipo de bebidas, obligó a que en la década de 1970 la empresa incrementara fuertemente sus gastos de mercadotecnia. Para soportar el aumento de los egresos, Empresas Polar decidió incursionar en nuevas áreas, razón por la cual adquirió Molinos Nacionales, empresa harinera, dando lugar a la creación de la División Alimentos; a la que posteriormente se sumó otra adquisición: Aceites Naturales Venezolanos, fabricante de aceite comestible. También, a fines de la misma década, la empresa creó la División de Alimentos para el Consumo Animal con el objetivo de aprovechar de manera sinergética los residuos de la producción de sus fábricas.

Con el resurgimiento del mercado de la cerveza en Venezuela, la competencia en los años ochenta se volvió encarnizada, obligando a Empresas Polar a buscar todavía mayor integración en sus procesos, por lo que adquirió 51% de las acciones de Superenvases Envalic, productor líder de envases de aluminio. Gracias al impulso debido a la recuperación de la industria cervecera en su país, Empresas Polar pudo ingresar al mercado internacional, iniciando la comercialización de su Cerveza Polar en Estados Unidos. Posteriormente, mediante una asociación con Martel France, creó la empresa denominada Bodegas Pomar para producir y comercializar vinos en el mercado venezolano.

La década de 1990 no disminuyó el ímpetu de la empresa. De esta forma, en 1991 obtuvo el control del mercado de cerveza en su país gracias a la compra de Cervecería Nacional. Incluso en 1992, como respuesta por el intento de incursionar en el mercado cervecero que hizo Pepsicola de Venezuela, Empresas Polar respondió adquiriendo 49% de Embotelladora Golden Cup, iniciando así su participación en el mercado refresquero. Para aprovechar las facilidades del MERCOSUR, en 1993, se dio inicio a la construcción de una planta cervecera en Argentina. Para 1994, Empresas Polar junto con Makro, de origen holandés, y con el Grupo Colombiano Ley adquirieron CADA (cadena de supermercados) y MAXY'S (tiendas departamentales), creando CATIVEN, mediante la cual Empresa Polar espera distribuir todos sus productos de manera intensiva. La inquietud de la empresa por continuar su crecimiento le ha llevado incluso a buscar asociaciones con empresarios de Colombia para extender las operaciones de fabricación y comercialización de Cerveza Polar a ese país.

En otras palabras, la pauta que predomina actualmente es analizar las causas de tramos limitados en cada situación en vez de partir del supuesto de la existencia de un límite numérico de aplicación general. Examinar qué consume el tiempo de los administradores en su manejo de las relaciones superior-subordinado e identificar los recursos que puedan ser útiles para reducir estas presiones de tiempo será no sólo un método adecuado para determinar el mejor tramo en casos específicos, sino también un potente instrumento para descubrir lo que se puede hacer para extender el tramo sin menoscabo de una supervisión eficaz. Es innegable que los costos de los niveles de supervisión vuelven altamente deseable que cada administrador tenga tantos subordinados como pueda supervisar eficazmente.

Factores que determinan un tramo eficaz

El número de subordinados que un administrador puede supervisar eficazmente depende del impacto de los factores subyacentes. Además de cualidades personales como mente ágil, facilidad de trato con la gente y capacidad para demandar lealtad y respeto, la determinante más importante es la habilidad del administrador para reducir la cantidad de tiempo que debe dedicar a sus subordinados. Naturalmente, esta habilidad varía según el administrador y puesto de que se trate, a pesar de lo cual diversos factores influyen materialmente en el número y frecuencia de esos contactos, y por lo tanto en el tramo de administración (véase tabla 7-1).

Otros factores

Además de los factores que aparecen en la tabla, otros más afectan también al tramo de administración. Por ejemplo, un administrador competente y debidamente capacitado puede supervisar eficazmente a un mayor número de personas que uno sin esas características. Además, cuando las tareas por realizar son sencillas, el tramo de administración puede ser más amplio que cuando deben cumplirse tareas complejas que comprendan una extensa variedad de actividades. Otros factores más que favorecen un tramo de administración amplio son la actitud positiva de los subordinados para asumir responsabilidades y su disposición a correr riesgos razonables. De igual manera, cuando los subordinados son maduros, el superior puede delegar más autoridad, lo que le permite ampliar su tramo de administración.

Necesidad de equilibrio

No cabe duda de que, a pesar de lo preferible que es una estructura organizacional plana, el tramo de administración se ve limitado por reales e importantes restricciones. Quizá los administradores tengan más subordinados de los que pueden dirigir eficazmente, aun

TABLA 7-1

Factores que influyen en el tramo de administración.

Tramos estrechos (dedicación de mucho tiempo a los subordinados), asociados con:	Tramos amplios (dedicación de poco tiempo a los subordinados), asociados con:
Escasa o nula capacitación	Completa capacitación de los empleados
Delegación de autoridad inadecuada o poco clara	Clara delegación para emprender tareas bien definidas
Planes poco claros para operaciones no repetitivas	Planes bien definidos para operaciones repetitivas
Objetivos y normas no verificables	Objetivos verificables usados como normas
Rápidos cambios en los ambientes externo e interno	Lentos cambios en condiciones externas e internas
Uso de técnicas de comunicación deficientes o inapropiadas, incluyendo instrucciones vagas	Uso de técnicas apropiadas, como adecuada estructura organizacional, comunicación escrita y verbal
Interacción ineficaz entre superiores y subordinados	Interacción eficaz entre superiores y subordinados
Reuniones ineficientes	Reuniones eficaces
Mayor número de especializaciones en los niveles inferior e intermedio	Varias especializaciones en los niveles superiores (altos ejecutivos ocupados de las condiciones externas)
Administradores incompetentes y no capacitados	Administradores competentes y capacitados
Tareas complejas	Tareas sencillas
Renuencia de los subordinados a asumir responsabilidad y riesgos razonables	Disposición de los subordinados a asumir responsabilidades y riesgos razonables
Subordinados inmaduros	Subordinados maduros

si delegan autoridad, se capacitan, formulan planes y políticas con toda claridad y adoptan técnicas eficientes de control y comunicación. También es cierto que a medida que una empresa crece, las limitaciones del tramo de administración obligan a incrementar el número de niveles debido sencillamente a la existencia de un mayor número de personas por supervisar.

Se requiere por ello de un equilibrio más preciso entre todos los factores pertinentes de una situación dada. Ampliar los tramos de administración y reducir el número de niveles puede ser la solución en algunos casos; en otros, tal vez lo contrario sea lo más indicado. Lo esencial es balancear en su totalidad los costos de adopción de un curso u otro, y no sólo los costos financieros, sino también los costos en la moral y el desarrollo personal de los empleados, y así como del cumplimiento de los objetivos empresariales. Quizá en una organización militar lo más importante sea el cumplimiento expedito e infalible de los objetivos. Por el contrario, es probable que en una tienda departamental el objetivo a largo plazo de obtención de utilidades se consiga de mejor manera promoviendo la iniciativa y el desarrollo personal en los niveles inferiores de la organización.

Ambiente organizacional para el espíritu emprendedor y el emprendedor interno

A veces es necesario tomar medidas organizacionales especiales para fomentar y utilizar el espíritu emprendedor. Se cree con frecuencia que el espíritu emprendedor se aplica exclusivamente a la administración de pequeñas empresas, pero algunos autores han extendido este concepto a fin de aplicarlo también a grandes organizaciones y a administradores con funciones empresariales de promoción de cambios para el debido aprovechamiento de nuevas oportunidades.[8] Si bien es común pretender definir la "personalidad empresarial", Peter Drucker ha señalado que su búsqueda pudiera no tener éxito.[9] Lo que debería perseguirse es, en cambio, compromiso con la innovación sistemática, actividad característica de los empresarios. En efecto, la esencia del espíritu emprendedor es la innovación; esto es, el cambio orientado a metas para la utilización del potencial de una empresa. Como los empresarios, los administradores deben pugnar por el constante mejoramiento de la situación.

El emprendedor interno y el emprendedor

Gifford Pinchot establece una distinción entre emprendedor interno y emprendedor. Específicamente, un **emprendedor interno** es la persona que fija su atención en la innovación y la creatividad y transforma un sueño o idea en un negocio redituable operando *dentro* del ámbito organizacional. A diferencia de ello, el **emprendedor** es la persona que realiza cosas similares pero *fuera* del escenario organizacional.[10] Los emprendedores poseen la capacidad de percibir una oportunidad y de obtener tanto el capital, trabajo y otros insumos necesarios como los conocimientos para poner exitosamente en marcha una operación. Están dispuestos a correr riesgos personales de éxito o fracaso. Otros autores no distinguen entre emprendedores y emprendedores internos. En este libro se designa con el término "emprendedor" a la persona emprendedora que trabaja ya sea dentro o fuera de la organización.

Creación de un ambiente para el espíritu emprendedor

Dado que es responsabilidad administrativa crear el ambiente para el eficaz y eficiente cumplimiento de metas grupales, los administradores deben promover oportunidades para que los emprendedores utilicen su potencial de innovación. Los emprendedores asumen riesgos personales al iniciar cambios, y esperan que se les recompense por ello. A veces correr riesgos razonables resultará en fracasos, lo que sin embargo debe tolerarse. Finalmente, los emprendedores necesitan cierto grado de libertad para cultivar sus ideas, lo que a su vez requiere que se les delegue suficiente autoridad. Los riesgos personales del emprendedor fuera de la organización (dueño de un negocio propio) son de diferente clase. En este caso, el fracaso puede terminar en bancarrota.

Las ideas de las personas innovadoras suelen ser contrarias al "saber convencional". Demasiado a menudo, estos individuos no son del todo aceptados por sus colegas ni sus contribuciones suficientemente apreciadas. No es de sorprender entonces que los emprendedores tiendan a abandonar grandes compañías para montar sus propias empresas. Cuando Steve Wozniak no pudo realizar en Hewlett-Packard su sueño de fabricar una microcomputadora, dejó esa prestigiosa compañía para formar (junto con otro empresario, Steve Jobs) Apple Computer. Las compañías progresistas, como 3M, se esfuerzan conscientemente por desarrollar condiciones organizacionales para la promoción del espíritu emprendedor en su interior.

Ser emprendedor está de moda.[11] En muchas universidades se imparten cursos de espíritu emprendedor. La Wharton School, con sede en Filadelfia, cuenta con un centro de estudios para emprendedores. El Instituto Tecnológico y de Estudios Superiores de Monterrey (ITESM), en México, fomenta la cultura emprendedora desde sus estudios de bachillerato y universitarios, como uno de sus programas más importantes. Además franquicia estos programas a universidades latinoamericanas. Hay personas a las que no les gusta trabajar para grandes empresas; no quieren tener jefes; desean vivir a su manera. En la década de los ochenta, muchas personas perdieron su empleo en Estados Unidos e iniciaron sus propias empresas. Incluso algunas compañías las apoyaron para que estas nuevas empresas se convirtieran en proveedores suyos. Todo indica que la actividad empresarial atrae en particular a las mujeres. Discriminadas laboralmente en las compañías, algunas prefieren independizarse. Entre los requisitos más importantes que debe cumplir un emprendedor están la seguridad en sí mismo, la disposición a trabajar intensamente, la posesión de experiencia en el producto, sólidos conocimientos generales y algo de dinero para comenzar.

Innovación y espíritu emprendedor

Cuando se habla de innovación y espíritu emprendedor, se piensa al instante en el éxito alcanzado por personas como Steven Jobs en Apple Computer y Ross Perot en Electronic Data Processing (adquirida por General Motors). Convertirse en millonario y conseguirlo pronto, mediante el establecimiento de nuevas compañías es sin duda una idea sumamente atractiva. Los emprendedores tienen ideas creativas; emplean sus recursos y habilidades administrativas para satisfacer necesidades identificables en el mercado. Si tiene éxito, un emprendedor puede volverse rico.

Peter Drucker ha señalado que la innovación no sólo se aplica a las empresas de alta tecnología, sino también a las escasamente tecnologizadas. Pero la verdadera innovación no es cuestión de suerte; requiere de un trabajo sistemático y racional, además de bien organizado y dirigido a la obtención de resultados.[13]

¿Qué implica el espíritu emprendedor? Supone insatisfacción con el estado de cosas prevaleciente y conciencia de la necesidad de hacer las cosas de otra manera. La innovación es producto de algunas de las siguientes situaciones:

1.   Acontecimientos, fracasos o éxitos inesperados
2.   Incongruencia entre lo que se pensó y la realidad

PERSPECTIVA INTERNACIONAL

En su libro *The New Rules: How to Succeed in Today's Post-Corporate World*, John P. Kotter, profesor de Harvard, investigó la trayectoria de 115 personas que se graduaron como administradores de empresas en Harvard en 1974. Algunos de los hallazgos de su investigación son verdaderamente asombrosos. Muchos de esos graduados abandonaron grandes empresas para integrarse a compañías más pequeñas. Algunos se iniciaron en grandes compañías pero optaron después por pequeñas empresas. En su opinión, las grandes empresas no se muestran abiertas a ideas creativas a favor del cambio ni receptivas a cambios radicales. Para decirlo llanamente, al parecer de esos individuos las grandes empresas tradicionales frustran a personas con nuevas ideas. Kotter hizo notar que, por lo común, quienes poseen ideas anticonvencionales encuentran el éxito. En condiciones que, como las actuales, cambian sin cesar, los administradores deben buscar nuevas oportunidades, aunque también evitar riesgos innecesarios.

Las pequeñas empresas suelen ofrecer mayores oportunidades de desarrollo, están más abiertas a enfrentar situaciones ambiguas y propician las condiciones ideales para ejercer influencia. Pero si bien muchos de los graduados de Harvard objeto de la investigación que comentamos prefirieron a las pequeñas empresas, en realidad se mantuvieron vinculados a grandes compañías en calidad de consultores, distribuidores, proveedores, financistas y prestadores de servicios de otra índole.

¿Qué implica esto para los administradores que desempeñan funciones administrativas? La planeación debe llevarse a cabo en forma menos burocrática. Es esencial que realicen un análisis frecuente de las condiciones imperantes y que respondan rápidamente a los cambios. Es probable que pequeñas empresas con estructuras jerárquicas más reducidas que las establecidas en grandes compañías se inclinen más al cambio. En lo que respecta a la integración de personal, quizá a los individuos que egresan de las universidades les interese explorar las oportunidades que pueden ofrecerles las pequeñas empresas. Los graduados de Harvard que trabajaban en pequeñas empresas no sólo recibían mejores compensaciones financieras que los ubicados en grandes compañías, sino que también se beneficiaban de la satisfacción laboral.

3. Procesos o tareas necesitados de mejoras
4. Cambios en el mercado o en la estructura de la industria
5. Cambios demográficos
6. Cambios de significado o de percepción de las cosas
7. Adquisición de nuevos conocimientos

Las innovaciones exclusivamente basadas en ideas brillantes pueden ser muy riesgosas, y a veces son un fracaso. Es probable que los ambiciosos planes de General Electric sobre la "fábrica del futuro" hayan sido en realidad un costoso error.[14] Quizá se basaron en pronósticos poco realistas y en falsas expectativas por parte de GE respecto de la automatización de la industria. El concepto de la nueva fábrica no pasó de ser sólo la formulación del deseo del director general de la compañía de promover el espíritu emprendedor en una organización famosa por su alto grado de estructuración.

Por lo general las innovaciones más exitosas son las menos espectaculares. Piénsese en los japoneses, quienes han aplicado innovaciones menores (pequeñas comodidades deseadas por los clientes, por ejemplo) en sus automóviles o equipos electrónicos.[15] James Brian Quinn descubrió en una investigación que las grandes compañías de éxito conceden especial atención a las necesidades de sus clientes. En ellas se establecen equipos para la búsqueda de opciones creativas de utilidad para los clientes, aunque en el marco de una estructura limitada y con ideas claras en mente.[16]

La revista *Business Week* identificó a algunos de los mejores emprendedores estadunidenses de 1996.[18] Stephen S. Kahng dirige una de las nuevas compañías de computación más prósperas, fabricante de clones de alta velocidad de las computadoras Mac. Christopher R. Hasset, director general de PointCast, desarrolló *software* para la descarga de información personalizada. La compañía de Keith Busse, Steel Dynamics, produce acero de bajo costo más rápidamente que otras empresas. Jeff Bezos sacudió el mercado librero al crear un sitio Web que es prácticamente una librería con más de 1 millón de títulos. Éstos son apenas unos cuantos ejemplos del hallazgo de formas innovadoras para hacer cosas tradicionales con jugosas ganancias.

CUADERNO DE NOTAS POST-IT[17]

PERSPECTIVA INTERNACIONAL

Incluso en compañías con una política de promoción del espíritu emprendedor y la innovación, el desarrollo de nuevos productos requiere de perseverancia en la conversión de una idea en realidad.

Art Fry, el inventor de los cuadernos de notas Post-It, era miembro del coro de una iglesia. Después de la primera ceremonia religiosa del día, se le caían los separadores que colocaba en su himnario, de manera que volver a encontrar los himnos indicados para el segundo servicio religioso le costaba mucho trabajo. Necesitaba algo muy específico: una tira de papel adhesivo que se pudiera desprender fácilmente de la página en la que se pegara sin dañarla. Pero producir un pegamento con la adherencia adecuada no fue tan sencillo. 3M Company, donde Art Fry trabajaba, se había distinguido hasta entonces por ofrecer productos sumamente adherentes. Fry necesitaba en cambio un material que fuera al mismo tiempo suficientemente adherente y susceptible de desprenderse. El laboratorio de 3M no sirvió de gran cosa en la investigación y desarrollo de ese producto. El departamento de comercialización tampoco le dio mucha importancia a la idea. Sin embargo, siendo, como era, lo mismo inventor que innovador, Art Fry perseveró en su meta. El resultado fueron los cuadernos de notas Post-It, los que habrían de convertirse en un producto muy redituable para 3M.

UNA MUJER CON ESPÍRITU EMPRENDEDOR

Cuando en 1956 Marta González, actual presidenta del Directorio de Feria del Disco, convenció a su marido. Humberto de la Fuente, para que le prestara un "rinconcito" dentro de la tienda de artículos eléctricos que tenían para instalar un anaquel para vender discos, no se imaginó los alcances de su petición.

En aquella época hicieron su primer pedido a RCA y EMI, se trataba de música de The Beatles, la Nueva Ola y la música chilena, cuya venta se convirtió pronto en el principal ingreso de la tienda. El éxito comercial llegó y fue de tal magnitud, que Humberto cambió el giro de la empresa y se dedicó de lleno a la venta musical.

Estos inicios se explican pues hasta entonces este tipo de ventas en Chile se limitaba a un espacio marginal en tiendas de artículos eléctricos.

La gran innovación de Marta, basada sólo en su intuición, fue instalar estanterías con discos ordenados por género y estilo, para que cada quien escogiera lo que le gustara. Este pequeño cambio, que hoy parece casi obvio, revolucionó el mercado nacional y determinó la vida de esta familia.

El objetivo básico era que las personas entraran a pasar un rato agradable y si les compraban, mucho mejor. Tal espíritu perdura y ha generado el grato ambiente que se percibe en las tiendas. Hoy Feria del Disco cuenta con 14 locales, 450 empleados que incluyen un número importante de jóvenes y más de 50 mil títulos disponibles. Además, Feria del Disco promueve a muchos artistas a través de la venta de boletos para conciertos, conferencias de prensa, etcétera; que no reportan beneficios económicos, lo que demuestra que su objetivo va más allá de sólo vender discos compactos y casetes.

La idea de esta empresa familiar es llegar a todo público: "niños, jóvenes y adultos, con los más disímiles gustos". Por eso a los directivos de Feria del Disco no les molesta, más bien les agrada, que los locales se llenen de escolares que van sólo a disfrutar de la música y la mayor parte de las veces no compran nada. "Ellos comprarán en un año más, al igual que los adultos de hoy que en su época de colegiales venían acá sólo a pasarla bien", dice Rodrigo.

En estos 40 años, Feria del Disco (con ventas en 1996 de $8 000 millones y una participación de mercado estimada de 30%), se ha posicionado como líder indiscutible del mercado y seguirá creciendo pues la empresa piensa extenderse a diferentes regiones del país utilizando el mecanismo de franquicias. Lo que será interesante es saber si el estilo particular de la empresa le permitirá seguir obteniendo buenos resultados y creciendo al mismo ritmo, el ritmo de Feria del Disco.

Reingeniería de la organización[19]

El nuevo concepto administrativo conocido como "reingeniería" es de reciente aparición en la bibliografía de administración. Se le conoce también con el nombre de "recomienzo" o "reinicio", ya que Hammer y Champy, los popularizadores de este concepto, indicaron que los esfuerzos de la reingeniería deben orientarse con base en la siguiente pregunta: "Si hoy volviera yo a crear esta compañía (desde cero) con los conocimientos que poseo y la tecnología actualmente disponible, ¿cómo sería?"[20]

Más específicamente, Michael Hammer y James Champy definen la reingeniería como "el replanteamiento *fundamental* y rediseño *radical* de los *procesos* empresariales para obtener *drásticas* mejoras en las medidas críticas y contemporáneas de desempeño, como costos, calidad, servicio y rapidez".[21] Las palabras que aparecen en cursivas son consideradas por esos autores como los aspectos más importantes.

Detengámonos brevemente en esos aspectos clave. Primero, sería difícil rechazar la necesidad de un *replanteamiento fundamental* de lo que hace una organización y de los motivos por los que lo hace. Uno de los autores mencionados se dio cuenta al trabajar como analista de sistemas que los sistemas y procedimientos eran generalmente anacrónicos, ineficientes y completamente innecesarios. Los usuarios de los sistemas rara vez se preguntaban si los procedimientos que seguían eran realmente necesarios y qué propósitos se perseguía con ellos. De este modo, la mirada fresca de un "individuo ajeno a los sistemas" en particular puede revelar ciertamente muchas ineficiencias. Una nueva reflexión acerca de la administración puede ofrecer una nueva perspectiva sobre lo que se hace y por qué.

El segundo término clave de la definición es el *rediseño radical* de los procesos que se siguen en una empresa. En el texto original de su propuesta, estos autores apuntaron que "radical" significa precisamente eso: no una modificación, sino una reinvención, aspecto al que consideraron el más importante de su método. Sin embargo, en la posterior edición de su libro admitieron haber cometido un error al juzgar que el aspecto más importante era el rediseño radical.[22] Éste resulta a menudo en un recorte radical, con dañinos efectos para las organizaciones.

El recorte o "adecuación" del personal no es el propósito básico de la reingeniería, aunque en muchos casos ésta desemboca en la necesidad de contar con un menor número de personas. Desafortunadamente, el uso que los administradores han hecho de la reingeniería ha sido primordialmente reactivo, con la intención de reducir costos sin necesariamente atender las necesidades y expectativas de los clientes. Otra posible consecuencia del rediseño radical es la instauración de un sistema empresarial basado esencialmente en el modelo ingenieril sin la debida consideración del sistema humano. Aunque, acompañado por el recorte de personal, el rediseño radical bien puede resultar en ahorros de costos a corto plazo, también puede afectar negativamente a la fuerza de trabajo restante. El trabajo en equipo es cada vez más importante en las organizaciones modernas. Pero los esfuerzos de los equipos se basan en la confianza, la que sólo puede forjarse después de un periodo prolongado. El rediseño radical puede significar la instantánea desaparición de la confianza.

El tercer término clave es el de *resultados drásticos*. Se han dado muchos ejemplos para subrayar este aspecto de la definición de la reingeniería, que demanda mejoras sustanciales. Union Carbide recortó sus costos fijos en 400 millones de dólares en tres años. GTE, la compañía telefónica en pañales, desarrolló para sus clientes un sistema de consulta directa. Antes, los clientes tenían que recurrir a varios departamentos para resolver un problema; ahora les basta con tratar con una sola persona, o con comunicarse directamente con el departamento que ofrece los servicios que buscan. No obstante, las mejoras drásticas se ven atenuadas por fracasos. Hammer y Champy reconocen que "50% a 70% de los esfuerzos de reingeniería son incapaces de alcanzar los drásticos resultados deseados".[23]

El cuarto término clave de la definición de la reingeniería es *procesos*. La necesidad de analizar y cuestionar cuidadosamente los procesos empresariales es indudablemente de gran importancia. Pero el análisis de los procesos debe ir más allá de las operaciones, para incluir también el análisis e integración de los sistemas técnicos y humanos y el proceso administrativo total que enlaza a la empresa con las condiciones externas. Cabe la posibilidad de que los ingenieros se concentren exclusivamente en el proceso de negocios; pero para que su proyecto sea verdaderamente eficaz, también deben integrar los diversos subsistemas en un sistema total, como se observa en la figura 7-3. Este modelo demuestra que el proceso de transformación de insumos en productos debe trascender el sistema del proceso de negocios (centro de atención de la reingeniería) e incluir al mismo tiempo los aspectos tecnológicos y humanos, lo que equivale a tomar en cuenta, como se señala en este libro, el sistema administrativo total.

Pero a pesar de sus limitaciones, la reingeniería puede ser un instrumento muy poderoso. No obstante, se trata únicamente de un instrumento. Sugerimos por tanto que la reingeniería se integre con otros sistemas en el nuevo modelo de sistemas "Administración por procesos" (figura 7-3) para salvar algunas de las deficiencias del método de reingeniería de visión estrecha.[24]

FIGURA 7-3

Administración por procesos.

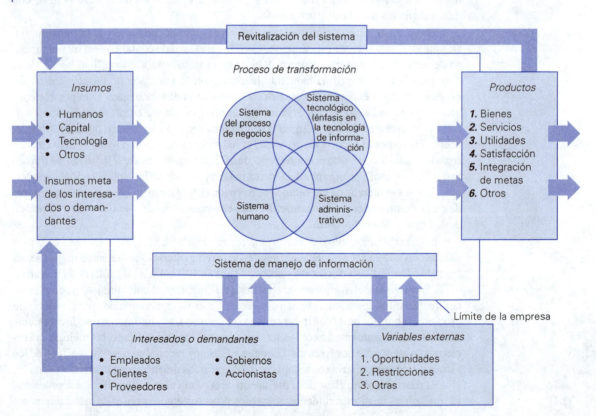

Estructura y proceso de la organización[25]

Para poder concebir a la función de organización como un proceso es preciso considerar varios elementos fundamentales. En primer lugar, la estructura debe ser reflejo de objetivos y planes, dado que las actividades se derivan de ellos. En segundo, también debe ser reflejo de la autoridad con que cuenta la dirección de una empresa. La autoridad en una organización es un derecho socialmente determinado para ejercer la discrecionalidad; en consecuencia, está sujeta a cambios.

En tercer lugar y como sucede con cualquier plan, la estructura de una organización debe responder a las condiciones en las que se encuentra. Lo mismo que en el caso de un plan, también las premisas de una estructura organizacional pueden ser de orden económico, tecnológico, político, social o ético. Ésta debe diseñarse en favor del trabajo, para permitir las contribuciones de los miembros de un grupo y para hacer posible que las personas cumplan eficientemente los objetivos trazados en un futuro en cambio permanente. En este sentido, una estructura organizacional funcional nunca podrá ser estática. No existe una estructura organizacional única para todas las situaciones. Una estructura organizacional efectiva depende de la situación prevaleciente.

En cuarto lugar, y puesto que toda organización está integrada por personas, en la agrupación de actividades y las relaciones de autoridad de una estructura organizacional se deben tomar en cuenta las limitaciones y costumbres de los individuos. Esto no quiere decir que la estructura deba diseñarse en torno a los individuos y no a metas y consecuentes actividades. Aun así, es importante considerar el tipo de personas que la componen.

Lógica de la organización

Existe una lógica fundamental para la organización, como se advierte en la figura 7-4. Aunque en realidad los pasos 1 y 2 forman parte de la planeación, el proceso de organización consta de los siguientes seis pasos:

1. Establecimiento de los objetivos de la empresa
2. Formulación de los objetivos, políticas y planes de apoyo
3. Identificación, análisis y clasificación de las actividades necesarias para cumplir esos objetivos
4. Agrupación de esas actividades de acuerdo con los recursos humanos y materiales disponibles y con la mejor manera de utilizarlos dadas las circunstancias
5. Delegación al responsable de cada grupo de la autoridad necesaria para el desempeño de las actividades
6. Enlace horizontal y vertical de los grupos entre sí, por medio de relaciones de autoridad y flujos de información

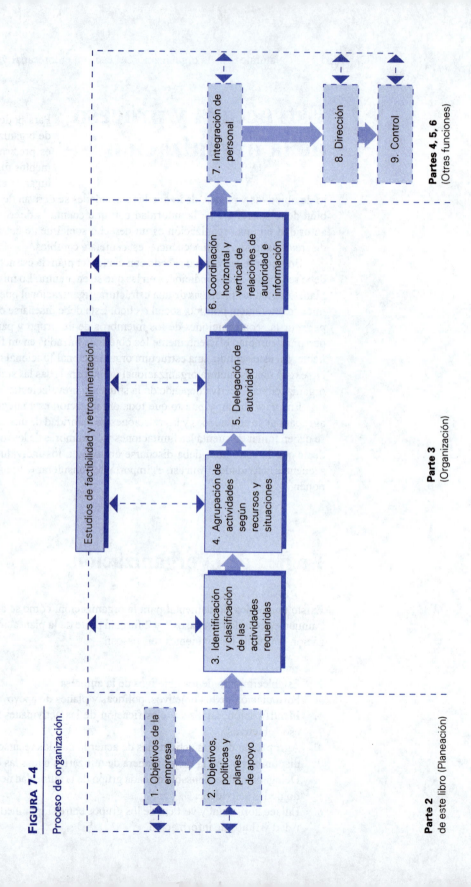

FIGURA 7-4

Proceso de organización.

1. Objetivos de la empresa

2. Objetivos, políticas y planes de apoyo

Estudios de factibilidad y retroalimentación

3. Identificación y clasificación de las actividades requeridas

4. Agrupación de actividades según recursos y situaciones

5. Delegación de autoridad

6. Coordinación horizontal y vertical de relaciones de autoridad e información

7. Integración de personal

8. Dirección

9. Control

Parte 2
de este libro (Planeación)

Parte 3
(Organización)

Partes 4, 5, 6
(Otras funciones)

Algunos conceptos erróneos

La organización no implica una extrema especialización ocupacional, la que en muchos casos resta interés al trabajo y lo vuelve tedioso e indebidamente restrictivo. La organización en sí misma no contiene nada que imponga este criterio. Asegurar que las tareas deben ser específicas no equivale a afirmar que deban ser limitadas y mecánicas. Ya sea que se les deba dividir en pequeñas partes (como en el caso de la línea de ensamble más común) o definírseles en términos generales para abarcar al mismo tiempo el diseño, producción y venta de una máquina, el organizador debe considerarlas desde la perspectiva de los resultados deseados. Los puestos de una organización pueden definirse lo mismo para permitir escaso o nulo margen de la actuación personal que para brindar la mayor discrecionalidad posible. No debe olvidarse que existen muchas maneras de organizar y que en la aplicación de la teoría estructural de la organización se debe tomar en cuenta cada situación.

Preguntas básicas para la organización eficaz

Para analizar la función administrativa de la organización, resulta útil plantear y responder las siguientes preguntas:

1. ¿Qué determina el tramo de organización, y en consecuencia los niveles de organización? (A esta pregunta se responde en este capítulo.)
2. ¿Qué determina el marco básico de la departamentalización y cuáles son las ventajas y desventajas de las modalidades básicas? (A esta pregunta se responde en el capítulo 8.)
3. ¿Qué tipo de relaciones de autoridad existen en las organizaciones? (A esta pregunta se responde en el capítulo 9.)
4. ¿Cómo debe distribuirse la autoridad a lo largo de la estructura organizacional y qué determina el grado de distribución por aplicar? (A esta pregunta se responde en el capítulo 9.)
5. ¿Cómo debe el administrador aplicar en la práctica la teoría de la organización? (A esta pregunta se responde en el capítulo 10.)

Las respuestas a estas preguntas sirven de base para la formulación de una teoría de la organización. Al considerarlas junto con análisis similares de planeación, integración de personal, dirección y control, constituyen un enfoque operativo de la administración.

Resumen

El término "organización" tiene muchos usos. La organización formal es la estructura intencional de funciones. La organización informal es una red de relaciones personales y sociales no establecida ni requerida por la autoridad formal pero que surge espontáneamente. El término "tramo de administración" se refiere al número de personas que un administrador puede supervisar efectivamente. Un tramo de administración amplio resulta en un número reducido de niveles organizacionales, mientras que un tramo estrecho resulta en muchos niveles. No puede hablarse de un número definido de personas a las que un administrador pueda supervisar siempre eficazmente; tal número depende de varios factores subyacentes. Entre ellos se encuentran el grado requerido y poseído de capacitación de los subordinados, la claridad de la delegación de autoridad, la claridad de los planes, el uso de normas para el cumplimiento de objetivos, el ritmo del cambio, la efectividad de las técnicas de comunicación, el grado necesario de contacto personal y el nivel organizacional implicado.

Emprendedores internos y emprendedores concentran su atención en la innovación y la creatividad. Es responsabilidad de los administradores crear el ambiente necesario para la promoción del espíritu emprendedor.

Los pasos de la función de organización son la formulación de objetivos principales y de objetivos, políticas y planes de apoyo para alcanzar los fines (lo que, en sentido estricto, corresponde a la planeación); la identificación y clasificación de actividades; la agrupación de estas actividades; la delegación de autoridad, y la coordinación tanto de las relaciones de autoridad como de información.

Ideas y conceptos básicos

Función organizacional
Organizar
Organización formal
Organización informal
Departamento
Principio del tramo de administración
Factores que determinan el tramo de administración

Espíritu emprendedor
Emprendedor interno
Innovación y espíritu emprendedor
Reingeniería, aspectos más importantes de la
Pasos lógicos de la organización
Preguntas básicas para la organización eficaz

Para analizar

1. Debido a que las personas deben ocupar puestos organizacionales y en vista de que una organización eficaz depende de los individuos, suele decirse que la mejor organización es la que resulta de la contratación por parte de un administrador de las personas indicadas y de la autorización concedida a éstas para que ejerzan su puesto en la forma que juzguen conveniente. Comente esta opinión.

2. A menudo se concibe a la organización formal como un sistema de comunicación. ¿Lo es? ¿En qué forma?

3. Elabore un diagrama para la representación gráfica de la organización formal de una empresa o actividad de su conocimiento. ¿En qué medida este organigrama favorece o estorba el establecimiento de las condiciones necesarias para el buen desempeño?

4. Cree el diagrama de la organización informal de la misma empresa o actividad que haya elegido en la pregunta 3. ¿Esta organización informal favorece o estorba a la organización formal? ¿Por qué?

5. Cuando usted sea administrador, ¿en qué criterios se basará para determinar su tramo de administración?

Ejercicios/actividades

1. Organice una excursión familiar siguiendo los pasos mencionados en este capítulo.

2. Entrevístese con un administrador de su comunidad y pregúntele cuántos subordinados tiene. ¿En la cima, parte media y base de la jerarquía organizacional se supervisa a diferentes cantidades de subordinados? ¿Qué determina realmente el tramo de administración de esa organización? ¿Cree usted que el tramo de administración elegido sea el más adecuado para esa empresa?

 # CASO INTERNACIONAL 7

REINGENIERÍA DEL PROCESO EMPRESARIAL DE PROCTER & GAMBLE[26]

Procter & Gamble (P&G), empresa trasnacional ampliamente conocida por productos tales como pañales desechables, champús, jabones y pastas de dientes, se ha comprometido profundamente con elevar el valor que ofrece a sus clientes. La venta de sus productos se había realizado tradicionalmente por medio de varios canales, como establecimientos de abarrotes, mayoristas, comercializadores de grandes volúmenes y tiendas de membresía. Los bienes destinados al canal de venta de abarrotes fluían del almacén de la fábrica a las bodegas de los distribuidores y de éstas a las tiendas de autoservicio, en cuyos anaqueles los clientes seleccionaban la mercancía.

Movida por su deseo de mejorar, a la compañía dejó de satisfacerle este desempeño, de manera que elaboró varios programas para incrementar la calidad de servicio y la eficiencia de sus operaciones. Uno de esos programas consistió en la implantación del intercambio electrónico de datos (IED), para el suministro de información diaria sobre los embarques de P&G destinados a tiendas de autoservicio. La instalación de este sistema dio como resultado un mejor servicio, así como menores niveles de inventario y menores costos laborales. Otro programa, llamado programa de reabastecimiento permanente (PRP), produjo beneficios adicionales tanto para la compañía como para las tiendas de autoservicio que son clientes suyas. Finalmente, el sistema de pedidos fue reorganizado en su totalidad, lo que desembocó en drásticas mejoras de desempeño.

Estos esfuerzos de reingeniería también supusieron la restructuración de la organización. P&G se ha distinguido por su correcta administración de marcas durante más de 50 años. No obstante, su método de administración de marcas (del que fue pionera en los años treinta) requirió de un replanteamiento y reestructuración a fines de la década de los ochenta y principios de los noventa. En un intento por mejorar la eficiencia y coordinación, se combinaron varias marcas y se cedió autoridad y responsabilidad a los administradores de cada categoría. Éstos determinarían en adelante tanto los precios en general como las políticas de productos. Además, tendrían autoridad para desaparecer marcas débiles. Asimismo, serían responsables de las utilidades obtenidas de la categoría de productos a su cargo. El paso a una administración por categorías implicó no sólo nuevas habilidades, sino también una nueva actitud.

Preguntas

1. Los esfuerzos de reingeniería de P&G fueron dirigidos al sistema del proceso de negocios. ¿Cree usted que también otros procesos, como el sistema humano u otras políticas administrativas deben tomarse en cuenta en el rediseño de un proceso?

2. ¿Cómo cree que hayan reaccionado los gerentes de marca, que quizá operaron durante muchos años bajo el antiguo sistema, cuando se instaló la estructura de administración por categorías?

3. Si usted hubiera fungido como consultor en este caso, ¿habría recomendado un método descendente o ascendente, o ambos, para el rediseño del proceso y el cambio organizacional? ¿Cuáles son las ventajas y desventajas de cada uno de estos métodos?

Referencias

1. Peter F. Drucker, "The Coming of the New Organization", en *Harvard Business Review* (enero-febrero de 1988), p. 45.

2. Véase también Allen I. Kraut y Patricia R. Pedigo, "The Role of the Manager: What's Really Important in Different Management Jobs", en *Academy of Management Executive*, noviembre de 1989, pp. 286-293.

3. Véase también Elliott Jaques, "In Praise of Hierarchy", en *Harvard Business Review*, enero-febrero de 1990, pp. 127-133.

4. Chester I. Barnard, *The Functions of the Executive* (Cambridge, Mass.; Harvard University Press, 1938, 1964).

5. Keith Davis y John Newstrom, *Human Behavior at Work* (Nueva York, McGraw-Hill Book Company, 1985), p. 308.

6. Véase también Harold Koontz, "Making Theory Operational: The Span of Management", en Harold Koontz, Cyril O'Donnell y Heinz Weihrich (eds.), *Management — A Book of Readings*, 5a. ed. (Nueva York, McGraw-Hill Book Company, 1980), pp. 232-240.

7. Caso elaborado en colaboración con Gustavo Adolfo Pereda Lecuna, Jefe de Cátedra Área Gerencial, Escuela de Administración y Contaduría de la Universidad Católica Andrés Bello.

8. Henry Mintzberg, *The Nature of Managerial Work* (Nueva York, Harper & Row, 1973), capítulo 4; James Brian Quinn, "Managing Innovation: Controlled Chaos", en *Harvard Business Review*, mayo-junio de 1985, pp. 73-84. El espíritu empresarial también se ha extendido a las organizaciones públicas. Véase Ravi Ramamurti, "Public Entrepreneurs: Who They Are and How They Operate", en *California Management Review*, primavera de 1986, pp. 142-158.

9. Peter F. Drucker, "The Discipline of Innovation", en *Harvard Business Review*, mayo-junio de 1985, pp.

67-72. Véase también Peter F. Drucker, "A Prescription for Entrepreneurial Management", en *Industry Week*, 29 de abril de 1985, pp. 33-40.

10. Gifford Pinchot III, *Intrapreneuring* (Nueva York, Harper & Row, 1985).

11. Jeremy Main, "A Golden Age for Entrepreneurs", en *Fortune*, 12 de febrero de 1990, pp. 120-125.

12. John P. Kotter, *The New Rules: How to Succeed in Today's Post-Corporate World* (Nueva York, Free Press, 1995); Keith Hammonds, "Thumbing their Nose at Corporate America", en *Business Week*, 20 de marzo de 1995, p. 14.

13. Peter F. Drucker, *Innovation and Entrepreneurship— Practices and Principles* (Nueva York, Harper & Row, 1985); Peter F. Drucker, "The Discipline of Innovation", en *Harvard Business Review*, mayo-junio de 1985, pp. 67-72; John W. Wilson, "The New Economy According to Drucker", en *Business Week*, 10 de junio de 1985, pp. 10-12, y Everett Groseclose, "A Management Stage's Shibboleths for Success", en *The Wall Street Journal*, 7 de octubre de 1985.

14. Peter Petre, "How GE Bobbled the Factory of the Future", en *Fortune*, 11 de noviembre de 1985, pp. 52-63.

15. Más recientemente, Japón ha roto su tradición e iniciado el financiamiento de la investigación básica. Véase Stephen K. Yoder, "Going Crazy in Japan", en *The Wall Street Journal*, A Special Report on Technology in the Workplace, 10 de noviembre de 1986.

16. James B. Quinn, "Managing Innovation: Controlled Chaos", en *Harvard Business Review*, mayo-junio de 1985, pp. 73-84.

17. El caso Post-It ha sido expuesto en varias fuentes, entre ellas el videotape "In Search of Excellence"; Pinchot, *Intrapreneuring* (1985); Lester C. Krogh, "Can the Entrepreneurial Spirit Exist within a Large Company?", en *3M: An Executive Message*, dado a conocer en el Conference Board, Conference on Research and Development, Nueva York, 25 de abril de 1984; Brian Dumaine, "Ability to Innovate", en *Fortune*, 20 de enero de 1990, pp. 43-46.

18. "The Best Entrepreneurs", en *Business Week*, 13 de enero de 1997, pp. 74-76.

19. Los autores agradecen al profesor Salvatore Belardo sus contribuciones a la explicación de la reingeniería. Véase también Ann Majchrzak y Qianwei Wang, "Breaking the Functional Mind-Set in Process Organizations", en *Harvard Business Review*, septiembre-octubre de 1996, pp. 93-99.

20. Michael Hammer y James Champy, *Reengineering the Corporation — A Manifesto for Business Revolution* (Nueva York, Harper Business, pasta dura, 1993; edición masiva, 1994), p. 31.

21. Hammer y Champy, p. 32.

22. Hammer y Champy, p. 219.

23. Hammer y Champy, p. 217.

24. David A. Garvin, "Leveraging Processes for Strategic Advantage", en *Harvard Business Review*, septiembre-octubre de 1995, pp. 77-90.

25. Para una explicación del diseño de organizaciones, véase David P. Hanna, *Designing Organizations for High Performance* (Reading, Mass.; Addison-Wesley, 1988); Robert E. Quinn y Kim S. Cameron (eds.), *Paradox and Transformation — Toward a Theory of Change in Organization and Management* (Cambridge, Mass.; Ballinger, 1988).

26. Este caso se basa en varias fuentes, entre ellas "Procter & Gamble: Improving Consumer Value Through Process Redesign", Harvard Business School, 1995; Ronald Henkoff, "P&G New and Improved", en *Fortune*, 14 de octubre de 1996, pp. 151-160; "Make It Simple", en *Business Week*, 9 de septiembre de 1996, pp. 96-106; "The New Workplace", en *Business Week*, 29 de abril de 1996.

Al terminar este capítulo, usted podrá:

1. Identificar los patrones básicos de la departamentalización tradicional y analizar sus ventajas y desventajas.
2. Analizar las organizaciones matriciales y describir los pasos a seguir para evitar el riesgo de fragmentar la unidad de mando.

Capí ocho

Estructura organizacional: departamentalización

3. Entender la departamentalización moderna, acorde con las unidades estratégicas de negocios (UEN).

4. Comprender que hay muchos patrones de departamentalización y que los administradores responsables deben seleccionar el más útil para el cumplimiento de los objetivos empresariales dada una situación particular.

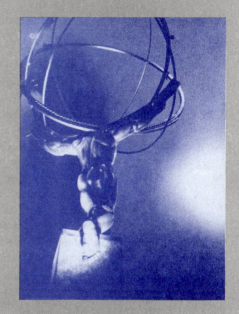

tulo

Para responder a circunstancias empresariales y económicas bruscamente alteradas, necesitamos maneras de pensar totalmente nuevas sobre las organizaciones.[1]

TOM PETERS

La limitación del número de subordinados a los que es posible supervisar directamente restringiría el tamaño de las empresas de no ser por el recurso de la departamentalización. La agrupación de actividades y personas en departamentos permite que, al menos en teoría, las organizaciones crezcan en un grado indeterminado. No obstante, los patrones básicos para la agrupación en departamentos difieren de los aplicables a la agrupación de actividades. La naturaleza de esos patrones, producto tanto de la lógica como de la práctica, así como sus méritos relativos, serán expuestos en las siguientes secciones.

De entrada, es necesario subrayar la inexistencia de un modelo único de departamentalización aplicable a todas las organizaciones o situaciones. La elección del patrón por usar en cada caso depende de la situación dada y de la percepción de los administradores en cuanto a aquello que, a su parecer, habrá de rendirles mejores resultados en la situación a la que se enfrentan. La elección de patrón también puede basarse en los conceptos de la reingeniería, los cuales fueron expuestos en el capítulo anterior.

Departamentalización por números simples

La departamentalización por números simples fue un importante método de organización en tribus, clanes y ejércitos. Aunque ahora ha caído en desuso, es probable que siga teniendo ciertas aplicaciones en la sociedad moderna.

El método de departamentalización por números simples consiste en contar las personas que habrán de desempeñar los mismos deberes y disponerlos bajo la supervisión de un administrador. Lo esencial en este caso no son las actividades que desarrollarán esas personas, el lugar donde trabajarán o los materiales que emplearán, sino el hecho de que el éxito de sus empeños depende únicamente del número de personas involucradas.

Aunque, tras un rápido examen, a un investigador podría impresionarle la departamentalización numérica de personas con base en los recursos humanos, la utilidad de este recurso organizacional ha disminuido conforme un nuevo siglo sucede al anterior. Para comenzar, el avance de la tecnología demanda diferentes y más especializadas habilidades. En Estados Unidos, el último bastión del trabajo colectivo ha sido la agricultura, en la que incluso se le restringe crecientemente a la cosecha de cada vez menos cultivos en razón del desarrollo y especialización de las operaciones agrícolas.

El segundo motivo del declive de la departamentalización por medios estrictamente numéricos es que a menudo los grupos compuestos por personal especializado son más eficientes que los meramente basados en números. La reorganización de los cuerpos de defensa de Estados Unidos en torno a este criterio viene al caso aquí. Personas calificadas en el uso de diferentes tipos de armas han sido combinadas en una sola unidad. Por ejemplo, la adscripción de artillería y apoyo táctico aéreo a la tradicional división de infantería ha convertido a ésta en una unidad de combate mucho más potente que si cada especialidad se organizara por separado.

El tercero y más persistente motivo de la declinación de la departamentalización por números es que sólo resulta útil en el nivel más bajo de la estructura organizacional. Tan pronto como cualquier factor distinto a la pura fuerza humana cobra importancia, la departamentalización por números simples es incapaz de producir buenos resultados.

Departamentalización por tiempo

Una de las modalidades más antiguas de departamentalización, empleada por lo general en los niveles inferiores de la organización, es la agrupación de actividades con base en el tiempo. La existencia de turnos de trabajo es común en muchas empresas, en las que (por razones económicas, tecnológicas o de otro tipo) la jornada laboral normal no sería suficiente. Ejemplos de este tipo de departamentalización pueden hallarse en los hospitales, donde es esencial la atención a los pacientes durante todo el día. De igual manera, los cuerpos de bomberos deben estar preparados para responder a emergencias en cualquier momento. No obstante, también existen razones tecnológicas para la instauración de turnos. Un horno para la producción de acero, por ejemplo, no puede encenderse y apagarse a voluntad; el proceso de producción del acero es continuo y requiere por lo tanto de la operación de tres turnos de trabajo.

Ventajas

Estos ejemplos revelan algunas de las ventajas de la departamentalización por tiempo. Primero, es posible prestar servicio más allá de la jornada habitual de 8 horas y en muchos casos durante las 24 horas del día. Segundo, es factible poner en marcha procesos que no pueden interrumpirse, puesto que requieren de un ciclo continuo. Tercero, cuando trabajadores de turnos diferentes hacen uso de las mismas máquinas, los costosos bienes de capital pueden utilizarse más de 8 horas diarias. Cuarto, a algunas personas (como a los estudiantes que asisten a clases durante el día) les resulta conveniente trabajar de noche.

Desventajas

La departamentalización por tiempo también tiene desventajas. Primero, cabe la posibilidad de que durante el turno nocturno no se ejerza la debida supervisión. Segundo, este modelo resiente los efectos del factor fatiga; casi no hay persona para la cual pasar del turno diurno al nocturno o viceversa no le represente grandes complicaciones. Tercero, la existencia de varios turnos puede causar problemas de coordinación y comunicación. En un hospital, por ejemplo, las enfermeras de diferentes turnos que atienden al mismo paciente pueden desconocer los problemas particulares de éste. En una fábrica, tal vez los trabajadores del turno nocturno no dejen limpias las máquinas para que puedan ser usadas por el personal del turno diurno. Cuarto, el pago de horas extras puede elevar los costos del producto o servicio.

Departamentalización por función empresarial

La agrupación de actividades de acuerdo con las funciones de una empresa (departamentalización funcional) expresa lo que la empresa hace típicamente. Dado que todas las empresas se dedican a la creación de algo útil y deseable para los demás, las funciones empresariales básicas son la producción (creación o agregación de utilidad a un bien o servicio), venta (el hallazgo de clientes, pacientes, estudiantes o miembros de cualquier otro grupo genérico dispuestos a aceptar el bien o servicio a cierto precio o costo) y financiamiento (obtención, cobro, resguardo y gasto de los fondos de la empresa). Ha parecido lógico agrupar estas actividades en departamentos como ingeniería, producción, ventas o comercialización y finanzas. En la figura 8-1 se muestra la agrupación funcional común en las compañías manufactureras.

No en todos los organigramas aparecen estas mismas denominaciones funcionales. En primer lugar, la terminología al respecto no es de aceptación generalizada: en las empresas manufactureras se emplean términos como "producción", "ventas" y "finanzas"; las compañías distribuidoras desarrollan actividades como "compras", "ventas" y "finanzas", y las compañías administradoras de ferrocarriles se ocupan de "operaciones", "tráfico" y "finanzas".

La segunda razón de que la terminología varíe es que, con frecuencia, las actividades básicas difieren en importancia: en los hospitales no existen departamentos de ventas, mientras que las iglesias no cuentan con departamentos de producción. Esto no significa que tales actividades estén del todo ausentes en cada caso, sino que no son tareas especializadas o que su importancia es tan reducida que se les combina con otras actividades.

El tercer motivo de la ausencia de departamentos de ventas, producción o finanzas en muchos organigramas es la posibilidad de seleccionar deliberadamente en cada caso otros métodos de departamentalización. Los responsables de una empresa pueden optar por organizarla con base en productos, clientes, territorio o canal de comercialización (el medio por el cual los bienes y servicios llegan hasta el usuario).

La departamentalización funcional es la base de uso más común para la organización de actividades y se halla presente en algún nivel de la estructura organizacional de casi todas las empresas. Las características de las funciones de ventas, producción y finanzas de las empresas son tan evidentes y tan ampliamente conocidas que constituyen la base no sólo de la organización departamental, sino también, y en mayor medida, de la departamentalización de los niveles superiores.

La coordinación de actividades se logra mediante reglas y procedimientos, varios de los aspectos de la planeación (metas y presupuestos, por ejemplo), la jerarquía organizacional, contactos personales y, en ocasiones, departamentos de enlace. Estos últimos pueden servir de puente entre los departamentos de ingeniería y manufactura, por ejemplo, para la resolución de problemas o cambios de diseño.[2] En la figura 8-1 se detallan las ventajas y desventajas de la departamentalización por función empresarial.

FIGURA 8-1

Agrupación
organizacional
funcional (compañía
manufacturera).

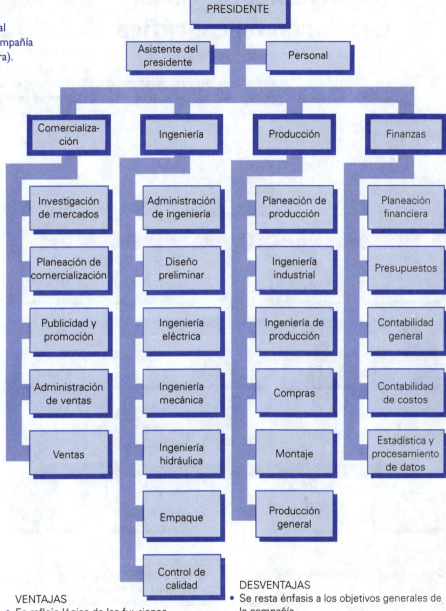

VENTAJAS
- Es reflejo lógico de las funciones
- Se mantiene el poder y prestigio de las
  funciones principales
- Se sigue el principio de la
  especialización ocupacional
- Se simplifica la capacitación
- Se cuenta con medios para un riguroso
  control desde la cima

DESVENTAJAS
- Se resta énfasis a los objetivos generales de
  la compañía
- El punto de vista del personal clave se
  sobrespecializa y estrecha
- Se reduce la coordinación entre funciones
- La responsabilidad de las utilidades se
  concentra exclusivamente en la cima
- Lenta adaptación a nuevas condiciones
- Se limita el desarrollo de gerentes generales

Departamentalización territorial o geográfica

La departamentalización basada en factores territoriales es común en empresas que operan en regiones geográficas extensas. En este caso, puede ser importante que las actividades que se realizan en un área o territorio determinado se agrupen y asignen a, por ejemplo, un administrador, como se observa en la figura 8-2.

FIGURA 8-2

Agrupación organizacional territorial o geográfica (compañía manufacturera).

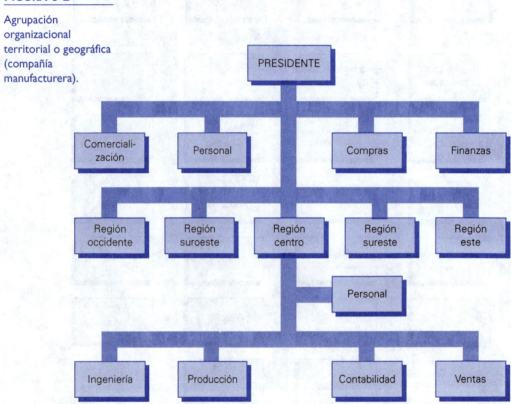

VENTAJAS
- Se delega responsabilidad a niveles inferiores
- Se hace énfasis en mercados y problemas locales
- Se mejora la coordinación en una región
- Se aprovechan las economías de las operaciones locales
- Mejor comunicación directa con los intereses locales
- Proporciona un campo de capacitación medible para los gerentes generales

DESVENTAJAS
- Se requiere de más personas con capacidad de gerente general
- Se dificulta el mantenimiento de servicios centrales económicos y puede requerirse de servicios como personal y compras en el nivel regional
- Se complica el problema del control por parte de la alta dirección

Amplitud de uso

La departamentalización territorial es especialmente apropiada para compañías de gran escala u otras empresas con actividades física o geográficamente dispersas. Sin embargo, bien podría ocurrir que, aunque con actividades centradas en un mismo punto, en una planta el personal del departamento de seguridad reciba asignaciones de acuerdo con el criterio territorial, y que por lo tanto se disponga de dos vigilantes tanto en el acceso sur como en el oeste, por ejemplo. Los responsables de sección de las tiendas departamentales son asignados de esta forma, común también en la distribución de labores entre miembros del personal de limpieza, de lavado de ventanas, etc. Las empresas privadas recurren a este método cuando en zonas geográficas diferentes se realizan operaciones similares, como en el caso del ensamble de automóviles, comercio de mayoreo y al detalle y refinación de petróleo. Asimismo, muchos organismos gubernamentales estadunidenses (como el Internal Revenue Service, dependencia encargada de la recaudación de impuestos; la Junta de Gobierno de la Reserva Federal, el banco central de Estados Unidos; los tribunales federales, y el servicio postal, entre otros) adoptan esta base de organización para la simultánea prestación de servicios iguales en todo el país. La departamentalización territorial se aplica por lo general a ventas y producción, no a finanzas, función que suele centralizarse en las oficinas generales de las compañías.

Las ventajas y desventajas de la departamentalización territorial o geográfica se incluyen en la figura 8-2.

DEPARTAMENTALIZACIÓN EN CELANESE

Si bien la organización departamental con base en la distribución geográfica de las actividades es tan lógica en determinadas circunstancias que la hacen una de las formas más comunes de departamentalización, es importante considerar las perspectivas que trae consigo la globalización de los mercados. Celanese Mexicana dividía anteriormente sus actividades de ventas en nacionales y exportaciones. Por tal motivo se contaba con un departamento de ventas nacionales y uno de ventas de exportación. A la luz de una visión globalizadora, la empresa decidió que participaba en un mercado global y, por tanto, las ventas domésticas no eran diferentes de las que realizaba en Europa o en cualquier otro lugar del mundo. Por lo anterior, aprovechando un esfuerzo de reorganización que se dio como consecuencia de su fusión con Química Hoescht, integró sus actividades de comercialización en un solo departamento.

Como puede verse, de una organización de la comercialización estructurada en función de territorios de ventas, considerada por muchos como la más adecuada cuando los territorios son amplios, la concepción del mercado mundial como un mercado único hace factible que las empresas organicen algunas de sus actividades en torno a las funciones básicas. Como de cualquier forma pudieran existir diferencias entre los clientes de diferentes zonas geográficas, regiones o países, visualizar al mercado global como un único mercado implica considerar a cada una de ellas como segmentos del mercado global, estableciendo planes de mercadotecnia integrados que tomen en cuenta sus diferencias básicas.

Departamentalización por tipo de clientes

La agrupación de actividades que responde a un interés primordial en los clientes es común en diversas empresas. Cuando cada una de las actividades de una empresa en favor de sus clientes es puesta bajo la responsabilidad de un jefe de departamento, los clientes constituyen la base sobre la cual se agrupan las actividades. El departamento de ventas industriales de una compañía distribuidora que también realiza ventas a comerciantes en pequeño ilustraría este caso. Dueños y administradores de empresas suelen organizar las actividades de esta manera cuando les interesa responder a los requerimientos de grupos de clientes claramente definidos, en tanto que en las instituciones educativas es costumbre que se impartan cursos regulares y opcionales destinados a diferentes grupos de estudiantes.

Para conocer las ventajas y desventajas de la comercialización por tipo de clientes, véase la figura 8-3.

FIGURA 8-3

Departamentalización por tipo de clientes de un gran banco.

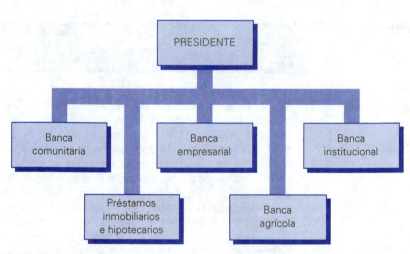

VENTAJAS
- Se alienta la concentración en las necesidades de los clientes
- Se hace sentir a los clientes que cuentan con un proveedor (banquero) comprensivo
- Se desarrolla la pericia en el área de clientes

DESVENTAJAS
- Puede dificultarse la coordinación de operaciones entre demandas contrapuestas de los clientes
- Se requiere de administradores y equipo de soporte expertos en problemas de los clientes
- No siempre es posible definir claramente grupos de clientes (por ejemplo, grandes empresas contra empresas de otro tipo)

Departamentalización por procesos o equipo

En el capítulo anterior se explicó el concepto de reingeniería, centrado en los procesos de negocios de toda o las principales partes de la organización, en los cuales se ven involucrados varios departamentos. La departamentalización por procesos o equipo se aplica fundamentalmente a los procesos de manufactura de un departamento o con determinado equipo. La instalación de un sistema de procesamiento de datos, por ejemplo, bien puede implicar el paso por diversas delimitaciones funcionales.

En las empresas manufactureras es común que las actividades se agrupen en torno a un proceso o tipo de equipo. Este género de departamentalización puede constatarse en la agrupación de los pasos de un proceso de pintura o galvanoplastia o en la congregación de troqueladoras o tornos automáticos en cierta área de una planta. Este tipo de departamentalización supone la reunión en un mismo punto de personas y materiales para el cumplimiento de una operación en particular. La figura 8-4 ilustra esta modalidad organizacional.

Un ejemplo común de departamentalización por equipo es el de los departamentos de procesamiento electrónico de datos. Puesto que, dada su creciente capacidad, las instalaciones necesarias para el procesamiento de datos son cada vez más costosas y complejas, se ha impuesto la tendencia a organizar esta labor mediante su adjudicación a un departamento específico, existente ya en casi todas las grandes empresas e incluso en las medianas. En algunos casos, la conexión de estaciones de cómputo a la computadora central de las compañías (o a computadoras externas, ya sea bajo la modalidad de tiempo compartido o de arrendamiento) y la amplia difusión de minicomputadoras y computa-

FIGURA 8-4

Departamentalización por procesos o equipo.

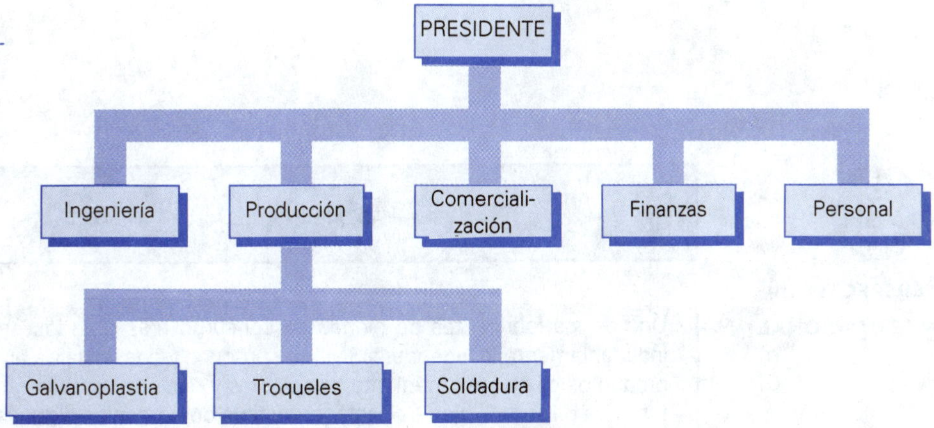

VENTAJAS
- Se obtiene ventaja económica
- Se usa tecnología especializada
- Se utilizan habilidades especiales
- Se simplifica la capacitación

DESVENTAJAS
- Se dificulta la coordinación de departamentos
- La responsabilidad de las utilidades recae en la cima
- Modelo inconveniente para el desarrollo de gerentes generales

doras electrónicas de escritorio han disminuido el crecimiento de departamentos de cómputo centralizados. Sin embargo, es indudable que seguirá habiendo grandes departamentos de procesamiento de datos y que se les seguirá colocando en puntos prioritarios de la estructura organizacional.

Departamentalización por productos

La agrupación de actividades con base en productos o líneas de productos ha cobrado creciente importancia en empresas de gran escala y multiplicidad de líneas de productos. Esto puede entenderse como un proceso evolutivo. Habitualmente, las compañías que adoptan esta modalidad de departamentalización se hallaban anteriormente organizadas por función empresarial. No obstante, su crecimiento impone problemas de dimensiones a gerentes de producción y de ventas y servicio, así como a ejecutivos de ingeniería. La labor administrativa se complica y el tramo de administración limita las posibilidades de los gerentes de incrementar el número de administradores subordinados inmediatos. Llegado este punto, se hace necesaria la reorganización sobre la base de la división de los productos. Esta estructura permite a la dirección general delegar a un ejecutivo divisional amplia autoridad sobre las funciones de manufactura, ventas, servicio e ingeniería relativas a determinado producto o línea de productos, lo mismo que responsabilizarlo en alto grado de las utilidades respectivas. En la figura 8-5 aparece un ejemplo de la agrupación organizacional por productos común en las compañías manufactureras.[3]

La figura 8-5 incluye también las ventajas y desventajas de la departamentalización por productos.

DEPARTAMENTALIZACIÓN EN 3M

Uno de los fabricantes de bienes de consumo más grandes en todo el mundo es indudablemente la legendaria 3M, que produce y comercializa alrededor de cinco mil productos diferentes mediante sus plantas y oficinas administrativas ubicadas en diferentes países. Si bien es bastante factible que organice algunas de sus actividades administrativas con base en la zona geográfica en la cual se ubican sus plantas, por la gran diversidad de productos, de manera natural le es indispensable manejar las actividades de producción y comercialización agrupándolas en líneas de producto. Así, por ejemplo, pueden encontrarse sus principales operaciones organizadas en torno a su producción de artículos para oficina, de productos para la industria y de los productos para uso doméstico.

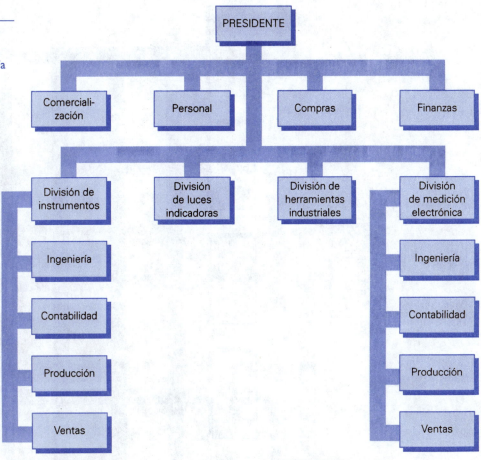

VENTAJAS
- Se concentran atención y esfuerzos en líneas de productos
- Se facilita el uso de capital, instalaciones, habilidades y conocimientos especializados
- Permite el crecimiento y diversidad de productos y servicios
- Se mejora la coordinación de actividades funcionales
- La responsabilidad de utilidades recae en el nivel divisional
- Proporciona un campo de capacitación medible para gerentes generales

DESVENTAJAS
- Se requiere de más personas con habilidades de gerente general
- Se dificulta el mantenimiento de servicios centrales económicos
- Se acentúa el problema del control por parte de la alta dirección

Advertencia

Es esencial evitar la sobresimplificación en la consideración de las ventajas. Los administradores de líneas de productos deben asumir ocasionalmente grandes costos generales, producto de la operación de sus oficinas en la sede central de la compañía, quizá

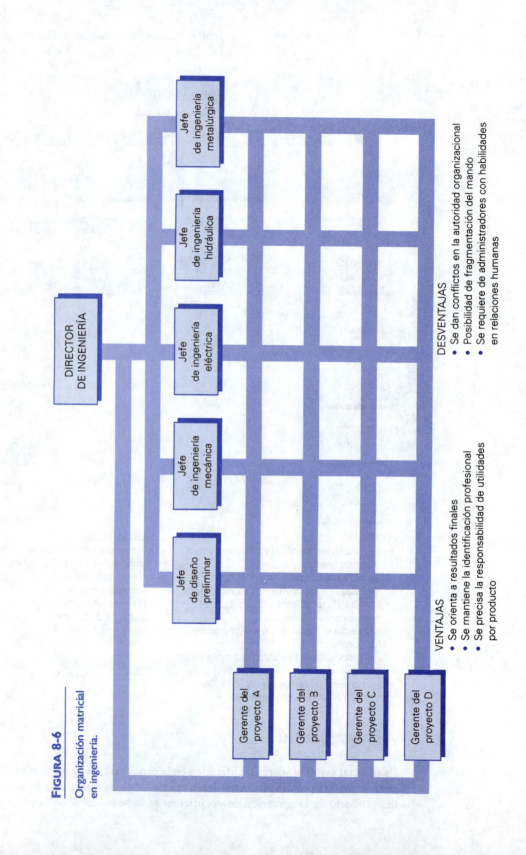

FIGURA 8-6
Organización matricial en ingeniería.

DIRECTOR DE INGENIERÍA

Jefe de diseño preliminar

Jefe de ingeniería mecánica

Jefe de ingeniería eléctrica

Jefe de ingeniería hidráulica

Jefe de ingeniería metalúrgica

Gerente del proyecto A

Gerente del proyecto 3

Gerente del proyecto C

Gerente del proyecto D

VENTAJAS
- Se orienta a resultados finales
- Se mantiene la identificación profesional
- Se precisa la responsabilidad de utilidades por producto

DESVENTAJAS
- Se dan conflictos en la autoridad organizacional
- Posibilidad de fragmentación del mando
- Se requiere de administradores con habilidades en relaciones humanas

también de una división de investigación central, y a menudo de muchas divisiones de servicios centrales. Es de comprender que no les agrade verse obligados a asumir costos sobre los cuales no ejercen ningún control.

Organización matricial[4]

La organización matricial, o de rejilla, también conocida como administración de proyectos o productos, es uno más de los tipos de departamentalización. Sin embargo, como se explicará más adelante, la administración de proyectos no necesariamente implica por sí misma una rejilla o matriz. La esencia de la **organización matricial** es normalmente la combinación en la misma estructura organizacional de los patrones de departamentalización funcional y de proyectos o productos. Tal como se advierte en la figura 8-6, en la que aparece la organización matricial de un departamento de ingeniería, sobre los administradores funcionales a cargo de las funciones de ingeniería se encuentran los administradores de proyectos, responsables del producto final. Aunque esta modalidad es común sobre todo en las áreas de ingeniería e investigación y desarrollo, también se le sigue ampliamente (sin que, en cambio, se le represente por lo general como matriz) en la organización de la comercialización de productos.

Este tipo de organización es frecuente en la construcción (de puentes, por ejemplo), la industria aeroespacial (para, por ejemplo, el diseño y lanzamiento de un satélite meteorológico), la comercialización (en una campaña publicitaria de un nuevo producto importante, por ejemplo), la instalación de un sistema de procesamiento electrónico de datos o en empresas de consultoría de administración para la colaboración de varios expertos en un proyecto.[5]

Motivos del uso de la administración matricial

A medida que las compañías y clientes se interesan crecientemente en los resultados finales (esto es, en el producto final o en un proyecto terminado), han surgido presiones para establecer las responsabilidades de asegurar esos resultados finales. Esto puede lograrse, por supuesto, mediante la organización en las líneas tradicionales de departamentos de productos. Incluso en ingeniería suele procederse de esta manera, asignando a un administrador de proyecto la responsabilidad sobre todo el personal de ingeniería y de apoyo necesario para el cumplimiento íntegro de un proyecto. Este tipo de organización se describe gráficamente en la figura 8-7.

Pero bien puede ocurrir que, por diversas razones, no sea factible aplicar la organización por proyectos en su versión más pura. Es probable que, por ejemplo, en un proyecto sea imposible utilizar en condiciones de tiempo completo a cierto personal o equipo de ingeniería altamente especializado; quizá los servicios de un físico de transistores se necesiten sólo ocasionalmente, o para el proyecto baste con un uso de tiempo parcial de un laboratorio de pruebas ambientales o taller de prototipos de alto costo. Asimismo, la duración del proyecto podría ser relativamente corta. Ninguna razón lógica impide el cambio diario o mensual de una estructura organizacional, pero no puede ignorarse la razón

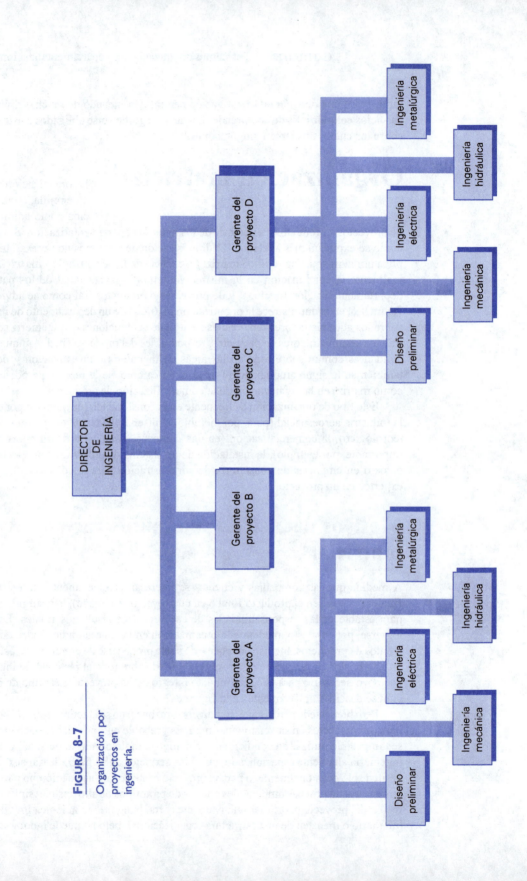

FIGURA 8-7

Organización por proyectos en ingeniería.

práctica de que la gente y en particular los profesionales altamente calificados, sencillamente no toleraría la inseguridad de cambios organizacionales frecuentes. Otra razón de la probable no factibilidad de la organización por proyectos en sentido estricto es que por lo general los profesionales altamente calificados (y algunos que no lo son tanto) prefieren asociarse organizacionalmente con su grupo profesional. Se sienten más a gusto en un departamento funcional; creen que su prestigio y desarrollo profesional se beneficia más de su pertenencia a un grupo de esta naturaleza que de su participación en un proyecto, y consideran que, en caso de que sean profesionales del mismo campo, es probable que sus superiores aprecien mejor el valor de su experiencia al momento de considerar aumentos salariales, ascensos o despidos. Estas percepciones no son exclusivas de ingenieros y científicos; también son propias de abogados, contadores y profesores universitarios.

Las razones de la existencia de una organización matricial en la administración de productos comerciales o industriales pueden ser un tanto diferentes. La dirección general de una compañía fabricante de jabones y detergentes, por ejemplo, podría desear la asignación de responsabilidades individuales sobre utilidades por marca o producto. Si la compañía sólo tiene una marca o producto, obviamente no habría problema; la responsabilidad de las utilidades recaería en el director general. Si está organizada como una división de productos integrada (investigación, comercialización, manufactura), la responsabilidad de las utilidades recaerá en el gerente divisional. Pero si, tal como ocurriría en una compañía fabricante de jabones y detergentes con múltiples productos, la tecnología y la economía hacen imposible la existencia de plantas manufactureras separadas o fuerzas de ventas por producto, el medio para la atribución de cierto grado de responsabilidad sobre las utilidades es sobreponer de alguna manera a un gerente de producto responsable de las utilidades de una marca o producto dado.

Variantes en la práctica

Existen muchas variantes para la función de un administrador de proyecto o producto. En algunos casos, estos administradores no poseen autoridad para normar las actividades de los departamentos funcionales; su papel se reduce a recopilar información, mantener un registro de los avances de su proyecto o producto e informar a sus superiores de eventuales desviaciones significativas respecto de los planes. En otros casos deben ser persuasores, y emplear sus conocimientos y capacidad de persuasión personal para obtener resultados. Es obvio que estos papeles padecen muy graves inconvenientes, particularmente si, carente de facultades organizacionales de cualquier clase, se hace responsable a un administrador de los resultados finales. Así, no es de sorprender que la rotación de quienes ocupan estos puestos sea tan elevada.

Otra variante práctica consiste sencillamente en elaborar una rejilla o matriz como la de la figura 8-6 para situar a ciertos administradores a cargo de departamentos funcionales y a otros a cargo de proyectos o productos. Comúnmente se considera que esta rejilla representa un caso evidente de duplicación del mando. Los resultados son previsibles. Si algo relacionado con un proyecto o producto marcha mal, por lo general es difícil que un superior sepa quién está incurriendo en un error y dónde radica realmente el problema. En estos casos también tienden a surgir las fricciones, mutuas atribuciones de culpas y confusiones que cabe esperar de la fragmentación del mando.

ORGANIZACIÓN POR PROYECTOS EN McGRAW-HILL

En la edición y publicación de libros, como es el caso de este texto, la organización por proyectos es bastante común. Para ejemplificarlo, veamos el caso de René Serrano, quien desde el punto de vista de organización lineal tiene a su cargo la dirección del equipo de representantes de ventas que se encargan de atender a las diferentes universidades. Además, como gerente de marca, tiene responsabilidades directas sobre el proceso de edición y producción de la línea de productos de textos de negocios y economía, por tanto, se auxilia del supervisor editorial de la misma, Noé Islas, quien a su vez se encarga de coordinar traducción, revisión técnica, corrección de estilo y, en general, la edición de la obra. El supervisor de producción, Zeferino García, no depende linealmente de ninguno de ellos (de hecho se trata de áreas funcionales diferentes), sin embargo, durante el desarrollo de las actividades que le corresponden del proyecto (diseño, composición e impresión), es responsable de reportar los estados de avance directamente al gerente de marca.

Una vez concluido el proyecto, desaparecen las relaciones de supervisión sobre el área de producción.

Problemas de la administración matricial

Sinteticemos algunos de los problemas más frecuentes de la administración matricial.[6]

1. Conflictos permanentes entre administradores funcionales y de proyectos, dado que ambos grupos deben competir entre sí por la obtención de recursos limitados (financieros y humanos, por ejemplo). Además de la posibilidad de que los miembros del equipo encargado de un proyecto se topen con funciones ambiguas.
2. Posibilidad de que los conflictos, ambigüedad y sobrecarga de funciones resulten en tensiones tanto para los administradores funcionales y de proyectos como para los miembros de sus equipos.
3. Posibilidad de que el desequilibrio de autoridad y poder, así como de que la influencia horizontal y vertical de los administradores de proyectos y funcionales, también generen problemas en las organizaciones matriciales.[7] Si, por ejemplo, el administrador funcional ejerce excesivo poder, probablemente se les conceda menor prioridad a las labores de un proyecto en particular, con lo que se retrasaría su realización. A su vez, un desequilibrio de autoridad en favor del administrador del proyecto podría resultar en ineficiencias. Quizá se le pediría con frecuencia al administrador funcional, por ejemplo, que modifique la disposición de la maquinaria en respuesta a las necesidades de diversos proyectos.
4. Posibilidad de que, a causa de los conflictos potenciales, los administradores opten por protegerse contra atribuciones de culpabilidad mediante el recurso de registrarlo todo por escrito, con el consecuente incremento de los costos administrativos.
5. Necesidad de abundantes y prolongadas reuniones.[8]

Sugerencias para la eficacia de la administración matricial[9]

La administración matricial puede ser más efectiva si se siguen estas sugerencias:

1. Definir los objetivos del proyecto o tarea.
2. Precisar las funciones, autoridad y responsabilidades de administradores y miembros de equipos.
3. Tomar las medidas necesarias para que la influencia se base en conocimientos e información, no en el rango.
4. Equilibrar el poder de los administradores funcionales y de los de proyectos.
5. Seleccionar para el proyecto un administrador experimentado capaz de ejercer liderazgo.
6. Promover el desarrollo tanto de la organización como del equipo.
7. Establecer controles de costos, tiempo y calidad apropiados que señalen oportunamente el incumplimiento de normas.
8. Compensar con justicia a los administradores de proyectos y a los miembros de sus equipos.

Unidades estratégicas de negocios (UEN)

En muchas compañías se ha aplicado más recientemente un recurso organizacional generalmente conocido como **unidad estratégica de negocios** (UEN). Las UEN son pequeñas empresas en sí mismas establecidas como unidades de una gran compañía para la promoción y manejo de cierto producto o línea de productos como si se tratara de una actividad empresarial independiente. Una de las primeras compañías en hacer uso de este recurso organizacional fue la General Electric Company. Esta unidad de organización especial fue introducida en este caso para asegurar que cada uno de los cientos de productos o líneas de productos ofrecidos por la compañía recibiera la misma atención que recibiría si lo desarrollara, produjera y comercializara una compañía independiente. Otras compañías han empleado este recurso para una importante línea de productos. La Occidental Chemical Company, por ejemplo, lo usó para productos como fosfatos, álcalis y resinas.[10]

Para ser en efecto una UEN propiamente dicha, una unidad empresarial debe cumplir por lo general criterios específicos. Debe, por ejemplo,[11] 1) poseer una misión propia, diferente a la de otras UEN; 2) contar con grupos definibles de competidores; 3) elaborar sus propios planes de integración, distintos a los de otras UEN; 4) administrar sus recursos en áreas clave, y 5) poseer dimensiones razonables, ni muy grandes ni muy pequeñas.

Es obvio que en la práctica podría dificultarse la definición de UEN que cubran todos esos criterios.

Cada UEN debe contar con un administrador (habitualmente un "administrador de negocios") responsable de la conducción y promoción del producto desde el laboratorio de investigación y a todo lo largo de la ingeniería del producto, investigación de mercado, producción, empaque y comercialización, y responsable también de su rentabilidad.[12] De este modo, una UEN debe ser dotada de misión y metas propias, en tanto que, apoyado por personal de tiempo completo o parcial (miembros de otros departamentos parcialmente asignados a la UEN), su administrador debe desarrollar e instrumentar planes estratégicos y operativos para el producto. La organización de una UEN representativa, en este caso la unidad de fosfatos de la Occidental Chemical Company, se muestra en la figura 8-8. Adviértase que bajo el mando del administrador de negocios de fosfatos se hallan todas las funciones que serían necesarias en una compañía autónoma.

PERSPECTIVA INTERNACIONAL

UEN EN DESC

Una de las compañías mexicanas de mayor tamaño es Desc, cuyas ventas anuales promedian 1 700 millones de dólares. Actualmente participa en cinco sectores de actividad económica y para ello se vale de cuatro grandes subsidiarias, que a su vez se encargan de dirigir las operaciones de otras empresas que son totalmente de su propiedad o en las cuales participan parcialmente mediante asociaciones (incluso en algunas poseen la mayoría del capital). A través de la subsidiaria Unik, Desc participa en el mercado de partes automotrices, mediante Girsa en el de químicos y productos de consumo, Agrobios se encarga de los negocios en alimentos y Dine de los negocios de bienes raíces.

Debido a la diversificación de los negocios de Desc, la planeación y el control se vuelven tareas bastante complicadas. Por tanto, es necesario que las actividades de planeación y control sean responsabilidad de cada una de las empresas subsidiarias individuales (UEN), al mismo tiempo que cuentan con un alto nivel de coordinación en función de los objetivos generales que se plantean en la estrategia corporativa. Es decir, el tipo específico de productos, procesos productivos y características particulares de los mercados en que participan exige, al mismo tiempo, que cada una de las empresas actúe con relativa autonomía, pero responsabilizándose ante la empresa que es cabeza de grupo (algunas de las cuatro grandes subsidiarias que a su vez reportan a Desc), por la parte de los resultados de mercadeo de sus productos, así como por los de carácter financieros que le competen de manera directa.

Un ejemplo de la autonomía relativa que puede gozar cada una de las empresas es la alianza estratégica de Industrias Negromex (productora de hule sintético y subsidiaria de Girsa que es la tercera productora de hule especializado a nivel mundial) con Japan Synthetic Rubber (la empresa líder en Japón en producción de hule y propietaria de tecnología vanguardista para el desarrollo de hules para la industria llantera), hecha del dominio público en mayo de 1997. La alianza surtirá efecto mediante una coinversión a partes iguales y se abocará a abastecer la demanda de hule sintético para la industria llantera en todo el Continente Americano. Si bien es de suponerse que Negromex dependa en gran medida de las decisiones de Girsa (y ésta a su vez de Desc), es necesario que cuenta con cierta autonomía para trabajar adecuadamente con la contraparte japonesa.

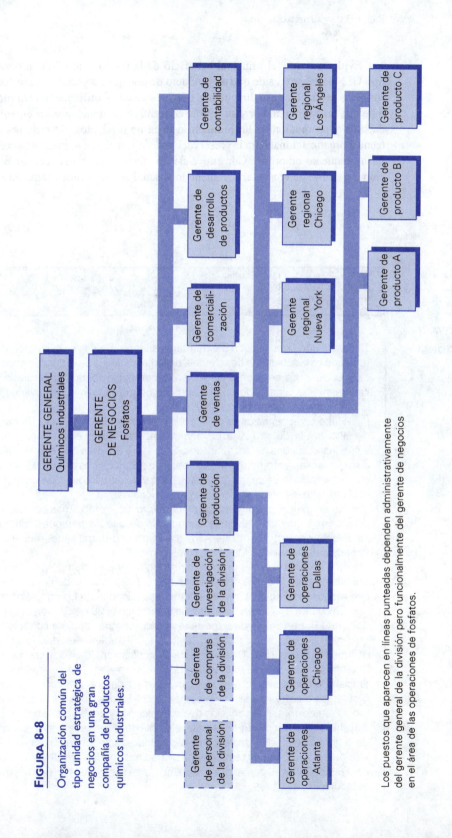

FIGURA 8-8

Organización común del
tipo unidad estratégica de
negocios en una gran
compañía de productos
químicos industriales.

GERENTE GENERAL
Químicos industriales

GERENTE
DE NEGOCIOS
Fosfatos

Gerente de
personal de la división

Gerente de
compras
de la división

Gerente de
investigación
de la división

Gerente de
producción

Gerente de
operaciones
Atlanta

Gerente de
operaciones
Chicago

Gerente de
operaciones
Dallas

Gerente
de ventas

Gerente de
comerciali-
zación

Gerente de
desarrollo
de productos

Gerente de
contabilidad

Gerente
regional
Nueva York

Gerente
regional
Chicago

Gerente
regional
Los Ángeles

Gerente de
producto A

Gerente de
producto B

Gerente de
producto C

Los puestos que aparecen en líneas punteadas dependen administrativamente
del gerente general de la división pero funcionalmente del gerente de negocios
en el área de las operaciones de fosfatos.

Evidentemente, el principal beneficio de la instauración de una organización del tipo UEN es la certeza de que un producto de una gran compañía no se "perderá" entre sus otros productos (usualmente con mayores ventas y utilidades). Esta modalidad permite que un administrador y su equipo concentren su atención y sus energías en la conducción y promoción de un producto o línea de productos. Se trata por tanto de una técnica organizacional para la preservación de la atención e impulso empresarial propios de las pequeñas empresas. Constituye así, en efecto, un medio excelente para la promoción del ánimo de empresario, a menudo ausente en las grandes compañías.

PERSPECTIVA INTERNACIONAL

RESTRUCTURACIÓN EN AT&T[13]

Tras los 5 años que le llevó desmontar el sistema Bell, la participación de AT&T en el mercado estadunidense de telefonía de larga distancia se redujo de alrededor de 84% a 68%. Después de aquella disolución, la compañía se ha restructurado varias veces. Finalmente se establecieron unidades de negocios divididas en varios grupos, cada uno de ellos bajo la responsabilidad de un ejecutivo.

Hubo diversas razones para la descentralización de la toma de decisiones. Una de ellas fue la de atribuir a los administradores de nivel inferior la responsabilidad sobre las utilidades de sus unidades. Se espera además que con la nueva estructura disminuyan los enfrentamientos a causa de asignaciones de costos. Antes, por ejemplo, la asignación de costos a investigación y desarrollo derivaba en profundas discordias entre las diversas unidades organizacionales.

No obstante, la reorganización puede provocar problemas con clientes y proveedores, entre quienes prevalece la inquietud de que las personas con quienes deben establecer contacto dento de AT&T cambien con demasiada frecuencia, lo que les impediría desarrollar sólidas relaciones comerciales.

En cualquier caso es preciso revisar de tiempo en tiempo las estructuras organizacionales a fin de que la organización no sólo funcione fluidamente a su interior, sino que responda también a las cambiantes necesidades de las condiciones externas.

En cuanto a AT&T, esta respuesta se produjo el 20 de septiembre de 1995, fecha en la que Robert Allen, director general de la compañía, dio a conocer un ambicioso plan para la división de la empresa (con ingresos anuales por 75 000 millones de dólares) en tres partes: 1) servicios de comunicación, 2) equipo de comunicaciones y 3) compañía de computación. Allen declaró entonces: "Le concedimos tanta importancia a la coordinación que a veces nos resistíamos a actuar por temor a causar problemas en otras partes de la compañía."[14] En adelante, cada compañía tendrá su propia dirección. La de servicios de comunicación conservará la denominación AT&T. Su principal fuente de ingresos es la telefonía de larga distancia. La sección encargada de la tarjeta de crédito Universal es el segundo grupo en importancia, mientras que la telefonía inalámbrica es también una unidad muy poderosa. De tener éxito, esta reorganización puede convertirse en un caso clásico entre las restructuraciones estadunidenses.

Problemas potenciales de las UEN[15]

C. K. Prahalad y Gary Hamel, profesores de administración estratégica, sugieren que las compañías deben invertir en sus ventajas distintivas y evitar la tiranía de las UEN. La principal ventaja distintiva es el aprendizaje colectivo de la organización, especialmente la capacidad de coordinar las diferentes habilidades de producción y de integrarlas en lo que los autores mencionados denominan "flujos tecnológicos". Por ejemplo, los motores de Honda son los productos esenciales para las habilidades de diseño y desarrollo que resultan en productos finales como automóviles y motocicletas. Si la división de motocicletas hubiera recibido recursos para desarrollo, quizá no habría compartido esta tecnología con la división de automóviles. La asignación de recursos a cada UEN puede dar como resultado una inversión insuficiente en las ventajas distintivas (como la representada por los motores), las cuales benefician a la organización en su totalidad. De igual manera, los administradores de UEN pueden rehusarse a compartir personal talentoso, y retenerlo en lugar de prestarlo a otra UEN.

Estructuras organizacionales para el ámbito global

Las estructuras organizacionales de las empresas que operan en el ámbito global son muy distintas. El tipo de estructura por adoptar en cada caso depende de varios factores, como el grado de orientación y compromiso internacional. Una compa-

**PERSPECTIVA
INTERNACIONAL**

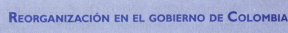

REORGANIZACIÓN EN EL GOBIERNO DE COLOMBIA

No obstante que las reorganizaciones son más comunes en las empresas privadas, también es posible encontrarlas en el sector público. Éste es el caso del anuncio del presidente de Colombia, Ernesto Samper, quien a fines del mes de agosto de 1997 anunciara la reducción de entidades oficiales mediante la fusión de funciones que actualmente cumplen diversas oficinas del gobierno federal. El primer paso de este intento de reducir el tamaño de la burocracia gubernamental colombiana, según afirmó el mandatario, iniciaría con el despido de 3 100 de los casi 800 000 empleados existentes en las diferentes dependencias públicas al momento del anuncio presidencial.

Evidentemente este tipo de medidas buscan una mayor eficiencia del aparato gubernamental; es decir, realizar las mismas actividades con menores costos pues se espera lograr un ahorro mayor a los 100 millones de dólares estadunidenses. Lo anterior permitiría reducir el déficit del gasto público, de singular importancia para ese país, pues en el momento presente se tienen expectativas de que en 1998 se observe una caída de 2% en el producto interno bruto.

ñía puede iniciar la internacionalización de sus operaciones creando simplemente en sus oficinas generales, por ejemplo, un departamento internacional, encabezado por un administrador de exportaciones. Una vez expandidas sus operaciones internacionales, puede establecer en diversos países subsidiarias extranjeras y más tarde divisiones internacionales, bajo el mando de un administrador a cargo de las operaciones globales en las oficinas generales, o quizá del propio director general. El crecimiento adicional de las operaciones internacionales podría implicar la agrupación de varios países en regiones, tales como África, Asia, Europa y América del Sur. Más aún, la división europea (lo mismo que otras divisiones) podría dividirse a su vez por grupos de países, como, por ejemplo, naciones de la Unión Europea, naciones no miembros de la UE y naciones de Europa oriental.

Aunque en la descripción anterior nos limitamos a estructuras geográficas internacionales, las compañías también pueden optar, junto con el patrón geográfico, por la departamentalización funcional o por procesos. Por ejemplo, una compañía petrolera puede subdividir por regiones su grupo funcional de exploración, de lo que resultaría, por decir algo, un subgrupo de exploración en Alaska o en el golfo Pérsico. Del mismo modo, también los grupos funcionales de refinación y comercialización podrían subdividirse en varias regiones. Los productos derivados del petróleo podrían comercializarse, desde luego, en áreas distintas a aquellas en las que se realizaran las actividades de exploración o producción.

La organización virtual[16]

La organización virtual es un concepto más bien amplio según el cual un grupo de empresas o personas independientes se conectan entre sí por medio de la tecnología de la información. Tales empresas pueden ser proveedores, clientes e incluso compañías rivales. El propósito de la organización virtual es conseguir acceso a los recursos de otras empresas, obtener flexibilidad, reducir riesgos o responder velozmente a las necesidades del mercado. Las organizaciones virtuales coordinan sus actividades a través del mercado en el que cada parte ofrece en venta sus bienes y servicios.

La organización virtual presenta ventajas y desventajas. Los principales componentes de la computadora personal (PC) desarrollada por IBM en 1981 procedían de otras compañías. Esto le permitió a IBM comercializar el producto en 15 meses. El microprocesador le fue comprado a Intel, mientras que Microsoft desarrolló el *software*. La arquitectura "abierta" instituida de este modo se basó en normas ampliamente conocidas, de manera que los componentes podían adquirirse con muchos proveedores distintos. Gracias al hecho de haber recurrido a partes externas, IBM tuvo que invertir poco en su estrategia descentralizada. Pero la estrategia de la arquitectura abierta habría de revelar más tarde sus aspectos negativos. Otras empresas estuvieron en condiciones de comprar microprocesadores directamente a Intel y a Microsoft el *software* del sistema operativo.

Las organizaciones virtuales pueden carecer de organigrama y hasta de una sede central para sus oficinas. Es probable que las bibliotecas modernas dejen de ser edificios con cientos de libreros. Quizá la gente nunca se vea obligada a visitar una biblioteca; una base de datos, una computadora, un módem y una contraseña serán todo lo que necesite para tener acceso a ellas. La universidad abierta de Inglaterra es un ejemplo de universidad sin instalaciones. Cuenta ciertamente con una sede para su cuerpo administrativo, pero no para sus estudiantes. Éstos se hallan dispersos por todo el mundo, lo mismo que los profesores. Unos y otros no se conocerán personalmente jamás. Las posibilidades tecnológicas que ello ofrece son asombrosas, pero ¿cómo administrar a personas a las que nunca vemos? Es obvio, entonces, que en torno a la organización virtual subsisten aún muchas preguntas sin responder.

Selección del patrón de departamentalización[17]

No existe un método único de departamentalización aplicable a todas las organizaciones y situaciones.[18] Los administradores deben determinar cuál es el mejor partiendo de la situación a la que se enfrentan: las labores por realizar y el modo en que se deben llevar a cabo, los individuos involucrados y la personalidad de cada uno de ellos, la tecnología que se emplea en el departamento, los usuarios a los cuales atender y otros factores de las condiciones internas y externas de la situación de que se trate. Sin embargo, si conocen los diversos patrones de departamentalización, así como las ventajas, desventajas y riesgos de cada uno de ellos, los administradores en funciones podrán diseñar de mejor manera la estructura organizacional más conveniente para sus muy particulares operaciones.[19]

Propósito: cumplimiento de objetivos

La departamentalización no es un fin en sí misma, sino sencillamente un método de organización de actividades para facilitar el cumplimiento de objetivos. Cada método tiene sus propias ventajas y desventajas. En consecuencia, el proceso de selección supone considerar las ventajas relativas de cada patrón en cada nivel de la estructura organizacional. En todos los casos, la pregunta básica se refiere al tipo de condiciones organizacionales que el administrador desea diseñar y a la situación prevaleciente. Las anteriores exposiciones acerca de los diferentes métodos de departamentalización pusieron de manifiesto que cada método ofrece ciertos beneficios e implica ciertos costos.

Tipos mixtos de departamentalización

Otro asunto que conviene destacar es la combinación de varios tipos de departamentalización en un área funcional. Una empresa distribuidora de medicamentos, por

ORGANIZACIÓN MODULAR ESBELTA[20]

En el caso de numerosas compañías, la estructura organizacional tradicional ha dado paso al modelo modular. Por efecto de esta nueva estructura, las compañías se concentran en aquello que hacen mejor y recurren a proveedores externos para el desempeño de muchas otras tareas, tales como contabilidad, la prestación de servicios alimenticios al personal o mensajería. (Véase el siguiente cuadro "Perspectiva internacional: Administración externa de personal".)

Por lo demás, ahora es costumbre que los proveedores fabriquen muchos importantes componentes. Gracias a ello Dell Computer ha obtenido una valiosa ventaja competitiva sobre IBM, cuya integración es pronunciadamente vertical. De igual forma, Chrysler obtiene de proveedores externos 70% de sus partes, en fuerte contraste con lo que ocurre en General Motors, cuyas partes (como baterías, faros delanteros y bujías) proceden en una proporción de alrededor de 70% de su producción interna.

Reebok no tiene plantas en las cuales se produzca su calzado. Esta compañía se dedica exclusivamente a lo que mejor sabe hacer: diseñar y comercializar su producto. Su principal competidor, Nike, opera de la misma manera. La estructura modular parece ser la más indicada para productos de moda, que cambian rápidamente, como prendas de vestir y aparatos electrónicos. No obstante, esta estructura también se ha aplicado a compañías más tradicionales de las industrias química y acerera.

Las estructuras organizacionales modulares requieren de buenas relaciones con los proveedores. La cooperación de éstos debe basarse en la confianza, la que a su vez sólo puede ser producto de una relación duradera. La costumbre tradicional de optar por la empresa que ofrece el precio más bajo ya no resulta necesariamente en la obtención del mejor proveedor a largo plazo.

Delegar actividades a proveedores externos confiables puede brindar muchas ventajas. Las compañías pueden reducir de esta forma sus requerimientos de capital y asignar sus recursos a aquellas áreas en las que poseen una ventaja competitiva. Por su parte, los proveedores pueden explotar de mejor manera sus fortalezas. Algunos de ellos recurren incluso a otros proveedores, altamente competitivos en su especialidad, para la obtención de productos y servicios.

Algunos proveedores han pasado de la simple fabricación de partes al suministro de componentes completos. Chrysler, por ejemplo, cuenta con proveedores que le proporcionan tableros para puertas y sistemas de frenos antibloqueo totalmente ensamblados.

Para competir en el ámbito global, la organización del futuro deberá ser esbelta y flexible. Una de las estrategias para conseguirlo consiste en apuntalar su capacidad dirigiendo su atención a las funciones que desempeña mejor y dejando el resto en manos de proveedores especializados.

ejemplo, ha agrupado en un departamento de producto las actividades de compra y venta de brebajes, pero agrupó simultáneamente en el mismo nivel todas las demás actividades de ventas de acuerdo con un criterio territorial. A su vez, en una compañía fabricante de productos de plástico se organizó territorialmente tanto la producción como la venta de

PERSPECTIVA INTERNACIONAL

la totalidad de sus bienes, con excepción de los destinados al almacenamiento de alimentos, los cuales se adjudicaron a un solo departamento de productos. En otras palabras, el administrador de un departamento funcional puede basarse en dos o más criterios distintos para la agrupación de actividades del mismo nivel organizacional. Esta práctica puede justificarse desde un punto de vista lógico: el objetivo de la departamentalización no es erigir una estructura rígida, equilibrada en lo que respecta a sus niveles y caracterizada por la consistencia e igualdad de sus bases de organización, sino agrupar actividades en la forma más conveniente para el cumplimiento de los objetivos de la empresa. Si esto se consigue por medio de la utilización de varios criterios de departamentalización, no hay razón para que los administradores no aprovechen las opciones a su disposición.

La lógica de esta concepción es frecuentemente ignorada por quienes diseñan estructuras organizacionales. Por algún motivo (producir quizá un organigrama que cause muy buena impresión o mantener el control), los especialistas suelen insistir en que todas las actividades departamentalizadas a partir del nivel básico de organización se agrupen exactamente de la misma manera. La estructura organizacional de los niveles regional y distrital del Internal Revenue Service (la dependencia gubernamental estadunidense encargada de la recaudación de impuestos), por ejemplo, es esencialmente la misma, a pesar de las considerables variantes que se dan naturalmente en el tamaño de los distritos.

**PERSPECTIVA
INTERNACIONAL**

ESTRUCTURA ORGANIZACIONAL EN UNILEVER

La alta administración de Unilever, compañía trasnacional angloholandesa, se compone de un director general y dos subdirectores. Los ejecutivos se agrupan en 1) áreas funcionales: personal, finanzas, comercialización, investigación, contraloría y tesorería; 2) grupos de productos: alimentos y bebidas, detergentes, productos congelados, productos químicos, productos personales, agroindustria, grasas comestibles y productos lácteos, y 3) regiones geográficas: Europa, este asiático y Pacífico, América del Norte, América Latina y Asia central.

Resumen

La agrupación de actividades y personas en departamentos hace posible la expansión organizacional. La departamentalización puede realizarse por números simples, tiempo, función empresarial, territorio o geografía, tipo de clientes y proceso o equipo requerido. Clases relativamente nuevas de departamentalización son la agrupación organizacional por productos, la organización matricial o de rejilla, la organización por proyectos y la unidad estratégica de negocios (UEN). Las estructuras organizacionales para el ámbito global pueden variar enormemente, desde la existencia de un departamento de exportaciones en las oficinas generales de una compañía hasta el agrupamiento por regiones, pasando por muchas otras variantes. Además, las compañías también pueden aplicar dos o más modalidades de agrupación organizacional funcional en una región.

No existe una modalidad única de organización; la determinación del patrón más adecuado depende de los diversos factores presentes en una situación dada. Estos factores incluyen el tipo de labores por realizar, la manera en la que deben desarrollarse las tareas, el tipo de personas involucradas, la tecnología, las personas por atender y otras consideraciones internas y externas. En todo caso, la selección de un patrón de departamentalización específico debe efectuarse de tal manera que sea posible cumplir eficaz y eficientemente los objetivos organizacionales e individuales. Para el cumplimiento de esta meta suele requerirse de la combinación de diversas modalidades de departamentalización.

Ideas y conceptos básicos

Departamentalización por números simples
Departamentalización por tiempo
Departamentalización por función empresarial
Departamentalización territorial o geográfica
Departamentalización por tipo de clientes
Departamentalización por proceso o equipo

Departamentalización por productos
Organización matricial (o de rejilla, por proyecto o
    por producto)
Unidades estratégicas de negocios (UEN)
Organización virtual

Para analizar

1. Algunos sociólogos aseguran que la estructuración organizacional es una invención social. ¿Qué cree usted que pretenden decir con esto? ¿Esta concepción implica que existe una manera "correcta" o "incorrecta" de organizar? ¿Qué prueba propondría usted para determinar si una estructura organizacional es "correcta"?

2. Si usted fuera presidente de una compañía organizada en líneas funcionales y un consultor le sugiriera optar por la organización territorial o por líneas de productos, ¿qué consideraciones haría para determinar la conveniencia de seguir esta recomendación?

3. ¿A qué cree que se deba que muchas grandes compañías se hallen organizadas por líneas de productos (como General Motors y Du Pont, por ejemplo) y que otras cuenten con departamentos territoriales (como Prudential Life Insurance Company, por ejemplo)?

4. ¿Cuál es el motivo de que las más grandes cadenas de tiendas departamentales y supermercados organicen sus establecimientos con base en la modalidad territorial e internamente por productos? Dé varios ejemplos extraídos de su propia experiencia.

5. ¿Por qué las pequeñas empresas cuentan en su mayoría con departamentos organizados por funciones?

6. ¿A qué se debe que tantos organismos federales del gobierno estadunidense se hallen fundamentalmente organizados con base en el criterio territorial?

7. ¿Cree usted que exista alguna razón para que la administración por objetivos pueda resultar en el empleo creciente de estructuras organizacionales matriciales?

8. ¿En qué forma ilustra este capítulo un enfoque situacional de la administración?

Ejercicios/actividades

1. Divídase a la clase en grupos de cuatro o cinco estudiantes (dependiendo del número de alumnos). Asígnese a cada grupo un patrón de departamentalización (o dos en caso de que el número de alumnos sea reducido). Los grupos deberán discutir *a*) la naturaleza de la departamentalización asignada, *b*) en qué compañías se hace uso de esa modalidad departamental, *c*) las ventajas de ese tipo de departamentalización, *d*) las desventajas de ese tipo de departamentalización.

2. Identifique el tipo de patrón (o patrones) de departamentalización existente en una compañía de su elección. Describa gráficamente el organigrama de ésta. ¿A qué atribuye que tal compañía haya seleccionado ese tipo de departamentalización? ¿Propondría usted otra organización departamental? Enuncie las razones en las que se basa su propuesta.

CASO INTERNACIONAL 8

RESTRUCTURACIÓN EN DAIMLER-BENZ[21]

En un discurso pronunciado en 1996 ante accionistas y colaboradores de Daimler-Benz, Jürgen Schrempp, director general de la compañía, replanteó la posición de la empresa, altamente diversificada. Sus primeras palabras fueron: "1995 fue un año dramático en la historia de Daimler-Benz." En ese año el consejo de administración de la compañía rompió categóricamente con el pasado.

En esta sección se expondrán las decisiones estratégicas de la alta dirección de Daimler. A usted le corresponderá evaluar el rompimiento con el pasado obrado en esa compañía y proyectar sus oportunidades para el futuro. Pero, antes que nada, procedamos a una descripción general de esa empresa.

Con más de 300 000 empleados en el mundo entero, Daimler-Benz se compone de cuatro grandes grupos. El primero y con mucho el mayor y más exitoso, es Mercedes-Benz, con alrededor de 200 000 empleados. Este grupo es ampliamente conocido por sus automóviles de pasajeros y vehículos para usos comerciales. El segundo, llamado AEG Daimler-Benz Industries, se desempeña en las áreas de sistemas ferroviarios, microelectrónica, motores pesados de dísel, tecnología de sistemas de energía y automatización.* El tercero, el Aerospace Group, se dedica a la fabricación de aviones (es dueño de más de la tercera parte del consorcio Airbus), sistemas espaciales, sistemas de defensa y civiles y sistemas de propulsión. El cuarto es el InterServices Group y ofrece *systemshaus*, servicios financieros, correduría de seguros, servicios de comercio y mercadotecnia, servicios de comunicaciones móviles y administración inmobiliaria.

Esta compañía ha atravesado varias fases de desarrollo. De 1985 a 1990 se diversificó para participar en la ingeniería aeroespacial y eléctrica, con el propósito de convertirse en un grupo integrado de alta tecnología. Esta diversificación se consolidó en la siguiente fase, de 1990 a 1995. Bajo el nuevo liderazgo de Jürgen Schrempp se redefinieron las actividades básicas y se reorientó la estrategia.

La revisión de la agenda 1995-1996 reveló la necesidad de que la compañía volviera a concentrarse en lo que hace mejor. La alta dirección reevaluó sus estrategias y actividades básicas con base en criterios económicos y en la conveniencia estratégica de las diversas actividades. De ello se dedujo claramente que las fortalezas de la compañía se encuentran en la fabricación de automóviles, el ramo de camiones de carga y el sector ferroviario. Con sus autos y camiones, Mercedes-Benz, por ejemplo, ocupaba entonces una sólida posición competitiva en Europa, América del Norte y América Latina. También era relativamente fuerte en Europa en lo referente a vagonetas, mientras que poseía una muy aceptable posición competitiva en América Latina en lo referente a autobuses. Con base en este análisis, se optó por la globalización y el desarrollo de segmentos de nuevos productos como estrategias de crecimiento potencial.

La alta dirección reevaluó en 1996 la posición de la compañía y los insatisfactorios resultados que obtuvo de sus operaciones en 1995. Se descubrió así que la compañía se hallaba expuesta a fluctuaciones monetarias que afectaban su rentabilidad. También, que su imagen se había desdibujado a causa de su participación en muy diferentes tipos de industrias. El consejo de administración decidió poner punto final a las pérdidas y orientar a la compañía en una nueva dirección, con mayor énfasis en la rentabilidad. Se procedió entonces a ajustar la estructura organizacional y a eliminar varias empresas. Decisiones de políticas tomadas en un periodo anterior fueron revocadas. Se retiró el apoyo financiero al AEG Group y a la compañía Fokker, fabricante de aviones en Holanda, incosteables ambos. Debido a la falta de apoyo tanto del gobierno holandés

---
* Esta unidad fue disuelta tiempo después.

como de Daimler-Benz, Fokker se declaró en quiebra. Aunque éstas y otras drásticas decisiones contribuyeron a reducir las pérdidas financieras de 1995, la compañía no se propuso priorizar la optimización de la rentabilidad a corto plazo, sino trabajar en pro de la rentabilidad a mediano y largo plazos.

Se tomaron también otras decisiones administrativas para alcanzar las ambiciosas metas de reducir costos y elevar la rentabilidad. Se delegó autoridad a los empleados directamente relacionados con las operaciones a fin de que pudieran tomar las decisiones necesarias para la realización de sus tareas. La estructura organizacional se simplificó y descentralizó para que las unidades organizacionales puedan responder más rápidamente a nuevas condiciones. Adicionalmente, la nueva estructura organizacional fue diseñada para promover el espíritu empresarial. Se determinó ejercer el control mediante un sistema de premios basado en el desempeño y en el cumplimiento de metas. Al mismo tiempo, con el diseño de la nueva estructura se pretende promover la cooperación. En 1997, el consejo de administración restructuró el grupo Mercedes-Benz y lo integró a Daimler-Benz. Como consecuencia de ello, Helmut Werner, entonces director general de Mercedes-Benz y a quien se había reconocido por una exitosa política de modelos, renunció a su puesto en la compañía.

Preguntas

1. ¿Cuál sería su evaluación de las operaciones de Daimler-Benz en muchos campos diferentes?
2. ¿Los diversos grupos que componen la compañía deberían operar en forma autónoma? ¿Qué tipo de actividades deberían centralizarse?
3. La mejor carta de presentación de Daimler-Benz son sus automóviles Mercedes-Benz. ¿Cuál cree usted que haya sido la razón de que Daimler-Benz adquiriera AEG y de que decidiera participar en la industria aeroespacial y en InterServices?
4. Dados los evidentes errores en la adquisición de empresas no automotrices, ¿qué debería hacer ahora Jürgen Schrempp?

Referencias

1. Tom Peters, "Restoring American Competitiveness: Looking for New Models of Organizations", en *Academy of Management Executive*, mayo de 1988, p. 103.
2. Jay R. Galbraith, "Matrix Organization Designs: How to Combine Functional and Project Forms", en Harold Koontz, Cyril O'Donnell y Heinz Weihrich (eds.), *Management: A Book of Readings*, 5a. ed. (Nueva York, McGraw-Hill Book Company, 1980), pp. 292-300.
3. La administración por productos también se emplea en compañías no manufactureras. Véase, por ejemplo, Robert B. Fetter y Jean L. Freeman, "Diagnosis Related Groups: Product Line Management within Hospitals", en *Academy of Management Review*, enero de 1986, pp. 41-54
4. Véase también Christopher A. Bartlett y Sumantra Ghoshal, "Matrix Management: Not a Structure, a Frame of Mind", en *Harvard Business Review*, julio-agosto de 1990, pp. 138-145.
5. John M. Stewart, "Making Project Management Work", en Harold Koontz y Cyril O'Donnell (eds.), *Management: A Book of Readings*, 2a. ed. (Nueva York, McGraw-Hill Book Company, 1968), pp. 202-

213; Kenneth Knight, en Koontz, O'Donnell y Weihrich (eds.), *Management: A Book of Readings*, 5a. ed. (Nueva York, McGraw-Hill Book Company, 1980), pp. 301-312.

6. Con base fundamentalmente en Knight, en *Management* (1980).

7. Aunque no directamente relacionada con la organización matricial, una interesante exposición de las relaciones de poder puede encontrarse en Fernando Bartolome y Andre Laurent, "The Manager: Master and Servant of Power", en *Harvard Business Review*, noviembre-diciembre de 1986, pp. 77-81.

8. Para información adicional sobre las limitaciones de la administración matricial, véase Robert A. Pitts y John D. Daniels, "Aftermath of the Matrix Mania", en *Columbia Journal of World Business*, verano de 1984, pp. 48-54.

9. Stewart, en *Management* (1968); Knight, en *Management* (1980); Jay Galbraith, *Designing Complex Organizations* (Reading, Mass.; Addison-Wesley Publishing Company, 1973), capítulo 5. Véase también William H. Hoffmann, "Strategy Matrix", en *Managerial Planning*, mayo-junio de 1985, pp. 4-9, 75.

10. Para una explicación de las UEN, véase W. K. Hall, "SBUs: Hot, New Topic in the Management of Diversification", en *Business Horizons*, febrero de 1978, pp. 13-23.

11. Frederick W. Gluck, "A Fresh Look at Strategic Management", en *Journal of Business Strategy*, otoño de 1985, pp. 4-19.

12. Para una explicación del uso eficaz de las unidades de negocios, véase Boris Yavitz y William H. Newman, "What the Corporation Should Provide Its Business Units", en *Journal of Business Strategy*, verano de 1982, pp. 14-19.

13. Janet Guyon, "AT&T to Break Main Businesses into Small Units", en *The Wall Street Journal*, 17 de febrero de 1989.

14. David Kirkpatrick, "AT&T Has the Plan", en *Fortune*, 16 de octubre de 1995, p. 85.

15. C. K. Prahalad y Gary Hamel, "The Core Competence of the Corporation", en *Harvard Business Review*, mayo-junio de 1990, pp. 79-91; Gary Hamel y C. K. Prahalad, *Competing for the Future* (Boston, Harvard Business School Press, 1994). Para una reseña de este

libro, véase Judith K. Broida, "Competing for the Future: Breakthrough Strategies for Seizing Control of Your Industry and Creating the Markets for Tomorrow", en *Academy of Management Executive*, noviembre de 1994, pp. 90-91.

16. Henry W. Chesbrough and David J. Teece, "When Is Virtual Virtuous? Organizing for Innovation", en *Harvard Business Review*, enero-febrero de 1996, pp. 65-73; Charles Handy, "Trust and the Virtual Organization", en *Harvard Business Review*, mayo-junio de 1995, pp. 40-50; Larue Tone Hosmer, "Trust: The Connecting Link Between Organizational Theory and Philosophical Ethics", en *Academy of Management Review*, abril de 1995, pp. 379-403.

17. Véase también Gregory G. Dess, Abdul M. A. Rasheed, Kevin J. McLaughlin y Richard L. Priem, "The New Corporate Architecture", en *Academy of Management Executive*, agosto de 1995, pp. 7-18; Henry Lucas, *The T-Form Organization* (San Francisco, Jossey-Bass, 1996).

18. Un razonamiento a favor del empleo de modalidades organizacionales relativamente simples, incluso en el caso de compañías trasnacionales, es producto del estudio de cuatro empresas suecas realizado por Gunnar Hedlund, "Organization In-Between: The Evolution of the Mother-Daughter Structure of Managing Foreign Subsidiaries in Swedish MNCs", en *Journal of International Business Studies*, otoño de 1984, pp. 109-122.

19. Para un interesante recuento de libros sobre organización, véase P. H. Ginyer, "Designing Effective Organizations — Book Review Article", en *Long Range Planning*, abril de 1984, pp. 151-156.

20. Shawn Tully, "The Modular Corporation", en *Fortune*, 8 de febrero de 1993, pp. 106-115.

21. La información presentada en este caso se basa en varias fuentes, entre ellas una visita a las oficinas generales de Daimler-Benz en Alemania con estudiantes de la maestría en administración de empresas de la Universidad de San Francisco. Otras fuentes fueron "Daimler-Benz Annual Report 1995" y la Asamblea General Anual, 22 de mayo de 1996, en Stuttgart, Alemania; "Daimler-Benz, A Survey of the Group, 1995"; David Woodruff, "Dustup at Daimler", en *Business Week*, 3 de febrero de 1997, pp. 52-53.

Al terminar este capítulo, usted podrá:

1. Entender la naturaleza de la autoridad, el poder y el *empowerment*.
2. Distinguir entre línea y *staff* y percibir su naturaleza en términos de relaciones, no de puestos o personas.
3. Explicar la naturaleza y uso de la autoridad funcional como combinación de línea y *staff*.

Capí
nueve

Autoridad de línea/*staff*, *empowerment* y descentralización

4. Exponer la naturaleza de la centralización, descentralización y delegación de autoridad.
5. Explicar los factores que determinan por lo general el grado de descentralización.
6. Reconocer la importancia del equilibrio entre la centralización y la descentralización de la autoridad.

tulo

La delegación de autoridad debe ser real. Incluye no sólo lo que un superior le dice a su subordinado, sino también su manera de actuar.

JOHN G. STAIGER

Una vez detallados los patrones de departamentalización, es tiempo de considerar otra pregunta esencial: ¿qué tipo de autoridad existe en una estructura organizacional? Esta pregunta tiene que ver con la naturaleza de las relaciones de autoridad, el problema de línea y *staff*. En este capítulo abordaremos también otra pregunta: ¿cuánta autoridad se debe delegar? La respuesta concierne a la descentralización de la autoridad. Si a los administradores no se les concede autoridad (la facultad de ejercer discrecionalidad en la toma de decisiones) en una medida adecuada, es imposible que los diversos departamentos actúen como unidades de fluida operación armonizada para el cumplimiento de los objetivos de la empresa. Ya sean verticales u horizontales, las relaciones de autoridad son los factores que hacen posible la organización, facilitan las actividades departamentales y permiten la coordinación de una empresa.

Autoridad y poder

Antes de concentrarnos en la autoridad en una organización, conviene distinguir entre autoridad y poder. El **poder**, concepto mucho más amplio que el de autoridad, es la capacidad de individuos o grupos de inducir o influir en las opiniones o acciones de otras personas o grupos.[2] La **autoridad** en una organización es el derecho propio de un puesto (y por lo tanto de la persona que lo ocupa) a ejercer discrecionalidad en la toma de decisiones que afectan a otras personas. Se trata, por supuesto, de un tipo de poder, pero de poder en el marco de una organización.

Aunque existen muchas **bases de poder**, el poder que más nos interesa en este libro es el poder *legítimo*.[3] Éste emerge normalmente de un puesto y se deriva del sistema cultural de derechos, obligaciones y deberes, con fundamento en el cual un "puesto" es aceptado como "legítimo" por los individuos. En las empresas privadas, la autoridad de un puesto procede primordialmente de la institución social ("conjunto de derechos") de la propiedad privada. En el gobierno, tal autoridad procede básicamente de la institución del gobierno representativo. El agente de tránsito que le levanta a usted una infracción posee la autoridad para hacerlo en virtud del sistema imperante de gobierno representativo, por efecto del cual los ciudadanos elegimos a legisladores que se ocupen de crear leyes y hacerlas cumplir.

El poder también puede provenir de la *experiencia* de una persona o grupo. Éste es el poder del conocimiento. Médicos, abogados y profesores universitarios están en condiciones de ejercer considerable influencia en los demás por el respeto que se les tiene en razón de sus conocimientos especializados. Asimismo, el poder también puede existir como poder de *referencia*, esto es, como la influencia que pueden ejercer personas o grupos dado que los demás creen en ellos y sus ideas. En este sentido, Martin Luther King poseía un poder legítimo casi nulo, pero en virtud de la fuerza de su personalidad, ideas y capacidad oratoria influyó enormemente en la conducta de muchas personas. De la misma manera, también una estrella de cine o un héroe militar podría poseer un poder de referencia considerable.

Adicionalmente, el poder también puede ser producto de la capacidad de una persona para otorgar recompensas. Poseedores de escaso poder del puesto, los agentes de compras pueden ejercer en cambio enorme influencia mediante su capacidad para acelerar o retrasar la adquisición de un repuesto indispensable. También los profesores universitarios poseen un poder de *recompensa* considerable, pueden conceder o escamotear altas calificaciones.

El poder *coercitivo* es otro tipo de poder. Aunque estrechamente relacionado con el poder de recompensa y producto normalmente del poder legítimo, éste es el poder de castigar, ya sea despidiendo a un subordinado o negando el reconocimiento de sus méritos.

Si bien la autoridad en una organización es el poder para ejercer discrecionalidad en la toma de decisiones, casi invariablemente se deriva del poder del puesto, o poder legítimo.[4] Cuando se habla de autoridad en un contexto administrativo, por lo general se hace referencia al poder que otorga un puesto. Al mismo tiempo, en el liderazgo se hallan implicados otros factores, como la personalidad y el estilo de trato con los demás.[5]

*Empowerment**

En los últimos años se ha puesto de moda la promoción de diversas concepciones del *empowerment*. **Empowerment** significa que los empleados, administradores o equipos de todos los niveles de la organización tienen el poder para tomar decisiones sin tener que requerir la autorización de sus superiores. La idea en la que se basa el *empowerment* es que quienes se hallan directamente relacionados con una tarea son los más indicados para tomar una decisión al respecto, en el entendido de que poseen las aptitudes requeridas para ello. En realidad, el sustento histórico de la idea del *empowerment* radica en las propuestas sobre sugerencias, enriquecimiento de funciones y participación de los empleados.[6] Además, los conceptos de delegación que se expondrán en secciones posteriores de este capítulo también están estrechamente relacionados con el *empowerment*.

Tanto la delegación como el *empowerment* son cuestión de grado.[7] Implican asimismo que empleados y equipos acepten la responsabilidad de sus acciones y tareas. Conceptualmente, esto puede ilustrarse de la siguiente manera:

- El poder debe ser igual a la responsabilidad ($P = R$).
- Si el poder es mayor que la responsabilidad ($P > R$), el resultado podría ser una conducta autocrática por parte del superior, a quien no se hace responsable de sus acciones.
- Si la responsabilidad es mayor que el poder ($R > P$), el resultado podría ser la frustración de los subordinados, dado que carecen del poder necesario para desempeñar las tareas de que son responsables.

Entre las razones del interés en el *empowerment* están la competitividad global, la necesidad de responder rápidamente a las demandas y expectativas de los clientes y la exigencia de mayor autonomía de parte de una fuerza de trabajo cada vez mejor preparada. El *empowerment* de los subordinados significa que los superiores tienen que compartir su autoridad y poder con sus subordinados. Así, un estilo de liderazgo autocrático, cuando se usa como la única forma de administración, resulta inadecuada para las orga-

* *N. del E.* Aunque existe una posible traducción del término como *facultamiento*, se decidió dejar el término en su forma original pues se ha extendido el uso del concepto de ese modo.

nizaciones del siglo XXI. Los empleados desean ser tomados en cuenta y participar en las decisiones, lo que a su vez produce en ellos una sensación de pertenencia, realización y autoestima.

Para una administración eficaz se requiere de la sincera aceptación del *empowerment*, basada en la confianza mutua, sustentada en la transmisión a los empleados de la información pertinente para el desarrollo de sus tareas y que se otorgue a personas competen-

PERSPECTIVA DE CALIDAD

EMPOWERMENT EN GRUPO INDUSTRIAS RESISTOL

Según Pedro Pablo Juárez Vallejo, gerente Corporativo de Personal de Grupo Industrias Resistol (GIRSA), para alcanzar el objetivo de que las empresas del grupo sean realmente capaces de producir con calidad, al mismo tiempo que productivas, competitivas y, por consecuencia, rentables, los planes estratégicos y los programas de acción que se diseñen para ello deben considerar que es posible lograrlo mediante el involucramiento de todos los que participan, es decir, deben incluirse de manera explícita a los trabajadores y organizaciones sindicales que los representan y, naturalmente, a la empresa. Las bases de una visión como la expresada anteriormente implican que las estrategias de negocios tengan relación directa con una cultura laboral acorde a los fines que GIRSA se ha propuesto.

En la práctica, tal como dicha empresa se lo ha planteado, para alcanzar el éxito, el vínculo entre estrategias y operaciones debe ser totalmente visible mediante un grado elevado de participación de todos los trabajadores en un proceso de mejora continua. Para fomentar esta participación, la empresa ha dado un importante paso al facultar a su personal para que tome decisiones, situación que ha dado lugar a que GIRSA pueda continuar siendo altamente competitiva en el nuevo marco de los negocios en Latinoamérica, así como en el entorno globalizado. En lo anterior ha jugado un papel particularmente decisivo el espíritu de colaboración empresa-trabajadores, alimentado de manera natural mediante el impulso brindado a los trabajadores, facultándolos para que éstos diseñen y tomen decisiones orientadas a brindar soluciones a problemas específicos que les atañen en función de las actividades que realizan. Entre tales programas se encuentran los orientados al mejoramiento continuo de la calidad de sus procesos productivos y administrativos, con los que la empresa busca activamente el más alto nivel de competitividad internacional.

Entre los logros están haber obtenido la certificación ISO 9000, señal inequívoca de la presencia de procesos operativos y administrativos capaces de trabajar para producir con calidad, así como condiciones internas que actúan a favor del cumplimiento de este requisito básico para ser competitivos. Asimismo, la empresa aprovecha las ventajas del involucramiento de los trabajadores para que éstos obtengan beneficio directo, permitiéndoles participar directamente en la mejora de las condiciones de trabajo. Por otra parte, la empresa ha sido capaz de mejorar sus sistemas de atención a clientes y simultáneamente mantener un alto grado de responsabilidad social, tal como lo demuestran sus proyectos de reordenamiento ecológico (que se desarrolla y en la actualidad alcanza ya varias fases), que indudablemente le serán de utilidad a medida que se vuelva imperativo el desarrollo y establecimiento de sistemas de operación que cumplan con los contenidos de las normas ambientales ISO 14000.

Empowerment en el Hotel Ritz-Carlton[9]

Los clientes son importantes, pero también los empleados. En el Hotel Ritz-Carlton se trata con dignidad y respeto no sólo a los clientes, sino también a los empleados, como lo deja ver el lema de la compañía: "Damas y caballeros al servicio de damas y caballeros." El presidente de la empresa, Horst Schulze, promueve el *empowerment* de los empleados; aprobó, por ejemplo, que el personal de recepción pueda incurrir en gastos por hasta 2 000 dólares para la atención de los clientes a fin de garantizar la satisfacción de los huéspedes. La autoridad a este respecto de los gerentes de ventas es mucho mayor: de 5 000 dólares. Además, se alienta a los empleados a hacer recomendaciones de mejoras de calidad. El objetivo es obtener un número de sugerencias de los empleados del doble de quejas de los clientes. Tratar respetuosamente tanto a empleados como a clientes contribuyó a que el Hotel Ritz-Carlton se hiciera merecedor en Estados Unidos del prestigioso Premio Nacional de Calidad Malcolm Baldrige.

tes.[8] Además, los empleados merecen ser premiados por ejercer su autoridad de decisión. Pero también es necesario considerar el impacto en los superiores del *empowerment* de los subordinados. Las necesidades de aquéllos deben tomarse en cuenta, asignándoles, por ejemplo, tareas más complejas.

Conceptos de línea y *staff*

Tanto en la bibliografía especializada como entre los administradores priva enorme confusión acerca de lo que realmente son "línea" y "*staff*"; como resultado de ello, quizá ninguna otra área de la administración cause mayores dificultades, fricciones y pérdida de tiempo y eficacia. Sin embargo, las relaciones de línea y de *staff* son importantes como modo de vida organizacional, ya que las relaciones de autoridad entre los miembros de una organización afectan necesariamente a la operación de la empresa.

Una de las concepciones más comunes acerca de línea y de *staff* es que las funciones de línea son las que tienen un impacto directo en el cumplimiento de los objetivos de la empresa. Por su parte, las funciones de *staff* son aquellas que contribuyen a que el personal de línea trabaje con mayor eficacia en favor del cumplimiento de tales objetivos. Quienes sostienen esta visión clasifican invariablemente a producción y ventas (y en ocasiones a finanzas) como funciones de línea, y a compras, contabilidad, personal, mantenimiento de la planta y control de calidad como funciones de *staff*.

Salta a la vista la confusión a que puede dar lugar este concepto. Se argumenta que compras, por ejemplo, se limita a contribuir al cumplimiento de las metas principales de una empresa porque, a diferencia de departamentos de producción como pintura o ensamble de partes, no es esencial en sentido estricto. Pero, ¿en realidad compras es menos esencial que los departamentos de producción para el cumplimiento de los objetivos de una compañía? ¿Acaso no le sería posible a una empresa almacenar partes pintadas o ensambladas y arreglárselas sin estos departamentos por un tiempo, así como prescindir temporalmente del departamento de compras? ¿Y no podría decirse lo mismo en relación con otros departamentos denominados de *staff*, administrativos y de servicios, como se les llama, entre ellos los de contabilidad, personal y mantenimiento de la planta? Quizá nada pueda entorpecer tanto la satisfactoria producción y venta de bienes manufacturados que un deficiente control de calidad.

Naturaleza de las relaciones de línea y de *staff*

Un concepto de línea y *staff* más preciso y de mayor validez lógica es que se trata sencillamente de una cuestión de relaciones. La autoridad de línea le da a un superior una

PERSPECTIVA

¿LÍNEA O STAFF? ¿CUÁL ES SU META PROFESIONAL?

La meta de muchos administradores de empresas titulados es trabajar en puestos de *staff*, en los cuales emplear sus habilidades analíticas para asesorar a administradores de línea. Se sabe que más de la tercera parte de los egresados de la maestría en administración de empresas de Harvard en 1985 optaron por esa vía profesional.[11] Esta proporción fue incluso mayor en años anteriores.

Debido en parte a las condiciones económicas y a las presiones competitivas, esta situación cambió en Estados Unidos en el curso de la década de los ochenta, pues muchas grandes compañías se vieron obligadas a reducir su personal. La tarea de formulación de estrategias, por ejemplo, fue cada vez más frecuentemente realizada por administradores de línea, también encargados de instrumentarlas, ya no por planificadores estratégicos de las oficinas generales. En consecuencia, las personas que tradicionalmente se habían dedicado a planear, asesorar y analizar situaciones empresariales pasaron a ocupar puestos de línea, en los que debieron fijar prioridades, tomar decisiones y motivar al personal a contribuir a los propósitos de las empresas.

Cierto personal de *staff* logró una transición efectiva a puestos de línea, pero otras personas no. Uno de los problemas que enfrentaron estos "recién llegados" fue el recelo de los "antiguos" administradores, quienes vieron que los puestos a los que aspiraban le eran concedidos a personal anteriormente de *staff*. Evidentemente, las operaciones de línea difieren de las tareas de *staff*. Disponer de autoridad real para la ejecución de decisiones puede ser sumamente interesante, pero no todos son capaces de efectuar exitosamente esta transición. Así, los aspirantes a administradores deben analizar cuidadosamente sus ventajas, desventajas y motivaciones antes de elegir una trayectoria profesional.

línea de autoridad sobre un subordinado.[10] Esto está presente en todas las organizaciones como una escala o serie ininterrumpida de pasos. De ahí que el **principio escalar** de las organizaciones sea: *cuanto más clara sea la línea de autoridad desde el máximo puesto administrativo de una organización hasta cada puesto subordinado, tanto más clara será la responsabilidad de toma de decisiones y tanto más efectiva la comunicación organizacional.* En muchas grandes empresas, los pasos que esto implica son largos y complejos, pero incluso en las empresas más pequeñas el solo hecho de la organización supone la aplicación del principio escalar.

Del principio escalar se desprende naturalmente que la autoridad de *línea* es la relación en la que un superior ejerce supervisión directa sobre un subordinado; una relación de autoridad en línea o pasos directos.

La naturaleza de la relación de *staff* es de asesoría. La función de quienes ejercen capacidad exclusivamente de *staff* es realizar investigaciones y dar asesoría a los administradores de línea.

¿Relaciones línea/*staff* o departamentalización?

Ciertos administradores y autores conciben línea y *staff* como tipos de departamentos. Pero aunque un departamento puede ocupar una posición en la que predomine la línea o el *staff* respecto de otros departamentos, línea y *staff* se distinguen por *relaciones de autoridad*, no por lo que la gente hace.

Por ejemplo, el departamento de relaciones públicas de una empresa podría concebirse como un departamento de *staff*, dado que su función básica es de asesoría a los altos ejecutivos. Sin embargo, dentro de ese departamento existen relaciones de línea; el director ocupa una posición de autoridad de línea respecto de sus subordinados inmediatos. Por su parte, el vicepresidente de producción encabeza lo que evidentemente se consideraría en general un departamento de línea. Su función básica no es de asesoría al director general. Pero si este vicepresidente asesora al director general en cuanto a la política general de producción de la empresa, en este caso la relación se convierte en una de *staff*.

El carácter general de las relaciones de línea y de *staff* de una organización se advierte claramente cuando se visualiza una estructura organizacional en su conjunto. Ciertos departamentos son predominantemente de *staff* en su relación con la organización en su totalidad; otros son fundamentalmente de línea.

En la figura 9-1 aparece el organigrama simplificado de una compañía manufacturera. Las actividades del director de investigación y del director de relaciones públicas pueden juzgarse como principalmente de asesoría al grueso de las operaciones empresariales, motivo por el cual se les considera a menudo como actividades de *staff*. Los departamentos de finanzas, producción y ventas, con actividades generalmente relacionadas con las funciones corporativas principales, son habitualmente considerados como departamentos de línea.

Aunque suele ser conveniente, e incluso correcto, referirse a un departamento como departamento de línea y a otro como de *staff*, no son las actividades que realizan las que los caracterizan de ese modo. Línea y *staff* se caracterizan como tales por efecto de las relaciones, no de las actividades departamentales.

Figura 9-1

Organización de línea y *staff* de una compañía manufacturera común.

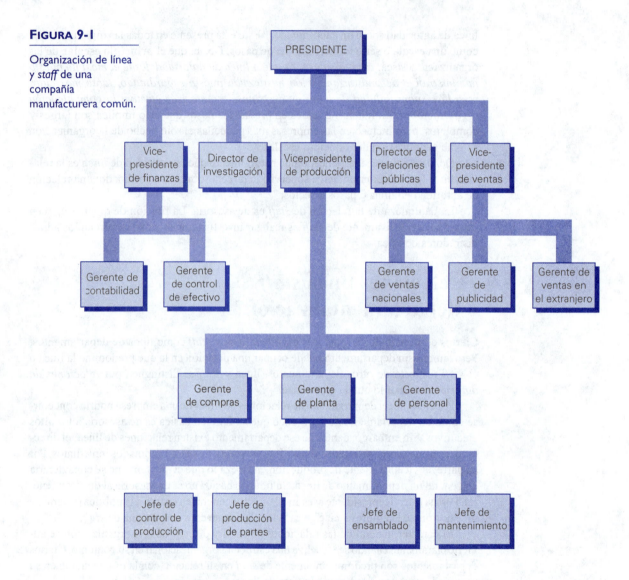

Autoridad funcional

La **autoridad funcional** es *el derecho que se delega a un individuo o departamento para controlar procesos, prácticas o políticas específicos u otros asuntos relativos a las actividades que emprenden miembros de otros departamentos*. Si el principio de unidad de mando se siguiera sin excepción, la autoridad sobre esas actividades sólo sería ejercida por los superiores de línea. Pero abundantes razones (como la falta de conocimientos especializados, la incapacidad para supervisar procesos y el riesgo de diversas interpretaciones a las políticas) explican el motivo de que, ocasionalmente, se impida a esos administradores ejercer tal autoridad. En este caso, los administradores de línea se ven privados de cierta autoridad. Ésta es delegada por el superior común a un especialista de *staff* o al administrador de otro departamento. Por ejemplo, el contralor de una compañía dispone ordinariamente de la autoridad funcional para prescribir el sistema de contabilidad por aplicar en la empresa, autoridad especializada que, sin embargo, recibe como delegación del director general.

La autoridad funcional no se restringe a los administradores de un tipo de departamentos en particular. Pueden ejercerla los responsables de departamentos de línea, servicios o *staff*, aunque lo más común es que la ejerzan los de los dos últimos tipos, ya que por lo general los departamentos de servicios y de *staff* se componen de especialistas cuyos conocimientos constituyen la base de los controles funcionales.

Delegación de autoridad funcional

Se entenderá mejor la autoridad funcional si se le concibe como *una pequeña parte de la autoridad de un superior de línea*. El presidente de una compañía, por ejemplo, posee total autoridad para administrarla, sujeta únicamente a las limitaciones que imponga una autoridad superior, como el consejo de administración, el acta constitutiva y estatutos de la empresa y las disposiciones gubernamentales. En una situación puramente de *staff*, los asesores en cuestiones de personal, contabilidad, compras o relaciones públicas carecen de esta autoridad de línea, puesto que su deber se reduce a prestar asesoría. Pero cuando el presidente delega a estos asesores el derecho a proponer alternativas de decisión directamente a los órganos de línea, tal como se muestra en la figura 9-2, tal derecho se denomina "autoridad funcional".

Los cuatro ejecutivos de *staff* y de servicios representados en la figura poseen autoridad funcional respecto de los procedimientos a seguir en los aspectos de contabilidad, personal, compras y relaciones públicas. Lo que ha ocurrido en este caso es que, convencido de la inutilidad de ocuparse personalmente de esos asuntos especializados, el presidente ha delegado autoridad a asistentes (o gerentes) de *staff* para que giren instrucciones por sí mismos a los departamentos operativos. También los administradores subordinados pueden hacer uso de este recurso, por supuesto, como sería el caso del superintendente de una fábrica que delegara a supervisores de costos, control de producción y control de calidad la autoridad funcional de prescribir los procedimientos a seguir por los supervisores operativos.

Restricción del área de autoridad funcional

La autoridad funcional debe ser objeto de rigurosas restricciones. La autoridad funcional de un gerente de compras, por ejemplo, se limita generalmente a establecer los procedimientos a seguir en las compras divisionales o departamentales, de manera que no incluye la facultad de indicar a los departamentos qué pueden comprar o cuándo. Cuando estos administradores realizan ciertas actividades de compras relacionadas con la compañía en su conjunto, actúan como responsables de un departamento de servicios. La

FIGURA 9-2

Delegación de
autoridad funcional.

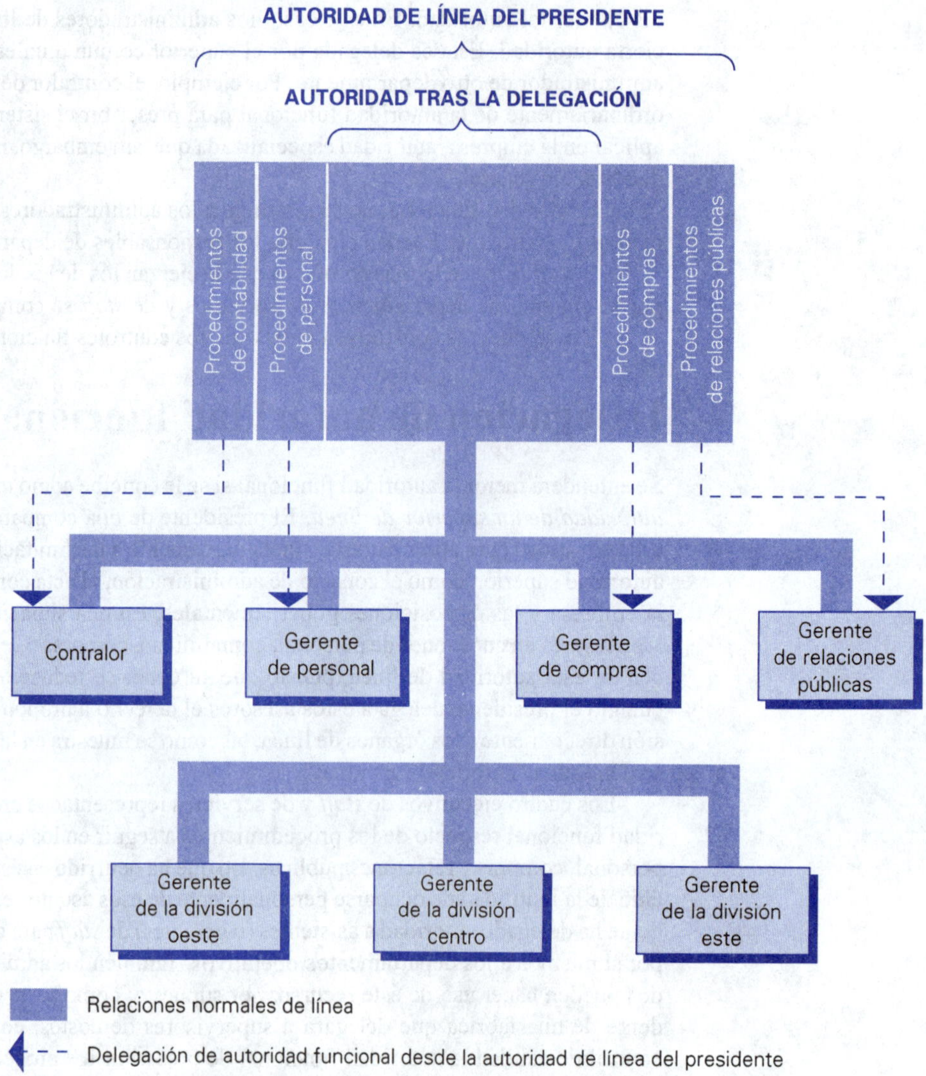

AUTORIDAD DE LÍNEA DEL PRESIDENTE

AUTORIDAD TRAS LA DELEGACIÓN

Procedimientos de contabilidad · Procedimientos de personal · Procedimientos de compras · Procedimientos de relaciones públicas

Contralor · Gerente de personal · Gerente de compras · Gerente de relaciones públicas

Gerente de la división oeste · Gerente de la división centro · Gerente de la división este

Relaciones normales de línea

Delegación de autoridad funcional desde la autoridad de línea del presidente

autoridad funcional del gerente de personal sobre la organización general de línea por lo común se limita igualmente a prescribir procedimientos para la resolución de conflictos laborales, la participación en la administración de programas salariales y de sueldos y el manejo de calendarios de vacaciones y asuntos similares.

Beneficios del *staff*

Contar con personal *staff* ofrece, desde luego, muchos importantes beneficios. La necesidad de disponer de la asesoría de especialistas altamente calificados en diversas áreas de las operaciones de una organización difícilmente podría exagerarse, especialmente cuando las operaciones son cada vez más complejas.

La asesoría *staff* es actualmente mucho más decisiva que antes para las empresas, el gobierno y otras instituciones. Los gerentes de operaciones enfrentan hoy decisiones para las que se requiere de conocimientos especializados en cuestiones económicas, técnicas, políticas, legales y sociales. Además, en muchos de los casos en los que se requiere de conocimientos altamente especializados quizá sea necesario otorgar a los especialistas cierta autoridad funcional para la toma de decisiones a nombre de su jefe.

Otra gran ventaja del personal de *staff* es que a estos especialistas se les puede conceder tiempo para pensar, reunir información y analizar, lujo que sus superiores, absorbidos por la administración de las operaciones, no pueden darse. No es común que los gerentes de operaciones, sobre todo de altos niveles, dispongan de tiempo para hacer lo que en cambio un asistente de *staff* puede realizar convenientemente.

Por lo tanto, el personal de *staff* no sólo puede contribuir en favor de la efectividad de los administradores de línea, sino que, además, sus análisis y asesoría se han vuelto una necesidad cada vez más apremiante a la vista de problemas crecientemente complejos. Por lo demás, y a pesar de los riesgos del mando múltiple, la delegación de autoridad funcional a especialistas de *staff* suele ser un imperativo.

Limitaciones del *staff*

Si bien las relaciones de *staff* suelen ser necesarias para las empresas y pueden contribuir enormemente a su éxito, la naturaleza de la autoridad de *staff* y la dificultad para comprenderla dan lugar en la práctica a ciertos problemas.

1. Riesgo de debilitar la autoridad de línea

Los gerentes de operaciones se muestran a menudo escépticos ante el personal de *staff*. Con demasiada frecuencia, el presidente de una compañía trae a ejecutivos de *staff*, los inviste de autoridad (comúnmente muy vaga) y demanda la cooperación con ellos de todos los demás administradores. Recibe entusiastamente sus propuestas, y se presiona a los administradores involucrados en su aplicación. Pero lo que en realidad ocurre en este caso es el debilitamiento de la autoridad de los administradores de departamentos, a pesar de lo cual, así sea recelosa y forzadamente, las propuestas serán aceptadas, a causa de la clara percepción general de la alta estima concedida al prestigio de los especialistas de *staff*. La persistencia de esta situación podría dañar e incluso destruir a departamentos operativos. Renuentes a someterse a un trato indigno o a esperar que las cosas se equilibren por sí solas, administradores capaces podrían renunciar, o asumir ante su jefe una postura terminante: despedir a los especialistas de *staff* o arreglárselas sin administradores de línea.

2. Falta de responsabilidad del *staff*

Los departamentos de asesoría se limitan a proponer un plan; son otros quienes deben tomar la decisión de adoptarlo y ponerlo en operación. Esto produce una situación ideal para atribuir a terceros la culpa de los errores que se cometan. El personal de *staff* reclamará que el plan era correcto, y que si fracasó fue a causa de la incapacidad, desinterés o intento de sabotaje del administrador operativo. El administrador encargado de la aplicación del plan responderá a su vez que éste era imperfecto por haber sido ideado por teóricos imprácticos e inexpertos.

3. Riesgo de que se piense en el vacío

El argumento de que su posición de *staff* concede a los planificadores tiempo para pensar resulta ciertamente atractivo, pero deja de lado una consideración importante: dado que el personal de *staff* no interviene en la instrumentación de sus propuestas, es posible que su labor equivalga a pensar en el vacío. La supuesta inaplicabilidad práctica de las propuestas del personal de *staff* suele desembocar en fricciones, deterioro de la moral de los empleados e incluso sabotaje.

Otro aspecto negativo de la norma de que los planificadores deban ser ajenos a los departamentos de línea para poder pensar es la implicación de que los administradores operativos carecen de habilidad creativa. Tal vez carezcan de conocimientos especializados, lo que sin embargo puede remediarse si se cuenta con asistentes de *staff* capaces. Los buenos administradores operativos pueden analizar planes, prever las implicaciones a largo plazo y detectar graves irregularidades tan adecuadamente como los asistentes de *staff*, y a veces mejor que éstos.

4. Problemas administrativos

Prácticamente nadie se atrevería a negar la importancia de mantener la unidad de mando. A un jefe de departamento no le es fácil asumir la responsabilidad de dos o más personas; al nivel de los trabajadores, podría ser desastroso intentar la responsabilidad múltiple. Tal vez cierta fragmentación del mando sea inevitable, dado que las relaciones de autoridad funcional a menudo lo son. Aun así, los administradores no deben perder de vista las dificultades de la autoridad múltiple, la que por lo tanto deben limitar (junto con la pérdida de uniformidad o de los frutos de la especialización) o precisar detalladamente.

Además, el exceso de actividad de *staff* puede complicar las labores de liderazgo y control de un ejecutivo de línea. El presidente de una compañía puede mantenerse tan ocupado en la consideración de las recomendaciones de un gran número de asistentes de *staff* y enderezando líneas de autoridad torcidas que no disponga de tiempo y atención para los departamentos operativos. De igual manera, en una empresa pueden acentuarse tanto la elaboración de políticas y el establecimiento de procedimientos que quede poco tiempo para la creación de instrumentos o la prestación de servicios de transporte.

Descentralización de la autoridad

En las secciones anteriores se abordaron los diversos tipos de relaciones de autoridad, tales como línea, de *staff* y autoridad funcional. En esta sección nos ocuparemos de la dispersión de la autoridad en una organización.

Naturaleza de la descentralización

La autoridad en una organización es sencillamente la discrecionalidad conferida a los individuos para aplicar su propio juicio a la toma de decisiones y el giro de instrucciones. La **descentralización** es la tendencia a distribuir la autoridad de toma de decisiones en una estructura organizada. Éste es un aspecto fundamental de la delegación: en la medida en que no se delega autoridad, se le centraliza. ¿Cuánta autoridad debe concentrarse o distribuirse en una organización? Bien podría darse la centralización absoluta de la autoridad en una sola persona, la que implicaría sin embargo la inexistencia de administradores subordinados, y por lo tanto de una organización estructurada. En todas las organizaciones existe cierto grado de descentralización. Por otra parte, no puede haber descentralización absoluta, ya que, si delegaran toda su autoridad, los administradores perderían su condición como tales, sus puestos serían eliminados y, también en este caso, la organización desaparecería. Centralización y descentralización son tendencias, como lo indica la figura 9-3.

Diferentes tipos de centralización

El término "centralización" tiene varios significados:

1. La *centralización del desempeño* corresponde a la concentración geográfica; es característica de, por ejemplo, una compañía que opera en un solo lugar.
2. La *centralización departamental* se refiere a la concentración de actividades especializadas, generalmente en un departamento. El mantenimiento de una planta, por ejemplo, puede ser responsabilidad de un solo departamento.

FIGURA 9-3

Centralización y descentralización como tendencias.

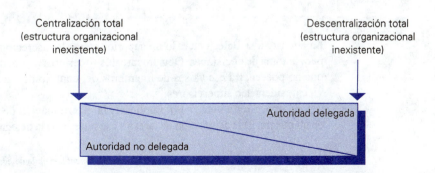

Centralización total
(estructura organizacional
inexistente)

Descentralización total
(estructura organizacional
inexistente)

Autoridad delegada

Autoridad no delegada

3. La *centralización como aspecto de la administración* es la tendencia a restringir la delegación de la toma de decisiones. En este caso, los administradores de los niveles más altos de la jerarquía organizacional ostentan un alto grado de autoridad.

La descentralización como filosofía y política

La descentralización implica algo más que delegación; es reflejo de la filosofía de una organización y de su dirección. Supone la cuidadosa selección de cuáles decisiones desplazar a niveles inferiores de la estructura organizacional y cuáles otras retener en la cima, el establecimiento de políticas específicas para orientar la toma de decisiones, la apropiada selección y capacitación del personal y controles adecuados. Una política de descentralización tiene efectos en todas las áreas de la administración, y puede vérsele como elemento esencial de un sistema administrativo. De hecho, sin ella los administradores no podrían hacer uso de su discrecionalidad para manejar las situaciones siempre cambiantes que enfrentan sin cesar.

Delegación de autoridad*

Tan simple como parece, los estudios al respecto han demostrado que muchos administradores fracasan a causa de una deficiente delegación de autoridad. La delegación es indispensable para que una organización pueda existir. Así como, en una empresa, nadie podría encargarse por sí solo de la realización de las tareas necesarias para el cumplimiento de un propósito grupal, es imposible que, a medida que una empresa crece, una sola persona ejerza en su totalidad la autoridad de tomar decisiones. Como se explicó en el capítulo 7, hay un límite al número de personas que los administradores pueden supervisar eficazmente y respecto de las cuales pueden tomar decisiones. En cuanto se rebasa este límite, la autoridad debe delegarse a los subordinados, quienes en consecuencia habrán de tomar decisiones en el área de los deberes que se les han asignado.

Cómo se delega autoridad

La autoridad se delega cuando un superior concede discrecionalidad a un subordinado para la toma de decisiones. Obviamente, los superiores no pueden delegar una autoridad que no poseen, trátese ya sea de miembros del consejo de administración, presidentes, vicepresidentes o supervisores.

El **proceso de delegación** implica 1) la determinación de los resultados esperados de un puesto, 2) la asignación de tareas a ese puesto, 3) la delegación de autoridad para el

* Algunos autores asocian el concepto de *empowerment* con el de delegación de autoridad.

cumplimiento de tales tareas y 4) la responsabilización de la persona que ocupa el puesto respecto del cumplimiento de las tareas. En la práctica es imposible separar las diversas partes de este proceso, ya que sería injusto esperar que una persona cumpla ciertas metas sin dotarla de autoridad para lograrlo, tanto como lo sería delegar autoridad sin dar a conocer los resultados finales en función de los cuales se le habrá de utilizar. Además, así como la responsabilidad del superior no puede delegarse, el jefe debe hacer responsables a los subordinados del cumplimiento de las tareas que se les han encomendado.

Autoridad fragmentada

Existe **autoridad fragmentada** cuando no se puede resolver un problema o tomar una decisión sin el concurso de la autoridad de dos o más administradores. Por ejemplo, el superintendente de la planta A podría encontrar la oportunidad de reducir costos mediante una modificación menor tanto en sus procedimientos como en los de la planta B, pero su autoridad es insuficiente para producir el cambio. Sin embargo, si los superintendentes de las dos plantas llegan a un acuerdo sobre la necesidad de ese cambio (y siempre y cuando éste no afecte a otros administradores), les bastará con combinar su autoridad para tomar la decisión de efectuarlo. La autoridad de cada uno de ellos es "fragmentada" en este caso. En las operaciones diarias de una compañía se dan numerosas situaciones de autoridad fragmentada. La necesidad de combinar la autoridad de muchos administradores para tomar una decisión obliga a la realización de abundantes reuniones administrativas.

Para resolver este problema quizá sería suficiente con remitir la decisión a los niveles superiores hasta que llegue a manos de una persona con la autoridad necesaria para tomarla unilateralmente. En el caso de los dos superintendentes de planta, el asunto podría corresponder a la autoridad del vicepresidente de manufactura. En muchos casos,

AUTORIDAD FRAGMENTADA EN EL SECTOR FERROVIARIO

Uno de los autores de este libro fue testigo de la solución dada a cierto problema en una compañía ferroviaria del oeste de Estados Unidos con oficinas generales en Chicago. El problema era relativamente menor, pero para tomar una decisión al respecto en Los Ángeles se requería de la autoridad consolidada de los departamentos de tráfico, operaciones y relaciones públicas. El asunto pudo haberse resuelto si los gerentes de esos departamentos lo hubieran remitido a niveles superiores de la línea y puesto en manos del presidente de la compañía, en quien se concentraba la suficiente autoridad para tomar la decisión. Pero el hecho es que si decisiones de ese tipo se hubieran resuelto siempre remitiéndolas a los niveles superiores, la oficina del presidente se habría visto permanentemente invadida por tales requerimientos. En este caso, los gerentes de los tres departamentos de las oficinas de Los Ángeles sé reunieron brevemente, combinaron su autoridad delegada y tomaron rápidamente una decisión.

el único superior común de muy diversos departamentos es el presidente de la compañía, a pesar de que la división de la autoridad se extienda hasta los niveles más bajos de la organización.

Es imposible evitar por completo la autoridad fragmentada en la toma de decisiones. No obstante, decisiones recurrentes sobre los mismos asuntos quizá demuestren que la delegación de autoridad no se ha realizado en forma adecuada y que se precisa de cierta reorganización.

Recuperación de la autoridad delegada

Un administrador que delega autoridad no se despoja de ella para siempre; la autoridad delegada puede recuperarse en cualquier momento. La reorganización implica inevitablemente cierta recuperación y redelegación de autoridad. Cuando se procede al reacomodo de una organización, el responsable de la empresa o de un departamento recupera ciertos derechos, que luego delega de nueva cuenta a los gerentes de departamentos nuevos o modificados; el jefe de un nuevo departamento puede recibir entonces la autoridad que antes ejercían otros administradores. Cuando, por ejemplo, por efecto de una reorganización se retira al gerente de operaciones la responsabilidad del control de calidad para asignársela a un nuevo gerente de control de calidad dependiente del vicepresidente de manufactura, éste recobra parte de la autoridad anteriormente delegada al gerente de operaciones y vuelve a delegarla con o sin modificaciones, aunque esta vez al nuevo ejecutivo de control de calidad.

El arte de la delegación de autoridad

La delegación de autoridad resulta ineficaz en muchos casos no porque los administradores desconozcan sus principios y naturaleza, sino porque se resisten o son incapaces de aplicarla.[12] En cierto modo, la delegación de autoridad es un acto elemental de la administración. A pesar de ello, en estudios acerca de las fallas administrativas se detecta invariablemente entre las causas de éstas la inconsistente o deficiente práctica de la delegación. El motivo de esto estriba en gran medida en las actitudes personales hacia la delegación de autoridad.

Actitudes personales frente a la delegación de autoridad

Aunque la elaboración del organigrama de una organización y la descripción de metas y deberes administrativos contribuyen a la eficaz aplicación de la delegación de autoridad, y a pesar también de que el conocimiento de los principios de la delegación ofrece la base necesaria para proceder a ella, ciertas actitudes personales no dejan de estar presentes en la delegación real.

RECEPTIVIDAD   Uno de los atributos básicos que deben poseer los administradores que habrán de delegar autoridad es la disposición a conceder que otras personas pongan en práctica sus ideas. La toma de decisiones supone siempre cierto grado de discrecionalidad, de modo que es probable que la decisión de un subordinado no sea exactamente igual a la que habría tomado su superior. El administrador que sabe delegar debe poseer un mínimo del "factor NIA (No Inventado Aquí)", y ser capaz no sólo de aceptar de buen grado las ideas de los demás, sino también de colaborar con ellos y de elogiar su inventiva.

DISPOSICIÓN A CEDER   Para delegar autoridad eficazmente, un administrador debe estar dispuesto a ceder a sus subordinados el derecho a tomar decisiones. Uno de los errores más graves de los administradores que ascienden en la jerarquía ejecutiva (o de los pioneros que, por ejemplo, convierten un pequeño taller instalado en la cochera de su casa en una gran empresa) es la manía de seguir tomando decisiones que en estricto sentido corresponden a puestos que ya no les pertenecen. Los presidentes y vicepresidentes de empresas que insisten en verificar cada compra o aprobar el nombramiento de cada empleado o secretaria no se dan cuenta de que al proceder de esa forma restan tiempo y atención a decisiones mucho más importantes.

Si las dimensiones o complejidad de una organización obliga a la delegación de autoridad, los administradores deben percatarse de que existe una "ley de ventaja administrativa comparativa", similar a la ley de ventaja económica comparativa que se aplica a las naciones. Ampliamente conocida por los economistas y de sólido sustento lógico, la ley de la ventaja económica comparativa postula que un país se enriquecerá más si exporta lo que produce más eficientemente e importa lo que produce menos eficientemente, aun si puede producir los bienes importados a menor costo que cualquier otra nación. Del mismo modo, los administradores pueden realizar mayores contribuciones a una empresa si se concentran en las tareas más benéficas para los objetivos de la compañía y asignan a sus subordinados sus demás actividades, a pesar de que podrían realizarlas mejor que éstos.

DISPOSICIÓN A PERMITIR QUE LOS DEMÁS COMETAN ERRORES
Aunque ningún administrador responsable se entregaría al ocio y permitiría que un subordinado cometiera un error capaz de dañar a la compañía o la posición en ésta del subordinado, la persistente supervisión de los subordinados para garantizar que nunca cometan errores vuelve imposible la verdadera delegación de autoridad. Dado que todos cometemos errores, se debe permitir a los subordinados que los cometan y su costo debe considerarse una inversión en su desarrollo personal.

Es posible evitar en gran medida graves o reiterados errores sin anular la delegación ni impedir el desarrollo de un subordinado. La paciente asesoría, el planteamiento de preguntas orientadoras o reveladoras y la detallada explicación de objetivos y políticas son algunos de los métodos a disposición de los administradores para una adecuada delegación de autoridad. Ninguna de estas técnicas representa desalentar a los subordinados con críticas intimidatorias o con el insistente señalamiento de sus deficiencias.

DISPOSICIÓN A CONFIAR EN LOS SUBORDINADOS   Los superiores no tienen otra opción que confiar en sus subordinados, puesto que la delegación de autoridad implica una actitud de confianza entre unos y otros. En ocasiones esta confianza es difícil de conseguir. Un superior bien puede posponer la delegación convencido de que sus subordinados carecen aún de la necesaria experiencia, son incapaces de manejar personal, no han desarrollado todavía su buen juicio o no perciben todos los elementos de una situación. A veces estas consideraciones son ciertas, pero en ese caso el superior debe capacitar a sus subordinados o elegir a personas debidamente preparadas para asumir una responsabilidad. Muy a menudo, sin embargo, los jefes pretenden desconfiar de sus subordinados cuando en realidad se rehúsan a ceder, temen que el éxito de éstos pueda obrar en demérito suyo, no son aptos para una delegación correcta o ignoran el adecuado establecimiento de controles para asegurar el acertado empleo de la autoridad.

DISPOSICIÓN A ESTABLECER Y APLICAR CONTROLES AMPLIOS
Puesto que los superiores no pueden delegar la responsabilidad de su desempeño, no deben delegar autoridad si no están dispuestos a hallar medios para obtener retroalimentación; esto es, a cerciorarse de que efectivamente se hace uso de la autoridad en apoyo a las metas y planes de la empresa o el departamento. Es obvio que no se pueden establecer y aplicar controles si metas, políticas y planes no se usan como normas básicas para juzgar las actividades de los subordinados. Frecuentemente, la renuencia a delegar y confiar en los subordinados es producto de una planeación inadecuada por parte del superior y de su comprensible temor a perder el control.

Sugerencias para superar una delegación débil

Las siguientes sugerencias prácticas facilitan una delegación exitosa:

1. *Defina asignaciones y delegue autoridad en vista de los resultados esperados*. O, para decirlo de otra manera, otorgue suficiente autoridad para permitir el cumplimiento de las metas asignadas.
2. *Seleccione a cada persona de acuerdo con el trabajo por realizar*. Aunque el buen organizador debe abordar la delegación de autoridad fundamentalmente desde el punto de vista de la tarea por cumplir, en última instancia no puede ignorarse la integración de personal como parte del sistema general de delegación.
3. *Mantenga abiertas las líneas de comunicación*. Puesto que el superior no delega toda la autoridad ni abdica de su responsabilidad y dado que por lo tanto la independencia administrativa no existe, la descentralización no debe conducir al aislamiento. Entre superior y subordinado debe haber un libre flujo de información, a fin de que este último reciba la información necesaria para tomar decisiones y pueda interpretar correctamente la autoridad que se le ha delegado. En consecuencia, la delegación depende de la situación.
4. *Establezca los controles adecuados*. Debido a que ningún administrador puede rehuir su responsabilidad, la delegación de autoridad debe acompañarse de técnicas que aseguren el uso apropiado de la autoridad. Pero para que los controles favorez-

can realmente a la delegación, deben ser relativamente amplios y estar diseñados para mostrar irregularidades en el cumplimiento de los planes, no para interferir en las acciones rutinarias de los subordinados.

5. *Recompensar la delegación eficaz y la exitosa asunción de autoridad.* Los administradores deben estar permanentemente atentos a los medios para premiar tanto la delegación como la asunción de autoridad eficaces. Aunque muchas de estas recompensas pueden ser de carácter monetario, el otorgamiento de mayor discrecionalidad y prestigio (tanto en un puesto dado como por medio de un ascenso a un puesto más alto) es a menudo un incentivo más apreciable.

Factores que determinan el grado de descentralización de la autoridad

No es común que los administradores sean absolutamente favorables o contrarios a la descentralización de

DELEGACIÓN DE AUTORIDAD EN TELEVISA

A escasos meses de que Emilio Azcárraga Jean ocupara la más alta posición de Televisa, de manera pública se llegó a comentar que gusta de centralizar la toma de decisiones, incluso en áreas operativas, independientemente de que exista formalmente alguna otra persona encargada de hacerlo. Por ejemplo, toda contratación o nombramiento debe ser autorizado personalmente por él. Aunque esa actitud en cuanto a la delegación de autoridad pudiera explicarse por el interés natural de conocer lo mejor posible a la empresa, una de las empresas mexicanas de gran tamaño, también pudiera tratarse de un estilo de dirección poco afecto a ceder autoridad.

La familia Azcárraga es la propietaria de la mayoría de las acciones y, por tanto, posee el control de la administración. El padre de Azcárraga Jean, don Emilio II, después de haberla heredado de su padre y fundador, dirigió personalmente la empresa durante muchos años. Se comenta que también se involucraba en todo tipo de decisiones, lo que le permitió conocer a la empresa mejor que cualquier otro.

Si el punto es ganar el máximo conocimiento sobre la empresa, el estilo centralizado de decisiones puede resultar positivo para el actual directivo. Sin embargo, también podría representarle problemas ya que la magnitud de las decisiones que deben tomarse para dirigir al gigante de la televisión mexicana no es asunto fácil. No sólo la juventud puede ser un factor limitante para evitar errores costosos, sino también la natural limitación que todo ser humano tiene en cuanto al número de problemas que puede atender simultáneamente. Es decir, no se trata única y exclusivamente del tipo de problema a resolver, que por su propia naturaleza puede exigir ciertas habilidades especiales, sino de la capacidad de mantener la concentración suficiente para resolverlo.

la autoridad. Más bien, prefieren delegar autoridad o gustan de tomar todas las decisiones.

Aunque el temperamento de cada administrador influye en el grado de delegación de autoridad en uso, también otros factores afectan a esta decisión. En su mayoría, éstos escapan al control de los administradores, quienes por lo tanto pueden oponer resistencia a su influencia, pero ninguno que sea exitoso puede ignorarlos.

Costo de la decisión

Como ocurre también con muchos otros aspectos de las políticas de una empresa, quizá el factor dominante entre los que determinan el grado de descentralización por aplicar sea el costo. Por regla general, entre más costosa sea la acción por decidir, será mayor la probabilidad de que la decisión deba tomarse en los niveles administrativos superiores. El costo puede calcularse directamente en dinero o en elementos intangibles como el prestigio de la compañía, su posición competitiva o la moral de sus empleados. De este modo, la decisión de una aerolínea de adquirir o no nuevos aviones se tomará en los niveles superiores, mientras que la decisión de comprar escritorios puede tomarse en el segundo o tercer niveles de un departamento operativo. El control de calidad en la fabricación de medicamentos (caso en el que un error podría costar vidas, para no hablar del prestigio de la empresa) suele hacerse del conocimiento de ejecutivos de alto nivel, en tanto que la inspección de calidad en la fabricación de accesorios de cualquier clase se reporta a niveles inferiores.

El hecho de que el costo de un error afecte a la descentralización no implica necesariamente el supuesto de que los administradores de alto nivel cometan menos errores que los subordinados. Quizá cometan menos errores, dado que es probable que estén mejor capacitados y cuenten con mayor información; pero la razón del control es el peso de la responsabilidad. Delegar autoridad no equivale a delegar responsabilidad; los superiores no dejan de ser responsables por ese motivo de las actividades organizacionales de sus subordinados. En consecuencia, los administradores tienden a preferir no delegar autoridad para decisiones cruciales.

Deseo de uniformar políticas

Quienes valoran la coherencia por sobre todas las cosas favorecen invariablemente la autoridad centralizada, ya que ésta es la vía más directa para la consecución de esa meta. Quizá desean garantizar que todos los clientes reciban igual tratamiento en lo referente a calidad, precio, crédito, entrega y servicio; que en el trato con los proveedores se sigan siempre las mismas políticas, o que se estandaricen las políticas de relaciones públicas.

La uniformación de políticas no deja de tener ciertas ventajas internas. La estandarización de la contabilidad, estadísticas y registros financieros, por ejemplo, facilita la comparación de la eficiencia relativa de los departamentos y la reducción de los costos. La administración de un contrato sindical se simplifica si se cuenta con políticas uniformes sobre salarios, ascensos, vacaciones, despidos y cuestiones similares. Los impuestos y el cumplimiento de las reglamentaciones gubernamentales entrañan menos preocupaciones y posibilidad de errores si existen políticas homogéneas al respecto.

No obstante, en muchas empresas se empeñan grandes esfuerzos para lograr que ciertas políticas no sean completamente uniformes. En numerosas compañías se alienta la variedad en todo, excepto en los asuntos más importantes, con la intención de propiciar la innovación administrativa, el progreso, la competencia entre unidades organizacionales, una moral y eficiencia más elevadas y mayor cantidad de administradores en condiciones de recibir un ascenso.

Dimensiones y carácter de la organización

Cuanto más grande sea una organización, tendrá que tomar más decisiones; y cuanto más numerosas sean las instancias en las que éstas deban tomarse, más difícil será coordinarlas. Estas complejidades de la organización pueden implicar una transferencia ascendente en la línea de las cuestiones relativas a políticas y su discusión no sólo entre muchos administradores en la cadena de mando, sino también entre muchos administradores de cada nivel, dado que el acuerdo horizontal puede ser tan necesario como la resolución vertical.

Los costos representados por las grandes dimensiones pueden aminorarse mediante la organización de una empresa en varias unidades, tales como divisiones de productos o territoriales. La eficiencia puede aumentar si estas unidades son suficientemente pequeñas para que sus altos ejecutivos se hallen cerca del punto en el que se toman las decisiones. Esto acelera la toma de decisiones, evita que los ejecutivos pierdan tiempo entre sí en la coordinación de sus decisiones, restringe el papeleo y eleva la calidad de las decisiones al reducirlas a proporciones manejables.

En la determinación de las dimensiones de una unidad también es importante el carácter de ésta. Para que la descentralización sea verdaderamente efectiva, las unidades deben ser relativamente autosuficientes en términos económicos y administrativos. Los departamentos funcionales, como los de ventas, manufactura o ingeniería, no pueden ser unidades independientes, pero éste no es el caso de departamentos de productos o territoriales del mismo tamaño, los cuales comprenden casi todas las funciones de una empresa.

En el afán de superar las desventajas del gran tamaño reduciendo las dimensiones de las unidades de toma de decisiones no pueden desestimarse ciertos defectos de la descentralización. Cuando se descentraliza la autoridad, cabe la posibilidad de que se dé cierta falta de coordinación o de uniformidad en las políticas. Una sucursal, división de productos u otra unidad autosuficiente puede abstraerse tanto en sus objetivos que termine por perder de vista los de la empresa en su conjunto.

Historia y cultura de la empresa

La descentralización de la autoridad depende frecuentemente de los antecedentes de las empresas. Las que se expanden en esencia desde dentro muestran una marcada tendencia al mantenimiento de una autoridad centralizada, lo mismo que las que se expanden bajo la dirección de sus dueños y fundadores. Bajo la conducción de su fundador, Ford Motor Company fue un caso más que ilustrativo de autoridad centralizada; Henry Ford, Sr., se enorgullecía de que la dirección general de su empresa estuviera compuesta por no más cargos organizacionales que los de presidente y gerente general, e insistía hasta donde le era posible en tomar él mismo todas las decisiones importantes de esa inmensa compañía.

Filosofía administrativa

El carácter y filosofía de los altos ejecutivos ejercen importante influencia en el grado de descentralización de la autoridad. Hay administradores de alto nivel inclinados al despotismo, que no toleran ninguna interferencia en la autoridad que tan celosamente han atesorado. Otros retienen la autoridad no tanto porque intenten saciar su deseo de prestigio y poder como porque sencillamente son incapaces de renunciar a las actividades y autoridad de que disfrutaban antes de llegar a la cima o de que la empresa creciera tras haber sido originalmente un pequeño negocio dirigido únicamente por su dueño y administrador.

Lo cierto es que en muchos otros casos los administradores de alto nivel conciben la descentralización como un modo de vida organizacional que permite aprovechar el innato deseo de los individuos de crear, sentirse libres y alcanzar una elevada condición. Muchos altos ejecutivos de éxito encuentran en ella un medio para promover el deseo de libertad en el contexto de la eficiencia económica, en el mismo sentido en que el sistema de la libre empresa ha sido responsable del notorio progreso industrial de Estados Unidos.

Mantener eficiencia y disciplina y permitir al mismo tiempo que los individuos se expresen, ejerzan su iniciativa y tengan voz en los asuntos de la organización es el mayor problema que deben resolver las organizaciones, especialmente las más grandes.

Deseo de independencia

Es común que individuos y grupos deseen gozar de cierto grado de independencia respecto de sus jefes, los que en ocasiones se desempeñan en localidades distantes. No es poco frecuente que en divisiones o subsidiarias en la costa oeste de Estados Unidos que forman parte de compañías cuyas oficinas generales se encuentran en Nueva York se desarrolle cierta hostilidad contra las instrucciones recibidas de administradores ubicados en éstas, considerados como ignorantes de las condiciones de la región.

Los individuos pueden experimentar frustración a causa de la tardanza en la toma de decisiones, largas líneas de comunicación y el juego siempre tentador de atribución de culpas. Esta frustración puede desembocar en la riesgosa pérdida de elementos valiosos, intrigas por parte del político de la oficina y una actitud de "no hagan olas" por parte del personal menos competente y que sólo busca seguridad.

Disponibilidad de administradores

Una escasez real de administradores con capacidad limitaría la descentralización de la autoridad, ya que para poder delegar los superiores deben contar con administradores calificados a los cuales ceder autoridad. Muy a menudo, sin embargo, la carencia de buenos administradores sirve de excusa para la centralización de la autoridad; los ejecutivos que se quejan de no disponer de alguien a quien poder delegar autoridad por lo general intentan en realidad magnificar su valor para la empresa o no hacen más que confesar su fracaso en el desarrollo de sus subordinados.

La clave para una descentralización sin riesgos es la adecuada capacitación de los administradores. Por esta razón, quizá la descentralización sea la clave más importante para la capacitación. En muchas grandes empresas obligadas por sus dimensiones a descentralizar la autoridad se desplaza deliberadamente la toma de decisiones a los niveles inferiores de la organización con el propósito de contribuir al desarrollo de los administradores; en ellas impera la convicción de que no hay mejor capacitación que la que brinda la experiencia real. Dado que esta política suele llevar aparejada la posibilidad de que una persona novata cometa errores, es recomendable limitar, al menos inicialmente, la importancia de las decisiones así delegadas.

Técnicas de control

Otro factor que influye en el grado de descentralización es el estado de desarrollo de técnicas de control. Los buenos administradores de cualquier nivel de una organización no pueden delegar autoridad sin disponer de algún medio para saber si a ésta se le dará un uso apropiado. Puesto que algunos administradores no saben cómo controlar, no están dispuestos a delegar autoridad. Quizá piensa que quita más tiempo corregir un error que encargarse ellos mismos de las labores.

Las mejoras en los métodos estadísticos, los controles contables, el empleo de computadoras y otras técnicas han contribuido a hacer posible la actual tendencia a favor de una descentralización administrativa sustancial. Incluso los más ardientes defensores de la descentralización (como General Motors, Du Pont y Sears) difícilmente podrían tener una opinión tan favorable acerca de ella sin las técnicas adecuadas para que los administradores, de la cima a la base, comprueben que el desempeño responde a los planes. Descentralizar no supone perder control, así como transferir la toma de decisiones a los niveles inferiores de la organización tampoco supone eludir la responsabilidad.

Desempeño descentralizado

Por **desempeño descentralizado** se entiende *una situación en la que los administradores de una empresa se hallan dispersos en una amplia área geográfica*. El motivo del desempeño descentralizado es básicamente una cuestión técnica, la cual depende de factores como las economías de la división del trabajo, las oportunidades de uso de maquinaria, la naturaleza de las labores por cumplir (una compañía ferroviaria no tiene otra opción que la de dispersar su actividad) y la ubicación de materias primas, oferta de trabajo y clientes. Esta descentralización geográfica influye en el grado de descentralización de la autoridad.

La autoridad tiende a descentralizarse cuando el desempeño es descentralizado, así no sea por otro motivo que por el de que un administrador ausente no puede administrar, aunque hay excepciones. Por ejemplo, algunas de las mayores cadenas de tiendas se caracterizan por un desempeño ampliamente descentralizado, a pesar de lo cual es probable que el gerente local de una tienda posea escasa o nula autoridad sobre precios, métodos publicitarios y promocionales, inventario, compras y líneas de productos, asuntos todos éstos bajo el control de una oficina central o regional.

Con todo, de esto no se desprende necesariamente que la autoridad deba centralizarse cuando el desempeño es de carácter centralizado. Bien puede ocurrir que en una compañía ubicada en un solo lugar la autoridad esté altamente descentralizada, en razón de la actitud del director general respecto de la delegación. Sin embargo, en condiciones de existencia de una sola planta es más fácil que se opte por la centralización de la autoridad que en caso de que la compañía contara con muchas plantas en sitios distantes.

Dinámica empresarial: el ritmo del cambio

El ritmo de cambio de una empresa también afecta al grado en que puede descentralizarse la autoridad. Si una empresa crece velozmente y enfrenta complejos problemas de expansión, quizá sus administradores (y en particular los responsables de las políticas generales) se vean obligados a asumir las decisiones en una medida elevada. Pero por extraño que parezca, esta misma condición dinámica podría obligarlos más bien a delegar autoridad y correr riesgos calculados en los costos de errores. Generalmente este dilema se resuelve en la dirección de la delegación, caso éste en el que, para evitar delegar autoridad a subordinados impreparados, se presta especial atención a la rápida creación de políticas y al aceleramiento de la capacitación en administración. Una opción de aplicación frecuente es detener el ritmo de cambio, incluida la causa misma de su celeridad, la expansión. Muchos administradores de alto nivel se han encontrado con que el factor crítico que limita su capacidad para cambiar y expandir una empresa es la carencia de personal capacitado al cual se le pueda delegar autoridad.

En empresas más antiguas, más sólidamente establecidas o de lento crecimiento, impera una tendencia natural a centralizar o recentralizar la autoridad. Cuando deben tomarse pocas decisiones importantes, las ventajas de la uniformidad de las políticas y las economías que resultan de contar con unos cuantos empleados altamente calificados para la toma de decisiones dan lugar a la centralización de la autoridad. Pero incluso en empresas de lento crecimiento los excesos de la centralización pueden entrañar riesgos. Nuevos descubrimientos, la vigorosa competencia de una fuente inesperada y los cambios políticos son sólo algunos de los factores susceptibles de crear condiciones que demanden cambios. Una empresa sobrecentralizada podría verse impedida de enfrentar una situación tan bien como quizá lo habría hecho si hubiera descentralizado la autoridad.

Influencia del ambiente

Los factores determinantes del grado de descentralización de los que nos hemos ocupado hasta aquí son en gran medida factores que dependen de las condiciones internas de las empresas. Sin embargo, los aspectos económicos de la descentralización y el carácter de los cambios incluyen elementos mucho más allá del control de los administradores de una empresa. Además, fuerzas externas muy precisas también afectan al grado de descentralización. Entre las más importantes pueden citarse los controles gubernamentales, los sindicatos nacionales y las políticas sobre impuestos.

La regulación que ejerce el gobierno sobre muchas facetas de las políticas empresariales dificulta, y en ocasiones imposibilita, la descentralización. Si los precios están sujetos a control, a los gerentes de ventas no se les puede dar mucha libertad real para determinarlos. Si los materiales son objeto de asignaciones y restricciones, los gerentes de compras y de planta no son libres de adquirir o emplear otro que pudieran desear. Si a la fuerza de trabajo sólo se le puede exigir que labore un número limitado de horas a cierta tasa salarial, el gerente de una división no puede fijar libremente horarios y salarios.

La misma alta dirección de las empresas ya no dispone de autoridad sobre muchos aspectos de las políticas, y en consecuencia no puede delegar una autoridad de la que carece. Aun así, buena parte de la autoridad que corresponde a áreas controladas por la acción gubernamental podría descentralizarse. Sin embargo, los administradores no acostumbran arriesgarse a que sus subordinados, por más confiables que sean, interpreten las reglamentaciones gubernamentales, debido sobre todo a la gravedad de las sanciones y de la crítica pública por violar la ley y a que la interpretación de las leyes es en esencia asunto de especialistas.

Asimismo, el ascenso de los sindicatos nacionales en las últimas décadas ha ejercido sobre las empresas una influencia centralizadora. En tanto administradores departamentales o divisionales puedan negociar los términos de un contrato laboral tratando ya sea con sindicatos locales o directamente con los empleados, la dirección general puede delegarles la autoridad para negociar. Pero en aquellos casos, cada vez más frecuentes, en los que un sindicato nacional interviene en la negociación de un contrato colectivo con los directivos de las oficinas generales de la compañía, contrato cuyos términos serán aplicables a todos los trabajadores dondequiera que se encuentren, una empresa no puede permitirse la descentralización de ciertas decisiones, así como no puede hacerlo en presencia de controles gubernamentales.

Los sistemas tributarios de los gobiernos nacional, estatales y locales han tenido a su vez un marcado efecto regulatorio en las empresas. La dependencia recaudadora de impuestos, y en particular la de jurisdicción federal, está siempre presente en la mente de los ejecutivos que toman decisiones que implican fondos. El impacto de los impuestos es a menudo un factor determinante de políticas que eclipsa a consideraciones empresariales tradicionales como la expansión de plantas, las políticas de comercialización y las operaciones económicas. Así, la uniformidad de las políticas sobre impuestos se vuelve de primera importancia para los administradores de las empresas. Esto se traduce en centralización, porque no es de esperar que administradores sin la adecuada asesoría fiscal tomen decisiones acertadas. Ello puede requerir incluso la existencia de un departamento central de impuestos que actúe no sólo con funciones de asesoría y como agencia para el pago de impuestos, sino también con un alto grado de autoridad funcional sobre asuntos con implicaciones fiscales.

Recentralización de la autoridad[13] y el equilibrio como clave para la descentralización

En ocasiones puede hablarse de una empresa que recentraliza la autoridad; es decir, que centraliza autoridad anteriormente descentralizada. La **recentralización** no suele constituir una revocación total de la descentralización, ya que la delegación de autoridad no es completamente anulada por los administradores que la aplicaron. Este proceso consiste más bien en la centralización de autoridad sobre cierto tipo de actividad o función en cualquier punto de una organización. Para evitar errores, en todo programa de descentralización de la autoridad se deben tomar en consideración las ventajas y limitaciones que se recogen en la tabla 9-1.

TABLA 9-1	*Ventajas de la descentralización*
Ventajas y limitaciones de la descentralización.	1. Descarga a la alta dirección de cierto peso de toma de decisiones y obliga a los administradores de los niveles superiores a ceder autoridad.
	2. Alienta la toma de decisiones y la asunción de autoridad y responsabilidad.
	3. Concede a los administradores mayor libertad e independencia en la toma de decisiones.
	4. Promueve el establecimiento y uso de controles amplios, lo que puede elevar la motivación.
	5. Hace posible la comparación del desempeño de las diferentes unidades organizacionales.
	6. Facilita la identificación de centros de utilidades.
	7. Facilita la diversificación de productos.
	8. Promueve el desarrollo de los administradores generales.
	9. Contribuye a una mejor adaptación a condiciones sujetas a rápidos cambios.
	Limitaciones de la descentralización
	1. Dificulta el logro de políticas uniformes.
	2. Implica mayor complejidad en la coordinación de unidades organizacionales descentralizadas.
	3. Puede resultar en pérdida de cierto grado de control por parte de los administradores de niveles superiores.
	4. Puede sufrir limitaciones a causa de técnicas de control inadecuadas.
	5. Puede sufrir restricciones a causa de sistemas de planeación y control inadecuados.
	6. Puede sufrir limitaciones a causa de la no disponibilidad de administradores calificados.
	7. Supone gastos considerables en capacitación de los administradores.
	8. Puede sufrir limitaciones a causa de fuerzas externas (sindicatos nacionales, controles gubernamentales, políticas fiscales).
	9. Puede verse desfavorecida por las economías de escala de ciertas operaciones.

PERSPECTIVA
INTERNACIONAL

DELEGACIÓN DE AUTORIDAD Y CENTRALIZACIÓN EN TV AZTECA

TV Azteca, segunda empresa televisora mexicana en importancia, puso en circulación el 15 de agosto de 1997 una parte de las acciones de la empresa, realizándose la colocación simultáneamente en el mercado bursátil mexicano, londinense y estadunidense. La familia Salinas Pliego todavía posee 65%, por lo que al poner parte del capital social de la empresa (la poseída hasta esa fecha por un socio que no era miembro de la familia) a disposición del gran público inversionista, logra retener el poder sobre la misma diluyendo la posible oposición a sus decisiones. Esta estrategia es entonces una muestra de lo que en determinado momento pudiera hacerse para centralizar el poder para la toma de decisiones.

Por otra parte, es importante mencionar que para la instrumentación de los planes de restructuración y expansión de TV Azteca se anunciaron cambios y nombramientos de altos directivos aproximadamente un mes después de la subasta accionaria. Entre ellos destacaba el de José Ignacio Molares Elcoro, presidente ejecutivo de la operación y administración de los canales, tanto mexicanos como centroamericanos, para que además de continuar con las funciones derivadas de su puesto, tomara a su cargo también la expansión de la televisora en Sudamérica. En otras áreas, como finanzas, desarrollo de nuevos negocios, ventas, espectáculos, relaciones públicas y coordinación de asesores, también fueron nombrados nuevos ejecutivos.

De lo anterior se desprende que la centralización sobre las decisiones de mayor envergadura, dado que se orienta a mantener el control estratégico de la empresa, no es totalmente incompatible con que al mismo tiempo se delegue autoridad, particularmente cuando esta delegación persigue como objetivo primordial que se lleven a cabo con el más alto grado de éxito posible las acciones operativas que surgen de los planes estratégicos. De hecho, la convivencia de una autoridad centralizada en ciertos asuntos con la descentralización en otros es una de las realidades más comunes para las empresas que han alcanzado dimensiones considerables, como es el caso de aquellas que son partícipes de mercados globalizados caracterizados por la intensidad de la competencia que se vive.

Resumen

Existen diferentes bases de poder. El poder puede ser legítimo, producto de la experiencia, referente, de recompensa o coercitivo. El *empowerment* permite que la gente tome decisiones sin solicitar la autorización de sus superiores. Existen también varias formas de conceptualizar línea y *staff*. Por lo general, lo que caracteriza a línea y *staff* son las relaciones, no las personas o departamentos. La autoridad de línea es la relación en la que un superior ejerce supervisión directa sobre sus subordinados. La relación de *staff* consiste a su vez en el ofrecimiento de asesoría y consejos. La autoridad funcional es el derecho a controlar procesos, prácticas y políticas selectos u otros asuntos de departamentos ajenos al propio. Se trata de una pequeña tajada de la autoridad del administrador de línea y por lo tanto se le debe emplear lo menos posible.

Disponer de personal de *staff* brinda ciertos beneficios, aunque también limitaciones, como el riesgo de debilitar la autoridad de línea y la ausencia de responsabilidad de parte de los empleados de *staff*. Existe también la posibilidad de hacer propuestas imprácticas y de fragmentar la unidad de mando.

Otro concepto importante es el de la descentralización, la tendencia a dispersar la autoridad para la toma de decisiones. La centralización consiste, en cambio, en la concentración de la autoridad. Puede adoptar la forma de concentración geográfica, centralización departamental o tendencia a restringir la delegación de toma de decisiones. El proceso de delegación de autoridad supone determinar los resultados por alcanzar, asignar tareas, delegar autoridad para el cumplimiento de éstas y atribuir a los individuos la responsabilidad sobre los resultados.

La delegación de autoridad, un arte en sí misma, está sujeta a la influencia de las actitudes personales. Existen algunas sugerencias prácticas que pueden ayudar a los administradores a evitar la incorrecta práctica de la delegación. La descentralización se ve influida a su vez por muchos otros factores, que los administradores deben tomar en cuenta al determinar el grado de delegación de la autoridad. Autoridad previamente descentralizada puede recentralizarse. El equilibrio es la clave para una descentralización apropiada.

Ideas y conceptos básicos

Poder
Empowerment
Autoridad
Bases de poder
Principio escalar
Línea
Staff
Autoridad funcional
Limitaciones del *staff*
Descentralización
Centralización

Proceso de delegación
Autoridad fragmentada
Actitudes hacia la delegación
Sugerencias para evitar una delegación incorrecta
Factores que determinan el grado de descentralización
Desempeño descentralizado
Recentralización
Ventajas y limitaciones de la descentralización

Para analizar

1. ¿Qué tipos de poder se ejercen en su escuela u organización?
2. ¿Por qué ha habido conflicto entre línea y *staff* desde hace tanto tiempo y en tantas compañías? ¿Puede desaparecer ese conflicto?
3. Seleccione varios puestos de cualquier tipo de organización (empresa, iglesia, organismo gubernamental, etc.). Clasifíquelos en línea y *staff*.

4. Si la función de una persona en un puesto exclusivamente de *staff* es ofrecer asesoría, ¿qué puede hacer el individuo que recibe ésta para comprobar su independencia, sólido sustento de investigación y realismo?

5. ¿Cuántos casos conoce de autoridad funcional en las organizaciones? Tras analizar un par de ellos, ¿está de acuerdo en que habría sido posible evitar ese tipo de autoridad? De ser así, ¿usted lo habría hecho? Si habría sido imposible evitarla o si usted se habría resistido a eliminarla, ¿cómo resolvería las dificultades de su uso?

6. Si se le pidiera asesorar a un joven recientemente egresado de la universidad que ha aceptado un puesto de *staff* como asistente del gerente de planta, ¿qué sugerencias le haría?

7. ¿A qué se debe que, como se ha comprobado, las deficiencias en la delegación de autoridad sean a menudo la causa más importante de fracaso administrativo?

8. En muchos países cuyas compañías crecen desde dentro y son con frecuencia de propiedad familiar se da una muy limitada descentralización de la autoridad. ¿Cuál cree usted que sería la explicación de esto? ¿Cuáles son sus efectos?

9. Si usted se desempeñara ya como administrador de una empresa, ¿descentralizaría la autoridad? Enuncie las razones en que se basa su respuesta. ¿Cómo comprobaría no haber cometido excesos en la descentralización?

10. ¿La autoridad debe transferirse a los niveles inferiores de una organización tanto como sea posible?

Ejercicios/actividades

1. Entrevístese con un gerente de línea y un empleado de *staff* de una compañía de su localidad. Pregúnteles qué les gusta y qué les desagrada de su trabajo. Reflexione en estas entrevistas y pregúntese si un puesto de línea o de *staff* es lo más conveniente para su plan profesional.

2. Interrogue a dos gerentes de línea sobre lo que opinan acerca de la delegación de la autoridad. ¿Creen que su superior les delega suficiente autoridad? Pídales también su opinión sobre la delegación de autoridad a sus subordinados.

 # CASO INTERNACIONAL 9

LA ESTRATEGIA GLOBAL DE FORD: CENTROS DE EXCELENCIA[14]

Con ganancias por 3 300 millones de dólares, Ford superó en 1986 a su principal competidor, General Motors.

Su participación de mercado es de alrededor de 20%. Pero en muchos casos el éxito es pasajero, de manera que al presidente de esta compañía, Donald E. Petersen, no deja de preocuparle la competencia. Ford debe trabajar ciertamente con gran ahínco para mantener su prestigio como fabricante de automóviles elegantes, aerodinámicos y de alta calidad.

Bajo la conducción de Henry Ford II, la compañía fue objeto de una severa centralización. En cambio, Petersen se ha propuesto hacer de Ford una empresa global integrada. De este modo, en la actualidad varios centros técnicos en diversas partes del mundo, y ya no exclusivamente el situado en Detroit, centralizan un alto grado de autoridad para el desarrollo de modelos o componentes específicos. En correspondencia con este plan, el desarrollo de un auto o sus componentes se realiza en el centro técnico con mayor experiencia en un campo en particular, dondequiera que se encuentre. Esto podría representar para la compañía el ahorro de una gran cantidad de dinero gracias a la eliminación de esfuerzos duplicados de desarrollo y a la reducción de costos de maquinaria. Con sede en Inglaterra, Ford de Europa, por ejemplo, es el centro de desarrollo de la plataforma para el nuevo modelo que remplazará al Sierra europeo y a los Tempo y Topaz estadunidenses. El nuevo auto se venderá en Europa y Estados Unidos. De igual manera, Mazda, en Japón (compañía en la que Ford tiene una participación de 25% y con amplia experiencia en la fabricación de automóviles compactos), será el centro de desarrollo de la plataforma para el auto que sustituirá al Escort. El centro de excelencia en América del Norte se concentrará en vehículos de tamaño mediano. Se planea además crear centros similares para el desarrollo de componentes básicos como cajas de velocidades y motores. Así, estos centros de excelencia se ocuparán (o se ocupan ya) del desarrollo de plataformas y componentes esenciales, en tanto que, a su vez, el diseño interior y exterior será responsabilidad de las compañías en las diversas regiones.

El concepto de los centros de excelencia puede parecer sumamente promisorio, pero lo cierto es que un intento anterior, a principios de la década de los ochenta, por fabricar en Europa un "automóvil mundial" terminó en fracaso. Se ha dicho que el auto estadunidense, el Escort, comparte apenas una sola característica con su equivalente europeo: la tapa del tanque de agua.

1. ¿Qué opina usted de la descentralización general de Ford, con la concentración en centros técnicos de la autoridad para desarrollar automóviles y componentes específicos?

2. ¿En qué basa Ford su certeza de que el concepto de la existencia de centros de excelencia en varias partes del mundo es la estructura organizacional correcta para el siglo XXI?

Referencias

1. John G. Staiger, "What Cannot Be Decentralized", en Harold Koontz, Cyrill O'Donnell y Heinz Weihrich (eds.), *Management: A Book of Readings*, 5a. ed. (Nueva York, McGraw-Hill Book Company, 1980), p. 319.

2. El concepto de poder ha sido ampliamente tratado en abundante bibliografía. Véase, por ejemplo, la muy completa exposición de Gerald R. Salancik y Jeffrey Pfeffer en "Who Gets Power —and How They Hold On to It: A Strategic-Contingency Model of Power", en David A. Nadler, Michael L. Tushman y Nina G. Hatvany (eds.), *Managing Organizations — Readings and Cases* (Boston; Little, Brown and Company, 1982), pp. 385-399.

3. John R. P. French, Jr., y Bertram Raven, "The Bases of Social Power", en Walter E. Natemeyer (ed.), *Classics of Organizational Behavior* (Oak Park, Ill.; Moore Publishing Company, 1978), pp. 198-210.

4. Sin embargo, los patrones de autoridad pueden variar en cada cultura. Véase Trudy Heller, "Changing Authority Patterns: A Cultural Perspective", en *Academy of Management Review*, julio de 1985, pp. 488-495.

5. Para una investigación sobre el tema del poder, véase Anthony T. Cobb, "An Episodic Model of Power: Toward an Integration of Theory and Research", en *Academy of Management Review*, julio de 1984, pp. 482-493.

6. Tony Eccles, "The Deceptive Allure of Empowerment", en Arthur A. Thompson, Jr., A. J. Strickland III y Tracy Robertson Kramer (eds.), *Readings in Strategic Management*, 5a. ed. (Chicago, Irwin, 1995), pp. 496-509. Véase también David E. Bowen y Edward E. Lawler III, "The Empowerment of Service Workers: What, Why, How, and When", en *Sloan Management Review*, primavera de 1992, pp. 31 ss.

7. Robert C. Ford y Myron D. Fottler, "Empowerment: A Matter of Degree", en *Academy of Management Executive*, agosto de 1995, pp. 21-29.

8. James W. Dean, Jr., y James R. Evans, *Total Quality: Management, Organization, and Strategy* (Mineápolis/St. Paul, West Publishing Company, 1994), capítulo 8.

9. *Ibid*.

10. Se ha asegurado que, al disminuir, la autoridad formal debe ser sustituida por la influencia. Véase Bernard Keys y Thomas L. Case, "How to Become an Influential Manager", en *Academy of Management Executive*, noviembre de 1990, pp. 38-51.

11. Jeff Bailey, "Where the Action Is: Executives in Staff Jobs Seek Line Positions", en *The Wall Street Journal*, 12 de agosto de 1986; véase también S. Caudron, "Delegate for Results", en *Industry Week*, 6 de febrero de 1995, pp. 27-28.

12. Véase también Charles D. Pringle, "Seven Reasons Why Managers Don't Delegate", en *Management Solutions*, noviembre de 1986, pp. 26-30.

13. Para una exposición sobre la recentralización de la organización de sistemas de información, véase Ernest M. Von Simson, "The 'Centrally Decentralized' IS Organization", en *Harvard Business Review*, julio-agosto de 1990, pp. 158-162.

14. La información incluida en este caso se basa en varias fuentes, entre ellas James B. Treece *et al*., "Can Ford Stay on Top?", en *Business Week*, 28 de septiembre de 1987, pp. 78-86.

Al terminar este capítulo, usted podrá:

1. Identificar algunos de los errores más comunes que se cometen en la organización.
2. Evitar errores de organización por medio de la planeación.
3. Explicar las mejoras que pueden hacerse en la organización a través del mantenimiento de la flexibilidad y la mayor eficacia del personal.

diez

Capí

Organización eficaz y cultura organizacional

4. Evitar conflictos mediante la precisión de la estructura organizacional y la comprobación de un claro entendimiento de la organización.
5. Promover y desarrollar una cultura organizacional adecuada.

tulo

Dirigir las transformaciones de las empresas significa en última instancia cambiar conductas y cultura.[1]

MICHAEL BEER

Organizar supone desarrollar una estructura intencional de funciones para un desempeño eficaz. Para organizar se requiere de una red de centros de decisión y comunicación para coordinar los esfuerzos en función de las metas grupales y empresariales. Una estructura organizacional debe conocerse profundamente si se desea que funcione de manera correcta, para lo cual también es necesario que los principios sean efectivamente puestos en práctica. Como se ha insistido desde el principio, no existe una modalidad única de organización, lo mismo que en ninguna otra área de la administración. Cada situación determina siempre lo que funciona mejor.

Algunos errores de organización

A pesar de su obviedad y de su interferencia en las metas personales y empresariales, la persistencia de ciertos errores de organización es una demostración rotunda de las grandes dificultades de la administración o de la falta de pericia de los administradores, o de ambos factores al mismo tiempo.

Planeación inadecuada

No es raro hallar empresas que conservan una estructura organizacional tradicional a pesar de haber efectuado cambios mucho tiempo atrás en sus planes y objetivos y de enfrentar nuevas condiciones externas. Por ejemplo, hay compañías que mantienen el control de la división de manufactura sobre el departamento de investigación de productos no obstante el largo tiempo transcurrido desde que cambios en las condiciones generales de las empresas marcaron un cambio de orientación, de la producción (como ocurre en un mercado de vendedores común) a la comercialización (orientación propia de un mercado de compradores). Las hay también que conservan una estructura organizacional funcional aun cuando la agrupación de productos y la necesidad de una responsabilidad integrada y descentralizada sobre las utilidades demandan divisiones de productos descentralizadas.

Asimismo, bien puede ocurrir que una compañía necesite cierto tipo de administradores que no encuentre en ninguna parte, o que (con igual probabilidad) descubra que algunos de sus administradores no se han desarrollado al mismo ritmo en que ella lo ha hecho o ya no responden a las necesidades imperantes. En pequeñas empresas en crecimiento suele cometerse el error de suponer que los empleados originales son capaces de crecer junto con la compañía, cuando a menudo resulta que, convertido en presidente de ingeniería, quien había sido hasta entonces un buen diseñador industrial, sencillamente no puede cumplir las funciones de jefe de ingeniería o que un antiguo superintendente de producción que había sido apto en este puesto se muestra incapaz de dirigir un departamento de manufactura de mayores dimensiones.

Otro de los principios de la planeación es la adecuada organización con base en las personas. Normalmente es preciso modificar las estructuras organizacionales para tomar en cuenta a los individuos, cuyas cualidades y defectos (como tanto se ha dicho) deben ser aprovechados y compensados al máximo. Sin embargo, los administradores que basan la organización sobre las personas suelen pasar por alto varios hechos. En primer lugar, los administradores que adoptan esta modalidad de organización no pueden estar seguros de cubrir todos los puestos ni de la realización de todas las tareas indispensables. En segundo, se corre el riesgo de que diferentes personas deseen hacer lo mismo, lo que resulta en conflictos o en la multiplicidad del mando. En tercero, la gente es tan libre para incorporarse a una empresa como para abandonarla (ya sea por causa de retiro, renuncia, ascenso e incluso muerte), lo que implica riesgos para la organización con base en las personas y dificultades en cuanto a la precisa descripción y adecuado cumplimiento de los puestos así desocupados.

Estos errores son producto de la inadecuada planeación del futuro por parte de las empresas, un futuro que en lo material será completamente diferente del pasado o presente. Al mirar adelante, un administrador debe determinar qué tipo de estructura organizacional será el más indicado para satisfacer las necesidades futuras y qué tipos de personas serán las más convenientes para la organización.

Relaciones confusas

La falta de claridad en las relaciones organizacionales da lugar a fricciones, politiquería e ineficiencias. Dada la decisiva importancia tanto de la autoridad como de la responsabilidad, la confusión respecto de ellas significa desconocimiento de las funciones que les corresponde desempeñar a los miembros de un equipo de la empresa. Esto no implica la necesidad de detalladas descripciones de funciones o la posibilidad de que la gente sea incapaz de trabajar en equipo. Aunque algunos líderes de empresas se enorgullecen de contar con un equipo de subordinados sin tareas ni líneas de autoridad específicas, cualquier entrenador deportivo les diría que un equipo así lo es de individuos envidiosos, inseguros, siempre dispuestos a culpar a los demás y ávidos de favoritismos y símbolos de alta posición.

Renuencia a delegar autoridad y facultar al personal

Una de las quejas más comunes en las organizaciones es que los administradores se resisten a transferir la toma de decisiones a los niveles inferiores. En empresas en las que es indispensable la uniformidad de las políticas y en las que la toma de decisiones puede ser manejada por uno o unos cuantos administradores, quizá no se deba ni quiera descentralizar la autoridad. Pero cuellos de botella en la toma de decisiones, excesiva transferencia de pequeños problemas a los niveles superiores, la sobrecarga de detalles a los altos ejecutivos, la necesidad permanente de "apagar incendios" y resolver crisis y el subdesarrollo de los administradores de los niveles inferiores de la organización dan evidencia de que la negativa a delegar autoridad en un grado adecuado es decididamente un error. Para el *empowerment* o facultamiento eficaz de empleados y equipos es preciso que los administradores estén dispuestos a ceder y a otorgar a individuos y equipos autoridad de decisión. No hacerlo así equivale a inutilizar los programas de autodeterminación.[2]

Desequilibrios en la delegación de autoridad

Otro error de la organización es la incapacidad de mantener una delegación equilibrada. En otras palabras, en su afán de descentralizar algunos administradores llegan demasiado lejos en la transferencia de la toma de decisiones a los niveles inferiores de la organización. Esta transferencia puede llegar al fondo mismo de la estructura y dar lugar de esta manera al desarrollo de un sistema de satélites organizacionales independientes. Pero incluso sin llegar a estos extremos, los excesos en la delegación de autoridad pueden provocar fallas en la organización.

Como se señaló en el capítulo sobre la descentralización, los gerentes de alto nivel deben retener cierta autoridad, particularmente sobre decisiones con efectos en toda la compañía, y suficiente al menos para revisar los planes y desempeño de sus subordinados. No deben olvidar que es imposible que deleguen ciertas clases de autoridad. Tampoco deben dejar de lado el hecho de que deben mantener la autoridad suficiente para garantizar que la autoridad que delegan a un subordinado sea usada en forma correcta y para los propósitos previstos.

Confusión de líneas de autoridad con líneas de información

Los problemas y costos asociados con los niveles de organización y la departamentalización pueden reducirse si se amplían los canales de información. A menos que la información sea confidencial (clasificación de la que, sin embargo, suele abusarse en empresas y gobierno, lo mismo que en otras instituciones), no hay razón para que las líneas de información sigan las líneas de autoridad. En otras palabras, los empleados de todos los niveles de la organización deben tener amplio acceso a la información pertinente. La recopilación de información debe separarse de la toma de decisiones, porque sólo esta última requiere de autoridad administrativa. En las empresas se obliga por lo general a que las líneas de información sigan las líneas de autoridad, cuando la única razón para el establecimiento de una cadena de mando es la preservación en su integridad de la autoridad de toma de decisiones y de la claridad en las responsabilidades, por ello es que en los organigramas sólo aparecen líneas de autoridad.

Conceder autoridad sin exigir responsabilidad

Una causa significativa de mala administración es la asignación de autoridad sin la consecuente atribución de responsabilidad a la misma persona. La delegación de autoridad no es delegación de responsabilidad; los superiores no dejan de ser responsables del adecuado ejercicio de la autoridad por parte de sus subordinados. Cualquier otra relación conduciría al caos organizacional. Sin embargo, todos aquellos a quienes se delega autoridad deben estar dispuestos a que se les haga responsables de sus acciones.

Atribuir responsabilidad a quien carece de autoridad

Una de las quejas más comunes de los subordinados es que sus superiores los hacen responsables de resultados sobre cuyo cumplimiento no han recibido ninguna autoridad. En ocasiones esta queja es injustificada, pues se basa en la incomprensión del hecho de que, salvo en casos excepcionales, los subordinados no pueden poseer una autoridad ilimitada en ningún área en virtud de la necesidad de coordinar sus acciones con las de personas que ocupan otros puestos y de adecuarlas a las políticas vigentes. Los subordinados tienden a creer que un puesto lo permite todo, y a olvidar por tanto que su autoridad se limita al departamento al que pertenecen y que debe ser acorde con las pautas de control de las políticas.

No obstante, es frecuente que esta queja se justifique; muchas veces sin darse cuenta de ello, los administradores atribuyen a sus subordinados la responsabilidad de resultados que éstos en realidad no están en condiciones de obtener. Esto no ocurre a menudo cuando las líneas de organización y los deberes se establecen con toda claridad, pero es común en casos de ambigüedad o confusión en una estructura de funciones.

Aplicación negligente del *staff*

Existen muchas razones válidas para contar con un asistente o especialista de *staff* e incluso para crear departamentos enteros con funciones de asesoría. Aun así, se corre el riesgo de que los superiores utilicen al personal de *staff* para debilitar la autoridad de precisamente los administradores a los que deberían limitarse a asesorar.

Existe el riesgo permanente de que los administradores de alto nivel se rodeen de especialistas de *staff* y se involucren tanto en las labores de éstos que terminen por excluir de su programa de trabajo el tiempo y la atención necesarios para sus subordinados de línea, o de que asignen a su personal de *staff* problemas que en estricto sentido cabría asignar a administradores de línea.

En otros casos, el personal de *staff* ejerce una autoridad de línea que no se le ha delegado. Es de comprender que los especialistas de *staff* se sientan impacientes cuando un ejecutivo de línea reacciona en forma aparentemente lenta y torpe ante una situación cuyo correcto manejo les resulta evidente. La cualidad misma que explica el valor de los especialistas *staff* (sus conocimientos especializados) los vuelve impacientes en el mando. Pero si ejercieran autoridad sin que mediara para ello una delegación explícita, no sólo debilitarían la autoridad del ejecutivo de línea responsable, sino que también quebrantarían la unidad de mando.

Mal uso de la autoridad funcional

Quizá los problemas que resultan de una indefinida e irrestricta delegación de autoridad funcional sean aún más perniciosos para la buena administración. Esto es muy común a causa de que las complejidades de las empresas modernas tienden a crear instancias en las que es deseable otorgar a un departamento predominantemente *staff* o de servicios autoridad funcional sobre actividades de otras partes de la organización.

En busca de las economías de la especialización y de las ventajas de contar con opiniones de personas con amplia experiencia técnica, los administradores suelen privilegiar indebidamente a los departamentos de *staff* y de servicios a expensas de los departamentos operativos. Muchos ejecutivos de línea (desde vicepresidentes de operaciones hasta supervisores de los niveles inferiores) creen, con razón, que más las empresas están siendo dirigidas por los departamentos de *staff* y de servicios mediante el ejercicio de la autoridad funcional. Es común, por ejemplo, que los departamentos de personal contraten a trabajadores de departamentos de línea con base en los resultados que obtienen en pruebas psicológicas sin consultar a los gerentes de los departamentos de línea.

Subordinación y autoridad funcional múltiples

El principal riesgo de la autoridad funcional desmedida es la fragmentación de la unidad de mando. Basta con observar lo que ocurre en los diversos departamentos de una empresa común de medianas o grandes dimensiones para constatar la presencia de esa fragmentación. El contralor prescribe los procedimientos contables que deben seguirse en toda la compañía. El director de compras prescribe el modo y lugar en que deben efectuarse las compras. El gerente de personal dicta (de acuerdo a menudo con los contratos sindicales o las reglamentaciones gubernamentales) la clasificación de que serán objeto los empleados para efectos de pago, la calendarización de las vacaciones y la cantidad de horas por laborar. El gerente de tráfico controla las rutas de toda la carga. El asesor legal insiste en que todos los contratos contengan su aprobación y sean elaborados en la forma prescrita. El director de relaciones públicas exige que todas las declaraciones públicas de los gerentes y demás empleados sean canalizadas o cumplan cierta línea prescrita de políticas. Finalmente, el director de impuestos revisa todas las decisiones relacionadas con programas para resolver sus aspectos fiscales.

Así, frente a todos estos especialistas de *staff* y de servicios con cierto grado de autoridad de línea sobre otras partes de la organización, más grupos similares en divisiones y regiones, los gerentes operativos se hallan bajo la dirección de muchas personas con autoridad funcional aparte de estarlo respecto de sus superiores principales, a quienes suele corresponder la decisión definitiva sobre su escala salarial y oportunidades de ascenso. No es de sorprender entonces que numerosos administradores (y especialmente los de niveles inferiores, sobre quienes tienen efecto tantas modalidades de autoridad funcional) se sientan frustrados.

Idea errónea sobre la función de los departamentos de servicios

Por lo general, se considera que a los departamentos de servicios no les incumbe mayormente el cumplimiento de los principales objetivos de una empresa, cuando en realidad están tan comprometidos con ello como los departamentos operativos. En ocasiones el propio personal, y en particular el de los llamados departamentos de línea, juzga que los departamentos de servicios son relativamente innecesarios y carecen de importancia, y que por lo tanto se les debe ignorar tanto como sea posible.

Por su parte, muchos de los integrantes de departamentos de servicios conciben equivocadamente su función como un fin en sí misma, no como un servicio a otros departamentos. Por consiguiente, bien puede ocurrir que los miembros de un departamento de compras no se percaten debidamente de que el propósito de éste es realizar eficientemente la compra de los artículos que solicitan departamentos autorizados, o que los de un departamento de estadística se olviden de que la razón de que éste exista es suministrar a otros los datos que necesitan, no producir informes por gusto propio.

Tal vez el peor mal uso de los departamentos de servicios sea el representado por la expresión "ineficiencia eficiente". Cuando, al establecer departamentos de servicios, los administradores persiguen en mayor medida la reducción de costos que la eficiencia de la empresa, un servicio sumamente "eficiente" puede resultar en realidad una ineficiente labor de servicio. Por ejemplo, de poco sirve instaurar una sección central de reclutamiento de bajo costo si los empleados reclutados no satisfacen las necesidades de la organización.

Sobre y suborganización

La sobreorganización suele ser producto de la incapacidad para poner en práctica la idea de que la estructura de una empresa se reduce sencillamente a un sistema para hacer posible el eficiente desempeño de la gente. Los administradores que complican indebidamente la estructura al incurrir en la creación de demasiados niveles ignoran el hecho de que la eficiencia demanda de ellos la supervisión de tantos subordinados como sea posible. La existencia de tramos de administración muy estrechos puede reflejar una comprensión errónea del principio del tramo de administración, la incapacidad administrativa de reducir al mínimo los requerimientos de tiempo de las relaciones humanas necesarias o la falta de tiempo para administrar, debida comúnmente a deficiencias en la asignación de tareas y en la delegación de autoridad. De igual manera, la multiplicación de actividades o departamentos de *staff* y de servicios puede deberse a una inadecuada delegación de autoridad a subordinados de línea y a la tendencia a visualizar tan estrechamente la especialización y eficiencia de los servicios que se pasen por alto las operaciones más importantes de la empresa.

Los administradores también incurren en la sobreorganización cuando cuentan con asistentes de línea innecesarios (gerentes asistentes o subgerentes, por ejemplo). Disponer de un asistente de línea se justifica cuando los administradores desean dedicar su tiempo a asuntos ajenos a su departamento, durante sus prolongadas ausencias de la oficina, cuando desean delegar autoridad de línea en áreas tales como ingeniería o durante un periodo limitado de capacitación de un subordinado a quien está por otorgársele plena categoría gerencial. En caso contrario, distanciar a un administrador de sus demás subordinados produce tanta confusión acerca de quién es realmente el superior que, en conclusión, esta práctica debe seguirse con todo cuidado y lo menos posible.

En ocasiones el exceso de procedimientos se confunde con la sobreorganización. Ésta, particularmente si se entrelaza con la autoridad funcional, puede derivar en un exceso de procedimientos. Pero buena parte de los trámites burocráticos a menudo atribuidos a la sobreorganización resultan en realidad de una planeación deficiente. La incapacidad de concebir los procedimientos como planes y de tratarlos con el respeto dado a los otros tipos de planes, suele desembocar en procedimientos extraordinariamente complejos e incluso innecesarios.

Asimismo, es costumbre atribuir los excesos en cuanto al número de comités (los cuales consumen tiempo y energía de los administradores y su personal) a la sobreorganización, no a la deficiente organización (en particular cuando los comités toman decisiones que los individuos tomarían mejor). El exceso de comités es resultado por lo general de la delegación de autoridad a demasiados puestos o de una delegación vaga, lo que más bien puede indicar suborganización.

Cómo evitar errores de organización por medio de la planeación

Como ocurre también con las demás funciones de la administración, para una buena organización se precisa del establecimiento de objetivos y de una planeación ordenada. Urwick lo expresó así en un libro ya clásico: "La falta de diseño (en la organización) es ilógica, cruel, un desperdicio e ineficiente."[3]

Planeación de la situación ideal

La búsqueda de una organización ideal que refleje las metas de una empresa en circunstancias dadas es el ímpetu mismo de la planeación. Esta búsqueda vincula el trazo de las principales líneas de organización, la consideración de la filosofía organizacional de los administradores de la empresa (de si, por ejemplo, la autoridad debe centralizarse tanto como sea posible o si la compañía debe dividir sus operaciones en divisiones de productos o territoriales semindependientes) y el esquema de las consecuentes relaciones de autoridad. Como en todos los demás planes, la modalidad que se establezca en definitiva raramente permanecerá sin cambios, pues lo normal es que sea indispensable remodelar continuamente el plan ideal. Sin embargo, el plan de la organización ideal constituye una norma a seguir, de modo que al compararlo con la estructura vigente los líderes de la empresa pueden identificar los cambios por realizar cuando sea posible.

El organizador siempre debe tener cuidado de no dejarse cegar por las ideas más populares acerca de la organización, porque lo útil para una compañía bien puede no serlo para otra. Los principios de la organización son de aplicación general, pero en ella deben considerarse los antecedentes de las operaciones y necesidades de cada empresa. Es preciso que la estructura de una organización esté hecha a su medida.

REINGENIERÍA DE PROCESOS EN BANAMEX

Cuando Banamex, una vez privatizado, decidió realizar una restructuración para enfrentar la previsible competencia de bancos extranjeros, atraída por la liberalización del sistema financiero mexicano, además de la propia del mercado nacional, se optó por recurrir a uno de los conceptos más ampliamente difundidos en la actualidad: la reingeniería de procesos (*business process reengeniering)* tópico común en diversas publicaciones, conferencias y cursos que por lo general exaltan los posibles beneficios que pueden lograrse debido a su aplicación.

Los principios en que se sustenta la reingeniería son muy atractivos, particularmente para las empresas que enfrentan mercados con una competencia muy dinámica; por tanto, su práctica en las organizaciones latinoamericanas se ha vuelto cada vez más común. En realidad parece lógico que a mediados de los noventa cualquier empresa que deseara mejorar el desempeño de su estructura organizacional debía considerar las técnicas de reingeniería como una base natural para orientar sus esfuerzos. Desafortunadamente, después de un par de años de que se inició la reingeniería en ese importante banco mexicano, no es del todo posible afirmar que los resultados alcanzados en la satisfacción del cliente (una de las metas que sirven como acicate a la reingeniería) sean tan espectaculares como pudieran haberse esperado.

Quizá uno de los problemas que pudiera haber obstaculizado el logro de una mayor eficiencia y eficacia organizacionales pretendidas por Banamex, es que al parecer no se tomó muy en cuenta cómo percibían sus empleados el proceso de reorganización, principalmente quienes ocupaban puestos administrativos, lejos de la operación directa en que se trata con clientes de carne y hueso. Muchos de estos empleados, en gran parte de tipo *staff*, en lugar de preocuparse por su adaptación e inserción a la nueva estrategia de la empresa, ahora temían ser despedidos en cualquier momento, puesto que el saldo de toda área que se había sometido a la reingeniería era un buen número de despidos. Es decir, se encontraban más preocupados por su permanencia en el empleo y la seguridad para sus familias derivada del mismo que por alcanzar un desempeño con resultados superiores. Particularmente es de hacerse notar que las condiciones externas propiciadas por la crisis económica agudizaban los efectos negativos de la incertidumbre sobre el futuro laboral.

Por tanto, podríamos pensar que no basta con adoptar el enfoque administrativo más popular en el momento (incluso si las condiciones externas e internas sugieren un cambio radical en la estructura organizacional), sino que es de extrema importancia promover primero y de manera adecuada un cambio en la cultura de la organización.

Modificaciones debidas al factor humano

Si el personal disponible no se ajusta a la estructura ideal y no se le puede o no se le debe hacer a un lado, la única opción es modificar la estructura para que responda a las capacidades, actitudes o limitaciones individuales. Aunque aparentemente esta modificación equivaldría a organizar con base en las personas, lo cierto es que en este caso se organiza primeramente con base en las metas por cumplir y las actividades por realizar, y sólo después se hacen modificaciones debidas al factor humano. De esta manera, la planeación permite reducir la posibilidad de que se comprometa la necesidad de los principios cada vez que ocurren cambios en el personal.

Ventajas de la planeación de la organización

La planeación de la estructura organizacional ayuda a determinar las necesidades futuras de personal y los programas de capacitación requeridos. Si se ignora qué personal administrativo se necesitará y la experiencia que se deberá demandar, una empresa no podrá reclutar personal ni capacitarlo inteligentemente.

Además, la planeación de la organización puede revelar debilidades. La duplicación de esfuerzos, la confusión en cuanto a las líneas de autoridad, la desmedida prolongación de las líneas de comunicación, los excesos de papeleo y la obsolescencia de ciertas prácticas se perciben más claramente cuando la estructura organizacional real se compara con la deseable.

Cómo evitar la inflexibilidad organizacional

Una de las ventajas básicas de la planeación de la organización es evitar de la inflexibilidad organizacional. Numerosas empresas, especialmente aquellas con muchos años de operación, padecen tal rigidez que les resulta imposible pasar la primera prueba de una estructura organizacional efectiva: la capacidad de adaptarse a nuevas condiciones y de resolver nuevas contingencias. Esta resistencia al cambio puede provocarles a las organizaciones una considerable pérdida de eficiencia y hacer que el cambio cada vez sea más drástico y costoso.

Señales de inflexibilidad

Entre las compañías más antiguas se cuenta con amplias evidencias de inflexibilidad: un patrón organizacional fuera de época, una organización distrital o regional que podría eliminarse o ampliarse gracias a las mejoras en las comunicaciones, o una estructura excesivamente centralizada para una empresa que, habiendo crecido, requiere de descentralización.

Cómo evitar la inflexibilidad por medio de la reorganización

Aunque el propósito de la reorganización es responder a los cambios ocurridos en las condiciones de una empresa, también pueden motivarla otras razones igualmente apremiantes. Entre las relacionadas con las condiciones de una empresa están los cambios en las operaciones provocados por la adquisición o venta de grandes propiedades, cambios en líneas de productos o métodos de comercialización, ciclos económicos, influencias competitivas, nuevas técnicas de producción, políticas sindicales, políticas gubernamentales tanto regulatorias como fiscales y el estado imperante de los conocimientos sobre organización. Quizá se disponga de la posibilidad de aplicar nuevas técnicas y principios, como el desarrollo de administradores al permitirles administrar unidades descentralizadas semindependientes de una compañía. O bien, tal vez se introduzca el uso de nuevos métodos, como la obtención del control financiero adecuado con un alto grado de descentralización.

Además, es probable que un nuevo director general o nuevos vicepresidentes y jefes de departamento posean ideas organizacionales muy definidas. En estas condiciones, los cambios pueden deberse sencillamente al deseo de los nuevos administradores de hacer modificaciones con base en ideas que han ido formulando a lo largo de sus experiencias previas o al hecho de que sus métodos de administración y su personalidad demandan una estructura organizacional modificada.

Adicionalmente, la reorganización puede ser producto de las deficiencias comprobadas de la estructura prevaleciente. Algunas de esas deficiencias resultan de debilidades organizacionales: amplitud excesiva de los tramos de administración, una cantidad desmesurada de comités, falta de uniformidad en las políticas, lentitud en la toma de decisiones, fracasos en el cumplimiento de objetivos, incapacidad para cumplir los programas, costos excesivos o deterioro del control financiero. Otras se derivan de insuficiencias de los administradores. La falta de conocimientos o habilidades de un administrador que por alguna razón es imposible remplazar puede evitarse si se organiza de manera que se traslade a otro puesto una buena parte de la autoridad de toma de decisiones de aquél.

También los conflictos de personalidad entre administradores pueden resolverse a través de la reorganización. En ciertos casos se desarrollan conflictos entre *staff* y línea de tal magnitud que sólo se les puede resolver mediante la reorganización.

Necesidad de reajuste y cambio

Aparte de las razones que presionan para la reorganización, prevalece siempre la necesidad de reajustes moderados continuos con el solo propósito de impedir que la estructura se estanque. La "costrucción de imperios" (es decir, la formación de grandes organizaciones de tal manera que el administrador parezca más importante) carece de atractivo cuando todos los involucrados saben que sus puestos están sujetos al cambio. El presidente de una compañía lo explicó así a sus subordinados: "No se molesten en crear imperios; les aseguro que dentro de tres años no estarán en el mismo puesto." Conscientes de que una estructura organizacional debe ser un ente vivo, algunos administradores operan cambios estructurales con la única intención de acostumbrar a sus subordinados al cambio.

Cómo hacer que el *staff* funcione eficazmente

Aparte de ser uno de los más difíciles para las organizaciones, el problema de línea y *staff* también es fuente de ineficiencias en grado extraordinario. Para resolver este problema se requiere de grandes habilidades administrativas, una cuidadosa atención a los principios y una paciente capacitación del personal.

Comprensión de las relaciones de autoridad

Si verdaderamente desean resolver los problemas de la línea y el *staff*, los administradores deben comprender la naturaleza de las relaciones de autoridad. En tanto sigan considerando a la línea y el *staff* como grupos de personas o agrupaciones de actividades (departamentos de servicios, por ejemplo), prevalecerá la confusión. Línea y *staff* son relaciones de autoridad, y muchos puestos poseen elementos de ambas. La relación de línea supone tomar decisiones y obrar en consecuencia. Por su parte, la relación de *staff* implica el derecho a prestar asistencia y asesoría. Para decirlo brevemente, la línea puede "decir", pero el *staff* debe "vender" (sus propuestas).

Hacer que la línea escuche al *staff*

Los administradores de línea deben ser alentados u obligados a consultar al personal de *staff*. Las empresas harían bien en adoptar la práctica de la asistencia administrativa obligatoria para que la línea se vea forzada a escuchar al *staff*. En General Motors, por ejemplo, los gerentes de divisiones de productos consultan a las divisiones de *staff* establecidas en las oficinas generales antes de proponer un importante programa o política al director general o al comité de finanzas. Aunque quizá no estén obligados a hacerlo, es probable que se hayan percatado de que esta práctica asegura una mejor recepción a sus propuestas; si, además, pueden presentar un frente unido con la división de *staff* involucrada, indudablemente habrá mayores posibilidades de que sus propuestas sean finalmente adoptadas.

Mantener informado al personal de *staff*

Suele objetarse que los especialistas de *staff* operan en el vacío, que no aprecian la complejidad de las labores de los administradores de línea y que soslayan hechos importantes al momento de hacer recomendaciones. Hasta cierto punto, estas críticas resultan obvias, porque no cabe esperar que los especialistas conozcan en detalle las minucias de la labor de un administrador. Los especialistas deben tener cuidado de que sus recomendaciones se refieran exclusivamente a asuntos de su competencia, mientras que los administradores operativos no deben confiar tanto en recomendaciones en las que sólo se considera una parte de un problema.

Muchas críticas surgen porque los asistentes de *staff* no están debidamente informados de asuntos pertenecientes al campo de su especialidad. Incluso el mejor asistente sería incapaz de ofrecer una asesoría apropiada en este caso. Si los administradores de línea no informan al personal de *staff* con el que están directamente relacionados de decisiones que afectan a su trabajo o si no sientan las bases (mediante avisos y solicitudes de cooperación) para que aquél obtenga información indispensable sobre problemas específicos, es imposible que el personal de *staff* cumpla las funciones para las que fue creado. Dado que liberan a sus superiores de la necesidad de reunir y analizar esa información, los asistentes de *staff* justifican en gran medida su existencia.

Necesidad de exigir al *staff* trabajo terminado

Muchos empleados de *staff* desestiman el hecho de que, para ser verdaderamente útiles, sus recomendaciones deben ser suficientemente completas para hacer posible una simple respuesta afirmativa o negativa por parte de un administrador de línea. Los asistentes de *staff* deben resolver problemas, no crearlos. Crean problemas a los administradores cuando su asesoría es indecisa o vaga, sus conclusiones son erróneas, no toman en cuenta todos los hechos o no consultan a las personas directamente involucradas en una propuesta, o no indican a sus superiores lo mismo las desventajas que las ventajas del curso de acción que proponen.

Una labor de *staff* completa supone la presentación de una recomendación clara basada en la plena consideración de un problema, la aprobación de las personas directamente afectadas, sugerencias sobre cómo evitar las dificultades implicadas y, con frecuencia, la elaboración de la documentación respectiva (cartas, instrucciones, descripciones de funciones y especificaciones) a fin de que un administrador pueda aceptar o rechazar la propuesta sin necesidad de estudios adicionales, largas entrevistas o tareas innecesarias. Para que una recomendación sea aceptada, una labor *staff* exhaustiva debe proporcionarles a los administradores de línea la maquinaria indispensable para ponerla en práctica. Las personas en puestos administrativos que aprenden a proceder de esta manera terminan por ser altamente valoradas y apreciadas.

Hacer del trabajo *staff* un modo de vida organizacional

La comprensión de la autoridad de *staff* sienta las bases para un modo de vida organizacional. Cuando se hace uso de personal de *staff*, su responsabilidad es desarrollar y mantener un clima favorable para las relaciones personales. La tarea de los asistentes de *staff* es en esencia contribuir a la buena imagen de los administradores de línea responsables y a la realización por éstos de un mejor trabajo. Los asistentes de *staff* no deben pretender que se les dé crédito por una idea. Esto no sólo sería un medio seguro para enemistar-se con los compañeros de línea, molestos por haber sido exhibidos de esta forma por un asistente de *staff*, sino que además supone ignorar el hecho de que, al aceptar una idea, los administradores operativos asumen la responsabilidad de su instrumentación.

En las compañías también se recurre a la asistencia externa de empresas profesiona-les. Los administradores de línea, por ejemplo, pueden acudir a empresas consultoras en busca de asesoría. Las relaciones entre el personal de *línea* y el personal de *staff* externo son similares a las que acaban de exponerse. Sin embargo, la asistencia externa se pro-longa por lo general durante un periodo limitado, motivo por el cual es aún más difícil hacerla responsable de las consecuencias de sus propuestas, especialmente cuando el personal de *staff* de esa índole no interviene en la instrumentación de sus recomenda-ciones.

Cómo evitar conflictos por medio de la clarificación

Uno de los motivos principales del surgi-miento de conflictos en las organizaciones es la incomprensión por parte del personal tanto de sus asignaciones como de las de sus compañeros de trabajo. A pesar de que una estructura organizacional haya sido excelentemente concebi-da, no funcionará si la gente no la entiende. Esta necesaria comprensión se propicia mediante el adecuado uso de organigramas, descripciones precisas de funciones, la explicitación de las relaciones de autoridad y de información y la presentación de metas específicas para puestos específicos.

Organigramas

Toda estructura organizacional, por elemental que sea, puede diagramarse, ya que un organigrama indica las relaciones entre sí de los distintos departamentos a lo largo de las principales líneas de autoridad. Resulta un tanto asombroso, en consecuencia, que haya administradores de alto nivel que se enorgullezcan de que su empresa carece de orga-nigrama o que, en caso de que éste exista, piensen que es conveniente mantenerlo en secreto.

VENTAJAS   Un distinguido fabricante aseguró en una ocasión que a pesar de que creía en la relativa utilidad de un organigrama para su fábrica, se había negado a que éste contuviera los niveles organizacionales por encima del correspondiente al superinten-dente de la fábrica. Su argumento era que los organigramas tienden a acentuar la con-ciencia de la gente respecto de su condición superior o inferior, contribuyen a la destrucción del sentido de equipo y producen en las personas que aparecen en ellos una desmedida sensación de "propiedad". Otro alto ejecutivo señaló por su parte que la carencia de organigrama en una organización facilita la realización de cambios en ésta y estimula en el grupo de administradores intermedios el interés competitivo en puestos ejecutivos más elevados.

Es evidente que estas razones para prescindir de organigramas en las estructuras organizacionales carecen de sustento. Las relaciones subordinado-superior no existen a causa de los organigramas, sino de la necesidad de relaciones de reporte. En lo que se refiere a que los organigramas creen una sensación de excesivo confort y provoquen la ausencia de estímulos para quienes "ya llegaron", la responsabilidad a este respecto recae en el liderazgo de alto nivel, encargado de reorganizar cuando así lo demanden las condiciones de la empresa, de desarrollar una tradición de cambio y de lograr que los administradores subordinados no dejen de cumplir normas de desempeño adecuadas y debidamente comprendidas. Los administradores que creen que es posible producir un espíritu de equipo sin formular claramente las relaciones de autoridad se engañan a sí mismos y preparan el terreno para la aparición de la politiquería, la intriga, la frustración, la mutua atribución de culpas, la falta de coordinación, la duplicación de esfuerzos, la vaguedad de las políticas, la incertidumbre en la toma de decisiones y otros signos evidentes de ineficiencia organizacional.

Dado que en un organigrama se trazan únicamente las líneas de autoridad para la toma de decisiones, en ocasiones basta con elaborarlo para detectar inconsistencias y complicaciones y proceder a su corrección. Asimismo, un organigrama revela a administradores y personal de nuevo ingreso sus vínculos con la estructura en su totalidad.

LIMITACIONES   Los organigramas están sujetos a importantes limitaciones. En ellos aparecen únicamente las relaciones formales de autoridad, y se omiten por lo tanto las muy significativas relaciones informales y de información. En la figura 10-1 se muestran muchas (aunque de ninguna manera la totalidad) de las relaciones informales y de información propias de las empresas organizadas, así como las principales relaciones de línea, o formales. En ella no se indica el grado de autoridad existente en cualquier punto de la estructura. Sería interesante que un organigrama contuviera líneas de diferente grosor que señalaran de este modo los diversos grados de autoridad formal, pero lo cierto es que la autoridad no resiste mediciones de este tipo. Si además se trazaran las múltiples líneas de las relaciones informales y de comunicación, el organigrama se complicaría al punto de resultar incomprensible.

Las estructuras que aparecen en muchos organigramas son las ideales o las que rigieron en tiempos anteriores, no las reales. Los administradores dudan en ajustar los organigramas o sencillamente descuidan esta actividad, olvidándose de que las estructuras organizacionales son dinámicas y de que no se debe permitir que los organigramas se vuelvan obsoletos.

Otra de las dificultades de los organigramas es que los individuos pueden confundir las relaciones de autoridad con categoría. Bien puede ocurrir que el ejecutivo administrativo que depende directamente del presidente de una compañía aparezca en la cima del organigrama, mientras que un ejecutivo regional de línea ocupe una posición uno o dos niveles más abajo. El propósito de un organigrama válido es que los niveles que aparecen en él correspondan a los niveles de importancia en la empresa, lo que sin embargo no siempre es posible. Este problema puede resolverse mediante la clara explicitación de las relaciones de autoridad y el correcto uso del que, hoy por hoy, es el mejor indicador de categoría: los niveles salariales y de bonificaciones. Jamás se oirá decir, por ejemplo, que el gerente general de Chevrolet en General Motors se sienta inferior por el hecho de que en el organigrama su puesto aparezca debajo del de la secretaria de la compañía.

Figura 10-1

La organización formal
y la organización
informal o de
información.

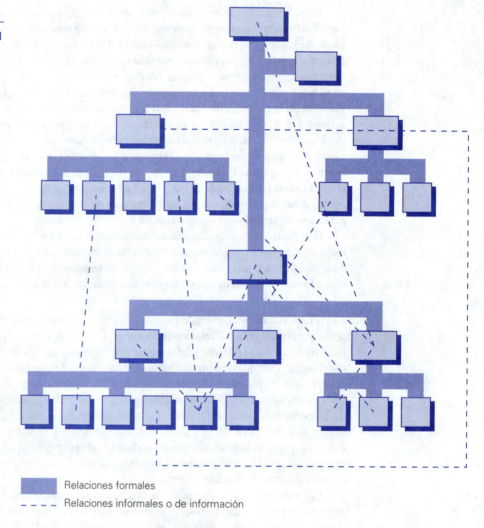

Relaciones formales

- - - - Relaciones informales o de información

Descripciones de puesto

Todos los puestos administrativos deben definirse. En una buena descripción del puesto
se informa a todos los interesados acerca de las responsabilidades del ocupante. Una
descripción moderna de puestos no es una lista detallada de todas las actividades que se
espera que emprenda un individuo, y ciertamente en ella tampoco se especifica la manera en que deberá llevarlas a cabo. En ella se enuncian, en cambio, la función básica del
puesto, las principales áreas de resultados finales de las que es responsable el respectivo
administrador y las relaciones de reporte implicadas. Se precisa asimismo la autoridad
del puesto y se establece la serie de objetivos verificables para las áreas de resultados
finales.

Las descripciones de puestos poseen muchos beneficios. Mediante el análisis de puestos es posible mostrar deberes y responsabilidades e identificar áreas de superposición o descuido de ciertos deberes. Este esfuerzo bien vale la pena si gracias a él la gente se ve obligada a considerar las actividades que es preciso realizar y quién debe ocuparse de ellas. Otros beneficios de las descripciones de puestos son la orientación que ofrecen para la capacitación de nuevos administradores, la determinación de los requisitos que deben cumplir los candidatos a un puesto y el establecimiento de niveles salariales. Finalmente, como medio de control de la organización las descripciones de puestos constituyen una norma contra la cual juzgar si efectivamente un puesto es necesario o no y, en caso de serlo, qué nivel organizacional y ubicación exacta en la estructura deben corresponderle.

Cómo asegurar la comprensión de la organización

Es necesario que todos los miembros de una empresa comprendan la estructura de su organización, para que esa estructura funcione. Para esto se requiere de enseñanza. Asimismo, puesto que la organización formal se ve complementada por la organización informal, los miembros de una empresa deben comprender el funcionamiento general tanto de la organización formal como de la informal.

Enseñanza de la naturaleza de la organización

Muchos planes organizacionales excelentemente concebidos fracasan a causa de resultar incomprensibles para los miembros de la organización. Un manual de organización claramente redactado (y que contenga la declaración de la filosofía de la organización, programas, organigramas y una versión abreviada de las descripciones de puestos) contribuye enormemente a volver comprensible una organización. Si una estructura organizacional se traslada a textos y diagramas, ganará en claridad. Pero dado que incluso los términos mejor formulados y los diagramas más detalladamente representados no siempre transmiten claramente el mismo significado para todos los lectores, los administradores eficaces no pueden contentarse con aclaraciones por escrito. Ellos mismos deben enseñar a sus subordinados el significado de la estructura organizacional, la posición que ocupan en ella y las relaciones implicadas en cada caso. Pueden hacerlo mediante la asesoría individual, la convocatoria a reuniones de *staff* o de carácter especial o simplemente induciendo la detenida observación del funcionamiento de la estructura.

CULTURA ORGANIZACIONAL DE GRUPO INDUSTRIAL RESISTOL

Una experiencia de gran interés en relación con la instrumentación de cambios en la organización del trabajo dentro de una empresa es el caso del Grupo Industrial Resistol (GIRSA). En la búsqueda de un nuevo ambiente laboral, esta empresa decidió que la unión de esfuerzos de los administradores, los trabajadores e incluso el sindicato, era la mejor forma de lograr que su estructura organizacional sirviera como una verdadera base para lograr la competitividad que exige la nueva configuración globalizada de los mercados. Para 1996 la empresa, 100% mexicana, vendía alrededor de 700 millones de dólares anuales, siendo exportaciones 35% de sus ventas. Con más de 20 plantas en diversos puntos del país y 4 300 trabajadores, su objetivo básico es ganar mercado mediante la satisfacción de sus clientes, teniendo que enfrentar para ello a los competidores nacionales y extranjeros.

Anteriormente las relaciones entre la administración y los sindicatos de trabajadores (debido a la dispersión geográfica de sus plantas GIRSA se relaciona con diez sindicatos) daban como resultado una cultura laboral de conflicto permanente. Las condiciones internas no podían ser más desfavorables: carencia de sistemas de capacitación, despreocupación por la calidad de vida, estructuras burocráticas y excesivamente centralizadas, trabajos con valoración mínima, por ejemplo. Pero desde 1979, GIRSA y uno de los sindicatos acordaron promover un cambio, basándose en la flexibilización de las condiciones de contratación, sustituyendo el sistema de compensaciones fijos por uno de carácter variable y el desarrollo de habilidades múltiples en los trabajadores. Naturalmente una cosa es decir y otra esforzarse realmente, GIRSA optó por el segundo camino y emprendió acciones orientadas a desarrollar a sus trabajadores para que éstos fuesen capaces de contribuir al éxito del programa mediante sus esfuerzos y habilidades. La consecuencia obvia ha sido el logro de beneficios tanto para la empresa como para los trabajadores y la aceptación consensada del Programa de Modernización Laboral y Competitividad con base en la visión compartida y objetivos comunes entre empresa, trabajadores y sindicato.

Como esta experiencia muestra, el desarrollo de una cultura organizacional sólida debe sustentarse en el desarrollo de las personas que conforman la estructura de la organización, pues su desempeño individual es la base del desempeño grupal dentro de la empresa y, en última instancia, del de toda ella.

Reconocimiento de la importancia de la organización informal y de la red natural de relaciones

Otro medio para conseguir el funcionamiento eficaz de la organización formal es reconocer y aprovechar al máximo la organización informal. La naturaleza de las organizaciones informales y sus diferencias respecto de las organizaciones formales se explicaron en el capítulo 7. Muchas organizaciones informales surgen naturalmente de la organización formal en la que operan. Entre ellas están las interrelaciones que no suelen aparecer en los organigramas, como las reglas no escritas de la conducta organizacional, la manera de "aprender los trucos", las personas que ejercen una forma de poder no implicada por ni procedente del puesto que ocupan en la organización y los rumores. Uno de los ejemplos más conocidos e importantes de las organizaciones informales, aparentemente vigente en todo departamento y organización, es la red natural de relaciones.

LA RED NATURAL DE RELACIONES   Tiende a haber organizaciones informales cuando los miembros de una organización formal (del departamento de una compañía, por ejemplo) adquieren tal conocimiento entre sí que comparten información (en ocasiones únicamente rumores) relacionada de un modo u otro con la empresa. En una empresa común (cuyos miembros derivan seguridad material y categoría, así como satisfacción social, de la red natural de relaciones a la que pertenecen y con la que permanecen en contacto durante buena parte del día), el deseo de información sobre la organización y sus integrantes es tan intenso que tal información se transmite rápidamente entre personas que se conocen bien y confían unas en otras.

La red natural de relaciones se alimenta desde luego de información a la que no tiene libre acceso el grupo en su conjunto, ya sea porque se le considere confidencial, porque las líneas formales de comunicación son inadecuadas para difundirla o porque se trata del tipo de información (al que corresponde la mayoría de los rumores) que jamás se daría a conocer de manera formal. Aun los administradores que mantienen concienzudamente informados a los empleados por medio de boletines o publicaciones de la compañía nunca revelan tan detallada ni velozmente toda la información de interés como para volver inútiles a las redes naturales.

Puesto que todas las modalidades de organización informal satisfacen necesidades esenciales de comunicación humana, las redes naturales de relaciones son inevitables, pero también valiosas. Tan es así, que un inteligente administrador de alto nivel haría bien en transmitir a través de ellas información exacta, dada su alta eficacia como vías rápidas de comunicación. Es mucho lo que puede decirse en favor de la pertenencia de un administrador (ya sea personalmente o a través de un empleado administrativo o secretaria confiable) a la red natural de relaciones de su compañía.

BENEFICIOS   La organización informal da cierta cohesión a la organización formal y hace más rápida la comunicación. Crea en los miembros de una organización formal un sentido de pertenencia, categoría, respeto por sí mismos y satisfacción. Conocedores de este hecho, muchos administradores hacen un uso deliberado de las organizaciones informales como canales de comunicación y vías para influir en la moral de los empleados.

Promoción de una cultura organizacional apropiada[4]

La eficacia de una organización también se ve influida por su cultura, la cual tiene efectos en la manera en la que se ejercen las funciones administrativas de planeación, organización, integración de personal, dirección y control. En la tabla 10-1 se enlistan ejemplos de cultura organiza-

TABLA 10-1

Ejemplos de cultura organizacional y práctica administrativa.

Entorno A	Entorno B
Planeación	
Fijación de metas en forma autocrática.	Fijación de metas con un alto grado de participación.
Centralización de la toma de decisiones.	Descentralización de la toma de decisiones.
Organización	
Centralización de la autoridad.	Descentralización de la autoridad.
Estrecha definición de la autoridad.	Amplia definición de la autoridad.
Integración de personal	
Selección del personal con base en relaciones de amistad.	Selección del personal con base en criterios de desempeño.
Capacitación en especialidades de estrecha definición.	Capacitación en muchas áreas funcionales.
Dirección	
Ejercicio de liderazgo directivo por parte de los administradores.	Práctica del liderazgo participativo por parte de los administradores.
Dirección fundamentalmente descendente del flujo de comunicación.	Dirección descendente, ascendente, horizontal y diagonal del flujo de comunicación.
Control	
Ejercicio de un estricto control por parte de los superiores.	Ejercicio de un alto grado de autocontrol por parte de los individuos.
Atención prioritaria a los criterios financieros.	Atención a múltiples criterios.

cional. Si se le diera la oportunidad de elegir, probablemente la mayoría de la gente preferiría trabajar en una organización similar a la del entorno B, en la que es posible participar en el proceso de toma de decisiones, la evaluación de los individuos se realiza con base en criterios de desempeño y no por relaciones de amistad, se cuenta con canales abiertos de comunicación en todas direcciones y se dispone de la oportunidad de ejercer un alto grado de autocontrol. En su búsqueda de compañías de excelencia, Thomas Peters y Robert Waterman, autores de un libro de administración de gran venta, descubrieron que tales organizaciones se caracterizan por el predominio de una cultura coherente.[5]

Sin embargo, el reconocimiento de la importancia de la cultura empresarial no es algo nuevo (a pesar de que ciertos gurúes de la administración pretendan hacérnoslo creer así).[6] En la antigua Grecia, hace más de 2 000 años, en el 431 a.C., Pericles instó elocuentemente a los atenienses, entonces en guerra con los espartanos, a adoptar los valores inherentes a la democracia: informalidad en la comunicación, importancia de la dignidad individual y ascenso con base en el desempeño. Sabía que estos valores básicos podían determinar la victoria o la derrota. Estos valores no se diferencian de los que han abrazado numerosas compañías del mundo entero, entre ellas las estadunidenses.

Definición de cultura organizacional

En lo que respecta a las organizaciones, la **cultura** es el patrón general de conducta, creencias y valores que sus miembros comparten.[7] Se le puede inferir de lo que la gente dice, hace y piensa en el contexto de una organización. Implica la adquisición y transmisión de conocimientos, creencias y patrones de conducta en el transcurso del tiempo, lo que significa que la cultura de una organización es sumamente estable y no cambia rápidamente. Habitualmente impone el "tono" de una compañía y establece reglas tácitas de comportamiento para la gente. Los lemas de muchas compañías suelen dar una idea general de aquello en lo que cree una empresa en particular.[8] He aquí algunos ejemplos:

> General Electric: "El progreso es nuestro producto más importante."
> American Telephone & Telegraph Company se enorgullece de su "servicio universal".
> Du Pont hace "mejores cosas para una vida mejor gracias a la química".
> Delta Airlines describe su ambiente interno con el lema "la familia Delta".
> KLM Royal Dutch Airlines desea distinguirse como "la aerolínea confiable". Su presidente, Jan F. A. de Soet, ha dicho que KLM no es una línea aérea fastuosa. Por el contrario, la cultura de la organización responde al desagrado de los holandeses por la ostentación.[9]

De igual manera, IBM pretende singularizarse por su servicio, Sears por su calidad y precio, Caterpillar por su servicio de repuestos las 24 horas del día, Polaroid por su innovación, Maytag por su confiabilidad, etc. La orientación de estas compañías, de la que a menudo dan cuenta sus lemas, ciertamente ha contribuido a su éxito.

Asea Brown & Boveri (ABB), gigantesca compañía del sector eléctrico integrada por una empresa sueca y otra suiza, se guía por una cultura recogida en la expresión *Piensa globalmente, actúa localmente*.[10] La cultura organizacional de esta compañía sumamente descentralizada con más de 200 000 empleados en todo el mundo se integra a la cultura del país en el que opera cada división. Al mismo tiempo, los administradores de ABB proceden globalmente en cuanto a fuentes de proveedores. Por ejemplo, dependiendo del mercado financiero, los bienes y servicios se adquieren en el país que ofrece las mejores condiciones para ello.

Influencia del líder en la cultura organizacional

Los administradores, y especialmente los de mayor nivel, crean el ambiente de una empresa. Sus valores influyen en la dirección que ésta sigue. Aunque el término "valor" posee muchas acepciones, **valor** puede definirse como una convicción sólida sobre lo que es apropiado y lo que no lo es, que guía las acciones y conducta de los empleados en

PERSPECTIVA DE CALIDAD

LA RENOVACIÓN ORGANIZACIONAL DE WAINWRIGHT INDUSTRIES LE MERECIÓ EL PREMIO BALDRIGE[11]

En 1991, Wainwright Industries, compañía fabricante de instrumentos de precisión y subensambles al servicio de la industria automotriz y otras, se dio cuenta de que su mayor problema era su dirección general. En consecuencia, bajo el liderazgo de Don Wainwright, su director general, inició una renovación organizacional que supuso drásticos cambios. Tres años después, en 1994, esta compañía obtuvo el prestigioso Premio Nacional de Calidad Malcolm Baldrige. ¿Cuáles son algunos de los aspectos del nuevo método que aplicó para la administración de la calidad?

Esta compañía se concentra en cinco indicadores: 1) seguridad, 2) satisfacción de los clientes internos (los socios dentro de la empresa que satisfacen sus mutuas necesidades para alcanzar una meta común), 3) satisfacción de los clientes externos, 4) calidad seis sigma (de prácticamente cero defectos) y 5) desempeño empresarial.

El Control de Misión cumple una parte decisiva en este método administrativo. Se trata de una representación visual de la satisfacción o insatisfacción de todos los clientes externos. Señales de color verde indican un desempeño acorde con los planes. Por el contrario, señales rojas muestran la existencia de un problema, y por lo tanto de la necesidad y oportunidad de realizar mejoras. Cada mes, Wainwright recibe una tarjeta de información de parte de sus clientes. Si el desempeño no responde a las necesidades de éstos, un "defensor de los clientes" convoca a una reunión y toma medidas para remediar el problema. Por medio del Control de Misión también se da a conocer la filosofía de la compañía, su plan estratégico y datos sobre su desempeño. La información acerca del desempeño de la empresa circula ampliamente entre todos sus socios.

La capacitación es uno de los elementos más importantes del enfoque administrativo de esta compañía. El 7% de su nómina se destina a la capacitación en horas de trabajo. Asimismo, el *empowerment* es esencial para el éxito de la empresa. En su caso, esta práctica no se reduce a la delegación de autoridad, sino que, de acuerdo con la filosofía de la compañía, comprende también el servicio a los demás, ya sean éstos clientes internos o externos.

La renovación organizacional de esta compañía manufacturera de medianas dimensiones es una demostración de que una vez que los administradores de alto nivel reconocen que ellos mismos son el problema, de ello pueden resultar cambios trascendentales, capaces de conducir incluso a la obtención del renombrado Premio Nacional de Calidad Malcolm Baldrige.

el cumplimiento de los propósitos de la organización. Los valores pueden concebirse como los elementos que componen la ideología que permea las decisiones de todos los días.

En muchas compañías de éxito, los líderes empresariales guiados por valores son un modelo a seguir, fijan normas de desempeño, motivan a los empleados, vuelven especial a la compañía y son un símbolo para el exterior.[12] Edwin Land, fundador de Polaroid, fue quien creó las condiciones organizacionales favorables para la investigación y la innovación. Jim Treybig, de Tandem, en Silicon Valley cerca de San Francisco, fue quien se obstinó en subrayar que toda persona es un ser humano y merece ser tratada como tal. William Cooper Procter, de Procter & Gamble, dirigió esa compañía amparado en el lema "Haz lo correcto". Theodore Vail, de AT&T, fue el responsable de conceder prioridad a las necesidades de los clientes haciendo hincapié en el servicio. Woolard, director general de Du Pont, fue el iniciador del programa "Adopte a un cliente", por medio del cual se alienta a los trabajadores a visitar a sus clientes una vez al mes para ponerse al tanto de sus necesidades e inquietudes. La cultura organizacional creada por los líderes de las empresas puede dar como resultado el ejercicio de las funciones administrativas en forma absolutamente diferente.

Aunque toca al director general la indicación de la dirección a seguir, hay quienes sostienen que el cambio debe provenir de la base de la organización.[13] En la planta Towanda

PERSPECTIVA INTERNACIONAL

CULTURA ORGANIZACIONAL EN UN SINDICATO

Indudablemente que la configuración, instrumentación y fortalecimiento de una nueva cultura organizacional requiere ineludiblemente de los líderes formales de las empresas, particularmente de un conjunto de valores y una visión que propicien los cambios. Sin embargo, no basta únicamente con el papel del líder como promotor, se requiere una buena disposición de los trabajadores. En este sentido es notable el ejemplo del Frente Auténtico del Trabajo, sindicato mexicano independiente de las grandes centrales obreras del país.

La visión de esta organización sindical es que para que los trabajadores cuenten con seguridad en el empleo, las empresas deben ser rentables y tener utilidades. Por tal motivo, una de sus preocupaciones fundamentales en defensa de sus agremiados es participar activa y conjuntamente con las empresas en la promoción de una cultura de flexibilización laboral, capaz de mejorar la productividad y calidad mediante la mejora continua (*kaizen*). Entre las propuestas que han presentado a las empresas con las cuales mantienen relaciones laborales destaca el programa concertado con Sealed Power Mexicana que dio como fruto el reconocimiento al mejoramiento continuo de la calidad y productividad de la empresa por parte de Ford Motor Company de México, quien la distinguió con el Premio Q-1 por su cultura de excelencia como proveedor.

Señala Bertha Luján, miembro de la dirigencia del FAT: "... la formación de los trabajadores juega un papel fundamental e incluye capacitación y adiestramiento, y otros aspectos que van más allá de la capacitación para el trabajo..."

MISIÓN Y CULTURA DE GENERAL MOTORS

El anterior presidente de General Motors, Roger B. Smith, se propuso transformar la cultura de la compañía.[14] Una de sus principales tareas fue la de combinar la cultura de GM con las de las empresas recientemente adquiridas, como Hughes Aircraft Company, empresa aeroespacial de alta tecnología, y Electronic Data Systems (EDS), compañía de servicios de cómputo que había sido dirigida por Ross Perot, el pintoresco y activo empresario estadunidense.[15] Mientras que en GM se enfatizaban los procesos y procedimientos burocráticos, EDS se centraba en la obtención de resultados a la manera militar. En tanto que en GM imperaba un lento estilo de toma de decisiones y no se acostumbraba premiar la adopción de riesgos, Hughes se veía obligada, en razón de su posición de vanguardia tecnológica, a examinar persistentemente su entorno en busca de nuevos adelantos y oportunidades, con lo que a veces la toma de decisiones en esa empresa implicaba un alto grado de riesgo.

Para orientar estas divergentes culturas, Smith distribuía "tarjetas culturales" que contenían la misión de la compañía: "El propósito fundamental de General Motors es ofrecer productos y servicios de excelente calidad para que nuestros clientes reciban un valor superior, nuestros empleados y socios de negocios compartan nuestro éxito y nuestros accionistas reciban en forma sostenida un rendimiento superior sobre su inversión."[16]

de Du Pont en Pensilvania, el personal se halla organizado en equipos autodirigidos. Los empleados gozan de gran libertad en la fijación de sus programas, se encargan de resolver sus problemas y participan incluso en la selección de sus compañeros de trabajo. Es ilustrativo de esta cultura el hecho de que a los administradores se les llame "facilitadores", no "superiores".

La transformación de una cultura organizacional lleva mucho tiempo, de hasta 5 a 10 años. Demanda el cambio de valores, símbolos, mitos y conducta. Puede implicar primeramente el profundo conocimiento de la antigua cultura, la identificación de una subcultura en la organización y el aliento a quienes viven de acuerdo con esta nueva cultura. Este aliento no debe ser necesariamente financiero. En la fábrica de Sharp en Japón, a los empleados de mejor desempeño se les premia con la pertenencia al equipo de "La insignia dorada", el cual depende directamente del presidente de la compañía. A cualquier precio, los directores generales de las empresas deben ser un símbolo de la cultura que desean promover.

Una visión clara de un propósito común incita al compromiso. Además, cuando el personal participa en el proceso de toma de decisiones y ejerce autodirección y autocontrol, se siente comprometido con sus propios planes. Sin embargo, una vez abrazados, es preciso reforzar los valores mediante premios e incentivos, ceremonias, la difusión de casos ejemplares y acciones simbólicas.[17]

Resumen

Organizar implica desarrollar una estructura intencional de funciones para el desempeño eficaz. Muchos errores de organización pueden evitarse si primeramente se planea la organización ideal para el cumplimiento de metas y después se hacen modificaciones en función del factor humano y otros factores situacionales. En la planeación de la organización se identifican las necesidades de integración del personal y se cuenta con la posibilidad de atacar las deficiencias en este campo. Se detectan asimismo la duplicación de esfuerzos, la falta de claridad en las líneas de autoridad y comunicación y la obsolescencia de algunos procedimientos. Una organización eficaz mantiene flexibilidad y se adapta a cambios en sus condiciones.

Para la mayor eficacia de las labores del personal de *staff* es importante enseñar las relaciones de autoridad, hacer que el personal de línea escuche al de *staff* y mantener a éste debidamente informado. Adicionalmente, la eficacia demanda que el personal de *staff* elabore recomendaciones íntegras y que la utilización de éste se convierta en un modo de vida organizacional.

Los conflictos en las organizaciones pueden reducirse mediante el uso de organigramas y descripciones de funciones. La organización mejora cuando se imparte enseñanza sobre su naturaleza y se reconocen tanto la organización informal como la red natural de relaciones. Además, las empresas eficaces desarrollan y cultivan una cultura organizacional apropiada.

Ideas y conceptos básicos

Cómo evitar errores de organización por medio de la planeación

Cómo evitar la inflexibilidad organizacional

Funcionamiento eficaz del *staff*

Cómo evitar conflictos por medio de la clarificación

Organigramas

Descripción de puestos

Comprensión de la organización

Organización informal

Red natural de relaciones

Cultura organizacional

Valores

Para analizar

1. Muchos psicólogos han hecho notar las ventajas de la "diversificación del trabajo", esto es, de la asignación de tareas no tan especializadas como para que los individuos dejen de sentir que realizan permanentemente actividades significativas. Suponiendo que los administradores desearan limitar la especialización de las tareas y "diversificar los trabajos", ¿podrían hacerlo sin dejar de aplicar por ello los principios básicos de la organización? ¿En qué forma?

2. Elija una empresa organizada con la que esté relativamente familiarizado. ¿Identifica en ella algunas de las deficiencias comúnmente presentes en las estructuras organizacionales?

3. Se ha dicho que el organigrama usual es antidemocrático en tanto que acentúa la superioridad e inferioridad de personas y puestos. Comente esta afirmación.

4. ¿Qué hace, a su parecer, que una estructura organizacional sea "buena"? ¿En qué forma una estructura organizacional "buena" sirve de apoyo al liderazgo?

5. ¿Qué información necesitaría usted para planear una estructura organizacional? ¿Qué tan prolongado sería el periodo a futuro comprendido en su plan? ¿Cómo elaboraría ese plan?

6. Haga un análisis de la cultura de una organización de su conocimiento. ¿Ayuda o estorba esa cultura a la organización respecto del cumplimiento de sus metas? ¿De qué manera?

Ejercicios/actividades

1. Visite una compañía de su localidad considerada como modelo de administración eficaz. Obtenga información sobre ella que le dé una idea acerca de sus operaciones. ¿A qué se debe la excelencia de esa organización? ¿Le gustaría trabajar en ella? ¿Por qué sí o por qué no?

2. Reúna información sobre una compañía cuya administración es considerada deficiente. Si se trata de una compañía local, converse con su personal y adquiera y lea la publicación de circulación interna. Si la empresa no se halla en su localidad, recopile información de revistas (*Fortune, Forbes, Business Week, Expansión*, por ejemplo) y diarios (*The Wall Street Journal. El Economista,* por ejemplo). ¿Cuáles son algunos de los problemas de esa compañía? ¿Qué propondría usted para que fuera más eficaz? Exponga en clase sus hallazgos y recomendaciones.

 # CASO INTERNACIONAL 10

RESTRUCTURACIÓN EN DAEWOO DE COREA[18]

Daewoo fue fundada en 1967 por quien sería su empeñoso e incansable presidente, Kim (su sobrenombre) Woo-Choong. Tras su inicial éxito en la exportación de textiles, la compañía se expandió en los terrenos del comercio, la industria automotriz, maquinaria, aparatos electrónicos de consumo, construcción, embarque de carga, computadoras, teléfonos y servicios financieros, lo que la convirtió en el cuarto grupo empresarial más grande de Corea. Se volvió proveedora de textiles de, por ejemplo, Sears, Christian Dior, Calvin

Klein y London Fog. Se asoció asimismo en una empresa en participación con General Motors para la fabricación del automóvil Le Mans. Sin embargo, problemas laborales y de otro tipo limitaron los embarques de este auto.

La filosofía de intenso trabajo de Kim y el valor dado a las personas en la empresa fueron factores importantes para su éxito. No obstante, la compañía enfrentó varios problemas a fines de la década de los ochenta y principios de la de los noventa. Para comenzar, a Kim le preocupaba la pérdida de espíritu de trabajo de su personal dada la creciente prosperidad de los coreanos. Además, entre los trabajadores jóvenes arreciaba el descontento y la empresa comenzaba a resentirse de una merma en la motivación.

Debido al enfoque administrativo de Kim, consistente en la no intervención, algunas de las compañías del grupo Daewoo quedaron fuera de control. En la irredituable industria del embarque de carga, por ejemplo, Kim detectó muchos gastos innecesarios. La eliminación de las peluquerías propiedad de la empresa significó el ahorro de 8 millones de dólares al año. En general, la fuerza de trabajo de Daewoo es joven y con un alto nivel de estudios. En contraste con puestos similares en muchas otras compañías coreanas, los administradores que ocupan los puestos más altos de Daewoo carecen de lazos familiares entre sí.

A pesar de tratarse de una gran compañía con 91 000 empleados, Daewoo no domina ninguna de las industrias en las que participa. Es probable que la estrategia de convertirse en proveedora de grandes compañías extranjeras como Caterpillar, General Motors y Boeing le haya impedido aprovechar la oportunidad de comercializar a gran escala sus propias marcas. En plenos años noventa, Kim busca oportunidades en Europa; formó, por ejemplo, una sociedad en participación con una compañía distribuidora francesa.

La vasta restructuración de la empresa ha rendido ya efectos positivos. Algunas unidades acereras, financieras e inmobiliarias fueron vendidas. El estilo administrativo de no intervención ha sido remplazado por un estilo interventor, lo que dio por resultado la recentralización. Muchos administradores fueron "jubilados" o desplazados por otros medios. Se eliminaron asimismo miles de puestos.

En 1991, el panorama lucía mucho más alentador. La compañía había sufrido pérdidas en 1988 y 1989, pero obtuvo algunas utilidades en 1990, debido en parte a la venta de algunos de sus principales activos. La sociedad en participación con GM registró un crecimiento sano. La compañía también se mostraba optimista respecto del futuro del nuevo auto compacto *Espero*. Aun así, Daewoo debía enfrentar sus costos laborales, la competencia japonesa y la recesión en varios de los países en los que opera.

La competencia se volverá más intensa aún en el futuro, ya que en 1996 Ford Motor Company se convirtió en la primera armadora estadunidense en beneficiarse del tratado comercial establecido entre Corea y Estados Unidos, el cual ofrece un acceso más fácil al mercado coreano. Por lo tanto, Daewoo está a la caza de oportunidades en Europa, donde planea realizar grandes inversiones bajo la égida de su ambicioso presidente, Kim Woo-Choong. Dada la escasa demanda de automóviles en Europa occidental, Kim percibe oportunidades en Europa central, cuya demanda de autos es de 10% anual. Aunque se trata de una demanda elevada, también la competencia es alta. Por ejemplo, el mercado polaco está dominado por la armadora italiana Fiat, con una participación de mercado de 51% en 1996. No obstante ello, Kim planea invertir 1 100 millones de dólares en la compañía automotriz estatal polaca FSO.

1. ¿Cuáles son las ventajas y desventajas del método administrativo de no intervención y descentralización?

2. ¿Qué puede hacer Daewoo para mantener su competitividad frente a los japoneses?

3. ¿Cuáles son algunos de los factores controlables e incontrolables de este caso? ¿Cómo debería responder Kim a ellos?

4. ¿Qué opina usted de la expansión de Daewoo en Europa central? ¿Qué ventajas y riesgos entraña este proyecto para la compañía?

Referencias

1. Michael Beer, "Revitalizing Organizations: Change Process and Emergent Model", en *Academy of Management Executive*, febrero de 1987, p. 51.
2. Margaret Houston y John Talbott, "Worker Empowerment Works — Sometimes", en *CMA Magazine*, julio-agosto de 1996, pp. 16-18.
3. Lyndall Urwick, *The Elements of Administration* (Nueva York, Harper & Row, 1944), p. 38.
4. Véase también Taylor Cox, Jr., "The Multicultural Organization", en *Academy of Management Executive*, mayo de 1991, pp. 34-47.
5. Thomas J. Peters y Robert H. Waterman, Jr., *In Search of Excellence* (Nueva York, Harper & Row, 1982).
6. John K. Clemens, "A Lesson from 431 B.C.", en *Fortune*, 13 de octubre de 1986, pp. 161-164.
7. Vijay Sathe, "Some Action Implications of Corporate Culture: A Manager's Guide to Action", en *Organizational Dynamics*, otoño de 1983, pp. 4-23; S. R. Luce, "Managing Corporate Culture", en *Canadian Business Review*, primavera de 1984, pp. 40-43; Stanley M. Davis, "Corporate Culture and Human Resource Management: Two Keys to Implementing Strategy", en *Human Resource Planning*, vol. 6, núm. 3 (1983), pp. 159-167; Edgar H. Schein, "What You Need to Know about Organizational Culture", en *Training and Development Journal*, enero de 1986, pp. 30-33; Edgar Schein, *Organizational Culture and Leadership*, 2a. ed. (San Francisco, Jossey Bass, 1992).
8. Terrence E. Deal y Allan A. Kennedy, *Corporate Cultures* (Reading, Mass.; Addison-Wesley Publishing Company, 1982), cap. 2.
9. Susan Carey, "Quiet KLM: Agile, Aggresive, Profitable", en *The Wall Street Journal*, 14 de julio de 1989.
10. Charlene Marmer Solomon, "Translating Corporate Culture Globally", en Arthur A. Thompson, Jr., A. J. Strickland III y Tracy Robertson Kramer (eds.), *Readings in Strategic Management*, 5a. ed. (Chicago, Irwin, 1995), pp. 623-634.
11. Video "Malcolm Baldrige National Quality Award 1994 Winner" (sin fecha).
12. Para una clasificación de valores, véase Yoash Wiener, "Forms of Value Systems: A Focus on Organizational Effectiveness and Cultural Change and Maintenance", en *Academy of Management Review*, octubre de 1988, pp. 534-545.
13. Brian Dumaine, "Creating a New Company Culture", en *Fortune*, 15 de enero de 1990, pp. 127-131.
14. David E. Whiteside, "Roger Smith's Campaign to Change the GM Culture", en *Business Week*, 7 de abril de 1986, pp. 84-85; Russell Mitchell, "How General Motors Is Bringing Up Ross Perot's Baby", en *Business Week*, 14 de abril de 1986, pp. 96-100; Melinda Grenier Guiles, "GM's Smith Presses for Sweeping Changes, but Questions Arise", en *The Wall Street Journal*, 14 de marzo de 1985. Debido en parte a diferencias culturales, Ross Perot abandonó General Motors.
15. Walter Guzzardi, Jr., "The U.S. Business Hall of Fame", en *Fortune*, 14 de marzo de 1988, pp. 144-145.
16. Clemens, "A Lesson from 431 B.C.", 1986, p. 164.
17. James M. Kouzes, David F. Caldwell y Barry Z. Posner, "Organizational Culture: How It Is Created, Maintained, and Changed", conferencia de los autores, 1983.
18. Este caso se basa en varias fuentes, entre ellas Laxmi Nakarmi, "At *Daewoo*, A 'Revolution' at the Top", en *Business Week*, 18 de febrero de 1991, pp. 68-69. Se agradece enormemente la colaboración del profesor Dong-Sung Cho, de la Universidad Nacional de Seúl, autor, junto con el profesor J. Aguilar, del estudio monográfico sobre el Grupo *Daewoo* de la Harvard Business School (1984). Eryn Brown y Melanie Warner, "Daewoo's Daring Drive Into Europe", en *Fortune*, 13 de mayo de 1996, pp. 145-152; "After Japan", en *The Economist*, 5 de octubre de 1996, pp. 17-18.

RESUMEN DE PRINCIPIOS BÁSICOS DE ORGANIZACIÓN

Aunque la ciencia de la organización aún no se ha desarrollado hasta el punto de que sus principios sean leyes infalibles, priva un extenso consenso entre estudiosos y profesionales de la administración acerca de algunos de ellos. Estos principios son verdades (o se les tiene por tales) de aplicación general, si bien su aplicación carece de la precisión necesaria para reconocer en ellas la exactitud de las leyes de las ciencias puras. Por lo tanto, su naturaleza responde más bien a la de criterios esenciales para la organización eficaz. En esta sección se resumen los principios básicos de la organización.

Propósito de la organización

El propósito de la organización es ayudar a que los objetivos tengan significado y contribuir a la eficiencia organizacional.

O1.* **PRINCIPIO DE UNIDAD DE LOS OBJETIVOS.** Una estructura organizacional es eficaz si permite que el personal contribuya al cumplimiento de los objetivos empresariales.

O2. **PRINCIPIO DE EFICIENCIA ORGANIZACIONAL.** Una organización es eficiente si está estructurada para contribuir al cumplimiento de los objetivos empresariales con un mínimo de consecuencias o costos indeseables.

Causa de la organización

La causa básica de la estructura organizacional es la limitación del tramo de administración. Si esta limitación no existiera, una empresa no organizada podría contar con únicamente un administrador.

O3. **PRINCIPIO DEL TRAMO DE ADMINISTRACIÓN.** En todo puesto administrativo hay un límite al número de personas que un individuo puede administrar eficazmente, aunque el número exacto dependerá del impacto de las variables subyacentes.

* *Nota del R.T.* "O" significa "principio de organización".

Estructura de la organización: autoridad

La autoridad es el cemento de la estructura organizacional, el hilo que la hace posible, el medio por el cual pueden asignarse grupos de actividades a un administrador y promoverse la coordinación de las unidades organizacionales. Es el instrumento que permite a un administrador ejercer discrecionalidad y crear las condiciones óptimas para el desempeño individual. Algunos de los principios de organización más útiles se relacionan con la autoridad.

O4. PRINCIPIO ESCALAR. Cuanto más clara sea la línea de autoridad del máximo puesto administrativo de una empresa a cada puesto subordinado, tanto más clara será la responsabilidad de toma de decisiones y más eficaz la comunicación organizacional.

O5. PRINCIPIO DE DELEGACIÓN POR RESULTADOS ESPERADOS. La autoridad delegada a todos y cada uno de los administradores debe ser la adecuada para garantizar su capacidad de cumplir los resultados esperados.

O6. PRINCIPIO DE RESPONSABILIDAD ABSOLUTA. La responsabilidad de los subordinados para con sus superiores es absoluta, en tanto que los superiores no pueden eludir la responsabilidad sobre las actividades organizacionales de sus subordinados.

O7. PRINCIPIO DE PARIDAD DE AUTORIDAD Y RESPONSABILIDAD. La responsabilidad sobre las acciones no debe ser mayor ni menor que la implicada por la autoridad delegada.

O8. PRINCIPIO DE UNIDAD DE MANDO. Entre más completas sean las relaciones de reporte de un individuo con un solo superior, menor será el problema de instrucciones contrapuestas y mayor la sensación de responsabilidad personal sobre los resultados.

O9. PRINCIPIO DE NIVEL DE AUTORIDAD. Para mantener la delegación deseada, es necesario que las decisiones bajo la autoridad de cada administrador sean tomadas por éste, no remitidas a los niveles superiores de la estructura organizacional.

Estructura de la organización: departamentalización de las actividades

La organización supone el diseño de un marco departamental. Aunque son varios los principios que rigen este campo, uno de ellos destaca por su importancia.

O10. PRINCIPIO DE DEFINICIÓN FUNCIONAL. Cuanto más clara sea la definición de los resultados que se espera de un puesto o departamento, de las actividades por realizar y de la autoridad organizacional delegada y cuanto mayor sea la comprensión de las relaciones de autoridad e información con otros puestos, tanto más adecuadas serán las contribuciones del individuo responsable al cumplimiento de los objetivos empresariales.

Proceso de organización

Los diversos principios acerca de la delegación de autoridad y de la departamentalización son verdades fundamentales sobre el proceso de la organización, pues se refieren a las fases de los dos aspectos primarios de la organización: la autoridad y la agrupación de actividades. Hay otros principios que se refieren específicamente al proceso de organización. Mediante su aplicación, los administradores pueden percibir la proporción u obtener una medida del proceso de organización en su totalidad.

O11. PRINCIPIO DE EQUILIBRIO.   En toda estructura es necesario el equilibrio. La aplicación de principios o técnicas debe ser equilibrada para garantizar la eficacia general de la estructura en el cumplimiento de los objetivos empresariales.

El principio de equilibrio es común a todas las áreas de las ciencias y a todas las funciones de los administradores. Las ineficiencias de amplios tramos de administración deben equilibrarse con las ineficiencias de largas líneas de comunicación. Los daños resultantes del mando múltiple deben equilibrarse con los beneficios resultantes de la pericia y uniformidad en la delegación de autoridad funcional a departamentos de *staff* y de servicios. Los ahorros de la especialización funcional en la departamentalización deben equilibrarse con las ventajas de establecer departamentos de productos o territoriales semindependientes y responsables de las utilidades. Resulta evidente, una vez más, que la aplicación de la teoría de la administración depende de la situación específica.

O12. PRINCIPIO DE FLEXIBILIDAD.   Mientras más medidas se tomen en pro de la flexibilidad de una estructura organizacional, ésta podrá cumplir más adecuadamente su propósito.

Toda estructura debe contener técnicas y recursos para prever y reaccionar a cambios. Todas las empresas persiguen sus objetivos en condiciones tanto externas como internas sujetas a cambios. La empresa que desarrolla inflexibilidad (ya sea resistencia al cambio, procedimientos excesivamente complicados o líneas departamentales demasiado rígidas) pone en riesgo su capacidad para vencer los retos de los cambios económicos, técnicos, biológicos, políticos y sociales.

O13. PRINCIPIO DE FACILITACIÓN DEL LIDERAZGO.   Entre más permitan una estructura organizacional y la delegación de autoridad que los administradores diseñen y conserven condiciones propicias para el alto desempeño, más contribuirán aquéllas en favor de las habilidades de liderazgo de los administradores.

Puesto que la capacidad administrativa depende en gran medida de la calidad del liderazgo que ejercen quienes ocupan puestos gerenciales, es importante que la estructura organizacional cumpla la parte que le corresponde en la creación de una situación en la que los administradores puedan conducir más eficazmente a sus subordinados. En este sentido, la organización es una técnica de promoción del liderazgo. Si la asignación de autoridad y las disposiciones estructurales crean una situación en la que los jefes de departamento tiendan a ser considerados como líderes y en la que su labor de liderazgo se vea favorecida, la estructuración de una organización habrá cumplido una de sus tareas esenciales.

Organización global

Esta sección de conclusiones trata acerca de la organización global. Primero se expondrán las prácticas administrativas en uso en Japón, Estados Unidos y China. Después, el enfoque internacional se centrará en el estudio de los servicios de calidad en Europa, Estados Unidos y Canadá, y Japón. Finalmente, se presentará un caso de la industria automotriz global.

Prácticas organizativas en Japón, Estados Unidos, la República Popular China, México y Colombia[1]

En las conclusiones de la parte 2 se compararon las prácticas administrativas de planeación de Japón, Estados Unidos, China, México y Colombia. En las conclusiones de esta otra parte se procederá a un análisis similar de la función administrativa de organizar, una versión sintetizada del cual aparece en la tabla complementaria.

Organizar implica establecer una estructura para coordinar los esfuerzos humanos a fin de que los individuos puedan contribuir eficaz y eficientemente en favor de los propósitos de la empresa. Esto supone determinar funciones, responsabilidades y rendición de cuentas.

Organización en Japón[2]

Debido sobre todo a la búsqueda de consensos en la toma de decisiones, en las compañías japonesas se subrayan la responsabilidad y rendición de cuentas colectivas. En consecuencia, las responsabilidades individuales son implícitas, en lugar de que se les defina explícitamente. Si bien esto contribuye a desalentar la atribución de culpas a los individuos por una decisión incorrecta, lo cierto es que también puede generar un alto grado de incertidumbre. En realidad, la estructura organizacional es más bien ambigua, en tanto que la desestimación de la autoridad formal promueve la informalidad y el igualitarismo. Otra de las características de las empresas japonesas es una cultura y filosofía organizacionales comunes, lo que supone un alto valor de la unidad y armonía dentro de la organización. Al mismo tiempo, prevalece un elevado espíritu competitivo en relación con las demás empresas. El cambio organizacional se efectúa mediante la modificación de procesos, con la mira puesta en mantener la armonía entre los afectados. Asimismo, el agente de cambio (el consultor de desarrollo de la organización) es casi siempre un empleado de la compañía, no un consultor externo.

TABLA I

Comparaciones de las formas de organización japonesa, estadunidense, china, mexicana y colombiana.*

Administración japonesa	*Administración estadunidense*	*Administración china*	*Administración mexicana*	*Administración colombiana*
1. Responsabilidad colectiva	1. Responsabilidad individual	1. Responsabilidad colectiva e individual	1. Responsabilidad individual y colectiva	1. Responsabilidad individual
2. Responsabilidad ambigua en la toma de decisiones	2. Responsabilidad clara y específica para tomar decisiones	2. Intentos por introducir el "sistema de responsabilidad de fábrica"	2. Responsabilidad específica para toma de decisiones	2. Toma de decisiones centralizada
3. Estructura informal de información	3. Estructura formal de la organización burocrática	3. Estructura de organización formal, burocrática	3. Estructura formal de la organización con un manejo informal de información	3. Estructura de organización formal, burocrática
4. Cultura y filosofía comunes de la organización bien conocidas; espíritu competitivo ante otras empresas	4. Carencia de una cultura organizacional común: identificación con la profesión y no con la compañía	4. Identificación con la compañía pero sin espíritu competitivo	4. Cultura organizacional en proceso de cambio; espíritu competitivo más individual que institucional	4. Ausencia de una cultura organizacional común; actitud competitiva más entre niveles jerárquicos que con otras empresas.

* Las fuentes de información se proporcionan en la nota 6 de las conclusiones de la parte 2.

Organización en Estados Unidos

En las organizaciones de Estados Unidos se hace énfasis en la responsabilidad individual, lo que implica precisar y explicitar quién es responsable de qué. A menudo, en las descripciones específicas de puestos se aclaran la naturaleza y grado de las responsabilidades individuales. Muchas organizaciones, y especialmente las que operan en condiciones estables, han tenido éxito en la aplicación de estructuras organizacionales formales burocráticas. En lo que respecta al ambiente que priva en las empresas, pocos administradores hacen esfuerzos especiales por crear una cultura organizacional compartida. Esto puede dificultarse por el hecho de que los profesionistas (tanto administrativos como técnicos) suelen identificarse más estrechamente con su profesión que con una compañía en particular. Además, la fuerza de trabajo se compone por lo general de personas con diferentes valores, a causa de sus diversas tradiciones culturales. El índice de rotación de los empleados de muchas empresas estadunidenses es muy elevado, lo que se debe en parte a la gran movilidad de la población de ese país. Dada la relativamente breve estancia en un empleo en cualquier compañía, la lealtad hacia ésta tiende a ser débil. El cambio organizacional suele realizarse mediante la modificación de metas más que de procesos. Sin embargo, en las organizaciones cuyos agentes de cambio se inclinan a favor de las ciencias de la conducta se concede en ocasiones particular atención a los procesos interpersonales, a fin de reducir conflictos y mejorar el desempeño. En Estados Unidos es muy común recurrir a consultores externos de desarrollo organizacional, práctica casi ausente en Japón.

Organización en China

Las prácticas administrativas chinas se ven poderosamente influidas por el hecho de que las empresas son propiedad del Estado y se hallan bajo la conducción de funcionarios gubernamentales. Esto resulta en una estructura organizacional burocrática incapaz de responder adecuadamente a nuevas condiciones. Es probable que esa estructura no haya sido decisiva (aunque sí ineficaz) en el pasado, ya que anteriormente los administradores no tenían que vérselas con organizaciones competidoras. Si bien de los administradores de fábricas en lo individual se espera que cumplan el plan anual, en los niveles inferiores prevalece la noción de una vaga responsabilidad colectiva. Dentro de la estructura burocrática, formal, las relaciones entre las personas son de carácter más bien informal. Quien encabeza la organización no es siempre quien ostenta el poder. Las relaciones personales y familiares y el derecho de antigüedad son a menudo más importantes que la autoridad formal.

Recientemente, a través del "sistema de responsabilidad industrial" se han hecho intentos por delegar más autoridad a los niveles inferiores. Las fábricas ya están autorizadas a generar utilidades. Sin embargo, las utilidades derivadas de actividades especiales están sujetas a impuestos especiales.[3] Como en Japón, también en las empresas chinas persisten sólidas culturas organizacionales. Las investigaciones al respecto indican que el grado de identificación con la empresa varía considerablemente. Pero un bajo grado de compromiso con la compañía no resulta en cambios organizacionales frecuentes, ya que es muy difícil cambiar de puesto entre una organización de propiedad estatal y otra. Asimismo, impera una falta de espíritu competitivo entre los empleados, a diferencia de lo que ocurre en Estados Unidos.

Organización en México

Las organizaciones productivas mexicanas tradicionalmente se integran sobre la base de una división horizontal del trabajo y vertical de las decisiones. La definición de unidades administrativas, niveles jerárquicos y funciones normalmente se deriva del objeto contenido en su instrumento jurídico de creación, de la visión de negocio de su titular y la alta dirección, así como de las condiciones en el mercado en el que participan.

Su estructura orgánica es formal y precisa con claridad la asignación de tareas aunque paralelamente existe una gran dosis de datos informales, lo que influye en que la cultura organizacional se perciba como un vínculo individual más que institucional, circunstancia que muestra sus efectos en los índices de movilidad del personal.

En la actualidad las organizaciones encaran serios procesos de cambio, lo que se ha constituido en un factor decisivo para complementar los modelos regidos por la administración clásica, estableciendo grupos de trabajo con equipos de alto desempeño orientados al compromiso, los cuales están contribuyendo a crear un ambiente de trabajo-aprendizaje que está incrementando la motivación y creatividad en sus esquemas y normas de actuación.

Organización en Colombia

Puede observarse la organización desde la perspectiva de la estructura y los procesos y desde los mecanismos que determinan las relaciones entre los miembros de la empresa.

Desde el primer ángulo de enfoque, la empresa es concebida como un sistema que transforma insumos en productos, de manera que la estructura solamente reconoce como legítimas las funciones que se refieren a ese proceso de transformación. Ese enfoque da lugar a una de las principales deficiencias de las organizaciones colombianas. En efecto, la estructura no incorpora los procesos que se refieren al perfeccionamiento, al aprendizaje, a la innovación, a la búsqueda de flexibilidad.

Las estructuras predominantes son aptas para administrar el estancamiento, para la ejecución de las mismas operaciones repetitivas del pasado. La estructura reconoce lo obvio, lo tangible, lo más simple. Pero las acciones que más profundamente determinan la capacidad competitiva de las organizaciones, lo más sutil, lo más complejo, es completamente ignorado: no existen órganos para administrar la flexibilidad ni la inteligencia institucional.

Vista la organización como un sistema de relaciones entre las personas que la forman, el diseño estructural se rige por los principios clásicos, que destacan las relaciones de autoridad y subordinación y ponen de manifiesto la necesidad de delimitar funciones y responsabilidades como una condición necesaria para calificar los méritos individuales y asignar los premios y las sanciones.

En los últimos años las reformas a la estructura organizacional se han basado en uno o más de estos cuatro criterios de diseño:

- Lograr que la estructura se ajuste más estrictamente a la misión y a la estrategia.
- Reducir el número de niveles jerárquicos en busca de una estructura más plana.
- Incorporar la administración del mejoramiento de los procesos, haciendo énfasis en la calidad y la atención al cliente.
- Introducir una mayor flexibilidad mediante la gerencia de proyectos.

A pesar que se habla con insistencia sobre el clima laboral y se hacen declaraciones sobre la importancia de los recursos humanos, no aparece todavía en la estructura un órgano que asuma formalmente la administración sistemática de los comportamientos organizacionales.

Esta carencia, unida a la ya enunciada sobre la incipiencia de los órganos de gobierno, constituyen los dos problemas de mayor significación que afectan el diseño de las estructuras organizacionales de las empresas colombianas.

ENFOQUE
INTERNACIONAL

Organización de servicios de calidad en Europa, Estados Unidos y Japón[4]

La excelencia en los servicios será uno de los factores de éxito más importantes en el entorno competitivo global. Con el apoyo del Management Centre Europe y de su compañía matriz, la American Management Association, así como de la Japanese Management Association, John Humble realizó un trascendente estudio internacional sobre los servicios. En él participaron en total 3 375 administradores de niveles alto y medio: 1 300 de ellos eran europeos, casi el mismo número estadunidenses y canadienses, y casi 800 japoneses. Aunque se hallaron diferencias entre europeos, estadunidenses y canadienses y japoneses, aparentemente todos ellos coincidieron en la importancia de servicios de calidad superior.

El concepto de "servicios" que se empleó en ese estudio correspondió a su acepción más amplia. Se aplica a la filosofía, políticas, procedimientos y otros elementos selectos tanto externos como internos.

Hallazgos generales

He aquí un breve resumen de los hallazgos obtenidos en el estudio: más de 90% de los participantes opinaron que los servicios serán cada vez más importantes en los próximos 5 años. Quizá de aún mayor importancia para los administradores sea el hecho de que casi 80% de los entrevistados opinaron que la elevación de la calidad de los servicios será "la clave para el éxito competitivo". Pero la prestación de servicios de calidad superior no es inquietud exclusiva de quienes ocupan puestos administrativos de nivel superior o intermedio; 92% de los entrevistados aseguraron que se trata de una de las responsabilidades básicas de cualquier puesto.

Satisfacción del cliente

Un análisis más detallado de este estudio revela interesantes resultados. Cuando se preguntó a los entrevistados acerca de la importancia de los servicios 5 años antes y en los 5 próximos, los japoneses les atribuyeron mucha mayor importancia que los europeos y los estadunidenses, cada grupo por su parte. Algunas de las razones de la importancia concedida a los servicios son: 1) su relevancia como factor de diferenciación, 2) la intensificación de la competencia y 3) las mayores exigencias de los clientes que en el pasado.

Existen medios muy variados para la mejora de los servicios, entre ellos el contacto permanente con la fuerza de ventas, la realización de reuniones regulares entre clientes y directivos de las empresas, la aplicación de investigaciones de mercado a clientes potenciales y la distribución de cuestionarios entre los clientes. En todos los criterios, los japoneses superaron a europeos y estadunidenses.

En cuanto a la medición del grado de satisfacción del cliente, se dispone también de varios métodos. También en este caso los japoneses superaron a europeos y estadunidenses en todos los criterios. Entre los entrevistados estadunidenses y europeos se dieron algunas interesantes diferencias (los respectivos porcentajes aparecen entre paréntesis). Los métodos para medir la satisfacción del cliente incluyen visitas personales de los empleados y gerentes de ventas, el análisis de las quejas de los clientes, reuniones especiales con grupos de clientes, el empleo de profesionales independientes, el uso de cuestionarios (Europa, 65%; Estados Unidos 97%) y servicios telefónicos sin costo (Europa, 39%; Estados Unidos 51%). No deja de sorprender la manera en la que los japoneses miden la satisfacción del cliente. Cuando se les preguntó si las compañías disponían o no de normas de desempeño cuantificadas, sólo 36% de los japoneses respondió "sí" (europeos, 59%; estadunidenses, 58%), mientras que 53% respondió "no" (europeos, 32%; estadunidenses, 38%). Los demás entrevistados contestaron "No sé". Todo indica, así, que en lo que respecta al servicio al cliente los japoneses se basan más en impresiones que en datos comprobables.

Organización para la excelencia del servicio

En cuanto a la organización para un servicio de calidad superior, los entrevistados de las tres regiones afirmaron que la burocracia suele estorbar la eliminación de barreras. Un hallazgo muy interesante se refiere al grado de autoridad concedido a los administradores para la satisfacción de los clientes. Específicamente, interrogados acerca de si poseían personalmente autoridad en su organización para aplicar su propio juicio en lo referente a la satisfacción de los clientes, 84% de los entrevistados de nacionalidad estadunidense y 68% de los europeos respondieron "sí", pero únicamente 34% de los japoneses respondieron también afirmativamente. Esto indica claramente el enfoque individualista de la administración en Estados Unidos, opuesto al enfoque grupal en busca del consenso que prevalece en Japón.

Implicaciones de la investigación

Los hallazgos obtenidos en la investigación que comentamos tienen importantes implicaciones. Tanto los administradores en particular como los empleados en general deben prestar mayor atención al servicio para mantener su competitividad. La capacitación es una de las soluciones. Otra es observar los métodos de los competidores para servir a sus clientes. Además, la satisfacción del cliente debe ser objeto de una vigilancia sistemática. De quizá mayor importancia aún, el compromiso de un mejor servicio al cliente debe estar visiblemente presente en todos los puestos (incluyéndolo, por ejemplo, entre las normas de desempeño) y constituir un aspecto integral del plan estratégico de las compañías.

CASO DE LA INDUSTRIA AUTOMOTRIZ GLOBAL

Cómo nació el Lexus[5]

Uno de los ejemplos más elocuentes de la competencia global es la industria automotriz. Cuando se elevó la participación de mercado japonesa en Estados Unidos, los fabricantes estadunidenses de automóviles exigieron que a sus equivalentes japoneses se impusieran cuotas de exportación de autos a Estados Unidos. Esto alentó a las empresas japonesas no sólo a establecer sus propias plantas en este último país, sino también a fabricar autos más grandes y lujosos que compitieran con los autos estadunidenses, de mayor precio, y con los más costosos automóviles europeos, como el Mercedes-Benz y el BMW.

Uno de los autos japoneses de este tipo es el Lexus, de Toyota. Este vehículo fue hecho para clientes deseosos de adquirir un Mercedes o un BMW pero imposibilitados de hacerlo. Con un precio de venta de 35 000 dólares, el Lexus resultó sustancialmente menos caro que los autos europeos importados comparables.

En 1983, Toyota se propuso desarrollar el mejor automóvil del mundo, en comparación con el Mercedes y el BMW. La intención era producir un auto silencioso, cómodo y seguro capaz de viajar a 250 kilómetros por hora pero exento de cualquier manera del impuesto por consumo de gasolina al que están sujetos los automóviles con un rendimiento inferior a los 9.5 kilómetros por litro. Se trataba aparentemente de una idea con metas opuestas; esto es, parecía imposible que un auto sumamente veloz fuera al mismo tiempo eficiente en el uso de gasolina. Para resolver la contradicción entre ambos objetivos fue preciso realizar un minucioso escrutinio de cada uno de los subsistemas del auto, mejorarlos siempre que fue posible e integrarlos al diseño total. La primera versión del motor V-8 de 32 válvulas no cumplió el requisito de economía de combustible. Los ingenieros aplicaron entonces la técnica de resolución de problemas denominada "contramedidas minuciosas en la fuente". Esto equivale a intentar la mejora de todos los componentes hasta alcanzar los objetivos del diseño. No sólo el motor, sino también la transmisión y otras partes fueron sometidos a un riguroso análisis para lograr que el automóvil cubriera los requisitos estadunidenses de combustible.

Este enfoque para el cumplimiento de la calidad se diferencia del de las armadoras alemanas de automóviles. Éstas emplean procesos de producción relativamente intensivos en trabajo. Por el contrario, la avanzada tecnología de manufactura de Toyota persigue la alta calidad mediante la automatización, para la que sólo se requiere de una fracción de la fuerza de trabajo que utilizan las armadoras alemanas. De tener éxito, es de prever que esta estrategia se convierta en el arma secreta para conquistar una creciente participación de mercado en el ramo de los automóviles de lujo.

En el desarrollo del Lexus se estudió cuidadosamente cada aspecto del vehículo, con la mente puesta en el consumidor. La carrocería y el escape, por ejemplo, fueron meticulosamente diseñados y probados contra la resistencia del aire. Se estudiaron exhaustivamente los autos de los competidores utilizados para efectos de evaluación comparativa. Las semejanzas del Lexus con el Mercedes y el BMW saltan a la vista. Por lo demás, el propio nombre del vehículo, Lexus, fue concienzudamente elegido. Se seleccionaron por computadora varios posibles nombres consistentes en palabras disparatadas. Finalmente se pensó que Lexus evocaba una sensación de lujo.

Para comercializar el auto, Toyota estableció una red de distribución independiente, método que Honda había adoptado anteriormente para vender sus automóviles Acura. También en este caso se invirtieron fabulosos esfuerzos para diseñar las salas de exhibición y capacitar a los mecánicos. Para el lanzamiento del auto, se condujo a los reporteros a Alemania, para que tuvieran la oportunidad de comparar en la *autobahn*, vía sin límites de velocidad, al Lexus, Jaguar, BMW y Mercedes. Luego de seis años de trabajo y de la inversión de 500 millones de dólares, el Lexus había nacido por fin. ¿Qué futuro le esperará?

Las armadoras europeas están naturalmente preocupadas por la inminente invasión de los automóviles japoneses de lujo. Mercedes y BMW no sólo tienen que competir en el mercado estadunidense, sino enfrentar además la amenaza de una invasión japonesa a medida que la Unión Europea transite al mercado automovilístico global.

1. ¿Los fabricantes estadunidenses podrían emplear el mismo enfoque que Toyota para la fabricación de un automóvil de ese tipo? ¿Por qué sí o por qué no? ¿Qué obstáculos podrían enfrentar?

2. ¿Cree usted que el Lexus pueda obtener una imagen similar a la del BMW y el Mercedes?

3. Elabore un perfil del cliente potencial del Lexus.

4. ¿Qué deben hacer BMW y Mercedes para contrarrestar la amenaza japonesa en Estados Unidos y Europa?

Referencias

1. Las fuentes de información aparecen en la nota 6 de las "Referencias" de las conclusiones de la parte 2.

2. Para un excelente recuento de la bibliografía sobre organización y propuestas sobre el futuro de la administración japonesa, véase J. Bernard Keys, Luther Trey Denton y Thomas R. Miller, "The Japanese Management Theory Jungle — Revisited", en *Journal of Management*, vol. 20, núm. 2 (1994), pp. 373-402.

3. John R. Schermerhorn, Jr., "Organizational Features of Chinese Industrial Enterprise: Paradoxes of Stability in Times of Change", en *Academy of Management Executive*, noviembre de 1987, pp. 345-349.

4. Sección basada en la investigación realizada por John Humble y Domenico Fanelli, "Service — The New Competitive Edge" (Bruselas, Management Centre Europe, sin fecha). Esta investigación se inició en 1988 y se prolongó hasta 1989. La reproducción de los fragmentos que aquí se presentan en versión abreviada fue autorizada por John Humble.

5. Se emplearon fuentes diversas, entre ellas Alex Taylor III, "Here Come Japan's New Luxury Cars", en *Fortune*, 14 de agosto de 1989, pp. 62-66; Wendy Zellner, "Two Days in Boot Camp — Learning to Love Lexus", en *Business Week*, 4 de septiembre de 1989, p. 87; Mark Landler y Wendy Zellner, "No Joyride for Japan", en *Business Week*, 15 de enero de 1990, pp. 20-21; "Mercedes-Benz Unit in U.S. to Unveil Car Priced under $30 000" (por un reportero de la publicación), *The Wall Street Journal*, 31 de agosto de 1990.

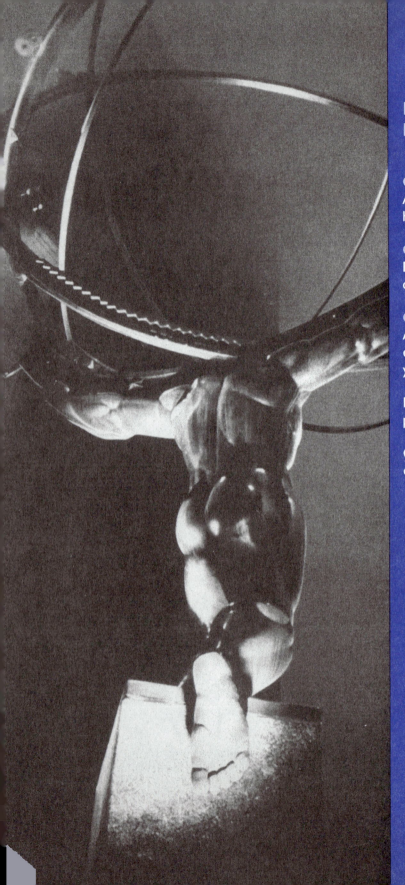

INTEGRACIÓN DE PERSONAL

Parte 4

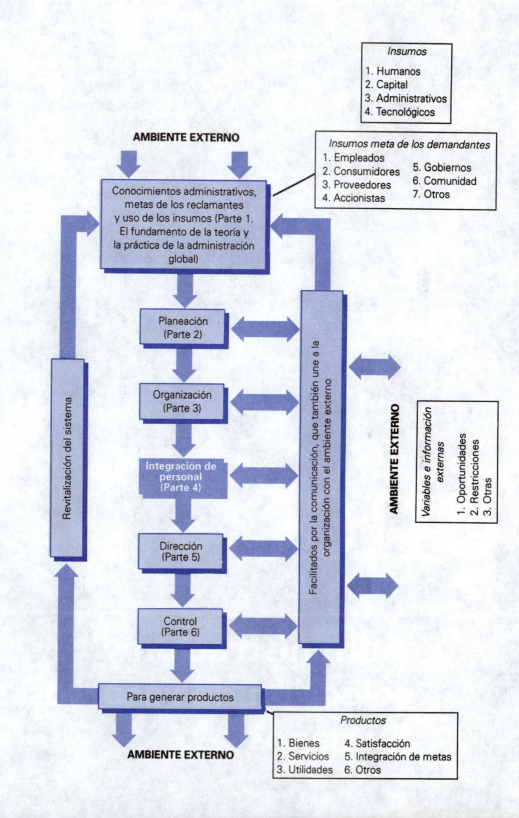

Insumos

1. Humanos
2. Capital
3. Administrativos
4. Tecnológicos

Insumos meta de los demandantes

1. Empleados
2. Consumidores   5. Gobiernos
3. Proveedores   6. Comunidad
4. Accionistas   7. Otros

AMBIENTE EXTERNO

Conocimientos administrativos, metas de los reclamantes y uso de los insumos (Parte 1. El fundamento de la teoría y la práctica de la administración global)

Planeación (Parte 2)

Organización (Parte 3)

Integración de personal (Parte 4)

Dirección (Parte 5)

Control (Parte 6)

Revitalización del sistema

Facilitados por la comunicación, que también une a la organización con el ambiente externo

AMBIENTE EXTERNO

Variables e información externas

1. Oportunidades
2. Restricciones
3. Otras

Para generar productos

Productos

1. Bienes   4. Satisfacción
2. Servicios   5. Integración de metas
3. Utilidades   6. Otros

AMBIENTE EXTERNO

Al terminar este capítulo, usted podrá:

1. Definir la función administrativa de integración de personal y explicar lo que significa ser administrador.

2. Describir el enfoque de sistemas de la administración de recursos humanos.

3. Explicar el inventario de administradores.

4. Explicar la política de competencia abierta y los medios para lograr una integración de personal más eficaz.

5. Resumir los aspectos más importantes del enfoque de sistemas para la selección de administradores.

Capí once Concepto

Administración y selección de recursos humanos

6. Analizar los requisitos de un puesto, las características más importantes del diseño de puestos y las características que deben poseer los administradores.

7. Describir el proceso de correspondencia entre las calificaciones de un administrador y los requisitos de un puesto.

8. Exponer la orientación y el proceso de socialización para los empleados de nuevo ingreso.

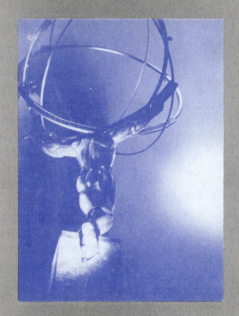

tulo

Los cambios tecnológicos, económicos y sociales están provocando que las organizaciones dependan cada vez más de los recursos humanos para el cumplimiento de sus objetivos.[1]

LLOYD BAIRD E ILAN MESHOULAM

Pocos ejecutivos rebatirían el hecho de que las personas son vitales para la operación eficaz de una compañía. Los administradores suelen afirmar que la gente es su activo más importante. Sin embargo, los "activos humanos" prácticamente no aparecen nunca en los balances generales como una categoría en sí misma, a pesar de la gran cantidad de dinero que se invierte en el reclutamiento, selección y capacitación del personal. Es por esta razón que el ya desaparecido Rensis Likert y sus colegas recomendaban llevar una cuenta precisa de los valiosos activos humanos, proceso al que llamaron "contabilidad de recursos humanos".[2] Esta metodología no está exenta de problemas e incluso ha suscitado un conflicto entre expertos en administración, los defensores de la contabilidad de recursos humanos por un lado y los administradores financieros por el otro, encargados éstos de desarrollar el sistema para la medición de los activos humanos. Pero lo que importa en este caso es el reconocimiento de que la integración de personal es una de las funciones decisivas de los administradores, capaz de determinar el éxito o fracaso de una empresa.

Este capítulo se inicia con una definición de la función administrativa de integración de personal y una explicación de lo que significa ser administrador. Se presenta después una descripción general del enfoque de sistemas de la administración de recursos humanos, para finalizar con una exposición acerca de los diversos aspectos de la selección de las personas más indicadas.

Definición de integración de personal

La función administrativa de **integración de personal** consiste en ocupar y mantener así los puestos de la estructura organizacional. Esto se realiza mediante la identificación de los requerimientos de fuerza de trabajo, el inventario de las personas disponibles y el reclutamiento, selección, contratación, ascenso, evaluación, planeación de carreras, compensación y capacitación o desarrollo tanto de candidatos como de empleados en funciones a fin de que puedan cumplir eficaz y eficientemente sus tareas.* Es evidente que la integración de personal debe vincularse estrechamente con la función de organización, es decir, con el establecimiento de estructuras intencionales de funciones y puestos.

Muchos autores de textos sobre la teoría de la administración consideran que la integración de personal es una fase más de la organización. En este libro, en cambio, tratamos la integración de personal como una función administrativa independiente, por varias razones. En primer lugar, integrar las funciones organizacionales implica enfoques y conocimientos que los administradores en ejercicio suelen pasar por alto, en la creencia de que organizar se reduce a instituir una estructura de funciones y prestan

---

* En la actualidad es frecuente que la función administrativa de integración de personal reciba el nombre de "administración de recursos humanos".

escasa atención a quienes llevarán a cabo dichas funciones. En segundo lugar, concebir a la integración de personal como una función independiente permite acentuar en aún mayor medida el elemento humano en la selección, evaluación, planeación de carrera y desarrollo de los administradores. En tercero, el área de integración de personal cuenta ya con un importante conjunto de conocimientos y experiencias propios. El cuarto motivo para la identificación en particular de la integración de personal es que los administradores tienden a descuidar el hecho de que la integración de personal también forma parte de sus responsabilidades y de que no es responsabilidad exclusiva del departamento de personal. Este departamento presta indudablemente una valiosa asistencia, pero es deber de los administradores encargarse de que se ocupen los puestos de su organización y mantener en ellos a personas calificadas.

Definición de la labor administrativa

No existe un consenso generalizado acerca de en qué consisten exactamente las labores de un administrador. Lo cierto es que la naturaleza de las tareas administrativas se ha estudiado desde diferentes perspectivas.[3] Un grupo de autores, seguidores de la que ha dado en llamarse "escuela de los titanes", se dio a la tarea de estudiar a administradores de éxito y describir sus hábitos y conductas. No cabe duda de que la historia de cada uno de estos individuos resulta del mayor interés, pero los autores que se han ocupado de ellas no han formulado en cambio una teoría general que explique el éxito de sus investigados. Otros autores, economistas en su mayoría, destacan los aspectos *empresariales* de la administración. Los temas que más les interesan son la maximización de las utilidades, la innovación, la asunción de riesgos y otras actividades similares. Un grupo adicional de autores hace énfasis en la *toma de decisiones*, especialmente de aquellas imposibles de programar fácilmente. Otra visión de la labor administrativa concede especial atención al *liderazgo*, con énfasis en los rasgos personales y los estilos administrativos. Este enfoque se relaciona estrechamente con temas como el *poder* y la *influencia*, esto es, con el control que ejercen los líderes tanto sobre condiciones como sobre subordinados. Otros autores centran su atención en la *conducta de los líderes* mediante el análisis del contenido de las actividades de los administradores. Finalmente, el enfoque a favor del cual se inclina Henry Mintzberg se basa en la observación de las *actividades laborales* de los administradores.[4] Tras haber observado detenidamente las acciones de cinco ejecutivos, este autor llegó a la conclusión de que su trabajo se caracterizaba por la brevedad, variedad, discontinuidad y orientación a la acción. Se percató asimismo de que los ejecutivos prefieren la comunicación oral y de que se ocupan en muchas actividades por medio de las cuales se establece un vínculo entre las empresas y el ambiente en que operan.

Como se ha señalado insistentemente en este libro, es conveniente organizar las tareas clave de los administradores en las cinco funciones de planeación, organización, integración de personal, dirección y control, las cuales constituyen justamente la estructura de este volumen.

El enfoque de sistemas de la administración de recursos humanos: una visión general de la función de integración de personal[5]

En la figura 11-1 se muestra la relación de la función administrativa de integración de personal con el sistema total de la administración.* Específicamente, los planes empresariales (tema de la parte 2 de este libro) sirven de base a los planes de organización (parte 3), necesarios para el cumplimiento de los objetivos de una empresa. Tanto el estado vigente como el proyectado de la estructura organizacional determinan el número y tipos de administradores requeridos. Estas demandas respecto de los administradores se comparan con la capacidad disponible mediante el inventario de administradores. Con base en este análisis, se utilizan fuentes externas e internas en los procesos de reclutamiento, selección, contratación, ascenso y preparación.[6] Otros aspectos esenciales de la integración del personal son la evaluación, estrategia de carrera y capacitación y desarrollo de los administradores.

Tal como se advierte en el modelo, la integración de personal tiene efectos en la dirección y el control. Por ejemplo, los administradores debidamente capacitados crean las condiciones necesarias para que, mediante el trabajo en grupos, los individuos puedan cumplir los objetivos de la empresa y alcanzar al mismo tiempo sus metas personales. En otras palabras, una adecuada integración de personal facilita la dirección (parte 5). De igual manera, la selección de administradores de calidad afecta al control, impidiendo por ejemplo que muchas fallas indeseables se conviertan en grandes problemas (parte 6).

Para la integración de personal se requiere de un enfoque de sistemas abiertos. Éste se aplica dentro de la empresa, la que a su vez se vincula con el ambiente externo. Por lo tanto, es necesario tomar en cuenta factores internos de la empresa como políticas de personal, ambiente organizacional y el sistema de compensación. Es obvio que sin compensaciones adecuadas resulta imposible atraer y conservar a administradores de calidad. Pero tampoco es posible ignorar las condiciones externas; la alta tecnología demanda administradores excelentemente capacitados, con un alto nivel de estudios y sumamente calificados. La imposibilidad de satisfacer la demanda de administradores de este tipo puede impedir que una empresa crezca al ritmo deseado.

---

* La figura 11-1 contiene una descripción general de la función de integración de personal. Las variables que, aunque directamente relacionadas con ésta, no serán abordadas en la parte 4 aparecen encerradas en líneas punteadas.

FIGURA 11.1

Enfoque de sistemas
de la integración de
personal.

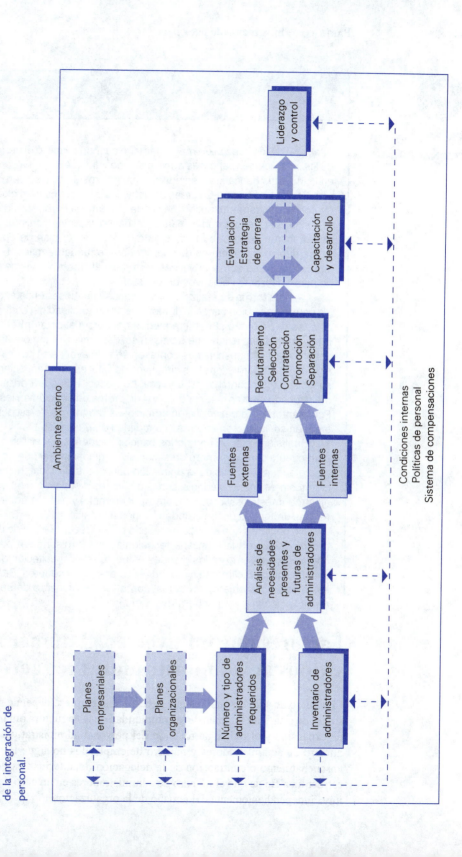

INTEGRACIÓN DE PERSONAL EN BITAL

Bital, uno de los bancos de menor tamaño cuando se inició el proceso de privatización de las instituciones bancarias mexicanas, decidió que si quería competir exitosamente en la industria bancaria y de servicios financieros (la cual se aprestaba a la apertura y actualmente es una de las áreas de actividad económica más globalizada), debía contar con un fundamento sólido, capaz de brindarle la competitividad necesaria.

Una vez que tomaron el mando del banco, los inversionistas que adquirieron Bital determinaron que entre los ejes estratégicos de su plan de operación y expansión futura debían considerarse dos componentes fundamentales: tecnología de punta y alta calidad de su personal que les permitiera alcanzar el nivel de desempeño requerido para alcanzar los objetivos propuestos.

De esta forma se realizaron inversiones cuantiosas en la adquisición de tecnología para la operación bancaria, importada en su totalidad del continente europeo. Además, se decidió que el perfil requerido del personal para enfrentar exitosamente los retos planteados, exigia que tuviesen sólidas bases de conocimientos profesionales, por ello era indispensable que contasen en su mayor parte con estudios a nivel universitario. Sin embargo, los altos directivos de Bital estaban conscientes de que el personal con que se contaba, así como el de nuevo ingreso, a pesar del nivel educativo mencionado, podían carecer del nivel de profesionalización en los servicios bancarios. Por lo anterior, se desarrollaron ambiciosos programas de capacitación en los cuales también se invirtieron enormes cantidades de recursos.

Bital sigue siendo uno de los bancos pequeños del sistema bancario mexicano, pero cuenta con un número de sucursales equiparable al que poseen los dos bancos más grandes. Además de la operación bancaria tradicional, han extendido el área de créditos para financiar adquisiciones de bienes de consumo duradero (como aparatos electrodomésticos y computadoras, por ejemplo) y han entrado al negocio de transferencias de fondos desde Estados Unidos a México.

No obstante que el plazo necesario para la recuperación de las enormes inversiones realizadas en la avanzada tecnología, que lo distinguen por la eficiencia de su operación, así como en los grandes esfuerzos de capacitación que ha efectuado, podría desanimar fácilmente a muchos empresarios banqueros, Bital continúa en pos de sus ambiciosos objetivos y actualmente puede ufanarse de ser uno de los bancos mexicanos con mayor cobertura geográfica.

Factores que influyen en el número y tipos de administradores requeridos

El número de administradores que necesita una empresa depende no sólo de las dimensiones de ésta, sino también de la complejidad de la estructura organizacional, los planes de expansión y el índice de rotación del personal administrativo. La proporción entre número de administradores y número de empleados no sigue ley alguna. Mediante el ensanchamiento o contracción de la delegación de autoridad es posible modificar una estructura a fin de que el número de administradores en un caso dado aumente o disminuya independientemente del tamaño de la organización.

Aunque hemos subrayado la necesidad de determinar el número de administradores requeridos, es evidente que los números son sólo una parte del panorama. Específicamente, es preciso identificar las aptitudes que exige cada puesto a fin de que sea posible elegir a los administradores más indicados. El análisis detallado de los requisitos de un puesto se realizará más adelante.

Determinación de los recursos administrativos disponibles: el inventario de administradores

Tanto en las empresas privadas como de otro tipo subsiste la costumbre de mantener un inventario de materias primas y bienes disponibles para garantizar la continuidad de las operaciones. Pero es menos común que en ellas se mantenga un inventario de los recursos humanos disponibles, y en particular de los administradores, a pesar de que el número requerido de administradores competentes es un requisito vital del éxito. Para estar al tanto del potencial administrativo que posee una empresa puede hacerse uso de un organigrama de inventario,* consistente sencillamente en el organigrama de una unidad con los puestos administrativos claramente indicados y marcados con claves sobre las posibilidades de ascenso de cada uno de sus ocupantes.

En la figura 11-2 aparece un organigrama común de inventario de administradores. A golpe de vista el contralor puede ver su ubicación respecto de la función de integración de personal. Es probable que su sucesor sea el gerente de contabilidad, quien dispone a su vez de un sucesor listo para ser ascendido. En apoyo a esta persona se encuentra por su parte un subordinado, el que estará listo en un año para ser ascendido, pero debajo de su puesto se hallan una persona sin potencial y dos empleados de reciente contratación.

Análisis de la necesidad de administradores: fuentes de información externas e internas

Tal como se muestra en la figura 11-1, la necesidad de administradores está determinada por los planes empresariales y organizacionales y, más específicamente, por un análisis del número de administradores requeridos y del número de que se dispone de acuerdo con el inventario de administradores. Sin embargo, también otros factores, tanto internos como externos, influyen en la demanda y oferta de administradores. Las fuerzas externas incluyen factores económicos, tecnológicos, sociales, políticos y legales (como se explicó en los capítulos 2 y 3). Por ejemplo, el crecimiento económico puede dar por resultado un aumento en la demanda del producto, lo que obliga a la expansión de la fuerza de trabajo, motivo a su vez de una elevación en la demanda de administradores. Al mismo

---

* El "organigrama de inventario" también se conoce como "organigrama de remplazo de administradores".

FIGURA 11.2

Organigrama de
inventario de
administradores.

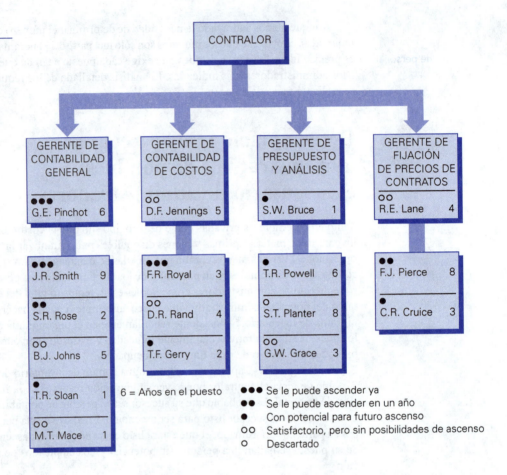

CONTRALOR

GERENTE DE
CONTABILIDAD
GENERAL

●●●
G.E. Pinchot   6

GERENTE DE
CONTABILIDAD
DE COSTOS

○○
D.F. Jennings   5

GERENTE DE
PRESUPUESTO
Y ANÁLISIS

●
S.W. Bruce   1

GERENTE DE
FIJACIÓN
DE PRECIOS DE
CONTRATOS

○○
R.E. Lane   4

●●●
J.R. Smith   9

●●
S.R. Rose   2

○○
B.J. Johns   5

●
T.R. Sloan   1

○○
M.T. Mace   1

●●●
F.R. Royal   3

○○
D.R. Rand   4

●
T.F. Gerry   2

●
T.R. Powell   6

○
S.T. Planter   8

○○
G.W. Grace   3

●●
F.J. Pierce   8

●
C.R. Cruice   3

6 = Años en el puesto

●●● Se le puede ascender ya
●● Se le puede ascender en un año
● Con potencial para futuro ascenso
○○ Satisfactorio, pero sin posibilidades de ascenso
○ Descartado

tiempo, bien puede ocurrir que compañías competidoras procedan también a la expansión de su personal, al cual deberán reclutar en un fondo laboral común, lo que reducirá la oferta de administradores. En este caso también deben considerarse las tendencias del mercado de trabajo, los factores demográficos y la composición de la comunidad respecto tanto de los conocimientos y habilidades del fondo laboral como de su actitud para con la compañía. La información sobre las tendencias de largo plazo del mercado de trabajo puede obtenerse en varias fuentes. El gobierno de Estados Unidos, por ejemplo, publica la *Monthly Labor Review* y un informe anual titulado *Manpower Report of the President*, con proyecciones a largo plazo. También algunas asociaciones profesionales y sindicatos estadunidenses realizan proyecciones de la demanda de trabajo.

De los datos acerca de la necesidad y disponibilidad de personal se desprenden cuatro situaciones de demanda y oferta, cada una de las cuales implica un énfasis diferente en las acciones sobre el personal. Esto se ilustra en la matriz que aparece en la figura 11-3.

FIGURA 11.3

Acciones de personal según la oferta y demanda de administradores dentro de la empresa.

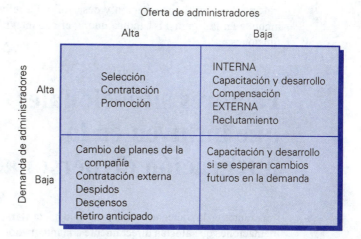

La demanda y oferta de trabajo no debe verse desde una perspectiva exclusivamente nacional, ni local. A mayor escala, se percibe un desequilibrio creciente entre la demanda y la oferta.[7] La fuerza de trabajo era antes un factor de producción mucho más fijo. Pero es probable que en varios países en desarrollo (como Taiwán, Corea del Sur, Polonia y Hungría) un crecimiento económico más acelerado dé lugar a un incremento en la demanda de empleados y administradores calificados, lo que resultaría en escasez de fuerza de trabajo. También se resienten cambios en el nivel de estudios de la fuerza de trabajo global; en países como China y Brasil no cesa de crecer la proporción de egresados de universidades.

Otros aspectos importantes del enfoque de sistemas de la integración de personal

Una vez determinada la necesidad de personal administrativo, es posible que deba *reclutarse* a varios candidatos. (Véase figura 11-1.) Esto supone atraer a candidatos calificados para el desempeño de funciones organizacionales. Entre tales candidatos se selecciona entonces a administradores reales o potenciales, que es el proceso de selección entre varios candidatos de aquellos a los que se considera como los más indicados. El propósito es colocar en los puestos a las personas que puedan utilizar en ellos sus cualidades individuales y, quizá, superar sus deficiencias, ya sea mediante la adquisición de experiencia o la capacitación en habilidades que necesitan mejorar. Finalmente, la contratación de un administrador para un nuevo puesto dentro de la empresa suele resultar en un *ascenso*, lo que normalmente implica mayor responsabilidad. Dado que el reclutamiento, selección, contratación y ascenso son procesos complejos, nos detendremos especialmente en ellos en secciones posteriores de este capítulo. De igual modo, en los demás capítulos dedicados a la integración de personal abordaremos la evaluación, estrategia de carrera, capacitación y desarrollo. La referencia a la dirección y el control incluida en la figura 11-1 indica que la eficaz integración de personal influye en esas funciones.

Factores situacionales que influyen en la integración de personal

El proceso real de integración de personal descrito en la figura 11-1 se ve afectado por muchos factores condicionales. Específicamente, son factores externos el nivel de estudios, las actitudes imperantes en la sociedad (como la actitud hacia el trabajo), las numerosas leyes y reglamentaciones que afectan directamente a la integración de personal, las condiciones económicas y la oferta y demanda de administradores fuera de la empresa.

También muchos factores internos influyen en la integración de personal. Entre ellos pueden citarse, por ejemplo, las metas organizacionales, las tareas, la tecnología, la estructura de la organización, los tipos de personas empleadas por la empresa, la demanda y oferta de administradores dentro de ésta, el sistema de compensaciones y políticas de diversos tipos. Algunas organizaciones están sumamente estructuradas; otras no. Para ciertos puestos (como el de gerente de ventas) es probable que la habilidad para las relaciones humanas sea de vital importancia, habilidad que en cambio puede ser menos decisiva para un investigador que trabaja en forma muy independiente en un laboratorio. En consecuencia, la eficaz integración de personal supone el reconocimiento de muchos factores situacionales externos e internos, aunque aquí nos ocuparemos únicamente de los más relevantes para ella.

Ambiente externo

Los factores impuestos por las condiciones externas influyen en la integración de personal en diversos grados. Estas influencias pueden agruparse en restricciones u oportunidades educativas, socioculturales, político-legales y económicas. Por ejemplo, la alta tecnología que se emplea en muchas industrias demanda una educación formal a un tiempo extensiva e intensiva. De la misma manera, el medio sociocultural propio de Estados Unidos, por ejemplo, determina que los administradores de ese país no se presten por lo general a aceptar ciegamente las órdenes que se les imparten, sino que deseen participar activamente en el proceso de toma de decisiones. Adicionalmente, en el futuro (aunque también desde ahora mismo) los administradores tendrán que considerar a la sociedad en mayor medida que antes, en respuesta a sus legítimas necesidades y mediante la adopción de normas éticas más estrictas.

Las condiciones económicas (la situación competitiva inclusive) determinan la oferta y demanda externas de administradores. Las restricciones legales y políticas exigen de las empresas el cumplimiento de leyes y normas establecidas por diversos niveles gubernamentales. En la tabla 11-1 aparece una versión condensada de las principales leyes

TABLA 11-1	**Ley**	**Propósito**
Principales leyes federales estadunidenses sobre la igualdad de oportunidades de empleo.*	Ley de igualdad salarial (1963)	A trabajo igual, salario igual, independientemente del sexo
	Título VII de la Ley de derechos civiles (1964) (modificado en 1972)	Igualdad de oportunidades de empleo sin importar raza, color, religión, sexo u origen nacional
	Ley contra la discriminación laboral por causa de edad (1967) (modificada en 1978 respecto del grupo de edades 65-70 años)	Igualdad de oportunidades de empleo para todos los individuos de 40 a 70 años de edad
	Ley de rehabilitación vocacional (1973)	Igualdad de oportunidades de empleo y acción afirmativa razonable para personas minusválidas
	Ley contra la discriminación por causa de embarazo (1978)	Igualdad de oportunidades de empleo para las mujeres embarazadas
	Ley reformada de inmigración y control (1986)	Ilegalidad de la contratación, reclutamiento o suministro de referencias de extranjeros no autorizados
	Ley de invalidez (1990)	Mayores facilidades de acceso a servicios y puestos de trabajo para personas inválidas
	Ley de prestaciones a trabajadores de edad mayor (1990)	Protección para empleados mayores de 40 años respecto de prestaciones; concesión de tiempo a los empleados para considerar el ofrecimiento de retiro anticipado
	Ley de derechos civiles (1991)	Autorización para que mujeres, personas inválidas y miembros de minorías religiosas dispongan de jurado en juicios y, en ciertas situaciones, demanden daños punitivos
	Ley de abandono temporal de empleo por motivos médicos o familiares (1993)	Autorización para que, bajo ciertos requisitos, un individuo abandone el empleo por un periodo prolongado sin goce de sueldo por motivos familiares o de salud

[1]Keith Davis y John W. Newstrom, *Human Behavior at Work: Organizational Behavior*, 8a. ed. (Nueva York, McGraw-Hill Book Company, 1990) y Lloyd L. Byars y Leslie W. Rue, *Human Resource Management*, 5a. ed. (Chicago, Irwin, 1997).

federales estadunidenses relativas al empleo, las cuales influyen naturalmente en la función de integración de personal. Por ahora nos detendremos en la igualdad de oportunidades de empleo y el papel de las mujeres en la administración, así como en la integración de personal de las empresas internacionales.

IGUALDAD DE OPORTUNIDADES DE EMPLEO   En Estados Unidos rigen actualmente varias leyes en apoyo a la igualdad de oportunidades en el empleo. Ellas prohíben prácticas de empleo discriminatorias por causa de raza, color, religión, origen nacional, sexo o edad (dentro de escalas de edades específicas). La igualdad de oportunidades está contemplada en leyes tanto federales como estatales y locales, con efectos todas ellas en la integración de personal. En el reclutamiento y la selección para ascensos se deben cumplir estas disposiciones. Esto significa que los administradores que toman decisiones en estas áreas deben conocer la ley y su aplicación a la función de integración de personal.

LAS MUJERES EN LA ADMINISTRACIÓN
Las mujeres han conseguido en la última década significativos progresos en la obtención de puestos organizacionales de alta responsabilidad. Entre las razones de ello destacan la expedición de leyes sobre las prácticas de empleo correctas, el cambio en las actitudes sociales hacia las mujeres en los centros de trabajo y el deseo de las empresas de proyectar una imagen favorable asignando puestos administrativos a mujeres calificadas.[8]

INTEGRACIÓN DE PERSONAL EN EL ÁMBITO INTERNACIONAL[9]
Es necesario trascender las condiciones externas inmediatas y reconocer los cambios mundiales operados fundamentalmente por la tecnología avanzada de comunicación y la existencia de empresas trasnacionales.[10] No es infrecuente que los equipos de alta dirección de grandes empresas internacionales estén integrados por administradores de muy diversas nacionalidades. La actitud geocéntrica es la base para concebir a las organizaciones como entidades de carácter mundial involucradas en la toma de decisiones globales, entre ellas las referidas a la integración de personal.

Las compañías con operaciones internacionales disponen de tres fuentes para la integración de su personal: 1) administradores del país de origen de la empresa, 2) administradores del país anfitrión y 3) administradores de terceros países.[11] En las primeras etapas de desarrollo de una empresa internacional, es costumbre que se seleccione a administradores del *país de origen*. Algunas de las razones de ello son la experiencia de estos administradores en la oficina matriz y su familiaridad con productos, personal, metas y políticas de la empresa, etc. Esto facilita no sólo la planeación, sino también el

**PERSPECTIVA
INTERNACIONAL**

OPORTUNIDADES PROFESIONALES PARA LAS MUJERES

Las mujeres que ocupan puestos administrativos disponen de cada vez mayores oportunidades. Sin embargo, los progresos profesionales pueden depender del área funcional, tipo de industria o cada compañía en particular.

Ahora es factible hallar mujeres en los niveles administrativos superiores de áreas como personal y relaciones públicas. Ciertas industrias ofrecen oportunidades de avance más veloz que otras. Las instituciones de servicios financieros, como los bancos, y el sector comercial, que tradicionalmente ha empleado a grandes porcentajes de mujeres, también cuentan ya con mayor número de mujeres en puestos administrativos.

En algunas compañías hay más administradoras que en otras. United Airlines, por ejemplo, ha incrementado enormemente las oportunidades que ofrece a su personal femenino. Asimismo, siete de los diecinueve miembros de la alta gerencia de Bay Banks, con sede en Boston, son mujeres. Otras compañías estadunidenses con buenas oportunidades profesionales para las mujeres son General Electric, Federal Express y Procter & Gamble.

Estos avances se han debido en parte a acciones legales, pero también a factores como la revolución educativa.

control. Sin embargo, es probable que los nacionales del país de origen desconozcan el idioma y condiciones del país extranjero. Además, por lo general resulta más costoso enviar al exterior a administradores y sus familias. Para una familia suele resultar difícil adaptarse a las condiciones de un nuevo país. Asimismo, es probable que en los países anfitriones se presione a las empresas extranjeras a emplear a administradores nacionales.

Los administradores originarios de la *nación anfitriona* dominan el idioma y conocen las condiciones del país. Emplearlos es por lo general menos costoso, además de que quizá no implique reubicarlos junto con sus familias. El problema es que tal vez desconozcan los productos y operaciones de la empresa, lo que puede dificultar el control.

PERSPECTIVA INTERNACIONAL

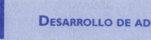

DESARROLLO DE ADMINISTRADORES PARA AMÉRICA LATINA

Algunas empresas acostumbran desarrollar a sus ejecutivos mediante una trayectoria profesional que abarca el desempeño en las funciones de diversos puestos, ocupados en diferentes países donde la empresa tenga operaciones. Como ejemplo de lo anterior puede citarse el caso de Jorge Escalona, cubanoestadunidense, quien ingresara a AT&T en 1975, formando parte del *staff* corporativo en Nueva York. En 1989, tras ocupar diversos puestos, se hizo cargo de la dirección de las operaciones de AT&T Microelectronics en Europa. En 1990 se hizo cargo de la presidencia de AT&T Puerto Rico. Su carrera profesional continuó en ascenso al ser nombrado en 1992 vicepresidente internacional de relaciones gubernamentales; puesto en el cual se mantuvo hasta 1994, cuando pasó a ocupar la presidencia y la dirección general de AT&T de México.

Entre las empresas europeas que han incursionado en los mercados de Latinoamérica también es posible encontrar ejemplos de ejecutivos del más alto nivel que son connacionales de la casa matriz. Guinness, fabricante de la cerveza del mismo nombre y con oficinas centrales en Londres, desde hace varios años ha contado con una presencia limitada en América Latina y el Caribe. Pero en 1993 decidió buscar un crecimiento internacional mayor. Inició sus actividades de expansión en ese año con la apertura de una oficina en Boca Ratón, Florida. Si bien en su estrategia se considera la participación con socios locales (como La Constancia, empresa salvadoreña), para aprovechar sus conocimientos y experiencia en el área e incluso contar con la capacidad para producir la cerveza Guinness en tierras latinoamericanas, las operaciones en la región están a cargo de Don Blaustein.

Nortel, firma controladora de la empresa canadiense Northern Telecom Ltd., a partir de enero de 1997 confió el manejo de las operaciones de la empresa en 46 países a Gary Donahee, con más de 22 años dentro de Northern. Danahee dirige operaciones lo mismo en la punta austral del continente (Chile, por ejemplo) que en las Bermudas, mediante la unidad de la empresa para el Caribe y América Latina, denominada Nortel Cala Inc.

Con varias décadas de haberse instalado en México, Varta, fabricante alemán de baterías, originalmente nombró como director general de las operaciones en ese país al ingeniero Spielman, también de la misma nacionalidad que la casa matriz. Posteriormente, se promovió al ingeniero Vargas para que ocupara ese cargo. Cabe mencionar que el ingeniero Vargas es de origen colombiano.

La otra opción es emplear a *nacionales de terceros países*, habitualmente administradores de trayectoria internacional. No obstante, quizá en el país anfitrión se prefiera que los puestos más influyentes les sean concedidos a nacionales. Asimismo, se debe tener cuidado en la selección de administradores procedentes de países con conflictos políticos recientes. También muchos otros factores deben tomarse en cuenta, desde luego, cuando se cuenta con operaciones en el exterior.

Ambiente interno

Los factores internos que hemos seleccionado para nuestra exposición son la ocupación de puestos administrativos con personal dentro de la empresa y del exterior, la determinación de la responsabilidad sobre la integración de personal y el reconocimiento de la necesidad de contar con el apoyo de la alta dirección para vencer la resistencia al cambio.

PROMOCIÓN INTERNA   Originalmente, la promoción interna implicaba la elevación de ciertos trabajadores a puestos de supervisión y de ahí a puestos cada vez más altos en la estructura organizacional. Así, se suponía que una empresa recibía un flujo permanente de empleados no administrativos del que habrían de surgir los futuros administradores. Como se decía antiguamente en el sector ferroviario estadunidense: "Cuando el director se jubila o muere, contratamos a un nuevo oficinista."

Considerado el asunto en términos generales, es indudable que los empleados apoyan unánimemente la política de promoción interna. La exclusión de personas ajenas limita la competencia por puestos y les concede a los empleados un monopolio formal

**PERSPECTIVA
INTERNACIONAL**

COMPAÑÍAS CON POLÍTICAS DE PROMOCIÓN INTERNA

Muchas compañías favorecen la promoción interna. Por ejemplo, siendo presidente de la American Brake Shoe Company, William P. Given escribió: "Es política de nuestra empresa concederle a nuestro propio personal el beneficio de un ascenso cuando se da la oportunidad. Creemos que, a menos que no dispongamos de nadie que cubra los requisitos, no sería justo para nuestro personal contratar a alguien fuera de la compañía." La postura que Sears, Roebuck and Company ha adoptado a este respecto es todavía más enfática. En el folleto que se entrega a posibles empleados se lee esta declaración: "En Sears, la política de promoción interna no es sólo una frase o un lema. Es un hecho, garantizado por medidas administrativas específicas para asegurar que así sea." De igual modo, Mobil Oil Company sostiene la política de ocupar todos los puestos posibles con personal procedente de sus propias filas, en tanto que Procter & Gamble afirma cumplir rigurosamente su política de promoción interna y exigir a sus administradores que capaciten a quienes los sucederán. Es bien sabido que uno de los mejores medios de que disponen los jefes para ascender es el de capacitar a sus subordinados a fin de que puedan suplirlos. La política de promoción interna forma parte de la metodología de administración de recursos humanos de Procter & Gamble, la cual también incluye un intensivo proceso de selección, una amplia capacitación en el propio centro de trabajo y un atractivo sistema de compensaciones.

sobre las vacantes administrativas. Sin embargo, los trabajadores son los primeros en poner en duda la conveniencia de esta política cuando se enfrentan a un caso específico de selección de uno de ellos para efectos de ascenso. Esta sensación está presente en todos los niveles de la organización, debido en gran medida a la envidia y a la existencia de rivalidades en el ascenso. Este conflicto se acentúa cuando debe procederse a la selección de un gerente general entre los gerentes de ventas, producción, finanzas e ingeniería. De ahí que, para facilitarse las cosas y evitarse problemas, los directores generales suelan inclinarse por la selección de alguien llegado de fuera.

La promoción interna en la empresa no sólo tiene aspectos positivos relativos a la moral de los empleados, el compromiso a largo plazo de éstos con la compañía y el prestigio de la empresa, sino que además permite aprovechar la presencia en el personal de excelentes administradores en potencia. No obstante, a pesar de la importancia de estos positivos aunque no medibles aspectos, los ejecutivos deben estar conscientes de los riesgos tanto de sobrestimar esta fuente como de depender de ella en forma exclusiva.

Uno de los riesgos de la política de promoción exclusivamente interna es que puede derivar en la selección para ascenso de personas que se han limitado a imitar a sus superiores. Esto no es necesariamente un defecto, especialmente si en una empresa sólo se cultivan métodos, rutinas y opiniones de excelencia, lo que sin embargo representa un ideal muy difícil de alcanzar. El hecho es que a menudo las empresas necesitan de personas de fuera para introducir nuevas prácticas e ideas. Por lo tanto, hay una buena razón para evitar la política de promoción exclusivamente interna.

LA PROMOCIÓN INTERNA EN GRANDES EMPRESAS   Por otra parte, la política de promoción interna puede ser la más indicada para grandes empresas como Sears, Du Pont o General Motors. Aun así, las grandes organizaciones privadas y de otro tipo suelen disponer de tantas personas calificadas que se corre el riesgo de convertir la promoción interna en una política de competencia abierta. Es por ello que incluso las grandes empresas se ven precisadas en ocasiones a buscar personal en el exterior, como ocurrió en General Motors, donde un profesor universitario fue contratado como vicepresidente de control ambiental.

POLÍTICA DE COMPETENCIA ABIERTA   Los administradores deben decidir si los beneficios de la política de promoción interna son mayores que sus deficiencias. Varias razones de peso justifican la aplicación del principio de competencia abierta y el consecuente ofrecimiento de vacantes a las personas más calificadas dentro o fuera de la empresa. Esto le da en definitiva a la empresa la oportunidad de garantizar los servicios de los candidatos más indicados. De esta manera se contrarrestarían las limitaciones de una política de promoción exclusivamente interna, la empresa podría adoptar las mejores técnicas para el reclutamiento de administradores y se motivaría al complaciente "heredero forzoso". Sin embargo, preferir estas ventajas a las ventajas en la moral de los empleados atribuidas a la promoción interna podría parecer cuestionable.

La política de competencia abierta es un medio mejor y más honesto de garantizar la aptitud administrativa que la promoción interna obligatoria. No obstante, implica un deber especial para los administradores que la aplican. Para que sea posible proteger la moral de los empleados al aplicar una política de competencia abierta, la empresa debe disponer de métodos justos y objetivos de evaluación y selección de su personal. Asimismo, debe hacer todo lo posible para contribuir al desarrollo de éste a fin de que pueda ser tomado en cuenta en los ascensos.

Cumplidos estos requisitos, sería de esperar que todo administrador que debe nombrar a alguien para que ocupe una vacante o un puesto nuevo dispusiera de un amplio grupo de candidatos calificados dentro de la empresa. Si el personal sabe que se considerarán sus aptitudes, se le ha evaluado justamente y se le han dado oportunidades de desarrollo, es menos probable que le parezca injusto que la elección recaiga en una persona de fuera. En condiciones normales, los empleados deben estar en posibilidad de competir con individuos ajenos a la empresa. Si un empleado posee las habilidades que se requieren para ocupar cierto puesto, tiene a su favor la considerable ventaja de conocer a la empresa, su personal, historia, problemas, políticas y objetivos. Para los candidatos de calidad, la política de competencia abierta es un reto, no un obstáculo a su desarrollo.

RESPONSABILIDAD SOBRE LA INTEGRACIÓN DE PERSONAL

Aunque la responsabilidad sobre la integración de personal debe recaer en todos los administradores de todos los niveles, la responsabilidad última al respecto corresponde al director general y al grupo de altos ejecutivos encargados de la elaboración de políticas. Estos individuos tienen el deber de desarrollar políticas, asignar su ejecución a subordinados y garantizar su adecuada aplicación. Las consideraciones relacionadas con las políticas a seguir en este caso incluyen, por ejemplo, decisiones sobre el desarrollo de un programa para la integración del personal, lo deseable o no de la promoción interna o de conseguir administradores fuera, las fuentes de candidatos, el proceso de selección por aplicar, la clase de programa de evaluación por emplear, la naturaleza del desarrollo tanto de los administradores como de la organización y las políticas de ascenso y retiro a seguir.

Los administradores de línea deben recurrir ciertamente a los servicios del personal administrativo (por lo general del departamento de personal) para el reclutamiento, selección, contratación, ascenso, evaluación y capacitación de sus subordinados. Pero, en última instancia, es responsabilidad de ellos que los puestos sean finalmente ocupados por las personas más calificadas.

NECESIDAD DEL APOYO DE LA DIRECCIÓN GENERAL PARA VENCER LA RESISTENCIA A UNA INTEGRACIÓN EFICAZ DE PERSONAL

La autoridad y prestigio de la dirección general de una empresa son indispensables para la eficacia de la integración de personal. Algunos administradores resentirán la pérdida de promisorios subordinados, a pesar de que éstos puedan realizar mejores contribuciones a la empresa en otro departamento. Otros opondrán resistencia a los cambios requeridos por los esfuerzos de desarrollo administrativo y organizacional. Es probable que otros más se sientan amenazados por subordinados imaginativos y orientados a la obtención de logros. Quizá para otros la integración de personal no sea un asunto importante y en consecuencia no le presten la menor atención. Para vencer estas tendencias humanas es necesario que la dirección general intervenga directamente en la integración de personal.

Selección: correspondencia entre individuo y puesto[12]

Para crear una empresa no basta con planta, equipo, materiales y personas, así como para crear un ejército eficaz no basta con aviones, tanques, barcos y personas. Hace falta un elemento indispensable: administradores eficaces. La calidad de los administradores es uno de los factores determinantes de mayor importancia en el éxito duradero de una organización. De esto se desprende necesariamente que la selección de los administradores es uno de los pasos decisivos del proceso de administración en su totalidad. La **selección** es el proceso para elegir entre varios candidatos, de dentro o fuera de la organización, a la persona más indicada para ocupar un puesto en ese momento o en el futuro.

Enfoque de sistemas para la selección: panorámica general

Dada la gran importancia de los administradores calificados para el éxito de una empresa, es esencial disponer de un enfoque sistemático para la selección de administradores y la evaluación de las necesidades presentes y futuras de personal administrativo.

En la figura 11-4 se ofrece una panorámica general del enfoque de sistemas para la selección. Las variables estrechamente relacionadas con la selección pero que no abordaremos en este apartado aparecen marcadas en el modelo con líneas punteadas. El plan de requerimientos de administradores se basa en los objetivos, pronósticos, planes y estrategias de la empresa. Este plan se traduce en requerimientos de diseño de puestos y tareas, los cuales habrán de ser confrontados con características individuales como inteligencia, conocimientos, habilidades, actitudes y experiencia. Para satisfacer los requerimientos organizacionales, los administradores reclutan, seleccionan, contratan y promueven a personas. Esto debe realizarse considerando desde luego el ambiente interno (como, por ejemplo, políticas de la compañía, oferta y demanda de administradores y el ambiente de la organización) y el externo (leyes, reglamentos, disponibilidad de administradores). Después de que las personas han sido seleccionadas y se les ha colocado en un puesto, se les debe introducir a sus nuevas funciones. Esta orientación supone un amplio conocimiento de la compañía, sus operaciones y sus aspectos sociales.

Los administradores recientemente colocados en sus puestos proceden entonces a la ejecución de sus funciones administrativas y no administrativas (como comercialización), lo que resulta en desempeño administrativo, el cual determina en definitiva el desempeño de la empresa. Subsecuentemente, el desempeño administrativo es objeto de evaluación y los administradores son compensados (capítulo 12). Con base en esta evaluación se emprende el desarrollo de los administradores y la organización (capítulo 13). Finalmente, la evaluación también puede servir de base para decisiones de ascenso, descenso, remplazo y retiro.

Éste es, en pocas palabras, el modelo de selección. A continuación detallaremos cada una de sus principales variables.

FIGURA 11.4

Enfoque de sistemas
de la selección.

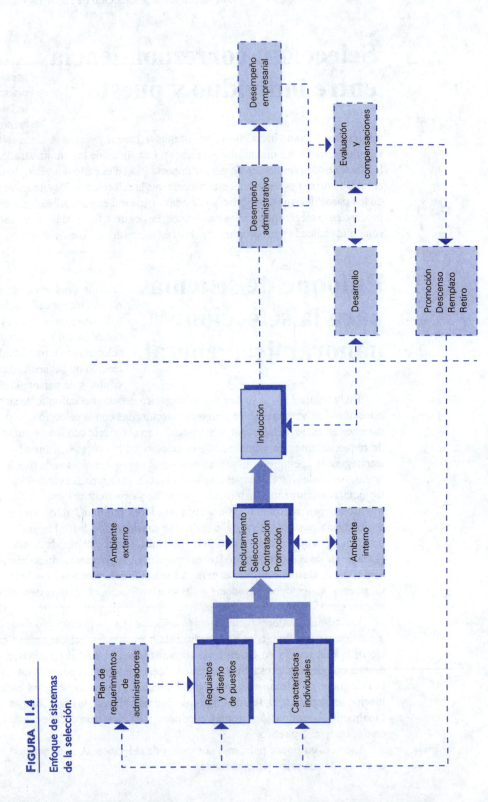

Las variables con líneas punteadas son actividades de integración de personal y de otro tipo que serán explicadas en otros capítulos.

Requisitos y diseño de puestos

Para ser eficaz, en la selección de un administrador se requiere de la clara comprensión de la naturaleza y propósito del puesto por ocupar. Por lo tanto, es preciso realizar un análisis objetivo de los requisitos que implica un puesto y, en la medida de lo posible, diseñar el puesto en tal forma que satisfaga las necesidades organizacionales e individuales. Además, los puestos deben ser sometidos a evaluación y comparación para que sus titulares puedan ser tratados equitativamente. Entre los factores adicionales por considerar están las habilidades requeridas (técnicas, humanas, conceptuales y de diseño), ya que éstas varían según el nivel de la jerarquía organizacional y las características personales que deben poseer los administradores. (Véase capítulo 1.)

Identificación de requisitos de puestos

Para identificar los requisitos implicados por un puesto, las empresas deben responder preguntas como éstas: ¿Qué se deberá hacer en este puesto? ¿Cómo se hará? ¿Qué conocimientos, actitudes y habilidades se requieren? Dado que los puestos no son estáticos, quizá también deban considerarse otras preguntas: ¿Este puesto podría ejercerse de otra manera? De ser así, ¿qué nuevos requisitos implicaría? Dar respuesta a éstas y otras preguntas similares supone el análisis del puesto. Éste puede efectuarse mediante la observación, entrevistas, cuestionarios o incluso un análisis de sistemas. Así, en una descripción del puesto (la cual se basa en el análisis de puestos) se enlistan por lo general los deberes más importantes, los aspectos relativos a la autoridad y la responsabilidad y las relaciones con otros puestos. Más recientemente, en algunas empresas se ha adoptado la costumbre de incluir también en las descripciones de funciones los objetivos y resultados esperados.

Por supuesto que no hay reglas infalibles para el diseño de puestos administrativos. Sin embargo, las empresas pueden evitar errores si siguen algunos principios.

ADECUADO ALCANCE DEL PUESTO   Un puesto restringido por definición no ofrece retos, oportunidades de crecimiento ni sentido de logros. En consecuencia, si es apto, el administrador que lo ocupe terminará por aburrirse y sentirse insatisfecho. Sin embargo, un puesto tampoco debe ser tan amplio como para hacer imposible su eficaz ejecución. En este caso los resultados serían tensión, frustración y pérdida de control.

PUESTOS DE RETO PERMANENTE   En ocasiones a los administradores se les asignan puestos que no demandan de ellos la totalidad de su tiempo y de sus esfuerzos. Sus tareas no les ofrecen retos y, por lo tanto, se sienten subutilizados. En consecuencia, tienden a entrometerse demasiado en el trabajo de sus subordinados, quienes sienten por su parte que no se les concede la suficiente autoridad y discrecionalidad para el desempeño de sus funciones. Una compañía prestadora de servicios públicos solicitó ayuda hace tiempo para resolver sus conflictos organizacionales, lo que dio ocasión a descubrir que los puestos asignados al personal no exigían de éste una dedicación de tiempo completo. Así, los empleados discutían a menudo sobre las funciones, deberes y tareas que les correspondían, lo que significaba el mutuo entorpecimiento de sus actividades. De esta manera, en lugar de canalizar sus energías hacia el cumplimiento de los propósitos de la empresa, las consumían en enfrentamientos entre sí. Es obvio, entonces, que los puestos deben diseñarse en tal forma que posean objetivos, deberes y responsabilidades que representen retos.

HABILIDADES ADMINISTRATIVAS REQUERIDAS POR EL DISEÑO DE PUESTOS[13]   Por lo general, el diseño de puestos debe iniciarse con la determinación de las tareas por cumplir. Además, debe ser suficientemente amplio para permitir la consideración de las necesidades y deseos de los individuos. Sin embargo, algunos autores sobre temas de administración han hecho notar la posibilidad de que sea necesario diseñar un puesto de tal manera que responda al estilo de liderazgo de una persona en particular. Quizá sea muy conveniente diseñar puestos para personas excepcionales, a fin de utilizar su potencial. Pero el problema estriba, desde luego, en que probablemente sería preciso restructurar un puesto cada vez que se le asignara a un nuevo administrador. Por lo tanto, en una descripción de funciones debe darse una idea clara de los requerimientos de desempeño de la persona que ocupe un puesto en particular, pero también se debe permitir cierta flexibilidad para que el empleador pueda aprovechar características y habilidades individuales.

Toda descripción de puestos depende del puesto y la organización implicados. Por ejemplo, en una organización burocrática y sumamente estable, los puestos pueden describirse en términos relativamente específicos. Por el contrario, en una organización dinámica de condiciones inestables y sujetas a veloces cambios, es probable que las descripciones de puestos deban ser más generales y se les deba revisar con mayor frecuencia. Esto demanda un enfoque situacional de las descripciones y diseño de puestos.

Diseño de puestos

Dado que la gente debe dedicar mucho tiempo al ejercicio de sus labores, es importante que en el diseño de puestos se tome en cuenta la necesidad de que los individuos se sientan satisfechos de su trabajo. Esto supone una adecuada estructura de puestos en términos de contenido, función y relaciones.

DISEÑO DE PUESTOS PARA INDIVIDUOS Y EQUIPOS DE TRABAJO   El diseño de puestos puede orientarse a puestos individuales o grupos de trabajo.[14] Para comenzar, es posible enriquecer puestos individuales si las tareas se agrupan en unidades naturales de trabajo. Esto significa reunir en una misma categoría tareas relacionadas entre sí y asignarlas a un individuo. Un método semejante consiste en combinar diversas tareas en un solo puesto. Por ejemplo, en lugar de que varias personas tengan que realizar las tareas de ensamblado de una bomba de agua en una línea de ensamble, pueden establecerse estaciones de trabajo con individuos que cumplan en su totalidad la tarea de armar la unidad e incluso de probarla. Un tercer medio para el enriquecimiento de funciones es establecer relaciones directas con el cliente. Un analista de sistemas puede presentar sus hallazgos y recomendaciones directamente a los administradores implicados en el cambio de sistemas en lugar de tener que informar a su superior para que, a su vez, éste presente las propuestas a la dirección general. Como cuarta posibilidad, en el sistema podría incorporarse una pronta y específica retroalimentación en instancias adecuadas. Los vendedores de una tienda de ventas al menudeo, por ejemplo, reciben todos los días información numérica relativa a las ventas, y cada mes la información resumida sobre las ventas del mes anterior. Una quinta opción es enriquecer puestos individuales mediante cargas de trabajo verticales, lo que eleva la responsabilidad de planeación, ejecución y control de los individuos.

En cuanto a la mejora del diseño de puestos para equipos de trabajo, valen argumentos similares. Los puestos deben diseñarse a fin de que los grupos cuenten con una tarea completa por desempeñar. Además, los equipos deben gozar de autoridad y libertad para decidir si el desempeño de las funciones es aceptable o no, lo que significa que se les debe conceder un alto grado de autonomía. Asimismo, por lo general es posible capacitar a los miembros de equipos en tal forma que puedan rotarse entre sí diferentes funciones. Finalmente, las recompensas pueden administrarse con base en el desempeño grupal, lo que tiende a inducir la cooperación en lugar de la competencia entre los miembros de un equipo.

FACTORES QUE INFLUYEN EN EL DISEÑO DE PUESTOS

En el diseño de puestos deben tomarse en cuenta los requerimientos de la empresa. Sin embargo, también es necesario considerar otros factores, a fin de que sea posible obtener los máximos beneficios; entre ellos están las diferencias individuales, la tecnología implicada, los costos asociados con la restructuración de los puestos, la estructura organizacional y el ambiente interno.

Cada persona tiene diferentes necesidades. Quienes poseen capacidades sin usar y necesitan crecimiento y desarrollo suelen desear el enriquecimiento de sus puestos y la asunción de mayores responsabilidades. Hay personas que prefieren trabajar solas, mientras que otras se desempeñan mejor en grupos en virtud de sus necesidades sociales. También deben considerarse la naturaleza de la tarea y la tecnología asociada con ella. Aunque quizá sea posible asignar a equipos de trabajo el ensamble de automóviles, como se hace en la planta de Volvo en Suecia, tal vez no sería eficiente emplear el mismo diseño de trabajo en General Motors, en Estados Unidos, cuyas corridas de producción son muy elevadas. Los costos de modificaciones para el nuevo diseño de puestos son otro factor por considerar. La situación de una planta de diseño reciente es muy distinta a la de una planta de cierta antigüedad necesitada de cambios y un nuevo diseño para adecuarse a nuevos conceptos de diseño de puestos.

También debe tomarse en cuenta la estructura de la organización. Todos y cada uno de los puestos deben encajar en la estructura general. Grupos de trabajo autónomos, por ejemplo, pueden ser convenientes para una organización descentralizada, pero quizá serían inadecuados en una estructura centralizada. De igual manera, también el ambiente que priva en una organización influye en el diseño de puestos. Es probable que los grupos funcionen correctamente en una atmósfera que alienta la participación, el enriquecimiento del puesto y la autonomía en el trabajo, mientras que quizá no cabrían en una empresa con un estilo autocrático y descendente de liderazgo administrativo.

ENRIQUECIMIENTO DE PUESTOS EN DINA

Dentro de la nueva cultura laboral que ha surgido como producto derivado de la globalización económica juega un papel importante la flexibilidad en el diseño de puestos. Esta flexibilidad adquiere mayor relevancia particularmente cuando las empresas participan en mercados cuyos niveles de competencia exigen cambios internos constantes. Por ejemplo, Dina, empresa mexicana dedicada a la fabricación de camiones, al dejar de ser empresa gubernamental tuvo que aceptar una realidad impuesta por las empresas automotrices de otras partes del mundo. Las actividades de ensamblaje en la industria automotriz se han caracterizado por grandes cambios en los últimos años, principalmente impulsados por las tecnologías de producción surgidas de los nuevos conceptos de manufactura para mercados globalizados.

Ante la imperiosa necesidad de mejorar su nivel de productividad, Dina se tuvo que someter a un proceso de restructuración, el cual incluyó el despido de una buena parte de sus obreros y la flexibilización de las jornadas laborales recurriendo a empleos de tiempo parcial. Además, la empresa se preocupó por el desarrollo de las habilidades y del potencial de su fuerza de trabajo, llevando a cabo programas de capacitación y entrenamiento para que sus trabajadores contasen con habilidades variadas que les permitiesen, como consecuencia, llevar a cabo un mayor rango de actividades incluso más allá de las funciones tradicionales que venían desempeñando. Es decir, se enriquecieron las tareas mendiante el desarrollo de trabajadores polifuncionales, capaces de cumplir una gama de funciones más amplia.

Habilidades y características personales que deben poseer los administradores

Para ser eficaces, los administradores deben poseer diversas habilidades, las cuales van desde las estrictamente técnicas hasta las de diseño. La importancia relativa de estas habilidades varía según el nivel de la organización de que se trate, como se explicó en el capítulo 1. Además, se espera que los administradores posean capacidades analíticas y de solución de problemas, así como ciertas características personales.

Capacidades analíticas y de solución de problemas

Entre las habilidades que es deseable que posean los administradores destacan las capacidades analíticas y de solución de problemas. Pero como solía decir Alan Stoneman, ex presidente de Purex Corporation, "en una empresa como la nuestra no debe haber problemas, sino únicamente oportunidades; todos los problemas deben verse como oportunidades". En otras palabras, los administradores deben ser capaces de identificar problemas, analizar situaciones complejas y explotar las oportunidades que se les presenten en el desarrollo mismo de la solución a los problemas. Deben examinar las circunstancias y, a través de un proceso racional, identificar aquellos factores que se interponen en el camino de las oportunidades. Así, es preciso hacer uso de habilidades analíticas para percibir las necesidades de los clientes reales o potenciales y satisfacerlas con un producto o servicio. Está ampliamente demostrado que este método de búsqueda de oportunidades puede significar el éxito de una empresa. Por ejemplo, Edwin H. Land, de Polaroid, resolvió las necesidades de las personas interesadas en disponer de fotografías instantáneas. Sin embargo, la identificación y análisis de problemas no son suficientes. También es necesario que los administradores estén dispuestos a instrumentar las soluciones, para lo cual deben conocer las emociones, necesidades y motivaciones de las personas implicadas en la puesta en marcha de los cambios requeridos y también de aquellas que se resisten al cambio.

Características personales que deben poseer los administradores

Además de diversas habilidades, los administradores eficaces también deben poseer ciertas características personales. Éstas son: 1) el deseo de administrar, 2) la capacidad de comunicarse empáticamente, 3) integridad y honestidad y 4) experiencia, es decir, antecedentes de desempeño como administradores, característica ésta muy significativa.

DESEO DE ADMINISTRAR   Los administradores de éxito poseen un profundo deseo de administrar, influir en los demás y obtener resultados mediante los esfuerzos conjuntos de sus subordinados. Ciertamente muchas personas querrían disfrutar de los privilegios que ofrece un puesto administrativo, como categoría y altos sueldos, pero jamás lo conseguirán si carecen de la motivación básica para obtener resultados mediante la generación de condiciones en las que la gente pueda trabajar en conjunto en el cumplimiento de propósitos comunes. El deseo de administrar requiere de esfuerzo, tiempo, energía y, por lo general, muchas horas de trabajo.

HABILIDADES DE COMUNICACIÓN Y EMPATÍA   Otra importante característica que deben poseer los administradores es la capacidad para comunicarse claramente por medio de informes por escrito, cartas, discursos y conversaciones. La comunicación demanda claridad, pero más aún también *empatía*. Ésta es la capacidad de comprender los sentimientos de los demás y de manejar los aspectos emocionales de la comunicación. Las habilidades de comunicación son importantes para una eficaz *comunicación intragrupal*, esto es, para la comunicación con las personas de la misma unidad organizacional. No obstante, a medida que se asciende en la organización la *comunicación intergrupal* cobra creciente importancia. Ésta es la comunicación que se sostiene no sólo con otros departamentos, sino también con grupos fuera de la empresa: clientes, proveedores, gobiernos, comunidad y, por supuesto, con los accionistas en las empresas privadas.

INTEGRIDAD Y HONESTIDAD   Los administradores deben poseer una elevada calidad moral y ser dignos de confianza. En su caso, la integridad supone honestidad en cuestiones de dinero y en el trato con los demás, el esfuerzo de mantener informados a sus superiores, el compromiso con la verdad en todas circunstancias, fuerza de carácter y una conducta acorde con las normas éticas.

Altos ejecutivos de grandes compañías se han referido con frecuencia a muchas de éstas y otras cualidades. Henry Ford II, antiguo presidente de Ford Motor Company, decía que las cualidades más valiosas de un administrador son la honestidad, la sinceridad y la franqueza. Por su parte, Donald M. Kendall, ex presidente de PepsiCo, Inc., mencionó la ética en el trabajo y la integridad como características esenciales de los ejecutivos.

ANTECEDENTES DE DESEMPEÑO COMO ADMINISTRADOR   Otra característica muy importante para la selección son los antecedentes de desempeño de los administradores como tales. Éste es quizá el pronóstico más confiable sobre el desempeño futuro de un administrador. Por supuesto que es imposible evaluar la experiencia administrativa al seleccionar entre los empleados a supervisores de primera línea, ya

PERSPECTIVA INTERNACIONAL

LA ORIENTACIÓN GLOBAL DE P&G[15]

Procter & Gamble, compañía estadunidense con tradición, no tuvo otra opción que lanzarse a la arena internacional. Para mantener su competitividad con compañías como Unilever (angloholandesa) y Kao Corp. (japonesa), se vio obligada a comercializar globalmente sus productos, tales como el detergente Tide, el desodorante Secret, el café Folgers, el aceite Crisco, el jarabe para la tos NyQuil y muchos otros conocidos productos de consumo. Sus ventas en el exterior representaban alrededor de la cuarta parte de sus ventas totales a mediados de la década de los ochenta, pero en 1993 se dividían ya en partes prácticamente iguales con las estadunidenses.

Al preparar su retiro y en busca de su sucesor, John Smale puso especial cuidado en encontrar una persona con amplia experiencia en el exterior. Para fortalecer y continuar la tendencia de comercialización en el extranjero, se eligió finalmente a Edwin Artzt, con antecedentes en las operaciones internacionales. Como ejecutivo de grupo del Mercado Común Europeo, Artzt se había encargado de desarrollar la comercialización paneuropea a mediados de la década de los setenta, mucho antes de que fuera considerado incluso el programa Comunidad Europea 1992. El mercado europeo único, objetivo primordial de este programa, es el mercado más grande del mundo occidental. Sin embargo, los planes de expansión de Artzt no se restringían a Europa. A su parecer, también el Extremo Oriente ofrecía excelentes oportunidades a los productos de P&G.

Es un hecho que los ejecutivos del futuro tendrán que desarrollar una perspectiva global. La experiencia internacional será un nuevo prerrequisito de ascenso, y no sólo en P&G, sino también en muchas otras compañías estadunidenses y de otros países.

que para entonces aún carecen de ella. Pero en la selección de administrador de nivel medio o superior los logros anteriormente obtenidos son consideraciones importantes.

Correspondencia entre aptitudes y requisitos del puesto

Una vez identificados los puestos organizacionales, la obtención de administradores se realiza por medio del reclutamiento, selección, contratación y promoción. (Véanse las variables de la figura 11-4.)

Existen básicamente dos fuentes de personal administrativo: las personas dentro de la empresa que pueden ser ascendidas o transferidas y los administradores que pueden ser contratados fuera de la empresa. En el caso de promociones *internas* puede ser conveniente emplear un sistema de información computarizada para identificar a los candidatos más calificados, junto con un amplio plan de recursos humanos. Específicamente, éste puede servir para prever requerimientos de personal, nuevas oportunidades de puestos, conflictos, necesidades de desarrollo y planeación de carrera.

Para estos efectos se dispone también de varias fuentes *externas*, respecto de las cuales cada empresa puede utilizar diferentes métodos para la detección de administradores calificados. Las agencias de empleo, tanto públicas como privadas, y las empresas de reclutamiento de ejecutivos (conocidas en Estados Unidos como "cazadores de cabezas") prestan servicios de localización de candidatos aptos para ocupar ciertos puestos. Otras fuentes de administradores son las asociaciones profesionales, las instituciones educativas, las referencias que pueda dar el personal de la empresa y, por supuesto, las candidaturas no solicitadas de personas interesadas en la compañía.

PERSPECTIVA INTERNACIONAL

SERVICIOS EXTERNOS DE RECLUTAMIENTO DE PERSONAL

Debido a la necesidad de hacer cada vez un mejor uso de sus recursos, hoy en día son innumerables las empresas que recurren a los servicios de reclutamiento que prestan diversas firmas especializadas. Una de las más famosas empresas del ramo es Manpower de origen estadunidense, que mediante su visión global se ha extendido a diversos países del continente americano. Básicamente presta servicios de reclutamiento de personal, que va desde el que cuenta con estudios universitarios hasta el que ofrece sus servicios para ocupaciones de carácter técnico o de menor formación escolar. Los servicios de esta empresa permiten que las empresas aligeren la carga administrativa que se encuentra relacionada con el reclutamiento de personal eventual que normalmente se contrataría para cubrir vacantes temporales.

Reclutamiento de administradores

El **reclutamiento** consiste en atraer a candidatos que puedan ocupar los puestos de que consta la estructura organizacional. Antes de proceder a ella es necesario que los requisitos de los puestos (los cuales deben relacionarse directamente con la tarea por desempeñar) hayan sido claramente identificados, lo que facilita el reclutamiento de candidatos externos. Las empresas con una imagen pública favorable están en mejores condiciones de atraer a candidatos calificados. Compañías como International Business Machines (IBM) son sumamente conocidas y encuentran más fácil atraer candidatos calificados, en tanto que quizá las pequeñas empresas (que a menudo ofrecen excelentes oportunidades de crecimiento y desarrollo) se vean obligadas a hacer grandes esfuerzos para informar debidamente a solicitantes de puestos acerca de sus productos y servicios y de las oportunidades que ofrecen.

El intercambio de información como factor contribuyente a una selección exitosa

El intercambio de información opera de dos maneras en el reclutamiento y la selección: el suministro de una empresa a los candidatos de una descripción objetiva tanto de sí misma como del puesto que se ofrece y el suministro de información por parte de los candidatos acerca de sus capacidades. (Véase figura 11-5.)

Las empresas y otras organizaciones intentan proyectar una imagen favorable, subrayar las oportunidades de crecimiento y desarrollo que ofrecen, destacar sus retos potenciales y hacer notar las posibilidades de ascenso. Ofrecen asimismo información sobre sueldos, prestaciones y, quizá, seguridad en el empleo. Desde luego que en esto se pueden cometer excesos, y despertar por lo tanto en los candidatos expectativas poco realistas. A largo plazo, ello puede dar lugar a indeseables efectos laterales, los que resultan en escasa satisfacción laboral, alta rotación y frustración por la imposibilidad de ver cumplidos los sueños personales. Ciertamente, las empresas deben presentarse en forma atractiva, pero las oportunidades que ofrecen deben exponerse de manera comprobada y realista, y contemplar en consecuencia las limitaciones y aun los aspectos desfavorables de un puesto.

FIGURA 11.5

Intercambio de información en la selección de administradores.

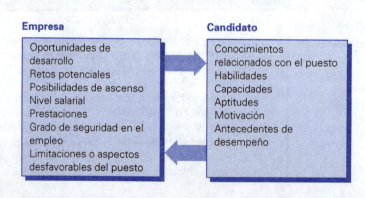

Empresa	Candidato
Oportunidades de desarrollo	Conocimientos relacionados con el puesto
Retos potenciales	Habilidades
Posibilidades de ascenso	Capacidades
Nivel salarial	Aptitudes
Prestaciones	Motivación
Grado de seguridad en el empleo	Antecedentes de desempeño
Limitaciones o aspectos desfavorables del puesto	

Por su parte, los administradores deben recibir de todos los solicitantes una demostración objetiva de sus conocimientos, habilidades, capacidades, aptitudes, motivación y antecedentes de desempeño. Esta información puede obtenerse mediante varias técnicas e instrumentos (de los que nos ocuparemos más adelante). Es indudable que se corre siempre el riesgo de que la recolección de datos sobre un solicitante llegue demasiado lejos y se convierta prácticamente en una invasión de la privacidad. Los candidatos a puestos administrativos sólo tolerarán un grado razonable de entrevistas, pruebas y revelación de información personal. Es evidente entonces que los administradores deben imponerse ciertas restricciones y solicitar únicamente la información que es esencial y está relacionada con el puesto.

Selección, colocación y promoción[16]

La selección de un administrador es la elección de entre los candidatos de aquel que mejor satisface los requisitos del puesto. Dado que puede seleccionarse a una persona ya sea para que ocupe de inmediato un puesto específico o en previsión de futuros requerimientos administrativos, existen dos métodos para la ocupación de puestos organizacionales. El método de selección consiste en la búsqueda de candidatos capaces de ocupar un puesto con requisitos específicos; por su parte, el método de *colocación* consiste en evaluar las cualidades y deficencias de un individuo para asignarle después el puesto más conveniente, bien sea que éste ya exista en la empresa o que deba ser diseñado.

La *promoción* es el desplazamiento dentro de la organización a un puesto más elevado, el cual implica mayores responsabilidades y requiere de habilidades más avanzadas. Esto supone por lo general mayor categoría y un aumento de sueldo. Los aspectos propios de la selección se aplican también al ascenso, el cual puede constituir un premio al desempeño sobresaliente o resultar del deseo de la empresa de utilizar mejor las habilidades y capacidades de un individuo. Los ascensos pueden representar en efecto una recompensa a los antecedentes de desempeño, pero sólo si se cuenta con evidencias de aptitud potencial. De no ser así, cabe la posibilidad de que las personas ascendidas a un nuevo nivel se muestren incompetentes.

El principio de Peter

En la selección es posible, y hasta común, cometer errores. De acuerdo con Laurence J. Peter y Raymond Hall, autores del libro *The Peter Principle*, por lo general los administradores son ascendidos a niveles en los que resultan incompetentes.[17] Específicamente, si un administrador tiene éxito en un puesto, lo más probable es que se le ascienda a uno más alto, para el que sin embargo requeriría de habilidades que no posee. El nuevo puesto bien puede implicar actividades muy por encima de la capacidad del administrador. Si bien no debe subestimarse la posibilidad de desarrollo individual, el principio de Peter puede servir como advertencia para no tomar a la ligera el proceso de selección y promoción.

Proceso, técnicas e instrumentos de selección

Esta sección consta de una descripción general del proceso de selección, seguida por una explicación sobre varios instrumentos y técnicas de selección, como entrevistas, pruebas y el centro de evaluación. Para que la selección dé buenos resultados, la información sobre los candidatos debe ser *válida* y *confiable*. Para cuestionar la **validez** de datos es preciso hacerse la siguiente pregunta: ¿efectivamente los datos miden lo que se supone que deben medir? En el caso de la selección, la validez es el grado en el que los datos predicen el éxito de un candidato como administrador. Asimismo, la información debe contener un alto grado de **confiabilidad**, término que se refiere a la precisión y consistencia de las medidas. Por ejemplo, una prueba confiable que se repitiera varias veces en las mismas condiciones daría esencialmente los mismos resultados.

Proceso de selección

Existen algunas variantes en cuanto a los pasos específicos del proceso de selección. La entrevista de un candidato a un puesto de supervisión de primer nivel, por ejemplo, puede ser relativamente simple en comparación con las rigurosas entrevistas a las que deben ser sometidos los aspirantes a ocupar un puesto ejecutivo de alto nivel. Aun así, la siguiente descripción general es representativa del proceso que comúnmente se sigue en la mayoría de los casos.

Primero, se establecen los criterios de selección, con base usualmente en los requisitos vigentes (aunque en ocasiones en los futuros) del puesto. Estos criterios incluyen elementos como nivel de estudios, conocimientos, habilidades y experiencia. Segundo, se pide al candidato llenar una solicitud (paso que puede omitirse si el aspirante ya es miembro de la empresa). Tercero, se sostiene una entrevista preliminar para identificar a los candidatos más prometedores. Cuarto, en caso de ser necesario se obtiene información adicional por medio de pruebas de la aptitud de los aspirantes para ocupar el puesto. Quinto, el administrador directamente involucrado, su superior y otras personas de la organización realizan entrevistas formales. Sexto, la información proporcionada por los candidatos es revisada y verificada. Séptimo, se aplica, en caso de requerirse, un examen físico. Octavo, con base en los resultados de los pasos anteriores, se ofrece el puesto al candidato o se le informa que no ha sido seleccionado. Examinemos más detalladamente algunas partes del proceso de selección.

ENTREVISTAS[18]   Prácticamente todos los administradores contratados o ascendidos por una compañía se entrevistan con una o más personas. Pero a pesar de su extendido uso, es de dudar que las entrevistas sean un medio válido y confiable para la selección de administradores. Distintos entrevistadores pueden ponderar o interpretar de diferente manera la información obtenida por esta vía. Asimismo, es común que quienes se encarguen de conducir una entrevista no hagan las preguntas indicadas. Pueden verse influidos por la apariencia general del entrevistado, sin conexión alguna, habitualmente, con su desempeño laboral. También es frecuente que se hagan una opinión desde los primeros momentos de la entrevista, antes de contar con toda la información necesaria para emitir un juicio imparcial.

Para mejorar el proceso de las entrevistas y resolver algunas de sus desventajas se pueden emplear varias técnicas. En primer término, los entrevistadores deben contar con la necesaria capacitación para saber qué deben buscar en una entrevista. Al entrevistarse con personas que ya forman parte de la empresa, por ejemplo, deben analizar y comentar los expedientes de éstas, así como estudiar los resultados alcanzados y la manera en la que se han desempeñado importantes actividades administrativas. En el capítulo 12, dedicado a la evaluación del desempeño, explicaremos detenidamente los procedimientos a seguir en este caso. Cuando se selecciona a administradores ajenos a la empresa, la obtención de estos datos será más difícil para los entrevistadores, motivo por el cual a menudo tendrán que remitirse a las personas que los propios candidatos ofrezcan como referencias.

En segundo término, los entrevistadores deben estar preparados para plantear las preguntas más indicadas. Las entrevistas pueden ser estructuradas, semiestructuradas y no estructuradas. En una entrevista *no estructurada* un entrevistador puede decir cosas como ésta: "Hábleme de su trabajo más reciente." En una entrevista *semiestructurada*, el administrador sigue un patrón de entrevistas, pero también puede plantear otras preguntas. En una entrevista *estructurada*, el entrevistador hace preguntas previamente formuladas, como las siguientes:

¿Cuáles fueron sus deberes y responsabilidades específicas en su puesto más reciente?
¿Qué logros obtuvo en ese puesto y cuál es su valor en comparación con el rendimiento normal esperado en él?
¿A quién podríamos consultar para verificar esos logros?
¿Hasta qué punto esos logros se debieron a sus esfuerzos personales?
¿En qué contribuyeron otras personas?
¿Quiénes fueron éstas?
¿Qué le gustaba y qué le desagradaba de ese puesto?
¿Qué innovaciones hizo en él?
¿Por qué quiere cambiar de empleo?

Un tercer medio para mejorar la selección es realizar múltiples entrevistas conducidas por distintos entrevistadores. De esta manera, varias personas pueden comparar sus evaluaciones y percepciones. No obstante, no todos los entrevistadores deben tener poder de voto en la selección de un candidato; más bien, deben limitarse a proporcionar información adicional al administrador responsable de la decisión definitiva.

En cuarto término, la entrevista es sólo uno de los aspectos del proceso de selección. Por lo tanto, se le debe complementar con datos de la solicitud, con los resultados de diversas pruebas y con la información que se obtenga de las personas mencionadas como referencias. Las comprobaciones de referencias y las cartas de recomendación pueden ser necesarias para verificar la información proporcionada por el aspirante. Para que una referencia sea útil, es preciso que la persona en cuestión conozca bien al aspirante y ofrezca de él una evaluación veraz y completa. Dado que muchas personas se resisten a brindar información completa, es frecuente que se exageren las virtudes de los candidatos y que se disimulen sus limitaciones. En Estados Unidos, la Ley de Privacidad de 1974 y disposiciones afines tanto legales como judiciales han vuelto aún más difícil la obtención de referencias objetivas. Por efecto de la Ley de Privacidad, los solicitantes de puestos gozan del derecho legal a conocer el contenido de las cartas ofrecidas como referencia, a menos que renuncien formalmente a él. Ésta es una de las razones de que los maestros suelan mostrarse renuentes a dar referencias precisas y objetivas sobre sus estudiantes para efectos de trabajo.

PRUEBAS   El propósito básico de la aplicación de pruebas es obtener información sobre los candidatos que permita prever sus probabilidades de éxito como administradores. Entre los beneficios de las pruebas están la posibilidad de detectar por este medio a la persona más indicada para ocupar un puesto, la obtención por parte del candidato de un alto grado de satisfacción laboral y la reducción del índice de rotación. Las pruebas de aplicación más frecuente pueden clasificarse de la siguiente manera:

1. Las *pruebas de inteligencia* están diseñadas para medir la capacidad intelectual de los individuos y probar su memoria, agilidad mental y capacidad para identificar relaciones en situaciones de problemas complejos.
2. Las *pruebas de habilidad y aptitud* persiguen el descubrimiento de intereses, habilidades poseídas y potencial para la adquisición de nuevas habilidades.
3. Las *pruebas vocacionales* están diseñadas para indicar la ocupación más conveniente para un candidato o las áreas en las que sus intereses coinciden con los de personas que ya se desempeñan en ellas.
4. Las pruebas de personalidad están diseñadas para revelar las características personales de los candidatos y su capacidad para interactuar con los demás, de manera que ofrecen una medida del potencial de liderazgo.

Con todo, las pruebas padecen varias limitaciones. En primer lugar, competentes psicólogos industriales coinciden en que no siempre son tan exactas como para constituir la única medida de las características de los candidatos, de modo que se les debe interpretar de acuerdo con el historial de cada individuo. En segundo lugar, los aplicadores de pruebas deben saber cuáles aplicar y cuáles son sus limitaciones. Una de sus limitaciones más notorias es la incertidumbre acerca de su efectiva aplicabilidad; incluso los psicólogos dudan de que las pruebas de que se dispone en la actualidad sean eficaces para la medición de habilidades y potencialidades administrativas. En tercero, antes de generalizar su uso las pruebas deben ser sometidas a ensayos, de ser posible con el personal ya empleado en la empresa, para comprobar su validez en el caso de personas cuyas habilidades administrativas ya se conocen. En cuarto, también es importante que las pruebas sean aplicadas e interpretadas por expertos en la materia. Finalmente, las pruebas deben carecer de sesgos discriminatorios y ser congruentes con la ley y las disposiciones gubernamentales.

CENTROS DE EVALUACIÓN   El centro de evaluación no es un sitio específico, sino una técnica para la selección y ascenso de administradores. Este método puede usarse en combinación con la capacitación. Originalmente se le utilizó para la selección y ascenso de supervisores de los niveles inferiores, pero en la actualidad se le aplica también a administradores de nivel intermedio. Sin embargo, todo indica que no es apropiado para altos ejecutivos. La técnica del centro de evaluación no es nueva. La usaron los ejércitos alemán e inglés en la Segunda Guerra Mundial, así como la Oficina Estadunidense de Servicios Estratégicos. Pero se atribuye a la American Telephone and Telegraph Company su uso empresarial inicial en Estados Unidos, en la década de los cincuenta.

Dirigido a medir las acciones de un administrador potencial en situaciones administrativas comunes, la aplicación del centro de evaluación consiste normalmente en la participación de los candidatos en una serie de ejercicios, periodo durante el cual son observados y evaluados por psicólogos o administradores experimentados. En un centro de evaluación típico se pide a los candidatos lo siguiente:

Someterse a varias pruebas psicológicas.

Participar en juegos relacionados con la administración en pequeños grupos.

Participar en ejercicios de selección aleatoria de opciones, en los que deben manejar asuntos propios de la labor administrativa.

Participar en discusiones grupales, sin moderador, de algún problema.

Realizar una breve exposición oral sobre un tema específico, consistente por lo general en la presentación de una propuesta de un curso de acción deseable a un supuesto superior.

Participar en ejercicios adicionales, como la elaboración de un informe por escrito.

Durante estos ejercicios, los candidatos son observados por sus evaluadores, quienes también se entrevistan con ellos de vez en vez. Concluido el periodo del centro de evaluación, cada evaluador resume sus comentarios sobre el desempeño de cada candidato, después de lo cual los evaluadores comparan sus resultados, llegan a conclusiones sobre el potencial administrativo de cada candidato y redactan un breve informe sobre cada uno de ellos. Estos informes se entregan a los administradores responsables de la decisión, para servirles de orientación. Comúnmente se les usa también como puntos de referencia para el desarrollo de los administradores. En muchos casos, los candidatos reciben retroalimentación sobre su evaluación; en otros, ésta se ofrece sólo si los candidatos lo solicitan. En ocasiones, las evaluaciones sobre posibilidades de ascenso se mantienen en secreto, aunque los evaluadores pueden informar a los candidatos sobre su desempeño en los diversos ejercicios.

Aunque sin ser concluyentes, se cuenta con sólidas evidencias de la utilidad del método del centro de evaluación. No obstante, existen controversias sobre a quién, por quién y en qué circunstancias deben aplicarse ésta y otras pruebas y sobre a quién deben entregarse los resultados finales.

Los centros de evaluación ofrecen, sin embargo, varios **problemas**. Primeramente, son costosos en términos de tiempo, especialmente por el hecho de que, para ser eficaces, muchos de estos programas deben prolongarse por un periodo de más de 5 días. Segundo, la capacitación de evaluadores es difícil, en particular en las compañías en las que se prefiere, con quizá justificada razón, que sean experimentados administradores de línea, y no psicólogos profesionales, quienes funjan como evaluadores. Tercero, aunque son muy diversos los ejercicios con los que se pretenden cubrir los varios tipos de actividades de los administradores, se ha cuestionado si tales ejercicios son en efecto los mejores criterios de evaluación. La determinación acerca de qué medidas de evaluación aplicar a cada ejercicio representa un problema aún mayor. En la mayoría de los casos, y dada su particular atención a la conducta individual e interpersonal en diversas circunstancias, es probable que en los centros de evaluación se pierda de vista el elemento más importante en la selección de administradores, sobre todo de aquellos que habrán de serlo por primera vez. Ese elemento es la motivación, el hecho de si un individuo verdaderamente desea o no ser administrador. La motivación implica de parte de los candidatos el conocimiento de qué es la administración, qué supone ésta y qué se requiere para ser un administrador exitoso. Se trata obviamente de una cualidad difícil de evaluar. Pero si se hace claramente del conocimiento de un candidato las implicaciones y requerimientos de la administración y se le pide después que reflexione en ello, el entrevistador puede ofrecerle al aspirante una base sólida sobre la cual determinar si efectivamente desea ser administrador.

Limitaciones del proceso de selección

La diversidad de métodos y pruebas de selección indica que no existe el medio perfecto para la selección de administradores. La experiencia ha demostrado que incluso los criterios de selección más cuidadosamente elegidos no dejan de ser imperfectos en lo que se refiere a la previsión del desempeño. Además, hay que distinguir entre lo que las personas *pueden hacer* (esto es, su capacidad de desempeño) y lo que efectivamente están *dispuestas a hacer*, lo cual tiene que ver con la motivación. Esta última está en función tanto del individuo como de las condiciones prevalecientes. Por ejemplo, las

PERSPECTIVA INTERNACIONAL

USO DE UN CENTRO DE EVALUACIÓN

De acuerdo con Gloria E. Mendoza Roaf, quien hace algún tiempo ocupara la subgerencia de exportaciones en Celanese Mexicana, el uso de los centros de evaluación por parte de esa empresa, brindaba enormes beneficios a todos los empleados que tenían la oportunidad de recurrir a ellos. Particularmente para ella, según comentó, las sesiones en las que participaba le servían como la mejor orientación para encontrar las deficiencias y aciertos con que se desempeñaba, dándole así la oportunidad de encontrar medios para superar las primeras, así como fortalecer los segundos.

Dicho de otra forma, mediante ese mecanismo es posible que la gente de Celanese pueda buscar con oportunidad los medios idóneos para mejorar su desempeño, gracias a que la retroalimentación resulta más inmediata que las evaluaciones normales del desempeño, que desafortunadamente en ocasiones solamente sirven para apreciar las oportunidades desperdiciadas, cuando ya no se puede hacer mucho, si acaso se puede aún, para eliminar o disminuir los efectos negativos de las decisiones tomadas y las acciones realizadas.

necesidades de una persona pueden ser distintas según el momento. También las condiciones organizacionales están sujetas a cambios. El ambiente de una empresa puede modificarse y restringir en lugar de alentar la iniciativa, a causa de la aplicación de una filosofía administrativa diferente por una nueva dirección general. En consecuencia, las técnicas e instrumentos de selección no son un medio seguro para predecir lo que la gente hará aun teniendo la capacidad de hacerlo.

Las pruebas en particular, y especialmente las psicológicas, presentan diversas limitaciones. Específicamente, la búsqueda de cierta información puede ser considerada como una invasión de la privacidad. Además, se ha denunciado que ciertas pruebas discriminan a las mujeres o a miembros de minorías. Estos complejos asuntos no son fáciles de resolver, pero una empresa no puede ignorarlos al seleccionar a sus administradores.

Otras inquietudes respecto de la selección y contratación se refieren al tiempo y costo de la toma de decisiones sobre el personal. Es importante identificar factores como los gastos en publicidad, el costo de recurrir a agencias, los costos de los materiales para pruebas, el tiempo dedicado a entrevistas con los candidatos, los costos de consulta de referencias, los exámenes médicos, el tiempo inicial requerido por un nuevo administrador para familiarizarse con su puesto, la reubicación y la orientación que debe darse al nuevo empleado. Cuando se toman en cuenta todos los costos del reclutamiento, resulta evidente que la rotación del personal puede ser sumamente costosa para una empresa.

Inducción y socialización de los nuevos empleados

La selección de la persona más indicada para un puesto es sólo el primer paso para la composición de un equipo administrativo eficaz. Incluso las compañías que hacen grandes esfuerzos en el proceso de reclutamiento y selección suelen ignorar las necesidades de los nuevos administradores una vez que son contratados. Sin embargo, los primeros días y semanas de trabajo pueden ser decisivos para la correcta integración a la organización de un nuevo miembro.

La **inducción** implica dotar a los nuevos empleados de información preliminar sobre la empresa, sus funciones, sus tareas y su personal. Las grandes empresas suelen contar con un *programa formal de inducción*, por medio del cual se explican las siguientes características de la compañía: historia, productos y servicios, políticas y prácticas generales, organización (divisiones, departamentos y ubicación geográfica), prestaciones (seguro, retiro, vacaciones), requerimientos de confiabilidad y secreto (especialmente en referencia a contratos de defensa), seguridad y otras disposiciones. Todo esto puede describirse más detalladamente en un folleto, pero las sesiones de inducción les ofrecen a los nuevos empleados la oportunidad de hacer preguntas. Si bien es común que estos programas formales sean impartidos por miembros del departamento de personal, la responsabilidad básica de inducción de un nuevo administrador recae necesariamente en su superior.

Otro aspecto de la orientación, quizá de mayor importancia, es la socialización de los nuevos administradores. La **socialización organizacional** se presta a varias definiciones. Una visión general implica tres aspectos: adquisición de habilidades y capacidades laborales, adopción de las conductas apropiadas y adecuación a las normas y valores del grupo de trabajo.[19] Así, aparte de cumplir los requisitos específicos del puesto, los nuevos administradores se enfrentarán usualmente a nuevos valores, nuevas relaciones personales y nuevos modos de conducta. Ignoran a qué personas pueden recurrir en busca de ayuda, desconocen el funcionamiento de la organización y temen fracasar en su nuevo puesto. Todas estas incertidumbres pueden provocar profunda angustia en un nuevo empleado, y en especial en un aprendiz de administrador. Dada la enorme importancia de la experiencia inicial en una empresa para la futura conducta administrativa, es necesario que el primer contacto de los nuevos empleados con la empresa ocurra por medio de superiores de la más alta calidad, quienes sirvan de modelo para el comportamiento futuro.

Resumen

La integración de personal consiste en ocupar los puestos vacantes de la estructura organizacional. Supone identificar los requerimientos de fuerza de trabajo, inventariar al personal disponible y reclutar, seleccionar, contratar, promover, evaluar, planear la carrera profesional, compensar y capacitar a individuos.

En el marco del enfoque de sistemas de la integración de personal, los planes empresariales y organizacionales son elementos importantes de las tareas de integración del personal. El número y calidad de los administradores requeridos para el desempeño de tareas cruciales dependen de muchos factores. Uno de los pasos más importantes de la integración de personal es determinar de qué personas se dispone mediante la elaboración de un inventario de administradores, el cual puede basarse en un organigrama de inventario.

La integración de personal no ocurre en el vacío; en ella deben considerarse muchos factores situacionales, tanto internos como externos. Requiere asimismo del cumplimiento de las leyes sobre igualdad de oportunidades de empleo, de modo que en su práctica no se discrimine a mujeres y minorías, por ejemplo. Es preciso evaluar también los pros y contras de ascender a empleados dentro de la organización o seleccionar a personas externas.

De acuerdo con el modelo de sistemas para la selección, el plan general de requerimientos de administradores es la base para determinar los requisitos de puestos. En el diseño de puestos la empresa debe vigilar que el alcance de un puesto sea el apropiado, que éste implique labores desafiantes de tiempo completo y que refleje las habilidades requeridas. La estructura de puestos debe ser adecuada en términos de contenido, función y relaciones. Los puestos pueden ser diseñados para individuos o equipos de trabajo. La importancia de las habilidades técnicas, humanas, conceptuales y de diseño varía según el nivel de la jerarquía organizacional de que se trate. Las diversas habilidades y características de los individuos deben estar en correspondencia con los requisitos de un puesto. La correspondencia es importante en el reclutamiento, selección, contratación y promoción.

Los errores de selección pueden confirmar el principio de Peter, según el cual se tiende a ascender a los administradores a niveles que no son de su competencia. Aunque en el proceso de selección se debe buscar la asesoría de varias personas, la decisión definitiva corresponde por lo general al que sería el superior inmediato del candidato al puesto.

El proceso de selección puede incluir entrevistas, pruebas y el uso de centros de evaluación. Para evitar la insatisfacción y rotación de los empleados, las compañías deben cerciorarse de que los nuevos empleados sean presentados e incorporados al personal de la organización.

Ideas y conceptos básicos

Integración de personal
Enfoque de sistemas de la administración
    de recursos humanos
Inventario de administradores
Factores situacionales que influyen en la
    integración de personal
Igualdad de oportunidades de empleo
Mujeres en la administración
Promoción interna
Política de competencia abierta
Enfoque de sistemas de la selección
Requisitos del puesto

Diseño de puestos
Reclutamiento
Selección
Contratación
Promoción
Principio de Peter
Validez
Confiabilidad
Proceso de selección
Tipos de pruebas
Centros de evaluación
Inducción y socialización

Para analizar

1. ¿A qué se debe que la función de integración de personal se aborde lógicamente con tan escasa frecuencia? Describa brevemente el enfoque de sistemas de la integración de personal. ¿Cómo se relaciona ésta con las demás funciones y actividades administrativas?

2. Enumere y evalúe los factores externos que influyen en la integración de personal. ¿Cuáles son los más importantes en la actualidad? Explique su respuesta.

3. ¿Qué riesgos y dificultades implica la aplicación de la política de promoción interna? ¿Qué se entiende por política de competencia abierta? ¿Está usted a favor de esta política? ¿Por qué sí o por qué no?

4. ¿En qué consiste el enfoque de sistemas de la selección de administradores? ¿Por qué se llama enfoque de sistemas? ¿En qué se diferencia de otros enfoques?

5. ¿Cuáles son algunos de los factores de importancia en el diseño de puestos individuales y de puestos para equipos de trabajo? ¿Cuáles considera usted más importantes? ¿Por qué?

6. El principio de Peter es sumamente conocido en los círculos administrativos. ¿Qué opinión le merece? ¿Cree que se aplica a usted? ¿Implica que todos los directores generales son incompetentes? Explique su respuesta.

7. ¿Qué es un centro de evaluación? ¿Cómo funciona? ¿Le gustaría participar en uno de ellos? ¿Por qué sí o por qué no?

Ejercicios/actividades

1. Seleccione una organización que conozca y evalúe la eficacia de sus prácticas de reclutamiento y selección de personal. ¿Qué tan sistemáticamente se llevan a cabo éstas y otras actividades de integración de personal?

2. Acuda a la biblioteca de su escuela e investigue los antecedentes de directores generales exitosos. Consulte primero la revista *Fortune. Expansión,* por ejemplo, o lea la biografía de un director general. ¿Qué vuelve exitoso a un director general?

CASO INTERNACIONAL 11

DISEÑO DE PUESTOS EN LA COMPAÑÍA SUECA VOLVO[20]

El diseño de puestos ha merecido tanta atención en Estados Unidos como en el resto del mundo. En la planta armadora de camiones de carga de Volvo en Suecia, los equipos de trabajo gozan de un alto grado de autonomía. Por ejemplo, eligen a su supervisor, asignan trabajo entre sus miembros, fijan sus propios objetivos de producción dentro de límites específicos y asumen la responsabilidad del control de calidad. En Kalmar, Suecia, Volvo diseñó una planta automotriz para equipos de quince o veinte empleados; cada equipo se ocupa de una importante tarea específica. Aun así, el ausentismo sigue siendo elevado, de 17%, apenas ligeramente inferior al de la planta de línea de ensamble en Gothenburg (de 19% a 20%). Casi la tercera parte de la fuerza de trabajo, de alto nivel educativo, abandona la compañía cada año. Para resolver estos problemas, Volvo instaló una nueva planta en Uddevalla, Suecia, en la que el índice de ausentismo se redujo a 8%.

Construida con apoyo del gobierno (mediante generosas exenciones de impuestos) y con la cooperación del sindicato, la nueva planta de Uddevalla ha estado en plena operación desde 1989. Hay quienes la consideran el tiro de gracia a la línea de ensamble de automóviles. Equipos de siete a diez trabajadores arman cuatro automóviles por turno. Volvo asegura que en su nueva planta se producen autos con menos horas de trabajo y mayor calidad que en otras. Sin embargo, no ha dado a conocer cifras de productividad específicas que sustenten esta afirmación.

La planta de Uddevalla se compone de seis puntos de ensamble con ocho equipos, cada uno de los cuales consta de siete a diez trabajadores. Cada equipo cuenta con un representante, pero carece de supervisores tradicionales. Los trabajadores reciben 16 semanas de capacitación antes de ser incorporados directamente a las operaciones. A este periodo le siguen 16 meses de capacitación en el centro de trabajo.

La capacidad de producción de esta planta es indudablemente inferior a la de las plantas estadunidenses; la producción de 1991 fue de 40 000 automóviles, mientras que el promedio de las plantas tradicionales fue de 120 000. Las estaciones de trabajo están adecuadamente diseñadas para adoptar una postura cómoda, a fin de que los trabajadores tengan que estirarse o inclinarse al mínimo. Además, son relativamente silenciosas y están bien iluminadas.

La nueva planta atrajo la atención mundial. Reporteros de todo el mundo, y especialmente de Japón, la han visitado. También fabricantes y sindicatos automotrices estadunidenses se han dado cita en Uddevalla. Sin embargo, los escépticos sostienen que el nuevo diseño de trabajo no resultará en los niveles de productividad requeridos para la producción en serie tal como se le practica en Japón y Estados Unidos.

Mientras que Volvo emplea el modelo de ensamble total de automóviles centrado en las personas, muchas otras armadoras europeas han adoptado los métodos de producción esbelta (o flexible) popularizados por los japoneses. Esta metodología se basa en la idea de que el aprendizaje se facilita si se realizan tareas especializadas complementadas con rotación de puestos y disciplina. Como ejemplo de producción esbelta podría citarse el caso de la sociedad de participación entre General Motors y Toyota, llamada NUMMI, cuya planta se localiza cerca de San Francisco, California.

En 1992 Volvo anunció que estudiaba la posibilidad de cerrar su planta en Uddevalla.

1. ¿A qué cree usted que se haya debido que Volvo experimentara el método de equipos de trabajo?

2. ¿Cree que el método de equipos funcionaría en Estados Unidos? ¿Por qué sí o por qué no?

3. Si las compañías automotrices estadunidenses abandonaran la línea de ensamble, ¿qué tendría que hacerse para que en ellas funcionara el método de equipos?

4. ¿A qué atribuiría usted los planes de Volvo de cerrar la planta de Uddevalla?

Referencias

1. Lloyd Baird e Ilan Meshoulam, "Managing Two Fits of Strategic Human Resource Management", en *Academy of Management Review*, enero de 1988, pp. 116-128. Esta cita se basa en el texto de N. Tichy, C. J. Fombrun y M. A. DeVanna, "Strategic Human Resource Management", en *Sloan Management Review*, 23 (2), pp. 47-64.

2. Rensis Likert, *The Human Organization: Its Management and Value* (Nueva York, McGraw-Hill Book Company, 1967), cap. 9.

3. Para una exposición más completa, véase Henry Mintzberg, *The Nature of Managerial Work* (Nueva York, Harper & Row, 1973), cap. 2; véase también Harry S. Jonas III, Ronald E. Fry y Suresh Srivastva, "The Office of the CEO: Understanding the Executive Experience", en *Academy of Management Executive*, agosto de 1990, pp. 36-48.

4. Henry Mintzberg, "The Manager's Job: Folklore and Fact", en *Harvard Business Review*, julio-agosto de 1975, pp. 49-61.

5. Para una exposición de la administración de recursos humanos en empresas alemanas y estadunidenses, véase Helmut Wagner y Marion Linke, "Internationales Management der Humanressourcen in deutschen und amerikanischen Unternehmen", en *Ralph Berndt* (ed.), *Global Management* (Berlín, Springer-Verlag, 1996), pp. 457-475.

6. Véase también Thomas J. Condon y Richard H. Wolff, "Procedures that Safeguard Your Right to Fire", en *Harvard Business Review*, noviembre-diciembre de 1985, pp. 16-18.

7. William B. Johnston, "Global Work Force 2000: The New World Labor Market", en *Harvard Business Review*, marzo-abril de 1991, pp. 115-127.

8. Véase también Gary N. Powell, "One More Time: Do Female and Male Managers Differ?", en *Academy of Management Executive*, agosto de 1990, pp. 68-75.

9. Arvind V. Phatak, *International Dimensions of Management*, 4a. ed. (Cincinnati, Ohio; 1995), cap. 6.

10. Véase también Abbass F. Alkhafaji, *Competitive Global Management* (Delray Beach, Florida; St. Lucie Press, 1995), caps. 5-7.

11. Anant R. Negandhi, *International Management* (Boston, Allyn and Bacon, Inc., 1987), cap. 8.

12. Véase también Philip Schofield, "Improving the Candidate Job-Match", en *Management*, febrero de 1993, p. 69.

13. Véase también Milan Moravec y Robert Tucker, "Job Descriptions for the 21st Century", en *Personnel Journal*, junio de 1992, pp. 37-44.

14. Esta exposición sobre el diseño de puestos se basa en parte en David A. Nadler, J. Richard Hackman y Edward E. Lawler III, *Managing Organizational Behavior* (Boston, Little, Brown and Company, 1979), cap. 5.

15. Zachary Schiller, "P&G's Wordly New Boss Wants a More Worldly Company", en *Business Week*, 30 de octubre de 1989, pp. 40-41; Brian Dumaine, "P&G Rewrites the Marketing Rules", en *Fortune*, 6 de noviembre de 1989, pp. 34-48; Zachary Schiller, "No More Mr. Nice Guy in P&G — Not By a Long Shot", en *Business Week*, 3 de febrero de 1992, pp. 54-56; "Procter & Gamble: Improving Consumer Value Through Process Redesign", *Harvard Business School*, 1995, caso 9-195-126.

16. Para explicaciones acerca de las acciones afirmativas, véase R. Roosevelt Thomas R., Jr., "From Affirmative Action to Affirming Diversity", en *Harvard Business Review*, marzo-abril de 1990, pp. 107-117; Dorothy P. Moore y Marsha Hass, en *Academy of Management Executive*, febrero de 1990, pp. 84-90.

17. Laurence J. Peter y Raymond Hall, *The Peter Principle* (Nueva York, Bantam Books, 1969). Véase también Laurence J. Peter, *The Peter Pyramid: Or Will We Ever Get the Point?*, reseñado en *Peter Shaw*, "A Management Guru Peters Out", en *The Wall Street Journal*, 24 de enero de 1986.

18. Véase también James M. Jenks y Brian L. B. Zevnik, "ABCs of Job Interviewing", en *Harvard Business Review*, julio-agosto de 1989, pp. 38-42.

19. Daniel C. Feldman, "The Multiple Socialization of Organization Members", en *Academy of Management Review*, abril de 1981, pp. 309-318.

20. La información procede de diversas fuentes, entre ellas Jonathan Kapstein y John Hoerr, "Volvo's Radical New Plant: 'The Death of the Assembly Line'?", en *Business Week*, 28 de agosto de 1989, pp. 92-93; Peter Wickens, "Steering the Middle Road to Car Production", en *Personnel Management*, junio de 1993, pp. 34-38; Paul S. Adler y Robert E. Cole, "A Tale of Two Auto Plants", en *Sloan Management Review*, primavera de 1993, pp. 85-94; Christian Berggren, Paul S. Adler y Robert E. Cole, "NUMMI vs. Uddevalla", en *Sloan Management Review*, invierno de 1994, pp. 37-49; "Volvo Shuts Innovative Plants", en *Industrial Relations Review and Report*, enero de 1994, pp. 2-4; James P. Womack, Daniel T. Jones y Daniel Roos, *The Machine That Changed the World* (Nueva York, Harper Perennial, 1990).

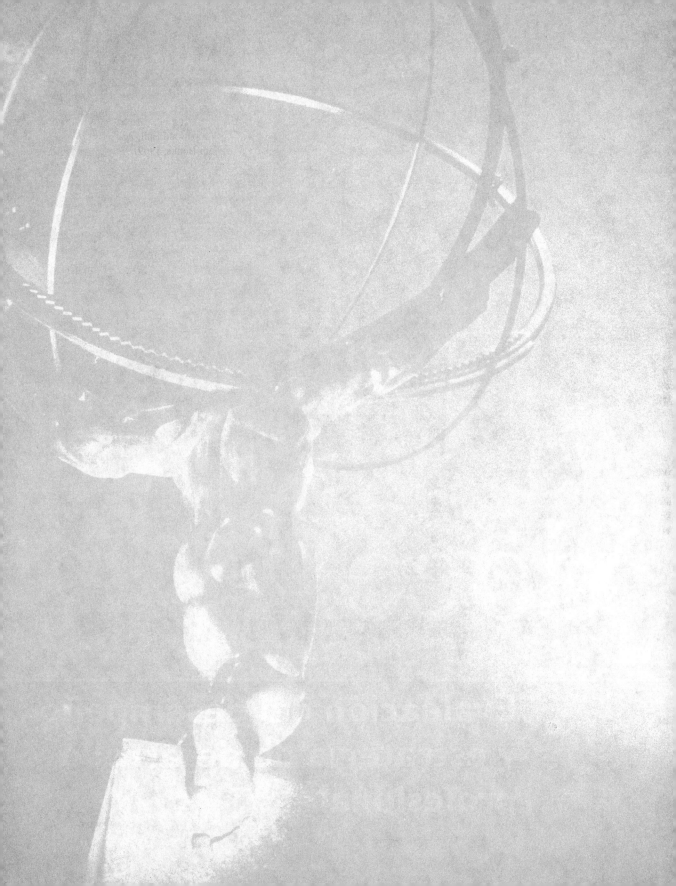

Al terminar este capítulo, usted podrá:

1. Advertir la importancia de una evaluación eficaz de los administradores.
2. Identificar los criterios por medir en la evaluación de los administradores.
3. Comprobar la ineficacia de las evaluaciones tradicionales de cualidades.
4. Presentar un sistema de evaluación administrativa sustentado en la evaluación del desempeño con base tanto en objetivos verificables como en el desempeño real de los administradores en cuanto tales.

Capí

doce

Evaluación del desempeño y estrategia de desarrollo profesional

5. Describir el enfoque de equipos para la evaluación.
6. Comprender las satisfacciones y tensiones de la administración.
7. Identificar aspectos importantes de la planeación del desarrollo profesional.

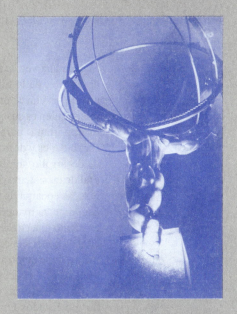

tulo

Tanto a la organización como a los empleados les interesa que la evaluación de desempeño cumpla objetivos particulares. En algunos casos estos objetivos o metas son compatibles, pero en muchos otros no.[1]

MICHAEL BEER

Más de una vez se ha dicho que la evaluación del desempeño administrativo es el talón de Aquiles de la función de integración de personal, pero en realidad se trata quizá de una de las claves principales para la correcta conducción de ésta. Es la base para determinar quién es susceptible de ser ascendido a un puesto más alto. También es un elemento importante para el desarrollo administrativo, dado que en caso de ignorarse las capacidades y deficiencias de un administrador, será difícil determinar si las actividades de desarrollo siguen la dirección correcta. La evaluación es, o debería ser, parte integral de un sistema de administración. Saber en qué grado un administrador planea, organiza, se encarga de la integración de personal, dirige y controla debidamente es en realidad la única manera de garantizar que quienes ocupan puestos administrativos realizan en efecto una administración eficaz. Si una empresa, organismo gubernamental, institución de beneficencia o incluso universidad pretende cumplir eficaz y eficientemente sus metas, debe determinar e instrumentar medios que le permitan medir con la mayor exactitud posible el desempeño de sus administradores.

También otras razones explican la importancia de la evaluación eficaz del desempeño. En Estados Unidos, una de las más evidentes se deduce del deber de cumplir las disposiciones del título VII de la Ley de derechos civiles de 1964 (en su versión reformada) y las reglamentaciones de la Comisión de Igualdad de Oportunidades de Empleo y de la Oficina Federal de Cumplimiento de Contratos. En estos organismos se han hecho severas críticas a muchos programas de evaluación por sus implicaciones discriminatorias, sobre todo raciales o por causas de edad o sexo. Los tribunales, por su parte, han apoyado la insistencia de esos órganos en el sentido de que, para ser aceptable, un programa de evaluación debe ser válido y confiable. Salta a la vista que estas últimas son normas muy rigurosas.

La evaluación eficaz del desempeño también debe reconocer el legítimo deseo de los empleados de progresar en el ejercicio de su profesión. Uno de los medios para la integración de las demandas de la organización con las necesidades individuales es la administración del desarrollo profesional, la cual puede formar parte de la evaluación del desempeño, como se explicará en este capítulo.

El problema de la evaluación administrativa

Los administradores se han rehusado por tradición a evaluar a sus subordinados. Sin embargo, en una actividad tan importante como la administración no debería haber renuencia alguna a medir el desempeño con la mayor exactitud posible. En prácticamente todo tipo de actividades grupales, ya sea de carácter laboral o deportivo, siempre ha sido necesario calificar el desempeño de una manera u otra. Además, la mayoría de las personas, y sobre todo las más capaces, por lo general desean saber cuán aceptablemente hacen las cosas.

Es difícil aceptar que las controversias, recelos y hasta desilusiones aún tan comunes en la evaluación del desempeño administrativo sean producto de las prácticas de medición y evaluación. Todo indica, más bien, que son resultado de aquello que se mide, de las normas empleadas para hacerlo y de la forma misma en la que se efectúa la medición.

Es de comprender que los administradores objeten, se sientan insatisfechos u opongan resistencia cuando consideran que evalúan, o son evaluados, en forma inexacta o con base en normas inaplicables, inadecuadas o subjetivas. No obstante, en los últimos 40 años no han cesado de aparecer señales alentadoras de que, por fin, la evaluación del desempeño puede llevarse a cabo con toda efectividad. El interés en evaluar a los administradores comparando su desempeño real con objetivos o metas verificables predeterminados representa un avance de enorme potencial.[2]

Pero no es suficiente evaluar con base en objetivos verificables. Esto debe complementarse con la evaluación de los administradores como tales. Sin embargo, ningún sistema está exento de fallas y dificultades, ni se le puede operar adoptando sencillamente la técnica y procediendo a la elaboración de la documentación consecuente. Debe hacerse mucho más que eso. En primer lugar, es esencial que la administración con objetivos verificables, tal como se explicó en el capítulo 4, sea el modo de vida común en toda empresa. En segundo, es preciso que los administradores posean no sólo una clara comprensión de las labores administrativas y de sus fundamentos, sino también la capacidad de aplicar en la práctica estos últimos.

Selección de los criterios de evaluación

Por medio de la evaluación debe medirse el desempeño en el cumplimiento de metas y planes, así como el desempeño de los administradores en cuanto tales. A nadie le beneficiaría una persona en un puesto gerencial capaz de, aparentemente, hacerlo bien todo como administrador pero no de mantener un expediente adecuado en la generación de utilidades, la comercialización, la contraloría o cualquier otra área de responsabilidad que le corresponda. A nadie dejaría satisfecho tampoco disponer de un individuo de alto desempeño en un puesto gerencial incapaz sin embargo de operar eficazmente como administrador. Los empleados de desempeño sobresaliente pueden alcanzar ese nivel cuidándose de no cometer errores.

Desempeño en el cumplimiento de metas

Los sistemas de evaluación con base en metas verificables preseleccionadas poseen un valor extraordinario para la evaluación del desempeño. En presencia de una planeación coherente, integrada y comprendida, diseñada para alcanzar objetivos específicos, quizá los mejores criterios de desempeño administrativo sean los relacionados con la capacidad de fijar metas inteligentemente, planear los programas necesarios para el cumplimiento de éstas y lograr su efectiva consecución. Quienes han puesto en práctica alguna variante de este sistema suelen oponer el argumento de que tales criterios son inadecuados y de que, llegado el momento de la evaluación, en ella siempre intervienen el azar u otros factores que escapan al control de los administradores. De este modo, sobran casos

EVALUACIÓN DEL DESEMPEÑO EN BANAMEX

El sistema de evaluación de los gerentes de sucursales que ha instrumentado Banamex, institución bancaria, incluye diferentes criterios mediante los cuales se combinan calificaciones de la capacidad para lograr metas y objetivos acordes con los que ha determinado la empresa, así como del desempeño de los gerentes como administradores.

En relación con las funciones básicas de todo administrador, quien ocupe el puesto de gerente de cualquiera de las sucursales de dicho banco deberá preocuparse activamente por asignar, dirigir y controlar las tareas del personal bajo su mando con el objetivo de alcanzar metas verificables, como por ejemplo: apertura de nuevas cuentas, captación de recursos, saldos promedio de los clientes, promoción y nivel de ventas de los productos que el banco ofrece y atención a los clientes de acuerdo con los niveles de servicio que el banco ha instaurado como norma para la prestación de sus servicios. Además, es responsabilidad ineludible del gerente de sucursal vigilar que en la operación bancaria cotidiana se observe un irrestricto apego a la normatividad que se ha establecido para brindar el máximo de seguridad en la ejecución de las operaciones de manejo y control de las cuentas. El cumplimiento de las metas que le son fijadas a cada sucursal constituye la base para evaluar el desempeño tanto del gerente mismo como de los cajeros, ejecutivos de cuenta y cualquier otro de los empleados y funcionarios que colaboran en la misma. A su vez, el sistema de evaluación sirve para establecer el monto de incentivos económicos que recibe mensualmente el personal de las sucursales, adicionalmente a su sueldo contractual, como recompensa por su desempeño.

También se incluye en los parámetros de evaluación del desempeño de dichos gerentes la prestación de asesoría a sus subordinados respecto al plan de trayectoria laboral de éstos dentro de la institución. Aunque este criterio de evaluación es más difícil de medir en el corto plazo, constituye una de las bases fundamentales del desempeño futuro de los subordinados, teniendo como consecuencia que se mantenga el nivel de desempeño adecuado e, idealmente, se mejore en el futuro brindándole al personal del nivel operativo la oportunidad de desarrollo laboral, al igual que le permite al gerente contar con personal ampliamente motivado y en constante evolución en cuanto a sus habilidades.

de administradores ascendidos gracias a haber obtenido resultados debidos únicamente a la suerte, así como de administradores culpados de fracasos sencillamente porque factores fuera de su control les impidieron alcanzar los resultados esperados. En consecuencia, la evaluación con base en objetivos verificables es insuficiente en sí misma.

Desempeño como administradores

El sistema de medición del desempeño con base en objetivos prestablecidos debe complementarse con una evaluación de los administradores *como administradores*. Los administradores de cualquier nivel también cumplen deberes no administrativos, los cuales no pueden desestimarse. Pero el propósito esencial por el cual se les contrata y con base en el cual debe medirse su rendimiento es su desempeño como administradores, lo que significa que se les debe evaluar según el grado en que comprenden y ejecutan las funciones administrativas de planeación, organización, integración de personal, dirección y control. Las normas por aplicar en este terreno son los fundamentos de la administración, antes de proceder a los cuales, sin embargo, es preciso que examinemos algunos de los programas de evaluación tradicionales.

Debilidades de las evaluaciones tradicionales con base en los rasgos[3]

A los administradores se les ha evaluado desde hace mucho tiempo sobre la base de rasgos de personalidad y características laborales estandarizadas. Por lo común, los sistemas de evaluación basados en rasgos de la personalidad se apoyan en un listado de diez a quince características personales, como la capacidad de trato interpersonal, liderazgo, capacidad analítica, diligencia, buen juicio e iniciativa.

Los administradores se resisten a aplicar una evaluación de este tipo, o tienden a desarrollar el papeleo que esto implica sin saber bien en qué sustentarse para calificar. Incluso en aquellas empresas en las que se han hecho decididos esfuerzos por imponer estos programas y adoctrinar y capacitar a los administradores en el significado de los rasgos de personalidad para que eleven su capacidad de evaluación, muy pocos de ellos han conseguido resultados apropiados.

Uno de los problemas prácticos de la evaluación de los rasgos de la personalidad es que, dada la imposibilidad de que sea objetiva, los administradores serios y justos no están dispuestos a utilizar su juicio (evidentemente subjetivo) en una cuestión tan importante como el desempeño. Por su parte, los empleados que reciben calificaciones inferiores a la máxima casi invariablemente creen haber sido objeto de un trato injusto.

Otro problema es que el supuesto básico en el que se apoyan dichas evaluaciones merece todo tipo de cuestionamientos. La relación entre desempeño y posesión de rasgos específicos es dudosa. Se tiende entonces a evaluar aspectos ajenos (distintos) a las operaciones reales de los administradores. La evaluación de rasgos de la personalidad equivale de este modo a sustituir la consideración de que lo que realmente hace un individuo por la opinión de un tercero acerca de ese individuo.

Para muchos administradores la calificación de tales rasgos no pasa de ser un trámite que se debe cumplir porque alguien lo ha ordenado así. Con esta actitud, todo se reduce a efectuar el trámite y conceder las calificaciones menos penosas (tanto para el subordinado como para el superior). Por lo tanto, los administradores tienden a ser benevolentes. Resulta interesante así, y de ninguna manera asombroso, que en un estudio realizado hace unos años sobre las calificaciones otorgadas a los oficiales de Marina de Estados Unidos se haya obtenido una paradoja matemática: ¡98.5% de los oficiales evaluados en cierto periodo fueron considerados sobresalientes o excelentes, y sólo 1% correspondió al promedio!

Los criterios de evaluación de los rasgos de personalidad son nebulosos, por decir lo menos. Los responsables de otorgar calificaciones disponen para ello de un tosco instrumento, mientras que, a su vez, los subordinados no saben con precisión qué supuestas características suyas serán calificadas. Este recurso es defectuoso en manos de casi cualquier persona, y puesto que, muy a su pesar, los otorgantes de calificaciones se dan cuenta de ello, es lógico que se rehúsen a usarlo, pues temen dañar la trayectoria profesional de sus subordinados. Uno de los propósitos primordiales de la evaluación es contar con una base sobre la cual plantear todos los asuntos relacionados con el desempeño y planear mejoras. Sin embargo, las evaluaciones de los rasgos ofrecen escasa materia concreta que plantear, muy poco sustento que los participantes puedan reconocer de mutuo acuerdo como verdadero más allá de toda discusión, y por lo tanto un frágil fundamento a la posibilidad de un entendimiento recíproco sobre lo que debe hacerse para conseguir mejoras.

Evaluación de los administradores con base en objetivos verificables

Uno de los métodos de más amplio uso en la evaluación administrativa es el sistema de evaluar el desempeño de los administradores con base en el establecimiento y cumplimiento de objetivos verificables. Como se señaló en el capítulo 4, para la administración eficaz es básico contar con una serie entrelazada de objetivos a un tiempo significativos y alcanzables. Ésta es una cuestión de simple sentido común, ya que no se puede esperar que los individuos (como tampoco las empresas organizadas, ya sean privadas o de cualquier otra clase) cumplan efectiva o eficientemente una tarea si ignoran el destino de sus esfuerzos.

Proceso de evaluación

Una vez instituido un programa de administración con objetivos verificables, la evaluación es un paso muy sencillo. Los supervisores determinan con base en esos objetivos hasta qué punto los administradores fijan objetivos y se desempeñan correctamente. En aquellos casos en los que la evaluación con base en resultados ha fallado o producido decepciones, el principal motivo de ello ha sido la consideración de la administración por objetivos únicamente como técnica de evaluación. Es improbable que este sistema funcione adecuadamente si se le emplea sólo con ese propósito. La administración por objetivos debe ser un estilo de administrar, un estilo de planear y la clave para organizar, integrar el personal, dirigir y controlar. Cuando es éste el caso, la evaluación se reduce a determinar si los administradores han establecido o no objetivos adecuados y razonablemente alcanzables y cómo se han desempeñado con base en ellos durante cierto periodo.

Remítase al sistema de administración y evaluación por objetivos descrito en la figura 6-3. Tal como se observa en ella, la evaluación es sencillamente el último paso de la totalidad del proceso.

Hay otras preguntas por hacer. ¿Las metas fueron adecuadas? ¿Exigieron un desempeño "extremo" (alto pero razonable)?* La respuesta a estas preguntas depende exclusivamente del juicio y experiencia del superior de un individuo, juicio que (con tiempo y práctica) puede afinarse, y el cual puede ser aún más objetivo si el superior está en posibilidad de consultar las metas de otros administradores de puestos similares para efectos de comparación.

Al evaluar el cumplimiento de metas, el evaluador debe tomar en cuenta consideraciones como si, para comenzar, las metas eran razonablemente alcanzables, si factores más allá del control del individuo facilitaron o estorbaron indebidamente su cumplimiento y los motivos de que se hayan obtenido tales o cuales resultados. Asimismo, también debe determinar si el individuo persistió en la consecución de metas obsoletas aun frente a situaciones distintas que demandaban su modificación.

Tres tipos de revisiones

El modelo simplificado de evaluación del desempeño que aparece en la **figura 12-1** indica la existencia de tres tipos de evaluaciones: 1) una revisión exhaustiva, 2) revisiones periódicas o de avances y 3) vigilancia permanente.

FIGURA 12-1

Proceso de evaluación.

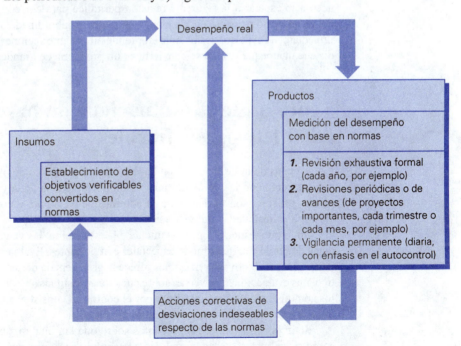

Reproducido de Heinz Weihrich, *Management Excellence*: *Productivity through MBO* (Nueva York, McGraw-Hill Book Company, 1985), p. 125.

* Para preguntas adicionales, véase la lista de comprobación de la tabla 6-2.

Existe consenso en el sentido de que la *evaluación exhaustiva formal* debe realizarse al menos una vez al año, aunque hay quienes sostienen que debe ser más frecuente. En algunas empresas, cada año se dedica un breve periodo a la realización de todas las revisiones, mientras que en otras se les programa a lo largo del año, coincidiendo por lo general con un aniversario más de cada empleado en la compañía. Los calendarios rígidos de revisiones anuales de desempeño podrían ser criticables. Por el contrario, no sin razón puede afirmarse que el desempeño se debe revisar, por ejemplo, a la conclusión de un proyecto importante. Es obvio que, en cambio, no puede hacerse una sugerencia de aplicación universal sobre la frecuencia de la evaluación exhaustiva formal. Todo depende de la naturaleza de las tareas, las prácticas que se acostumbran en cada compañía y otros factores situacionales. Una, dos o hasta tres veces al año pueden ser adecuadas para una organización en particular, o para una persona nueva en un puesto.

Lo verdaderamente importante es que las revisiones exhaustivas formales sean complementadas con *frecuentes revisiones periódicas* o de *avances*. Estas revisiones pueden ser breves y relativamente informales, pero aun así permiten identificar problemas o barreras que impiden un desempeño eficaz. De igual forma, contribuyen a mantener abierta la comunicación entre superior y subordinados. Además, hacen posible la reorganización de prioridades y la renegociación de objetivos en caso de cambios de situación. Salta a la vista la incongruencia de perseguir objetivos obsoletos o incluso inconvenientes acordados en condiciones de incertidumbre.

Finalmente, existe la *vigilancia permanente del desempeño*. Con este sistema no es necesario esperar a la siguiente revisión periódica para corregir posibles desviaciones del desempeño respecto de los planes. Superior y subordinado abordan la situación de inmediato, a fin de que sea posible emprender al instante acciones correctivas para impedir que una pequeña falla se convierta en un problema de grandes dimensiones.

Ventajas de la evaluación con base en objetivos verificables

Las ventajas de la evaluación con base en el cumplimiento de objetivos coinciden casi por completo con las de la administración por objetivos. Una y otra forman parte del mismo proceso, son básicas para la administración eficaz y constituyen medios para elevar la calidad de la administración.

En lo que respecta específicamente a la evaluación, las ventajas de este método no dejan de ser de cualquier modo especiales e importantes. Evaluar a partir del desempeño y con base en objetivos verificables ofrece la gran ventaja de ser un procedimiento práctico. Las evaluaciones no versan sobre cuestiones distintas a las labores que llevan a cabo los administradores, sino que, muy por el contrario, consisten en una revisión de lo que éstos efectivamente hicieron como administradores.

Se imponen siempre las preguntas sobre qué tan bien una persona hizo las cosas; sobre si las metas fueron cumplidas o incumplidas, y por qué, y sobre lo que cabría esperar en cuanto a los avances conseguidos en el cumplimiento de las metas. Pero se cuenta al mismo tiempo con información sobre lo que un individuo hizo en comparación con lo que él mismo aceptó anteriormente como objetivo razonable. Es de presumir que

PARTICIPACIÓN ACTIVA EN 3M

El sistema de administración por objetivos que aplica 3M (mencionado previamente) le ha permitido a esa empresa mantener operaciones con alta rentabilidad. De singular importancia para ello es la promoción de un ambiente de cooperación entre superiores y subordinados, toda vez que estos últimos participan directamente en el desarrollo de los objetivos, que como se ha visto también son la base para el desarrollo de los planes.

El marco de participación de los subordinados permite que la evaluación de su desempeño sea percibida como una retroalimentación sobre los logros obtenidos, no solamente como un proceso de control administrativo. Por lo mismo, constituye un medio adecuado para que los empleados que, de acuerdo con sus funciones, deben tomar ciertas decisiones respecto de las mismas, observen por sí mismos cuáles son sus principales deficiencias técnicas y administrativas, dándoles además la oportunidad de replantearse los objetivos de su área, de su trayectoria laboral o incluso los relacionados con su propio desarrollo personal, así como los medios y acciones para alcanzarlos.

esta información ofrece sólidas bases de objetividad, y que por lo tanto reduce en la evaluación el elemento de mero juicio. Gracias a ello, aparte, la evaluación puede conducirse en una atmósfera de cooperación entre superiores y subordinados, no de juicio de éstos.

Desventajas de la evaluación con base en objetivos verificables

Como se indicó en el capítulo 4, la instrumentación de la administración por objetivos implica ciertas desventajas, las que también se aplican, desde luego y con igual intensidad, a la evaluación. Una de ellas es la alta probabilidad de que el cumplimiento o incumplimiento de metas no sea del todo atribuible a las personas. La suerte suele estar presente en el desempeño. Por ejemplo, la aceptación de un nuevo producto puede ser muy superior a lo que se esperaba, éxito que redundará en extraordinario beneficio para un gerente de comercialización aun si, en realidad, la calidad tanto del programa de comercialización como de su instrumentación dejaba mucho que desear. O bien, la imprevisible cancelación de un importante contrato militar podría demeritar los logros de un gerente divisional. Asimismo, cabe la posibilidad de que se exagere la importancia cuantitativa de la producción y se preste por ende insuficiente atención a la calidad del producto o servicio.[4]

Los evaluadores dirían en su mayoría que al evaluar el desempeño con base en las metas siempre toman en cuenta los factores incontrolables o inesperados, lo cual es probable, así como que lo hagan en alto grado. Pero lo cierto es que hacerlo es extremadamente difícil. Frente a excepcionales resultados de ventas, por ejemplo, ¿cómo saber en qué grado se debieron a la suerte y en cuál a la aptitud? Quienes alcanzan resultados sobresalientes reciben infaltablemente elevadas calificaciones (siempre y cuando sus logros sean tales, al menos), mientras que quienes por cualquier motivo no los alcanzan difícilmente pueden escapar a que sobre ellos se desate una tormenta.

Dado el énfasis que supone en el cumplimiento de objetivos de operación, el sistema de evaluar con base en ellos puede implicar la desconsideración de las necesidades de desarrollo individual. En la práctica, el cumplimiento de metas tiende a operar en el corto plazo. E incluso si al sistema se integran metas de largo plazo, es raro que éstas lo sean tanto como para permitir el adecuado desarrollo a largo plazo de los administradores. Los administradores interesados primordialmente en la obtención de resultados corren el riesgo de dejarse llevar por la inercia del sistema y de dedicar poco tiempo a planear, instrumentar y vigilar la aplicación de programas indispensables tanto para su desarrollo como para el de sus subordinados.

Aun así, la administración por objetivos ofrece en sí misma la posibilidad de identificar claramente las necesidades de los administradores, y de detectar por lo tanto la debida oportunidad de los programas de desarrollo. De cualquier forma, para garantizar el desarrollo individual es preciso fijar metas específicas en este campo.

Desde el punto de vista de la evaluación y de la administración operativa, quizá la mayor deficiencia de la administración por objetivos sea que en ella sólo se evalúa el desempeño operativo, cuando se impone evaluar asimismo no sólo la intervención de la suerte (como ya se mencionó), sino también factores adicionales como, sobre todo, las habilidades administrativas de un individuo. De ahí que, para ser adecuado, en un sistema de evaluación deban evaluarse lo mismo el desempeño de los administradores como tales que su desempeño en el establecimiento y cumplimiento de metas.

Una propuesta programática: evaluación de los administradores como administradores

Las normas más indicadas para evaluar a los administradores como administradores son las representadas por los fundamentos de la administración. No basta evaluar a los administradores en términos generales, o evaluar sólo el desempeño de sus funciones básicas; se debe llegar mucho más lejos.

El mejor método en este caso es utilizar como normas las técnicas y principios básicos de la administración. Dado que son básicos, como ha quedado demostrado en una amplia variedad de puestos y situaciones administrativos, es dable suponer que pueden servir como normas razonablemente aptas. Por imperfectos que puedan ser, y a pesar de la probable necesidad de juicio al aplicarlos en la práctica, le ofrecen al evaluador algunos puntos de referencia para medir el grado de comprensión y seguimiento de las funciones de la administración por parte de los subordinados, pues son sin duda más específicos y aplicables a las evaluaciones que normas tan difusas como hábitos de trabajo y apariencia personal, cooperación, inteligencia, juicio y lealtad. Al menos, centran la atención en lo que puede esperarse de un administrador como administrador. Si, además, se les emplea junto con la evaluación del desempeño en cuanto a planes y metas, permiten eliminar muchas de las desventajas de los diversos sistemas de evaluación administrativa.

Para decirlo en pocas palabras, este programa supone la clasificación de las funciones de los administradores (tal como se hace en este libro) y el posterior planteamiento de una serie de preguntas acerca de cada función. Estas preguntas están diseñadas para reflejar los fundamentos más importantes de la administración en cada área. La lista de preguntas esenciales, el formato a seguir, el sistema de calificaciones y las instrucciones de operación del programa son demasiado extensos como para ser expuestos en este libro,[5] de modo que nos limitaremos a presentar en el recuadro de Perspectiva internacional de esta página, una muestra de "puntos de comprobación".

La semántica (significado de las palabras) siempre ha dado problemas a la administración. Conviene por lo tanto disponer de un libro de administración (como éste) de uso generalizado a fin de remitir a los administradores a páginas específicas relacionadas con las preguntas.[6] Este método permite además un alto grado de desarrollo administrativo.

PERSPECTIVA

En el área de la *planeación*, la calificación de un administrador podría determinarse con preguntas como las siguientes:

- ¿El administrador fija metas verificables para la unidad departamental tanto a corto como a largo plazos coherentemente relacionadas con las de sus superiores y las de la compañía?
- Al optar entre varias alternativas, ¿identifica y concede primordial atención a los factores limitantes o decisivos para la solución de un problema?
- ¿Revisa los planes periódicamente para comprobar su congruencia con las expectativas prevalecientes?

En el área de la *organización* se plantean preguntas como las siguientes:

- ¿El administrador delega autoridad a sus subordinados con base en los resultados esperados de ellos?
- ¿Se abstiene de tomar decisiones sobre cierto particular una vez delegada la respectiva autoridad a sus subordinados?
- ¿Instruye regularmente a sus subordinados acerca de la naturaleza de las relaciones de línea y *staff*, o se cerciora por algún otro medio de que las comprenden?

En las otras tres áreas de la administración (integración de personal, dirección y control) los evaluadores formulan preguntas similares. En total son setenta y tres puntos de comprobación.

A los administradores se les evalúa según lo bien que hayan desempeñado sus actividades. La escala que se usa va de 0 ("desempeño inadecuado") a 5 ("desempeño superior"). Para dar más rigor a las calificaciones numéricas, se define cada una de ellas. Por ejemplo, "desempeño superior" significa "norma de desempeño insuperable en todas las circunstancias o condiciones conocidas por el evaluador".

Para reducir aún más la subjetividad y acentuar la distinción entre cada nivel de desempeño, el programa requiere: 1) la mención de ejemplos concretos en apoyo a ciertas calificaciones en la evaluación exhaustiva anual, 2) la revisión de las calificaciones por el superior del superior y 3) la debida información a los evaluadores de que su propia evaluación dependerá en parte de que hayan hecho las distinciones convenientes entre los diversos niveles de las calificaciones de desempeño al evaluar a sus subordinados. Es evidente que la objetividad se ve favorecida por el número (setenta y tres) y especificidad de las preguntas de los puntos de comprobación.

Ventajas del nuevo programa

La experiencia con este programa en una empresa trasnacional reveló varias ventajas de éste. Gracias a que se concentra en la esencia de la administración, este método de evaluación dota de significado operativo a lo que la administración es en realidad. Asimismo, el empleo de un libro uniforme de referencia para la interpretación de términos y conceptos elimina muchas de las comunes dificultades semánticas y de comunicación. Aspectos como presupuestos variables, objetivos verificables, integración de personal, autoridad funcional y delegación de autoridad adoptan un significado consistente. De igual manera, se uniforma la comprensión de muchas técnicas administrativas.

Adicionalmente, este sistema ha demostrado ser un instrumento de desarrollo administrativo; en muchos casos ha dirigido la atención de los administradores a elementos básicos hasta entonces no considerados o no debidamente comprendidos. Además, este sistema es útil para identificar deficiencias y dirigir el desarrollo. Finalmente, y en correspondencia con sus propósitos, sirve como complemento e instrumento de revisión de la evaluación de la eficacia de los administradores en el establecimiento y cumplimiento de metas. Si un administrador posee un expediente de desempeño extraordinario en el cumplimiento de metas pero se descubre que estrictamente como administrador su rendimiento es inferior al promedio, sus superiores dispondrán de medios para encontrar la razón de ello. Normalmente es de esperar que un administrador verdaderamente eficaz también lo sea en el cumplimiento de metas.

Desventajas del nuevo programa

A pesar de todo, el método que comentamos ofrece también algunas desventajas o limitaciones. Para comenzar, sólo es aplicable a los aspectos administrativos de un puesto dado, no a facultades técnicas como las habilidades de comercialización e ingeniería, que también podrían ser de importancia. Aun así, estos aspectos pueden ponderarse sobre la base de las metas elegidas y alcanzadas. Hay que considerar además la evidente

EJEMPLO DE EVALUACIÓN DEL DESEMPEÑO

En una compañía estadunidense prestadora de servicios públicos en la que el método de la administración por objetivos ha sido exitosamente aplicado al programa de evaluación se convino en que era deseable complementar este programa con una evaluación de desempeño basada en las responsabilidades administrativas más comunes. El formato empleado para esta evaluación, el cual se muestra en la tabla 12-1, se apoya justamente en las ideas que acabamos de exponer, aunque se trata de una versión sumamente simplificada. Aunque el programa cubre todas las funciones administrativas, el número de actividades administrativas consideradas es muy inferior a setenta y tres, la cifra a la que nos referimos en el apartado anterior. Con todo, este programa prevé la frecuente revisión del desempeño a fin de emprender sin demora las acciones correctivas procedentes. Nótese que este método se centra en el desarrollo individual; si el desempeño de una actividad requiere de mejoras o resulta insatisfactorio, se deben documentar tanto la deficiencia misma como los planes para resolverla.

complejidad de los setenta y tres puntos de comprobación; deducir calificaciones sobre todos ellos implica mucho tiempo, aunque tiempo correctamente invertido.

Pero quizá la principal limitación de la evaluación de los administradores como administradores sea la subjetividad que supone. Como ya se indicó, ha quedado demostrado que en la consideración de cada punto de comprobación es inevitable la presencia de cierto grado de subjetividad. No obstante, el programa conserva un alto grado de objetividad, y es ciertamente mucho más objetivo que la sola evaluación de los administradores con base en las áreas generales de las funciones administrativas. Los puntos de comprobación son, cuando menos, muy específicos y remiten a la esencia misma de la administración.

Un método para la evaluación en equipo[7]

Más recientemente se ha puesto en práctica otro método para la evaluación del desempeño. Los criterios de evaluación que se emplean en él se asemejan en parte a los que ya hemos mencionado, como planeación, toma de decisiones, organización, coordinación, integración del personal, motivación y control. Sin embargo, en él también pueden incluirse otros factores, como las habilidades para vender.

La persona por evaluar interviene directamente en el proceso de evaluación, el cual se compone de los siguientes pasos:

• Selección de criterios relacionados con el puesto
• Desarrollo de ejemplos de comportamiento observable

TABLA 12-1

Evaluación del desempeño: responsabilidades comunes de los administradores.

Nombre	Evaluador	Fecha

Este formato debe ser llenado e incluido como parte de la evaluación general de todos los puestos de una unidad y miembros del nivel superior que poseen autoridad y responsabilidad sobre la administración de recursos humanos.

En la sección de COMENTARIOS deben documentarse las necesidades de mejora o los avances insatisfactorios, así como los planes correctivos.

Grado de importancia concedido a las responsabilidades comunes de los administradores

Escala de calificaciones de desempeño

Sobre-saliente	Superior	Muy compe-tente	Necesi-dad de mejoras	Insatis-factorio
5	4	3	2	1

1. Planeación:

A. Desarrolla e instrumenta planes eficaces que contienen metas y objetivos verificables y realistas.

B. Los planes incluyen consideraciones de largo plazo.

C. Establece metas o normas de trabajo cuantitativas/cualitativas específicas que deben cumplir los subordinados.

COMENTARIOS:

Revisión de avances de desempeño

					Mes						
E	F	M	A	M	J	J	A	S	O	N	D
A											
B											
C											

2. Organización/integración de personal:

A. Organiza e integra el personal en congruencia con una clara comprensión de las responsabilidades de cada puesto.

B. Identifica cambios en las responsabilidades de cada puesto y efectúa cambios en los cuestionarios de información sobre puestos.

C. Selecciona a personal calificado para ocupar vacantes.

COMENTARIOS:

3. Delegación/control:

A. Delega autoridad y mantiene el control de acuerdo con las expectativas.

B. Las técnicas y normas de control responden a los planes, satisfacen el cumplimiento de presupuestos y señalan excepciones en forma oportuna.

C. Los controles permiten la optimización del uso de recursos.

COMENTARIOS:

Tabla 12-1

Continuación.

4. Toma de decisiones/dirección:

   A. Acepta la responsabilidad de toma de decisiones.
   B. Las decisiones son oportunas y congruentes con planes, programas y políticas.
   C. Dota de mayor calidad a las decisiones considerando todos los puntos de vista (subordinados, compañeros, superior).
   D. La solución de problemas es eficaz.

   COMENTARIOS:

6. Compensaciones:

   A. Administración del programa de planeación y evaluación del desempeño.
   B. La evaluación del desempeño se basa en criterios relacionados con el trabajo.
   C. La administración salarial es justa, equitativa y congruente con los principios de administración de sueldos y salarios de la empresa.
   D. La planeación y evaluación del desempeño sirve como instrumento eficaz de motivación y de elevación de la moral de los empleados.
   E. Comunica eficazmente a sus subordinados el programa de planeación y evaluación del desempeño y los resultados esperados.

   COMENTARIOS:

Código:

| Pleno, o aún mejor, cumplimiento de las expectativas |
| Necesidad de mejoras |
| Insatisfactorio |

5. Administración:

   A. Administración de políticas y procedimientos.
   B. Contribuye efectivamente al cumplimiento de metas de la empresa como acción afirmativa, seguridad, igualdad de oportunidades, contratación de miembros de minorías, etcétera.
   C. Fija y administra normas disciplinarias eficaces.

   COMENTARIOS:

7. Desarrollo de recursos humanos:

   A. Ofrece capacitación y desarrollo a los subordinados y ayuda a los subordinados motivados a prepararse a asumir responsabilidades adicionales.
   B. Los procedimientos de planeación de recursos humanos y desarrollo profesional se actualizan y son realistas.
   C. Las necesidades de desarrollo de los subordinados son específicamente documentadas.
   D. Elaboración de planes de sucesión para todos los subordinados.
   E. Sigue activamente su plan personal de desarrollo y/o superación profesional convenido con su superior inmediato.

   COMENTARIOS:

* En las demás responsabilidades administrativas se han omitido los cuadros de "Revisión de progresos en el desempeño" y "Escala de calificaciones de desempeño".

- Selección de cuatro a ocho evaluadores (compañeros, asociados, otros supervisores y, naturalmente, el superior inmediato)
- Elaboración de los respectivos formatos de evaluación
- Llenado de los formatos por los evaluadores
- Integración de las diversas evaluaciones
- Análisis de resultados y elaboración de un informe

Además de su uso en la evaluación, este método también se ha empleado en la selección de individuos para efectos de ascenso y en el desarrollo de personal, e incluso para la solución de problemas de alcoholismo.

PERSPECTIVA INTERNACIONAL

EVALUACIÓN Y RECOMPENSA DEL DESEMPEÑO EN DANONE

Danone, fabricante muy conocido por su marca de yogur, desarrolló un plan de incentivos para el personal de su planta en el cual los principales criterios de evaluación son: calidad del producto, nivel de servicio de la planta al área de comercialización, productividad de sus procesos y la disminución de accidentes dentro de la planta. En una palabra, se trata de alcanzar lo que actualmente se conoce como la nueva métrica del valor: alta calidad, capacidad de respuesta a la demanda de los clientes y bajos costos; con un enfoque de preocupación por la seguridad física de los trabajadores.

Las calificaciones para distribuir los incentivos económicos se hacen con base en escalas diferenciadas, partiendo de los rangos en que la planta alcanza los diferentes objetivos derivados de los criterios de mejora del desempeño. Como la medición del logro de los objetivos evalúa los niveles que la planta ha alcanzado, se trata de una retribución con base en el trabajo en equipo, no en el desempeño individual, si bien éste es importante para que el conjunto de trabajadores obtenga los incentivos económicos que recompensan sus esfuerzos.

Este enfoque de evaluación del desempeño implica que los trabajadores sean capacitados para trabajar en equipo, tomar decisiones para la solución de problemas operativos y sean incluso capaces de incorporar pequeñas mejoras a los procesos en que participan. Este concepto de administración de personal, además de preocuparse por que adquieran conocimientos amplios y sólidos sobre sus tareas, lleva a considerar el desarrollo de habilidades laborales múltiples, así como la importancia que tiene desarrollar en los trabajadores un sentido de urgencia por contribuir a que la planta logre los objetivos propuestos, por lo que en consecuencia se requiere un grado alto de autodirección y participación.

Para lograr resultados tangibles mediante este enfoque de administración, es importante reconsiderar el papel de los administradores (desde los supervisores hasta los de niveles de alta dirección). De manera específica debe tomarse en cuenta la necesidad de que los administradores desarrollen las habilidades que requieren para convertirse más en facilitadores de los procesos de participación de los subordinados y asesores que les ayuden a poner en práctica las soluciones que éstos proponen para resolver determinados problemas.

Entre las ventajas de este método señaladas por sus propios creadores está un alto grado de precisión en la evaluación del personal gracias a la intervención de varias personas, no únicamente el supervisor. Además, este programa puede servir para identificar sesgos en los evaluadores (como el de conceder consistentemente calificaciones altas o bajas o concederlas a ciertos grupos de personas, como mujeres o miembros de minorías). Los individuos que han sido evaluados con este método tienden a considerarlo justo, dado que participan junto con los evaluadores en la selección de los criterios de evaluación. Asimismo, esta modalidad permite la comparación de los individuos entre sí. A pesar, sin embargo, de haber sido empleado con éxito en varias empresas, todo indica que este método debe complementarse con evaluaciones adicionales.

Recompensas y tensiones de la administración

Cada administrador es distinto; cada uno de ellos posee sus propias necesidades, deseos y motivos. Los elementos básicos de la motivación serán explicados en el capítulo 14. Aquí nos limitaremos a algunas de las recompensas generales y financieras para los administradores, así como a los aspectos tensionantes de sus labores.

Recompensas de la administración

Dado que los candidatos a administradores difieren ampliamente entre sí en lo que se refiere a su edad, posición económica y grado de madurez, cada uno de ellos desea cosas distintas, entre las que sin embargo suelen estar oportunidades, poder e ingresos. La mayoría de los candidatos a administradores desean la oportunidad de una carrera ascendente que les brinde una experiencia administrativa al mismo tiempo vasta y profunda. El reto representado por un trabajo altamente significativo se relaciona directamente con el factor anterior. La mayoría de las personas, aunque quizá los administradores en particular, desean poseer el poder y la capacidad necesarios para contribuir significativamente al cumplimiento de los propósitos de una empresa, e incluso de la sociedad.

Además, los administradores desean que se les premie por sus contribuciones (lo que indudablemente debe hacerse), no obstante lo cual los montos de las recompensas financieras que se otorgan en ciertos casos han sido objeto de críticas.

Los profesores Gerald Cavanagh y Arthur McGovern han hecho notar que aunque por tradición se ha distinguido al desempeño ejecutivo con elevados sueldos y bonificaciones, éstos son cada vez más desproporcionados en comparación con las compensaciones que recibe la generalidad de los empleados.[8] Ross Perot (conocido como "El millonario de Texas"), fundador de Electronic Data Systems y en otro tiempo director de General Motors (GM), criticó las excesivas ganancias de los directores de esta compañía, mismos que simultáneamente exigían reducir los salarios de los obreros.

La revista *Business Week* dedicó uno de sus reportajes de portada de 1991 a responder a la pregunta "¿Reciben los directores sueldos desmesurados?"[9] En Estados Unidos existe una inquietud creciente entre empleados, inversionistas y académicos por el hecho de que los sueldos de los ejecutivos aumenten, incluso en épocas de recesión, mientras disminuye el desempeño de las compañías. Un sueldo ejecutivo considerado insultante un año se convierte en la norma al siguiente. Pero lo que enerva a los críticos no es sólo el monto del pago, sino también la relación que éste guarda con el desempeño de las compañías. Los sueldos ejecutivos se elevaron en 212% en la década de los ochenta, en tanto que las utilidades por acción de las 500 compañías estadunidenses catalogadas por Standard & Poor, empresa de análisis bursátiles y financieros, lo hicieron sólo en 78%. En 1990, las utilidades de las empresas disminuyeron 7%, misma proporción en la que se elevaron sueldos y otros ingresos de los directores generales.

Pago por desempeño[10]

Quizá no exista tema más controvertido que la relación entre evaluación de desempeño y salario. Al personal de General Electric (GE) se le paga según su desempeño, lo que quiere decir que recibe bonificaciones cuando cumple metas ambiciosas en lugar de que se le pague de acuerdo con su cargo o antigüedad de servicio. Este método implica claridad en las metas y que la gente sepa lo que se espera de ella. Asimismo, se debe explicar a los empleados lo comprendido en sus compensaciones totales, incluidas prestaciones. El cuerpo de profesores de cierta universidad estadunidense, por ejemplo, recibe cada año un "estado de cuenta de prestaciones" que incluye no sólo la cifra de su sueldo anual, sino también las referentes a las contribuciones de la universidad al plan de salud, programa de asistencia al profesorado, seguro de vida, seguro dental, invalidez de largo plazo, compensaciones, seguro contra accidentes de viaje, impuestos de seguridad social y retiro.

Las recompensas deben ser oportunas. Esto significa que se les debe otorgar inmediatamente después de realizadas las labores premiadas. El departamento de sistemas médicos de GE, por ejemplo, cuenta con un programa de "reconocimiento inmediato" para que los empleados puedan proponer como candidato a merecerlo a un compañero de trabajo que se haya distinguido por su desempeño excepcional. El certificado que acredita el premio, consistente en 25 dólares, puede canjearse en ciertas tiendas y restaurantes. El positivo efecto psicológico de acciones como ésta es probablemente más importante que el premio en dinero por sí mismo.

Un aumento salarial es difícil de revocar. En cambio, el otorgamiento de una bonificación bien puede depender del hecho de haber conseguido un desempeño sobresaliente. Steven Kerr, de GE, ha sugerido la conveniencia de aplicar una escala de compensaciones variables según el desempeño alcanzado, bajo la advertencia de que se trata de una modalidad aplicable a compañías estadunidenses, no necesariamente a las de otros países; en Japón, una bonificación en efectivo podría ser considerada soborno, ya que equivale al pago de labores que de cualquier manera forman parte de las funciones obligatorias. Asimismo, quizá algunos empleados prefieran vacaciones extra en lugar de pagos en efectivo. Por lo tanto, en la aplicación de escalas de compensaciones variables deben tomarse en cuenta las diferencias culturales.

PAGO POR DESEMPEÑO EN LINCOLN ELECTRIC[11]

El plan de incentivos de la compañía estadunidense Lincoln Electric ha sido durante años un modelo a seguir por otras compañías. No obstante, y a pesar de su éxito, el sistema de pago por desempeño de esta empresa ha sido objeto de algunas modificaciones.

Ampliamente conocida por su peculiar sistema de compensaciones, esta compañía, de propiedad familiar, produce equipo y provisiones para soldaduras. El salario de sus 3 400 empleados responde al trabajo realizado, de manera que no existe el pago de vacaciones ni de ausencias por enfermedad; a cada trabajador se le considera un empresario autodirigido. Dos veces al año los empleados rinden cuentas de su producción, calidad, cooperación, confiabilidad e ideas. El pago promedio por hora es superior al salario industrial promedio de los alrededores de la ciudad de Cleveland, a pesar de lo cual las bonificaciones otorgadas en 1995 ascendieron a un promedio de 56%. ¿Sustancial? En efecto, pero se trata de una proporción inferior a la de años anteriores. A causa de las bonificaciones, el diferencial de pago entre los trabajadores es considerable, pues va desde alrededor de 32 000 a más de 100 000 dólares.

El desempeño es objeto de enormes presiones. Con todo, el índice de rotación es inferior a 4% entre quienes rebasan el periodo de los 180 días iniciales en la compañía. Habiendo incurrido en pérdidas en 1992 y 1993 debido a fallidas adquisiciones en el extranjero, la empresa recurrió a préstamos para el pago de bonificaciones a sus empleados.

Sin embargo, la situación cambió en 1996, año en que la compañía puso en oferta pública sus acciones, con lo que 40% de la propiedad de la empresa pasó a manos de terceros. Aunque se ha mantenido el excepcional sistema de bonificaciones, es probable que éstas se reduzcan. Dada la competencia global, la compañía espera modernizar sus instalaciones, crecer en el extranjero e incrementar su grupo de accionistas externos.

Tensiones en la administración[12]

La **tensión** es un fenómeno muy complejo. No es de sorprender entonces que de ella no exista una **definición** de aceptación generalizada. No obstante, una definición práctica y común de la tensión es que *se trata de una reacción adaptativa mediada por diferencias y/o procesos psicológicos individuales, esto es, consecuencia de una acción, situación o suceso externo (en el entorno) que impone excesivas exigencias psicológicas y/o físicas a una persona.*[13]

Hans Eyle, tal vez la principal autoridad en la materia, describió la tensión como "índice del desgaste que produce vivir".[14] Alvin Toffler, autor de *Future Shock*, ha asegurado que "el doctor Hans Eyle sabe más de la tensión que ningún otro científico actual".[15]

Existen muchas *fuentes físicas* de tensión, como la sobrecarga de trabajo, la irregularidad del horario de trabajo, la pérdida de sueño, el ruido y la luz brillante o insuficiente. Las *fuentes psicológicas* de la tensión pueden ser producto de una situación particular, como la realización de labores monótonas, la incapacidad de socialización, la falta de autonomía, la atribución de responsabilidad sobre resultados sin contar para ello con la suficiente autoridad, la fijación de objetivos poco realistas, la ambigüedad o el conflicto de funciones o el hecho de que, en un matrimonio, ambos cónyuges trabajen. Sin embargo, el mismo motivo que le provoca tensión a una persona puede no provocársela a otra, o hacerlo en menor medida, pues cada individuo reacciona de distinta manera ante una u otra situación.

La tensión puede tener diversos *efectos* tanto en un individuo como en una organización.[16] Los efectos fisiológicos pueden vincularse con una amplia variedad de padecimientos. También hay efectos psicológicos, como irritabilidad o aburrimiento. Varios tipos de conducta, como abuso de drogas o alcohol, compulsión alimenticia, accidentes o alejamiento de la situación tensionante (ausentismo, excesiva rotación laboral), pueden ser reacciones a la tensión. Es evidente que, además del individuo, también la organización puede verse afectada por la rotación o por el incremento de deficiencias en la toma de decisiones de sus administradores y empleados en general.

Individuos y organizaciones han hecho varios intentos por controlar la tensión. Los primeros, por ejemplo, pueden procurar la reducción de tensiones por medio de una mejor administración de su tiempo, una alimentación más sana, el ejercicio, la planeación de su carrera profesional, cambios en sus funciones, promoción del bienestar psicológico, relajación,[17] meditación y oración. Las organizaciones pueden brindar servicios terapéuticos o instalaciones recreativas, o realizar un mejor diseño de puestos a fin de asegurar una más exacta correspondencia entre puestos e individuos.

Armonización de las necesidades individuales con las demandas laborales

La administración, pues, ofrece recompensas, pero también tensiones. El aspirante a ocupar un puesto administrativo debe evaluar tanto las ventajas como las desventajas de la administración antes de optar definitivamente por esta profesión. La adecuada armonización entre las necesidades individuales y las demandas del trabajo beneficiará lo mismo a los individuos que a las empresas. Esta armonía puede lograrse mediante la administración del desarrollo profesional.

Formulación de la estrategia de desarrollo profesional[18]

En la evaluación de desempeño deben identificarse tanto las fortalezas como las debilidades de un individuo, lo que bien puede representar el punto de partida para la planeación del desarrollo profesional. Cada persona debe diseñar su propia estrategia en

EL VALOR ECONÓMICO AGREGADO COMO BASE PARA MEDIR EL DESEMPEÑO

En la búsqueda de armonizar los intereses de los empleados con los de la empresa, algunas empresas de gran prestigio han adoptado un nuevo enfoque para la medición de la eficacia y eficiencia de la organización. Entre esas empresas se incluyen: Grupo Peñoles, Vitro, Grupo Nacional Provincial y Grupo IMSA. El nuevo enfoque que ha adoptado es la utilización de una medida general del desempeño corporativo, el valor económico agregado o VEA (en inglés *Economic Value Added*, EVA).

Esta nueva medición de carácter financiero fue desarrollada originalmente en Estados Unidos, donde actualmente es utilizada por muchas compañías y que tiene como objetivo determinar cuál es el rendimiento que la empresa alcanza en sus operaciones, dado un nivel de costo de capital para la empresa y el total de activos que son utilizados. Es decir, esta metodología de evaluación del desempeño total de la empresa permite determinar si las acciones emprendidas están incrementando realmente el valor de la inversión que efectúan los accionistas en la empresa.

Las empresas que han adoptado este sistema lo usan para orientar la toma de decisiones con miras a incrementar el valor de la empresa. Por tanto, también les sirve para medir la contribución que hacen los administradores a dicho incremento. Además, con base en el nivel de los resultados obtenidos, se establecen las recompensas para los administradores. Es decir, se evalúan y compensan los esfuerzos que realizan los administradores a la luz de cuánto aportan a la rentabilidad real de los negocios en que se involucra la empresa.

De alguna manera, mediante este enfoque de evaluación se logra que los administradores orienten su toma de decisiones a los intereses de los accionistas, que bajo este esquema se vuelven comunes a los de aquéllos, pues los ascensos y compensaciones dependerán de qué tanto contribuyan a satisfacer las demandas de los propietarios de la empresa.

tal forma que le sea posible utilizar sus fortalezas y superar sus debilidades a fin de aprovechar las oportunidades profesionales que se le presenten. Aunque el desarrollo profesional permite ser abordado desde diferentes perspectivas,[19] aquí lo consideraremos como el proceso de desarrollo de una estrategia individual conceptualmente semejante a una estrategia organizacional. Este proceso aparece en la figura 12-2.

1.   Elaboración de un perfil personal

Una de las ocupaciones más difíciles es la de conocerse a uno mismo, pero se trata del esencial primer paso para el desarrollo de una estrategia para la trayectoria profesional. Los administradores deben preguntarse: "¿Soy introvertido o extrovertido? ¿Cuáles son mis actitudes respecto del tiempo, los logros, el trabajo, las cosas materiales y el cambio?" Las respuestas a éstas y similares preguntas y una mayor claridad acerca de los valores personales contribuirán a determinar la dirección de la trayectoria profesional.

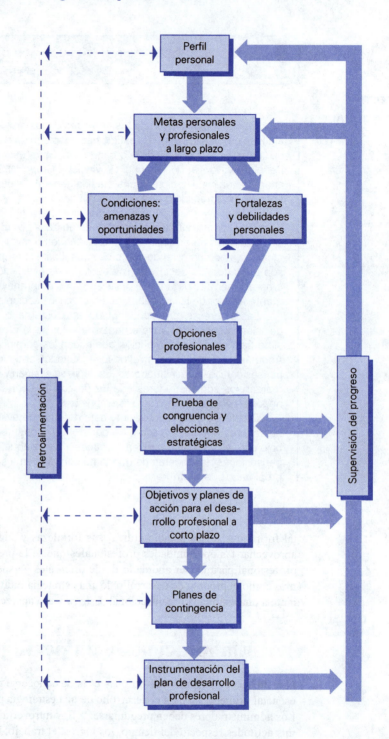

2.   Desarrollo de metas personales y profesionales a largo plazo

Un avión no puede despegar sin la previa determinación de un plan de vuelo y un punto de destino. ¿Qué tan clara es, en cambio, la dirección que dan los administradores a su vida? La gente suele rehuir la planeación de su desarrollo profesional porque implica toma de decisiones. Al optar por una meta, se renuncia a las oportunidades de perseguir otras; quien estudia leyes no puede estudiar medicina al mismo tiempo. Los administradores se resisten al establecimiento de metas profesionales a causa también de que la incertidumbre propia de las circunstancias vuelve preocupante la adopción de compromisos. Temen además no poder cumplir sus metas, y el incumplimiento de objetivos que uno se ha propuesto alcanzar es un golpe al ego.

Pero si se comprenden los factores que inhiben el establecimiento de metas se pueden dar pasos para asumir mayores compromisos. Primeramente, la identificación de metas profesionales se facilita cuando el establecimiento de metas de desempeño pasa a formar parte del proceso de evaluación. Además, no es necesario fijar al mismo tiempo todas las metas profesionales. El establecimiento de metas es un proceso continuo que permite flexibilidad; las metas profesionales pueden revisarse a la luz de nuevas circunstancias. Otro factor que reduce la resistencia al establecimiento de metas es la integración de propósitos a largo plazo con los requerimientos inmediatos de acción. Por ejemplo, si un individuo se ha propuesto ser médico, le será más fácil estudiar temas fastidiosos indispensables para la obtención de su título.

¿Qué periodo futuro deben cubrir los planes? La respuesta puede hallarse en el principio del compromiso, según el cual en la planeación se debe cubrir el periodo necesario para el cumplimiento de los compromisos implicados en la decisión que se toma en determinado momento. En consecuencia, el marco temporal de la planeación del desarrollo profesional diferirá de acuerdo con las circunstancias. Si, por ejemplo, un individuo desea ser maestro de educación superior, debe planear estudios universitarios de entre 7 y 9 años. Si, en cambio, su meta profesional es ser taxista, el lapso de preparación que deberá prever será mucho más corto. Sea como fuere, el propósito a largo plazo debe traducirse en objetivos a corto plazo. Pero para hacerlo es necesario realizar una cuidadosa evaluación del ambiente externo, incluidas sus amenazas y oportunidades.

3.   Análisis del ambiente: amenazas y oportunidades

En el análisis del ambiente que priva dentro y fuera de una organización deben tomarse en cuenta diversos factores. Entre ellos están los factores económicos, sociales, políticos, tecnológicos y demográficos, así como los relacionados con el mercado de trabajo, la competencia y todos aquellos que sean relevantes para una situación particular. Integrarse a una compañía en expansión, por ejemplo, supone disponer de más oportunidades profesionales que trabajar en una compañía madura sin expectativas de crecimiento. De igual modo, trabajar con un administrador que cambia frecuentemente de puesto o empleo implica mayores probabilidades de que su puesto quede vacante, o de que, aprovechando su éxito, se le pueda seguir en sus sucesivos ascensos por la jerarquía organizacional. En todo caso, una exitosa planeación de la trayectoria profesional requiere de un examen sistemático de las condiciones imperantes para la identificación de oportunidades y amenazas.

Pero no basta con atender a las condiciones presentes; también es necesario analizar las futuras, para lo que se requiere de pronósticos. Dado que en este caso son muchos los factores por analizar, es preciso ser selectivo en la planeación del desarrollo profesional y concentrarse en los factores decisivos para el éxito personal.

4. Análisis de las fortalezas y debilidades personales

Para una exitosa planeación de la trayectoria profesional, las oportunidades y amenazas presentes en las circunstancias deben verse en función de las fortalezas y debilidades individuales. Las capacidades pueden clasificarse en técnicas, humanas, conceptuales y de diseño. Como se ilustró en la figura 1-2, la importancia relativa de estas habilidades difiere según los diversos puestos de la jerarquía organizacional, ya que las habilidades técnicas son muy importantes para el nivel de los supervisores, las habilidades conceptuales lo son para los administradores de alto nivel, y las habilidades humanas son importantes en todos los niveles.

5. Desarrollo de opciones profesionales estratégicas

En el desarrollo de una estrategia para el desarrollo profesional suele disponerse de varias opciones. La estrategia más exitosa es la que se basa en las fortalezas personales para el mejor aprovechamiento de las oportunidades. Si, por ejemplo, una persona posee excelentes conocimientos sobre computación y muchas compañías solicitan programadores de cómputo, tendrá muchas oportunidades para el satisfactorio desenvolvimiento de su profesión. Si, por el contrario, habiendo una alta demanda de programadores a un individuo le interesa la programación pero carece de las habilidades necesarias, el método que le convendría seguir sería elaborar una estrategia de desarrollo que le permita superar sus debilidades y adquirir las habilidades que necesita para aprovechar las oportunidades a su alcance.

También es importante identificar las amenazas presentes en el ambiente imperante y desarrollar una estrategia para enfrentarlas. Una persona bien podría poseer extraordinarias habilidades administrativas y técnicas, pero trabajar en una compañía o industria declinante. En este caso, la estrategia adecuada sería buscar empleo en una empresa en expansión o industria en crecimiento.

6. Prueba de congruencia y elecciones estratégicas

Al desarrollar una estrategia personal se debe tomar en consideración que una elección racional basada en fortalezas y oportunidades no siempre es la opción ideal. Aunque se posean las habilidades demandadas por el mercado de trabajo, bien podría ocurrir que el desarrollo profesional en cierto campo no fuera congruente con los valores o intereses personales. Una persona, por ejemplo, puede preferir el trato con la gente a programar computadoras. Hay quienes encuentran grandes satisfacciones en la especialización, mientras que otros prefieren ampliar sus conocimientos y habilidades.

Las elecciones estratégicas implican compromisos. Algunas opciones suponen grandes riesgos; otras, riesgos menores. Ciertas elecciones demandan acción inmediata; otras pueden esperar. Es probable que sendas profesionales que fueron atractivas en el pasado enfrenten ahora un futuro incierto. El análisis racional y sistemático es sólo uno más de los pasos del proceso de planeación de la trayectoria profesional, ya que una decisión al respecto también supone la consideración de las preferencias, ambiciones y valores personales.

7. Desarrollo de objetivos profesionales y planes de acción a corto plazo

Hasta aquí nos hemos concentrado en la dirección profesional a seguir. Pero una estrategia para el desarrollo profesional debe apoyarse en objetivos y planes de acción a corto plazo, los cuales pueden formar parte del proceso de evaluación del desempeño. Así, si el propósito es obtener un puesto administrativo para el que se requiere contar con un grado de maestría en administración, el objetivo a corto plazo puede ser tomar cierto número de cursos en una universidad. Éste sería un ejemplo de objetivo verificable de corto plazo: concluir el curso de Fundamentos de administración para el 30 de mayo con una calificación de 10. Este objetivo es medible, ya que en él se detalla la tarea por realizar, la fecha límite y la calidad de desempeño (la calificación).

Es común que los objetivos deban sostenerse en planes de acción. Para seguir con nuestro ejemplo, concluir el curso de administración puede requerir la elaboración de un calendario de asistencia a clases, la realización de tareas escolares y la seguridad de que se cuenta con el apoyo del cónyuge, quien padecerá las consecuencias de que el tiempo que de otra manera podría destinarse a la familia deba dedicarse a asistir a clases. Es obvio que el plan estratégico de desarrollo profesional a largo plazo debe sustentarse en objetivos y planes de acción a corto plazo.

8. Desarrollo de planes de contingencia

Los planes de desarrollo profesional se elaboran en condiciones de incertidumbre, de modo que es imposible prever el futuro con toda precisión. Por lo tanto, también deben elaborarse planes de contingencia, basados en supuestos diferentes. A una persona podría agradarle trabajar en una pequeña empresa en rápido crecimiento, pero sería conveniente que elaborara también un plan profesional opcional con base en el supuesto de que esa compañía fracase.

9.   Instrumentación del plan profesional

La planeación del desarrollo profesional puede iniciarse durante la evaluación del desempeño, momento en que deben abordarse el crecimiento y desarrollo de cada individuo. Las metas profesionales y las ambiciones personales pueden tomarse en cuenta en la selección y ascenso y en el diseño de programas de capacitación y desarrollo.

10.   Supervisión del progreso

La supervisión es el proceso de evaluación de progresos en el cumplimiento de las metas profesionales y de realización de las correcciones necesarias a propósitos o planes. La evaluación del desempeño es un momento oportuno para la evaluación de programas de desarrollo profesional. Entonces se revisa no sólo el desempeño con base en los objetivos de las áreas operativas, sino también el logro de pasos importantes en el plan para la trayectoria profesional. No obstante, los avances también deben supervisarse en otros momentos, como a la conclusión de una tarea o proyecto importante.

Parejas de profesionistas

Para ser efectiva, en una estrategia para la trayectoria profesional se debe considerar asimismo el desarrollo profesional del cónyuge. Las parejas de profesionistas, en las que ambos cónyuges trabajan, deben tomar en ocasiones decisiones difíciles.[20] Si, por ejemplo, los dos miembros de la pareja tienen éxito en su profesión, la oportunidad de un ascenso que implique reubicación en otra ciudad representa una decisión particularmente compleja. Merrill Lynch Relocation Management, Inc., realizó un estudio sobre 600 grandes compañías en el que se determinó que 60% de las reubicaciones involucran a parejas de profesionistas.[21]

En algunas compañías se ha respondido a las necesidades especiales de las parejas de profesionistas mediante un tratamiento flexible de las transferencias que implican reubicación, la consideración de las necesidades de ambos cónyuges en la planeación de desarrollo profesional, la ayuda para encontrar empleo para el cónyuge ya sea dentro o fuera de la compañía y el otorgamiento de permisos por maternidad y de servicios de guardería infantil. Dada la gran cantidad de mujeres casadas integradas a la fuerza de trabajo, cada vez más compañías reconocen la difícil situación de las parejas de profesionistas e instrumentan en consecuencia tanto políticas generales como prácticas de planeación del desarrollo profesional, selección de personal, colocación y ascenso más flexibles.

EVALUACIÓN DEL DESEMPEÑO PARA EL DESARROLLO PROFESIONAL EN TICKETMASTER

Ticketmaster, empresa que se dedica a la distribución de boletos para espectáculos, realiza una evaluación múltiple de cada uno de sus empleados. De acuerdo con el sistema de evaluación de esta empresa, el empleado tiene la oportunidad de autoevaluarse, previamente a ser evaluado por su superior, con quien además discute los resultados de ambas calificaciones. Finalmente, cada empleado es evaluado por aquellos compañeros de trabajo a los cuales debe prestar servicios debido a las funciones que realiza.

La evaluación del desempeño que lleva a cabo Ticketmaster cubre dos grandes áreas: logro de objetivos y factores generales de la actuación. En cuanto a los objetivos cabe mencionar que no se refiere a la medición del grado de satisfactoriedad con que cumplieron sus deberes, sino más bien se trata de evaluar los resultados alcanzados en los proyectos de mejora del desempeño. Los factores de actuación básicamente en los proyectos de mejora del desempeño. Los factores de actuación básicamente incluyen los conocimientos, habilidades y actitudes demostradas en la ejecución de las tareas.

Los administradores con personal bajo su mando, además de las anteriores evaluaciones, reciben una adicional relacionada con su desempeño gerencial. Esta evaluación es efectuada por los subordinados y lo que evalúan del desempeño del superior es su capacidad para llevar a cabo las funciones administrativas de planeación, organización, toma de decisiones, administración de los recursos humanos y solución de problemas.

También debe destacarse que en primera instancia la evaluación sirve para detectar las necesidades de capacitación del personal, tanto para subsanar las deficiencias de los empleados que obtienen calificaciones no satisfactorias como para acrecentar las fortalezas de quienes tienen un buen o excelente desempeño. La evaluación múltiple que utiliza Ticketmaster le sirve también para determinar cuáles empleados pueden ser recompensados con bonos en efectivo que la empresa ofrece y la cantidad que merecen recibir por tal concepto. Además, mediante las calificaciones se pueden establecer los planes de la trayectoria individual de cada uno de los empleados, pues es posible determinar quiénes están listos, o cuánto les falta, para hacerse acreedores a una promoción.

Resumen

La evaluación es esencial para una administración eficaz. En ella debe medirse el desempeño tanto en el cumplimiento de metas y planes como de los administradores en cuanto tales, esto es, qué tan aceptablemente ejercen las actividades administrativas más importantes. Los métodos de evaluación tradicionales con los que se pretende medir rasgos de la personalidad padecen graves limitaciones.

Un método eficaz consiste en evaluar a los administradores con base en objetivos verificables, tal como se ejemplificó en la exposición sobre la administración por objetivos (APO) realizada en el capítulo 3. Este método es operativo, se asocia directamente con la labor de los administradores y es relativamente objetivo. Sin embargo, una persona puede desempeñarse bien (o mal) debido a la suerte o a factores fuera de su control. Por lo tanto, el método de administración por objetivos debe complementarse con la evaluación de los administradores como administradores, es decir, del grado de aceptabilidad con el que desempeñan sus actividades administrativas esenciales.

Existen tres tipos de revisiones: 1) la evaluación exhaustiva formal, 2) las revisiones periódicas o de avances y 3) la vigilancia permanente. El programa de evaluación que se sugiere aplicar consiste en la presentación de las actividades administrativas clave bajo la forma de una lista de preguntas de comprobación agrupadas en las categorías de planeación, organización, integración del personal, dirección y control.

Dadas las grandes diferencias entre los administradores, cada uno de ellos persigue diferentes recompensas, entre las que suelen estar el ofrecimiento de oportunidades y los ingresos. Sin embargo, la labor de los administradores también es tensionante, lo que puede tener efectos lo mismo en el individuo que en la organización. A ello se debe que se hayan desarrollado ya varios medios para el control de la tensión.

La planeación del desarrollo profesional puede integrarse eficazmente con la evaluación del desempeño. Aunque los pasos específicos para el desarrollo de una estrategia de desarrollo profesional pueden variar, el proceso es similar al del desarrollo de estrategias organizacionales. En vista de la proliferación de las parejas de profesionistas, una estrategia para el desarrollo profesional eficaz debe incluir la consideración de la trayectoria profesional del cónyuge.

Ideas y conceptos básicos

Debilidades de la evaluación de rasgos de la personalidad
Pasos del proceso de evaluación (con base en objetivos verificables)
Tres tipos de revisiones
Ventajas y desventajas de la evaluación con base en objetivos verificables
Evaluación de los administradores como administradores

Ventajas y desventajas de la evaluación de los administradores como administradores
Método de evaluación en equipo
Recompensas de la administración
Tensión
Diez pasos para la formulación de una estrategia de desarrollo profesional
Parejas de profesionistas

Para analizar

1. ¿Considera usted que los administradores deben ser evaluados con regularidad? De ser así, ¿en qué forma?
2. ¿Qué problemas puede producir el hecho de que administradores del mismo nivel sigan distintos métodos de evaluación a resultas de lo cual por lo general unos otorguen calificaciones más altas que otros?

3. En muchas empresas se evalúan factores de personalidad de los administradores como determinación, cooperación, liderazgo y actitud. ¿Cree usted que tiene sentido aplicar este tipo de evaluación?

4. En este libro se ha insistido en la necesidad de que los administradores sean evaluados de acuerdo con su capacidad administrativa. ¿Debería esperarse algo más de ellos?

5. ¿Qué opina del sistema de evaluación basado en resultados esperados y obtenidos? ¿Desearía que se le evaluara con este sistema? En caso de que no, ¿por qué?

6. ¿Qué comentarios haría sobre el grado de objetividad o subjetividad de los métodos de evaluación descritos en este capítulo? ¿Podría proponer algún otro medio para que las evaluaciones fueran más objetivas?

7. ¿Con base en qué debería evaluarse su desempeño universitario?

8. ¿Qué le diría a un estudiante que le comentara que a pesar de haber estudiado al menos 4 horas diarias para prepararse para un examen parcial obtuvo apenas una calificación de 7?

9. Describa los aspectos más gratificantes y más tensionantes de su trabajo o experiencia universitaria.

10. ¿Cuál es su meta profesional? ¿Cuenta ya con un plan para alcanzarla? De no ser así, ¿por qué?

Ejercicios/actividades

1. Entrevístese con dos administradores. Pregúnteles en qué criterios se basa la evaluación de su desempeño. ¿Se trata de criterios verificables? ¿Creen que con esa evaluación de desempeño se mide imparcialmente su desempeño?

2. Elabore su plan de desarrollo profesional. Formule su perfil personal y detalle sus metas personales y profesionales a largo plazo. ¿Cuáles son sus fortalezas y debilidades individuales? Siga los pasos expuestos en este capítulo para desarrollar un amplio plan estratégico para su trayectoria profesional.

 # CASO INTERNACIONAL 12

FORESITE INCORPORATED

Carl Fisher fue presidente de Foresite, Inc., compañía estadunidense multidivisional de alta tecnología. Famosa por sus innovaciones técnicas y la alta calidad de sus científicos e ingenieros, esta gran empresa se vio frente a una competencia creciente, de manera que su presidente se dio cuenta de que el éxito de la compañía dependía de la eficacia de su administración. Dada la percepción de que la planeación resentía muchas fallas y demandaba mejoras, el presidente invitó a John Weigand, consultor administrativo, a "conocer la compañía" y especular sobre diversos medios para el perfeccionamiento de la organización. Fisher y Weigand generaron gran confianza mutua en su primera reunión, en el curso de la cual convinieron en que cualquier intervención mayor en la organización debía basarse en hechos comprobados, es decir, en datos procedentes de la propia organización. Weigand procedió primeramente a entrevistarse con los jefes de tres importantes departamentos —la señora Albani y los señores Johnson y Baker— para adquirir una visión general de la empresa y de la calidad de sus administradores. El presidente aceptó que se realizara tentativamente un esfuerzo sistemático de desarrollo organizacional de largo plazo. Sin embargo, el problema inmediato era seleccionar a algunas personas para puestos administrativos clave.

Los administradores deben poseer sólidos conocimientos de todas las funciones administrativas, pero en ese momento se consideró que los aspectos relacionados con la planeación eran particularmente importantes. Bajo la guía del consultor, Carl Fisher evaluó las actividades de planeación de los tres administradores considerados para los puestos de 1) jefe del grupo de planeación corporativa y 2) gerente divisional. Le pareció que para ello le sería de gran utilidad el método de evaluación creado por Harold Koontz que se ha descrito en este libro.

Éstas fueron las instrucciones para evaluar a los candidatos a esos puestos: calificar cada pregunta con base en la siguiente escala (empleando en las calificaciones numéricas únicamente las cifras indicadas, como 4.0 o 4.5 para "excelente"; no deben usarse otros decimales):

X = No aplicable al puesto

N = Se carece de información suficiente para calificar

5.0 = *Superior*: Norma de desempeño imposible de superar en cualquier circunstancia o condición conocida por el evaluador

4.0 o 4.5 = *Excelente*: Norma de desempeño que deja poco o nada que desear

3.0 o 3.5 = *Aceptable*: Norma de desempeño superior al promedio y que cumple todos los requerimientos normales del puesto

2.0 o 2.5 = *Promedio*: Norma de desempeño considerada como promedio para el puesto implicado y las personas disponibles

1.0 o 1.5 = *Suficiente*: Norma de desempeño inferior a los requerimientos normales del puesto, pero que puede considerarse marginal o temporalmente aceptable

0.0 = *Insuficiente*: Norma de desempeño considerada como inaceptable para el puesto implicado

Los resultados de las evaluaciones aparecen en la tabla de la página siguiente.

Para confirmar la exactitud de su juicio, Carl Fisher pidió a dos de sus vicepresidentes que también calificaran a los tres administradores. Sus evaluaciones fueron consistentes con las del presidente.

Supongamos que los tres candidatos poseen habilidades técnicas y administrativas similares aparte de las incluidas en la tabla y que sus resultados de desempeño son semejantes.

1. ¿A cuál de ellos seleccionaría usted para el puesto de jefe del grupo de planeación corporativa? ¿Por qué?
2. ¿A cuál elegiría para el puesto de gerente divisional?
3. ¿Cuáles otros factores consideraría en su selección?
4. ¿Qué modalidades de capacitación y desarrollo propondría para cada administrador?

Referencias

1. Michael Beer, "Performance Appraisal: Dilemmas and Possibilities", en Kendrith M. Rowland y Gerald R. Ferris (eds.), *Current Issues in Personnel Management*, 3a. ed. (Boston, Allyn and Bacon, 1986), pp. 142-151.

2. George S. Odiorne, "Measuring the Unmeasurable: Setting Standards for Management Performance", en *Business Horizons*, julio-agosto de 1987, pp. 69-75.

3. Véase también Clinton O. Longenecker, Henry P. Sims, Jr., y Dennis A. Gioia, "Behind the Mask: The

Planeación	Florence Albani	Ted Johnson	George Baker
1. ¿Establece el administrador metas tanto a corto como a largo plazos para la unidad departamental en términos verificables (ya sea cualitativos o cuantitativos) directamente relacionadas con las del superior y la compañía?	N	3.5	4.5
2. ¿En qué medida se cerciora el administrador de que sus subordinados comprenden las metas del departamento?	3.0	3.0	4.0
3. ¿Qué tan valiosa es la ayuda que presta el administrador a sus subordinados para que establezcan metas verificables y coherentes en relación con sus operaciones?	3.5	3.0	4.5
4. ¿En qué medida emplea el administrador en la planeación premisas coherentes y aprobadas y comprueba que sus subordinados hagan lo mismo?	4.5	3.5	4.0
5. ¿Comprende el administrador el papel de las políticas de la compañía en la toma de decisiones y confirma que también sus subordinados lo comprendan?	4.5	4.0	4.0
6. ¿Intenta el administrador resolver los problemas de sus subordinados por medio de la orientación que brindan las políticas, la asesoría y la promoción de la innovación en lugar de recurrir a reglas y procedimientos?	4.0	3.0	4.5
7. ¿Ayuda el administrador a sus subordinados a obtener la información que necesitan para sus actividades de planeación?	4.5	3.5	4.0
8. ¿En qué medida busca el administrador opciones aplicables antes de tomar una decisión?	4.0	4.0	3.5
9. Al elegir entre diversas opciones, ¿el administrador identifica y concede atención prioritaria a los factores limitantes o decisivos en la solución de un problema?	4.0	N	3.5
10. ¿Hasta qué punto, al tomar decisiones, el administrador tiene en mente la dimensión y duración del compromiso implicado por cada decisión?	4.5	4.0	3.5
11. ¿Revisa el administrador periódicamente los planes para comprobar que sigan siendo congruentes con las expectativas imperantes?	3.0	4.5	4.0
12. ¿En qué medida considera el administrador tanto la necesidad como el costo de la flexibilidad en la determinación de una decisión de planeación?	4.0	4.5	4.5
13. Al desarrollar e instrumentar planes, ¿considera regularmente el administrador las implicaciones a largo plazo de las decisiones junto con los resultados esperados a corto plazo?	4.0	4.5	4.0
14. Cuando el administrador somete problemas a su superior o cuando éste pide ayuda a aquél en la solución de problemas, ¿presenta el administrador análisis de opciones (incluyendo sus ventajas y desventajas) y propuestas de solución?	4.0	4.0	3.5
Total de preguntas con calificaciones:	13	13	14
Puntaje total de preguntas con calificaciones:	51.5	49.0	56.0
Promedio de calificaciones de planeación:	4.0	3.8	4.0

Politics of Employee Appraisal", en Peter J. Frost, Vance F. Mitchell y Walter R. Nord, *Managerial Reality*, 2a. ed. (Nueva York, Harper Collins College Publishers, 1995), pp. 229-241.

4. Jai Ghorpade y Milton M. Chen, "Creating Quality-Driven Performance Appraisal Systems", en *Academy of Management Executive*, febrero de 1995, pp. 32-39.

5. La lista completa de preguntas aparece en Harold Koontz, *Appraising Managers as Managers* (Nueva York, McGraw-Hill Book Company, 1971), caps. 5 y 6 y apénds. 2-5.

6. Esto se ha hecho, por ejemplo, en el folleto incluido en el curso con audiocasetes *Measuring Managers: A Double-Barreled Approach*, de Harold Koontz y Heinz Weihrich (Nueva York, American Management Association, 1981).

7. Mark R. Edwards, Walter C. Borman y J. Ruth Sproull, "Solving the Double Bind in Performance Appraisal: A Saga of Wolves, Sloths, and Eeagles", en *Business Horizons*, mayo-junio de 1985, pp. 59-68; Mark R. Edwards y J. Ruth Sproull, "Team Talent Assessment: Optimizing Assessee Visibility and Assessment Accuracy", en *Human Resource Planning*, otoño de 1985, 157-171; Mark R. Edwards y J. Ruth Sproull, "Confronting Alcoholism through Team Evaluation", en *Business Horizons*, mayo-junio de 1986, pp. 78-83; Brian O'Reilly, "360 Feedback Can Change Your Life", en *Fortune*, 17 de octubre de 1994, pp. 93-100.

8. Gerald F. Cavanagh y Arthur F. McGovern, *Ethical Dilemmas in the Modern Corporation* (Englewood Cliffs, N.J.; Prentice Hall, 1988), cap. 3.

9. John A. Byrne, "The Flap over Executive Pay", en *Business Week*, 6 de mayo de 1991, pp. 90-96; véase también el número especial de *The Wall Street Journal Reports — Executive Pay*, 17 de abril de 1991.

10. Steven Kerr, "Risky Business: The New Pay Game", en *Fortune*, 22 de julio de 1996, pp. 94-96; Heinz Weihrich, *Management Excellence — Productivity through MBO* (Nueva York, McGraw-Hill Book Company, 1985), cap. 7.

11. Zachary Schiller, "A Model Incentive Plan Gets Caught in a Vise", en *Business Week*, 22 de enero de 1996, pp. 89-90; Carolyn Wiley, "Incentive Plan Pushes Production", en Arthur A. Thompson, Jr., A. J. Strickland III y Tracy Robertson Kramer (eds.), *Readings in Strategic Management*, 5a. ed. (Chicago, Irwin, 1995), pp. 590-599.

12. Harry Levinson, "Burn Out", en *Harvard Business Review*, julio-agosto de 1996, pp. 152-163.

13. James L. Gibson, John M. Ivancevich y James H. Donnelly, Jr., *Organizations*, 5a. ed. (Plano, Tex.; Business Publications, 1985), p. 220.

14. Hans Selye, *The Stress of Life*, ed. revisada (Nueva York, McGraw-Hill Book Company, 1976), p. viii.

15. Hans Selye, *The Stress without Distress* (Nueva York, New American Library, 1975), portada.

16. Véase, por ejemplo, "Undue Diligence", en *The Economist*, 24 de agosto de 1996, pp. 47-49.

17. Véase, por ejemplo, Herbert Benson, *The Relaxation Response* (Nueva York, Avon Books, 1975).

18. Adaptación de Heinz Weihrich, *Management Excellence — Productivity through MBO* (Nueva York, McGraw-Hill Book Company, 1985). Véase también Douglas T. Hall y Judith Richter, "Career Gridlock: Baby Boomers Hit the Wall", en *Academy of Management Executive*, agosto de 1990, pp. 7-22; Michael B. Arthur, Priscilla H. Claman y Robert J. DeFillippi, "Intelligent Enterprise, Intelligent Careers", en *Academy of Management Executive*, noviembre de 1995, pp. 7-20. Para diversas perspectivas sobre la trayectoria profesional por varios autores, véase "Special Issue: Careers in the 21st Century", en *Academy of Management Executive*, noviembre de 1996.

19. Stanley B. Malos y Michael A. Campion, "An Options-Based Model of Career Mobility in Professional Service Firms", en *Academy of Management Review*, julio de 1995, pp. 611-644.

20. Julie Connelly, "How Dual-Income Couples Cope", en *Fortune*, 24 de septiembre de 1990, pp. 129-136.

21. Irene Pave, "Move Me, Move My Spouse: Relocating the Corporate Couple", en *Business Week*, 16 de diciembre de 1985, pp. 57-60.

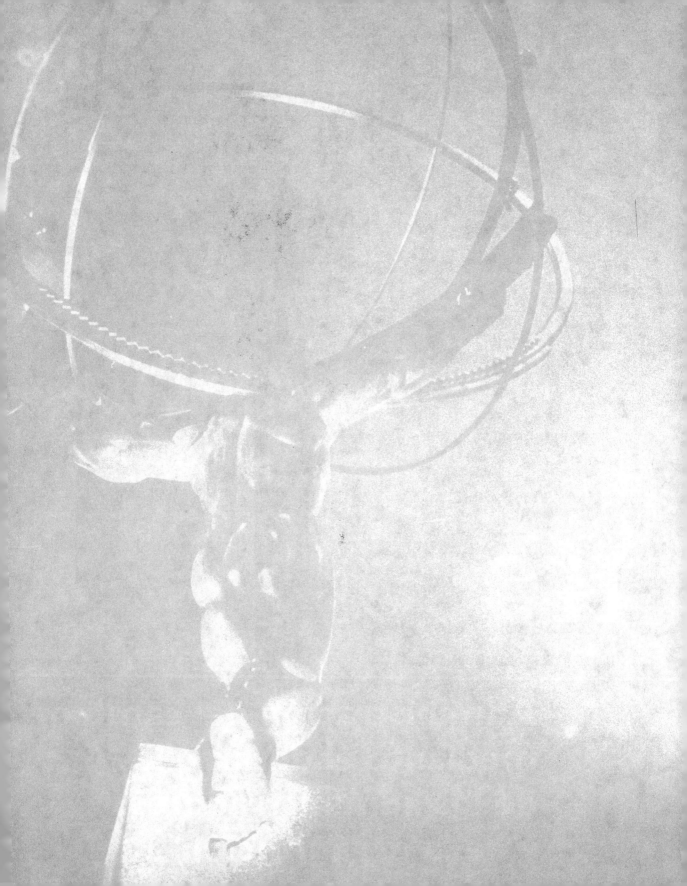

OBJETIVOS DEL CAPÍTULO

Al terminar este capítulo, usted podrá:

1. Distinguir entre desarrollo del administrador, capacitación administrativa y
   desarrollo organizacional.
2. Explicar el proceso de desarrollo y la
   capacitación de los administradores.
3. Describir los diversos métodos para el
   desarrollo de los administradores.

Capí trece

Administración del cambio mediante el desarrollo de los administradores y de la organización

4. Identificar cambios y fuentes de conflictos y describir la manera de manejarlos.
5. Describir las características y el proceso del desarrollo organizacional.
6. Exponer el concepto de organización
   de aprendizaje.

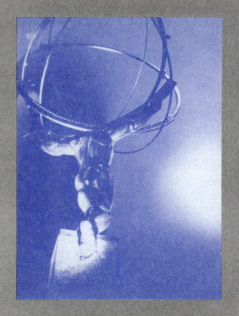

tulo

*El objeto de la educación es preparar a los jóvenes
para que se eduquen a sí mismos a lo largo de su vida.*

ROBERT MAYNARD HUTCHINS

Este capítulo trata del cambio. Dirigiremos inicialmente nuestra atención al cambio en los individuos, específicamente al desarrollo y capacitación de los administradores. Pero como la gente no opera en el vacío, en la segunda parte de este capítulo haremos énfasis en los grupos de individuos y en las organizaciones.

Los ejecutivos de excelencia miran al futuro y se preparan para enfrentarlo. Uno de los medios más importantes para lograrlo es el desarrollo y capacitación de los administradores para que sean capaces de manejar nuevas demandas, nuevos problemas y nuevos retos. Es un hecho que los ejecutivos tienen la responsabilidad de ofrecer a sus subordinados oportunidades de capacitación y desarrollo para que rindan su máximo potencial.[1]

El término **desarrollo del administrador** se refiere a programas a largo plazo orientados al futuro y a los avances conseguidos por una persona en el aprendizaje de la administración. La **capacitación administrativa** atañe por su parte a los programas que facilitan el proceso de aprendizaje y es, en esencia, una actividad a corto plazo para contribuir a que los individuos desempeñen de mejor manera sus labores. En este libro entendemos por **desarrollo organizacional** (DO) un método sistemático, integrado y planeado para elevar la eficacia de grupos de personas y de la organización o de una unidad organizacional importante. El desarrollo organizacional supone el uso de varias técnicas para la identificación y solución de problemas.

Así pues, el DO se concentra esencialmente en la totalidad de la organización (o un segmento importante de ésta), mientras que el desarrollo del administrador se concentra en los individuos. Ambos métodos se apoyan entre sí y deben integrarse para elevar la eficacia tanto de los administradores como de la empresa.

Proceso de desarrollo y capacitación del administrador

Antes de elegir programas específicos de capacitación y desarrollo se deben considerar tres tipos de necesidades. Las necesidades de la organización incluyen elementos como los objetivos de la empresa, la disponibilidad de administradores y los índices de rotación. Las necesidades relativas a las operaciones y el trabajo en sí mismo pueden determinarse con base en las descripciones de funciones y las normas de desempeño. Los datos sobre las necesidades individuales de capacitación pueden extraerse de evaluaciones de desempeño, entrevistas con los empleados, pruebas, estudios y planes de desarrollo profesional individuales. Pero detengámonos en particular en los pasos del proceso del desarrollo del administrador, para concentrarnos primero en el puesto actual, después en el siguiente puesto en la escala profesional y finalmente en las necesidades futuras a largo plazo de la organización. Los pasos del desarrollo del administrador aparecen en la figura 13-1.

FIGURA 13-1

Proceso de desarrollo y capacitación de los administradores.

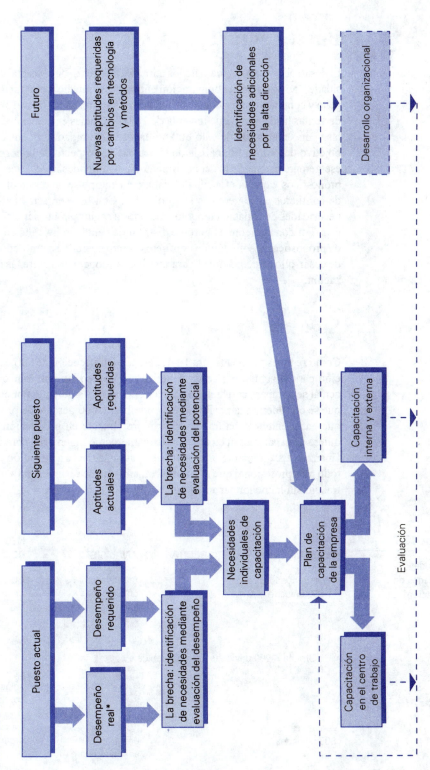

*Incluye el desempeño medido con base en objetivos verificables y el desempeño en la realización de las principales actividades administrativas.
Adaptado de John W. Humble, *Improving Business Results* [Maidenhead, Inglaterra; McGraw-Hill Book Company (RU), Ltd., 1968].

Puesto actual

El desarrollo y capacitación de los administradores deben basarse en un análisis de necesidades derivado de la comparación entre el desempeño y conducta reales con el desempeño y conducta requeridos. Este análisis se muestra en la figura 13-2. Un gerente distrital de ventas ha decidido que la venta de 1 000 unidades es una expectativa razonable, pero las ventas reales son de sólo 800 unidades, 200 unidades menos que las previstas en el objetivo de ventas. El análisis de la desviación respecto de la norma podría indicar que ese gerente carece de los conocimientos y habilidades necesarios para la realización de pronósticos y que la eficacia del trabajo en equipo se ve obstaculizada por la existencia de conflictos entre gerentes subordinados. Con base en este análisis se identifican las necesidades de capacitación y los métodos a seguir para la superación de tales deficiencias. Por consiguiente, el gerente distrital de ventas se inscribe en cursos de realización de pronósticos y solución de conflictos. Junto con ello se emprenden también esfuerzos de desarrollo organizacional para facilitar la cooperación entre las unidades de la organización.

Siguiente puesto

Como se muestra en la figura 13-1, para la identificación de las necesidades de capacitación para el siguiente puesto se aplica un proceso similar. Específicamente, la aptitud actual se compara con la demandada por el puesto siguiente. Por ejemplo, podría ocurrir que se considerara la posibilidad de nombrar como gerente de proyectos a un individuo que hasta entonces ha trabajado primordialmente en producción. El nuevo puesto requiere de capacitación en áreas funcionales como ingeniería, comercialización e incluso finanzas. Esta preparación sistemática para una nueva asignación es ciertamente un método más profesional que el simple lanzamiento de una persona a una nueva situación de trabajo sin la menor capacitación.

FIGURA 13-2

Análisis de necesidades de capacitación.

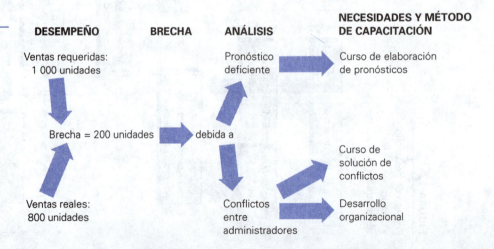

DESEMPEÑO	BRECHA	ANÁLISIS	NECESIDADES Y MÉTODO DE CAPACITACIÓN
Ventas requeridas: 1 000 unidades		Pronóstico deficiente	Curso de elaboración de pronósticos
	Brecha = 200 unidades	debida a	
			Curso de solución de conflictos
Ventas reales: 800 unidades		Conflictos entre administradores	Desarrollo organizacional

Necesidades futuras

Las organizaciones progresistas dan un paso más en su enfoque de capacitación y desarrollo: se preparan para el futuro lejano. Esto les implica pronosticar qué nuevas aptitudes serán demandadas por los cambios que ocurran en métodos y tecnología. Por ejemplo, es probable que en el futuro se vuelva a padecer escasez de energía, lo que requiere que los administradores sean capacitados no sólo en los aspectos técnicos de la conservación de la energía, sino también en la planeación a largo plazo relativa a la energía y en la solución creativa de problemas. Estas nuevas demandas (producto del ambiente externo) tienen que integrarse a planes de capacitación de las empresas atentos lo mismo al presente que al futuro. Estos planes dependen no sólo de las necesidades de capacitación, sino también de los diversos enfoques de desarrollo administrativo de que se disponga.

Enfoques para el desarrollo del administrador: capacitación en el centro de trabajo

En los centros de trabajo existen muchas oportunidades de desarrollo. Al mismo tiempo que aprenden, los aprendices pueden contribuir al cumplimiento de los propósitos de la empresa. Sin embargo, dado que este enfoque requiere de competentes administradores de alto nivel capaces de enseñar y asesorar a sus aprendices, la capacitación en el centro de trabajo resiente ciertas limitaciones.

Avance planeado

El avance planeado es una técnica que da clara idea a los administradores de su trayectoria de desarrollo. Los administradores saben dónde están y a dónde van. Un administrador de nivel inferior, por ejemplo, puede disponer de un esbozo de la trayectoria a seguir para pasar de supervisor general a gerente de operaciones y finalmente a gerente de producción. Esto significa que conoce los requisitos que debe cumplir para ascender y los medios para lograrlo. Lamentablemente, cabe la posibilidad de que se exagere el interés en el siguiente puesto y se descuide por lo tanto el buen desempeño de las tareas del momento. Es probable que los aprendices vean en el avance planeado un camino seguro a la cima, cuando en realidad se trata de un método que debe seguirse paso a paso y que implica el correcto desempeño de las tareas propias de cada nivel.

Rotación de puestos

El propósito de la rotación de puestos es enriquecer los conocimientos de los administradores, reales o en potencia. Los empleados en capacitación aprenden lo relativo a las diferentes funciones de una empresa mediante el hecho de rotar en distintos puestos. La rotación puede aplicarse a 1) labores que no implican el ejercicio de la supervisión, 2) tareas de observación (para saber qué hacen los administradores, en lugar de asumir directamente sus funciones), 3) diversos puestos de capacitación administrativa y 4) puestos de "asistente" de nivel intermedio, aunque también existe 5) la rotación indeterminada a puestos administrativos de diferentes departamentos, como producción, ventas y finanzas.

La idea de la rotación de puestos es buena, pero no carece de dificultades. Como se deduce de su nombre, los participantes en algunos programas de rotación de puestos no poseen autoridad administrativa. Observan o asisten a administradores de línea, pero carecen de la responsabilidad que tendrían si realmente administraran. Pero incluso en rotaciones a puestos administrativos es probable que los participantes en el programa de capacitación no permanezcan lo suficiente en cada puesto para demostrar su futura eficiencia como administradores. Además, una vez concluido el programa de rotación puede ocurrir que no se disponga de puestos convenientes para los administradores recientemente capacitados. A pesar de estas deficiencias, y siempre y cuando tanto administradores como aprendices conozcan las dificultades inherentes, la rotación de puestos tiene aspectos positivos y debería beneficiar a los empleados en capacitación.

Creación de puestos de "asistente"

El motivo de que se creen puestos de "asistente" es con frecuencia la ampliación de la perspectiva de los aprendices al permitírseles trabajar muy de cerca con administradores experimentados capaces de conceder atención especial a las necesidades de desarrollo de los empleados en capacitación. Entre otras cosas, los administradores pueden hacer selectas asignaciones a los aprendices para poner a prueba su juicio. Al igual que la rotación de puestos, este enfoque puede ser muy eficaz cuando los superiores son instructores calificados capaces de guiar y desarrollar a empleados en capacitación hasta que puedan asumir plena responsabilidad como administradores.

Ascensos temporales

Es común que a ciertos individuos se les nombre administradores "interinos" cuando, por ejemplo, el administrador titular está de vacaciones, se encuentra enfermo o realiza un extenso viaje de negocios, o incluso cuando un puesto está vacante. Así, los ascensos temporales son tanto un instrumento de desarrollo como un recurso útil para las empresas.

Si el administrador interino toma decisiones y asume plena responsabilidad, la experiencia puede ser muy valiosa. Si, por el contrario, es sencillamente una figura representativa, no toma decisiones y en realidad no administra, el beneficio de desarrollo es mínimo.

Comités y directivos asociados

Los comités y "directivos asociados", también conocidos como "dirección colectiva", se utilizan en ocasiones como técnicas de desarrollo. Esta modalidad de capacitación les ofrece a los empleados la oportunidad de interactuar con administradores experimentados. Además, permite a los principiantes (miembros por lo general del nivel intermedio, aunque en ocasiones del inferior) familiarizarse con una amplia variedad de asuntos referentes a la organización en su conjunto. Esto hace posible que conozcan las relaciones entre diferentes departamentos y los problemas generados por la interacción de estas unidades organizacionales. Los aprendices pueden contar con la oportunidad de presentar informes y propuestas a los comités o grupos de directivos para mostrar sus habilidades analíticas y conceptuales. No obstante, pueden recibir un trato paternalista de los altos ejecutivos; aunque integrados a comités o nombrados directivos asociados, quizá no se les dé la oportunidad de participar, omisión que puede frustrarlos y desalentarlos. De ser así, este programa obraría en demérito de su desarrollo.

Entrenamiento

La capacitación en el centro de trabajo es un proceso sin fin. Un buen ejemplo de capacitación en el centro de trabajo es el entrenamiento deportivo. Para ser eficaz, el entrenamiento (responsabilidad de todo administrador de línea) debe realizarse en un ambiente de seguridad y confianza entre el superior y los aprendices. Los superiores deben hacer gala de paciencia y sensatez, así como ser capaces de delegar autoridad y de brindar elogios y reconocimiento a las labores correctamente efectuadas. Los entrenadores eficaces desarrollan las fortalezas y potencialidades de sus subordinados y les ayudan a superar sus limitaciones. El entrenamiento implica tiempo, pero si se le lleva a cabo con aptitud, a la larga ahorrará tiempo y dinero e impedirá que los subordinados cometan errores costosos; así, a largo plazo beneficiará a todos: superior, subordinados y empresa.

Enfoques para el desarrollo del administrador: capacitación interna y externa[2]

Aparte de la capacitación en el centro de trabajo, existen muchos otros enfoques para el desarrollo de los administradores. Estos programas pueden realizarse dentro de la compañía o ser impartidos por instituciones educativas y sociedades de administración externas, como se indica en la figura 13-1.

Entrenamiento de la sensibilidad, grupos T y grupos de encuentro

El **entrenamiento de la sensibilidad**, también conocida como *grupo T* (por *training*, "capacitación"), *grupo de encuentro* o *capacitación de liderazgo*, es un método de desarrollo de administradores muy controvertido. Aunque comunes en la década de los sesenta y principios de la de los setenta, los grupos T han perdido aceptación en muchas compañías como técnica de capacitación administrativa. Aun así, ciertos aspectos del entrenamiento de la sensibilidad pueden ser útiles en proyectos de formación de equipos. Los objetivos del entrenamiento de la sensibilidad incluyen por lo general 1) un mayor conocimiento de la conducta personal y de la impresión que se causa en los demás, 2) una comprensión más profunda de los procesos grupales y 3) el desarrollo de habilidades de diagnóstico e intervención en procesos grupales.

Si bien el proceso de entrenamiento de la sensibilidad tiene muchas variantes, una de sus características generales es que los individuos interactúan y luego reciben retroalimentación sobre su conducta de parte del capacitador y los demás miembros del grupo, quienes expresan sus opiniones libre y abiertamente. La retroalimentación puede ser franca y directa: "No me gustó nada tu tratamiento del tema. ¿Podríamos hablar de ello?"

La persona que recibe este comentario puede aceptarlo y decidir un cambio en su conducta. Pero también puede sentirse lastimada y excluida del grupo. El proceso de los grupos T puede dar lugar a angustias y frustraciones personales, pero si se le conduce adecuadamente puede resultar en una conducta de apoyo y cooperación.

Los beneficios del entrenamiento de la sensibilidad deben compensarse con las críticas de que ha sido objeto.[3] Por ejemplo, algunas personas pueden verse expuestas a sufrir daños psicológicos ante la imposibilidad de enfrentar invasiones simultáneas a su privacidad. Debido a las presiones y dinámica grupales, es probable que los participantes revelen de sí mismos más de lo que habrían deseado. Se ha cuestionado asimismo la habilidad de algunos capacitadores para dirigir sesiones que bien pueden tener un alto contenido emocional. Finalmente, se ha puesto en duda la importancia de los resultados del entrenamiento de la sensibilidad para la situación laboral.

Pero a pesar de las inquietudes de investigadores y observadores, ciertas empresas siguen haciendo uso de los grupos T en sus esfuerzos de desarrollo. Las siguientes normas pueden contribuir a reducir daños potenciales e incrementar la eficacia de este recurso:

1. La participación en grupos T debe ser voluntaria.
2. Los participantes deben someterse a un procedimiento de selección para excluir de esta experiencia a quienes podrían sufrir daños (a personas sumamente defensivas, por ejemplo).
3. Los capacitadores deben ser cuidadosamente evaluados y su aptitud claramente establecida.
4. Se debe informar a los posibles participantes acerca de las metas y el proceso del entrenamiento de la sensibilidad antes de que se comprometan a seguirla.
5. Con anterioridad al empleo del entrenamiento de la sensibilidad, las organizaciones deben identificar claramente necesidades y objetivos de capacitación y desarrollo. Dadas estas necesidades y objetivos se deben considerar otros métodos.

Programas de conferencias

Los programas de conferencias pueden aplicarse en la capacitación interna o externa. En ellos, los administradores reales o potenciales conocen las ideas de oradores expertos en su campo. Dentro de la compañía, el personal puede ser instruido sobre la historia de la empresa, sus propósitos, políticas y relaciones con clientes, consumidores y otros grupos. Las conferencias externas pueden variar enormemente, desde programas sobre técnicas administrativas específicas hasta programas de temas generales, como las relaciones entre empresas y sociedad.

Estos programas pueden ser de valor si satisfacen una necesidad de capacitación y se les planea con todo detalle. Una detenida selección de temas y expositores incrementará la eficacia de este instrumento de capacitación. Además, las conferencias pueden tener más éxito si incluyen debates; la comunicación bidireccional permite a los participantes pedir aclaraciones de temas específicos particularmente importantes para ellos.

Cursos universitarios sobre administración

Además de ofrecer cursos regulares de administración de empresas para la obtención de títulos de licenciatura y posgrado, en muchas universidades se imparten actualmente cursos, talleres, conferencias, diplomados y programas formales para la capacitación de los administradores. Entre las diversas posibilidades se hallan cursos nocturnos, seminarios de corta duración, programas en las instalaciones de las empresas, cursos de posgrado o incluso programas específicamente diseñados para satisfacer las necesidades de compañías en particular. En ciertos centros de desarrollo ejecutivo se ofrece inclusive asistencia de desarrollo profesional mediante programas diseñados para responder a las necesidades de capacitación y desarrollo más comunes de los supervisores de primera línea, administradores intermedios y altos ejecutivos.

PERSPECTIVA INTERNACIONAL

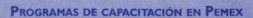

PROGRAMAS DE CAPACITACIÓN EN PEMEX

Ante la necesidad de desarrollar administradores de alto nivel, Petróleos Mexicanos (Pemex) ha establecido un programa de educación continua mediante el cual los empleados con responsabilidades administrativas, pero generalmente con formación universitaria en áreas de ingeniería, pueden cursar los estudios correspondientes a la maestría en administración. Estos programas se llevan a cabo en diferentes instalaciones de Pemex ubicadas en el sureste de la República Mexicana. Mediante convenios establecidos con universidades de prestigio como la Universidad Nacional Autónoma de México, el profesorado se traslada a las instalaciones antes mencionadas e imparte clases a los grupos que ahí se forman para cursar la maestría. Los empleados de la empresa se encuentran muy motivados a participar en dichos programas de formación académica, pues al adquirir el grado gozarán en forma automática del incremento salarial correspondiente a un ascenso escalafonario.

¿MAESTRÍA EN ADMINISTRACIÓN DE EMPRESAS PARA JAPONESES?[4]

Compañías japonesas como Sumitomo, NEC y Toshiba envían a sus empleados a estudiar en escuelas estadunidenses de administración. En asociación con la Universidad Internacional de Japón, la Amos Tuck School, de Dartmouth, ofrece una maestría en administración de empresas para japoneses. A los estudiantes nipones les resultaba muy difícil salvar las diferencias culturales. Les sorprendía enormemente que sus profesores les pidieran expresar sus opiniones. En Japón no se estila dirigirles la palabra a los maestros, lo que se considera muestra de arrogancia. Un motivo adicional de asombro para los estudiantes japoneses era que se les pidiera evaluar el desempeño de enseñanza de sus profesores. Quizá la experiencia en Estados Unidos les complique a algunos estudiantes volver a su compañía en Japón y seguir subordinando sus ideas a las de su grupo de trabajo.

Estos programas universitarios permiten a los administradores conocer teorías, principios y avances recientes en administración. Además, les ofrecen un valioso intercambio de experiencias con administradores en puestos similares y que enfrentan por lo tanto retos semejantes.

Lecturas y cursos en televisión y video

Otro método de desarrollo es el representado por la lectura planeada de bibliografía sobre administración pertinente y actualizada. Esto equivale básicamente a autodesarrollo. Los administradores pueden encontrar ayuda en el departamento de capacitación de su empresa, donde a menudo se cuenta con listas de lecturas valiosas. Esta experiencia de aprendizaje puede enriquecerse con el debate de artículos y libros con otros administradores y el superior.

En programas de televisión se abordan cada vez más frecuentemente temas relacionados con la administración y otras áreas. En algunos de ellos se conceden créditos universitarios. Adicionalmente, se cuenta ya con videocintas sobre los temas más variados para su uso en salones de clase ya sea universitarios o en empresas.

Simulación empresarial, ejercicios vivenciales y sistemas expertos

Desde hacía tiempo se venía haciendo uso de juegos empresariales y ejercicios vivenciales, pero la popularidad de estos métodos de capacitación y desarrollo aumentó más aún con la aparición de las microcomputadoras. Sin embargo, la computadora es sólo uno de varios instrumentos; para muchos de los ejercicios no se requiere de *hardware* en absoluto.

DESARROLLO ADMINISTRATIVO EN CHINA RESOURCES

La Universidad de San Francisco (USF) ha puesto en marcha un innovador programa de estudios para administradores chinos. China Resources, una de las compañías comerciales más grandes de China con sede en Hong Kong, China y otros lugares, advirtió la necesidad de desarrollar a sus administradores. En consecuencia, estableció un acuerdo con la USF para la impartición de un programa de desarrollo administrativo.

Las clases normales de la maestría en administración de empresas de la USF se filman en video para su posterior proyección en Hong Kong. Los administradores chinos deben estudiar los mismos temas que los alumnos inscritos en ese programa en la USF. Su admisión está sujeta a un muy riguroso proceso de selección, y una vez en el curso se les alienta a pedir por fax información o explicaciones adicionales de los conceptos expuestos. Los profesores, a su vez, también responden estas preguntas vía fax. No obstante, estos administradores-estudiantes cuentan en China con profesores locales, quienes contribuyen a su comprensión de los diversos temas. Un profesor de la USF visita periódicamente las oficinas generales de la compañía en Hong Kong para ofrecer conferencias especiales, resolver preguntas y aplicar exámenes. Los resultados preliminares de este rentable método son muy estimulantes.

La enorme variedad de las simulaciones empresariales se pone de manifiesto en los temas que se abordan en las reuniones de la Association for Business Simulation and Experiential Learning (ABSEL). Los asuntos van desde ejercicios de conducta relativos a actitudes y valores, por ejemplo, hasta simulaciones en cursos de comercialización, contabilidad, sistemas de apoyo para las decisiones, políticas empresariales y administración estratégica.

Los **sistemas expertos** han merecido recientemente gran atención. Se trata de una de las ramificaciones de la inteligencia artificial (IA), la cual supone el empleo de computadoras para reproducir el funcionamiento del cerebro. La IA fue aplicada inicialmente a la resolución de problemas en juegos como el de damas y ajedrez. Más tarde se aplicó a la medicina. Investigadores de Stanford desarrollaron un sistema basado en conocimientos que pudiera ser útil como "consultor inteligente" en el diagnóstico y tratamiento de enfermedades específicas. En la actualidad se desarrollan sistemas similares para apoyar a los administradores en la toma de decisiones. Se usan sistemas expertos para, por ejemplo, revisar órdenes de venta, en la perforación de pozos petroleros, para la vigilancia de turbinas de vapor en Westinghouse, la autorización de crédito en American Express, decisiones de contabilidad de impuestos en Coopers & Lybrand, las negociaciones de precios en licitaciones de sistemas en IBM e inversiones de capital en Texas Instruments.[5]

Los sistemas expertos son una nueva frontera muy interesante para la capacitación y el desarrollo, pero su validez tendrá que ser sometida a profundas investigaciones, sobre todo en el caso de decisiones no estructuradas como las propias de la administración estratégica.

PERSPECTIVA INTERNACIONAL

Manpower, la empresa número uno a nivel mundial de personal temporal, ha desarrollado un sistema de capacitación basado en programas interactivos de computadora. El sistema, denominado *Skillware* permite que las empresas capaciten a su personal con inversiones en dinero y tiempo menores que los que se requieren utilizando otros métodos de capacitación. El sistema ha ganado bastante aceptación en países como Estados Unidos, Inglaterra, Japón, Canadá y Alemania. Actualmente se encuentran cursos disponibles también en idioma español.

Por su parte, los simuladores de negocios han resultado ser una de las herramientas de gran utilidad para la formación de personal administrativo, tanto en el campo de la capacitación como en el académico, particularmente porque facilitan el desarrollo de las habilidades analíticas que se requieren para la toma de decisiones, representando una ventaja adicional: el hecho de que un error en la toma de decisiones no represente el riesgo de que la empresa sufra una pérdida económica. De hecho es mucho mejor pues enfrenta al estudiante a un entorno semejante al que viviría en la práctica, pudiendo aprender de sus errores a un costo relativamente bajo. Editoriales como McGraw-Hill y sus subsidiarias (Irwin, por ejemplo), se ocupan actualmente en el desarrollo de simuladores de negocios orientados a áreas específicas de toma de decisiones como mercadotecnia y finanzas, así como a decisiones típicas de la administración general como las que corresponden a la formulación, instrumentación y puesta en marcha de estrategias generales.

También existen empresas que utilizan los juegos de simulación como un recurso en sus programas de capacitación para administradores. Chrysler es un ejemplo de las empresas de primer nivel que aprovechan las ventajas de los simuladores de negocios.

Programas especiales de capacitación

El desarrollo de los administradores debe adoptar un enfoque de sistemas abiertos que responda a las necesidades y demandas de las condiciones externas. Recientemente, gobierno e industria han tomado conciencia de la necesidad de programas de capacitación específicamente diseñados para miembros de grupos minoritarios e individuos que padecen alguna forma de invalidez. En muchas empresas se han hecho esfuerzos especiales para capacitar a estas personas a fin de que puedan utilizar su máximo potencial y contribuir al mismo tiempo al cumplimiento de los propósitos de las empresas.

Las compañías también pueden ofrecer programas especiales sobre temas selectos. En ellos puede abordarse, por ejemplo, el tema de la ética, para que la fuerza de trabajo cuente con normas de comportamiento ético. El tema de la cultura empresarial puede tratarse de manera formal o informal. Se sabe en particular que en las compañías japonesas se realizan esfuerzos especiales para infundir en los empleados la filosofía de la empresa con el propósito de promover una cultura empresarial deseable.[6]

Capacitación especializada

El Instituto Tecnológico de la Construcción de México ha iniciado un programa de formación de personal con conocimientos de alto nivel para la administración de la construcción. De manera conjunta con las delegaciones de la Cámara Nacional de la Industria de la Construcción que se ubican en diferentes ciudades del país, esta institución realiza cursos de maestría en administración de la construcción. Este programa se orienta a satisfacer las necesidades específicas de las empresas que forman parte de dicha industria y a él concurren tanto ingenieros civiles como arquitectos que desean elevar su nivel académico, preparándose para participar en un campo laboral sumamente competido en la actualidad.

También existen programas de diplomados en otras áreas que son impartidos por las divisiones de educación continua de diversas universidades para industrias específicas, mediante los cuales se busca evitar la gran generalidad que puede existir en programas de formación que no son diseñados según las necesidades de los sectores específicos de actividad económica.

Un caso de cursos de capacitación para necesidades muy específicas son los que imparte el Instituto Mexicano del Mercado de Valores, particularmente diseñados para formar personal de alto nivel en el campo de actividad bursátil. Incluso, para formar los promotores, operadores y administradores de los mercados de futuros, de incipiente creación, dicho instituto proporciona los cursos que se requieren para obtener la certificación correspondiente. Cabe mencionar que entre dichos cursos se incluye uno sobre ética del mercado de valores.

Evaluación y transferencia

Determinar la eficacia de los programas de capacitación es difícil. Se requiere para ello de la toma de medidas con base en normas y de la sistemática identificación de necesidades y objetivos de capacitación.

En general, son objetivos de desarrollo 1) el enriquecimiento de los conocimientos, 2) la promoción de actitudes conducentes a la buena administración, 3) la adquisición de habilidades, 4) el mejoramiento del desempeño administrativo y 5) el logro de los objetivos de la empresa.

Para que la capacitación sea eficaz es de gran importancia que los criterios empleados en el salón de clases se asemejen lo más estrechamente posible a los aplicables al entorno de trabajo. Uno de los autores de este libro conoció de cerca la experiencia de un grupo T, cuya meta era la apertura y franca retroalimentación sobre la conducta de cada uno de los miembros del grupo. El cambio de conducta de uno de los participantes habría sido calificado como "excelente" desde la perspectiva de los criterios de este grupo T. Pero cuando esta persona intentó transferir a su trabajo sus nuevos valores y conducta, halló resistencias y rotunda hostilidad. Surgieron discusiones, y como resultado de ello esa persona debió abandonar la compañía. Este individuo había cambiado, pero no así su jefe, compañeros ni condiciones generales de trabajo. Este caso demuestra que el desa-

MAYOR RELEVANCIA DE LA FORMACIÓN DE LOS ADMINISTRADORES

Para dotar de mayor significado a sus cursos de administración, en muchas escuelas se invita a oradores a compartir públicamente sus experiencias. Esto produce estrechos vínculos entre escuelas de administración y empresas. Los ejecutivos conocen la calidad del programa de estudios de cada escuela, mientras que para los estudiantes puede resultar ventajoso conocer a las compañías en las que desearían trabajar. Además, es común que ejecutivos formen parte de los consejos de tales instituciones, lo que les permite a éstas mantenerse al tanto de las necesidades de la comunidad empresarial. Sin embargo, esto no significa que, guiadas por las percepciones del mercado, estas escuelas deban adoptar alguna tendencia administrativa en particular. Por el contrario, la educación de los administradores debe ser tan amplia como para comprender la enseñanza de todas las principales actividades administrativas de planeación, organización, integración de personal, dirección y control.

rrollo de los administradores requiere de un enfoque situacional en el que los objetivos, técnicas y métodos de capacitación sean suficientemente congruentes con los valores, normas y características del entorno.

Administración del cambio[7]
Las fuerzas del cambio pueden provenir de las condiciones externas, del interior de las organizaciones o de los individuos.

Cambios que influyen en el desarrollo administrativo y organizacional

Ciertas tendencias, algunas de ellas ya en curso, tendrán implicaciones en el desarrollo de los recursos humanos. He aquí algunos ejemplos.

1. El creciente uso de las computadoras, y especialmente de las microcomputadoras, requiere que tanto maestros como estudiantes posean conocimientos de cómputo.
2. La educación debe continuar en la vida adulta. El aprendizaje de por vida se ha convertido en una necesidad, e instituciones educativas y empresas deben reconocer las necesidades educativas especiales de los adultos.
3. En el futuro se incrementará la proporción de trabajadores con conocimientos y disminuirá la necesidad de trabajadores con habilidades, lo que puede significar un mayor grado de capacitación en conocimientos y aptitudes conceptuales y de diseño.

4. El cambio de industrias manufactureras a prestadoras de servicios requiere de reeducación en la preparación para la ocupación de nuevos puestos.
5. Se elevará la opción por oportunidades educativas. Muchas compañías, por ejemplo, imparten ya sus propios programas de capacitación.
6. Es probable que se dé una mayor cooperación e interdependencia entre los sectores privado y público, al menos en algunos países, como Canadá.
7. Proseguirá la internacionalización, de manera que los administradores de diferentes países tendrán que aprender a comunicarse y a adaptarse entre sí. Las compañías deben capacitar a su personal desde una perspectiva global.

Son varios los medios para responder a estas fuerzas. Uno de los enfoques sería limitarse a reaccionar a una crisis. Lamentablemente, ésta no suele ser la respuesta más eficaz. Otro enfoque consiste en la planeación deliberada del cambio. Esto puede requerir nuevos objetivos o políticas, reajustes organizacionales o un cambio en el estilo de liderazgo y en la cultura organizacional.

Técnicas para iniciar el cambio[8]

Las organizaciones pueden hallarse en un estado de equilibrio, caracterizado por fuerzas a favor del cambio en un extremo y fuerzas opuestas a él con el propósito de mantener el estado de cosas imperante en el otro. Kurt Lewin describió este fenómeno en su **teoría del campo de fuerza**, la cual postula que el equilibrio se mantiene por medio de fuerzas *impulsoras* y fuerzas *restrictivas*, como se muestra en la figura 13-3.[9] Al emprender cambios prevalece la tendencia a incrementar las fuerzas impulsoras. Esto puede producir ciertamente algún movimiento, pero por lo general acrecienta también las resistencias, ya que las fuerzas restrictivas se consolidan. Otro enfoque, usualmente más eficaz, consiste en la previa reducción o eliminación de las fuerzas restrictivas y en el posterior movimiento a un nuevo nivel de equilibrio. Así, un cambio de políticas en las organizaciones encuentra menor resistencia cuando los directamente afectados participan en él.

El proceso de cambio se compone de tres pasos:[10] 1) descongelamiento, 2) movimiento o cambio y 3) recongelamiento. En la primera etapa, descongelamiento, se generan motivaciones de cambio. Si la gente se siente insatisfecha con la situación imperante, es probable que advierta la necesidad de cambio. Sin embargo, en algunos casos puede surgir el interrogante ético acerca de la legitimidad o no de la deliberada creación de perturbaciones capaces de inducir al cambio.

La segunda etapa es el cambio mismo. Este cambio puede ocurrir por la asimilación de nueva información, la exposición a nuevos conceptos o el desarrollo de una perspectiva diferente.

En la tercera etapa, recongelamiento, el cambio se estabiliza. Para ser eficaz, el cambio debe ser congruente con la identidad y valores de una persona. Si el cambio es incongruente con las actitudes y conductas de otros miembros de la organización, cabe la posibilidad de que la persona vuelva a su anterior comportamiento. De ahí que sea esencial el reforzamiento de la nueva conducta.

FIGURA 13-3

Movimiento del
equilibrio
organizacional.

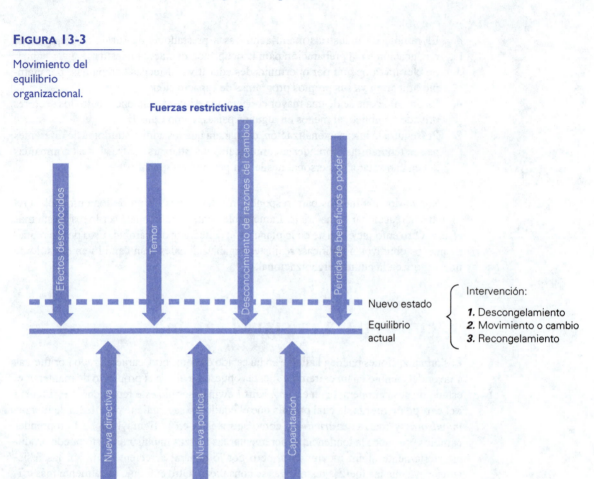

Fuerzas restrictivas

Efectos desconocidos

Temor

Desconocimiento de razones del cambio

Pérdida de beneficios o poder

Nuevo estado

Equilibrio
actual

Intervención:

1. Descongelamiento
2. Movimiento o cambio
3. Recongelamiento

Nueva directiva

Nueva política

Capacitación

Fuerzas impulsoras

Resistencia al cambio

Existen muchas razones de que la gente se resista al cambio. Los siguientes son algunos
ejemplos:

1. Lo desconocido provoca temor e induce resistencia. Una restructuración organizacional puede causar incertidumbre en una persona sobre sus efectos en su empleo.
   La gente desea sentirse segura y ejercer cierto control sobre el cambio.

2. El desconocimiento de la razón del cambio también genera resistencias. Es común
   que a los directamente afectados no les resulte clara en primera instancia la necesidad del cambio.

3. El cambio también puede dar como resultado una reducción de beneficios o pérdida
   de poder.

La reducción de las resistencias puede alcanzarse por diversos medios.[11] La participación de los miembros de las organizaciones en la planeación del cambio puede reducir la incertidumbre. La comunicación acerca de los cambios que se pretende realizar también contribuye a aclarar las razones o efectos de los cambios. Algunos enfoques se centran en las personas involucradas en el cambio; otros implican cambios en la estructura o tecnología de una organización. El enfoque de sistemas sociotécnicos que aparece en la figura 1-4 del capítulo 1 deja ver que en una organización eficaz se deben considerar las dimensiones tanto social como técnica de la empresa.

Conflicto organizacional

El conflicto forma parte de la vida de las organizaciones y puede ocurrir en un individuo, entre individuos, entre el individuo y el grupo y entre grupos. Aunque por lo general se le juzga inadecuado, también puede ser benéfico, ya que es capaz de provocar la presentación de un asunto desde diferentes perspectivas. Un alto ejecutivo de una importante compañía solía decir que en caso de ausencia de conflictos en un asunto se corría el riesgo de no analizarlo suficientemente, y se posponía la decisión definitiva sobre el particular hasta la debida evaluación crítica de todos sus aspectos.

Fuentes de conflicto

Existen muchas fuentes potenciales de conflicto. Las organizaciones de hoy se caracterizan por relaciones complejas y un alto grado de interdependencia de las tareas, lo que puede provocar fricciones. Además, es común que las metas de las partes sean incompatibles, especialmente cuando éstas deben competir por recursos limitados. A ello hay que añadir el hecho de que cada persona posee sus propios valores y percepciones. Un gerente de producción, por ejemplo, puede adoptar la postura de que modernizar la línea de productos y concentrarse en unos cuantos de ellos puede volver más productiva a la organización, mientras que un gerente de ventas puede desear una amplia línea de productos que satisfaga las diversas demandas de los clientes. Un ingeniero puede desear el diseño del mejor producto independientemente de consideraciones de costos o de demanda del mercado.

Pero el conflicto también puede proceder de otras fuentes. Pueden surgir conflictos entre personas en puestos de línea y *staff*. El estilo autocrático de liderazgo de un superior puede provocar conflictos. Antecedentes educativos diferentes son fuentes potenciales de conflicto. Quizá la causa más mencionada sea la falta de comunicación. Muchos de estos temas se comentan en diversos capítulos de este libro.

Administración de conflictos

Los conflictos pueden manejarse de diferentes maneras, algunas de las cuales giran en torno a las relaciones interpersonales mientras que otras se basan en cambios estructurales. La *omisión* de la situación que causa el conflicto es un ejemplo de enfoque interpersonal.[12] Otra forma para el enfrentamiento de conflictos es el *allanamiento* (distensión), por medio del cual se destacan los puntos de acuerdo y las metas comunes y se resta importancia a los desacuerdos. Una tercera modalidad es la *coacción*, la imposición de las opiniones propias sobre las de los demás, lo que por supuesto provocará resistencias francas o encubiertas. Uno de los medios tradicionales para el enfrentamiento de conflictos es la *negociación*, la búsqueda de acuerdos parciales con las opiniones o demandas de otra persona.

Pero también puede intentarse la *modificación de la conducta* de los individuos, tarea sin embargo sumamente difícil. A veces es posible asimismo reasignar a un individuo a otra unidad organizacional. En muchos casos los conflictos se *resuelven* mediante la intervención de una *persona de más* alto *nivel en la organización*, dotada de suficiente autoridad para decidir sobre un asunto. El problema en estas circunstancias es la posibilidad de que el perdedor intente vengarse después del ganador, con lo que lo único que se lograría sería perpetuar el conflicto. El método de *solución de problemas* aplicado a los conflictos organizacionales privilegia la abierta confrontación de las diferencias y el análisis de los asuntos en cuestión en la forma más objetiva posible.

Otra forma para el enfrentamiento de conflictos es la realización de cambios estructurales. Esto significa modificar e integrar los *objetivos* de grupos con diferentes puntos de vista. Es probable que ello implique además cambios en la *estructura organizacional* y la clarificación de las relaciones de autoridad-responsabilidad. Quizá también deban

**PERSPECTIVA
INTERNACIONAL**

CUANDO EL CAMBIO ES URGENTE

La transformación que ocurrió en el Grupo Industrias Resistol se percibió por la administración de la empresa como urgente, dada la necesidad de un cambio que le permitiera insertarse exitosamente en el nuevo contexto de competencia globalizada. Antes de iniciar ese cambio en la empresa existía un ambiente de lucha permanente entre la empresa y sus trabajadores (representados por los sindicatos), razón por la cual los conflictos eran parte de las actividades cotidianas e incluso se consideraban como la tónica propia del trabajo; es decir, tan naturales como las relaciones obrero-patronales. Ello hacía que la empresa se mantuviera en un nivel de desempeño sumamente deficiente, pues provocaba la existencia de debilidades en casi todas las áreas de la empresa.

Al decidir la dirección e intensidad que se requerían para darle un sentido de utilidad al cambio, la empresa debió crear y desarrollar una nueva cultura laboral, en la cual el conflicto no fuese considerado como la esencia misma de sus relaciones con el personal operativo. Ahora bien, una vez entendido lo anterior surgía la interrogante sobre la actitud con que se recibirían las propuestas de flexibilización en las relaciones contractuales y demás condiciones necesarias para que la empresa alcanzara el nivel de competitividad, con base en alta calidad, eficiencia y eficacia. Sin embargo, la respuesta de los representantes sindicales fue bastante satisfactoria, involucrándose directamente para convertirse en motores del cambio.

hallarse nuevas formas de *coordinación* de actividades, así como reorganizarse las *tareas y lugares de trabajo*. La maquinaria de cierto taller, por ejemplo, fue colocada de tal manera que impidiera la interacción entre partes en conflicto. A menudo no basta con decidir los cambios necesarios; también se debe seleccionar el proceso adecuado. Por este motivo dedicaremos la siguiente sección al desarrollo organizacional.

Desarrollo organizacional

El **desarrollo organizacional** (DO) es un enfoque sistemático, integrado y planeado para elevar la eficacia de una empresa. Su diseño persigue la solución de problemas que merman la eficiencia operativa en todos los niveles. Esos problemas pueden ser falta de cooperación, excesiva descentralización o deficiente comunicación.

Las técnicas de DO pueden implicar capacitación en laboratorio (la comunicación entre personas en una situación grupal, por ejemplo), capacitación mediante la rejilla administrativa y retroalimentación con base en encuestas. Algunos profesionales en DO también recurren con propósitos de desarrollo a la formación de equipos, consultoría de procesos, enriquecimiento de puestos, modificación de la conducta organizacional, diseño de puestos, manejo de tensiones, planeación de la trayectoria profesional y de vida y administración por objetivos.[13]

Proceso del desarrollo organizacional

El desarrollo organizacional es un enfoque situacional o de contingencia para elevar la eficacia de las empresas. Aunque para lograrlo se emplean diversas técnicas, el proceso suele involucrar los pasos que se muestran en la figura 13-4. Un ejemplo puede servirnos para ilustrar la aplicación de este modelo.

Figura 13-4

Modelo del proceso del desarrollo organizacional.

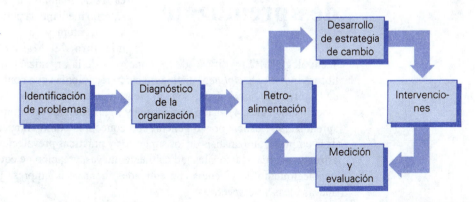

Adaptado de H. M. F. Rush, *Organizational Development: A Reconnaissance* (Nueva York, National Industrial Conference Board, Inc., 1973), p. 6. Se reproduce con autorización.

Considérese el caso de una empresa que experimenta ciertos problemas: conflictos entre unidades organizacionales, baja moral entre los empleados, quejas de los clientes y elevación de costos (*identificación de problemas* en el modelo). El director general de la compañía recurre a un experto en DO para discutir la situación. Ambos coinciden en la necesidad de un *diagnóstico organizacional*. Así, el consultor procede a recopilar información en varias unidades organizacionales por medio de cuestionarios, entrevistas y observaciones. Los datos son analizados y preparados para retroalimentación.

El director se entrevista con otros administradores y conviene con ellos en la realización de una reunión. En la junta y luego de hechos ciertos comentarios introductorios, el consultor presenta sus hallazgos bajo las categorías de "relaciones entre departamentos", "metas de la empresa" y "relaciones con los clientes" (*retroalimentación*). Después, el grupo clasifica los problemas por orden de importancia. Bajo la orientación del consultor, el grupo discute las dificultades que enfrenta, identifica las causas subyacentes y examina las posibles soluciones.

El papel del consultor es servir de asesor en la mejor conducción del proceso. A éste se integran breves conferencias y ejercicios sobre toma de decisiones, formación de equipos y solución de problemas. A veces se establecen subgrupos para el tratamiento de temas específicos. Se pone el acento en la apertura y la objetividad. La reunión concluye con un acuerdo sobre una *estrategia de cambio*.

Las *intervenciones* específicas pueden incluir un cambio en la estructura organizacional, un procedimiento más efectivo para la tramitación de las quejas de los clientes y la creación de un equipo encargado de instrumentar un programa de reducción de costos. El grupo conviene además volver a reunirse en 3 meses para *medir y evaluar* la efectividad de las acciones de DO.

Con estas tres fases concluye el ciclo de DO, pero el esfuerzo en este sentido debe ser incesante. El DO se convierte de este modo en un *proceso continuo* (planeado, sistemático y orientado al cambio) cuyo propósito es volver más efectiva a la empresa.

La organización de aprendizaje

Una organización de aprendizaje es aquella capaz de adaptarse a cambios en el ambiente externo mediante la permanente renovación de su estructura y sus prácticas.[14] Peter Senge, miembro del Massachusetts Institute of Technology (MIT) y difusor de los conceptos de la organización de aprendizaje en su libro *The Fifth Discipline*,[15] distinguió cinco tecnologías que contribuyen al aprendizaje en las organizaciones. Éstas son: 1) pensamiento de sistemas, 2) destreza personal, 3) modelos mentales, 4) visión compartida y 5) aprendizaje en equipo. La organización de aprendizaje se asocia por lo general con conceptos como compartimiento de la visión de la empresa, autoanálisis de los supuestos y prácticas prevalecientes, consideración de estructuras organizacionales radicalmente nuevas, creación de equipos de aprendizaje y establecimiento de vínculos con entidades fuera de la empresa para la generación de nuevas ideas y perspectivas.

David Garvin ofreció la siguiente definición en la *Harvard Business Review*: "Una organización de aprendizaje es una organización capaz de crear, adquirir y transferir conocimientos y de modificar su conducta en respuesta a nuevos conocimientos y percepciones."[16] Esto significa que las organizaciones deben comprometerse a la sistemática solución de problemas, la experimentación y la búsqueda permanente de nuevos conocimientos. Pero en ellas también debe privar la tolerancia al fracaso, dada la posibilidad de que los experimentos fallen. El propósito es, desde luego, aprender de los errores. Sin embargo, el aprendizaje no debe restringirse a la experiencia personal. Se puede aprender mucho de los demás, tanto dentro como fuera de la organización. El aprendizaje que es posible obtener de otras organizaciones suele ser producto de la evaluación comparativa (*benchmarking*) la cual implica la búsqueda de las mejores prácticas no sólo en el ramo industrial al que se pertenece, sino también en otros. Lo que se aprende debe compartirse por medio de, por ejemplo, informes, recorridos por la planta, educación y programas de capacitación. Individuos o grupos deben ser alentados a compartir sus conocimientos especializados y difundirlos a todo lo largo de la organización. Pero no basta con conocer; también es preciso aplicar los conocimientos. Si la conducta no cambia, se obtendrá muy poco del esfuerzo por crear una organización de aprendizaje. Así pues, avances y mejoras deben medirse por medio de cuestionarios, estudios, entrevistas y la observación de la conducta. En las tiendas departamentales, por ejemplo, se puede hacer uso de compradores para evaluar los servicios de los socios de ventas. Los evaluadores de la compañía L. L. Beans realizan compras por teléfono para evaluar el servicio de sus operadoras. Una exhaustiva auditoría de aprendizaje puede incluir una amplia variedad de medidas.

Resumen

El desarrollo de los administradores se refiere a los avances conseguidos por un administrador en el aprendizaje de la administración eficaz. Este factor también suele estar presente en los programas de desarrollo. Por su parte, el desarrollo organizacional (DO) es un enfoque sistemático, integrado y planeado para la mayor eficacia de la organización en su conjunto o de una unidad organizacional.

Un enfoque sistemático para el desarrollo y capacitación de los administradores es la mejor opción para la obtención de buenos resultados. La capacitación en el centro de trabajo incluye la progresión planeada, rotación de puestos, creación de puestos de "asistente", ascensos temporales, formación de comités o de grupos de "directivos asociados" y entrenamiento. El desarrollo de los administradores puede incluir una amplia variedad de programas de capacitación internos y externos.

Existen muchas fuentes de conflictos. Entre los diversos medios para la conducción de conflictos están la omisión de la situación, el allanamiento, la coacción, la negociación, el cambio de conducta, la reasignación de individuos, la solución del conflicto en niveles más altos y la solución de problemas. Otro enfoque consiste en la realización de cambios estructurales: modificación de objetivos, desarrollo de nuevos métodos de coordinación y reorganización de las relaciones de autoridad-responsabilidad, tareas y lugares de trabajo.

El proceso común del desarrollo organizacional incluye la identificación de problemas, el diagnóstico de una organización, la retroalimentación de información sobre la organización, el desarrollo de una estrategia de cambio, intervenciones y medición y evaluación de las acciones de cambio. Diversos programas de DO se emplean para elevar la eficacia y eficiencia de las organizaciones. Académicos y administradores deben usar sus respectivas fortalezas en favor de la capacitación y el desarrollo eficaces. La organización de aprendizaje se adapta rápidamente a cambios en sus condiciones por medio del aprendizaje permanente.

Ideas y conceptos básicos

Desarrollo de los administradores
Capacitación administrativa
Desarrollo organizacional (DO)
Proceso de desarrollo de los administradores
Capacitación en el centro de trabajo
Capacitación y desarrollo internos y externos
Entrenamiento de la sensibilidad
Grupos T

Simulación empresarial
Ejercicios vivenciales
Sistemas expertos
Teoría del campo de fuerza
Fuentes de conflictos organizacionales
Medios para la conducción de conflictos organizacionales
Proceso del desarrollo organizacional
Organización de aprendizaje

Para analizar

1. Se ha dicho que las empresas están obligadas a capacitar y desarrollar a todos sus empleados con potencial administrativo. ¿Está usted de acuerdo? ¿Por qué?

2. ¿Cuáles son algunos de los errores más frecuentes en el desarrollo y capacitación de los administradores? ¿Podría explicarlos? ¿Qué propondría usted para la resolución de esas fallas?

3. Evalúe las ventajas y limitaciones de los diferentes enfoques de capacitación en el centro de trabajo.

4. Evalúe el entrenamiento de la sensibilidad como técnica de capacitación de administradores. ¿Cree que el entrenamiento de la sensibilidad le ayudaría a usted a ser un mejor administrador? Explique su respuesta.

5. ¿Qué tipo de entrenamiento y desarrollo administrativo considera que sería más benéfico para usted en el puesto que ocupa en la actualidad o que espera ocupar en el futuro?

6. ¿Qué es un sistema experto y en qué forma puede ayudar a los administradores a tomar decisiones?

7. ¿Cuáles son las características principales del desarrollo organizacional? ¿En qué se diferencia en DO del desarrollo de los administradores? ¿Cree que el DO funcionaría en su organización? Explique su respuesta.

Ejercicios/actividades

1. Seleccione una organización que conozca y analice sus acciones de desarrollo administrativo.

2. ¿Qué tipos de conflictos ha experimentado en una organización de su conocimiento? ¿Cuáles fueron las causas de esos conflictos? ¿Qué se hizo para resolverlos, si es que se hizo algo?

 **CASO INTERNACIONAL 13**

EDUCACIÓN EN ADMINISTRACIÓN EN LA HARVARD BUSINESS SCHOOL[17]

Harvard es (¿o fue?) una de las mejores escuelas de administración de empresas de Estados Unidos. Otras instituciones la han imitado y superado. Persiste por ello la preocupación de si esta escuela sigue la dirección correcta. Su misión es formar a "administradores generales y líderes de empresas", pero más de 50% de sus egresados se ha empleado en la banca de inversión y la consultoría administrativa. Además, menos de la cuarta parte de los egresados de la maestría en administración de empresas en 1987 se integraron a compañías manufactureras, y la mayoría de éstos lo hicieron por la vía de puestos *staff*, no de línea.

Casas de bolsa y empresas consultoras anhelan reclutar a su personal en Harvard, para lo cual ofrecen atractivos salarios iniciales. Algunos críticos reprochan la codicia de los estudiantes, pero lo cierto es que muchos profesores complementan su sueldo mediante la impartición de cursos en empresas, la prestación de servicios de consultoría, su aparición como expertos o su participación en consejos de administración de las compañías. Aunque la consultoría puede favorecer la enseñanza, a los profesores se les concede oficialmente un tiempo máximo para actividades externas.

También los métodos de enseñanza de Harvard han cambiado. El método de casos, al que esta escuela debe su fama, tendía a subrayar el papel del administrador general. Los casos siguen en uso, pero ha crecido la importancia de instrumentos más analíticos. Por ejemplo, el curso de Política Empresarial cambió a Estrategia Competitiva bajo el liderazgo del profesor Michael Porter, quien, con estudios de economía, se sirve de conceptos y teorías para la realización de análisis competitivos. En 1995, los cursos de Harvard se compusieron en 80% de estudios de caso; diez años antes esta proporción era de hasta 95%. Se alienta a profesores y estudiantes a hacer un mayor uso de computadoras e Internet, emplear métodos de aprendizaje interactivo con base en computadoras y trabajar en proyectos en equipo.

Conocida anteriormente por formar líderes empresariales, Harvard educa ahora principalmente a especialistas. La mayoría de sus estudiantes muestran escaso interés en integrarse a compañías manufactureras. Sin embargo, la manufactura puede ser decisiva para la competitividad de Estados Unidos.

1. ¿Considera usted que Harvard sigue la dirección correcta?

2. ¿Qué resultaría de comparar el método de Harvard con el que se aplica en su escuela?

Referencias

1. Véase también William Wiggenhorn, "Motorola U: When Training Becomes an Education", en *Harvard Business Review*, julio-agosto de 1990, pp. 71-83.

2. Para una exposición acerca de la educación en administración en Europa y América del Norte, véase Daniel J. McCarthy, Sheila M. Puffer y Heinz Weihrich, "Contributions to Management Practice By European and North American Management Education Programs", en Ralph Berndt (ed.), *Global Management* (Berlín, Springer-Verlag, 1996), pp. 3-18.

3. Para una evaluación del entrenamiento de la sensibilidad, véase Alan C. Filley, Robert J. House y Steven Kerr, *Managerial Process and Organizational Behavior*, 2a. ed. (Glenview, Ill.; Scott, Foresman and Company, 1976), pp. 498-503.

4. Patricia A. Langan, "Trying to Clone U.S.-Style MBAs", en *Fortune*, 8 de octubre de 1990, pp. 143-151.

5. Dorothy Leonard-Barton y John J. Sviokla, "Putting Expert Systems to Work", en *Harvard Business Review*, marzo-abril de 1988, pp. 91-98.

6. Para una excelente exposición sobre la preparación de administradores rusos para la nueva economía de mercado, véase Sheila M. Puffer, *The Russian Management Revolution: Preparing Managers for the Market Economy* (Armonk, Nueva York; M. E. Sharpe, Inc., 1992).

7. Véase, por ejemplo, Timothy J. Galpin, *The Human Side of Change: A Practical Guide to Organization Redesign* (San Francisco, Jossey-Bass, 1996).

8. Véase también Michael Beer, Russell A. Eisenstat y Bert Spector, "Why Change Programs Don't Produce Change", en *Harvard Business Review*, noviembre-diciembre de 1990, pp. 158-166.

9. Kurt Lewin, *Field Theory in Social Science: Selected Theoretical Papers* (Nueva York, Harper & Brothers, 1951).

10. Edgar H. Schein, *Organizational Psychology*, 3a. ed. (Englewood Cliffs, N.J.; Prentice-Hall, 1980), cap. 13; D. D. Warrick, *Managing Organization Change and Development* (Chicago, SRA Science Research Associates, 1984).

11. Véase también Rhonda K. Reger, John V. Mullane, Loren T. Gustafson y Samuel M. DeMarie, "Creating Earthquakes to Change Organizational Mindsets", en *Academy of Management Executive*, noviembre de 1994, pp. 31-43.

12. Véase Robert R. Blake y Jane S. Mouton, *Building a Dynamic Corporation through Grid Organization Development* (Reading, Mass.; Addison-Wesley Publishing Company, 1969), cap. 6.

13. Para una explicación de la historia del DO y de las contribuciones a este campo, véase Wendell L. French, "The Emergence and Early History of Organization Development: With Reference to Influences upon and Interactions among Some of the Key Actors", en *Group and Organization Studies*, septiembre de 1983.

14. Nicole A. Wishart, Joyce J. Elam y Daniel Robey, "Redrawing the Portrait of a Learning Organization: Inside Knight-Ridder, Inc.", en *Academy of Management Executive*, febrero de 1996, pp. 7-20.

15. Peter M. Senge, The Fifth Discipline (Nueva York, Doubleday, 1990); Peter M. Senge, Art Kleiner, Charlotte Roberts, Richard B. Ross y Bryan J. Smith, *The Fifth Discipline Fieldbook* (Nueva York, Doubleday, 1994).

16. David A. Garvin, "Building a Learning Organization", en *Harvard Business Review*, julio-agosto de 1993.

17. Walter Kiechel III, "New Debate About Harvard Business School", en *Fortune*, 9 de noviembre de 1987, pp. 34-48; "Back to the Laboratory", en *The Economist*, 7 de octubre de 1995, p. 69.

RESUMEN DE PRINCIPIOS BÁSICOS PARA LA INTEGRACIÓN DE PERSONAL

No existen principios de integración de personal de aceptación universal. No obstante, los que se enlistan a continuación son normas útiles para la comprensión de la función de integración de personal. Hemos agrupado estos principios bajo las categorías de propósito y proceso de la integración de personal.

Propósito de la integración de personal

El propósito de la integración de personal se resume en los siguientes principios.

I1.* **PRINCIPIO DEL OBJETIVO DE LA INTEGRACIÓN DE PERSONAL.** El objetivo de la función administrativa de integración de personal es garantizar que las funciones organizacionales sean desempeñadas por personal calificado capaz de y dispuesto a ejercerlas.

I2. **PRINCIPIO DE LA INTEGRACIÓN DE PERSONAL.** Cuanto más claros sean la definición de las funciones organizacionales y sus requerimientos humanos y cuanto mejores sean las técnicas que se empleen en la evaluación y capacitación de los administradores, tanto mayor será la calidad administrativa de una empresa.

El primer principio subraya la importancia del deseo y la capacidad para asumir las responsabilidades de la administración. La imposibilidad de alcanzar resultados positivos en ausencia de estas cualidades se apoya en abundantes evidencias. El segundo principio descansa en un importante conjunto de conocimientos sobre prácticas administrativas. Las organizaciones que no establecen definiciones de funciones, evaluaciones eficaces ni un sistema de capacitación y desarrollo se ven obligadas a depender de la coincidencia o de fuentes externas para llenar vacantes con administradores capaces. Por el contrario, las empresas que aplican el enfoque de sistemas a la integración de personal y la administración de recursos humanos utilizan más eficaz y eficientemente el potencial de los individuos.

Proceso de integración de personal

Los siguientes principios indican los medios para una eficaz integración de personal.

I3. **PRINCIPIO DE DEFINICIÓN DEL PUESTO.** Entre más precisa sea la identificación de los resultados que se espera de los administradores, mayor será el número de dimensiones de sus puestos que puedan definirse.

* "I" significa "principio de integración de personal".

Este principio se asemeja al principio de definición funcional expuesto en la parte 3, referente a la organización. Dado que las funciones organizacionales son ejercidas por personas con diferentes necesidades, tales funciones deben poseer muchas dimensiones, como pago, categoría, poder, discrecionalidad y posibilidad de cumplimiento (aquello que induce a los administradores a alcanzar un elevado desempeño).

14. PRINCIPIO DE EVALUACIÓN DE LOS ADMINISTRADORES. Mientras más clara sea la identificación de objetivos verificables y actividades administrativas requeridas, más precisa podrá ser la evaluación de los administradores con base en esos criterios.

Este principio propone la medición del desempeño con base tanto en objetivos verificables (tal como ocurre en el método de evaluación basado en la administración por objetivos) como en normas de desempeño de los administradores como administradores. En la evaluación de los administradores como tales se considera el grado de desempeño alcanzado en las principales actividades administrativas comprendidas por las funciones de planeación, organización, integración de personal, dirección y control.

15. PRINCIPIO DE COMPETENCIA ABIERTA. Cuanto mayor sea el compromiso de una empresa con el aseguramiento de la administración de calidad, más alentará la competencia abierta entre todos los candidatos a puestos administrativos.

El incumplimiento de este principio ha dado lugar a que en muchas empresas se nombre administradores a individuos con habilidades inadecuadas. Aunque las presiones sociales favorecen decididamente el ascenso desde dentro de las empresas, se les debe oponer resistencia cuando es posible conseguir en el exterior mejores candidatos. Al mismo tiempo, la aplicación de este principio obliga a una organización a evaluar a su personal con la mayor exactitud posible y a ofrecerle oportunidades de desarrollo.

16. PRINCIPIO DE CAPACITACIÓN Y DESARROLLO DE LOS ADMINISTRADORES. Cuanto mayor sea la integración de la capacitación y desarrollo de los administradores al proceso administrativo y los objetivos de la empresa, más eficaces serán los programas y actividades de desarrollo.

Este principio señala la relación existente en el enfoque de sistemas entre las acciones de capacitación y desarrollo y las funciones administrativas, los propósitos de la empresa y las necesidades profesionales de los administradores.

17. PRINCIPIO DE OBJETIVOS DE CAPACITACIÓN. Entre más precisa sea la formulación de los objetivos de capacitación, más posibilidades habrá de cumplirlos.

El análisis de las necesidades de capacitación es la base para objetivos de capacitación que den dirección al desarrollo y faciliten la medición de la eficacia de las acciones de capacitación. Este principio destaca la contribución de la capacitación al propósito de la empresa y el desarrollo de los individuos.

18.   PRINCIPIO DE DESARROLLO PERMANENTE.   Mientras mayor sea el compromiso de una empresa con la excelencia administrativa, más exigirá de sus administradores la práctica del autodesarrollo permanente.

Este principio sugiere que en condiciones de competitividad y veloces cambios es imposible que los administradores interrumpan su aprendizaje. Por el contrario, deben actualizar continuamente sus conocimientos administrativos, reevaluar sus enfoques de la administración y mejorar sus habilidades y desempeño administrativos para alcanzar los resultados esperados por la empresa.

Integración global de personal

Las conclusiones de esta parte tratan de la integración global de personal. Como en las conclusiones de las dos partes anteriores de este libro, primero expondremos las prácticas administrativas en uso en Japón, Estados Unidos, China, México y Colombia. En las conclusiones de esta parte destacaremos la integración de personal. Después dirigiremos el enfoque internacional al modelo alemán/europeo de capacitación y desarrollo. Finalmente expondremos un caso de la industria automotriz global.

Prácticas de integración de personal en Japón, Estados Unidos, la República Popular China, México y Colombia[1]

La integración de personal requiere de la identificación de las necesidades de recursos humanos y de la ocupación de la estructura organizacional, y su conservación en este estado, con personas competentes. Los métodos administrativos de Japón y China se diferencian enormemente de los de las compañías estadunidenses justamente en lo que se refiere a la administración de recursos humanos (aparte del proceso de toma de decisiones), como se muestra en la tabla que complementa a esta sección, en la cual se incluye también a México y Colombia.

Integración de personal en Japón[2]

En Japón, la gente es contratada desde que asiste a la escuela. Elegir la compañía en la que se trabajará es una de las decisiones más importantes para los jóvenes, junto con la selección de cónyuge y universidad. Una vez integrada a una compañía, es muy difícil que una persona tenga la oportunidad de hallar empleo en otra empresa. El ascenso dentro de las compañías es más bien lento, y la trayectoria profesional de la mayoría de los jóvenes durante los primeros años en las compañías es similar. Sin embargo, los empleados desarrollan una intensa identificación con la compañía en la que trabajan, la que a su vez les concede especial atención. Los empleados corresponden con su lealtad.

Aunque la frecuencia de las evaluaciones del desempeño difiere de una compañía a otra, no es raro que el desempeño de los empleados se evalúe una o dos veces al año. Además, su avance se vigila de manera informal. El hecho de que se trabaje en común en una misma oficina, sin muros que separen a empleados y superiores, indica que no se duda del correcto desempeño de los individuos. Pocos años después de la incorporación

TABLA I.

Comparación de la integración de personal en Japón, Estados Unidos, China, México y Colombia.*

Administración japonesa	Administración estadunidense	Administración china	Administración mexicana	Administración colombiana
1. Los jóvenes son contratados desde la escuela; muy escasa movilidad de personal entre compañías	1. El personal es contratado en escuelas y otras compañías; frecuentes cambios de compañía	1. El personal es contratado en su mayoría en escuelas, y en menor medida en otras compañías	1. Las personas se contratan desde las escuelas y en otras áreas productivas	1. A las personas se les contrata en escuelas, organismos de formación y capacitación técnicas y en el mercado laboral
2. Lento ascenso por la jerarquía	2. Deseo y demanda intensos de avance rápido	2. Ascenso lento, pero aumentos salariales regulares	2. El ritmo de los ascensos lo determina la dinámica de crecimiento de las empresas	2. Ascensos lentos en la jerarquía
3. Lealtad a la compañía	3. Lealtad a la profesión	3. Ausencia de lealtad tanto a la compañía como a la profesión	3. Lealtad a la compañía, al grupo de filiación y a la profesión	3. Lealtad a la profesión
4. Evaluación de desempeño una o dos veces al año	4. Exhaustiva evaluación de desempeño usualmente una vez al año	4. Revisión de desempeño usualmente una vez al año	4. La evaluación del desempeño es continua y formalmente una vez al año	4. Revisión anual del desempeño
5. Evaluación del desempeño a largo plazo	5. Evaluación de resultados a corto plazo	5. Plan quinquenal; de no ser así, objetivos a corto plazo	5. Evaluación de resultados a corto plazo	5. Evaluación del desempeño a corto plazo
6. Los ascensos se basan en el desempeño a largo plazo y otros criterios	6. Los ascensos se basan primordialmente en el desempeño individual y a menudo en el desempeño a relativamente corto plazo	6. Se supone que los ascensos se basan en el desempeño, la capacidad potencial y el nivel de estudios, pero los lazos familiares y las buenas relaciones con los administradores de alto nivel son importantes	6. Los ascensos se basan en el desempeño individual así como por la contribución al logro de resultados instrumentados en proyectos instrumentados a través de grupos de trabajo	6. Los ascensos se basan en el desempeño individual, generalmente a corto plazo
7. Capacitación y desarrollo son considerados una inversión a largo plazo	7. Reservas ante capacitación y desarrollo (los empleados pueden irse a otra empresa)	7. Se cuenta con programas de capacitación; los administradores presentan exámenes impuestos por el Estado	7. La capacitación y el desarrollo forman parte de la estrategia de crecimiento de las organizaciones	7. La capacitación y el desarrollo son limitados
8. Empleo de por vida, común en las compañías	8. Impera la inseguridad en el empleo	8. Seguridad en el empleo; prácticamente empleo de por vida	8. Existe una seguridad más o menos razonable en el empleo	8. Existe inseguridad en el empleo

* Las fuentes de información aparecen en la nota 6 de las "Referencias" de las conclusiones de la parte 2.

de un empleado a una empresa se lleva a cabo una revisión del desempeño más detallada. La existencia de este tipo de evaluación de largo plazo reduce la probabilidad de que la suerte o la mala fortuna influyan en la trayectoria profesional. Lo que se evalúa es el éxito general a largo plazo y la capacidad de decisión de los individuos. Esta práctica da como resultado la vinculación de las compensaciones (como ascensos) con la eficacia del desempeño a largo plazo. No obstante, las diferencias en los aumentos salariales a los empleados jóvenes tras su integración a una empresa son menores, y las compensaciones se basan en esencia en el desempeño de los grupos y la compañía más que en las contribuciones individuales.

Puesto que los empleados son parte integral de la comunidad de una empresa, las prácticas de ascenso deben ser consideradas por todos como justas y equitativas. En Japón, los criterios para el ascenso suelen ser una combinación de antigüedad y méritos. La evaluación de los empleados jóvenes, de hasta alrededor de 35 años de edad, se basa comúnmente en la antigüedad, en tanto que más allá de esa edad los méritos y el desempeño se convierten en la base de evaluación. Asimismo, los antecedentes educativos también están presentes en las decisiones de ascenso. Las compañías japonesas invierten intensamente en la capacitación y desarrollo de sus empleados, mientras que la práctica de la rotación de puestos a lo largo de la vida laboral de éstos tiene por efecto una trayectoria profesional más variada, durante la cual los empleados toman conocimiento de muchas y muy diferentes actividades de la empresa.

Quizá sea el empleo de por vida lo que ejerza un impacto más profundo en las prácticas administrativas. Las compañías japonesas hacen todos los esfuerzos posibles por asegurar un empleo estable hasta llegada la edad de retiro de sus empleados. En épocas de recesión económica se despide en todo caso a los empleados de medio tiempo o temporales, a quienes no se considera miembros de la fuerza de trabajo permanente. En lugar de que se les despida, es común que los empleados permanentes sean transferidos a unidades organizacionales necesitadas de ayuda. Sin embargo, todo indica que la práctica del empleo de por vida está perdiendo terreno.[3] Ejecutivos japoneses declararon en una entrevista que el empleo para toda la vida es muy costoso para las empresas y da como resultado una estructura organizacional excedida en la cima, lo que tendrá que cambiar gradualmente.

Integración de personal en Estados Unidos

La administración de recursos humanos en Estados Unidos es muy diferente a la de Japón. Las empresas estadunidenses también reclutan a sus empleados en las escuelas, pero contratan asimismo a empleados de otras compañías. Por ejemplo, los altos índices de rotación entre los recién egresados de la maestría en administración de empresas es muy notorio. Se parte de la expectativa de rápidos avances, lo que de no darse puede inducir a un empleado a pasar a otra compañía. Los profesionistas, como los ingenieros y los contadores, suelen identificarse más con su profesión que con una empresa en particular, de manera que el cambio de empleo no es inusual.

En las compañías estadunidenses es práctica común evaluar el desempeño de los empleados de nuevo ingreso poco después de haberse integrado a las labores. Si el desempeño no cumple las expectativas de la compañía, cabe la posibilidad de dar por terminado el empleo. Pero incluso el desempeño de quienes ya han permanecido durante varios años en una empresa se evalúa al menos una vez al año, además de lo cual en muchos casos se le revisa periódicamente durante el año. En general, el interés de la evaluación del desempeño se dirige a los resultados a corto plazo y a las contribuciones individuales a los propósitos de la compañía. Adicionalmente, los diferenciales en aumentos de sueldo se basan a menudo en el desempeño individual. Estas diferencias de pago pueden ser sustanciales, especialmente en los niveles más altos de la administración. Los ascensos en las compañías estadunidenses se basan primordialmente en el desempeño individual.

Aunque las compañías progresistas ofrecen desarrollo permanente, la capacitación se emprende habitualmente con ciertas reservas, dados su costo y la preocupación de que las personas capacitadas se muden a otra empresa. Así, lo común es que los empleados sean capacitados en funciones especializadas, lo que resulta en una trayectoria profesional más bien estrecha dentro de las compañías. Finalmente, en muchas empresas estadunidenses los empleados temen que se les despida en caso de crisis económica, lo que contribuye naturalmente a la inseguridad laboral.

Integración de personal en China

Algunos de los aspectos de las prácticas de integración de personal en China se asemejan a los de Japón. Como en este último país, también en China se contrata a los empleados desde su estancia en las universidades. Se espera de ellos que permanezcan en la empresa durante mucho tiempo. No obstante, más recientemente también se ha adoptado la práctica de contratar a personal de otras organizaciones, a pesar de lo cual es costumbre que sean las altas autoridades las que asignen puestos al personal. Al igual que en Japón, el ascenso en la jerarquía es lento, aunque se conceden aumentos salariales con regularidad.

En China, en cambio, no existen dedicación ni lealtad ya sea a las compañías (como en Japón) o a la profesión (como en Estados Unidos). Las revisiones del desempeño se realizan por lo general una vez al año, como en Japón y Estados Unidos. Se supone que el ascenso debe basarse fundamentalmente en el desempeño, el nivel de estudios y la capacidad potencial. Sin embargo, los lazos familiares y las buenas relaciones con el superior ejercen gran influencia en el avance al interior de una organización. Antes sólo unos cuantos tenían acceso a cursos de capacitación. Pero recientemente se ha impartido capacitación a un mayor número de administradores, por medio tanto de la televisión educativa como de escuelas profesionales nocturnas. Además, en la actualidad algunos administradores deben aprobar un examen, impuesto por la Comisión Económica Estatal. El empleo es seguro; esta seguridad implica empleo de por vida (llamado "la vasija del arroz de hierro") independientemente del desempeño.

Integración de personal en México

La integración de recursos humanos es una de las funciones a las que las empresas mexicanas ponen más atención toda vez que estiman que su autonomía y fortaleza depende en gran medida de la confiabilidad y capacidad de su gente.

Los cuadros de trabajo se estructuran con familiares, personas conocidas por algún miembro de la organización o por recomendación de personas allegadas a los niveles de decisión. También se considera a quien en forma individual acude a solicitar empleo, siempre y cuando cubra en su totalidad los requisitos establecidos, los cuales por lo común son sumamente rigurosos.

Las fuentes de reclutamiento a las que usualmente recurren son instituciones de enseñanza, cámaras, asociaciones, colegios de profesionales y ejecutivos de otras compañías. El cuidado que se sigue en la selección e introducción del personal obedece al propósito de conformar equipos de trabajo estables para las organizaciones. Sin embargo, debido a la gran competitividad que prevalece en el mercado y al valor que se concede al recurso humano experimentado, existe rotación de personal. En el nivel operativo es significativa, en mandos medios decrece, mientras que en los niveles de decisión es mínima. Cabe señalar, que si bien en la alta dirección casi no se da movilidad de personal, cuando se presenta es importante por el peso y conocimientos de los ejecutivos que emigran a otras empresas.

En materia de capacitación y desarrollo, las organizaciones efectúan inversiones razonables, ya que están plenamente conscientes de que su posición y crecimiento potencial depende en mucho de su capacidad de respuesta a las demandas del ambiente, amén de que constituye un factor importante para motivar a su gente. Para promocionar al personal se valora su comportamiento y los resultados obtenidos en los proyectos en que participen además de sus lazos personales y/o familiares. El seguimiento y evaluación del desempeño es continuo, aun cuando nominalmente se lleva a cabo en forma anual.

Integración de personal en Colombia

No es posible clasificar como burocráticas a las organizaciones colombianas, si se relaciona ese término con una organización altamente formalizada, donde cada empleado tiene definidas sus funciones; se han establecido los procedimientos que debe emplear; un jefe supervisa la ejecución del trabajo; se cuenta con un diseño de carrera que señala el panorama de progreso para los empleados y se utiliza un sistema de calificación del desempeño para asignar con alguna objetividad los premios y las sanciones. Salvo en lo relacionado con la carrera de personal, que sólo excepcionalmente puede encontrarse en las empresas privadas y que existe de manera sumamente limitada en las gubernamentales, la mayor parte de las organizaciones grandes, y con frecuencia las medianas, poseen las características propias de las organizaciones burocráticas.

No obstante, y de manera paradójica, no es posible calificar de burocráticas a las organizaciones colombianas porque la mayor parte de las decisiones que afectan al personal se toman al margen de los reglamentos, aunque se puede recurrir a éstos cuando se trata de resolver los conflictos o de sancionar a un empleado. Las normas y los mecanismos formales de tipo burocrático se utilizan en casos particulares para legitimar las decisiones que se toman de manera informal.

Cada día aumenta el número de organizaciones que disponen de sistemas para evaluar el desempeño de los trabajadores con base en la calificación subjetiva de unos factores. Sistemas que se encuentran desvinculados de la capacitación, de los ascensos y de los beneficios económicos, quedando reducidos a un recurso que tienen los jefes para castigar a los subordinados que, a su juicio, muestran un bajo desempeño o son menos sumisos. Lo anterior ha dado lugar a un modelo de gestión muy particular que combina las ventajas de la rigurosa formalización burocrática con la flexibilidad de una organización informal basada en las relaciones de sumisión a la autoridad de los jefes.

Uno de los inconvenientes de esa forma de gestión consiste en que el modelo que le sirve de soporte no ha sido formulado explícitamente, de manera consciente o deliberada, lo cual dificulta el aprendizaje y da lugar a confusiones y conflictos.

En las organizaciones colombianas la integración de personal está limitada a la ejecución de los procesos de vinculación, remuneración, bienestar y otros similares, pero aún no se incorporan las funciones relacionadas con la administración sistemática de los comportamientos organizacionales, que es el campo en el cual se encuentran los mayores desafíos y las oportunidades más atractivas para mejorar el desempeño de las empresas.

**ENFOQUE
INTERNACIONAL**

CAPACITACIÓN Y DESARROLLO PARA EL MERCADO GLOBAL.
EL MODELO ALEMÁN/EUROPEO

Alemania ha aceptado lentamente la idea de que la administración se puede aprender y enseñar. Dado que la educación administrativa impartida por las universidades es insuficiente, las compañías han desarrollado sus propios programas o establecido acuerdos de cooperación con instituciones educativas. Uno de ellos es el representado por el sistema de aprendizaje.

Combinación de capacitación interna y externa: el sistema de aprendizaje[4]

Un aprendiz obtiene experiencia práctica trabajando en una compañía y adquiere conocimientos teóricos en una escuela vocacional. El profesor Gary Becker, de la Universidad de Chicago, sostiene que el método alemán de capacitación vocacional puede ser útil en Estados Unidos para reducir el número de deserciones de las escuelas secundarias.[5] De acuerdo con él, muchos jóvenes preferirían participar en programas de capacitación-empleo a continuar sus estudios de secundaria. A causa de su falta de interés en temas académicos, algunos estudiantes sencillamente desertan de las escuelas.

Aunque no se trata de programas de capacitación administrativa propiamente dichos, los programas de aprendizaje de las compañías desempeñan un papel de primer orden en la preparación de futuros administradores. Complementados por estudios adicionales, estos programas sientan las bases para el desarrollo de supervisores de primera línea en Alemania.

Los jóvenes que optan por la capacitación de aprendizaje de 3 años trabajan de 3 a 4 días a la semana y dedican 1 o 2 días más a la escuela vocacional. El gobierno ha fijado las normas para más de 400 ocupaciones. Por ejemplo, a un aprendiz de mecánica automotriz se le puede exigir la adquisición de ciertas habilidades básicas (como las referidas al uso de limas, tornos y taladros) durante sus labores en una compañía. Estas actividades pueden ser supervisadas por un capacitador (al mando de 10 o 15 jóvenes), un administrador y un director. Lo normal es que el trabajo de los aprendices no contribuya a las utilidades a corto plazo de las empresas. Generalmente los aprendices participan en proyectos, como la hechura de un cubo de acero, cuya precisión, preparación superficial, propiedad y exactitud de sus ángulos, etc., son objeto de una cuidadosa evaluación. La capacitación en mecánica automotriz avanzada implica labores en componentes más complejos, como motores o transmisiones automáticas.

Además de la asistencia de aprendices a cursos de capacitación vocacional, muchas grandes empresas ofrecen capacitación interna en salones de clase. De este modo, los aprendices no sólo conocen los productos y servicios de la empresa, sino que además aprenden lenguas extranjeras, importantes para técnicos o administradores que son enviados a otros países. Durante la capacitación de aprendizaje tampoco se descuidan las actividades sociales. Por ejemplo, los aprendices tienen la oportunidad de participar en excursiones, deportes competitivos como futbol soccer o eventos de pista y campo y otras actividades recreativas organizadas por las empresas. En cierto sentido, la capacitación de aprendizaje es en realidad la continuación de la educación básica, aunque con énfasis en habilidades laborales. Esto se refleja en el hecho de que, al término de la capacitación, los aprendices presentan un examen aplicado por la escuela vocacional pública, además de lo cual deben cumplir los requisitos impuestos por la compañía.

Si bien los salarios que reciben los aprendices son relativamente bajos, la capacitación es sumamente costosa para las compañías, en vista sobre todo de que aquéllos pueden abandonarlas una vez concluido el programa. Hewlett-Packard de Alemania contrató a unos 80 aprendices cada año a un costo de alrededor de 5 000 dólares por aprendiz. Éstos permanecen en su mayoría en las empresas que los contratan por este medio, de modo que la inversión a largo plazo de las compañías efectivamente ofrece rendimientos. Sin estos programas de aprendizaje, las compañías alemanas no tendrían tanto éxito en la comercialización en todo el mundo de sus productos y servicios de alta calidad.

La línea aérea alemana Lufthansa produjo un anuncio comercial en el que aparecen unos aprendices al momento de inspeccionar el motor de un avión. El mensaje es que la inversión en la capacitación de los técnicos resulta en productos y servicios de mayor calidad. Aproximadamente medio millón de empresas alemanas capacitan a 1.8 millones de adolescentes, cifra equivalente a 6% de la fuerza de trabajo, mientras que alrededor de 70% de los estudiantes de preparatoria del país optan por la educación vocacional.[6]

La importancia de la educación técnica queda de manifiesto en el caso de Daimler-Benz, compañía fabricante de los automóviles Mercedes. En 1987, más de 5 500 personas participaban en la capacitación profesional técnica, unas 1 600 de las cuales se graduaron ese año.[7] Durante la capacitación de aprendizaje, los jóvenes dividen su tiempo entre el trabajo y la escuela.[8] De esta manera, la experiencia práctica se complementa con conocimientos teóricos que pueden aplicarse al trabajo. Enseñar a obreros calificados y técnicos capacitados los fundamentos teóricos de su trabajo los convierte en profesionistas dispuestos a perseverar en sus esfuerzos por elevar su productividad.

La Academia Vocacional (AV)

Dado que en la capacitación de aprendizaje se subrayan los conocimientos y habilidades técnicos, por lo general no contempla la enseñanza de habilidades administrativas. Apenas recientemente se reconoció en Alemania la necesidad de impartir habilidades administrativas e integrar teoría y práctica. Para satisfacer esta necesidad fue creado un nuevo programa, la Academia Vocacional (*Berufsakademie*). Debido al éxito que ha alcanzado este proyecto, se impone exponerlo con mayor detalle.

La Academia Vocacional (también conocida como el Stuttgarter Model, nombre que debe a la ciudad de Stuttgart) inició sus labores en 1974, bajo el patrocinio del gobierno estatal de Baden-Wuerttemberg, en asociación con empresas como Daimler-Benz y Bosch. Este modelo de capacitación administrativa (el cual se centra en la tecnología, las ciencias sociales y la administración de empresas más que en temas propiamente académicos) ha sido considerado una importante alternativa a los estudios universitarios. La Academia posee las siguientes características:[9]

1.   Estrecha integración entre educación teórica y vocacional. El proceso educativo consta de dos grupos de módulos de aprendizaje, uno dedicado a la teoría y el otro a la práctica.
2.   Para ser admitidos en la Academia, los estudiantes deben contar con un contrato vocacional en una empresa o institución social.
3.   Academia y empresa ejercen igual autoridad en la determinación de las metas educativas.
4.   El primer paso se cumple transcurridos 2 años, cuando los estudiantes deben presentar un examen de calificación vocacional reconocido por el Estado.
5.   El proceso educativo en su totalidad tiene una duración de 3 años o seis semestres. Los estudiantes deben presentar un segundo examen, aprobado el cual reciben un grado semejante al grado universitario en ingeniería.

Diez años después de su concepción, los estudios indicaban que los egresados de la AV contaban con mucho mayores oportunidades profesionales que quienes no habían recibido esa capacitación. Las solicitudes de admisión a las varias AV ya existentes exceden con mucho las oportunidades de estudio disponibles, pues un número de hasta veinte jóvenes deben competir por un sitio escolar. Tras haberse originado en las ciudades de Stuttgart y Mannheim, en la actualidad se han establecido ya programas de AV en ocho ciudades, con la participación de aproximadamente 3 000 empresas, las que ofrecen veintidós programas de estudio.[10]

Se puede afirmar, en conclusión, que el modelo educativo de Stuttgart, el cual integra la experiencia teórica y práctica, llena un importante vacío en la educación administrativa no cubierto hasta ahora por las universidades y programas de aprendizaje tradicionales. Este modelo de cooperación relativamente nuevo, en el que participan la Academia, la industria y el gobierno, ha rendido ya alentadores resultados. Quizá esto estimule a las compañías estadunidenses a buscar nuevos métodos de capacitación para el mejor desarrollo de los administradores y un mayor incremento de la productividad.

El nuevo administrador europeo

Hasta aquí nos hemos limitado a la capacitación y desarrollo de los administradores de nivel inferior e intermedio, por lo cual ahora nos ocuparemos de la capacitación de los administradores del nivel superior. Se ha criticado a los administradores de muchas empresas europeas la insuficiencia de los conocimientos y habilidades necesarios para la administración global. Más específicamente, las demandas sobre los administradores globales de hoy incluyen la capacidad de pensar globalmente, la comprensión de la mentalidad de los administradores tanto de los demás países miembros de la Comunidad Europea como de los países no miembros, la experiencia administrativa en el exterior y el dominio de al menos dos lenguas extranjeras.

El programa Comunidad Europea 1992 subestima la necesidad de desarrollar a administradores de mentalidad global. En una investigación sobre once empresas europeas realizada por un grupo consultor internacional se descubrió que muchos administradores no satisfacen las demandas europeas a futuro, aunque los entrevistados reconocieron la necesidad de la experiencia administrativa internacional. No sólo los administradores europeos deben adquirir experiencia en el exterior; también es preciso que las empresas se den cuenta de que en las oficinas generales europeas de compañías trasnacionales se tendrá que reclutar y capacitar a empleados procedentes de otras latitudes. Los ejemplos que se citan a continuación ilustran la excepción más que la regla bajo la cual operan las compañías. El Deutsche Bank (Banco Alemán) cuenta con un programa de desarrollo para extranjeros, los cuales deben pasar al menos 1 año en las oficinas generales en Frankfurt. Bosch, compañía fabricante de una amplia variedad de productos, desde refrigeradores hasta accesorios para automóviles, invita a extranjeros (españoles en particular) a capacitarse en Alemania. Exige asimismo a sus empleados alemanes en capacitación a pasar al menos 6 meses en el extranjero. Aunque estas oportunidades internacionales resultan atractivas para los administradores jóvenes, especialmente entre los administradores de mayor edad priva la inquietud de que alejarse de las oficinas generales pueda inhibir su desarrollo profesional.

De acuerdo con el grupo consultor Korn/Ferry, las siguientes características son *muy importantes* para los administradores europeos ideales:

- Poseer educación universitaria
- Contar con experiencia laboral en el extranjero
- Poseer conocimientos de economía
- Ser "generalistas" (lo contrario a "especialistas")
- Dominar inglés y francés como lenguas extranjeras.[11]

De la investigación que comentamos se dedujo que los administradores alemanes, franceses e italianos cuentan con escasa experiencia de trabajo en el extranjero. Los administradores alemanes e italianos carecen de experiencia como administradores generales, mientras que los alemanes e ingleses poseen insuficiente habilidad para comunicarse en francés. En cuanto a la orientación a equipos y el pensamiento global, alemanes e italianos ocuparon las categorías más bajas. Los alemanes también fueron clasificados en un bajo lugar en lo referente a habilidades de comunicación y motivación. En lo que respecta a "la disposición a contribuir por encima del promedio", los administradores ingleses y franceses obtuvieron una baja calificación, en tanto que a los italianos les correspondió una clasificación igualmente baja en toma de decisiones. Aunque se trata de generalizaciones, estos resultados indican que muchos administradores europeos no están suficientemente preparados para enfrentar las condiciones competitivas producto del mercado único europeo a partir de 1992.

Qué deben hacer las escuelas de administración

Las universidades alemanas no prepararon adecuadamente a administradores para la década de los noventa. La legislación germana impide que escuelas subvencionadas por el Estado ofrezcan el grado de maestría en administración de empresas, pero en el resto de Europa existen unas setenta instituciones educativas que imparten esos estudios, entre las que pueden mencionarse las siguientes:

* La Rotterdam School of Management (RSM), en Holanda
* El International Institute for Management Development (IMD), en Lausana, Suiza
* La Graduate School of Business Administration (GSBA), en Zurich, Suiza
* El Institut Supérieur des Affaires (ISA), en Jouy-en-Josas, Francia
* La Manchester Business School, en Inglaterra
* La Scuola di Direzione Aziendale dell'Università Luigi Bocconi (SDA Bocconi), en Milán, Italia
* El Institut Européen d'Administration des Affaires (INSEAD), en Fontainebleau, Francia
* La Escuela Nijenrode, la Escuela Holandesa de Administración, en Breukelen
* La Escuela Superior de Administración y Dirección de Empresas (ESADE), en Barcelona, España
* La London Business School, en Inglaterra[12]

Resumen y conclusión acerca del modelo alemán/europeo de desarrollo administrativo

La década de los noventa estará caracterizada por la aguda competencia global, a la que sólo sobrevivirán las organizaciones más productivas. Este entorno competitivo impone la revisión de la capacitación y desarrollo de los recursos humanos. Los administradores deben evaluar la conveniencia de la capacitación conjunta industria/instituciones educativas tal como se practica en Alemania. El modelo del nuevo administrador europeo puede inspirar métodos más eficaces y relevantes para la capacitación de los futuros ejecutivos.

CASO DE LA INDUSTRIA AUTOMOTRIZ GLOBAL

Un encuentro con los directores generales de las compañías automotrices[13]

Las estrategias de las empresas son determinadas en gran medida por sus directores generales. De ahí que sea tan importante conocer la trayectoria profesional y enfoques administrativos de los más altos ejecutivos de dos grandes compañías fabricantes de automóviles.

El desaparecido Soichiro Honda y el nuevo Nobuhiko, directores generales de Honda

Es relativamente poco lo que se sabe de Soichiro Honda, el director general de hablar pausado de Honda Motor Company. No escribió su autobiografía y concedió muy pocas entrevistas. Tampoco formó grupo con los demás fabricantes japoneses de automóviles ni fue adepto al Ministerio de Comercio Internacional e Industria (MITI) de Japón ni a los burócratas del gobierno. Sencillamente le fascinaban los vehículos motorizados y se interesó profundamente en las necesidades de sus clientes. Cuando, por ejemplo, éstos demandaron motocicletas después de la Segunda Guerra Mundial, los funcionarios del citado ministerio no cooperaron con Honda en la explotación de la demanda. Cuando Honda se interesó en la producción de autos, los funcionarios del MITI argumentaron que Japón ya no necesitaba más fabricantes de automóviles.

Honda inició su producción de autos con un modelo sumamente compacto. Más tarde, la variedad de modelos se amplió para incluir en ella al Accord y al muy lujoso Acura. Honda amplió aún más su línea de modelos en 1991 con la aparición de la vagoneta Accord EX, la versión familiar del Accord, de gran venta en Estados Unidos.

Aun tras su retiro, el estilo administrativo del señor Honda siguió ejerciendo enorme influencia en la dirección de la empresa. Su estilo de liderazgo se distinguió notoriamente del de otros directores generales de compañías automotrices. Su deseo de explorar nuevos territorios quedó reflejado en la filosofía de la compañía. Cuando emprendió la producción de motocicletas Honda para el mercado estadunidense, muy pocos creyeron que tendría éxito. Su estrategia no se basó en amplias investigaciones de mercado, sino en la intuición. Su obsesión por la calidad y el deseo de complacer a los clientes dieron por resultado el desarrollo de una muy exitosa línea de automóviles, incluido el Honda Accord, que alcanzó ventas considerables. Sin embargo, el éxito obtenido en Estados Unidos no se repitió en el mercado japonés, en el que Honda ocupó el tercer sitio, habiendo vendido menos de la cuarta parte de los autos vendidos por Toyota. Otra de las pasiones del señor Honda era la seguridad. Insistía en que sus empleados tomaran en serio sus labores y protegieran a los clientes de los daños que pudieran resultar de deficiencias de fabricación. Estableció de este modo las bases para la seguridad de los autos japoneses.

Otro aspecto de la filosofía de Honda era su trato con la gente. No hacía distinción entre empleados técnicos y administrativos, como tampoco entre ricos y pobres. Su actitud hacia la gente impregnó las políticas de la planta de Honda en Ohio, donde trabajadores, administradores e incluso el presidente comían en la misma cafetería. Honda murió en 1991.

El nuevo presidente y director general de la compañía, Nobuhiko Kawamoto, también ingeniero como Honda, reorientó la estrategia de la empresa mediante un énfasis mayor en diseños que fueran del agrado de la gente. A principios de los años noventa, la compañía se vio en problemas: carecía de camiones que ofrecer, lo mismo que de minivagonetas y un atractivo vehículo deportivo. Aun así, no se despidió a ninguno de los empleados permanentes. Los ingenieros desarrollaron fantásticos automóviles, que sin embargo despertaron poco interés en el público. La empresa sobrevivió gracias a su mercado de motocicletas, y en particular a sus crecientes ventas en Indonesia, Tailandia y China. Honda estaba excesivamente orientada a la ingeniería y en mucho menor medida a sus clientes. Kawamoto dio un vuelco a esta situación al impulsar el desarrollo de vehículos deportivos y recreativos. En lugar de crear diseños completamente nuevos, Honda usó las plataformas de sus modelos Civic y Accord para sus nuevos autos, a costos de desarrollo relativamente bajos. En 1996 contaba ya con toda una nueva línea de autos, entre ellos los vehículos recreativos, generalmente más compactos que los de sus competidores y muy atractivos para los jóvenes.

La rapidez se convirtió en un arma estratégica. El señor Kawamoto eliminó la práctica de la administración por consenso, la que, en su opinión, consumía demasiado tiempo. Honda ahora sólo necesita de 18 meses para que sus nuevos modelos pasen de la etapa de diseño al inicio de la producción. Para mantener la calidad aplica conceptos de la administración de calidad total.

Gracias al liderazgo de Kawamoto, Honda se hallaba en una buena posición competitiva en 1996, a pesar de lo cual los observadores se preguntaban si el radical cambio de la ingeniería a la comercialización y las ventas habría de resultar en un éxito duradero.

Edzard Reuter, director general de Daimler-Benz, y su sucesor, Jürgen Schrempp

Edzard Reuter, quien fuera director general de Daimler-Benz, estudió matemáticas, física y derecho. Antes de incorporarse a Daimler ocupó diversos puestos administrativos en varias compañías, la última de las cuales fue el Bertelsmann Group, una empresa editorial.

Su primer puesto en Daimler fue en finanzas. Después fue responsable de la planeación corporativa. Tras fungir durante varios años como miembro delegado del consejo de administración, en 1976 pasó a ser miembro titular. Un año más tarde se hizo cargo también del departamento de planeación técnica. En esa época se tomaron importantes decisiones para la reorganización de las líneas de productos y la producción, especialmente en el sector automotriz. En 1980 asumió la responsabilidad de las finanzas y de la administración de negocios. A partir de 1987 fue presidente del consejo de administración de Daimler-Benz.

Además de ocupar este cargo, fue miembro de muchas otras instituciones. Fue, por ejemplo, presidente de supervisión de AEG AG (compañía equivalente en Alemania a General Electric en Estados Unidos) y del Berliner Bank AG. Asimismo, fue miembro del consejo de supervisión de Karlsruher Lebensversicherung AG y de Alliance AG Holding (compañías de seguros ambas). Sin embargo, sus intereses trascendieron la esfera empresarial, como lo demuestra el hecho de haber sido miembro de varios consejos de fundaciones promotoras de las artes.

Bajo el liderazgo de Reuter, la compañía realizó varias operaciones estratégicas, entre ellas una drástica reorganización. La Daimler-Benz Holding Company supervisaba y coordinaba a tres grupos: Mercedes-Benz, AEG y German Aerospace. Las piedras angulares de la nueva estrategia fueron la microelectrónica y las técnicas de sistemas. Aun así, el sector automotriz siguió siendo la actividad principal. Por su parte, las divisiones relacionadas con la defensa debieron eliminarse a causa de la reducción de la guerra fría entre Oriente y Occidente. La visión de Reuter era crear una compañía global, haciendo un uso eficaz de las nuevas tecnologías, nuevos materiales, información y los conocimientos sobre sistemas.* Sin embargo, su estrategia no tuvo éxito y fue remplazado por Jürgen Schrempp.

Poco después de haber sido nombrado presidente de Daimler-Benz, Schrempp hizo llamar a veinte administradores ejecutivos y les preguntó cuál creían que era el precio de las acciones de la compañía. Sólo dos acertaron, aunque con relativa exactitud. Hoy todos están perfectamente al tanto del valor de las acciones. Schrempp puso el acento en "la zona de las utilidades", a diferencia de Reuter, quien había abogado por la "tecnología integrada". Su trayectoria profesional incluía la responsabilidad de las operaciones de Mercedes-Benz en Sudáfrica y América del Norte. Asimismo, antes de que se le ascendiera al puesto de director general de Daimler-Benz había encabezado la problemática subsidiaria aeroespacial DASA. Se ha propuesto permanecer cerca de sus administradores, a quienes gusta de visitar en sus oficinas para que puedan hablar más confortablemente de sus operaciones.

El señor Schrempp provocó enormes dificultades al eliminar 8 800 empleos en DASA, subsidiaria de Daimler. Se le ha comparado de hecho con Jack Welch, quien tuvo que tomar decisiones delicadas mientras transformaba a General Electric. Sin embargo, las decisiones drásticas de recorte de empleos son incongruentes con la cultura y prácticas administrativas alemanas, de manera que el futuro dirá si el sindicato acepta el método de reducción de costos de Schrempp.

---

* La formulación de la estrategia fue explicada en detalle en las conclusiones de la parte 2, "Planeación global".

1. ¿Qué estilo de liderazgo resulta más atractivo para usted? ¿Por qué?
2. ¿Qué antecedentes (técnicos/de producción, en comercialización, finanzas o cualquier otra área) son los más convenientes para el director general de una compañía automotriz? ¿Esta conveniencia puede variar de acuerdo con las demandas de un momento particular?
3. Si usted hubiera formado parte de los comités de selección de Honda y Daimler-Benz, ¿qué características habría buscado al elegir al siguiente director general de ambas compañías?
4. ¿Qué comparación puede hacerse entre el señor Honda y su sucesor?
5. Mientras que en Daimler-Benz Reuter dirigió su atención a los interesados en las actividades de la empresa, el interés de Schrempp se concentra en las ganancias de los accionistas. ¿Cómo cree usted que administradores, empleados, sindicatos y comunidad reaccionarán al método administrativo de Schrempp, el cual parece más estadunidense que alemán?

Referencias

1. Las fuentes de información aparecen en la nota 6 de las "Referencias" de las conclusiones de la parte 2. Véase, además, Robert Neff, Stewart Toy, Paul Magnusson y William J. Holstein, "Can Japan Cope?", en *Business Week*, 23 de abril de 1990, pp. 46-49; Yumiko Ono y Marcus W. Brauchli, "Japan Cuts the Middle-Management Fat", en *The Wall Street Journal*, 8 de agosto de 1989; Todd Barrett, "Mastering Being in America", en *Business Week*, 5 de febrero de 1990, p. 84; Urban C. Lehner y Alan Murray, "Youth in Japan, U.S. Reinforce Culture Gap Between the Nations", en *The Wall Street Journal*, 15 de junio de 1990; James W. Schmotter, "Japanese M.B.A.s — Made in the U.S.A.", en *The Wall Street Journal*, 23 de julio de 1990.
2. Para un excelente recuento de la bibliografía sobre planeación y propuestas sobre el futuro de la administración japonesa, véase J. Bernard Keys, Luther Trey Denton y Thomas R. Miller, "The Japanese Management Theory Jungle — Revisited", en *Journal of Management*, vol. 20, núm. 2 (1994), pp. 373-402.
3. Andrew Pollack, "Shock in a Land of Lifetime Jobs: 35 Managers Dismissed in Japan", en Peter J. Frost, Vance F. Mitchell y Walter R. Nord, *Managerial Reality*, 2a. ed. (Nueva York, Harper Collins College Publishers, 1995), pp. 245-246.
4. Para una exposición acerca de la educación administrativa en Europa y América del Norte, véase Daniel J. McCarthy, Sheila M. Puffer y Heinz Weihrich, "Contributions to Management Practice By European and North American Management Education Programs", en Ralph Berndt (ed.), *Global Management* (Berlín, Springer-Verlag, 1996), pp. 3-18; véase también "Training and Jobs — What Works?", en *The Economist*, 6 de abril de 1996, pp. 19-21.
5. Gary S. Becker, "Tuning in to the Needs of High School Dropouts", en *Business Week*, 3 de julio de 1989.
6. Nancy J. Perry, "The New, Improved Vocational School", en *Fortune*, 19 de junio de 1989, pp. 127-138.
7. "Betriebliche Bildungsarbeit 1987", publicación interna de Daimler-Benz.
8. Peter F. Drucker, "What We Can Learn from the Germans", en *The Wall Street Journal*, 6 de marzo de 1986.
9. "Informationen zu den Berufsakademien des Landes Baden-Wuerttemberg" (sin fecha).
10. "Interesenten Stehen Schlange", IWD, 1986.
11. Brigitta Lentz, "Der polyglotte Supermann", en *Manager Magazin*, 5/1989, pp. 257-270.
12. "MBA-Schulen auf dem Pruefstand. Die Top Ten 1988", Frankfurt, Cox Communication, 1988, en Albert Staehli, "Helvetische Spitzenausbildung fuer Europas Topmanagers", en *The Best of Switzerland* (Zurich, Suiza; Jean Frey AG, 1989);

Andrew Fisher, "Putting Europe's Business Schools under the Microscope", en *Financial Times*, 22 de septiembre de 1989; William H. Cox e Ingrid Cox, *Der MBA in Europa* (Frankfurt, Allgemeine Zeitung, 1987), y folletos de las instituciones.

13. La información incluida en este caso procede de varias fuentes, entre ellas Joel Kotkin, "Mr. Iacocca Meet Mr. Honda", en *Inc.*, noviembre de 1986, pp. 37-39; Karen Lowry Miller y James B. Treece, "Honda's Nightmare: Maybe You Can't Go Home Again", en *Business Week*, 24 de diciembre de 1990, p. 36; Keita Asari, "Soichiro Honda on Himself and His Machines", en *Economic Eye*, septiembre de 1985, pp. 27-32; Alex Taylor III, "Today's Leaders Look to Tomorrow", en *Fortune*, p. 31; Alex Taylor III, "The Man Who Put Honda Back on Track", en *Fortune*, 9 de septiembre de 1996, pp. 92-100; "Neutron Jürgen?", en *The Economist*, 16 de marzo de 1996, p. 72.

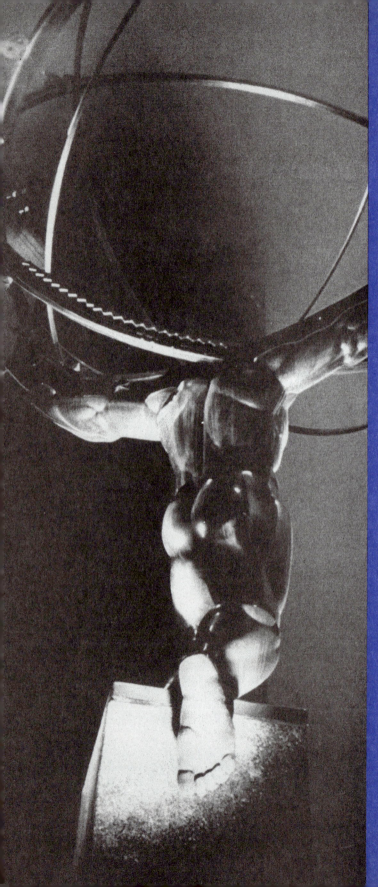

DIRECCIÓN

Parte 5

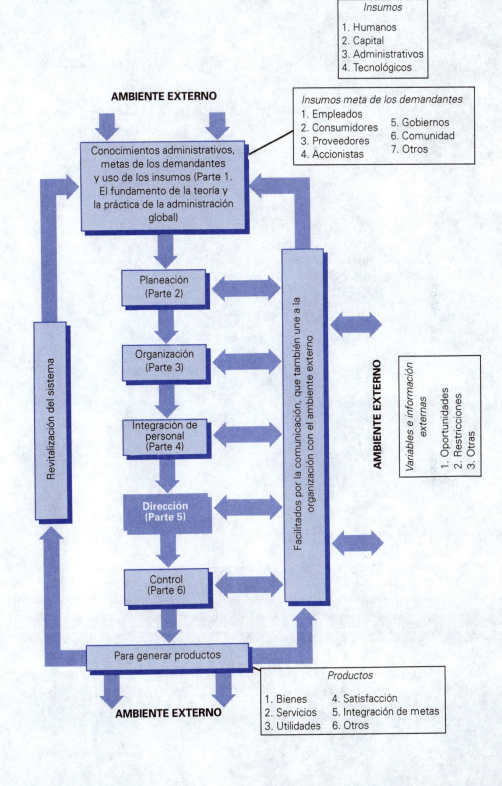

AMBIENTE EXTERNO

Insumos
1. Humanos
2. Capital
3. Administrativos
4. Tecnológicos

Insumos meta de los demandantes
1. Empleados
2. Consumidores   5. Gobiernos
3. Proveedores   6. Comunidad
4. Accionistas   7. Otros

Conocimientos administrativos, metas de los demandantes y uso de los insumos (Parte 1. El fundamento de la teoría y la práctica de la administración global)

Planeación (Parte 2)

Organización (Parte 3)

Integración de personal (Parte 4)

Dirección (Parte 5)

Control (Parte 6)

Revitalización del sistema

Facilitados por la comunicación, que también une a la organización con el ambiente externo

AMBIENTE EXTERNO

Variables e información externas
1. Oportunidades
2. Restricciones
3. Otras

Para generar productos

Productos
1. Bienes   4. Satisfacción
2. Servicios   5. Integración de metas
3. Utilidades   6. Otros

AMBIENTE EXTERNO

Al terminar este capítulo, usted podrá:

1. Definir la naturaleza de la dirección y el liderazgo.
2. Describir los factores humanos básicos que influyen en la administración.
3. Explicar el significado de "motivación", "motivadores" y "satisfacción".
4. Describir la Teoría X y la Teoría Y de McGregor.

Capí
Catorce

Factores humanos y motivación

5. Explicar las teorías más importantes acerca de la motivación y sus alcances y limitaciones.

6. Analizar técnicas motivacionales especiales, con particular énfasis en la calidad de la vida laboral y el enriquecimiento del puesto.

7. Presentar un enfoque de sistemas y situacional de la motivación.

tulo

Motivar a los empleados es uno de los retos permanentes de los administradores.[1]

CURTIS W. COOK

A menudo se piensa que administración y liderazgo son lo mismo. Pero si bien es cierto que los administradores más eficaces también son por lo general líderes eficientes y que dirigir es una de las funciones esenciales de los administradores, también lo es que la administración no se reduce a dirigir. Como se ha señalado en los capítulos anteriores, administrar implica realizar una planeación cuidadosa, establecer la estructura organizacional que más contribuya al cumplimiento de los planes por parte del personal y dotar a esa estructura organizacional del personal más competente posible. La medición y corrección de las actividades de los individuos por medio del control también es una importante función de la administración, como se demostrará en la parte 6. Sin embargo, todas estas funciones administrativas serían insuficientes si los administradores no supieran dirigir a la gente ni comprendieran los factores humanos presentes en las operaciones a fin de obtener los resultados deseados.

La función administrativa de la **dirección** es el proceso consistente en influir en las personas para que contribuyan al cumplimiento de las metas organizacionales y grupales. Tal como quedará de manifiesto en las exposiciones sobre esta función, las ciencias de la conducta realizan su mayor contribución a la administración justamente en esta área. Al analizar los conocimientos pertinentes sobre la dirección, en la parte 5 de este libro nos concentraremos en los factores humanos, la motivación, el liderazgo y la comunicación.

En este capítulo nos ocuparemos de varios factores humanos. **Administrar** implica crear y mantener las condiciones adecuadas para que los individuos trabajen en conjunto en favor del cumplimiento de objetivos comunes. En este capítulo se enfatizará la importancia de conocer y aprovechar los factores humanos y de motivación, lo que sin embargo no significa que los administradores deban convertirse en psiquiatras aficionados. La labor de los administradores no es manipular a las personas, sino conocer sus motivaciones.

Factores humanos en la administración

Es obvio que mientras que los objetivos empresariales pueden diferir un tanto entre una organización y otra, los individuos involucrados también poseen necesidades y objetivos especialmente importantes para ellos. Por medio de la función de dirección los administradores ayudan a las personas a darse cuenta de que pueden satisfacer sus necesidades y utilizar su potencial y contribuir al mismo tiempo al cumplimiento de los propósitos de la empresa. Por lo tanto, los administradores deben conocer los papeles que asume la gente, así como la individualidad y personalidad de ésta.

Multiplicidad de papeles

Los individuos son mucho más que un mero factor de producción en los planes administrativos. Son miembros de sistemas sociales de muchas organizaciones; son consumidores de bienes y servicios, y como tales ejercen vital influencia en la demanda; son miembros de familias, escuelas, iglesias, asociaciones profesionales y partidos políticos.

En estos diferentes papeles, los individuos establecen leyes que rigen sobre los administradores, una ética que orienta la conducta y una tradición de dignidad humana que es una de las características más importantes de toda sociedad. En pocas palabras, los administradores y las personas a las que dirigen son miembros interactuantes de un amplio sistema social.

Las personas promedio no existen

Los individuos actúan en diferentes papeles, pero al mismo tiempo cada uno de ellos es diferente. Las personas promedio no existen. Sin embargo, en las empresas organizadas suele partirse del supuesto contrario. Las empresas desarrollan reglas, procedimientos, horarios de trabajo, normas de seguridad y descripciones de puestos, todos ellos bajo el supuesto tácito de que, en esencia, todas las personas son iguales. Desde luego que este supuesto es necesario en gran medida en las acciones organizadas, pero es igualmente importante reconocer que cada individuo es único, con sus propias necesidades, ambiciones, actitudes, deseos de responsabilidad, nivel de conocimientos y habilidades y potencial.

Si los administradores ignoran la complejidad e individualidad de las personas, corren el riesgo de aplicar incorrectamente las generalizaciones acerca de la motivación, el liderazgo y la comunicación. Aunque por lo general ciertos principios y conceptos deben ajustarse a situaciones específicas. En una empresa, no todas las necesidades de los individuos pueden satisfacerse por completo, a pesar de lo cual los administradores disponen de un amplio margen de acción para realizar ajustes acordes con los individuos. Y si bien los requisitos que se deben cumplir para ocupar cada puesto suelen derivarse de los planes empresariales y organizacionales, este hecho no excluye necesariamente la posibilidad de realizar ajustes en los puestos para adecuarlos a personas en situaciones específicas.

Importancia de la dignidad personal

Administrar supone cumplir objetivos empresariales. Obtener resultados es importante, pero los medios para lograrlo nunca deben dañar la dignidad de las personas. El concepto de dignidad individual significa que la gente debe ser tratada con respeto sin importar el puesto que ocupe en la organización. El presidente, los vicepresidentes, los administradores, los supervisores de línea, los trabajadores: todos contribuyen a los propósitos de la empresa. Cada uno de ellos es único, con sus muy peculiares habilidades y aspiraciones, pero todos son seres humanos, y por lo tanto merecen ser tratados como tales.[2]

Consideración de la persona en su integridad

No podemos hablar de la naturaleza de la gente sin considerar a la persona en su integridad, y no sólo características específicas como conocimientos, actitudes, habilidades o rasgos de personalidad. Una persona posee todos estos elementos en un grado u otro. Además, estas características interactúan entre sí, y su predominio en situaciones específicas cambia rápida e imprevisiblemente. El ser humano es una persona total influida por factores externos. La gente no puede despojarse del impacto de estas fuerzas al presentarse a trabajar. Los administradores deben advertir estos hechos y prepararse a enfrentarlos.

Motivación y motivadores

Las motivaciones humanas se basan en necesidades, ya sea conscientemente experimentadas. Algunas de ellas son necesidades primarias, como los requerimientos fisiológicos de agua, aire, alimentos, sueño y abrigo. Otras

RECOMENDACIONES DE UNA ORGANIZACIÓN SINDICAL

El Frente Auténtico del Trabajo (FAT) es una organización sindical que nació fuera del férreo control que fue impuesto por el carácter corporativo del sistema político mexicano sobre las principales centrales obreras. Desde su creación, esta organización laboral se ha distinguido por un funcionamiento interno basado en principios democráticos y la independencia respecto de cualquier organización política o de cualquier otra índole, características bastante raras en el movimiento obrero organizado. El sistema político prevaleciente parece encontrarse en vías de extinción y con él también es probable que perezca el corporativismo predominante en el movimiento sindical. Lo anterior, junto con la apertura de la economía nacional impulsarán un cambio en el perfil de las organizaciones sindicales, ante lo cual el FAT se prepara activamente para ser una organización sindical con gran flexibilidad, requisito indispensable en los nuevos tiempos de los sindicatos.

Sin abandonar los que considera como principios básicos de la defensa de los intereses de los trabajadores, el FAT afirma que es de vital importancia que sus agremiados se impliquen en los procesos productivos de las empresas, pues existe el interés común de que éstas sean rentables ya que de ello depende su supervivencia y, desde el punto de vista de los trabajadores, la permanencia de las fuentes de empleo y la posibilidad de obtener mejores ingresos.

Por lo anterior, sus dirigentes pugnan porque la administración de las empresas desarrollen condiciones internas que permitan un trabajo de colaboración entre la empresa y los trabajadores sindicalizados. Benedicto Martínez Orozco, uno de sus coordinadores a nivel nacional, afirma: "Dado que existe desinformación de parte del ejecutivo de lo que pasa 'abajo', les recomiendo que vayan con más frecuencia a los talleres, a las líneas de producción para entender que los planteamientos del sindicato no son objeto de capricho, y también que den un trato de adultos y no de niños a los trabajadores, que son facilitadores y que pueden aportar mucho para mejorar los procesos productivos."

DESILUSIÓN ENTRE ADMINISTRADORES INTERMEDIOS

La reciente tendencia a reducir el tamaño de las organizaciones y las fusiones de empresas han tenido un efecto traumático en los administradores intermedios de muchas organizaciones.[3] En el afán de elevar la eficiencia, los puestos de los administradores de nivel intermedio han sido eliminados. La drástica reducción de personal de muchas empresas estadunidenses ha tenido, así, consecuencias inesperadas. Se suponía, por ejemplo, que la vida laboral de los administradores que conservaran su puesto se vería enriquecida por funciones más significativas. Pero la realidad es que hoy muchos administradores se sienten sobrecargados de trabajo y consideran que sus contribuciones pasan desapercibidas.

La restructuración de las organizaciones ha dado como resultado una enorme inseguridad en el empleo y una moral muy baja. Los administradores suelen rehusarse a compartir información en el interés de proteger su empleo. Además, dudan en hablar libremente en reuniones para no correr el riesgo de oponerse a sus jefes. Los administradores intermedios no creen recibir suficiente información de los administradores de alto nivel, dado que éstos descuidan el suministro de visión y liderazgo a las empresas.

Cualquiera que sea la situación, lo cierto es que el recelo y aislamiento de muchos administradores de nivel inferior afectan la moral y la productividad. Si en verdad las compañías estadunidenses desean ser competitivas, es preciso que sus empleados se comprometan con las metas empresariales. Incitar esta dedicación implica el interés de las empresas en los individuos, el reconocimiento de su dignidad como seres humanos y un grado razonable de seguridad en el empleo junto con la oportunidad de crecimiento y desarrollo personal.

Compañías como IBM, Bell South, AT&T, Xerox, Boeing, Chase Manhattan, Kmart, MCI y Sears Roebuck, las cuales realizaron sustanciales recortes en su fuerza de trabajo, planeaban en 1996 incrementar su personal mediante el reclutamiento de más de 50 000 empleados.[4]

---

pueden considerarse secundarias, como la autoestima, el estatus, la asociación con los demás, el afecto, la generosidad, la realización y la afirmación personal. Naturalmente, estas necesidades varían en intensidad y en el transcurso del tiempo entre diferentes individuos.

Motivación

La **motivación** es un término genérico que se aplica a una amplia serie de impulsos, deseos, necesidades, anhelos y fuerzas similares. Decir que los administradores motivan a sus subordinados es decir que realizan cosas con las que esperan satisfacer esos impulsos y deseos e inducir a los subordinados a actuar de determinada manera.

AUTOMOTIVACIÓN

Los administradores tienen la responsabilidad de crear condiciones favorables al desempeño. Pero cada individuo es responsable de su automotivación. Uno de los medios para ejercerla es la administración estratégica de la trayectoria profesional (de la que se habló en el capítulo 12). George Odiorne, profesor de administración, investigador y experimentado consultor, ha hecho recomendaciones específicas al respecto.[5] He aquí algunas de ellas:

1. Fíjese una meta personal y no la pierda de vista. Lee Iacocca (ex presidente de Chrysler) se propuso a los 35 años de edad llegar a ser vicepresidente de Ford Motor Company, propósito que durante 15 años motivó y guió su conducta.
2. Complemente sus objetivos a largo plazo con metas a corto plazo y acciones específicas. Siempre se ha dicho que hacer algo es ya un comienzo.
3. Aprenda cada año la realización de una nueva y desafiante tarea. El aprendizaje de un administrador no concluye con la obtención de un título de licenciatura o maestría en administración. Un título es en realidad el comienzo, no el fin, del aprendizaje. Aprender todo lo referente a la nueva tecnología de microcomputación y aplicar estos conocimientos podría ser una de las tareas difíciles a las que nos referimos.
4. Haga diferente su trabajo. Establezca objetivos de mejora de su puesto. Con un poco de imaginación es probable que incremente considerablemente su productividad.
5. Desarrolle un área de pericia. Haga pleno uso de sus fortalezas, o convierta en fortaleza una de sus debilidades. Tal vez le gustaría ser reconocido como el mejor contador o ingeniero en su área específica de competencia.
6. Dése retroalimentación y prémiese. El establecimiento de metas verificables le ofrecerá una norma sobre la cual medir su desempeño. ¿Por qué no concederse una cena especial para celebrar sus logros?

Complejidad de la motivación

Toma apenas un instante darse cuenta de que, en cualquier momento, las motivaciones de un individuo pueden ser sumamente complejas, y en ocasiones contradictorias. A una persona puede motivarla el deseo de obtener bienes y servicios materiales (comestibles, una casa mejor, un nuevo automóvil, un viaje), deseos que sin embargo pueden ser complejos y contradictorios (¿qué comprar: una casa o un auto?). Al mismo tiempo, un individuo puede desear autoestima, estatus, una sensación de realización o relajamiento (¿quién no se ha visto en dificultades por la necesidad de dedicarle tiempo al trabajo cuando se preferiría jugar golf o ir al cine?).

MOTIVADORES Los **motivadores** son cosas que inducen a un individuo a alcanzar un alto desempeño. Mientras que las motivaciones son reflejo de deseos, los motivadores son las recompensas o incentivos ya identificados que intensifican el impulso a satisfacer esos deseos. Son también los medios por los cuales es posible conciliar necesidades contrapuestas o destacar una necesidad para darle prioridad sobre otra.

Un administrador puede hacer mucho por la intensificación de las motivaciones mediante el establecimiento de condiciones favorables a ciertos impulsos. Los empleados que, por ejemplo, se han creado un prestigio de excelencia y alta calidad tienden a sentirse motivados a contribuir en favor de ese prestigio. De igual manera, las condiciones de una empresa favorables a la eficacia y eficiencia del desempeño administrativo tienden a alimentar el deseo de una administración de alta calidad entre la mayoría, o la totalidad, de los administradores y empleados.

Así pues, un motivador es algo que influye en la conducta de un individuo. Hace una diferencia en lo que una persona realizará. Es obvio que los administradores de toda empresa organizada deben interesarse en los motivadores, así como aplicar su inventiva en la manera de usarlos. Por lo general la gente puede satisfacer sus deseos en formas muy variadas. Una persona, por ejemplo, puede satisfacer su deseo de asociación participando activamente en un club social en lugar de hacerlo en una empresa; satisfacer sus necesidades económicas mediante la realización de un trabajo suficiente para su sustento, o satisfacer sus necesidades de alta condición dedicando parte de su tiempo a participar en las actividades de un partido político. Los administradores deben hacer uso desde luego de los motivadores que induzcan a la gente a desempeñarse efectivamente en favor de la empresa que la emplea.

DIFERENCIA ENTRE MOTIVACIÓN Y SATISFACCIÓN   La **motivación** se refiere al impulso y esfuerzo por satisfacer un deseo o meta. La **satisfacción** se refiere en cambio al gusto que se experimenta una vez que se ha cumplido un deseo. En otras palabras, la motivación implica un impulso hacia un resultado, mientras que la satisfacción es el resultado ya experimentado, como se muestra en la figura 14-1.

Así, desde un punto de vista administrativo, una persona podría disfrutar de una alta satisfacción en su trabajo, pero contar al mismo tiempo con un bajo nivel de motivación para la realización de su trabajo o viceversa. Comprensiblemente, cabe la posibilidad de que personas altamente motivadas pero con escasa satisfacción laboral busquen otro empleo. Del mismo modo, las personas que consideran satisfactorio el puesto que ocupan pero a las que se les paga sustancialmente menos de lo que desean o creen merecer probablemente prefieran buscar un nuevo empleo.

FIGURA 14-1

Diferencia entre motivación y satisfacción.

La motivación es el impulso a satisfacer un deseo (obtener un resultado); la satisfacción se experimenta una vez obtenido el resultado.

Un antiguo modelo conductual: la teoría X y la teoría Y de McGregor

En dos grupos de supuestos elaborados por Douglas McGregor y conocidos como "teoría X" y "teoría Y" quedó expresada una visión particular de la naturaleza de los seres humanos.[6] El punto de partida de la administración, señaló McGregor, debe ser la pregunta básica acerca de cómo se ven a sí mismos los administradores en relación con los demás. Este punto de vista requiere de ciertas reflexiones sobre la percepción de la naturaleza humana. La teoría X y la teoría Y son dos conjuntos de supuestos sobre la naturaleza de la gente. McGregor eligió esos términos porque deseaba una terminología neutral sin connotaciones de "bondad" o "maldad" de ninguna especie.

Supuestos de la teoría X

Los supuestos "tradicionales", de acuerdo con McGregor, acerca de la naturaleza humana fueron recogidos en la teoría X, en estos términos:

1. Los seres humanos promedio poseen un disgusto inherente por el trabajo y lo evitarán tanto como sea posible.
2. Dada esta característica humana de disgusto por el trabajo, la mayoría de las personas deben ser obligadas, controladas, dirigidas y amenazadas con castigos para que empeñen los esfuerzos necesarios para el cumplimiento de los objetivos organizacionales.
3. Los seres humanos promedio prefieren que se les dirija, desean evitar toda responsabilidad, poseen una ambición relativamente limitada y, por encima de todo, ansían seguridad.

Supuestos de la teoría Y

McGregor estableció los supuestos de la teoría Y de la siguiente manera:

1. La inversión de esfuerzo físico y mental en el trabajo es tan natural como el juego o el descanso.
2. El control externo y la amenaza de castigo no son los únicos medios para producir esfuerzos dirigidos al cumplimiento de objetivos organizacionales. Las personas ejercen autodirección y autocontrol en favor de los objetivos con los que se comprometen.
3. El grado de compromiso con los objetivos está en proporción con la importancia de las recompensas asociadas con su cumplimiento.

4. En las condiciones adecuadas, los seres humanos promedio aprenden no sólo a aceptar responsabilidades, sino también a buscarlas.
5. La capacidad de ejercer un grado relativamente alto de imaginación, ingenio y creatividad en la solución de problemas organizacionales se halla amplia, no estrechamente, distribuida en la población.
6. En las condiciones de la vida industrial moderna, las potencialidades intelectuales de los seres humanos promedio se utilizan sólo parcialmente.

Es evidente que estos dos conjuntos de supuestos difieren esencialmente entre sí. La teoría X es pesimista, estática y rígida. De acuerdo con ella, el control es fundamentalmente externo; es decir, el superior lo impone al subordinado. Por el contrario, la teoría Y es optimista, dinámica y flexible, con el acento puesto en la autodirección y en la integración de las necesidades individuales a las demandas organizacionales. No cabe duda de que cada uno de estos conjuntos de supuestos afectará de distinta manera el modo en que los administradores realizan sus funciones y actividades administrativas.

Aclaración de las teorías

A McGregor le preocupaba aparentemente la posibilidad de que la teoría X y la teoría Y fueran malinterpretadas.[7] Los puntos que se citarán a continuación aclararán algunos de los aspectos que pueden prestarse a malas interpretaciones y ubicarán a los supuestos en la perspectiva adecuada. En primer término, los supuestos de las teorías X y Y son sólo eso: supuestos. No son prescripciones ni sugerencias de estrategias administrativas. Antes bien, deben ser sometidos a la prueba de la realidad. Se trata, además, de deducciones intuitivas que no se basan en investigaciones. En segundo término, las teorías X y Y no implican la existencia de una administración "dura" y otra "suave". El estilo "duro" puede generar resistencia y antagonismo. El estilo "suave" puede resultar en una administración de "dejar hacer" incongruente con la teoría Y. El administrador eficaz reconoce la dignidad y capacidades, así como limitaciones, de las personas, y ajusta la conducta según lo demande la situación. En tercero, las teorías X y Y no deben entenderse como parte de una escala continua, en la que X y Y serían los extremos opuestos. No son cuestión de grado, sino visiones completamente diferentes acerca de los seres humanos.

En cuarto término, la teoría Y no es una tesis a favor de la administración por consenso, ni un argumento contra el uso de la autoridad. En el marco de la teoría Y, la autoridad es entendida como sólo uno más de los muchos medios de que dispone un administrador para ejercer su liderazgo. En quinto, cada tarea y situación requiere de un enfoque específico de administración. La autoridad y la estructura pueden ser eficaces para ciertas tareas, como quedó demostrado en la investigación realizada por John J. Morse y Jay W. Lorsch.[8] Estos autores señalan que diferentes enfoques son eficaces en situaciones diferentes. Así, la empresa productiva responde a los requerimientos de tareas de ciertas personas en particular y de una situación determinada.

Teoría de la jerarquía de las necesidades

Una de las más conocidas teorías sobre la motivación es la teoría de la jerarquía de las necesidades propuesta por el psicólogo Abraham Maslow.[9] Maslow concibió las necesidades humanas bajo la forma de una jerarquía, la cual va de abajo hacia arriba, y concluyó que una vez satisfecha una serie de necesidades, éstas dejan de fungir como motivadores.

Jerarquía de las necesidades

Las necesidades humanas básicas que Maslow colocó en orden ascendente de importancia y que aparecen en la figura 14-2 son las siguientes:

1. *Necesidades fisiológicas*. Éstas son las necesidades básicas para el sustento de la vida humana, tales como alimentos, agua, calor, abrigo y sueño. Según Maslow, en tanto estas necesidades no sean satisfechas en el grado indispensable para la conservación de la vida, las demás no motivarán a los individuos.
2. *Necesidades de seguridad*. Éstas son las necesidades para librarse de riesgos físicos y del temor a perder el trabajo, la propiedad, los alimentos o el abrigo.

FIGURA 14-2

Jerarquía de las necesidades de Maslow.

3. *Necesidades de asociación o aceptación.* En tanto que seres sociales, los individuos experimentan la necesidad de pertenencia, de ser aceptados por los demás.
4. *Necesidades de estimación.* De acuerdo con Maslow, una vez que las personas satisfacen sus necesidades de pertenencia, tienden a desear la estimación tanto propia como de los demás. Este tipo de necesidad produce satisfacciones como poder, prestigio, categoría y seguridad en uno mismo.
5. *Necesidad de autorrealización.* Maslow consideró a ésta como la necesidad más alta de su jerarquía. Se trata del deseo de llegar a ser lo que se es capaz de ser; de optimizar el propio potencial y de realizar algo valioso.

Cuestionamiento de la jerarquía de las necesidades

El concepto de jerarquía de necesidades de Maslow ha sido objeto de abundantes investigaciones. Edward Lawler y J. Lloyd Suttle reunieron información sobre 187 administradores de dos diferentes organizaciones a lo largo de un periodo de 6 a 12 meses.[10] Encontraron escasas evidencias que apoyaran la teoría de Maslow de que las necesidades humanas componen una jerarquía. Sin embargo, advirtieron la existencia de dos niveles de necesidades (biológicas y de otro tipo) y que las demás necesidades sólo hacen su aparición una vez razonablemente satisfechas las necesidades biológicas. Descubrieron además que, en el nivel más alto, la intensidad de las necesidades variaba de un individuo a otro; en algunos individuos predominaban las necesidades sociales, mientras que en otros las necesidades más intensas eran las de autorrealización.

En otro estudio acerca de la jerarquía de las necesidades de Maslow, en el que participó un grupo de administradores a lo largo de un periodo de 5 años, Douglas T. Hall y Khalil Nougaim tampoco hallaron sólidas evidencias de la existencia real de tal jerarquía.[11] Descubrieron en cambio que, a medida que avanzan en una organización, la importancia de las necesidades fisiológicas y de seguridad de los administradores tiende a disminuir, en tanto que sus necesidades de asociación, estimación y autorrealización tienden a aumentar. Insistieron, sin embargo, en que el movimiento ascendente de la prominencia de las necesidades resultaba de cambios profesionales ascendentes, no de la satisfacción de necesidades de menor orden.

El enfoque de motivación-higiene de la motivación

El enfoque de las necesidades de Maslow fue considerablemente modificado por Frederick Herzberg y sus colaboradores.[12] Éstos se propusieron formular en su investigación una **teoría de dos factores** de la motivación. En un grupo de necesidades se encontrarían cosas tales como políticas y administración de la compañía, supervisión, condiciones de trabajo, relaciones interpersonales, salario, categoría, seguridad en el empleo y vida personal. Herzberg y sus colaboradores determinaron que estos elementos eran exclusivamente **insatisfactores**, no motivadores. En otras palabras, su existencia en alta cantidad y calidad en un entorno de trabajo no provoca insatisfacción. Su existencia no es motivadora en el sentido de producir satisfacción; su inexistencia, en cambio, resultaría en insatisfacción. Herzberg denominó a éstos factores de *mantenimiento*, *higiene* o *contexto de trabajo*.

Herzberg incluyó en el segundo grupo ciertos **satisfactores** (y por lo tanto motivadores), relacionados todos ellos con el *contenido del trabajo*. Entre ellos se encuentran, el logro, el reconocimiento, el trabajo interesante, el avance y el crecimiento laboral. Su existencia produce sensaciones de satisfacción o no satisfacción (no insatisfacción). Como se indica en la figura 14-3, los satisfactores e insatisfactores identificados por Herzberg se asemejan a los factores propuestos por Maslow.

El primer grupo de factores (los insatisfactores) no motivarán a las personas en una organización; no obstante, deben estar presentes, pues de lo contrario surgirá insatisfacción. Herzberg determinó que los factores del segundo grupo, o factores del contenido del trabajo, son los verdaderos motivadores, ya que pueden producir sensaciones de satisfacción. En caso de concederle validez a esta teoría de la motivación, es evidente que los administradores deben brindar considerable atención al mejoramiento del contenido del trabajo.

Pero tampoco la investigación de Herzberg se ha visto exenta de cuestionamientos. Algunos investigadores han objetado sus métodos, los que, en su opinión, tendían a prejuzgar los resultados. Se piensa, por ejemplo, que la conocida tendencia de la gente a

FIGURA 14-3

Comparación de las teorías de motivación de Maslow y Herzberg.

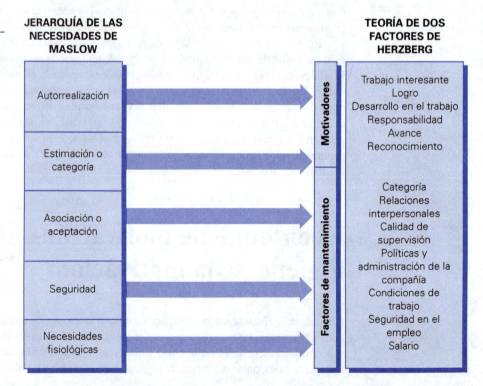

**Perspectiva
internacional**

En el ámbito de las empresas globalizadas los problemas que pueden encontrarse en relación con la dirección de sus operaciones en países distintos al propio pueden poner en entredicho la eficiencia y la eficacia con que se supone deben operar normalmente las empresas que han optado por esa vía de crecimiento. Como un ejemplo de lo anterior, a continuación se presenta la opinión que sobre una situación concreta formula Sonia Ymaris del C., ingeniera industrial, maestra en administración pública y consultora en administración de empresas.

La transferencia internacional de recursos humanos puede ser un escalón al éxito o una fuente de graves dificultades. En muchos casos el personal gerencial deberá confrontar la legislación de un país extranjero, con la cual no se encuentra familiarizado, y por igual tendrá que desenvolverse e intentar triunfar en un medio con un idioma distinto y una cultura diferente.

Tal es el caso de un gran número de empresas coreanas que durante la última década se han establecido en las zonas francas de República Dominicana.

De acuerdo con las investigaciones, las empresas coreanas mantienen en los puestos gerenciales a nacionales de ese país asiático que en la mayoría de los casos no hablan el idioma español, que muestran una conducta agresiva y represiva, la cual difiere enormemente de los estilos de supervisión de las demás empresas radicadas en las distintas zonas francas del país. Contrario al coreano, en este país se vive un clima de libertad y existen leyes laborales que protegen al trabajador además de asociaciones sindicales que defienden a los mismos.

Dadas todas estas características, una gran cantidad de estas empresas se han visto en problemas legales y denuncias por maltratos y abuso a sus empleados. Otra de las dificultades que confrontan es un alto índice de rotación de personal, además de confrontar serios problemas con los niveles de calidad de sus productos y el incumplimiento de sus cuotas de producción.

Es preocupante tal situación debido a que se han perdido importantes clientes, además de que las empresas se han estancado y no presentan el mismo nivel de crecimiento que sus homólogas.

A partir de la descripción que hace la maestra Ymaris, pueden apreciarse claramente los efectos que en el desempeño del personal y de la empresa tienen las condiciones internas creadas por los administradores. También, en congruencia con tópicos analizados en capítulos anteriores de esta obra, salta a la vista el potencial de conflictos que pueden desencadenarse como consecuencia de la asignación de administradores del país de origen de la empresa a sus operaciones en países con diferencias culturales, políticas y sociales.

Aunque bajo ciertas condiciones pudiera ser indispensable el traslado de ejecutivos a las plantas de producción ubicadas en el extranjero, como en el caso de que se busque proteger el *know-how* que han desarrollado las empresas, es indiscutible que las que opten por tal alternativa deben cuidar que el personal así transferido se prepare para dirigir con éxito a personas con diferencias culturales, las que, mientras más marcadas sean, se pueden convertir en fuertes obstáculos para un desempeño adecuado.

atribuir buenos resultados a sus esfuerzos y a culpar a los demás de resultados deficientes indujo prejuicios en los hallazgos de Herzberg. Otros investigadores han llegado por métodos distintos a conclusiones que no apoyan su teoría.

Teoría motivacional de la expectativa

Otro enfoque, que para muchos llega más lejos en la explicación de lo que motiva a los individuos, es el representado por la teoría de la expectativa. Uno de los primeros en proponer y explicar esta teoría fue el psicólogo Victor H. Vroom. Éste sostuvo que la gente se sentirá motivada a realizar cosas en favor del cumplimiento de una meta si está convencida del valor de ésta y si comprueba que sus acciones contribuirán efectivamente a alcanzarla.[13] En cierto sentido, ésta es una expresión moderna de lo que hace siglos observó Martín Lutero cuando dijo: "Todo lo que se hace en el mundo se hace con esperanza."

Más específicamente, la teoría de Vroom postula que la motivación de las personas a hacer algo estará determinada por el valor que otorguen al resultado de su esfuerzo (ya sea positivo o negativo) multiplicado por la certeza que tengan de que sus esfuerzos ayudarán tangiblemente al cumplimiento de una meta. En otras palabras, Vroom sostiene que la motivación es producto del valor que un individuo atribuye anticipadamente a una meta y de la posibilidad de que efectivamente la vea cumplida. En términos del propio Vroom, su teoría podría formularse de la siguiente manera:

$$\text{Fuerza} = \text{valencia} \times \text{expectativa}$$

donde **fuerza** es la intensidad de la motivación de una persona, **valencia** es la intensidad de la preferencia del individuo por un resultado y **expectativa** la probabilidad de que cierta acción en particular conduzca al resultado deseado. Cuando una persona se muestra indiferente ante el cumplimiento de cierta meta, ocurre una valencia de cero; la valencia es negativa cuando la persona preferiría no alcanzar la meta. En ambos casos, el resultado sería, por supuesto, ausencia de motivación. De igual forma, una persona carecería de motivación para cumplir una meta si su expectativa fuera de cero o negativa. Así, la fuerza necesaria para hacer algo dependerá *tanto* de la valencia *como* de la expectativa. Además, la motivación para llevar a cabo cierta acción podría estar determinada también por el deseo de conseguir algo más. Una persona, por ejemplo, podría estar dispuesta a trabajar intensamente para obtener un producto por el cual recibir una valencia bajo la forma de pago. O bien, un administrador podría estar dispuesto a trabajar intensamente para cumplir las metas de comercialización o producción de la compañía a fin de obtener como valencia un ascenso o un pago.

La teoría de Vroom y la práctica

Uno de los mayores atractivos de la teoría de Vroom es que en ella se reconoce la importancia de diversas necesidades y motivaciones individuales. Esto la libra en consecuencia de algunas de las características simplistas de los enfoques de Maslow y Herzberg, gracias a lo cual adopta una apariencia más realista. Concuerda además con el concepto de armonía entre los objetivos: las metas personales de los individuos difieren de las metas organizacionales, pero unas y otras pueden armonizar. Además, es absolutamente coherente con el sistema de la administración por objetivos.

Pero la fortaleza de la teoría de Vroom es también su debilidad. El supuesto de que las percepciones de valor varían entre un individuo y otro en diferentes momentos y en diversos lugares parece ajustarse más precisamente a la vida real. Asimismo, es congruente con la idea de que la labor de los administradores consiste en *diseñar* las condiciones ideales para un mejor desempeño, para lo cual necesariamente se deben tomar en cuenta las diferencias entre diversas situaciones. Por otra parte, sin embargo, la teoría de Vroom es difícil de aplicar en la práctica. Pero a pesar de la dificultad de su aplicación, la verosimilitud lógica de esta teoría deja ver que la motivación es mucho más compleja que lo que los enfoques de Maslow y Herzberg permiten suponer.

El modelo de Porter y Lawler

Lyman W. Porter y Edward E. Lawler III derivaron un modelo de motivación sustancialmente más completo, aunque basado en gran medida en la teoría de la expectativa. En su estudio, aplicaron este modelo principalmente a administradores.[14] En la figura 14-4 se presenta una versión abreviada de él.

Como indica este modelo, la cantidad del esfuerzo (la intensidad de la motivación y energía empeñadas) depende del valor de una recompensa más la cantidad de energía que una persona cree requerir y la probabilidad de recibir la recompensa. El esfuerzo percibido y la probabilidad de obtener realmente una recompensa se ven influidas a su vez por el historial del desempeño real. Obviamente, si los individuos se saben capaces de realizar cierta labor o si ya la han hecho, poseen una mejor apreciación del esfuerzo requerido y conocen mejor la probabilidad de obtener una recompensa.

El desempeño real en una labor (la ejecución de tareas o el cumplimiento de metas) está determinado principalmente por el esfuerzo invertido. Pero también se ve influido en alto grado por la capacidad (conocimientos y habilidades) de un individuo para realizar la labor y por su percepción de la tarea requerida (el grado en que la persona comprende las metas, actividades requeridas y otros elementos de una tarea). Se entiende que, a su vez, el desempeño conduce a recompensas intrínsecas (como la sensación de logro o autorrealización) y recompensas extrínsecas (como las condiciones de trabajo y la categoría). Atemperadas por lo que el individuo considera justo, estas recompensas producen satisfacción. No obstante, el desempeño también influye en la percepción de las recompensas como justas. Comprensiblemente, lo que el individuo juzgue como una recompensa justa a sus esfuerzos tendrá necesariamente efecto en la satisfacción que derive de ella. Del mismo modo, el valor real de las recompensas se verá influido por la satisfacción.

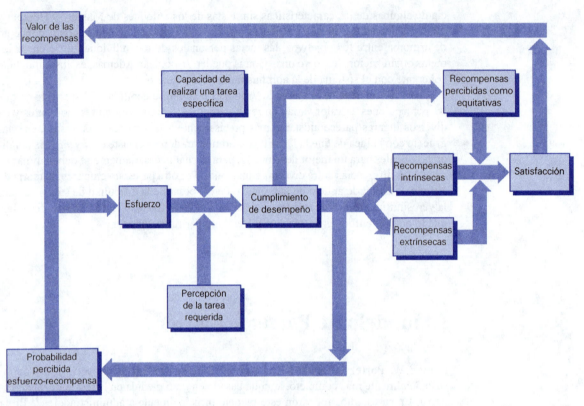

Adaptado de L. W. Porter y E. E. Lawler, *Managerial Attitudes and Performance* (Homewood, Ill.; Richard D. Irwin, Inc., 1968), p. 165.

FIGURA 14-4

Modelo de motivación
de Porter y Lawler

Implicaciones prácticas

Además de ser más complejo que otras teorías sobre la motivación, el modelo de motivación de Porter y Lawler representa sin duda una descripción más adecuada del sistema de la motivación. Para el administrador en ejercicio, este modelo significa que la motivación no se reduce a una simple cuestión de causa y efecto. Significa también que los administradores deben evaluar cuidadosamente sus estructuras de recompensas y que por medio de la detallada planeación, la administración por objetivos y la clara definición de deberes y responsabilidades en una sólida estructura organizacional pueden integrar el sistema de esfuerzo-desempeño-recompensa-satisfacción a un sistema completo de administración.

Teoría de la equidad

Un factor importante en la motivación es si los individuos perciben como justa o no la estructura de recompensas. Uno de los medios para abordar este asunto es la teoría de la equidad, la cual se refiere a los juicios subjetivos de los individuos acerca de lo justo de la recompensa obtenida en relación con los insumos (los que incluyen muchos factores, como esfuerzo, experiencia y nivel de estudios) y en comparación con las recompensas obtenidas por los demás. J. Stacy Adams ha sido ampliamente reconocido como el formulador de la teoría de la equidad (o inequidad).[15] Los aspectos esenciales de esta teoría pueden describirse de la siguiente manera:

$$\frac{\text{Resultados de una persona}}{\text{Insumos de una persona}} = \frac{\text{Resultados de otra persona}}{\text{Insumos de otra persona}}$$

Debe haber equilibrio entre la relación resultados/insumos de una persona y la de otra.

Si la gente considera que se le ha recompensado inequitativamente, puede sentirse insatisfecha, reducir la cantidad o calidad de su producción o abandonar la organización. Si, en cambio, percibe que las recompensas son justas, es probable que conserve el mismo nivel de producción. Si piensa que las recompensas exceden lo que se considera equitativo, quizá trabaje más arduamente, aunque también es posible que las desestime. Estas tres situaciones se ilustran en la figura 14-5.

Uno de los problemas que pueden surgir en estas circunstancias es que los individuos sobrestimen sus contribuciones y las recompensas que reciben los demás. Los empleados pueden tolerar por un tiempo ciertas inequidades.[16] Pero la persistencia de la sensación de inequidad puede resultar en reacciones desmedidas a sucesos evidentemente menores. Por ejemplo, un empleado al que se llame la atención por un retraso de unos cuantos minutos puede enojarse y optar por dejar su empleo, debido no tanto a la llamada de atención como a su duradera percepción de que las recompensas a sus contribucio-

FIGURA 14-5

Teoría de la equidad.

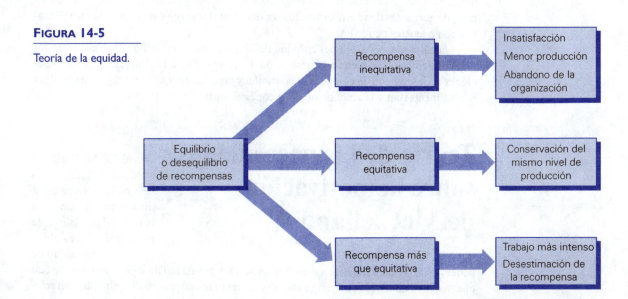

nes son injustas en comparación con las recompensas de los demás. De igual manera, una persona puede sentirse sumamente satisfecha con un salario semanal de 500 dólares hasta enterarse que otra persona que realiza un trabajo similar gana 10 dólares más.

Teoría del reforzamiento

El psicólogo B. F. Skinner, de Harvard, creó una interesante, aunque controvertida, técnica de motivación. Conocido como **reforzamiento positivo** o **modificación de la conducta**,[17] este enfoque sostiene que los individuos pueden ser motivados mediante el adecuado diseño de sus condiciones de trabajo y el elogio por su desempeño, mientras que el castigo al desempeño deficiente produce resultados negativos.

Pero Skinner y sus seguidores van más allá del elogio al buen desempeño. Analizan la situación de trabajo para determinar las causas de las acciones de los empleados y después emprenden cambios para eliminar áreas problemáticas y obstáculos al buen desempeño. Posteriormente se fijan metas específicas con la participación y ayuda de los trabajadores, se ofrece pronta y regular retroalimentación sobre resultados y se compensan con reconocimiento y elogios las mejoras de desempeño. Pero aun si el desempeño no responde por completo a las metas, se buscan medios para ayudar a la gente y elogiarla por lo que hace bien. Asimismo, se ha comprobado que es sumamente útil y motivante informar detalladamente al personal de los problemas de la compañía, especialmente de aquellos en los que está involucrado.

Esta técnica parece demasiado simple como para funcionar y, en efecto, muchos científicos de la conducta y administradores dudan de su eficacia. Sin embargo, varias importantes compañías han comprobado sus beneficios. La Emery Air Freight Corporation, por ejemplo, reveló que este método le ahorró grandes cantidades de dinero por el solo hecho de inducir a los empleados a acometer grandes esfuerzos para cerciorarse de que, antes de su embarque, los contenedores hubiesen sido debidamente rellenados con paquetes pequeños.

Quizá la mayor virtud del enfoque de Skinner sea su estrecho parentesco con los requerimientos de la buena administración. En él se enfatiza la eliminación de obstrucciones al desempeño, la cuidadosa planeación y organización, el control por medio de la retroalimentación y la ampliación de la comunicación.

Teoría de las necesidades sobre la motivación de McClelland

David C. McClelland contribuyó a la comprensión de la motivación al identificar tres tipos de necesidades básicas de motivación.[18] Las clasificó como necesidad de poder (n/POD), necesidad de asociación (n/ASO) y necesidad de logro (n/LOG). Se han efectuado ya numerosas investigaciones sobre métodos de prueba de individuos en relación con estos tres tipos de necesidades, además de lo cual el propio McClelland y sus colaboradores han abundado en sus investigaciones, en particular sobre la necesidad de logro.

Estos tres impulsos (poder, asociación y logro) son de especial importancia para la administración, puesto que debe reconocerse que todos ellos permiten que una empresa organizada funcione adecuadamente.

Necesidad de poder

McClelland y otros investigadores han confirmado que las personas con una gran necesidad de poder se interesan enormemente en ejercer influencia y control. Por lo general tales individuos persiguen posiciones de liderazgo; son con frecuencia buenos conversadores, si bien un tanto dados a discutir; son empeñosos, francos, obstinados y exigentes, y les gusta enseñar y hablar en público.

Necesidad de asociación

Las personas con una gran necesidad de asociación suelen disfrutar enormemente que se les tenga estimación y tienden a evitar la desazón de ser rechazados por un grupo social. Como individuos, es probable que les preocupe mantener buenas relaciones sociales, experimentar la sensación de comprensión y proximidad, estar prestos a confortar y auxiliar a quienes se ven en problemas y gozar de amigables interacciones con los demás.

Necesidad de logro[19]

Los individuos con una gran necesidad de logro poseen un intenso deseo de éxito y un igualmente intenso temor al fracaso. Gustan de los retos, y se proponen metas moderadamente difíciles (aunque no imposibles). Son realistas frente al riesgo; es improbable que sean temerarios, puesto que más bien prefieren analizar y evaluar los problemas, asumir la responsabilidad personal del cumplimiento de sus labores y les gusta obtener específica y expedita retroalimentación sobre lo que hacen. Tienden a ser infatigables, les gusta trabajar por muchas horas, no se preocupan excesivamente por el fracaso en caso de que éste ocurra y por lo general prefieren hacerse cargo ellos mismos de sus asuntos.

Aplicación del enfoque de McClelland a los administradores

En las investigaciones de McClelland y otros estudiosos, los empresarios (personas que ponen en marcha y desarrollan una empresa u otro proyecto) han demostrado poseer una inmensa necesidad de logro y una también muy alta necesidad de poder, pero en cambio una sumamente escasa necesidad de asociación. Por su parte, los administradores en general también han dado muestras de gran interés por el logro y el poder y reducido por la asociación, aunque en ambos casos en grados menos acentuados que los de los empresarios.

McClelland halló los patrones más claros de motivación por el logro en miembros de pequeñas empresas, cuyo presidente poseía normalmente una motivación muy alta en este renglón. Es interesante hacer notar que en grandes compañías encontró directores generales cuya motivación de logro apenas correspondía al promedio, si bien sus impulsos de poder y asociación eran por lo general más intensos. Los administradores del nivel medio-superior de esas compañías mostraron una tendencia más acusada a la motivación de logro que los presidentes de las mismas. Quizá estos resultados sean comprensibles, como anotó el propio McClelland. El director general ya "llegó", mientras que quienes se encuentran por debajo de él pugnan por avanzar.

A menudo se plantea la pregunta de si todos los administradores deben poseer una alta motivación de logro. Quienes efectivamente la poseen tienden a avanzar más rápido que quienes carecen de ella. Pero dado que, en muchos aspectos, la administración requiere de otras características aparte del impulso hacia el logro, es probable que en todas las compañías haya muchos administradores que, aunque poseedores de una intensa motivación de logro, experimenten también una gran necesidad de asociación. Esta última es importante para trabajar con la gente y coordinar los esfuerzos de los individuos que se desempeñan en grupos.

Técnicas motivacionales especiales

Tras analizar las teorías sobre la motivación, cabe preguntarse qué significado tienen para los administradores. ¿Qué técnicas motivacionales pueden emplear los administradores? Aunque la motivación es tan compleja e individualizada que puede haber muchas respuestas a esta pregunta, es posible identificar algunas de las principales técnicas motivacionales.

Dinero

El dinero nunca debe ser pasado por alto como motivador. Ya sea bajo la forma de salario, pago a destajo (pago por unidades producidas a cierto nivel de calidad), cualquier otro pago de incentivo, bonos, opciones de acciones, seguro pagado por la compañía o todo lo demás que se le puede dar a la gente a cambio de su desempeño, el dinero es importante. Por lo demás, y tal como lo han comentado algunos autores, el valor concedido al dinero bien puede exceder su estricto valor monetario, pues también puede significar categoría o poder.

Los economistas y la mayoría de los administradores han tendido a colocar al dinero en un alto sitio en la escala de los motivadores, mientras que los científicos de la conducta tienden a restarle importancia. Tal vez ninguna de estas dos opciones sea la correcta.

Pero si el dinero ha de ser el tipo de motivador que puede y debe ser, los administradores no deben olvidar algunas cosas.

En primer lugar, que, como tal, es probable que el dinero sea más importante para personas que están formando una familia, por ejemplo, que para personas que ya "llegaron" en el sentido de que sus necesidades económicas no son tan urgentes. El dinero es un medio inmediato para conseguir un nivel de vida mínimo, aunque este mínimo puede ascender a medida que la gente incrementa su riqueza. Por ejemplo, un individuo a quien antes le satisfacía una casa pequeña y un automóvil de bajo costo quizá en un momento dado ya sólo pueda obtener igual satisfacción de una enorme y cómoda residencia y de un auto de lujo. Sin embargo, es imposible generalizar incluso en estos términos. Para algunas personas el dinero será siempre de la mayor importancia, mientras que para otras quizá nunca lo sea.

En segundo lugar, probablemente sea más exacto afirmar que en la mayoría de las empresas y otras instituciones el dinero se emplea como medio para mantener dotadas a las organizaciones con el personal adecuado y no primordialmente como motivador. Muchas empresas recurren a la competitividad de sus sueldos y salarios con los de la industria y zona geográfica a las que pertenecen para atraer y retener a su personal.

PERSPECTIVA
INTERNACIONAL

EL DINERO COMO INCENTIVO EN AMÉRICA LATINA

El incentivo que representa el dinero puede volverse más importante para el trabajador cuando vive bajo una situación económica generalizada en la cual sus ingresos reales son bajos. Desafortunadamente para los países de Latinoamérica esta circunstancia es común, por lo que es de esperarse que los trabajadores de las empresas de la región se vean motivados por el monto de sus sueldos y salarios.

En el caso del cambio llevado a cabo en GIRSA, ya mencionado antes, particularmente es de destacarse la actitud favorable de la empresa para compartir con los trabajadores los frutos de los logros alcanzados mediante el cambio que se propuso. De esta forma la posibilidad real de que los trabajadores de GIRSA disfruten de mejores ingresos que bajo el esquema anterior de trabajo, en gran medida explica la aceptación y el compromiso asumido con el cambio por parte de los trabajadores. Naturalmente que además de la recompensa monetaria también influyó positivamente en el cambio de la actitud de los trabajadores que la estrategia de cambio se haya fundamentado en permitírseles participar directamente en la promoción y ejecución de ideas de mejoramiento, así como contar con un sistema de capacitación más amplio. Lo mismo podría decirse del caso de Danone también reseñado previamente.

No obstante, sin dejar de reconocer lo motivante que resultan las condiciones de participatividad de la fuerza laboral y los esfuerzos que hacen las empresas por enriquecer los puestos de trabajo, incluso delegando autoridad suficiente para influir en los procesos productivos, los incentivos económicos no pueden dejar de tomarse en cuenta como medios eficaces para lograr que los trabajadores experimenten un fuerte deseo por mejorar su contribución al desempeño general de las empresas, particularmente cuando las condiciones económicas les son adversas en lo relacionado con el poder de compra que puede permitirles los ingresos que derivan de su trabajo.

LA OTRA CARA DE LA MONEDA

La ambición de dinero y poder puede inducir acciones inapropiadas e ilegales. Ivan F. Boesky fue acusado de la realización de transacciones con información privilegiada que le resultaron en grandes ganancias personales, y en una multa por 100 millones de dólares. Este escándalo, uno de los peores de Wall Street desde la década de los veinte, sacudió la confianza pública, pues hizo surgir el temor de fraudes generalizados en las negociaciones bursátiles.[20] El dinero sirve a menudo para efectos de motivación, pero también despierta la codicia humana, lo que aturde la conciencia y puede resultar en conductas inmorales e ilegales.

En tercero, el dinero como motivador tiende a opacarse un tanto debido a la práctica de asegurar la razonable semejanza entre los sueldos de los diversos administradores de una compañía. En otras palabras, las organizaciones suelen poner gran cuidado en cerciorarse de que personas de niveles comparables reciban igual, o casi igual, compensación. Esto es más que comprensible, ya que los individuos usualmente evalúan su compensación con base en lo que reciben sus iguales.

En cuarto lugar, para que el dinero sea eficaz como motivador es preciso que personas en diferentes puestos, así sea de nivel similar, reciban sueldos y bonos que reflejen su desempeño individual. Aun si una compañía se ha comprometido con la práctica de otorgar sueldos y salarios comparables, una empresa bien administrada no está obligada por ningún motivo a seguir la misma práctica en lo que respecta a los bonos. De hecho, todo indica que a menos que los bonos a los administradores se basen en gran medida en el desempeño individual, una empresa no hace gran cosa por motivarlos. Para garantizar que el dinero tenga significado, como recompensa al cumplimiento y como medio para que la gente se sienta satisfecha por haberlo logrado, es imprescindible que las compensaciones se basen en el desempeño tanto como sea posible.

Es prácticamente indudable que el dinero sólo puede motivar cuando el pago proyectado es considerable en relación con los ingresos de una persona. El problema de muchos aumentos salariales, y hasta de los bonos, es que no son suficientes para motivar a sus destinatarios. Quizá con ellos se impida que un individuo se sienta insatisfecho y busque otro empleo; pero si no son suficientes para dejarse sentir, es improbable que funcionen como motivador.

Participación

Una técnica que ha merecido sólido apoyo como resultado de las teorías e investigaciones sobre la motivación es la creciente conciencia y uso de la participación. Es muy extraño que una persona no se sienta motivada por el hecho de que se le consulte respecto de acciones que le afectan, de que "se le tome en cuenta". Además, la mayoría de las personas que se encuentran en el centro mismo de las operaciones de una empresa están

PARTICIPACIÓN EN SEALED POWER

Gracias a la actitud favorable de Sealed Power hacia la participación del trabajador en las decisiones relacionadas con los procesos de producción, se hizo posible que su planta ubicada en Naucalpan, Estado de México, alcanzara el reconocimiento de su calidad como proveedor de Ford, una de las empresas líderes a nivel mundial de la industria automotriz.

Por otra parte, es innegable que influyó también de manera bastante decisiva la actitud adoptada por la representación sindical de los trabajadores, la organización denominada Frente Auténtico del Trabajo. Experiencia que deja como lección el que juntos, empresa y trabajadores, pueden mejorar el desempeño mediante un enfoque de cooperación, no de enfrentamiento. Naturalmente que esto requiere una visión con madurez por ambas partes y de manera muy destacada, como acertadamente lo ha señalado uno de los dirigentes de dicha organización, que los administradores aprendan a tratar a los trabajadores como adultos, no como niños, es decir, se debe reconocer en ellos la capacidad de aportar ideas que contribuyen a mejorar el desempeño de la empresa y lograr las metas que ésta se ha propuesto.

al tanto de los problemas y sus soluciones. En consecuencia, el tipo correcto de participación produce lo mismo motivación que conocimientos útiles para el éxito de las compañías.

La participación es también un medio de reconocimiento. Apela a la necesidad de asociación y aceptación. Pero, sobre todo, genera en los individuos una sensación de logro. No obstante, alentar la participación no significa que los administradores debiliten su posición. Aunque promuevan la participación de sus subordinados en asuntos en los que puedan prestar ayuda y aunque los escuchen con toda atención, en cuestiones que imponen que ellos decidan deben decidir por sí solos.

Calidad de la vida laboral (CVL)

Uno de los métodos de motivación más interesantes es el representado por el programa de *calidad de la vida laboral* (CVL), el cual consiste en un enfoque de sistemas del diseño de puestos y en un promisorio avance en el amplio terreno del enriquecimiento del puesto, combinado con una profundización en el enfoque de sistemas sociotécnicos de la administración (véase capítulo 1). La CVL no es sólo un método de grandes posibilidades para el enriquecimiento de puestos, sino también un campo interdisciplinario de investigación y acción en el que se combinan la psicología y sociología industrial y organizacional, la ingeniería industrial, la teoría y desarrollo de las organizaciones, las teorías sobre motivación y liderazgo y las relaciones industriales. Aunque surgió apenas en la década de los setenta, en la actualidad existen ya cientos de estudios de caso y programas prácticos al respecto y un buen número de centros de CVL, principalmente en Estados Unidos, Inglaterra y Escandinavia.

PERSPECTIVA

LA CVL EN ACCIÓN

Por lo general deben seguirse ciertos pasos en el desarrollo de un programa de CVL. Lo común es que se establezca un comité promotor integrado tanto por empleados como por administradores y con la participación de un especialista de CVL o *staff*, grupo que se encarga de encontrar medios para elevar la dignidad, atractivo y productividad de los puestos de trabajo mediante el enriquecimiento y rediseño de puestos. Se considera que la participación en este proyecto de los trabajadores y sus sindicatos (en caso de haberlos) es de suma importancia, debido no sólo al ejercicio de la democracia industrial, sino también a la gran ventaja práctica que ofrece: quien ocupa un puesto es la persona más indicada para identificar aquello que lo enriquecería y lo que le haría posible ser más productiva. Esta técnica propia de la CVL tiende a resolver un problema común en muchos casos de enriquecimiento de puestos, en los que se ha cometido el error de no preguntar a los empleados cómo hacer más interesante su trabajo.

A partir de las deliberaciones de este comité pueden proponerse cambios tanto en el diseño de puestos como en las condiciones generales de trabajo. Las recomendaciones del comité pueden extenderse incluso a cuestiones como la reorganización de la estructura organizacional, medios para mejorar la comunicación, problemas nunca antes percibidos y sus soluciones, cambios en la disposición de las labores mediante modificaciones técnicas como el rediseño de una línea de ensamble, mejor control de calidad y otros aspectos capaces de favorecer la salud y productividad de una organización.

La CVL ha recibido un apoyo entusiasta de las fuentes más diversas. Los administradores han visto en ella un prometedor instrumento para la solución del estancamiento de la productividad, sobre todo en Estados Unidos y Europa. Trabajadores y dirigentes sindicales también la han reconocido como un medio para el mejoramiento de las condiciones de trabajo y la productividad, así como para justificar salarios más elevados. Los organismos gubernamentales han encontrado en ella una posibilidad de incremento de la productividad y reducción de la inflación y una vía para conseguir la democracia industrial y reducir al mínimo los conflictos laborales.

No es de sorprender que, en vista de la importancia de sus posibles resultados, la CVL se haya difundido tan rápidamente, sobre todo en grandes compañías, como tampoco que entre las primeras en adoptar programas de CVL hayan estado compañías tan bien administradas como General Motors, Procter & Gamble, American Aluminum (ALCOA) y AT&T.

Enriquecimiento de puestos

De la investigación y análisis de la motivación se ha desprendido la importancia de que los puestos de trabajo ofrezcan retos y sean significativos. Esto se aplica por igual a los puestos de los administradores que a los de los demás empleados. El enriquecimiento de puestos está relacionado con la teoría de la motivación de Herzberg, en la que factores como retos, reconocimiento de los logros y responsabilidad son concebidos como los verdaderos motivadores. Aunque esta teoría ha sido objeto de cuestionamientos, ha dado lugar a un amplio interés (tanto en Estados Unidos como en muchos otros países) en el desarrollo de medios para enriquecer el contenido de los puestos, particularmente de los empleados que no ejercen funciones administrativas.

El enriquecimiento de puestos debe distinguirse del alargamiento de puestos (cosa que no hacen algunos autores). Por medio del **alargamiento de puestos** se pretende dar mayor variedad a las labores eliminando el fastidio asociado con la ejecución de operaciones repetitivas. Esto significa extender el alcance de las funciones mediante la adición de tareas similares sin que ello implique mayor responsabilidad. Un empleado de producción, por ejemplo, puede encargarse de instalar, además de la defensa de un automóvil, la cubierta frontal. Los críticos dirían que esto se reduce a añadir una labor monótona a otra, puesto que en este caso no aumenta la responsabilidad del trabajador. Con el **enriquecimiento de puestos** se pretende en cambio dotar a éstos de un mayor sentido de reto y logro. Los puestos pueden enriquecerse por medio de la variedad. Pero también se les puede enriquecer 1) concediendo a los empleados mayor libertad en decisiones referidas a métodos, secuencia y ritmo de trabajo o a la aceptación o rechazo de materiales; 2) alentando la participación de los subordinados o la interacción entre empleados; 3) otorgándoles a los trabajadores una sensación de responsabilidad personal sobre sus tareas; 4) dando pasos para confirmar que los empleados comprueben que sus tareas contribuyen a un producto terminado y al bienestar de la empresa; 5) ofreciendo al personal retroalimentación sobre su desempeño laboral, preferiblemente antes que a sus supervisores, y 6) involucrando a los trabajadores en el análisis y cambio de aspectos físicos del entorno de trabajo, como la disposición de la planta u oficina, temperatura, iluminación y limpieza.

Limitaciones del enriquecimiento de puestos

Aun los más acerbos defensores del enriquecimiento de puestos admiten prestamente la existencia de limitaciones en su aplicación. Una de ellas se refiere a la tecnología. Con maquinaria especializada y técnicas de línea de ensamble, quizá no sea posible lograr que todos los puestos sean precisamente significativos. Otra limitación son los costos. General Motors intentó la participación de equipos de seis y tres personas en el ensamble de cubiertas de motor, pero comprobó que este método era demasiado difícil, lento y costoso. Por su parte, dos compañías suecas fabricantes de autos, Saab y Volvo, han recurrido al método de equipos y descubierto que los costos son apenas ligeramente más altos, aunque consideran que este incremento se ha visto más que compensado por la reducción del ausentismo y la rotación del personal.

Cabe preguntarse también si en realidad los empleados desean que se proceda al enriquecimiento de puestos, especialmente cuando éste implica cambios en el contenido básico de sus puestos. En varios estudios sobre las actitudes de los trabajadores, inclusive de obreros de línea de ensamble, se ha demostrado que un alto porcentaje de empleados no están insatisfechos con sus puestos y que sólo unos cuantos desearían que sus labores fueran "más interesantes". Todo indica que lo que más desean estos trabajadores es seguridad en el empleo y pago. Les preocupa además que una modificación en la naturaleza de sus tareas para incrementar la productividad pueda significar pérdida de empleos.

Las limitaciones del enriquecimiento de puestos se aplican principalmente a puestos que requieren de un bajo nivel de habilidad. Los puestos de los trabajadores altamente calificados, profesionistas y administradores contienen ya de suyo diversos grados de reto y logro. Quizá se les podría enriquecer aún más. Pero es probable que esto pueda hacerse de mejor manera mediante técnicas administrativas como la administración por objetivos, una utilización mayor de la orientación que prestan las políticas con la delegación de autoridad, la introducción de más símbolos de categoría bajo la forma de cargos e instalaciones de oficinas y una asociación más estrecha de los bonos y otras recompensas con el desempeño.

Eficacia del enriquecimiento de puestos

Para que el enriquecimiento de puestos atraiga motivaciones de alto nivel pueden emplearse varios métodos. Para comenzar, es preciso que en las organizaciones se adquiera un conocimiento más profundo de los deseos de los individuos. Tal como lo han señalado numerosos investigadores de la motivación, los deseos varían de acuerdo con las personas y situaciones de que se trate. Las investigaciones han demostrado que los trabajadores con escasas habilidades desean factores tales como seguridad en el empleo, pago, prestaciones, reglas industriales menos restrictivas y supervisores mejor dispuestos y más comprensivos. A medida que la gente asciende por la jerarquía de una empresa, encuentra que otros factores cobran creciente importancia. Sin embargo, hasta ahora se han hecho pocas investigaciones de enriquecimiento de puestos relacionadas con profesionales y administradores de alto nivel.

En segundo término, si el incremento de la productividad es la meta principal del enriquecimiento de puestos, este programa debe hacer patente para los trabajadores los beneficios que obtendrán. Por ejemplo, en una compañía con cuadrillas de camionetas de servicio ocupadas por dos empleados no sujetos a supervisión se aplicó un programa para otorgarles a éstos 25% de los ahorros en costos derivados del incremento de la productividad (sin por ello ocultar el hecho de que la compañía se beneficiaría de sus esfuerzos), lo que dio como resultado un notable aumento en la producción y un mucho mayor interés en las labores.

En tercer lugar, a las personas les gusta participar, ser consultadas y que se les dé la oportunidad de hacer sugerencias. Les gusta que se les considere como personas. La elevación de la moral y la productividad, así como una notoria reducción en la rotación del personal y el ausentismo en una planta de proyectiles areoespaciales fueron resultado de la sencilla técnica de inscribir los nombres de todos los empleados en carteles colocados en sus estaciones de trabajo y de permitir que cada grupo participante en el programa (desde trabajadores de producción y ensamble de partes hasta empleados de inspección) decidiera el color con que se pintaría la maquinaria y equipo de su área de trabajo.

En cuarto lugar, a la gente le gusta comprobar que los administradores están verdaderamente interesados en su bienestar. A los trabajadores les gusta saber qué hacen y por qué. Les agrada obtener retroalimentación sobre su desempeño. Asimismo, que su trabajo sea objeto de aprecio y reconocimiento.

Un enfoque de sistemas y contingencia de la motivación

El análisis realizado hasta aquí acerca de teorías, investigaciones y aplicaciones demuestra que la motivación debe ser considerada desde un punto de vista de sistemas y contingencia. Dada la complejidad que implica motivar a individuos dotados de una personalidad propia y en diferentes situaciones, se corre el riesgo de fracasar en caso de aplicar un motivador, o grupo de motivadores, sin tomar en cuenta estas variables. La conducta humana no es una cuestión sencilla; se le debe considerar más bien como un sistema de variables e interacciones, uno de cuyos elementos más importantes son los factores de motivación.

Dependencia de la motivación respecto del ambiente organizacional

Definitivamente, los factores de motivación no existen en el vacío. Incluso los deseos e impulsos individuales están condicionados por necesidades fisiológicas o por aquellas que surgen de los antecedentes de una persona. Sin embargo, también aquello por lo que las personas están dispuestas a esforzarse se ve afectado por el ambiente organizacional en el que operan. A veces, este ambiente puede inhibir las motivaciones; otras, incitarlas.

Motivación, liderazgo y administración

La interacción de la motivación y el ambiente organizacional subraya no sólo los aspectos sistémicos de la motivación, sino también el hecho de que ésta depende de e influye en los estilos de liderazgo y la práctica administrativa. Líderes y administradores (quienes también serán líderes si son eficaces) deben responder a las motivaciones de los individuos si pretenden diseñar condiciones en las que la gente se desempeñe gustosamente.[21] Así también, pueden diseñar un ambiente que intensifique o atenúe la motivación. Los estilos de liderazgo serán tratados en el capítulo 15.

En cuanto a los modos y medios con los cuales los administradores diseñan condiciones favorables al desempeño, son en realidad el tema de la totalidad de este libro. Para decirlo sucintamente, los administradores proceden de esta manera cuando se ocupan de comprobar que se hayan establecido metas verificables, que se desarrollen y comuniquen estrategias y que se elaboren planes para el cumplimiento de los objetivos. También proceden así al diseñar un sistema de funciones organizacionales en el que la gente pueda ser eficaz. (Vale señalar que en este contexto "estructura organizacional" carece de matiz burocrático restrictivo.) Los administradores actúan asimismo en este sentido cuando se cercioran de que la estructura sea dotada de personal competente. Sus estilos de liderazgo y su capacidad para resolver problemas de comunicación son, de igual manera, decisivos para el ejercicio de la administración. Finalmente, los administradores contribuyen enormemente a la creación de condiciones de eficacia cuando confirman que las herramientas, la información y los métodos de control aportan a las personas los conocimientos de retroalimentación que necesitan para contar con una motivación eficaz.

Resumen

La dirección es el proceso consistente en influir en los individuos para que contribuyan al cumplimiento de las metas organizacionales y grupales. Las personas asumen diferentes papeles, y no existen personas promedio. Al trabajar en favor de las metas, un administrador debe tomar en cuenta la dignidad de las personas en su integridad.

La motivación no es un concepto simple; alude en realidad a diversos impulsos, deseos, necesidades, anhelos y otras fuerzas. Los administradores motivan al procurar condiciones que induzcan a los miembros de las organizaciones a contribuir en beneficio de éstas.

Existen distintas visiones y supuestos sobre la naturaleza humana. McGregor llamó teoría X y teoría Y a sus conjuntos de supuestos sobre las personas. La teoría de Maslow sostiene a su vez que las necesidades humanas conforman una jerarquía que va desde las necesidades de orden menor (necesidades fisiológicas) hasta la necesidad de mayor orden (la necesidad de autorrealización). De acuerdo con la teoría de dos factores de Herzberg, existen dos grupos de factores motivantes. Uno de ellos está integrado por insatisfactores, relativos al contexto de trabajo (circunstancias, condiciones). La ausencia de estos factores da como resultado insatisfacción. El otro grupo lo componen los satisfactores, o motivadores, relativos al contenido del trabajo.

La teoría motivacional de la expectativa de Vroom postula que los individuos se sienten motivados a alcanzar una meta si creen que ésta es valiosa y pueden comprobar que sus actividades contribuirán a su consecución. El modelo de Porter y Lawler posee numerosas variables. De acuerdo con él, el desempeño está en esencia en función de la capacidad, la percepción de la tarea requerida y el esfuerzo. Éste se ve influido por el valor de las recompensas y la percepción de la probabilidad de que el esfuerzo merezca una recompensa. El cumplimiento del desempeño se relaciona a su vez con las recompensas y la satisfacción.

La teoría de la equidad se refiere al juicio subjetivo de los individuos sobre lo justo de la recompensa recibida por sus insumos en comparación con las recompensas de los demás. La teoría del reforzamiento, creada por Skinner, establece que a las personas las motiva el elogio de su conducta deseable, y que deben participar en la fijación de sus metas y recibir retroalimentación regular con elogios y reconocimientos. La teoría de

McClelland se basa en la necesidad de poder, la necesidad de asociación y la necesidad de logro.

Son técnicas motivacionales especiales el uso del dinero, el aliento a la participación y la elevación de la calidad de la vida laboral (CVL). El enriquecimiento de puestos persigue un mayor interés y significado de las labores. Aunque en ciertos casos se ha tenido éxito en su aplicación, no deben desestimarse ciertas limitaciones de este método.

La complejidad de la motivación impone un enfoque de contingencia en el que se tomen en cuenta los factores del entorno, entre ellos el ambiente organizacional.

Ideas y conceptos básicos

Dirección	Teoría de la expectativa de Vroom
Factores humanos en la administración	Modelo de motivación de Porter y Lawler
Dignidad individual	Teoría de la equidad
Motivación	Reforzamiento positivo
Motivadores	Modificación de la conducta
Supuestos de la teoría X y la teoría Y de McGregor	Teoría de las necesidades de McClelland
Jerarquía de las necesidades de Maslow	Calidad de la vida laboral (CVL)
Enfoque de motivación-higiene de Herzberg	Enriquecimiento de puestos
	Ambiente organizacional y motivación

Para analizar

1. ¿Qué es la motivación? ¿En qué forma puede la administración eficaz aprovechar y contribuir a la motivación?
2. ¿Cuáles son los supuestos de la teoría X y la teoría Y? Exprese las razones de su acuerdo o desacuerdo con esos supuestos. ¿A qué malas interpretaciones pueden dar lugar las teorías X y Y?
3. ¿Por qué se ha criticado la teoría de las necesidades de Maslow? ¿Hasta qué punto, si es que alguno, es válida esta teoría?
4. Compare y contraste las teorías de Maslow y Herzberg sobre la motivación. ¿Con base en qué ha sido criticada la teoría de Herzberg? ¿A qué atribuiría usted la gran aceptación del enfoque de Herzberg entre los administradores en funciones?
5. Explique la teoría motivacional de la expectativa de Vroom. ¿En qué se diferencia del enfoque de Porter y Lawler? ¿Cuál de ambas propuestas le parece más exacta? ¿Cuál es más útil en la práctica?
6. Explique la teoría de la motivación de McClelland. ¿Qué cabida tiene ésta en un enfoque de sistemas? ¿Qué demuestra el impacto del ambiente organizacional?

7. "Es imposible motivar a los administradores. Cada uno de ellos posee sus propios motivos. Si lo que realmente se desea de ellos es un alto desempeño, basta con dejarles libre el camino." Comente esta afirmación.

8. ¿En qué medida y de qué manera puede ser el dinero un motivador efectivo?

9. ¿Qué lo motiva a usted a buscar la excelencia en sus actividades escolares? ¿Sus factores de motivación están presentes en alguno de los modelos expuestos en este capítulo?

Ejercicios/actividades

1. El profesor puede aplicar una encuesta al grupo y pedir a cada estudiante que responda dos preguntas: 1) "¿Podría describir en detalle cuándo se ha sentido excepcionalmente satisfecho con su trabajo?" y 2) "¿Podría describir en detalle cuándo se ha sentido excepcionalmente insatisfecho con su trabajo?" Los alumnos anotarán sus respuestas en una hoja. Después se les animará a compartir con los demás sus buenas y malas experiencias de trabajo. El profesor clasificará las respuestas de acuerdo con la teoría de dos factores de Herzberg y hará notar las deficiencias de este diseño de investigación.

2. Reúna información sobre una organización que conozca e identifique las razones por las cuales sus miembros contribuyen al cumplimiento de las metas de la empresa.

 # CASO INTERNACIONAL 14

ADMINISTRACIÓN AL ESTILO HEWLETT-PACKARD[22]

William R. Hewlett y David Packard fueron dos líderes organizacionales poseedores de un excepcional estilo administrativo. Iniciaron sus operaciones en una cochera con capacidad para un solo auto en 1939 con 538 dólares, hasta crear una compañía sumamente exitosa que en la actualidad fabrica más de 10 000 productos, como computadoras, equipo periférico, instrumentos de prueba y medición y calculadoras manuales. Pero quizá más famoso que sus productos sea el peculiar estilo administrativo que se predica y practica en Hewlett-Packard (HP), conocido precisamente como el "estilo HP".

Los valores de los fundadores (quienes se retiraron de la administración activa en 1978) aún permean a la organización. En el estilo HP se hace énfasis en la honestidad, una profunda convicción en el valor de las personas y la satisfacción del cliente, lo mismo que en una política de puertas abiertas que promueve el esfuerzo en equipo. La informalidad en las relaciones personales salta a la vista en el hecho de que todos los empleados se llaman por su nombre. La administración por objetivos se complementa con lo que se conoce como "administración por recorrido". Gracias a sus desplazamientos por la organización, los altos ejecutivos no pierden contacto con lo que realmente ocurre en la compañía.

La informalidad del ambiente organizacional no significa que la estructura de la organización no haya sufrido cambios. Muy por el contrario, los cambios organizacionales efectuados en Hewlett-Packard en la década de los ochenta en respuesta a las nuevas condiciones resultaron sumamente penosos. No obstante, permitieron el extraordinario crecimiento de esta compañía durante ese decenio.

1. ¿El estilo administrativo de Hewlett-Packard crea efectivamente un ambiente en el que los emplea-dos se sienten motivados a contribuir a los propósitos de la organización? ¿Qué es lo distintivo del "estilo HP"?

2. ¿El estilo administrativo de HP funcionaría en cualquier organización? ¿Por qué? ¿Qué condiciones son necesarias para el funcionamiento de este estilo?

Referencias

1. Curtis W. Cook, "Guidelines for Managing Motivation", en Max D. Richards (ed.), *Readings in Management*, 6a. ed. (Cincinnati, South-Western Publishing Company, 1982), p. 373.

2. Éste es también uno de los mensajes más importantes de *Second Draft — Pastoral Letter on Catholic Social Teaching and the U.S. Economy*, 7 de octubre de 1985. *Economic Justice for All: Catholic Social Teaching and the U.S. Economy* (Washington, D.C.; National Conference of Catholic Bishops, 1996).

3. John A. Byrne, Wendy Zellner y Scott Ticer, "Caught in the Middle — Six Managers Speak Out on Corporate Life", en *Business Week*, 12 de septiembre de 1988, pp. 80-88; Peter Nully, "How Managers Will Manage", en *Fortune*, 2 de febrero de 1987, pp. 47-50.

4. "Downsizing and Now Upsizing", en *The Economist*, 8 de junio de 1996, p. 72.

5. La mayoría de las recomendaciones se basan en *The George Odiorne Letter*, 8 de noviembre de 1985.

6. Douglas McGregor, *The Human Side of Enterprise* (Nueva York, McGraw-Hill Book Company, 1960).

7. Harold M. F. Rush, *Behavioral Science — Concepts and Management Application* (Nueva York, National Industrial Conference Board, 1969), pp. 13-16; Douglas McGregor, *The Professional Manager* (Nueva York, McGraw-Hill Book Company, 1969), cap. 5.

8. John J. Morse y Jay W. Lorsch, "Beyond Theory Y", en *Harvard Business Review*, mayo-junio de 1970, pp. 61-68.

9. Abraham Maslow, *Motivation and Personality* (Nueva York, Harper & Row, 1954).

10. Edward Lawler III y J. Lloyd Suttle, "A Casual Correlation Test of the Need-Hierarchy Concept", en *Organizational Behavior and Human Performance*, abril de 1972, pp. 265-287.

11. Douglas T. Hall y Khalil Nougaim, "An Examination of Maslow's Hierarchy in an Organization Setting", en *Organization Behavior and Human Performance*, febrero de 1968, pp. 12-35. Para una evaluación adicional de la teoría de la jerarquía de las necesidades, véase John B. Miner, *Theories of Organizational Behavior* (Hinsdale, Ill.; The Dryden Press, 1980), cap. 2.

12. Frederick Herzberg, Bernard Mausner, Robert A. Peterson y D. Capwell, *Job Attitudes: Review of Research and Opinion* (Pittsburgh, Psychological Services of Pittsburgh, 1957); Frederick Herzberg, Bernard Mausner y Barbara B. Snyderman, *The Motivation to Work* (Nueva York, John Wiley & Sons, 1959).

13. Victor H. Vroom, Work and Motivation (Nueva York, John Wiley & Sons, 1964). Véase también David A. Nadler y Edward E. Lawler III, "Motivation: A Diagnostic Approach", en J. Richard Hackman, Edward E. Lawler III y Lyman W. Porter (eds.), *Perspectives on Behavior in Organizations*, 2a. ed. (Nueva York, McGraw-Hill Book Company, 1983), pp. 67-87.

14. Lyman W. Porter y Edward E. Lawler III, *Managerial Attitudes and Performance* (Homewood, Ill.; Richard D. Irwin, 1968); véase también Cynthia M. Pavett, "Evaluation of the Impact of Feedback on Performance and Motivation", en *Human Relations*, julio de 1983, pp. 641-654.

15. J. Stacy Adams, "Toward an Understanding of Inequity", en *Journal of Abnormal and Social Psychology*, vol. 67 (1963), pp. 422-436; J. Stacy Adams, "Inequity in Social Exchange", en L. Berkowitz (ed.), *Advances in Experimental Social*

Psychology (Nueva York, Academic Press, 1965), pp. 267-299.

16. Richard A. Cosier y Dan R. Dalton, "Equity Theory and Time: A Reformulation", en *Academy of Management Review*, abril de 1983, pp. 311-319. Véase también Richard C. Huseman, John D. Hatfield y Edward W. Miles, "A New Perspective on Equity Theory: The Equity Sensitivity Construct", en *Academy of Management Review*, abril de 1987, pp. 222-234.

17. Fred Luthans y Robert Kreitner, *Organizational Behavior Modification and Beyond: An Operant and Social Learning Approach* (Glenview, Ill.; Scott, Foresman and Company, 1984).

18. David C. McClelland, *The Achievement Motive* (Nueva York, Appleton-Century-Crofts, 1953), *Studies in Motivation* (Nueva York, Appleton-Century-Crofts, 1955) y *The Achieving Society* (Princeton, N.J.; Van Nostrand Company, 1961). Véase también su "Achievement Motivation Can Be Developed", en *Harvard Business Review*, enero-febrero de 1965, pp. 6-24, 178, y (con David G. Winter), *Motivating Economic Achievement* (Nueva York, The Free Press, 1969).

19. David C. McClelland, "That Urge to Achieve", en Max D. Richards (ed.), *Readings in Management*, 7a. ed.

(Cincinnati, South-Western Publishing Company, 1986), pp. 367-375.

20. William B. Glaberson, Jeffrey M. Laderman, Christopher Power y Vicky Cahan, "Who'll Be the Next to Fall?", en *Business Week*, 1o. de diciembre de 1986, pp. 28-30; Chris Welles y Gary Weiss, "A Man Who Made a Career of Tempting Fate", en *Business Week*, 1o. de diciembre de 1986, pp. 34-35.

21. Abraham Zaleznik hace una distinción entre administradores y líderes, pero la diferencia se basa sobre todo en su descripción de aquéllos (más bien negativa), que ciertamente no coincide con nuestra visión acerca de los administradores eficaces. Véase Abraham Zaleznik, "Managers and Leaders: Are They Different?", en *Harvard Business Review*, mayo-junio de 1986, p. 48.

22. La información incluida en este caso procede de varias fuentes, entre ellas Walter Guzzardi, Jr., "The U.S. Business Hall of Fame", en *Fortune*, 14 de marzo de 1988, pp. 142-144; HP Annual Report, 1987; Jonathan B. Levine, "Mild-Mannered Hewlett-Packard Is Making like Superman", en *Business Week*, 7 de marzo de 1988, pp. 110-114; Michael A. Verespej, "Where People Come First", en *Industry Week*, 16 de julio de 1990, pp. 22-32.

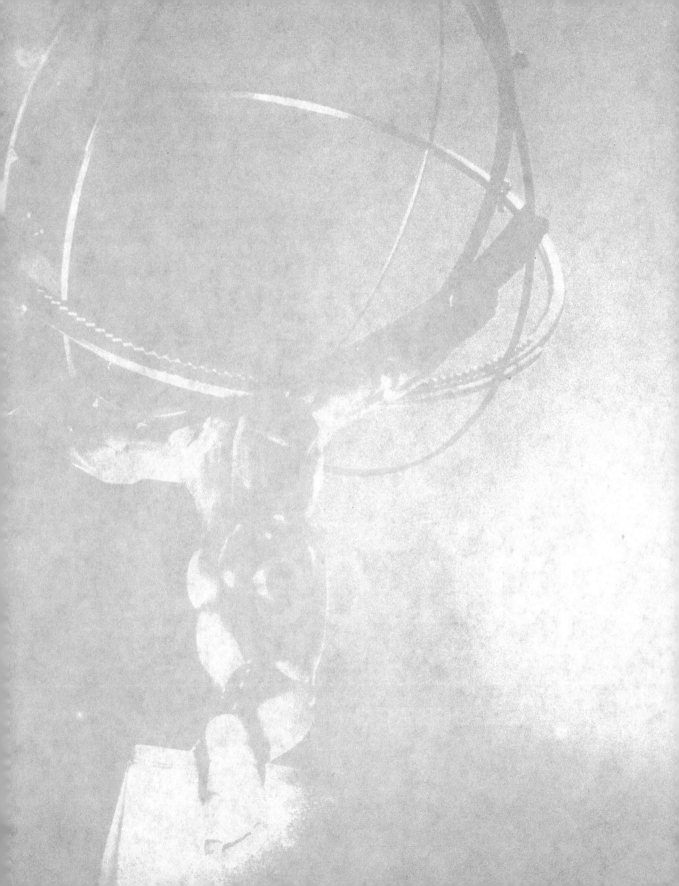

Al terminar este capítulo, usted podrá:

1. Definir el liderazgo e identificar sus componentes.
2. Describir los enfoques de rasgos del liderazgo y reconocer sus limitaciones.
3. Explicar los diversos estilos de liderazgo basados en el uso de la autoridad.
4. Explicar los cuatro sistemas de administración de Likert.
5. Identificar las dos dimensiones de la rejilla administrativa de Blake y Mouton y los estilos de liderazgo extremos resultantes.

Capítulo quince

Liderazgo

6. Reconocer que el liderazgo puede concebirse como un *continuo*.
7. Explicar el método de contingencia del liderazgo.
8. Describir el método de camino-meta para la eficacia del liderazgo.
9. Comprender la diferencia entre líderes transaccionales y transformacionales.

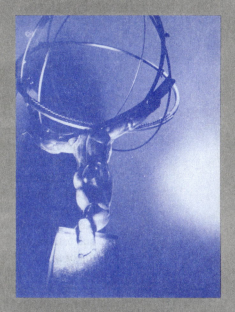

tulo

La falta de liderazgo es el mayor problema que enfrentamos para hacer competitivo a este país.[1]

ROSS PEROT

Aunque hay para quienes "administración" y "liderazgo" son sinónimos, debe hacerse una distinción entre ambos términos. Para efectos reales, puede haber líderes de grupos no organizados en absoluto, mientras que sólo puede haber administradores, tal como los concebimos aquí, en condiciones de estructuras organizadas generadoras de funciones. Distinguir entre liderazgo y administración ofrece importantes ventajas analíticas. Permite singularizar el liderazgo para su estudio sin la carga de requisitos relativos al tema, mucho más general, de la administración.

El liderazgo es un aspecto importante de la administración.[2] Como se demostrará en este capítulo, la capacidad para ejercer un liderazgo efectivo es una de las claves para ser un administrador eficaz; asimismo, el pleno ejercicio de los demás elementos esenciales de la administración (la realización de la labor administrativa con todo lo que ésta entraña) tiene importantes consecuencias en la certeza de que un administrador será un líder eficaz. Los administradores deben ejercer todas las funciones que corresponden a su papel a fin de combinar recursos humanos y materiales en el cumplimiento de objetivos. La clave para lograrlo es la existencia de funciones claras y de cierto grado de discrecionalidad o autoridad en apoyo a las acciones de los administradores.

La esencia del liderazgo son los seguidores. En otras palabras, lo que hace que una persona sea líder es la disposición de la gente a seguirla. Además, la gente tiende a seguir a quienes le ofrecen medios para la satisfacción de sus deseos y necesidades.

El liderazgo y la motivación están estrechamente interrelacionados. Si se entiende la motivación, se apreciará mejor qué desea la gente y la razón de sus acciones. De igual manera, y tal como se hizo notar en el capítulo anterior, además de estar en condiciones de responder a las motivaciones de sus subordinados, los líderes también pueden favorecerlas o estorbarlas por medio del ambiente organizacional que crean. Estos dos factores son tan importantes para el liderazgo como para la administración.

Definición de liderazgo[3]

El liderazgo tiene diferentes significados para diversos autores.[4] Harry Truman, ex presidente estadunidense, decía que el liderazgo es la capacidad para conseguir que hombres (y mujeres) hagan lo que no les gusta y que les guste. Para nosotros, *liderazgo* es influencia, esto es, el arte o proceso de influir en las personas para que se esfuercen voluntaria y entusiastamente en el cumplimiento de metas grupales. Lo ideal sería que se alentara a los individuos a desarrollar no sólo disposición a trabajar, sino también a hacerlo con ahínco y seguridad en sí mismos. El ahínco es pasión, formalidad e intensidad en la ejecución del trabajo; la seguridad es reflejo de experiencia y capacidad técnica. Los líderes contribuyen a que un grupo alcance sus objetivos mediante la máxima aplicación de sus capacidades. No se colocan a la zaga de un grupo para empujar y aguijonar; se colocan frente al grupo para facilitar el progreso e inspirarlo a cumplir metas organizacionales. Un buen ejemplo de líder es el director de orquesta, cuya función consiste en producir un sonido coordinado y un *tempo* correcto integrando el esfuerzo de los músicos.[5] La orquesta responderá dependiendo de la calidad de liderazgo del director.

**PERSPECTIVA
INTERNACIONAL**

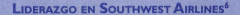

LIDERAZGO EN SOUTHWEST AIRLINES[6]

Consideremos el estilo de liderazgo de Herbert Kelleher, presidente de Southwest Airlines. Kelleher se esfuerza por crear un ambiente de familia entre sus empleados, de modo que memoriza sus nombres y les hace llegar tarjetas personales de felicitación en su cumpleaños. Con el propósito de mantener la competitividad de la empresa en el desregulado sector de las líneas aéreas, ha solicitado y recibido importantes concesiones de los empleados y su sindicato. Su estilo de liderazgo interventor le ha ganado el respeto de sus empleados, quienes se consideran sus seguidores. Las medidas de austeridad se han aplicado lo mismo a la dirección que a los empleados. La oficina de Kelleher, por ejemplo, se encuentra en un edificio estilo cuartel. Al dirigir con el ejemplo a quienes lo siguen, muestra interés tanto en las tareas por realizar como en las personas que trabajan bajo sus órdenes. Su estilo de liderazgo es congruente, por lo demás, con la política de esa línea aérea de ofrecer un servicio amable y mantener bajos costos.

Componentes del liderazgo[7]

Los líderes prevén el futuro; inspiran a los miembros de la organización y trazan la ruta que ésta seguirá. Lee Iacocca, ex director general de Chrysler, y Jack Welch, director de General Electric, han dado una visión a sus compañías. Los líderes deben infundir valores, ya sea que su interés se centre en la calidad, la honestidad y la asunción de riesgos calculados o en los empleados y los clientes.[8]

Prácticamente no hay grupo de personas que, desempeñándose a casi el nivel máximo de su capacidad, carezca de un individuo a la cabeza particularmente apto en el arte del liderazgo. Todo indica que esta aptitud se compone de al menos cuatro importantes ingredientes: 1) la capacidad para hacer un uso eficaz y responsable del poder, 2) la capacidad para comprender que los seres humanos tienen diferentes motivaciones en diferentes momentos y situaciones, 3) la capacidad para inspirar a los demás y 4) la capacidad para actuar en favor del desarrollo de una atmósfera conducente a la respuesta ante las motivaciones y al surgimiento de éstas.

El primer componente del liderazgo es el poder. La naturaleza del poder y las diferencias entre poder y autoridad fueron expuestas en el capítulo 9.

El segundo componente del liderazgo es el profundo conocimiento de los individuos. Como en toda clase de prácticas, no es lo mismo conocer la teoría de la motivación, los tipos de motivaciones y la naturaleza de un sistema de motivación que ser capaz de aplicar estos conocimientos a personas y situaciones. Un administrador o cualquier otro líder en conocimiento al menos del estado prevaleciente de la teoría de la motivación y de los elementos de la motivación se halla más al tanto de la naturaleza e intensidad de las necesidades humanas y, por ende, en mejores condiciones para definir y diseñar medios para satisfacerlas y para administrar en tal forma que se obtengan las respuestas deseadas.

El tercer componente del liderazgo es la rara capacidad para inspirar a los seguidores para que empleen a fondo sus capacidades en la ejecución de un proyecto. Mientras que el uso de motivadores se centra aparentemente en los subordinados y sus necesidades, la inspiración proviene de quienes encabezan a grupos. Éstos pueden poseer una simpatía y magnetismo tales que susciten en sus seguidores lealtad, devoción y un intenso deseo de promover sus anhelos. Ésta no es cuestión de satisfacción de necesidades; lo es, más bien, de que la gente ofrezca su apoyo desinteresado al adalid que ha elegido como suyo. Los mejores ejemplos de liderazgo inspirador se dan en situaciones desesperadas y atemorizantes: una nación impreparada en vísperas de una batalla, un campo de prisioneros con una moral excepcionalmente alta o un líder derrotado a quien sin embargo sus fieles seguidores no están dispuestos a abandonar. Habrá quienes argumenten que una devoción así no es completamente desinteresada, pues a quienes enfrentan una catástrofe les conviene seguir a un individuo en el que han depositado su confianza. Aun así, pocas personas negarían en cualquier caso el valor del magnetismo personal.

El cuarto componente del liderazgo tiene que ver con el estilo del líder y el ambiente que éste genera. Como se demostró en el capítulo 14, la intensidad de la motivación depende en gran medida de las expectativas, de la percepción que se tenga de las recompensas, de la cantidad de esfuerzo que se supone que se requerirá, de la tarea por desarrollar y de otros factores presentes en las condiciones específicas, pero también del ambiente organizacional. La consideración de estos factores ha derivado en abundantes investigaciones sobre el comportamiento propio del liderazgo y en la elaboración de varias teorías al respecto. Las opiniones de quienes desde hace mucho tiempo han abordado el liderazgo como un estudio psicológico de relaciones interpersonales tienden a converger con el punto de vista personal expresado en este libro, el de que las principales tareas de los administradores son el diseño y sostenimiento de condiciones favorables al desempeño.

Prácticamente todas las funciones de una empresa organizada resultan más satisfactorias para los participantes y más productivas para la empresa cuando se dispone de individuos capaces de contribuir a que los demás cumplan su deseo de cosas como dinero, categoría, poder y orgullo por los logros alcanzados. El más importante **principio del liderazgo** es éste: *Los individuos tienden a seguir a quienes, en su opinión, les ofrecen los medios para satisfacer sus metas personales. Por ello, cuanto mayor sea la comprensión de los administradores de lo que motiva a sus subordinados y de la forma como operan estas motivaciones, y cuanto más demuestren comprenderlo en sus acciones administrativas, tanto más eficaces serán probablemente como líderes.*

Dada la importancia del liderazgo en todo tipo de acciones grupales, existen abundantes teorías e investigaciones sobre este particular.[9] Resumir este enorme cuerpo de investigaciones en forma relevante para la administración cotidiana sería sumamente difícil. Sin embargo, a continuación examinaremos algunos de los principales tipos de teorías e investigaciones sobre el liderazgo y describiremos ciertos tipos básicos de estilos de liderazgo.

Enfoques de los rasgos del liderazgo

Antes de 1949 los estudios sobre el liderazgo se basaban fundamentalmente en un intento

Perspectiva internacional

Alfonso Romo Garza es el artífice de la creación de uno de los corporativos más importantes de México: Pulsar Internacional. Después de trabajar entre 1976 y 1981 en VISA-FEMSA, donde se encargó de numerosos proyectos y dio vida a la división de alimentos, le fue solicitado que renunciara debido a que la dirección de esa empresa consideró que Romo Garza era demasiado agresivo. De esta forma, en 1981 se vio orillado a fundar su propia empresa, dedicándose al negocio de la pastelería mediante la compra de Pastelería Monterrey. Para su mala fortuna, en 1983 la grave crisis que por aquel entonces enfrentó el país debido a la devaluación del peso mexicano frente al dólar estadunidense le llevó a perder todo su patrimonio para salvar su negocio.

En 1985 Pulsar adquirió Cigarrera La Moderna. Para 1988 la empresa se había diversificado aún más pues en ese año decidió penetrar al mercado de servicios financieros, llevando a cabo la compra de Seguros La Comercial e iniciando operaciones con la casa de bolsa Vector. Mediante fusiones, adquisiciones y diversificación del portafolio de negocios, este corporativo ha continuado creciendo hasta convertirse en uno de los corporativos latinoamericanos más globalizados que lo mismo participa en el sector manufacturero que en servicios financieros y telecomunicaciones, además de haberle apostado fuertemente a los negocios agroindustriales de desarrollo de biotecnología. Para 1997 contaba ya con oficinas de venta en 110 países, brindando empleo directamente a 25 000 personas e indirectamente a otras 110 000, además de contar con 35 centros de investigación en diversos países.

La visión de Romo Garza sobre el liderazgo es muy peculiar, como se hace patente cuando dice: "A los líderes no se les da un jefe: a los líderes se les maneja como líderes." De hecho su preocupación por el desarrollo de líderes con un alto nivel de excelencia le ha llevado a crear el centro de estudios de postgrado que ha llamado Duxx, donde anualmente se recibe a 25 personas para que reciban clases directamente de profesores provenientes de diversas partes del mundo, después de una selección sumamente cuidadosa con base en el análisis de su currículum como docentes.

Puede decirse que este hombre es un líder que se encuentra sumamente preocupado por lograr resultados. Recuérdese que su estilo agresivo le llevó precisamente a crear el imperio que actualmente dirige y que no ha estado exento de descalabros, como el de 1994, cuando con motivo de otra crisis del país, Vector hizo que Pulsar perdiera más de 125 millones de dólares. A pesar de que tal pérdida fue producto de la imprudencia de los administradores de Vector, Romo Garza asume la culpa por no haber contado con los medios para controlar las decisiones erróneamente tomadas.

Sin embargo, también se preocupa por el éxito de quienes le rodean, incluso públicamente ha declarado que para él es más satisfactorio crear riqueza y distribuirla o ver el éxito tanto de los egresados de Duxx como de los agricultores y empresarios que el de sus asociados comerciales, pues ello constituye su mayor orgullo, mayor incluso que ver cuánto gana Pulsar o cómo se incrementan sus ventas y continúa creciendo.

También es de señalarse que Alfonso Romo Garza, además de su carácter independiente y agresivo, es una persona que se encuentra siempre dispuesta a trabajar cuanto sea necesario para lograr las metas que se propone. Por ejemplo, él considera que las metas logradas no son tanto producto de que alguna vez se haya planteado alcanzarlas, como de un resultado derivado de su actitud práctica de detectar oportunidades de negocios, incluso desarrollando las oportunidades si éstas no existen o no son perceptibles a simple vista.

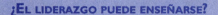

¿EL LIDERAZGO PUEDE ENSEÑARSE?

A menudo se cuestiona si el liderazgo puede enseñarse. El profesor Noel Tichy, de la Universidad de Michigan, estima que 80% del desarrollo en el liderazgo se deriva de la experiencia en el trabajo, mientras que el 20% restante puede adquirirse mediante estudio y capacitación.[10] Desde luego que esto es difícil de probar y depende de cada individuo, pero de cualquier manera señala la importancia de que la capacitación en el centro de trabajo y la capacitación en el salón de clases vayan de la mano. Desde etapas tempranas de su trayectoria profesional, a los líderes potenciales de Johnson & Johnson se les da la oportunidad de demostrar su capacidad para administrar una de las unidades empresariales relativamente autónomas de la compañía. La idea en la que se apoya esta práctica es que una asignación difícil puede ser una oportunidad de aprendizaje y desarrollo.

por identificar los rasgos propios de los líderes.[11] Comenzando por la teoría del "gran hombre" de que los líderes nacen y no se hacen, concepción que se remonta a los antiguos griegos y romanos, los investigadores han tratado de identificar los rasgos físicos, mentales y de personalidad de varios líderes. La teoría del "gran hombre" perdió aceptación con el surgimiento de la escuela conductista de psicología.

A la fecha se han realizado muchos estudios de rasgos.[12] Ralph M. Stogdill encontró que diversos investigadores han identificado rasgos específicos relacionados con la capacidad de liderazgo: cinco rasgos físicos (como energía, apariencia y altura), cuatro rasgos de inteligencia y capacidad, dieciséis rasgos de personalidad (como adaptabilidad, agresividad, entusiasmo y seguridad en uno mismo), seis características relativas al desempeño de tareas (como impulso de realización, persistencia e iniciativa) y nueve características sociales (como sentido de cooperación, habilidades para las relaciones interpersonales y capacidad administrativa).[13]

La discusión acerca de la importancia de los rasgos que se deben poseer para el liderazgo sigue en marcha; más recientemente se han identificado los siguientes rasgos claves de liderazgo: impulso (lo que implica anhelo de realización, motivación, energía, ambición, iniciativa y tenacidad), motivación para el liderazgo (la aspiración a dirigir, aunque no a buscar el poder como tal), honestidad e integridad, seguridad en uno mismo (incluida estabilidad emocional), capacidad cognoscitiva y comprensión de los negocios. Menos claro es el impacto de la creatividad, flexibilidad y carisma en la eficacia del liderazgo.[14]

En general, el estudio de los rasgos de los líderes no ha sido un enfoque muy fructífero para explicar el liderazgo. No todos los líderes poseen todos los rasgos, mientras que muchas personas que no son líderes pueden poseer la mayoría de ellos o todos. Asimismo, el enfoque de rasgos no ofrece ninguna indicación sobre *la cantidad* que una persona debe poseer de cada rasgo. Además, entre las docenas de estudios al respecto no existe acuerdo sobre cuáles rasgos son en efecto rasgos de liderazgo ni sobre sus relaciones con casos patentes de liderazgo. En realidad, la mayoría de los así llamados rasgos no son otra cosa que patrones de conducta.

Conducta y estilos de liderazgo

Existen varias teorías sobre la conducta y estilos de liderazgo. En esta sección nos ocuparemos de 1) el liderazgo basado en el uso de la autoridad, 2) la rejilla administrativa y 3) el liderazgo como implicador de una amplia variedad de estilos, los cuales van desde el uso máximo al mínimo de poder e influencia.

Estilos basados en el uso de la autoridad

En algunas de las primeras explicaciones de los estilos de liderazgo, éstos fueron clasificados según el uso de la autoridad por los líderes. De acuerdo con ello, los líderes aplican tres estilos básicos. El líder **autocrático** impone y espera cumplimiento, es dogmático y seguro y conduce por medio de la capacidad de retener u otorgar premios y castigos. El líder **democrático**, o **participativo**, consulta a sus subordinados respecto de acciones y decisiones probables y alienta su participación. Este tipo de líder va desde la persona que no emprende ninguna acción sin el concurso de sus subordinados hasta aquélla otra que toma decisiones por sí sola pero antes de hacerlo consulta a sus subordinados.

El líder **liberal** o de "rienda suelta" hace un uso muy reducido de su poder, en caso de usarlo, ya que les concede a sus subordinados un alto grado de independencia en sus operaciones. Estos líderes dependen en gran medida de sus subordinados para el establecimiento de sus propias metas y de los medios para alcanzarlas, y conciben su función como de apoyo a las operaciones de sus seguidores mediante el suministro de información a éstos y su actuación fundamentalmente como contacto con el ámbito externo del grupo. En la figura 15-1 se ilustra el flujo de la influencia en estas tres situaciones de liderazgo.

Esta clasificación simple de los estilos de liderazgo presenta variantes. A algunos líderes autocráticos se les considera "autócratas benevolentes". Son ellos quienes toman las decisiones, pero antes de hacerlo escuchan atentamente las opiniones de sus seguidores. Aun así, y aunque quizá estén dispuestos a escuchar y considerar las ideas e inquietudes de sus subordinados, es probable que al tomar una decisión se muestren más autocráticos que benevolentes.

Una variante del líder participativo es el caso de la persona que presta apoyo. Puede ser que los líderes de esta categoría conciban sus funciones no como reducidas a la consulta de sus seguidores y a la atenta consideración de sus opiniones, sino también como hacer todo lo que esté a su alcance por apoyar a sus subordinados en el cumplimiento de sus deberes.

El uso de un estilo u otro dependerá de la situación. Un administrador puede ser sumamente autocrático en una emergencia; es difícil imaginar que el jefe de un cuerpo de bomberos sostenga con éstos una larga reunión para discutir la mejor manera de combatir un incendio. También es probable que los administradores sean autocráticos cuando sólo ellos tienen las respuestas a ciertas preguntas.

FIGURA 15-1

Flujo de influencia en tres estilos de liderazgo.

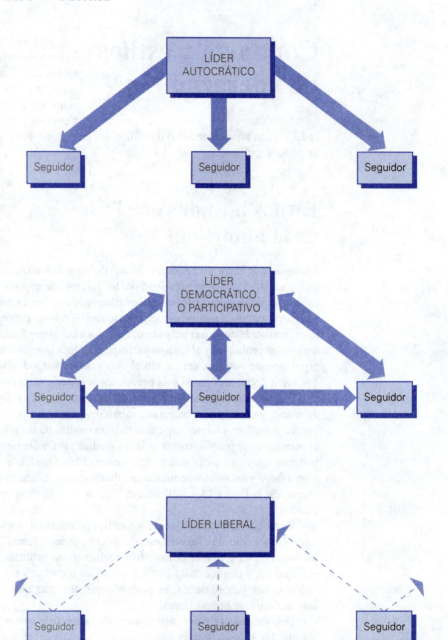

Un líder puede hacerse de gran número de conocimientos y obtener un **compromiso** más firme de las personas involucradas en sus operaciones si consulta a sus **subordina-dos.** Como ya se indicó, tal es el caso en el desarrollo de objetivos verificables en siste-mas de administración por objetivos. Por su parte, un administrador de un grupo de científicos investigadores puede darles a éstos libre curso en el desarrollo de sus indaga-

UN CASO DE LIDERAZGO AUTOCRÁTICO

Cierta empresa de servicio telefónico (*call center*) atiende a compañías de televisión por cable, telemercadeo, radiolocalización y DTH. Debido a la dinámica de trabajo, en ella se asignan las tareas al personal de acuerdo con las necesidades de la empresa. Por ejemplo, cuando la televisión por cable ofrece eventos especiales mediante pago se espera que la demanda suba y, como consecuencia, se programan horarios de trabajo para contar con el personal suficiente. También es normal que las cargas de trabajo asciendan en los fines de semana y en ciertos días, por ser festivos o fechas especiales. En ocasiones se pide al personal femenino que trabaje hasta altas horas de la noche, sin importar sus necesidades personales o su punto de vista al respecto. El estilo de dirigir de la empresa se basa simplemente en dar órdenes que deben acatarse o, si el empleado no está de acuerdo, renunciar al trabajo.

Desafortunadamente para la empresa, debido al estilo autocrático que ha asumido la dirección de la misma y la falta de una política de comunicación adecuada, el personal no se encuentra satisfecho siendo alta la rotación. Por otra parte, es necesario considerar que también influye en la inestabilidad laboral de la plantilla de personal, y de manera decisiva, los bajos sueldos que la empresa ha pagado siempre al personal operativo.

ciones y experimentos. Sin embargo, este mismo administrador puede ser muy autocrático en la imposición de un regla que estipule el uso por los empleados de recursos de protección al manejar ciertas sustancias químicas potencialmente peligrosas.

¿Es diferente el estilo de liderazgo de las mujeres?

Es probable que, como administradoras, las mujeres empleen un estilo de liderazgo diferente al de los hombres. En un estudio se constató que las mujeres conciben el liderazgo como un medio para transformar el interés de sus seguidores por ellos mismos en interés por la empresa en su totalidad a través de la aplicación de sus habilidades para las relaciones interpersonales y de sus rasgos individuales para la motivación de los subordinados.[15] Este estilo de "liderazgo interactivo" implica el compartimiento de poder e información, la inducción de la participación y el pleno reconocimiento de la importancia de cada persona. Los hombres, por el contrario, tienden a concebir el liderazgo como una secuencia de transacciones con sus subordinados. Además, hacen un uso más frecuente del control de recursos y de la autoridad que les concede su puesto en la motivación de su personal. Esto no significa que todas las mujeres y hombres de éxito apliquen infaltablemente sus respectivos estilos de liderazgo. Ciertamente algunos hombres recurren al "liderazgo interactivo" para la conducción de sus subordinados, y algunas mujeres se sirven de la estructura de mando tradicional para dirigir a sus seguidores.

La rejilla administrativa

Uno de los enfoques más conocidos para la definición de los estilos de liderazgo es la rejilla administrativa, creada hace unos años por Robert Blake y Jane Mouton.[16] Con base en investigaciones previas en las que se demostró la importancia de que los administradores pongan interés tanto en la producción como en las personas, Blake y Mouton idearon un inteligente recurso para la dramatización de ese interés. La rejilla resultante, que aparece en la figura 15-2, se ha usado ya en todo el mundo como un medio para la capacitación de los administradores y la identificación de varias combinaciones de estilos de liderazgo.

FIGURA 15-2

La rejilla administrativa.

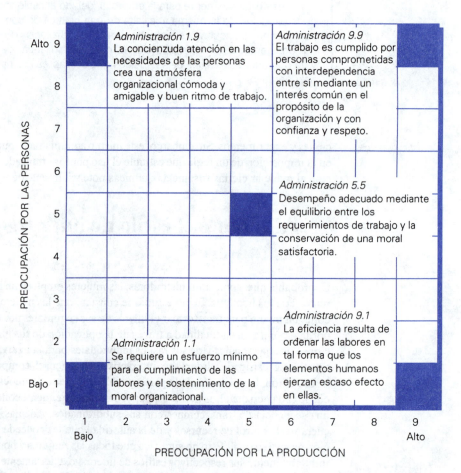

Administración 1.9
La concienzuda atención en las necesidades de las personas crea una atmósfera organizacional cómoda y amigable y buen ritmo de trabajo.

Administración 9.9
El trabajo es cumplido por personas comprometidas con interdependencia entre sí mediante un interés común en el propósito de la organización y con confianza y respeto.

Administración 5.5
Desempeño adecuado mediante el equilibrio entre los requerimientos de trabajo y la conservación de una moral satisfactoria.

Administración 1.1
Se requiere un esfuerzo mínimo para el cumplimiento de las labores y el sostenimiento de la moral organizacional.

Administración 9.1
La eficiencia resulta de ordenar las labores en tal forma que los elementos humanos ejerzan escaso efecto en ellas.

PREOCUPACIÓN POR LAS PERSONAS

PREOCUPACIÓN POR LA PRODUCCIÓN

Adaptado de R. R. Blake y J. S. Mouton, *The Managerial Grid* (Houston, Tex., Gulf Publishing Company, 1964), p. 10.

DIMENSIONES DE LA REJILLA   La rejilla tiene dos dimensiones: preocupación por las personas y preocupación por la producción. Tal como han insistido Blake y Mouton, en este caso la expresión "preocupación por" significa "cómo" se interesan los administradores en la producción o "cómo" se interesan en las personas, no, por ejemplo, "cuánta" producción les interesa obtener de un grupo.

La "preocupación por la producción" incluye las actitudes de un supervisor respecto de una amplia variedad de cosas, como la calidad de las decisiones sobre políticas, procesos y procedimientos, la creatividad de la investigación, la calidad de los servicios de *staff*, la eficiencia laboral y el volumen de producción. La "preocupación por las personas" también se interpreta en un sentido amplio. Incluye elementos como el grado de compromiso personal con el cumplimiento de metas, la preservación de la autoestima de los empleados, la asignación de responsabilidades con base en la confianza y no en la obediencia, el ofrecimiento de buenas condiciones de trabajo y la permanencia de relaciones interpersonales satisfactorias.

LOS CUATRO ESTILOS EXTREMOS   Blake y Mouton identificaron cuatro estilos extremos. En el marco del estilo **1.1** (llamado "administración empobrecida"), los

PERSPECTIVA INTERNACIONAL

LIDERAZGO PARTICIPATIVO EN BIMBO

Actualmente el Grupo Industrial Bimbo, único productor de pan de caja y pastelería industrial en el mercado mexicano, con 49 fábricas de producción de pan, pastelillos, botanas y golosinas, es capaz de atender diariamente, durante seis días de la semana, a casi 400 000 puntos de venta mediante su presencia en Argentina, Chile, Colombia, Costa Rica, El Salvador, Estados Unidos, Guatemala, Honduras, Nicaragua, Perú, Uruguay, Venezuela y su país de origen.

Detrás del enorme éxito que ha alcanzado Bimbo, se encuentra un nombre: Lorenzo Servitje, uno de los empresarios mexicanos más conocidos por su estilo de dirección caracterizado por un profundo y genuino interés por todos y cada uno de sus empleados. Dicho estilo se deriva de lo que parece ser una concepción del trabajo basado en el respeto por la dignidad de las personas que colaboran para su empresa. Actualmente retirado del consejo de administración, su forma de ser y pensar siguen presentes en la empresa, que continúa creciendo constantemente. Una de las características de su dirección ha sido la preocupación por ofrecer a sus trabajadores seguridad en su fuente de empleo. Aun en los peores momentos, sea por condiciones externas o internas prevalecientes, se evitan a toda costa los recortes de personal.

A manera de ejemplo de la filosofía directiva de Bimbo, sin que sea la primera ni quizá la última vez que ocurra algo semejante, merece una mención especial que como resultado de las acciones de reingeniería efectuadas recientemente por la empresa, contrario a la moda prevaleciente en la gran mayoría de las restructuraciones corporativas en México durante la época, en lugar de despedirlos, se brindó a los trabajadores de los puestos que desaparecían la capacitación necesaria y suficiente para que se integrasen exitosamente al desarrollo de nuevas actividades.

administradores se interesan poco en las personas y en la producción y se involucran mínimamente en sus funciones; para efectos reales, han abdicado de sus labores y se limitan a marcar el paso o a servir como conductos de información de los superiores a los subordinados. En el otro extremo se encuentran los administradores **9.9**, quienes ponen en sus acciones la mayor dedicación posible tanto a las personas como a la producción. Son los verdaderos "administradores de equipo", capaces de combinar las necesidades de producción de la empresa con las necesidades de los individuos.

Otro estilo es el de administración **1.9** (llamada en ocasiones "administración de club campestre"), en la que los administradores se preocupan escasa o nulamente en la producción y en forma casi exclusiva en las personas. Promueven condiciones de relajamiento, amabilidad y satisfacción en las que nadie deba preocuparse por la aportación de esfuerzos coordinados para el cumplimiento de las metas de la empresa. En el otro extremo se hallan los administradores **9.1** (llamados "administradores autocráticos de tareas"), a quienes sólo les preocupa el desarrollo de operaciones eficientes, muestran escaso o nulo interés en las personas y ejercen un estilo de liderazgo agudamente autocrático.

Tomando como punto de referencia estos cuatro extremos, en la rejilla pueden ubicarse todas las técnicas, métodos o estilos administrativos. Evidentemente, los administradores **5.5** tienen una preocupación media por la producción y las personas. Como resultado de ello consiguen una moral y una producción adecuadas, aunque no sobresalientes. No se fijan metas muy ambiciosas, y es probable que adopten frente a las personas una actitud autocrática benevolente.

La rejilla administrativa es un recurso útil para la identificación y clasificación de los estilos administrativos, pero no indica *por qué* un administrador se ubica en una u otra parte de la retícula. Para determinar el motivo se deben analizar las causas subyacentes, como las características de personalidad del líder o los seguidores, la capacidad y capacitación de los administradores, las condiciones de la empresa y otros factores situacionales que influyen en la manera de actuar de líderes y seguidores.

El liderazgo como *continuo*

La adaptación de los estilos de liderazgo a diferentes contingencias ha sido debidamente caracterizada por Robert Tannenbaum y Warren H. Schmidt, creadores del concepto del ***continuo* del liderazgo**.[17] Como lo muestra la figura 15-3, estos autores conciben el liderazgo como un conjunto de una amplia variedad de estilos, desde el extremadamente centrado en el jefe hasta el extremadamente centrado en los subordinados. Los estilos varían de acuerdo con el grado de libertad que un líder o administrador concede a sus subordinados. De esta manera, en lugar de proponer la elección entre dos estilos de liderazgo (autoritario o democrático), en este enfoque se ofrece una amplia diversidad de estilos, ninguno de los cuales es considerado infaliblemente correcto o incorrecto.

En la teoría del *continuo* se reconoce que la determinación de un estilo de liderazgo como adecuado depende del *líder*, los *seguidores* y la *situación*. Para Tannenbaum y Schmidt, los elementos más importantes que pueden influir en el estilo de un administrador pueden entenderse a lo largo de un *continuo* como 1) las fuerzas operantes en la personalidad del administrador, como su sistema de valores, confianza en sus subordinados, inclinación hacia ciertos estilos de liderazgo y sensación de seguridad en situacio-

Figura 15-3

*Continuo del
comportamiento
administrador-
empleados.*

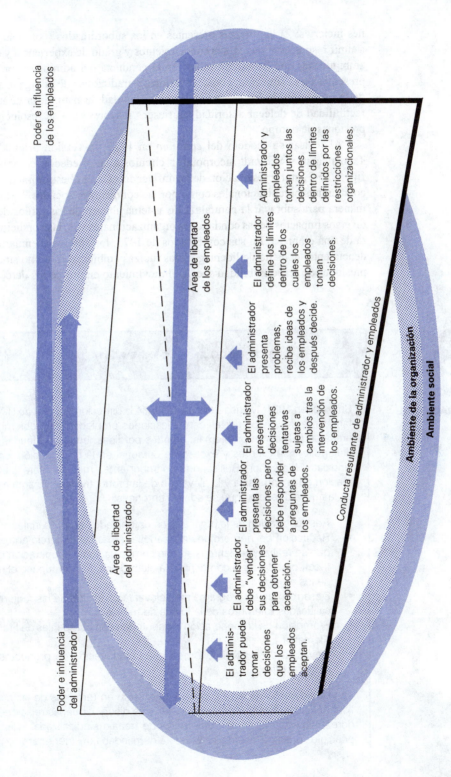

Poder e influencia
de los empleados

Poder e influencia
del administrador

Área de libertad
del administrador

Área de libertad
de los empleados

El adminis-
trador puede
tomar
decisiones
que los
empleados
aceptan.

El administrador
debe "vender"
sus decisiones
para obtener
aceptación.

El administrador
presenta las
decisiones, pero
debe responder
a preguntas de
los empleados.

El administrador
presenta
decisiones
tentativas
sujetas a
cambios tras la
intervención de
los empleados.

El administrador
presenta
problemas,
recibe ideas de
los empleados y
después decide.

El administrador
define los límites
dentro de los
cuales los
empleados
toman
decisiones.

Administrador y
empleados
toman juntos las
decisiones
dentro de límites
definidos por las
restricciones
organizacionales.

Conducta resultante de administrador y empleados

Ambiente de la organización

Ambiente social

Reproducido con autorización de R. Tannenbaum y W. H. Schmidt, "Retrospective Commentary" sobre "How to Choose a
Leadership Pattern", en *Harvard Business Review*, vol. 51, núm. 3 (mayo-junio de 1973), p. 167.

nes inciertas; 2) las fuerzas presentes en los subordinados (como su disponibilidad a asumir responsabilidades, sus conocimientos y grado de experiencia y su tolerancia a la ambigüedad) que habrán de influir en la conducta del administrador, y 3) las fuerzas presentes en la situación, como los valores y tradiciones de la organización, la eficacia de la operación de los subordinados como unidad, la naturaleza de un problema y la factibilidad de delegar autoridad sin riesgos mayores para su resolución, así como las presiones de tiempo.

Al revisar su modelo del *continuo* en 1973 (la versión original data de 1958), Tannenbaum y Schmidt incorporaron círculos a su alrededor, como se muestra en la figura 15-3, en representación de las influencias sobre el estilo impuestas tanto por las condiciones organizacionales como por las condiciones sociales.[18] Se procedió de esta manera para subrayar la naturaleza de sistema abierto de los estilos de liderazgo y los diversos impactos de las condiciones organizacionales y de las condiciones sociales fuera de una empresa. En sus comentarios de 1973, los autores acentuaron la interdependencia entre el estilo de liderazgo y las fuerzas ambientales, como sindicatos, mayores presiones de responsabilidad social, el movimiento en pro de los derechos civiles y los

PERSPECTIVA INTERNACIONAL

EL LIDERAZGO EN LA COMPAÑÍA ITALIANA ITALTEL

Cuando, en 1981, Marisa Bellisario asumió la dirección general de ITALTEL, compañía fabricante de equipo de telecomunicaciones propiedad del gobierno italiano, la empresa se hallaba en problemas: grandes pérdidas, enormes deudas, investigación y desarrollo insuficientes y exceso de personal en la organización, controlada por un sindicato.[19] La señora Bellisario tomó importantes medidas para la absoluta transformación de la compañía y la elevación de la productividad. He aquí algunos ejemplos de la nueva dirección que se adoptó entonces:

- Restructuración de la organización en unidades empresariales
- Reducción del número de empleados en más de un tercio entre 1980 y 1985, lo que se realizó mediante la abierta comunicación y cooperación con el sindicato
- Incorporación de la compañía a la electrónica, lo que supuso el reentrenamiento de los empleados
- Desarrollo de un programa para elevar la condición de las mujeres escasamente calificadas miembros de la fuerza de trabajo
- Promoción de la cooperación intraeuropea con compañías de Francia, Inglaterra y Alemania
- Elevación de la eficiencia mediante la innovación de productos y procesos de manufactura

Un liderazgo de este tipo debe analizarse en términos de las características del líder (técnicas, humanas, conceptuales y de diseño); buenas relaciones con los seguidores, especialmente con una fuerza de trabajo sindicalizada, y la situación, que a principios de la década de los ochenta demandaba un líder enérgico para enfrentar la crisis.

movimientos ecologista y en favor del consumidor, todos los cuales restringen los derechos de los administradores a tomar decisiones o manejar a sus subordinados sin considerar intereses ajenos a la organización.

Enfoques situacionales o de contingencia del liderazgo

Cuando aumentó la desilusión con los enfoques del "gran hombre" y de rasgos para la comprensión de liderazgo, la atención se volcó en el estudio de las situaciones y de la sospecha de que los administradores son producto de situaciones dadas. Se han efectuado ya numerosos estudios sobre la premisa de que el liderazgo se ve fuertemente influido por la situación en la que el líder emerge y opera. Se trata sin duda de un enfoque persuasivo, como lo indica en Estados Unidos el ascenso de Franklin Delano Roosevelt en la Gran Depresión de los años treinta y en China el de Mao Tse-tung en el periodo posterior a la Segunda Guerra Mundial. En este enfoque del liderazgo se admite la existencia de una interacción entre grupo y líder. Esto apoya la teoría de los seguidores en el sentido de que los individuos tienden a seguir a aquellos en quienes perciben (ya sea acertada o desacertadamente) el ofrecimiento de medios para el cumplimiento de sus deseos personales. Así pues, el líder es la persona que identifica esos deseos y hace lo necesario (o emprende los programas) para satisfacerlos.

Es evidente que los enfoques situacionales, o de contingencias, poseen enorme significado para la teoría y práctica administrativas. Se vinculan asimismo con el sistema de la motivación explicado en el capítulo 14 y son importantes para los administradores en funciones, quienes deben considerar la situación al diseñar condiciones favorables al desempeño.

Enfoque de contingencias del liderazgo de Fiedler

Aunque su enfoque de la teoría del liderazgo es de carácter esencialmente analítico del estilo de liderazgo, Fred E. Fiedler y sus colaboradores en la Universidad de Illinois propusieron una **teoría de contingencias del liderazgo**.[20] Esta teoría sostiene que los individuos se convierten en líderes no sólo por sus atributos de personalidad, sino también por varios factores situacionales y por las interacciones entre líderes y miembros de los grupos.

DIMENSIONES CRÍTICAS DE LA SITUACIÓN DE LIDERAZGO   Con base en sus estudios, Fiedler detectó *tres dimensiones críticas* de la situación de liderazgo que contribuyen a determinar qué estilo de liderazgo es el más eficaz:

1. *Poder otorgado por el puesto*. Es el grado en que el poder otorgado por un puesto (en oposición a otras fuentes de poder, como personalidad o experiencia) le permite

a un líder conseguir que los miembros del grupo sigan sus instrucciones; en el caso de los administradores, es el poder que procede de la autoridad organizacional. Como señala Fiedler, un líder a quien su puesto le concede un poder claro y considerable puede obtener más fácilmente buenas respuestas de sus seguidores que uno carente de ese poder.

2. *Estructura de las tareas*. Fiedler entiende por esta dimensión el grado en que es posible formular claramente las tareas y responsabilizar de ellas a los individuos. Si las tareas son claras (no vagas ni desestructuradas), será más fácil controlar la calidad del desempeño y responsabilizar más definidamente de él a los miembros del grupo.

3. *Relaciones líder-miembros*. Fiedler consideró a esta dimensión como la más importante desde el punto de vista del líder, ya que es probable que el poder otorgado por el puesto y la estructura de las tareas se hallen en gran medida bajo control de la empresa. Esta dimensión tiene que ver con el grado en el que los miembros del grupo se sienten satisfechos con el líder, confían en él y están dispuestos a seguirlo.

ESTILOS DE LIDERAZGO   Para definir la dirección de su estudio, Fiedler propuso dos grandes estilos de liderazgo. Uno de ellos es el principalmente orientado a las tareas, esto es, aquel en el que el líder obtiene satisfacción al ver realizadas las tareas. El otro se orienta principalmente al establecimiento de buenas relaciones interpersonales y al logro de una posición de distinción personal.

Lo favorable de la situación fue definido por Fiedler como el grado en que una situación dada le permite a un líder ejercer influencia en un grupo. Para medir los estilos de liderazgo y determinar si un líder se orienta primordialmente a las tareas, Fiedler aplicó una inusual técnica de comprobación. Basó sus hallazgos en dos tipos de fuentes: 1) puntaje en la escala de *compañero de trabajo menos preferido* (CTMP), las clasificaciones hechas por los miembros de un grupo respecto de aquellos con los que menos les gustaría trabajar, y 2) puntaje en la escala de *supuesta semejanza entre contrarios* (SSC), clasificaciones basadas en el grado en el que los líderes ven a los miembros del grupo como semejantes a ellos, con base en el supuesto de que la gente se lleva mejor y trabaja mejor con individuos a los que concibe como más afines a ella. Hoy, el uso más frecuente de la escala CTMP ocurre en la investigación. Para elaborarla, Fiedler pidió a sus entrevistados identificar los rasgos de una persona con la que trabajarían menos satisfactoriamente.[21] Los entrevistados describieron a tal persona clasificando dieciséis elementos en una escala de atributos, entre los cuales se hallaban los siguientes:

Agradable   :___:___:___:___|___:___:___:___   Desagradable

Rechazo   :___:___:___:___|___:___:___:___   Aceptación

Sobre la base de los estudios que realizó con este método, así como de estudios efectuados por otros investigadores, Fiedler dedujo que las personas que clasificaban en altos niveles (esto es, en términos favorables) a sus compañeros de trabajo derivaban mayor satisfacción de relaciones interpersonales exitosas. Quienes clasificaban en bajos niveles (es decir, en términos desfavorables) a su "compañero de trabajo menos preferido" presumiblemente derivaban su mayor satisfacción de la realización de las tareas.

Fiedler desprendió interesantes conclusiones de su investigación. En la inteligencia de que las percepciones personales pueden ser confusas y hasta sumamente inexactas, determinó sin embargo la validez de lo siguiente:

> El desempeño del liderazgo depende de la organización tanto como de los atributos del líder. Con la salvedad quizá de casos excepcionales, carece de sentido caracterizar a los líderes como eficaces o ineficaces; de ellos sólo podemos decir que tienden a ser eficaces en una situación e ineficaces en otra. Si lo que nos interesa es elevar la eficacia organizacional y grupal, debemos aprender no sólo a capacitar más eficazmente a los líderes, sino también a crear condiciones organizacionales en las que el líder pueda desempeñarse correctamente.[22]

El modelo de contingencias del liderazgo de Fiedler se presenta en la gráfica de la figura 15-4. Esta figura es en realidad una síntesis de las investigaciones de Fiedler, en las que determinó que el líder orientado a las tareas sería el más efectivo en condiciones "desfavorables" o "favorables". En otras palabras, cuando su puesto le otorga al líder un poder débil, la estructura de las tareas es poco clara y las relaciones líder-miembros son más bien deficientes, la situación es desfavorable para el líder, y el líder más eficaz será el orientado a las tareas. (Cada punto de la gráfica representa hallazgos de un estudio de investigación; véase el extremo inferior derecho en referencia al líder orientado a las tareas.) En el otro extremo, en el que el poder otorgado por el puesto es fuerte, la estructura de las tareas clara y buenas las relaciones líder-miembros (lo que significa una situación favorable para el líder), Fiedler dedujo que también el líder orientado a las tareas será el más eficaz. Sin embargo, si la situación es apenas moderadamente desfavorable o favorable (la parte intermedia de la escala en la figura), el más eficaz será el líder orientado a las relaciones humanas.

En una situación altamente estructurada, como la propia de un ejército durante una guerra, en la que el líder posee fuerte poder de puesto y buenas relaciones con los miembros, priva una situación favorable, lo que apunta a la orientación a las tareas como más apropiada. El otro extremo, una situación desfavorable con relaciones moderadamente deficientes, tareas desestructuradas y débil poder del puesto, también apunta a la orientación a las tareas por parte del líder, el cual puede reducir la incertidumbre o ambigüedad susceptible de surgir de una situación laxamente estructurada. Entre estos dos extremos (la parte intermedia de la escala de la figura 15-4) se propone el método de subrayar la cooperación y las buenas relaciones con las personas.

LA INVESTIGACIÓN DE FIEDLER Y LA ADMINISTRACIÓN

Al repasar la investigación de Fiedler se descubre que ya sea en el estilo de orientación a las tareas o de orientación a la satisfacción de las personas no hay nada automático o intrínsecamente "positivo". La eficacia del liderazgo depende de los diversos elementos presentes en las condiciones de un grupo. Esto es justamente lo que cabría esperar. Una vez ubicados en el deseado papel de líderes, los administradores que aplican sus conocimientos a las realidades del grupo bajo su responsabilidad harán bien en darse cuenta de que practican un arte. Pero al mismo tiempo será imprescindible que tomen en consideración las motivaciones a las cuales responden los individuos y su capacidad para satisfacerlas en interés del cumplimiento de las metas de la empresa.

Varios estudiosos han puesto a prueba la teoría de Fiedler en diversas situaciones. Algunos de ellos han cuestionado el significado del puntaje de CTMP, mientras que

FIGURA 15-4

Modelo de liderazgo de
Fiedler.

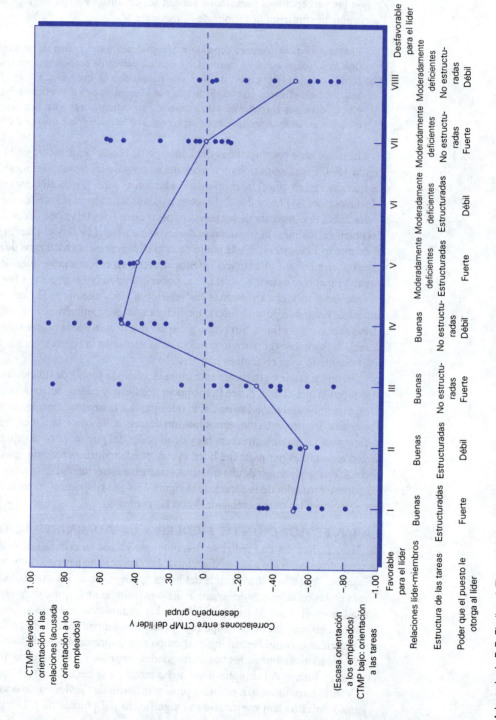

Adaptado de F. E. Fiedler, *A Theory of Leadership Effectiveness* (Nueva York, McGraw-Hill Book Company, 1967), p. 146. Se reproduce con autorización.

LIDERAZGO EFICAZ EN GRUPO FINANCIERO SERFIN

El Grupo Financiero Serfin, al igual que la mayoría de los bancos mexicanos, pasó momentos de apuro, poco después de haber sido privatizado, pero además de los problemas derivados de la cartera vencida, este banco sufría las consecuencias de una administración deficiente, tanto las desarrolladas durante el periodo del manejo gubernamental hasta las propias de la falta de experiencia bancaria de los nuevos propietarios y administradores.

El tercer banco en importancia del país, al privatizarse en 1992 había pasado a manos de Operadora de Bolsa (OBSA), firma de corretaje perteneciente a los propietarios de Vitro y Cydsa, mediante el mecanismo de subastas que se utilizó para su desincorporación, pagando 2.67 veces su valor en libros, sumando la operación 940 millones de dólares. Si bien de acuerdo con Adrián Sada González, principal accionista de Vitro y presidente del consejo de administración de Serfin, el pago por adquirir el banco fue relativamente bajo, es de señalarse que su estructura financiera era demasiado débil cuando arribó la crisis de 1995, por lo que ha sido uno de los bancos más dañados por sus efectos.

Así las cosas, en marzo de 1996 se decidió contratar a Adolfo Lagos, en ese momento director general adjunto de Bancomer. Este personaje, de quien se dice se ha "puesto en mangas de camisa", ha logrado después de innumerables esfuerzos revertir la desfavorable situación por la que atravesaba la institución, hasta lograr incluso una asociación con el Hong-Kong Shangai Bank Corporation, uno de los bancos más grandes a nivel mundial.

Al tomar las riendas, Adolfo Lagos se enfrentó, entre otros problemas, a una fuerte ineficiencia organizacional. No existía una medición del desempeño administrativo, llegando al grado de no contar con un sistema de costos que permitiese medir la eficiencia y eficacia reales de la estructura organizacional y, por consecuencia, tampoco se contaba con la capacidad de determinar qué áreas originaban los costos de operación, llegando al extremo de que únicamente se veían responsables de los ingresos, nunca de los gastos; es decir, a simple vista todas las áreas arrojaban resultados que las hacían ver como sumamente rentables.

Al cumplir su primer año al frente de Serfin, Lagos había logrado que los costos se redujeran 10% en términos reales. Sin embargo, lejos de contentarse con ese logro, Lagos se ha planteado como meta reducir el tamaño de la plantilla de personal, hasta dejarla en 12 000 empleados (durante el primer año de su gestión se despidió a 1 500 empleados y se espera que para 1999 se haya liquidado a otros 5 000).

Naturalmente que los recortes de personal son dolorosos para una economía que atraviesa una situación difícil como la mexicana; sin embargo, debido a que durante la administración de Lagos se ha optado por llevar a cabo los recortes con plena transparencia, informándole al sindicato con suficiente anticipación e incluso analizando conjuntamente las necesidades de recortes que mejoren la eficiencia del desempeño total de la institución, no de manera inesperada como se estilaba anteriormente, el líder sindical de los trabajadores de Serfin coincide en la necesidad de eliminar puestos de trabajo, particularmente cuando son redundantes o representan un exceso de burocracia, para poder salvar fuentes de empleo mediante una operación más eficiente y eficaz.

otros han argumentado que el modelo no explica el efecto causal del puntaje de CTMP en el desempeño. Algunos de los hallazgos no son estadísticamente significativos, y es probable que las medidas situacionales no sean del todo independientes del puntaje de CTMP.

A pesar de estas críticas, es importante reconocer que un estilo de liderazgo eficaz depende de la situación. Aunque bien puede ser que esta idea no sea nueva, Fiedler y sus colegas dirigieron la atención a este hecho y estimularon el desarrollo de muchas otras investigaciones.

Enfoque del camino-meta para la eficacia del liderazgo

La **teoría del camino-meta** postula que la principal función del líder es aclarar y establecer metas con sus subordinados, ayudarles a encontrar la mejor ruta para el cumplimiento de esas metas y eliminar obstáculos. Los defensores de este enfoque han estudiado el liderazgo en una gran variedad de situaciones.[23] Tal como lo expresó Robert House, esta teoría se basa en varias teorías sobre la motivación y el liderazgo de otros investigadores.[24]

Es preciso considerar otros factores que contribuyen a un liderazgo eficaz. Estos factores situacionales son: 1) las características de los subordinados, como sus necesidades, grado de seguridad en sí mismos y capacidades, y 2) las condiciones de trabajo, incluidos componentes tales como tareas, sistema de recompensas y relaciones con los compañeros de trabajo (véase figura 15-5).

La **conducta del líder** se clasifica en cuatro grupos:

1. En la conducta propia del *liderazgo de apoyo* se toman en consideración las necesidades de los subordinados, se muestra interés por su bienestar y se crea un ambiente

FIGURA 15-5

Enfoque del camino-meta para la eficacia del liderazgo.

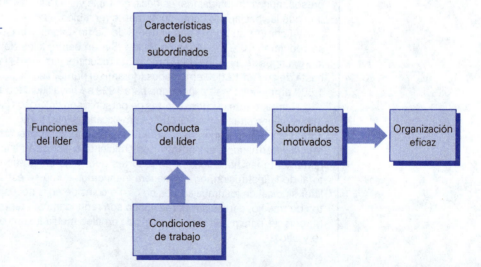

organizacional agradable. Esto ejerce el mayor impacto sobre el desempeño de los subordinados en caso de que se sientan frustrados o insatisfechos.

2. El *liderazgo participativo* permite a los subordinados influir en las decisiones de sus superiores y puede resultar en mayor motivación.

3. El *liderazgo instrumental* ofrece a los subordinados orientación más bien específica y aclara lo que se espera de ellos; incluye aspectos de planeación, organización, coordinación y control por parte del líder.

4. El *liderazgo orientado a logros* implica el establecimiento de metas ambiciosas, la búsqueda de mejoras del desempeño y la seguridad en que los subordinados alcanzarán elevadas metas.

Más que sugerir una preferencia por cierta modalidad de liderazgo, esta teoría propone que seleccionar un estilo u otro como el más apropiado depende de la situación. Situaciones ambiguas e inciertas pueden ser frustrantes para los subordinados, y demandar un estilo más orientado a las tareas. En otras palabras, cuando los subordinados están confundidos, el líder puede indicarles qué hacer y señalarles una ruta clara hacia las metas. Por otro lado, en tareas rutinarias como las de la línea de ensamble es probable que se consideren redundantes estructuras adicionales (como las usualmente provistas por los líderes orientados a las tareas); los subordinados pueden ver en esas acciones un deseo de ejercer un control excesivo, lo que a su vez puede resultar insatisfactorio. Para decirlo de otra manera, los empleados desean que el líder no se interponga en su camino, porque la ruta a seguir ya es suficientemente clara.

Esta teoría propone que la conducta del líder es aceptable y satisfactoria para los subordinados en la medida en que éstos la conciban como una fuente de satisfacción. Otra propuesta de la teoría es que la conducta del líder induce a los subordinados a incrementar sus esfuerzos (esto es, resulta motivadora para ellos) siempre y cuando 1) haga depender la satisfacción de las necesidades de los subordinados de un desempeño eficaz y 2) favorezca el ambiente de los subordinados por medio de la asesoría, dirección, apoyo y retribución.

La clave de esta teoría es que el líder influye en la ruta entre conducta y metas. Lo hace definiendo puestos y funciones, eliminando obstáculos al desempeño, integrando la participación de los miembros del grupo en el establecimiento de metas, promoviendo la cohesión grupal y el esfuerzo en equipo, incrementando las oportunidades de satisfacción personal en el desempeño laboral, reduciendo tensiones y controles externos, fijando expectativas claras y haciendo todo lo posible por satisfacer las expectativas de los individuos.

La teoría del camino-meta tiene enorme importancia para los administradores en ejercicio. No obstante, es preciso constatar al mismo tiempo la necesidad de pruebas adicionales del modelo antes de emplearlo como guía específica para la acción administrativa.

Liderazgo transaccional y transformacional[25]

Administrar supone la eficaz y eficiente realización de las funciones administrativas. Una de estas funciones se refiere a la dirección en general y al liderazgo en particular. Cabe distinguir entonces entre líderes transaccionales y transformacionales. Los **líderes transaccionales** identifican qué necesitan sus subordinados para cumplir sus objetivos, aclaran funciones y tareas organizacionales, instauran una estructura organizacional, premian el desempeño y toman en cuenta las necesidades sociales de sus seguidores. Trabajan intensamente e intentan dirigir a la organización con toda eficiencia y eficacia.

Los **líderes transformacionales** articulan una visión e inspiran a sus seguidores. Poseen asimismo la capacidad de motivar, de conformar la cultura organizacional y de crear un ambiente favorable para el cambio organizacional. Compañías como IBM y AT&T cuentan con programas para promover el liderazgo transformacional con el propósito de renovar rápidamente sus organizaciones a fin de que sean más sensibles a los veloces cambios en sus condiciones. Existen muchas semejanzas entre los líderes transformacionales y los carismáticos, aunque los primeros se distinguen en particular por promover el cambio y la innovación. Cuando se piensa en líderes carismáticos, vienen de inmediato a la mente personas como Winston Churchill, Martin Luther King y la Madre Teresa, quien inspiró a muchas personas gracias a sus desinteresados servicios en favor de los pobres.

Resumen

El liderazgo es el arte o proceso de influir en las personas para que contribuyan voluntaria y entusiastamente al cumplimiento de metas grupales. Para serlo, el líder requiere de seguidores. Existen varios enfoques para el estudio del liderazgo, los cuales van desde el enfoque de rasgos hasta el de contingencias. En uno de esos enfoques se establece una distinción entre tres estilos: autocrático, democrático o participativo y liberal.

En la rejilla administrativa se identifican dos dimensiones: la preocupación por la producción y la preocupación por las personas. Con base en estas dimensiones se determinan cuatro estilos extremos y uno "intermedio". El liderazgo también puede ser concebido como un *continuo*. En uno de los extremos de este *continuo* el administrador posee un alto grado de libertad, mientras que los subordinados disponen de uno muy limitado. En el otro extremo, la libertad del administrador es muy reducida, y muy amplia la de los subordinados.

Otro enfoque del liderazgo, sustentado en el supuesto de que los líderes son producto de situaciones dadas, se centra en el estudio de las situaciones. En el enfoque de contingencias de Fiedler se toman en cuenta el poder que su puesto le otorga al líder, la estructura de las tareas y las relaciones entre el líder y los miembros del grupo. La conclusión es que ningún estilo de liderazgo es mejor que otros y que los administradores pueden tener éxito si se encuentran en la situación adecuada. El enfoque del camino-meta del liderazgo señala que los líderes más eficaces son los que contribuyen a que sus subordinados cumplan tanto las metas de la empresa como sus metas personales. Los líderes transaccionales aclaran funciones y tareas, erigen una estructura y ayudan a sus seguidores a cumplir objetivos. Los líderes transformacionales articulan una visión, inspiran a los demás y transforman la organización. Los conceptos de liderazgo transformacional y carismático son similares.

Ideas y conceptos básicos

Para analizar

1. ¿Cuál considera usted la esencia del liderazgo?
2. ¿Qué relación existe entre la teoría y estilos de liderazgo y la motivación?
3. ¿Por qué se ha criticado tanto al enfoque de rasgos como medio para explicar el liderazgo?
4. ¿A qué atribuiría la enorme difusión de la rejilla administrativa como recurso de capacitación?
5. Elija un líder de empresa o político que admire e identifique su estilo de liderazgo aplicando la rejilla administrativa o el modelo del *continuo* de conducta de Tannenbaum y Schmidt.
6. ¿En qué consiste la teoría del liderazgo de Fiedler? Tras aplicarla a casos de líderes a los que conoce, ¿la juzga exacta?
7. ¿Cuáles son las ventajas y limitaciones del enfoque del camino-meta del liderazgo?
8. Si se le eligiera como líder de grupo para un proyecto escolar (la realización de un estudio de caso sobre una compañía en particular, por ejemplo), ¿qué estilo de liderazgo o conducta adoptaría? ¿Por qué?

Ejercicios/actividades

1. Analice una situación en la que haya fungido como líder. ¿Qué enfoque del liderazgo entre los expuestos en este capítulo le permitiría explicar por qué actuó como líder?
2. Analice uno de los casos de este libro mediante el método de grupos. Específicamente, el salón debe dividirse en grupos de unos cinco estudiantes cada uno. Cada grupo deberá elegir un representante, quien expondrá en clase el análisis del caso. En cada grupo, un observador (quien no participará en la discusión del caso) describirá las interacciones al interior del equipo. ¿Hubo un líder en el grupo? Si la respuesta es

"sí", ¿por qué se le consideró como líder? ¿Fue a causa de su personalidad, de los demás miembros del grupo (seguidores) o de la naturaleza de la tarea (situación)? Explique los procesos grupales con base en cualquiera de las teorías o conceptos de liderazgo tratados en este capítulo.

 # CASO INTERNACIONAL 15

¿QUIÉNES FUERON LOS MEJORES ADMINISTRADORES DE 1996?

En busca de los mejores administradores del mundo, la revista *Business Week* echó mano de su inmenso personal editorial global para identificar a 25 hombres y mujeres que hayan dado muestras de innovación, orientación al cliente, flexibilidad y alto desempeño financiero en 1996. He aquí algunos de los que fueron elegidos como "capitanes de industria":

• Philip M. Condit, director general de Boeing, convirtió a esta compañía en el gigante aeroespacial más grande del mundo gracias a la adquisición de su competidor McDonnell Douglas.
• Chris A. Davis dejó General Electric para convertirse en directora financiera de Gulfstream Aerospace, donde redujo costos gracias a su excelente conocimiento de las finanzas.
• Andrew S. Grove, director general de Intel, compitió favorablemente contra Motorola y Cyrix y todavía se dio tiempo para escribir un best-seller.
• Robert J. Eaton, presidente y director general, y Robert A. Lutz, vicepresidente de Chrysler, colocaron a esta compañía en una favorable posición competitiva contra sus rivales en Detroit. La tercera mayor empresa fabricante de automóviles de Estados Unidos, Chrysler fue la que obtuvo mayores utilidades en 1996 gracias a sus inversiones en ingeniería y manufactura.
• Louis V. Gerstner, Jr., presidente de IBM, aligeró a esta compañía y la condujo a nuevas áreas, como Internet. Asimismo, la reorientó hacia las necesidades de los clientes. El resultado fue un crecimiento de casi dos dígitos, que la compañía no alcanzaba desde hace siete años.
• William T. Esrey, presidente y director general de Sprint, incrementó en 19% el volumen de llamadas de larga distancia, aumento superior a los alcanzados por MCI y AT&T. Al mismo tiempo, obtuvo de sus clientes calificaciones de satisfacción más altas.
• William H. Gates III, director general de Microsoft, convirtió a su compañía en importante participante en la Red después de que se temía que su *software* Windows perdiera terreno a causa de Internet. Formó una fuerza de trabajo de 2 500 integrantes dedicada exclusivamente a Internet para enfrentar a su competidor Netscape.
• El enérgico John F. Welch, presidente y director general de General Electric (GE), no perdió su vigor a pesar de haber sido sometido a una operación en la que se le insertó un marcapasos cardiaco. Impulsó a su compañía en el sector de los servicios, aceleró su crecimiento y fortaleció el énfasis en la calidad. Muchas personas consideran a GE como la empresa más valiosa del mundo.

Entre los 25 mejores administradores fueron elegidos también cuatro directores generales no estadunidenses: Paolo Cantarella, de Fiat, Italia; Nobuyuki Idei, de Sony, Japón; Hiroshi Okuda, de Toyota, Japón, y Helmut Werner, de Mercedes-Benz, Alemania. Éste, por ejemplo, hizo de su compañía, anteriormente armadora de automóviles de lujo de precio excesivamente elevado, una empresa flexible y atenta a los costos y con una línea de productos más completa, entre ellos autos compactos y deportivos de bajo precio.

Quizá todas estas características de los administradores (visión, reducción de costos, innovación, concentración en el cliente y flexibilidad) contribuyeron por igual al éxito de quienes fueron elegidos como los mejores de 1996. Sin embargo, el éxito no depende únicamente de los administradores, sino también de las personas que los rodean, así como de la situación imperante.

Preguntas

1. Con base en sus conocimientos acerca de los administradores, la organización humana y las condiciones de una industria en particular, ¿qué factores considera usted que contribuyeron al éxito de los mejores administradores mencionados aquí?
2. ¿El éxito de esos administradores se debió a sus decisiones racionales o a su intuición?
3. ¿Hasta qué punto cree usted que el éxito de estos administradores se haya debido a la buena suerte?

Referencias

1. Jeremy Main, "Wanted: Leaders Who Can Make a Difference", en *Fortune*, 28 de septiembre de 1987, p. 102.
2. Kotter establece una distinción entre administración, relativa a la resolución de complejidades, y liderazgo, referente al enfrentamiento del cambio. Véase John P. Kotter, "What Leaders Really Do", en *Harvard Business Review*, mayo-junio de 1990, pp. 103-111.
3. Un libro reciente sobre liderazgo es el de Henry P. Sims, Jr., y Charles C. Manz, *Company of Heroes* (Nueva York, John Wiley & Sons, 1996). Manfred F. R. Kets de Vries, "The Leadership Mystique", en *Academy of Management Executive*, agosto de 1994, pp. 73-89.
4. Véase Bernard M. Bass, *Stogdill's Handbook of Leadership: A Survey of Theory and Research*, 3a. ed. (Nueva York, The Free Press, 1990).
5. Véase también Peter F. Drucker, "The Coming of the New Organization", en *Harvard Business Review*, enero-febrero de 1988, pp. 45-53.
6. "Why Herb Kelleher Gets So Much Respect from Labor", en *Business Week*, 24 de septiembre de 1984, pp. 112-114; "The Corporate Elite", en *Business Week*, 19 de octubre de 1990, p. 229.
7. Véase también Howard Gardner, *Leading Minds: An Anatomy of Leadership* (Nueva York, Basic Books, 1995); Warren Bennis, "The Leader as Storyteller", en *Harvard Business Review*, enero-febrero de 1996, pp. 154-160.
8. Jeremy Main, "Wanted: Leaders Who Can Make a Difference", en *Fortune*, 28 de septiembre de 1987, pp. 92-102.
9. Gary Yukl, "Managerial Leadership: A Review of Theory and Research", en *Journal of Management*, vol. 15, núm. 2 (1989), pp. 251-289; Gary Yukl, *Leadership in Organizations*, 3a. ed. (Englewood Cliffs, Prentice-Hall, 1994).
10. Main, "Wanted: Leaders" (1987).
11. Para una explicación acerca de los rasgos del liderazgo, véase Gary A. Yukl, *Leadership in Organizations* (Englewood Cliffs, N.J.; Prentice-Hall, 1981), cap. 4.
12. David A. Kenny y Stephen J. Zaccaro, "An Estimate of Variance Due to Traits in Leadership", en *Journal of Applied Psychology*, noviembre de 1983, pp. 678-685.
13. Ralph M. Stogdill, *Handbook of Leadership: A Survey of Theory and Research* (Nueva York, The Free Press, 1974). Véase también un estudio anterior del mismo

autor, "Personal Factors Associated with Leadership: A Survey of the Literature", en *Journal of Psychology*, vol. 25 (1948), pp. 35-71. Para una exposición de los rasgos del liderazgo entre los rusos, véase Sheila M. Puffer, "Understanding the Bear: A Portrait of Russian Business Leaders", en *The Academy of Management Executive*, febrero de 1994, pp. 41-54.

14. Shelley A. Kirkpatrick y Edwin A. Locke, "Leadership: Do Traits Matter?", en *Academy of Management Executive*, mayo de 1991, pp. 48-60.

15. Judy B. Rosener, "Ways Women Lead", en *Harvard Business Review*, noviembre-diciembre de 1990, pp. 119-125.

16. Robert R. Blake y Jane Mouton, *The Managerial Grid* (Houston, Tex.; Gulf Publishing Company, 1964) y *Building a Dynamic Corporation through Grid Organization Development* (Reading, Mass.; Addison-Wesley Publishing Company, 1969). El concepto de rejilla fue afinado en Robert R. Blake y Jane S. Mouton, *The Versatile Manager: A Grid Profile* (Homewood, Ill.; Richard D. Irwin, 1981) y *The Managerial Grid III* (Houston, Tex.; Gulf Publishing Company, 1985); Robert R. Blake y Anne Adams McCanse, *Leadership Dilemmas — Grid Solutions* (Houston, Gulf Publishing, 1991).

17. Robert Tannenbaum y Warren H. Schmidt, "How to Choose a Leadership Pattern", en *Harvard Business Review*, marzo-abril de 1958, pp. 95-101. Véase también Heinz Weihrich, "How to Change a Leadership Pattern", en *Management Review*, abril de 1979, pp. 26-28, 37-40.

18. Tannenbaum y Schmidt, "How to Choose a Leadership Pattern", reimpreso con un comentario de los autores en *Harvard Business Review*, mayo-junio de 1973, pp. 162-180.

19. La información incluida en este recuadro de "Perspectiva" procede de varias fuentes, entre ellas Lawrence Ingrassia, "A Revitalized ITALTEL Wants to Test Wings in the Global Market", en *The Wall Street Journal*, 17 de junio de 1985; Parker Hodges, "The Continental Challenge", en *Datamation*, 1o. de noviembre de 1985; "ITALTEL's New Chief Gets What She Wants", en *Business Week*, 30 de abril de 1984; "European Companies Link Up for Strategic Growth", en *International Management*, junio de 1985, y correspondencia personal.

20. Fred E. Fiedler, *A Theory of Leadership Effectiveness* (Nueva York, McGraw-Hill Book Company, 1967). Véase también Fred E. Fiedler y Martin M. Chemers, *Leadership and Effective Management* (Glenview, Ill.; Scott, Foresman and Company, 1974); Fred E. Fiedler y Martin M. Chemers, con Linda Mahar, *Improving Leadership Effectiveness* (Nueva York, John Wiley & Sons, 1977).

21. Fiedler, *A Theory of Leadership Effectiveness* (1967), p. 41.

22. Fiedler, p. 261.

23. Para un metanálisis de las investigaciones sobre la teoría del camino-meta, véase Julie Indvik, "Path-Goal Theory of Leadership: A Meta-Analysis", en John A. Pearce II y Richard B. Robinson, Jr. (eds.), *Academy of Management Best Papers — Proceedings*, 1986, cuadragésima sexta Asamblea Anual de la Academy of Management, Chicago, 13-16 de agosto de 1986, pp. 189-192.

24. Robert J. House, "A Path-Goal Theory of Leadership Effectiveness", en *Administrative Science Quarterly*, septiembre de 1971, pp. 321-338; Robert J. House y Terence R. Mitchell, "Path-Goal Theory of Leadership", en Harold Koontz, Cyril O'Donnell y Heinz Weihrich (eds.), *Management: A Book of Readings*. 5a. ed. (Nueva York, McGraw-Hill Book Company, 1980), pp. 533-540; Alan C. Filley, Robert J. House y Steven Kerr, *Managerial Process and Organizational Behavior* (Glenview, Ill.; Scott, Foresman and Company, 1976), cap. 12.

25. James M. Burns, *Leadership* (Nueva York, Harper & Row, 1978); Bernard M. Bass, "Leadership: Good, Better, Best", en *Organizational Dynamics*, invierno de 1995, pp. 26-40; Noel M. Tichy y David O. Ulrich, "The Leadership Challenge — A Call for the Transformational Leader", en *Sloan Management Review*, otoño de 1984, pp. 59-68.

Al terminar este capítulo, usted podrá:

1. Explicar la naturaleza de diversos tipos de comités.
2. Señalar las razones para la formación de grupos y comités, con especial atención a su empleo para la toma de decisiones.
3. Exponer las desventajas de los comités, especialmente en la toma de decisiones.

Capí
dieciséis

Comités, equipos y toma grupal de decisiones*

* El tema de la toma de decisiones también fue tratado en el capítulo 6.

4. Explicar la naturaleza de los comités ejecutivos plurales y el consejo de administración.
5. Señalar los usos erróneos de los comités.
6. Exponer los requisitos para el uso eficaz de los comités.
7. Comprender la utilidad de los equipos.
8. Describir las ventajas y desventajas de pequeños grupos diferentes a los comités en la administración.

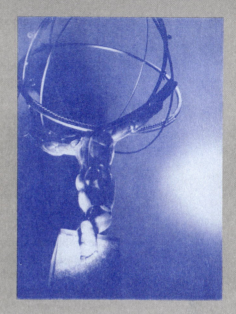

tulo

Los comités cumplen funciones legítimas, y si se les emplea adecuadamente constituyen un instrumento administrativo invaluable.[1]

CYRIL O'DONNELL

Los comités son uno de los recursos más comunes de las organizaciones. Ya sea que se les llame "consejo", "comisión", "fuerza de tarea", "equipo", "equipo autodirigido", "grupo de trabajo autodirigido" o "grupo de trabajo autónomo", su naturaleza esencial es similar. Un **comité** *es un conjunto de personas encargado como grupo de un asunto.* Esta característica de acción grupal es la que distingue a los comités de otros recursos organizativos, aunque, como veremos, no todos los comités implican la toma grupal de decisiones. Un equipo también consta de personas que trabajan en favor de un propósito común.

Los comités son una realidad de la vida organizacional. Aunque se les ha criticado enormemente, cuando las reuniones de comités son conducidas debidamente y sirven para el propósito indicado, pueden resultar en mayor motivación, más atinada solución de problemas y mayor producción. En un estudio realizado entre los suscriptores de la revista *Harvard Business Review* sólo el 8% de las personas sondeadas dijeron que, si estuviera en su poder, eliminarían a los comités.[2] Así pues, el problema no es la existencia de los comités, sino la manera en la que se les conduce y emplea.

Naturaleza de los comités

Dado que el grado de autoridad concedida a los comités es muy variado, priva gran confusión sobre su naturaleza.

Procesos grupales en los comités

Se asegura que los grupos pasan por cuatro etapas: 1) formación (conocimiento de los miembros del grupo entre sí), 2) tormenta (los miembros del grupo determinan el objetivo de su acción conjunta; surgen conflictos), 3) reglamentación (el grupo conviene normas y ciertas reglas de conducta) y 4) desempeño (el grupo se aplica a su tarea). Estas características son propias de la mayoría de los grupos, pero éstos no siguen necesariamente la misma secuencia.

Las funciones que cumplen las personas en los comités son muy específicas. Algunas buscan información, otras la proporcionan. Algunas intentan alentar a las demás a contribuir, otras son seguidores. Finalmente, algunas intentan coordinar las acciones del grupo o concertar negociaciones cuando surgen conflictos, mientras que otras adoptan un papel más agresivo.

Para que su intervención en un grupo resulte eficaz, los individuos no deben limitarse a escuchar los mensajes verbales, sino también observar el comportamiento no verbal. Advertir además el lugar en el que se sienta cada miembro durante las reuniones grupales puede ofrecer ciertos indicios sobre los lazos sociales entre los participantes en el comité. Es común que quienes se conocen bien se sienten juntos. La distribución de los lugares en una reunión puede ejercer cierto impacto sobre la interacción grupal. Por lo general el individuo al mando ocupa la cabecera de una mesa rectangular. En Daimler-Benz, compañía fabricante de los automóviles Mercedes Benz, el consejo de administración se reúne en torno a una mesa redonda para moderar el predominio del individuo al mando.

Funciones y grado de formalidad de los comités

Algunos comités asumen funciones administrativas, pero otros no. Algunos toman decisiones, mientras que otros sencillamente deliberan sobre los problemas sin autoridad para decidir. Algunos poseen autoridad para presentar propuestas a un administrador, quien puede aceptarlas o no, mientras que el propósito de otros es recibir información sin tomar decisiones ni hacer propuestas.

Un comité puede ser de línea o de *staff*, dependiendo de su autoridad. Si su autoridad implica la toma de decisiones que afectarán a los empleados dado que éstos serán los responsables de ejecutarlas, el grupo recibe el nombre de comité **ejecutivo plural**, comité de línea que también ejerce funciones administrativas; si su relación de autoridad con un superior es de asesoría, se trata entonces de un comité *staff*.

Los comités también pueden ser formales o informales. Si se les establece como parte de la estructura organizacional, con deberes y autoridad específicamente delegados, son *formales*. La mayoría de los comités con cierto grado de permanencia pertenecen a esta categoría. Los comités *informales* se organizan sin que se les delegue autoridad específicamente, sino sencillamente para que realicen acciones de análisis grupal o de decisión grupal sobre un problema en particular. Un administrador, por ejemplo, puede verse de pronto frente a un problema para resolver, el cual precise de la asesoría o acuerdo de otros administradores o especialistas fuera de su departamento. Así, puede convocar a una reunión especial a efecto de resolver el problema.

Los comités pueden ser relativamente *permanentes* o *temporales*. Es de suponer que los comités formales sean más permanentes que los informales, aunque no necesariamente es así. El presidente de una compañía puede disponer el establecimiento de un comité formal, conforme las medidas previstas en la estructura organizacional, con el único propósito de que estudie la conveniencia de construir una nueva fábrica, una vez hecho lo cual se le desintegrará de inmediato. A su vez, un comité informal instituido por el administrador de una fábrica para brindar asesoría sobre el mejoramiento de la calidad de la producción o para intervenir en una mejor coordinación entre las fechas de entrega y los compromisos de ventas podría perdurar indefinidamente.

Sin embargo, el hecho de que un ejecutivo llame sencillamente a sus colaboradores a su oficina o conferencie con jefes de departamento no significa por sí solo que se esté procediendo a la formación de un comité. En ocasiones resulta difícil trazar una distinción clara entre comités y pequeños grupos de otra especie. La característica esencial del comité es que se trata de un grupo encargado de abordar un asunto o problema específico.

Empleo de comités en diferentes organizaciones

En todo tipo de organizaciones se hace un amplio uso de comités. En cuanto al sector gubernamental, todo cuerpo legislativo cuenta con un gran número de comités permanentes y especiales. En el sector educativo, es común que la autoridad de rectores y directores administrativos de facultades universitarias se vea restringida por la existencia de toda suerte de comités, en interés de la libertad académica y en respuesta al recelo que suele causar en estos medios el poder administrativo. En una gran universidad estadunidense, más de 300 comités permanentes tienen injerencia en cuestiones administrativas o prestan asesoría en relación con las políticas de la institución.

Los comités también están presentes en las empresas. Un consejo de administración es un comité, como lo son también los diversos grupos que lo componen, como el comité ejecutivo, el comité de finanzas, el comité de auditoría y el comité de calificación para

PERSPECTIVA INTERNACIONAL

COMITÉS DISEÑADOS PARA ORIENTAR AL CLIENTE

Debido a lo extremamente delicado que resulta el manejo de los fondos para las pensiones de los trabajadores, la autoridad competente, la Comisión Nacional del Sistema del Ahorro para el Retiro o CONSAR, ha determinado que cada una de las empresas autorizadas a administrar los recursos que integran dichos fondos (AFORES) formen diversos comités para auxiliar en la toma de decisiones de inversión a los responsables de la administración.

Un *comité de inversión* se encarga del diseño de las estrategias que orientarán las decisiones de inversión que la empresa realizará para obtener las utilidades que pemitirán proporcionar a los trabajadores el ahorro necesario para que gocen de una pensión adecuada. El *comité de valuación* persigue como objetivo brindar una valuación diaria del valor de las acciones de la AFORE. Además, dentro del sistema de administración de cada AFORE existe un *comité de riesgo*, cuyo objetivo es medir el grado de riesgo al que se encuentran sometidas las inversiones de los fondos provenientes del ahorro de los trabajadores.

Durante el primer año de operación del reformado Sistema del Ahorro para el Retiro la labor de estos comités no será de gran impacto, toda vez que en ese periodo únicamente podrán invertir en valores de deuda emitidos por el gobierno mexicano, los que se consideran prácticamente sin riesgo. Sin embargo, a partir del segundo año de operación, los fondos de los trabajadores que así lo autoricen podrán ser invertidos en instrumentos con mayor grado de riesgo, como bonos corporativos e incluso acciones de empresas que cotizan en la Bolsa Mexicana de Valores. Es decir, a partir de ese momento la única forma de garantizar a los trabajadores los rendimientos que requerirán para formar un fondo que les permita contar con una pensión digna, será una administración eficiente y eficaz del portafolio de inversiones. Por tal motivo, el profesionalismo de los comités antes mencionados se convertirá en un elemento clave del éxito del sistema mexicano de pensiones para los trabajadores.

Los comités de inversiones y de riesgos también se utilizan en las sociedades de inversión, que actúan como intermediarios entre el público ahorrador y el mercado bursátil de México, con el fin de garantizar a los pequeños ahorradores e inversionistas que las decisiones sobre el destino de sus inversiones se toman con base en sólidos criterios de administración de portafolios, criterios que además son evaluados a la luz de las cambiantes condiciones de los mercados financieros, tanto nacionales como internacionales.

bonos. Ocasionalmente, la dirección de una empresa es ejercida por un comité administrativo, no por un presidente. Además, casi invariablemente los presidentes de compañías disponen de una amplia variedad de comités, entre ellos comités de administración o políticas, comités de planeación, comités de revisión de salarios y sueldos, comités de conciliación, equipos de trabajo para proyectos particulares y muchos otros comités permanentes y especiales. Más aún, es frecuente que en cada nivel de la estructura organizacional existan uno o más comités. Un caso, quizá extremo, del empleo de comités en un gran banco aparece en la figura 16-1.

Razones del empleo de comités

No se necesita llegar muy lejos para descubrir las razones del amplio uso de los comités. Aunque suele pensarse que los comités son de origen democrático y propios por lo tanto de una sociedad democrática, las razones de su existencia van más allá del mero deseo de promover la participación grupal. También en organizaciones autoritarias, como lo es la República Popular China, se hace un amplio uso de comités.

Deliberación y criterios grupales

Quizá el motivo más importante de la frecuente formación de comités sea la ventaja de contar con un medio para la deliberación y el criterio grupal, expresión del adagio "dos cabezas piensan más que una". No es común que los problemas administrativos más importantes correspondan exclusivamente a una sola función empresarial, como producción, ingeniería, finanzas o ventas. En su mayoría, los problemas requieren de más conocimientos, experiencia y juicio que los que es capaz de poseer un solo individuo.

De esto no debe inferirse, sin embargo, que la simple creación de un comité ofrezca por sí misma un criterio grupal. El especialista *staff* que se entrevista individualmente con muchas personas en cierta fase de la solución de un problema puede obtener un criterio grupal sin la necesidad de formar un comité. De igual manera, un ejecutivo puede solicitar análisis y propuestas a sus subordinados más importantes o a otros especialistas. A veces es posible obtener un criterio grupal más eficientemente, en términos de tiempo, que mediante las deliberaciones de un comité.

No obstante, una de las ventajas de la deliberación y los criterios grupales, que no podría obtenerse sin la congregación de un comité, es la discusión de ideas y el examen de un asunto con la intervención de todos los participantes. Los comités pueden contribuir al aclaramiento de problemas y al desarrollo de nuevas ideas. Se ha comprobado que estas interacciones grupales son especialmente ilustradoras en cuestiones relacionadas con las políticas de las empresas. Es un hecho que en ocasiones la deliberación grupal puede ser mejor que el criterio individual.

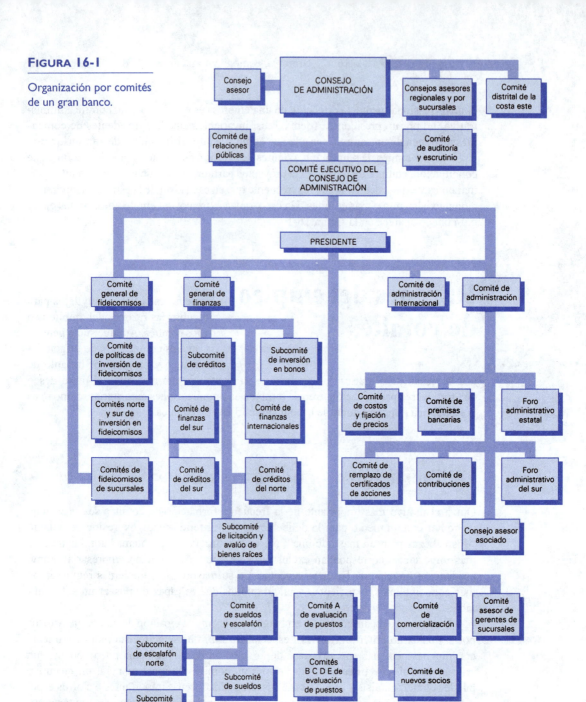

FIGURA 16-1

Organización por comités
de un gran banco.

Este banco complementó su estructura organizacional administrativa con gran cantidad de comités y subcomités. Todos estos grupos ejercen influencia en políticas y decisiones administrativas, y algunos de ellos (como el comité de evaluación de puestos) toman decisiones. Otros, como el consejo asesor del consejo de administración y los consejos asesores regionales y por sucursales, operan sólo en funciones de asesoría. De igual manera, los comités generales de fideicomisos toman decisiones. La mayoría de los comités cuentan con miembros ejecutivos u otros administradores clave de todos los departamentos y divisiones importantes de la empresa. El consejo asesor asociado, sin embargo, consta de administradores de nivel inferior o de empleados a punto de ser ascendidos a puestos administrativos. Aunque realiza importantes análisis y proyectos y asesora a grupos de administradores ejecutivos, su principal propósito es capacitar a administradores asociados para futuras responsabilidades mayores en el banco.

Temor al exceso de autoridad en una sola persona

Otro de los motivos del extenso empleo de comités es el temor de delegar excesiva autoridad a una sola persona. Especialmente pronunciado en el ámbito gubernamental, este temor fue la causa de que los autores de la Constitución Política de Estados Unidos previeran no sólo el establecimiento de una legislatura bicameral y de una Suprema Corte integrada por múltiples miembros, sino también la división de poderes entre el Congreso, la Suprema Corte y el presidente. Aun así, a pesar del temor a la centralización de autoridad, dispusieron también que la *administración* de las leyes recayera en manos de una sola persona, el jefe del Ejecutivo. No obstante, y como bien pudo comprobarlo el ex presidente Nixon, la legislatura cuenta con el poder para remover al presidente u obligarlo a renunciar.

El motivo de que se establezca un comité para hacer propuestas en relación con un problema puede ser la renuencia de un director general o jefe de departamento a asumir plena responsabilidad sobre una decisión. Los comités de bonos, para decidir el monto y distribución de bonos a administradores sobresalientes, son un ejemplo de ello. También es frecuente que las principales políticas financieras y de inversión de capital sean diseñadas por comités, debido en parte a la resistencia a ceder a un solo individuo toda la autoridad sobre decisiones tan importantes.

Representación de grupos interesados

La representación desempeña un importante papel en el establecimiento y conformación de comités en las empresas. Es costumbre que los miembros de los consejos de administración sean seleccionados con base en los grupos interesados en la compañía y, más a menudo quizá, en los grupos en los que la compañía se interesa. Cuando los ejecutivos enfrentan problemas internos especialmente difíciles que involucran a administradores y especialistas de varios departamentos y actividades, pueden optar por elegir a los miembros de comités en tal forma que las partes interesadas queden debidamente representadas.

Coordinación de departamentos, planes y políticas

Priva el consenso de que los comités son muy útiles para coordinar actividades entre varias unidades organizacionales. También lo son para coordinar e instrumentar planes y políticas. La dinámica de las empresas modernas suele imponer una pesada carga a los administradores en lo que se refiere a la integración de planes y actividades.

Un comité permite a los individuos no sólo obtener conocimiento de primera mano de planes y sus funciones en la ejecución de éstos, sino también hacer sugerencias para su mejora.

Transmisión y compartimiento de información

Los comités son útiles para transmitir y compartir información. Todos los miembros de un grupo afectados por un problema o proyecto mutuo pueden informarse sobre éste simultáneamente, y las decisiones e instrucciones pueden ser recibidas de manera uniforme, con adicionales oportunidades de aclaración. Esto puede permitir ahorrar tiempo. Mediante la comunicación verbal directa se aclaran mejor todas las confusiones que a través de memorándums, por bien redactados que estén.

Consolidación de la autoridad

El administrador de un departamento, sucursal o sección sólo posee por lo general una porción de la autoridad necesaria para llevar a cabo un programa. Como se indicó en el capítulo 9, esto se conoce como autoridad dividida. Uno de los medios para resolver los problemas que implica esta situación es remitirlos a niveles superiores en la jerarquía organizacional hasta que lleguen al punto donde reside la autoridad implicada. Sin embargo, este punto suele ser la oficina del presidente de la compañía, y bien puede ocurrir que un problema no sea tan importante como para que se le decida en ese nivel.

Un cliente de una compañía fabricante de máquinas herramienta, por ejemplo, puede requerir un ligero pero inusual cambio en el diseño de una pieza de equipo. Se remite por lo tanto al departamento de ventas, el cual (en caso de no existir un procedimiento establecido para la tramitación de cambios de este tipo) no puede proceder en este campo sin la autoridad del departamento de ingeniería, el departamento de producción y el departamento de estimación de costos. En estas circunstancias, el gerente de ventas podría establecer un comité de propósito especial para el estudio del problema, la obtención de un acuerdo sobre la naturaleza y costo del cambio y la aplicación de la autoridad combinada de sus miembros para aprobar la petición.

El uso informal de comités da mucha flexibilidad a una organización. Sin embargo, la consolidación de la autoridad fragmentada mediante la creación de un comité debe someterse a una atenta vigilancia. Se debe determinar la necesidad o no de modificar la estructura organizacional a fin de concentrar en un solo puesto la autoridad indispensable para la toma de decisiones *recurrentes*.

Motivación mediante la participación

Los comités permiten una amplia participación en la toma de decisiones. Es común que las personas que intervienen en la planeación de un programa o en la toma de una decisión se muestren más entusiastas tanto en su aceptación como en su ejecución. Pero incluso una participación limitada puede ser de gran utilidad.

El empleo de comités para motivar a los subordinados a que apoyen un programa o decisión implica un hábil manejo de la situación. De ninguna manera está garantizado que deliberaciones de este tipo inciten automáticamente un apoyo entusiasta, pues lo mismo pueden resultar en la profundización de las diferencias ya existentes entre los participantes. Por otra parte, hay personas que aparentemente se oponen a todo a menos de que se se les haya consultado previamente. Así, dirigir intereses en conflicto hacia la consecución de objetivos comunes supone una gran habilidad por parte del individuo al mando.

Elusión de acciones

No se puede negar que en ocasiones los administradores crean comités para eludir acciones. Uno de los medios más eficaces para retrasar la solución de un problema o incluso posponer indefinidamente una decisión es crear un comité (y a veces varios subcomités) que se encarguen de estudiar el asunto. En ocasiones, la selección de ciertas personas como miembros de un comité persigue la intención de retrasar las acciones.

Desventajas de los comités

Aunque existen muchas buenas razones en pro de la existencia de los comités, éstos no dejan de presentar ciertas desventajas. Los comités son costosos; pueden resultar en compromiso del tipo "mínimo común denominador", en los que apenas si se salva lo esencial; pueden conducir a la indecisión; pueden ser autodestructivos; pueden provocar la dispersión de la responsabilidad, y, finalmente, pueden provocar situaciones en las que unas cuantas personas impongan su voluntad sobre la mayoría.

Alto costo en tiempo y dinero

La acción de los comités puede ser muy costosa en términos de tiempo. El desarrollo de las labores de un comité puede implicar a sus miembros recorrer grandes distancias para acudir a una reunión. Durante ésta, todos los miembros del grupo tienen derecho a ser escuchados, a que sus puntos de vista sean puestos a discusión, a refutar y examinar en

PERSPECTIVA

¿QUÉ DICE LA GENTE SOBRE LOS COMITÉS?

Expresiones como las siguientes reflejan actitudes desdeñosas acerca de los comités:

"Un camello es un caballo diseñado por un comité."

"Un comité se compone de incapaces elegidos por un indispuesto a hacer lo innecesario."

"Un comité es un grupo donde la soledad del pensamiento se remplaza con la unidad de la nada."

común las intervenciones de los demás y a analizar los motivos de la que deberá considerarse como la conclusión grupal. Aunque valiosa para el énfasis y la claridad, la expresión oral no suele ser concisa, aparte de lo cual "pensar en voz alta" representa a veces una pérdida de tiempo para quienes deben escuchar. Si se supone que el comité debe llegar a una decisión unánime o casi, es probable que la discusión se prolongue. Y cuando es posible determinar rápidamente una decisión, una reunión de este tipo bien podría resultar innecesaria en primera instancia.

También el costo económico de las discusiones de un comité puede ser muy elevado. A este respecto se debe tomar en cuenta no sólo el costo del tiempo de los ejecutivos, sino también, y en aún mayor medida, el costo que representa para la compañía la pérdida de tiempo de los ejecutivos, tiempo que de otra manera se habría dedicado a importantes deberes. No obstante, es muy probable que el costo del tiempo de los ejecutivos en una reunión sea inferior al representado por las entrevistas individuales de un superior con sus subordinados.

Este costo en tiempo y dinero se vuelve sumamente desventajoso cuando a un comité se le encomienda un problema que podría ser resuelto igual o mejor por un individuo, o por un individuo con la ayuda de un equipo más reducido y de salario inferior. En consecuencia, por lo general es necesario realizar un análisis de costo/beneficio sobre la conveniencia o no de establecer un comité.

Negociación del "mínimo común denominador"

Cuando es necesario que un comité llegue a alguna conclusión o decisión, se corre el riesgo de que sus acciones no resulten en una solución óptima. Si el asunto en consideración es tan simple que no da lugar a diferencias de opinión, es probable que el uso del tiempo del comité signifique un desperdicio. Si surgen diferencias de opinión, el punto en el cual coinciden todos o la mayoría de los miembros del comité tiende a ser el "mínimo común denominador". Con frecuencia, este curso de acción no es tan firme ni positivo como el que podría emprender un individuo, al que le bastaría con considerar los hechos desde su punto de vista para llegar después a una conclusión.

Existe el peligro de lograr compromisos al nivel del "mínimo común denominador". Es común que, a causa de la cortesía, el respeto mutuo y la humildad, los grupos pretendan llegar a conclusiones con las que estén de acuerdo todos sus miembros. Dado que a menudo quienes son seleccionados como miembros de un comité pertenecen al mismo nivel de una organización, es comprensible la renuencia a obligar a un miembro recalcitrante del grupo de opinión minoritaria a aceptar una conclusión. No obstante, esto hace más probable que las decisiones que se tomen sean débiles.

Indecisión

Otra desventaja de los comités es que la discusión de temas periféricos o tangenciales suele robar tiempo muy valioso y resultar en el aplazamiento de decisiones sin posibilidad de acción. Además, en las reuniones de comité existen habitualmente una agenda oficial y una oculta. Ésta se compone de los motivos individuales de los miembros del grupo. No es raro que estos motivos impidan que el comité llegue a acuerdos sobre el tema oficial a discusión.

Tendencia a la autodestructividad

La imposibilidad de decidir puede darle la oportunidad a la persona al mando o a un influyente miembro del grupo de obligar al comité a adoptar como propia una decisión impuesta. Casi invariablemente una persona emerge como líder de un grupo. Pero cuando una persona adopta una actitud dominante, se altera la naturaleza del comité en cuanto que grupo de iguales para la toma de decisiones. Lo que surge es, en cambio, un ejecutivo con un grupo de seguidores o asesores. Los ejecutivos se engañan al creer que un comité opera como un grupo de iguales sobre principios de administración grupal cuando en realidad el "equipo" se compone de asesores subordinados o de seguidores de un líder siempre dispuestos a decir que sí.

Dispersión de la responsabilidad

Cuando a un grupo se le delega autoridad para estudiar un problema, hacer propuestas o tomar una decisión, es un hecho que la autoridad se dispersa en el grupo. Así, cada uno de sus miembros tiende a asumir distinto grado de responsabilidad, a diferencia de lo que ocurriría si se les encomendara personalmente la misma tarea. La dispersión de la responsabilidad es una de las mayores desventajas de los comités. Puesto que nadie se asume como personalmente responsable de las acciones del grupo, nadie adopta una responsabilidad personal sobre las acciones que éste emprenda.

Tiranía de unos cuantos

Como ya se señaló, los comités tienden a buscar conclusiones o decisiones unánimes o casi unánimes. De este modo, se ofrecen condiciones para que unos cuantos miembros del grupo, cuya opinión quizá sea minoritaria, impongan su voluntad sobre la mayoría. Ya sea que insistan en que se acepte su posición o la postura resultante de una negociación, pueden ejercer una indeseable tiranía sobre los demás. De acuerdo con el sistema legal estadunidense, un miembro de un jurado goza de esta prerrogativa. En lo particular, los autores de este libro conocimos el caso de un importante comité compuesto por nueve miembros en el que se implantó la tradición de llegar a acuerdos unánimes. Lo cierto es que este comité estaba controlado por uno solo de sus miembros y no por la fuerza de su liderazgo, sino por su derecho a retener su voto.

El ejecutivo plural y el consejo de administración[3]

La mayoría de los comités son de naturaleza no administrativa. Sin embargo, ciertos grupos reciben la autoridad para tomar decisiones y desempeñar una o la totalidad de las funciones administrativas de planeación, organización, integración de personal, dirección y control. A este tipo de comités se les conoce como **ejecutivo plural**. Un ejemplo de ellos es el consejo de administración.

Autoridad del consejo de administración

No es fácil determinar el grado de autoridad para administrar y tomar decisiones de que goza un ejecutivo plural. Es evidente que ciertos comités, como el consejo de administración, poseen tal autoridad, pero bien podría ocurrir que no la ejercieran.

Es común que la figura dominante de un consejo de administración sea su presidente, y que los demás miembros no pasen de ser sus asesores. En otras palabras, ejecutivo plural no siempre es lo que parece, dado que por lo general es sólo un ejecutivo el que toma las decisiones.

Papel del ejecutivo plural en la elaboración de políticas

El ejecutivo plural participa habitualmente en el campo de la estrategia o elaboración de políticas.[4] Muchas compañías cuentan con un comité ejecutivo o administrativo encargado de la elaboración de los planes más importantes y de la adopción de las estrategias básicas. Tales comités reciben diversos nombres: General Motors cuenta con comités ejecutivo y de finanzas, United States Rubber Company con un comité de políticas de operación, Sun Chemical Company con un comité administrativo, Lockheed Aircraft Corporation con un comité de políticas corporativas y Koppers Company con un comité de políticas.

El grado de autoridad de estos comités varía considerablemente, aunque quizá su influencia en la toma de decisiones sea mayor en la planeación estratégica que en otras áreas. Estos comités también participan en el control, ya que su interés en los planes estratégicos debe complementarse con la comprobación de que los hechos responden a las decisiones.

Adicionalmente, estos comités suelen ser útiles para la solución de diferencias de opinión o el arbitraje en cuestiones de jurisdicción organizacional. El ejecutivo plural es un árbitro ideal en caso de disputas, ya que la solución planteada por un grupo resultará más aceptable para las partes contendientes, las que sin duda la considerarán más imparcial que la de un árbitro a título individual.

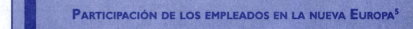

PARTICIPACIÓN DE LOS EMPLEADOS EN LA NUEVA EUROPA⁵

A medida que la Comunidad Europea avance en la unificación de sus países miembros, se tendrá que seleccionar el modelo de democracia industrial o participación de los empleados en las decisiones administrativas más adecuado. Este asunto será especialmente crítico en el caso de fusiones transfronterizas. Las compañías pueden optar entre tres modelos de participación de los empleados. El primero de ellos se basa en la legislación alemana de codeterminación (*Mitbestimmung*). Este enfoque consiste en la elección por las empresas de la mitad del consejo de supervisión cuando el número de empleados excede de 1 000. El segundo modelo se basa en los consejos de operaciones propios sobre todo de los países de la Benelux (comunidad integrada por Bélgica, los Países Bajos y Luxemburgo). Representantes de los empleados tienen acceso a los informes financieros y se les consulta también antes de las reuniones del consejo. El tercero es el modelo tradicional de negociación colectiva. Sin embargo, este modelo puede modificarse con la inclusión de ciertos aspectos de los dos anteriores.

Los comités que tienen éxito en la formulación de estrategias dependen para ello de la precisa y adecuada labor del personal *staff*. Difícilmente un comité podría por sí solo desarrollar una propuesta, pronosticar las probables utilidades y costos de diversos cursos de acción o investigar los numerosos factores tangibles e intangibles que influyen en una decisión básica. Todos éstos son asuntos que requieren de estudio, y un comité es un organismo notoriamente deficiente para la realización de estudios o investigaciones. Por lo tanto, para que la deliberación grupal sea productiva es necesario que se desarrollen y presenten datos y análisis a fin de que los miembros del comité cuenten con la información indispensable para sustentar una decisión.

Papel del ejecutivo plural en la ejecución de políticas

En ciertas compañías puede hacerse una distinción entre la elaboración de políticas y la ejecución de políticas. La primera puede referirse fundamentalmente al establecimiento de principios generales que orienten las acciones de la administración, mientras que la segunda se refiere a la conducción diaria de los asuntos de la compañía. El ejecutivo plural interviene en la formulación de políticas. La instrumentación de las políticas es atribución en esencia de los administradores, quienes fijan las normas y procedimientos que orientan y gobiernan la ejecución de políticas, establecen los controles necesarios para garantizar el cumplimiento de las normas, mejoran la coordinación interdivisional y enfrentan las emergencias que puedan surgir.

¿CUÁLES COMPAÑÍAS ESTADUNIDENSES TIENEN LOS MEJORES CONSEJOS DE ADMINISTRACIÓN?[6]

Se supone que el consejo de administración de una empresa funge como enlace entre los accionistas y la administración de ésta. Sin embargo, estos consejos han sido objeto de críticas por no cumplir con esta función. La revista *Business Week* realizó un estudio en 1996 para identificar los mejores consejos de administración de compañías estadunidenses. Los diez mejores fueron los de Campbell Soup, General Electric, IBM, Compaq Computer, Colgate Palmolive, Chrysler, Johnson & Johnson, Merck, Hercules y Exxon.

En Campbell se establecieron rigurosas y específicas reglas para el funcionamiento del consejo de administración. Entre los principios vigentes está el de que la evaluación de desempeño del director general, David W. Johnson, debe ser realizada al menos una vez al año por miembros independientes del consejo y en ausencia de aquél. El consejo también debe revisar anualmente el plan estratégico trianual y los objetivos operativos anuales. El director general sólo puede ser miembro de hasta dos consejos de otras compañías (uno en el caso de Johnson, miembro del consejo de Colgate-Palmolive Co.). Asimismo, el consejo debe realizar una autoevaluación de su eficacia. El informe resultante, incluidos los comentarios sobre las deficiencias del consejo, se hace de conocimiento público.

Del estudio realizado por *Business Week* se desprendió que los mejores consejos de administración:

- evalúan cada año, por intermedio de miembros independientes, el desempeño del director general
- vinculan el sueldo con medidas específicas de desempeño
- revisan y aprueban, en su caso, la estrategia a largo plazo, así como los planes operativos anuales
- someten a evaluación su propio desempeño
- compensan a sus miembros con acciones de la compañía (no en efectivo)
- insisten en que cada uno de sus miembros posea un monto significativo de las acciones de la compañía
- no cuentan entre sus miembros con más de dos o tres directivos en funciones
- cuentan con un límite de edad (70 años) para el retiro de sus miembros
- eligen (o reeligen) anualmente a la totalidad de sus miembros
- fijan un límite al número de consejos de otras compañías a los que pueden pertenecer sus miembros
- exigen que los comités de auditoría, compensación y nominación sean integrados por miembros independientes
- prohíben que sus miembros obtengan ingresos de la compañía por motivos de consultoría, asistencia legal u otros
- prohíben el intercambio de miembros: "Tú participas en mi consejo y yo en el tuyo."

Mal uso de los comités

La figura de comité ha sufrido desprestigio a causa de su mal uso. Las cinco siguientes modalidades de abuso deben evitarse en la creación y operación de los comités.

En remplazo de un administrador

Ya se ha señalado la debilidad de los comités como instrumentos administrativos. Para que la toma de decisiones sea precisa, clara y pronta y esté sujeta a una responsabilidad incuestionable, lo mejor es que sea ejercida por un individuo. Sería imposible afirmar que los comités no tienen cabida en la administración, pero las ventajas representadas por el análisis grupal y la participación en cuestiones referidas a las políticas también pueden obtenerse en la mayoría de los casos mediante la operación de comités de asesoría. Casi todos los comités empresariales funcionan de esta manera, de modo que la toma de decisiones y la administración reales recaen en los ejecutivos de línea a cuyas órdenes responden. Ralph Cordiner, ex presidente de la General Electric Company, lo explicó así: "Nuestros comités no toman decisiones que deben tomar los individuos."

Para propósitos de estudio o investigación

Un grupo de personas difícilmente puede encargarse colectivamente de la realización de un estudio o investigación, aunque puede sopesar y criticar los resultados de actividades de ese tipo. Cuando la solución a un problema requiere de datos de los que no dispone un comité, ninguna discusión o consideración puede suplir la información faltante. La recopilación de información es esencialmente una función individual, si bien es posible coordinar a varias personas en un equipo con asignaciones individuales de investigación. Por lo tanto, la mayoría de los comités precisan de personal de investigación que les proporcione al menos análisis de diferentes cursos de acción, resúmenes de información histórica o pronósticos debidamente considerados.

Para decisiones sin importancia

Aun cuando a un comité sólo se le otorgue autoridad de asesoría, sus desventajas pueden ser tales que lo más conveniente es involucrarlo únicamente en asuntos importantes. Además, a ningún especialista o administrador inteligente le servirá de nada que un grupo delibere extensamente sobre temas triviales.

Para decisiones ajenas a la autoridad de los participantes

Es frecuente que los ejecutivos con la autoridad pertinente no puedan asistir a reuniones de comités. Envían por lo tanto a sus subordinados, a quienes sin embargo no les delegan expresamente la autoridad de tomar decisiones o dudarán en comprometer a sus superiores. El resultado es que el comité no puede cumplir las funciones para las que se le creó. El hecho de que los participantes suplentes deban consultar a sus superiores provoca demoras. Así, se pierden muchas de las ventajas de la toma de decisiones y la deliberación en grupo.

Para consolidar una autoridad dividida

Una de las desventajas de la departamentalización es que la autoridad se delega en tal grado que en ciertos casos nadie, excepto el director general, dispone de la autoridad suficiente para la ejecución de las acciones. Incluso al interior de departamentos o secciones la autoridad puede fragmentarse hasta el punto de que sea necesario realizar reuniones grupales para consolidar la autoridad para tomar decisiones. Si el problema de la autoridad dividida puede resolverse modificando la estructura organizacional o mediante la delegación de autoridad, recurrir a un comité es inadecuado.

Operación exitosa de los comités

Los administradores dedican mucho tiempo a comités. La abundancia de comités en Estados Unidos no se debe sólo a la tradición democrática de su vida social, sino también a un énfasis creciente en la administración grupal y en la participación de los grupos en las organizaciones. Los siguientes principios pueden ser de utilidad para los administradores a fin de eliminar algunas de las desventajas de los comités.

Autoridad

La autoridad de un comité debe ser lo más explícita posible para que sus miembros sepan si es su responsabilidad tomar decisiones, presentar propuestas o sencillamente deliberar y ofrecerle ideas al presidente del comité sobre cierto tema.

Número de integrantes

El número de integrantes de un comité es muy importante. Como se muestra en la figura 16-2, la complejidad de las interrelaciones se incrementa enormemente cuando aumenta

FIGURA 16-2

Incremento de la complejidad de las relaciones cuando aumenta el tamaño de los grupos.

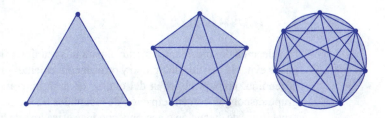

el número de integrantes del grupo. Si éste es demasiado grande, quizá sus miembros no dispongan de suficientes oportunidades para una comunicación adecuada. Si, por el contrario, el grupo se compone de sólo tres personas, cabe la posibilidad de que dos de ellas se alíen contra la tercera. Sin embargo, es difícil llegar a conclusiones precisas sobre el número de miembros más apropiado. Por regla general, un comité debe ser suficientemente grande para promover la deliberación entre sus integrantes y para garantizar que, en conjunto, éstos posean la experiencia necesaria para desarrollar la labor encomendada, pero no tan grande que represente una pérdida de tiempo para todos o dé lugar a la indecisión. Es obvio que entre más numeroso sea el grupo, más difícil será conseguir la coincidencia de opiniones y se precisará de más tiempo para hacer posible la contribución de todos.

Membresía

Los miembros de un comité deben ser cuidadosamente seleccionados. Para que un comité tenga éxito, es necesario que sus miembros sean representativos de los intereses que supuestamente deberán promover. También es preciso que posean la autoridad requerida y la capacidad de desempeñarse aceptablemente en grupos. Finalmente, deben ser capaces de comunicarse adecuadamente y de obtener decisiones grupales mediante la integración de las reflexiones de los integrantes del grupo, no por medio de compromisos inapropiados.

Asunto

El asunto de trabajo también debe seleccionarse cuidadosamente. Las labores de un comité deben limitarse a asuntos susceptibles de ser manejados en una discusión grupal. Ciertos tipos de asuntos se prestan a ser tratados por comités, mientras que otros no. Conflictos relativos a la jurisdicción a la que corresponde un asunto y la formulación de estrategias, por ejemplo, pueden ser convenientes para la deliberación grupal, en tanto que ciertos problemas técnicos pueden ser mejor resueltos por un experto en la materia. Los comités serán más efectivos si con toda anticipación se hacen circular entre sus miembros un temario u orden del día e información pertinente, a fin de que éstos puedan estudiar el tema de la reunión con anterioridad.

El presidente

La selección del presidente es crucial para una reunión eficaz de comité. Este individuo puede evitar la pérdida de tiempo y otros inconvenientes propios de los comités si planea la reunión, prepara el orden del día, se encarga de comprobar que los miembros del grupo dispongan con anticipación de resultados de investigaciones, formula propuestas específicas de discusión o acción y conduce eficazmente la reunión. El presidente determina el ambiente de la junta, integra las ideas y evita que la discusión se desvíe.

Minutas

Para que la comunicación de los comités sea eficaz suele precisarse la circulación de minutas y la verificación de las conclusiones. Es frecuente que, al concluir una reunión, quienes participaron en ella tengan interpretaciones diferentes acerca de los acuerdos alcanzados en ella. Esto puede evitarse si se realizan cuidadosas minutas de la reunión y si se les hace circular en borrador para efectos de corrección o modificación antes de que el comité apruebe la versión definitiva.

Eficiencia de costos

Un comité debe justificar sus costos. Quizá resulte difícil cuantificar sus beneficios, especialmente cuando se trata de factores intangibles como la moral de los participantes, una mayor categoría para los miembros del comité o el valor de éste como recurso de capacitación para favorecer el trabajo en equipo. Sin embargo, un comité sólo puede justificarse si sus costos se ven compensados por beneficios tangibles e intangibles.

Equipos[7]

Un equipo se compone de cierto número de personas dotadas de facultades para el cumplimiento de metas grupales. Una de las definiciones de **equipo** es: "Número reducido de personas con habilidades complementarias comprometidas con un propósito común, una serie de metas de desempeño y un método de trabajo del cual todas ellas son mutuamente responsables."[8] Lo mismo que en el caso de los comités, existen diferentes tipos de equipos. La función de algunos de ellos es hacer propuestas, otros disponen de autoridad para tomar decisiones y otros más se encargan incluso de la dirección de las operaciones. La razón de la existencia de ciertos equipos (como los círculos de calidad) es la solución de problemas, mientras que otros participan en actividades interfuncionales de áreas como diseño, comercialización, finanzas, manufactura, personal, etcétera. Los equipos interfuncionales pueden ser útiles para el desarrollo de un nuevo producto o la elevación de la calidad de un producto o servicio. Por ejemplo, en el diseño y desarrollo del avión Boeing 777 intervinieron unos 200 equipos interfuncionales. Es evidente que lo dicho sobre los comités también se aplica a los equipos.

Formación de equipos[9]

No existen reglas precisas para la formación de equipos eficaces. No obstante, se ha comprobado la utilidad de disposiciones como las siguientes. Los miembros de un equipo deben estar convencidos del valor, significación y urgencia del propósito del equipo. Por otra parte, se les debe seleccionar de acuerdo con las habilidades requeridas para el cumplimiento del propósito. Un equipo debe contener la mezcla exacta de habilidades,

**PERSPECTIVA
INTERNACIONAL**

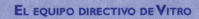

EL EQUIPO DIRECTIVO DE VITRO

En 1995 Federico Sada González fue nombrado director general de Vitro, el principal grupo vidriero de Latinoamérica que, junto con la francesa Saint Gobain, son las únicas empresas que en el mundo producen la línea completa de vidrio. Después de haberse incorporado a la empresa en 1963 y de ocupar la dirección de Finanzas y Planeación de Vitro Envases y otros puestos directivos a partir de 1974, se puede afirmar sin lugar a dudas que Federico Sada conoce muy bien a Vitro, que actualmente controla 50 empresas con operaciones en Bolivia, Colombia, Costa Rica, Estados Unidos, Guatemala y Perú, además de su natal México.

Cuando asumió la dirección general de tan importante grupo industrial, Sada González se encontró con que una de las principales medidas a realizar era modernizar una estructura organizacional creada en los años setenta, cuando la economía mexicana era de tipo cerrado. Es decir, ante un ámbito de globalización en el cual incluso su principal competidor realiza ya operaciones en México, Vitro mantenía una estructura apropiada para los tiempos en los cuales las empresas mexicanas disfrutaban de una gran protección ante casi toda competencia proveniente del exterior, lo que les permitía prosperar más o menos de manera constante y casi segura.

Además de tomar decisiones de gran envergadura, como la disolución de la asociación con Anchor Glass y de limitar la participación del grupo en el capital del Grupo Financiero Serfin, para recuperar la mermada rentabilidad y mejorar la posición competitiva de los negocios de Vitro, el nuevo director general enfrentó la urgente necesidad de conformar un equipo directivo capaz de ayudarle a realizar la difícil tarea que se había impuesto. Gracias a sus esfuerzos, se creó un nuevo equipo directivo que ha colaborado con él para llevar a cabo la transformación requerida por la empresa. Actualmente el grupo directivo se caracteriza por una gran motivación y por compartir con Federico Sada la visión de lo que Vitro debe ser, así como por contar con un enfoque claro hacia los objetivos de la empresa, enfocándose selectivamente en los negocios básicos con miras a optimizar el uso de los recursos disponibles.

No obstante haber tenido que tomar medidas dolorosas, como recortes de personal y omitir el pago de dividendos a los accionistas, los esfuezos han dado fruto y como resultado del compromiso de Sada González y su grupo de colaboradores directos, la labor llevada a cabo le permite a Vitro gozar nuevamente de una buena rentabilidad basada en mayores flujos de efectivo derivados del mejor desempeño de los diferentes negocios en que participa y un prestigio mejorado en los mercados financieros.

tales como habilidades funcionales o técnicas, habilidades para la solución de problemas y toma de decisiones y, por supuesto, habilidades para las relaciones humanas. Debe normarse asimismo con reglas de conducta grupal como asistencia regular a las reuniones, confidencialidad, discusiones basadas en hechos y contribución de todos sus miembros. Metas y tareas requeridas deben identificarse desde la etapa misma de formación del equipo. Los miembros deben alentarse entre sí por medio de reconocimientos, retroalimentación positiva y premios.

Equipo autodirigido[10]

Recientemente las organizaciones se han servido de equipos autodirigidos, integrados por lo general por personas con las habilidades necesarias para la realización relativamente completa de una tarea. Así, un equipo de esta clase puede disponer de autoridad para determinar qué se debe hacer, cómo se le hará, cuándo se le debe terminar y quién lo hará. De igual modo, los miembros del equipo pueden ser evaluados y recompensados como grupo. Especialmente cuando el equipo posee un alto grado de autoridad, se le puede denominar equipo de alto desempeño o incluso superequipo.

Otros grupos en administración[11]

Aunque los comités son de especial importancia como recursos de las organizaciones, en realidad son sólo uno de los muchos tipos de grupos presentes en éstas. Aparte de los comités existen equipos, juntas, fuerzas de tarea y sesiones de negociación, todos los cuales implican actividades grupales.

PERSPECTIVA INTERNACIONAL

CARATANI: UN ESTILO DE TRABAJO

Si bien es de reconocerse la enorme influencia que han tenido en la administración moderna los esquemas de trabajo desarrollados en Japón y Estados Unidos, en otras latitudes del mundo también es posible que se creen estilos de trabajo propios. Como ejemplo de lo anterior cabe mencionar a la planta de Colgate-Palmolive que está ubicada en San José Iturbide, Guanajuato, en la República Mexicana.

En esta fábrica, la cuarta más grande entre las plantas que Colgate-Palmolive tiene en el mundo, mediante el trabajo en equipo los empleados han desarrollado un sistema de trabajo que se denomina *caratani,* palabra en tarasco (lengua de la región) que significa "subir" o "ir progresando". Esta creación de los mismos trabajadores refleja las condiciones de las relaciones laborales dentro de una empresa en la cual el liderazgo asumido por sus directivos se centra en fomentar la eficiencia y eficacia de sus operaciones con base en el factor humano.

Un **grupo** puede definirse como la congregación de dos o más personas que actúan interdependientemente y de manera uniforme en pro del cumplimiento de metas comunes. Un grupo es más que una suma de individuos; las interacciones entre éstos dan lugar a nuevas fuerzas y propiedades, las cuales deben identificarse y estudiarse por sí mismas. Las metas pueden corresponder a tareas específicas, aunque también pueden significar que la gente comparte preocupaciones o valores comunes o una ideología. En consecuencia, los miembros del grupo se sienten ligados entre sí por ciertos lazos sociales.

Características de los grupos

Los grupos y en particular los existentes en organizaciones poseen varias características. En primer término, sus miembros comparten una o más metas comunes, como las de desarrollar, fabricar y comercializar un nuevo producto en el caso de un grupo de producto. Una segunda característica de los grupos es que normalmente requieren de la interacción y comunicación entre sus miembros. Es imposible coordinar las acciones de los miembros de un grupo sin comunicación. En tercer lugar, los miembros de un grupo asumen ciertas funciones. En un grupo de producto, por ejemplo, ciertos individuos son responsables de diseñar, producir, vender o distribuir el producto. Naturalmente, estas funciones deben organizarse en cierta relación entre sí a fin de cumplir con la tarea grupal. En cuarto, los grupos forman parte por lo general de un grupo mayor. El grupo de producto puede pertenecer a una división de productos encargada de la elaboración de muchos productos similares. De igual forma, grandes grupos pueden componerse de subgrupos. Así, dentro del grupo de producto podría haber un subgrupo especializado exclusivamente en la venta del producto. Por lo demás, ciertos grupos se relacionan con otros grupos. El grupo de producto A, por ejemplo, podría cooperar con el grupo de producto B en la distribución de sus productos. Es evidente entonces que el punto de vista de sistemas, que fija su atención en la interrelación de las partes, resulta esencial para la comprensión del funcionamiento de los grupos.

Pero también deben reconocerse otras características sociológicas de los grupos. Los grupos desarrollan **normas**, las cuales se refieren a la conducta esperada de los miembros de los grupos. Si los individuos incumplen las normas, se ejerce presión sobre ellos para que las respeten. Esto es lo que ocurre cuando, por ejemplo, una persona que acostumbra retrasarse al presentarse a trabajar es amonestada por otro miembro del grupo. Pero también hay situaciones en las que la presión grupal persigue objetivos indeseables. Por ejemplo, se puede presionar a individuos ambiciosos y altamente motivados para que produzcan de acuerdo con las normas de aceptación generalizada, no según su capacidad.

Un tipo de grupo especial: el grupo de enfoque

En la investigación de mercado se ha hecho uso desde hace tiempo de los grupos de enfoque. Por ejemplo, a clientes reales o potenciales reunidos en grupo se les pide comentar un producto o servicio antes de emprender investigaciones a gran escala. Los

PERSPECTIVA

PRESIÓN HACIA LA CONFORMIDAD. ¿CÓMO RESPONDERÍA USTED?

S. E. Asch demostró en un experimento que alcanzó amplia difusión el impacto de la presión grupal hacia la conformidad.[12] A los miembros de un reducido grupo se les pidió comparar una línea estándar (de 20 centímetros de largo) con otras tres líneas (de 16, 20 y 17 centímetros de largo, véase figura 16-3). Uno de los miembros del grupo (el sujeto "ingenuo") ignoraba que a todos los demás alumnos del grupo (aliados del aplicador del experimento) se les había instruido que dieran ocasionalmente respuestas erróneas, como la de que la línea de 17 centímetros era de igual longitud que la línea estándar de 20. El orden se dispuso en tal forma que el sujeto ingenuo fuera uno de los últimos en emitir su juicio. Se comprobó de esta manera que un miembro "inocente" tomaba decisiones incorrectas cuando los aliados procedían de ese modo unánimemente. En entrevistas posteriores, los sujetos indicaron que su intención fue coincidir con la mayoría. Esto ilustra que incluso en tareas sencillas la gente puede tomar una decisión opuesta a su buen juicio debido a la presión grupal. Estos hallazgos explican hasta cierto punto la influencia de la presión grupal hacia la conformidad y el hecho de que esto puede resultar en decisiones administrativas menos que óptimas.

comentarios se graban o se toman notas sobre ellos. Después se analizan las respuestas para determinar las actitudes de los clientes respecto de su percepción del producto o servicio o el grado de satisfacción que éste les brinda.

También en Europa se han empleado algunos elementos de los grupos de enfoque.[13] La opinión pública alemana participó en foros de evaluación para determinar las políticas de energía a largo plazo. Esta experiencia indicó que 1) el público puede contribuir a foros de evaluación, 2) a los participantes les satisfizo este procedimiento y 3) los participantes se mostraron dispuestos a contribuir a la resolución de inconsistencias.

FIGURA 16-3

¿Qué línea de comparación es de igual longitud que la línea estándar?

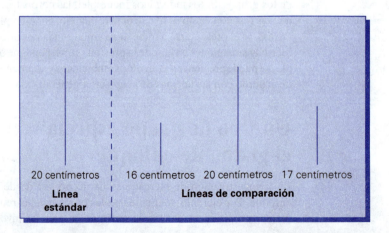

20 centímetros   16 centímetros   20 centímetros   17 centímetros

**Línea
estándar**   **Líneas de comparación**

Los grupos de enfoque también pueden ser útiles para la evaluación de los aspectos administrativos de una organización. La Public Service Company de Nuevo México estableció seis grupos de enfoque para obtener respuestas sobre sus sistemas de evaluación de desempeño, remuneraciones y prestaciones.[14] Con base en los resultados, esa compañía instrumentó un programa de prestaciones más flexible, un programa de rediseño de puestos y un nuevo proceso de toma de decisiones. En lugar de imponer cambios organizacionales, la empresa permitió que sus empleados intervinieran activamente en el proceso de cambio.

Funciones y ventajas de los grupos[15]

Los grupos tienen muchas funciones. Son especialmente potentes en la modificación de conductas, actitudes y valores y en el disciplinamiento de sus miembros. Como ya se señaló, ejercen presión sobre miembros que incumplen las normas a fin de que se adhieran a ellas. Son útiles además en la toma de decisiones y la negociación. Miembros con diversos antecedentes pueden aportar diferentes perspectivas al proceso de toma de decisiones. Esto no significa, sin embargo, que las decisiones grupales siempre sean mejores que las decisiones individuales.

Los conceptos referidos a los grupos son muy importantes para algunos de los temas tratados en otros capítulos de este libro. Específicamente, diferentes estructuras grupales influyen en los patrones de *comunicación*. Así, la comunicación diferirá cuando se le canalice a través de un miembro clave o fluya libremente entre todos los miembros de un grupo. Es difícil considerar como equipo a varias personas cuando cada una de ellas se comunica exclusivamente con el jefe; el trabajo en equipo implica una comunicación abierta entre todos los miembros del grupo. Asimismo, cuando las interacciones grupales son eficaces pueden influir en la *motivación*. Si, por ejemplo, los miembros de un grupo participan en el establecimiento de objetivos, es probable que se comprometan más profundamente con el cumplimiento de las metas grupales. Finalmente, el *liderazgo* debe concebirse en el contexto de procesos grupales. La comprensión de los conceptos referidos a los grupos contribuye al entendimiento de las interacciones entre líderes y seguidores, así como al de las interacciones entre todos los miembros del grupo. En pocas palabras, la posesión de conocimientos sobre los grupos es importante para el ejercicio de todas las funciones administrativas, y en particular para la función de dirección. Los grupos son una realidad tanto de los ámbitos organizados como de los no organizados. Es importante saber cómo funcionan y hacer un uso eficaz y eficiente de ellos en situaciones que favorecen la acción grupal.

Los grupos también ofrecen ventajas a los individuos. Brindan satisfacción social a sus miembros, lo mismo que una sensación de pertenencia y de apoyo a las necesidades de los individuos. Otro beneficio de los grupos es que promueven la comunicación. Ésta bien puede ser del tipo "toma y daca" en una reunión formal, o adoptar la modalidad de redes naturales, que es la comunicación informal mediante la cual los miembros de un grupo están al tanto de "lo que realmente ocurre en la empresa". Asimismo, los grupos dan seguridad. En ocasiones se forman sindicatos precisamente por esta razón: para dar a sus miembros seguridad en su empleo. Finalmente, los grupos ofrecen oportunidades de acrecentamiento de la autoestima por medio del reconocimiento y aceptación de los iguales.

Resumen

Un comité es un grupo de personas a las que, como grupo, se les encomienda un asunto. Los comités pueden ser de línea o administrativos, formales o informales, permanentes o temporales.

Sirven para conseguir la deliberación y criterios grupales, impedir que una persona acumule excesiva autoridad y presentar las opiniones de diferentes grupos. Se les emplea también para coordinar departamentos, planes y políticas, así como para compartir información. Es probable que en ocasiones un administrador no posea en su totalidad la autoridad necesaria para tomar una decisión. Así, la autoridad se agrupa a través de comités. Además, éstos suelen incrementar la motivación al permitir que los individuos participen en el proceso de toma de decisiones. No obstante, a veces se les utiliza para posponer una decisión o impedir la acción.

Los comités también ofrecen ciertas desventajas: pueden ser costosos; sus acciones pueden resultar en compromisos del "mínimo común denominador"; sus discusiones pueden generar indecisión, y poseen la tendencia a ser autodestructivos cuando una persona domina las reuniones. Otro de sus inconvenientes es la dispersión de la responsabilidad, ya que ninguna persona en lo particular asume la responsabilidad de una decisión. Además, un reducido grupo de miembros de un comité puede insistir en que se acepte su injustificado punto de vista contra la voluntad de la mayoría.

Un ejecutivo plural, como un consejo de administración, es un comité con autoridad para tomar decisiones administrativas. La autoridad de los consejos de administración varía ampliamente. Aunque por lo general participan en la formulación de estrategias y la elaboración de políticas, la instrumentación de éstas suele recaer en los administradores.

Para que un comité opere eficazmente es preciso determinar su autoridad, elegir el número de integrantes más adecuado, seleccionar cuidadosamente a sus miembros, destinarlo únicamente al asunto que corresponda, nombrar a un presidente eficaz, llevar y hacer circular minutas y emplearlo sólo cuando sus beneficios excedan a sus costos.

Un comité es un tipo de grupo; otro es, por ejemplo, un equipo. En el caso de los equipos autodirigidos, los miembros del grupo poseen las habilidades necesarias para la realización en su casi totalidad de ciertas tareas.

El experimento de Asch demostró el impacto de la presión grupal hacia la conformidad. El grupo de enfoque es un tipo de grupo especial para la obtención de respuestas de los clientes, el público o los empleados. Antes de proceder al uso de acciones grupales, una organización debe considerar las ventajas y desventajas de los grupos.

Ideas y conceptos básicos

Comité

Cuatro etapas de los procesos grupales

Comités de línea y de *staff*

Comités formales e informales

Comités permanentes y temporales

Ocho razones para la formación de comités

Desventajas de los comités

Ejecutivo plural

Malos usos de los comités
Siete recomendaciones para el éxito de
    los comités
Equipos y equipos autodirigidos

Características de los grupos
Experimento de Asch
Grupo de enfoque
Ventajas y desventajas de los grupos

Para analizar

1. Un destacado novelista, crítico también de la esfera administrativa, dijo en cierta ocasión: "El lujo de contratar a diez hombres para que tomen una decisión que podría tomar uno solo no nos llevará muy lejos. A pesar de todas sus ventajas, la administración profesional tiende a favorecer la corpulencia burocrática." Comente esta afirmación.
2. Distinga entre "comité", "equipo" y "grupo".
3. ¿Cuáles son las razones de que se formen comités? Si estas razones son válidas, ¿a qué se debe que se critique tanto a los comités?
4. ¿Qué se entiende por "ejecutivo plural"?
5. ¿Cuál es la eficacia relativa de la acción individual y de comités en actividades funcionales? Identifique las actividades que un comité puede emprender más efectivamente.
6. Describa y explique la naturaleza de las malas aplicaciones de los comités.
7. ¿Qué propondría usted para que los comités sean eficaces?
8. ¿Cuáles son las principales características de los grupos en las organizaciones?

Ejercicios/actividades

1. Discuta uno de los casos de este capítulo con un grupo de compañeros. La clase deberá dividirse en grupos de diversos tamaños (por ejemplo, grupos de 3, 6, 9 y 12 alumnos). Cada grupo deberá analizar un caso y hacer propuestas. Cada uno de ellos elegirá asimismo a un representante para que exponga la opinión del grupo sobre el caso. ¿Con base en qué criterios fue elegido el representante? ¿Qué semejanzas y diferencias existen entre un vocero y un moderador? Discuta con sus compañeros las ventajas y problemas surgidos del hecho de que se hayan creado grupos de distintos tamaños. ¿Cuál considera usted que sería el tamaño "ideal" de un grupo?
2. Entrevístese con dos administradores y pregúnteles sobre sus experiencias en comités. ¿Su opinión sobre los comités es positiva o negativa? ¿Qué han comprobado que es lo más importante para la eficacia y eficiencia de los comités? ¿Cuál piensan que es el tamaño "ideal" de un comité?

CASO INTERNACIONAL 16

ADMINISTRACIÓN POR COMITÉS EN LA UNIVERSIDAD DE CALIFORNIA

Muchas universidades, y en particular las de mayor tamaño, operan en gran medida bajo la administración por comités, especialmente en el nombramiento y ascenso de personas a puestos de profesor asociado y profesor titular. Un ejemplo de universidad en la que los comités son muy comunes en estas funciones es la Universidad de California (en sus diversos campus).

Para el nombramiento o ascenso al puesto de profesor asociado o titular (ambos con carácter de definitividad), en la Universidad de California se siguen estos pasos:

• Revisión exhaustiva de la trayectoria de un candidato por parte del comité de personal de su departamento o escuela.
• De ser aprobado el candidato, remisión de su caso al director académico o administrativo para su revisión, y posterior remisión al vicerrector del campus, quien lo remite a su vez al comité de presupuestación y ascenso del campus.
• Remisión inmediata del caso por parte del comité de presupuestación y ascenso a un comité especialmente nombrado para el efecto integrado por cinco miembros del profesorado, de los cuales sólo uno o dos pueden formar parte del mismo departamento o escuela del candidato.
• Revisión del caso por parte del comité especial, el cual emite una recomendación al comité de presupuestación y ascenso.
• Revisión del caso por parte del comité de presupuestación y ascenso, el cual emite recomendaciones al vicerrector y rector del campus.
• Revisión del caso por parte del vicerrector y rector del campus, tras de lo cual es enviado, con sus respectivas recomendaciones, al vicerrector académico de la universidad.
• Revisión del caso por parte del vicerrector académico y el rector de la universidad; de ser favorable su decisión, remisión del caso con sus recomendaciones a la junta de gobierno de la universidad para la acción definitiva.

1. ¿Le gustaría que esta jerarquía de comités se encargara de su caso de nombramiento o ascenso?
2. ¿Qué fuerzas y debilidades advierte en este procedimiento?
3. Suponiendo que encuentra ciertas debilidades, e incluso riesgos, en este tipo de administración por comités, ¿qué procedimiento sugeriría?

Referencias

1. Cyril O'Donnell, "Ground Rules for Using Committees", en *Management Review*, octubre de 1961, pp. 63-67.
2. Para una explicación de las características de los comités y sus funciones, véase John J. Gabarro y Anne Harlan, "Process Observation", en Leonard A. Schlesinger, Robert G. Eccles y John J. Gabarro (eds.), *Managing Behavior in Organizations* (Nueva York, McGraw-Hill Book Company, 1983), pp. 93-100.
3. Para una excelente y muy amplia explicación sobre el consejo de administración, véase Stanley C. Vance, *Corporate Leadership — Boards, Directors, and Strategy* (Nueva York, McGraw-Hill Book Company, 1983); véase también Idalene F. Kesner y Roy B.

Johnson, "Boardroom Crisis: Fiction or Fact", en *Academy of Management Executive*, febrero de 1990, pp. 23-35.

4. Véase Barry Baysinger y Robert E. Hoskisson, "The Composition of Boards of Directors and Strategic Control: Effects on Corporate Strategy", en *Academy of Management Review*, enero de 1990, pp. 72-87.

5. Simcha Ronen, *Comparative and Multinational Management* (Nueva York, John Wiley & Sons, 1986), cap. 9; Eric G. Friberg, "Moves Europeans Are Making", en *Harvard Business Review*, mayo-junio de 1989, p. 85.

6. Richard A. Melcher, "The Best & Worst Boards", en *Business Week*, 25 de noviembre de 1996, pp. 82-98.

7. Véase Darrel Ray y Howard Bronstein, *Teaming Up* (Nueva York, McGraw Hill, Inc., 1995); los equipos pueden funcionar mejor en la cultura japonesa que en el ámbito estadunidense, de acuerdo con Afsaneh Nahavandi y Eileen Aranda, "Restructuring Teams for the Re-Engineered Organization", en *Academy of Management Executive*, noviembre de 1994, pp. 58-68; para el caso de la administración de equipos internacionales, véase Nicola Phillips, *Managing International Teams* (Burr Ridge, II.; Richard D. Irwin, 1994); Don Mankin, Susan G. Cohen y Tora K. Bikson, *Teams and Technology* (Boston, Harvard Business School Press, 1996); Ann Donnellon, *Team Talk* (Boston, Harvard Business School Press, 1996).

8. Jon R. Katzenbach y Douglas K. Smith, "The Discipline of Teams", en Arthur A. Thompson, Jr., A. J. Strickland III y Tracy Robertson Kramer (eds.), *Readings in Strategic Management*, 5a. ed. (Chicago, Irwin, 1995), pp. 483-495.

9. Esta exposición se basa en parte en Katzenbach y Smith, *ibid*. Para una explicación de la administración de equipos internacionales, véase Werner Fröhlich y Christine Gindert, en Ralph Berndt (ed.), *Global Management* (Berlín, Springer-Verlag, 1996), pp. 477-492.

10. Katzenbach y Smith, *op. cit.*; J. R. Barker, "Tightening the Iron Cage: Concertive Control in Self-Managing Teams", en *Administrative Science Quarterly*, septiembre de 1993, pp. 408-437; Ron Williams, "Self-Directed Work Teams: A Competitive Advantage", en *Quality Digest*, noviembre de 1995, pp. 50-52; Michael Donovan, "Maximizing the Bottom-Line Impact of Self-Directed Work Teams", en *Quality Digest*, junio de 1996, pp. 34-39.

11. Véase también Harold J. Leavitt y Jean Lipman-Blumen, "Hot Groups", en *Harvard Business Review*, julio-agosto de 1995, pp. 109-116.

12. Véase David Krech, Richard S. Crutchfield y Egerton L. Ballachey, *Individual in Society* (Nueva York, McGraw-Hill Book Company, 1962), pp. 507-508.

13. Ralph L. Keeney, Detlof von Winterfeldt y Thomas Eppel, "Eliciting Public Values for Complex Policy Decisions", en *Management Science*, septiembre de 1990, pp. 1011-1030.

14. Orlando Esquibel, Jack Ning y John Sugg, "New Salary System Supports Changing Culture", en *HRM Magazine*, octubre de 1990, pp. 43-48.

15. Para una interpretación de las investigaciones de Allen Amason, véase Erich Brockmann, "Removing the Paradox of Conflict from Group Decisions", en *Academy of Management Executive*, mayo de 1996, pp. 61-62.

Al terminar este capítulo, usted podrá:

1. Describir la función de la comunicación en una organización.
2. Diagramar un modelo del proceso básico de la comunicación.
3. Explicar el flujo de la comunicación en una organización.

Capí
diecisiete

Comunicación

4. Describir las características de la comunicación escrita, oral y no verbal.
5. Identificar las barreras y fallas de comunicación y sugerir métodos para resolverlas.
6. Describir el papel de los medios electrónicos en la comunicación.

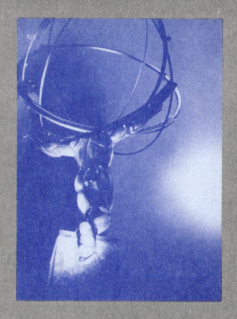

tulo

Las nuevas tecnologías de comunicación pueden transformar el escenario competitivo de prácticamente todas las compañías de cualquier tamaño.[1]

Eric K. Clemons y F. Warren McFarlan

Aunque la comunicación se aplica a todas las fases de la administración, es particularmente importante en la función de dirección. La **comunicación** es la transferencia de información de un emisor a un receptor, el cual debe estar en condiciones de comprenderla. Esta definición sirve de base al modelo de proceso de comunicación expuesto en este capítulo. Tal modelo se centra en particular en el emisor de la comunicación, la transmisión del mensaje y el receptor del mensaje. También presta atención al "ruido", que interfiere en la buena comunicación, y la retroalimentación, que facilita la comunicación. En este capítulo se examina asimismo el impacto de los medios electrónicos en la comunicación.

El proceso de la comunicación

Para decirlo llanamente, el proceso de la comunicación (diagramado en la figura 17-1) involucra al emisor, la transmisión de un mensaje por medio de un canal seleccionado y al receptor. Analicemos más de cerca los pasos específicos de este proceso.

Emisor del mensaje

La comunicación empieza en el emisor, el cual *posee* una idea que a continuación codifica de tal manera que pueda ser comprendida tanto por el emisor como por el receptor. Aunque por lo general se piensa que un mensaje se *codifica* en español, existen muchos otros medios de codificación, como la traducción de una idea a lenguaje de cómputo.

Uso de un canal para la transmisión del mensaje

La información se transmite por un *canal* que une al emisor con el receptor. El mensaje puede ser oral o escrito, y se le puede transmitir por medio de un memorándum, una computadora, el teléfono, un telegrama o la televisión. Esta última también permite, desde luego, la transmisión de gestos y otras señales visuales. A veces se usan dos o más canales. En una conversación telefónica, por ejemplo, dos personas pueden llegar a un acuerdo básico que confirmen después en una carta. Dado que se dispone de muchas opciones, todas ellas con sus propias ventajas y desventajas, la adecuada selección del canal es vital para una comunicación efectiva.[2]

Receptor del mensaje

El receptor debe estar *preparado* para recibir el mensaje, a fin de que pueda decodificarlo y convertirlo en ideas. Si una persona está pensando en un emocionante juego de futbol,

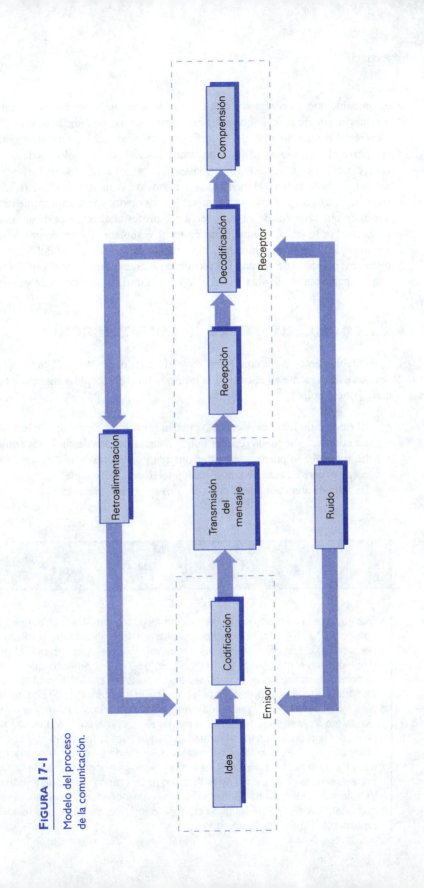

FIGURA 17-1

Modelo del proceso
de la comunicación.

es probable que no ponga suficiente atención a lo que se le dice sobre un informe de inventario, por ejemplo, lo que a su vez incrementa la probabilidad de una falla de comunicación. El siguiente paso del proceso es la *decodificación*, durante la cual el receptor convierte el mensaje en ideas. Una comunicación precisa sólo puede ocurrir cuando tanto el emisor como el receptor atribuyen el mismo o al menos similar significado a los símbolos que componen el mensaje. Así, es obvio que un mensaje codificado en francés requiere de un receptor que sepa francés. Menos obvio, y frecuentemente ignorado, es el hecho de que un mensaje en jerga técnica o profesional requiere de un receptor que la entienda. Por lo tanto, la comunicación no es completa si no es comprendida. La *comprensión* debe estar presente tanto en la mente del emisor como del receptor. Normalmente las personas de mentalidad cerrada no comprenderán por completo los mensajes que reciban, sobre todo si la información es contraria a su sistema de valores.

El ruido entorpece la comunicación

Lamentablemente, la comunicación se ve afectada por el "ruido", todo aquello que (ya sea que esté presente en el emisor, la transmisión o el receptor) entorpece la comunicación. Por ejemplo:

- El ruido o un lugar muy cerrado pueden impedir el desarrollo de ideas claras.
- La codificación puede resultar fallida a causa del uso de símbolos ambiguos.
- La transmisión puede verse interrumpida por la presencia de estática en el canal, como ocurre a causa de una conexión telefónica deficiente.
- La falta de atención puede provocar una recepción inexacta.

PERSPECTIVA INTERNACIONAL

BARRERAS TRANSCULTURALES

Cuando la comunicación se realiza en idiomas diferentes al propio, aumentan los malos entendidos. El alemán, por ejemplo, posee una formalidad muy particular y un modo peculiar para dirigirse a las personas. Es infrecuente que el pronombre formal *Sie* ("usted") sea remplazado por *Du* ("tú"). Éste se usa solamente cuando las personas ya tienen mucho tiempo de conocerse y se conocen bien. De igual manera, los adultos suelen llamarse entre sí *Herr* ("señor") y *Frau* ("señora"). El uso del nombre propio sólo es común entre parientes, amigos muy cercanos o niños y adolescentes. Un extranjero a quien se le trata con el formal *Sie* o con *Frau* o *Herr* puede suponer que no es del agrado de quienes lo tratan así o que éstos pretenden guardar con él cierta distancia social. Pero esto es falso; tal uso responde sencillamente a normas culturales. Si, por otro lado, a una persona a la que acaba de conocerse se le llama en alemán por su nombre propio, es muy probable que se ofenda. Estas distinciones en el uso del idioma pueden parecerle insignificantes a un individuo no alemán, pero lo cierto es que además de crear barreras de comunicación pueden dañar una relación e incluso representar la pérdida de un negocio.

- La decodificación puede resultar fallida a causa de la atribución de significados erróneos a palabras y otros símbolos.
- La comprensión puede verse obstruida por prejuicios.
- El cambio deseado puede no ocurrir a causa del temor a sus posibles consecuencias.
- Puesto que el lenguaje es un factor especialmente importante de la comunicación transcultural, no sólo la expresión verbal sino también la postura y los gestos pueden producir "ruido" y entorpecer la comunicación.

Retroalimentación en la comunicación

Para comprobar la eficacia de la comunicación, una persona debe recibir *retroalimentación*. Nunca se puede estar del todo seguro de si un mensaje fue eficazmente codificado, transmitido, decodificado y comprendido hasta confirmarlo por medio de la retroalimentación. De igual modo, la retroalimentación indica si el cambio individual u organizacional ha tenido lugar como resultado de la comunicación.

Factores situacionales y organizacionales en la comunicación

Muchos factores situacionales y organizacionales influyen en el proceso de comunicación. En el ambiente externo estos factores pueden ser de orden educativo, sociológico, legal-político y económico. Por ejemplo, un régimen político represivo inhibirá el libre flujo de la comunicación. Otro factor situacional es la distancia geográfica. Una comunicación directa frente a frente es distinta a una conversación telefónica con una persona al otro lado del mundo y también a un intercambio de cables o cartas. Asimismo, en la comunicación se debe tomar en cuenta el tiempo. Es probable que un ejecutivo muy ocupado no disponga del tiempo suficiente para recibir y emitir información de manera detallada. Otros factores situacionales que afectan a la comunicación en una empresa son la estructura organizacional, los procesos administrativos y no administrativos y la tecnología. Un ejemplo de esta última es el poderoso impacto de la tecnología de cómputo en el manejo de grandes cantidades de datos.

En suma, el modelo de comunicación ofrece una visión general del proceso de la comunicación, identifica las variables críticas y muestra sus relaciones. Esto permite a su vez a los administradores detectar problemas de comunicación y tomar medidas para resolverlos o, mejor todavía, impedir la presencia de dificultades desde el primer momento.

La comunicación en las organizaciones

En las empresas de hoy la comunicación debe fluir más velozmente que antes. Incluso una breve interrupción en una línea de pro-

LA COMUNICACIÓN COMO ELEMENTO DE CAMBIO

El complejo automotriz Ramos Arizpe de General Motors de México, ubicado en el estado de Coahuila, es un magnífico ejemplo de la eficacia del trabajo en equipo para lograr mejoras significativas en la calidad de los vehículos que se ensamblan en una de las plantas que integran dicho complejo, así como de los motores de gasolina que se manufacturan en la otra planta. Ambas plantas albergan en conjunto a más de seis mil trabajadores.

A la fecha, la inversión efectuada por General Motors en sus instalaciones de Ramos Arizpe es considerada la más cuantiosa de las que ha llevado a cabo en los países latinoamericanos. Una buena proporción de la producción de automóviles (60% aproximadamente) se canaliza a la exportación, llegando a Estados Unidos, Canadá, Colombia y Venezuela. Por su parte, casi 96% de los motores que se fabrican ahí son exportados a Canadá y a Estados Unidos.

Cuando se iniciaron las operaciones en Ramos Arizpe los trabajadores de las plantas de ensamblaje de automóviles y de fabricación de motores se consideraban a sí mismos como independientes unos de otros, es decir, no se concebían como miembros de una entidad mayor. Al optar por el desarrollo de un modelo organizacional que permitiese elevar la competitividad de la empresa, lo primero que tuvieron que hacer los directivos fue plantearse los mecanismos para lograr una cultura consolidada, en la cual cada uno de los trabajadores del complejo, independientemente de que si armaba automóviles o manufacturaba motores de gasolina, se sintiese fuertemente comprometido para alcanzar el nivel competitivo que la empresa se había fijado. Para ello fue de gran importancia que los trabajadores estuviesen enterados de muchas cosas que anteriormente desconocían. Así, mediante un programa de comunicación permanente, los empleados tuvieron acceso a información útil para comprender la importancia de sus actividades y sobre qué podían y debían hacer para mejorar el desempeño global de la empresa, información de la que antes no disponían.

El enfoque de dirección asumido por la empresa se basa fundamentalmente en un proceso de mejora continua que involucra activamente la participación de los trabajadores del complejo y un apoyo decidido al trabajo en equipo, un interés absoluto en cuanto a las condiciones óptimas de seguridad e higiene en el lugar de trabajo, así como un trato al personal con profundo respeto por su dignidad y la preocupación por su constante desarrollo personal.

Es de mencionarse también que para instrumentar el nuevo programa, la dirección de la empresa tuvo que trabajar poniendo el ejemplo. De esta forma, se puso punto final a los "feudos" que sostenían algunos ejecutivos sobre sus áreas y para fomentar la conciencia de la importancia que tiene el trabajo en equipo dentro de las organizaciones modernas, el diseño, desarrollo e instrumentación del mismo se llevó a cabo mediante la participación directa de los principales ejecutivos de la empresa.

ducción de movimiento acelerado puede resultar muy costosa en términos de pérdidas de producción. Por lo tanto, es esencial que los problemas de producción sean comunicados rápidamente para que sea posible aplicar acciones correctivas. Otro elemento importante es la cantidad de información, la que ha aumentado enormemente en el transcurso del tiempo, provocando las más de las veces sobrecargas de información. Pero lo que se requiere por lo general no es más información, sino información pertinente. Es preciso determinar qué tipo de información necesita un administrador para la eficaz toma de decisiones. La obtención de esta información suele implicar la consulta tanto de superiores como de subordinados, así como de otros departamentos y personas de la organización.

Necesidad de los administradores de estar bien informados

Para ser eficaz, un administrador precisa de la información necesaria para la ejecución de las funciones y actividades administrativas. Sin embargo, incluso una mirada casual a los sistemas de comunicación revela que los administradores carecen a menudo de información vital para la toma de decisiones o que, por el contrario, padecen de un exceso de información, lo que resulta en sobrecargas. Es evidente que los administradores deben discriminar en la selección de información. Un sencillo punto de partida es que se pregunten: "¿Qué es lo que realmente debo saber para realizar mi trabajo?", o "¿Qué sucedería si no obtengo esta información con regularidad?" Lo que un administrador necesita

ADMINISTRACIÓN POR RECORRIDO (AR)

El liderazgo demanda información de lo que realmente ocurre en la organización. Los administradores que no salen nunca de su oficina y que dependen por completo de canales formales de comunicación se exponen a recibir exclusivamente información favorable de sus subordinados. Para vencer este aislamiento, deben complementar los canales formales de comunicación con canales informales.

En su investigación acerca de las compañías de excelencia, Thomas Peters y Robert Waterman descubrieron que los administradores de United Airlines practican lo que ha sido llamado "administración por recorrido".[3] En Hewlett-Packard existe una práctica similar, conocida como "administración por deambulación". Se cree que los administradores pueden mejorar sus canales informales de comunicación si recorren las instalaciones de la empresa.

No obstante, un estudio sobre los directores generales de la lista de las 500 empresas más importantes de la revista *Fortune* indicó que los ejecutivos dedican poco tiempo a los empleados de los niveles inferiores.[4] El profesor Henry Mintzberg, quien anteriormente había estudiado ya las actividades de los ejecutivos, interpretó tales hallazgos como la demostración de que la "administración por recorrido" no impera en esas grandes compañías. Los administradores pasan mucho tiempo con personas de niveles organizacionales similares. Pero si deambularan por sus compañías podrían obtener gran cantidad de información de la que no disponen a través de los canales formales de comunicación.

no es mayor información, sino información pertinente. Es obvio que no existe un sistema de comunicación de aplicación universal; todo sistema de comunicación debe hacerse a la medida de las necesidades del administrador.

El flujo de la comunicación en la organización

En una organización efectiva, la comunicación fluye en varias direcciones: hacia abajo, hacia arriba y a los lados. Tradicionalmente se ha hecho énfasis en la comunicación *descendente*, pero se cuenta con abundantes evidencias de que si la comunicación sólo fluye hacia abajo, habrá problemas. Podría decirse que, en realidad, la comunicación eficaz debe partir del subordinado, lo que significa primordialmente comunicación *ascendente*. Pero la comunicación también fluye *horizontalmente*, esto es, entre personas de iguales o similares niveles organizacionales, y *diagonalmente*, lo que involucra a personas de diferentes niveles sin relaciones directas de dependencia entre sí. Los diferentes tipos de flujos de información aparecen diagramados en la figura 17-2.

COMUNICACIÓN DESCENDENTE   La comunicación descendente fluye de personas en los niveles superiores a personas en los niveles inferiores de la jerarquía organizacional. Este tipo de comunicación existe especialmente en organizaciones de atmósfera autoritaria. Entre los tipos de medios empleados para la comunicación descendente oral están instrucciones, discursos, reuniones, el teléfono, altavoces e incluso las redes naturales de comunicación. Son ejemplos de comunicación descendente *escrita* los memorándums, cartas, manuales, folletos, declaraciones de políticas, procedimientos y presentaciones electrónicas de información.

FIGURA 17-2

Flujo de la información en una organización.

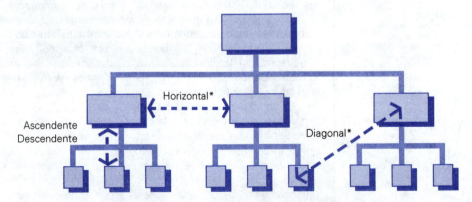

*Dado que los flujos de la comunicación horizontal y diagonal tienen ciertas características en común, los hemos denominado "comunicación cruzada" y los expondremos juntos en una sección posterior de este capítulo.

Desafortunadamente, es común que la información se pierda o distorsione al descender por la cadena de mando. El solo hecho de que la dirección general de una empresa emita políticas y procedimientos no garantiza por sí mismo la comunicación. Lo cierto es que a menudo las órdenes no se comprenden, e incluso ni siquiera se leen. En consecuencia, es esencial contar con un sistema de retroalimentación para determinar si la información fue percibida tal como se lo propuso el emisor.

El flujo descendente de información a través de los diferentes niveles de la organización es muy tardado. Las demoras pueden ser tan frustrantes que algunos administradores de alto nivel insisten en que la información sea directamente remitida a la persona o grupo que requiere de ella.

COMUNICACIÓN ASCENDENTE   La comunicación ascendente circula de subordinados a superiores y continúa su ascenso por la jerarquía organizacional. Por desgracia, este flujo suele verse obstaculizado por administradores de la cadena de comunicación que filtran los mensajes y no transmiten a sus jefes toda la información, especialmente noticias desfavorables. No obstante, la transmisión objetiva de información es esencial para efectos de control. La alta dirección debe conocer específicamente los datos de desempeño de producción, la información de comercialización, los datos financieros, las opiniones de los empleados de los niveles inferiores, etcétera.

La comunicación ascendente es fundamentalmente no directiva y suele estar presente en ámbitos organizacionales participativos y democráticos. Los medios más usuales para la comunicación ascendente (aparte de la cadena de mando) son los sistemas para la presentación de sugerencias, los procedimientos de apelación y conciliación, los sistemas de presentación de quejas, las sesiones de asesoría, el establecimiento conjunto de objetivos, las redes naturales, las reuniones grupales, la práctica de una política de "puertas abiertas", los cuestionarios para medir la moral de los empleados, las entrevistas de salida y el defensor de derechos.

Hasta muy recientemente, el uso del concepto de **defensor de derechos** (*ombudsperson*) era muy limitado en Estados Unidos. Surgió en Suecia, a fin de que los ciudadanos pudieran recurrir a un servidor civil para la investigación de quejas contra la burocracia federal. En la actualidad algunas compañías estadunidenses cuentan ya con un puesto formal para la persona encargada de investigar las reclamaciones de los empleados. Anheuser-Busch, Control Data, General Electric, McDonnell Douglas y AT&T son sólo algunas de las compañías que ya disponen de un defensor de los derechos de los empleados para la promoción de la comunicación ascendente. Incluso ya existe una Corporate Ombudsman Association (Asociación de Defensores de Derechos de los Empleados en las Empresas). En General Dynamics, el defensor de derechos recibió más de 3 000 demandas en 1986, lo que indica que los trabajadores de esa empresa confían en la persona que ocupa tal puesto.[5] Las compañías han comprobado que el puesto de defensor de los derechos de los empleados puede brindar un valioso vínculo de comunicación ascendente e impedir escándalos periodísticos y costos legales mediante la canalización de diferencias a la persona adecuada antes de que se conviertan en problemas graves.

Para que la comunicación ascendente sea eficaz es necesario que existan condiciones en las que los subordinados se sientan libres de comunicarse. Puesto que el ambiente organizacional se ve fuertemente influido por la alta dirección, la responsabilidad de crear un libre flujo de comunicación ascendente recae en gran medida (aunque no exclusivamente) en los superiores.

LA FALTA DE COMUNICACIÓN ASCENDENTE PUEDE SER DESASTROSA

La falta de comunicación ascendente puede ser desastrosa. Todo indica que, en el marco del desastre del lanzamiento espacial ocurrido en Estados Unidos en 1986, la dirección general de la NASA no recibió información vital.[6] He aquí otros ejemplos de fallas en la comunicación ascendente: los altos ejecutivos del Bank of America se sorprendieron de pronto de la mala calidad de su portafolio hipotecario, lo que dio como resultado pérdidas sustanciales para el banco. Aparentemente los ejecutivos de E. F. Hutton ignoraban las incorrectas prácticas de emisión de cheques por parte de los administradores de nivel inferior de la empresa.

En algunas organizaciones la comunicación ascendente se ve bloqueada por una cultura y ambiente organizacional que "castiga" a los administradores que comunican malas noticias a sus jefes, las cuales evidentemente no son del gusto de éstos. La tendencia a transmitir únicamente buenas noticias es muy común. Pero para administrar una empresa es absolutamente necesario disponer de información correcta.

¿Qué pueden hacer entonces los administradores para facilitar el libre flujo de información? Primero, deben crear un ambiente informal que aliente la comunicación ascendente. La política de "puertas abiertas" sólo es útil si se lleva a la práctica. Segundo, la estructura formal del flujo de información debe ser clara. Tercero, los administradores pueden enterarse de muchas cosas con sólo recorrer los pasillos de la empresa. Hewlett-Packard suele ofrecerse como ejemplo de comunicación abierta debido a la práctica en ella de la "administración por deambulación".

COMUNICACIÓN CRUZADA   La comunicación cruzada incluye el flujo *horizontal* de información, entre personas de iguales o similares niveles organizacionales, y el flujo *diagonal*, entre personas de diferentes niveles sin relaciones directas de dependencia entre sí. Este tipo de comunicación sirve para acelerar el flujo de la información, procurar una mejor comprensión y coordinar esfuerzos para el cumplimiento de los objetivos organizacionales. Buena parte de la comunicación no sigue la ruta marcada por la jerarquía organizacional, sino que atraviesa de un costado a otro la cadena de mando.

El ámbito empresarial ofrece numerosas ocasiones de comunicación *oral*. Éstas van desde las reuniones informales del equipo de boliche de la empresa y las horas de comida de los empleados hasta sesiones formales y reuniones de consejos y comités. Este tipo de comunicación también ocurre cuando miembros de diferentes departamentos se agrupan en equipos u organizaciones de proyectos. Finalmente, la comunicación atraviesa las fronteras organizacionales cuando, por ejemplo, miembros del personal administrativo con autoridad funcional o de asesoría interactúan con administradores de línea de diferentes departamentos.

Además, también las formas *escritas* de comunicación mantienen informado al personal acerca de la empresa. Estas formas escritas incluyen el periódico o revista de la compañía y los tableros de información. Las empresas modernas hacen uso de muchos patrones de comunicación cruzada oral y escrita para complementar el flujo vertical de la información.

Dado que la información puede no seguir la cadena de mando, es necesario contar con protecciones para evitar problemas potenciales. Específicamente, la comunicación *cruzada* debe apoyarse en el entendido de que 1) las relaciones cruzadas serán estimuladas siempre que resulten apropiadas, 2) los subordinados se abstendrán de establecer compromisos que excedan su autoridad y 3) los subordinados mantendrán informados a sus superiores de las actividades interdepartamentales importantes. En pocas palabras, la comunicación cruzada puede crear dificultades, pero es indispensable en muchas empresas para responder a las necesidades del complejo y dinámico entorno organizacional.

Comunicación escrita, oral y no verbal[7]

Los medios de comunicación escrita y oral poseen características favorables y desfavorables; por consiguiente, a menudo se les emplea en conjunto para que las cualidades favorables de cada género se complementen entre sí. Además se pueden usar recursos visuales como complemento tanto de la comunicación oral como de la escrita. Por ejemplo, una conferencia en una sesión de capacitación administrativa puede resultar más eficaz si se emplean materiales escritos, transparencias, videocintas y películas. Las evidencias demuestran que cuando un mensaje se repite a través de diversos medios, las personas que lo reciben lo comprenderán mejor y lo recordarán más fácilmente.

En la selección de medios se deben considerar el comunicador, el público y la situación. Si a un ejecutivo le resulta incómodo dirigirse a un público muy numeroso, puede optar por la comunicación escrita en vez de pronunciar un discurso. Por otra parte, ciertos públicos no inclinados a leer memorándums pueden ser abordados y motivados por medio de la comunicación oral directa. La situación también puede demandar un medio específico. Por ejemplo, el ex presidente estadunidense Ronald Reagan, quien poseía amplias cualidades como comunicador, recurrió a conferencias de prensa para aclarar el asunto del envío de armas a Irán. Los medios noticiosos demandaban una interacción frente a frente para tratar los muchos aspectos de esas transacciones.

COMUNICACIÓN ESCRITA   Los administradores franceses están casi obsesionados con el empleo de la comunicación escrita, y no sólo para mensajes formales, sino también para notas informales. Un administrador francés de la compañía automotriz Citroën dijo en una ocasión que lo que no se escribe no es real.[8]

La comunicación escrita tiene la *ventaja* de proporcionar registros, referencias y protecciones legales. Un mensaje puede ser cuidadosamente preparado y enviado después a un extenso público mediante el correo. La comunicación escrita también promueve la uniformidad de políticas y procedimientos y en algunos casos puede reducir costos.

Las *desventajas* de este tipo de comunicación es que los mensajes escritos generan grandes cantidades de papel, pueden resentirse de un expresión deficiente en caso de que sus autores sean ineficaces y no brindan retroalimentación inmediata. En consecuencia, puede pasar mucho tiempo antes de que se sepa si un mensaje fue recibido y debidamente comprendido.

COMUNICACIÓN ORAL   Gran cantidad de información se comunica oralmente. La comunicación oral puede ocurrir en un encuentro frente a frente entre dos personas o en la exposición de un administrador ante un público numeroso; puede ser formal o informal, y puede ser planeada o accidental.

La principal *ventaja* de la comunicación oral es que hace posible un rápido intercambio con retroalimentación inmediata. La gente puede hacer preguntas y aclarar ciertos puntos. En una interacción frente a frente, el efecto es visible. Además, una reunión con el superior puede concederle al subordinado una sensación de importancia. Obviamente las reuniones, ya sean informales o planeadas, pueden contribuir enormemente a la comprensión de toda clase de asuntos.

Sin embargo, la comunicación oral también presenta *desventajas*. No siempre permite ahorrar tiempo, como lo sabe todo administrador que haya asistido a reuniones sin acuerdos ni resultados. Estas reuniones pueden ser costosas en términos de tiempo y dinero.

COMUNICACIÓN NO VERBAL   La gente se comunica por muchos medios. Lo que una persona dice puede verse reforzado (o contradicho) por la comunicación no verbal, como las expresiones faciales y los movimientos corporales. Es de suponer que la comunicación no verbal apoye a la verbal, pero no siempre es así. Por ejemplo, un administrador autocrático puede golpear la mesa con el puño mientras anuncia que en adelante se pondrá en práctica la administración participativa; esta comunicación contradictoria creará ciertamente un vacío de credibilidad. De igual manera, los administradores pueden afirmar que aplican una política de "puertas abiertas", pero disponer al mismo tiempo que su secretaria seleccione cuidadosamente a las personas que desean entrevistarse con ellos, lo que genera incongruencia entre lo que se dice y lo que se hace. Éste sería un ejemplo de "ruido" en el modelo del proceso de comunicación (figura 17-1). Es evidente, entonces, que la comunicación no verbal puede apoyar o contradecir a la comunicación verbal, lo que explica el dicho de que las acciones son más elocuentes que las palabras.

Barreras y fallas en la comunicación

Quizá no sea de sorprender que los administradores se refieran frecuentemente a las fallas de comunicación como uno de sus problemas más importantes. Sin embargo, los problemas de comunicación suelen ser síntomas de problemas más profundos. Por ejemplo, una planeación deficiente puede ser causa de incertidumbres en la dirección que sigue una empresa. Asimismo, una estructura organizacional deficientemente diseñada bien puede no comunicar claramente las relaciones organizacionales. Vagas normas de desempeño pueden provocar que los administradores se sientan inseguros respecto de lo que se espera de ellos. Así, el administrador perceptivo buscará las causas de los problemas de comunicación en lugar de limitarse a combatir los síntomas. Las barreras a la comunicación pueden estar presentes en el emisor, la transmisión del mensaje, el receptor o la retroalimentación. A continuación nos ocuparemos de barreras específicas a la comunicación.

Falta de planeación

Es infrecuente que la buena comunicación sea obra del azar. Muy a menudo la gente habla y escribe sin antes pensar, planear y formular el propósito de su mensaje. No obstante, establecer las razones de una instrucción, seleccionar el canal más apropiado y elegir el momento adecuado son acciones que pueden favorecer enormemente la comprensión y reducir la resistencia al cambio.

Supuestos confusos

A pesar de su gran importancia, suelen pasarse por alto los supuestos no comunicados en los que se basa un mensaje. Por poner un ejemplo, un cliente le envía a un proveedor una nota en la que le informa que visitará su planta. El cliente puede suponer por ese solo hecho que el proveedor lo recibirá en el aeropuerto, le reservará una habitación en un hotel, resolverá sus necesidades de transporte y preparará una revisión detallada del programa en la planta. Pero, por su parte, el proveedor puede suponer que el principal motivo de la visita del cliente a la ciudad es asistir a una boda y, por lo tanto, hará una visita rutinaria a la planta. Estos supuestos no aclarados por ambas partes pueden resultar en confusión y pérdida de la buena voluntad.

Distorsión semántica

Otra barrera a la comunicación efectiva es la distorsión semántica, la cual puede ser deliberada o accidental. El anuncio de que "Vendemos por menos" es deliberadamente ambiguo; suscita la pregunta: ¿menos de qué? Las palabras pueden provocar reacciones distintas. Para algunas personas el término "gobierno" puede significar interferencia o gasto deficitario, pero para otras puede significar ayuda, trato igual y justicia.

Mensajes deficientemente expresados

Aun siendo claras las ideas del emisor de la comunicación, su mensaje puede resentir palabras mal elegidas, omisiones, incoherencia, mala organización, oraciones torpemente estructuradas, obviedades, jerga innecesaria y falta de claridad respecto de sus implicaciones. Esta falta de claridad y precisión, que puede ser costosa, se puede evitar si se pone más cuidado en la codificación del mensaje.

Barreras a la comunicación en el ámbito internacional[9]

La comunicación en el ámbito internacional es todavía más difícil a causa de la diferencia de idiomas, culturas y normas de cortesía.[10] Traducir lemas publicitarios es muy riesgoso. El lema de Exxon "Ponga un tigre en su tanque" fue muy eficaz en Estados Unidos, pero es un insulto para la población de Tailandia. Los colores tienen diferentes significados en cada cultura. El negro se asocia por lo general con la muerte en muchos países occidentales, mientras que en el Lejano Oriente el color del duelo es el blanco. En Estados Unidos es muy común que la gente se llame por su nombre en tratos de negocios, pero en muchas otras culturas, especialmente en las que existe una estructura jerárquica muy firme, la gente suele llamarse por su apellido.[11]

En la cultura china es frecuente que, por el deseo de parecer humilde, lo que la gente dice no transmita lo que efectivamente quiere decir.[12] Por ejemplo, cuando se ofrece un ascenso, la persona implicada puede decir que no está suficientemente calificada para asumir mayores responsabilidades. Lo que se espera es, sin embargo, que el superior inste al subordinado a aceptar el ascenso y destaque todas las virtudes y cualidades del candidato, así como su capacidad para ocupar el nuevo puesto.

Para librar las barreras a la comunicación en el ámbito internacional, grandes empresas han debido tomar ciertas medidas. Volkswagen, por ejemplo, ofrece muy variados cursos de idiomas. Cuenta, además, con un numeroso personal de traductores. Es frecuente que se contrate a nacionales (conocedores del idioma y cultura del país anfitrión) para que ocupen altos puestos. En Estados Unidos, a las empresas extranjeras les resulta ventajoso contratar a estudiantes de su país que acuden a universidades estadunidenses.

PERSPECTIVA INTERNACIONAL

LA COMUNICACIÓN EXPLÍCITA E IMPLÍCITA DIFIERE EN CADA PAÍS

Los patrones de comunicación difieren de un país a otro respecto del grado en que son explícitos o implícitos. En países como Alemania y Estados Unidos, se parte del supuesto de que lo que la gente dice responde estrictamente a lo que quiere decir. La necesidad de precisión queda de manifiesto en la amplia difusión de la administración por objetivos, en la que las metas se formulan con todo detalle en términos cuantitativos medibles siempre que es posible. Por el contrario, la comunicación japonesa es implícita; el significado debe inferirse. Por ejemplo, a los japoneses les disgusta decir "no" en la comunicación, de modo que tienden a expresar una respuesta negativa en términos ambiguos. Esto ha quedado demostrado en numerosas ocasiones en los acuerdos comerciales entre Japón y Estados Unidos, lo mismo que entre Japón y Europa.

El grado en que la comunicación es explícita o implícita varía en cada nación. Los suizo-alemanes hacen énfasis en la comunicación explícita, mientras que entre los japoneses prevalecen patrones de comunicación implícita. La escala de la comunicación explícita a la comunicación implícita sería la siguiente: suizo-alemanes, alemanes, estadunidenses, franceses, ingleses, italianos, latinoamericanos, árabes y japoneses.[13] Aunque hasta cierto punto se trata de una generalización excesiva, los administradores conscientes de la existencia de diferentes patrones de comunicación pueden beneficiarse enormemente de este conocimiento.

Pérdida por transmisión y deficiente retención

Un mensaje que debe ser transferido en una serie de transmisiones de una persona a la siguiente se vuelve cada vez más impreciso. La deficiente retención de información es también otro problema serio. Así, la necesidad de repetir el mensaje y de emplear varios canales resulta obvia. Por lo tanto, en las compañías suele usarse más de un canal para comunicar el mismo mensaje.

Escucha deficiente y evaluación prematura

Son muchos los buenos conversadores pero pocos los que saben escuchar. Todos hemos conocido a personas que intervienen en una conversación con comentarios sin relación con el tema. Una de las razones de ello es que quizá pretenden resolver sus problemas (como la preservación de su ego o el deseo de causar buena impresión en los demás) en lugar de poner atención a la conversación. Escuchar exige total atención y autodisciplina. Requiere asimismo que el escucha evite la evaluación prematura de lo que dice la otra persona. Es común la tendencia a juzgar, a aprobar o reprobar lo que se dice, en vez de hacer un esfuerzo por comprender el marco de referencia del hablante. En cambio, escuchar sin hacer juicios precipitados puede hacer más eficaz y eficiente la experiencia. Escuchar con simpatía, por ejemplo, puede dar como resultado mejores relaciones laborales y mayor comprensión entre administradores. Específicamente, el personal de ventas puede comprender mejor los problemas del personal de producción, y el gerente de crédito puede darse cuenta de que una política de crédito excesivamente restrictiva podría derivar en desproporcionadas pérdidas en las ventas. En pocas palabras, escuchar con empatía puede reducir algunas de las frustraciones diarias de la vida en las empresas y resultar en una mejor comunicación.

Comunicación impersonal

La comunicación eficaz es más que sencillamente transmitir información a los empleados. Requiere de contactos frente a frente en condiciones de apertura y confianza. El siguiente recuadro de "Perspectiva internacional" ilustra cuán fácil es dejar de lado esta simple pero eficaz técnica de comunicación.

Como lo indica el contenido de este recuadro de "Perspectiva internacional", para una verdadera mejora de la comunicación no suelen requerirse costosos y sofisticados (así como impersonales) medios de comunicación, sino la disposición de los superiores a participar en la comunicación frente a frente. Tales reuniones informales, sin muestras de categoría ni imposición de autoridad formal, pueden resultar amenazadoras para un alto ejecutivo, pero los riesgos implicados son pocos frente a los beneficios que puede ofrecer una mejor comunicación.

EL FRACASO DEL CIRCUITO CERRADO DE TELEVISIÓN[14]

Una compañía estaba a punto de instalar un sofisticado sistema de circuito cerrado de televisión con un costo de 300 000 dólares para mejorar la transmisión de información a los empleados. Sin embargo, un consultor en administración le sugirió al presidente de la empresa que, en lugar de ello, se reuniera con su personal durante el receso para tomar café, en vez de tomarlo con un pequeño grupo de altos ejecutivos, sugerencia ante la cual el presidente se mostró escéptico. Pero aunque consideró que la propuesta era radical, estuvo de acuerdo en probarla. El experimento fue un fracaso, porque el presidente se dio cuenta de que sus empleados no parecían dispuestos a dirigirle la palabra. Tras analizar la situación, volvió a reunirse con sus empleados para tomar café, pero esta vez habló de lo que les preocupaba a ellos (la apertura de una planta en Europa, que podía resultar en la eliminación de puestos). Para sorpresa del presidente, los empleados externaron libremente su opinión. La comunicación transcurrió tan eficazmente que, incluso, el presidente le pidió a su equipo ejecutivo que se uniera a las *kaffeeklatsches* ("charlas de café").

Desconfianza, amenaza y temor

La desconfianza, la amenaza y el temor minan la comunicación. En un ambiente en el que estén presentes estos factores, todo mensaje será visto con escepticismo. La desconfianza puede ser producto de incongruencias en la conducta del superior, o de anteriores experiencias en las que el subordinado fue castigado por haberle transmitido honestamente a su jefe información desfavorable pero verídica. De igual modo, ante la presencia de amenazas (reales o imaginarias) la gente tiende a replegarse, adoptar una actitud defensiva y distorsionar la información. Lo que se necesita es entonces un ambiente de confianza, el cual facilita la comunicación abierta y honesta.

Periodo insuficiente para la adaptación al cambio

El propósito de la comunicación es efectuar cambios que pueden afectar seriamente a los empleados: cambios en el horario, lugar, tipo y orden de trabajo, en las disposiciones grupales o en las habilidades por emplear. Algunas comunicaciones apuntan a la necesidad de capacitación adicional, ajustes profesionales o adecuaciones de categoría. Los cambios afectan a las personas de diferente manera, de modo que puede tomar cierto tiempo reflexionar en el pleno significado de un mensaje. En consecuencia, y para una eficiencia máxima, es importante no forzar el cambio antes de que los individuos puedan adaptarse a sus implicaciones.

Sobrecarga de información[15]

Podría pensarse que un más abundante e irrestricto flujo de información ayudaría a la gente a resolver sus problemas de comunicación.[16] Pero un flujo irrestricto puede dar como resultado un exceso de información. Cada individuo responde a la sobrecarga de información de distinta manera.[17] Primeramente, puede *desestimar* cierta información. Una persona que recibe excesiva correspondencia puede ignorar cartas que debería responder. En segundo término, si un individuo se ve abrumado por demasiada información, puede *cometer errores* al procesarla. Por ejemplo, puede anular la palabra "no" de un mensaje, lo que invertiría el sentido del mensaje. En tercero, las personas pueden *demorar* el procesamiento de información ya sea permanentemente o con la intención de ponerse al día en el futuro. En cuarto, la gente puede *filtrar* información. La filtración puede ser útil cuando se procesa primero la información más urgente e importante y se concede por lo tanto menor prioridad a mensajes menos importantes. Pero cabe la posibilidad de que primero se preste atención a asuntos fáciles de manejar y de que se ignoren mensajes más difíciles y quizá decisivos. Finalmente, las personas reaccionan a la sobrecarga de información sencillamente *rehuyendo* la tarea de comunicación. En otras palabras, ignoran la información o no comunican información a causa de la sobrecarga de ésta.

Algunas reacciones a la sobrecarga de información son en realidad tácticas de adaptación, y por lo tanto en ocasiones pueden ser válidas. Demorar el procesamiento de información hasta que su cantidad se reduzca, por ejemplo, puede resultar eficaz. Pero eludir la tarea de la comunicación no suele ser una reacción útil. Otro medio para abordar el problema de la sobrecarga es reducir las demandas de información. En una empresa esto puede lograrse insistiendo en que sólo se procesen datos esenciales, como la información que revela casos importantes de incumplimiento de planes. Reducir las demandas externas de información es por lo general más difícil, ya que no se hallan del todo bajo el control de los administradores. Un ejemplo puede ser la demanda gubernamental de documentación detallada sobre contratos con el gobierno. Las compañías con tratos comerciales con el gobierno están obligadas a cumplir estos requisitos.

Otras barreras a la comunicación

Aparte de las barreras mencionadas a la comunicación efectiva, existen muchas otras. En el caso de la *percepción selectiva*, los individuos tienden a percibir lo que esperan percibir. En la comunicación esto significa que oyen lo que quieren oír e ignoran otra información relevante.

Estrechamente relacionada con la percepción está la influencia de la *actitud*, la predisposición a actuar o no actuar de cierta manera; se trata de una postura mental respecto de un hecho o situación. Es obvio que si la gente ya se ha formado determinada opinión, no podrá escuchar objetivamente lo que se le diga.

Otras barreras más a la comunicación son las diferencias de *categoría* y *poder* entre el emisor y el receptor de la información. Asimismo, cuando la información debe atravesar varios *niveles* de la jerarquía organizacional tiende a sufrir distorsiones.

Hacia una comunicación eficaz

El modelo del proceso de comunicación presentado al inicio de este capítulo (figura 17-1) permite identificar los elementos decisivos del proceso de la comunicación. En cada etapa pueden ocurrir fallas: en la codificación del mensaje por parte del emisor, en la transmisión del mensaje y en la decodificación y comprensión del mensaje por parte del receptor. El ruido ciertamente puede interferir en la comunicación eficaz en cualquier etapa del proceso.

Existen varios enfoques para mejorar la comunicación. Uno de ellos consiste en la realización de una auditoría de comunicación. Los resultados de ésta sirven de base para cambios tanto en la organización como en el sistema. Otro enfoque es el de aplicar técnicas de comunicación, con especial acento en las relaciones interpersonales y la habilidad para escuchar.

La auditoría de comunicación

Uno de los medios para mejorar la comunicación en una organización es efectuar una auditoría de comunicación.[18] Esta auditoría es un instrumento para el examen de las políticas, redes y actividades de comunicación. La comunicación organizacional es concebida en este contexto como un grupo de factores de comunicación relacionados con las metas de la organización, como se advierte en la figura 17-3.

Lo interesante de este modelo es que en él la comunicación no es considerada por sí misma, sino como un medio para el cumplimiento de las metas organizacionales, hecho que a veces olvidan quienes se interesan únicamente en las relaciones interpersonales.

Tomado de H. H. Greenbaum, "The Audit of Organizational Communication", en *Academy of Management Journal*, vol. 17, núm. 4 (diciembre de 1974), p. 743. Se reproduce con autorización.

Este modelo es congruente con el modelo de sistemas del enfoque operativo de la administración expuesto en el capítulo 1. Como se recordará, la función del sistema de comunicación en el modelo de sistemas es integrar las funciones administrativas de planeación, organización, integración de personal, dirección y control. Es importante recordar, además, que el sistema de comunicación también cumple otra función: la de unir a la empresa con su entorno.

Las cuatro principales redes de comunicación que es necesario auditar son las siguientes:

1. La red de regulación o relativa a las tareas, referente a políticas, procedimientos, reglas y relaciones superiores-subordinados
2. La red de innovación, que incluye la solución de problemas, las reuniones y las sugerencias de cambios
3. La red de integración, compuesta por elogios, recompensas, ascensos y todos aquellos elementos que vinculan a las metas de la empresa con las necesidades personales
4. La red de información-instrucción, que incluye a las publicaciones, tableros de avisos y la red natural de una compañía[19]

Así pues, la auditoría de comunicación es un instrumento para el análisis de la comunicación relacionada con muchas de las actividades administrativas más importantes. Sirve no sólo para resolver problemas que ya han ocurrido, sino también para impedir que ocurran en primer término. El formato de la auditoría puede adoptar muchas modalidades e incluir observaciones, cuestionarios, entrevistas y análisis de documentos. Aunque la auditoría inicial del sistema de comunicación es sumamente deseable, debe complementarse con informes periódicos.

Sugerencias para la mejora de la comunicación

La eficacia de la comunicación es responsabilidad de todos los miembros de una organización, tanto administradores como empleados en general, los cuales persiguen un propósito común. El grado de eficacia de la comunicación puede evaluarse conforme a los resultados esperados. Las siguientes sugerencias pueden contribuir a derribar las barreras a la comunicación:

1. Los emisores de mensajes deben concebir claramente lo que desean comunicar. Esto significa que uno de los primeros pasos de la comunicación es aclarar el propósito del mensaje y trazar un plan para la consecución del fin propuesto.
2. Para que la comunicación sea eficaz es preciso que la codificación y decodificación se realicen con símbolos familiares tanto para el emisor como para el receptor del mensaje. Así, el administrador (y en particular el especialista administrativo) debe evitar la jerga técnica innecesaria, inteligible sólo para los expertos en su campo.

3. La planeación de la comunicación no debe hacerse en el vacío. Por el contrario, se debe consultar a otras personas y alentar su participación en la recolección de datos, análisis del mensaje y selección de los medios apropiados. Un administrador, por ejemplo, puede pedirle a un colega que lea un memorándum importante antes de que se le distribuya en la organización. El contenido del mensaje debe ser acorde con el nivel de conocimientos de sus destinatarios y con el ambiente organizacional.

4. Es importante considerar las necesidades de los receptores de la información. Siempre que resulte apropiado hacerlo, se debe comunicar algo que sea valioso para ellos, tanto a corto plazo como en un futuro más lejano. Es probable que los empleados acepten más fácilmente acciones impopulares que habrán de afectarles a corto plazo si en realidad les benefician a largo plazo. Reducir la semana laboral, por ejemplo, puede resultar más aceptable si se hace notar que esta acción fortalecerá a largo plazo la posición competitiva de la compañía y evitará despidos.

5. Hay un proverbio que dice que el tono hace la música. De igual manera, en la comunicación el tono de voz, las palabras elegidas y la congruencia entre lo que se dice y el modo en que se le dice influyen en las reacciones del receptor del mensaje. Si un administrador autocrático les ordena a los supervisores bajo su mando que pongan en práctica una administración participativa, creará un vacío de credibilidad difícil de llenar.

6. Con demasiada frecuencia se transmite información sin comunicación, dado que la comunicación sólo es completa cuando el mensaje es comprendido por el receptor. Es imposible saber si la comunicación ha sido comprendida si el emisor no recibe retroalimentación. Esto se logra haciendo preguntas, solicitando la contestación a una carta y alentado a los receptores a exponer sus reacciones al mensaje.

7. La función de la comunicación no se reduce a transmitir información. También tiene que ver con las emociones, las cuales son muy importantes en las relaciones interpersonales entre superiores, subordinados y colegas en una organización. Además, la comunicación es vital para crear condiciones en las que las personas se sientan motivadas a trabajar en favor de las metas de la empresa al tiempo que cumplen sus propósitos individuales. Otra función de la comunicación es el control. Como se explicó al exponer la administración por objetivos (APO), el control no significa necesariamente control descendente. Por el contrario, la filosofía de la APO hace énfasis en el autocontrol, el cual demanda una comunicación clara y la comprensión de los criterios en los que se basa la medición del desempeño.

8. La comunicación eficaz es responsabilidad no sólo del emisor, sino también del receptor de la información. Por lo tanto, escuchar es un aspecto que precisa de comentarios adicionales.

Escuchar: clave para comprender

El apresurado administrador que nunca tiene tiempo para escuchar rara vez podrá tener una visión objetiva del funcionamiento de la organización. Tiempo, empatía y concentración en los mensajes del comunicador son prerrequisitos de la comprensión. A la gente le gusta que se le escuche, se le tome en serio y se le comprenda. Por lo tanto, el administrador no debe interrumpir a sus subordinados ni llevarlos a adoptar una actitud defensiva. También es conveniente tanto ofrecer como solicitar retroalimentación, ya que sin ella es imposible saber si el mensaje fue comprendido o no. Para suscitar una retroalimentación honesta, los administradores deben crear una atmósfera de confianza y seguridad y asumir un estilo de liderazgo de apoyo, en el que se prescinde del acento en la categoría (lo contrario a, por ejemplo, pertrecharse tras un escritorio ejecutivo de gigantescas dimensiones).

Escuchar es una habilidad que puede desarrollarse. Keith Davis y John W. Newstrom propusieron diez principios para el perfeccionamiento de la capacidad de escuchar: 1) dejar de hablar, 2) hacer que el hablante se sienta cómodo, 3) demostrarle al hablante que se desea escucharlo, 4) evitar distracciones, 5) empatizar con el hablante, 6) ser paciente, 7) mantener la calma, 8) evitar discusiones y críticas, 9) hacer preguntas y 10) ¡dejar de hablar! El primero y último principios son los más importantes; para poder escuchar lo primero que debemos hacer es dejar de hablar.[20]

Carl R. Rogers y F. J. Roethlisberger proponen un experimento muy sencillo.[21] La próxima vez en que usted se vea envuelto en una discusión, intente aplicar esta regla: sólo se tiene derecho a hablar una vez que se hayan repetido con toda exactitud las ideas y opiniones de quien acaba de hablar, y a plena satisfacción de éste. Aunque parece simple, esta regla es difícil de poner en práctica. Implica escuchar, comprender y mostrar empatía. Pero los administradores que la han aplicado dicen haber identificado numerosos casos en los que no se comunicaban adecuadamente.

Sugerencias para mejorar la comunicación escrita

Una comunicación escrita eficaz es quizá la excepción, no la regla; lo cierto es que ni el nivel de estudios ni la inteligencia garantizan una buena redacción. Muchas personas han adoptado la costumbre de emplear jerga técnica, que sólo puede ser comprendida por expertos en el mismo campo. Entre los problemas más comunes de la comunicación escrita destacan la omisión de la conclusión por parte del autor, o su ocultamiento en el informe; exceso de palabras; mal uso de la gramática; oraciones ineficazmente estructuradas, y mala ortografía. Sin embargo, unos cuantos lineamientos pueden hacer mucho en favor del mejoramiento de la comunicación escrita:[22]

Use palabras y frases sencillas.
Use palabras breves y conocidas.
Use pronombres personales (como "tú" o "usted") siempre que sea apropiado.
Dé ilustraciones y ejemplos; use gráficas.
Use oraciones y párrafos breves.
Use verbos en voz activa, como "El administrador *planea*...".
Evite palabras innecesarias.

John Fielden sugiere que el estilo de redacción se adecue a la situación y al efecto que el autor desea producir.[23] Específicamente, recomienda un estilo *enérgico* cuando el autor posee autoridad; el tono debe ser cortés, pero firme. El estilo *pasivo* es adecuado cuando la posición del autor es inferior a la del receptor del mensaje. El estilo *personal* es recomendable para la comunicación de buenas noticias y la realización de persuasivas demandas de acción. El estilo *impersonal* es generalmente correcto para la transmisión de información negativa. El estilo *vivaz* o *colorido* es conveniente para buenas noticias, anuncios o cartas de ventas. Un estilo *menos colorido*, combinación de los estilos impersonal y pasivo, puede ser apropiado para la redacción común de negocios.

Sugerencias para mejorar la comunicación oral

Hay personas, ejecutivos inclusive, para las que la sola idea de tener que pronunciar un discurso les causa pesadillas. Pero pronunciar discursos y divertirse al hacerlo son cosas que pueden aprenderse. Un ejemplo clásico de cómo se puede aprender la comunicación oral es el estadista griego Demóstenes, quien, tras experimentar el profundo desaliento que le causó la lamentable impartición de su primer discurso público, se convirtió en uno de los mayores oradores de su época gracias a la práctica, la práctica y más práctica.

Los administradores deben inspirar, conducir, comunicar una visión. Una idea clara del propósito de la organización es esencial pero insuficiente para dirigir. Esta visión debe articularse. Esto no sólo significa enunciar hechos, sino también darlos a conocer en tal forma que los empleados de la organización se sientan inspirados por el fortalecimiento de sus valores, de su orgullo y de sus objetivos personales.

Casi todas las sugerencias para el mejoramiento de la comunicación escrita se aplican también a la mejora de la comunicación oral. Pero hay más. El razonamiento lógico debe complementarse con la atracción emocional, y el mensaje debe emitirse en forma comprensible para los empleados. Jay A. Conger ha propuesto los siguientes lineamientos para la comunicación oral, y en particular para la articulación de la misión de una organización:[24]

1. Enuncie la misión en forma congruente con valores y convicciones positivos.
2. Incorpore valores organizacionales y sociales en la declaración de las metas de la empresa. Refiera casos reales y dé ejemplos que sean ilustrativos de las metas.
3. Exponga la importancia de la misión, la razón de su establecimiento y el supuesto en el que se basa la certeza de que la compañía la cumplirá exitosamente.
4. Formule el mensaje en un lenguaje de fácil comprensión y sírvase de metáforas, alegorías e historias.
5. Practique la comunicación oral y pida retroalimentación sobre sus discursos.
6. Muestre su entusiasmo y emociones al articular su visión de la compañía.

Los medios electrónicos en la comunicación

Los administradores ya han estudiado y adoptado gradualmente diversos recursos electrónicos que favorecen la comunicación. El equipo electrónico para este fin incluye macrocomputadoras, minicomputadoras, computadoras personales, sistemas de correo electrónico y máquinas de escribir electrónicas, así como teléfonos celulares para la realización de llamadas telefónicas desde automóviles y radiolocalizadores para mantener el contacto con la oficina. El impacto de las computadoras en todas las fases del proceso de la administración será explicado en el capítulo 19, en relación con los sistemas de información administrativa, y por lo tanto apenas si se le mencionará aquí. Pero ocupémonos primeramente de las telecomunicaciones en general y del creciente uso de las teleconferencias en particular.

Telecomunicaciones

Aunque el surgimiento de las telecomunicaciones es muy reciente, varias compañías ya utilizan efectivamente esta nueva tecnología de diversas maneras, como lo muestran los siguientes ejemplos:[25]

- Un gran banco proporciona a sus clientes *hardware* y *software* para que puedan transferir fácilmente fondos a sus proveedores.
- Varios bancos han puesto ya a disposición de sus clientes, incluso a título individual, servicios bancarios por vía telefónica.
- El servicio facsimilar (fax) transmite información en cuestión de minutos a países al otro lado del mundo.
- Las compañías automotrices se mantienen en estrecho contacto con sus proveedores para informarlos de sus necesidades, con lo cual reducen sus costos de inventario.
- Las telecomunicaciones constituyen un enlace importante para los sistemas de inventario justo a tiempo.
- El sistema computarizado de reservaciones en líneas aéreas facilita la realización de trámites para viajes.
- Una importante compañía de abastos médicos obtuvo una ventaja competitiva al ofrecerles a los agentes de compras de hospitales la oportunidad de presentar directamente sus pedidos de mercancías a través de una terminal de cómputo.
- Muchas compañías cuentan en la actualidad con información detallada sobre su personal (incluidas evaluaciones de desempeño y planes de desarrollo profesional) en un banco de datos.

Como puede verse, las telecomunicaciones tienen muchas aplicaciones. Pero para que los sistemas de telecomunicaciones sean eficaces los técnicos deben hacer todos los esfuerzos necesarios por identificar las necesidades reales de administradores y clientes y por diseñar sistemas verdaderamente útiles. Pasemos ahora a una aplicación específica de esta nueva tecnología: las teleconferencias.

Teleconferencias

Compañías como IBM, Bank of America y Hughes utilizan ya desde hace tiempo las teleconferencias.[26] Debido sin embargo a la amplia variedad de sistemas (como sistemas de audio, sistemas de audio con exhibición de imágenes en un monitor de video y sistemas de video en vivo), el término "teleconferencia" es difícil de definir. En general, la mayoría de la gente concibe las **teleconferencias** como la interacción de un grupo de personas por medio de sistemas de audio y video con imágenes fijas o móviles.

El video móvil se emplea frecuentemente para la celebración de reuniones entre administradores. Éstos no sólo se escuchan entre sí, sino que además pueden verse o comentar algún recurso visual. Este tipo de comunicación es, desde luego, un tanto costosa, de modo que se le puede suplir con audio en combinación con video fijo. Este método de comunicación puede ser útil para la exhibición de gráficas o ilustraciones durante una conversación técnica.

VENTAJAS   Algunas de las ventajas potenciales de las teleconferencias son los ahorros que permiten en gastos y tiempo de viaje. Asimismo, es posible sostener conferencias cuando sea necesario, ya que no es preciso realizar planes de viaje con anticipación. Dado que se pueden celebrar reuniones con más frecuencia, mejora la comunicación entre, por ejemplo, las oficinas generales y divisiones geográficamente dispersas.

DESVENTAJAS   Las teleconferencias también presentan ciertos inconvenientes. Debido a la facilidad para efectuar reuniones por este medio, se corre el riesgo de realizarlas más a menudo de lo necesario. Además, puesto que este método supone el uso de tecnología reciente, el equipo está sujeto a fallas. Pero quizá lo más importante es que las teleconferencias siguen siendo una sustitución deficiente de la reunión frente a frente con otras personas. A pesar de estas limitaciones, es probable que en el futuro se incremente el uso de las teleconferencias.

Uso de computadoras para el manejo y transmisión en red de la información

El procesamiento electrónico de datos hace posible hoy en día manejar grandes cantidades de datos y poner la información a disposición de un gran número de personas. De este modo, un individuo puede obtener, analizar y organizar datos recientes a un costo muy reducido. Aun así, no se debe olvidar que los datos no necesariamente son información; la información debe informar a alguien. Los nuevos programas gráficos de cómputo pueden informar visualmente, mediante la exhibición de importante información de las compañías. Anteriormente los administradores de PepsiCo Inc. tenían que sumergirse en verdaderas pilastras de impresiones de computadora para hallar cierta información; hoy pueden desplegar rápidamente un mapa en colores para la exhibición de su situación competitiva.[27]

La nueva tecnología de la información ha obrado cambios fundamentales en la comunicación.[28] Las transmisiones por fax y correo electrónico están remplazando ya a los canales tradicionales de comunicación, como el correo postal. La tecnología de la información hace posible la organización global. Las compañías pueden responder más velozmente a cambios globales.

Durante la aplicación inicial de las computadoras, especialistas, profesionales y administradores dominaron la infraestructura de cómputo; ahora es común que empleados en puestos no administrativos tengan acceso a la misma información que los altos ejecutivos. También se ha dado un cambio de la computación personal a la de grupo de trabajo, y de la computación interna a la interempresarial mediante la conexión con personas y organizaciones fuera de la compañía, tales como bancos, gobiernos, distribuidores, clientes y proveedores. A las compañías manufactureras, por ejemplo, ahora les resulta más fácil delegar actividades a proveedores externos gracias a la mayor velocidad de las comunicaciones, lo que a su vez favorece la coordinación y la cooperación.

Las computadoras han dejado de ser un simple instrumento de manejo de información para convertirse en un importante factor de comunicación. El establecimiento de redes puede abrir canales de comunicación nunca antes existentes y convertirse en una herramienta muy útil para la organización de aprendizaje. Internet, por ejemplo, facilita el enlace de la inteligencia humana. No obstante, la nueva era de la tecnología de la información trae consigo un puñado de nuevos problemas, como la necesidad de proteger la privacidad,[29] la seguridad e incluso la libertad. En el capítulo 19 abundaremos en el impacto de las computadoras y las redes de cómputo.

Resumen

La comunicación es la transferencia de información de un emisor a un receptor, el cual debe comprenderla. El proceso de la comunicación empieza en el emisor, quien codifica una idea que envía en forma oral, escrita, visual o de otra especie al receptor. El receptor decodifica el mensaje y obtiene una interpretación de lo que el emisor desea comunicar. Esto puede resultar a su vez en cierto cambio o acción. Sin embargo, el proceso de la comunicación puede verse interrumpido por "ruido", esto es, por todo aquello que entorpece la comunicación. En una organización, los administradores deben disponer de la información necesaria para la correcta realización de sus labores. La información no sólo debe fluir en sentido descendente o ascendente por la estructura organizacional, sino también horizontal y diagonalmente. La comunicación puede efectuarse por escrito, pero la mayor parte de la información se comunica oralmente. Además, los individuos también se comunican a través de gestos y expresiones faciales.

La comunicación se ve entorpecida por barreras y fallas en el proceso de comunicación. Conocer estas barreras, aplicar una auditoría de comunicación y poner en práctica las sugerencias para la comunicación y escucha eficaces facilitan no sólo la comprensión, sino también la administración. Los medios electrónicos pueden mejorar la comunicación, como lo ilustran las teleconferencias y la aplicación de computadoras, dos de los muchos métodos para el manejo de la creciente cantidad de información en las organizaciones.

Ideas y conceptos básicos

Comunicación

Modelo del proceso de comunicación

"Ruido" en la comunicación

Comunicación descendente

Defensor de los derechos de los empleados (*ombudsperson*)

Comunicación cruzada

Comunicación escrita: ventajas y desventajas

Comunicación oral: ventajas y desventajas

Comunicación no verbal

Barreras y fallas en la comunicación

Reacciones a la sobrecarga de información

Auditoría de comunicación

Sugerencias para mejorar la comunicación

Escuchar como clave para comprender

Teleconferencias

Para analizar

1. Describa brevemente el modelo del proceso de comunicación. Elija un problema de comunicación y determine la causa (o causas) aplicando el modelo a su análisis.
2. Haga una lista de los diferentes canales para la transmisión de un mensaje. Explique las ventajas y desventajas de cada uno de ellos.
3. ¿Cuáles son algunos tipos de comunicación descendente? Explique los de uso más frecuente en una empresa que conozca. ¿Qué tan eficaces son los diversos tipos?
4. ¿Cuáles son algunos de los problemas de la comunicación ascendente? ¿Qué propondría usted para la resolución de esas dificultades?
5. ¿Cuáles son las ventajas y desventajas de las comunicaciones escrita y oral? ¿Cuál de ellas prefiere usted? ¿En qué circunstancias?
6. ¿Qué es la sobrecarga de información? ¿Alguna vez la ha experimentado? ¿Cómo la ha manejado?
7. ¿Qué tan desarrollada está su capacidad para escuchar? ¿Cómo podría mejorarla?
8. Explique el papel de los medios electrónicos en la comunicación.

Ejercicios/actividades

1. Recuerde una situación doméstica o de trabajo e identifique los problemas de comunicación que observó o experimentó. Exponga la utilidad del modelo de comunicación presentado en este capítulo para la detección de esos problemas.
2. Acuda a la biblioteca de su escuela y realice una breve investigación sobre una figura pública que se haya distinguido por sus habilidades para la comunicación. Exponga las características de esta persona en relación con la comunicación.

CASO INTERNACIONAL 17

¿HABRÍA PODIDO EVITARSE EL ACCIDENTE DEL CHALLENGER?[30]

El accidente del transbordador espacial *Challenger* ocurrido el 28 de enero de 1986 sacudió a Estados Unidos como no lo había hecho ningún otro acontecimiento en por lo menos los doce años anteriores. Fue un accidente trágico, que costó la vida de siete personas. En la actualidad se cuenta ya con ciertas evidencias de la probabilidad de que los astronautas hayan sobrevivido a la explosión inicial y muerto a causa del impacto del transbordador espacial contra el agua. El propósito de replantear el accidente del *Challenger* es explicar brevemente lo que ocurrió, el probable motivo de que haya ocurrido, cómo pudo haberse evitado este desastre y qué podemos aprender de la experiencia.

La misión del *Challenger* se componía de dos complejos sistemas: el sistema técnico y el sistema administrativo. El problema técnico fueron los conflictivos anillos O, que sometidos a intensa presión y bajas temperaturas resultaron ineficaces y no ofrecieron el sellado requerido. Ingenieros y administradores estaban al tanto de este problema. ¿Por qué, entonces, se autorizó el lanzamiento de la nave espacial? ¿La explicación puede hallarse en el modo de operar del sistema administrativo?

Los ingenieros de Morton Thiokol, empresa contratista del cohete de propulsión, se opusieron al lanzamiento, con el argumento de que ya anteriormente se habían presentado problemas a bajas temperaturàs. Es probable que, por su parte, los administradores se hayan sentido presionados por la NASA para seguir adelante con el proyecto. Roger Boisjoly, uno de los ingenieros más férreamente opuestos al lanzamiento, declaró haber recibido señales de parte de los administradores cuyo aparente mensaje era: "Sigamos adelante y no nos incomoden con sus datos." Dijo haberse sentido impotente. A otro ingeniero se le exigió quitarse su casco de ingeniero y ponerse el de administrador.

Finalmente, los administradores aprobaron el lanzamiento. Los ingenieros fueron excluidos de la decisión final. ¿Cuáles pudieron ser entonces algunas de las probables razones del desastre?

Ciertas personas sostuvieron que hubo falta de comunicación entre ingenieros y administradores. Sus metas eran distintas: seguridad contra lanzamiento a tiempo. Otras señalaron que los individuos dotados de responsabilidades no querían saber nada de malas noticias. Así, no escucharon. Otras más indicaron que se carecía de medios suficientes para la comunicación ascendente fuera de la cadena de mando. Se sugirió incluso que las diferencias de categoría entre ingenieros y administradores y entre administradores de nivel superior e inferior influyeron en la inhibición de la comunicación ascendente. Quizá también la misión cayó presa de una seguridad falsa, producto de la buena suerte corrida hasta entonces. Administradores e ingenieros sabían del problema, pero hasta ese momento nadie había muerto por esa causa. Además, ninguno de los miembros de la unidad organizacional deseaba ser el "chico malo" que detuviera el lanzamiento. Es probable que, por su parte, a Morton Thiokol le haya preocupado más un contrato inminente.

El resultado de esta serie de hechos fue la muerte de siete estadunidenses: Jarvis, McAuliffe, McNair, Onizuka, Resnik, Scobee y Smith. La pregunta que nos hacemos es: ¿habría podido evitarse este accidente?

1. ¿Qué puede aprender usted de este desastre que sea relevante para su organización o una organización de su conocimiento?
2. ¿Cuál cree que haya sido la causa, o causas, del desastre del Challenger?

Referencias

1. Eric K. Clemons y F. Warren McFarlan, "Telecom: Hook Up or Lose Out", en *Harvard Business Review*, julio-agosto de 1986, p. 91.

2. Véase también Carol Saunders y Jack William Jones, "Temporal Sequences in Information Acquisition for Decision Making: A Focus on Source and Medium", en *The Academy of Management Review*, enero de 1990, pp. 29-46.

3. Thomas J. Peters y Robert H. Waterman, Jr., *In Search of Excellence* (Nueva York, Harper & Row, 1982), cap. 5.

4. Maggie McComas, "Atop of the Fortune 500: A Survey of the C.E.O.s", en *Fortune*, 28 de abril de 1986, pp. 26-31.

5. Michael Brody, "Listen to Your Whistleblower", en *Fortune*, 24 de noviembre de 1986, pp. 77-78.

6. Michael Brody, "NASA's Challenge: Ending Isolation at the Top", en *Fortune*, 12 de marzo de 1986, pp. 26-32.

7. Véase también Deborah Tannen, "The Power of Talk: Who Gets Heard and Why", en *Harvard Business Review*, septiembre-octubre de 1995, pp. 138-148. En relación con la comunicación escrita, véase Arthur H. Bell, *NTC's Business Writer's Handbook* (Lincolnwood, Illinois; NTC Publishing Group, 1996), o el libro clásico sobre estilo de William Strunk, Jr., y E. B. White, *The Elements of Style*, 3a. ed. (Nueva York, MacMillan Publishing Co., Inc., 1979).

8. Jean-Louis Barsoux y Peter Lawrence, "The Making of a French Manager", en *Harvard Business Review*, julio-agosto de 1991, pp. 58-67.

9. Véase también Nancy J. Adler, *International Dimensions of Organizational Behavior*, 3a. ed. (Boston, PWS-Kent Publishing Company, 1997).

10. Véase John D. Daniels, Ernest W. Ogram, Jr., y Lee H. Radebaugh, *International Business*, 3a. ed. (Reading, Mass.; Addison-Wesley Publishing Company, 1982), caps. 4 y 19; Simcha Ronen, *Comparative and Multinational Management* (Nueva York, John Wiley & Sons, 1986), cap. 4; Arvind V. Phatak, *International Management* (Cincinnati, Ohio; South-Western College Publishing, 1997), cap. 6.

11. V. H. Kirpalani, *International Marketing* (Nueva York, Random House, 1985), cap. 4.

12. Chin-Ning Chu, *The Chinese Mind Game* (Beaverton, Oregon; AMC Publishing, 1988).

13. Martin Rosch, "Communications: Focal Point of Culture", en *Management International Review*, vol. 27, núm. 4, 1987.

14. Roger D'Aprix, "The Oldest (and Best) Way to Communicate with Employees", en *Harvard Business Review*, septiembre-octubre de 1982, pp. 30-32.

15. Véase también Rodger W. Griffeth, Kerry D. Carson y Daniel B. Marin, "Information Overload: A Test of an Inverted U Hypothesis with Hourly and Salaried Employees", en *Academy of Management Best Papers — Proceedings 1988*, cuadragésimo octava asamblea anual de la Academy of Management, Anaheim, California, 7-10 de agosto de 1988, pp. 232-235.

16. Véase también Eric M. Eisenberg y Marsha G. Witten, "Reconsidering Openness in Organizational Communication", en *Academy of Management Review*, julio de 1987, pp. 418-426.

17. Para una explicación detallada de este tema, véase el análisis de J. D. Miller sobre la sobrecarga de información en Daniel Katz y Robert L. Kahn, *The Social Psychology of Organizations* (Nueva York, John Wiley & Sons, 1978), pp. 451-455.

18. Howard H. Greenbaum, "The Audit of Organizational Communication", en *Academy of Management Journal*, diciembre de 1974, pp. 739-754.

19. Howard H. Greenbaum y N. D. White, "Biofeedback at the Organizational Level: The Communication Audit", en *The Journal of Business Communication*, verano de 1976, pp. 3-15.

20. Keith Davis y John W. Newstrom, *Human Behavior at Work: Organizational Behavior*, 7a. ed. (Nueva York, McGraw-Hill Book Company, 1985), p. 436.

21. Carl R. Rogers y F. J. Roethlisberger, "Barriers and Gateways to Communication", en *Business Classics: Fifteen Key Concepts for Managerial Success* (Boston, Resident and Fellows of Harvard College, 1975), pp. 44-50.

22. Davis y Newstrom, *Human Behavior at Work* (1985), p. 438.

23. John S. Fielden, "What Do You Mean You Don't Like My Style?", en *Harvard Business Review*, mayo-junio de 1982, pp. 128-138.

24. Adaptado de Jay A. Conger, "Inspiring Others: The Language of Leadership", en *Academy of Management Executive*, febrero de 1991, pp. 31-45.

25. Eric K. Clemons y F. Warren McFarlan, "Telecom: Hook Up or Lose Out", en *Harvard Business Review*, julio-agosto de 1986, pp. 91-97; Anne R. Field y Catherine L. Harris, "The Information Business", en *Business Week*, 25 de agosto de 1986, pp. 82-90.

26. Robert Johansen y Christine Bullen, "What to Expect from Teleconferencing", en *Harvard Business Review*, marzo-abril de 1984, pp. 164-174.

27. "Management Warms Up to Computer Graphics", en *Business Week*, 13 de agosto de 1984, pp. 96-101.

28. Don Tapscott y Art Caston, *Paradigm Shift — The New Promise of Information Technology* (Nueva York, McGraw-Hill, Inc., 1993); Don Tapscott, *The Digital Economy — Promise and Peril in the Age of Networked Intelligence* (Nueva York, McGraw-Hill, 1996).

29. Véase el reportaje de portada de la revista *Fortune*, Richard Behar, "Who is Reading Your E-Mail?", en *Fortune*, 3 de febrero de 1997, pp. 56-58; Eryn Brown, "The Myth of E-Mail Privacy", en *Fortune*, 3 de febrero de 1997, p. 66.

30. La información incluida en este caso proviene de varias fuentes, entre ellas las audiencias en el Congreso y una versión de Roger Boisjoly. Véase también el desastre de Hubble, con ciertas semejanzas con el caso del Challenger. Véase Robert Elliott Allinson, "A Call for Ethically-Centered Management", en *The Academy of Management Executive*, febrero de 1995, pp. 73-76; Paul W. Mulvey, John Veiga y Priscilla M. Elsass, "When Teammates Raise a White Flag", en *Academy of Management Executive*, febrero de 1996, pp. 40-48.

RESUMEN DE PRINCIPIOS BÁSICOS PARA LA DIRECCIÓN

Es posible sintetizar varios principios acerca de la función administrativa de dirección. Son los siguientes:

D1.* PRINCIPIO DE ARMONÍA DE OBJETIVOS. Cuanto más sean capaces los administradores de armonizar las metas personales de los individuos con las metas de la empresa, tanto más eficaz y eficiente será ésta.

D2. PRINCIPIO DE MOTIVACIÓN. Puesto que la motivación no se reduce a una cuestión de causa y efecto, entre más cuidadosamente evalúen los administradores la estructura de recompensas, la consideren desde el punto de vista situacional y de contingencias y la integren en el sistema total de la administración, más eficaz será un programa motivacional.

D3. PRINCIPIO DE LIDERAZGO. Dado que las personas tienden a seguir a quien, a su entender, les ofrece medios para satisfacer sus metas personales, mientras mejor comprendan los administradores qué motiva a sus subordinados y cómo operan estos motivadores y entre mejor den cuenta de esta comprensión en la realización de sus acciones administrativas, es probable que sean más eficaces como líderes.

D4. PRINCIPIO DE CLARIDAD DE LA COMUNICACIÓN. La comunicación tiende a ser clara cuando se le expresa en un lenguaje y se le transmite de tal manera que pueda ser comprendida por el receptor.

Es responsabilidad del emisor formular el mensaje de tal modo que resulte comprensible para el receptor. Esta responsabilidad se refiere principalmente a la comunicación escrita y oral y apunta a la necesidad de planear el mensaje, enunciar sus supuestos básicos y aplicar las reglas de aceptación generalizada para escribir y hablar con eficacia.

D5. PRINCIPIO DE INTEGRIDAD DE LA COMUNICACIÓN. Cuanto mayor sea la integridad y consistencia de los mensajes escritos, orales y no verbales, así como de la conducta moral del emisor, tanto mayor será la aceptación del mensaje por el receptor.

D6. PRINCIPIO DE COMPLEMENTARIEDAD DE LA ORGANIZACIÓN INFORMAL. La comunicación tiende a ser más eficaz cuando los administradores utilizan la organización informal para complementar los canales de comunicación de la organización formal.

* "D" significa "principio de dirección".

La organización informal es un fenómeno que los administradores deben aceptar. La información, sea cierta o no, fluye rápidamente a través de la organización informal. En consecuencia, los administradores deber aprovechar este recurso para corregir la información falsa y proporcionar información que no puede emitirse eficazmente o recibirse adecuadamente por el sistema formal de comunicación.

Dirección global

Las conclusiones de esta parte tratan de la dirección global. Primeramente, la dirección se practica de diferente manera en cada país. Aquí haremos una comparación entre Japón, Estados Unidos, la República Popular China, México y Colombia. Luego, apuntaremos el enfoque internacional a aspectos globales selectos de la dirección; específicamente, a la influencia de diferentes culturas. Finalmente, presentaremos un caso de la industria automotriz global sobre dos compañías estadunidenses para ilustrar la dirección administrativa en el contexto internacional.

Prácticas de dirección en Japón, Estados Unidos, la República Popular China, México y Colombia[1]

La dirección es el proceso por medio del cual se influye en las personas para que contribuyan en favor de los propósitos organizacionales; está relacionada con la motivación, el liderazgo y la comunicación. Las prácticas administrativas de dirección correspondientes a Japón, Estados Unidos, China, México y Colombia se resumen en la tabla que acompaña a este apartado.

Dirección en Japón

Los administradores japoneses son concebidos como integradores sociales que forman parte de un equipo de trabajo. Por medio de la adopción de un estilo paternalista de liderazgo, los administradores muestran gran preocupación por el bienestar de sus subordinados. La comunidad de valores y el espíritu de equipo facilitan la cooperación. El papel de los administradores es crear las condiciones necesarias para el *esprit de corps*, de modo que están dispuestos a colaborar realizando las mismas actividades que sus subordinados. En un intento por mantener la armonía a casi cualquier costo, los administradores evitan la confrontación directa. Esto significa que, quizá en forma deliberada, se procura la ambigüedad. Los líderes necesitan seguidores, y a los administradores les ayuda el hecho de que se espere de los individuos que subordinen sus intereses personales a los del grupo y la organización. Aunque por lo general los administradores no den muchas órdenes directas, se ejerce influencia a través de la presión de los iguales. En realidad, prosperan las estrechas relaciones personales no sólo porque los empleados trabajen juntos en tareas comunes, sino también porque se reúnen y asocian fuera del ámbito estrictamente laboral. El resultado de ello es la confluencia de la vida organizacional y la privada.

Los patrones de comunicación siguen en forma paralela a los propios de la toma de decisiones. La comunicación más importante es descendente y ascendente, mientras que

Comparación de la dirección en Japón, Estados Unidos, China, México y Colombia*

Administración japonesa	Administración estadunidense	Administración china	Administración mexicana	Administración colombiana
El líder funge como facilitador social y miembro del grupo	1. El líder funge como responsable de la toma de decisiones y dirigente del grupo	1. El líder funge como dirigente del grupo (comité)	1. El dirigente actúa como la persona encargada de tomar decisiones y coordinar al grupo directivo	1. El dirigente actúa como la cabeza del grupo
2. Estilo paternalista	2. Estilo directivo (enérgico, firme, resuelto)	2. Estilo directivo (relaciones padre-hijo, en términos del análisis transaccional).	2. Estilo directivo enérgico, conciliador en el proceso de toma de decisiones	2. Estilo directivo autocrático
3. La comunidad de valores facilita la cooperación	3. Es frecuente la divergencia de valores; el individualismo tiende a obstaculizar la cooperación	3. Valores comunes; énfasis en la armonía	3. Existen valores comunes pero también una gran dosis de individualismo por lo que en ocasiones la cooperación requiere de un mayor esfuerzo	3. Ausencia de valores comunes
4. Evita las confrontaciones, lo que a veces genera ambigüedades; énfasis en la armonía	4. Es común la confrontación directa; énfasis en la claridad	4. Evita la confrontación	4. Evita la confrontación; insiste en la claridad para evitar ambigüedades y promover el trabajo en equipo	4. Evita las confrontaciones
5. Comunicación importante, descendente y ascendente; comunicación no importante, por lo general ascendente	5. Comunicación principalmente descendente	5. Comunicación descendente	5. La comunicación es multidireccional	5. La comunicación es fundamentalmente de arriba hacia abajo

* Las fuentes de información aparecen en la nota 6 de las "Referencias" de las conclusiones de la parte 2.

la comunicación menos importante suele ser ascendente. Este patrón de comunicación es promovido por los administradores japoneses, quienes dedican mucho tiempo a comunicarse con sus subordinados, para lo cual prefieren el contacto personal a los memorándums.

Dirección en Estados Unidos

En las compañías estadunidenses la función administrativa de dirección se ejerce en forma muy diferente. Los líderes son vistos como responsables de la toma de decisiones y encabezadores del grupo; se espera de ellos que den órdenes, que sean fuertes, firmes y resueltos. Su tarea es integrar los diversos valores, pero es probable que el énfasis en el individualismo tanto en la sociedad en general como en las organizaciones en particular obstaculice la cooperación. De los administradores se espera que emprendan acciones decisivas y aclaren la dirección del grupo o la compañía, aun si esto implica confrontación directa con quienes estén en desacuerdo. Aunque los administradores trabajan intensamente, valoran su vida privada, que distancian de su vida laboral. El patrón de comunicación dentro de las organizaciones es en gran medida descendente a lo largo de la jerarquía, con especial acento en la comunicación escrita.

Dirección en China

La función administrativa de dirección en China posee características tanto de la práctica japonesa como de la estadunidense. El líder es el jefe del grupo (en los comités, por ejemplo), y por lo general el estilo de liderazgo es muy directivo. Una de las personas a las que entrevistamos al respecto describió la relación entre líderes y seguidores como una relación padre-hijo, en términos del análisis transaccional. En otras palabras, se espera que las órdenes de los líderes sean obedecidas. Éstos a su vez son responsables ante las autoridades del desempeño y las metas, pero no de la satisfacción de las necesidades y demandas de los clientes (lo que, sin embargo, ya ha comenzado a cambiar lentamente). A semejanza de la dirección en Japón, la dirección en China se ve favorecida por la comunidad de valores y el énfasis en la armonía más que en la confrontación. Por otra parte, la comunicación es fundamentalmente descendente, como en muchas compañías estadunidenses.

Dirección en México

La dirección en México se ejerce de manera abierta y firme, ya que esta función es la depositaria de la máxima autoridad formal de la organización y de ella parten los principios rectores a los que deben apegarse todos los niveles que componen la estructura orgánica.

El directivo como responsable de dictar las estrategias y establecer los marcos de actuación es quien encabeza el proceso de toma de decisiones y coordina los esfuerzos para imprimir cohesión al logro de resultados, promoviendo la interacción franca de los grupos de trabajo en términos cuantitativos y cualitativos.

La práctica de esta función está cimentada en la delegación de autoridad a las instancias que participan en los procesos centrales de la organización, la cual se complementa a través de una red de comunicaciones vía computadora, documentos y en forma oral.

La atención a clientes representa una de las prioridades más importantes, por lo que la supervisión de las acciones en todas sus fases está encaminada a garantizar la preservación y fortalecimiento de la imagen de la empresa.

En la dirección recae la responsabilidad de fomentar no sólo la calidad de los productos y/o servicios de la organización, sino la de acrecentar una cultura administrativa positiva.

Dirección en Colombia

Entre las condiciones administrativas dentro de las cuales se realiza la dirección, y que determinan en alguna medida el estilo de liderazgo, merecen mencionarse:

La estrategia para influir sobre el comportamiento del trabajador, que se basa en el premio y la sanción, pero que en muchos casos carece de un sistema de calificación de méritos suficientemente objetivo, y donde son más frecuentes las sanciones que los premios; las relaciones entre la empresa y el trabajador, que muestran la tendencia a ser cada vez más transitorias.

Las estructuras organizacionales que centralizan numerosas funciones, una cultura organizacional que exagera los símbolos exteriores del estatus de los jefes, que induce a los trabajadores a ser sumisos y conformistas, que estimula el éxito individual y la competencia. En unas condiciones como las enunciadas, los directores tienen la convicción que se les paga para dar órdenes, lo cual es la esencia de su cargo, y que deben supervisar estrechamente las operaciones de sus subordinados para corregir errores y, eventualmente, sancionarlos.

Por su parte, los empleados se adaptan consultando a su jefe las decisiones propias de la función que ejecutan, no porque impere un clima de participación sino por temor a ser desautorizados o castigados si las cosas salen mal. Ese cuadro refleja con suficiente fidelidad el estilo de dirección típico de las organizaciones colombianas, estilo que se mantiene a pesar de las frecuentes manifestaciones de la gerencia acerca de las bondades del liderazgo participativo y la autonomía del trabajador. Mientras la intensificación de la competencia que resulta de la globalización de la economía no se manifieste de manera amenazante, los jefes prefieren continuar disfrutando de las ventajas del poder, evitando adentrarse en el territorio todavía desconocido de la participación indiscutiblemente más complejo que la cómoda autocracia.

La dirección en diferentes culturas[2]

La función administrativa de dirección se centra en las interacciones humanas entre las personas. Los administradores que operan en el ámbito internacional deben conocer al menos algunos de los aspectos culturales del país en el que planean trabajar. Es posible que la influencia de la cultura nacional sobre la cultura organizacional no sea inmediatamente advertible, aunque se refleja en la conducta organizacional y en las prácticas administrativas.

Cultura y conducta administrativa

La cultura no es fácil de definir. Como ya se señaló, la cultura puede describirse como un patrón de comportamiento en relación con valores y convicciones desarrollados en el transcurso del tiempo. Los símbolos, por ejemplo, pueden indicar qué valoran los miembros de una sociedad u organización. Lo cierto es que puede distinguirse entre la cultura de una nación y la cultura de una organización. El ambiente externo influye en el modo en que las personas interactúan dentro de una organización. Pero también debe reconocerse que en un país la cultura puede variar enormemente, y no sólo en países tan grandes y diversos como Estados Unidos, sino también en naciones geográficamente pequeñas y relativamente homogéneas como Alemania. Los alemanes del norte se comportan de diferente manera que la población del sur del país. La cultura y su impacto en las organizaciones deben considerarse a la luz de esta advertencia.

Los administradores de hoy deben desarrollar una perspectiva global; una visión localista resulta ya inadmisible. Antes, muchas compañías estadunidenses (excepto las trasnacionales) no veían razón de desarrollar una perspectiva global. El inmenso mercado estadunidense resultó suficiente a menudo para las pequeñas y medianas empresas. Estas compañías no veían la necesidad de crecer más allá de las fronteras nacionales y aventurarse en países extranjeros, con diferentes culturas e idiomas y mayores riesgos. Pero en la actualidad difícilmente cualquier compañía puede ignorar el ámbito global, aun si no planea operar en el exterior. Un número cada vez mayor de empresas extranjeras se incorpora al mercado estadunidense. Además, muchas empresas de Estados Unidos emplean a personas de diferentes naciones con diferentes culturas.

Las diferencias culturales afectan a conductas y prácticas administrativas como planeación (orientación a corto plazo contra largo plazo, por ejemplo), organización (tipo de estructura organizacional o de actitud hacia la delegación de autoridad, por ejemplo), integración del personal (selección basada en relaciones familiares más que en aptitudes profesionales, por ejemplo), dirección (adopción de un estilo de liderazgo participativo, no directivo, por ejemplo) y control (aplicación de un control riguroso en vez de controles generales, por ejemplo).

La cultura también afecta a las relaciones interpersonales, como las que ocurren en negociaciones. En Rusia, por ejemplo, las personas de negocios no suelen cultivar relaciones de largo plazo con sus socios de negociaciones. Del mismo modo, no debería sorprender el hecho de que pocos rusos sonrían en público. Por lo demás, acostumbran realizar brindis al término de sus reuniones de negocios, así que los occidentales deben abstenerse de pretender seguirles el paso en su manera de beber.

A los estadunidenses les resultará relativamente fácil hacer negocios con los ingleses. Unos y otros no sólo comparten muchos aspectos culturales, sino que además se comunican en el mismo idioma, lo que facilita las relaciones interpersonales. Sin embargo, a los ingleses no les gusta hablar de negocios en la mesa.

En Francia, el conflicto es parte común de la vida cotidiana. Parecería que los franceses desearan investigar la veracidad misma de las leyes universales. Basan su confianza personal en el carácter del individuo, más que en sus logros profesionales. Además, el impulso competitivo no es tan pronunciado en Francia como en Estados Unidos. La estructura de las clases sociales y la categoría asociada con ella son muy importantes en las interacciones sociales dentro y fuera de las organizaciones.

Dado que las relaciones comerciales con los japoneses son cada vez más frecuentes y puesto que los occidentales desconocemos por lo general los aspectos culturales de las interacciones sociales en Japón, ofreceremos aquí información general al respecto.

Importancia del conocimiento de la cultura en la realización de negocios en Japón

Los individuos originarios de los países occidentales pueden sentirse incómodos al hacer negocios en Japón. Aunque puede llegar a ser extremadamente difícil comprender las sutilezas de la cultura japonesa, una buena preparación es de vital importancia para conseguir armónicas relaciones de negocios en ese país.

ESTABLECIMIENTO DE RELACIONES DE NEGOCIOS   Es prácticamente imposible conocer a socios comerciales japoneses sin establecer contacto con ellos mucho antes de realizar un viaje a Japón. Las citas deben ir precedidas por contactos y cartas para la planeación de las reuniones. Aunque es difícil aprender japonés, se deben aprender al menos fórmulas de cortesía y ciertas frases comunes. En una sociedad dominada por los hombres como la japonesa, las mujeres occidentales pueden sentirse incómodas al principio. Pero el hecho de que los japoneses sean muy corteses con los extranjeros en general obrará en su favor. Además, incluso las mujeres japonesas han conseguido algunos avances profesionales en las empresas del país en los últimos años.

Para los japoneses la comunicación frente a frente es muy importante. Antes de establecer tratos de negocios con socios extranjeros se interesan por conocerlos lo mejor posible. Adicionalmente, no se debe olvidar que los administradores japoneses buscan siempre obtener consenso entre ellos antes de responder preguntas o hacer declaraciones. Uno de los autores de este libro tuvo la oportunidad de visitar una importante compañía automotriz japonesa. Las preguntas dirigidas al anfitrión japonés eran discutidas primero por los administradores (en japonés) antes de que uno de ellos diera una respuesta.

RECONOCIMIENTO DE LAS OPINIONES DE LOS JAPONESES SOBRE LOS OCCIDENTALES   Los japoneses admiran la capacidad de innovación de los occidentales, así como su energía para la acción. Sin embargo, por lo general piensan que los extranjeros son impacientes y que son muy dados a establecer rápida familiaridad con los demás sin que ello signifique amistad de alguna especie. Además, suelen estar convencidos de que las privaciones, como las que experimentaron al término de la Segunda Guerra Mundial, los han convertido en esforzados trabajadores. Algunos líderes políticos y empresariales japoneses piensan que su país debería asumir en la actualidad el liderazgo económico mundial. Están conscientes de que la prosperidad económica de sus más de 120 millones de connacionales depende de las exportaciones y de las operaciones en el exterior de las empresas trasnacionales japonesas. Los recursos naturales del país son limitados y todo el petróleo se importa del exterior.

EL ARTE DE OFRECER OBSEQUIOS   Se puede distinguir entre dos tipos de regalos: personales y empresariales. Los regalos personales pueden incluir libros ilustrados u objetos típicos del lugar. Otros serían pelotas de golf, gorras, pisacorbatas o joyería estadunidense autóctona. Si el socio japonés tiene hijos, cosas como camisetas, libros para niños o plumas y lápices pueden ser regalos adecuados. Entre los regalos empresariales pueden estar plumas, camisetas, separadores de libros o cualquier otro objeto con el logotipo de la compañía. Todos estos artículos deben ser del país de procedencia, no japoneses.

La presentación de los regalos también es importante. Los obsequios deben envolverse con colores apropiados para la ocasión, como azul, café, gris o verde. Los colores llamativos, como rosa o rojo, y el papel floreado no son adecuados. También deben evitarse el blanco y el negro, colores fúnebres. La entrega y recepción de regalos se hace con ambas manos. Por lo general las cajas con regalos no se abren frente a quien hizo el regalo, para no incomodarlo. Si un obsequio consiste en varios objetos similares, se debe evitar regalar cuatro del mismo tipo (lo que podría interpretarse como "muerte") o nueve, dado que el término "nueve" significa "asfixia".

REUNIONES CON JAPONESES   En Japón las reuniones de negocios son generalmente más formales que en Estados Unidos. Los aspectos preliminares se prolongan mucho tiempo, pero son esenciales para una reunión exitosa. A menos que lo haga otra persona, uno mismo debe presentarse, primeramente con el individuo más importante. En ese momento se intercambian tarjetas de presentación. En caso de que no se sepa de antemano quién es el individuo de mayor rango, usualmente es fácil advertirlo por el comportamiento de los subordinados, quienes se muestran sumamente respetuosos hacia esa persona. Además, es común que el ejecutivo de más alto nivel sea el primero en entrar a la sala. En la reunión, este individuo se sentará habitualmente en el punto intermedio de la mesa o entre sus asesores. (Difícilmente se encontrará a una mujer en un puesto de alta dirección, aunque debe decirse que las mujeres han alcanzado ciertos progresos profesionales en años recientes.)

El intercambio de tarjetas de presentación es un ritual básico. Por ningún motivo salga usted de casa sin sus tarjetas de presentación si va a Japón. Lo ideal es que el contenido de la tarjeta aparezca en inglés y japonés. Los individuos más jóvenes o de menor rango son los primeros en ofrecer su tarjeta al socio comercial japonés. Por el contrario, los administradores extranjeros de nivel inferior sólo ofrecerán sus tarjetas una vez que el director japonés haya hecho lo propio. La tarjeta debe entregarse con ambas manos, a menos que se les intercambie junto con un apretón de manos. La cara impresa (la que está en inglés en caso de que la cara contraria se encuentre en japonés) debe aparecer hacia arriba, para que el ejecutivo japonés pueda leerla sin necesidad de darle vuelta. Aunque los japoneses acostumbran hacer reverencias, bastará con que el extranjero proceda a una amistosa inclinación de cabeza.

Las reuniones no sólo sirven para "hacer negocios", sino también para establecer relaciones. Los japoneses querrían saber si habrán de sentirse suficientemente a gusto en su trato con la contraparte. Esto significa que les interesa saber si una persona es de confiar, posee un conocimiento detallado del producto o servicio ofrecido y escucha y se muestra receptivo a sus necesidades. Por lo general se cree que los estadunidenses son muy parlanchines o que ejercen excesivas presiones para obtener una decisión.

Los administradores modernos deben desarrollar una perspectiva con una orientación geográfica y multicultural global. Conocer las diferencias culturales es un prerrequisito para el éxito personal y organizacional.

CASO DE LA INDUSTRIA AUTOMOTRIZ GLOBAL

¿Podrán Ford y General Motors reconquistar su liderazgo?[3]

Ford y General Motors enfrentan una aguda competencia global, ya que los fabricantes japoneses de automóviles han ido obteniendo una creciente participación de mercado en Estados Unidos. Ford Motor Company respondió a ello con exitoso modelo Taurus, en cuya manufactura se aplicaron numerosos conceptos del trabajo en equipo. Por su parte, General Motors construyó en Tennessee una planta de manufactura y ensamble completamente nueva. El distanciamiento respecto de la administración tradicional fue encabezado por Donald Petersen en Ford y Roger Smith en GM.

Administración por trabajo en equipo en Ford

Ford Motor Company se vio en problemas a principios de la década de los ochenta. Llegó a decirse incluso que Ford significaba *"fix or repair daily"* ("arreglo o reparación diario"). Pero la historia de esta compañía demuestra que es posible transformar por completo a una empresa. Los modelos Taurus y Mercury Sable de Ford fueron los puntos de inflexión de la compañía; son un ejemplo de que los modelos producidos por las armadoras estadunidenses pueden competir con las muy exitosas importaciones japonesas.

Los problemas pueden convertirse en oportunidades, y durante la recesión de los ochenta hubo muchas dificultades por vencer. Era evidente que Ford tenía que competir no sólo con los demás fabricantes estadunidenses de automóviles, sino también con los del mundo entero. Por lo tanto, fue necesario tomar medidas drásticas: Ford invirtió 3 000 millones de dólares en sus nuevos modelos, hizo de la calidad su principal preocupación y aprendió de otros fabricantes de autos, especialmente japoneses.

Una de las primeras acciones fue remplazar la antigua estructura burocrática por el método de equipos, o administración de programas. Antes eran necesarios 5 años para producir un nuevo modelo. El antiguo método "secuencial" era el siguiente: los planificadores del producto desarrollaban el concepto general del nuevo modelo, el cual le era entregado entonces a los diseñadores. Concluida la etapa de diseño, entraban en acción los ingenieros, quienes desarrollaban especificaciones tanto para la manufactura como para los diversos proveedores. Este proceso era secuencial, con escasa comunicación entre los diversos grupos. Cuando, por ejemplo, manufactura recibía las especificacio-

Enfoque de equipos para el desarrollo de un producto.

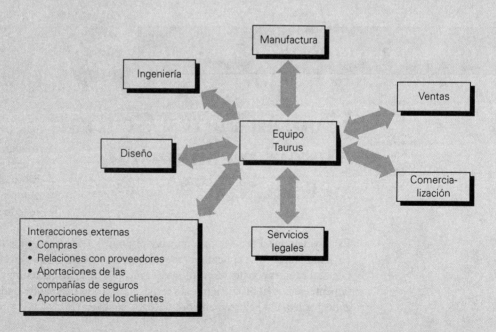

nes, apenas si era posible una mínima flexibilidad, aun si un cambio en el diseño podía facilitar el ensamble. Si en la etapa de manufactura se descubría un problema, diseñadores e ingenieros tenían que intervenir nuevamente, aunque esta vez para corregir el problema. Sin embargo, si ya se habían comprado las partes o producido los moldes, realizar un cambio podía resultar sumamente costoso; en ocasiones sencillamente no se hacían cambios para evitar las demoras que ello implicaría. Con este enfoque nunca se definía claramente la responsabilidad general.

Ford advirtió la necesidad de cambios radicales, los cuales fueron incorporados al proyecto "Equipo Taurus". En lugar de proceder a que cada unidad efectuara secuencialmente las diversas tareas, la compañía estableció un equipo formado por planificadores, diseñadores, ingenieros, personal de manufactura e incluso proveedores (véase figura anexa). Así, representantes de todas las unidades participarían en el proyecto desde sus inicios. De esta manera sería posible resolver las dificultades antes de que se convirtieran en problemas graves. Ford también hizo participar a trabajadores de la línea de ensamble en el desarrollo del modelo. A éstos se les pidió hacer comentarios sobre las dificultades que tenían al ensamblar las partes y presentar propuestas de mejoras.

En vez de adoptar la actitud de "nosotros sabemos más que ustedes", el personal de Ford estudió cuidadosamente los autos producidos por otros fabricantes y aprendió de sus mejores características. Por ejemplo, se detectó la precisión del medidor de gasolina de Toyota y la excelente cabida para la llanta de repuesto del BMW, así como el diseño del pedal acelerador del Audi. Asimismo, se probaron diferentes asientos con conductores jóvenes y maduros, hombres y mujeres. Gracias a amplios estudios de mercado, Ford se puso al tanto de otras preferencias de los clientes.

El presidente de la compañía, Donald Petersen, atribuye a su equipo la transformación de Ford. Pero fue él quien asumió el riesgo de 3 000 millones de dólares para desarrollar la nueva línea de automóviles. Delegó autoridad a lo largo de la jerarquía organizacional hasta las filas mismas de los trabajadores. La toma de decisiones ya no es prerrogativa de la dirección general; ahora es atribución del equipo que emprende las acciones. Petersen puso en práctica además la "administración por recorrido", y visitó las plantas y escuchó a los obreros.

El Taurus fue un éxito. Fue el auto de mayor venta en Estados Unidos en 1992 y ha mantenido su posición. Ford pretendía mantener su éxito con el modelo 1996, totalmente nuevo y drásticamente rediseñado:[4] nuevo frente, nuevo motor de seis cilindros, nuevo tablero de control e instrumentos, puertas de ajuste más firme y tablero lateral de una sola pieza, que fortalece al chasís y facilita el manejo. Se realizaron además varios seminarios analíticos para ingenieros y ejecutivos, con el propósito de saber qué les gustaba a los clientes de siete automóviles nacionales y japoneses. El equipo de Taurus se ocupó del modelo japonés Camry de Toyota, cuyas características estudió minuciosamente (por cierto, Toyota había examinado el Taurus para incorporar al Camry algunas de sus características). Camry era en todo caso el auto a vencer, luego de que en 1992 el Taurus le había arrebatado al Accord de Honda su posición de liderazgo.

A pesar del enorme éxito del Taurus original, Richard L. Landgraff, responsable del modelo 1996, y su equipo, compuesto por 700 personas, realizaron importantes cambios. Douglas F. Gaffka, joven diseñador procedente de las operaciones europeas de Ford, enfrentó el reto de producir un estilo audaz que resultara atractivo para los jóvenes compradores de autos sin perder por ello a los clientes tradicionales. Fue necesario elaborar 17 diseños antes de que se eligiera finalmente el auto de forma ovalada. En el proceso de desarrollo del producto intervinieron de nueva cuenta diseñadores, personal de comercialización, proveedores, ejecutivos de cuenta y obreros, todos los cuales trabajaron en equipo. Por ejemplo, 120 obreros armaron 200 autos para probar su facilidad de ensamble. Éstos capacitaron a su vez a otros en el arte y ciencia del ensamblado. El trabajo en equipo es uno de los aspectos más importantes del éxito alcanzado. Como lo señaló Landgraff, "la manera en la que administramos este programa fue tan importante como el vehículo que produjimos".[5]

La apuesta de GM por el Saturn

El Saturn de GM, cuya producción duró ocho años, fue concebido como el automóvil que batiría a los japoneses. El presidente de la compañía, Roger Smith, abandonó la tradición y estableció una poco convencional subsidiaria independiente para vencer el desafío japonés. Entre 1985 y 1990, la participación de mercado en Estados Unidos de los fabricantes japoneses de autos aumentó 7%, al tiempo que la de GM disminuía en 11 puntos.

GM está segura de la calidad del Saturn, su excelente manejo y su mínima vibración. Pero el propósito de la compañía fue más que obtener un nuevo producto. Lo que se logró con el Saturn fue una nueva cultura organizacional, nuevas relaciones laborales, un estilo administrativo participativo y un nuevo método de fabricación. Los empleados recibieron capacitación intensiva. Se eliminaron las barreras entre trabajadores y dirección de la empresa. Por ejemplo, presidente y empleados comen juntos en la misma cafetería. Todos los empleados son asalariados. Los trabajadores empiezan recibiendo un sueldo equivalente a 80% de la escala de salarios de la sección sindical de United Automobile Workers (UAW, el sindicato automotriz estadunidense) en GM. Sin embargo, la productividad se premia con pagos adicionales. Los empleados participan en la toma de decisiones. Los nuevos empleados participan en un curso de capacitación de 5 días, aunque la capacitación prosigue después de este periodo inicial; 5% del tiempo de trabajo se dedica al desarrollo complementario.

La disposición física de la nueva planta de manufactura y ensamble de GM en Spring Hill, Tennessee, cerca de Nashville, difiere del modelo tradicional. Por ejemplo, la planta carece de un área central de carga. En vez de ello, las partes arriban a diversos puntos, donde los trabajadores las inspeccionan de inmediato para comprobar que no tienen defectos. La línea de ensamble fue diseñada pensando en los trabajadores. La idea básica es conseguir la mayor productividad con la menor tensión. Los obreros, por ejemplo, avanzan junto con el auto en la línea de ensamble mientras realizan su trabajo. Después sencillamente retroceden para ocuparse del siguiente automóvil.

No obstante, el proyecto Saturn sufrió cambios tras su concepción inicial. La idea original de un auto subcompacto cambió por la de auto compacto. El precio de venta casi se duplicó. La distancia entre los ejes se alargó. Aunque se había planeado una fuerza de trabajo de 6 000 miembros, ésta se redujo a la mitad, en tanto que la inversión planeada por 5 000 millones de dólares disminuyó a 3 000 o 3 500 millones. El estilo relativamente convencional del Saturn recibió comentarios contrapuestos. Asimismo, críticos al interior de GM protestaron por la enorme inversión en este proyecto.

El Saturn representa una gran apuesta para GM. Los analistas consideran que la producción deberá incrementarse para que el proyecto sea rentable. La nueva cultura organizacional, que subraya la administración participativa, el trabajo en equipo y nuevas disposiciones físicas de producción, tendrá que resistir la prueba del tiempo. Si bien esta nueva empresa parece riesgosa, podría haber sido más riesgoso persistir en el viejo camino.

En 1994 el Saturn había conseguido ya una base de clientes leales, lo que puede resultar en nuevas ventas. Además, la compañía había más que superado su meta de alcanzar el punto de equilibrio en 1993. Sin embargo, algunos críticos sostienen que el rendimiento de inversión del Saturn jamás alcanzará niveles adecuados, aunque otros opinan que el nuevo auto le permitió a GM obtener una posición firme en el mercado de autos compactos, anteriormente dominado por armadoras extranjeras. Adicionalmente, de acuerdo con el New Car Customer Satisfaction Index Study (Estudio del índice de satisfacción del cliente de automóviles nuevos) de J. D. Power and Associates, el Saturn goza de un puntaje de satisfacción de 159, mientras que el puntaje de la industria es de 138 (entre más puntos, mejor). También el puntaje de Sales Satisfaction (satisfacción de ventas) del Saturn es superior al de la industria (160 contra 125). E incluso el puntaje de calidad inicial del Saturn fue más favorable que el de la industria en su conjunto.

1. Compare el ensamble de autos secuencial tradicional de Ford con el método de equipos empleado para el desarrollo de nuevos modelos.

2. Explique el nuevo diseño de producción de Ford y su impacto en el sistema administrativo. ¿Qué implicaciones tiene esto para el liderazgo?

3. ¿Cuál fue el motivo de que Roger Smith, de GM, pusiera en marcha el proyecto Saturn?

4. ¿Considera usted que tendrán éxito la nueva cultura organizacional y el nuevo estilo de liderazgo de GM? ¿Qué es nuevo en este enfoque?

5. ¿Compraría usted un Saturn o preferiría un auto de la competencia, como el Civic de Honda o el Corolla de Toyota? ¿Cuáles serían los factores más importantes de su decisión de compra?

Referencias

1. Las fuentes de información aparecen en la nota 6 de la sección de "Referencias" de las conclusiones de la parte 2. Véase también Frederick Hiroshi Katayama, "Six Who Will Make a Difference", en *Fortune*, 30 de marzo de 1987, pp. 50-53; Adi Ignatius, "Beleaguered Bosses — For China's Managers, Keeping Plants Going Is a Daily Struggle", en *The Wall Street Journal*, 13 de abril de 1990.

2. Para lecturas adicionales al respecto, véase Nancy J. Adler, *International Dimensions of Organizational Behavior*, 2a. ed. (Boston, PWS-Kent Publishing Company, 1991); Simcha Ronen, *Comparative and Multinational Management* (Nueva York, John Wiley & Sons, 1986); Philip R. Harris y Robert T. Moran, *Managing Cultural Differences*, 2a. ed. (Houston, Gulf Publishing Company, 1987); Christalyn Brannen,

Going to Japan on Business (Berkeley, CA; Stone Bridge Press y BLC Intercultural, 1991); John C. Condon, *With Respect to the Japanese* (Yarmouth, ME; Intercultural Press, 1984); David J. Lu, *Inside Corporate Japan: The Art of Fumble-Free Management* (Tokio, Charles E. Tuttle, 1987); Robert Neff, Ted Holden, Karen Lowry Miller y Joyce Barnathan, "Hidden Japan — The Scandals Start to Reveal How the System Really Works", en *Business Week*, 26 de agosto de 1991, pp. 34-38; Robert Neff, "Japan's Small Smoke-Filled Room", en *Business Week*, 26 de agosto de 1991, pp. 42-44; Robert Whiting, *You Gotta Have Wa* (Nueva York, Vintage Books, 1990); Mark Zimmerman, *How to do Business with the Japanese* (Nueva York, Random House, 1985).

3. Los casos de Ford y GM se basan en varias fuentes, entre ellas Brian Dumaine, "A Humble Hero Drives Ford to the Top", en *Fortune*, 4 de enero de 1988, pp. 23-24; Alex Taylor III, "Who's Ahead in the World Auto War", en *Fortune*, 9 de noviembre de 1987, pp. 74-88; James B. Treece, Mark Maremont y Larry Armstrong, "Will the Auto Glut Choke Detroit?", en *Business Week*, 7 de marzo de 1987, pp. 54-62; David Woodruff y Stephen Phillips, "Ford Has a Better Idea: Let Someone Else Have the Idea", en *Business Week*, 30 de abril de 1990, pp. 116-117; James B. Treece, "Here Comes GM's Saturn", en *Business Week*, 9 de abril de 1990, pp. 56-62. Para mayor información, véase Alex Taylor III, "Can GM Remodel Itself?", en *Fortune*, 13 de enero de 1992, pp. 26-34; James B. Treece, "The Board Revolt — Business As Usual Won't Cut it Anymore at a Humbled GM", en *Business Week*, 29 de abril de 1992, pp. 30-36; "Saturn: A Different Kind of Car Company", Harvard Business School case, Rev. 21 de noviembre de 1994; "J. D. Power and Associates Special Report", en *The Saturn Way*, agosto de 1995, p. 1.

4. Kathleen Kerwin, Edith Hill Updike y Keith Naughton, "The Shape of a New Machine", en *Business Week*, 24 de julio de 1995, pp. 60-66.

5. Kerwin *et al.*, "The Shape of a New Machine", p. 63.

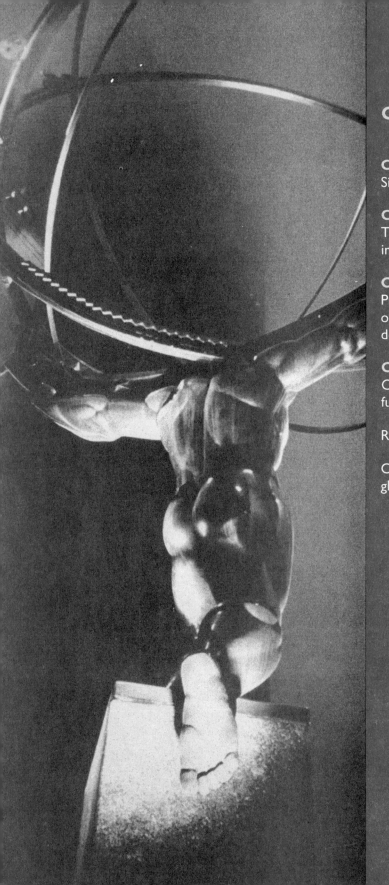

CONTROL

Parte 6

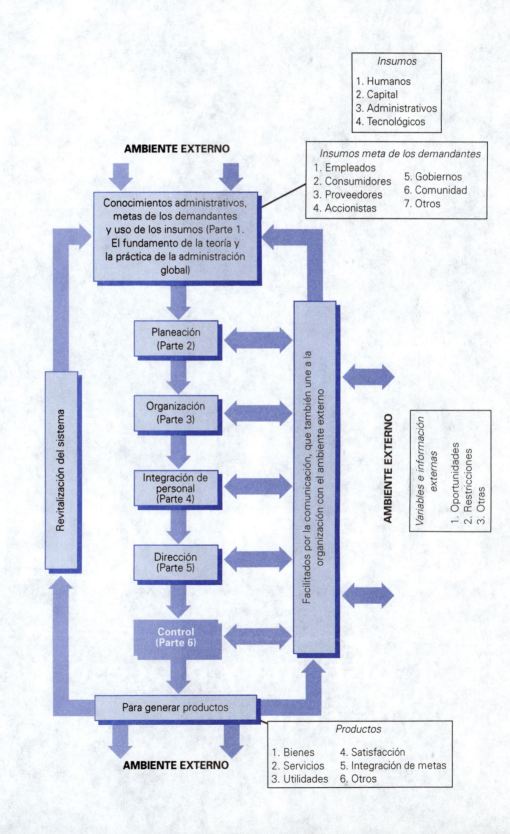

Insumos

1. Humanos
2. Capital
3. Administrativos
4. Tecnológicos

Insumos meta de los demandantes

1. Empleados
2. Consumidores   5. Gobiernos
3. Proveedores   6. Comunidad
4. Accionistas   7. Otros

AMBIENTE EXTERNO

Conocimientos administrativos, metas de los demandantes y uso de los insumos (Parte 1. El fundamento de la teoría y la práctica de la administración global)

Planeación
(Parte 2)

Organización
(Parte 3)

Integración de personal
(Parte 4)

Dirección
(Parte 5)

Control
(Parte 6)

Revitalización del sistema

Facilitados por la comunicación, que también une a la organización con el ambiente externo

AMBIENTE EXTERNO

Variables e información externas

1. Oportunidades
2. Restricciones
3. Otras

Para generar productos

AMBIENTE EXTERNO

Productos

1. Bienes   4. Satisfacción
2. Servicios   5. Integración de metas
3. Utilidades   6. Otros

Al terminar este capítulo, usted podrá:

1. Describir los pasos del proceso básico de control.
2. Enumerar y explicar los puntos y normas de control más importantes.
3. Ilustrar las aplicaciones del sistema de retroalimentación.
4. Demostrar que a causa de los rezagos en el control de la retroalimentación, la información en tiempo real no resolverá todos los problemas del control administrativo.

Capí
dieciocho

Sistema y proceso de control

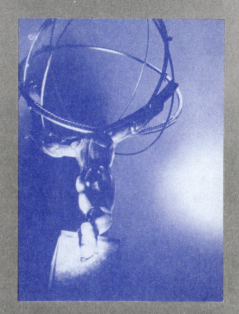

5. Demostrar que los sistemas de control con corrección anticipante pueden hacer más eficaz el control administrativo.
6. Enlistar y explicar los requisitos de controles efectivos.

tulo

Para entender el motivo de que las organizaciones deseen controlar sus actividades es necesario remitirse a sus metas.[1]

STEPHEN G. GREEN Y M. ANN WELSH

La función administrativa de **control** es la medición y corrección del desempeño a fin de garantizar que se han cumplido los objetivos de la empresa y los planes ideados para alcanzarlos. Planeación y control están estrechamente relacionados. Hay incluso autores sobre temas de administración que consideran que estas funciones no pueden separarse. No obstante, desde el punto de vista conceptual es conveniente separarlas, lo que explica que en este libro se les exponga en forma independiente en las partes 2 y 6. Aun así, planeación y control pueden concebirse como hojas de la misma tijera; la tijera no funcionará sin las dos. Sin planes y objetivos, el control es imposible, dado que el desempeño debe medirse con base en ciertos criterios establecidos.

El control es función de todos los administradores, desde el presidente de una compañía hasta los supervisores. Algunos administradores, particularmente de niveles inferiores, olvidan que la responsabilidad primordial sobre el ejercicio del control recae por igual en todos los administradores encargados de la ejecución de planes. Aunque el alcance del control varía de un administrador a otro, los administradores de todos los niveles tienen la responsabilidad de ejecutar planes, de manera que el control es una de las funciones administrativas esenciales en cualquier nivel.

Si bien es común que el control sea tratado superficialmente en la bibliografía sobre administración, Giovanni B. Giglioni y Arthur G. Bedeian identificaron valiosos conjuntos de conocimientos en las siguientes áreas: conceptos relativos al control, proceso de control, características de los sistemas de control, problemas del control y lecciones aprendidas de ellos, variedad de modelos y técnicas de control y algunos principios para el control eficaz y eficiente.[2] En la parte 6 abarcaremos estos temas, aunque también otros, como sistemas de información administrativa e instrumentos para la administración de la producción y las operaciones.

El proceso básico de control

Las técnicas y sistemas de control son esencialmente los mismos trátese de dinero en efectivo, procedimiento de oficina, moral de los empleados, calidad del producto o cualquier otra cosa. Dondequiera que se le encuentre y cualquiera que sea el objeto del control, el **proceso básico de control** implica tres pasos: 1) establecimiento de normas, 2) medición del desempeño con base en esas normas y 3) corrección de las variaciones respecto de normas y planes.

Establecimiento de normas

Debido a que los planes son el punto de referencia para la creación de controles por parte de los administradores, el primer paso del proceso de control es lógicamente establecer planes. Sin embargo, puesto que los planes varían en lo que se refiere a su grado de detalle y complejidad, y dado que por lo general los administradores no pueden vigilarlo todo, es preciso establecer normas especiales. Por definición, las **normas** son sencillamente criterios de desempeño. Son los puntos seleccionados en un programa de planeación en su totalidad en los cuales habrán de tomarse medidas de desempeño para que los administradores puedan recibir señales de cómo marchan las cosas a fin de que no tengan que vigilar cada paso de la ejecución de los planes.

Existen muchos tipos de normas. Entre las mejores se encuentran las metas u objetivos verificables, como se comentó al exponer la administración por objetivos (véase capítulo 6). En la siguiente sección abundaremos en nuestras explicaciones sobre las normas, especialmente aquellas que señalan desviaciones en puntos críticos.

Medición del desempeño

Aunque no siempre practicable, la medición del desempeño con base en normas debe realizarse idealmente con fundamento en la previsión, a fin de que las desviaciones puedan detectarse antes de que ocurran y evitarse mediante las acciones apropiadas. El administrador alerta y previsor puede predecir en ocasiones probables incumplimientos de las normas. Pero aun en ausencia de esta posibilidad, todo incumplimiento debe percibirse lo más anticipadamente posible.[3]

Si las normas son adecuadamente trazadas y si se dispone de medios para determinar con toda precisión qué hacen los subordinados, la evaluación del desempeño real o esperado se facilita enormemente. Sin embargo, hay muchas actividades para las cuales resulta difícil desarrollar normas exactas, además de lo cual hay muchas actividades difíciles de medir. Es muy sencillo establecer normas en horas-hombre para la fabricación de un objeto que se produce en serie, y puede ser igualmente simple medir el desempeño con base en esas normas. Pero si el objeto se hace a la medida, la evaluación del desempeño puede convertirse en una tarea descomunal, dada la dificultad de establecer normas al respecto.

Además, en tipos de trabajo menos técnico no sólo es probable que resulte difícil desarrollar normas, sino que también la evaluación puede dificultarse. Por ejemplo, controlar el trabajo del vicepresidente de finanzas o del director de relaciones industriales de una compañía no es fácil, ya que en su caso el desarrollo de normas precisas es complejo. El superior de estos administradores depende por lo general de normas vagas, como la solidez financiera de la empresa, la actitud del sindicato, la ausencia de huelgas, el entusiasmo y lealtad de los subordinados, la admiración expresa de los socios de negocios y el éxito general del departamento (el cual se mide a menudo en forma negativa, por la falta de evidencias de fracaso). Comúnmente, las mediciones aplicables al superior son igualmente vagas. Si, al mismo tiempo, todo indica que el departamento está haciendo la contribución que se esperaba de él a un costo razonable y sin demasiados errores serios, y si los logros medibles ofrecen evidencias de una administración sana, puede bastar con una evaluación general. Lo que conviene destacar aquí es que a medida que los puestos se alejan de la línea de ensamble, la fábrica o la calculadora, su control se vuelve más complejo y a menudo incluso más importante.

Corrección de desviaciones

Las normas deben reflejar los diversos puestos de una estructura organizacional. Si el desempeño se mide en correspondencia con ellas, es más fácil corregir desviaciones. En la asignación de labores individuales o grupales, los administradores deben saber dónde exactamente aplicar medidas correctivas.

La corrección de desviaciones es el punto donde el control puede concebirse como parte del sistema total de administración y ponerse en relación con las demás funciones administrativas. Los administradores pueden corregir desviaciones rediseñando sus planes o modificando sus metas. (Ésta es una aplicación del principio de cambio de navegación.) O bien, pueden corregirlas ejerciendo su función de organización, ya sea reasignando o aclarando deberes. También pueden corregirlas echando mano de personal adicional, mediante una mejor selección y capacitación de sus subordinados o recurriendo a la medida más extrema de reintegración de personal: el despido. Finalmente, también pueden corregir desviaciones por medio de una mejor dirección: explicaciones más detalladas de las funciones o técnicas de liderazgo más eficaces.

Consideraciones especiales en el control de compañías internacionales

El control de las compañías nacionales suele ser difícil. Pero ejercer control en empresas que operan en diferentes países es más difícil aún. Las distancias geográficas dificultan enormemente la aplicación de ciertos controles, como la observación, muy a pesar de los modernos servicios de jets.

Las normas de control deben ajustarse a las condiciones locales. Las subsidiarias en países con fuerza de trabajo de bajo costo bien pueden disponer de presupuestos de costos más reducidos que las compañías ubicadas en países con una fuerza de trabajo de alto costo. Asimismo, la productividad en países con reducidos costos laborales puede ser inferior a la de otros países.

Transferir precios entre las oficinas generales y las subsidiarias o entre subsidiarias puede distorsionar la rentabilidad y el rendimiento de la inversión. Una distorsión similar puede ocurrir a causa de las fluctuaciones monetarias entre diversos países. Además, una inflación errática o crónica dificulta el establecimiento de normas y la medición con base en ellas.

Pero deben considerarse aún otros factores relativos al control. Como se indicó al tratar el tema de la organización, la estructura organizacional debe facilitar el control. Las empresas trasnacionales requieren de una departamentalización diferente a la de las empresas nacionales. Otro medio para ejercer control es impedir la ocurrencia de desviaciones mediante la selección, en primera instancia, de administradores competentes.[4] Antes las empresas trasnacionales enviaban a administradores experimentados como directores de sus subsidiarias en otros países. Más recientemente, sin embargo, las compañías han optado por seleccionar y capacitar a administradores originarios del país donde operan. Además, administradores con capacidades especiales para la adaptación cultural pueden provenir de un país distinto a aquel en el que se localizan las oficinas generales o la subsidiaria. Por ejemplo, ya ocurrió en una ocasión que el director general de Volkswagen en Estados Unidos no fuera ni alemán ni estadunidense, sino canadiense.

La manera de ejercer control difiere según el país de que se trate. En Estados Unidos, por ejemplo, se han hecho intentos por atribuir responsabilidades sobre el inclumplimiento de normas. En muchos países asiáticos, las superiores intentan cubrir a la persona que no cumple las normas. Además, es probable que, para comenzar, las normas ni siquiera se fijen en términos medibles. ¿Cómo es posible ejercer control en estas circunstancias? En países como Japón en los que impera el trabajo en equipo, la presión de los compañeros puede ser un medio muy eficaz para el ejercicio del control.

En pocas palabras, el control (esto es, el establecimiento de normas, la medición del desempeño y la aplicación de acciones correctivas) debe ser suficientemente flexible a fin de tomar en consideración en él las condiciones tanto organizacionales como específicas de cada país.

Puntos críticos de control, normas y evaluación comparativa

Las normas son puntos de referencia para la medición del desempeño real o esperado. En condiciones operativas simples, un administrador podría ejercer control mediante la cuidadosa observación personal del trabajo en marcha. Sin embargo, en la mayoría de los casos esto no es posible, a causa de la complejidad de las operaciones y del hecho de que un administrador tiene muchas más cosas que hacer que únicamente dedicarse durante todo el día a observar personalmente el desempeño. Los administradores deben elegir puntos que requieren de especial atención y vigilarlos después para cerciorarse de que las operaciones en su conjunto marchan de acuerdo con lo planeado.

Los puntos elegidos para efectos de control deben ser *críticos*, en el sentido ya sea de constituir factores limitantes de las operaciones o de dar cuenta mejor que otros factores de si los planes están dando resultados o no. Con estas normas, los administradores pueden manejar a un mayor grupo de subordinados e incrementar por lo tanto su tramo de administración, con los resultantes ahorros en costos y mejoras en la comunicación. El **principio de control de puntos críticos**, uno de los principios de control más importantes, sostiene que *para ser eficaz, el control implica particular atención a los factores críticos para la evaluación del desempeño con base en los planes*. Otro medio de control es la comparación del desempeño de la compañía con el de otras empresas, lo que se conoce precisamente como *benchmarking*.

Preguntas para la selección de puntos críticos de control

La capacidad para seleccionar puntos críticos de control es una de las artes de la administración, ya que el control fidedigno depende de ellos. A este respecto, los administradores deben hacerse preguntas como las siguientes: "¿Qué reflejará mejor las metas de mi departamento? ¿Cuál será la mejor señal de que estas metas no están cumpliéndose?

¿Con qué recurso puedo medir mejor las desviaciones críticas? ¿Qué me indicará quién es responsable de cualquier falla? ¿Qué normas serán las de menor costo? ¿Para cuáles normas dispongo de información de bajo costo?"

Tipos de normas de puntos críticos

Todo objetivo, toda meta de los muchos programas de planeación, toda actividad de estos programas, toda política, todo procedimiento y todo presupuesto se convierten en normas con base en las cuales es posible medir el desempeño real o esperado. En la práctica, sin embargo, las normas suelen ser de los siguientes tipos: 1) normas físicas, 2) normas de costos (o costos estándar), 3) normas de capital, 4) normas de ingresos, 5) normas de programas, 6) normas intangibles, 7) metas como normas y 8) planes estratégicos como puntos de control para el control estratégico.

NORMAS FÍSICAS   Las normas físicas son medidas no monetarias comunes en el nivel operativo, en el cual se usan materiales, se emplea fuerza de trabajo, se prestan servicios y se producen bienes. Pueden reflejar cantidades como horas-hombre por unidad de producción, litros de combustible por caballo de fuerza producido, toneladas-kilómetros de tráfico de carga transportado, unidades de producción por máquina-hora o metros de alambre por tonelada de cobre. También pueden reflejar calidad, como resistencia de soportes, cercanía de tolerancias, índice de ascenso de un avión, durabilidad de una tela o firmeza de un color.

NORMAS DE COSTOS[5]   Las normas de costos son medidas monetarias comunes, como las normas físicas, en el nivel operativo. Atribuyen valores monetarios a aspectos específicos de las operaciones. Como ejemplos de normas de costos pueden citarse medidas de uso tan amplio como costos directos e indirectos por unidad producida, costos laborales por unidad u hora, costo de materiales por unidad, costos de máquina-hora, costos por reservación de boletos de avión, costos de venta por unidad monetaria o unidad de ventas y costos por metro de pozo petrolero excavado.

NORMAS DE CAPITAL   Existen muchas normas de capital, producto todas ellas de la aplicación de medidas monetarias a objetos físicos. Tienen que ver con el capital invertido en la empresa más que con los costos de operación, y por lo tanto se relacionan fundamentalmente con el balance general antes que con el estado de pérdidas y ganancias. Quizá la norma de uso más extendido respecto de nuevas inversiones, así como del control general, sea el rendimiento de la inversión. El balance general usual revelará otras normas de capital, como las razones entre activo circulante y pasivo circulante, deuda y valor neto, inversión fija e inversión total, efectivo y cuentas por cobrar contra cuentas por pagar y letras o bonos contra acciones, así como tamaño y rotación de inventario.

NORMAS DE INGRESOS   Las normas de ingresos son resultado de la atribución de valores monetarios a las ventas. Pueden incluir normas tales como ingresos por pasajero-kilómetro de autobús, ventas promedio por cliente y ventas per cápita en un área de mercado dada.

NORMAS DE PROGRAMAS   A un administrador se le puede encomendar la ejecución de un programa de presupuesto variable, un programa para el seguimiento formal del desarrollo de nuevos productos o un programa para la elevación de la calidad de la fuerza de ventas. Aunque quizá sea necesario aplicar algún juicio subjetivo a la evaluación de desempeño del programa, el tiempo y otros factores pueden utilizarse como normas objetivas.

NORMAS INTANGIBLES   Las normas no formuladas con medidas físicas ni monetarias son más difíciles de establecer. ¿Qué norma puede utilizar un administrador para determinar la aptitud del agente de compras o del director de personal de una división? ¿Cuál podría emplearse para determinar si un programa de publicidad cumple los objetivos tanto de corto como de largo plazos? ¿O si un programa de relaciones públicas es exitoso? ¿Son leales los supervisores a los objetivos de la compañía? ¿Es diligente el personal de oficina? Estas preguntas demuestran la dificultad para establecer normas o metas que permitan una medición cuantitativa o cualitativa clara.

En las empresas existen muchas normas intangibles, debido en parte a que hasta la fecha no se han efectuado aún investigaciones adecuadas de lo que constituye un desempeño deseable más allá del nivel de la fábrica, la oficina de ventas distrital, el departamento de embarque o el departamento de contabilidad. Quizá una razón más importante es que ahí donde las relaciones humanas cuentan en el desempeño, como ocurre en todos los niveles por encima de los niveles operativos básicos, es sumamente difícil medir qué es "bueno", "eficaz" o "eficiente". Pruebas, estudios y técnicas de muestreo creados por psicólogos y sociometristas han hecho posible sondear actitudes e impulsos humanos, pero muchos controles administrativos sobre las relaciones interpersonales deben continuar basándose en normas intangibles, juicios personales, el método de prueba y error y, en ocasiones, incluso en meras corazonadas.

METAS COMO NORMAS   Dada la actual tendencia de las empresas mejor administradas a establecer toda una red de metas verificables cualitativas o cuantitativas en todos los niveles de la administración, el uso de normas intangibles, aunque todavía importante, se halla en disminución. En operaciones por programas complejas, así como en lo que se refiere al desempeño de los propios administradores, los administradores modernos han descubierto que es posible definir metas por medio de la investigación y la reflexión susceptibles de ser usadas como normas de desempeño. Aunque es probable que las metas cuantitativas adopten la forma de las normas ya descritas, la definición de metas cualitativas representa un avance importante en el área de las normas. Si, por ejemplo, el programa de una oficina distrital de ventas se formula de tal manera que incluya elementos como la capacitación de los vendedores de acuerdo con cierto plan con características específicas, el plan y sus características mismas brindan normas que tienden a ser objetivas, y por lo tanto "tangibles".

PLANES ESTRATÉGICOS COMO PUNTOS DE CONTROL PARA EL CONTROL ESTRATÉGICO   Se ha escrito mucho sobre la planeación estratégica, pero se sabe relativamente poco acerca del control estratégico. De acuerdo con un libro sobre el tema, el **control estratégico** comprende la vigilancia sistemática de puntos de control estratégico, así como la modificación de la estrategia de una organización con base en esta evaluación.[6] Los autores del libro mencionado coinciden con el punto de vista expresado en este texto, a saber: que la planeación y el control están estrechamente relacionados. En consecuencia, los planes estratégicos requieren de control estratégico. Más aún, dado que los controles facilitan la comparación entre metas propuestas y desempeño real, también ofrecen oportunidades de aprendizaje, lo que a su vez es la base para el cambio organizacional. Finalmente, mediante el uso del control estratégico es posible obtener indicios no sólo del desempeño organizacional, sino también, mediante su vigilancia, de los incesantes cambios en las condiciones circundantes.

Benchmarking[7]

El *benchmarking* (evaluación comparativa) es un concepto que ha alcanzado amplia aceptación en Estados Unidos. Se trata de un método para el establecimiento de metas y medidas de productividad con base en las mejores prácticas de la industria. La evaluación comparativa se derivó de la necesidad de disponer de datos con base en los cuales fuera posible medir el desempeño. ¿Cuáles debían ser los criterios? Si, por ejemplo, una compañía necesita seis días para surtir el pedido de un cliente mientras que el competidor en la misma industria sólo necesita cinco, estos cinco días no se convierten en la norma si una empresa de una industria no relacionada con aquélla es capaz de surtir pedidos en cuatro días. El criterio de cuatro días pasa a ser el punto de comparación (*benchmarking*) aun si en un principio parece una meta inalcanzable. Entonces se analiza cuidadosamente el proceso implicado en el surtido de pedidos y se alientan medios creativos para igualar el punto de comparación.

Existen tres *tipos* de *benchmarking*. Primero, en el *benchmarking estratégico* se comparan varias estrategias y se identifican los principales elementos estratégicos de éxito. Segundo, en el *benchmarking operativo* se comparan costos relativos o posibilidades de diferenciación de productos. Tercero, en el *benchmarking administrativo* la atención se centra en funciones de apoyo como planeación de la comercialización y sistemas de información, logística, administración de recursos humanos, etcétera.

Los *pasos* del *benchmarking* incluyen la identificación de lo que habrá de compararse. Después se selecciona a quienes muestran un desempeño superior. Luego es preciso reunir y analizar datos que puedan servir de base para las metas de desempeño. Durante la instrumentación del nuevo método, el desempeño es medido periódicamente, lo que da ocasión a la realización de acciones correctivas.

El control como sistema de retroalimentación

El control administrativo es prácticamente igual al proceso básico de control presente en los sistemas físico, biológico y social. Muchos sistemas se controlan a sí mismos por medio de la retroalimentación de información, la cual exhibe desviaciones respecto de las normas y activa cambios. En otras palabras, los

Ejemplos de sistemas de retroalimentación

El termostato doméstico es un sistema de retroalimentación y control de información. Cuando la temperatura del hogar desciende por debajo del nivel prestablecido, se envía un mensaje eléctrico al sistema de calefacción, como consecuencia de lo cual éste se activa. Cuando la temperatura se eleva y alcanza el nivel fijado, otro mensaje hace que el calefactor se apague. Esta continua medición y encendido y apagado del calefactor mantiene el hogar a la temperatura deseada. Un proceso similar activa el sistema de aire acondicionado. Tan pronto como la temperatura excede el nivel prestablecido, el sistema de aire acondicionado enfría la casa a la temperatura deseada. De igual forma, el cuerpo humano posee varios sistemas de retroalimentación que controlan la temperatura, la presión arterial, las reacciones motrices y otros signos vitales. Otro ejemplo de retroalimentación es la calificación que obtiene un estudiante en el examen a medio semestre. El propósito de éste, desde luego, es darle información al alumno acerca de sus avances para que, en caso de que su desempeño sea inferior al deseable, reciba una señal en demanda de mejoras.

sistemas emplean parte de su energía para retroalimentarse con información que permita comparar el desempeño con una norma y emprender acciones correctivas. En el capítulo 4 se mostró un sistema de retroalimentación simple (véase figura 4-1).

El control administrativo suele ser considerado como un sistema de retroalimentación similar al que opera en el termostato doméstico común.[8] Esto se advierte claramente al observar el proceso de retroalimentación en el control administrativo, tal como aparece en la figura 18-1. Este sistema ofrece una visión más compleja y realista del control que la que se desprende de considerarlo simplemente como una cuestión de establecimiento de normas, medición del desempeño y corrección de desviaciones. Los administradores miden el desempeño real, lo comparan con las normas e identifican y analizan desviaciones. Pero para poder hacer las correcciones necesarias deben desarrollar entonces un programa de acción correctiva e instrumentarlo a fin de alcanzar el desempeño deseado.

Figura 18-1

Circuito de retroalimentación del control administrativo.

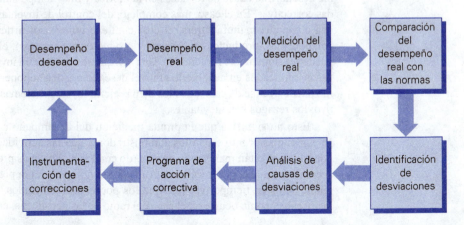

Información en tiempo real y control

Uno de los avances más interesantes obtenidos del uso de computadoras y de la recopilación, transmisión y almacenamiento electrónicos de datos es el desarrollo de sistemas de **información en tiempo real**.[9] Ésta es la información acerca de lo que ocurre en el momento mismo en que ocurre. Ello es técnicamente posible gracias a varios medios para la obtención de datos en tiempo real de muchas operaciones. Durante años, las líneas aéreas han conseguido información sobre asientos vacíos introduciendo en un sistema de memoria un número de vuelo, el itinerario (de Los Ángeles a Nueva York, por ejemplo) y la fecha, a lo que el sistema responde inmediatamente con información acerca de los asientos disponibles. En supermercados y tiendas departamentales se cuenta con cajas registradoras electrónicas que transmiten de inmediato datos sobre cada venta a una central de almacenamiento de datos, donde pueden obtenerse datos de inventario, ventas, utilidades brutas y de otra naturaleza al momento mismo de su ocurrencia. El gerente de una fábrica puede disponer de un sistema que le informe al instante del estado de un programa de producción en términos tales como el punto de producción alcanzado, horas-hombre acumuladas e incluso si el proyecto se ha retrasado o se encuentra a tiempo en el proceso de manufactura.

Algunas personas ven en la información en tiempo real un medio para obtener control en tiempo real en áreas de importancia para los administradores; en otras palabras, control efectuado al momento mismo en que la información revela una desviación respecto de los planes. Sin embargo, basta con remitirse al circuito de retroalimentación del control administrativo de la figura 18-1 para comprobar que, con la excepción quizá de los casos más simples e inusuales, la información en tiempo real no hace posible un control en tiempo real. En muchas áreas es posible recopilar datos en tiempo real que midan el desempeño. Tal vez en muchos otros casos también sea posible comparar estos datos con normas e incluso identificar desviaciones. Pero el análisis de las causas de las desviaciones, el desarrollo de programas de corrección y la instrumentación de estos programas probablemente sean tareas que impliquen la dedicación de mucho tiempo.

En el caso del control de calidad, por ejemplo, puede implicar un tiempo considerable descubrir la causa de rechazos en la fábrica y más tiempo aún poner en efecto medidas correctivas. En el caso, más complejo, del control de inventario, particularmente en una compañía manufacturera, el cual contiene numerosos artículos (materias primas, componentes, productos en proceso y productos terminados), el tiempo de corrección puede ser sumamente prolongado. Una vez que se sabe que un inventario es excesivo, los pasos implicados en devolverlo al nivel deseado pueden suponer varios meses. Lo mismo puede decirse de casi todos los demás ejemplos de problemas de control administrativo: los rezagos son inevitables.

Esto no significa que la pronta medición del desempeño carezca de importancia. Mientras más pronto sepan los administradores que las actividades de las que son responsables no están marchando de acuerdo con los planes, más pronto podrán emprender acciones para hacer correcciones. Aun así, siempre surgirá la pregunta de si el costo de reunir datos en tiempo real justifica los pocos días ahorrados. El costo es a menudo justificable, como ocurre en el caso del ramo de las aerolíneas, en el que la información

Un proveedor de información para la toma de decisiones

Asesoría y Administración Patrimonial es un despacho formado por especialistas que brindan un servicio de soporte para la toma de decisiones de sus clientes. Actualmente se cuentan entre sus clientes desde empresas pequeñas y medianas, con administración familiar, hasta grandes empresas, algunas de las cuales cotizan incluso en el mercado bursátil.

La capacidad de Asesoría y Administración Patrimonial para brindar asesoría a los directivos de las empresas clientes se basa en primer lugar en el conocimiento que tienen de ellas gracias a los diagnósticos integrales que efectúan. Además, mediante análisis bursátiles, económicos y financieros especializados, pueden orientar en un gran número de las decisiones financieras importantes que tienen que tomar sus clientes.

En resumen, su servicio es el manejo de la información (una buena parte de los datos relevante está públicamente disponible), ofreciendo a los tomadores de decisiones de las empresas que deciden contratar sus servicios un enorme ahorro en tiempo y en el costo de contar con personal altamente especializado, además de la objetividad de la asesoría gracias a la imparcialidad con que se analizan diferentes datos.

expedita sobre asientos disponibles quizá sea crucial para atender a los clientes y ocupar los aviones en su totalidad. Pero en el caso específico de una gran compañía de abastos de defensa fabricante de uno de los elementos de equipo defensivo de mayor prioridad hubo escasa información en tiempo real en un por lo demás altamente sofisticado sistema de control de información. Aun en este programa, se pensó que el beneficio de recopilar datos en tiempo real no justificaba el gasto, dado lo excesivamente prolongado del proceso de corrección.

Control con corrección anticipante[10]

El rezago en el proceso de control administrativo demuestra que, para ser eficaz, el control debe dirigirse al futuro. Ello ilustra el problema de emplear únicamente retroalimentación procedente de la producción de un sistema y de medir esta producción como medio de control. Demuestra asimismo la deficiencia de los datos históricos, como los recibidos de los informes de contabilidad. Una de las dificultades implicadas por los datos históricos es que les hacen saber en noviembre a los administradores de una empresa que perdieron dinero en octubre (o incluso en septiembre) a causa de algo que se hizo en julio. Para una fecha tan tardía, tal información no pasa de ser un dato histórico penosamente interesante.

Lo que los administradores necesitan para un control eficaz es un sistema que les indique, con tiempo para emprender acciones correctivas, que surgirán problemas si no hacen algo al momento. La retroalimentación de la producción de un sistema no es suficiente para el control. Equivale a poco más que un aviso *postmortem*, y hasta ahora nadie ha encontrado un remedio para modificar el pasado.

El control dirigido al futuro es sumamente menospreciado en la práctica, debido sobre todo a la gran dependencia de los administradores de datos contables y estadísticos para efectos dc control.[11] Claro que en ausencia de medios de previsión, la referencia a la historia (bajo el cuestionable supuesto de que el pasado prologa) es indudablemente mejor que nada.

Técnicas de control dirigido al futuro

La negligencia del control dirigido al futuro no significa que no se haga nada. Uno de los medios más comunes entre administradores es el cuidadoso y sostenido uso de pronósticos basados en la información disponible más reciente; comparando la situación deseable con los pronósticos, los administradores pueden introducir cambios de programa que vuelvan más promisorios los pronósticos. Si, por ejemplo, una compañía obtiene un pronóstico de ventas según el cual éstas alcanzarán un nivel inferior al deseable, los administradores pueden desarrollar nuevos planes de publicidad, promoción de ventas o de introducción de nuevos productos a fin de que su pronóstico de ventas mejore.

De igual modo, casi todas las empresas privadas y de otro tipo ejercen un control dirigido al futuro cuando los administradores planean detalladamente la disponibilidad de efectivo para satisfacer sus requerimientos. En ninguna empresa, por ejemplo, parecería sensato esperar a un informe de mediados o fines de mayo para determinar si cuenta con suficiente efectivo en el banco para cubrir cheques emitidos en abril.

Una de las modalidades de control dirigido al futuro es la planeación de redes, ejemplificadas por las redes PERT (Program Evaluation and Review Technique, técnica de evaluación y revisión de programas), tema del que nos ocuparemos en el capítulo 19. Esta técnica de planeación y control permite a los administradores advertir si enfrentarán problemas en áreas como costos o entregas a tiempo en caso de que no realicen acciones al momento.

El control anticipante en los sistemas humanos

Existen muchos ejemplos de control anticipante en los sistemas humanos. Un automovilista, por ejemplo, deseoso de mantener una velocidad constante en su ascenso por una montaña no esperaría a que el velocímetro marcara un descenso en la velocidad antes de oprimir el acelerador. Por el contrario, sabedor de que la montaña representa una variable perturbadora en el sistema, es probable que el conductor corrija esta situación presionando el acelerador antes de que la velocidad disminuya. De la misma manera, un cazador siempre apuntará poco más adelante de la trayectoria de vuelo de un pato para corregir el rezago entre un disparo y un tiro acertado.

Sistemas con control anticipante contra sistemas de retroalimentación[12]

Los sistemas de retroalimentación simple miden productos de un proceso e incorporan al sistema o a los insumos del sistema acciones correctivas para obtener los productos deseados. Pero para la mayoría de los problemas administrativos esto no es suficiente, debido a los rezagos en el proceso de corrección. Los sistemas con corrección anticipante vigilan los insumos de un proceso para comprobar si responden a lo planeado. De no ser así, se operan cambios en los insumos, o quizá en el proceso, para obtener los resultados deseados.

En la figura 18-2 se muestra una comparación entre los sistemas con corrección anticipante y de retroalimentación.

En cierto sentido, un sistema de control con corrección anticipante es en realidad un tipo de sistema de retroalimentación. Sin embargo, la retroalimentación de información *ocurre* en la parte de insumos del sistema, de modo que sea posible hacer correcciones antes de que se vea afectada la producción del sistema. Asimismo, aun contando con un sistema de corrección anticipante, un administrador seguirá interesado en medir la producción final del sistema, ya que no se puede esperar que nada funcione a la perfección como para asegurar que el producto final responderá siempre exactamente a lo que se desea.

FIGURA 18-2

Comparación de sistemas de retroalimentación simple y corrección anticipante.

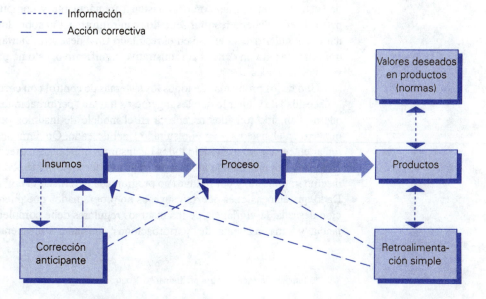

- - - - - - - Información
— — — Acción correctiva

La corrección anticipante en la administración*

El sistema de planeación de inventario puede dar una idea de lo que significa la corrección anticipante para el control administrativo. En la figura 18-3 se ilustran las implicaciones de este caso.

La figura esquemática relativamente simplificada de las variables de insumos que aparece en esta ilustración de planeación y control de inventario indica que si los administradores desean ejercer un control eficaz sobre los inventarios, deben identificar las variables presentes en el sistema. Algunas de las variables tienen un efecto negativo o positivo en el inventario.

De igual forma, si el sistema de variables y su impacto en un proceso son identificados con precisión (lo cual debería ocurrir, pues cada empresa debe diseñar su propio sistema de acuerdo con las realidades de su situación), una desviación respecto de cualquier insumo planeado puede resultar en una producción imprevista a menos que se haga algo a tiempo. En el caso del modelo de inventario, por ejemplo, si las entregas de compras ya efectuadas exceden lo planeado o si el uso de fábrica resulta menor de lo planeado, la consecuencia será un inventario mayor de lo planeado, a menos que se emprendan acciones correctivas. Por supuesto que para que la corrección anticipante funcione en la práctica es preciso vigilar atentamente los insumos.

En el mejor tipo de programa de control con corrección anticipante, el modelo de variables de insumos debe incluir en el modelo del sistema insumos que influyan sustancialmente en los insumos clave. Por ejemplo, las compras entregadas tienden a incrementar los inventarios, pero estas entregas dependen desde luego de los pedidos realizados, mientras que la realización de pedidos depende a su vez de otros factores.

El sistema de corrección anticipante puede parecer un tanto complejo. Pero al menos en áreas de problemas graves no debería ser difícil identificar variables de insumos del sistema, concebirlas como un sistema interactuante y computarizar el modelo. A partir de ello, debería resultar sencillo reunir información sobre los insumos y determinar con regularidad su efecto en el resultado final deseado. Ciertamente, en vista de su importancia para un control administrativo significativo, esto no parecería entrañar mayores dificultades.

Uno de los problemas de todos los sistemas de control con corrección anticipante es la necesidad de vigilar lo que los ingenieros llaman "perturbaciones". Éstas son factores que no han sido tomados en cuenta en el modelo de insumos pero que pueden tener impacto en el sistema y en el resultado final deseado. Obviamente, sería impracticable tomar en cuenta en un modelo todos los insumos que podrían afectar la operación de un programa. Por ejemplo, la quiebra de un proveedor importante podría ser una variable de insumo imprevista, y por lo tanto no programada, y retrasar el embarque de provisiones. Dado que en ocasiones ocurren sucesos no programados que pueden alterar la producción deseada, la vigilancia de los insumos regulares debe complementarse con la vigilancia, y toma en cuenta, de "perturbaciones" inusuales e inesperadas.

---

* También llamada "control preliminar" o "control de dirección".

Figura 18-3

Sistema de insumos
para el control de
inventario con
corrección anticipante.

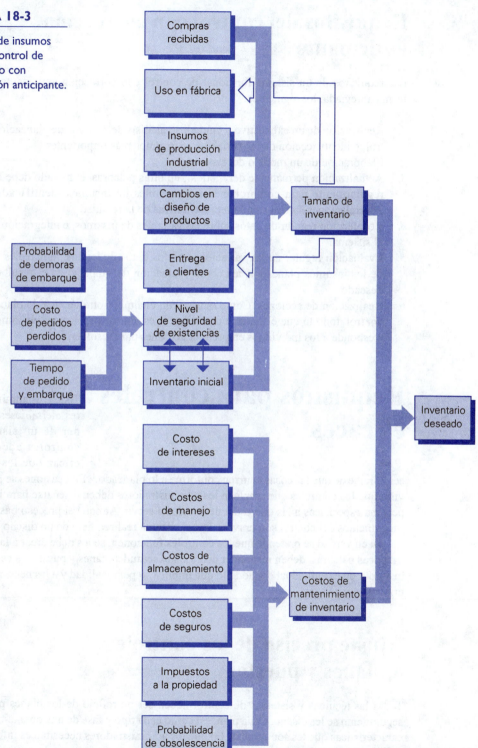

Requisitos del control con corrección anticipante

Los requisitos de un sistema funcional de control con corrección anticipante son, en forma abreviada, los siguientes:

1. Realización de un exhaustivo y cuidadoso análisis del sistema de planeación y control, e identificación de las variables de insumos más importantes.
2. Elaboración de un modelo del sistema.
3. Actualización permanente del modelo; en otras palabras, el modelo debe revisarse regularmente para comprobar si las variables de insumos identificadas y sus interrelaciones siguen siendo representativas de la realidad.
4. Recolección regular de datos sobre las variables de insumos, e integración de éstos al sistema.
5. Evaluación regular de las variaciones en los datos de los insumos reales respecto de los insumos planeados, así como evaluación del impacto en el resultado final deseado.
6. Realización de acciones. Como ocurre con cualquier otra técnica de planeación y control, todo lo que el sistema puede hacer es indicar problemas; obviamente, corresponde a los individuos emprender acciones para resolverlos.

Requisitos para controles eficaces

Todos los administradores alerta desean disponer de un sistema de controles adecuado y eficaz que les permita cerciorarse de que las cosas ocurren conforme a lo planeado.[13] En ocasiones se pierde de vista que los controles que emplean los administradores deben diseñarse para la tarea y persona específicas a las que están destinados a servir. Aunque el proceso básico y los fundamentos del control son universales, el sistema real requiere de un diseño especial.

Si en verdad se pretende que los controles funcionen, se les debe crear a la medida. En pocas palabras, deben responder con toda exactitud a planes y puestos, a cada administrador en lo individual con todo lo que implica su personalidad y a las necesidades de eficiencia y eficacia.

Ajuste preciso de los controles a planes y puestos

Todas las técnicas y sistemas de control deben ser un reflejo de los planes para cuyo seguimiento se les diseñó. Cada plan, así como cada tipo y fase de una operación, tienen características que les son propias. Lo que los administradores necesitan es información que les señale cómo progresan los planes de los que son responsables. Ciertamente, la información necesaria para el seguimiento del progreso de un programa de comercialización será muy distinta de la necesaria para la comprobación de un plan de producción.

De igual modo, los controles deben ajustarse a la medida de los puestos. Lo apropiado para un vicepresidente a cargo de la manufactura no será conveniente de ninguna manera para el supervisor de una fábrica. Los controles para el departamento de ventas diferirán de aquellos otros para el departamento de finanzas, y ambos tipos diferirán a su vez de los controles para el departamento de compras. Una pequeña empresa precisará de algunos controles diferentes de los de una gran empresa. La naturaleza misma del control hace resaltar el hecho de que entre más abundantes sean los controles que se diseñen para su manejo y entre mejor reflejen éstos la naturaleza y estructura específica de los planes, responderán más eficazmente a las necesidades administrativas.

Ciertas técnicas, como las que implican presupuestos, horarios y costos estándar y diversas razones financieras, son de aplicación general en varias situaciones. No obstante, ninguna de las técnicas más usadas es completamente aplicable a una situación dada. Los administradores deben estar siempre al tanto de los factores críticos de sus planes y operaciones que requieren de control, y emplear técnicas e información adecuadas a ellos.

Los controles deben reflejar asimismo la estructura organizacional. Siendo, como es, el principal medio para la aclaración de las funciones de cada individuo en una empresa, la estructura organizacional revela quién es responsable de la ejecución de planes y de cualquier desviación respecto de ellos. Así, mientras más cuidadoso sea el diseño de los controles para que reflejen el punto de la organización en el que recae la responsabilidad sobre las acciones, permitirán mejor que los administradores corrijan desviaciones respecto de los planes.

Ajuste preciso de los controles a los administradores en lo individual

Los controles también deben ser ajustados a cada administrador en lo individual. El propósito de los sistemas e información de control es, por supuesto, contribuir a que cada administrador ejerza su función de control. Si no son de un tipo tal que resulten comprensibles para un administrador, no tendrán ninguna utilidad. En realidad no importa si una persona no puede entender una técnica de control o información de control o si sencillamente no se presta a entenderla. En un caso u otro, ésta resulta incomprensible. Nadie confía en algo que no puede comprender. Y aquello en lo que no se confía, no se usa.

Algunas personas (ciertos contadores y expertos en estadística, por ejemplo) gustan de recibir información en complejas tablas de datos o en voluminosas impresiones de computadora; en tal caso, se les debe proporcionar de esa forma. A otras personas les gusta que la información se les presente en gráficas; de ser así, se les debe dar de ese modo. A otras cuantas (científicos y matemáticos, por ejemplo) les gusta incluso recibir información a la manera de modelos matemáticos; en esta eventualidad, es así como se les debe suministrar. Se ha dicho que, en caso de que las personas no comprendan de otra manera la información que necesitan, no se debe descartar la posibilidad de proporcionársela en forma de historieta. Lo que importa es que la gente obtenga la información que necesita en forma tal que la comprenda y utilice.

Lo dicho sobre el ajuste de la información para su comprensión también se aplica a las técnicas de control. Aun personas muy inteligentes pueden no entender en lo absoluto algunas de las sofisticadas técnicas de un experto. Las técnicas sofisticadas de planeación y control, como la presupuestación variable o la planeación de redes, pueden fallar en la práctica debido exclusivamente a que los sistemas no resultaron comprensibles para las personas que tenían que usarlos o les parecieron demasiado complejos. Los expertos en la materia deben abstenerse de pretender demostrarles a los demás cuán expertos son; su interés debe estar en diseñar un sistema fácil de comprender a fin de que la gente pueda usarlo. Obtener 80% de los posibles beneficios de un sistema francamente tosco es mucho mejor que no obtener beneficio alguno de un sistema más perfecto pero inabordable.

Certeza de que los controles señalan excepciones en puntos críticos

Uno de los medios más importantes para ajustar los controles a la medida de las necesidades de eficiencia y efectividad es cerciorarse de que se les ha diseñado para *señalar excepciones*. En otras palabras, los controles que se concentran en excepciones del desempeño planeado permiten a los administradores beneficiarse del proverbial principio de la excepción y detectar las áreas que demandan su atención.

Sin embargo, no basta con limitarse a advertir excepciones. Algunos incumplimientos de normas tienen escaso significado, mientras que el de otros es muy considerable. Pequeñas desviaciones en ciertas áreas pueden ser más significativas que grandes excepciones en otras. A un administrador, por ejemplo, podría preocuparle que el costo del personal de oficina se desviara del presupuesto en 5%, pero tenerle sin cuidado que el costo de las estampillas postales se desviara del presupuesto en 20%.

En consecuencia, el principio de excepción debe acompañarse en la práctica con el *principio de control de puntos críticos*. No basta con buscar excepciones; se les debe buscar en los puntos críticos. Ciertamente, cuanto mayor sea la concentración de los esfuerzos de control de los administradores en las excepciones, más eficiente será su control. Pero más valdría considerar este principio a la luz del hecho de que el control eficaz requiere que los administradores pongan especial atención en las cosas más importantes.

Búsqueda de objetividad en los controles

La administración posee necesariamente muchos elementos subjetivos, pero lo ideal sería que la determinación de si un subordinado es eficaz o no en su trabajo no dependiera de consideraciones subjetivas. Si los controles son subjetivos, la personalidad del administrador o del subordinado puede influir en los juicios de desempeño y restarles precisión a éstos; pero a los individuos les resulta difícil eludir el control de su desempeño, particularmente si las normas y medidas se mantienen al día mediante revisiones periódicas. Este requisito puede resumirse diciendo que para el control eficaz se requiere de normas objetivas, precisas y adecuadas.

Garantía de flexibilidad de los controles[14]

Los controles deben seguir siendo funcionales ante la posibilidad de cambios en los planes, circunstancias imprevistas o rotundos fracasos. Para que los controles mantengan su eficacia a pesar de fracasos o cambios inesperados en los planes, deben ser flexibles.

La necesidad de controles flexibles puede ilustrarse fácilmente. Un sistema de presupuestación puede proyectar cierto nivel de egresos y suponer la autorización a los administradores para que contraten empleados y adquieran materiales y servicios a ese nivel. Si, como suele ocurrir, ese presupuesto se basa en un pronóstico de cierto nivel de ventas, puede carecer de sentido como sistema de control si el volumen real de ventas resulta ser considerablemente superior o inferior a lo pronosticado. Los sistemas de presupuestación han caído en el desprestigio entre ciertas compañías debido a la inflexibilidad que muestran en estas circunstancias. Lo que se necesita es, desde luego, un sistema que refleje variaciones de ventas, así como otras desviaciones respecto de los planes. Este requisito queda cubierto por el presupuesto flexible, o variable, como se demostrará en el capítulo 19.

Ajuste del sistema de control a la cultura organizacional

Para ser óptimamente eficaz, todo sistema o técnica de control debe ajustarse a la cultura organizacional. Por ejemplo, en una organización donde las personas gozan de considerable libertad y participación, un sistema riguroso iría a tal punto contra la corriente que estaría condenado al fracaso. Si, por el contrario, un superior les ha concedido tradicionalmente a sus subordinados escasa participación en la toma de decisiones, un sistema de control generalizado y permisivo difícilmente tendría éxito. Las personas con poco interés en participar o poco acostumbradas a hacerlo probablemente prefieran normas y medidas claras e instrucciones específicas.

Economía de los controles

Los controles deben justificar su costo. A pesar de la simpleza de este requisito, a menudo es difícil cumplirlo en la práctica. A un administrador puede dificultársele indagar qué sistema de control en particular justifica su costo o incluso a cuánto asciende éste. La economía es relativa, ya que los beneficios varían de acuerdo con la importancia de la actividad, las dimensiones de la operación, los gastos en los que se podría incurrir en ausencia del control y las contribuciones que el sistema es capaz de hacer.

Uno de los factores limitantes de los sistemas de control es su costo; éste dependerá en gran medida a su vez del hecho de que los administradores seleccionen para efectos de control únicamente los factores críticos de áreas importantes para ellos. Si se ajusta al puesto y al tamaño de la empresa, lo más probable es que el control resulte económico. Una de las economías de las empresas de gran escala es la posibilidad de permitirse costosos y complejos sistemas de control. Pero a menudo la magnitud de los problemas, la amplia extensión del área de planeación, la dificultad de coordinar planes y la deficiente comunicación administrativa de las organizaciones de gran tamaño implican controles tan costosos que su eficiencia general no resiste la comparación con controles menores de pequeñas empresas. Las técnicas y métodos de control son eficientes cuando sacan a la luz desviaciones reales o potenciales respecto de los planes con un costo mínimo.

Establecimiento de controles que inducen acciones correctivas

Un sistema adecuado revelará dónde están ocurriendo fallas y quién es el responsable de ellas, y garantizará la aplicación de acciones correctivas. El control sólo se justifica si las desviaciones respecto de los planes se corrigen por medio de una planeación, organización, integración de personal y dirección adecuadas.

Resumen

La función administrativa de control es la medición y corrección del desempeño a fin de garantizar el cumplimiento de los objetivos de la empresa y de los planes ideados para alcanzarlos. Es una función de todo administrador, desde el presidente hasta los supervisores de una compañía.

Las técnicas y sistemas de control son básicamente los mismos más allá del que sea el objeto de control. Dondequiera que se le encuentre y sea cual sea el objeto de control, el proceso básico de control implica tres pasos: 1) establecimiento de normas, 2) medición del desempeño con base en esas normas y 3) corrección de las variaciones de normas y planes. Existen diferentes tipos de normas, aunque todas ellas deben señalar desviaciones en puntos críticos.

El control administrativo suele ser percibido como un sistema de retroalimentación simple similar al termostato doméstico común. Sin embargo, sin importar qué tan rápido se disponga de información sobre lo que ocurre (e incluso de información en tiempo real, que es información sobre lo que ocurre al momento en que ocurre), existen demoras inevitables en el análisis de desviaciones, desarrollo de planes para la puesta en práctica de acciones correctivas e instrumentación de estos programas. Para combatir estos rezagos en el control, se ha propuesto que los administradores empleen un método de control con corrección anticipante y no dependan exclusivamente de la retroalimentación simple. El control con corrección anticipante requiere el diseño de un modelo de un proceso o sistema y la vigilancia de insumos con el propósito de detectar futuras desviaciones en los resultados respecto de normas y planes, para que de esta manera los administradores dispongan de tiempo para emprender acciones correctivas.

Para que los controles sean funcionales, deben ajustarse especialmente a 1) planes y puestos, 2) administradores en lo individual y 3) las necesidades de eficiencia y eficacia. Para ser eficaces, los controles deben diseñarse asimismo para señalar excepciones en puntos críticos, ser objetivos, ser flexibles, adecuarse a la cultura organizacional, ser económicos e inducir acciones correctivas.

Ideas y conceptos básicos

Control

Pasos del control

Control de puntos críticos

Tipos de normas de puntos críticos

Benchmarking

Sistemas de retroalimentación

Sistema de información en tiempo real

Técnicas de control dirigido al futuro

Control con corrección anticipante en la administración

Requisitos del control con corrección anticipante

Requisitos para controles eficaces

Principio de excepción

Para analizar

1. Es común que planeación y control sean concebidos como un sistema; asimismo, suele decirse que el control es un sistema. ¿Qué significan estas observaciones? ¿Pueden ser ciertas ambas afirmaciones?

2. ¿Por qué la información en tiempo real no es suficiente para un control eficaz?

3. ¿Qué es el control con corrección anticipante? ¿Por qué es importante para los administradores? Aparte de los ejemplos de control de inventario mencionados en este capítulo, ¿se le ocurren otras áreas en las que la corrección anticipante pueda ser útil? Elija una de ellas y explique cómo procedería.

4. Si se le pidiera instituir en una compañía un sistema de controles "a la medida", ¿cómo lo haría? ¿Qué necesitaría saber?

5. Elabore un grupo de normas para un área de su interés sobre la que desearía ejercer un control eficaz.

Ejercicios/actividades

1. Diseñe un sistema de control para la medición de sus progresos escolares. Aplique los conceptos de retroalimentación y corrección anticipante expuestos en este capítulo.

2. Entrevístese con dos administradores acerca de los controles en uso en sus compañías. ¿Puede identificar las normas con base en las cuales es posible medir precisamente el desempeño? ¿Cómo se mide el desempeño con base en esas normas y cuán oportuno es el reporte de desviaciones? Si se detectan desviaciones, ¿cuánto tiempo transcurre antes de efectuar correcciones en situaciones específicas?

 # CASO INTERNACIONAL 18

EL CONTROL EN LA COMPAÑÍA DESCENTRALIZADA UNILEVER[15]

Unilever es una gran empresa trasnacional encargada de las operaciones de más de 500 compañías en unos 80 países. La revista *Fortune* la clasificó en el vigésimo sitio entre las multinacionales. Gran parte de la actividad de esta compañía se realiza en el ramo de los bienes de consumo, como alimentos, productos personales y detergentes. Las compañías matrices angloholandesas se encuentran en Londres y Rotterdam.

Para controlar y coordinar a la empresa, la dirección general establece las metas principales. Las divisiones descentralizadas son responsables del desarrollo de sus propios planes estratégicos. Para mantener el control en esta estructura descentralizada, únicamente los administradores más diestros y experimentados asumen la responsabilidad sobre pérdidas y ganancias, y disponen al mismo tiempo de amplia flexibilidad en la toma de decisiones.

Sin embargo, la descentralización no siempre ha funcionado. Una de las subsidiarias estadunidenses de Unilever, Lever Brothers, antiguamente responsable

de todo tipo de productos, desde domésticos y personales hasta alimenticios, gozaba de gran libertad para tomar decisiones. El enfoque de no intervención de las oficinas generales, inversiones menos que suficientes y un enfoque extremadamente meticuloso de la comercialización contribuyeron quizá a un desempeño relativamente deficiente en Estados Unidos. No obstante, las cosas empezaron a cambiar a fines de la década de los ochenta. Para comenzar, en la actualidad Lever ya sólo maneja jabones y artículos de lavandería, los cuales se comercializan con nombres como Wisk, Surf, Snuggle, Dove y Lifebuoy. Snuggle, por ejemplo, controlaba más de 20% del mercado estadunidense en 1989.

Las operaciones de Unilever en Estados Unidos incluyen a Lever Brothers, Chesebrough-Pond's, Elizabeth Arden, Calvin Klein Cosmetics, Thomas J. Lipton (tés, alimentos deshidratados y otros alimentos), Van Den Bergh Foods y Ragu Foods. El control e integración de las operaciones estadunidenses y de las demás operaciones en todo el mundo exige coordinación.

Los comités desempeñan un importante papel en la coordinación de la empresa. Para ser miembro del equipo de la dirección general, se debe pasar la prueba de un buen desempeño en asignaciones especiales de comité, las cuales sirven como una especie de curso de capacitación para futuros administradores. Los comités en general se distinguen por demorar decisiones. Éste no es el caso de Unilever. Sus comités se caracterizan por la urgencia de acciones.

1. ¿Cómo controla Unilever sus operaciones en todo el mundo?
2. Los comités son notoriamente ineficaces. ¿A qué atribuye usted su eficacia en Unilever?
3. ¿Qué tipos de normas propondría usted en este caso para efectos de control?

Referencias

1. Stephen G. Green y M. Ann Welch, "Cybernetics and Dependence: Reframing the Control Concept", en *Academy of Management Review*, abril de 1988, pp. 287-301.
2. Para un excelente resumen de los primeros autores sobre temas de control, véase Giovanni B. Giglioni y Arthur G. Bedeian, "A Conspectus of Management Control Theory: 1900-1972", en *Academy of Management Journal*, junio de 1974, pp. 292-305.
3. Richard L. Daft y Norman B. Macintosh, "The Nature and Use of Formal Control Systems for Management Control and Strategy Implementation", en *Journal of Management*, otoño de 1984, pp. 43-66.
4. Se abundará en el control preventivo en el capítulo 21.
5. Véase también Charles B. Ames y James D. Hlavacek, "Vital Truths about Managing Your Costs", en *Harvard Business Review*, enero-febrero de 1990, pp. 140-147.
6. Peter Lorange, Michael F. Scott Morton y Sumantra Ghoshal, *Strategic Control* (St. Paul, Minn.; West Publishing Company, 1986), p. xvii. Véase también Daft y Macintosh, "The Nature and Use of Formal Control Systems" (1984).
7. Robert C. Camp, "Learning from the Best Leads to Superior Performance", en Arthur A. Thompson, Jr., A. J. Strickland III y Tracy Robertson Kramer (eds.), *Readings in Strategic Management*, 5a. ed. (Chicago, Irwin, 1995), pp. 518-524; J. M Juran, "A History of Managing for Quality in the United States — Part 2", en *Quality Digest*, diciembre de 1995, p. 40; Y. K. Shetty, "Aiming High: Competitive Benchmarking for Superior Performance", en Arthur A. Thompson, Jr., A. J. Strickland III y Tracy Robertson Kramer (eds.), *Readings in Strategic Management*, 5a. ed. (Chicago, Irwin, 1995), pp. 525-535; Charles J. Burke, "10 Steps to Best-Practices Benchmarking", en *Quality Digest*, febrero de 1996, pp. 23-28.
8. Depender de la retroalimentación también implica limitaciones y problemas. Véase Geert Hofstede, "The Poverty of Management Control Philosophy", en Max D. Richards (ed.), *Readings in Management*, 2a. ed. (Cincinnati, Ohio; South-Western Publishing Company, 1986), pp. 302-315.
9. Véase, por ejemplo, Kenneth C. Laudon y Jane Price Laudon, *Management Information Systems* (Nueva York, Macmillan Publishing Company, 1991).
10. Para una explicación de las técnicas de control con corrección anticipante, véase Harold Koontz y Robert W. Bradspies, "Managing through Feedforward Control", en Harold Koontz, Cyril O'Donnell y Heinz Weihrich (eds.), *Management: A Book of Readings*, 5a. ed. (Nueva York, McGraw-Hill Book Company, 1980), pp. 576-585. Buena parte del material de esta sección procede de este trabajo.
11. La idea del control dirigido al futuro fue subrayada hace muchos años por uno de los autores de este libro. Véase Harold Koontz, "A Preliminary Statement of Principles of Planning and Control", en *Academy of Management Journal*, abril de 1958, pp. 45-61. Ahora muchos autores tratan este concepto, pero lo llaman de distintas maneras. Por ejemplo, el término "controles de dirección" ha sido empleado por James A. F. Stoner y Charles Wankel, *Management*, 3a. ed. (Englewood Cliffs, N.J.; Prentice-Hall, 1986), p. 579, y John R. Schermerhorn, Jr., *Management for Productivity*, 2a. ed. (Nueva York, John Wiley & Sons, 1986), p. 402.
12. Véase también Harold Sirkin y George Stalk, Jr., "Fix the Process, Not the Problem", en *Harvard Business Review*, julio-agosto de 1990, pp. 26-33.
13. Véase también Robert N. Anthony, John Dearden y Norton M. Bedford, *Management Control Systems*, 5a. ed. (Homewood, Ill.; Richard D. Irwin, 1984).

14. Véase también Mary C. Lacity, Leslie P. Willcocks y David F. Feeny, "IT Outsourcing: Maximize Flexibility and Control", en *Harvard Business Review*, mayo-junio de 1995, pp. 84-94.

15. El material incluido en este caso procede de varias fuentes, entre ellas Andrew Brown, "Unilever Fights Back in the U.S.", en *Fortune*, 26 de mayo de 1986, p. 35; "Unilever: Back to Minding the Store in Europe With the Lines It Knows Best", en *Business Week*, 14 de marzo de 1983, p. 138; "The World's Biggest Industrial Corporations", en *Fortune*, 31 de julio de 1989; Walecia Konrad, "The New, Improved Unilever Aims to Clean Up in the U.S.", en *Business Week*, 27 de noviembre de 1989, pp. 102-106.

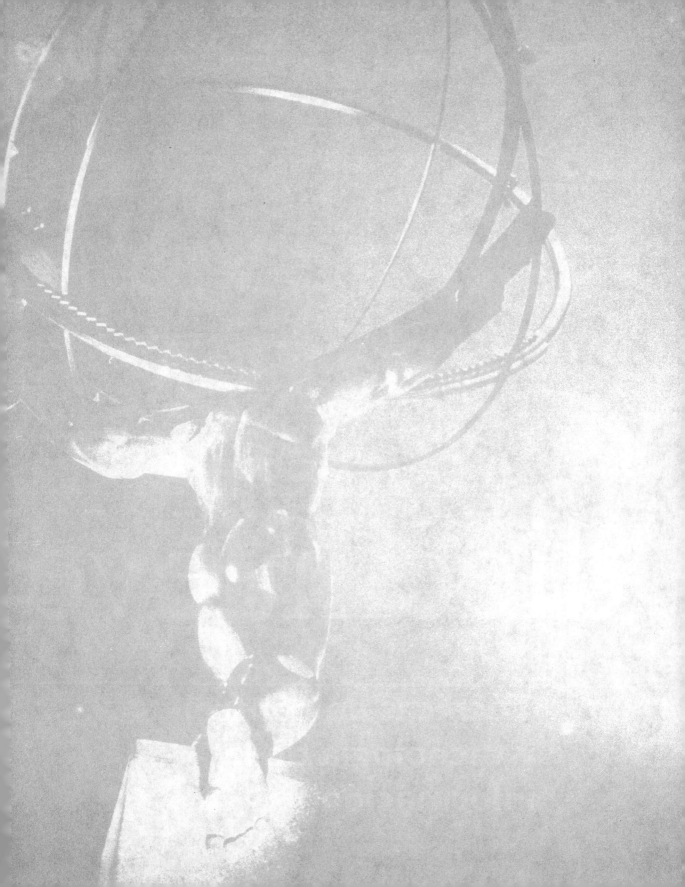

Al terminar este capítulo, usted podrá:

1. Explicar la naturaleza de la presupuestación y los diferentes tipos de presupuestos.

2. Exponer las técnicas de presupuestación, entre ellas la presupuestación variable y la presupuestación de base cero.

3. Describir los recursos de control no presupuestales.

Capí

diecinueve

Técnicas de control y tecnología de la información

4. Explicar el análisis de redes tiempo-evento como una de las principales técnicas de planeación y control.
5. Describir la naturaleza y aplicaciones de la tecnología de la información.
6. Reconocer la importancia de las computadoras en el manejo de información.
7. Explicar los retos derivados de la nueva tecnología de la información y de Internet.

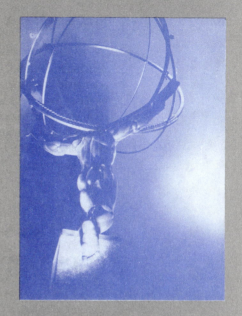

tulo

En los últimos 40 años la técnica de toma de decisiones ha avanzado enormemente gracias al desarrollo de una amplia variedad de instrumentos, en particular los instrumentos de la investigación de operaciones y la ciencia administrativa y la tecnología de los sistemas expertos.[1]

HERBERT A. SIMON

Aunque la naturaleza y propósito básicos del control administrativo son invariables, los administradores han empleado al paso del tiempo una gran diversidad de instrumentos y técnicas para efectos de control. Tal como se demostrará en este capítulo, todas esas técnicas son en primera instancia instrumentos de planeación. Ellas ilustran el principio básico de que el objeto de los controles es la correcta aplicación de los planes, para lo cual, naturalmente, los controles deben ser reflejo de los planes y la planeación anteceder al control.

Técnicas de control: el presupuesto[2]

Uno de los recursos de más amplio uso para el control administrativo es el presupuesto. Lo cierto es que tiende a suponerse que la presupuestación es el recurso por excelencia para el ejercicio del control. Sin embargo, también son esenciales muchos recursos no presupuestales.

Concepto de presupuestación

La **presupuestación** es la formulación en términos numéricos de planes para un periodo futuro dado. Así, los presupuestos son estados de resultados anticipados, ya sea en términos financieros (como los presupuestos de ingresos y gastos y de capital) o no financieros (como los presupuestos de mano de obra directa, materiales, volumen de ventas físicas o unidades de producción). Se dice, por ejemplo, que los presupuestos financieros son la "monetarización" de los planes.

Propósito de la presupuestación

Mediante la formulación de planes en términos numéricos y su división en partes acordes con las partes en que está dividida la organización, los presupuestos correlacionan la planeación y permiten delegar autoridad sin pérdida de control. En otras palabras, reducir los planes a números obliga a cierta clase de orden que permite a los administradores determinar claramente qué capital será gastado por quién y dónde y qué egresos, ingresos o unidades de insumos o productos físicos implican los planes. Con base en esta determinación, los administradores pueden delegar autoridad más libremente para efectos de la ejecución de los planes dentro de los límites del presupuesto. Por lo demás, para ser realmente útiles para administradores de todos los niveles, los presupuestos deben responder al patrón organizacional. Para que un presupuesto departamental sea útil como instrumento de control es indispensable contar con planes completos, coordinados y debidamente desarrollados a fin de que se adecuen a las operaciones departamentales.

Tipos de presupuestos[3]

Los presupuestos pueden clasificarse en varios tipos básicos, representativos de la labor de planeación total de todos los presupuestos: 1) presupuestos de ingresos y gastos, 2) presupuestos de tiempo, espacio, materiales y productos, 3) presupuestos de gastos de capital y 4) presupuestos de efectivo.

PRESUPUESTOS DE INGRESOS Y GASTOS   Con mucho, los presupuestos más comunes son aquellos en los que los planes de ingresos y de gastos de operación se formulan en términos monetarios. El más elemental de éstos es el presupuesto de ventas (véase tabla 19-1 para un ejemplo sencillo de este tipo de presupuesto), el cual es una expresión formal y detallada del pronóstico de ventas. Así como el pronóstico de ventas es la piedra angular de la planeación, el presupuesto de ventas es el fundamento básico para el control presupuestal. Aunque en las compañías es posible presupuestar otros ingresos, como los ingresos esperados de renta, regalías o fuentes misceláneas, los ingresos por concepto de ventas de productos o servicios constituyen el principal ingreso para el financiamiento de los gastos de operación y la generación de utilidades.

PRESUPUESTOS DE TIEMPO, ESPACIO, MATERIALES Y PRODUCTOS   Muchos presupuestos se expresan mejor en cantidades que en términos monetarios. Aunque lo usual es que se les convierta a términos monetarios, son mucho más significativos en cierta etapa de la planeación y el control si se les expresa en términos de cantidades. Entre los presupuestos más comunes de este tipo se encuentran los presupuestos de mano de obra directa, máquina-horas, unidades de materiales, metros cuadrados asignados y unidades producidas. En casi todas las empresas se elaboran presupuestos de producción, en tanto que la mayoría de los departamentos de producción presupues-

TABLA 19-1

Muestra de presupuesto de ventas *(Para el año terminado el 31 de diciembre de 1997).*

Producto y área	Volumen de ventas por unidad	Precio de venta por unidad	Ventas totales
Producto A:			
Área 1	26 000	$10	$260 000
Área 2	15 000	10	150 000
Área 3	20 000	10	200 000
Total			$610 000
Producto B:			
Área 1	30 000	$15	$450 000
Área 2	20 000	15	300 000
Área 3	22 000	15	330 000
Total			$1 080 000
Ingresos totales por concepto de ventas			$1 690 000

tan su proporción de producción de componentes del producto terminado. Además, también es común que se presupueste la mano de obra, ya sea por horas o días de trabajo o por tipos de fuerza de trabajo requerida. Obviamente estos presupuestos no pueden expresarse adecuadamente en términos monetarios, ya que el costo en dinero no mediría con precisión los recursos utilizados o los resultados propuestos.

PRESUPUESTOS DE GASTOS DE CAPITAL   En los presupuestos de gastos de capital se determinan específicamente gastos de capital para planta, maquinaria, equipo, inventarios y otras partidas. Ya sea que se les elabore a corto o largo plazos, estos presupuestos son muy delicados, ya que en ellos se da forma definitiva a los planes de gasto de los fondos de una empresa. Dada la lenta recuperación de las inversiones de las empresas en planta y equipo, por lo general los presupuestos de gastos de capital deben vincularse con la planeación a largo plazo.

PRESUPUESTOS DE EFECTIVO   El presupuesto de efectivo es sencillamente un pronóstico de ingresos y egresos de efectivo con base en el cual medir la "experiencia" real de efectivo. Independientemente de que se le denomine presupuesto o no, es uno de los controles más importantes de las empresas. La disponibilidad de efectivo para el cumplimiento de obligaciones a su vencimiento es el primer requisito para la sobrevivencia de una compañía, además de lo cual las utilidades empresariales más atractivas no significarán gran cosa si están atadas a inventario, maquinaria u otros activos no en efectivo. La presupuestación del efectivo también revela la disponibilidad de efectivo excedente, por lo cual hace posible planear la inversión del superávit para efectos de generación de utilidades.

Riesgos de la presupuestación

Los presupuestos se emplean en la planeación y el control. Lamentablemente, hay programas de control presupuestal tan exhaustivos y detallados que resultan muy pesados de elaborar, poco significativos en la práctica y excesivamente costosos.

SOBREPRESUPUESTACIÓN   Siempre se corre el riesgo de sobrepresupuestar, esto es, de determinar en detalle hasta los gastos más insignificantes, y de privar así a los administradores de la necesaria libertad para la administración de sus departamentos. Por ejemplo, a un jefe de departamento de una compañía con deficientes prácticas de presupuestación se le impidió realizar una importante promoción de ventas a causa de que los gastos en artículos de oficina excedieron las estimaciones presupuestadas; se limitó en consecuencia todo nuevo gasto, a pesar de que los gastos departamentales totales eran considerablemente inferiores al presupuesto y el administrador disponía de recursos para pagar personal que se ocupara de escribir cartas de promoción de ventas. En otro caso, los egresos de un departamento se presupuestaban inútilmente con tal detalle que el costo real de presupuestación de muchas partidas excedía a los egresos controlados.

ATROPELLAMIENTO DE LAS METAS DE LA EMPRESA   Otro riesgo estriba en permitir que las metas presupuestales sean más importantes que las metas de la empresa. En su afán por mantenerse dentro de los límites del presupuesto, los administradores pueden olvidar que deben lealtad prioritaria a los objetivos de la empresa. El departamento de ventas de cierta compañía dotada de un programa de control presupuestal no pudo obtener la información que necesitaba del departamento de ingeniería con el argumento de que en el presupuesto de este último ¡no estaba previsto ese gasto! Este conflicto entre objetivos parciales y generales de control, la excesiva independencia departamental generada y la falta de coordinación son síntomas de administración inadecuada, ya que los planes deben constituir una red entrelazada de apoyo y cada uno de ellos verse reflejado de tal manera en un presupuesto que contribuya al cumplimiento de las metas de la empresa.

OCULTAMIENTO DE INEFICIENCIAS   Otro de los riesgos presentes en la presupuestación es la posibilidad de utilizarla para ocultar ineficiencias. Los presupuestos tienden a basarse en precedentes; el hecho de que en el pasado se haya efectuado cierto gasto puede convertirse en evidencia de su razonabilidad en el presente. Así, si en cierta ocasión un departamento gastó determinada cantidad en provisiones, este costo pasa a ser el mínimo en futuros presupuestos. De igual manera, sabedores de que es común que, en el curso de su aprobación definitiva, los presupuestos sean recortados, los administradores suelen solicitar mucho más de lo que necesitan. Si la realización de presupuestos no se basa en una revisión permanente de normas y factores de conversión por medio de los cuales la acción planeada se traduce a términos numéricos, un presupuesto puede ocultar una administración descuidada e ineficiente.

PERSPECTIVA

> **"NO ESTÁ EN MI PRESUPUESTO"**
>
> Es muy frecuente que los administradores digan: "Es buena idea, pero no está en mi presupuesto." A menudo los presupuestos controlan las cosas equivocadas. Miden insumos pero ignoran productos como la calidad de los bienes o la satisfacción del cliente. Estos conceptos son difíciles de medir, pero bien pueden ser la clave del éxito o fracaso de una empresa. Los administradores se ven expuestos a tomar decisiones desacertadas a fin de cumplir el presupuesto, especialmente si el cumplimiento de esta última meta hace merecedor a quien la consigue de un pago de incentivo. Asimismo, los administradores pueden no invertir en investigación y desarrollo, no hacer inversiones de capital en favor de la productividad o no invertir en actividades que a la larga resultarían en una mayor participación de mercado a causa de que estas inversiones no producen resultados inmediatos. Algunas de estas partidas deberían incluirse en el plan a largo plazo, no en el presupuesto anual. Aun así, es posible derivar considerables ahorros de máquinas más eficientes, nuevos productos u otras ideas creativas, no del estricto cumplimiento del presupuesto. La compañía 3M incluye en sus pronósticos estratégicos "oportunidades de crecimiento no incrementales" para sus laboratorios que generen un nuevo producto cuyos costos e ingresos no puedan preverse con certeza.[4]

CAUSA DE INFLEXIBILIDAD   Quizá la inflexibilidad sea el mayor riesgo de los presupuestos. Aun si la presupuestación no se utiliza para remplazar a la administración, la reducción de planes a términos numéricos les concede a éstos un engañoso carácter de definitividad. Es perfectamente posible que los hechos demuestren la necesidad de gastar más en cierta fuerza de trabajo o en determinado tipo de material y menos en otro, o que las ventas rebasen o queden por debajo de la cantidad pronosticada. Estas diferencias pueden volver obsoleto a un presupuesto casi tan pronto como se le formule; si, de cara a estos hechos, los administradores deben mantenerse dentro de la camisa de fuerza de sus presupuestos, la utilidad de éstos se reduce o nulifica. Esto es especialmente cierto cuanto los presupuestos se realizan con mucha anticipación.

Presupuestos variables

Dados los riesgos que se derivan de la inflexibilidad de los presupuestos y en vista de que la buena planeación se basa en la máxima flexibilidad congruente con la eficiencia, cada vez es mayor la atención que se da a los presupuestos **variables** o **flexibles**. Estos presupuestos se diseñan con la mente puesta en la posibilidad de que varíen, a causa por lo general de variaciones en el volumen de ventas u otra medida de producción, de modo que en gran medida se limitan a ser presupuestos de egresos. El presupuesto variable se basa en un análisis de partidas de gastos para determinar cómo *debe* variar cada costo en correspondencia con variaciones en el volumen de producción. Algunos costos no varían en forma conjunta con el volumen, particularmente en periodos tan breves como de 1 mes, 6 meses o 1 año. Entre éstos están la depreciación, los impuestos y seguros de propiedad, el mantenimiento de planta y equipo y los costos de conservación de personal mínimo de supervisión y de otras funciones básicas. Algunos de los costos fijos, o del periodo (como los de mantenimiento de una cantidad mínima de personal clave o calificado para publicidad o promoción de ventas e investigación), dependen de las políticas administrativas.

Los costos que varían junto con el volumen de producción van desde los completamente variables a los ligeramente variables. La labor de presupuestación variable supone seleccionar una unidad de medida que refleje volumen; inspeccionar las diversas categorías de costos (en referencia por lo general al catálogo de cuentas), y (por medio de estudios estadísticos, métodos de análisis de ingeniería y otros recursos) determinar cómo deberían variar estos costos respecto del volumen de producción. En esta etapa, cada categoría de costos se relaciona con el volumen, determinando en ciertos casos los "pasos" implicados por los diversos grados de incremento del volumen. Estas partidas de costos variables son dadas a conocer entonces al departamento respectivo, junto con cantidades monetarias definidas para sus costos fijos o permanentes. Periódicamente (por lo general, cada mes) los jefes de departamento reciben el pronóstico de volumen para el futuro inmediato, con base en el cual se calculan las cantidades monetarias de los costos variables que integran el presupuesto. De esta manera es posible establecer un presupuesto básico con 6 o 12 meses de anticipación, el que sin embargo puede variar en caso de darse cambios en un plazo menor en ventas y producción.

La gráfica de presupuesto variable que aparece en la figura 19-1 se basa en el supuesto de que los costos periódicos se mantendrán sin cambios para un volumen de producción de 0 a 6 000 unidades. En la mayoría de los casos, un presupuesto variable representa una escala de producción en la que los costos de planta, administrativos, organizacionales y otros elementos de costos periódicos se mantendrán sin modificaciones. En la práctica, sin embargo, esta escala puede ser de 3 000 a 10 000 unidades. En caso de ser inferior a las 3 000 unidades, se requeriría de un presupuesto variable diferente, con un nivel de costos periódicos más conveniente para el volumen menor; en caso de ser superior a las 10 000 unidades, sería necesario otro presupuesto variable, que reflejara el nivel de costos del periodo indispensables para operaciones de una escala mayor.

Presupuestos alternativos y complementarios

Otro método para la obtención de presupuestos variables es el establecimiento de **presupuestos alternativos**. En ocasiones una compañía establecerá presupuestos para un alto

FIGURA 19-1

Gráfica de presupuesto variable.

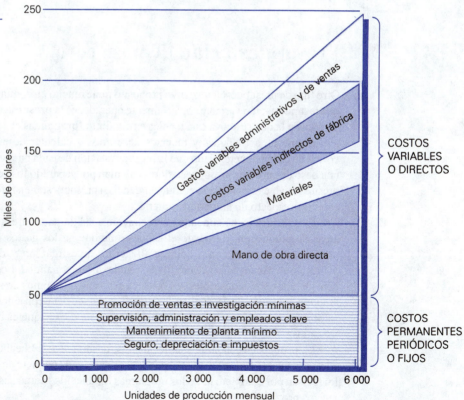

nivel de operación, un nivel medio y un nivel bajo, y los tres presupuestos serán aprobados para la compañía en su conjunto y para cada segmento organizacional con 6 o 12 meses de anticipación. Después, en fechas previamente establecidas, los administradores serán informados de cuál presupuesto aplicar en su planeación y control. Los presupuestos alternativos son una modalidad de presupuestos variables, aunque, en lugar de limitarse a un par de alternativas, estos últimos son variables en forma prácticamente infinita.

También es posible conseguir flexibilidad presupuestal con un plan conocido como **presupuesto mensual complementario**. Conforme a este plan, se elabora un presupuesto semestral o anual con el propósito esencial de trazar el marco de los planes de la compañía, coordinarlos entre los diversos departamentos y establecer objetivos departamentales. En este sentido se trata de un presupuesto básico o mínimo. Luego se elabora un presupuesto complementario para cada mes con base en el volumen de actividad pronosticado para el periodo. De esta manera, los administradores están autorizados a programar su producción y erogar fondos por encima de lo estipulado en el presupuesto básico, siempre y cuando así lo justifiquen los planes a corto plazo, y en la medida en que lo hagan. Esto evita algunos de los cálculos detallados que impone el presupuesto variable normal. No obstante, estos métodos de presupuestación suelen carecer de la ventaja de obligar a un análisis minucioso de la totalidad de los costos y a su correlación con el volumen.

Presupuestación de base cero

Otro tipo de presupuestación, cuyo propósito tiene mucho en común con el de un sistema de presupuestación variable correctamente operado, es la **presupuestación de base cero**. La idea en la que se apoya esta técnica es dividir los programas de la empresa en "paquetes" de metas, actividades y recursos necesarios y calcular después "desde cero" los costos de cada paquete. Dado que la presupuestación de cada paquete se emprende sobre una base de cero, los presupuestadores calculan por separado los costos de cada periodo presupuestal, evitando así la común tendencia a presupuestar en referencia únicamente a cambios respecto de un periodo anterior.

Esta técnica se ha aplicado generalmente a las llamadas áreas de apoyo, más que a áreas de producción real, bajo el supuesto de que en los gastos de la mayoría de los programas de áreas como comercialización, investigación y desarrollo, personal, planeación y finanzas existe cierto margen de discrecionalidad. Los diversos programas considerados como deseables se costean y revisan en términos de sus beneficios para la empresa, después de lo cual se les clasifica de acuerdo con tales beneficios y se les selecciona con base en la determinación de cuál de esos paquetes rendirá los beneficios deseados.

La principal ventaja de esta técnica es, desde luego, el hecho de que obliga a los administradores a planear en forma independiente cada paquete de programas. Al hacerlo, revisan por completo tanto los programas establecidos como sus costos, junto con los nuevos programas y sus costos.

Recursos tradicionales de control no presupuestal

Existen, desde luego, muchos recursos tradicionales de control no relacionados con presupuestos, aunque algunos de ellos pueden relacionarse y emplearse junto con controles presupuestales. Entre los más importantes se encuentran 1) los datos estadísticos, 2) informes y análisis especiales, 3) la auditoría operacional y 4) la observación personal.

Datos estadísticos

Los análisis estadísticos de los innumerables aspectos de las operaciones de una empresa y la clara presentación de datos estadísticos, ya sean de naturaleza histórica o de pronóstico, son importantes para el control. Puede decirse con gran seguridad que la mayoría de los administradores comprenden mejor los datos estadísticos cuando se presentan en forma de diagramas o gráficas, ya que en este caso tendencias y relaciones son más fáciles de advertir. Además, para que los datos sean verdaderamente significativos, aun si se les presenta en gráficas, se les debe formular de tal manera que haga posible compararlos con alguna norma. ¿Qué significa un aumento o disminución de 3% o 10% en ventas o costos? ¿Quién fue el responsable de ello? La clara presentación de datos estadísticos en forma de gráficas, tablas o diagramas es un arte que requiere de imaginación.

Adicionalmente, y en virtud de que ningún administrador puede hacer nada en relación con el pasado, es esencial que los informes estadísticos revelen tendencias, a fin de que el analista pueda deducir por extrapolación la dirección que siguen los acontecimientos en un momento dado. Esto significa que, al presentárseles en gráficas, los datos deben ofrecerse en su mayoría en calidad de promedios, a fin de que sea posible descartar variaciones debidas a periodos de contabilidad, factores estacionales, ajustes contables y otras diferencias periódicas. En el periodo móvil anual, por ejemplo, se emplea el total de los 12 meses consecutivos dividido entre 12. La diferencia en cuanto a claridad puede advertirse en los datos comparados que se presentan gráficamente en la figura 19-2.

Informes y análisis especiales

Para efectos de control, los informes y análisis especiales son útiles en ciertas áreas de problemas en particular. Aunque los informes de contabilidad y estadísticos rutinarios aportan gran cantidad de información útil, a menudo existen áreas en las que resultan inadecuados. Un exitoso administrador de complejas operaciones contrató a un pequeño equipo de analistas calificados sin otra encomienda que la de investigar y analizar las actividades bajo su control. Este grupo desarrolló una percepción sorprendente de situaciones en las que sencillamente las cosas no parecían marchar bien. Casi invariablemente, sus investigaciones revelaban oportunidades de reducción de costos o mejor utilización del capital imposibles de identificar por medio de gráficas estadísticas de cualquier especie.

FIGURA 19-2

Datos mensuales
reales contra
promedio móvil
de 12 meses.

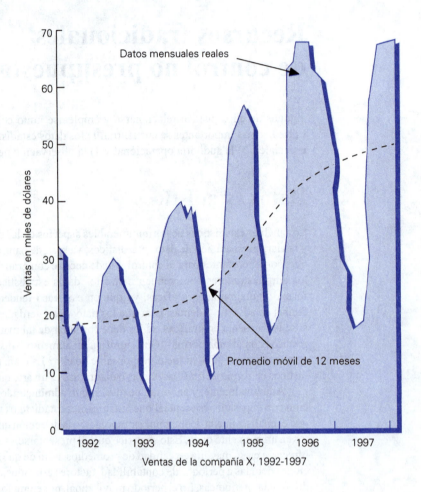

Datos mensuales reales

Promedio móvil de 12 meses

Ventas en miles de dólares

1992   1993   1994   1995   1996   1997

Ventas de la compañía X, 1992-1997

Auditoría operacional

Otro efectivo instrumento de control administrativo es la auditoría interna o, como ha
dado en llamársele a últimas fechas, auditoría operacional. En su sentido más amplio, la
auditoría operacional es la evaluación regular e independiente, por parte de un equipo
de auditores internos, de las operaciones de contabilidad, financieras y de otra clase de
una empresa. Aunque por lo general se le limita a la auditoría de cuentas, en su modalidad más útil la auditoría operacional incluye la evaluación de las operaciones en general,
para la ponderación de los resultados reales en comparación con los planeados. De este
modo, además de cerciorarse de que las cuentas responden adecuadamente a los hechos,
los auditores operacionales evalúan políticas, procedimientos, uso de autoridad, calidad
de la administración, eficacia de los métodos, problemas especiales y otras fases de las
operaciones.

Observación personal o administración por recorrido

Por ningún motivo se debe subestimar la importancia del control por medio de la observación personal. Presupuestos, gráficas, informes, razones financieras, recomendaciones de auditores y otros recursos son esenciales para el control. Pero el administrador que se fía por completo de estos recursos y, por así decirlo, se acomoda en una oficina de control a prueba de ruidos para interpretar medidores y manipular palancas difícilmente puede esperar llevar a cabo una rigurosa labor de control. Después de todo, es deber de los administradores comprobar que los objetivos de las empresas sean cumplidos por personas, y si bien muchos dispositivos científicos permiten confirmar que los individuos hagan lo que se planeó, no por ello el problema del control deja de consistir estrictamente en medir las actividades de los seres humanos. Es increíble la gran cantidad de información que un administrador experimentado puede obtener de la observación personal, aun de un recorrido ocasional por una planta u oficina. En algunas compañías esto se denomina "administración por recorrido".

Análisis de la red tiempo-eventos

Otra técnica de planeación y control es el análisis de la red tiempo-eventos, llamado técnica de evaluación y revisión de programas (Program Evaluation and Review Technique, PERT). Antes de que se desarrollara la PERT hubo otras técnicas, diseñadas para evaluar el ajuste entre sí de las diversas partes de un programa en el transcurso del tiempo y de los eventos.

Gráficas de Gantt

La primera de esas técnicas fue el sistema de gráficas (véase figura 19-3) desarrollado por Henry L. Gantt a principios del siglo XX y que culminó en la gráfica de barras que lleva su nombre. Aunque basada en un concepto simple, esta gráfica (que muestra las relaciones temporales entre los "eventos" de un programa de producción) ha sido considerada como revolucionaria en la administración. Lo que Gantt advirtió fue que la totalidad de las metas de un programa debe ser vista como una serie de planes de apoyo (o eventos) interrelacionados que los individuos puedan comprender y seguir. Los avances más importantes en el campo del control se desprenden de este sencillo principio, así como de los principios básicos del control, como la selección (para su atenta vigilancia) de los elementos decisivos de un plan.

FIGURA 19-3

Transición de una
gráfica de Gantt
a Pert.

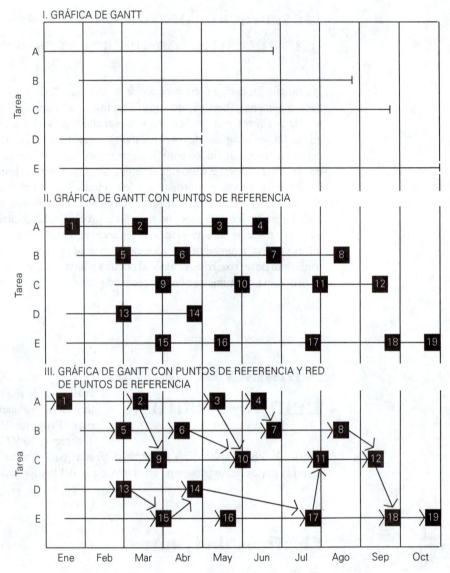

La gráfica de Gantt marcada con el número I muestra el tiempo programado para el cumplimiento de una tarea, como adquisición (tarea A), y la programación correlativa de la realización de las demás tareas, como fabricación de partes (tarea B). Cuando cada una de esas tareas se divide en puntos de referencia, como la elaboración de especificaciones de compra (tarea A-1), y cuando se determinan las relaciones en red entre los puntos de referencia de cada tarea y los de otras tareas, el resultado ofrece los elementos básicos de una gráfica PERT.

Presupuestación con puntos de referencia

La presupuestación con puntos de referencia y la PERT surgieron como resultado de la creación de nuevas técnicas basadas en los principios de la gráfica de Gantt y de la mejor

> **Planeación y control en ingeniería**
>
> La mejor manera de planear y controlar un proyecto de ingeniería es dividirlo en cierto número de eventos, como, por ejemplo, la conclusión de los planos preliminares, de un modelo experimental, del diseño de un envase, de un prototipo del envase y de un diseño de producción. O bien, un proyecto también podría dividirse verticalmente en subproyectos (como, por ejemplo, el diseño de un circuito, de un motor, de un mecanismo de marcha, de un dispositivo sensor, de un dispositivo de retroalimentación de señales y de componentes similares) que puedan llevarse a cabo en forma independiente a lo largo de una secuencia temporal a fin de que los componentes se encuentren listos en el momento necesario. La presupuestación con puntos de referencia permite a los administradores visualizar un programa complejo como una serie de partes relativamente simples para mantener cierto control mediante la comprobación de si un programa está teniendo éxito o presenta fallas.

apreciación de la naturaleza de red de los programas, y contribuyeron enormemente a la mejor planeación y control de muchos proyectos y operaciones. Utilizada por un creciente número de compañías en los últimos años en el control de la ingeniería y el desarrollo, en la presupuestación con puntos de referencia un proyecto se divide en piezas controlables, las cuales son objeto después de cuidadoso seguimiento. Como se indicó en las explicaciones acerca de la planeación, incluso proyectos relativamente simples contienen una red de planes o proyectos de apoyo. En este método de control, los puntos de referencia son segmentos identificables. Una vez cumplido cierto segmento es posible determinar sus costos u otros resultados.

Técnica de evaluación y revisión de programas (PERT)

Desarrollada por la Oficina de Proyectos Especiales de la Marina de Estados Unidos,[5] la técnica de evaluación y revisión de programas (PERT) fue aplicada formalmente por primera vez a la planeación y control del sistema de armamento Polaris, cuya exitosa ejecución contribuyó a acelerar. Las fuerzas armadas estadunidenses la recibieron con tal entusiasmo que durante muchos años fue un instrumento prácticamente obligatorio para los principales contratistas y subcontratistas de la industria armamentista y espacial. Aunque ya casi por completo desaparecida en los contratos de defensa y espaciales por razones que se detallarán más adelante, sus fundamentos siguen siendo instrumentos esenciales de planeación y control. Además, PERT o su técnica de red complementaria, el método de la ruta crítica (*critical path method*, CPM), pueden emplearse en numerosas aplicaciones no gubernamentales (como proyectos de construcción, ingeniería y montaje de maquinaria), e incluso en tareas tan sencillas como la programación de actividades para la emisión de informes financieros mensuales.

PRINCIPALES CARACTERÍSTICAS   **PERT** es un sistema de análisis de redes tiempo-eventos en el que se identifican los diversos eventos de un programa o proyecto, para cada uno de los cuales se establece un periodo planeado. Estos eventos se organizan en una red que revela sus relaciones entre sí. En cierto sentido, PERT es una variante de la presupuestación con puntos de referencia (véase figura 19-3).

En la figura 19-4 se presenta un flujograma de PERT para el ensamble principal de un avión. Este ejemplo ilustra la naturaleza básica de PERT. Cada *círculo* representa un evento, un plan de apoyo cuya ejecución puede medirse en un momento determinado. Los círculos están numerados en el orden en que ocurren los eventos. Cada *flecha* representa una actividad, el elemento de consumo de tiempo de un programa, el esfuerzo que debe hacerse entre eventos. El *tiempo de la actividad*, representado por los números junto a las flechas, es el tiempo requerido para el cumplimiento de un evento.

FIGURA 19-4

Diagrama de flujo Pert: tiempo en semanas.

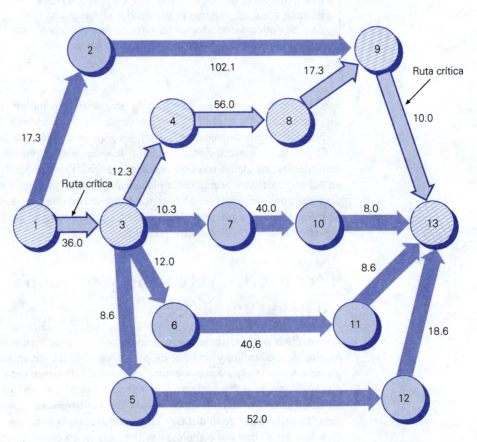

Ensamble principal de un avión. Los eventos (principales puntos de referencia de avance) son: 1) puesta en marcha del programa de pedidos; 2) puesta en marcha de adquisición de motor; 3) conclusión de planes y especificaciones; 4) conclusión de planos de fuselaje; 5) presentación de requerimientos de GFAE;* 6) adjudicación de subcontratación de ensamble de cola; 7) adjudicación de subcontratación de alas; 8) conclusión de fabricación de fuselaje; 9) conclusión de ensamble de motor en el fuselaje; 10) recepción de alas de subcontratistas; 11) recepción de ensamble de cola de subcontratistas; 12) recepción de GFAE; 13) conclusión del avión.

* GFAE significa *government-furnished airplane equipment* (equipo de aviación proporcionado por el gobierno).

En este ejemplo sólo aparece un valor de duración para cada actividad, pero el programa PERT original contemplaba *tres estimaciones de tiempo*: el tiempo "optimista", estimación del tiempo requerido si todo marcha excepcionalmente bien; tiempo "más probable", estimación basada en el tiempo que el ingeniero a cargo del proyecto cree realmente necesario para la ejecución de la labor, y el tiempo "pesimista", estimación basada en el supuesto de que habrá que enfrentar una dosis lógicamente concebible de mala suerte, que no un desastre mayor. Estas estimaciones suelen incluirse en la PERT dada la enorme dificultad para calcular el tiempo con toda exactitud en muchos proyectos de ingeniería y desarrollo. Cuando se realizan varias estimaciones por lo general se les promedia, con especial consideración a la estimación más probable, tras de lo cual en los cálculos únicamente se emplea una sola estimación.

El siguiente paso es calcular la *ruta crítica*, esto es, la secuencia de eventos de mayor duración aunque sin tiempo de inactividad (o el menor posible). En la figura 19-4 la ruta crítica comprende los eventos 1-3-4-8-9-13. El tiempo de actividad de la secuencia de esta ruta es de 131.6 semanas; si el tiempo de entrega prometido es de 135 semanas, incluso esta ruta crítica terminará 3.4 semanas antes de esa fecha. Otras rutas son casi tan prolongadas como la ruta crítica. Por ejemplo, la ruta 1-2-9-13 tiene una duración de 129.4 semanas. Esto no es infrecuente en las gráficas PERT, de manera que se acostumbra identificar varias rutas cruciales en orden de importancia. Aunque la ruta crítica puede cambiar como resultado de demoras en eventos clave de otras partes del programa, identificarla desde el principio permite la estrecha vigilancia de esta secuencia de eventos en particular para garantizar la marcha a tiempo del programa en su totalidad.

Los análisis PERT usuales implican cientos o miles de eventos. Aunque es posible realizar manualmente análisis PERT más reducidos, las estimaciones indican que cuando se hallan involucrados más de 200 a 300 eventos es prácticamente imposible efectuar los cálculos necesarios sin computadora.

FORTALEZAS Y DEBILIDADES   PERT ofrece cinco importantes *ventajas*. Primera, obliga a los administradores a planear, dada la imposibilidad de realizar análisis de tiempo-eventos sin planeación y comprobación del ajuste de las piezas entre sí. Segunda, obliga a planear a lo largo de toda la línea, ya que cada administrador subordinado debe planear el evento del que es responsable. Tercera, dirige la atención a elementos críticos que quizá necesiten corrección. Cuarta, hace posible un control de previsión; un retraso afectará a los eventos subsecuentes y tal vez al proyecto en su totalidad a menos que el administrador pueda recuperar el tiempo perdido reduciendo el periodo asignado a alguna de las acciones futuras. Quinta, el sistema de red y sus subsistemas permiten a los administradores dirigir sus reportes y presiones en busca de acción al punto y nivel indicados de la estructura organizacional en el momento oportuno.

Sin embargo, PERT también padece ciertas *limitaciones*. Dada la importancia para su operación del tiempo de actividad, esta técnica no es útil cuando un programa es nebuloso y no pueden hacerse estimados de tiempo razonables; no obstante, aun en este caso puede obtenerse relativa certidumbre mediante prácticas como la de involucrar a dos o más grupos en las labores requeridas por un evento cuando así lo permitan los costos. Con todo, una de las mayores desventajas de la PERT es la exclusividad de su énfasis en el tiempo, no en los costos. Si bien este acento es conveniente para programas en los que el tiempo es esencial o en los que, como ocurre a menudo, entre el tiempo y los costos se da una estrecha relación directa, este instrumento sería de mayor utilidad si en el análisis fuera posible introducir otras consideraciones aparte del tiempo. (No obstante, en el programa llamado PERT/COSTOS sí se toman en cuenta los costos.)

Tecnología de la información[6]

El modelo de sistemas de la administración demuestra que la comunicación es necesaria para el desempeño de las funciones administrativas y para la vinculación de la organización con sus condiciones externas. El sistema de información gerencial (*management information system*, MIS) ofrece el vínculo de comunicación que hace posible la administración.

El término **sistema de información gerencial** es empleado de diferente manera por diversos autores. Aquí lo definiremos como *un sistema formal para la recopilación, integración, comparación, análisis y dispersión de información interna y externa de la empresa de manera oportuna, eficaz y eficiente.*

El sistema de información gerencial tiene que ser adaptado a necesidades específicas y puede incluir información de *rutina*, como la representada por informes mensuales; información que señala *excepciones*, sobre todo en puntos críticos, e información necesaria para *prever* el futuro. Los lineamientos para el diseño de un sistema de información gerencial son similares a los requeridos para el diseño de sistemas y procedimientos y otros sistemas de control. Dado que ya se ha hablado al respecto en otra parte, no es preciso abundar aquí sobre el particular.

El equipo electrónico permite un rápido y económico procesamiento de grandes cantidades de datos. Si se le programa adecuadamente, una computadora es capaz de procesar datos en busca de conclusiones lógicas, clasificarlos y ponerlos a disposición de un administrador. De hecho, los datos no constituyen información hasta ser procesados en una modalidad útil que efectivamente informe.

Crecimiento de los datos básicos

Junto con su cada vez mejor procesamiento, la gran atención concedida a la información administrativa ha dado lugar a la desaparición de muchas de sus más conocidas limitaciones. Los administradores han reconocido desde hace años que la información contable tradicional, destinada al cálculo de utilidades, tiene un valor limitado para efectos de control. No obstante, en muchas compañías éste ha sido prácticamente el único tipo de datos regularmente recolectado y analizado, cuando los administradores necesitan toda clase de información no contable sobre las condiciones externas, tales como circunstancias sociales, económicas y políticas y avances técnicos. Adicionalmente, también precisan de información no contable sobre las operaciones internas. La información debe ser cualitativa además de cuantitativa.

Aunque hasta ahora no se han alcanzado progresos suficientes para el cumplimiento de estos requisitos, las computadoras, así como la investigación de las operaciones, han

PERSPECTIVA
INTERNACIONAL

La tecnología de la información se ha combinado recientemente con un conocimiento cada vez más evolucionado de las telecomunicaciones. Videotextos, videoconferencias, conferencias celulares y PABX (*private automated branch exchange*, intercambio automatizado privado entre sucursales) son apenas unos cuantos ejemplos de la aplicación de la nueva tecnología. En Japón ya operan teléfonos de imágenes fijas, los que quizá sean introducidos muy pronto en otras partes del mundo.

La industria europea de telecomunicaciones gozó hasta hace unos años de la protección de los respectivos gobiernos nacionales. Pero el programa CE 1992 está produciendo muchos cambios también en este terreno. Es probable que la antigua orientación nacional de los gobiernos dé paso a la proliferación transfronteriza de la nueva tecnología. El "documento verde" de 1987 de la Comunidad Europea contenía propuestas de drásticos cambios para la eliminación de prerrogativas nacionales. De igual modo, el Instituto Europeo de Normas de Telecomunicaciones (European Telecommunications Standards Institute, ETSI) persigue el establecimiento de normas vigentes en todos los confines de la CE (ahora llamada UE, Unión Europea). Países como Francia, Grecia, Italia y España se han opuesto a cambios que implicarían para ellos la apertura de sus mercados protegidos. En respuesta a las nuevas condiciones, las compañías europeas desarrollan estrategias de cooperación entre sí para enfrentar los retos internacionales de las compañías estadunidenses y japonesas.

La revolución de las telecomunicaciones

Frente a la aparición de tecnología de cómputo con voz e imagen integradas, las posibilidades de combinación son prácticamente ilimitadas. Videoconferencias, videoteléfonos y faxes son sólo unas cuantas de las aplicaciones potenciales.

Cualquiera de los Estados miembros de la UE representa apenas una pequeña porción del mercado europeo total. En consecuencia, el mercado estandarizado del futuro abre grandes oportunidades a las empresas estadunidenses y japonesas. Es de suponer que *redes* como las redes digitales de servicios integrados (*integrated services digital networks*, ISDN), PABX y redes de área local (*local area networks*, LAN) crecerán considerablemente tras la adopción de normas comunes.

Otro sector de grandes oportunidades es el de *equipo de terminales*. Terminales de datos y video así como teléfonos para automóviles se volverán sumamente comunes durante la década de los noventa. Lo mismo ocurrirá con las aplicaciones de télex y los servicios telefónicos de transmisión de voz. Las nuevas tecnologías de la información son ideales para satisfacer necesidades específicas de los clientes, tanto comerciales como privados. El videotexto en Francia es un ejemplo de aplicación de las nuevas tecnologías. Otro es el acceso de los clientes a bases de datos para la realización de, por ejemplo, reservaciones en líneas aéreas y hoteles. El correo electrónico y servicios financieros como la banca electrónica son otras aplicaciones más de las tecnologías de la información.

Creación de nuevas alianzas

El desarrollo de las nuevas tecnologías es costoso. Para compartir los costos las compañías forman alianzas estratégicas, como la representada por Alcatel (compañía fabricante de equipos de telecomunicaciones) y GEC.

Como resultado de varias operaciones estratégicas, la gigantesca empresa alemana Siemens ha ganado terreno en Inglaterra y la antigua Alemania oriental. Entre tanto, las compañías estadunidenses no han permanecido ociosas. AT&T se fortaleció gracias a un acuerdo de cooperación con ITALTEL, de Italia. De igual manera, las "Baby Bells" consideran la posibilidad de introducirse en el mercado europeo. Motorola, famosa por sus teléfonos digitales portátiles, se halla bien posicionada en el mercado europeo. Para mejorar su competitividad en Europa, las industrias europeas lanzaron en 1987 los programas ESPRIT (European Strategic Program for Research and Development in Information Technologies, programa estratégico europeo de investigación y desarrollo de tecnologías de la información) y RACE (Research and Development for Advanced Communication Technologies for Europe, investigación y desarrollo de tecnologías avanzadas de comunicación para Europa).[8]

El mercado europeo está sumamente fragmentado. Sin embargo, algunos países (en particular el Reino Unido, Holanda y Alemania) ya han empezado a coordinar sus actividades, a partir sobre todo de principios y mediados de los años ochenta. Consciente de sus desventajas competitivas, la UE desarrolló una política de integración de sus servicios. Al mismo tiempo, sus países miembros abrieron sus mercados y autorizaron la competencia de compañías extranjeras.

generado un enorme crecimiento de la información administrativa disponible. Esto puede constatarse especialmente en relación con datos sobre comercialización, competencia, producción y distribución, costos de producción, cambios y desarrollos tecnológicos, productividad de la fuerza de trabajo y cumplimiento de metas.

Indigestión de información

Los administradores que ya han experimentado el impacto del mejor y más rápido procesamiento de datos temen ahora los riesgos de la "indigestión de información". Poseedores de un insaciable apetito de cifras, los aparatos generadores y procesadores de datos producen materiales a un ritmo casi enloquecedor. Esto ha dado motivo a que los administradores se quejen de hallarse sepultados bajo tal cantidad de salidas de impresión, informes, proyecciones y pronósticos que les resulta imposible leer por falta de tiempo, no pueden comprender o sencillamente no responden a sus necesidades particulares.

Servicios de inteligencia

El establecimiento de servicios de inteligencia y el desarrollo de la nueva profesión de experto en inteligencia son un intento por resolver el problema de la sobrecarga de información.[9] El servicio es ofrecido por especialistas que saben (o indagan) qué información necesitan los administradores y cómo condensarla e interpretarla para usos administrativos. En ciertas compañías se han establecido unidades organizacionales con nombres como "servicios administrativos" o "análisis y servicios administrativos" que se encargan de hacer útil y comprensible la información.[10]

Uso de computadoras en el manejo de información

Las computadoras pueden almacenar, recuperar y procesar información. A menudo se distingue entre tipos de computadoras. La *macrocomputadora* es una computadora a gran escala, cuyo costo suele ser de millones de dólares, capaz de manejar grandes cantidades de datos. Algunas de estas "supercomputadoras" se usan en ingeniería, simulación y manipulación de grandes bases de datos. La *minicomputadora* tiene menos memoria y es más pequeña que la macrocomputadora. Este tipo de computadora suele estar relacionada con equipo periférico. La *microcomputadora* es aún más pequeña y puede ser una computadora de escritorio, casera, personal, portátil o integrable al sistema de una empresa. Cada vez se les usa más en grandes organizaciones ya sea como computadoras independientes o como parte de una red.

Pero la distinción entre diversas clases de computadoras está desapareciendo. El uso del microprocesador 80386 en nuevas microcomputadoras aumentó enormemente su potencia. Sin embargo, la plena utilización del *hardware* (las computadoras) depende en grado considerable del desarrollo de programas de *software*, acordes con él.

Entre las muchas aplicaciones empresariales de las computadoras está la planeación de requerimientos de materiales, la planeación de recursos de manufactura, el control de maquinaria industrial asistido por computadora, el costeo de proyectos, el control de inventarios y las compras. Las computadoras también son útiles en diseño e ingeniería, aplicación que hizo posible el programa espacial estadunidense. Adicionalmente, existen muchos usos en el procesamiento de información financiera como cuentas por cobrar y cuentas por pagar, nómina, presupuestación de capital y planeación financiera. La comunicación asistida por computadora tiene impacto no sólo en la toma de decisiones, sino también en el diseño organizacional.[11]

Impacto de las computadoras en las funciones de administradores de diferentes niveles organizacionales

Las necesidades de información difieren según el nivel organizacional de que se trate. Por lo tanto, también hay diferencias en el impacto de las computadoras.

En el *nivel de supervisión*, las actividades son por lo general sumamente programables y repetitivas. Consecuentemente, el uso de computadoras está muy difundido a este nivel. La programación, la planeación de las actividades diarias y el control de las operaciones son sólo algunos ejemplos de ello.

Los administradores de *nivel intermedio*, tales como jefes de departamento o gerentes de planta, son usualmente responsables de la administración y la coordinación. No obstante, buena parte de la información importante para ellos se encuentra también a disposición de la alta dirección si la compañía cuenta con un amplio sistema de información. Por esta razón hay quienes piensan que las computadoras reducirán la necesidad de disponer de administradores de nivel intermedio, aunque también hay quienes prevén una ampliación y transformación de sus funciones.

Los administradores de *alto nivel* son responsables de la estrategia y políticas generales de la organización.[12] Además de determinar la dirección general que debe seguir la compañía, son responsables de la apropiada interacción entre la empresa y sus circunstancias. Es evidente entonces que las tareas de los directores generales no son fácilmente programables. Aun así, los administradores de alto nivel pueden usar computadoras para recuperar información de bases de datos que les facilite la aplicación de modelos de decisión.[13] Esto permite que una compañía responda oportunamente a cambios en las condiciones externas. Con todo, es probable que el uso de computadoras afecte menos severamente las labores de los administradores de alto nivel que las de los administradores de niveles inferiores.

Aplicación e impactos de las microcomputadoras

La computadora personal (*personal computer*, PC) resulta cada vez más atractiva para los administradores dada su flexibilidad, costo relativamente bajo y posibilidad de uso más rápido que el ofrecido por las macrocomputadoras. Entre sus aplicaciones pueden mencionarse las siguientes:

Elaboración de presupuestos	Modelos de simulación
Presentaciones gráficas	Pronósticos
Hojas de cálculo electrónicas	Correo electrónico
Análisis financieros	Utilización de bases de datos
Procesamiento de textos	Tiempo compartido

Las implicaciones del creciente uso de microcomputadoras son múltiples. Es preciso prestar apoyo *staff* especializado, capacitar a administradores y no administradores y redefinir funciones. Por ejemplo, la distinción entre línea y *staff* es cada vez menos clara. La información que antes se encargaba de recopilar el personal staff ahora puede ser fácilmente obtenida por otros administradores con sólo tener acceso a bases de datos comunes. Por otra parte, también la información que antes era prerrogativa de los administradores de alto nivel está ahora al alcance del personal de los niveles inferiores, lo que quizá dé como resultado el traspaso de poder a niveles inferiores de la organización.

Sin embargo, no toda la información debería estar disponible para la totalidad del personal de una compañía. Así, uno de los problemas que actualmente enfrentan muchas empresas es el de mantener la seguridad de la información.

Retos generados por la tecnología de la información

Eliminar el uso no autorizado de información es sólo uno de muchos retos. Otros son reducir la resistencia al uso de computadoras, promover la adaptación a dispositivos de reconocimiento de voz y teleconmutación e instrumentar redes de cómputo.

Resistencia a la aplicación de computadoras

Para los estudiantes de preparatoria suele ser sumamente cómodo usar computadoras, mas no así para la generalidad de los administradores, algunos de los cuales incluso parecerían temerles. Un estudio al respecto reveló que lo común es que los ejecutivos aquejados por esta fobia sean de sexo masculino y de alrededor de 50 años de edad y que hayan trabajado la mayor parte de su vida en la misma compañía. Este temor podría explicar por qué ciertos administradores se niegan a usar computadoras. Temen parecer ineptos si no comprenden la nueva tecnología o carecer de las habilidades de manejo de teclado a menudo necesarias para introducir datos en las computadoras. Teclear era antes labor de secretarias, no de administradores.[14]

En una encuesta entre directores generales de la lista de las 500 compañías más importantes de la revista *Fortune* quedó demostrado que más del 50% de los entrevistados no usaban nunca la computadora y que más del 70% de ellos ni siquiera tenían computadoras en su oficina.[15] Aun así, la mayoría de los altos ejecutivos opinó que las computadoras les son muy útiles a los administradores en el desarrollo de sus labores, lo que sugiere que se les atribuye utilidad en niveles inferiores al de director general. Quienes se mostraron opuestos al uso de computadoras lo explicaron de diversas maneras, entre ellas la de que su tiempo es demasiado valioso como para dedicarlo a adquirir habilidades de cómputo.

La aplicación de gráficos puede contribuir a vencer las resistencias a las computadoras. En lugar de hallarse oculta en pilastras de impresiones de cómputo, la información se presenta bajo la modalidad de gráficas de fácil comprensión. PepsiCo, por ejemplo, invirtió 250 000 dólares en gráficos de apoyo a decisiones a lo largo de 3 años, lapso durante el cual generó 80 000 diagramas y diapositivas.[16] En todo caso, es probable que las computadoras sean más aceptadas a medida que una tecnología más sofisticada facilite su uso.

Dispositivos de reconocimiento de voz

Otro de los medios para alentar el uso de computadoras son los dispositivos de reconocimiento de voz.[17] La intención es introducir datos en computadoras mediante el habla normal, no con el uso de otros periféricos. Varias compañías trabajan ya en la elaboración de estos dispositivos, pero quizá pasen todavía varios años antes de que se les pueda aplicar ampliamente, si bien desde hace algún tiempo existen ya usos limitados del reconocimiento simple de voz. El solo enriquecimiento del vocabulario mediante la ampliación de la memoria no es suficiente. Imagínese usted qué tan sofisticado tendría que ser un programa para distinguir palabras de sonido similar, como "cesión" y "sesión" o "tasa" y "taza". Pero a pesar de tan complejos problemas, algunas personas creen que los esfuerzos realizados en este campo darán por resultado productos capaces de revolucionar el trabajo de oficina.

Teleconmutación

El extendido uso de las computadoras y la facilidad de enlazarlas por medio de líneas telefónicas a la macrocomputadora de una compañía ha dado surgimiento a la **teleconmutación**. Esto significa que una persona puede trabajar en una terminal de cómputo instalada en su hogar en vez de hacerlo en las instalaciones de una empresa.[18] Entre las ventajas que, se dice, ofrece este recurso están una mayor flexibilidad en horarios de trabajo, la desaparición de congestiones de tránsito y la reducción del espacio necesario para oficinas.

El futurista Alvin Toffler previó una "aldea electrónica" con terminales de cómputo instaladas en los hogares. No obstante, John Naisbitt objetó esta idea en su libro *Megatrends*, en el que señaló que, tras una temporada de teleconmutación, los empleados extrañarían las charlas de las oficinas y las interacciones humanas con sus compañeros.[19] Algunas compañías que han contratado los servicios de personas que trabajan bajo la modalidad de teleconmutación han sido acusadas de no proporcionar a éstas las prestaciones habitualmente concedidas a los empleados de oficina. Sin embargo, los participantes en el programa voluntario de Pacific Bell son considerados empleados de tiempo completo.[20] Además, algunos empleados se presentan en la oficina al menos una vez a la semana para recoger su correspondencia y convivir con sus compañeros.

Quizá las crecientes congestiones de tránsito, especialmente en las zonas metropolitanas, conduzcan a un mayor uso de la teleconmutación. Pero es de dudar que ésta remplace a las oficinas tal como las conocemos ahora.[21]

Redes de cómputo

El amplio uso de computadoras independientes suele dar lugar a la duplicación de esfuerzos. Es probable, por ejemplo, que computadoras de escritorio no tengan acceso a una base de datos alojada en una macro o minicomputadora. A esto se debe que se hayan desarrollado redes de cómputo que enlazan estaciones de trabajo entre sí, con computadoras más grandes y con equipo periférico.

Personas en diferentes estaciones de trabajo pueden comunicarse entre sí y tener acceso al mismo tiempo a otras computadoras.[22] Además, las estaciones de trabajo se pueden conectar con *hardware* de alto costo, el que de otra manera sería subutilizado por un solo usuario. Por ejemplo, varios usuarios pueden compartir impresoras láser o unidades de respaldo en cinta que aseguran el almacenamiento de archivos de datos. Existen muchas otras aplicaciones de las redes de cómputo, como el correo electrónico y la recopilación y diseminación de datos industriales y acerca de futuras tendencias. Aunque las redes de cómputo todavía están en pañales, nuevos adelantos tecnológicos están transformando rápidamente los sistemas de manejo de información.

**PERSPECTIVA
INTERNACIONAL**

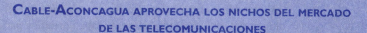

**CABLE-ACONCAGUA APROVECHA LOS NICHOS DEL MERCADO
DE LAS TELECOMUNICACIONES**

Es un hecho que el mercado de las telecomunicaciones en Chile está cambiando, basta considerar proyectos como: Chilesat, VTR-CableExpress, Entel-Internet y la alianza VTR-Startel, por mencionar sólo algunos. Es obvio que alguno de estos gigantes terminará liderando el mercado. Pero hay que estar atentos a las empresas pequeñas que lo hacen bien, distinto y sin aspavientos. Es el caso de Cable-Aconcagua, una empresa independiente de televisión por cable ubicada en Los Andes y la única en Latinoamérica que ofrece en una misma señal televisión por cable y conexión a Internet.

Esta empresa nació a principios de 1993 a iniciativa de personas que contaban con concesiones para televisión por cable en 4 ciudades y que veía la oportunidad de explotar la concesión y desarrollar el potencial del negocio. Pero fue de Maurice Poisson Adriasola, gerente general de Cable-Aconcagua, la idea de ofrecer conjuntamente televisión por cable y el servicio de módem cable (conexión a Internet). Maurice siempre había querido que existieran en Chile servicios de conectividad como el SMDS que opera en Estados Unidos y Europa.

En sus inicios, era una empresa típica de televisión por cable cuyo objetivo era tomar de la programación mundial para crear una programación de interés local. Para ese entonces, Microsoft lanzó lo que sería la solución para concretar la idea de Poisson Adriasola, se trataba de un sistema que permitía habilitar clientes y servidores sobre una pila de protocolos TCP/IP, lo que permitió la conectividad simultánea entre estaciones y, a la vez, con equipos de Internet. Sobre esa base Cable-Aconcagua estableció sus dos negocios principales: televisión por cable y servicios de módem cable con objetivos bien concretos:

1. En lo referente a la televisión por cable, desarrollar un negocio que perdure en el tiempo, sin distraerse en pretender una ganancia inmediata, sino generar un mercado "sano" y una cartera de clientes estable y creciente.
2. En el rubro de módem de cable, expandir la demanda por medio de nuevos servicios para clientes tradicionales y desarrollar un servicio atractivo para segmentos comerciales especiales: notarías, bancos, tiendas, etcétera.

Con estas premisas, han crecido de 150 clientes captados en su primer año a una cartera de 1 800.

Todos estos logros se deben a un sistema de trabajo discreto en áreas abandonadas por las grandes empresas del sector, hipnotizadas por el mercado de la telefonía local.

Con el tiempo Cable-Aconcagua ha podido consolidarse, aunque se avecinan fuertes desafíos como la entrada de empresas grandes en su mercado; sin embargo, la empresa mantiene una actitud optimista en vista de los resultados obtenidos hasta ahora.

Internet

Internet es la red de cómputo más grande del mundo. Se trata en realidad de una red de redes. Abarca desde las grandes redes formales de AT&T hasta las redes informales a disposición de cualquier persona. Se originó en 1969 en el Departamento de Defensa de Estados Unidos, con el propósito de enlazar a éste con contratistas de investigaciones militares y universidades que realizaban estudios para el ejército estadunidense. En la actualidad la emplean lo mismo el gobierno y las universidades que las compañías y cualquiera con una computadora y un módem. Los individuos suelen recurrir a servicios en línea como los que prestan las compañías America Online, CompuServe, Prodigy o MicrosoftNet para enviar y recibir correo electrónico (*e-mail*), "hablar" con personas de cualquier parte del mundo y consultar información (de, por ejemplo, bibliotecas, la Biblioteca del Congreso de Estados Unidos, pronóstico del tiempo, resultados deportivos y muchos otros tipos). Internet es asimismo un excelente instrumento para realizar investigaciones sobre compañías y hacer negocios.[23] Otro de sus usos más comunes es la comunicación por medio de "tableros electrónicos" sobre temas como asesoría de cómputo, aficiones, eventos deportivos, etc. Crear una gran comunidad es uno de los principales propósitos de Internet.[24] La Red obtuvo enorme impulso con la aparición de la llamada World Wide Web ("telaraña mundial", WWW), la cual fue desarrollada en un laboratorio de partículas en Europa. La norma para la representación de datos se denomina lenguaje de marcación de hipertexto (*hypertext markup language*, HTML). La difusión de la WWW se vio ampliamente favorecida por el lanzamiento del examinador Mosaic, creado por Marc Andreessen, estudiante de la Universidad de Illinois. Por medio de Mosaic se tiene acceso a información de todo el mundo. Por ejemplo, se pueden visitar las "páginas principales" (Home Pages) de las compañías, en las que es posible obtener información sobre éstas y sus productos y servicios. Mosaic podía descargarse gratuitamente a una computadora haciendo conexión con la Universidad de Illinois. Pero más tarde, en 1995, Andreessen puso en oferta pública la versión comercial de Mosaic, llamada Netscape, lo que lo convirtió en multimillonario.

No se sabe con exactitud cuántas personas hacen uso de Internet. Se calcula que en 1993 había alrededor de 2 000 usuarios, y más de 33 millones en 1996, y que para el año 2001 es probable que el número de usuarios oscile entre mil y dos mil millones de personas.[25]

Internet transformará muchas industrias, desde la de telecomunicaciones hasta la de viajes. Es de bajo costo, muy pronto estará en todas partes y es un sistema abierto. Ya ha dado origen a compañías como Netscape, Yahoo, Cybercash y muchas otras que no existían hace apenas unos años.[26] El *software* PointCast ofrece también la posibilidad de disponer de un servicio personalizado de recuperación de noticias. A intervalos regulares, el *software* se conecta por medio de Internet al servidor PointCast para recolectar el tipo de información solicitada.[27]

La comunicación electrónica también está ejerciendo un poderoso impacto sobre el lenguaje. La nueva jerga cibernética a la que ha dado lugar ha creado términos tan novedosos como "examinador web" (programa que permite recorrer la World Wide Web de Internet), "*newsgroup*" ("grupo de interés"), "*World Wide Web*", "*netiquette*" ("normas de etiqueta de la Red") y, por supuesto, "*Internet*".[28] La lengua une al mundo, y el

INTERNET SE VUELVE CADA VEZ MÁS POPULAR

Ha alcanzado tanta popularidad el uso de Internet, que incluso el gobierno mexicano busca hacer más eficiente su sistema de adquisiciones, por ello mediante la Secretaría de la Contraloría y Desarrollo Administrativo (SECODAM), dependiente del ejecutivo federal, se ha instrumentado un sistema de compras gubernamentales mediante la red.

El sistema de compras del sector público mediante Internet se ha denominado *Compranet*. De esta forma, todo aquel que se encuentre interesado en ofrecer algún bien y/o servicio a cualquiera de las diferentes dependencias y organismos del gobierno federal mexicano, puede participar en los concursos de licitación. Todo lo que debe hacer quien intenta convertirse en proveedor del gobierno federal mexicano, una vez que se ha publicado la convocatoria, es adquirir de la dependencia oficial convocante la clave correspondiente para poder accesar al concurso mediante el sistema. La oferta para la venta de bienes o la prestación de servicios se envía mediante el correo electrónico al destinatario.

Cabe señalar que antes de concluir el primer semestre de 1997, Alonso Carral Cuevas, director general de la filial mexicana de Compuserve, declaró que precisamente México observaba la mayor tasa de crecimiento en utilización de los servicios informáticos, asesoría, además de los de conexión a Internet que ofrece su empresa.

idioma de más amplio uso en Internet es el inglés. Se calcula que 80% de la información almacenada en computadoras se encuentra en inglés. Se ignora, en cambio, cuánta información en Internet se halla en inglés. Sin embargo, casi todo el material científico existente en Internet está en inglés. Para avanzar en su profesión y manejarse en el ámbito global, los individuos tendrán que saber inglés aun si ésta no es su lengua materna.

Internet también tiene implicaciones políticas.[29] Los gobiernos asiáticos, por ejemplo, desean volverse "modernos". Al mismo tiempo, sin embargo, objetan el pluralismo político de Occidente. Singapur busca ser un país tecnológicamente avanzado en el ciberespacio, pero considera la posibilidad de limitar material censurable transmitido en Internet.

¿Cuál es el futuro de Internet? Nadie lo sabe con certeza. Craig McCaw, quien en 1994 vendió a AT&T su compañía McCaw Cellular Communications por 11 500 millones de dólares, prevé la difusión de Internet por medio de varios cientos de satélites.[30] Específicamente, planea que su empresa Teledisc ponga en órbita 840 satélites de baja altitud alrededor del planeta para la transmisión de señales a todo el mundo.

Resumen

Una amplia variedad de instrumentos y técnicas se han empleado hasta ahora para facilitarles el control a los administradores. En general, estas técnicas son en primer instancia instrumentos de planeación, de modo que ilustran el hecho de que los controles deben ser reflejo de planes. Algunos de estos instrumentos han sido usados desde hace mucho tiempo por los administradores; otros, como la presupuestación variable y la presupuestación de base cero, son derivaciones de la presupuestación tradicional. La técnica de evaluación y revisión de programas (PERT) representa una generación más reciente de instrumentos de planeación y control.

El presupuesto es uno de los recursos de control más antiguos. La presupuestación es la formulación de planes en términos numéricos para un periodo futuro dado. Existen varios tipos de presupuestos: 1) presupuestos de ingresos y gastos, 2) presupuestos de tiempo, espacio, materiales y productos, 3) presupuestos de gastos de capital y 4) presupuestos de efectivo. La presupuestación entraña varios riesgos, aunque el mayor de ellos, la inflexibilidad, puede evitarse en gran medida con el uso de presupuestos variables. Éstos son presupuestos diseñados para sufrir modificaciones en la medida en que varíe el volumen de producción, a fin de que los gastos puedan dividirse entre las partidas que varían con mayor frecuencia, como el volumen de ventas o alguna otra medida de producción. También mediante la existencia de presupuestos alternativos o complementarios es posible obtener flexibilidad. La presupuestación se vuelve mucho más precisa en la presupuestación de base cero, en la que los programas se dividen en "paquetes". Los costos de cada paquete se calculan a partir de una base de cero. Para que el control presupuestal pueda ser eficaz en la práctica, los administradores no deben perder de vista que los presupuestos son un instrumento que por ningún motivo debe remplazar a la administración.

Entre los recursos tradicionales de control no presupuestal están los datos estadísticos y sus análisis, los informes y análisis especiales, la auditoría operacional y la observación personal.

Una de las técnicas de planeación y control es el análisis de redes de tiempo-eventos. La técnica de evaluación y revisión de programas (PERT) es una versión más desarrollada de las gráficas de Gantt, las cuales fueron diseñadas para mostrar, en forma de gráficas de barras, lo que se debe hacer y cuándo para llevar a cabo un programa. PERT es también una versión mejorada de la presupuestación con puntos de referencia, en la que las cosas por hacer se dividen en piezas identificables y controlables llamadas "puntos de referencia". Cuando los puntos de referencia se unen entre sí para formar una red y se identifica el tiempo requerido para concluir cada punto de referencia, de ello resulta una red PERT/de tiempo-eventos. Con base en las secuencias de eventos y el tiempo requerido para ellos es posible determinar la ruta crítica, la secuencia de mayor duración sin tiempo de inactividad (o el menor posible).

El sistema de información gerencial (MIS) es un sistema formal para la recopilación, integración, comparación, análisis y dispersión de información interna y externa de la empresa de manera oportuna, eficaz y eficiente.

Las computadoras (macrocomputadoras, minicomputadoras y microcomputadoras) se usan ampliamente en la actualidad. Su impacto en las funciones de administradores de diversos niveles organizacionales difiere. La tecnología de la información ofrece muchos retos. Hay administradores que aún se resisten a usar computadoras, aunque los avances tecnológicos alientan su empleo. Las computadoras también han contribuido a la teleconmutación, medio por el cual una persona puede trabajar en su casa con una terminal de cómputo enlazada a la macrocomputadora de la compañía. Las redes de cómputo, de uso creciente, vinculan a estaciones de trabajo entre sí, con computadoras más grandes y con equipo periférico. La revolución de Internet brinda nuevas y muy interesantes oportunidades a empresas e individuos.

Ideas y conceptos básicos

Presupuestación
Tipos de presupuestos
Problemas de presupuestación
Presupuestos variables
Presupuestos alternativos y complementarios
Presupuestación de base cero
Recursos de control no presupuestales
Auditoría operacional
Gráficas de Gantt
Presupuestación con puntos de referencia
Técnica de evaluación y revisión de programas (PERT)

Ruta crítica en PERT
Sistema de información gerencial (MIS)
Macrocomputadora
Minicomputadora
Microcomputadora
Impacto de las computadoras en las funciones de los administradores
Aplicación de las microcomputadoras
Dispositivos de reconocimiento de voz
Teleconmutación
Redes de cómputo
Internet

Para analizar

1. Aparentemente las técnicas de control son más de planeación que de control. ¿En qué sentido puede decirse que esto es cierto? ¿Por qué sería de esperar que lo fuera?
2. "Los presupuestos variables son presupuestos flexibles." Explique esta afirmación.
3. A menudo se dice que un presupuesto de gastos de operación se debe fijar a un nivel inferior al esperado para garantizar el cumplimiento de las metas de costos y utilidades. ¿Está de acuerdo con esto?
4. ¿Hasta qué punto y en qué forma sería posible abordar la presupuestación desde la raíz, es decir, desde el fondo de la organización hacia la cima?
5. Si se le encomendara a usted instituir un programa de informes y análisis especiales de control al servicio de un administrador de alto nivel, ¿qué haría?
6. PERT es un invento administrativo que, a partir de principios y conocimientos básicos y mediante un diseño para la obtención de resultados deseados, ofrece una útil técnica de planeación y control. Analice PERT desde esta perspectiva.
7. Dé ejemplos de los efectos que ha tenido en usted la tecnología de la información.
8. ¿A qué atribuye que las computadoras tengan diferente impacto sobre las funciones de administradores de diversos niveles organizacionales?

Ejercicios/actividades

1. Use PERT para planear su programa de estudios universitarios. ¿Qué ventajas ofrece el empleo de esta técnica? ¿Cuáles son algunos de sus problemas?
2. Seleccione una organización que conozca y explique qué uso se da en ella a las computadoras.

Caso internacional 19

La tecnología de la información en American Airlines[31]

El sistema de información de American Airlines se ha convertido en parte integral de la estrategia general de esta compañía para obtener una ventaja competitiva en su sector. El amplio uso de computadoras en esta empresa se inició en la década de los cincuenta en el control de nómina e inventario, de donde se extendió después al servicio al cliente. A principios de los años sesenta American desarrolló el conocido sistema SABRE (Semi-Automated Business Research Environment, entorno de investigación empresarial semiautomatizado). Éste es uno de los más sofisticados sistemas de reservación de boletos de avión para el uso de agencias de viajes y clientes. Mediante el sistema de acceso a computadoras PRODIGY, en la actualidad los clientes de American Airlines tienen acceso al sistema de reservación personal llamado "EAASY SABRE".

Poco después de haberlo instrumentado, American también usó su sistema SABRE para otras tareas, como el control de embarques de carga y el despacho y rastreo de vuelos. Cuando, en 1978, el gobierno estadunidense desreguló el sector de líneas aéreas, este sistema de información se convirtió en un instrumento aún más importante para competir con aerolíneas de bajas tarifas como la antigua People Express, Jet America, America West y otras, cuyos costos laborales eran inferiores a los de American Airlines en hasta 40% a 50%.

La estrategia de esta última fue usar la tecnología de información para competir en diversos frentes. Una de las aplicaciones fue conseguir la mayor ocupación posible de los aviones sin causar rechazos súbitos de pasajeros por motivos de sobreventa de boletos. Otra fue obtener el adecuado equilibrio entre boletos con descuento y regulares. Se calculó que los ingresos de la empresa aumentarían en 65 millones de dólares al año si 1% de los boletos con descuento podían serlo de pago normal, lo que evidentemente representaría una ventaja competitiva en un mercado en el que todos los días, y en ocasiones incluso cada hora, ocurren cambios de precios.

Otra aplicación más del sistema de información fue hallar la manera más eficiente de vuelo a fin de reducir los costos de combustible, el segundo gasto más importante de esta compañía. Algunos aviones cuentan con sensores en su tablero para la vigilancia del equipo esencial; la información operativa se envía a la estación de tierra. Así, cuando la aeronave aterriza el mantenimiento puede planearse más eficazmente y ejecutarse en forma más eficiente. Una aplicación adicional de las computadoras fue determinar las rutas más rentables.

La complejidad que supone programar a más de 13 000 pilotos y asistentes de vuelo en 1 300 vuelos diarios es estremecedora. El alto costo de las horas extra puede significar para la aerolínea una desventaja competitiva.

Robert L. Crandall, director y presidente de American Airlines, considera que los sistemas de información son la clave del éxito. Declaró en una ocasión: "Convertimos lo que antes era un sistema básico de reservaciones en un sistema de información integrada que dirige nuestra estrategia empresarial tanto como ésta lo dirige a él."

American Airlines ha sido hasta ahora el líder en el uso de la tecnología de información en su sector, a pesar de lo cual se percibe ya la presencia de la competencia en el horizonte. El programa 1992 de la Comunidad Europea (CE) fue diseñado para eliminar barreras comerciales y muchas barreras políticas. También el ramo aéreo europeo está siendo desregulado. En lugar de proceder a fusiones, algunas líneas aéreas integrarán una red para la vinculación entre sí de compañías selectas. Como ejemplo del nuevo ambiente de cooperación entre las aerolíneas europeas están los sistemas de reservación por computadora llamados Galileo y Amadeus. Así, American Airlines (que cuenta ya con una estrategia de expansión en el mercado europeo, el mayor del mundo industrializado) enfrenta una dura competencia.

La tecnología que en un momento dado es capaz de brindarle una ventaja competitiva a una compañía puede volverse obsoleta con el paso del tiempo a menos que se le adapte a nuevas demandas y se desarrollen nuevas aplicaciones. Max Hopper, arquitecto del sistema SABRE, ha señalado que los antiguos modelos resultan ya insuficientes. Quienes sean capaces de emplear los instrumentos disponibles y modificarlos serán quienes conquisten la vanguardia competitiva. La nueva tendencia no se dirige ya a aplicaciones independientes, sino a plataformas que faciliten nuevos métodos de solución de problemas y toma de decisio-

nes. SABRE no es sólo un sistema de reservaciones, sino también de control de inventario, elaboración de planes de vuelo y programación de tripulaciones. Se le han añadido además nuevas bases de datos para la renta de automóviles, reservaciones en hoteles y espectáculos. Se ha convertido de este modo en un supermercado electrónico para todo lo relacionado con viajes.

1. Explique la evolución del uso de la tecnología de la información en American Airlines.
2. ¿Debe American Airlines fortalecer su posición en Europa? ¿Cuáles serían los argumentos a favor y en contra de esta expansión?

Referencias

1. Herbert A. Simon, "Making Management Decisions: The Role of Intuition and Emotion", en *Academy of Management Executive*, febrero de 1987, p. 57.
2. Debido sobre todo a las negativas implicaciones que tuvo la presupuestación en el pasado, en ocasiones se emplea la más positiva expresión "planeación de utilidades", por lo que al presupuesto se le llama entonces "plan de utilidades".
3. Véase también Robin Cooper y W. Bruce Chew, "Control Tomorrow's Costs Through Today's Design", en *Harvard Business Review*, enero-febrero de 1996, pp. 88-97.
4. Thomas A. Stewart, "Why Budgets Are Bad for Business", en *Fortune*, 4 de junio de 1990, pp. 179-190.
5. Esta técnica también fue desarrollada por separado, bajo el nombre de "método de ruta crítica", por ingenieros de la Du Pont Company en prácticamente la misma época. Aquí sólo nos ocupamos de PERT porque, aunque diferente en algunos aspectos, el método de ruta crítica sigue los mismos principios.
6. Véase también Peter F. Drucker, "The Information Executives Truly Need", en *Harvard Business Review*, enero-febrero de 1995, pp. 54-63; Richard E. Walton, *Up and Running — Integrating Information Technology and the Organization* (Boston, Harvard Business School Press, 1989); E. Wainright Martin, Daniel W. DeHayes, Jeffrey A. Hoffer y William C.

Perkins, *Managing Information Technology — What Managers Need to Know* (Nueva York, Macmillan Publishing Company, 1991); George Gilder, "Into the Telecosm", en *Harvard Business Review*, marzo-abril de 1991, pp. 150-161; Blake Ives y Richard O. Mason, "Can Information Technology Revitalize Your Customer Service?", en *Academy of Management Executive*, noviembre de 1990, pp. 52-69.
7. William Lee y Patricia Robin, "Opportunities in the Changing European Telecommunications Scene", en *The Journal of European Business*, noviembre-diciembre de 1989, pp. 26-34; Brenton R. Schlender, "Who's Ahead in the Computer Wars", en *Fortune*, 12 de febrero de 1990, pp. 58-66; Andrew Kupfer, "The Go-Anywhere Phone Is at Hand", en *Fortune*, 5 de noviembre de 1990, pp. 143-148; Edgar Carl Law, "1992 — The Pivotal Year for European Telecommunications", en *Business Communications Review*, julio-agosto de 1988, pp. 70-72; Timothy Aeppel, "Siemens Confronts History in Takeover", en *The Wall Street Journal*, 12 de agosto de 1991.
8. Para alianzas y asociaciones en Japón, véase Charles H. Ferguson, "Computers and the Coming of the U.S. Keiretsu", en *Harvard Business Review*, julio-agosto de 1990, pp. 55-70.
9. Véase también Michael Hammer, "Reengineering Work: Don't Automate, Obliterate", en *Harvard Business Review*, julio-agosto de 1990, pp. 104-112.

10. Para los aspectos organizacionales del establecimiento de una unidad de sistema de información gerencial (SIG), véase Mark Klein, "Information Politics", en *Datamation*, 1o. de agosto de 1985, pp. 87-92.

11. George P. Huber, "A Theory of the Effects of Advanced Information Technologies on Organizational Design, Intelligence, and Decision Making", en *The Academy of Management Review*, enero de 1990, pp. 47-71.

12. Clark Holloway cree que es posible que en la década de los noventa las supercomputadoras compartan muchas funciones de los altos ejecutivos. Véase su artículo "Strategic Management and Artificial Intelligence", en *Long Range Planning*, octubre de 1983, pp. 89-93. El uso de la tecnología de información para la formulación de estrategias es tratado por Sid L. Huff, "Information Technology and Corporate Strategy", en *Business Quarterly*, verano de 1985, pp. 18 ss.

13. Aunque hay quienes sostienen que los administradores ejecutivos pueden ejercer el control de las operaciones tanto como los subordinados, otros consideran que el impacto de la alta dirección es mínimo. Para explicaciones de este tema, véase John Dearden, "SMR Forum: Will the Computer Change the Job of Top Management?", en *Sloan Management Review*, otoño de 1983, pp. 195-204; John C. Camillus y Albert L. Lederer, "Corporate Strategy and the Design of Computerized Information Systems", en *Sloan Management Review*, primavera de 1985, pp. 35 ss.

14. Véase también Alice LaPlante, "Baby-Sitting the Boss", en *InfoWorld*, 8 de agosto de 1988, pp. 1 y 89.

15. Lisa L. Spiegelman, "Top-Level Managers Not Using PCs, Survey Finds", en *InfoWorld*, 26 de mayo de 1988, p. 24.

16. "Management Warms Up to Computer Graphics", en *Business Week*, 13 de agosto de 1984, pp. 96-101.

17. Paul Duke, Jr., "Can We Talk?", en *The Wall Street Journal, A Special Report: Technology in the Work Place*, 10 de noviembre de 1986.

18. Geoff Lewis, Jeffrey Rothfeder, Resa W. King, Mark Maremont y Thane Peterson, "The Portable Executive", en *Business Week*, 10 de octubre de 1988, pp. 102-112.

19. John Naisbitt, *Megatrends* (Nueva York, Warner Books, 1982), cap. 1.

20. David Needle, "Telecommuting: Off to a Slow Start", en *InfoWorld*, 19 de mayo de 1986, pp. 43-46.

21. Margrethe H. Olson, "Do You Telecommute?", en *Datamation*, 15 de octubre de 1985, pp. 129-132.

22. Para una explicación de las redes de área local, véase Laurie Flynn, "LANs", en *InfoWorld*, 27 de octubre de 1986, pp. 45-46.

23. Véase, por ejemplo, Debora Spar y Jeffrey J. Bussgang, "Ruling the Net", en *Harvard Business Review*, mayo-junio de 1996, pp. 125-133.

24. Arthur Armstrong y John Hagel III, "The Real Value of On-Line Communities", en *Harvard Business Review*, mayo-junio de 1996, pp. 134-141.

25. Don Tapscott, *The Digital Economy* (Nueva York, McGraw-Hill, 1996), p. 16.

26. "The Birth of a New Species", en *The Economist*, 25 de mayo de 1996, pp. 3-5.

27. Michael H. Martin, "The News You Want on Your PC", en *Fortune*, 27 de mayo de 1996, pp. 181-182.

28. "The Coming Global Tongue", en *The Economist*, 21 de diciembre de 1996, pp. 75-78; "Why First May Not Last", en *The Economist*, 16 de marzo de 1996, p. 65.

29. "Asia and the Internet — Not Too Modern, Please", en *The Economist*, 16 de marzo de 1996, pp. 42-43.

30. Andrew Kupfer, "Craig McCaw Sees an Internet in the Sky", en *Fortune*, 27 de mayo de 1996, pp. 62-72.

31. Comentarios de Robert L. Crandall, director y presidente de American Airlines, en la *Cooperative Users of Recognition Equipment 1985 Conference*, Dallas, 18 de junio de 1985; Jeffrey M. Lenorovitz, "Airlines Will Cooperate, Not Merge, After Deregulation of Europe in 1992", en *Aviation Week & Space Technology*, 5 de septiembre de 1988, pp. 133 y 135; Kevin Kelly, Todd Mason, Christopher Power y James E. Ellis, "American Aims for the Sky", en *Business Week*, 20 de febrero de 1989, pp. 54-58; Kenneth Labich, "The Computer Network That Keeps American Flying", en *Fortune*, 24 de septiembre de 1990, p. 46; Max D. Hopper, "Rattling SABRE — New Ways to Compete on Information", en *Harvard Business Review*, mayo-junio de 1990, pp. 118-125.

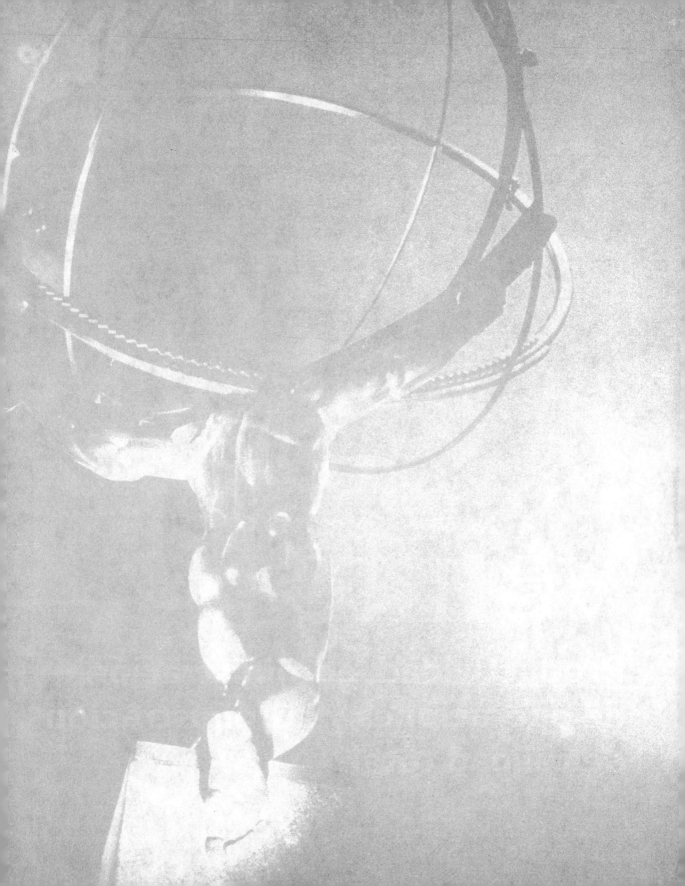

Al terminar este capítulo, usted podrá:

1. Identificar la naturaleza de los temas relativos a la productividad y proponer medios para la elevación de la eficacia y la eficiencia.
2. Describir la naturaleza de la administración de la producción y operaciones como caso aplicado de planeación y control administrativos.

Capí
veinte

Productividad, administración de operaciones y administración de calidad total*

* En otras partes del libro se exponen temas adicionales de administración de producción y operaciones. Véase, por ejemplo, el capítulo 6 para diversos aspectos de la toma de decisiones, entre ellos los sistemas de apoyo de decisiones; el capítulo 11 para diseño de puestos, y el capítulo 19 para sistemas de información gerencial y diferentes tipos de técnicas de control.

3. Explicar los instrumentos y técnicas para el mejoramiento de la productividad.
4. Comprender la importancia de la calidad, la naturaleza de las diversas técnicas para la mejora de la calidad y la manufactura esbelta.
5. Proponer probables avances futuros en la planeación y control de operaciones.

tulo

Muchos empleos en el sector de los servicios deben su existencia a industrias productoras de bienes tangibles.[1]

WICKHAM SKINNER

En estricto sentido, todo este libro trata del incremento de la productividad. Sin embargo, este importante tema recibirá especial atención en este capítulo, con particular énfasis en el nivel micro de la administración de producción y operaciones.[2]

Problemas y medición de la productividad

Es indudable que la productividad será una de las mayores preocupaciones de los administradores en la década de los noventa y quizá más allá. Esta preocupación rebasa las fronteras de Estados Unidos y se extiende a muchas otras partes del mundo. Incluso Japón, admirado por sus mejoras de productividad, se interesa en la actualidad por mantener su competitividad en el mercado mundial.[3]

Problemas de productividad

La productividad implica medición, la que a su vez es un paso esencial del proceso de control. Aunque prevalece un amplio consenso acerca de la necesidad de mejorar la productividad, no lo es tan amplio en cuanto a las causas fundamentales del problema y su solución. La culpa ha sido atribuida a varios factores. Hay quienes la adjudican a la mayor proporción de trabajadores escasamente calificados en la fuerza de trabajo total, con lo que sin embargo otros están en desacuerdo. Hay también quienes consideran que la causa principal es el recorte en investigación y el énfasis en resultados inmediatos. Otra razón entre las que se han esgrimido para explicar el dilema de la productividad es la mayor riqueza de los individuos, lo que los vuelve menos ambiciosos. Otros observadores han mencionado la ruptura de la estructura familiar, las actitudes de los trabajadores y las políticas y regulaciones gubernamentales. Sin embargo, la atención se centra cada vez más en la administración como la causa del problema, lo mismo que la solución, tema central de este libro.

Medición de la productividad de los trabajadores intelectuales

Tal como se explicó en el capítulo 1, la **productividad** es *la relación insumos-productos en cierto periodo con especial consideración a la calidad*. Esta definición puede aplicarse a la productividad de las organizaciones, administradores, personal *staff* y operarios. La medición del trabajo manual es relativamente fácil, pero se vuelve más difícil en referencia al trabajo intelectual. La diferencia entre estos dos tipos de trabajo es el uso relativo de conocimientos y habilidades. Así, a un empleado de una línea de producción se le consideraría trabajador manual, mientras que el asistente de un administrador cuya principal función es la planeación sería un trabajador intelectual. Administradores, ingenieros y programadores son trabajadores intelectuales dado que el grueso relativo de su

PERSPECTIVA

ENFOQUES PARA EL MEJORAMIENTO DE LA PRODUCTIVIDAD

Ningún enfoque para la elevación de la productividad es mejor que otro, pero existen muchos.[4] He aquí un par de ejemplos:

- En Kaiser Aluminum and Chemical Corporation se puso especial interés en la formulación de objetivos de mejora, la medición del desempeño con base en esos objetivos, un eficaz sistema de información y el frecuente reforzamiento del buen desempeño.
- En Hughes Aircraft Company, un muy gran porcentaje de cuyos empleados son trabajadores intelectuales, se establecieron principios y lineamientos para la elevación de la productividad en áreas como reconocimiento del buen desempeño, uso de módulos de trabajo, diseño de labores significativas, énfasis en las metas y desarrollo de la capacidad para trabajar en equipo.

trabajo no consiste en hacer uso de habilidades, como sería el caso de los albañiles, mecánicos y carniceros. Sin embargo, la denominación del puesto no puede ser el único punto de referencia para hacer distinciones. El propietario de una gasolinería puede programar las actividades diarias, determinar prioridades y dirigir a sus subordinados, pero encargarse al mismo tiempo de cambiar frenos, ajustar carburadores o alinear las llantas delanteras de los automóviles.

Resulta claro entonces que, en general, la productividad de los trabajadores intelectuales es más difícil de medir que la de los trabajadores manuales. (No obstante, cabe hacer notar que la medición de la productividad de los trabajadores es un tanto artificial, porque en ella se ignora a menudo el costo del capital.) Una de las dificultades de la medición de la productividad de los trabajadores intelectuales es que ciertos resultados (productos) son en realidad actividades que contribuyen a la consecución de resultados finales. Así, el ingeniero contribuye indirectamente a la creación del producto terminado. Otra dificultad es que los trabajadores intelectuales suelen servir de apoyo a otras unidades organizacionales. Las acciones del gerente de publicidad deben contribuir a la elevación de las ventas, pero sería difícil determinar con precisión el grado de esta contribución. Una dificultad más es que por lo general no es fácil medir la calidad de lo que producen los trabajadores intelectuales. Los efectos de una decisión estratégica, por ejemplo, quizá no sean evidentes durante varios años, e incluso entonces el éxito o fracaso de la nueva dirección estratégica puede depender de numerosos factores externos más allá del control del administrador.

Así pues, es evidente que la mejora de la productividad se obtiene mediante las buenas prácticas administrativas expuestas en este libro.[5] Sin embargo, ahora nos ocuparemos del área específica de la administración de producción y operaciones, en la que la medición es relativamente fácil, lo que explica que haya sido hasta hace poco tiempo el centro de atención de los programas de elevación de la productividad.

Administración de la producción y de operaciones[6]

Una de las áreas más importantes en todo tipo de empresas, ya sea privadas, públicas o de otra clase, es la administración de la producción y operaciones. Fue justamente en ella donde la administración adquirió originalmente el carácter de arte basado en principios científicos. Las contribuciones de precursores de la administración como Frederick Taylor, Henry Gantt y Frank Gilbreth, por mencionar sólo a algunos, indican que gran parte de su interés residía en el mejoramiento de la productividad y en la más eficiente fabricación de productos sin por ello dejar de reconocer, como efectivamente ellos lo hicieron, la importancia del factor humano como uno de los insumos indispensables.

Antes, **administración de la producción** era el término usado para hacer referencia a las actividades necesarias para la fabricación de productos. En años recientes, sin embargo, esta área se ha ampliado en general para incluir actividades como compras, almacén, transporte y otras operaciones, desde la adquisición de las materias primas hasta la disponibilidad de un producto para el comprador, pasando por las muy diversas actividades intermedias. De este modo, el término **administración de operaciones** se refiere a las actividades necesarias para producir y ofrecer lo mismo un servicio que un producto físico.

Claro que una empresa común también realiza otras actividades esenciales. Además de la producción, tales funciones empresariales incluyen habitualmente las de investigación y desarrollo, ingeniería, comercialización y ventas, contabilidad y finanzas. En este capítulo nos limitaremos a lo que ha dado en llamarse "administración de operaciones" o "administración de la producción", e incluso "administración de producción y opera-

PERSPECTIVA INTERNACIONAL

LA TRANSFORMACIÓN DE GE DE PRODUCTOS A SERVICIOS[7]

General Electric (GE) se ha dado a conocer por la fabricación de una amplia variedad de productos, entre ellos equipo médico gráfico como las unidades exploradoras CAT y las detectoras de resonancia magnética. Sin embargo, en la actualidad se halla en proceso de ampliar sus actividades, para ofrecer servicio no sólo a sus propios productos sofisticados, sino también a los de la competencia. El director general de GE, Jack Welch, lo expresó así: "Hemos incursionado en el sector servicios para agrandar nuestro pastel."

GE ofrece servicios que van desde la atención a la salud hasta servicios públicos. Así, presta servicios para sistemas médicos, mantenimiento y reparación de motores de aviones, operación y mantenimiento de plantas de energía eléctrica, mantenimiento de locomotoras, dispositivos de rastreo electrónico para ferrocarriles e incluso asesoría para la operación de redes de cómputo empresariales. El resultado es que casi 60% de sus utilidades proceden de los servicios. Jack Welch querría incluso que tal proporción fuera de 80%. Quizá la nueva dirección de las industrias estadunidenses siga una tendencia hacia los servicios, de tal forma que los productos sean sólo uno de los aspectos de la actividad empresarial.

ciones". Cabe señalar que, desde luego, esto no es lo mismo que teoría administrativa operativa. Como ya se explicó, la teoría administrativa operativa es el estudio de la práctica (administración) en apoyo de la cual se creó esa ciencia o teoría.

Sistemas de administración de operaciones

La administración de operaciones debe concebirse como un sistema. En la figura 20-1 se ofrece una visión general de la función de operaciones. En el modelo de administración de operaciones los *insumos* incluyen las necesidades de los clientes, información, tecnología, administración y fuerza de trabajo, activos fijos y activos variables vinculados en el proceso de transformación. Administradores y trabajadores emplean la información y factores físicos para generar productos. Algunos elementos físicos, como terreno, planta, edificios, máquinas y bodegas son relativamente permanentes. Otros elementos físicos, como materiales y abastecimientos, se consumen en el proceso de generación de productos. El *proceso de transformación* está integrado por la planeación, operación y control del sistema. Existen muchos instrumentos y técnicas para facilitar el proceso de transformación. El modelo también da cuenta de una preocupación constante por la mejora del sistema. Los *productos* consisten en bienes y servicios, e incluso pueden adoptar también la modalidad de información, como la proporcionada por una organización consultora.

La última parte del modelo muestra que las operaciones se ven influidas por *factores externos*, como reglamentos de seguridad o prácticas laborales justas. Dado que en otras secciones de este libro (especialmente en el capítulo 2 y en la parte 2, "Planeación") nos hemos ocupado ya del ambiente externo, aquí no nos detendremos en ellas; lo que importa destacar es que la administración de operaciones debe ser un sistema abierto en interacción con sus circunstancias.

El modelo de administración de operaciones (figura 20-1) sirve de marco a las explicaciones que se harán a continuación. Existe una estrecha relación entre este modelo y el presentado en el capítulo 1 (figura 1-6), dado que el modelo de operaciones puede ser visto como uno de los subsistemas del sistema administrativo general. En la tabla 20-1 se

TABLA 20-1	**Insumos**	**Transformación**	**Productos**
Ejemplos de sistemas de operaciones.	*1.* Planta, maquinaria industrial, personas, materiales	Ensamble de bicicletas	Bicicletas terminadas
	2. Estudiantes con conocimientos, habilidades y actitudes limitadas	Conferencias, casos, ejercicios experimentales, trabajos	Estudiantes con mejores conocimientos, habilidades y actitudes
	3. Problemas con clientes	Consultoría: análisis con recolección de datos, evaluación de alternativas, selección de alternativa, recomendación	Informe de consultoría con recomendación de un curso de acción

FIGURA 20-I

Sistema de la
administración de
operaciones.

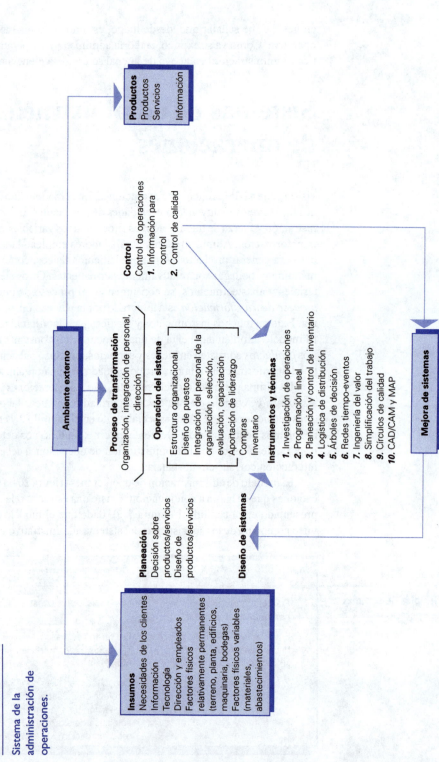

incluyen ejemplos de sistemas de operaciones con sus respectivos insumos, transformación (también llamada "proceso") y productos.

Planeación de las operaciones

Los objetivos, premisas y estrategias de una empresa (los cuales fueron tratados en la parte 2 de este libro) determinan la búsqueda y selección del bien o servicio. En nuestra exposición haremos énfasis en la producción de bienes físicos, pero los conceptos que detallemos también pueden aplicarse a la prestación de servicios. Una vez seleccionado

PERSPECTIVA INTERNACIONAL

MAQUILADORAS: UBICACIÓN ALTERNATIVA DE PLANTAS[8]

Las compañías adoptan crecientemente una perspectiva global en la planeación de sus operaciones. La relación especial de las compañías estadunidenses con México, país vecino, dio como resultado un programa de maquiladoras. Aunque iniciado en 1966, este programa se amplió a principios de la década de los ochenta, tras la crisis económica. Comenzó en las cercanías de la frontera entre México y Estados Unidos, pero se ha extendido ya a muchas otras partes del territorio del primer país. La idea básica es establecer compañías maquiladoras para la producción o ensamble de bienes que no se pueden vender en el mercado mexicano y que, a cambio de ello, se benefician de la exención de impuestos. Estas plantas son propiedad parcial o total de extranjeros, en principio empresas estadunidenses, aunque en la actualidad también compañías de Japón, Corea del Sur y Taiwán. Entre ellas se encuentran empresas tan conocidas como Casio, Hitachi, Matsushita, Sanyo, Samsung y Lucky Goldstar (ahora L G Group). Las "tres grandes" compañías automotrices estadunidenses poseen plantas manufactureras en el norte de México. En total, hay más de 1 400 plantas maquiladoras en México, las cuales dan empleo a alrededor de 400 000 personas.

Una de las principales razones para el establecimiento de fábricas en México es el bajo índice salarial de la fuerza de trabajo de ese país. Trico, compañía fabricante de parabrisas con sede en Buffalo, Nueva York, participó en el proyecto de las maquiladoras, lo que quizá haya contribuido a su sobrevivencia. Entre los beneficios que más a menudo se atribuyen a las maquiladoras están los de que proveen empleos y divisas, además de que promueven el desarrollo económico.

Sin embargo, los críticos de este programa sostienen que se explota a los trabajadores y que las empresas estadunidenses les pagan a los obreros mexicanos mucho menos que las compañías nacionales. Compañías de Estados Unidos han sido acusadas de explotar a los trabajadores más vulnerables: mujeres jóvenes, las que componen dos terceras partes de la fuerza de trabajo de las maquiladoras. También se ha señalado que éstas no contribuyen suficientemente a la transferencia de tecnología ni promueven el desarrollo de una fuerza de trabajo calificada, dado que la capacitación que reciben los obreros es muy limitada. El sector más crítico de este programa en Estados Unidos es el sindical, preocupado por la pérdida de empleos en su país.

un bien final, se determinan las especificaciones y se considera la factibilidad tecnológica de producirlo. Para poder diseñar un sistema de operaciones se requiere de decisiones sobre la ubicación de las instalaciones, el proceso por emplear, la cantidad por producir y la calidad del producto.

INTERESES ESPECIALES EN UNA DECISIÓN SOBRE EL PRODUCTO   Una de las decisiones básicas de una empresa es la selección del producto o productos que se propone producir y comercializar. Esto implica la recolección de ideas de productos que satisfagan las necesidades de los clientes y contribuyan al cumplimiento de las metas de la empresa, para lo cual deben ser congruentes con la estrategia de la compañía. En una decisión sobre el producto se deben tomar en consideración los diversos intereses de los administradores funcionales. Por ejemplo, un gerente de producción podría inclinarse a favor de un producto fácil de fabricar a un costo razonable y con largas corridas de producción. Quizá los ingenierios compartirían muchos de estos propósitos, pero por lo general la sofisticación ingenieril les interesa más que la posibilidad de fabricar el producto a costos razonables.

Probablemente al gerente de ventas o comercialización le interesen las necesidades de los clientes, y por este motivo su propósito sea incrementar las ventas de productos por medio de una amplia distribución y precios competitivos. Además, los gerentes de ventas suelen desear que se ofrezca una diversificada línea de productos, sin consideración a los costos de ingeniería, producción, transporte y almacenamiento y a los problemas implicados. Es probable que, por su parte, al gerente de finanzas le interesen costos y utilidades, un alto rendimiento de la inversión y escasos riesgos financieros. Los divergentes intereses de estos administradores y profesionistas orientados a funciones influyen en la decisión de qué productos se manufacturarán y comercializarán, pero el director general debe integrar los diversos intereses y equilibrar ingresos y costos, utilidades y riesgos y crecimiento a largo y corto plazos.

DISEÑO DEL PRODUCTO Y PRODUCCIÓN   El diseño de un producto y de su producción requiere de un buen número de actividades. A menudo se refieren como esenciales los siguientes pasos:

1.   Generación de ideas de productos mediante la investigación de las necesidades de los clientes y el análisis de las diversas alternativas.
2.   Selección del producto con base en diversas consideraciones, entre ellas datos de análisis comerciales y económicos, y realización de un estudio de factibilidad general.
3.   Elaboración de un diseño preliminar mediante la evaluación de varias alternativas, tomando en cuenta los requerimientos de confiabilidad, calidad y mantenimiento.
4.   Determinación de una decisión definitiva por medio del desarrollo, prueba y simulación de los procesos para comprobar su funcionalidad.
5.   Decisión acerca de si las instalaciones con que cuenta la empresa son adecuadas o si se requiere de instalaciones nuevas o remodeladas.
6.   Selección del proceso para la fabricación del producto; consideración de la tecnología y métodos disponibles.

7. Después de diseñado el producto, determinación del tipo de disposición física de las instalaciones a utilizar, planeación del sistema de producción y programación de las diversas actividades por realizar.

DISEÑO DE SISTEMAS   Las compañías pueden considerar diversos tipos básicos de disposición física de producción para la manufactura de un producto.[9] Una de las opciones es establecer la disposición física en el orden en que el producto se *produce* o *ensambla*. Por ejemplo, una línea de ensamble de camiones de carga puede disponerse en tal forma que una vez integrados al bastidor los ejes delantero y trasero prensamblados se proceda a la instalación de la dirección, el motor y la transmisión. Después se conectarían los frenos y la instalación eléctrica, y se ensamblarían y pintarían otras partes. Finalmente, el camión sería sometido a pruebas de conducción.

Una segunda opción es disponer el sistema de producción de acuerdo con el *proceso* empleado. En un hospital, por ejemplo, es probable que se sigan pasos específicos: admisión del paciente, tratamiento del paciente (lo que usualmente implica subprocesos específicos), facturación del servicio y alta. A esto puede seguirle el tratamiento posterior a la hospitalización.

Un tercer tipo de disposición física (llamada *disposición fija*) consiste en el acomodo del producto en un lugar para su ensamble. Esta disposición se utiliza en el ensamble de productos excesivamente grandes y voluminosos, como prensas, grandes máquinas para la explotación de minas a cielo abierto y barcos.

El cuarto tipo de disposición se establece de acuerdo con la naturaleza del *proyecto*. La construcción de un puente o túnel es normalmente un proyecto ocasional diseñado para responder a requerimientos geográficos específicos.

Conforme al quinto tipo de disposición, el proceso de producción se organiza para facilitar la *venta* de los productos. En los supermercados se acostumbra ubicar los alimentos básicos, como los productos lácteos, lejos de las cajas registradoras. De este modo, los clientes tienen que atravesar largos pasillos en dirección al departamento de lácteos, en los que, se espera, seleccionen también otros artículos.

Un sexto enfoque para la disposición física de la producción es diseñar el proceso para facilitar el *almacenamiento o movimiento* de los productos. El espacio de almacenamiento es costoso, de manera que un diseño eficaz y eficiente puede mantener un bajo nivel de costos de almacén. Asimismo, para poder tener acceso a un artículo no debería ser necesario mover muchos otros.

Operación del sistema[10]

Después de seleccionado un producto y de diseñado y construido el sistema para producirlo, el siguiente paso es la puesta en operación del sistema. Esto implica el establecimiento de una estructura organizacional, la ocupación de los puestos con personal competente y la capacitación de éste. Se precisa en este momento de administradores capaces de asumir supervisión y liderazgo para la ejecución de las actividades necesarias para la producción de los productos o la prestación de los servicios deseados. Para la operación del sistema se requiere también de otras actividades, como compras y mantenimiento del inventario. El propósito es obtener la mejor relación de productividad en un periodo determinado con especial consideración a la calidad.

Control de las operaciones con énfasis en los sistemas de información

Como en cualquier otro caso de control administrativo, el control de las operaciones implica el establecimiento de criterios de desempeño, la medición del desempeño con base en ellos y la realización de acciones para corregir las desviaciones indeseables. De este modo se controlan la producción, la calidad y niveles de confiabilidad de los productos, los niveles de inventario y el desempeño de la fuerza de trabajo. Con este propósito se han desarrollado varios instrumentos y técnicas. Dado que su aplicación rebasa los límites de las operaciones o producción, ya se les explicó. Algunos de ellos, sin embargo, son especialmente importantes para las operaciones; aquí examinaremos el papel de los sistemas de información en el control de las operaciones.

PERSPECTIVA INTERNACIONAL

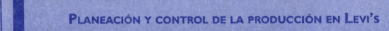

PLANEACIÓN Y CONTROL DE LA PRODUCCIÓN EN LEVI'S

Levi Strauss, la famosa empresa fabricante de los no menos famosos *jeans,* utiliza en sus plantas instaladas en Latinoamérica el sistema de planeación y control de la producción conocido como MRP II, que es una derivación del MRP (*Material Requirements Planning*).

La base de este moderno sistema de control es la explosión de materiales o especificación de la cantidad y tiempo en que ellos han de utilizarse como resultado de la demanda pronosticada que enfrenta la empresa. Gracias a la computadora, la planeación de materiales, así como de otros recursos de manufactura (como horas-hombre y tiempo de máquina que se necesitan para cumplir el programa de producción derivado), es una cuestión relativamente fácil de llevar a cabo.

Como consecuencia de ello, el control de los resultados es mucho más exacto y además es posible evaluar los impactos de los planes y programas de producción sobre otras áreas de la empresa, como las compras y las finanzas, por ejemplo. Por tanto, es posible programar las fechas y cantidades de pedidos óptimas o la cuantía de los fondos con que la empresa deberá contar en determinado momento para enfrentar sus compromisos con los proveedores. Particularmente es de enfatizarse que en todo momento existe la posibilidad de efectuar correcciones a los programas de producción, así como de los efectos de cambios en éstos, en la medida en que la demanda real se desfasa de la demanda planeada.

En resumen, gracias al sistema establecido por Levi´s, es posible contar con un sistema integrado de planeación y control de la producción que permite además la flexibilidad suficiente para planear y controlar el uso de los diversos recursos materiales y humanos que se requiere para cumplir los programas de producción de la empresa, así como para mantener informados a los niveles correspondientes sobre los costos, ingresos y utilidades que se pueden obtener de cumplirse tales programas.

Naturalmente que desarrollar un sistema de planeación y control de la producción como el anterior no es fácil ni tampoco barato. Sin embargo, debido a su eficacia puede resultar de gran utilidad para lograr los objetivos de una empresa manufacturera y obtener los niveles de productividad y de rentabilidad óptimos.

Un tipo específico de sistemas de planeación y control, cuya existencia se remonta a hace ya varios años, integra información de manera prácticamente instantánea, de modo que reduce considerablemente los retrasos que por lo general impiden un control eficaz. El desarrollo de *hardware* y *software* de cómputo ha hecho posible la notificación de

PERSPECTIVA

CÓMO FACILITA LAS OPERACIONES UN SISTEMA DE INFORMACIÓN

Aplicados ampliamente en la actualidad a compras, almacenamiento, manufactura y embarque, los sistemas de información pueden operar mediante estaciones despachadoras y centros de entrada distribuidos en una planta. En los centros despachadores los eventos se registran tal como van ocurriendo, y la información es despachada de inmediato a una computadora. Por ejemplo, cuando un trabajador termina la tarea que se le asignó en el ensamble de un producto, inserta una tarjeta de orden de trabajo en un dispositivo de registro de transacciones, el cual transmite electrónicamente a una computadora la información de que el artículo "x" pasó ya por cierto proceso, ha acumulado "y" horas de trabajo, avanza o no de acuerdo con el tiempo programado y otros datos pertinentes. Los centros de entrada están equipados para generar automáticamente la información necesaria para un plan de producción a partir de instrucciones programadas, órdenes de compra, órdenes de trabajo y otras autorizaciones. Estos datos son transferidos a una computadora y comparados con los planes, usados de este modo como normas con las cuales comparar las operaciones reales.

Además de brindar facilidades para la rápida introducción, comparación y recuperación de información, este sistema integrado de control de operaciones suministra la información necesaria para la planeación de programas de áreas tales como compras, producción y control de inventario. También permite la casi instantánea comparación de los resultados con los planes para señalar las diferencias entre ellos, de manera que constituye un sistema de reportes regulares (diarios o más frecuentes aún, de ser necesario) sobre desviaciones respecto de los planes, como las representadas por artículos retrasados o costos superiores a los presupuestados.

También se han desarrollado ya sistemas de planeación, control e información capaces de dar cuenta rápidamente de la interacción entre operaciones de producción y distribución y de medidas financieras tan importantes como costos, utilidades y flujo de efectivo. Las compañías con modelos de cómputo de tiempo real pueden ofrecerles a sus administradores operativos análisis casi instantáneos de preguntas del tipo "¿Qué pasaría si...?" como las relacionadas con los efectos de reducir o incrementar la producción, el impacto de una reducción en la demanda y la sensibilidad del sistema a aumentos en los costos laborales, cambio de precios y adiciones de nuevo equipo. Indudablemente, los modelos de sistemas (para la simulación de las operaciones reales y su impacto en los factores financieros) son sobre todo instrumentos de planeación. Pero lo mismo puede decirse de la mayoría de las técnicas de control. Sin embargo, gracias a que hacen posible respuestas excepcionalmente veloces a las muchas preguntas del tipo "¿Qué pasaría si...?" de los administradores de operaciones, los modelos de sistemas pueden reducir considerablemente el tiempo transcurrido para la corrección de desviaciones respecto de los planes y producir por lo tanto sustanciales mejoras en el control.

casi todo dato medible al momento mismo en que ocurren los eventos. Se dispone de sistemas para la veloz y sistemática recolección de datos relativos a las operaciones en su totalidad, para el acceso inmediato a ellos y para el reporte expedito del estado de cualquiera de un gran número de proyectos en cualquier momento. Se trata por lo tanto de sistemas de información diseñados principalmente para el eficaz desempeño de la planeación y el control.

Éstos y otros sistemas en los que se hace uso de la tecnología de cómputo, particularmente veloz, ofrecen la evidente posibilidad de un mayor rendimiento cotidiano, ya que la planeación de todas las áreas de producción puede ser más precisa y el control más eficaz. El inconveniente no es en este caso el costo, sino el hecho de que los administradores no dediquen tiempo y esfuerzo mental a conceptualizar el sistema y sus relaciones o no se encarguen de que lo haga otro miembro de la organización. No obstante, y tal como se señaló en el capítulo 18, la rápida disponibilidad de información nunca podrá brindar verdaderos controles en tiempo real de los retrasos en cualquier sistema de retroalimentación. Sólo un método con corrección anticipante puede resolver esas demoras.

Instrumentos y técnicas para mejorar la productividad

Existen muchos instrumentos y técnicas para la mejora de las operaciones de manufactura y servicios. Entre ellos están la planeación y control del inventario, el sistema de inventario justo a tiempo, la investigación de operaciones, la aplicación de redes de tiempo-eventos, la ingeniería de valor, la simplificación del trabajo, los círculos de calidad, el diseño asistido por computadora, la manufactura asistida por computadora y el protocolo de automatización de la manufactura.

Planeación y control del inventario

Quizá ningún área práctica de las operaciones haya recibido más atención en toda la historia de la investigación de operaciones que el control del inventario. Las relaciones esenciales entre los sistemas pueden concebirse como una pequeña "caja negra", como lo ilustra la figura 20-2.

En términos matemáticos, estas relaciones conceptuales se expresan con la siguiente ecuación:

$$Q_e = \sqrt{\frac{2DS}{H}}$$

donde Q_e = cantidad económica de pedido (CEP)
D = demanda anual
S = costos de preparación
H = costo anual de mantenimiento de inventario por artículo

FIGURA 20-2

Modelo de control de inventario.

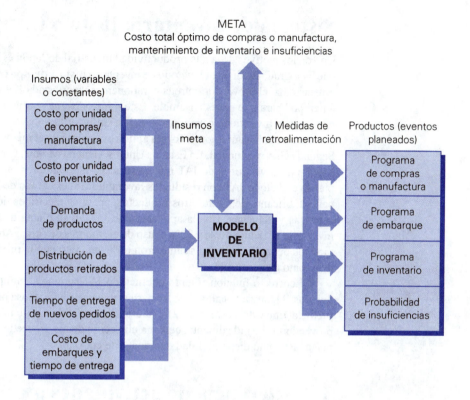

FIGURA 20-2

Modelo de control de inventario.

El modelo de la figura 20-2 ilustra varias cosas. Obliga a tomar en consideración las metas deseadas y la necesidad de atribuir valores a productos e insumos. Asimismo, ofrece a los administradores una base para sus planes y normas para la medición del desempeño.[11] Pero a pesar de todas sus ventajas, éste es un subsistema, en el que por lo tanto no se integran otros subsistemas, como planeación de la producción, planeación de la distribución y planeación de las ventas.

El método de la **cantidad económica de pedido** (CEP) para determinar los niveles de inventario ha sido empleado en las empresas desde hace muchos años. Resulta razonablemente útil para determinar cantidades de pedido cuando la demanda es previsible y sumamente constante durante el año (es decir, no está sujeta a patrones estacionales). Sin embargo, su funcionamiento es deficiente cuando se busca determinar niveles de inventario de partes y materiales utilizados en ciertos procesos de producción. Por ejemplo, la mala calidad de las partes puede provocar un aumento en la demanda de estos insumos de producción. En consecuencia, es probable que la demanda sea intermitente, lo que daría como resultado insuficiencias de inventario en ciertos momentos y excesos en otros. Las empresas que determinan niveles de inventario en estas condiciones de manufactura han comprobado que métodos de control de inventario como la planeación de requerimientos de materiales (MRP) y los sistemas *kanban* (justo a tiempo) ofrecen mejores resultados que la CEP.[12]

Sistema de inventario justo a tiempo

Uno de los motivos de la alta productividad industrial de Japón es la reducción de costos que ha logrado mediante el método de inventario **justo a tiempo** (JAT).[13] De acuerdo con este sistema, el proveedor entrega componentes y partes a la línea de producción "justo a tiempo" para que se les ensamble. Éste o métodos muy similares reciben también los nombres de **inventario cero** y **producción sin inventario**.

La compañía automotriz Toyota aplicó exitosamente el método justo a tiempo tras la Segunda Guerra Mundial. En Estados Unidos, General Motors, Ford, Chrysler y American Motors usan versiones de JAT más avanzadas. Pero también otras compañías han empleado el método JAT con resultados favorables. Tal es el caso de Black & Decker, compañía fabricante de, entre otros productos, aparatos eléctricos de tamaño menor como cafeteras y planchas. Tras la aplicación de JAT en su planta de Carolina del Norte, el inventario se redujo 40%, y 30% el uso de elevadores de carga. Además, las pérdidas por motivos de mala calidad disminuyeron 60%, en tanto que la productividad de la fuerza de trabajo aumentó 15%.[14]

El correcto funcionamiento del método JAT supone el cumplimiento de varios requisitos: 1) muy alta calidad de las partes; una parte defectuosa podría detener por completo la línea de ensamble, 2) relaciones confiables y plena cooperación con los proveedores,[15] 3) idealmente, cercana ubicación de los proveedores respecto de la compañía, así como disponibilidad de transporte confiable.[16]

Transferencia de actividades a proveedores externos (*outsourcing*)

Recurrir a la **transferencia de actividades a proveedores externos o** *outsourcing* es una tendencia que se ha impuesto recientemente en Estados Unidos y Europa.[17] *Esto*

Perspectiva
internacional

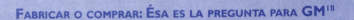

FABRICAR O COMPRAR: ÉSA ES LA PREGUNTA PARA **GM**[18]

General Motors (GM) enfrenta grandes retos. Durante el periodo 1986-1987, tanto su participación de mercado como sus ventas se redujeron. Algunas de sus plantas no son competitivas, ya que ciertas partes tienen un costo superior en 15% a las que podrían obtenerse con proveedores externos. Este factor es de gran importancia, puesto que GM produce 70% de las partes que emplea en la fabricación de sus automóviles. Por el contrario, Ford sólo produce aproximadamente 50% de sus partes, y Chrysler únicamente 30%. Sin embargo, la United Automobile Workers (el sindicato automotriz estadunidense) se opone a que se recurra a proveedores externos para así proteger la seguridad de los trabajadores.

significa la contratación de proveedores ajenos a las empresas con experiencia en un campo en particular para que proporcionen a éstas ciertos productos y operaciones. El propósito que se persigue con ello puede ser reducir costos mediante el ahorro en prestaciones al personal, reducir personal o reasignar a empleados a tareas más importantes. Así, los proveedores externos representan un valioso instrumento para el crecimiento de una compañía y para la conservación de su posición competitiva. Permiten a una empresa concentrarse en sus aptitudes esenciales y delegar a compañías externas la realización de actividades para las que éstas son especialmente aptas. Por ejemplo, Nike, Inc., la gran compañía distribuidora de calzado deportivo, delega ya a proveedores externos la totalidad de su producción de calzado, y conserva únicamente la producción de su sofisticado sistema "Nike Air".[19] Asimismo, también delega su publicidad a proveedores externos. Gracias a la posibilidad de concentrarse en lo que hace mejor, Nike ha alcanzado una extraordinaria tasa de crecimiento.

Otras razones por las que las compañías recurren a proveedores externos son la obtención de acceso a las mejores fuentes en todo el mundo, el compartimiento de riesgos con proveedores, la asignación de capital a factores claves de éxito, la delegación de funciones difíciles de administrar o sencillamente la incapacidad de ejecutar ciertas tareas.[20]

El *outsourcing* también puede servir como arma estratégica. General Motors (GM), por ejemplo, produce internamente casi dos tercios de sus partes, mientras que Chrysler produce por el mismo medio sólo alrededor de un tercio de las suyas. Esto le da a Chrysler una ventaja competitiva, ya que los costos laborales internos de GM son sustancialmente superiores a los de sus proveedores. De este modo, Chrysler posee una obvia ventaja competitiva sobre GM.[21] En poder de 10 000 vehículos, Kodak descubrió por su parte la conveniencia de transferir a proveedores externos las operaciones cotidianas de su flota. De igual manera, Procter & Gamble también se benefició de la delegación de las operaciones de su flota, pues ello le permitió reducir sus costos y elevar la productividad de su fuerza de ventas. Otra función susceptible de ser delegada a fuentes externas es la administración de propiedades. Johnson Controls, por ejemplo, presta servicios de operación y mantenimiento de edificios. El Presbyterian Medical Center de Filadelfia optó por una sola fuente para la administración de varias tareas, entre ellas los servicios alimenticios, seguridad, servicios ambientales, procesamiento central, transporte, mantenimiento y funciones de ingeniería.[22] Incluso la compañía de computadoras Apple Computer Inc. ha transferido a una compañía canadiense su ingeniería de sistemas y redes y sus servicios de telecomunicaciones y asesoría a clientes.[23] Delegar partes de su sistema de información le permitió a PLC de Woolworth en Inglaterra reducir costos y adquirir nuevas habilidades.[24]

Se ha dicho que antes de optar por proveedores externos es necesario realizar un estudio de reingeniería de prácticas empresariales.* Los resultados de este análisis pueden indicar qué tareas conviene conservar dentro de la compañía y cuáles otras contratar con fuentes externas.[25]

---

* Véase la exposición sobre reingeniería en el capítulo 7.

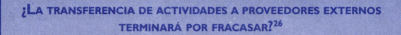

¿LA TRANSFERENCIA DE ACTIVIDADES A PROVEEDORES EXTERNOS TERMINARÁ POR FRACASAR?[26]

El *outsourcing* o transferencia de actividades a proveedores externos es una industria en crecimiento. Una compañía externa se encarga de las labores de capacitación y desarrollo de Du Pont Company. TeleTech se ocupa de la reservación de asientos de Continental Airlines, mientras que General Motors enfrenta la oposición sindical a la transferencia de su producción de frenos. Para muchas empresas la transferencia de funciones a fuentes externas se ha convertido en un medio para la reducción de costos, a pesar de lo cual no siempre cumple sus expectativas. Los consultores suelen ofrecer ahorros de 20 a 40%, cuando el ahorro promedio real es de alrededor de 9%.

Con todo, transferir actividades a proveedores externos también tiene desventajas. Es común que no se informe sobre problemas. General Electric se vio obligada a retrasar el lanzamiento de una nueva lavadora por culpa de la compañía con la que contrató partes clave. De igual manera, una compañía podría verse atada por la obligación de cumplir un contrato y terminar por depender en exceso de sus contratistas. Pero en vista de las enormes presiones para la reducción de costos, es probable que el hecho de transferir actividades a proveedores externos siga siendo una alternativa viable para las empresas.

En Alemania, en cambio, donde los sindicatos se caracterizan por su enorme influencia, Volkswagen ha puesto en práctica la recuperación de labores antes asignadas a proveedores (*insourcing*), lo que evidentemente representa la tendencia contraria a la transferencia de actividades al exterior (*outsourcing*). La compañía accedió a reducir despidos a cambio de mayor flexibilidad. Además, sus trabajadores obtuvieron la licitación para la producción de sistemas y ejes de dirección de alta potencia, superando así a postores externos. La tendencia de Volkswagen hacia una "estrategia de plataforma" (la producción de muchos modelos con las mismas partes) resulta en economías de escala que hacen posible la recuperación de labores antes delegadas a proveedores.

Investigación de operaciones

Hay casi tantas definiciones de la investigación de operaciones como autores sobre el tema. Para los efectos de nuestra exposición, la definición más aceptable es que la **investigación de operaciones** es *la aplicación de métodos científicos al estudio de alternativas en un problema, con el propósito de disponer de una base cuantitativa para la determinación de la mejor solución*. Como puede verse, en esta definición se hace énfasis en la cientificidad de los métodos, en el uso de datos cuantitativos, en las metas y en la determinación de los mejores medios para cumplirlas. En otras palabras, a la investigación de operaciones podría llamársele "sentido común cuantitativo".

Redes de tiempo-eventos

Como se explicó en el capítulo 19, el análisis de redes de tiempo-eventos es una extensión lógica de la famosa gráfica de Gantt. A menudo llamada técnica de evaluación y

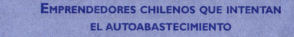

**Emprendedores chilenos que intentan
el autoabastecimiento**

Rodrigo y Gabriel Délano, dos emprendedores chilenos, siguen abriendo restaurantes aun cuando resulte usual ver llenos sus seis restaurantes, hay mucho de pioneros en la historia de estos dos hermanos asociados por los diferentes restaurantes que tienen, la mayoría de ellos en el sector del Bosque Norte, en Santiago, Chile. Cuando llegaron ahí, el Bosque Norte no era lo que es ahora. Eligieron la zona con una mezcla de buen ojo, visión y suerte, aunque para entonces ya tenían su primer negocio y gente cautiva para las horas de almuerzo, los Délano querían captar a esa misma gente para la noche y los fines de semana, y que el local estuviera abierto todos los días.

Esta pareja funciona con base en una comunicación constante y directa. No tienen "días de planificación" pero siempre se conversan las ideas o posibilidades que aparecen. Las decisiones las toman en forma intuitiva. Intuición y reacciones rápidas no significan caos para los Délano. Son ordenados y manejan sus negocios con criterio moderno. Hay división del trabajo y buena tecnología, la que se aplica en el sistema de costos, en logística y computación.

Su éxito puede explicarse por 5 variables: ubicación, calidad de producto, ambientación, precio y calidad de la atención. Quizá otro factor importante es que ambos hermanos pertenecen al mismo nivel socioeconómico de sus clientes. Así pueden interpretar mejor sus gustos e inclinaciones. Además tienen como política, no manejar sus restaurantes como si fueran sucursales de los otros.

Aunque saben delegar y premiar a los buenos empleados, son ellos quienes dan el visto bueno en casi todo, incluyendo la decoración de un plato.

Claro que lo que no dominan, lo dejan en manos de especialistas quienes los asesoran y eso les ha servido. Los hermanos reconocen que su éxito no ha sido casual, sino que es fruto de 20 años de trabajo, esfuerzo y perseverancia. Al principio no les alcanzaba para vivir. Eran muy austeros, pero siempre reinvertían. En un reciente negocio realizaron una inversión de 1 millón de dólares.

Si bien los tiempos han cambiado, actualmente generan ventas de $350 millones al mes, pero el éxito actual no es gratuito; de hecho, se refieren a ese negocio de inversión millonaria como "su éxito trabajando y transpirando", pues al comienzo parecía que no iba a resultar.

Mientras tanto, los planes continúan, entre ellos, figuran crear la franquicia de uno de sus restaurantes, poner un salón de baile y un bar en otro, y ampliar un tercero. Lo más importante es que los Délano están conscientes de que el negocio de la comida no es sólo lo que se ve, por ello están tratando de convertirse en sus propios proveedores. Ya son dueños de una central de compras. Ahora tienen en mente hacer una central de preelaboración e incorporar la venta de productos perecederos como pescado, carne y verdura, para distribuirlos a terceros. El mayor desafío para los hermanos es cerrar el círculo de autoabastecimiento, eliminando la intervención de proveedores, para obtener un ahorro significativo en mano de obra especializada y, ciertamente, lo pueden hacer.

revisión de programas (program evaluation and review technique, PERT) y método de ruta crítica (critical path method, CPM) en su versión básica, esta técnica de planeación y control posee amplio uso potencial en muchas aplicaciones. Sin embargo, PERT y sus diversas derivaciones, como PERT/COSTO, poseen un enorme potencial para su uso en muchos aspectos de planeación y control de operaciones.

Ingeniería del valor

Un producto puede mejorar al tiempo que sus costos se reducen por medio de la **ingeniería del valor**, la cual consiste en el análisis de las operaciones del bien o servicio, la estimación del valor de cada operación y el intento de mejorar esas operaciones tratando de mantener bajos costos en cada paso o parte. Los siguientes son los pasos específicos a seguir:

1. División del producto en partes y operaciones.
2. Identificación de los costos de cada parte y operación.
3. Identificación del valor relativo de la contribución de cada parte a la unidad o producto terminado.
4. Determinación de nuevos métodos para las partes de alto costo y escaso valor.

Simplificación del trabajo

Los métodos de trabajo también pueden mejorar mediante la **simplificación del trabajo**, proceso por el cual se busca conseguir la participación de los empleados en la simplificación de sus labores. Para el efecto se realizan sesiones de capacitación para la enseñanza de conceptos y principios de técnicas como estudios de tiempo y movimientos, análisis de flujo de trabajo y disposición física de la situación de trabajo.

Círculos de calidad

Un círculo de control de calidad, o simplemente **círculo de calidad** (CC), es un grupo de personas de la misma área organizacional que se reúne regularmente para resolver los problemas que surgen en el trabajo.[27] Los miembros de estos grupos reciben capacitación en solución de problemas, aplicación del control estadístico de la calidad y trabajo en equipo. Por lo general a cada grupo (compuesto normalmente por seis a doce miembros) se le asigna un facilitador. Los CC pueden reunirse 4 horas al mes. Sus miembros pueden ser objeto de reconocimiento, pero usualmente no reciben premios en dinero.

Los círculos de calidad evolucionaron a partir de programas de sugerencias. En ambos casos, los trabajadores participan en la solución de problemas laborales. Lo común es que los problemas tratados en los programas de sugerencias sean muy específicos; en cambio, los círculos de calidad suelen abordar problemas más complejos, cuya solución implica la intervención de varios miembros del equipo. Los equipos se componen principalmente de trabajadores de línea, aunque en ocasiones también incluyen supervisores. Los llamados "expertos en eficiencia" suelen ser excluidos de ellos.

Es interesante hacer notar que aunque el concepto de control de la calidad surgió en Estados Unidos, aparentemente los japoneses lo han perfeccionado.[29] Más recientemente, las empresas estadunidenses han "redescubierto" la importancia de la calidad, como lo dejan ver, por ejemplo, los anuncios de los automóviles Chrysler y Ford. Sea como fuere, no cabe duda de que los círculos de calidad también son aplicables a las com-

PERSPECTIVA INTERNACIONAL

LOS CÍRCULOS DE CALIDAD EN JAPÓN

De un tiempo a la fecha, las compañías japonesas han tenido mucho éxito en la comercialización de sus productos. Ello se ha debido en gran medida a la alta calidad de éstos, lo que sin embargo no siempre ha sido el caso. En los años cincuenta y sesenta muchos productos fabricados en Japón eran percibidos como de mala calidad.

Para estar en condiciones de competir en el mercado mundial, las empresas japonesas tuvieron que mejorar la calidad de sus productos.[28] La campaña en favor de una mayor calidad de los productos japoneses fue iniciada por el gobierno de ese país mediante la aplicación de acciones regulatorias. Poco después de concluida la Segunda Guerra Mundial y consciente de que su situación económica dependía del aumento de las exportaciones, los japoneses instaron a su gobierno a establecer un sistema de reglamentos que obligara a todos los exportadores a presentar ante un organismo gubernamental una muestra de cada producto por exportar y a cumplir rigurosos requisitos de calidad como condición para recibir permisos de exportación.

La promoción legal de la calidad fue seguida por varias técnicas administrativas para el aliento o exigencia de productos de calidad. Una de las técnicas más interesantes es el círculo de control de la calidad, actualmente en amplio uso en Japón. En un principio, se capacitó a los trabajadores en el análisis de problemas de calidad. Sin embargo, hoy en día se ocupan también de otros problemas, como la reducción de costos, la mejora de plantas, problemas de seguridad, elevación de la moral de los empleados, control de la contaminación y educación del personal.

pañías estadunidenses, las cuales enfrentan hoy una aguda situación competitiva en un mercado mundial que demanda productos de alta calidad.

Aunque los métodos específicos de mejora de la calidad dependen de cada situación, los siguientes principios pueden ser de utilidad:[30]

1. La mejora de la calidad no debe ser una moda pasajera, sino un esfuerzo permanente a largo plazo. Siempre habrá oportunidades de mejora.

2. Aunque el compromiso de la alta dirección es de vital importancia, todos los miembros de una organización, de la cima a la base, deben comprometerse con la calidad.

3. La mayoría de los problemas de calidad requieren de la cooperación y coordinación de muchos departamentos funcionales: diseño de producción, pruebas, ingeniería, manufactura, comercialización, etcétera. Estos problemas también deben preocupar por igual a trabajadores y directivos.

4. Ideas y sugerencias de mejoras de calidad pueden provenir de muchas partes, a menudo inesperadas. Ello impone la necesidad de aprovechar las ideas del recurso más importante: la gente.

5. El control de la calidad debe ejercerse en los pasos cruciales del proceso de operaciones. De ahí que deban establecerse criterios de calidad para cada paso importante. No basta con probar el producto al final de una línea de ensamble, por ejemplo. En caso de que surja un problema, se debe identificar su causa última, lo cual supone preguntarse por qué algo marchó mal.

**PERSPECTIVA
DE CALIDAD**

ADMINISTRACIÓN DE LA CALIDAD PARA EL ÉXITO

Administrar en función de la calidad implica liderazgo; muchas compañías se han beneficiado de su intenso trabajo y esfuerzo permanente al respecto. Las utilidades de operación de Corning aumentaron 111% en cinco años.[31] El director general de BMW atribuye el éxito de la compañía al ajuste de los automóviles según las necesidades y deseos de cada cliente en particular, lo que a su vez ha sido posible gracias a la pericia alemana.[32] Procter & Gamble aplica conceptos de administración de calidad para prevenir la contaminación.[33] Motorola se ha propuesto garantizar la total satisfacción del cliente mediante la elevación de la calidad al nivel seis sigma. Esto significa no más de 3.4 defectos por cada millón de componentes.[34] La administración de calidad también se aplica al sector de los servicios. El personal de la distribuidora Infinity de Nissan recibe capacitación para tratar a los clientes como "huéspedes distinguidos".[35] La calidad está presente incluso en el sector público. En Estados Unidos, el Internal Revenue Service (el organismo estadunidense encargado de la recaudación de impuestos) de Utah y los gobiernos estatales de Arkansas, Minnesota y Oregon intentan ya instrumentar conceptos de calidad en sus operaciones.[36] Los métodos para la mejora de la calidad y la satisfacción del cliente varían, como también las teorías en las que se basan las acciones en pro de la calidad. Algunos de los métodos propuestos por los promotores de la calidad parecen contraponerse, lo que genera desorientación.

6. Un programa de mejora de la calidad no es una medida suficiente. También deben tomarse medidas para su instrumentación. Así pues, lo principal es actuar.

Administración de la calidad total (ACT)[37]

Uno de los métodos más conocidos para la mejora de la calidad es la llamada "administración de la calidad total" (ACT),[38] término que sin embargo tiene varios significados. En general, la **ACT** supone el compromiso a largo plazo de una organización con la mejora continua de la calidad (en toda la organización y con la activa participación de todos sus miembros de todos los niveles) a fin de cumplir y rebasar las expectativas de los clientes. Esta filosofía, que debe ser impulsada por la alta dirección, es considerada un modo de vida organizacional.[39] En cierto sentido, la ACT es sencillamente administración eficaz.

Aunque los programas específicos pueden variar, por lo general requieren de un cuidadoso análisis de las necesidades de los clientes, una evaluación del grado en que esas necesidades son satisfechas en un momento dado y un plan para llenar el posible vacío entre la situación imperante y la deseable. Para el éxito de este método de mejora de la calidad suele ser necesario contar con la cooperación de los proveedores. Además, la eficacia de los programas de ACT hace obligatoria la participación de los administradores de alto nivel. Éstos deben aportar una visión, reforzar los valores que promueven la calidad, fijar metas de calidad y desplegar los recursos necesarios para la aplicación del programa de calidad. Es obvio que la ACT demanda el libre flujo de la información, vertical, horizontal y diagonalmente.

Capacitación y desarrollo son muy importantes para el dominio de habilidades y para el aprendizaje sobre el uso de instrumentos y técnicas como el control estadístico de la calidad. Este esfuerzo permanente para la elevación de la calidad requiere de condiciones propias de lo que podría llamarse una "organización de aprendizaje".[40] Todo esfuerzo de mejora de la calidad precisa no sólo del apoyo sino también de la participación de los administradores, de la cima a la base, así como de los empleados en general. Se debe reconocer la autodeterminación de los individuos en la promoción e instrumentación de cambios. En las entrelazadas organizaciones modernas, el trabajo en equipo suele ser un prerrequisito para la eficacia y eficiencia de las operaciones.

Las acciones de mejora de la calidad deben ser objeto de una vigilancia permanente a través de la constante recolección, evaluación y retroalimentación de datos y de la continua aplicación de programas de mejora. La ACT no es una acción ocasional; por el contrario, es un empeño persistente y a largo plazo que debe ser reconocido, reforzado y premiado.

PERSPECTIVA DE CALIDAD

LA OBTENCIÓN DEL PREMIO BALDRIGE ES SÓLO EL PRINCIPIO PARA SOLECTRON[41]

Solectron Corporation, compañía estadunidense que se hizo merecedora en 1991 del Premio Nacional de Calidad Malcolm Baldrige, es proveedor global de servicios de premanufactura, manufactura y postmanufactura de fabricantes de equipo electrónico. Localizada en Milpitas, California, entre sus clientes se cuentan Hewlett-Packard, IBM, Honeywell, Apple Computers y Sun Microsystems.

Solectron sigue triunfando mediante la aplicación de los criterios del Premio Baldrige a un proceso permanente de calidad. Por medio del programa Proceso de Mejora de la Calidad, esta compañía emprende en forma regular proyectos de autoanálisis y mejora. Un equipo especialmente designado para el efecto selecciona para su análisis ciertos aspectos del proceso de la organización, para lo cual emplea instrumentos como el análisis de diagramas causa-efecto, el análisis de diagramas de Pareto y el control estadístico de la calidad. Su propósito es integrar la calidad a todas sus funciones, proporcionar retroalimentación constante y erigir una estructura de calidad para la atención de sus clientes.

Haber obtenido el Premio Baldrige 1991 fue sólo el principio para la concentración en la calidad. Solectron empleaba entonces a 2 000 personas en su sede en California. En 1996 contaba ya con casi 13 000 empleados en diez localidades distribuidas en todo el mundo. Su éxito puede atribuirse en parte a su filosofía de conceder a los clientes la más alta prioridad, respetar a los individuos, perseguir un nivel de calidad que exceda las expectativas de los clientes, privilegiar las buenas relaciones con sus proveedores, realizar negocios con una ética irrestricta, incrementar el valor de las acciones y asumir su responsabilidad social.

Si se le aplica con eficacia, la ACT debe dar por resultado una mayor satisfacción del cliente, menos defectos y menos desperdicio, mayor productividad total, costos más bajos, mayor rentabilidad y una atmósfera en la que la calidad merezca alta prioridad.

El interés por la calidad no debe restringirse a las empresas privadas. Los principios de Deming para la mejora de la calidad también se aplican al gobierno. El alcalde de Madison, Wisconsin, demostró que es posible instrumentarlos en el gobierno de las ciudades.[42] La primera prueba se realizó en la división de equipo motorizado. Tras el éxito inicial, se instauró en toda la ciudad un programa formal de calidad. No deja de sorprender que no hayan sido los sindicatos ni el concejo de la ciudad quienes opusieran resistencia a ese programa, sino los burócratas de nivel intermedio, quienes vieron disminuido su poder a causa de la eliminación de barreras departamentales y de un mayor grado de trabajo en equipo.

**PERSPECTIVA
DE CALIDAD**

EL CONTROL DE LA CALIDAD EMPIEZA CON LOS PROVEEDORES

Compañía Hulera Euzkadi, fabricante de neumáticos para automóviles, tiene establecido como política de calidad que sus productos cumplan estrictamente los requerimientos de desempeño, confiabilidad, calidad y oportunidad en la entrega que mejor satisfacen a los clientes. Para lograrlo, se han establecido normas de trabajo para que los procesos de producción que se llevan a cabo en sus plantas sean capaces de cumplir satisfactoriamente los requisitos ya señalados.

Esto se realiza con la conciencia plena de que antes de detectar problemas en los bienes producidos, es mejor disminuir tanto como sea posible la probabilidad de que eso ocurra. De esta forma, dentro de su sistema de aseguramiento de la calidad juegan un papel estelar los proveedores de la empresa. Por tal razón, Euzkadi ha conferido una gran importancia a asegurarse de que la calidad de los insumos recibidos de los proveedores sea la más adecuada para cumplir sus propios niveles de excelencia.

Como medios de control que le permiten anticipar los problemas derivados de una producción defectuosa, Euzkadi ha establecido un sistema de verificación de la calidad de los proveedores con base en auditorías del control de calidad en los procesos productivos de sus proveedores, quienes a su vez deben hacer lo propio con las empresas que les proveen insumos. Con base en esas auditorías, es posible clasificar a los proveedores, según una medición objetiva de su desempeño, y brindarles apoyo mediante asesoría técnica especializada para que mejoren la calidad de los materiales y materias primas que proveen a Euzkadi.

En resumen, el control de calidad del sistema establecido por esta empresa abarca las etapas previas a las actividades de producción que se llevan a cabo en sus plantas. Esto se constituye en un mecanismo que le permite realmente actuar de manera anticipada para evitar que se presenten innumerables problemas, como paros forzosos de las corridas de producción o el tener que rehacer lotes completos de llantas defectuosas, que afectan directamente el cumplimiento de los programas de producción y entregas a los clientes.

Manufactura esbelta[43]

Un estudio del Massachusetts Institute of Technology (MIT) en el que se hizo una comparación de compañías automotrices estadunidenses, japonesas y europeas reveló que los japoneses poseían una ventaja competitiva gracias a que empleaban menos trabajadores, su periodo de desarrollo era más corto, sus inventarios más reducidos, menos sus proveedores, inferior su espacio de producción y menores sus inversiones para producir más modelos. Asimismo, sus tiempos de entrega también eran mucho más breves, y su productividad superior a la de estadunidenses y europeos. Esta situación mereció amplios comentarios en el caso internacional del capítulo 5, "La calidad como factor clave de éxito en la guerra automotriz global".

En la tabla siguiente se muestran algunas diferencias entre las prácticas administrativas tradicionales y las propias de la administración esbelta:

Administración tradicional	Administración esbelta
Mejoras esporádicas e inconsistentes	Mejoras continuas (*kaizen*) con avances estratégicos
Satisfacción con "suficientemente bueno"	Intención de cero defectos
Aceptación de gran inventario	Sistema de inventario justo a tiempo
Administración con énfasis en el desempeño individual ("yo")	Administración en equipo ("nosotros")
Actitud de que los trabajadores son la causa de la mala calidad	El problema es de todos, pero especialmente de la dirección

Debe señalarse, sin embargo, que después de realizado este estudio del MIT las compañías estadunidenses y europeas fabricantes de automóviles han adoptado muchos de los conceptos de la administración esbelta y se han vuelto más productivas. Las ideas de la administración esbelta se han extendido incluso a compañías no automotrices. Wal-Mart, cadena estadunidense de tiendas de autoservicio, instaló un sistema de entrega justo a tiempo por medio del cual sus proveedores establecen contacto directo con su sistema computarizado de pedidos. De este modo los proveedores pueden prever la demanda de sus productos. Pratt & Whitney, compañía aeroespacial estadunidense, reorganizó su flujo de trabajo, lo que le permitió reducir en 70% su nivel de inventario y sus costos por unidad en 20%.

CAD/CAM y MAP

El diseño y la manufactura de productos han cambiado enormemente en los últimos años, debido en gran medida a la aplicación de tecnología de cómputo. El diseño asistido por computadora (*computer-aided design*, CAD), la manufactura asistida por computadora (*computer-aided manufacturing*, CAM) y el protocolo de automatización de la manufactura (*manufacturing automation protocol*, MAP) se cuentan entre las piedras angulares de la fábrica del futuro.

CAD/CAM permite a los ingenieros un diseño de productos mucho más rápido que con el método tradicional de "lápiz y papel". Esto será cada vez más importante, dado el creciente acortamiento de los ciclos de vida de los productos. Apoderarse velozmente del mercado resulta decisivo en condiciones de tan aguda competencia como las actuales. Además, las empresas pueden responder con mayor celeridad a las solicitudes de sus clientes, satisfaciendo al mismo tiempo requerimientos específicos. El propósito último de muchas compañías es la "manufactura integrada por computadora".[44]

Compañías automotrices, así como empresas como Deere, Boeing y Eastman Kodak, desarrollaron lo que se conoce como **protocolo de automatización de la manufactura (MAP)**, consistente en una red de maquinaria y diversos dispositivos de oficina. El MAP es una sofisticada derivación de las redes de área local (*local area networks*, LAN). Uno de sus más decididos promotores es Roger Smith, presidente de General Motors, para quien representa un factor clave para las plantas industriales del futuro. En esa compañía, por ejemplo, el MAP sirve de enlace entre robots y máquinas herramienta de control numérico. General Motors ha obtenido considerables ahorros gracias al empleo de este nuevo método, por medio del cual introdujo un tipo diferente de ejes frontales para sus automóviles, con lo que obró una importante transformación en su línea de producción. Una actividad que antes tardaba 3 días ahora se realiza en 10 minutos. Con esta nueva tecnología, General Motors y otras compañías fabricantes estadunidenses esperan superar a las empresas japonesas, actualmente muy avanzadas en automatización.[45]

El futuro de la administración de operaciones[46]

¿Qué factores influirán en futuros adelantos en este campo?

Son de prever varias tendencias importantes en la administración de operaciones.[47]

1. La creciente complejidad de la tecnología se reflejará tanto en los productos mismos como en los procesos empleados para producirlos.[48] Hace quince años muy pocas personas habrían supuesto que sería posible producir sofisticadas computadoras caseras a un precio accesible para los consumidores promedio.

2. La automatización es cada vez más importante en el proceso de producción.[49] General Motors, precursora en la aplicación de robots, importa ya de Japón una nueva generación de robots. Nuevas máquinas herramienta, microprocesadores, tecnología de detección y controles computarizados permiten en la actualidad menores costos y tiempos de preparación de maquinaria.[50] Esto se traduce en una gran variedad de productos de bajo costo. Antes sólo era posible obtener costos bajos mediante la producción en gran escala de un modelo en particular. Ahora, en cambio, los tiempos de preparación se han reducido drásticamente, gracias a la alta tecnología. Esto significa un mejor uso de la maquinaria con menores costos laborales directos. Ade-

más, en consecuencia se reducen también los inventarios de productos en proceso. Finalmente, la simplificación de procesos, controles y máquinas redunda asimismo en la reducción de los costos de mantenimiento. Estas tecnologías tendentes a la simplificación fueron aplicadas originalmente por Toyota, compañía que por este medio duplicó su repertorio de modelos automovilísticos sin incurrir en los altos costos tradicionalmente asociados con una amplia variedad de modelos.

3. El sector de servicios estadunidense rinde una porción crecientemente importante del producto nacional bruto. Esto quiere decir que los conceptos y principios de la "producción" han sido ventajosamente adaptados a actividades no manufactureras como la banca, la atención a la salud y el turismo.

4. La función de producción habrá de convertirse en un reto global cada vez más patente.[51] Ahora se instalan en automóviles estadunidenses motores producidos en Japón y Alemania. Más aún, las principales armadoras de Estados Unidos ya han realizado acuerdos para producir autos en Japón y comercializarlos con sus propias marcas en Estados Unidos y el mundo entero.

Así pues, y para decirlo en pocas palabras, la productividad (y el interés en su medición) seguirá siendo un desafío para los administradores que operan en un mercado global cada vez más competitivo. Es de suponer que los sistemas de administración de operaciones incrementarán su productividad con la aplicación de la investigación de operaciones, otros varios instrumentos y la tecnología de la información.

Resumen

La productividad es una de las mayores preocupaciones de los administradores. Implica medición, paso esencial del proceso de control. La medición de la productividad de los trabajadores manuales es generalmente más sencilla que la de los trabajadores intelectuales, como los administradores. Sin embargo, la productividad administrativa es muy importante, especialmente para las organizaciones que operan en condiciones de alta competitividad.

La administración de producción se refiere a las actividades necesarias para la fabricación de productos; también puede incluir a las operaciones de compras, almacenamiento, transporte y otras. La administración de operaciones tiene un significado semejante, pues hace referencia a las actividades necesarias para producir y entregar lo mismo un servicio que un bien físico.

El modelo de sistemas de la administración de operaciones (figura 20-1) contiene insumos, el proceso de transformación, productos y el sistema de retroalimentación. Varias técnicas e instrumentos favorecen la productividad de las operaciones. La planeación y diseño de un producto y su producción suele implicar siete pasos. Las compañías pueden elegir entre seis diferentes tipos de disposiciones físicas de producción. Para operar el sistema, las funciones administrativas de organización, integración del personal y dirección deben ejercerse con eficacia. El control supone un sistema de información habitualmente basado en computadoras.

Entre los instrumentos y técnicas para el incremento de la productividad de las operaciones están la planeación y control del inventario, el sistema de inventario justo a tiempo, el recurso a proveedores externos, la investigación de operaciones, las redes tiempo-eventos, la ingeniería de valor, la simplificación del trabajo, los círculos de calidad, la administración de la calidad total, la manufactura esbelta y diversos métodos con apoyo en computadoras.

Ideas y conceptos básicos

Productividad
Administración de la producción
Administración de operaciones
Sistema de la administración de operaciones
Pasos del diseño de productos y producción
Disposiciones físicas de producción
Planeación y control de inventario
Sistema de inventario justo a tiempo (JAT)
Transferencia de actividades a proveedores externos (*outsourcing*)

Investigación de operaciones
Redes tiempo-eventos
Ingeniería del valor
Simplificación del trabajo
Círculos de calidad
Administración de la calidad total (ACT)
Manufactura esbelta
Diseño asistido por computadora (CAD), manufactura asistida por computadora (CAM), protocolo de automatización de la manufactura (MAP)
Tendencias de la investigación de operaciones

Para analizar

1. ¿Cómo mediría usted la productividad de los administradores y otros trabajadores intelectuales? Explique en detalle su respuesta.
2. ¿A qué se debe que el campo de la administración de la producción y operaciones se preste en particular como ejemplo de un caso de técnicas de planeación y control? ¿A qué atribuye usted que los precursores de la administración hayan elegido específicamente esta área para el análisis y la mejora de la productividad?
3. Haga una distinción entre las técnicas de planeación y control propias de la administración de la producción y operaciones y las que son útiles en todas las áreas de la administración. ¿A qué se debe la diferencia entre ellas?
4. Explique la naturaleza y razones de cada uno de los pasos para el desarrollo de programas de administración de la producción y operaciones.
5. En el diseño de un programa de producción se usan muchas disposiciones físicas comunes. ¿Cuál de ellas es la más frecuente en la fabricación de automóviles? ¿Por qué? ¿Cuál de ellas cree usted que se haya aplicado para la construcción del oleoducto que atraviesa el territorio de Alaska? ¿Por qué?
6. La información en tiempo real puede ser de gran utilidad en el área de la producción, pero no resuelve el problema del control. ¿Por qué?

7. ¿Qué instrumentos de uso frecuente en la administración de operaciones también se han usado ampliamente en la administración de la producción y operaciones? ¿Tienen algo en común? De ser así, ¿qué?

8. ¿A qué atribuye el amplio uso de los círculos de control de calidad en Japón?

Ejercicios/actividades

1. Divídase el grupo en equipos de cuatro o cinco alumnos, los que deberán intentar responder las seis preguntas planteadas por el colega de Lampert en el caso 20-1. En relación con la segunda pregunta, cada equipo deberá mostrar un dibujo de su lámpara, e incluir en él tanto las especificaciones principales (voltaje, por ejemplo) como sus diversos usos. Un miembro de cada equipo intentará convencer al grupo de la conveniencia de su lámpara. Si el grupo es muy grande, uno de los equipos podría actuar como jurado independiente y evaluar cada propuesta de lámpara en términos de creatividad, estética, factibilidad y otros criterios, los cuales deberá desarrollar.

2. Haga un dibujo de la disposición física de su casa o departamento e indique las rutas que sigue en sus desplazamientos para sus actividades diarias más comunes. Señale los reacomodos que podría hacer para incrementar su eficacia y productividad personal.

 # CASO INTERNACIONAL 20

LAMPERT & SONS COMPANY

John Lampert, presidente de Lampert & Sons Company, pequeña compañía fabricante de aparatos eléctricos, era un empresario con conocimientos técnicos. Recientemente se cambió de casa, y su esposa le pidió instalar reflectores para resaltar ciertos aspectos del hogar, como los libreros, una escultura y los objetos fijados a una pared.

Las lámparas que el señor Lampert seleccionó en las tiendas de iluminación de la localidad costaban mucho más de lo que estaba dispuesto a pagar. Fue así como se dio cuenta de la necesidad de que hubiera atractivos reflectores o lámparas de presilla de bajo costo.

Comentó su idea con un colega, quien le planteó preguntas como las siguientes:

- ¿Realmente es necesario ese producto?
- ¿Cómo debería ser la lámpara?
- ¿Cómo o dónde se le produciría (en la planta de Lampert en el medio oeste de Estados Unidos o en el exterior, ya sea en Corea, Hong Kong o Taiwán)?
- ¿Qué medidas tendrían que tomarse para que la lámpara fuera producida por Lampert & Sons?
- ¿Qué tipo de canal (o canales) de distribución deberían emplearse para vender el producto?
- ¿Qué haría Lampert para garantizar la alta calidad del producto aun cuando fuera de bajo precio?

Tras esta conversación, el señor Lampert se dio cuenta de que en realidad no había analizado detenidamente su idea y de que no podía contestar satisfactoriamente algunas de esas preguntas.

1. Si usted fuera consultor de pequeñas empresas, ¿qué respuesta daría a las preguntas formuladas por el colega del señor Lampert?

2. ¿Qué otras acciones propondría para tomar las decisiones sobre el diseño del producto, la creación de un sistema de producción y el control de las operaciones, en relación especialmente con la calidad?

3. ¿Qué instrumentos y técnicas de toma de decisiones le servirían para tomar estas decisiones?

Referencias

1. Wickham Skinner, "What Matters to Manufacturing", en *Harvard Business Review*, enero-febrero de 1988, p. 11.

2. Ciertas secciones sobre el tema de la productividad incluidas en este capítulo se basan en Heinz Weihrich, *Management Excellence* (Nueva York, McGraw-Hill Book Company, 1985).

3. Véase también Kuniyasu Sakai, "The Feudal World of Japanese Manufacturing", en *Harvard Business Review*, noviembre-diciembre de 1990, pp. 38-49.

4. Véase, por ejemplo, Vernon M. Buehler y Y. Krishna Shetty (eds.), *Productivity Improvement* (Nueva York, AMACOM, 1981), con información sobre las experiencias de compañías en la mejora de su productividad.

5. Véase también Joseph A. Maciariello, Jeffrey W. Burke y Donald Tilley, "Improving American Competitiveness: A Management Systems Perspective", en *Academy of Management Executive*, noviembre de 1989, pp. 294-303.

6. En la elaboración de este capítulo a los autores les fue de gran utilidad la consulta de Richard B. Chase y Nicholas J. Aquilano, *Production and Operations Management* (Homewood, Ill.; Richard D. Irwin, 1981). Véase también Alfred D. Chandler, "The Enduring Logic of Industrial Success", en *Harvard Business Review*, marzo-abril de 1990, pp. 130-140; Peter F. Drucker, "The Emerging Theory of Manufacturing", en *Harvard Business Review*, mayo-junio de 1990, pp. 94-102; John E. Ettlie, "What Makes a Manufacturing Firm Innovative?", en *Academy of Management Executive*, noviembre de 1990, pp. 7-20.

7. Tim Smart, "Jack Welch's Encore", en *Business Week*, 28 de octubre de 1996, pp. 155-160.

8. Don Hellriegel, "Maquiladoras: A Managerial Perspective", conferencia dictada, por invitación, en *Managing in a Global Economy III, Eastern Academy of Management*, Hong Kong, 11-15 de junio de 1989; M. P. McEnrue y K. Kwong, "Managing in a Global Economy: Emerging Human Resources and Production Management Issues as Offshore Manufacturing Moves to Mexico", en *Managing in a Global Economy III. Proceedings of the Third International Conference* (Hong Kong, Eastern Academy of Management, 1989), pp. 82-86; Stephen Baker, Todd Vogel y Adrienne Bard, "Will the New Maquiladoras Build a Better Mañana?", en *Business Week*, 14 de noviembre de 1988, pp. 102, 106; Stephen Baker, Adrienne Bard y Elizabeth Weiner, "The Magnet of Growth in Mexico's North", en *Business Week*, 6 de junio de 1988, pp. 48-50.

9. Véase Chase y Aquilano, *Production* (1981), sec. 2; véase también Arthur C. Laufer, *Operations Management* (Cincinnati, Ohio; South Western Publishing Company, 1979), cap. 16.

10. Véase también Kuniyasu Sakai, "The Feudal World of Japanese Manufacturing", en *Harvard Business Review*, noviembre-diciembre de 1990, pp. 38-49.

11. Para la aplicación de técnicas analíticas y el uso de gráficas, véase David J. Armstrong, "Sharpening Inventory Management", en *Harvard Business Review*, noviembre-diciembre de 1985, pp. 42-58. Para una variedad de *software* de gráficos para microcomputadoras, véase David Needle, "Presentation Graphics Software", en *Infoworld*, 22 de septiembre de 1986.

12. Robert N. Mefford, "The Productivity Nexus of New Inventory and Quality Control Techniques", en *Engineering Costs and Production Economics*

(Holanda), 17 (1989), pp. 21-28. Véase también Richard B. Chase and Nicholas J. Aquilano, *Production and Operations Management*, 4a. ed. (Homewood, Ill.; Richard D. Irwin, 1985), cap. 18.

13. Véase también Lance Heiko, "Some Relationships between Japanese Culture and Just-in-Time", en *Academy of Management Executive*, noviembre de 1989, pp. 319-321; para un análisis crítico, véase Ernest H. Hall, Jr., "Just-in-Time Management: A Critical Assessment", en *Academy of Management Executive*, noviembre de 1989, pp. 315-318.

14. Saipe y Schonberger, "Don't Ignore Just-in-Time Production" (1984).

15. Richard C. Walleigh, "What's Your Excuse for Not Using JIT?", en *Harvard Business Review*, marzo-abril de 1986, pp. 38-54.

16. Jeffrey H. Dyer, "Dedicated Assets: Japan's Manufacturing Edge", en *Harvard Business Review*, noviembre-diciembre de 1994, pp. 174-178. Para una evaluación de las técnicas justo a tiempo, véase Chiradet Ousawat y Kenneth D. Ramsing, "An Evaluation of the Just-in-Time Techniques in a Multi-Stage, Multi-Product Production System", en Frank Hoy (ed.), *Academy of Management Best Papers — Proceedings 1987*, cuadragésimo séptima asamblea anual de la Academy of Management, Nueva Orleáns, La. (9-12 de agosto de 1987), pp. 296-300. Véase también Marshall Schminke y Stephen Chapman, "Organization Theory and Implementing JIT: Understanding Why as Well as What and How", en Frank Hoy (ed.), *Academy of Management Best Papers — Proceedings 1988*, cuadragésimo octava asamblea anual de la Academy of Management, Anaheim, California (7-10 de agosto de 1988), pp. 303-307.

17. Se debe tener cuidado en contratos de transferencia de actividades a proveedores externos a largo plazo. Véase Mary C. Lacity, Leslie P. Willcocks y David F. Feeny, "IT Outsourcing: Maximize Flexibility and Control", en *Harvard Business Review*, mayo-junio de 1995, pp. 84-94.

18. James B. Treece, "It's Time for a Tune-Up at GM", en *Business Week*, 7 de septiembre de 1987, pp. 22-23.

19. Henry Mintzberg y James Brian Quinn, *The Strategy Process*, 3a. ed. (Upper Saddle River, Nueva Jersey; Prentice Hall, Inc. A Simon & Schuster Company, 1996), p. 64.

20. Michael F. Corbett, "Outsourcing — Redefining the Corporation of the Future", en *Fortune*, 12 de diciembre de 1994, pp. 51-92.

21. "Car Wars", en *The Economist*, 8 de junio de 1996, p. 32.

22. Para otros casos de transferencia de actividades a proveedores externos de servicios hospitalarios, véase Duncan J. Moore, Jr., "Outsourcing Firms Ride Changing Tides", en *Modern Healthcare*, 2 de septiembre de 1996, pp. 61-66.

23. Steven Burke y Jerry Rosa, "Apple, SHL Ink $200M Outsourcing Agreement", en *Computer Reseller News*, 26 de agosto de 1996, pp. 115, 120.

24. Matt Nannery, "Outsourcing's New Appeal", en *Chain Store Age*, agosto de 1996, pp. 45-50.

25. Ann Knoll, "Reengineering Analysis Must Precede Outsourcing", en *National Underwriter*, 5 de agosto de 1996, p. S10.

26. John A. Byrne, "Has Outsourcing Gone Too Far?", en *Business Week*, 1o. de abril de 1996, pp. 26-28; "DIY in Germany", en *The Economist*, 2 de marzo de 1996, p. 60.

27. Edward E. Lawler III y Susan A. Mohrman, "Quality Circles after the Fad", en *Harvard Business Review*, enero-febrero de 1985, pp. 65-71. Véase también S. G. Goldstein, "Organizational Dualism and Quality Circles", en *Academy of Management Review*, julio de 1985, pp. 504-517.

28. Para una explicación sobre los círculos de calidad en Japón y Estados Unidos, véase Tai K. Oh, "The Fate of QC Circles in the U.S.: A Case Study Testing the Cultural, Convergence, and Tradition-Modernity Theories", en Ryine T. Hsieh y Steven A. Scherling (eds.), *Proceedings of the Academy of International Business, Southeast Regional Conference, Taipei*, vol. 1, 26-28 de junio de 1986, pp. 749-759. Véase también Peter B. Petersen, "The Contribution of W. Edwards Deming to Japanese Management Theory and Practice", en Hoy (ed.), *Academy of Management Best Papers* (1987), pp. 133-137.

29. Hamid Noori, "The Taguchi Methods: Achieving Design and Output Quality", en *Academy of Management Executive*, noviembre de 1989, pp. 322-326.

30. Joel Dreyfuss, "Victories in the Quality Crusade", en *Fortune*, 10 de octubre de 1988, pp. 80-88.

31. Keith H. Hammonds y Gail DeGeorge, "Where Did They Go Wrong?", en *Business Week*, 25 de octubre de 1991, pp. 34-39.

32. Eberhard von Kuehnheim, "Grill-to-Grill With Japan", en *Business Week*, 25 de octubre de 1991, p. 39.

33. Emily T. Smith, "Doing It for Mother Earth", en *Business Week*, 25 de octubre de 1991, pp. 44-49.

34. Lois Therrien, "Going for the Glory", en *Business Week*, 25 de octubre de 1991, pp. 60-61.

35. Larry Armstrong, "The Customer as 'Honored Guest'", en *Business Week*, 25 de octubre de 1991, p. 104.

36. Christopher Farrell, Amy Borrus, Grant Opperman y Gail DeGeorge, "Even Uncle Sam Is Starting to See the Light", en *Business Week*, 25 de octubre dc 1991, pp. 132-137.

37. Para una explicación sobre la integración de liderazgo y ACT, véase Sheila M. Puffer y Daniel J. McCarthy, "A Framework for Leadership in a TQM Context", en *Journal of Quality Management*, vol. 1, núm. 1, 1996, pp. 109-130.

38. Véase, por ejemplo, James W. Dean, Jr., y James R. Evans, *Total Quality — Management, Organization, and Strategy* (Mineápolis/St. Paul, West Publishing Company, 1994).

39. Para importantes contribuciones a la ACT, véase Philip B. Crosby, *Quality Is Free — The Art of Making Quality Certain* (Nueva York, McGraw-Hill Book Company, 1979); W. Edwards Deming, *Out of the Crisis* (Cambridge, Mass.; Massachusetts Institute of Technology, Center for Advanced Engineering Study, 1986); Armand V. Feigenbaum, *Total Quality Control* (Nueva York, McGraw-Hill Book Company, 1983); Masaaki Imai, Kaizen (Nueva York, Random House, 1986); J. M. Juran, *Managerial Breakthrough* (Nueva York, McGraw-Hill Book Company, 1964).

40. Véase la explicación sobre la organización de aprendizaje de Peter Senge en el capítulo 13.

41. Marion Harmon, "Solectron Continues to Win With the Baldrige", en *Quality Digest*, noviembre de 1996, pp. 46-48.

42. Joseph Sensenbrenner, "Quality Comes to City Hall", en *Harvard Business Review*, marzo-abril de 1991, pp. 64-75.

43. Véase James P. Womack, Daniel T. Jones y Daniel Roos, *The Machine That Changed the World* (Nueva York, Harper Perennial, 1990); Horst Wildemann (ed.), *Lean Management — Strategien zur Erreichung wettbewerbsfähiger Unternehmen* (Frankfurt, Alemania; Die Deutsche Bibliothek, 1993); "Lean and Its Limits", en *The Economist*, 14 de septiembre de 1996, p. 65.

44. Gene Bylinsky, "GM's Road Map to Automated Plants", en *Fortune*, 28 de octubre de 1985, pp. 89-102. Para otra explicación sobre la manufactura

integral por computadora (*computer-integrated manufacturing*, CIM), véase Robert S. Kaplan, "Must CIM Be Justified by Faith Alone?", en *Harvard Business Review*, marzo-abril de 1986, pp. 87-95.

45. Bylinsky, "GM's Road Map" (1985). Para dificultades con la nueva tecnología, especialmente en la planta Hamtramck de General Motors en Michigan, la cual habría de ser supuestamente el escaparate de la nueva tecnología, véase Amal Nag, "Auto Makers Discover 'Factory of the Future' Is Headache Just Now", en *The Wall Street Journal*, 13 de mayo de 1986.

46. Véase también J. T. Black, *The Design of the Factory with a Future* (Nueva York, McGraw-Hill, 1991); David M. Upton y Andrew McAfee, "The Real Virtual Factory", en *Harvard Business Review*, julio-agosto de 1996, pp. 123-133. David Upton comenta que ya no basta con conseguir bajos costos y alta calidad. Centrarse en la flexibilidad es una nueva forma de obtener una ventaja competitiva; véase David M. Upton, "What Really Makes Factories Flexible?", en *Harvard Business Review*, julio-agosto de 1995, pp. 74-84.

47. Fearon *et al.*, Fundamentals (1979). Véase también Joseph Finkelstein y David Newman, "The Third Industrial Revolution: A Special Challenge to Managers", en *Organizational Dynamics*, verano de 1984, pp. 53-65.

48. Para una exposición sobre la automatización flexible, véase Ramchandran Jaikumar, "Postindustrial Manufacturing", en *Harvard Business Review*, noviembre-diciembre de 1986, pp. 69-76. Un método holístico para el desarrollo de nuevos productos ha sido propuesto por Hirotaka Takeuchi e Ikujiro Nonaka, "The New Product Development Game", en *Harvard Business Review*, enero-febrero de 1986, pp. 137-146.

49. Para una explicación de los cambios en las organizaciones y las tareas de manufactura a causa de la robótica, véase Daniel E. Whitney, "Real Robots Do Need Jigs", en *Harvard Business Review*, mayo-junio de 1986, pp. 110-116.

50. "The Big Revolution on the Factory Floor", en *The Wall Street Journal*, 12 de julio de 1982.

51. Para ideas futuristas sobre fábricas flotantes, véase Alonzo L. McDonald, "Of Floating Factories and Mating Dinosaurs", en *Harvard Business Review*, noviembre-diciembre de 1986, pp. 82-86.

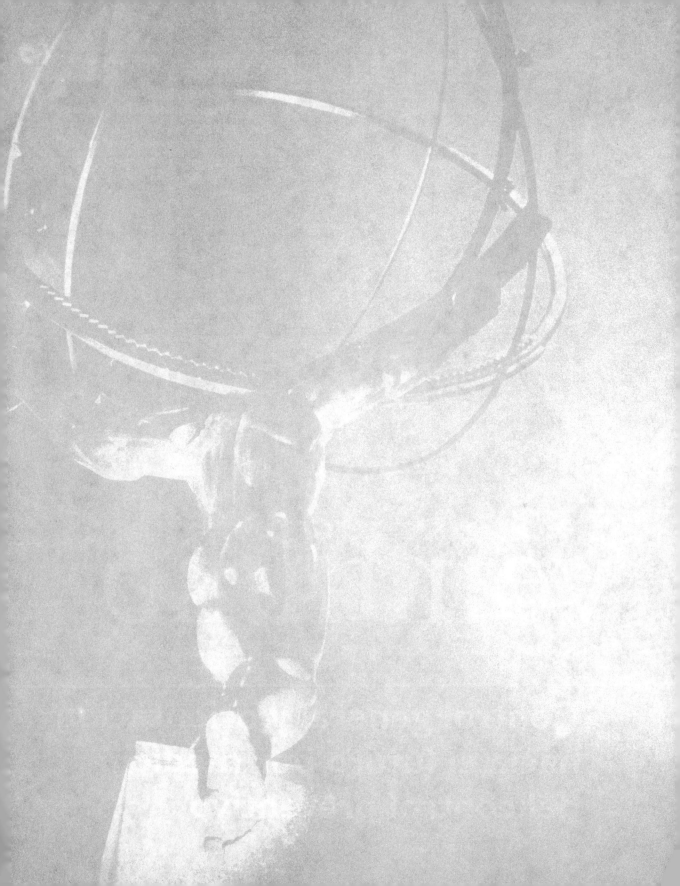

Al terminar este capítulo, usted podrá:

1. Explicar el concepto de control general.
2. Describir las técnicas más comunes de control general de una empresa.
3. Exponer el principio de control preventivo y distinguir su naturaleza y aplicación de las de los muchos controles directos.

Capí
veintiuno

Control general y orientación hacia el futuro por medio del control preventivo

4. Explicar la naturaleza y potencial de la auditoría administrativa y la auditoría interna.

5. Resumir los principales retos que enfrenta la administración y explicar qué debe hacerse para formar administradores de excelencia.

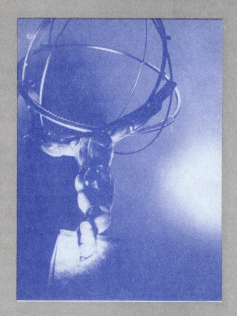

tulo

Es imposible prevenir todos los desastres, pero las organizaciones pueden adoptar una perspectiva amplia y sistemática para manejarlos más eficazmente.[1]

Ian I. Mitroff, Paul Shrivastava
y Firdaus E. Udwadia

La mayoría de los controles están diseñados para cosas específicas: políticas, salarios y sueldos, selección y capacitación de los empleados, investigación y desarrollo, calidad de los productos, costos, precios, gastos de capital, efectivo y otras áreas en las que se desea que el desempeño corresponda a los planes. Esos controles son parciales en el sentido de que se aplican a una parte de una empresa y no miden los logros totales con base en las metas totales. Es evidente que se necesitan entonces algunas medidas generales y no es de sorprender que muchas de ellas se formulen en términos financieros.

Un gran número de controles se basan en la retroalimentación mediante la medición de desviaciones respecto de los planes. De igual modo, el enfoque tradicional consiste en identificar a la persona responsable de la indeseable desviación y hacer que ella misma la corrija. Esto es control directo. Sin embargo, como se explicará en este capítulo, este tipo de control se basa en supuestos cuestionables. ¿No sería mejor prevenir en primera instancia la ocurrencia de desviaciones indeseables? La mayoría de la gente respondería: "Desde luego que sí." De ahí que en este libro se proponga la aplicación del "control preventivo", enfoque con el cual un administrador altamente calificado cometerá menos errores, con lo que se reducirá (aunque ciertamente no se eliminará) la necesidad del control directo. Pero detengámonos antes en los controles generales más tradicionales, y más importantes.

Control del desempeño general

Es cada vez más común que planeación y control sean tratados como un sistema interrelacionado. Además de técnicas de control parcial, también se han desarrollado recursos de control para la medición del desempeño general de una empresa (o división o proyecto integrados* en ella) con base en las metas totales.

Existen muchas razones para el control del desempeño general. En primer lugar, así como las metas de una empresa o división importante deben ser objeto de una planeación general, también deben aplicarse controles generales. En segundo, la descentralización de la autoridad (especialmente en divisiones de productos o territoriales) genera unidades semindependientes, las que deben ser sometidas a controles generales para evitar el caos que resultaría de una independencia total. En tercero, los controles generales permiten medir el esfuerzo *total* del administrador de un área integrada, en vez de únicamente partes de él.

Como cabría esperar, muchos de los controles generales de las empresas son de carácter financiero. Las empresas deben su sobrevivencia a la obtención de utilidades;

---

* "Integrado" se usa aquí en el sentido de que una operación incluya las funciones necesarias para el cumplimiento de un objetivo general. Así, una división de productos de una compañía incluiría normalmente las funciones de ingeniería, manufactura y comercialización, las que bastan para representar una operación completa de cuyas utilidades sería básicamente responsable el gerente divisional, aunque sujeto a cierto grado de dirección y control de las oficinas generales. Si bien en menor medida, una operación de diseño de ingeniería podría ser considerada asimismo como integrada; si quien la encabeza supervisa todas las funciones y especialidades de ingeniería necesarias para el diseño total de productos, podría hacérsele responsable del eficiente cumplimiento del proyecto.

sus recursos de capital son un elemento vital pero escaso. Dado que las finanzas son la fuerza unificadora de una empresa, los controles financieros son ciertamente una importante medida objetiva del éxito de los planes.[2] Además, los programas de cómputo más complejos pueden utilizar registros financieros como instrumentos estratégicos.[3]

Las medidas financieras también condensan, en calidad de común denominador, la operación de muchos planes. Adicionalmente, indican con toda precisión el gasto total de recursos para el cumplimiento de las metas. Esto se aplica por igual a todo tipo de empresas. Aunque el propósito de una institución educativa o gubernamental no es obtener utilidades monetarias, todo administrador responsable debe disponer de los medios necesarios para conocer el costo, en términos de recursos, del cumplimiento de metas. Una contabilidad rigurosa es importante no sólo para las empresas, sino también para el gobierno. El profesor Robert N. Anthony, de Harvard, ha señalado que la contabilidad gubernamental suele ocultar datos importantes. ¿De qué otra manera explicar si no que antes de que sus condiciones financieras se aclararan muchas ciudades estadunidenses, Nueva York entre ellas, se hayan encontrado al borde de la quiebra?[4]

Como cualquier otro control, los controles financieros tienen que adecuarse a las necesidades específicas de la empresa o puesto. Médicos, abogados y administradores de diferentes niveles organizacionales tienen necesidades distintas para el control de su área de operación.[5] Los análisis financieros también brindan una "ventana" excelente por la cual observar los logros de áreas no financieras. Una desviación respecto de los costos planeados, por ejemplo, puede llevar a un administrador a descubrir las causas en una planeación deficiente, la inadecuada capacitación de los empleados u otros factores no financieros.

Control de pérdidas y ganancias

El estado de pérdidas y ganancias de una empresa en su totalidad sirve a importantes propósitos de control, debido principalmente a su utilidad para determinar los factores de ingresos o costos inmediatos que explican el éxito o fracaso. Obviamente, si se le formula primeramente como pronóstico, el estado de pérdidas y ganancias es un recurso de control todavía mejor, ya que les ofrece a los administradores la oportunidad de influir en los ingresos y egresos, y por lo tanto en las utilidades, antes de tener que enfrentarse a hechos consumados.

Naturaleza y propósito de los controles de pérdidas y ganancias

Puesto que la sobrevivencia de una empresa suele depender de sus utilidades y dado que las utilidades son una norma precisa con base en la cual medir el éxito, muchas compañías hacen uso del estado de pérdidas y ganancias para el control divisional o departamental. Debido a que éste es un registro de la totalidad de los ingresos y egresos de un periodo determinado, se trata en realidad de una síntesis de los resultados de las operaciones de la empresa. Cuando se le aplica a divisiones o departamentos, el control de pérdidas y ganancias se basa en la premisa de que si el propósito de la empresa en su conjunto es obtener utilidades, cada parte de la empresa debe contribuir a este propósito.[6] De esta manera, la capacidad de una parte para producir las utilidades esperadas se convierte en una norma para la medición de su desempeño.

En conformidad con el control de pérdidas y ganancias, cada gran departamento o división detalla sus ingresos y egresos (los que normalmente incluyen una parte proporcional de los costos generales de la compañía) y calcula periódicamente sus pérdidas o ganancias. Algunas unidades cuentan con personal propio de contabilidad; en otras, el estado es preparado por el departamento de contabilidad central. En uno u otro caso, la unidad organizacional, de la que se espera un registro específico de la rentabilidad de sus operaciones, es considerada por las oficinas generales en forma muy similar a como las compañías controladoras consideran a sus subsidiarias.

Por lo general el control de pérdidas y ganancias sólo es practicable en grandes segmentos de una compañía, ya que el papeleo implicado en la elaboración de estados de pérdidas y ganancias de pequeños departamentos tiende a ser muy pesado. Asimismo, el control de pérdidas y ganancias suele suponer amplia autoridad para que los administra-

**PERSPECTIVA
INTERNACIONAL**

LA REORIENTACIÓN DE KODAK EN CONDICIONES DINÁMICAS[7]

Durante mucho tiempo Eastman Kodak Company, con oficinas generales en Rochester, Nueva York, fue considerada una compañía excelente. Sin embargo, a mediados de los años ochenta y principios de los noventa enfrentó graves dificultades, debido en parte a la intensa competencia de la compañía japonesa Fuji Films, su principal rival.

Kodak se distinguía por ser una empresa paternalista e introvertida. Pero las cosas comenzaron a cambiar tras la contratación de George Fisher, ex director general de Motorola. Fisher reorientó a la compañía al concentrarla en sus actividades esenciales e integrar al mismo tiempo nueva tecnología y nuevas ideas. Por ejemplo, vendió empresas no relacionadas con la fotografía. Después estableció metas verificables financieras y de calidad. El establecimiento de metas se simplificó gracias a que en Kodak se practicaba desde hacía mucho tiempo la administración por objetivos. Otros de los intereses especiales de Fisher fueron la reducción del periodo de desarrollo de nuevos productos y la expansión a mercados extranjeros como Rusia, India y China. Uno de los nuevos productos es Advantix, cámara con sistema fotográfico avanzado. En él se conjugan la tecnología fotográfica basada en el empleo de películas y la nueva tecnología digital. Para obtener provecho de la nueva tecnología, Kodak trabaja con Microsoft, Hewlett-Packard y Live Picture, compañía que dirige John Scully, anteriormente presidente de Apple Computer. El propósito es desarrollar el Flash Pix, un *software* de cómputo para una edición de imágenes más veloz. Productos como Advantix y Flash Pix dieron como resultado para Kodak una tasa de crecimiento de 7% en 1996. Gracias a la reorientación de la compañía, Kodak se encuentra nuevamente frente a un brillante panorama.

dores de divisiones o departamentos dirijan su sección de la empresa como lo crean más conveniente, con las utilidades como norma de éxito fundamental. Sin embargo, muchas compañías en las que no se descentraliza la autoridad también han comprobado la enorme utilidad del control de pérdidas y ganancias. La atención prioritaria a las utilidades y la sensibilidad de la unidad organizacional respecto de ellas son de gran valor aun cuando los administradores estén sujetos a una independencia limitada en la búsqueda de utilidades a su manera.

Entre más integrada esté la unidad organizacional y más completa sea, más precisos podrán ser los recursos de medición para el control de pérdidas y ganancias. Por esta razón, éste funciona mejor en divisiones de productos o territoriales, en las que las funciones tanto de ventas como de producción de un bien o servicio se hallan bajo la coordinación de un administrador general. Por ejemplo, es mucho más fácil emplear la norma de las utilidades para medir las operaciones del gerente general de la división Buick de General Motors que para medir las del supervisor de la sección de perforación del bloque del motor del departamento de manufactura de esta división.

Al mismo tiempo, las compañías organizadas por funciones emplean ocasionalmente el control de pérdidas y ganancias. El departamento de tratamiento térmico puede producir y "vender" su servicio al departamento de maquinado, el que a su vez "vende" su producto al departamento de ensamble, el que a su vez "vende" un producto terminado al departamento de ventas. De esta manera, es posible ejercer un control de pérdidas y ganancias, aunque por lo común el papeleo implicado no justifica el esfuerzo, además de lo cual el problema de determinar el precio de transferencia correcto puede obligar a excesivas negociaciones u ocasionar muchas difíciles decisiones ejecutivas. Si la transferencia se realiza al costo, es obvio que sólo el departamento de ventas obtendrá pérdidas o ganancias. Si se le efectúa con una cifra superior al costo, surge entonces la pregunta de cuánto cobrar.

En la mayoría de los casos, el control de pérdidas y ganancias no se aplica a los departamentos centrales *staff* y de servicios. Si bien estos departamentos podrían "vender" sus servicios, la práctica más satisfactoria es someterlos a otra forma de control, como el presupuesto variable de egresos.

Limitaciones del control de pérdidas y ganancias

La mayor limitación del control de pérdidas y ganancias es el costo de las transacciones de contabilidad y documentación que implican la transferencia de costos e ingresos dentro de la compañía. La duplicación de registros contables, los esfuerzos que deben hacerse para la asignación de los muchos costos generales y el tiempo y esfuerzo requeridos para calcular las ventas dentro de la compañía pueden provocar que, en caso de llegarse demasiado lejos, este control resulte sumamente costoso.

El control de pérdidas y ganancias también puede ser inadecuado para el desempeño general. Quizá los administradores de alto nivel no deseen ceder mucha autoridad a sus administradores divisionales, y prefieran las seguridades adicionales de un estricto control presupuestal. Además, el control de pérdidas y ganancias no ofrece por sí mismo una norma de utilidades deseables o controles de políticas en el área del desarrollo de líneas de productos o en otras materias de interés general a largo plazo para la compañía.

Otra limitación del control de pérdidas y ganancias, especialmente si su práctica en una organización llega demasiado lejos, es que los departamentos pueden terminar por competir entre sí con una agresiva despreocupación en absoluto útil para la coordinación de la empresa. Por otra parte, en muchas compañías no priva la sensación de que los departamentos sean responsables de las utilidades de la compañía, de manera que en éstos puede desarrollarse una presunción semejante a la del monopolista con un mercado cautivo. El departamento de fabricación de partes que sabe que el departamento de ensamble está obligado a "comprar" sus productos, el departamento de manufactura o servicios que puede imponer su producto al departamento de ventas y el personal de ingeniería que ejerce una influencia monopólica lo mismo sobre producción que sobre ventas son ciertamente peligrosos monopolistas. El control de pérdidas y ganancias puede destruir estos monopolios. Así, a pesar de sus limitaciones (especialmente en conjunto con una política de precios intracompañía que obligue a los departamentos a igualar los precios competitivos de proveedores fuera de la empresa en lugar de una política basada en costos), el control de pérdidas y ganancias puede ofrecerles a los administradores de alto nivel una extraordinaria medida de control general.

Control por medio del rendimiento sobre la inversión (ROI)[8]

Una técnica específica de control consiste en la medición del éxito tanto absoluto como relativo de una compañía o unidad de ésta mediante la relación entre las ganancias y la inversión de capital. El método del rendimiento de la inversión, conocido simplemente como ROI, ha sido el núcleo del sistema de control de la Du Pont Company. Este criterio equivale a la tasa de rendimiento que una compañía o división puede obtener del capital que se le ha asignado. Por lo tanto, con este instrumento las utilidades no son consideradas en términos absolutos, sino en calidad del rendimiento del capital empleado en la empresa. En consonancia con ello, la meta de una empresa no es concebida necesariamente como la de optimizar utilidades, sino optimizar el rendimiento del capital destinado a los propósitos empresariales. Esta norma destaca el hecho fundamental de que el capital es un factor crítico de casi toda empresa, el cual puede limitar el progreso debido a su escasez. Subraya asimismo el hecho de que es deber de los administradores hacer el mejor uso posible de los activos que se les han confiado.

Competir para el futuro mediante la creación de los mercados del mañana[9]

En su precursor libro *Competing for the Future*, C. K. Prahalad y Gary Hamel apuntan que para tener éxito en

Medidas financieras de desempeño corporativo

A partir de 1996 Grupo Vitro se fijó como objetivos estratégicos participar únicamente en negocios en los que contara con ventajas competitivas, por lo menos potenciales, así como sanear las finanzas de la empresa y crecer en el largo plazo. Como consecuencia de lo anterior, Vitro decidió adoptar como medidas financieras de su desempeño corporativo el Valor Económico Agregado y el Valor Agregado de Mercado (conocidos como EVA y MVA, respectivamente, por sus siglas en inglés), las cuales se utilizan para medir cuánto valor se agrega a la inversión de los accionistas dentro de la empresa. El EVA se mide restando el costo del capital y los impuestos de la utilidad de operación, mientras que el MVA se calcula restando el capital invertido del valor de mercado de la empresa.

Debido a que los negocios a los que piensa dedicarse Vitro son precisamente aquellos en los cuales puede agregar realmente valor, estas medidas son idóneas para controlar el desempeño global de la empresa, el desempeño por áreas e incluso el de los ejecutivos y empleados de la organización. De hecho, según Jorge Mario Guzmán, gerente de maximización del EVA de Vitro Corporativo, mensualmente se hace el cálculo de estos índices financieros para, posteriormente, retroalimentar a todas las áreas que integran Grupo Vitro. Incluso, los proyectos de inversión importantes se evalúan de acuerdo con tales criterios, siendo uno de sus requisitos para su aprobación el que genere un nivel de Valor Económico Agregado acorde con los objetivos planteados por la empresa.

En un estudio realizado en 1996 sobre la generación de EVA en 69 de las empresas mexicanas que cotizan en la Bolsa Mexicana de Valores se encontró que en 1995, 40 empresas de la muestra habían alcanzado un EVA positivo mientras que era negativo en las 29 restantes. Las primeras habían creado en conjunto un valor para los accionistas de 187 mil 60 millones de pesos, las de EVA negativo habían destruido, también en conjunto, 50 mil 318 millones de pesos. Para 1997, el estudio correspondiente a los resultados de 1996 incluyó 77 empresas, de las cuales 47 crearon un EVA positivo, mientras que 30 produjeron resultados negativos.

el ámbito global las compañías deben reinventar su industria y aprovechar sus facultades esenciales. La atención al presente no basta; se impone inventar el futuro, lo que implica nuevas aptitudes y habilidades. Los altos ejecutivos deben desarrollar una visión independiente, imaginar cómo podría ser el futuro y emplear las destrezas de la empresa para obtener provecho de nuevas oportunidades. No es suficiente identificar las necesidades de los clientes de hoy; se debe inventar un futuro para los clientes, y desarrollar productos y servicios que éstos jamás habrían imaginado.

Control directo contra control preventivo

En el análisis anterior de los controles se enfatiza la diversidad de enfoques seguidos por los administradores para lograr

LA NOTORIA RECUPERACIÓN DE RENAULT[10]

Durante varias décadas, Renault fue operada como si las utilidades carecieran de importancia. Esta compañía fue una de las mayores de Europa hasta su descenso al sexto sitio en 1984, acompañado por grandes pérdidas. Sin embargo, Renault dio un vuelco espectacular. Dado que se trata de una empresa propiedad del Estado, el gobierno francés tenía autoridad para despedir al director general, lo cual hizo en 1985. En su remplazo fue nombrado Georges Besse. La orden que éste recibió fue ganar dinero.

Besse redujo la fuerza de trabajo en 25%, recortó muchos bonos y prácticamente congeló los salarios. Su breve reinado tuvo abrupto fin a causa de que murió asesinado. Su sucesor, Raymond Levy, prosiguió con el recorte de costos, aunque con énfasis en la mejora de la calidad. Levy pretende en realidad convertir a Renault en la compañía automotriz más rentable de Europa. Renault prefiere concentrarse en el mercado europeo en lugar de contar con operaciones en muchos países extranjeros. Por esta razón, vendió a Chrysler Corporation su participación de 46% en la propiedad de American Motors.

Las medidas de reducción de costos se han traducido en un aumento de la productividad a 13.5 automóviles por empleado al año. Esta productividad es similar a la de las compañías automotrices estadunidenses, aunque muy inferior a la de las empresas japonesas. Los críticos han señalado también que no basta con reducir costos; la dirección debe poseer asimismo una visión y una estrategia, factores que parecerían estar ausentes en este caso. Aunque Renault ha avanzado mucho en poco tiempo, su desempeño no sólo debe ser medido en comparación con su pasado, sino también con base en el desempeño de sus competidores internacionales.

que los resultados respondan a los planes. En la base del control se encuentra el hecho de que el resultado de los planes depende de las personas que los llevan a la práctica. Por ejemplo, un sistema educativo deficiente no puede controlarse mediante la crítica de su producto, sus desafortunados egresados; una fábrica que genera productos inferiores no puede controlarse lanzando sus productos a la basura, y una empresa plagada de quejas de clientes no se puede controlar mediante el sencillo recurso de ignorar a los quejosos. La responsabilidad sobre desviaciones controlables recae sobre quien tomó decisiones desacertadas. Toda esperanza de abolir resultados insatisfactorios descansa en la transformación de las acciones futuras de la persona responsable por medio de capacitación adicional, modificación de procedimientos o nuevas políticas. Éste es el punto crucial del control de la calidad de la administración.

Existen dos medios para lograr que la persona responsable modifique sus acciones futuras. El procedimiento normal es rastrear la causa de un resultado insatisfactorio hasta las personas responsables de él y hacer que corrijan sus prácticas. Esto se llama **control directo**. La opción en el área de la administración es desarrollar mejores administradores que apliquen hábilmente conceptos, técnicas y principios y conciban la administración y los problemas administrativos desde un punto de vista de sistemas, para eliminar así los resultados indeseables provocados por una administración deficiente. Esto se llama **control preventivo**.*

Control directo

En toda empresa se generan cientos y hasta miles de normas para comparar la producción real de bienes y servicios (en términos de cantidad, calidad, tiempo y costo) con los planes. Una desviación negativa indica (en términos de cumplimiento de metas, costo, precio, personal, horas-hombre u horas-máquina) que el desempeño es inferior a lo aceptable, normal o estándar y que los resultados no coinciden con los planes.

Causas de desviaciones negativas respecto de las normas

Las causas de las desviaciones negativas determinarán a menudo si es posible aplicar medidas de control. Una norma incorrecta puede causar desviaciones; pero si es correcta, los planes pueden fallar a causa de 1) incertidumbre y 2) falta de conocimientos, experiencia o juicio de parte de quienes toman decisiones o emprenden acciones.

INCERTIDUMBRE   Los elementos que afectan a un plan dado pueden agruparse en hechos, riesgos e incertidumbre. Los hechos (como número de empleados, costos o capacidad de la maquinaria) son conocidos. Sin embargo, es considerablemente menos lo que se sabe sobre el elemento de riesgo. Los riesgos asegurables se convierten en hechos mediante el pago de una prima conocida, mientras que los costos de ciertos riesgos no asegurables pueden incluirse en una decisión de negocios con base en la probabilidad. No obstante, la mayoría de los riesgos provienen de la incertidumbre. El total de hechos y riesgos es pequeño en comparación con el elemento de incertidumbre, que incluye todo aquello acerca de lo cual no hay nada seguro. Por ejemplo, el éxito de un plan para fabricar pistones de aluminio dependerá no sólo de hechos y riesgos conocidos, sino también de incertidumbres como condiciones mundiales futuras, competencia de metales conocidos y aún desconocidos y poderosa tecnología que pueda eliminar todos los motores de pistones. La gran mayoría de factores inciertos no permiten siquiera un cálculo de probabilidad, pero pueden hacer fracasar un plan. Los errores administrativos provocados por sucesos imprevisibles no pueden evitarse. La atribución de responsabilidad personal por medio del control directo no sirve de mucho en esas situaciones.

FALTA DE CONOCIMIENTOS, EXPERIENCIA O JUICIO   Los planes pueden fallar, y ocurrir por lo tanto desviaciones negativas, cuando las personas que ocupan puestos administrativos carecen de los antecedentes necesarios. Entre más alta

---

* En ediciones anteriores de este libro se empleó una terminología diferente. En esta edición hemos utilizado los términos control "preventivo" y control "directo" por recomendación de algunos colegas.

sea la posición de los administradores en la estructura organizacional, necesitarán de conocimientos y experiencias más amplios. Una trayectoria de muchos años como ingeniero, gerente de ventas, ejecutivo de producción o contralor puede ser insuficiente para un administrador de alto nivel.

Si la causa de error es el mal juicio, debido ya sea a capacitación inadecuada, falta de experiencia o incapacidad para usar la información apropiada en la toma de decisiones, se pueden hacer correcciones. Los administradores pueden enriquecer sus conocimientos, ser transferidos para adquirir más experiencia o ser prevenidos de la necesidad de contar con más elementos acerca de una situación antes de tomar decisiones.

Supuestos cuestionables del control directo

Aparte de su costo, las limitaciones del control directo también pueden ser resultado de supuestos cuestionables en el sentido de que 1) el desempeño se puede medir,[11] 2) existe responsabilidad personal, 3) se justifica el consumo de tiempo, 4) los errores pueden descubrirse con el tiempo y 5) la persona responsable tomará medidas correctivas.

SUPUESTO DE QUE EL DESEMPEÑO SE PUEDE MEDIR   A primera vista, casi cualquier empresa da la impresión de ser un laberinto de controles. Insumos, productos, costos, precios, tiempo, quejas y calidad están sujetos a numerosas normas, las cuales pueden formularse en términos de cumplimiento de metas, tiempo, peso, tolerancias, promedios, razones, dinero e índices. En términos de utilidad, las normas pueden ser correctas, aceptables o sencillamente mejores que nada. Pero un análisis más detenido revelará fallas de dos tipos. El primero de ellos se refiere a la medición. La capacidad de un administrador para desarrollar administradores potenciales, la eficacia de la investigación y el grado de creatividad, previsión y buen juicio en la toma de decisiones raramente pueden medirse con exactitud.

El segundo tipo de falla se refiere a la ubicación del control. Los administradores saben que existen etapas críticas en la adquisición de factores de insumo, su manipulación para producir un bien terminado y la venta y entrega de éste. En una fábrica, por ejemplo, serían etapas críticas la inspección del material recibido, la inspección de cada proceso de ensamble, el embarque y la facturación. Estas etapas son críticas porque su eficaz control significará la reducción al mínimo de los costos. Por más riguroso que sea el control en otros puntos, nada puede suplir la falta de control en estas etapas.

SUPUESTO DE QUE EXISTE RESPONSABILIDAD PERSONAL   Hay ocasiones en las que ningún administrador en particular es responsable de los malos resultados. Un incremento en las tasas de interés o en la inflación puede provocar que los costos de muchas actividades aumenten precipitadamente; la escasez de cierto combustible puede obligar el uso de fuentes de energía menos económicas, y los mercados pueden contraerse por razones en absoluto relacionadas con una empresa.

SUPUESTO DE QUE SE JUSTIFICA EL CONSUMO DE TIEMPO   Ya sea que los administradores realicen la indagación por sí mismos o la asignen a otros, para determinar las causas de malos resultados es necesario invertir tiempo ejecutivo. Pérdidas a causa de un desperdicio excesivo, por ejemplo, pueden demandar reuniones con representantes de control de calidad, planeación de producción, ingeniería, compras y manufactura. Debido al tiempo transcurrido, recordar ciertos hechos puede resultar muy difícil. Estos inconvenientes pueden convencer a los administradores de que el costo de la investigación es superior a los beneficios que pueda ofrecer. Esto suele inducir la omisión de investigaciones de evidentes incumplimientos de normas.

SUPUESTO DE QUE LOS ERRORES PUEDEN DESCUBRIRSE CON EL TIEMPO   El descubrimiento de desviaciones respecto de los planes suele ser demasiado tardío como para permitir la aplicación de acciones eficaces. Aunque el verdadero control sólo puede aplicarse a acciones futuras, la mayoría de los controles dependen de datos históricos, de los que la mayoría de los administradores disponen. Sin embargo, estos datos deben interpretarse en función de sus implicaciones futuras.

El costo de errores en áreas importantes (como efectivo o inventarios) ha derivado en el uso de técnicas con corrección anticipante como base del control. Pero dado que el empleo de estas técnicas suele ser difícil, la tendencia natural a depender de informes históricos estorba seriamente la aplicación de controles adecuados. Las técnicas de control con corrección anticipante son alentadoras, pero su uso y desarrollo siguen siendo restringidos. Ningún administrador ejerce control real si no puede corregir errores. Y la mejor manera de corregir errores es evitarlos.

SUPUESTO DE QUE LA PERSONA RESPONSABLE TOMARÁ MEDIDAS CORRECTIVAS   El solo hecho de atribuir responsabilidades no significa que se harán correcciones. El rastreo de la causa de altos costos de producción, por ejemplo, podría culminar en el gerente de comercialización, convencido de que "ligeras" modificaciones en el producto facilitarán su venta y de que ello no implica "en realidad" ningún cambio en las corridas de producción. Si el gerente de comercialización forma parte de la alta dirección, es probable que un investigador subordinado se sienta intimidado por ese hecho. Por lo general pueden hacerse muchas cosas para corregir a administradores subordinados, pero no siempre es fácil corregir a un ejecutivo del que se depende directamente.

Principio del control preventivo

El principio del control preventivo se apoya en la idea de que, en su mayor parte, la responsabilidad sobre desviaciones negativas respecto de las normas puede remediarse mediante la aplicación de los fundamentos de la administración. Esto implica una distinción tajante entre el análisis de informes de desempeño, esencial en todo caso, y la determinación de si los administradores actúan de acuerdo con los principios establecidos en la ejecución de sus funciones. Así, el **principio de control preventivo** puede enunciarse de la siguiente manera: *Cuanto más alta sea la calidad de los administradores y sus subordinados, menos necesidad habrá de controles directos.*

La amplia adopción del control preventivo debe aguardar a una mejor comprensión de los principios, funciones y técnicas de la administración, así como de la filosofía administrativa. Esa comprensión no será fácil, pero puede obtenerse por medio de estudios universitarios, experiencia en el centro de trabajo, la asesoría de un superior de sólida formación y el aprendizaje constante. Además, a medida que se vayan logrando avances en la evaluación de los administradores como administradores, es de esperar que el control preventivo adquiera mayor significado y efectividad en la práctica.

Supuestos del principio de control preventivo

La importancia del control preventivo radica en tres supuestos: 1) que los administradores calificados cometen un mínimo de errores, 2) que el desempeño administrativo puede medirse y los conceptos, principios y técnicas de la administración son útiles normas de diagnóstico para la medición del desempeño de los administradores y 3) que es posible evaluar la aplicación de los fundamentos de la administración.

1. SUPUESTO DE QUE LOS ADMINISTRADORES CALIFICADOS COMETEN UN MÍNIMO DE ERRORES

Se dice que J. P. Morgan afirmaba que las decisiones de los buenos administradores son acertadas dos de cada tres veces. Sin embargo, un análisis preciso de la calidad de la toma de decisiones no debería basarse en la cantidad de errores, sino en la naturaleza de los errores. J. Paul Getty dijo una vez que lo que más le preocupaba en su imperio mundial no era el porcentaje de decisiones en las que un ejecutivo acertara o no, porque los ejecutivos pueden equivocarse sólo en el 2% de ellas y poner en grave riesgo a una compañía si los errores son muy serios. Es lógico que a los administradores se les haga estrictamente responsables del desempeño de sus funciones, porque estas funciones deben realizarse en conformidad con los fundamentos de la administración.[12] Pero no se puede exigir responsabilidad sobre errores atribuibles a factores más allá de la autoridad de los administradores o de su capacidad para pronosticar el futuro con un grado razonable de precisión.

2. SUPUESTO DE QUE LOS FUNDAMENTOS DE LA ADMINISTRACIÓN PUEDEN SER ÚTILES PARA MEDIR EL DESEMPEÑO

El principal propósito de este libro ha sido reunir conceptos, principios, teorías y técnicas o enfoques básicos de administración y situarlos en relación con un sistema de funciones administrativas. Como se ha dicho en capítulos anteriores, la amplitud y certeza de estas funciones varían considerablemente, dependiendo en gran medida del grado de conocimientos sobre la administración. Por ejemplo, los principios de organización gozan de una mayor aceptación general que los principios relativos a otras funciones. Sin embargo, puede decirse que los fundamentos expuestos aquí son útiles para medir el desempeño administrativo, afirmación que, de cualquier modo, indudablemente será afinada y verificada de mejor manera por futuros especialistas.

3. SUPUESTO DE QUE ES POSIBLE EVALUAR LA APLICACIÓN DE LOS FUNDAMENTOS DE LA ADMINISTRACIÓN   La evaluación puede brindar mediciones periódicas de la destreza con la cual los administradores aplican los fundamentos de la administración. Esto puede hacerse no sólo juzgando el desempeño con base en esos fundamentos, sino también insertándolos en una serie de preguntas sumamente objetivas. En el capítulo 12 se planteó un enfoque para la adecuada evaluación de los administradores como administradores. La capacidad para establecer y cumplir objetivos verificables es una de las medidas del desempeño de un administrador, pero muchas otras cosas dependen de la capacidad para evaluar el desempeño de los administradores en calidad de administradores. Por más elementales que puedan ser estas normas de medición en el estado actual del arte de la administración, bien pueden revelar el grado en que un individuo posee los conocimientos y habilidades necesarios para cumplir las funciones propias de los administradores.

Ventajas del control preventivo

Controlar la calidad de los administradores, y por lo tanto reducir al mínimo los errores, ofrece varias ventajas. En primer término, se obtiene mayor precisión en la asignación de responsabilidades personales. Prácticamente no cabe duda de que la persistente evaluación de los administradores revelará deficiencias y deberá aportar una base para la capacitación específica destinada a eliminarlas.

En segundo término, el control preventivo debe acelerar las acciones correctivas y hacerlas más eficaces. Alienta el control mediante el autocontrol. Conscientes de que sus errores saldrán a la luz en una evaluación, los propios administradores intentarán determinar su responsabilidad y efectuar correcciones voluntarias. Es probable que, por ejemplo, la notificación de un exceso de desperdicio provoque que el supervisor del departamento determine rápidamente si el exceso se debió a una mala dirección de los subordinados o a otros factores. Esa misma notificación empujará al jefe de inspección a comprobar si sus empleados actuaron correctamente, al agente de compras a revisar las adquisiciones de materiales en función de las especificaciones de ingeniería y a los ingenieros a determinar si efectivamente se especificaron los materiales apropiados. Todas estas acciones pueden ser inmediatas y voluntarias. Probablemente los administradores que lleguen para sí a la conclusión de que cometieron un error hagan su mejor esfuerzo por evitar que éste se repita, puesto que se dan cuenta que fue su responsabilidad.

En tercero, el control preventivo puede aligerar la pesada carga administrativa actualmente representada por los controles directos. La prevención de problemas suele requerir de menos esfuerzos que su corrección tras la detección de desviaciones.

En cuarto, la ventaja psicológica del control preventivo es impresionante. Muchos subordinados son de la opinión de que sus superiores no son justos en su evaluaciones, se atienen a apariencias y rasgos de personalidad y emplean normas de medición inadecuadas, pero el tipo de evaluación de desempeño propuesto en el capítulo 12 puede hacer mucho por desvanecer esta opinión. Los administradores saben qué se espera de ellos, comprenden la naturaleza de la administración y reconocen la estrecha relación entre desempeño y medición.

Auditoría administrativa y auditoría interna

Cabría en principio la duda de qué diferencia existe entre la auditoría administrativa y la auditoría interna. Esta última se refiere a la determinación de la situación de una compañía en un momento dado y de la dirección que probablemente sigue de cara a los acontecimientos económicos, políticos y sociales presentes y futuros. Así pues, la **auditoría interna** es en realidad una auditoría de las operaciones de una organización y sólo indirectamente de su sistema administrativo.

La **auditoría administrativa**, en cambio, no es en absoluto tan amplia como una auditoría interna, dado que su propósito se reduce a evaluar la calidad de la administración y su calidad como sistema. Ocupémonos primero de este tipo de auditoría.

Auditoría administrativa

La aplicación del principio de control preventivo ha generado acciones en varias direcciones. Una de las más prometedoras y eficaces es la mejora en años recientes de los programas para la evaluación de los administradores en lo individual. Esto ha adoptado principalmente la forma de evaluaciones de desempeño con base en la norma de establecimiento y cumplimiento de metas verificables. Aun así, todavía falta mucho por hacer para que incluso este enfoque ampliamente aceptado sea realmente eficaz. El segundo aspecto esencial de este proceso, cuya práctica es aún limitada y experimental, es la evaluación de los administradores en su papel como *administradores*. Estos dos enfoques fueron explicados en el capítulo 12.

Otra de las direcciones seguidas a partir del principio de control preventivo es el interés en la auditoría administrativa. En comparación con otras modalidades de evaluaciones administrativas, el propósito de ésta no es la evaluación individual de los administradores, sino el análisis del sistema de administración de una empresa en su totalidad.

AUDITORÍAS ADMINISTRATIVAS Y EMPRESAS DE SERVICIOS DE CONTABILIDAD   Aunque muchas empresas de consultoría de administración han puesto en práctica diversos tipos de evaluaciones de sistemas administrativos, como parte por lo general del estudio de una organización, han sido las empresas de auditoría de contabilidad las que han mostrado mayor interés en la aplicación de auditorías administrativas. Uno de los avances más significativos de los últimos años ha sido la incorporación de esas empresas al campo de los servicios administrativos con amplias facultades de consultoría. Si bien esta área de expansión resulta atractiva para las empresas auditoras, dado que, una vez que incursionan dentro de una organización, la información financiera las pone directamente en contacto con los problemas de la administración, lo cierto es que también induce a pensar en la posibilidad de conflictos de interés. En otras palabras, a menudo se cuestiona si la misma empresa puede asumir funciones de consultoría administrativa (para ofrecer lo mismo asesoría que servicios) y mantener al mismo tiempo plena objetividad como auditora de contabilidad. Debe reconocerse sin embargo que las empresas de servicios de contabilidad han intentado evitar este problema separando organizacionalmente estas dos actividades.

No importa si las empresas auditoras deberían prestar o no servicios administrativos, el hecho es que lo hacen. Puesto que muchas de ellas poseen experiencia tanto en auditorías como en servicios administrativos, les resta sólo un pequeño paso para la auditoría administrativa. Si estas empresas son capaces de montar operaciones de auditoría administrativa completamente independientes y objetivas, integradas por individuos con conocimientos y capacidades de administración verdaderamente profesionales, el resultado puede ser la aceleración en la práctica de la auditoría administrativa. En tanto las diversas asociaciones profesionales y académicas con interés específico en la administración sigan haciendo muy poco en este campo, es probable que las empresas de servicios de contabilidad muestren el camino a seguir.

LA AUDITORÍA ADMINISTRATIVA CERTIFICADA   Otra posibilidad a futuro es el desarrollo de una **auditoría administrativa certificada**, la evaluación independiente de la administración de una compañía por parte de una empresa externa. Desde hace muchos años, los inversionistas y otros grupos han recurrido a auditorías contables certificadas independientes diseñadas para ofrecer garantías de que los registros e informes de una compañía siguen sólidos principios contables. Desde el punto de vista de los inversionistas, e incluso de los administradores y de quienes desean trabajar en una compañía, una auditoría independiente de la calidad de la administración sería extremadamente importante. Quizá no sea exagerado afirmar que para los inversionistas sería más valiosa una auditoría administrativa certificada que una auditoría contable certificada, ya que probablemente el futuro de una compañía dependa más de la calidad de sus administradores que de cualquier otro factor.

En beneficio de la objetividad, sería conveniente que la auditoría administrativa certificada fuera responsabilidad de una empresa externa reconocida, cuyo personal estuviera compuesto por individuos calificados para evaluar el sistema administrativo de una compañía y la calidad de sus administradores y obligados, como ocurre con la mayoría de los auditores contables, a rendir informes al consejo de administración o a cualquier otra entidad de la alta dirección. Aunque la auditoría administrativa requeriría de un profundo estudio de las condiciones internas de una empresa y de un conjunto de normas razonablemente objetivas, probablemente implicaría poco tiempo más que una exhaustiva auditoría contable. Además, salvo en lo que se refiere a la auditoría de los administradores de alto nivel y la elaboración de un análisis final sobre la administración de la compañía como sistema total, buena parte de las labores de la auditoría administrativa podrían realizarse (como sucede en el caso de las auditorías de contabilidad) con la asistencia del personal directivo y staff interno que corresponda. Por lo demás, y de nueva cuenta en forma similar a la auditoría de contabilidad, una vez que un grupo de auditores especiales se familiariza con una compañía, las subsecuentes auditorías implican menos tiempo que la primera.

Es obvio que un informe de auditoría administrativa debe llegar más lejos que los juicios habituales de los auditores de contabilidad. Se debe hacer más que sencillamente asegurar que un grupo administrativo ha seguido las "normas de administración generalmente aceptadas". En un informe significativo, la calidad de los administradores y del sistema dentro del cual ejercen sus funciones administrativas debe evaluarse objetivamente en términos por demás específicos. Como puede suponerse, este requisito da origen a ciertos problemas. ¿De cuántas empresas de consultoría contable o administrativa podría esperarse verdadera objetividad cuando, como ocurre a menudo, los altos niveles de las compañías resienten deficiencias administrativas y aquellas empresas son contratadas por, y deben rendir informes a, esos mismos administradores de alto nivel? Este obstáculo no es fácil de vencer; los problemas persistirán hasta que normas casi completamente objetivas sean acordadas por verdaderos profesionales y aplicadas imparcialmente. No queda sino preguntar si para ello no sería necesario un grupo con autorizaciones especiales independiente de las empresas de consultoría contable y administrativa y que rindiera informes en calidad de organización profesional a alguna institución independiente de la empresa auditada.

Auditoría interna

J. O. McKinsey, quien se distinguió en el campo de la administración hace varias décadas, llegó a la conclusión de que una empresa privada debe realizar periódicamente una "auditoría administrativa", una evaluación de sí misma en todos sus aspectos, a la luz de sus condiciones prevalecientes y de sus probables condiciones futuras. Aunque McKinsey llamó a esta evaluación "auditoría administrativa", en realidad se trata de una auditoría de la totalidad de una empresa.

Por medio de la **auditoría interna** se evalúa la posición de una compañía para determinar dónde se encuentra, a dónde la conducen sus programas en vigor, cuáles deberían ser sus objetivos y si es necesario que modifique sus planes para cumplir esos objetivos. Los objetivos y políticas de prácticamente todas las empresas están expuestos a la obsolescencia. Si una empresa no modifica su curso para adecuarse a cambios en las condiciones sociales, técnicas y políticas, perderá mercados, personal y otros recursos indispensables para su sobrevivencia. La auditoría interna está diseñada para obligar a los administradores a enfrentar esta situación.

PROCEDIMIENTO   La auditoría interna puede realizarse cada año o cada 3 o 5 años. El primer paso es estudiar las perspectivas de la industria. ¿Cuáles son las tendencias y proyecciones más recientes? ¿A qué panorama se enfrenta el producto? ¿Cuáles son los mercados? ¿Qué adelantos técnicos influyen en la industria? ¿Qué cambios pueden ocurrir en la demanda? ¿Qué factores políticos o sociales pueden tener efecto en la industria? Nótese que preguntas similares pueden plantearse en la formulación de la estrategia de una empresa (véase capítulo 5).

El segundo paso de la auditoría interna es evaluar la posición de la empresa en la industria, tanto presente como futura. ¿La compañía ha mantenido su posición? ¿Ha ampliado su influencia y mercados? ¿La competencia ha debilitado su posición? ¿Qué perspectivas competitivas enfrenta? Para responder estas preguntas la compañía puede realizar estudios de la situación de sus competidores, el desarrollo de la competencia, las reacciones de los clientes y otros factores con consecuencias en su posición en la industria.

Con base en esos estudios, el siguiente paso lógico es que la compañía reexamine sus objetivos básicos y políticas principales para decidir la posición en la que querría encontrarse en, por decir algo, 3, 5 o 10 años. Una vez efectuado este análisis, la compañía puede auditar su organización, políticas, procedimientos, programas, instalaciones, posición financiera, personal y administración. En este examen deben identificarse todas las desviaciones respecto de los objetivos y facilitarse la revisión de muchos planes importantes y secundarios.

PERSPECTIVA INTERNACIONAL

¿CÓMO AUDITAR LA CALIDAD DEL SERVICIO AL CLIENTE?

Uno de los aspectos que resultan más difíciles de controlar es el grado de satisfacción del cliente; particularmente resulta complicado medir si el desempeño de los empleados contribuye o no para lograrla. Algunas empresas instaladas en México han encontrado una posible solución a este problema. Vips, Banamex, Avon, Price Club, Sears, McDonald's, Pizza Hut y American Express, entre muchas otras, han encontrado un valioso auxiliar en el sistema establecido por una empresa internacional, Shop'n Check, para medir el desempeño de su personal encargado de atender al público.

El sistema denominado "compras misteriosas" (*mistery shopping*), permite medir, tanto cualitativa como cuantitativamente, el nivel de servicio que un cliente normal recibe cuando realiza alguna compra o utiliza alguno de los servicios que le ofrecen las empresas clientes de Shop'n Check. Cualquiera de las llamadas o de las visitas de compra que reciben estas empresas puede tratarse simplemente de una cuyo objetivo es evaluar el desempeño de los empleados en relación con sus esfuerzos por seguir las políticas de servicio y atención a la clientela.

Por ejemplo, bajo este sistema, el aparentemente cliente inquisitivo de una sucursal de Banamex puede en realidad estar auditando la capacidad del empleado para ofrecer una buena asesoría sobre las oportunidades de inversión disponibles en ese banco. Quien parece ser un comensal difícil podría realmente estar interesado en probar si la mesera en turno está imbuida o no de la actitud de servicio al cliente. También podría darse el caso de que quien se encuentra en el otro lado de la línea telefónica esté haciendo preguntas que parecen de alguien sumamente despistado sólo para evaluar la cortesía con que se atienden las solicitudes de información.

Después de haber hecho la llamada telefónica o de haber realizado la revista correspondiente, los auditores de Shop'n Check se encargan de llenar la documentación que sirve de base para que los ejecutivos de la empresa auditada puedan recibir los reportes y la evaluación correspondientes. Además, si el caso así lo amerita, acompañarán al informe de la empresa auditora una serie de recomendaciones y guías de acción que pueden incorporarse a los planes estratégicos para mejorar el nivel de servicio al cliente.

CONTRIBUCIÓN DE LA AUDITORÍA INTERNA   No es común que los administradores de alto nivel piensen en términos del futuro de una empresa o evalúen el desempeño general en relación con objetivos a largo plazo. La auditoría interna tiene la ventaja específica de obligarlos a evaluar el desempeño general en términos no sólo de las metas vigentes, sino también de las futuras. Los administradores de alto nivel que dediquen esfuerzo mental a una auditoría de este tipo se verán sin duda generosamente recompensados, y se sorprenderán además de cuántas decisiones diarias habrán de simplificarse gracias a una definición más clara del destino que la empresa pretende alcanzar.

Cuando una compañía evalúa a una empresa que está interesada en adquirir, suele realizarse una auditoría similar. Sin demérito, de ningún modo, de la gran importancia del desempeño financiero, se ha comprobado que, más que de su pasado, el valor de una empresa depende de su futuro. Para poder hacer esta evaluación, un examen de los factores financieros debe complementarse con la consideración de factores como líneas de productos y competencia básica, fortalezas de comercialización, expediente de investigación y desarrollo, personal y relaciones públicas y calidad de la administración. Si todos estos aspectos son de importancia para el probable comprador de una compañía, cabe preguntarse por qué no habrían de ser significativos para una empresa en forma regular y permanente.

Aplicación del control al enfoque de sistemas

En la fase de control, que cierra el proceso administrativo, formalmente se lleva a cabo un análisis cuantitativo y cualitativo del contraste entre las acciones planeadas y los resultados obtenidos, lo cual permite determinar con precisión el alcance del desempeño de una organización (figura 21-1). Sin embargo, por su naturaleza dinámica, el control, a través del seguimiento permanente de las decisiones implementadas a lo largo de todo el proceso, posibilita conocer el comportamiento de los estándares prestablecidos, las desviaciones observadas y, por ende, las medidas tomadas para ajustar los cursos de acción para el logro efectivo de los fines propuestos.

La versatilidad de este recurso permite a las esferas de decisión no sólo disponer de elementos de juicio valiosos en lo interno, sino también como un auxiliar para detectar cambios ambientales y las repercusiones que éstos producen en la organización.

Tener una percepción clara de los ambientes interno y externo, genera ventajas competitivas estratégicas, las cuales normalmente se traducen en un mejor posicionamiento organizacional, mayor calidad de los productos y/o servicios y una muy buena imagen ante todo tipo de clientes.

La gama de controles que se instrumenten en función de las unidades de medida fijadas durante la planeación, su empleo inteligente y el compromiso con el cambio constituyen la garantía de crecimiento más sólida para una organización productiva.

FIGURA 21-1

FIGURA 21-1

Aplicación del control
al enfoque de sistemas

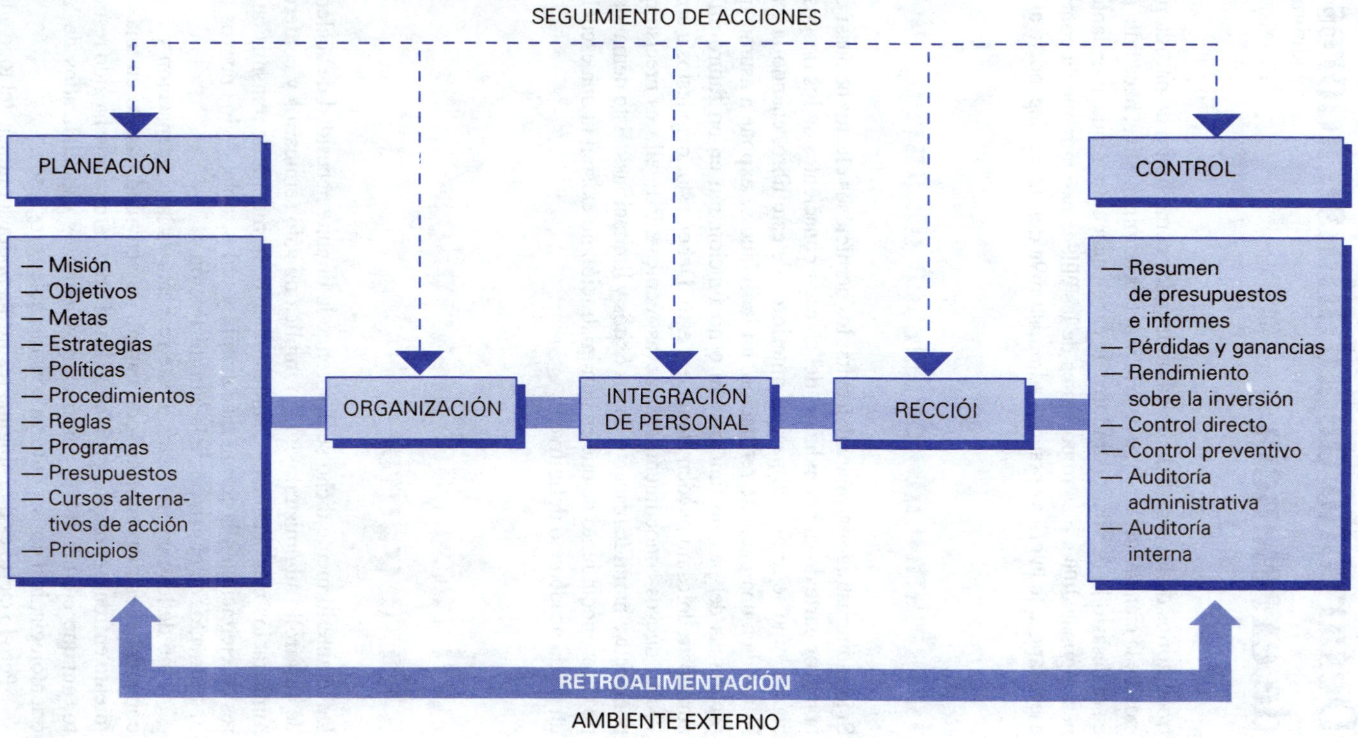

PLANEACIÓN

— Misión
— Objetivos
— Metas
— Estrategias
— Políticas
— Procedimientos
— Reglas
— Programas
— Presupuestos
— Cursos alterna-
  tivos de acción
— Principios

ORGANIZACIÓN

**INTEGRACIÓN
DE PERSONAL**

RECCIÓI

CONTROL

— Resumen
  de presupuestos
  e informes
— Pérdidas y ganancias
— Rendimiento
  sobre la inversión
— Control directo
— Control preventivo
— Auditoría
  administrativa
— Auditoría
  interna

SEGUIMIENTO DE ACCIONES

RETROALIMENTACIÓN

AMBIENTE EXTERNO

Desarrollo de administradores de excelencia

Aunque en este libro hemos presentado los análisis introductorios de las tareas de un administrador como punto de partida para la comprensión de la ciencia en la que se basa la práctica administrativa, hace falta más. La garantía en el desarrollo de administradores de excelencia comprende abundantes consideraciones, algunas de las más importantes de las cuales expondremos a continuación. Puede asegurarse que la eficaz práctica administrativa del futuro dependerá al menos de éstas.

Inculcamiento del deseo de aprender

Si los administradores pretenden evitar los perniciosos efectos de basar en la experiencia la mayor parte de su aprendizaje, deben estar conscientes de los riesgos de la experiencia.[13] Como se indicó en pasajes anteriores de este libro, cuando la experiencia no es sometida a una paciente refinación, un individuo se expone a asumir que los hechos o programas del pasado funcionarán o no funcionarán en un futuro diferente. Pero los administradores no pueden atenerse a esto. Deben estar dispuestos a aprender y a aprovechar nuevos conocimientos y nuevas técnicas. Para ello es preciso que adopten una perspectiva humilde respecto de sus éxitos y limitaciones. Esto demanda al mismo tiempo el reconocimiento de que en administración no existen ni una escuela insuperable ni un grado académico definitivo.

Aceleración del desarrollo administrativo

De lo anteriormente dicho se desprende la urgente necesidad de acelerados programas de desarrollo administrativo. Esto implica no sólo seminarios y conferencias sobre administración más pertinentes, sino también otros medios de transmisión a administradores en ejercicio, en la forma más simple y útil posible, de los nuevos conocimientos e instrumentos en el campo de la administración.

Uno de los mayores retos a este respecto es la condensación y transmisión de los conocimientos disponibles. Todo campo de actividad basado en una ciencia en crecimiento enfrenta el mismo problema. En ningún campo éste ha sido resuelto por completo, aunque ciertas áreas, como ciertos aspectos especializados de la medicina y la odontología, han conseguido ya considerables progresos.

Pero lo cierto es que ninguna respuesta podrá ser nunca del todo adecuada para este problema. Es evidente que los miembros de las facultades de administración de las universidades están obligados para con los administradores en funciones a asumir buena parte de la tarea de condensar y transmitir nuevos conocimientos tan fácil y rápidamente como sea posible. Pero se cuenta aún con escasas evidencias de que muchos profesores universitarios perciban la importancia social de este papel. Asimismo, sería de esperar una mayor contribución de las diversas asociaciones de profesionales de la administración, así como de los consultores en administración, quienes ciertamente resultarían mucho más valiosos para sus clientes si les transmitieran nuevos conocimientos. Quizá puedan obtenerse mejores resultados de la inteligente asimilación de artículos y libros. De igual manera, podrían establecerse con regularidad variados talleres especiales sobre administración. Participando apenas un día cada tantas semanas en talleres de este tipo, los administradores de todos los niveles de compañías alertas podrían actualizarse en áreas específicas de nuevas técnicas y conocimientos.

Planeación de la innovación

A medida que la competencia se agudiza, la resolución de problemas se vuelve más compleja y los conocimientos se multiplican, es de suponer que los administradores del futuro tendrán que conceder mayor importancia a la planeación de la innovación. Hoy incluso se acepta ampliamente que al menos las empresas privadas deben "renovarse o morir", que los nuevos productos no se dan solos y que las nuevas ideas de comercialización no suelen ser producto del azar. Los administradores del futuro deberán atender como nunca antes el desarrollo de condiciones para la planeación eficaz. Esto implicará, en mayor medida que ahora, la planeación de metas que demanden flexibilidad; la creación de lineamientos de políticas que induzcan a la reflexión sin ahogar la imaginación; el diseño de funciones en las que los individuos puedan ser creativos tanto como constructivos; el oportuno conocimiento de todas las condiciones externas (expuestas en gran detalle en los capítulos 1 y 2) con efectos en todo tipo de organizaciones, y el reconocimiento de la urgencia de canalizar la investigación hacia los fines deseados.

Medición y recompensa de la administración[14]

Una de las preocupaciones más significativas de los administradores del futuro será la importancia tanto de medir objetivamente el desempeño administrativo como de recompensar el buen desempeño, imponer sanciones a la deficiente operación y aplicar acciones correctivas cuando así proceda. Los administradores deben mostrarse dispuestos a contribuir al establecimiento de medidas objetivas de desempeño por medio tanto del análisis de resultados verificables como de la medición de las capacidades de los individuos como administradores.

Adecuación de la información

Otra importante consideración para los administradores del futuro será obtener la información indicada en la forma precisa y el momento exacto. La adecuación de la información, tal como se le ha descrito en este libro, requiere de una alta dosis de inteligencia y diseño. Mientras muchos administradores sigan sin darse cuenta de que muy poco de sus operaciones puede planearse y controlarse con enfoques "de manual" y sin reconocer que deben participar directamente en la adecuación de la información que necesitan, los progresos en este terreno seguirán siendo lentos. En tanto el diseño de la información siga confundiéndose con la labor oficinesca de recopilación y síntesis de información, comprensiblemente los administradores seguirán lamentando la insuficiencia de los datos con los cuales se ven obligados a actuar.

Ampliación de la investigación y desarrollo de instrumentos y técnicas

Todos los temas hasta aquí mencionados deberán recibir mayor atención de los administradores. Pero además priva también una gran necesidad de mayor investigación y desarrollo reales de instrumentos y técnicas de administración. El nivel de los esfuerzos y apoyos de investigación en el campo de la administración es terriblemente bajo. Tampoco es particularmente grande en las disciplinas de apoyo a la administración o, para tal caso, en el área entera de las ciencias sociales. No obstante, es probable que la investigación que se realiza en las disciplinas de apoyo supere con mucho a la destinada al campo central de la administración.

Muchas razones explican esta situación. La investigación sobre la administración general es difícil, extremadamente compleja y muy dinámica. Se trata de un área en la que difícilmente pueden obtenerse hechos y relaciones comprobadas y en la que también se dificulta la experimentación controlada de laboratorio, a causa del riesgo de la sobresimplificación. De igual modo, la investigación administrativa es costosa, y los fondos que se le han destinado hasta ahora han resultado absolutamente insuficientes.

Una razón más del bajo nivel de la investigación en administración es la existencia de escasos análisis clínicos, a pesar del considerable volumen de experiencia analítica. Las acciones de consultoría tanto de consultores profesionales como de académicos, las grandes colecciones de casos administrativos y los estudios y análisis realizados en el sector privado, el gobierno y otras instituciones contienen indudablemente un inmenso arsenal de información aún no asimilada, en gran parte tampoco sintetizada y relativamente inútil. Si esta experiencia clínica fuera sometida a las labores analíticas y de síntesis tan comunes en las ciencias de la salud, contaríamos ya con abundantes evidencias de lo que funciona en la práctica y de las deficiencias subsistentes.

La realización de estas investigaciones implica paciencia y conocimientos. El perfeccionamiento del análisis para incluir en él todo tipo de variables sería una meta muy laudable de un investigador. Pero, particularmente en el campo de la administración, una luz diminuta puede alumbrar intensamente un área hasta ahora en penumbras. A menudo tenemos que contentarnos con pequeños avances, para que con el tiempo, y por efecto de la acumulación, podamos lograr mayores.

Desarrollo de más invenciones administrativas

Sin desarrollo, la investigación es insuficiente. Uno de los grandes retos para los administradores del futuro será la necesidad de desarrollar más invenciones administrativas. No deja de llamar la atención que hasta ahora se haya destinado tanto talento creativo a la invención de diseños físicos y compuestos químicos y tan poco a la generación de inventos sociales. La gráfica de Gantt ha sido considerada el invento social más importante de la primera mitad del siglo xx. Otras invenciones administrativas son el presupuesto variable, el análisis de la tasa de rendimiento de la inversión y la PERT. La sola referencia a estas invenciones subraya el hecho de que son instrumentos creativos desarrollados con base en principios, por un lado, y necesidades por otro. Indica asimismo que son recursos útiles para el perfeccionamiento del arte de la administración.

Las invenciones tienden a reflejar el nivel cultural de una disciplina. En administración hay muy pocas. Pero es indudable que incluso el insuficiente nivel cultural actual puede combinarse con necesidades urgentes que den origen a muchas más innovaciones administrativas, particularmente si las personas involucradas están dispuestas a dedicar parte de su tiempo y dinero a concentrar sus energías en tales inventos. Salta a la vista que un invento administrativo significativo como los mencionados en el párrafo anterior puede hacer importantes contribuciones a la eficacia administrativa y la economía de las operaciones. La investigación y desarrollo aplicados en este campo justifican sin duda una considerable inversión de tiempo y dinero.

Creación de un sólido liderazgo intelectual

Difícilmente podría negarse la urgente necesidad de liderazgo intelectual en la administración. La administración ya no puede seguir siendo únicamente un arte práctico para el que bastan la inteligencia y experiencia connaturales. El rápido desarrollo de conocimientos básicos y la evidente necesidad de aún más, y particularmente de conocimientos organizados útiles para una práctica mejor, son requisitos de enorme significación.[15]

Los individuos de todo tipo de empresas en cualquier parte del mundo enfrentan el inmenso desafío de crear una sociedad altamente productiva. La historia nos enseña que frente a necesidades claramente advertidas no tardan en surgir líderes con inspiradas soluciones. Las grandes necesidades ya están presentes, a la espera de que se apliquen los conocimientos expuestos en este libro, destinado a hacer de usted un individuo y administrador más eficaz para que pueda conducir una organización productiva.

Hacia una teoría global y unificada de la administración

En la actualidad, el marco compuesto por la planeación, organización, integración de personal, dirección y control (con ocasionales variantes menores) es el medio más extendido para la estructuración de conocimiento administrativo.[16] En todo el mundo se hace amplio uso de libros de texto de administración basados en este marco. Sin embargo, aún quedan muchas y muy difíciles tareas por realizar para integrar este cuerpo de conocimientos administrativos en una teoría unificada.

En el capítulo 1 de este libro nos ocupamos de las muchas escuelas, o enfoques, de administración. Hay evidencias de que la selva de la teoría administrativa no sólo sigue floreciendo, sino de que, además, resulta cada vez más densa, como lo demuestra el hecho de que hoy exista casi el doble de escuelas o enfoques que hace más de 30 años.

Al mismo tiempo, se perciben signos de que las diversas escuelas de pensamiento tienden a converger. En la inteligencia de que se trata únicamente de signos en la marcha hacia una teoría más uniforme y operativa de la administración y de que el asunto no se reduce exclusivamente a esa marcha, examinemos brevemente algunas de esas tendencias a la convergencia.

Enfoque empírico: refinamiento de los elementos básicos

Al revisar los numerosos cursos en los que se recurre a casos como medio para formar administradores, da la impresión de que en la actualidad se hace mucho mayor énfasis que hace dos o tres décadas en el refinamiento de los fundamentos de esta disciplina. De igual manera, en el campo de las políticas empresariales (término con el cual han terminado por conocerse los enfoques orientados a casos) impera un mayor interés en una enseñanza e investigación que vayan más allá del recuento de lo ocurrido en una situación dada y persigan el análisis de las causas últimas.[17] Uno de los principales resultados de ello ha sido el nuevo énfasis en la administración estratégica. Además, muchos libros de texto sobre políticas y estrategia contienen ahora abundantes casos internacionales y gran cantidad de conocimientos ya refinados.[18]

Concepción de sistemas: no un enfoque distinto

Lo mismo administradores en ejercicio que teóricos operativos hacen un uso creciente de los elementos básicos de la teoría de sistemas para analizar las funciones administrativas. En el nivel macro, los administradores (y especialmente los de empresas trasnacionales) conciben sus operaciones como un sistema global interdependiente. Administradores japoneses, por ejemplo, se hallan a cargo de sus plantas manufactureras en Estados Unidos, y administradores estadunidenses dirigen sus empresas en Europa y otras regiones.

Enfoques situacional y de contingencias: ni nuevos ni distintos

Ya es evidente que los conceptos de la administración situacional, o de contingencias, son sencillamente un medio para distinguir entre ciencia y arte, conocimientos y práctica. Como se indicó al inicio de este libro, ciencia y arte son conceptos diferentes, pero complementarios. Los autores y estudiosos que han promovido enfoques situacionales o de contingencias le han hecho un gran favor al campo de la teoría y práctica administrativas, pues han insistido en que las actividades reales del administrador inteligente dependen de las realidades de una situación, trátese de Estados Unidos o cualquier otro país.

Confluencia de las teorías sobre motivación y liderazgo

Otro interesante signo de la transición hacia una teoría operacional uniforme de la administración es la tendencia a la fusión de las teorías sobre motivación y liderazgo en la investigación y el análisis.[19] Como se explicó en los capítulos 14 y 15, en la investigación y teoría del liderazgo se ha descubierto que los individuos tienden a seguir a quienes les ofrecen medios para satisfacer sus deseos. De este modo, las explicaciones del liderazgo se relacionan cada vez más con la motivación.

Las investigaciones y teorías más recientes contienen el claro mensaje tácito de que los líderes eficaces diseñan un sistema en el que se toman en cuenta las expectativas de los subordinados, la variabilidad de motivos entre los individuos, los factores específicos de una situación, la necesidad de una clara definición de funciones, las relaciones interpersonales y los diferentes tipos de recompensas.

El nuevo "desarrollo organizacional" con orientación administrativa

Tanto el "desarrollo organizacional" como el campo conocido como "comportamiento organizacional" se han derivado de los enfoques de conducta interpersonal y grupal de la administración. Muchos especialistas de estas áreas comienzan ya a comprender que la teoría y técnicas administrativas básicas caben perfectamente en sus programas de intervención conductual.

Afortunadamente, una revisión de los libros más recientes de comportamiento organizacional indica que muchos autores de este campo empiezan a entender que el estudio de los elementos de la conducta en operaciones grupales debe integrarse más estrechamente con el del diseño de la estructura organizacional, la integración de personal, la planeación y el control. Éste es un signo alentador. Es un reconocimiento de que el análisis de la conducta individual y grupal, al menos en situaciones dirigidas, ocupa fácil y lógicamente un lugar en el esquema de la teoría operacional de la administración.

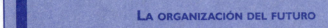

LA ORGANIZACIÓN DEL FUTURO

El concepto de la organización moderna tal como se le aplica en la actualidad en Estados Unidos fue originado por Pierre S. Du Pont y Alfred P. Sloan. Este último fue responsable de la estructuración de General Motors con énfasis en personal *staff* centralizado y operaciones descentralizadas. Se hizo así una distinción entre elaboración de políticas y operaciones. El control se mantenía por medio de diversas técnicas y presupuestos de control. Este tipo de organización funcionó notablemente bien y sigue siendo el estilo predominante de organización de las grandes empresas actuales. Sin embargo, la nueva tecnología, las nuevas demandas del entorno y una nueva fuerza de trabajo exigen un nuevo tipo de organización basada en la información.

Peter F. Drucker, uno de los autores más perceptivos sobre temas de administración, pronosticó que en 20 años las grandes organizaciones sólo tendrán una tercera parte de sus administradores actuales y que los niveles organizacionales se reducirán en más de la mitad.[20] Sostiene que las organizaciones del futuro se basarán en información y conocimientos. Se compondrán de especialistas y se asemejarán a las universidades, hospitales y orquestas sinfónicas de hoy.

Impacto de la tecnología: investigación de un viejo problema

Los especialistas han reconocido desde hace muchos años que la tecnología tiene un impacto importante en la estructura organizacional, los patrones de conducta y otros aspectos de la organización. Afortunadamente, los investigadores académicos han volcado su atención en años recientes al impacto de la tecnología en la eficacia administrativa.

Fusión de teoría y práctica

Desde hace tiempo académicos y especialistas se han ocupado de la totalidad de las funciones de la administración. Como se señaló en el capítulo 1, el marco 7-S para el análisis administrativo propuesto por McKinsey & Company, distinguida empresa de consultoría administrativa, es muy similar al modelo operacional, o del proceso administrativo.

Investigación de apoyo al enfoque operacional, o del proceso administrativo

Algunas investigaciones recientes se han centrado en las funciones administrativas totales. Como ejemplo de ello está el caso presentado por Fred Luthans en el discurso que pronunció en calidad de presidente de la Academy of Management en agosto de 1986.[21] Sus resultados son congruentes en general con el enfoque operacional de la administración aplicado en este libro. Tras estudiar durante 4 años a más de 300 administradores de diferentes niveles y tipos de organizaciones, determinó que los administradores "reales" llevan a cabo las siguientes actividades: 1) comunicación de rutina (véase parte 5 de este libro); 2) actividades administrativas tradicionales como planeación, toma de decisiones y control (partes 2 y 6 de este libro); 3) actividades de administración de recursos humanos (partes 4 y 5), y 4) formación de redes, lo que significa socialización, política e interacción con individuos fuera de la empresa (algunos de estos conceptos se relacionan con las explicaciones sobre organización informal, coordinación y poder presentadas en la parte 3). Luthans descubrió una relación muy significativa entre las actividades de formación de redes y el éxito administrativo (medido por un índice de ascensos). El siguiente nivel del análisis fue dedicado a la eficacia de los administradores (consistente en el desempeño percibido de la unidad de trabajo en términos de cantidad y calidad, así como de compromiso y satisfacción de los subordinados). Los hallazgos demostraron la intensa relación existente entre eficacia y comunicación de rutina, seguida por administración de recursos humanos y administración tradicional. Aunque esta investigación no abarcó la totalidad de las actividades administrativas más importantes (entre ellas la estructuración de la organización y la precisión de las relaciones autoridad-responsabilidad), representa un análisis muy completo de lo que los administradores exitosos y eficaces hacen en la realidad.

Aclaraciones semánticas: signos alentadores

Uno de los grandes obstáculos al desenmarañamiento del selvático panorama de la administración es el problema de la semántica. Quienes escriben y dictan conferencias sobre temas de administración y campos afines tienden a usar los mismos términos de diferente manera (o a usar diferentes términos para el mismo concepto). Esto queda de manifiesto en la diversidad de significados concedidos a términos como "organización", "línea y *staff*", "autoridad", "responsabilidad" y "políticas", por mencionar sólo algunos. Aunque aún prevalece el empantanamiento semántico y sigue aplazándose la aceptación generalizada de significados estandarizados de términos y conceptos básicos, ya se perciben signos alentadores en el horizonte.

En la actualidad es cada vez más común que los libros de texto más importantes sobre administración incluyan un glosario de términos y conceptos básicos, además de lo cual en un creciente número de textos ya comienzan a usarse términos en forma similar. Además, los miembros del consejo directivo de la International Academy of Management, selecto grupo compuesto por eruditos en administración y líderes administrativos de más de treinta países, han respondido ya a las demandas de los miembros generales e iniciado la elaboración de un glosario de conceptos y términos administrativos en varios idiomas. Es necesario que se tomen acuerdos no sólo en la traducción de los términos (aunque términos como "*operations research*" o "*management*" se usan en muchas partes de esta manera, en su modalidad original en inglés), sino también en su significado preciso, comprensible para todos.

Internacionalización de la administración[22]

Quizá el término "aldea global" describa correctamente el mundo en que vivimos en la actualidad. Los avances en la tecnología aeroespacial, las comunicaciones, la fibra óptica y las computadoras permiten un enlace directo entre personas del mundo entero.

Mientras que Japón envía a sus jóvenes a estudiar técnicas administrativas en Estados Unidos (y los administradores japoneses son ávidos lectores de los *best-sellers* estadunidenses sobre administración), administradores de Estados Unidos suelen volver la mirada a Japón en busca de medios más eficaces para la instrumentación de algunas de esas técnicas y teorías. Recientemente, administradores coreanos se han trasladado a Estados Unidos a dirigir sus subsidiarias, y lo han hecho llevando consigo su estilo propio, similar en muchos aspectos al de los japoneses.[23] Samsung, Lucky Goldstar, Daewoo y Hyundai son sólo algunas de las compañías coreanas que se han establecido en Estados Unidos (con gran éxito). Un administrador japonés ha admitido que, carentes de una cultura tan homogénea como la japonesa, es probable que los coreanos se adapten más flexiblemente al medio estadunidense.

Lo que importa destacar aquí es que ningún enfoque es mejor que otro y que, por el contrario, muchos países pueden hacer contribuciones a la teoría y práctica administrativas.[24] Una comisión especial elaboró para el presidente de Estados Unidos un informe muy sombrío sobre competitividad industrial.[25] En condiciones de competencia global, sólo tendrán éxito las mejores compañías, y la administración (podría aventurarse) será uno de los factores más importantes de ese éxito.[26]

Un observador perceptivo se dará cuenta de que las funciones de los administradores se ensanchan cada vez más. Son necesarios nuevos enfoques para evitar la obsolescencia administrativa y elevar la productividad de los administradores. Urgen una planeación más eficaz, enfoques de organización más flexibles, una mejor administración de los recursos humanos, condiciones favorables a la motivación y métodos para un control más eficaz y eficiente en los que se haga uso de la nueva tecnología de la información. Pero, sobre todo, el campo de la administración requiere de un inspirador liderazgo intelectual en Estados Unidos y el mundo entero para que las organizaciones sean más productivas en beneficio de la humanidad.

Resumen

Muchos controles generales son de carácter financiero. El control de pérdidas y ganancias es uno de los tipos de control. Otra técnica de control general es el cálculo y comparación del rendimiento de la inversión. Este método se basa en la idea de que las utilidades no deben considerarse una medida absoluta, sino un rendimiento del capital empleado en un segmento de una empresa.

Los administradores disponen de dos enfoques básicos para llevar a cabo la función de control. El más usual de ellos, el control directo, consiste en el desarrollo de normas del desempeño deseado y la posterior comparación con ellas del desempeño real. El procedimiento normal es rastrear la causa de un resultado insatisfactorio hasta las personas responsables de él y conseguir que corrijan sus prácticas.

El otro enfoque es el control preventivo, por medio del cual se intenta impedir desviaciones negativas respecto de las normas mediante el garantizamiento de que los administradores de todos los niveles apliquen eficazmente los fundamentos de la administración. El principio de control preventivo sostiene que cuanto más alta sea la calidad de los administradores y sus subordinados, serán menos necesarios los controles directos. Los supuestos en los que se basa el principio de control preventivo son: 1) que los administradores calificados cometen un mínimo de errores, 2) que los fundamentos de la administración pueden ser útiles para la medición del desempeño y 3) que es posible evaluar la aplicación de los fundamentos de la administración.

Existen dos tipos de auditorías. La auditoría administrativa persigue la evaluación de la calidad de la administración y de su calidad como sistema. La auditoría interna sirve para evaluar las operaciones de una organización y sólo indirectamente el sistema administrativo.

Es indudable que las funciones de los administradores atraviesan un periodo de cambio y ampliación. El desarrollo de nuevos conocimientos y la exigencia por parte de fuerzas sociales de administradores que se sirvan de ellos elevan enormemente el riesgo de que los administradores se vuelvan obsoletos para el cumplimiento de sus tareas. Muchos factores pueden contribuir a evitar esta posibilidad: el deseo de los administradores de aprender, la aceleración de programas de desarrollo administrativo, una planeación más eficaz de la innovación, mejores métodos para la evaluación y premiación del desempeño administrativo, una información más adecuada y un mayor énfasis en la investigación, desarrollo e inventiva administrativos. El enfrentamiento de estos desafíos demanda urgentemente el mejor liderazgo intelectual en la administración.

En el capítulo 1 se destacaron los diversos enfoques de la administración, la cual ha terminado por convertirse en una especie de selva. El enfoque operacional, o del proceso administrativo, que se aplicó en este libro es un intento por unificar esas diferentes orientaciones. Ciertamente ya hay signos de que se transita hacia una teoría global unificada de la administración.

Ideas y conceptos básicos

Control de pérdidas y ganancias

Limitaciones del control de pérdidas y ganancias

Rendimiento de la inversión (ROI)

Control directo

Supuestos cuestionables del control directo

Principio de control preventivo

Ventajas del control preventivo

Auditoría administrativa

Auditoría administrativa certificada

Auditoría interna

Factores esenciales para el desarrollo de administradores de excelencia

Tendencias hacia una teoría global unificada de la administración

Para analizar

1. ¿Por qué la mayoría de los controles del desempeño general tienden a ser de carácter financiero? ¿Deberían serlo? ¿Qué sugerencias podría hacer al respecto?
2. "El control de pérdidas y ganancias padece el defecto de no contemplar el rendimiento de la inversión; éste padece a su vez el defecto de enfatizar en exceso los resultados presentes, quizá en demérito de los futuros." Comente este juicio.
3. Si el control preventivo fuera totalmente eficaz, ¿necesitarían las compañías controles directos?
4. Elija una de las grandes áreas de la teoría y principios de la administración y explique cómo podría aplicarse en la realidad.
5. En referencia a problemas administrativos específicos, como el desarrollo de nuevos productos, la estructura organizacional o los presupuestos, ¿de qué medios disponen los administradores para introducir flexibilidad y qué inflexibilidades suelen encontrarse en cada uno de ellos?
6. ¿Qué efectos, en su opinión, tendrán las computadoras en las funciones de los administradores de alto y mediano nivel? ¿Cuáles serán sus efectos en la supervisión de primer nivel?
7. ¿Qué se puede hacer para resolver el problema de la mala alimentación de los ejecutivos de alto nivel?
8. ¿Cuáles son algunos de los signos alentadores que indican que se transita ya hacia una teoría global unificada de la administración?

Ejercicios/actividades

1. Entrevístese con dos administradores de empresas privadas y pregúnteles acerca de los tipos de controles que emplean para medir el desempeño general. ¿Qué semejanzas y diferencias encuentra en las respuestas de los dos administradores?
2. Elija un organismo gubernamental federal, estatal o local e investigue si en él existe algún tipo de control general. De no ser así, ¿podría elaborar un sistema o programa para la evaluación del desempeño general de ese organismo?

 # CASO INTERNACIONAL 2I

¿BANKAMERICA CORPORATION RECUPERA EL CONTROL?[27]

BankAmerica, que fuera alguna vez el banco más grande de Estados Unidos, fue clasificado en el lugar 299 entre las 300 mejores compañías identificadas por la revista *Fortune* durante los años ochenta. Se le consideró además en este grupo entre las compañías menos respetables en términos de calidad de administración, capacidad de innovación y otras características. Esto fue en la década de los ochenta. En 1996, BankAmerica ocupó el tercer sitio entre los 10 mejores bancos comerciales identificados por *Fortune*.

A principios de los ochenta, este banco era uno de los más rentables de Estados Unidos. Tenía entonces más de 87 000 empleados y más de 2 000 oficinas en alrededor de 100 países. Pero en un periodo de 5 años, préstamos por más de 4 000 millones de dólares, principalmente a compañías constructoras de casas, empresas de servicios de embarque, agricultores y clientes extranjeros, resultaron incobrables. Samuel Armacost declaró en 1986 que la situación estaba bajo control,[28] pero en ese mismo año el precio de las acciones de la compañía disminuyó agudamente. Fue necesario vender el edificio de las oficinas generales en San Francisco, así como, en 1987, la empresa Charles Schwab & Co., subsidiaria de intermediación bursátil de BankAmerica.

El banco había ampliado sus actividades hipotecarias en 1979 y 1980 con la expectativa de que las tasas de interés descenderían. Por el contrario, a principios de los años ochenta se dispararon. Atada a bajas hipotecas pero obligada a pagar altas tasas de interés sobre depósitos, la institución resintió una carga enorme. La desregulación resultó en la liberación de los topes de las tasas de interés y generó condiciones excesivamente dinámicas para las que la mayoría de las instituciones financieras no estaban preparadas. Las operaciones de las asociaciones de ahorro y crédito se redujeron a un nivel prácticamente bancario. El incremento de la competencia derivó en menores márgenes, lo que provocó a su vez la quiebra o adquisición por otras instituciones de algunas organizaciones ineficientes.

La competencia provino no sólo de otros bancos, sino también de muchas otras instituciones. General Motors, por ejemplo, se convirtió en uno de los principales prestamistas de fondos para consumo. Otras empresas que se incorporaron entonces a la actividad financiera fueron Sears, Ford Motor Company, National Steel, General Electric y American Express, por mencionar sólo unas cuantas.

Como muchos otros bancos, BankAmerica también hizo préstamos a países subdesarrollados. Una de las razones de ello fue la intención de dispersar los riesgos de ahorradores e inversionistas. Sin embargo, algunos de esos préstamos resultaron incobrables.

Con el paso del tiempo, sin embargo, BankAmerica recuperó el control de sus operaciones. En 1997 fue clasificado por *Fortune* en el sitio 136 entre las 431 mejores compañías. Pero lo más importante es que en 1995 se le haya concedido el sexto y en 1996 el tercer lugar entre los diez mejores bancos comerciales.

1.   ¿Perdió el control BankAmerica? Si su respuesta es "sí", ¿cómo pudo ocurrir tal cosa?

2.   ¿Qué protecciones le recomendaría aplicar a BankAmerica para que eso no vuelva a ocurrirle? ¿Qué propondría, por ejemplo, para que los ejecutivos de crédito no hagan préstamos riesgosos?

Referencias

1. Ian I. Mitroff, Paul Shrivastava y Firdaus E. Udwadia, "Effective Crisis Management", en *Academy of Management Executve*, noviembre de 1987, p. 283.

2. Para una explicación sobre diferentes tipos de medición, véase Joseph W. Wilkinson, "The Meanings of Measurement", en Max D. Richards (ed.), *Readings in Management*, 7a. ed. (Cincinnati, South-Western Publishing Company, 1986), pp. 318-324.

3. Phillip L. Zweig, John Verity, Stephanie Anderson Forrest, Greg Burns, Rob Hof y Nicole Harris, "Beyond Bean-Counting", en *Business Week*, 28 de octubre de 1996, pp. 130-132.

4. Robert N. Anthony, "Games Government Accountants Play", en *Harvard Business Review*, septiembre-octubre de 1985, pp. 161-170.

5. Michael J. Sandretto, "What Kind of Cost System Do You Need?", en *Harvard Business Review*, enero-febrero de 1986, pp. 110-118.

6. Frances Gaither Tucker y Seymour M. Zivan, "A Xerox Cost Center Imitates a Profit Center", en *Harvard Business Review*, mayo-junio de 1985, pp. 168-174.

7. Joan E. Rigdon, "Kodak Tries to Prepare for Filmless Era Without Inviting Demise of Core Business", en

The Wall Street Journal, 18 de abril de 1991; "Can Fisher Focus Kodak?", en *Fortune*, 17 de enero de 1997, pp. 77-79.

8. Véase también W. Brian Arthur, "Increasing Returns and the New World of Business", en *Harvard Business Review*, julio-agosto de 1996, pp. 100-109.

9. Gary Hamel y C. K. Prahalad, *Competing for the Future* (Boston, Harvard Business School Press, 1994).

10. Thomas Kamm y Philip Revzin, "Difficult Drive: Renault Works to Lift Auto Quality, Profits, Regain Its Lost Luster", en *The Wall Street Journal*, 12 de octubre de 1987.

11. Véase también Geert Hofstede, "The Poverty of Management Control Philosophy", en Richards (ed.), *Readings in Management* (1986), pp. 302-315.

12. Véase también Derek F. du Toit, "Confessions of a So-So Controller", en *Harvard Business Review*, julio-agosto de 1985, pp. 50-56.

13. Por otro lado, es común que se subestimen las contribuciones de administradores de 40-60 años de edad. Sin embargo, la buena marcha de las organizaciones suele deberse a ellos, motivo por el cual se les debe involucrar en decisiones importantes. Véase Jay W. Lorsch y Haruo Takagi, "Keeping Managers Off the Shelf", en *Harvard Business Review*, julio-agosto de 1986, pp. 60-65.

14. Véase, por ejemplo, Steven Kerr, "Risky Business: The New Pay Game", en *Fortune*, 22 de julio de 1996, pp. 94-96.

15. Véase, por ejemplo, Tim Smart, "Jack Welch's Encore", en *Business Week*, 28 de octubre de 1996, pp. 155-160, o la conversación con Andy Grove, de Intel, y Bill Gates, de Microsoft, de Brent Schlender, "A Conversation with the Lords of Wintel", en *Fortune*, 8 de julio de 1996, pp. 42-58.

16. Véase también Stephen J. Carroll y Dennis J. Gillen, "Are the Classical Management Functions Useful in Describing Managerial Work?", en *Academy of Management Review*, enero de 1987, pp. 38-51.

17. Véase, por ejemplo, Michael E. Porter, *Competitive Advantage* (Nueva York, The Free Press, 1985).

18. Algunos ejemplos de libros basados en la presentación de casos con abundante material son: Fred R. David, *Strategic Management*, 6a. ed. (Upper Saddle River, Nueva Jersey; Prentice-Hall, 1997); John A. Pearce II y Richard Robinson, Jr., *Strategic Management*, 6a. ed. (Chicago, Irwin, 1997); Thomas L. Wheelen y J. David Hunger, *Strategic Management and Business Policy* (Reading, Massachusetts; Addison-Wesley

Publishing Co., 1995); Arthur A. Thompson, Jr. y A. J. Strickland III, *Strategic Management: Concepts & Cases*, 9a. ed. (Chicago, Irwin, 1996).

19. También por medio del autoliderazgo se puede alcanzar un alto grado de motivación. Véase, por ejemplo, Charles C. Manz, "Self-Leadership: Toward an Expanded Theory of Self-Influence Processes in Organizations", en *Academy of Management Review*, julio de 1986, pp. 585-600. Para un libro sobre autoliderazgo, véase Henry P. Sims, Jr., y Charles C. Manz, *Company of Heroes* (Nueva York, John Wiley & Sons, 1996).

20. Véase Peter F. Drucker, "The Coming of the New Organization", en *Harvard Business Review*, enero-febrero de 1988, pp. 45-53.

21. Véase también Fred Luthans, Richard M. Hodgetts y Stuart A. Rosenkrantz, *Real Managers* (Cambridge, Mass.; Ballinger Publishing Company, 1988). Este libro fue reseñado por Craig C. Pinder en *Academy of Management Review*, octubre de 1988, pp. 661-663.

22. Véase también Tom Peters, "Prometheus Barely Unbound", en *Academy of Management Executive*, noviembre de 1990, pp. 70-84; Rosabeth Moss Kanter, "Transcending Business Boundaries: 12 000 World Managers View Change", en *Harvard Business Review*, mayo-junio de 1991, pp. 151-164. Varios libros recientes también tratan de la administración internacional, como Carl Rodrigues, *International Management: A Cultural Approach* (Mineápolis/St. Paul, West Publishing Company, 1996) y Arvind V. Phatak, *International Management — Concepts and Cases* (Cincinnati, Ohio; South-Western College Publishing, 1997).

23. Laurie Baum, "Korea's Newest Import: Management Style", en *Business Week*, 19 de enero de 1987, p. 66. A los coreanos les interesan mucho los enfoques administrativos estadunidenses, como lo demuestra la traducción al coreano de las tres ediciones anteriores de este libro. Véase Harold Koontz, Cyril O'Donnell y Heinz Weihrich, *Management*, 8a. ed., edición coreana (ISBA 035487-1); Harold Koontz y Heinz Weihrich, *Management*, 9a. ed., edición en coreano (Seúl, Corea; United Publishing & Promotion Co., Ltd., 1988/1990); Heinz Weihrich y Harold Koontz, *Management: A Global Perspective*, 10a. ed. (Seúl, Pan Corea Corporation, 1993, 1996). La aplicación de enfoques administrativos en Corea también fue tratada por Heinz Weihrich, Jin-Hwan Chun y Jang-Ho Kim en la presentación de "Gaining Competitive Advantage for

the Republic of Korea with the TOWS Matrix — An Alternative to Porter's Model" en la *16a. Conferencia Internacional Anual de la Strategic Management Society* en Phoenix, 10-13 de noviembre de 1996.

24. F. T. Murray y Alice Haller Murray, "SMR Forum: Global Managers for Global Businesses", en *Sloan Management Review*, invierno de 1986, pp. 75 ss.; Andrew Kupfer, "How to Be a Global Manager", en *Fortune*, 14 de marzo de 1988, pp. 52-58.

25. *Global Competition — The New Reality*, informe de la comisión presidencial sobre competitividad industrial, vol. 1 (Washington, GPO, enero de 1985).

26. Louis Kraar, "The New Powers of Asia", en *Fortune*, 28 de marzo de 1988, pp. 126-132.

27. Este caso se basa en varias fuentes, entre ellas Harvey Rosenblum y Diane Siegel, *Competition in Financial Services: The Impact of Nonbank Entry* (Federal Reserve Bank of Chicago, estudio # 83-1), p. 17; Teresa Carson, "Who Needs Bank America? Not Joe Pinola", en *Business Week*, 23 de febrero de 1987, p. 46; Jonathan B. Levine, "1985 Won't Be Any Better for BofA", en *Business Week*, 24 de junio de 1985, p. 46; "Banks Give Farmers Loans and Pray for Bailout", en *The Wall Street Journal*, 6 de junio de 1985; Harlan S. Byrne y Jonathan R. Laing, "Asset or Liability? Tom Clausen Returns to B of A", en *Barrans*, octubre de 1986; Nina Easton, "Some Branch Tightening Ahead of Bank of America", en *American Banker*, 23 de febrero de 1987; Edward C. Baig, "America's Most Admired Corporations", en *Fortune*, 19 de enero de 1987, pp. 18-31; Edward A. Robinson, "America Most Admired Companies", en *Fortune*, 3 de marzo de 1997, pp. 68-75, y "Where Companies Rank in Their Own Industries", en *Fortune*, 3 de marzo de 1997, p. F1.

28. Gary Hector, "The Most Beleaguered Banker", en *Fortune*, 5 de enero de 1987, p. 86.

RESUMEN DE PRINCIPIOS BÁSICOS PARA EL CONTROL

De lo expuesto en los capítulos anteriores sobre el control administrativo se desprenden ciertos elementos esenciales, o verdades básicas. Llamados "principios", éstos están diseñados para recalcar aspectos del control considerados como de especial importancia. En vista de que, aunque representa un sistema en sí mismo, el control es un subsistema de la extensa área de la administración, es comprensible que algunos de estos principios sean similares a los identificados en las exposiciones de las demás funciones administrativas. Los principios de control pueden agruparse en tres categorías, de acuerdo con su propósito y naturaleza, estructura y proceso.

Propósito y naturaleza del control

El propósito y naturaleza del control se resumen en los siguientes principios.

C1.* **PRINCIPIO DE PROPÓSITO DEL CONTROL.** La función del control es garantizar el éxito de los planes mediante la detección de desviaciones respecto de ellos y la disposición de una base para emprender acciones destinadas a corregir desviaciones indeseables potenciales o reales.

C2. **PRINCIPIO DE CONTROLES DIRIGIDOS AL FUTURO.** A causa de los rezagos en el sistema total de control, cuanto más se base un sistema de control en la corrección anticipante en lugar de en la simple retroalimentación de información, mayores oportunidades tendrán los administradores para percibir, antes de que ocurran, desviaciones indeseables respecto de los planes y para emprender a tiempo acciones destinadas a prevenirlas.

Estos dos principios postulan que en todo sistema de acciones administrativas el propósito del control es garantizar el cumplimiento de los objetivos por medio de la detección de desviaciones y la realización de acciones diseñadas para corregirlas o prevenirlas. Como en el caso de la planeación, la base del control debe ser la previsión. Este principio suele ignorarse en la práctica, debido sobre todo a que en su estado actual la administración no ofrece con regularidad sistemas de control con corrección anticipante. Por tradición los administradores han dependido de datos históricos, los cuales pueden resultar adecuados para la recaudación de impuestos y la determinación de las ganancias de los accionistas, pero son insuficientes para el control más eficaz. En ausencia de medios de previsión, remitirse al pasado (bajo el cuestionable supuesto de que "el pasa-

* "C" significa "principio de control".

do prologa") es mejor que no remitirse a nada. Pero los rezagos del sistema de control administrativo vuelven imperativos mayores esfuerzos por hacer realidad el control dirigido al futuro.

C3.   PRINCIPIO DE RESPONSABILIDAD DE CONTROL. La responsabilidad básica sobre el ejercicio del control recae en el administrador encargado del desempeño de los planes particulares implicados.

Puesto que la delegación de autoridad, la asignación de tareas y la responsabilidad sobre ciertos objetivos recaen en los administradores, de esto se desprende que el control de estas labores debe ser ejercido por cada uno de ellos en particular. Un administrador no puede renunciar o abdicar de su responsabilidad sin producir cambios en la estructura organizacional.

C4.   PRINCIPIO DE EFICIENCIA DE LOS CONTROLES. Las técnicas y métodos de control son eficientes si sirven para detectar y aclarar la naturaleza y causas de desviaciones respecto de los planes con un mínimo de costos u otras consecuencias inesperadas.

Las técnicas de control tienden a ser costosas, complejas y pesadas. Los administradores corren el riesgo de abrumarse con tantas actividades de control que terminen dedicando más de lo necesario a la detección de una desviación. Los controles presupuestales excesivamente detallados que paralizan a los subordinados, los controles matemáticos complejos que obstruyen la innovación y los controles de compras que retrasan entregas y cuestan más que el artículo adquirido son ejemplos de controles ineficientes.

C5.   PRINCIPIO DE CONTROL PREVENTIVO. Cuanto mayor sea la calidad de los administradores en un sistema administrativo, menos necesidad habrá de controles directos.

La mayoría de los controles se basan en gran medida en el hecho de que los seres humanos cometemos errores y las más de las veces no reaccionamos a los problemas emprendiendo rápida y adecuadamente su corrección. Entre más calificados sean los administradores, mayor será su capacidad para percibir desviaciones respecto de los planes y emprender acciones oportunas para prevenirlas.

Estructura del control

Los siguientes principios persiguen demostrar que los sistemas y técnicas de control pueden diseñarse en tal forma que contribuyan a elevar la calidad del control administrativo.

C6.   PRINCIPIO DE REFLEJO DE PLANES. Mientras más claros, completos e integrados sean los planes y mejor sea el diseño de los controles a fin de que sean reflejo de esos planes, más eficazmente responderán los controles a las necesidades de los administradores.

Es imposible crear un sistema de control sin planes, puesto que la función del control es asegurar que los planes funcionen tal como se desea. No cabe duda que entre más claros, completos e integrados sean los planes y entre mejor diseñadas estén las técnicas de control para seguir los progresos de éstos, más eficaces serán los controles.

C7.   PRINCIPIO DE ADECUACIÓN ORGANIZACIONAL.   Cuanto más clara, completa e integrada sea una estructura organizacional y mejor sea el diseño de los controles a fin de que reflejen el punto de la estructura organizacional en el que recae la responsabilidad sobre las acciones, tanto más facilitarán los controles la corrección de desviaciones respecto de los planes.

Los planes son instrumentados por personas. Las desviaciones de los planes deben ser responsabilidad básica de los administradores a los que se les ha confiado la tarea de ejecutar los programas resultantes de la planeación. Puesto que es atribución de una estructura organizacional definir un sistema de funciones, de esto se deduce que los controles deben diseñarse para tener efectos en la función en la que recae la responsabilidad sobre la ejecución de un plan.

C8.   PRINCIPIO DE INDIVIDUALIZACIÓN DE LOS CONTROLES.   Entre más comprensibles sean las técnicas e información de control para los administradores en lo individual que deben utilizarlas, más se les usará y más resultarán en un control eficaz.

Aunque ciertas técnicas e información de control pueden ser utilizadas de la misma forma por diversos tipos de empresas y administradores, por regla general los controles deben crearse a la medida de una situación específica para satisfacer las necesidades individuales de los administradores. Esta individualización se relaciona hasta cierto punto con el puesto en la estructura organizacional, como se indicó en el principio anterior. Otro aspecto de la individualización es la adecuación de los controles al tipo y nivel de capacidad de comprensión de los administradores. Lo mismo presidentes de compañías que supervisores (aunque habitualmente por razones muy distintas) resienten la ininteligibilidad e inadecuada presentación de la información de control. La información de control que un administrador no puede utilizar carece de valor práctico.

Proceso de control

Siendo, como lo es en gran medida, cuestión de técnica, el control descansa fundamentalmente en el arte de la administración, en la habilidad práctica para resolver situaciones específicas. Sin embargo, la experiencia ha demostrado que ciertos principios al respecto pueden aplicarse en prácticamente cualquier instancia.

C9. PRINCIPIO DE NORMAS. El control eficaz requiere de normas objetivas, precisas y adecuadas.

Se debe contar siempre con un medio sencillo, específico y verificable para medir el grado de cumplimiento de un programa resultante de la planeación. El control es ejercido por individuos. Incluso los mejores administradores no pueden evitar la influencia de factores personales, de manera que en ocasiones el desempeño real se oculta bajo el disfraz de una personalidad gris o chispeante o de la habilidad de un subordinado para hacer pasar por aceptable un desempeño deficiente. Aplicadas con objetividad, es muy probable que los subordinados acepten como justas y razonables ciertas normas de desempeño.

C10. PRINCIPIO DE CONTROL DE PUNTOS CRÍTICOS. El control eficaz implica especial atención a los factores críticos para la evaluación del desempeño con base en los planes.

Sería ocioso e innecesario que los administradores siguieran cada detalle de la ejecución de los planes. Lo único que necesitan saber es que los planes están siendo instrumentados. Por lo tanto, deben concentrar su atención en los factores sobresalientes de desempeño que habrán de indicar cualquier desviación importante respecto de los planes. Prácticamente todos los administradores están en condiciones de preguntarse qué aspectos de sus operaciones son más aptos para señalar si se están cumpliendo los planes de los que son responsables.

C11. PRINCIPIO DE EXCEPCIÓN. Mientras más concentren los administradores sus esfuerzos de control en excepciones significativas, más eficientes serán los resultados de su control.

Este principio sostiene que a los administradores deben preocuparles en particular las desviaciones significativas, es decir, las situaciones especialmente buenas o especialmente malas. Este principio suele confundirse con el de control de puntos críticos, con el que ciertamente guarda semejanza. Sin embargo, el control de puntos críticos tiene que ver con la identificación de los puntos por vigilar, mientras que el principio de excepción se refiere a la vigilancia de la magnitud de las desviaciones en esos puntos.

C12. PRINCIPIO DE FLEXIBILIDAD DE LOS CONTROLES. Para que los controles sigan siendo eficaces a pesar de fallas o de cambios imprevistos de planes, se requiere flexibilidad en su diseño.

De acuerdo con este principio, los controles no deben ceñirse tan inflexiblemente a un plan que resulten inútiles si el plan falla o se le modifica súbitamente. Nótese que este principio se aplica a fallas en los planes, no a fallas de las personas que operan conforme a ellos.

C13. PRINCIPIO DE ACCIÓN. El control sólo se justifica si las desviaciones respecto de los planes (ya sea potenciales o reales) son corregidas mediante una planeación, organización, integración del personal y dirección adecuadas.

En la práctica hay situaciones en las que se olvida esta sencilla verdad. El control representa un desperdicio del tiempo de los administradores y personal en general si no es seguido por acciones. Cuando se detectan desviaciones en el desempeño experimentado o proyectado, se debe pasar a la acción, bajo la forma ya sea de rediseño de planes o de elaboración de planes adicionales para retomar el curso indicado. Una situación de este tipo puede implicar incluso la reorganización. Quizá sea necesario remplazar a subordinados o capacitarlos para que puedan realizar las tareas deseadas. Pero también puede resultar que la falla estribe en falta de dirección y liderazgo para lograr que un subordinado comprenda los planes o para motivarlo a cumplirlos. Sea como sea, lo que importa es actuar.

Control global y retos globales

Al igual que las secciones de conclusiones de las partes 1 a 5, las conclusiones de esta parte tratan del ámbito global. El tema de esta parte es el control. Nos ocuparemos primeramente de las prácticas de control en Japón, Estados Unidos, la República Popular China, México y Colombia. Después destinaremos el enfoque internacional a las implicaciones del programa CE 1992 de la Comunidad Europea para la administración en la Unión Europea (UE). Finalmente, en el caso de la industria automotriz global aludiremos a la importancia de la calidad y la mejora continua, necesarias ambas para la competitividad en el mercado global.

Prácticas de control en Japón, Estados Unidos, la República Popular China, México y Colombia[1]

Desde la perspectiva de los administradores occidentales, el control supone establecer normas, medir el desempeño y corregir las desviaciones indeseables. Pero para los japoneses este proceso es menos directo, como se muestra en la tabla anexa.

Control en Japón[2]

Como se indicó al abordar el tema de la toma de decisiones, los grupos (en lo que se refiere a su dinámica y presiones) tienen un profundo impacto en el proceso administrativo. En una oficina sin muros divisorios, los individuos (todos ellos en condiciones de igualdad) están perfectamente al tanto del desempeño de sus colegas. Además, los administradores forman parte del grupo de trabajo, en lugar de hallarse separados de los empleados por la puerta de una oficina. La medición del desempeño individual no se basa en objetivos verificables específicos; el acento se pone en cambio en el desempeño grupal. Asimismo, el estilo japonés de permitir que los subordinados no sean exhibidos a causa de sus fallas sería incongruente con la atribución a individuos de la culpa de desviaciones respecto de los planes. Lo que importa en el control es el proceso, no los números. Los japoneses son famosos por su gran interés en la calidad. Sin embargo, no siempre fue así. En las décadas de los cincuenta y sesenta privó la impresión de que los productos japoneses eran de mala calidad. Pero esta impresión ha cambiado; ahora la buena calidad es una de las características que se asocian con los productos japoneses. Esto se debe en parte al éxito en ese país del control de calidad, el cual implica la activa participación de los trabajadores de los niveles inferiores en círculos de control de calidad.

Comparación del control en Japón, Estados Unidos, China, México y Colombia.*

Administración japonesa	Administración estadunidense	Administración china	Administración mexicana	Administración colombiana
1. Control por los compañeros	1. Control por el superior	1. Control por el líder del grupo (superior)	1. Control por el superior	1. Control por el superior
2. El control se dirige al desempeño grupal	2. El control se dirige al desempeño individual	2. El control se dirige principalmente a grupos, aunque también a los individuos	2. El control se centra en el desempeño del grupo	2. El control se centra en el desempeño individual
3. Salvación del honor	3. Atribución de culpas	3. Se intenta salvar el honor	3. Resolver los asuntos afrontando las consecuencias	3. Determinar el culpable
4. Amplio uso de círculos de control de calidad	4. Uso limitado de círculos de control de calidad	4. Uso limitado de círculos de control de calidad	4. Empleo de los recursos de calidad en sus diferentes modalidades	4. Uso común del control total de la calidad
5. Amplio uso de ACT	5. Creciente uso de ACT	5. Escasa información sobre el uso de ACT	5. Creciente uso de ACT	5. Amplio uso de ACT

* Las fuentes de información aparecen en la nota 6 de la sección de "Referencias" de las conclusiones de la parte 2.

El control de calidad total (CCT) supone de los trabajadores la identificación y notificación de problemas de calidad. Puede implicar, por ejemplo, detener la línea de producción para que puedan realizarse acciones correctivas. Los empleados deben asumir la responsabilidad de la calidad, así como estar dispuestos a trabajar en equipo para resolver problemas de calidad. En Japón se ha extendido enormemente el uso del método de CCT.

Control en Estados Unidos

En Estados Unidos el control suele significar la medición del desempeño con base en precisas normas prestablecidas. La administración por objetivos, cuya práctica es muy común en ese país, supone el establecimiento de objetivos verificables con base en los cuales medir el desempeño individual. De este modo el superior puede rastrear desviaciones hasta individuos específicos, lo que frecuentemente resulta en una muy precisa atribución de culpas. La intención de optimizar resultados individuales puede mermar el desempeño grupal. Todos sabemos de casos en los que el interés de los individuos ha prevalecido sobre el interés grupal u organizacional.

La aplicación en Estados Unidos de programas de control de calidad no es nueva. La Hughes Aircraft Company, por ejemplo, puso en marcha programas de este tipo desde hace mucho tiempo, bajo los nombres de Cero Defectos e Ingeniería de Valor. Muchos de tales programas se desarrollaron en ese país y fueron adoptados más tarde por los japoneses para la elevación de la calidad de sus productos y de su productividad. Ahora muchas compañías estadunidenses aplican conceptos de control de calidad total (CCT) en favor de la calidad y la productividad. También el CCT se originó en Estados Unidos, pero se le perfeccionó a tal grado en Japón que dio como resultado una ventaja japonesa en productividad. No obstante, las diferencias de productividad entre las compañías japonesas y las estadunidenses han tendido a acortarse en la década de los noventa.

Control en China

En China el control es ejercido primordialmente por líderes de grupos. La responsabilidad del control recae principalmente en los grupos, aunque también en los individuos. De los administradores de fábricas se espera, por ejemplo, que cumplan su cuota anual. Así, las prácticas de control chinas son una combinación de las prácticas administrativas estadunidenses y japonesas. Cuando se identifican desviaciones respecto de las normas, se tiende a permitir que las personas responsables del subdesempeño cubran las apariencias (tal como ocurre también en la práctica japonesa). En ocasiones se hace uso de círculos de calidad, pero no son una práctica común. China no se ha distinguido por productos de calidad. En la actualidad, muchas empresas occidentales que operan en ese país prestan atención a la calidad al tiempo que producen bienes competitivos en el mercado global. Sin embargo, se carece hasta la fecha de datos suficientes para evaluar el grado de uso del CCT en China.

Control en México

El empleo de controles en las empresas mexicanas es una práctica generalizada que forma parte de su operación normal, ya que todas sus iniciativas obedecen a objetivos normalmente incluidos en sus planes, programas o esquemas de trabajo.

La razón primordial por la que los establecen, es para medir el desempeño organizacional de acuerdo con unidades de medida predeterminadas, mismas que permiten conocer si los cursos de acción seguidos se han traducido en logros o desventajas, y de qué manera esto ha repercutido en la efectividad de sus resultados, especialmente en materia económica.

La gama de técnicas de control que utilizan varía en función de su área de competencia, tipo de productos y/o servicios que brindan y relaciones con su entorno. Entre las más representativas se encuentran presupuestos, auditorías contable y administrativa, y normalización de los aspectos de calidad, en algunos casos disponen adicionalmente de recursos de *software* y programación en computadoras, así como de modelos matemáticos.

Su aprobación corresponde a la alta dirección, su aplicación a todos los niveles jerárquicos y su seguimiento a líderes de proyecto, titulares de grupos de trabajo y responsables de unidades administrativas.

Control en Colombia

Son muy raras las empresas que cuentan con sistemas de control concebidos como instrumentos para el aprendizaje institucional y para el mejoramiento continuo. Este hecho concuerda con el escaso desarrollo alcanzado por los órganos de dirección de las empresas y el consecuente predominio de sus componentes operativos dedicados a la transformación de insumos en productos.

Es notoria la ausencia de controles que establezcan el impacto de las decisiones estratégicas sobre las variables clave de resultados de la empresa. En contraste con lo anterior, las organizaciones grandes y medianas, poseen controles de verificación con fines punitivos o que buscan forzar la ejecución para que se ajuste a las metas planeadas.

El control de costos y presupuestos, y el control total de la calidad, son comunes en las grandes empresas manufactureras y en algunas de tamaño mediano. En las organizaciones financieras la auditoría interna es por lo general, bastante desarrollada. A partir de 1993, las entidades estatales del orden nacional, regional y local, fueron obligadas mediante una ley a tener sistemas de control interno y de control de gestión, lo cual ha inducido a las organizaciones privadas a implantar controles de gestión. No obstante, estos controles son limitados porque están todavía muy orientados hacia los indicadores numéricos de carácter financiero.

En los últimos años algunas empresas han tratado de reducir la magnitud y la complejidad de sus mecanismos de control administrativo, especialmente los relacionados con la auditoría interna, con la convicción que este tipo de controles no agrega valor para el cliente y constituyen un mal necesario que se debe eliminar o al menos, reducir a su mínima expresión.

Si bien, esa idea no es errónea, es sin embargo, insuficiente. Hace falta que la gerencia colombiana entienda el control no como un simple mecanismo de verificación sino como un medio para aprender sistemáticamente a partir de la experiencia institucional.

Conclusiones sobre prácticas administrativas en diferentes países

Las comparaciones de las prácticas de planeación, organización, integración del personal, dirección y control de Japón, Estados Unidos, China, México y Colombia confirman que la aplicación de los principios y conceptos administrativos difiere en estos países. Confirman también que los administradores de orientación global deberán conocer no sólo las prácticas administrativas de su país, sino también las de muchas otras partes del mundo. Los administradores chinos han estudiado las prácticas administrativas japonesas y estadunidenses y las han comparado con su propia experiencia, como lo muestran las explicaciones de las funciones administrativas. Ciertas prácticas propias de Estados Unidos y Japón son transferibles a las demás naciones, pero otras no.[3] Las condiciones que privan en cada país, y en particular los factores socioculturales de cada uno de ellos, influyen directamente en la práctica,[4] pero su impacto puede haberse exagerado.

ENFOQUE
INTERNACIONAL

Implicaciones de la competencia global

La globalización ejercerá importantes efectos en casi todas las compañías estadunidenses, ya sea que operen en el ámbito nacional o en el exterior. Sólidas compañías europeas y asiáticas se han convertido en duros competidores en Estados Unidos. Para tener éxito en el mercado mundial, las empresas deben hacer uso de todas sus capacidades para enfrentar las demandas del ambiente externo.

Ambiente externo[5]

En el desarrollo de un *perfil empresarial* para sus compañías, los ejecutivos deben acometer preguntas tan importantes como el dominio geográfico de la empresa, su situación competitiva y la orientación de su alta dirección.

La determinación del *dominio geográfico* implica la formulación de preguntas como "¿Dónde se encuentran nuestros clientes y dónde las demás personas que deberían serlo pero aún no lo son?" Si la intención es operar en los mercados europeo o asiático, se requiere de un profundo conocimiento de la nueva dinámica generada por la Unión Europea (UE) y la Cuenca del Pacífico.

La *situación competitiva* se ha visto enormemente alterada por la Unión Europea y la Asociación de Naciones del Sudeste Asiático (Association of South-East Asian Nations,

ASEAN). La participación de mercado es sólo uno de los indicadores del potencial de una empresa. Otros son el precio, la calidad, el servicio, la innovación de productos, los sistemas de distribución, las instalaciones y las localidades en las que opera. Factores que en el pasado fueron la clave del éxito quizá se vean alterados en un mercado global. El análisis competitivo resulta especialmente complejo para compañías que operan en los mercados internacionales.

La dirección que siguen las empresas la determinan personas, especialmente altos ejecutivos. Quizá algunos administradores deban modificar su *orientación* y cambiar su punto de vista nacional por una perspectiva global. Son nuevas demandas para los administradores (reforzadas por la nueva Europa y los países asiáticos) pensar en términos globales, conocer la mentalidad de los administradores de otros países, obtener experiencia administrativa en el exterior y dominar al menos dos lenguas extranjeras.

En el análisis del ambiente externo deben tomarse en cuenta muchos factores. Como ya se señaló, el poder *económico* sufre cambios en la actualidad a causa del surgimiento de la Unión Europea y de la asociación de los países de la Cuenca del Pacífico. Esta alteración va acompañada por muchos cambios sociales y políticos. Hoy prevalece ya gran uniformidad en leyes y regulaciones, lo que puede representar tanto amenazas como oportunidades.

Los productos no sólo deben ajustarse a las demandas locales, sino también al estado de la tecnología, la cual cambia cada vez más rápidamente. La transferencia de *tecnología* es veloz. En las compañías se deben erigir estructuras organizacionales que aprovechen los adelantos tecnológicos, como la superconductividad o la fusión nuclear.

También es preciso tomar en cuenta los cambios *demográficos*. La apertura de las fronteras ha dado como resultado el desplazamiento de personas de un país a otro. Por ejemplo, los trabajadores extranjeros que laboran en Alemania tienen derecho a ciertas prestaciones, lo que hace más pesada la carga de deuda que pesa sobre los nacionales. Además, cada país presenta una distinta composición por edades. Esto significa que, a pesar de la tendencia hacia mercados globales, la comercialización tendrá que seguir adecuándose a las necesidades de la población de cada país.

Mercados y competencia atraviesan hoy en día un periodo de drásticos cambios. Tanto el número como el tipo de competidores sufren modificaciones. Por lo tanto, las compañías deben hacerse las siguientes preguntas: "¿Quiénes son nuestros competidores y cuál es nuestra posición en comparación con la suya?" "¿Cuáles son las ventajas y desventajas de nuestros competidores y cuáles sus estrategias?" Finalmente, cada compañía debe determinar cómo competir mejor en el ámbito global.

También *otros factores*, por supuesto, son de gran importancia para cada organización en lo particular y merecen especial consideración, como la disponibilidad de materias primas y proveedores o la suficiencia del sistema de transporte.

Ambiente interno de las compañías[6]

Las demandas del ambiente externo deben sopesarse en relación con las deficiencias y cualidades de la administración, la estructura organizacional, operaciones, finanzas y otros factores internos.

Los *administradores* no sólo deben ser aptos en el desempeño de las funciones administrativas de planeación, organización, integración del personal, dirección y control, sino que además deben ampliar sus horizontes más allá de las fronteras nacionales. Adicionalmente, deben conocer las diferencias en relaciones laborales, políticas de personal, selección, capacitación y desarrollo entre un país y otro.

Las *estructuras organizacionales* deben reflejar las demandas del ámbito global. En algunos casos la exportación de bienes o la concesión de licencias quizá deban ser remplazadas por sociedades en participación, subsidiarias, fusiones y adquisiciones. Las alianzas estratégicas pueden adoptar muchas formas, desde sociedades en participación hasta acuerdos de comercialización. Muchas compañías rivales han decidido unir fuerzas. General Electric, por ejemplo, mantiene relaciones con compañías europeas, japonesas y sudcoreanas. Ford se asoció con la compañía japonesa Nissan para producir una minivagoneta, y también mantiene lazos con Mazda. Estableció además operaciones conjuntas con Volkswagen en Argentina y Brasil, que disolvió sin embargo en 1997. AT&T trabaja en asociación con la compañía holandesa Phillips. Es evidente que, a medida que se avanza hacia la consolidación de un mercado global, las fronteras nacionales pierden importancia.

Las *operaciones* deben analizarse detenidamente en términos de capacidades de investigación y desarrollo, comercialización, canales de distribución y protección de marcas. Por ejemplo, es probable que las compañías de alta tecnología se vean obligadas a responder a las demandas de otros países en lo que se refiere a la realización de investigaciones en ellos. Otros factores competitivos pueden ser la productividad, los costos laborales, los precios, la adecuada identificación de los clientes, el servicio y la imagen de la compañía.

Los mercados *financieros* se están viendo enormemente afectados por la aparición de la Unión Europea. La fácil disponibilidad de capital en Europa podría provocar escasez de capitales en Estados Unidos. Las compañías deben evaluar sus fuerzas y debilidades en términos de rentabilidad, planeación financiera, sistema de contabilidad e impacto de la estructura tributaria. Más recientemente los debates se han centrado en la posibilidad o no de que se implante en la Unión Europea la planeada moneda única.[7] Incluso un país con tanta solidez económica como Alemania podría verse en dificultades para cubrir los requisitos de la nueva moneda.[8]

Desarrollo, evaluación y elección de estrategia

Las empresas estadunidenses disponen de muchas estrategias.[9] Una de ellas es la exportación de bienes y servicios a otros países. En general, las compañías de Estados Unidos han tenido escaso éxito en la exportación. Otra estrategia es la de *sociedades en participación*, las cuales han rendido resultados muy variables, como lo demuestra el acuerdo de cooperación entre Olivetti y AT&T. Aun así, y como ya se indicó, muchas compañías consideran en la actualidad la opción de sociedades en participación. Hasta ahora el medio más exitoso para las compañías estadunidenses ha sido el establecimiento de *sub-*

sidiarias o *sucursales* de su propiedad, como es el caso de empresas tan sólidas como Opel (subsidiaria de General Motors), Ford Motor Company e IBM.

Al evaluar las alternativas a su disposición, las empresas deben considerar sus oportunidades a la luz de los riesgos implicados. Las nuevas condiciones que imperan ya en Europa y Asia, regiones con una población relativamente pudiente, ofrecen muchas y muy lucrativas oportunidades para el lanzamiento de nuevos productos y servicios. Sin embargo, hay compañías que no podrían darse el lujo de correr los riesgos que ello implica. Pero al mismo tiempo, y desde una perspectiva de largo plazo, también hay compañías que no podrían permitirse evitar el riesgo de incorporarse a nuevos mercados.

Mientras que algunas compañías estadunidenses han consolidado su posición en Europa (Sara Lee, por ejemplo, adquirió recientemente una empresa holandesa productora de té y café y una compañía francesa productora de medias para dama), otras son relativamente nuevas en el mercado europeo. Whirlpool, una de las compañías fabricantes de aparatos eléctricos más grandes de Estados Unidos, halló la manera de introducirse en el mercado de la UE por medio de una sociedad en participación con la empresa holandesa N. V. Phillips para la fabricación de electrodomésticos mayores cuya comercialización se realizará bajo la marca de esta última. Pero ya sea que se trate de empresas nuevas en el escenario europeo o ya sólidamente establecidas en él, muchas compañías extranjeras están haciendo intentos por asentar o consolidar su base europea. Las compañías automotrices sudcoreanas, por ejemplo, son consideradas ya una gran amenaza para muchas empresas europeas firmemente establecidas.

Las decisiones estratégicas deben tomarse con la mira puesta en los competidores. Las compañías estadunidenses encontrarán no sólo competidores europeos, sino también asiáticos, los que constituyen ya serios rivales. Compañías químicas japonesas, por ejemplo, intervienen ya en sociedades en participación, concesión de licencias o realización de inversiones directas.[10]

Muchas grandes empresas trasnacionales se han preparado ya para enfrentar la posibilidad de medidas proteccionistas como resultado de la formación de la Unión Europea. Estas decisiones estratégicas suelen adoptar la forma de adquisiciones, fusiones, alianzas estratégicas (sociedades en participación o acuerdos de cooperación) y racionalización. El Deutsche Bank (banco central de Alemania) adquirió, por ejemplo, las sucursales del Bank of America en Italia. Brown & Boveri, compañía eléctrica suiza, se fusionó con la empresa sueca ASEA para formar Asea Brown Boveri (ABB). La American Telephone and Telegraph Company creó una *sociedad en participación* con ITALTEL, compañía italiana fabricante de equipo de telecomunicaciones, de propiedad estatal. Muchas empresas han adoptado una estrategia de reducción de costos por medio de la *racionalización*. La meta de Ford es convertirse en el fabricante de los automóviles de menor costo en Europa. La Electrolux Company, de Suecia, cerró varias fábricas y concentró sus instalaciones de manufactura en varios países europeos a fin de ser más competitiva. Por su parte Renault, compañía automotriz francesa, consolidó en 1997 su producción mediante la reducción del número de sus fábricas.[11] La racionalización es especialmente importante para las empresas europeas, ya que los costos de seguridad social que éstas deben solventar (apoyo por desempleo, prestaciones por invalidez y salud, por ejemplo) son por lo general más elevados que los de las compañías estadunidenses, canadienses y asiáticas.

Retos futuros

El surgimiento de la Unión Europea obliga a las compañías estadunidenses a tomar difíciles decisiones estratégicas sobre sus operaciones en Europa. La eliminación de barreras comerciales y la transición hacia un mercado unificado hacen de Europa una potencia económica. De suyo vigorosa, la Unión Europea se ha fortalecido aún más con el reciente ingreso a ella de Suecia y Austria (aunque Suiza, a su vez, ha decidido no integrarse a ese cuerpo). Se prevé incluso que la UE incluya en su seno a los países de la Europa oriental, lo que representaría un aumento en la población cubierta por ella de los 370 millones a quizá unos 480 millones de personas.[12]

Los países de la ASEAN también consideran la posibilidad de ampliar su zona de libre comercio.[13] Vietnam fue admitido en esa asociación en 1995, y se estudian ya los casos de integración de Myanmar (Birmania), Kampuchea (Camboya) y Laos. Los seis primeros miembros (Indonesia, Malasia, Filipinas, Singapur, Tailandia y Brunei) han pugnado por resolver sus diferencias ideológicas, lo que podría resultar en beneficios económicos para los países de la región.

Una especial atención a los acontecimientos y la elaboración de planes de contingencia pueden producirles grandes beneficios a las compañías estadunidenses para el aprovechamiento de los inmensos mercados europeo y asiático. Es mucho lo que está en juego en el mayor mercado único del mundo industrializado y en los países de la ASEAN, pero las oportunidades son igualmente numerosas.

CASO DE LA INDUSTRIA AUTOMOTRIZ GLOBAL

Calidad y mejora continua, ¿la vanguardia competitiva?[14]

Mientras los fabricantes estadunidenses de automóviles elevan la calidad de sus productos, los japoneses redefinen por su parte el concepto de calidad. Tradicionalmente la calidad significó confiabilidad y autos sin defectos. Sin embargo, el nuevo concepto de la calidad implica aún más. Supone una ingeniería automotriz que cree sensaciones de bienestar y precisión. Significa asimismo productos cómodos que satisfagan los deseos de los clientes. Así, la ingeniería automotriz debe dotar a cada automóvil de una personalidad propia. Para Toyota calidad significa "crear el mejor producto y darle al cliente lo que desea".

El nuevo concepto de la calidad

Las compañías automotrices japonesas conciben ahora la calidad como un arte. Su atención gira en torno a las necesidades del cliente. Nissan, por ejemplo, recurrió a antropólogos para explicar los motivos de que la gente adquiera automóviles. Con base en información sobre sus clientes, desarrolló un sistema de suspensión "activa" que eleva la calidad de conducción de sus autos. Para identificar los deseos de los clientes, las armadoras japonesas examinaron detenidamente las características de automóviles de lujo rivales tan conocidos como Mercedes y BMW. Toyota, por ejemplo, compró autos de las marcas Mercedes, BMW y Jaguar para diseñar su modelo de lujo LS 400. Tras someter a los autos de sus competidores a rigurosas pruebas, los desarmó e intentó mejorarlos. Esto resultó en una reducción tanto del coeficiente de resistencia al avance y el peso (características que favorecen al kilometraje) como del ruido al interior, lo mismo que en el desarrollo de motores eficientes en el uso de combustible. Para mantener en un nivel razonable los costos de sus automóviles de lujo, los japoneses realizaron cuantiosas inversiones en eficiente equipo de fabricación, el cual les permite armar autos menos costosos que sus equivalentes europeos.

Desarrollo de nuevos productos y mejora continua

En contraste con los fabricantes estadunidenses, los japoneses conceden gran libertad a sus ingenieros de diseño, quienes no son necesariamente de nacionalidad japonesa. La idea del exitoso Mazda Miata provino de un planificador de productos californiano. Otro californiano diseñó el estilo original. La vagoneta Accord fue diseñada por estadunidenses en Torrance, California, y producida por obreros estadunidenses en Marysville, Ohio. Honda estima que este auto anticipó dos meses su ingreso al mercado en comparación con el plazo que se habría conseguido si se le hubiera diseñado en Japón, a unos 10 000 kilómetros de distancia.

Las compañías automotrices estadunidenses y japonesas difieren entre sí en el grado de autoridad concedido a los ingenieros. El jefe de ingeniería de Toyota tiene responsabilidades muy amplias, entre las cuales están el desarrollo del concepto del automóvil, la decisión de cómo producirlo y la selección de los proveedores. Incluso participa en el desarrollo de la estrategia de comercialización y en el análisis de las tendencias imperantes en los reglamentos de seguridad, escape y eficiencia en el uso de combustible. En las compañías estadunidenses, por el contrario, las responsabilidades de los ingenieros son mucho más estrechas.

La calidad y la productividad pueden obtenerse de muchas maneras. En Toyota, por ejemplo, se hace énfasis en el concepto de *kaizen*, el cual supone la mejora continua. La idea en la que se apoya este concepto es que la clave del éxito a largo plazo es dar permanentemente pequeños pasos en mejoras. Hasta la fecha esta estrategia le ha dado excelentes resultados a Toyota, considerada como una de las mejores armadoras del mundo. Sin embargo, el éxito puede derivar en complacencia. Por lo tanto, Toyota genera condiciones de insatisfacción continua con el estado de cosas prevaleciente, lo que a su vez estimula el interés en la mejora y reorganización continuas. Juzgada antes como compañía conservadora, Toyota se muestra cada vez más abierta a nuevas ideas y al desarrollo de modelos estilizados, como lo deja ver la minivagoneta Previa, diseñada en California. Otro factor que reduce la complacencia es que las oficinas de los ejecutivos japoneses no son lujosas, sino edificios sencillos con vestíbulos con pisos de vinil. Se dice que resultan menos impresionantes que una preparatoria estadunidense cualquiera. Toyota también ahorra dinero gracias al hecho de haber ubicado sus oficinas generales en la ciudad de Toyota, a unos 500 kilómetros de Tokio, ciudad sumamente costosa.

Pero no todas las armadoras japonesas emplean el mismo enfoque para el diseño de autos con el nuevo concepto de calidad. Honda, por ejemplo, pidió a sus diseñadores de productos encontrar la "personalidad" del auto familiar ideal. Personal de esta compañía visitó en sus hogares a familias estadunidenses para hablar sobre sus aficiones personales y las características que desearían que poseyeran los automóviles. Esas familias recibieron 50 dólares a cambio de expresar sus opiniones. Es probable que esta inversión haya sido particularmente acertada. También los empleados de Lexus están muy cerca de sus clientes; les llaman para saber qué les gusta de los autos que acaban de adquirir. Mazda se distingue por su ingeniería *kansei*, en la que se presta atención a los aspectos racionales y emocionales de los clientes. Por ejemplo, los ingenieros miden el ritmo cardiaco de los conductores para discernir las reacciones humanas a diversas condiciones de manejo. En pocas palabras, intenta desarrollar distintas "personalidades" de un mismo modelo para diferentes tipos de clientes.

Los reducidos ciclos de desarrollo de productos permiten a las compañías automotrices japonesas incluir en sus nuevos modelos las innovaciones tecnológicas más recientes. En promedio, los japoneses desarrollan nuevos modelos cada 4.5 años. El ciclo de desarrollo de productos de Honda es de sólo 4 años. En contraste, las empresas estadunidenses precisan de ciclos mucho más largos, en tanto que a la armadora alemana Daimler-Benz le lleva 7 años o más desarrollar nuevos modelos.

Mejora de la eficiencia y la eficacia operativas

La eficacia y eficiencia de las operaciones son la clave del éxito en el competitivo mercado global. El sistema *kanban* (sistema justo a tiempo) de Toyota contribuye a las exitosas operaciones de esta compañía. En uso desde hace muchos años, este sistema ha sido objeto de continuas mejoras. Se le aplica no sólo al control del inventario, sino también a otras operaciones. Los clientes, por ejemplo, pueden hacer pedidos de autos de acuerdo con sus propias especificaciones y recibirlos en un periodo de 7 a 10 días. Puesto que los distribuidores ordenan los autos directamente a la fábrica, sus costos de inventario son muy reducidos.

Otros factores que explican la eficacia de las operaciones de Toyota son producto de grandes inversiones en investigación y desarrollo y en nuevas tecnologías de manufactura. Se calcula que bastan 13 horas-hombre para armar un automóvil en Toyota, proceso que en cambio le lleva 19 horas a Honda y 22 a Nissan. Gracias a estos ahorros en costos, la posición financiera de Toyota es muy favorable. No obstante, la acumulación de este dinero ha sido resultado no sólo de la producción de autos, sino también de la realización de atinadas inversiones. Se dice incluso que Toyota obtiene más dinero de sus inversiones que de sus automóviles.

Estrategia global de Toyota

La estrategia consistente en la aplicación de *kaizen* y *kanban* ha resultado sumamente exitosa. Pero los ejecutivos de Toyota no se duermen en sus laureles; tienen la vista fija en el futuro. Aunque esta compañía opera en Japón, ha crecido globalmente. Cuenta con instalaciones de prueba en Arizona y ha ampliado su centro de diseño en Estados Unidos. También se ha expandido en el sudeste asiático, América Latina y Europa. Sin embargo, su expansión en la Comunidad Europea le será más difícil que en Estados Unidos. Los europeos, y especialmente franceses e italianos, están haciendo todo lo posible por proteger su mercado contra los japoneses. Por el contrario, Inglaterra ha invitado a armadoras japonesas a construir plantas en su territorio. El programa CE 1992 de la Comunidad Europea ha eliminado algunas de las restricciones a las que debían someterse los japoneses. El propósito de Toyota es convertirse en una compañía auténticamente global y diseñar, fabricar y comercializar automóviles en todo el mundo.

¿Podrán competir las armadoras estadunidenses en el ámbito global?

Así pues, se impone la siguiente pregunta: ¿las compañías automotrices estadunidenses podrán competir en este ámbito global? La crisis bien puede ofrecer oportunidades. Cuando se anunció que la planta de Buick en Flint, Michigan, cerraría sus puertas, debido en parte a su baja calidad en comparación con la de otras plantas de General Motors, los trabajadores asalariados y por horas se congregaron para analizar los aspectos básicos de la administración de la calidad. Sostuvieron reuniones semanales con proveedores, lo que dio como resultado componentes de mayor calidad. La responsabilidad sobre la calidad fue asignada a los trabajadores de la línea de ensamble. Los ingenieros hicieron a su vez acto de presencia en la línea de ensamble para obtener información de primera mano sobre los problemas del personal de producción. Gracias a todo ello, esta planta se convirtió en poco tiempo en una de las más eficientes del grupo GM.

Las compañías automotrices estadunidenses están alcanzando ya los niveles japoneses de calidad. Pero, tal como se señaló al inicio de este caso, mientras lo logran los japoneses abordan ya la redefinición de la calidad, la que trasciende los límites de la confiabilidad e incluye muchas de las necesidades de los clientes. La calidad es de primera importancia en el mercado automotriz global. ¿Podrán las empresas estadunidenses seguir el paso de sus competidores extranjeros y hasta rebasarlos?

Preguntas

1. Si usted fuera el director general de General Motors o Ford, ¿qué haría para mantener la competitividad de su compañía? ¿Estaría a favor de la imposición de cuotas de importación? ¿Por qué sí o por qué no?
2. Si usted fuera el director general de Mercedes-Benz, ¿qué estrategia desarrollaría para que los automóviles de su compañía fueran competitivos con los autos de lujo japoneses?
3. ¿Qué características de un auto influyen en su decisión de compra? Explique su respuesta.

Referencias

1. Las fuentes de información aparecen en la nota 6 de la sección de "Referencias" de las conclusiones de la parte 2. Véase, además, W. Edwards Deming, *Out of the Crisis* (Cambridge, Mass.; MIT Center for Advanced Engineering Study, 1986); Howard W. Gitlow y Shelly J. Gitlow, *Deming Guide to Achieving Quality and Competitive Position* (Englewood Cliffs, N.J.; Prentice-Hall, 1986); Nancy Mann, *The Keys to Excellence: The Story of the Deming Philosophy* (Santa Mónica, Calif.; Preswick Books, 1986); William W. Scherkenbach, *The Deming Route to Quality and Productivity: Roadmaps and Roadblocks* (Milwaukee, Wis.; American Society for Quality Control, 1986); Mary Walton, *The Deming Management Method* (Nueva York, Dodd, Mead, and Company, 1986).

2. Para un excelente recuento de la bibliografía sobre planeación y propuestas sobre el futuro de la administración japonesa, véase J. Bernard Keys, Luther Trey Denton y Thomas R. Miller, "The Japanese Management Theory Jungle — Revisited", en *Journal of Management*, vol. 20, núm. 2 (1994), pp. 373-402.

3. Véase, por ejemplo, Thomas E. Maher, "Condemning Japan while Imitating Her Management Techniques: No Solution for America's Problems", en *SAM Advanced Management Journal*, invierno de 1985, pp. 31-35.

4. Comité de Edición de Manuales de China, *Culture* (Pekín, Foreign Languages Press, 1982); Comité de Edición de Manuales de China, *Education and Science* (Pekín, Foreign Languages Press, 1983).

5. Los factores externos se exponen en casi todos los libros de texto sobre administración estratégica, como James Brian Quinn, Henry Mintzberg y Robert M. James, *The Strategy Process* (Englewood Cliffs, N.J.; Prentice Hall, 1988), parte 1. Una de las primeras contribuciones fue la de George A. Steiner, *Top Management Planning* (Nueva York, The Macmillan Company, 1969).

6. Para una explicación de los factores internos para la formulación de estrategias, véanse los numerosos libros de texto sobre políticas empresariales o Heinz Weihrich, "The TOWS Matrix — A Tool for Situational Analysis", en *Long Range Planning*, abril de 1982, pp. 52-64.

7. "Money is Just the Start", en *The Economist*, 21 de septiembre de 1996, pp. 19-21; "A Little EMU Enlightenment", en *The Economist*, 22 de febrero de 1997, p. 88.

8. "Germany, That Tricko Euro", en *The Economist*, 2 de noviembre de 1996, pp. 50-51.

9. Véase, por ejemplo, Harold Koontz y Heinz Weihrich, *Management*, 9a. ed. (Nueva York, McGraw-Hill Book Company, 1988), cap. 25.

10. Richard I. Kirkland, Jr., "Outsider's Guide to Europe in 1992", en *Fortune*, 24 de octubre de 1988, pp. 121-127.

11. "Car Crash Ahead", en *The Economist*, 10 de mayo de 1997, pp. 13-14.

12. "For a Bigger, Better Union", en *The Economist*, 3 de agosto de 1996, pp. 18-20; "Arguments for Enlargement", en *The Economist*, 3 de agosto de 1996, pp. 41-42.

13. "Expanding ASEAN", en *The Economist*, 3 de mayo de 1997, pp. 17-18.

14. El material para este caso procede de varias fuentes, entre ellas David Woodruff, Karen Lowry Miller, Larry Armstrong y Thane Peterson, "A new Era for Auto Quality", en *Business Week*, 22 de octubre de 1990, pp. 84-96; Wendy Zellner, "Buick City: The Factory That's Getting Things Right", en *Business Week*, 22 de octubre de 1990, p. 87; Alex Taylor III, "Why Toyota Keeps Getting Better and Better and Better", en *Fortune*, 19 de noviembre de 1990, pp. 66-79; Alex Taylor III, "Japan's New U.S. Car Strategy", en *Fortune*, 10 de septiembre de 1990, pp. 65-80.

Administración. Proceso de diseñar y mantener un ambiente en el que las personas trabajen juntas para lograr propósitos eficientemente seleccionados.

Administración científica. Término que se utilizó originalmente para referirse al trabajo y el enfoque de F. W. Taylor y de sus colaboradores para analizar la administración. Implica que los métodos de investigación, análisis y resumen científicos se pueden aplicar a las actividades de los administradores. Más adelante incluyó los estudios de tiempos y métodos similares usados por Taylor y sus seguidores para analizar las actividades de los trabajadores. Básicamente buscaba desarrollar 1) formas de aumentar la productividad al hacer que el trabajo fuera más fácil de realizar y 2) métodos para motivar a las personas para aprovechar las técnicas de ahorro de trabajo que desarrolló. Se puede resumir de la manera siguiente: 1) reemplazar las reglas empíricas por las científicas, 2) generar armonía en lugar de discordia, 3) lograr cooperación en lugar de un individualismo caótico, 4) trabajar para la producción máxima y no una restringida, 5) desarrollo máximo de los trabajadores.

Administración como arte. Uso del conocimiento fundamental (ciencia) y su aplicación a una situación concreta, por lo general con una combinación o compromiso, para obtener resultados prácticos; administrar es un arte, pero el término se usa con más propiedad para referirse al conjunto de conocimientos (ciencia) que le sirven de fundamento.

Administración como ciencia. Conocimiento organizado (conceptos, teoría, principios y técnicas) en que se sustenta la práctica de la administración; la ciencia explica sistemáticamente los fenómenos de la administración, como lo hace en cualquier otro campo.

Administración comparada. Estudio y análisis de la administración en diferentes ambientes y países.

Administración de calidad (o administración de calidad total, ACT). Término de significado variable de acuerdo con diversos especialistas en la calidad. Para Deming, la calidad significa el ofrecimiento al cliente de productos o servicios confiables y satisfactorios de bajo costo. Para Juran es el producto o servicio indicados para su uso. Para Crosby, el cumplimiento por una compañía de sus propios requerimientos de calidad.

Administración de la producción. Actividades necesarias para fabricar productos o crear servicios. Incluyen actividades tales como compras, almacenamiento, transportación y otras operaciones para obtener materias primas hasta que el cliente compra el producto o el servicio.

Administración de operaciones. Actividades necesarias para producir y distribuir un producto o servicio. Véase también *Administración de la producción*.

Administración por contingencias. Teoría administrativa que reconoce diferencias o contingencias en las personas, en diversos momentos y en situaciones reales; también se le conoce como "administración situacional"; enfoque que hace hincapié en que no existe una "manera ideal o perfecta" que se aplique en todas las situaciones.

Administración por objetivos (APO). Enfoque que se utiliza en ocasiones para evaluar el desempeño mediante objetivos verificables. No existe un consenso completo sobre la APO. En este libro, se le considera un sistema administrativo amplio, que integra muchas actividades fundamentales, dirigido conscientemente hacia el logro eficaz y eficiente de los objetivos organizacionales e individuales.

Administración situacional. Véase *Administración por contingencias*.

Administradores. Personas que llevan a cabo la tarea y las funciones de administrar, en cualquier nivel y en cualquier tipo de empresa.

Administradores, funciones de los. Planeación organización, integración de personal, dirección y control.

Administradores, meta de los. Establecer y mantener un ambiente tal que las personas contribuyan a la obtención de los objetivos del grupo con el menor costo (en dinero, tiempo, esfuerzo, materiales, incomodidad o insatisfacción) para crear un valor excedente o "utilidad".

Ambiente administrativo. Véase *Ambiente económico; Ambiente ético; Ambiente político; Ambiente social; Ambiente tecnológico*.

Ambiente económico. Ambiente de los administradores que se relaciona con elementos tales como la disponibilidad de mano de obra, la calidad y el precio; el capital, los materiales, los niveles de precios, la productividad, la disponibilidad de empresarios y ejecutivos de alta calidad, la política fiscal, los clientes y la demanda de bienes y servicios.

Ambiente ético. Ambiente de los administradores que se relaciona con los grupos de estándares de conducta socialmente aceptados. Véase también *Ética*.

Ambiente político. Ambiente de los administradores que se relaciona con la legislación, reglamentaciones y dependencias gubernamentales y sus acciones.

Ambiente social. Ambiente de los administradores que se relaciona con las actitudes, deseos, expectativas, grados de inteligencia, creencias y costumbres de las personas en cualquier grupo o sociedad determinados: fuerzas sociales.

Ambiente tecnológico. Ambiente de los administradores relacionado con elementos tales como el conocimiento de la forma de hacer las cosas y los inventos y las técnicas en las áreas de procesos, máquinas y herramientas.

Análisis de costo-beneficio. Búsqueda de la mejor razón entre beneficios y costos. Esto significa, por ejemplo, encontrar la forma menos costosa de alcanzar un objetivo u obtener el mayor valor posible de acuerdo con la inversión realizada.

Análisis de riesgos. Enfoque del análisis de problemas que pondera los riesgos de una situación al incluir probabilidades para obtener una evaluación más exacta de los riesgos existentes.

Análisis del punto de equilibrio. Gráfica y análisis de relaciones, por lo general entre ventas y gastos, para determinar el tamaño o volumen en que una operación alcanza el punto de equilibrio entre las pérdidas y las utilidades; se puede usar en cualquier área problemática donde sea posible determinar con precisión los efectos marginales.

Árboles de decisión. Enfoque que visualiza los riesgos y las probabilidades de una situación problemática, como incertidumbres o acontecimientos fortuitos, al trazar en forma de un "árbol" los puntos de decisión, los sucesos aleatorios y las probabilidades que existen en los diversos cursos posibles.

Arte. Práctica; habilidad que se adquiere a través de la experiencia.

Ascenso. Cambio dentro de la organización a un puesto más alto que tiene mayores responsabilidades y que, por lo general, requiere de habilidades y conocimientos más avanzados que en el puesto anterior. Normalmente el ascenso trae consigo una mayor posición y un aumento en remuneración.

Ascenso basado en la libre competencia. Política de cubrir los puestos o realizar ascensos con las personas más calificadas disponibles, bien sean empleados de la empresa o del exterior de la misma.

Ascensos internos. Práctica de hacer todos los ascensos con personal de la empresa, si ello es posible.

Auditoría administrativa. Auditoría de la calidad de los administradores al evaluarlos como ejecutivos individuales y al valorar la calidad del sistema administrativo total de una empresa.

Auditoría interna de la empresa. Análisis o evaluación que realiza una empresa de su posición o del rumbo que lleva de acuerdo con los programas actuales, cuáles deben ser sus objetivos y si es necesario modificar los planes para alcanzar estos objetivos.

Auditoría social. Compromiso con respecto a la evaluación sistemática y la presentación de informes sobre algún campo de acción significativo, definible, de las actividades con una repercusión social de la compañía.

Autoridad fragmentada o compartida. Situación en que la autoridad total para lograr un resultado determinado depende más de un puesto y debe agruparse o combinarse para tomar la decisión requerida.

Autoridad funcional. Derecho que se delega en una persona o departamento para controlar procesos, prácticas, políticas u otros asuntos específicos, relacionados con actividades que lleva a cabo personal de otros departamentos.

Autoridad organizacional. Grado de libertad de acción en los puestos organizacionales que le confiere a las personas que los ocupan el derecho de usar su criterio al tomar decisiones.

Autoridad, paridad con la responsabilidad. Principio que sostiene que la responsabilidad por la acción no debe ser mayor ni menor que la autoridad delegada. La autoridad es el poder discrecional para ejecutar tareas y la responsabilidad es la obligación que se le debe a quien realizó la delegación para que estas actividades se cumpliesen.

Benchmarking. Método para el establecimiento de metas y medidas de productividad con base en las mejores prácticas de la industria.

Calidad de vida laboral (CVL). Programas que representan un enfoque de sistemas para el diseño del puesto y el enriquecimiento del trabajo que harán más interesantes y retadores los empleos. Los programas CVL se relacionan estrechamente con el enfoque de sistemas sociotécnicos.

Cambio navegacional, principios de. Mientras más comprometan el futuro las decisiones de planeación, más importante es que los administradores verifiquen periódicamente los acontecimientos y las expectativas y redacten de nuevo los planes según sea necesario para mantener un curso de acción hacia una meta deseada; esto implica disposición para cambiar los planes.

Capacitación administrativa. Creación de oportunidades mediante varios enfoques y programas para mejorar los conocimientos y la destreza de una persona en la tarea administrativa.

Capacitación de sensibilidad. Forma de capacitación que se basa en el comportamiento grupal de las personas, mediante el intercambio no dirigido en el grupo, diseñado para que los integrantes del mismo adquieran mayor conciencia de sus sentimientos y de los sentimientos y de los demás hacia ellos.

Centralización de la autoridad. Tendencia a restringir la delegación de la toma de decisiones en una estructura organizacional, por lo general, conservando la autoridad en la cima de la estructura o cerca de ella.

Centro de evaluación. Técnica para seleccionar y evaluar posibles administradores, mediante la cual los candidatos son sometidos a diversas pruebas y ejercicios;

a la vez que varios asesores observan y evalúan su desempeño.

Ciencia.   Conocimiento organizado de importancia para un área, por lo general un área de práctica.

Círculos de control de calidad (o círculos de calidad).   Participación de los trabajadores en la solución de problemas relacionados con el trabajo. Con frecuencia varias personas, por lo general trabajadores de línea, participan en la solución de los problemas.

Comité.   Grupo de personas a las que, en conjunto, se les encomienda algún asunto con fines de información, asesoría, intercambio de ideas o toma de decisiones.

Computadora central.   Computadora de gran tamaño, apta para manejar cantidades enormes de información. Algunas de estas "supercomputadoras" se usan para ingeniería, simulaciones y la manipulación de grandes bases de datos.

Comunicación.   Transferencia de información de una persona a otra, siempre que el receptor la comprenda.

Comunidad Europea 1992 (CE 1992), objetivo del programa.   El objetivo de Europa 1992 es crear un solo mercado mediante la eliminación de las barreras comerciales y el libre desplazamiento de bienes, personas, servicios y capital.

Conceptos.   Imágenes mentales de cualquier cosa que se forma mediante la generalización a partir de casos particulares; por ejemplo, una palabra o un término.

Conocimientos prácticos administrativos.   Conocimientos administrativos aplicados eficazmente en la práctica; incluyen conocimientos tanto de las ciencias en que se basa la administración como de la capacidad para aplicarlas con destreza a la realidad.

Consejo de administración.   Ejecutivo plural, es decir, comité, con poder para ejercer autoridad y tomar decisiones, que por lo general se encuentra en el nivel más alto de la organización y que por ley tiene la responsabilidad de "administrarla".

Control.   Función administrativa que consiste en medir y corregir el desempeño individual y organizacional para asegurar que los acontecimientos se adecuen a los planes. Implica medir el desempeño con metas y planes; mostrar dónde existen desviaciones de los estándares y ayudar a corregirlas.

Control con corrección anticipante o control previo.   Sistema de control que intenta identificar las desviaciones futuras con respecto a los planes, con la suficiente antelación para evitar que ocurran mediante el desarrollo de un modelo de entradas al proceso o sistema, supervisando estas entradas y actuando a tiempo para evitar resultados no deseados o no planeados del sistema.

Control de desempeño global.   Control diseñado para medir el desempeño total de una empresa, de una división integral de la misma o un proyecto o programa importante.

Control de pérdidas y ganancias.   Técnica de control diseñada para medir una división, o alguna otra parte de una empresa de negocios, al calcular el rendimiento de las utilidades (o pérdidas) totales de esa entidad.

Control del rendimiento sobre la inversión.   Técnica de control diseñada para medir una división, o alguna otra parte de una empresa lucrativa, al considerar las utilidades obtenidas como un porcentaje de la inversión en activos de la misma.

Control directo.   Técnicas de control diseñadas para identificar y corregir desviaciones de los planes.

Controles parciales.   Controles diseñados para medir el desempeño en una actividad específica, como calidad, efectivo, producción o ventas.

Coordinación.   Logro de la armonía de los esfuerzos individuales y de grupo hacia el logro de los propósitos y objetivos del grupo.

Corporación internacional o trasnacional.   Organización en la que los administradores contemplan al mundo entero como un mercado.

Corporaciones multinacionales.   Organizaciones que, por lo general, tienen sus oficinas centrales en un país, pero sus operaciones en otros.

Creatividad.   Capacidad para desarrollar nuevos conceptos, ideas y soluciones a problemas.

Cultura organizacional.   Patrón general de conducta, creencias y valores compartidos por los miembros de una organización.

Delegación de autoridad, proceso de.   Determinación de los resultados esperados de un subordinado, asignación de tareas, delegación de autoridad para cumplir éstas y atribución de responsabilidad por el logro de las mismas.

Delegación de autoridad.   Investir de autoridad a un subordinado para que tome decisiones.

Delegación de funciones a proveedores externos (*outsourcing*).   Contratación de productos y operaciones de proveedores externos con experiencia en un área en particular.

Delphi, técnica.   Modelo que se utiliza normalmente para pronosticar acontecimientos y condiciones futuros, como por ejemplo los desarrollos tecnológicos, mediante la obtención de estimaciones de expertos en un campo y retroalimentando estos resúmenes para que los expertos elaboren estimaciones adicionales hasta que se obtenga un grado razonable de certidumbre.

Departamentalización por clientes.   Agrupamiento de actividades con base en los clientes.

Departamentalización por funciones.   Agrupamiento de actividades por departamentos de acuerdo con las funciones características que lleva a cabo la empresa; por ejemplo, en una compañía industrial: comercialización, producción, ingeniería y finanzas.

Departamentalización por proceso o equipo. Agrupamiento de las actividades alrededor de un proceso o de un tipo de equipo, como por ejemplo el departamento de procesamiento electrónico de datos o el departamento de pintura.

Departamentalización por producto. Agrupamiento de actividades alrededor de un producto o línea de productos.

Departamentalización por territorio o geográfica. Agrupamiento de actividades por segmentos territoriales; departamentalización por regiones.

Departamento. Área, división o sucursal definidos de una empresa sobre la que un administrador tiene autoridad para el desempeño de actividades y el logro de resultados específicos.

Desarrollo del administrador. Progreso que una persona hace para aprender a administrar con eficiencia.

Desarrollo organizacional (DO). Enfoque sistemático, integral y planeado para mejorar la eficacia de los grupos de personas y de toda la organización, mediante la utilización de diversas técnicas para identificar y resolver problemas.

Descentralización de la autoridad. Tendencia a dispersar la autoridad para la toma de decisiones en una estructura organizacional.

Descentralización del desempeño. Dispersión geográfica de las operaciones de una empresa.

Descripción del puesto. Estructuración de un trabajo en términos de su contenido, función y relaciones. Puede centrar su atención en puestos individuales o en grupos de trabajo.

Dirección. Función de los administradores que implica el proceso de influir sobre las personas para que contribuyan a las metas de la organización y del grupo; se relaciona principalmente con el aspecto interpersonal de administrar.

Diseño con ayuda de computadora (CAD). Aplicación de la tecnología de la computación para diseñar productos con mucha más rapidez que con el método tradicional de papel y lápiz.

Economía de la tercera ola. Era del conocimiento que comprende datos, imágenes, símbolos, cultura, ideología, valores e información.

Eficacia. Consecución de objetivos; logro de los efectos deseados.

Eficiencia. Logro de los fines con la menor cantidad de recursos; el logro de objetivos al menor costo u otras consecuencias no deseadas.

Ejecutivo plural. Comité, o grupo, que tiene autoridad para ejercer funciones administrativas en forma grupal.

Ejecutivos. Véase *Administradores*.

Empowerment. La eficaz autodeterminación de trabajadores y equipos implica que los administradores estén dispuestos a renunciar a parte de su autoridad para tomar decisiones a fin de cederla a aquéllos.

Emprendedores. Personas con capacidad de ver una oportunidad para obtener el capital, el trabajo y otros insumos necesarios, así como los conocimientos para estructurar exitosamente una operación. También deben estar dispuestos a correr el riesgo personal del éxito o del fracaso.

Enfoque administrativo, comportamiento de grupo. Análisis que examina el comportamiento de las personas en grupos. El enfoque se basa en la sociología y la psicología social. La atención se centra en los patrones de comportamiento grupales. Con frecuencia al estudio de grupos grandes se le denomina "comportamiento organizacional" (fig. 2-2).

Enfoque administrativo, comportamiento interpersonal. Análisis que centra su atención en el comportamiento interpersonal, las relaciones humanas, el liderazgo y la motivación. Se basa principalmente en la psicología individual (fig. 2-2).

Enfoque administrativo, de contingencias o situacional. Análisis que hace hincapié en el hecho de que, en la práctica, los administradores dependen de un determinado grupo de circunstancias o de la "situación" y en que no hay una única "forma ideal" o perfecta de administrar (fig. 2-2).

Enfoque administrativo, empírico o de casos prácticos. Análisis que estudia la experiencia a través de casos prácticos, al identificar éxitos y fracasos (fig. 2-2).

Enfoque administrativo, enfoque de sistemas. Análisis que hace hincapié en los conceptos de sistemas con amplia aplicabilidad. Los sistemas tienen límites, pero también una influencia recíproca con el ambiente externo; es decir, las organizaciones son sistemas abiertos (fig. 2-2)

Enfoque administrativo, estructura de las 7s de McKinsey. Análisis que organiza el conocimiento administrativo alrededor de las categorías siguientes: estrategia, estructura, sistemas, estilo, *staff*, valores compartidos y habilidades (en inglés, todas estas palabras comienzan con "s"; de ahí el nombre de este enfoque).

Enfoque administrativo, matemático o "ciencia de la administración". Análisis que principalmente tome en cuenta los procesos, conceptos, símbolos y modelos matemáticos. Este enfoque contempla la administración como un proceso puramente lógico, que se expresa en símbolos y relaciones matemáticos (fig. 2-2).

Enfoque administrativo, operacional o de proceso. Análisis que reúne conceptos, principios, técnicas y conocimientos de otros campos y enfoques administrativos. La idea es desarrollar ciencia y tecnología con aplicaciones prácticas. El enfoque distingue entre el conocimiento administrativo y el no administrativo.

Desarrolla un sistema de clasificación elaborado alrededor de las funciones administrativas de planeación, organización, integración de personal, dirección y control.

Enfoque administrativo, papeles administrativos. Análisis administrativo que se realiza mediante la observación de lo que en realidad hacen los administradores, lo cual se toma como fundamento para obtener conclusiones sobre lo que son los papeles (o roles) administrativos.

Enfoque administrativo, sistema social cooperativo. Análisis que se interesa tanto por los aspectos del comportamiento interpersonal como grupal, que conducen a un sistema de cooperación (fig. 2-2).

Enfoque administrativo, teoría de la decisión. Análisis que centra la atención en la toma de decisiones, en las personas o grupos que toman decisiones y en el proceso de toma de decisiones. Algunos teóricos utilizan la toma de decisiones como punto de partida para estudiar todas las actividades de la empresa. Los límites del estudio ya no están claramente definidos (fig. 2-2).

Enfoque de contingencia del liderazgo. Teoría según la cual el liderazgo depende de la situación de tarea del grupo y del grado hasta el cual el estilo, la personalidad y enfoque del líder se adecuan al mismo.

Enfoque del camino-meta en la eficacia del liderazgo. Enfoque según el cual la función principal del líder es clarificar y establecer metas con los subordinados, ayudarles a encontrar la mejor ruta para alcanzarlas y eliminar los obstáculos.

Enfoque situacional del liderazgo. Enfoque que estudia el liderazgo sobre las premisas de que la situación de la que surge el líder y en la cual opera, influye fuertemente sobre el liderazgo.

Enfoques administrativos, sistemas sociotécnicos. Análisis que se ocupa de las situaciones administrativas que comprenden una combinación de sistemas sociales y técnicos con influencia recíproca.

Enriquecimiento del puesto. Programas que tienden a introducir dentro de los empleos un alto sentido de significado, reto y potencial de realización.

Entorno ecológico. Entorno alusivo a las relaciones de los seres humanos y los demás seres vivos con su medio ambiente (tierra, agua y aire, por ejemplo).

Equipo. Grupo de personas con habilidades complementarias comprometidas con un propósito común y una serie de metas de desempeño, de los que son mutuamente responsables.

Estrategia. Determinación del propósito (o la misión) y los objetivos básicos a largo plazo de una empresa y adopción de cursos de acción y asignación de los recursos necesarios para lograr estos propósitos.

Estrategias de contingencia. Estrategias desarrolladas para ser usadas cuando los acontecimientos o las circunstancias imprevistas puedan provocar la obsolescencia o inadecuación de una estrategia seleccionada.

Ética. Sistema de principios o valores morales que se relacionan con el juicio moral, el deber y la obligación; disciplina que trata del bien y del mal, de lo correcto o incorrecto. Véase también *Ambiente ético.*

Evaluación administrativa. Evaluación del desempeño de los administradores en sus puestos, preferentemente en relación con su desempeño en el establecimiento y el logro de objetivos verificables y su actuación como administradores.

Evaluación de rasgos. Evaluación de las personas, tanto si se trata o no de administradores, sobre la base de rasgos de su personalidad y características orientadas hacia el trabajo.

Factor limitante, principio del. Cuando se seleccionan alternativas, mientras mejor se puedan reconocer y solucionar los factores limitantes o críticos para el logro de la meta deseada, se podrá seleccionar la alternativa más favorable con mayor claridad, exactitud y facilidad.

Factores de higiene en la motivación. Teoría del psicólogo Herzberg según la cual ciertas necesidades humanas motivan y otras simplemente causan insatisfacción si no se cubren; en otras palabras, la satisfacción de esta última clase de necesidades es un factor de "mantenimiento" o de "higiene"; en una situación de trabajo éstos son factores tales como el salario, la política y la administración de la compañía, la calidad de la supervisión, las condiciones de trabajo, las relaciones interpersonales, la posición y la seguridad laboral, etcétera.

Funciones de los administradores. Véase *Administradores, funciones de los.*

Gerentes. Véase *Administradores.*

Gráfica de Gantt. Técnica de planeación y control desarrollada por Henry L. Gantt que muestra, mediante una gráfica de barras, los requisitos de tiempo para las diversas tareas o "acontecimientos" de una producción o algún otro programa.

Incondicionalidad de la responsabilidad. Véase *Responsabilidad, carácter absoluto de la.*

Información en tiempo real. Información sobre los acontecimientos a medida que ocurren.

Ingeniería de valores. Análisis de la operación de un producto o servicio, estimando el valor de cada operación e intentando mejorar la operación al tratar de mantener bajos los costos en cada paso o parte.

Ingeniería *Kansei*. Práctica japonesa de prestar atención a los aspectos racionales y emocionales de los clientes y desarrollar "personalidades" modelo de diferentes tipos de clientes.

Integración de personal o Recursos humanos. Ocupar y mantener ocupados los puestos en la estructura organizacional con personal competente. Este objetivo se logra al 1) identificar las necesidades de la fuerza laboral, 2) determinar el número de personas disponibles. 3) reclutar. 4) seleccionar candidatos para los puestos, 5) asignar a los candidatos, 6) ascenderlos, 7) evaluarlos, 8) planear sus carreras, 9) remunerarlos y 10) capacitarlos o desarrollarlos.

Internet. La mayor red de computadoras. Es una red de redes de la que forman parte desde las grandes redes formales de AT&T hasta las redes informales a las que puede acceder cualquier persona.

Inventario administrativo. Técnica que normalmente sirve para clasificar a los administradores de una empresa mediante el empleo de una gráfica. En dicha gráfica se localizan aquellos ejecutivos que pueden ser ascendidos en la actualidad o dentro de un año, los que tienen potencial para futuras promociones, los que se desempeñan satisfactoriamente pero que no serán promovidos y aquellos a los cuales se debe despedir. Otro término que se suele utilizar es el de "gráficas de remplazos administrativos".

Investigación de operaciones. Uso de modelos matemáticos para reflejar las variables y las restricciones en una situación y su efecto sobre una meta seleccionada, normalmente se basa en el empleo de modelos de optimización; la aplicación del método científico a una situación problemática con la idea de proporcionar una base cuantitativa para llegar a una solución óptima en términos de las metas buscadas.

Jerarquía de las necesidades. Teoría del psicólogo Abraham Maslow según la cual las necesidades humanas básicas existen en un orden ascendente de importancia (fisiológicas, de estabilidad o seguridad, de afiliación o aceptación, de estima y de autorrealización) y, una vez que se satisface una necesidad de nivel más bajo, las acciones que la suscitan dejan de representar una motivación.

Kaizen. Un término japonés que señala la importancia del mejoramiento continuo. La idea es que dar continuamente pequeños pasos en mejorías será la clave para el éxito a largo plazo.

Liderazgo continuo. Concepto expuesto por Tannenbaum y Schmidt según el cual el liderazgo incluye diversos estilos que oscilan desde el altamente centrado en el jefe, hasta el altamente centrado en el subordinado, lo cual depende de las situaciones de las personalidades.

Liderazgo, definición de. Influencia, arte o proceso de influir sobre las personas para que se esfuercen en forma voluntaria y con entusiasmo para el logro de las metas del grupo.

Líderes transaccionales. Líderes que identifican lo que deben hacer los subordinados para cumplir sus objetivos, precisan los papeles y tareas organizacionales, establecen una estructura organizacional, retribuyen el desempeño y se interesan en las necesidades sociales de sus seguidores.

Líderes transformacionales. Líderes que articulan una visión e inspiran a sus seguidores. Poseen asimismo la capacidad de motivar, moldear la cultura organizacional y crear un ambiente favorable al cambio organizacional.

Línea. Relación de autoridad en puestos organizacionales donde una persona (administrador) tiene la responsabilidad de las actividades de otra persona (el subordinado). Comúnmente, aunque en forma errónea, se le concibe como un departamento o persona y no como una relación; también es común, aunque inexacto, que se piense en los departamentos importantes de una empresa que se cree son los que más contribuyen al logro de sus objetivos, como son la comercialización y la producción en una compañía industrial.

Logística de distribución. Modelo de optimización de la investigación de operaciones que trata como un solo sistema toda la logística de una empresa, desde el pronóstico de ventas, la compra y el procesamiento de los materiales y su control en inventarios hasta el embarque de los productos terminados hacia los almacenes de ventas.

Manufactura con ayuda de computadora (CAM). Aplicación de la tecnología de la computación al proceso de fabricación. Para algunas compañías la meta final es la "manufactura integrada por computadora", en la cual se controla mediante computadoras todo el proceso de fabricación.

Meta de los administradores. Véase *Administradores, metas de los.*

Metas. Véase *objetivos o metas.*

Microcomputadora. Equipo más pequeño que la minicomputadora; puede ser una computadora de escritorio, para el hogar, personal, portátil o una computadora para un sistema para negocios pequeños.

Minicomputadora. Más pequeña que la computadora central (*mainframe*), pero más potente que la microcomputadora, conectada con frecuencia a equipos periféricos.

Misión o propósito. Función o tarea básica de una empresa o dependencia o de alguno de sus departamentos.

Modelo de la eficacia del liderazgo basado en las contingencias. Modelo de liderazgo desarrollado por Fred Fiedler que afirma que la eficacia del líder depende de tres variables: 1) su grado de aceptación entre los subordinados, 2) el grado hasta el cual los puestos de los subordinados sean rutinarios y claramente definidos y no vagos e indefinidos y 3) la autoridad formal en el puesto que ocupa el líder.

Motivadores. Fuerzas que inducen a las personas a actuar o realizar algo; fuerzas que influyen sobre la conducta humana.

Objetivos o metas.   Fines hacia los que se dirige la actividad; puntos finales de la planeación.

Objetivos verificables.   Un objetivo es verificable si, en alguna fecha futura, la persona puede mirar hacia atrás y determinar con seguridad si se ha cumplido o no; las metas o los objetivos pueden ser verificables tanto si se expresan en forma cuantitativa (es decir, en números) como cualitativamente (un programa con ciertas características específicas que habrá de ponerse en vigor en una fecha determinada).

Organización.   Concepto utilizado en diversas formas, como por ejemplo 1) sistemas o patrón de cualquier grupo de relaciones en cualquier clase de operación, 2) la empresa en sí misma, 3) cooperación de dos o más personas, 4) la conducta de los integrantes de un grupo y 5) la estructura intencional de papeles en una empresa "formalmente organizada".

Organización de aprendizaje.   Organización capaz de adaptarse a cambios en sus condiciones externas mediante la continua renovación de su estructura y prácticas.

Organización matricial.   Forma de organización en la cual se combinan dos o más tipos básicos de departamentalización. En ingeniería y mercadotecnia es probable que esto sea una combinación de los departamentos de proyectos o productos y funcionales, sobreponiéndose uno al otro. Con frecuencia se le conoce como estructuras de organización de rejilla (o *grid*), o administración de "proyecto" o de "producto".

Organizacional informal.   Por lo general, patrones de conducta y relaciones humanas que coexisten con la estructura formal de la organización, o se encuentran fuera de ella. Según el profesor Keith Davis se trata de "una red de relaciones personales y sociales que la organización formal no establece ni requiere, sino que se producen espontáneamente cuando las personas se relacionan entre sí".

Organización virtual.   Concepto relativamente laxo referente a un grupo de empresas o individuos independientes enlazados entre sí por medio de tecnología de información. Las empresas enlazadas de este modo pueden ser proveedores, clientes e incluso compañías competidoras.

Organizar.   Establecer una estructura intencional de roles para que sean ocupados por miembros de una organización.

Paridad de autoridad y responsabilidad.   Véase *Autoridad, paridad con la responsabilidad.*

PERT (*Program Evaluation and Review Technique*; Técnica de evaluación y revisión de programas).   Sistema de análisis de red de tiempo-acontecimiento en el cual se relacionan los diversos acontecimientos de un programa o proyecto con el tiempo planeado para cada uno y se colocan en una red que mues-

tra las conexiones de cada evento con los demás; con base en la serie de acontecimientos interrelacionados, la ruta de aquellos en los cuales el tiempo de demora es cero (o el menor posible), en términos de la terminación planeada, es la "ruta crítica"; los sistemas PERT/TIEMPO sólo se relacionan con el tiempo; los sistemas PERT/COSTO introducen los costos de cada tarea y por lo general se combinan con el tiempo que insume cada evento o serie de éstos.

Planeación o planificación.   Selección de misiones y objetivos, y estrategias, políticas, programas y procedimientos para lograrlos; toma de decisiones; selección de un curso de acción entre varias opciones.

Planeación o planificación de contingencias.   Planeación para ambientes futuros cuya posibilidad de existencia es remota, pero que pueden presentarse; si este futuro posible es muy diferente al supuesto, será necesario elaborar premisas y planes alternativos.

Planes, tipos de.   Propósito o misión, objetivos, estrategias, políticas, procedimientos, reglas, programas y presupuestos.

Poder.   Capacidad de las personas o grupos para inducir o influir en las creencias o acciones de otras personas o grupos.   Se puede identificar varias clases de poder, como el poder legítimo, el de la pericia, el de referencia, el de recompensa, el coercitivo, etcétera.

Políticas.   Declaraciones o interpretaciones generales que guían el pensamiento durante la toma de decisiones; la esencia de las políticas es la existencia de cierto grado de discrecionalidad para guiar la toma de decisiones.

Premisas de planeación o de planificación.   Suposiciones de planeación, ambiente esperado en el que operarán los planes; pueden ser pronósticos del ambiente planeación o políticas básicas y planes existentes que influirán sobre cualquier plan determinado.

Presupuestación con base cero.   Aquella en la que los programas de la empresa se dividen en "paquetes" que comprenden metas, actividades y recursos necesarios y donde los costos para cada paquete se calculan desde el principio.

Presupuestación con puntos de referencia.   Actividad administrativa que consiste en descomponer un programa o proyecto en piezas, o "puntos de referencia", identificables o controlables.

Presupuestación por programas o presupuesto por programas.   Enfoque de presupuestación que utilizan principalmente las dependencias gubernamentales, en el que se hace hincapié en las metas, los programas para alcanzarlas y las asignaciones presupuestarias diseñadas para respaldar esos programas.

Presupuesto.   Exposición de planes y resultados esperados, expresados en términos numéricos: programa "convertido en números".

Presupuesto, programa de.   Véase *Presupuestación por programas.*

Presupuestos variables.   Presupuestos creados al distinguir entre los costos del periodo (costos que sólo varían con el tiempo o que permanecen constantes) y los costos variables (los que varían hasta cierto grado de acuerdo con el volumen de la producción de la empresa) y que muestran los gastos presupuestados de una unidad organizacional como si variaran según el volumen.

Presupuestos, con base cero.   Véase *Presupuestación con base cero*.

Presupuestos flexibles.   Véase *Presupuestos variables*.

Principio.   Verdad fundamental, o que en un momento determinado se considera como tal, que explica las relaciones entre dos o más grupos de variables, por lo general una independiente y otra dependiente; pueden ser descriptivos, que explican lo que ocurrirá, o preceptivos (o normativos), que señalan lo que debe hacer una persona; en este último caso reflejan alguna escala de valores, como la eficiencia y, por consiguiente, implican criterios de valor.

Principio de compromiso.   Regla que sostiene que la planeación debe abarcar determinado periodo necesario para prever, mediante una serie de acciones, el cumplimiento de los compromisos incluidos en una decisión actual.

Principio de la flexibilidad (en la planeación).   Cuanta mayor flexibilidad (capacidad para cambiar de dirección sin costos excesivos, turbación o fricción) se pueda incorporar a los planes, menor será el peligro de incurrir en pérdidas por acontecimientos inesperados. El costo de flexibilidad se debe ponderar con sus ventajas.

Principio de Peter.   Principio expuesto por Laurence J. Peter y Raymond Hall según el cual los administradores tienden a ser ascendidos hasta que alcanzan el nivel de su propia incompetencia.

Procedimientos.   Planes que establecen un método para manejar las actividades futuras. Son series cronológicas de acciones requeridas, guías para la acción, no para el pensamiento, que detallan la forma exacta en que se deben realizar ciertas actividades.

Proceso de control.   En administración, el proceso basico implica: 1) establecer estándares, 2) medir el desempeño con los estándares y 3) corregir desviaciones indeseables.

Productividad.   Razón producción-insumos en un periodo, tomando en cuenta debidamente la calidad.

Programa.   Conjunto de metas, políticas, procedimientos, reglas, asignaciones de tareas, pasos a seguir, recursos a emplear y otros elementos necesarios para ejecutar un determinado curso de acción, normalmente respaldado por capital y presupuestos de operación.

Programación lineal.   Técnica para determinar la combinación óptima de recursos limitados para obtener una meta deseada; se basa en el supuesto de que existe una relación lineal entre las variables y que los límites de las variables pueden determinarse.

Pronóstico ambiental.   Pronóstico del ambiente futuro (económico, tecnológico, social, ético y político) en cuanto al efecto que pueda tener sobre la empresa.

Pronóstico de ventas.   Predicción de las ventas esperadas, por producto o servicio y precio, para un periodo futuro; los pronósticos de ventas se infieren de los planes y son también importantes premisas de planeación.

Propósito.   Véase *Misión o propósito*.

Protocolo de manufactura automatizada (PMA).   Red coordinada de máquinas de diversos aparatos de oficina. Por ejemplo, a General Motors se le ha reconocido por vincular los robots con máquinas herramienta controladas numéricamente.

Racionalidad.   Análisis que requiere de una meta y una comprensión claras de las alternativas mediante las que se puede alcanzar una meta, un análisis y evaluación de las alternativas en términos de la meta deseada, la información necesaria y el deseo de optimizar.

Racionalidad limitada.   Acción racional limitada debido a la falta de información, de tiempo o de la capacidad para analizar alternativas a la luz de la meta buscada; metas confusas; la tendencia humana a no correr riesgos al tomar una decisión ("ir a lo seguro"). Véase también *Satisfacción suficiente*.

Recentralización de la autoridad.   Recuperación de alguna, o en ocasiones de toda, la autoridad que se delegó previamente.

Reclutamiento de administradores.   Atraer candidatos para los puestos ejecutivos con el fin de cumplir los objetivos de la empresa.

Red natural de comunicación.   Tipo de red informal de una organización a través de la cual la información tiende a fluir, por lo general en forma constante, entre personas que se conocen y que se tienen confianza.

Reforzamiento positivo.   Teoría del psicólogo Skinner según la cual se puede motivar mejor a las personas si se establece un ambiente de trabajo adecuado, se les da retroalimentación inmediata sobre su desempeño y se les ayuda y elogia por sus logros.

Reglas.   Normas que dictan la acción o la abstención, pero que no permiten la discrecionalidad; por ejemplo, "definitivamente, no fumar".

Reingeniería de la organización.   Replanteamiento *fundamental* y rediseño *radical* de los *procesos* de una empresa para el logro de mejoras drásticas en medidas contemporáneas de desempeño tan importantes como costo, calidad, servicio y rapidez (Michael Hammer y James Champy).

Rejilla administrativa.   Forma de analizar los estilos de liderazgo, desarrollada por Blake y Mouton, en la que se clasifican los líderes sobre una rejilla (o *grid*) con dos dimensiones de interés; por las personas y la producción.

Relaciones escalares. Una relación de autoridad es escalar cuando los subordinados "reportan" a sus superiores inmediatos y cuando éstos, a su vez, "reportan" como subordinados, a sus superiores (es decir, en "escalas"). En otras palabras, la cadena de mando que va desde la cima de la organización hasta sus niveles más bajos.

Responsabilidad. Obligación que los subordinados le deben a sus superiores con respecto al ejercicio de la autoridad que les fue delegada como una forma para lograr los resultados esperados.

Responsabilidad social corporativa. No existe un acuerdo total en cuanto a la definición de este término. En un sentido amplio significa que las corporaciones deben considerar seriamente la repercusión de las acciones de la empresa sobre la sociedad.

Responsabilidad social de los administradores. Responsabilidad de los ejecutivos al llevar a cabo sus misiones aprobadas socialmente, de ser sensibles, congruentes e interactuar y vivir con las fuerzas y los elementos de su ambiente social.

Responsabilidad, carácter absoluto de la. Principio que sostiene que la responsabilidad no se puede delegar. La responsabilidad de los subordinados hacia sus superiores por el desempeño es absoluta y los superiores no pueden evadirla debido a las actividades de sus subordinados en la organización.

Resumen de presupuesto. Presupuesto maestro de presupuestos de operación y de capital, que usualmente incluye un pronóstico del estado de resultados y del balance general.

Retroalimentación. Entrada de información a un sistema que transmite mensajes de la operación del sistema para señalar si éste opera como se planeó; información relacionada con cualquier tipo de operación planeada, dirigida a la persona responsable de su evaluación.

Rol organizacional. Puesto organizacional diseñado para ser ocupado por personas; para que sea significativo para éstas, debe incluir: 1) objetivos verificables, 2) una descripción clara de sus principales deberes o actividades, 3) un área de discrecionalidad o autoridad, 4) la disponibilidad de la información y los recursos necesarios para cumplir una tarea.

Satisfacción suficiente. Término acuñado por Herbert A. Simon para señalar las tendencias de los administradores, casi siempre al tomar decisiones en casos de racionalidad limitada, para elegir un curso de acción que se estima es "suficientemente bueno" dadas las circunstancias. Véase *Racionalidad limitada*.

Selva de la teoría administrativa. Término aplicado por Harold Koontz en 1961 para identificar la existencia de diversas escuelas, o enfoques, de la teoría y el conocimiento de la administración. En 1961 encontró tan sólo seis de esas escuelas o enfoques, pero en 1979 identificó once. Descubrió que las escuelas o enfoques tendían a variar en su semántica y en su perspectiva de la administración y que abordaban la teoría administrativa desde el punto de vista de diversos especialistas.

Sensibilidad social. Capacidad de una empresa para relacionar las políticas y operaciones con el ambiente para que éstas sean beneficiosas tanto para la organización como para la sociedad.

Sistema cooperativo. Para Chester Barnard, sistema cuyo propósito es la cooperación, compuesto por elementos físicos, biológicos, sociales y psicológicos.

Sistema de apoyo a la decisión (SAD). Uso de computadoras para facilitar el proceso de toma de decisiones de tareas semiestructuradas.

Sistema de aprendizaje en Alemania. El aprendiz obtiene experiencia práctica trabajando en la compañía y aprende conceptos teóricos en las escuelas vocacionales.

Sistema de información administrativo. Sistema formal para recabar, integrar, comparar, analizar y difundir información interna y externa de la empresa en forma oportuna, eficaz y eficiente.

Sistema de inventarios justo a tiempo (JAT). Entrega por parte del proveedor de componentes y piezas a la línea de producción "justo a tiempo" para su montaje. Otros nombres para este método u otros similares son "inventario cero" y "producción sin existencias".

Sistema, definición de. Grupo o conjunto de cosas relacionadas o interdependientes y que se afectan mutuamente para formar una unidad compleja; todo compuesto por partes en una disposición ordenada de acuerdo con algún programa o plan. Todo sistema debe tener límites que lo separen de su ambiente.

Sistemas abiertos. Los que tienen interacción con su ambiente y que intercambian información, energía o materiales con éste.

Sistema sociotécnico. Sistema que se contempla como una interconexión de elementos físicos (técnicos) y sociales en una organización (fig. 2-2).

Sociedad pluralista. Sociedad en la que muchos grupos organizados defienden diversos intereses. Cada grupo influye sobre los otros, pero ninguno tiene una cantidad excesiva de poder.

***Staff* o apoyo.** Relación en un puesto organizacional donde la tarea del titular es dar consejos o asesoría a alguna otra persona.

Supervisores. Igual que gerentes, pero por lo general este nombre se aplica a gerentes del nivel inferior, o de primera línea, de la administración.

Táctica. Planes de acción mediante los cuales se ponen en práctica las estrategias.

Tecnología.   Suma total de conocimientos sobre las formas de hacer las cosas; incluye inventos, técnicas y el vasto acervo de conocimientos organizados sobre cómo hacer las cosas.

Teleconferencia.   Grupo de personas que interactúan a través de medios de audio y video con imágenes en movimiento o fijas.

Teleconmutación.   Situación donde la persona puede trabajar en su hogar con una terminal de computadora en lugar de viajar al trabajo en automóvil, transporte público o algún otro medio.

Teoría.   Agrupamiento sistemático de conceptos y principios interdependientes que forman un marco para un conocimiento más significativo.

Teoría de la equidad.   Sistema de principios relacionado con los juicios o criterios personales sobre la equidad o justicia de la recompensa que reciben en relación con sus aportaciones (que incluyen factores tales como el esfuerzo, la experiencia y la educación) en comparación con la que reciben otros.

Teoría de la motivación basada en las expectativas.   Teoría según la cual las personas serán motivadas por su expectativa de que una acción en particular de su parte conducirá a un resultado deseado.

Teoría de la preferencia o de la utilidad.   Teoría según la cual las actitudes individuales hacia el riesgo variarán en relación con las probabilidades estadísticas: algunas personas estarán dispuestas a correr riesgos menores que los señalados por las probabilidades ("personas con aversión al riesgo") y otras a correr riesgos mayores ("apostadores").

Teoría X y teoría Y.   Suposición sobre la naturaleza de las personas, según Douglas McGregor, Por ejemplo, la teoría X sugiere que a las personas les desagrada el trabajo y, si pueden, lo evitarán. Por otra parte la teoría Y indicaría, por ejemplo, que dedicar esfuerzos físicos y mentales al trabajo es tan natural como jugar o descansar.

Teoría y ciencia de la administración operacional.   Véase *Enfoque administrativo, operacional o de proceso.*

Teoría Z.   Teorías que usan la letra "Z", propuestas por varios autores. En general, la teoría Z se refiere a ciertas prácticas administrativas japonesas adaptadas al ambiente de Estados Unidos según las indicaciones de William Ouchi. Por ejemplo, una de las características de las organizaciones de tipo Z es la insistencia en el desarrollo de las habilidades interpersonales necesarias para la toma de decisiones en grupo.

Toma de decisiones.   Selección de un curso de acción entre varias opciones; selección racional de un curso de acción.

Tormenta de ideas.   Enfoque para mejorar el descubrimiento y la solución de problemas al alentar la producción sin trabas de sugerencias e ideas, usualmente de un grupo de personas.

Tramo de administración o de control.   Principio que sostiene que existe un límite para el número de personas que puede supervisar un administrador, aunque este límite varía de acuerdo con las situaciones y la competencia de dicho ejecutivo.

Unidad de mando.   Hacer que cada subordinado dependa directamente sólo de un superior. El principio de la unidad de mando únicamente implica que cuando más dependa una persona de un solo superior, menor será el problema de confusión de las instrucciones y mayor la sensación de responsabilidad personal por los resultados.

Unidad estratégica de negocios (UEN).   Negocio pequeño definido, establecido como una unidad dentro de una compañía mayor, para asegurar que se promocione un cierto producto o línea de productos y se maneje como si se tratara de un negocio independiente.

Utilidad.   Excedentes del importe de las ventas sobre el importe de los gastos.

Índice